Frauenlexikon

HERDER / SPEKTRUM

Band 4038

Das Buch

Was passiert mit den Frauen, wenn gesellschaftliche Konflikte, wirtschaftliche Krisen und Probleme in privaten Beziehungen auftreten? Welche Visionen, welche konkreten Vorstellungen haben Frauen für ein neues Miteinanderumgehen entwickelt? Wo und wie läßt sich - hier und jetzt - etwas verändern, welche Perspektiven sind bereits erdacht oder erprobt? Welche Möglichkeiten gibt es jetzt schon für Frauen in den Bereichen Wirtschaft, Politik, Recht, Religion und Wissenschaften? Wie können sie sich mit Aussicht auf erfolgreiche Veränderung auf ihre *eigene* Geschichte berufen? Wie werden sie - im Alltag, im Beruf, in der Forschung, in der Ethik von „männlichen Blicken" eingeordnet? Was sagt die Psychologie zu der Lebenssituation von Frauen? Persönliche Fragen und Erfahrungen, aber auch politische und kulturelle Probleme und Konflikte erhalten mit diesem Lexikon den gut informierten und argumentativen Hintergrund. Tendenzen, Aspekte und Ergebnisse des Denkens und Forschens von Frauen sind hier konzentriert zusammengefaßt. Das Frauenlexikon gibt Antworten und informiert sachlich und kompetent über die verschiedenen Zusammenhänge, es vernetzt unser Wissen über Wirklichkeiten und Wünsche von Frauen. Und es entwickelt engagiert Perspektiven und Strategien im Blick auf die konkrete Lebenswirklichkeit. In einem aktuellen Sonderteil informieren Jutta Gysi und Gunnar Winkler vom Institut für Soziologie und Sozialpolitik (Ost-Berlin) über die Situation und die Perspektiven von Frauen in den fünf neuen Bundesländern der Bundesrepublik Deutschland.
Ein Buch zum Nachschlagen und Weiterlesen. Das umfassende und konkurrenzlose Standardwerk.

Die Herausgeberinnen

Anneliese Lissner, Dr. phil., bis 1989 Generalsekretärin der kfd, des größten deutschen Frauenverbandes, Erkrath.
Rita Süssmuth, Dr. phil., Professorin für Erziehungswissenschaft, Präsidentin des Deutschen Bundestages, Bonn.
Karin Walter, Dr. phil., Verlagslektorin, Herausgeberin der Reihe frauenforum, Freiburg/Bollschweil.

Frauenlexikon

Wirklichkeiten und Wünsche von Frauen

Herausgegeben von
Anneliese Lissner
Rita Süssmuth
Karin Walter

Redaktionelle Mitarbeit
Siegfried R. Dunde
Rudolf Walter

Mit einem Sonderteil zur Situation der Frauen in den neuen Bundesländern der Bundesrepublik Deutschland
von Jutta Gysi und Gunnar Winkler

Herder
Freiburg · Basel · Wien

Herstellung: Freiburger Graphische Betriebe 1991
Umschlaggestaltung: Joseph Pölzelbauer
Umschlagmotiv: Detail der Titelseite der Zeitschrift Jugend (1901)
ISBN 3-451-04038-7

VORWORT

Die Frauenfrage ist eines der entscheidenden sozialen Probleme am Ende unseres Jahrtausends. Das Verhältnis zwischen Männern und Frauen betrifft alle Bereiche unserer Gesellschaft und unserer Kultur ebenso wie das persönliche Leben. Es hat geschichtliche, politische, rechtliche, biologische, religiöse und philosophische Dimensionen. Im privaten, zwischenmenschlichen Bereich wirkt es sich ebenso aus wie im öffentlich-institutionellen. Zentral ist immer die Frage nach der Gleichberechtigung und Partnerschaft.

In den letzten Jahren hat es einen tiefgreifenden Umbruch im Verhältnis der Geschlechter gegeben. Ein neu entwickeltes Selbstverständnis von Frauen beeinflußt auch die Wahrnehmung der Wirklichkeit und drängt auf Veränderung. Frauen suchen und bestimmen ihren Standort neu. Sie brechen damit auch die herkömmlichen Deutungs- und Zuschreibungsmuster auf, stellen Überkommenes in Frage, bringen verdrängte Wirklichkeiten und Erfahrungen ans Licht der Geschichte und des Bewußtseins und eröffnen in manchem ganz neue Horizonte. Diese Veränderungen betreffen nicht nur Frauen. Sie haben Konsequenzen für das Selbstverständnis und die Wirklichkeit von Männern. In den natürlichen Verunsicherungen, die ein solcher Veränderungsprozeß für Frauen und Männer mit sich bringt, können Überprüfungen, Vergewisserungen, Klarstellungen dazu verhelfen, mit weniger Angst neue Perspektiven des Denkens und des Handelns zu suchen. Dies war ein Grund für die Planung des Frauenlexikons.

Der beschriebene Prozeß steht allerdings nicht mehr am Anfang. Es gibt bereits viele Ansätze, es existiert ein ganzes Netz von Frauenaktivitäten. Von ganz verschiedenen Positionen aus wird in ähnlicher Richtung gedacht und auch gehandelt. Wissenschaftliche Frauenstudien liegen inzwischen für eine Vielzahl von Bereichen und Disziplinen vor. Festzustellen ist auch ein durch alle weltanschaulichen Lager hindurch artikuliertes Grundgefühl von Frauen, das ähnlichen Erfahrungen alltäglicher Benachteiligungen entspricht.

Es ist deshalb nur konsequent und längst an der Zeit, die verschiedenen Tendenzen, Aspekte und Ergebnisse des Denkens und Forschens von Frauen und über Frauen zusammenzuführen, sie in enzyklopädischer Form vorzulegen und damit für den praktischen Gebrauch leicht zugänglich zu machen. Aber auch wo es um eine Art gesicherter Bestandsaufnahme geht, soll und kann diese nicht etwa einen Endpunkt markieren, sondern zum Weiterdenken und Weiterhandeln auffordern.

Eine zweifache Ausrichtung bestimmt das enzyklopädische Konzept des Frauenlexikons: die verstreuten Informationen zu bündeln und eine durchgehende Perspektive einzuhalten. Es will die Lebenswirklichkeit, die Erfahrungen und die unterschiedlichen Lebenssituationen von Frauen darstellen und analysieren, die Sachprobleme nüchtern in den Blick nehmen und der Absicht der Veränderungen argumentative Kraft geben. Zwar leben Männer und Frauen in einer Welt, doch gibt es für sie unterschiedliche Wirklichkeiten. Das Frauenlexikon will die Ungerechtigkeiten, die sich daraus ergeben, nicht nur benennen, sondern auch Lösungsperspektiven aufzeigen.

Zwischen den Begriffen „Abhängigkeit“ und „Zyklus“, die für das traditionelle Frauenbild geradezu klassisch den weiblichen Bewegungsraum umschreiben, versucht das Frauenlexikon die konkreten Lebenswirklichkeiten von Frauen aufzuschlüsseln, die subtilen gesellschaftlichen Muster und Mängel, auch die verborgenen und manchmal nur gefühlten, aufzudecken.
Die Lebenswirklichkeit von Frauen in westlichen Industrieländern ist einander ähnlich. Wir haben bei den Stichworten, die ganz bestimmte rechtliche und wirtschaftliche Fragen ansprechen, die spezifische Situation in der Bundesrepublik Deutschland, in Österreich und der Schweiz dargestellt. Das hat zur Folge, daß in diesem Lexikon eine einzigartige (wenngleich nicht immer leicht zu erhebende) Anzahl von Informationen und Daten unter dem Frauenaspekt zum ersten Mal zusammengeführt wurde.
Die Auswahl der Themen folgt im wesentlichen folgenden Bereichen:
1. Chancen und Probleme der Partizipation von Frauen in gesellschaftlichen, kulturellen, politischen, sozialen und kirchlichen Betätigungsfeldern und Bereichen;
2. Probleme, die Frauen in ihrer physischen oder psychischen, sozialen oder existentiellen Wirklichkeit betreffen;
3. Rechtliche und ökonomische Fragen, die die Lebenswirklichkeit von Frauen heute in besonderer Weise bestimmen oder angehen;
4. Negative oder positive Traditionen von Frauenbildern, die geschichtlich prägend wurden oder heute noch prägend sind;
5. Fragestellungen, in denen sich ein gewandeltes oder sich weiter wandelndes Selbstverständnis von Frauen ausdrückt.
Das Frauenlexikon bezieht in die Auswahl der Stichworte und in die Themen bewußt christliche, theologische und religiöse Aspekte ein. In ökumenischer Offenheit möchte es die Frage nach Glauben und Kirche thematisieren, ohne sich damit anderen Wegen und Denkweisen zu verschließen. Wichtig schien uns, gerade im Blick auf unsere gesellschaftliche Situation, den Dialog innerhalb der Frauenbewegung anzuregen und die Fragen, um die es den Frauen geht, auch in den Kirchen zur Sprache zu bringen und zu unterstützen.
Das Gesamtkonzept des Lexikons ist also offen, die Positionen sollten nicht gewaltsam systematisiert oder vereinheitlicht werden. Der durch Zusammenarbeit entstehende und in diesem Werk zu spürende Dialog ist, wie jeder echte Dialog, nicht immer einfach. Aber nur ein solcher Dialog führt weiter. Die Mitarbeiterinnen dieses Lexikons vertreten unterschiedliche Felder weiblichen Engagements. Sie kommen aus der institutionellen Frauenarbeit ebenso wie aus der autonomen Frauenbewegung. Die Gemeinsamkeit ihres Engagements liegt in der Überzeugung, daß sich an der Lösung oder Nichtlösung der Frauenfrage mitentscheiden wird, ob wir eine humanere und damit lebenswertere Gesellschaft haben werden. Nicht zuletzt deswegen richtet sich das Werk auch an die Männer. Daß in einem Frauenlexikon auch Männer mitarbeiten, ist sicher ungewöhnlich. Rückblickend war es ein gelungenes Experiment.
Wir danken insbesondere Herrn Dr. Siegfried Rudolf Dunde für seine kompetente redaktionelle Mitarbeit. Unser Dank gilt aber ebenso dem Verlag Herder und vor allem den Autorinnen und Autoren für ihre Kooperationsbereitschaft.

Die Herausgeberinnen

A

Abhängigkeit

↗ Aggressivität; Antike; Arbeit; Arbeitslosigkeit; Armut; Begabung; Beruf; Bildung; Bindung; Chancengleichheit; Depression; Diskriminierung; Ehe; Ehekrisen; Emanzipation; Erwerbstätigkeit; Eßstörungen; Ethik, weibliche; Familie; Familienrollen; Feminismus; Frauenberufe; Frauenförderung; Frauenhäuser; Frauenpolitik; Frauenquotierung; Frauenrollen / Frauenleitbilder; Geschlechtsidentität; Gewalt gegen Frauen; Gleichberechtigung; Hausfrauen; Identität, weibliche; Kinder; Kultur; Leistung; Liebe; Mann; Männerbilder; Menschenrechte; Mutterbindung; Mütterlichkeit; Partnerschaft; Pflege, häusliche; Psychoanalyse; Psychotherapie, feministische; Schule; Selbständige; Sexualität; Soziale Sicherung; Sozialisation; Sucht; Technik / Technologien; Theologie, feministische; Tiefenpsychologie; Wissenschaft

Hierarchisches Geschlechterverhältnis

Die Abhängigkeit der Frauen ist Ausdruck des hierarchischen Verhältnisses der Geschlechter in patriarchalisch strukturierten Gesellschaften. Da Menschen soziale Wesen sind, ist ihr Leben zwar immer von Abhängigkeiten bestimmt. Besonders als Kinder sind sie davon abhängig, von anderen versorgt zu werden. Im hierarchischen Geschlechterverhältnis wird aber das soziale Aufeinanderangewiesensein als Rangordnung gestaltet, in welcher Frauen den Männern untergeordnet sind. In dieser Geschlechterhierarchie ist die Abhängigkeit der Frauen, insbesondere die Abhängigkeit der „Hausfrauen" von ihren männlichen „Ernährern", sichtbar. Die Abhängigkeit der Männer hingegen von den Frauen, insbesondere von den psychischen und physischen Versorgungsleistungen, die Frauen in der Hausarbeit leisten, ist weitgehend unsichtbar.

Die Abhängigkeit der Frauen ereignet sich in komplexen historischen, materiellen und psychosozialen Veränderungsprozessen auf allen Ebenen des öffentlichen und privaten Lebens. Sie wurde von der abendländischen politischen Philosophie seit der Antike als „naturgegeben" legitimiert (Benhabib/Nicholson) und juristisch vorgeschrieben (Gerhard). Das männliche Gottesbild der christlichen Tradition trug dazu bei, die Abhängigkeit der Frauen tief im Empfinden und in der Einbildungskraft der Menschen zu verankern.

In unserem Jahrhundert wurde nun in den Verfassungen der meisten Demokratien die Gleichberechtigung zwischen Frauen und Männern geboten. Trotzdem ist weibliches Leben, wie die Frauenbewegung und Frauenforschung in den siebziger und achtziger Jahren aufgedeckt haben, nach wie vor von Abhängigkeit geprägt. Wesentliche Ursachen dafür liegen gegenwärtig in der ökonomischen Situation und in psychischen Strukturen.

Ökonomische Abhängigkeit

Frauen leisten nach Feststellungen der UNO weltweit zwei Drittel aller gesellschaftlich notwendigen Erwerbs- und Hausarbeit; sie bekommen dafür nur ein Zehntel der Einkommen. Sie stellen mehr als die Hälfte der Bevölkerung, sind aber nur im Besitz von 1% aller Produktionsmittel. Die ökonomische Abhängigkeit der Frauen ist dreifach begründet:

1. Frauen leisten, unabhängig davon, ob sie berufstätig sind oder nicht, unbezahlte Hausarbeit. Durch ihre physischen und psychischen Versorgungsleistungen sorgen sie für das Aufwachsen der neuen Generation und für die tägliche Wiederherstellung der Arbeitskraft des Mannes. Da diese Reproduktionsarbeit nicht entlohnt wird, sind Frauen finanziell von ihren Männern abhängig. Die Kehrseite dieser Verhältnisse,

die Abhängigkeit berufstätiger Männer von der Hausarbeit der Frauen und die Abhängigkeit der Gesellschaft von der Arbeit, die Frauen in Schwangerschaft, Geburt, Kindererziehung und -versorgung leisten, war lange Zeit unsichtbar und wird seit einiger Zeit durch die Frauenbewegung bewußtgemacht.

2. Frauen leisten Erwerbsarbeit in untergeordneten, schlecht bezahlten und unsicheren Arbeitsverhältnissen, sie sind überproportional erwerbslos sowie auf Sozialhilfe angewiesen. Ungeschützte und nicht existenzsichernde Arbeitsverhältnisse betreffen nicht nur Teilzeit- und zeitlich befristete Arbeitsplätze, sondern auch reguläre Vollzeit-Arbeitsplätze in sogenannten Frauenberufen. Viele voll berufstätige Frauen, z.B. Friseusen, Verkäuferinnen, Rechtsanwaltsgehilfinnen, kommen mit ihren Tarifgehältern nicht auf den existenzsichernden Betrag (Möller). Die Bruttoverdienste der Frauen liegen weit unter denen der Männer. Durch ihre flexible und gering entlohnte Tätigkeit auf dem Arbeitsmarkt stellt weibliche Berufstätigkeit, von der die Volkswirtschaft abhängig ist, einen unersetzlichen Beitrag dar.

3. Die Besitzlosigkeit der Frauen bedeutet, daß sie an den für die gesamte gesellschaftliche Entwicklung zentralen ökonomischen Entscheidungsprozessen (beispielsweise in welchen Wirtschaftszweigen zukunftswichtige Investitionen getätigt werden) nicht beteiligt sind.

Die ökonomische Lage vieler Frauen läßt also eine unabhängige, selbstbestimmte Lebensführung nicht zu.

Psychische Abhängigkeit

Eigenes existenzsicherndes Einkommen ist eine notwendige Voraussetzung, um Abhängigkeiten zu lösen, es gewährleistet aber nicht die Befreiung vom inneren Zustand der Abhängigkeit. Seelische Abhängigkeit zeigt sich in folgenden typischen Lebenssituationen:

Beruflich erfolgreiche Frauen können in ihrem Privatleben unfähig sein, als gleichberechtigte Partnerin eine Beziehung zu gestalten, sie ordnen sich, ohne es bewußt zu wollen, ihren Partnern unter (Gambaroff). Viele hochqualifizierte Frauen sind unfähig, ihre Leistungen angemessen zu bewerten. Sie fühlen sich chronisch unfähig und sind abhängig von ständiger Bestätigung von außen (Dowling). Geschlagene Frauen, die Zuflucht in Frauenhäusern gefunden haben, kehren häufig auf eigenen Wunsch zu ihren Ehemännern zurück (Brückner).

Frauen leiden in den Formen der gesellschaftlich unauffälligen Süchte unter gesundheitsgefährdender Abhängigkeit. Frauen neigen dazu, Beziehungen einzugehen, in welchen sie sich in der Fürsorge für andere Menschen verzehren. Viele können nicht existieren, ohne gebraucht zu werden, sie suchen darum immer wieder Beziehungen, in welchen sie ausgebeutet werden (Norwood).

Die Sexualität von Frauen ist in der Phantasie oder der Realität vorwiegend gebunden an den aktiven Mann, der das Begehren und Handeln übernimmt, während die Frau in Passivität verharrt und nicht über die Möglichkeiten verfügt, aktiv Befriedigung ihrer erotischen Bedürfnisse zu suchen (Benjamin).

Frauen neigen dazu, sich auch in alltäglichen Lebenssituationen abhängig zu machen, indem sie sich nach wirklichen oder scheinbaren Erwartungen richten.

Strategien der Selbstverleugnung

In Abhängigkeitsverhältnissen verleugnen Frauen ihre eigenen Interessen, ihre Rechte als Person, ihre Aggressionen und ihre Sexualität. Die damit verbundenen unverstellten, direkten Willensäußerungen werden, meist unbewußt, als „zu egoistisch“, „zu böse“, „zu begierig“ empfunden; Frauen schämen sich ihrer Wünsche und unterbinden ihre direkte Offenlegung. Wunscherfüllung kann dabei nur auf Umwegen, welche ihren egoistischen Charakter unsichtbar machen und das Selbst-Bild der moralisch „guten“ Frau nicht antasten, gesucht werden. Solche Umwege der Selbstbehauptung und Selbstverwirklichung können sein: die Versorgungsmacht der Mutterrolle, in welcher Frauen unter dem Deckmantel der Fürsorge für andere Einfluß nehmen wollen, und die Manipulationsmacht der Klein-Mädchen-Rolle, in welcher Frauen schwach, inkompetent und auf andere angewiesen sind und sie sich so verpflichten. In beiden Rollen entfremden sich Frauen von den Möglichkeiten des erwachsenen Frau-Seins und der damit verbundenen Selbstverwirklichung. In Selbstentwertung und Selbsthaß richten Frauen ihre verdrängten Aggressionen gegen die eigene Person, oft leiden sie dann an meist diffusen körperlichen Störungen, z. B. an Migräne, Menstruationsbeschwerden, Depressionen, klimakterischen Beschwerden. In der Liebe zum machtvollen Mann projizieren Frauen ihre verdrängte Eigenaktivität und sexuelle Lust auf ihren Partner. Sie fühlen sich abhängig, da er stellvertretend für sie durchsetzungsfähig, aktiv, aggressiv und sexuell bestimmend sein soll. Im Spiel der Fürsorgerin und im Spiel des kleinen Mädchens vermeiden Frauen, zu ihren Partnern als gleichberechtigte erwachsene Frauen, die für ihr Handeln verantwortlich sind, in Dialoge und Auseinandersetzungen zu treten (Prengel/Wirbel).

Die psychische Bereitschaft der Frauen, sich in Abhängigkeit zu begeben, ist nach neueren Forschungsergebnissen nicht unabänderlicher „natürlicher“ Wesenszug, sondern Resultat von sowohl biographischen Sozialisationsprozessen auf der individuellen Ebene als auch von psycho- bzw. soziohistorischen Entwicklungsprozessen auf der gesellschaftlichen Ebene.

Sozial- und psychohistorische Gründe

Der von Selbstverleugnung und Passivität geprägte, für unsere Kultur typische weibliche Sozialcharakter wurde von der entstehenden bürgerlichen Gesellschaft mit hervorgebracht. Diese ist von dem Auseinandertreten von Erwerbs- und Familienleben (Hausen) geprägt und damit von neuen Formen der geschlechtsspezifischen Arbeitsteilung.

In der traditionalen vorbürgerlichen Gesellschaft, deren Produktionsweise primär auf Familienwirtschaft beruhte, war die Arbeit der Frauen, trotz ihrer klaren rechtlichen Unterordnung für den Lebensunterhalt der Familie unentbehrlich; sie war sichtbar und sozial anerkannt.

Etwa seit Beginn der Industrialisierung setzte sich – nach und nach in allen Schichten – eine Form der Arbeitsteilung durch, die Männer auf bezahlte Arbeit im Erwerbsleben und Frauen, ob sie zusätzlich erwerbstätig waren oder nicht, auf unbezahlte Arbeit im Haushalt festlegte. Das bürgerliche Frauenbild propagiert mit großem erzieherischem Aufwand und sehr erfolgreich den triebverzichtenden, selbstverleugnenden, liebenden weiblichen „Geschlechtscharakter“ als Norm (Hausen; Badinter; Schmid/Weber; Bock/Duden). Die geschilderten Formen der ökonomischen und psychischen Abhängigkeit der Frau entstanden also mit der geschlechtshierarchischen Arbeitsteilung der bürgerlichen Gesellschaft und wurden ideologisch untermauert im Aussagesystem der „Geschlechtscharaktere“.

Wege aus der Abhängigkeit

Die ersten Aktivitäten der neuen Frauenbewegung strebten die Befreiung aus der Abhängigkeit durch Gleichstellung der Frau mit dem Mann im beruflichen und öffentlichen Leben an. Diese Gleichstellung schafft aber erst die sozialstrukturellen Voraussetzungen wirklicher Autonomie.

Die dem traditionellen Männerbild entlehnte Ideologie der Autonomie betont einseitig die Selbstbehauptung des isolierten einzelnen, der ständig Beweise seiner Freiheit, Macht und Überlegenheit glaubt liefern zu müssen. So wichtig es für Frauen ist, auch etwas von der Fähigkeit zur Selbstbehauptung als einzelne zu lernen, so sehr kommt es aber darauf an, daß sie ihre Bewußtheit für die wechselseitigen menschlichen Abhängigkeiten und ihre Fähigkeiten der Fürsorge nicht selbstentwertend als Ballast über Bord werfen (Gilligan). Wirkliche Autonomie meint denjenigen Zustand, in dem ein Mensch in voller Übereinstimmung mit seinen eigenen Gefühlen und Bedürfnissen ist, d.h. sich nicht von äußerem Druck fremdbestimmen läßt, der das Engagement zu echter Lebendigkeit unterdrückt. Wirkliche Autonomie entwickelt sich aus den lebensbejahenden Gefühlen der Freude und des Schmerzes und betrifft Männer und Frauen (Gruen).

Gleichberechtigte Beziehungen zwischen den Geschlechtern werden möglich sein, wenn beide wissen, daß sie einander brauchen, wenn beide Liebe geben und empfangen können. Dann wird gegenseitige Abhängigkeit soziale Anerkennung erfahren (Eichenbaum/Orbach). Voraussetzung dazu ist, daß die in unserer Kultur verdrängten und zugleich ausgebeuteten Fähigkeiten der Frauen nicht diskriminiert, sondern materiell und ideell anerkannt werden. Solche Gleichberechtigung orientiert sich an der Utopie des Dialogs (Buber).

In einem solchen Dialog von gleich zu gleich können sich Frauen und Männer auch als Verschiedene begegnen und die unterschiedlichen kulturhistorischen Erfahrungen, in die die einzelnen Lebensgeschichten eingebettet sind, zur Sprache bringen. Erste Schritte in Richtung dieser Utopie können durch eine neue Erziehung zur Gleichberechtigung möglich werden.

Literatur: *Elisabeth Badinter,* Die Mutterliebe. Geschichte eines Gefühls vom 17. Jahrhundert bis heute (München 1981); *Seyla Benhabib / Linda Nicholson,* Politische Philosophie und die Frauenfrage, in: Iring Fetscher / Herfried Münkler (Hrsg.), Pipers Handbuch der Politischen Ideen V (München – Zürich 1987) 513 bis 562; *Jessica Benjamin,* Die Fesseln der Liebe. Zur Bedeutung der Unterwerfung in erotischen Beziehungen, in: Feministische Studien, Heft 2, 1985; *Gisela Bock / Barbara Duden,* Arbeit aus Liebe – Liebe als Arbeit. Zur Entstehung der Hausarbeit im Kapitalismus, in: Frauen und Wissenschaft. Beiträge zur Berliner Sommeruniversität für Frauen (Berlin 1977) 118 – 199; *Margrit Brückner,* Die Liebe der Frauen. Über Weiblichkeit und Mißhandlung (Frankfurt a.M. 1983); *Martin Buber,* Das dialogische Prinzip (Heidelberg 1969); *Die Bundesministerin für Jugend, Familie, Frauen und Gesundheit* (Hrsg.), Frauen in der Bundesrepublik Deutschland (Bonn 1986); *Colette Dowling,* Der Cinderella-Complex. Die heimliche Angst der Frauen vor Unabhängigkeit (Frankfurt a.M. 1984); *Luise Eichenbaum / Susie Orbach,* Was wollen die Frauen? Ein psychotherapeutischer Führer durch das Labyrinth von Wünschen, Ängsten und Sehnsüchten in Liebesdingen (Reinbek 1986); *Marina Gambaroff,* Emanzipation macht Angst, in: Kursbuch 47 (Berlin 1977); *Ute Gerhard,* Verhältnisse und Verhinderungen. Frauenarbeit, Familien und Rechte der Frauen im 19. Jahrhundert (Frankfurt a.M. 1978); *Carol Gilligan,* Die andere Stimme. Lebenskonflikte und Moral der Frau (München 1984); *Arno Gruen,* Der Verrat am Selbst. Die Angst vor Autonomie bei Mann und Frau (München 1986); *Ernst Gutting,* Offensive gegen den Patriarchalismus. Für eine menschlichere Welt (Freiburg i.Br. [3]1988); *Karin Hausen,* Die Polarisierung der Geschlechtscharaktere, in: Heidi Rosenbaum (Hrsg.), Seminar Familie und Gesellschaftsstruktur (Frankfurt a.M. 1978) 161 – 191; *Claudia Honegger / Bettina Heintz,* Listen der Ohnmacht. Zur Sozialgeschichte weiblicher Widerstandsformen (Frankfurt a.M. 1981); *Carola Möller,* „Die haben wir dann sehr gerne diese Damen ...“ Ergebnisse und Konsequenzen aus einem Forschungsprojekt über ungeschützte Arbeitsverhältnisse, in: Beiträge zur feministischen Theorie und Praxis, Heft 19 (1987) 56 – 66; *Robin Norwood,* Wenn Frauen zu sehr lieben. Die heimliche Sucht gebraucht zu werden (Reinbek 1986); *Annedore Prengel,* Erziehung zur Gleichberechtigung. Eine vernachlässigte Aufgabe der Allgemeinen und der Politischen Bildung, in: Die deutsche Schule, Heft 4 (1986) 417 – 425; *Annedore Prengel / Ute Wirbel,* Abschied von der Abhängigkeit. Zur historischen und biographischen Entmachtung der Frauen, in: Beiträge zur feministischen Theorie und Praxis, Heft 17 (1986) 69 – 82; *Ulrike Prokop,* Weiblicher Lebenszusammenhang (Frankfurt a.M. 1976); *Ulrike Schmauch,* Anatomie und Schicksal. Zur Psychoanalyse der frühen Geschlechtersozialisation (Frankfurt a.M. 1987).

ANNEDORE PRENGEL

Abtreibung ↗ Schwangerschaftsabbruch.

Adoption

↗ Bindung; Elternschaft; Erziehung; Familie; Familienrecht; Fortpflanzungsmedizin; Generationsprobleme; Kinderwunsch; Lebenskrisen; Leihmütter; Mutterbindung; Mutterschaft; Sterilisation; Vaterschaft

In der BRD werden jährlich 8000 bis 9000 Kinder adoptiert (für Österreich und die Schweiz waren keine Gesamtzahlen zu erheben). Davon sind knapp 2/3 „Fremdadoptionen" (d.h., Kind und Annehmende sind weder verwandt noch verschwägert). Fast 1000 Kinder werden „mit Auslandsbeteiligung" adoptiert, davon ca. 2/3 aus sog. Entwicklungs- oder Schwellenländern. Die Tendenz ist steigend. – Während in früheren Jahrhunderten adoptiert wurde, um Erbe oder Familiennamen weiterzugeben, geschah Adoption nach der Jahrhundertwende vor allem, um verwaisten Kindern eine Familie zu geben. In den letzten zwei Jahrzehnten hat dieser Anspruch in der Praxis eine Umkehrung erfahren: Für kinderlose Ehepaare werden zunehmend Kinder gesucht.

Seit der deutschen Adoptionsreform (1977) kann adoptieren, wer als Alleinstehender das 25., als Ehepaar das 21. bzw. 25. Lebensjahr erreicht hat. Biologische Kinderlosigkeit ist nicht mehr Voraussetzung. Das Kind kann frühestens acht Wochen nach der Geburt vor einem Notar zur Adoption freigegeben, jedoch schon früher in die Adoptivfamilie aufgenommen werden („Risiko" der Rückforderung durch die leiblichen Eltern!). Die Freigabe erfolgt durch den/die Sorgerechtsinhaber (Vater und Mutter), ledige Mütter willigen alleine ein, der Kindesvater soll aber gefragt werden, ob er das Kind selber aufziehen möchte. Eine Adoption kann er jedoch nicht verhindern, wenn er selbst keinen Anspruch auf das Kind erhebt bzw. als nicht geeignet angesehen wird. Dem Adoptionsabschluß muß eine mindestens einjährige Adoptionspflege („Probezeit") vorausgehen, in der sich eine Eltern-Kind-Beziehung entwickeln soll, die vom Jugendamt und Vormundschaftsgericht überprüft wird. In Österreich und der Schweiz gelten ähnliche Bestimmungen.

Gesetzlich sind Adoptionen exakt geregelt. Der psychosoziale Bereich ist jedoch für alle Beteiligten noch wenig erschlossen. Für sterile Ehepaare, die ihre biologische Kinderlosigkeit nicht bewältigt haben, bedeutet die Aufnahme eines Adoptivkindes lediglich eine Symptombehandlung. Die Identität des Kinderlosen bleibt in der Regel erhalten (Hilf- und Wertlosigkeit, Versagensängste, Bemühung um Überkompensation) und erzeugt spezifische Erziehungshaltungen und -probleme. Wann eine Adoption als „gelungen" bezeichnet werden kann, ist umstritten. Neuere Untersuchungen stellen die „Zufriedenheit" der Beteiligten in den Mittelpunkt, wobei die „abgebenden Mütter" nicht einbezogen werden. Diese befinden sich zum Zeitpunkt der Freigabe häufig in psychosozialer und materieller Notsituation (Verlassen- und Ausgestoßenwerden, Verweigerung von Hilfen durch eigene Eltern und Kindesvater, Wohnungslosigkeit und Finanznot). Das Wissen über Alternativen zur Adoption, über Rechte von Mutter und Kind ist ebensowenig ausgeprägt wie das weibliche/mütterliche Selbstwertgefühl (Angst vor Schande, vor Versagen und vor alleiniger Verantwortung). Nicht immer reichen die Hilfsangebote der Jugend- und Sozialämter aus, auch ist die Aufklärung über Rechte und Alternativen häufig ungenügend, weil Adoptionen als umfassendste Hilfsmaßnahme für alle Beteiligten gilt.

Mindestvoraussetzungen für das Gelingen einer Adoption sind: Adoptivbewerber müssen Kinderlosigkeit bewältigt haben; „soziales Engagement" allein reicht als Motiv nicht aus, der egoistisch-emotionale Anteil am Kinderwunsch muß bewußt sein und bejaht werden; das Adoptivkind muß über seinen Status/seine Herkunft aufgeklärt werden (bis Einschulung grundlegendes Wissen über Adoption); die Abgabe eines Kindes muß völlig freiwillig nach Diskussion aller privaten und staatlichen Alternativen geschehen; auf Wunsch müssen ‚abgebende Mutter' und Adoptiveltern auch lange Zeit nach der Adoption beraten werden. Eine „Öffnung" der Adoption ist eine Lockerung des Inkognito ist dringend erforderlich.

Literatur: *Rolf Bach,* Gekaufte Kinder (Reinbek 1986); *Michael Jacob / Gottfried Lutz,* Wir haben ein Kind angenommen (Stuttgart 1977); *Betty Lifton,* Zweimal geboren (Stuttgart 1981); *dies.,* Adoption (Stuttgart 1982); *Christine Swientek,* Ich habe mein Kind fortgegeben (Reinbek 1982); *dies.,* Die „abgebende Mutter" im Adoptionsverfahren (Bielefeld 1986); *dies.,* Wir haben dich adoptiert. Eltern sprechen mit ihren Adoptivkindern (Düsseldorf 1986). CHRISTINE SWIENTEK

Aggressivität

↗ Begabung; Ethik, weibliche; Frauenrollen / Frauenleitbilder; Frieden; Geschlechtsidentität; Gewalt gegen Frauen; Kriminalität; Mann; Männerbilder; Pornographie

Definitionsprobleme

Das Urteil, ob Aggressivität sich in Männern und Frauen verschieden ausdrückt, hängt davon ab, was unter Aggressivität sachlich und wertend verstanden wird. Aggressivität kann sich auf die Verletzung eines anderen Menschen beziehen, auf die Intention, die hinter einer solchen Verletzung steht, oder auf die Emotion, aus der sie entspringt. Sie kann neben negativen Bedeutungen die positive der Selbstbehauptung, Tatkraft und Kreativität haben, ohne die schon im Kind keine individuelle Entwicklung möglich ist. Statistische Fakten über spontane Angriffslust in Tieren oder Menschen sind schwer zu erstellen, weil Wissenschaftler meistens nur von künstlich begrenzten Situationen ausgehen können: isolierte Ratten im Käfig oder Labor, Schulkinder eines bestimmten Alters oder einer bestimmten sozialen Gruppe, Männer und Frauen in Gefängnissen oder in psychiatrischen Anstalten.

Biologische und soziale Faktoren

Aggressivität als allgemeine Angriffslust, die nicht unbedingt durch eine spezifische Bedrohung, Herausforderung oder Unterdrückung ausgelöst wurde, ist nach Meinung vieler Wissenschaftler in Männern und Frauen gleicherweise vorhanden, wird aber aus biologischen oder soziologischen Gründen von den Geschlechtern verschieden verarbeitet. Andere Forscher versuchen zu beweisen, daß Männer „von Natur" und von Geburt an aggressiver sind. Die Diskussion dreht sich also um diese zwei Punkte: Gibt es einen grundsätzlichen Unterschied in der Aggressivität von Männern und Frauen? Und, wenn ja, ist dieser Unterschied biologisch oder sozial bedingt?

Das biologische Argument basiert hauptsächlich auf Beobachtungen von Nagetieren. Um 1950 haben Wissenschaftler entdeckt, daß das Paarungsverhalten von Ratten, Mäusen, Hamstern und Meerschweinchen durch die Manipulation von Hormonen, die auf das Gehirn wirken, beeinflußt werden kann. Ein Mangel an Testosteronen z.B. schien „weibliche" Passivität und Anpassung zur Folge zu haben, also schien männliche Aggressivität durch dieses Hormon bedingt zu sein. Aber neuere Forschungen lassen diese Argumentation als fragwürdig erscheinen: Was in Ratten beobachtet wurde, traf z.B. auf Affen nicht zu. Bei Menschen sowohl wie bei Affen spielten offensichtlich Umwelteinflüsse eine große Rolle, und selbst in kleineren Tieren waren die Ergebnisse verschieden je nach Alter, Gesundheitszustand, Tageszeit des Experiments, Lokalität usw.

Während die Soziologen solche Umwelteinflüsse betonten, versuchten interdisziplinär arbeitende Forscher zu beweisen, daß äußere Einwirkungen sogar die Hormonbildung beeinflussen können. Soziale Faktoren, die über eine Lebenszeit hin einen Organismus im Umgang mit anderen Organismen verändern, modifizieren Charakterzüge, indem sie auf die Hormonbildung einwirken. Testosterone sind also nicht unbedingt die Ursache von Aggressivität, sondern werden vielleicht unter Streß oder Gewaltanwendung erhöht produziert. Mit Cortison und Adrenalin könnte es ähnlich sein.

Die Frage nach dem Anderssein

Das Biologische und das Soziale lassen sich also nicht sauber trennen. Und viele Forschungen führen noch immer zu widersprüchlichen und unvollständigen Ergebnissen. Die Diskussion wurde auch dadurch kompliziert, daß neben traditionsgebundenen männlichen Forschern einige Feministinnen, z. B. die Psychologin Carol Gilligan, ein deutliches „Anderssein" der Frau aufzeigten: Frauen seien mehr auf Kontexte und Beziehungen ausgerichtet, Männer mehr auf individuelles Sich-Durchsetzen und Separation. Die Ursache der männlichen Aggression findet Gilligan in der mangelnden Kontaktfähigkeit des Mannes.

Margarete Mitscherlich sieht gleich starke Veranlagung zur Aggression in beiden Geschlechtern, glaubt aber, daß die Frau aggressive Impulse anders verarbeitet und äußert als der Mann: Der männlichen Lust am Erobern und Befehlen entspricht oft eine weibliche Lust an Unterordnung und Anpassung, die zu Masochismus, Manipulierbarkeit und Schuldgefühlen führen kann. Diese nach innen gerichtete Aggression sieht Mitscherlich als genauso gefährlich an wie die männliche nach außen gewandte. Immerhin glaubt sie aber, daß die Frau durch Jahrhunderte von Unterdrückung und äußerer Aggressionshemmung bessere Voraussetzungen zur „Friedfertigkeit" habe als der Mann, da sie objektbezogener und „vernünftiger" sei. Ähnlich argumentiert Herrad Schenk, daß die „Friedfertigkeit" der Frau zwar einem nur anerzogenen Desinteresse am Krieg und am Herrschen entspringt, da man Frauen meistens auf Opfer- und Unterstützungsrollen beschränkt hat, daß diese Rollenzuweisung aber heute als Pazifismus positiv angewendet werden kann. In einigen neueren Untersuchungen wird dagegen jede Behauptung einer besonderen Friedfertigkeit der Frau kritisiert, da sie sadistische Impulse oder Lust an der Aggression in der Frau leugne oder ignoriere und damit auch den Haß gegen Unrecht hemme.

Überwindung stereotyper Rollenverteilung

Tatsache ist, daß in den meisten uns bekannten Kulturen die Aggression des Mannes verherrlicht und die der Frau gehemmt wurde. An der dadurch verursachten schiefen Rollenverteilung in unserer westlichen Kultur sind auch die Kirchen mitschuldig, denn sie haben „Sanftmütigkeit" oft nur den Frauen gepredigt und die männliche Tendenz des Herrschens durchgehend unterstützt. Aber es gibt in der jüdisch-christlichen Tradition verblaßte Vorbilder, deren Wiederentdeckung eine stereotype Rollenverteilung überwinden kann: die Richterin Debora etwa oder der leidende Gottesknecht, Franziskus von Assisi oder Jeanne d'Arc. Jesus von Nazaret hat Aggressivität und Sanftmut in sich vereinigt.

In unserer Zeit haben Psychologen und Friedensforscher darauf hingewiesen, daß die leidenschaftslose Technologie, die millionenfachen Tod „einplant", viel beängstigender ist als die individuelle Aggressivität.

Literatur: *Sophinette Becker / Cordelia Stillke,* Von der Bosheit der Frau, in: Karola Brede u. a. (Hrsg.), Befreiung zum Widerstand. Aufsätze zu Feminismus, Psychoanalyse und Politik (Frankfurt a. M. 1987); *Ruth Bleier,* Science and Gender. A Critique of Biology and Its Theories of Women (New York 1984); *Carol Gilligan,* Die andere Stimme. Lebenskonflikte und Moral der Frau (München 1984); *Alfred Lorenzer,* Aggression als notwendiger Kampf, in: Karola Brede u.a. (Hrsg.), Befreiung zum Widerstand. Aufsätze zu Feminismus, Psychoanalyse und Politik (Frankfurt a.M. 1987); *Margarete Mitscherlich,* Die friedfertige Frau. Eine psychoanalytische Untersuchung zur Aggression der Geschlechter (Frankfurt a.M. 1985); *Horst Eberhard Richter,* Der Gotteskomplex. Die Geburt und die Krise des Glaubens an die Allmacht des Menschen (Hamburg 1979); *Herrad Schenk,* Frauen kommen ohne Waffen. Feminismus und Pazifismus (München 1983); *Christina Thürmer-Rohr,* Haßverbot, in: dies., Vagabundinnen. Feministische Essays (Berlin 1987). Kristin Herzog

Aids

↗ Empfängnisverhütung; Frauenbewegung; Geburt; Gesundheit; Krankheit; Medizin; Menstruation; Prostitution; Schwangerschaft; Schwangerschaftsabbruch; Selbsthilfe; Sextourismus; Sucht

Medizinische Aspekte

Aids (*A*cquired *i*mmuno*d*eficiency *s*yndrome) ist eine neue, weltweit verbreitete Krankheit, die das erste Mal 1981 in den USA beschrieben wurde. Sie wird von einem Virus, dem HIV (*H*uman *I*mmundeficiency *V*irus) verursacht. HIV wurde 1983 entdeckt. Damit wurde die Diagnostik durch Bluttest möglich. HIV greift vor allem die Zellen des menschlichen Immunsystems an, die Lymphozyten. Es kommt so zu einer Schwächung der Abwehrkräfte. HIV ist ein Lentivirus, d.h., es hat eine lange Inkubationszeit. Von der Infektion bis zum Auftreten von Krankheitssymptomen können mehrere Wochen bis mehrere Jahre vergehen. Einige Infizierte leben bereits zehn Jahre ohne Krankheitszeichen. Man schätzt heute, daß 50–70% der Infizierten am Vollbild von Aids erkranken und daran sterben werden, solange weder ein Impfstoff noch eine auf die Ursache zielende Therapie zur Verfügung stehen. Folgeerkrankungen der Immunschwäche, wie Lungenentzündungen, Infektionen und der Hautkrebs Karposi Sarkom, können heute behandelt, die Vermehrung des HIV verlangsamt und damit die Überlebenszeit verlängert werden. Hauptübertragungswege für HIV sind Blut und Samenflüssigkeit. Andere Wege durch Vaginalsekrete der Frau, Speichel, Muttermilch o.ä. sind demgegenüber nachrangig. Eine Ansteckungsgefahr beim normalen sozialen Umgang besteht nicht. Die Ansteckung erfolgt nur bei direktem Blut-zu-Blut- oder Sperma-zu-Blut-Kontakt, d.h. vor allem bei ungeschütztem Sexualverkehr oder Austausch von Spritzbestecken zwischen intravenös Drogenabhängigen, wenn einer der Beteiligten infiziert ist. Seit Herbst 1985 sind Infektionen durch Blutkonserven oder Blutplasmaprodukte für Bluterkranke weitgehend ausgeschlossen, da jede Blutspende auf HIV-Antikörper getestet wird. HIV-Infektion und Aids betreffen bislang vor allem Männer: homosexuelle Männer (75%), intravenös spritzende Drogenabhängige (9%) und bluterkranke Männer (6%).

Gefahren für Frauen

Anfang 1984 gab es in der Bundesrepublik Deutschland nur eine aidskranke Frau (von 50 infizierten). Ende 1987 waren es 93 (von 1486 infizierten). Ca. 7% ist der Anteil weiblicher Aids-Kranker in allen westlichen Industrienationen, in Afrika jedoch 50%. Aidskranke Frauen in der Bundesrepublik Deutschland haben sich zu 51% beim intravenösen Drogengebrauch, zu 20% beim Sexualverkehr und zu 15% durch Blutspenden angesteckt. Infizierter Samen bei künstlicher Befruchtung, Vergewaltigung und berufsbedingte Unfälle beim Umgang mit infiziertem Blut sind vereinzelt aufgetauchte Risiken.

Die Neuinfektionsrate steigt heute vor allem durch heterosexuellen Geschlechtsverkehr an, wenn auch nicht in dem ursprünglich befürchteten Ausmaß. In New York steht Aids bei den 20- bis 35jährigen Frauen als Todesursache an erster Stelle. Frauen mit Aids sind ca. 9–10 Jahre jünger als Männer und haben kürzere Überlebenszeiten. Mehrheitlich drogenabhängig, ist ihr Immunsystem oft schon vorgeschwächt.

Schwangerschaft und Aids

Auch Schwangerschaften infizierter Frauen dämpfen das Immunsystem zusätzlich, damit der Fötus nicht abgestoßen wird. Schwangerschaft scheint den frühzeitigen Ausbruch des Aids-Vollbildes zu begünstigen. Schwangere infizieren auch zu ca. 50% das Kind im Mutterleib oder unter der Geburt. Die Kinder sind z.T. nur Träger mütterlicher Antikörper, die im Laufe des 1. Lebensjahres verschwinden. Zum Teil sind sie selbst infiziert, werden zu einem hohen Anteil als Kleinkinder aidskrank und sterben. HIV-Infektion gilt als medizinische Indikation zum Schwangerschaftsabbruch. Der HIV-Antikörpertest wird Schwangeren dringend empfohlen und von den Kassen bezahlt.

Schutzmöglichkeiten

Frauen können beim Sexualverkehr mit infizierten Partnern u.U. gefährdeter sein als Männer: durch Menstruationsblut, durch Kleinstverletzungen in den Schleimhäuten der Vagina, Risse aufgrund hormoneller Störungen, durch Entzündungen im gesamten Genitalbereich aufgrund venerischer Infektionen, aber auch durch die Spirale. Der sicherste Schutz vor Ansteckung ist hier das Kondom. Es ist, neben sexueller Abstinenz oder Monogamie mit einem/r Partner/in, der/die seit 5–9 Jahren keine riskanten Kontakte hatte, die zur Zeit einzig verfügbare Präventionsmöglichkeit. Seine Zuverlässigkeit wird als sehr hoch eingeschätzt (über 90%), Versagerquoten werden überwiegend auf falsche Handhabung zurückgeführt. Kondombenutzung erfordert eine erhebliche Umstellung im Verhütungsverhalten zwischen den Geschlechtern, das in den letzten 25 Jahren überwiegend von den Frauen praktiziert wurde (Pille, Spirale, Pessar, Diaphragma). Kulturelle, religiöse, psychoemotionale Barrieren kommen hinzu. Kondome gelten als empfindungshemmend, Körperkontaktbarrieren, die männliche Sexualität einschränkend.
Neuere Untersuchungen zeigen, daß Kondome auch bei flüchtigen Sexualkontakten nur zu 10% regelmäßig benutzt werden. Die Zahl des Geschlechtsverkehrs mit unbekannten Sexualpartnern nimmt jedoch ab. Dadurch wird die Gesamtzahl der Neuinfektionen günstig beeinflußt. Im Individualfall kann jedoch ein Sexualkontakt mit einem/r Infizierten zur Ansteckung führen.

Die Position der Frauenbewegung

Mit der Aids-Gefahr beschäftigt sich zunehmend die politische Frauenbewegung. Aids wird als Bedrohung mühsam erkämpfter sexueller Emanzipationserfolge gesehen, insbesondere der Selbstbestimmung über den eigenen Körper (Verhütungsverhalten) und der größeren Unabhängigkeit bei der Partnersuche und -wahl. Die politische Frauenbewegung wendet sich gegen die Re-Etablierungsversuche konservativer Sexualmoral, den Zwang zu Enthaltsamkeit und absoluter Treue unter der Aids-Bedrohung, anderseits werden auch positive Aspekte unter dieser Bedrohung betont: das öffentliche und klare Reden über Sexualität in den Aids-Aufklärungskampagnen; der Hinweis auf nichtgenitale bzw. nichtkoitale Anteile von Sexualität, die den sexuellen Bedürfnissen von Frauen entgegenkommen; die stärkere Betonung von Zärtlichkeit, Offenheit, Vertrautheit im Aussprechen sexueller Wünsche; die Thematisierung von Sexualität als integriertem Bestandteil der Persönlichkeitsentwicklung. Der desolate Zustand der Sexualerziehung wird öffentlich diskutiert, ihre notwendige Neuorientierung auch von allen Seiten zunehmend akzeptiert.
In der Bundesrepublik Deutschland wurde Ende 1987 der erste internationale Kongreß „Frauen und Aids“ durchgeführt. Er hat dazu geführt, daß sich

weitere Frauengruppen, z. B. Berufs- und Hausfrauenverbände, aber auch kirchliche Frauengruppen, mit Aids auseinandersetzen, letztere vor allem mit der ethisch-religiösen Herausforderung des Umgangs mit betroffenen Menschen. In der Schweiz wurde inzwischen der „Schweizerische Verein Frau und Aids" als nationaler Ansprechpartner für Aufklärung und Beratung für alle interessierten Frauen und Frauengruppen gegründet.
Im kirchlichen Bereich wird die Diskussion um Aids häufig mit einem andersartigen Akzent versehen: So erklären etwa katholische Amtsträger, Theologen und katholische Frauenverbände, es müsse bei der Bekämpfung von Aids auch um ein neues Wertebewußtsein im Umgang mit Sexualität gehen, Vorbeugung dürfe sich nicht auf Kondome beschränken, außerdem sei eine HIV-Infektion der Mutter allein kein Grund für eine Abtreibung. In Stellungnahmen der evangelischen Kirche stehen sexualethische Hinweise nicht in gleicher Weise im Vordergrund. Beide Kirchen betonen jedoch die christliche Pflicht zur Solidarität mit Betroffenen und Kranken.

Drogenabhängige Frauen und Prostituierte

Zum Schutz Drogenabhängiger vor der HIV-Infektion wurde seit Anfang 1986 der straf- und rezeptfreie Erwerb steriler Spritzbestecke in Apotheken ermöglicht. Drogenpolitisch wird für Frauen die Schaffung von mehr Mutter-Kind-Therapieplätzen diskutiert, alternative „niedrigschwellige" Betreuungskonzepte und Programme mit der Ersatzdroge Methadon. HIV-infizierten Frauen werden durch Methadon und sozialpolitische Maßnahmen Ausstiegemöglichkeiten aus der Beschaffungsprostitution geboten. Denn sie stellen für Freier, die ihre Suchtkrankheit zur Durchsetzung von ungeschütztem Sexualverkehr benutzen, ein erhebliches Infektionsrisiko dar. Dies ist bei nichtdrogenabhängigen Prostituierten nicht der Fall. Ihr Ansteckungsrisiko unterscheidet sich bei entsprechender Prävention (Kondom) nicht von dem der Allgemeinbevölkerung.
In Bayern werden Prostituierte und intravenös Drogenabhängige, nicht aber Homosexuelle, generell als HIV-ansteckungsverdächtig behandelt und damit den Zwangsmaßnahmen des Bundesseuchengesetzes unterzogen: Zwangsvorführungen, Zwangstestung, Überwachung, Einschränkung von Grundrechten und Freiheitsentzug sind damit möglich. In Bayern und Hessen wird langfristiger Freiheitsentzug für sogenannte unbelehrbare infizierte Prostituierte politisch propagiert und vorbereitet. In der Bundesrepublik Deutschland, in der Schweiz und in Österreich wird mehrheitlich das Mittel von Zwangsmaßnahmen als untauglich zur Aids-Bekämpfung und -Prävention angesehen. Statt dessen wird mit den Mitteln der Aufklärung, Beratung, Betreuung, der Kooperation mit Betroffenen und Gefährdeten und psychosozialen Hilfsangeboten für sie versucht, die Eigenverantwortung für den Schutz vor Ansteckung zu erhöhen. Diese politische Linie wird von allen politischen Frauengruppen im deutschsprachigen Raum unterstützt.

Literatur: *Chris Norwood,* Advice for Life. Women and Aids (New York 1987); *Diane Richardson,* Frauen und die Aids-Krise (Berlin 1987); *Rita Süssmuth,* Aids. Wege aus der Angst (Hamburg 1987); *Melitta Walter* (Hrsg.), Ach, wär's doch nur ein böser Traum! Frauen und Aids (Freiburg i. Br. 1987).
Ute Canaris

Alleinerziehende

↗ Alleinstehende; Armut; Bindung; Ehescheidung; Erziehung; Familie; Lebenskrisen; Mutterbindung; Selbsthilfe; Tagesmütter

Lebenssituation

Alleinerziehende, das sind ledige, getrennt lebende, geschiedene oder verwitwete Frauen, die mit ihren Kindern zusammenleben. Es gibt in viel geringerer Zahl auch Männer, die ihre Kinder allein erziehen. Ihre Zahl in der

BRD betrug 1985 138 000, die der alleinerziehenden Mütter und Väter 1,76 Millionen; fast eine Million davon sind Alleinerziehende mit Kindern unter 18 Jahren. Genau vergleichbare Zahlen neueren Datums aus der Schweiz und aus Österreich liegen derzeit nicht vor. Wir beziehen uns in dieser Darstellung vornehmlich auf die Frauen als Alleinerziehende.

Ihre Zahl nimmt von Jahr zu Jahr zu. Die Frauen sind es, die mehrheitlich die Scheidung einreichen und die Sorge für die Kinder übernehmen. Frauen von heute sind nicht mehr in dem Maße wie früher bereit, Unterdrükkung, Streit, Diskriminierungen, Lieblosigkeiten in einer Partnerschaft auszuhalten. Sie ziehen die Konsequenzen und trennen sich von ihrem Partner, auch nach vielen Ehejahren. Die Männer gehen in der Regel bald wieder eine feste Bindung ein, Frauen nicht. Der Prozentsatz junger Witwen, die ihren Mann durch Krankheit oder Unfall verloren haben, nimmt zu. Ledige Mütter heiraten nicht mehr unbedingt, damit das Kind einen Namen, sprich Vater, hat.

Trauer und Trennung

Den Verlust des Partners – durch Tod oder Trennung – erleben die Alleinerziehenden als schwere Krise. Ihre Lebensplanung ist zerstört. Sie fühlen sich einsam, isoliert, neigen zu Resignation und Depression. Das Gefühl des Versagens und der Schuld wegen der gescheiterten Ehe drückt sie nieder. Ihr Selbstvertrauen und ihr Selbstwertgefühl sind erschüttert. Ängste plagen sie:

Angst, die Trennung nicht verarbeiten und bewältigen zu können; Angst vor der permanenten Überforderung durch Erziehung, Haushalt und Beruf; Angst, auf andere Menschen zuzugehen, um nicht wieder Enttäuschungen zu erleben; Angst und Unsicherheit vor der alleinigen Verantwortung für Entwicklung und Erziehung der Kinder; Angst vor dem Alleinsein, wenn die Kinder aus dem Haus gehen. Alleinerziehende leiden Mangel an sozialen Kontakten, teils aus Zeitgründen, teils aufgrund gesellschaftlicher Vorurteile. Frauen nach der Scheidung machen oft die bittere Erfahrung, daß Freunde und Bekannte sich zurückziehen, Nachbarn auf Distanz gehen und der Kontakt zur eigenen Familie schwieriger wird. Sie müssen gegen Vorurteile im privaten und öffentlichen Leben ankämpfen. Die Verarbeitung von Trauer und Trennung, das Chaos gegensätzlicher Gefühle, das jeden Trauerprozeß begleitet, die Einsamkeit, der Aufbau des neuen Selbstvertrauens kosten Kraft und Nerven.

Wirtschaftliche und soziale Probleme

Trennung, Scheidung und Witwenschaft ziehen einschneidende Veränderungen in der persönlichen und sozialen Lebensführung nach sich, wenn auch in unterschiedlichem Ausmaß.

Die bisherige Wohnung ist nun zu teuer und muß aufgegeben werden, der Lebensstandard kann nicht gehalten werden. Eine neue Wohnung, die finanziell tragbar wäre, ist, besonders in den Großstädten, nur schwer zu finden. Hausbesitzer suchen Mieter mit gesichertem Einkommen, dies wird bei Alleinerziehenden oft in Frage gestellt. Die wirtschaftliche Lage junger nicht verheirateter Mütter ist schwierig. Viele von ihnen haben keine abgeschlossene Berufsausbildung und kaum Möglichkeiten, ihren Lebensunterhalt selbst zu verdienen.

Materielle Einschränkungen und finanzielle Sorgen prägen in einschneidender Weise den Alltag vieler alleinerziehender Frauen. Viele leben nach Scheidung und Trennung am Rande des Existenzminimums, sind Sozialhilfeempfängerinnen. Unterhaltszahlungen für die Kinder müssen sie oft einklagen, erhalten sie unregelmäßig und nicht in voller Höhe.

Alleinerziehende sind aufgrund der

wirtschaftlichen Situation gezwungen, berufstätig zu sein, auch wenn die Kinder noch klein sind. Nicht alle haben einen Beruf oder finden nur schwer wieder den Einstieg ins Erwerbsleben. Einen geeigneten Arbeitsplatz zu finden, besonders bei der angespannten Arbeitsmarktlage, ist sehr schwer. Die schulische Ausbildung der Kinder kann von den meist ganztägig berufstätigen Frauen nicht genügend gefördert und überwacht werden. Ein Problem vieler Alleinerziehender ist die Unterbringung und Versorgung der Kinder, sei es während der Arbeitszeit der Mutter, in den Ferien, die länger als ein Jahresurlaub sind, bei Krankheit der Mutter oder Erkrankung der Kinder, und auch abends, wenn die Mutter einmal weggehen möchte. Die meisten berufstätigen Alleinerziehenden sind auf einen ganztägig geöffneten Kindergarten oder Hort angewiesen. Es fehlen genügend Plätze, und die Öffnungszeiten sind für Alleinerziehende unbefriedigend geregelt.

Die Situation der Kinder

Die Trennung der Eltern ist für Kinder eine große Belastung. Alles, was ihnen bisher Sicherheit gab, scheint verloren. Viele Kinder reagieren auf diese Bedrohung: Sie laden die Schuld für die Trennung auf sich und wollen so die Eltern entlasten. Andere verhalten sich auffällig, damit sich die Eltern um ihr Wohlergehen sorgen. Wieder andere Kinder ergreifen Partei für den in ihren Augen schwächeren Elternteil. Ihr Verhalten, egal wie, ist immer ein Versuch, das Auseinandergehen der Eltern zu verhindern bzw. die Eltern wieder zusammenzuführen. Kinder, die einen Elternteil durch Tod verlieren, sind in ihrem Kern erschüttert, traurig und oft voller Angst. Sie haben eine Person verloren, auf die sie ihre Gefühle gerichtet hatten, die für sie Identifikationsfigur war.

Alleinerziehende fühlen sich gegenüber ihren Kindern oft schuldig, weil sie diese viel zu früh sich selbst überlassen müssen, weil sie zu wenig Zeit haben, weil sie überlastet, nervös und abgespannt sind und aggressiv reagieren. Wenn ein Partner fehlt, werden die Kinder oft mit Problemen konfrontiert, die sie überfordern. Kinder dienen dann vielfach als Partnerersatz, und aus dieser Rolle entstehen nicht selten Bindungen, aus denen die Ablösung sehr schwierig ist oder nicht gelingt.

Hilfen

Es gibt heute verschiedene Bemühungen, dem noch immer wachsenden Kreis alleinerziehender Mütter und Väter Hilfen anzubieten. In der Bundesrepublik Deutschland hat der Verein Alleinerziehender Mütter und Väter (VAMV) die politische Aufmerksamkeit auf diesen Personenkreis wirksam gefördert. Er bietet auch Betroffenen in Gruppen Gelegenheit, sich über ihre Fragen und Probleme auszutauschen. Im Bereich der Kirchen haben sich die sogenannten „Treffpunkte" als spezifische Form für Alleinerziehenden-Gruppen ausgebreitet. Auch in Österreich und in der Schweiz werden Gruppen für Alleinerziehende von kirchlichen und anderen (Frauen-)Verbänden angeboten.

Literatur: *Sophie Behr / Helga Häsing,* Ich erziehe allein (Reinbek 1980); *Bernd Buchhofer,* Die soziale Lage der Ein-Eltern-Familie (Weinheim 1980); *Wassilios Fthenakis / Renate Niesel / Hans-Rainer Kunze,* Ehescheidung. Konsequenzen für Eltern und Kinder (München 1982); *Gunhild Gutschmidt,* Kind und Beruf. Alltag alleinerziehender Mütter (Weinheim 1986); *Freia Hoffmann* (Hrsg.), Ledige Mütter, Protokolle, Analysen, Sozialarbeit, Selbstorganisation, juristische Informationen (Frankfurt a.M. 1976); *Verena Kast,* Trauern. Phasen und Chancen des psychischen Prozesses (Stuttgart 1985); *Klaus Koch / Bärbel Schwertfeger,* Zu zweit am Ende. Phasen einer Trennung (München 1987); *Mel Krantzler,* Der Weg aus dem Scheidungsschock (Bern 1975); *Isolina Ricci,* Was tun für Scheidungskinder (Zürich 1982); *Inge Tiemann,* Allein erziehen (Düsseldorf 1983); *Verband alleinerziehender Mütter und Väter,* So schaffe ich es allein (Bonn 1980); *Paul M. Zulehner,* Scheidung – was dann? (Düsseldorf 1982).

GERTRUD PEUSCHEL

Alleinstehende

↗ Abhängigkeit; Alleinerziehende; Alter; Bindung; Depression; Diskriminierung; Ehescheidung; Identität, weibliche; Lebenskrisen; Lesbische Liebe; Partnerschaft; Pflege, häusliche; Sexualität

Sozialer Trend

Die Zahl der alleinstehenden Frauen in der Bundesrepublik Deutschland lag 1986 bei rd. 10 Mio. und hatte steigende Tendenz. Davon sind 4 Mio. ledig, 4,5 Mio. verwitwet und 1,5 Mio. geschieden. (Genaue Daten für die Schweiz und für Österreich lassen sich derzeit nicht ermitteln.)
In der Zahl von 4 Mio. alleinstehender Frauen sind alle Altersstufen einbezogen, also auch jene Frauen, die, durch den Zweiten Weltkrieg bedingt, ihre Entscheidung, unverheiratet zu bleiben, nicht unbedingt freiwillig getroffen haben. Heute gehören sie zu den älteren Frauen, die durch ununterbrochenen Einsatz ihrer Lebens- und Arbeitskraft den wirtschaftlichen Aufstieg unserer Gesellschaft seit der Nachkriegszeit mit vorangebracht haben.

Gründe, alleinstehend zu leben

Anders als früher führen heute alleinstehende Frauen ein von einem Mann und seiner Versorgung unabhängiges Leben. Wenn früher ledige Schwestern als Mägde des Bruders auf dessen Erbhof und in der Großfamilie verblieben, haben sie die Pflege alter Eltern oder kranker Familienangehöriger übernommen. So war es auch in den bürgerlichen Familien. Noch heute ist diese Verpflichtung oft scheinbar selbstverständlich, auch wenn sie finanziell völlig unabhängig sind, den unverheirateten Frauen geblieben. Bis in die besten Jahre des Lebens hinein, nicht selten bis über ihre Pensionierung hinaus, bleiben viele Frauen an diese Pflege gebunden. Für die freie Gestaltung ihres Lebens bringt dies erhebliche Einschränkungen mit sich oder verhindert diese ganz. Mit der Versorgung alter Eltern nehmen sie wichtige gesellschaftliche Aufgaben wahr, die bisher weder öffentliche noch steuerliche Anerkennung gefunden haben.
Ein häufiges Motiv in neuerer Zeit, alleinstehend zu bleiben, ist das Freibleibenwollen von Familienbindungen und Verpflichtungen. Allein über sich, seine Zeit, sein Geld verfügen zu können ist anziehend geworden. Viele haben durch eine lange, kostenintensive Ausbildung oder ein Studium ein entsprechendes Berufsfeld angestrebt, das sie fasziniert und zum Schwerpunkt ihres Lebens wurde. Auch gibt es Frauen, die die Ehe nie in ihren Lebensplan aufgenommen haben, da sie aus religiösen Motiven, zwar alleinlebend, dennoch sich einer geistlichen Gemeinschaft angeschlossen haben; andere wählen aus denselben Motiven einen kirchlichen Beruf. Wieder andere sind unverheiratet geblieben, weil sie den Wunschpartner nicht fanden, andere aus gesundheitlichen Gründen oder wegen Behinderung. Das Erlebnis gescheiterter oder/und „spießiger“ Elternehen sind heute ebenso Motive, alleinstehend zu sein.
Je nach dem Motiv und den Voraussetzungen finden Alleinstehende ihre innere und äußere Unabhängigkeit, ihre menschliche Autonomie und Reife leichter oder schwerer. Für diesen Prozeß haben sie heute auch durch die Inhalte und Ziele der Frauenbewegung Ansporn und Unterstützung.

Lebenskonzepte

Das neue Bewußtsein der Frauen, ein vollständiger Mensch und eine autonome Person zu sein, findet für eine bestimmte Gruppe seinen sprachlichen Ausdruck in dem Wort „Single“. Es bezeichnet alleinstehende, selbstbewußte Frauen und Männer, die überkommene Vorstellungen und Lebensmuster über Bord werfen. Die meisten derer, die sich mit dem Begriff „Single“ identifizieren, sind entschlossen, unverheiratet zu bleiben, schließen aber sexuelle Beziehungen nicht aus. Trotz intimer Bindungen und ebenso in denselben wollen sie aber unabhängig bleiben, gehen viele doch von der Vorstellung aus, daß sich in einer „freien“ Beziehung eine gleichberechtigte Partnerschaft eher verwirklichen lasse als in einer Ehe. Dabei wird in Kauf genommen, daß bei aller Unabhängigkeit die freie Beziehung auch nicht „problemlos“ ist. Besser aber alleinbleibend nicht ganz glücklich, als in einer Ehe zu zweit unglücklich zu sein. Das ist eine der Begründungen für nichteheliche Liebesbeziehungen (Badinter). Für manche Frauen, die sich für dieses Lebenskonzept entschieden haben, mögen Simone de Beauvoir und Jean-Paul Sartre als das „mündige Paar“ vorbildlich gewesen sein (Schenk). Sie waren in einem lebenslangen intensiven Gespräch über ihre geistige Arbeit, blieben aber trotz auch anderer Liebesbeziehungen dieser ihrer „Primärbeziehung“ treu. Entscheidet sich eine alleinstehende Frau, Geliebte eines verheirateten Mannes, „die Andere“ zu sein, kann die „scheinbar so emanzipierte Lebensform in einen Teufelskreis von Abhängigkeiten und Heimlichkeiten“ führen (Langsdorff).

Die Diskussion über Homosexualität hat auch die gleichgeschlechtlichen Beziehungen nicht nur unter Männern enttabuisiert. Auch Frauen wagen heute, sich zu lesbischen Beziehungen zu bekennen. Wie hoch der zahlenmäßige Anteil an den genannten Lebensformen unter den Alleinstehenden ist, läßt sich schwer bestimmen. Jedoch ist offensichtlich, daß sexuelle Enthaltsamkeit unverheirateter Frauen in unserer Gesellschaft mit ihren vielen gesellschaftlich akzeptierten Lebensmodellen keine sozial gebotene Regel mehr ist.

Vielfache Lebensgestaltung

Auch in einer weiteren Hinsicht ist das Unverheiratetsein unter ein anderes Vorzeichen als nur das des Verzichtes gerückt. Schon der allgemein freiere Umgang der Geschlechter hat viel von unnötigen Einschränkungen und vom Gewicht moralischer Verdächtigungen, die alleinstehenden Frauen oft entgegengebracht wurden, weggenommen. Der gesellschaftliche Wandel hat eine beachtliche Daseinserweiterung auch für sie erbracht. Finanzielle Unabhängigkeit machen ihnen nicht nur Studien, Reisen und anspruchsvolle Urlaube möglich. Die eigene, oft sehr komfortabel ausgestattete Wohnung, Gastfreundschaft, die Pflege vieler Kontakte und Beziehungen im privaten Raum und in persönlichem Stil sind für viele eine wichtige Lebensqualität geworden. Familienhafte oder hausfrauliche Tätigkeiten in völliger Selbstbestimmung, Haupt und Hand im „eigenen Haus“ und in eigener Person zu sein, bringen Befriedigung und können zur Kompensation von Einsamkeits- und Verlassenheitsgefühlen beitragen.

Leben in Beziehungen

Nach wie vor gibt es viele alleinstehende Frauen, die sich bewußt für sexuelle Enthaltsamkeit entscheiden. Auch sie haben durch den Beruf und ihre aktive Teilnahme an öffentlichen Aufgaben und Verantwortungen in politischen und kirchlichen Gemeinden, in Parteien und Verbänden vielfach anregende, sie inspirierende Beziehungen zu Männern und Frauen. Aus bloßen Kontakten werden oft Freundschaften, aus Kolleginnen und Kollegen Freundinnen und Freunde. Diese vielfältige Teilnahme am kulturellen, politischen und sozialen Leben bietet Sublimationsmöglichkeiten auch für sexuelle Bedürfnisse. In einem Leben mit und für andere kann erfahren werden, daß schöpferische Arbeit und die Liebe als legitime Weisen der Sublimation menschlicher Sexualität (Teilhard de Chardin) das Leben reich und sinnvoll machen. Sexuelle Enthaltsamkeit schließt nicht aus, sondern eher ein, daß unverheiratete Frauen Anspruch auf personale Freundschaft haben, ob es sich dabei um Frauen oder Männer handelt. Tiefe Freundschaften bringen immer auch existentielle Glücks- und Leiderfahrungen, in denen der Mensch zur personalen Reife gelangen kann.

Literatur: *Elisabeth Badinter,* Ich und Du. Die androgyne Revolution (München 1988); *Regina Bohne,* Das Geschick der zwei Millionen in unserer Gesellschaft (Düsseldorf 1960); *Marina Gambaroff,* Utopie der Treue (Reinbek 1987); *Elisabeth Gössmann,* Die Frau in der Kirche, in: Handbuch der Pastoraltheologie IV (Freiburg i. Br. 1969), bes. 260ff.; *Theresia Hauser,* Die alleinstehenden Erwachsenen, in: Handbuch der Pastoraltheologie IV (Freiburg i. Br. 1969) 278ff.; *Maja Langsdorff,* Die Geliebte – Was es heißt, die Andere zu sein, in: Psychologie heute – Buchprogramm (Weinheim – Basel 1987); *Heinz G. Rupp,* Soziale Kompetenz im Alter. Selbstsicherheit und Selbstsicherheitstraining bei alleinstehenden Frauen (Münster 1984); *Penelope Russianoff,* Bin ich ohne Mann nichts wert? (München 1987); *Herrad Schenk,* Freie Liebe – wilde Ehe. Über die allmähliche Auflösung der Ehe durch die Liebe (München 1987).

THERESIA HAUSER

Alter

↗ Alleinstehende; Armut; Beruf; Chancengleichheit; Ehrenamt; Emanzipation; Erwerbstätigkeit; Generationsprobleme; Gesundheit; Klimakterium; Lebenskrisen; Soziale Sicherung

Begriff

Altern beginnt – nach Max Bürger – bereits bei der Entstehung und ist mit Entwicklung, mit Veränderung im körperlichen, seelisch-geistigen und sozialen Bereich gleichzusetzen. Diese Veränderungen können sowohl als Zunahme als auch als Abnahme, als quantitative und qualitative Veränderungen, die als Verlust oder Gewinn erlebt werden, gesehen werden. Im allgemeinen Sprachgebrauch orientiert man sich vielfach an der „Altersgrenze“, dem Ende der Berufstätigkeit, das man als Beginn des eigentlichen Alters sieht. Für (nicht berufstätige) Frauen setzt man oft auch den Auszug der Kinder aus dem Elternhaus mit der Pensionierung des Mannes gleich. Eine stärker biologische Definition sieht den Beginn des Alters mit dem Ende der Fortpflanzungsfähigkeit, dem Klimakterium, gegeben. Schon hier wird deutlich, daß Altern für Frauen etwas anderes bedeutet als Altern für Männer.

Demographische Aspekte

Zur Zeit sind 21 % der Bevölkerung in der Bundesrepublik 60 Jahre und älter; ca. 15 % aller Männer, aber ca. 24 % aller Frauen. Heute hat der neugeborene Junge eine durchschnittliche Lebenserwartung von 71 Jahren, das Mädchen eine von ca. 78 Jahren. Diese um 7 Jahre höhere Lebenserwartung der Frau und der Ausfall der durch den Zweiten Weltkrieg geschwächten Jahrgänge der Männer bewirken, daß in der Gruppe der über 60jährigen heute 100 Männern etwa 200 Frauen gegenüberstehen.
Die Lebenssituation der heute älteren Frauen unterscheidet sich in vieler Hinsicht von der der älteren Männer: Während in der Gruppe der 70- bis 75jährigen 53 % der Frauen in Ein-Personen-Haushalten leben, sind es nur 14 % der Männer; von den über 75jährigen sind über 70 % der Frauen alleinstehend; 61 % leben in Ein-Personen-Haushalten, von den Männern nur 22 %. Der Anteil der Verwitweten ist bei den über 60jährigen Frauen sechs mal so hoch wie bei der entsprechenden Altersgruppe der Männer.
Armut und Einsamkeit sind heute zwar kein typisches Charakteristikum des Alterns mehr, doch in der Gruppe älterer Frauen findet sich häufig eine kumulative Benachteiligung – im Hinblick auf die finanzielle Situation, die Wohnsituation, die gesundheitliche Situation, die kulturelle bzw. Bildungssituation. Hiervon sind in erster Linie Frauen betroffen, die nie berufstätig waren und verwitwet sind.
Vorbeugende Maßnahmen haben sowohl bei gesellschaftlichen Gegebenheiten anzusetzen wie auch bei der individuellen Lebensführung – und das von früher Kindheit an.

Altern als mehrfach determiniertes Schicksal

Altern ist nicht ein Schicksal, dem der/die einzelne mehr oder minder passiv ausgeliefert ist, sondern ein Schicksal, das man zu meistern hat, mit dem man sich auseinanderzusetzen hat. Dies gilt besonders für kritische Lebenssituationen, mit denen die Frau beim Älterwerden konfrontiert wird. Der Auszug des Kindes aus dem Elternhaus (Fahrenberg), die Aufgabe des Berufes, der Verlust des Partners, auch eigene Krankheitssituationen verlangen aktive Auseinandersetzungen mit der jeweiligen Lebenssituation, die dann besser gelingen, wenn diese Situationen rechtzeitig antizipiert werden. Jeder reagiert auf diese Situationen unterschiedlich, je nach bisheriger Entwicklung und gegenwärtiger Lebenssituation. *Die* alte Frau gibt es nicht! Familien-, Berufs- und Lebenssituation haben jeweils für eine spezifische Prägung gesorgt, so daß sich eine jede Generalisierung verbietet und die Individualität der Alternsvorgänge mit Nachdruck hervorgehoben werden muß.

Altern als biologisches Schicksal

Wenngleich unter biologischen Aspekten die Frau als das „stärkere Geschlecht" bezeichnet wird, das sich von früher Kindheit an als widerstandsfähiger erweist, bestätigen Gesundheitsstatistiken keineswegs das stärkere gesundheitliche Wohlbefinden der älteren Frau. Ob die Frau nun wirklich im höheren Alter kränker ist oder sich nur kränker fühlt, läßt sich dabei nicht eindeutig klären. Unsere Untersuchungen (Lehr/Schmitz-Scherzer/Thomae) haben festgestellt, daß ältere Frauen häufiger dazu neigen, ihren Gesundheitszustand schlechter einzuschätzen, als es den ärztlichen Daten entspricht, während Männer sich häufiger als gesünder einschätzen.
Zweifelsohne sollte man einerseits die Appellfunktion einer Krankheit bei manch einer älteren Frau nicht übersehen; anderseits muß man jedoch wissen, daß – der kognitiven Theorie des Alterns gemäß (Thomae) – nicht die objektive Situation das Verhalten bestimmt, sondern das subjektive Erleben derselben.

Gerechterweise sind in diesem Zusammenhang jedoch auch die hormonalen Umstellungsvorgänge (Menopause), die den eigentlichen Alternsprozeß einleiten, zu nennen; – Umstellungsvorgänge, die beim Mann nicht in dieser krassen Weise sichtbar werden. Daß viele Beschwerden, die unter dem Stichwort „Klimakterium" zusammgefaßt werden, jedoch weniger biologische Ursachen haben als sozialpsychologisch zu interpretieren sind (im Sinne von Rollenkonflikten und Rollenverlusten), sei hier angemerkt (vgl. Lehr 1983).

Altern als soziales Schicksal

Frausein und Altsein hat ein verstärkt negatives Image. Erinnert sei an die Analyse von Märchen, von Jugendbüchern, von Illustrierten-Romanen, von Schullesebüchern, aber auch von Werbeanzeigen oder gar an die Analyse von Witzen und Anekdoten, in denen allesamt sich das Bild der alten Frau als weit negativer erweist als das des alten Mannes (vgl. hierzu Lehr 1978). Zugewiesene Eigenschaften der „idealen Frau" zentrieren sich auf die Begriffe „hübsch", „nett", „jugendlich"; Attributierungen des „idealen Mannes" auf „tüchtig", „gescheit", „stark", „vertrauenerweckend", d.h. auf Eigenschaften, die weniger altersabhängig sind (vgl. auch S. de Beauvoir).
Mit anderen Worten: Die Gesellschaft ordnet von den Rollenerwartungen her die Frau in einem früheren Alter einer Problemgruppe zu und begegnet vielen älteren Frauen mit mehr Vorbehalten als älteren Männern.

Altern als finanzielles Schicksal

Auf die Benachteiligung vor allem verwitweter älterer Frauen ist hinzuweisen. Unterhalb der sogenannten Armutsgrenze finden sich selten Männer, vorwiegend jedoch Frauen, die nie berufstätig waren. Aber auch die durch eigene Berufstätigkeit erworbene Rente ist bei Frauen erheblich geringer als bei Männern, wofür schlechtere Schul- und

Berufsausbildung verantwortlich zu machen sind, geringere berufliche Qualifizierung, geringere berufliche Mobilität der Frau wie auch die Scheu, Aufstiegschancen wahrzunehmen; außerdem führen kürzere Betriebszugehörigkeit und häufigere Berufsunterbrechungen ebenso zu einem geringeren Rentenanspruch. Diese Situation wird sich in Zukunft wahrscheinlich ändern. Anderseits ist für ein psychologisches Wohlergehen im Alter das freie Verfügenkönnen über ein eigenes angemessenes Taschengeld unbedingt notwendig, nicht zuletzt, um für Beweglichkeit (Reisen, Taxi) und Anregung (Theater, Kino, Reisen) zu sorgen, um Sozialkontakte aufrechterhalten zu können, um sich selbst die notwendige Pflege der äußeren Erscheinung (vom Friseur bis zum Kauf neuer Kleidung) zu gönnen, die für ein positives Selbstbild im Alter wesentlich ist.

Die Berufstätigkeit der Frau als Gerophylaxe ist nicht nur, aber auch unter finanziellen Aspekten zu sehen. Die Berufstätigkeit bedeutet Stimulation, Quelle der Information und Orientierung, der Erhaltung und des Trainings der geistigen Kräfte, Quelle sozialer Kontakte und Vorbeugung gegen eine Einsamkeit im Alter.

Altern als ökologisches Schicksal

Umweltgegebenheiten beeinflussen das Verhalten entscheidend, wobei dieser Einfluß sich mit abnehmender Kompetenz des Individuums zunehmend verstärkt (Lawton). Auch hier sind wiederum ältere Frauen besonders betroffen. Fast die Hälfte aller Ein-Personen-Haushalte in der Bundesrepublik werden von über 60jährigen Menschen, vorwiegend Frauen, geführt. Die Wohnausstattung ist in der überwiegenden Zahl gerade dieser Fälle schlechter, als es sonst dem Durchschnitt entspricht. Geräte, die die Haushaltsführung erleichtern, sind gerade bei einem großen Teil dieser Gruppe der alleinstehenden Frauen nur unzureichend vorhanden bzw. können aus finanziellen Gründen nicht in dem erwünschten Maße beschafft werden. Der Anteil der Führerscheinbesitzer ist in diesen Geburtsjahrgängen noch gering – das eigene Auto fehlt. Auch dies wird sich in Zukunft ändern.

Altern als biographisches Schicksal

In Kindheit und früher Jugend erfahrene Einflüsse – aber auch das Erleben im mittleren Lebensalter – wirken prägend und bestimmen das Verhalten der Frau im hohen Lebensalter.

1. Untersuchungen belegen, daß bei den meisten Frauen mit zunehmendem Alter ein *stärkerer Abfall intellektueller Fähigkeiten* gegeben ist als bei Männern. Ursachen hierfür sind einmal die schlechtere Schulbildung, zum anderen aber das geringere Training geistiger Fähigkeiten, das im allgemeinen durch die berufliche Herausforderung gefördert wird. Bei berufstätig gewesenen Frauen konnten diese Defizit-Erscheinungen in bezug auf geistige Aktivität, Orientierungs- und Informationsgrad und allgemeine Kompetenz nicht in diesem Maße festgestellt werden.

2. Ähnlich biographisch bedingt ist auch das *Einsamkeitserleben* zu sehen, das man bei Männern, aber auch bei ledig gebliebenen und auch bei frühzeitig verwitweten Frauen seltener findet als bei im Alter verwitweten Nur-Hausfrauen, die vielfach schon mit der Eheschließung sich ausschließlich auf die Familie zentriert und alle übrigen Sozialkontakte höchstens auf den Kollegenkreis ihres Mannes beschränkt hatten.

3. Eine weitere biographisch erklärbare Alternssituation ergibt sich hinsichtlich der *Freizeitaktivitäten und des Interessenradius,* die nachgewiesenermaßen zum psychologischen Wohlbefinden im Alter beitragen.

Schon als Jugendlichem wurde – zumindest bei der heutigen älteren Generation – dem Sohn ein größeres Ausmaß an Freizeitinteressen zugestanden als der Tochter, die sich – traditionellen Rollenvorstellungen folgend – um

Haushalt und Geschwister zu kümmern hatte. Da man im höheren Alter sich aber selten neuen Interessengebieten zuwendet, sondern höchstens frühere Interessengebiete wieder aufweckt, sind Frauen den Männern gegenüber benachteiligt. Besonders betroffen sind hiervon wiederum im Alter verwitwete Frauen; Ledige bzw. schon längere Zeit Alleinstehende haben häufiger schon im mittleren Lebensalter Interessengebiete intensiver gepflegt.

Geroprophylaxe als Aufgabe von Jugend an

Der Verlauf der Alternsprozesse wird von biologischen, sozialen, finanziellen, ökologischen, kulturellen, epochalen und biographischen Momenten mitbestimmt, welche sich allesamt für die meisten Frauen der heutigen älteren Generation ungünstiger auszuwirken scheinen als für die Männer. Für mehr Frauen als Männer bedeutet Älterwerden heutzutage eine Einengung des Lebensbereiches, eine Reduzierung des Verhaltensradius, abnehmende Kompetenz und zunehmende Abhängigkeit und Unselbständigkeit – und damit eine erhebliche Beeinträchtigung ihres psychophysischen Wohlbefindens.
Eine Verbesserung der Lebenssituation der Gruppe der heute mehrfach benachteiligten älteren Frauen ist notwendig, und auch – in Grenzen – durch körperliche, geistige und soziale Aktivierung, durch vielfache Anregung und nicht zuletzt durch finanzielle Maßnahmen möglich. Es ist notwendig, geistige Fähigkeiten, Interessen und Sozialkontakte stärker als bisher von Jugend an auch bei der Frau zu entfalten, zur Entwicklung zu bringen und im Alter zu erhalten.
Darüber hinaus ist es notwendig, diese Fähigkeiten, Interessen und Sozialkontakte *auch während des mittleren Lebensalters zu erhalten, zu pflegen* und sie nicht zugunsten einer einseitigen Familienzentrierung verkümmern zu lassen. Auch im mittleren Lebensalter sollte die Frau wissen, daß es neben der Familie auch außerfamiliäre Aufgaben gibt (sei es im Beruf oder im Rahmen sonstiger sozialer oder kommunaler Tätigkeiten), denen sie sich zuwenden sollte – zu ihrem eigenen Wohle, zum Wohle ihrer Familie und auch zum Wohle der Gesellschaft!
Weiterhin kommt es darauf an, die Lebenssituation und die zu erwartenden „kritischen Lebensereignisse" im Alter *rechtzeitig zu antizipieren, gedanklich vorwegzunehmen, um auf die Veränderungen innerlich vorbereitet zu sein.* Diese Veränderungen beginnen mit dem Auszug der Kinder aus dem Elternhaus und reichen über die Pensionierung bis hin zur etwaigen Verwitwung und dem möglicherweise stattfindenden Umzug in ein Altenheim.

Literatur: *Gertrud Backes,* Frauen im Alter. Ihre besondere Benachteiligung als Resultat lebenslanger Unterprivilegierung (Bielefeld 1981); *Simone de Beauvoir,* Das Alter (Reinbek 1977); *Beate Fahrenberg,* Die Bewältigung der „empty-nest-situation", in: Zeitschrift für Gerontologie 19 (1986) 323–335; *Martha Krause-Lang,* Nie mehr so schön wie Sulamith. Lust und Last des Älterwerdens (Freiburg i. Br. 1987); *Martin Paul Lawton,* Ecology and aging, in: Leon Pastalan / David Carson (Hrsg.), Spatial behavior of older people (Michigan 1970); *Ursula Lehr,* Die Frau im Beruf. Eine entwicklungspsychologische Analyse der weiblichen Berufsrolle (Frankfurt 1969); *dies.,* Psychologie des Alterns (Heidelberg [5]1984); *dies.,* Die Situation der älteren Frau – psychologische und soziale Aspekte, in: dies. (Hrsg.), Seniorinnen (Darmstadt 1978) 6–26; *dies.,* Alterszustand und Alternsprozeß – biographische Determinanten, in: Zeitschrift für Gerontologie 13 (1980) 442–457; *dies.,* Klimakterium – sozialpsychologische Aspekte, in: Dietmar Richter / Manfred Stauberg (Hrsg.), Psychosomatische Probleme in Geburtshilfe und Gynäkologie (Freiburg i. Br. 1983); *dies.,* Zur Situation der älterwerdenden Frau (München 1987); *Ursula Lehr / Reinhard Schmitz-Scherzer / Hans Thomae,* Psychologischer Befund subjektiver Gesundheitszustand, internistischer Befund, in: Rene Schubert / Alfred Störmer (Hrsg.), Schwerpunkte der Geriatrie (München 1974) 94–101; *Leopold Rosenmayr,* Die soziale Benachteiligung alter Menschen, in: Walter Doberauer (Hrsg.), Script um Geriatricum (München 1976) 203 bis 219; *Hans Thomae,* Die Bedeutung einer kognitiven Persönlichkeitstheorie für die Theorie des Alterns, in: Zeitschrift für Gerontologie, 4 (1971) 8–18.

URSULA LEHR

Altersversorgung ↗ Soziale Sicherung.

Altes Testament

↗ Antike; Befreiungstheologie; Christentum; Eva; Frauenrollen/Frauenleitbilder; Glauben; Gottesbilder; Islam; Judentum; Kirche; Kult; Matriarchat/Patriarchat; Menschenbild; Neues Testament; Sophia; Theologie, feministische; Urbilder, weibliche; Urkirche

Umfang und Entstehungsgeschichte

Die Schriftensammlung, die von den Juden TeNaK (*T*orah – die ersten fünf Bücher der Bibel; *N*ebiim, die Prophetenbücher; *Ke*tubim, die Schriftwerke) und von den Christen Altes Testament genannt wird, ist faktisch eine Bibliothek, die Literatur der unterschiedlichsten Genera umfaßt: Poesie, Erzählungen, Gesetze, prophetische Literatur und Weisheitsliteratur. Zusammengenommen vermitteln diese Schriften ein komplexes Bild vom Glauben und Selbstverständnis hebräischer (zum größten Teil männlicher) Dichter, Schreiber, Priester, Propheten und Weisheitslehrer. Neuere Untersuchungen haben gezeigt, daß der größte Teil des Alten Testaments während des jüdischen Exils in Babylon (6. Jh. v. Chr.) geschrieben und zusammengestellt wurde. Die Geschichte Israels wurde aus prophetischer Perspektive ge- bzw. neugeschrieben, um die Frage zu beantworten, warum Israel – erst die nördlichen Stämme und dann Juda und Benjamin – in die Verbannung weggeführt und das Land verwüstet wurde, und um dem Volk Hoffnung auf Rückkehr zu geben. Obwohl die Autoren und Redaktoren des Alten Testaments zweifellos viel Material den jahrhundertelangen mündlichen und schriftlichen Überlieferungen entnommen haben, ist deutlich, daß sie dieses Material kreativ und frei verwandt haben, im Dienst ihrer eigenen didaktischen und theologischen Zielsetzungen. Alter Erzählstoff wurde zu sorgfältig komponierten literarischen Einheiten umgearbeitet. In den Jahrhunderten nach dem Exil wurden die verschiedenen Schriften gesammelt, erweitert und nach und nach kanonisiert; so verkörperten sie das autoritative Zeugnis der göttlichen Offenbarung. Dieser Prozeß der Kanonisierung war um das Jahr 100 n. Chr. abgeschlossen, als in einer Versammlung jüdischer Schriftgelehrter in Jamnia Umfang und Reihenfolge des hebräischen Kanons definitiv festgelegt wurde.

Septuaginta

In Umfang und in der Reihenfolge unterscheidet sich der hebräische Kanon von der Septuaginta, der im 2. und 3. Jh. v. Chr. verfaßten griechischen Übersetzung des Alten Testaments. Die Septuaginta umfaßt einige „apokryphe" oder „deuterokanonische" Bücher (z. B. Tobit, Judit, Weisheit), die auch in die Bibelübersetzungen der orthodoxen, katholischen und lutherischen Tradition aufgenommen wurden. In der reformierten Tradition gehören diese Bücher im Anschluß an den hebräischen Kanon nicht zum Alten Testament.

Bilder von Frauen und Weiblichkeit

Wie die meisten anderen antiken Texte wurde auch das Alte Testament „von Männern aus einer männlich dominierten Gesellschaft" (Bird in: Ruether, 41) geschrieben. Das impliziert, daß im Alten Testament ein einseitiges Bild der (Macht-)Verhältnisse von Mann und Frau entworfen wird. Es ist Aufgabe von Frauenstudien zum Alten Testament, die Mechanismen von Unterdrückung und die Widerstandselemente in dem Kampf der Geschlechter aufzuspüren und zu analysieren, wie dieser in dem und durch das Alte Testament geführt wird. Die Analyse der alttestamentlichen Bilder von Frauen und Weiblichkeit ist ein wichtiger Teil dieser Untersuchung. In der *Erzählliteratur* des Alten Testaments tauchen Frauen meist als Mütter auf. Oft sind sie erst eine Zeitlang unfruchtbar, weil

Gott ihre Gebärmutter „verschlossen hat" (Gen 16,2), z.B. die Erzmütter Sara, Rebekka, Lea und Rahel. Das Gebären von Nachkommenschaft wird ausdrücklich als Gabe Gottes dargestellt, nicht als kreative Tat von Frauen. Ein für Frauen positiver Aspekt dieses Verständnisses ist darin zu sehen, daß dadurch die Verehrung der männlichen Potenz in der kanaanäischen Baalsreligion kritisiert wird und daß die biblischen Frauen als sehr kreativ bei ihrem Widerstand gegen die von ihnen als Unrecht erfahrene Kinderlosigkeit beschrieben werden. Außer Müttern finden wir in der Erzählliteratur Frauen als Verführerin: z.B. Tamar (Gen 38) und Rut als „positive" Verführerinnen und Delila (Ri 16) als „gefährliche" Verführerin; als Opfer sexueller Gewalt: z.B. Dina (Gen 34), die Nebenfrau des Leviten (Ri 19) und Tamar (2 Sam 13); als Prophetinnen: Mirjam (Ex 15, 20–21), Debora (Ri 4 und 5), Hulda (2 Kön 22, 14–20) und Noadja (Neh 6,14); als Richterinnen: Debora, die den Kampf gegen die kanaanäischen Unterdrücker organisiert; als weisen Frauen: von Tekoa (2 Sam 14), von Abel-Bet-Maacha (2 Sam 20, 16–22), die Wahrsagerin in 1 Sam 29 u.a.; als Königinnen: Isebel (1 Kön 16–2 Kön 10), Atalja (2 Kön 11), Wasti und Ester; als Hebammen: z.B. Schifra und Pua (Ex 1), die sich dem Pharao widersetzen; als Sklavinnen: z.B. die zur Ersatzmutterschaft gezwungenen Hagar (Gen 16), Bilha und Silpa (Gen 30); als Dirnen: z.B. Rahab (Jos 2) und die Dirnen in 1 Kön 3, 16–18.

In den *Gesetzestexten* (Exodus – Deuteronomium) wird ein nicht sehr rosiges Bild der Stellung der Frau gezeichnet. Mit Ausnahme der Reinheitsgesetze (vgl. bes. Lev 15) wird die Frau kaum als selbständige Person angesprochen. Der Erzählliteratur ist zu entnehmen, daß die Gesetze mehr die (von den Männern) gewünschte als die (von den Frauen) gelebte Wirklichkeit beschreiben.

In der *prophetischen* Literatur fungiert die Frau vor allem als Metapher für Israel. Der Bund Gottes mit Israel wird als eine Ehebeziehung beschrieben, in der der treue Ehemann JHWH ständig von seiner ehebrecherischen Ehefrau, der Dirne Israel, betrogen wird (vgl. z.B. Hos 2; Jer 2 und 3; Ez 16). Das Huren Israels besteht einerseits aus dem Verüben gesellschaftlichen Unrechts, anderseits aus der Verehrung anderer Götter und Göttinnen. Aus dieser noch immer einflußreichen Metaphorik ergibt sich als Konsequenz eine negative Aufladung des Weiblichen und besonders der weiblichen Sexualität und ein Gottesbild, das exklusiv männliche Züge trägt. Letzteres wird allerdings durch weibliche Bilder für Gott (z.B. Jes 42,14) und durch die große Rolle relativiert, die in der (nach-)exilischen Prophetie der (weiblichen) *Ruach* (dem Geist) Gottes zuerkannt wird (z.B. Joel 3,1).

In der *Weisheitsliteratur* spielen einerseits Frau Weisheit (Spr 8 und 9) und ihre irdische Entsprechung, die gute Ehefrau und Mutter (Spr 31), und anderseits Frau Torheit (Spr 9) und ihre irdische Entsprechung, die „gefährliche fremde Frau" (Spr 7), eine wichtige Rolle. Sie symbolisieren das Gute und das Böse, die dem Mann auf seinem Lebensweg begegnen und zwischen denen er wählen muß. In der Frau Weisheit, der geliebten Tochter Gottes und irdischen Erscheinung von Gottes Gerechtigkeit, kommt die von den Propheten so heftig bekämpfte Göttin in einer für die Theologie Israels annehmbaren Gestalt wieder zum Vorschein.

Spuren weiblicher Traditionen

Information über kulturelle und religiöse Traditionen von Frauen finden wir vor allem in Angaben des Alten Testaments über mündliche Überlieferung von Liedern, die von Frauen gesungen und komponiert wurden. Es war vor allem Aufgabe der Frauen, bei politischen Ereignissen und religiösen Festen Lieder zu singen. Jer 9,17 und

19 können wir entnehmen, daß das Singen von Klageliedern besonders dafür ausgebildeten Klageweibern zufiel. Auch Lieder aus Anlaß eines Sieges (Ex 15,21; Ri 5; 1 Sam 18,6–7), Erntelieder (Ri 21,21), Lieder zu einer Geburt (1 Sam 2,1–10 und Gen 30,13, wo die kanaanäische Göttin Aschera angerufen wird) und Liebeslieder (Hld) gehörten zum Repertoire von Frauen. Anweisungen für besondere Frauenrituale finden sich in Ri 11,40, wo zu lesen ist, daß die Töchter Israels jedes Jahr vier Tage lang die Tochter von Jiftach besingen, und in Ez 8,14, wo Frauen im Tempel den Tammus beweinen. Vielleicht handelt es sich in beiden Fällen um eine israelitische Variante zur mesopotamischen Sitte, in Nachahmung der Göttin Ischtar ihren Geliebten Tammus (den Gott der Fruchtbarkeit) zu beweinen. Nach Jer 7,18 und Jer 44 wurde die Verehrung der Himmelskönigin (Ischtar/Inanna) vor allem von Frauen praktiziert. Daß auch im alten Israel die Sichtweise von Männern nicht die einzig mögliche und richtige war, wird vor allem am Lied der Debora (Ri 5) und am Hohenlied deutlich. In beiden Texten kommen Frauen zu Wort und werden ausdrücklich Frauen angesprochen. Das Deboralied lehrt Frauen, daß Mutterschaft nicht in jedem Fall bedeuten muß „warten auf einen Sohn". In der Liebe, so wie sie die Frau im Hohenlied besingt, ist keine Rede von ungleichen Machtverhältnissen zwischen Männern und Frauen.

Literatur: *Mieke Bal / Fokkelien van Dijk-Hemmes / Grietje van Ginneken*, ... und Sara lachte in ihrem Zelt. Patriarchat und Widerstand in biblischen Geschichten (Münster 1988); *Helgard Balz-Cochois*, Gomer. Der Höhenkult Israels im Selbstverständnis der Volksfrömmigkeit (Frankfurt a.M. – Bern 1982); *Athalya Brenner*, The Israelite Woman (Sheffield 1985); *Adela Y. Collins* (Hrsg.), Feminist Perspectives on Biblical Scholarship (Chico 1985); *Frank Crüsemann / Hartwig Thyen*, Als Mann und Frau geschaffen. Exegetische Studien zur Rolle der Frau (Gelnhausen – Berlin – Stein a.M. 1978); *Maria Sybilla Heister*, Frauen in der biblischen Glaubensgeschichte (Göttingen 1984); *Max Küchler*, Schweigen, Schmuck und Schleier. Drei neutestamentliche Vorschriften zur Verdrängung der Frauen auf dem Hintergrund einer frauenfeindlichen Exegese des Alten Testaments im antiken Judentum (Fribourg – Göttingen 1986); *Rosemary Radford Ruether*, Religion and Sexism (New York 1974); *Letty Russell*, Feminist Interpretation of the Bible (Philadelphia 1985); *Willy Schottroff / Wolfgang Stegemann* (Hrsg.), Traditionen der Befreiung. Frauen in der Bibel (München 1980); *Silvia Schröer*, In Israel gab es Bilder (Fribourg – Göttingen 1987); *Marie Theres Wacker* (Hrsg.), Der Gott der Männer und die Frauen (Düsseldorf 1987); *Karin Walter* (Hrsg.), Zwischen Ohnmacht und Befreiung. Biblische Frauengestalten (Freiburg i.Br. 1988); *Diana Wolkstein / Samuel N. Kramer*, Inanna Queen of Heaven and Earth (New York 1983).

FOKKELIEN VAN DIJK-HEMMES
Aus dem Niederländischen von Ulrich Ruh

Amt, kirchliches

↗ Antike; Chancengleichheit; Charismen; Christentum; Diskriminierung; Frauenseelsorge; Gemeinde; Heilige / Heiligkeit; Kirche; Kirchenrecht; Kult; Menschenbild; Neues Testament; Ökumene; Ostkirchen / Orthodoxie; Reformation; Theologie, feministische; Urkirche; Väterlichkeit

Neues Testament

Der Begriff „Amt" bezeichnet heute im Deutschen eine sozial und rechtlich anerkannte Position, die es gestattet, reale Macht im Namen einer Institution auszuüben und in ihrem Namen eventuelle Sanktionen vorzunehmen. Worte, die gleichbedeutend mit „Amt" sind, existierten im zeitgenössischen Griechisch des Neuen Testamentes, aber sie sind dort nie benutzt worden, um die kirchlichen Dienste zu bezeichnen.

Hier wird der allgemeine Begriff der „Diakonie" (Dienst) bevorzugt sowie spezielle Ausdrücke wie Apostel, Bischof, Presbyter, Diakon – Bezeichnungen ohne administrative oder gar kultische Nebenbedeutungen. Die christlichen Ämter wurden nicht im Sinne des jüdischen oder heidnischen Priesteramtes verstanden. Die Ämter des Neuen Testaments sind charakterisiert durch die Nachfolge Christi, sie entstehen durch die Berufung, das Handauflegen, die Gabe des Heiligen Geistes und die Sendung: „Amtsträger" übten ihren Auftrag gleichzeitig für die Kirche und in aktiver Zusammenarbeit mit ihr aus (vgl. Apg 1,15 – 26; 6,1 bis 6; 13,1 – 3). In den letzten Schriften des Neuen Testaments (Pastoralbriefe) nimmt das ordinierte Amt Gestalt an (Bischof, Priester, Diakon), das aber erst um 150 verbindlich eingerichtet wurde, zu der gleichen Zeit, in der die kanonischen Bücher festgelegt wurden. Wahrscheinlich waren Frauen zu dieser Zeit Diakoninnen (vgl. 1 Tim 3,11).

Alte Kirche

Sehr bald war mit dem Bischofsamt die Vorstellung einer Nachfolge im Apostelldienst verbunden in allem, was übertragbar war. Es ist bedeutsam, daß die Listen der Nachfolge nicht durch die Kette des Handauflegens dargestellt werden, sondern sich aus dem Vorsitz einer Ortskirche ableiten. Die apostolische Qualität des Amtes des einzelnen wurde durch die Übereinstimmung aller mit dem apostolischen Glauben begründet. Ein Jahrhundert später wird das Bischofsamt als *priesterliches* Amt verstanden (vgl. die Apostolische Tradition des Hippolyt und bei Cyprian). Es ist nun auch deshalb unverzichtbar, weil Laien – so die Begründung – nicht der Eucharistie vorstehen könnten. Aber auch hier macht sich die Bedeutung der Gemeinschaft aller und des einzelnen in der Sprache bemerkbar: Obschon eine Einzelperson die Eucharistiefeier leitet, wird sie von allen begangen, denn die liturgische Handlung ist korporativ, wie die Sprache durch die Pluralform „wir" bezeugt, sowohl in den Gebeten insgesamt wie in den zahlreichen Antwortformeln.

Durch die Scholastik des 13. Jahrhunderts gewann die Kategorie des (Opfer-) Priestertums die Oberhand über die Dienste an Gottes Wort und der pastoralen Aufgabe. Die Reformation wies ein solches Übergewicht zurück, aber das Konzil von Trient (1545 – 1563) bekräftigte es. Die Reformatoren legten mit Überzeugungskraft das Gewicht auf ein allen gemeinsames allgemeines Priestertum, wobei sie das Amt des Pastors zwar beibehielten, es aber nicht als Sakrament betrachteten. Die juristischen Funktionen der Bischöfe wurden in den Händen der weltlichen Fürsten belassen (zumindest bei den deutschen Lutheranern).

Nach dem Ersten und Zweiten Vatikanischen Konzil

Das Erste Vatikanische Konzil hat 1870 aufgrund einer langen Entwicklung den universellen Jurisdiktionsprimat des Papstes und die Unfehlbarkeit seiner Lehre unter bestimmten Bedingungen zum Dogma erhoben. In der Antike war die Kirche von Rom als erstes Patriarchat anerkannt worden, weil Rom die Hauptstadt des Römischen Reiches war, aber vor allem weil es „Sitz des Petrus" war und weil Rom außerordentlicher Verteidiger der Orthodoxie, des rechtmäßigen Glaubens, war. Dann aber trennte sich der Orient nach vielen Spannungen im 11. Jahrhundert von Rom wegen des Anspruchs, von dort aus die Weltkirche regieren zu wollen. Diese Trennung von Rom vollzogen, wenn auch aus viel komplexeren Gründen, auch die Kirchen, die aus der Reformation hervorgegangen sind.

Das Zweite Vatikanische Konzil (1962 – 1965) stellt ein gewisses Gleichgewicht in der Konzeption der Ämter in der katholischen Kirche wieder her, vor allem indem es sie einbindet in die Communio-Ekklesiologie. Es erfolgt eine deutliche Wiederanbindung an die Dreiteilung des Weiheamtes durch die Wiedereinsetzung des Ständigen Diakonats (LG 29) und durch die Bestätigung der Sakramentalität des Bischofsamtes (LG 21), die mehr als einmal in Vergessenheit geraten war. Alle Mitglieder des Episkopats, einschließlich des Papstes, bilden ein Kollegium (LG 22). Damit wird die Beziehung der Bischöfe zum Papst in einen neuen Blickwinkel gestellt: Als „Vikare Christi" dürfen die Bischöfe nicht als „Vikare des römischen Pontifex" betrachtet werden (LG 27); sie „tragen selbst alle Macht kraft ihres Amtes zur Erfüllung ihres Auftrages". Die Bischöfe eines Territoriums müssen Bischofskonferenzen abhalten, die mit juristischer Vollmacht ausgestattet sind (LG 23, CD 38). Ebenso wird im Umkreis des Papstes eine Synode gewählter Bischöfe eingerichtet, die es ihm ermöglicht, die Stimme der Kirchen zu hören (CD 5).

Die Konzeption der Ortskirchen als Glaubensgemeinschaft bringt auch eine neue Gleichgewichtung zwischen Bischof und Priestern (obligatorischer Priesterrat, PO 7) mit sich, aber auch zwischen den Priestern und den Gläubigen: z. B. den Wunsch nach pastoralen Diözesanräten (CD 27) und Pfarrgemeinderäten, nach Diözesansynoden und regionalen und überregionalen Konzilen (CD 36). Sie können, und das ist eine beachtliche Neuerung, mehrheitlich aus Laien, Männern und Frauen, zusammengesetzt sein. Dennoch bleibt die Gesetzgebung allein in den Händen der Bischöfe.

Die Wiedereinführung des Ständigen Diakonats könnte eine reelle Chance für die katholische Kirche sein, „dienend und arm" zu werden. Den Wunsch, auch Frauen zu Diakoninnen zu weihen, äußerte u. a. die deutsche Synode (1975), bisher ohne Erfolg. Infolge des besseren Verständnisses der Charismen der Laien (LG 12 30) wurden jedoch viele kirchliche Dienste Laien, Frauen und Männern, übertragen.

Offene Fragen

Die Verdeutlichung der Verantwortlichkeit sowohl aller Gläubigen wie einiger im besonderen Amt einer Communio-Ekklesiologie bleibt eine Grundfrage. Darin könnte die Verantwortlichkeit der Laien und insbesondere die der Frauen in der Kirche erweitert werden. 1977 stellte die Glaubenskongregation jedoch fest: „Die Kirche hält sich aus Treue zum Vorbild ihres Herrn nicht dazu berechtigt, die Frauen zur Priesterweihe zuzulassen" (Apostolisches Lehrschreiben „Inter Insigniores"). Als wesentliche Begründung gilt das Argument aus der kirchlichen Tradition: „Niemals hat die Kirche daran gedacht, daß die Frauen gültig die Priester- oder Bischofsweihe empfangen könnten." Eine Änderung dieser Haltung ist nicht in Sicht, wenngleich die Erklärung „Inter Insigniores" in juridischer Hinsicht nicht die Bedeutung einer unabänderlichen Lehräußerung hat.

Hervé Legrand

Aus dem Französischen von Christiane Kügeler

Reformatorisches Amtsverständnis

In den Kirchen der Refomation ließen sowohl die Betonung des Vorrangs der Predigt des Wortes Gottes für den Amtsträger, dem die Sakramentenverwaltung zugeordnet wurde, als auch die Ablehnung der im Mittelalter ausgebildeten Zweiständelehre („weltlich" – „geistlich") gegenüber der Erklärung des nur *einen* „geistlichen Standes" aller Getauften eine so gravierende Unterscheidung von Amtsträgern und „einfachen" Gläubigen nicht zu, wie sie sich in der römisch-katholischen Kirche entwickelte. Auch das Verständnis der Ordination als eines eigenen Sakramentes wurde von den evangelischen Kirchen nicht übernommen, wenngleich für die Amtseinführung das Gebet um die Gabe des Geistes und die Einmaligkeit der Ordination wesentlich blieb.

Das Amtsverständnis war Gegenstand intensiver ökumenischer Gespräche. Auch traditionell strittige Unterschiede, z. B. die Frage nach der apostolischen Sukzession (der ununterbrochenen Weitergabe des Amtes durch die Handauflegung des Bischofs) oder der Dreigliedrigkeit des Amtes (Diakon, Priester, Bischof) oder gar der Zölibatsverpflichtung des katholischen Priesters, erweisen sich in der heutigen theologischen Diskussion in vieler Hinsicht als relativierbar. Dazu hat ein differenzierteres theologisches Denken und die eingehendere Kenntnis der historischen Entwicklung beigetragen. Zwar sind die Schritte zur gegenseitigen Anerkennung der wahrhaftigen Nachfolge und Erfüllung des Auftrages Christi: seine Kirche zu sein, immer noch zaghaft und klein. Dies ist für viele Christinnen und Christen schmerzlich, kann aber auch ein Ansporn sein, die ökumenische Gesinnung und die Bemühung um die Ökumene zu vertiefen.

Kirchliches Amt für Frauen

Auch wenn in der Urkirche Frauen Ämter und Dienste in der Gemeinde selbstverständlich ausgeübt haben, läßt sich daraus doch keine kirchliche Tradition für ein Priesteramt von Frauen ableiten. Nach der Profilierung und Fixierung des kirchlichen Weiheamtes ausschließlich für Männer haben einige prophetisch und charismatisch begabte und religiös gebildete Frauen schon in der Antike und im Mittelalter die Festlegung von Defizienz und Zweitrangigkeit der Frau für Aufgaben und Ämter in Welt und Kirche hinterfragt. Oft haben sie diese Festschreibung in ihrem persönlichen Wirken überwunden oder unterlaufen. Doch ist die öffentliche Frage nach dem Weiheamt für die Frau, die Forderung nach ihrer Ordination, in der römisch-katholischen wie in der evangelischen Kirche erst wenige Jahrzehnte alt. Von den orthodoxen Kirchen wird sie bis heute nicht für diskussionswürdig gehalten.

Auf dem Hintergrund der unbefragten 2000 Jahre Christentumsgeschichte hat sich in den letzten 50 Jahren die Frauenfrage in den Kirchen geradezu stürmisch entwickelt. Und doch geht vielen Frauen, vor allem was die römisch-katholische Kirche betrifft, diese Entwicklung zu langsam.

Durch die gesellschaftliche Entwicklung, besonders die Emanzipations- und die feministische Bewegung, haben sich Selbstverständnis, Anspruch und Rolle der Frauen nicht nur im gesellschaftlichen Raum grundlegend verändert. Es schärfte sich selbstverständlich auch das Bewußtsein der Frauen in bezug auf ihre Stellung in den Kirchen. Mit dem Apostolischen Lehrschreiben „Inter Insigniores" versuchte die römische Kirche 1977 zu begründen, weshalb sie Frauen nicht zum Priesteramt zulassen könne. Sie beruft sich dabei auf die Tradition, in der Frauen nie diesen Zugang hatten. Sie gesteht sich allerdings nicht ein, daß die (ebenfalls aus der Tradition stammende) Annahme von einer schöpfungsmäßigen und gottgefügten Zweitrangigkeit der Frau, die sie zur Gehilfin des Mannes bestimmte und eine Unfähigkeit zu leitenden Aufgaben bewirkte, sowohl von der menschlich-geschichtlichen Entwicklung wie auch von bibel- und naturwissenschaftlicher Erkenntnis widerlegt ist.

Auch das Argument, daß Jesus selbst Frauen nicht in die Apostelschaft berufen habe, kann nicht befriedigen. Biblische Texte und Ereignisse als für alle Zeiten verbindlich geltende Handlungsanweisungen unmittelbar zu übertragen, kann heute nur als Anachronismus empfunden werden; denn die Zeiten, gesellschaftliche und kulturelle Gegebenheiten ändern sich, entwickeln sich weiter. Im dritten Argument wird auf eine Glaubensanalogie zurückgegriffen: Der Priester handelt insbesondere im Zentrum der Eucharistiefeier „in persona Christi". Wie Christus spricht er die Wandlungsworte über Brot und Wein: „Das ist *mein* Leib, das ist *mein* Blut." Deshalb kann, so die Schlußfolgerung, nur ein Mann hier Christus repräsentieren, imago – Bild Christi sein. Wenn jedoch die Taufformel aus Gal 3,28 theologische Gültigkeit hat, daß in Christus weder Mann noch Frau, noch Sklave, noch Freier ist, sondern alle „Einer" in ihm sind, dann kann auch das Analogieargument nicht überzeugen.

Frauen in der katholischen Kirche fragen nach dem Amt, um ihrer Verantwortung für die Weitergabe des Glaubens mit den ihnen geschenkten

Talenten entsprechen zu können: „Die Zurückweisung der Begabungen so vieler Frauen durch die Jahrhunderte hat sich sehr nachteilig ausgewirkt. Überdies ist die Geschichte der Ämterdiskussion eine Geschichte der Vorurteile gegenüber Frauen ... Es wird oft verschwiegen, daß es hier auch um Teilen von Macht und Geld, um Angst vor Frauen, Angst vor Leiblichkeit und Sexualität geht und daß man auf Frauen eigene Ängste projiziert" (Herlinde Pissarek-Hudelist). Die Behauptung, daß Frauen, wenn sie das Amt anstreben, (auch) in der Kirche an die Macht kommen möchten, zeigt zudem auf, daß im Widerspruch zur Bibel das Amt doch faktisch von der Macht her definiert wird, und läßt die Vermutung zu, daß in der Frage des Priesteramts für Frauen auch der Geschlechterstreit ausgetragen wird. Freilich wirft die Verbindung von Priesteramt und dem Weiblichen neben dogmatischen und kirchengeschichtlichen Fragen auch religionswissenschaftliche und religionspsychologische auf: Viele Menschen auch säkularer Gesellschaften empfinden einen Widerspruch zwischen dem „Heiligen" und dem Weiblichen. So bestehen nicht nur kirchenamtliche Widerstände gegen eine Zulassung von Frauen zum Amt, sondern auch bei Frauen selbst sind Widerstände anzutreffen.

Hoffnungsvoll kann die Geschichte des Amtes für Frauen in den evangelischen Kirchen stimmen. Auch hier war Frauen, nachdem es ihnen Anfang des Jahrhunderts möglich wurde, Theologie zu studieren, zunächst kaum ein verantwortlicher kirchlicher Dienst eröffnet. Nur zögernd übergab man ihnen Aufgaben als Religionslehrerinnen, Besuchsdienste in der Gemeinde, spezielle religiöse Jugend- und Frauenarbeit, Seelsorgeaufgaben bei gefangenen und kranken Frauen. In den zwanziger und dreißiger Jahren ist auch unter den evangelischen Theologinnen selbst der Blick auf die Gemeindepredigt oder Sakramentenverwaltung noch gar nicht ausgerichtet. Ganz selbstverständlich wird Frauenleistung noch als *Mit*arbeit, *Mit*wirkung, Gehilfinnenamt akzeptiert.

Nachdem seit dem Beginn des Zweiten Weltkriegs als Kriegsnotmaßnahme Frauen stellvertretend in den vollen Gemeindedienst einbezogen wurden, erlebten viele von ihnen, daß sie ihm durchaus entsprechen konnten und von der Gemeinde geschätzt wurden. Aber sie mußten nach Kriegsende diese „Stellvertretung" zunächst wieder abgeben. Fast die gleichen Argumente, die in „Inter Insigniores" vorgetragen werden, sind dafür maßgebend gewesen: Die Frau könne, gemäß der Schöpfungsordnung, dem Mann nur zuarbeiten. Und nach der geistlichen Ordnung, die Paulus in 1 Kor 11,3 beschreibt: „daß Christus das Haupt des Mannes ist, der Mann das Haupt der Frau und Gott das Haupt Christi", sei also auch einer evangelischen Frau nicht das leitende bzw. das einzige Amt der Wortverkündigung in einer Gemeinde zu übertragen" (Theologinnenordnung der Württembergischen Landeskirche 1948).

Eine Zeitlang suchte man das Problem in der evangelischen Kirche mit der Überlegung zu lösen, daß Frauen eventuell zu einem Amt „sui generis", einem spezifischen weiblichen Amt, berufen werden könnten. Ähnlich wird heute von einigen orthodoxen Theologen darauf hingewiesen, daß die Diakonin bzw. Diakonissin bis ins 11., 12. Jahrhundert hinein ein hochgeachtetes, weibliches Amt im Klerikerstand der orthodoxen Kirche einnahm. Sie schlagen vor, dieses unter Umständen in der orthodoxen wie in anderen Kirchen wiederzubeleben (Evangelos Theodorou in: Gössmann/Bader).

In einigen evangelischen Kirchen ist ein „Amt sui generis" zwar für kurze Zeit entstanden, aber schließlich doch nicht installiert worden. Es konnte der Vielfalt und Verschiedenheit von Begabungen und Berufungen von Frauen nicht gerecht werden und hätte den zeitgemäßen Bedürfnissen der Gemeinde nicht entsprochen. Der Prozeß, der endlich zu der theologisch gründlich reflektierten Grundsatzentscheidung führte, Frauen zum vollen Pfarramt zuzulassen, war zäh, für die Frauen im kirchlichen Dienst oft mit schmerzlichen Erfahrungen verbunden. 1958 waren die ersten Pfarrerinnen in Schweden ordiniert worden, 1966 folgte in der Bundesrepublik Deutschland Oldenburg, 1968 Württemberg, 1975 Bayern. Die kleine Landeskirche Schaumburg-Lippe ordiniert bis heute keine Frau. Viele Jahre galten Sonderregelungen für Pfarrerinnen, vor allem die, daß sie mit der Verheiratung ausscheiden mußten. Inzwischen sind auch darin Mann und Frau weitgehend gleichgestellt.

Daß mit der Frauenordination die gleichrangige Mitwirkung der Frauen an Leitung und Verantwortung, Gestaltung und Prägung der Kirchen noch lange nicht erreicht ist, haben evangelische Frauen seitdem erfahren. Zusammen mit ihren katholischen Schwestern, denen sie in der Amtsfrage eine Spanne voraus sind, setzen sie sich weiter für eine geschwisterliche, ökumenische Kirche ein.

Literatur: *Peter Bläser u.a.,* Ordination und kirchliches Amt (Paderborn – Bielefeld 1976); *Gemeinsame römisch-katholische / evangelisch-lutherische Kommission* (Hrsg.), Das geistliche Amt in der Kirche (Paderborn – Frankfurt a.M. [4]1983); *Elisabeth Gössmann / Dietmar Bader* (Hrsg.), Warum keine Ordination der Frau (München 1987); *Gisbert Greshake,* Priestersein (Freiburg [4]1985); *Sven S. Hartman u.a.,* Amt, Ämter, Amtsverständnis, in: TRE 2 (1978) 500 bis 622; *Else Kähler,* Die Frau in den paulinischen Briefen, unter besonderer Berücksichtigung des Begriffs der Unterordnung (Zürich – Frankfurt a.M. 1960); *Karl Kertelge* (Hrsg.), Das kirchliche Amt im Neuen Testament (Darmstadt 1977); *Claudia Pinl u.a.,* Frauen auf neuen Wegen. Studien und Problemberichte zur Situation von Frauen in Gesellschaft und Kirche (Gelnhausen – Berlin – Stein a.M. 1978); *Herlinde Pissarek-Hudelist,* Feministische Theologie – eine Herausforderung an Kirche und Theologie, in: Wolfgang Beinert (Hrsg.), Frauenbefreiung und Kirche (Regensburg 1987); *Karl Rahner / Herbert Vorgrimler* (Hrsg.), Diaconia in Christo (Freiburg i.Br. 1962); *Ida Raming,* Der Ausschluß der Frau vom priesterlichen Amt. Gottgewollte Tradition oder Diskriminierung? (Köln 1973); *Erika Reichle,* Frauenordination. Studie zur Geschichte des Theologinnen-Berufs in den evangelischen Kirchen Deutschlands, in: Claudia Pinl u.a., Frauen auf neuen Wegen. Studien und Problemberichte zur Situation von Frauen in Gesellschaft und Kirche (Gelnhausen – Berlin – Stein a.M. 1978); *Edward Schillebeeckx,* Christliche Identität und kirchliches Amt (Düsseldorf 1984).

Anneliese Lissner

Anima/Animus

↗ Abhängigkeit; Emotionalität und Rationalität; Ganzheitlichkeit; Menschenbild; Psychoanalyse; Tiefenpsychologie; Urbilder, weibliche

Begriffsbestimmung

Die beiden Begriffe entstammen der Jungschen Psychologie. C. G. Jung (1875 – 1961) hat in seiner Lehre ein Modell der Seele entworfen, dessen einzelne Schichten in einer polaren Beziehung zueinander stehen und einander gegenseitig ergänzen. Das gilt sowohl für das Bewußtsein und das Unbewußte als Gesamtes wie für Einzel- oder Teilaspekte der beiden seelischen Bereiche. Mit Anima (lat. Seele) bezeichnet er jene Anteile im Unbewußten des Mannes, die eine sogenannte weibliche Färbung aufweisen und in polarem Gegensatz zum männlichen Ich im Bewußtsein stehen. Umgekehrt bezeichnet er mit Animus (lat. Geist) jene Anteile im Unbewußten der Frau, die eine sogenannte männliche Färbung aufweisen und in polarem Gegensatz zum weiblichen Ich im Bewußtsein stehen.

Polares Welt- und Seelenbild

Mit der Hypothese der seelischen Gegengeschlechtlichkeit, die philosophisch auf dem Prinzip der Polarität beruht, scheint Jung wissenschaftlich eine ausgleichende Gerechtigkeit zwischen Frau und Mann zumindest im seelischen Bereich geschaffen zu haben. Es gilt aber zu bedenken, daß das Gegengeschlechtliche laut Definition nie ganz bewußt gemacht werden kann, da es immer auch archetypische

Anteile aufweist. D.h., daß der Mann bewußt über Logik und Sachlichkeit verfügt, seine Gefühlsseite, die Anima, dem Unbewußten verhaftet bleibt. D.h. ebenso, daß die Frau bewußt über ihr Gefühl verfügt, ihr Denken bzw. ihre logischen Fähigkeiten hingegen dem Unbewußten verhaftet bleiben. Weibliche Geistigkeit kann nach Jung also nie ganz klar, logisch und sachlich sein: Eine Frau ist, sobald sie denkt, in ihrem Gegengeschlecht und damit im Unbewußten. Das Produkt ist nicht reine Logik, sondern nur Meinungen und Argumente. Damit schließt Jung die Frau aus der Welt des Denkens aus und verweist sie in den ihr „angestammten" Bereich der Gefühlswelt. Das Prinzip der Hierarchisierung, wie es den patriarchalen Strukturen eigentümlich ist, übernimmt Jung insofern, als in unserer Gesellschaft Logik höher bewertet wird als Emotionalität. Jung schließt ferner vom Mann auf die Frau. Damit macht er innerhalb seines polaren Welt- und Seelenbildes den ersten Pol automatisch zum männlichen und definiert ihn durch die in patriarchalen Gesellschaften am höchsten bewertete Fähigkeit, nämlich Logik. Dadurch verweist er die Frau bzw. das Weibliche auf den anderen Pol, der zur Aufrechterhaltung des bipolaren Systems ausschließlich komplementär, d.h. ergänzend zum ersten Pol sein darf. Durch das Konzept der Gegengeschlechtlichkeit verweist Jung die Frau auf den zweiten Platz – er schließt in seinem gesamten Werk immer vom Mann auf die Frau – und setzt sie gleichzeitig in eine ständige Abhängigkeit zum Mann, indem sie ihn mit ihren seelischen Eigenschaften komplementär zu ergänzen hat.

Spaltung der Ganzheit

Durch das Anima/Animus-Konzept ist Jung ferner genötigt, klar zwischen der Seele des Mannes und der Frau zu unterscheiden: sie haben grundlegend verschieden zu sein. Darüber gehen Sinn und Gefühl für das Ganzheitliche verloren, das Jung anderseits immer wieder als seelisches Ziel, als den sogenannten Individuationsprozeß anstrebt und es in seiner Lehre der seelischen Gegengeschlechtlichkeit verwirklicht sieht. Er übersieht dabei, daß er durch die Festlegung von sogenannten männlichen und sogenannten weiblichen Eigenschaften, die laut Definition je nach Geschlecht nur bewußt oder unbewußt sein können, gerade eine Spaltung an Stelle einer Ganzheit herbeiführt.

Literatur: *Ursula Baumgardt,* König Drosselbart und C. G. Jungs Frauenbild. Kritische Gedanken zu Anima und Animus (Olten 1987); *Carl Gustav Jung,* Die Beziehung zwischen dem Ich und dem Unbewußten (GW 7) (Olten 1971); *ders.,* Aion (GW 9/2) (Olten 1976); *Gerda Weiler,* Der enteignete Mythos. Eine notwendige Revision der Archetypenlehre C. G. Jungs und Erich Neumanns (München 1985).

Ursula Baumgardt

Antike

↗ Altes Testament; Christentum; Emanzipation; Emotionalität und Rationalität; Ethik, weibliche; Frauengeschichte; Gleichberechtigung; Judentum; Jungfräulichkeit; Kirchenlehrerinnen / Kirchenväter; Kult; Kultur; Lesbische Liebe; Matriarchat / Patriarchat; Menschenbild; Mittelalter; Mythologie; Neues Testament; Urkirche

Fragen zur Methode

Wer die Rolle von Frauen im urchristlichen Gemeindeleben und Urteile neutestamentlicher Schriftsteller über Zuständigkeiten der Christin recht einschätzen will, muß zunächst, soweit möglich, in Erfahrung bringen, wie es in der zeitgenössischen Gesellschaft um die Lebensbedingungen von Frauen bestellt war, wie viele Kompetenzen man ihr in öffentlicher Meinung, in philosophischer Ethik oder auch im Recht zumaß; zudem hat ja Berufung auf das klassische Altertum – namentlich seit der Renaissance – bestimmte, meist liberale oder egalisierende Lebens- und Denktraditionen der Neuzeit (Grundrechte, die Frauen einschließen, usw.) entscheidend mitgeprägt, oft genug gerade *gegen* herrschende orthodox-kirchliche Lehre. Dabei ist Rücksicht auf Alter, Art, Zweck und Tendenz der Quellen sehr wichtig, nicht alle Überlieferungsträger sind gleichrangig: Sätze aus Bühnenstücken z.B. sind meist kontextbedingt (hier überwiegen absprechende bis verächtliche Äußerungen; „Schweigen“ wird schon von Sophokles, Aiax 293, verlangt), Reden haben bestimmte Beweisziele, Geschichtsschreiber vermitteln oft genug als Hergang, was in Wirklichkeit Wunschvorstellung des Autors oder seiner Zeit war. Größte Vorsicht ist bei Rechtssätzen und überhaupt bei normativen Texten geboten; zuweilen bestätigen sie, was sie reglementieren wollen, nun eben als soziales Faktum. Auf Inschriften ist sozialgeschichtlich oft mehr Verlaß, aber auch bei ihnen muß man nach Ort, Zeit und ‚Gattung‘ unterscheiden (Standardmotive, Idealisierungen). Wer die hellenistisch-römische Antike zum „Patriarchat“ vereinheitlicht, verkennt, wie disparat und lückenhaft unser Belegmaterial ist, und unterschätzt die trotz aller methodischen Einschränkungen und tatsächlichen Ungleichheiten erkennbaren Ansätze zur Liberalisierung in Praxis (Gesellschaft) und Theorie (Ethik). Festzuhalten ist: das Urchristentum traf in seiner Umwelt auf eine ‚offene‘ Situation bezüglich der Stellung und Geltung von Frauen in Haus und Öffentlichkeit. Diese Situation, ein Gefälle zwischen Regionen und Schichten, Unterschiede in Lebensalter und Familienstand (Mädchen, Ehefrau, Witwe) stets eingerechnet, hat sich vom Athen des 5. Jahrhunderts v.Chr. bis in die frühe Kaiserzeit entwickelt (Hellenisierung Roms); eine „national“ bezogene Trennung (oder gar Entgegensetzung) Griechenland – Rom (u.a. Burck, Leipoldt) trifft nur teilweise den kulturgeschichtlichen Tatbestand.

Rechtswesen und Politik

Ob es so etwas wie eine „Emanzipation“ der hellenistisch-römischen Frau gab, ist historisch umstritten (bejahend z.B. Förtsch, Balsdon; ablehnend u.a. Burck, Kreck, v. Hesberg-Tonn); das geschriebene Recht deckte sich allzuhäufig nicht mehr mit der sozialen Wirklichkeit. Entwicklungen haben im Vermögens- und Erbrecht stattgefunden, nicht nur die Frauen „eigenen Rechts“ wurden hier selbständiger, d.h. frei von der väterlichen Gewalt (patria potestas), von der Vormundschaft (der tutela) usw. Normierungen, die über die Hausverfassung hinausgreifen (Liebs, 124ff.), spiegeln Zuwachs an Liberalisierung. Am Ende der Republik haben Frauen gar gelernt, ihnen hinderliche Gesetze den eigenen Interessen dienstbar zu machen (McNamara, 589). Wenn Papinian äußert, das römische Recht benachteilige in vielem die Frauen (Dig. 1,5,9), zeugt das von kritischer Bewußtheit des Difizits. Da das Recht eher „konservativen“ Lösungen zuneigt, stimmen seine Grundsätze durchweg mit der „traditionellen“ Auffassung der Frauenrolle bei Dichtern, Historikern, Rednern oder in idealisierenden Grabinschriften überein, all das fast ausschließlich von Männern formuliert, z.T. daher auch als Widerstand gegen mittlerweile herrschende Zustände interpretierbar.

Insoweit Politik an Militärdienst gekoppelt war, kamen Frauen hier schon deswegen nicht in Betracht; daß sie dennoch politisch mitwirkten, trifft in Rom bestenfalls für Damen der Oberschicht zu, in den Provinzen dagegen sieht das Bild entscheidend anders aus (Braunstein, Förtsch, MacMullen); hier gab es z.B. Frauen in kommunalen Ämtern. Sofern Politik und Kult zusammengehörten, überschnitten sich auch bei Frauen oft die Kompetenzen (so bei der Priesterin eines Staats- oder Stadtkults).

Kulturelles Leben (Literatur, Kunst, Philosophie), Berufe

Mehr oder weniger steht die ganze antike Literatur im Bündnis mit hergebrachten Moralvorstellungen, kann also nur selten ‚Quelle‘ für soziale Verhältnisse sein. Einzig wohl die Elegie augusteischer Zeit bricht mit dem überkommenen „altrömischen“ Rollensystem (Hallet, Cancik-Lindemaier): jetzt beherrscht die Geliebte, durchaus als „Gattin“ dargestellt, den Mann (und „Liebe“ statt „Krieg“ lautet eine Devise solcher Dichtung). Damit verstärkt diese Poesie also die „Widersprüche“ (Kreck, 37) innerhalb ihrer Gesellschaft. In Aufarbeitung des Themas ergibt sich daraus als Hauptfrage die nach dem Quellenwert literarischer Texte; in vielen Fällen sind sie Echo oder Intervention im Zusammenhang eines sozialen Für und Wider. *Daß* mit Sallust das Frauenporträt in die Geschichtsschreibung kommt (Sempronia), ist bedeutsamer als das Wie seiner Reaktion. Berühmt ist die Diskussion über die Aufhebung der Lex Oppia (ein Gesetz aus Kriegszeiten, das die Lebensweise der Oberschichtfrauen einschränkte, jetzt, 195 v.Chr., aber gegenstandslos geworden war); sie ist wohl „Erfindung“ des Livius (Buch 34) und spiegelt das Pro und Contra einer Debatte augusteischer Zeit: im „parlamentarischen“ Rededuell (die Frauen demonstrieren draußen) kämpft Cato, der notorische Konservative, gegen den Volkstribunen Valerius, der mit seinem „liberalen“ Plädoyer die Aufhebung des Gesetzes erreicht.

Die aktive Teilnahme von Frauen an Literatur und Kunst ist gut bezeugt, Unterweisung von Oberschichtmädchen in Musik, Tanz und Sport war selbstverständlich, der Fundus an Allgemeinbildung erlaubte Tätigkeiten als Dichterin, Konzertsolistin (Gesang, Instrumente), Malerin usw., ja auch schon in hellenistischer Zeit hören wir von beachtlicher weiblicher Gelehrsamkeit (Thraede 1977, 43f.). Kein Wunder, daß bereits im 4. Jahrhundert v.Chr. Philosophenschulen auch Frauen offenstanden (Thraede, ebd. 44f.). Umgekehrt gab es vermögende, ja wirtschaftlich selbständige Frauen, die weder lesen noch schreiben konnten. Die zivilrechtlichen Bedingungen waren derart, daß Frauen mit eigenem Vermögen schalten durften. Das erklärt, weshalb wir oft von weiblichem Rennstall- und Landgüterbesitz hören oder von Frauen, die eine Transportflotte ihr eigen nennen. Selbständige Berufstätigkeit oder Mitwirkung im Betrieb des Mannes ist für Mittel-, Lohnarbeit für Unterschichten hinreichend bezeugt. So oder so handelt es sich um eine Lebensweise, die den überkommenen ‚patriarchalen‘ Normen entschlüpft war. Weibliche Berufstätigkeit (Material und Literatur: Thraede 1977, 46f.; Burck, 90, Anm. 29) – der soziale Status bleibt freilich oft dunkel – paßt nun einmal nicht zum Häuslichkeitsideal interessegeleiteter Idealisierungen und Reglementierungen bei Schriftstellern, Juristen und in bestimmten Denkrichtungen.

Philosophie (Ethik, Ökonomik)

Was die „Theorie“ angeht, so scheint es schon im Athen des 4. vorchristlichen Jahrhunderts zwar keine Frauenbewegung, aber doch „Emanzipation“ als Thema von Dichtern und Philosophen gegeben zu haben (Seidensticker, 33; Thraede 1977, 49f.). Auch in der Philosophie können wir seit Sophistik und Sokratik zwei Optionen unterscheiden: eine für Gehorsam, Häuslichkeit, ja Inferiorität der Frau, eine andere für die Gleichwertigkeit der Geschlechter (was eine Beschränkung der Frau aufs Haus nicht ausschließt). Jene Linie setzt der frühe Platon fort, sein Zeitgenosse Antisthenes gibt an die Stoa das Axiom weiter: „Die moralische Kompetenz ist bei Mann und Frau dieselbe“ (Diog. Laert. 6,12; Thraede 1981, 122–164 sowie Thraede 1977, 55f.). So wenig der stoische Gleichheitsgrundsatz (seit Kleanthes gab es Buchtitel wie „Über die moralische Ebenbürtigkeit der Frau“) die herrschenden Strukturen hat durchbrechen können, so sehr hat er doch – ähnlich wie zum Thema „Sklaverei“ – die Eindeutigkeit überlieferter Verhältnisse beseitigt und das antike Denken „offen“ gehalten für eine Reflexion tatsächlich bestehender, wenn auch nur für kleine Schichten realisierbarer Freiheiten. Plutarch (frühe Kaiserzeit) widerspricht demgemäß ausdrücklich (Mor. 242 E) „patriarchalischen“ Sätzen bei Thukydides (2,45,2) und Gorgias. Er war es auch, der das monogame Zusammenleben zweier liebender, ebenbürtiger Partner als Ideal schildert (die Einehe als „Erfüllung“ ist nicht erst christlich!). Vor ihm hatten Stoiker wie Antipater von Tarsus und Musonius (nicht jedoch Seneca) ähnlich gesprochen, allein Plutarch würdigt auch ein angesehenes Leben außer Haus (wiewohl nicht konsequent).

Postulate wie Unterordnung, Häuslichkeit usw. sind Kehrseite der Entwicklung; zumeist liegen sie im Fahrwasser des Aristoteles (Peripatos), der gern aus biologischer Unterlegenheit eine soziale ableitet (Thraede 1977, 52 – 54). Auch er verkündet schon: „Schweigen ist der Frauen Zier“ (Pol. 1260a, 30). Nahe bei seiner Schule stehen auch die Hausverwaltungslehren (Ps.-Aristoteles, sog. neupythagoreische Oikonomika, hergehörig auch u. a. Columella z. Z. Neros; s. Thraede 1977, 62 – 69; Thraede 1980, 359 – 368). Hier waltet – mit Abstufungen in „Liebe“ und „Herrschaft“ – das Bild der züchtig-untertänigen Hausfrau vor, sicherlich bereits Reaktion auf sozialen Wandel und freiere Denkweisen.

Es trifft also nicht zu, daß die frühen Kirchen sich zwangsläufig an ihre „Umwelt“ angepaßt haben, als sie, bei Herausbildung männlich-klerikaler Strukturen, das anfangs verantwortlich vorhandene weibliche Element in Verwaltung, Gottesdienst und Mission trotz des ursprünglichen eigenen „Gleichheitsgrundsatzes“ (Gal 3,28) zurückgedrängt haben. Ob hier politische Praxis (und Ideologie) sowie römisches Recht einwirkten oder sich nur die (männlich bestimmte) Meinungsmajorität durchsetzte, ist schwer zu sagen; es läßt sich kaum abschätzen, wie groß der Spielraum für Geschlechterparität wirklich war, als sich die Gemeinden auf Stadtebene in Ältesten- oder Bischofsverfassung organisierten; die „innere“ Geschichte des Christentums (Dienste, Ordnungen) der ersten Jahrzehnte und seine sozialen Bindungen („Soziologie der Urgemeinde“) sind uns ja nicht mehr hinreichend erkennbar. Die in Antike und Frühchristentum zunächst „offene“ Situation in Praxis und Theorie, d. h. die Spannung zwischen (relativ) freieren und streng abhängigen Beziehungen entfiel jedenfalls spätestens in der Kirche des 2. Jahrhunderts zugunsten einer Option für fraglos männlich bestimmte Lebens- und Denkformen (im Neuen Testament ablesbar an den sogenannten „Haustafeln“ und am Lehrverbot für Frauen in den sogenannten Pastoralbriefen; zu dieser Entwicklung s. Thraede 1977, 109 – 128 sowie Thraede 1987, 93 – 121). Generell hat sich, von der Spätantike an, die großkirchliche Anschauung auf die frauenfeindliche oder -verachtende Seite geschlagen; damit geriet sie – auch das schon im Frühchristentum – in problematischen Widerspruch zu gleichzeitigen sozialen Ansprüchen und akzeptierten Lebensformen.

Literatur: *Dacre Balsdon,* Roman Women (London [5]1977; dt. Die Frau in der römischen Antike, München 1979); *Otto Braunstein,* Die politische Wirksamkeit der griechischen Frau (Leipzig 1911); *Erich Burck,* Die Frau im alten Rom, in: Human. Bildung 11 (1987) 73 – 92; *Hildegard Cancik-Lindemaier,* Ehe und Liebe. Entwürfe griechischer Philosophen und Dichter, in: Hubert Cancik u. a. (Hrsg.), Zum Thema Frau in Kirche und Gesellschaft (Stuttgart 1972) 47 – 80; *Barbara Förtsch,* Die politische Rolle der Frau in der römischen Republik (Würzburg 1935); *Ludwig Friedländer,* Darstellungen aus der Sittengeschichte Roms 1 (Leipzig [9]1919); *Judith P. Hallet,* The Role of Women in Roman Elegy. Counter-Cultural Feminism, in: Arethusa 6 (1973) 103 – 124; *Barbara v. Hesberg-Tonn,* Coniunx carissima (Diss. Stuttgart 1983); *Theodor Hopfner,* Das Sexualleben der Griechen und Römer (Prag 1938); *Ulrich Kahrstedt,* Kulturgeschichte der römischen Kaiserzeit (Bern [2]1958); *Bettina Kreck,* Untersuchungen zur politischen und sozialen Rolle der Frau in der römischen Republik (Diss. Marburg 1975); *Johannes Leipoldt,* Die

Frau in der antiken Welt und im Urchristentum (Gütersloh 1962); *Dietrich Liebs,* Römisches Recht (Göttingen 1975); *Ramsay MacMullen,* Women in Public in the Roman Empire, in: Historia 29 (1980) 208 – 218; *Jo Ann McNamara,* Wives and Widows in Early Christian Thought, in: Intern. Journal of Woman Studies 2 (1979) 575 – 592; *Ugo Enrico Paoli,* Das Leben im alten Rom (Bern – München ²1961); *Sarah B. Pomeroy,* Goddesses, Whores, Wives and Slaves: Women in Classical Antiquity (New York 1975, dt. Frauenleben im klassischen Altertum, Stuttgart 1985) (Lit.); *Bernd Seidensticker,* Die Frau auf der attischen Bühne, in: Humanistische Bildung 11 (1987) 7 – 42; *Klaus Thraede,* Ärger mit der Freiheit. Die Bedeutung von Frauen in Theorie und Praxis der alten Kirche, in: Gerta Scharffenorth / ders., „Freunde in Christus werden..." (Gelnhausen u. a. 1977), Reihe Kennzeichen 1, 33 – 182 (Lit.); *ders.,* Zum historischen Hintergrund der ‚Haustafeln' des Neuen Testaments, in: Pietas, FS B. Kötting, JbAC Erg.-Bd. 8 (Münster 1980) 359 – 368; *ders.,* Art. Gleichheit, in: RAC 11 (1981) 121 – 164; *ders.,* Der Mündigen Zähmung, in: Humanistische Bildung 11 (Stuttgart 1987) 93 – 121. Klaus Thraede

Arbeit

↗ Abhängigkeit; Alter; Arbeitslosigkeit; Arbeitsrecht; Aufstiegschancen; Ausbildung; Begabung; Beruf; Bildung; Chancengleichheit; Ehrenamt; Elternschaft; Erwerbstätigkeit; Erziehung; Erziehungsgeld; Familie; Frauenberufe; Frauenbewegung; Frauenförderung; Frauenpolitik; Frauenverbände; Gewerkschaften; Hausfrauen; Job-sharing; Kinder; Kinderlosigkeit; Leistung; Pflege, häusliche; Selbständige; Sexismus; Soziale Sicherung; Technik / Technologien; Wiedereingliederung; Wirtschaft

Begriffsbestimmungen

Das Wort Arbeit ist in den europäischen Sprachen gleichbedeutend mit Mühsal, Not, Beschwerde. Das französische Wort „travail" leitet sich ab von „tripolare" und bedeutet foltern. Wie das englische Wort labour wird es auch angewandt auf die Geburtswehen einer Frau. Zugleich weist dies auf die schöpferische Seite hin, wonach Arbeit auch gleichbedeutend mit Werk ist. Im Wortschatz nichtindustrialisierter Völker wird vielfach das gleiche Wort gebraucht zur Bezeichnung der Berufswelt des Handwerkers, des Künstlers und des Industriellen wie z. B. im modernen Arabisch. In unserem Kulturraum war lange die Auffassung Thomas von Aquins prägend, nach der Arbeit Persönlichkeitseinsatz ist, den man durch Berufung als Verpflichtung leistet. Die Arbeit bringt durch Leistungseinsatz den wirtschaftlichen Erfolg und verursacht gleichzeitig Kosten, in denen der Lohn als Grundlage für den (standesgemäßen) Unterhalt enthalten ist.

Für die Nationalökonomie ist Arbeit neben Kapital und Boden ein Produktionsfaktor und umfaßt jede zweckgerichtete körperliche oder geistige Tätigkeit des Menschen im Produktionsprozeß. Die Unternehmerleistung in diesem Prozeß wird als verfügender Faktor bzw. als selbständiger Produktionsfaktor bezeichnet.

Nach Karl Marx ist Arbeit eine Ware, der Arbeitslohn richtet sich nach dem Existenzminimum des Arbeiters. Der Mensch erzeugt sich durch seine Arbeit selbst. Die kapitalistischen Produktionsverhältnisse, die den Menschen zum Verkauf seiner Arbeitskraft auf dem Arbeitsmarkt zwingen, führen aber zur Entfremdung des Menschen vom Produkt seiner Arbeit, von seiner Gattung und sich selbst sowie der Menschen voneinander.

Männer- und Frauenarbeit

Während der Arbeitsbegriff ursprünglich an den mühevollen, meist aber als schöpferisch-produktiv verstandenen Tätigkeiten des Menschen ansetzte, die zur Erhaltung des menschlichen Lebens notwendig sind, verengt er sich in der Neuzeit auf die Erwerbsarbeit. Damit thematisiert er aber fast ausschließlich nur die Männerarbeit. Unbezahlte Arbeit, die meistens von Frauen geleistet wird, findet keine Beachtung mehr. In der volkswirtschaftlichen Gesamtrechnung wird sie nicht bewertet. Doch weisen Berechnungen der Vereinten Nationen nach, daß auch heute noch weltweit 70% aller Arbeit von Frauen geleistet wird, während sie am Einkommen nur mit 10%

beteiligt sind. Von Frauen geleistete Arbeit sichert den Fortbestand der Menschheit und das Leben der Menschen. Frauenarbeit umfaßt die Grundtypen menschlicher Arbeit: Gebären und Aufzucht des Nachwuchses; die Verpflegung der Familienangehörigen; die Sorge für Kleidung; die Betreuung der schwachen und gebrechlichen Glieder der Gesellschaft; die Erziehung der Kinder und die Pflege des Heimes. Mehr und mehr wurde die Zuständigkeit für das seelische Wohlbefinden, die emotionale Beziehungsarbeit vor allem Frauen zugewiesen. Solange Frauenarbeit in die Gesellschaft eingebunden war, wurde die Frau als Erhalterin des Lebens (und damit der Welt) angesehen.

In der mittelalterlichen Agrar- und Handwerkswirtschaft umfaßte Frauenarbeit die Herstellung und den Handel mit lebensnotwendigen Gütern und Dienste, die zumeist in der Familie erbracht wurden. Daneben gab es auch spezielle Frauenarbeitshäuser. Bekannt sind selbständige Erwerbstätige, die sich teils sogar in Zünften zusammenschlossen. Stätten qualifizierter und künstlerischer Frauenarbeit waren die Klöster. Erst die mit der Industrialisierung verbundene Trennung von Arbeitsplatz und Wohn-/Lebensraum entwertete die Frauenarbeit, und zwar sowohl die Haus- und Familienarbeit als auch die Erwerbsarbeit von Frauen. Zwar leisteten und leisten Männer in unterschiedlichem Maße einen Anteil auch bezüglich der Grundtypen der Arbeit zur Erhaltung sowie zum Wohlergehen der Menschen. Aber dies bestimmt nicht das, was Männerarbeit ausmacht. Die Mehrzahl der Männer ist in der Rohstoffgewinnung, im Produktionsbereich, in der Industrie und Verwaltung in Lohnarbeit beschäftigt. Zugleich werden kontrollierende, regelnde und herrschaftsichernde Tätigkeiten hauptsächlich von Männern ausgeführt. Tätigkeiten, die mit Kriegführung, Religion, Gesetzgebung und Regierung, akademischer und künstlerischer Bildung verbunden sind, sind bis heute Männerarbeit.

Benachteiligung von Frauen in der Erwerbsarbeit

Arbeit in der Form von Erwerbsarbeit und Beruf sind im Industriezeitalter zur „Achse der Lebensführung“ (Beck) geworden. Sie dient nicht nur zur Sicherung des Einkommens und des Lebensunterhaltes, sondern von ihr hängen auch der gesellschaftliche Status, die Sozialkontakte und darüber hinaus auch die soziale Sicherung im Alter ab. Das gilt zunehmend auch für Frauen. Ihre Erwerbsbeteiligung nimmt in allen Industrieländern zu. Zu dieser Entwicklung trägt bei, daß Frauen ihr Selbstverständnis nicht mehr ausschließlich über ihre Familienrolle gewinnen. Vor allem verheiratete Frauen bleiben erwerbstätig oder unterbrechen ihre Erwerbstätigkeit nur noch für kurze Zeit, die bei jüngeren Frauen unter 35 Jahren durchschnittlich sogar nur bei 2,6 Jahren liegt. Je mehr Frauen aber erwerbstätig werden, um so bewußter wird ihnen, daß ihre Erwerbsbeteiligung immer noch nicht selbstverständlich ist und daß sie gleiche Chancen weder beim Zugang zu Ausbildung und Beschäftigung noch beim beruflichen Aufstieg haben.

Der Arbeitsmarkt ist geschlechtsspezifisch gespalten, und zwar horizontal und vertikal. Für die horizontale Spaltung des Frauenarbeitsmarktes ist es kennzeichnend, daß zum einen die Bandbreite der zur Verfügung stehenden Berufe begrenzt ist und daß sich zum anderen Frauen in bestimmten Berufsgruppen konzentrieren. So sind fast 50% der erwerbstätigen Frauen im Dienstleistungssektor tätig, und 88% der Frauen verteilen sich auf nur zwölf Berufsgruppen. Jede fünfte sozialversicherungspflichtig beschäftigte Frau arbeitet in Teilzeit; Teilzeitarbeit wird fast ausschließlich von Frauen ausgeführt (93%). Knapp ein Drittel der Frauen in der BRD sind als Arbeiterinnen (Männer: knapp die Hälfte), 53%

als Angestellte (Männer: rd. 30%), 7,5% als mithelfende Familienangehörige (Männer: 0,7%), 5,2% als Selbständige (Männer: 12%) und 5% als Beamtinnen (Männer: 13%) erwerbstätig. In Österreich und der Schweiz sind die Zahlen vergleichbar.

Die vertikale Spaltung des Arbeitsmarktes zeigt sich an folgender Problematik: Obwohl das Qualifizierungsniveau der jüngeren Frauen erheblich gestiegen ist – Mitte der 80er Jahre hatten 63% der erwerbstätigen Frauen eine Ausbildung (1970: erst 38%) –, arbeitet die Hälfte der Frauen in un- und angelernten Tätigkeiten. Nur etwa 4% der Frauen sind in Führungspositionen. Frauen verdienen entsprechend weniger; der Durchschnittsverdienst erreicht nur knapp 70% der Männerverdienste. Trotzdem tragen 43% aller erwerbstätigen verheirateten Frauen 50% oder mehr zum Familieneinkommen bei.

Die zunehmende Erwerbsbeteiligung der Frauen und die spezifische Struktur des Frauenarbeitsmarktes führen zu einer überproportional hohen Arbeitslosigkeit von Frauen, zur Zunahme sozialrechtlich ungesicherter Beschäftigungsverhältnisse oder zu einem entmutigten Rückzug in die sogenannte Stille Reserve.

Die Arbeitswelt und damit die Arbeitsgesellschaft befindet sich durch die Verbreitung der Informations- und Kommunikationstechnologien im Umbruch. Auf dem Arbeitsmarkt führt dies dazu, daß sich der Dienstleistungssektor ausweitet und daß sich die Arbeitsinhalte und die Arbeitsorganisation ändern. Unter diesen Bedingungen sind eine informationstechnologische Grundbildung, die ständige Fort- und Weiterbildung sowie eine gewisse Flexibilität notwendig. Ein Abbau der hohen Arbeitslosigkeit (bei anhaltender Produktivitätssteigerung) kann nur durch weitere Arbeitszeitverkürzungen, sei es in Form von Teilzeit, längeren Freistellungen (Erziehungsurlaub) oder als gleitender Übergang ins Rentenalter, bewältigt werden. Befürchtet wird jedoch, daß neben dem geregelten und sozialrechtlich geschützten Arbeitsmarkt ein zweiter Arbeitsmarkt von ungesicherten und befristeten Beschäftigungsverhältnissen für diejenigen entsteht, die den Anforderungen nicht oder nicht mehr entsprechen. Dadurch könnte sich die benachteiligte Stellung der Frauen am Arbeitsmarkt noch verschärfen.

Sexismus im Arbeitsleben

Daß Frauen auf dem Arbeitsmarkt diskriminiert werden, ist unübersehbar. Trotz rechtlicher Gleichstellung und steigendem Qualifikationsniveau stößt der Versuch, die tatsächliche Gleichstellung zu verwirklichen, auf die Barriere des geschlechtsspezifisch geteilten Arbeitsmarktes. Es läßt sich allgemein feststellen, daß Frauen vorwiegend dort eingesetzt werden, wo die Arbeitsbedingungen schwieriger oder schlechter, die Arbeitsanforderungen diffuser oder maßloser, die Positionen niedriger, die Aussichten kurzfristiger und die Bezahlung schlechter sind als in vergleichbaren Männerberufen. Bereits 1874 hat Hedwig Dohm eine Erklärung dafür gegeben: „Der maßgebende Gesichtspunkt bei der Frauenfrage ist nicht das Recht der Frauen, sondern der Vorteil der Männer." Frauenforschung sieht in der Diskriminierung nicht nur eine Folge der familiären Arbeitsteilung und der Geschlechtsrollenzuweisung – Männerwelt Beruf, Frauenwelt Familie –, sondern einen Ausdruck von struktureller Gewalt und Sexismus, d.h. einer Unterdrückung bzw. Benachteiligung von Frauen aufgrund des Geschlechts. Zwar bestreiten Männer heute nicht mehr die grundsätzlich gleiche Befähigung von Frauen und stehen weitgehend positiver zu ihrer Erwerbsbeteiligung: soweit es sich um kinderlose Frauen handelt, Umfang und Qualität der Hausarbeit nicht beeinträchtigt werden und die männliche Berufstätigkeit davon unbehelligt bleibt. „Die Frauenfrage zur Kinderfrage zu machen, das ist die stabilste Bastion gegen die Gleichstellung der Frau“ (Metz-Göckel/Müller). Die männliche Trennung von Arbeitswelt und Familie und die Zuweisung der privaten Reproduktionsarbeit (jener Tätigkeit, die nötig ist, um die Voraussetzungen für die berufliche Produktionsarbeit zu gewährleisten) an die Frauen zeigen, daß die Arbeitsverteilung auch im Beruf hierarchisch strukturiert ist. Aus der Sicht der Frauen ist die Einbeziehung der Männer in die häusliche Alltagsarbeit und damit eine Überwindung der geschlechtsstereotypen Arbeitsteilung im Beruf unabdingbare Voraussetzung für eine gleichberechtigte Partnerschaft von Mann und Frau im Erwerbsleben wie im öffentlichen Leben überhaupt.

Eine neue Definition von Arbeit

Verbunden damit ist eine neue und umfassende Definition von Arbeit, die alle Tätigkeiten zur Lebenserhaltung umfaßt. Außer der Erwerbsarbeit gehören hierzu sowohl die Haus-, Familien-, Alltags- oder Reproduktionsarbeit wie auch die sogenannte ehrenamtliche oder gesellschaftlich-nützliche Arbeit. Diese für die gesellschaftliche Zukunft und für die Qualität des menschlichen Zusammenlebens unverzichtbaren Arbeiten wurden, da unsichtbar und unbezahlt, bisher in ihrer Bedeutung unterbewertet. Die gesetzliche Einführung eines Erziehungsgeldes, die Anerkennung von Erziehungszeiten im Arbeitsförderungsrecht und in der Rentenversicherung sind erste Schritte einer gesellschaftlichen Anerkennung dieser Formen von Arbeit. Eine entsprechende Anerkennung der umfangreichen Pflegeleistungen für ältere Menschen, meist von Frauen erbracht, steht noch aus. Dabei darf diese Anerkennung nicht dazu führen, daß Familien- oder ehrenamtliche Arbeit als Ersatz für Erwerbsarbeit angesehen wird. Diese Erweiterung des Arbeitsbegriffs muß praktisch werden durch eine Umverteilung aller Formen von Arbeit, so daß es für Männer und Frauen möglich wird, in allen Bereichen von Arbeit tätig zu werden.

Literatur: *Ulrich Beck,* Risikogesellschaft (Frankfurt a.M. 1986); *Elisabeth Beck-Gernsheim,* Das halbierte Leben. Männerwelt Beruf, Frauenwelt Familie (Frankfurt a.M. 1980); *Gisela Brinker-Gabler* (Hrsg.), Frauenarbeit und Beruf. Frühe Texte (Frankfurt a.M. 1979); *Herta Däubler-Gmelin / Heide Pfarr / Marianne Weg* (Hrsg.), Mehr als nur gleicher Lohn (Hamburg 1985); *Ulrich J. Giebel,* Die Stellung der Frau im Erwerbsleben, in: Anton Rauscher (Hrsg.), Die Frau in Gesellschaft und Kirche (Berlin 1986) 107 – 134; *Helgard Kramer / Christel Eckart / Ilka Riemann / Karin Walser,* Grenzen der Frauenlohnarbeit (Frankfurt a.M. 1986); *Dietmar Mieth,* Arbeit und Menschenwürde (Freiburg i.Br. 1985); *Walter Müller / Angelika Wilms / Johann Handl,* Strukturwandel der Frauenarbeit 1880 – 1980 (Frankfurt a.M.. – New York 1983); *Virginia Novarra,* Die Geringschätzung weiblicher Arbeitskraft (Hamburg 1982); *Claus Offe,* Arbeitsgesellschaft. Strukturprobleme und Zukunftsperspektiven (Frankfurt a.M. 1984); *Ilona Ostner,* Beruf und Hausarbeit. Die Arbeit der Frau in unserer Gesellschaft (Frankfurt a.M. 1978); Neue Verhältnisse in Technopatria. Zukunft der Frauenarbeit. Beiträge zur feministischen Theorie und Praxis H. 9/10, hrsg. von Sozialwissenschaftliche Forschung und Praxis für Frauen e. V. (Köln 1983); *Angelika Willms-Herget,* Frauenarbeit. Zur Integration von Frauen in den Arbeitsmarkt (Frankfurt a.M. 1985); *Thomas Zuleger,* Hat die Arbeitsgesellschaft noch Chancen?, hrsg. von der Landeszentrale für politische Bildung NRW (Düsseldorf 1985).

Marita Estor

Arbeitslosigkeit

↗ Arbeit; Arbeitsrecht; Ausbildung; Beruf; Erwerbstätigkeit; Familienrollen; Frauenberufe; Frauenquotierung; Gewerkschaften; Selbständige; Soziale Sicherung; Technik / Technologien; Weiterbildung; Wiedereingliederung; Wirtschaft

Ausmaß

In den westlichen Industriegesellschaften sind Frauen von Arbeitslosigkeit überproportional betroffen. Das gilt auch für die deutschsprachigen Länder, insbesondere für die Bundesrepublik Deutschland, wo der Anteil der Frauen an den Arbeitslosen 1987 fast 46% betrug, während sie nur 40% der

Beschäftigten stellten. Noch größer ist die Differenz in der Schweiz (37 % bzw. 48 %), während in Österreich die Anteile der Frauen an den Arbeitslosen und an den Beschäftigten in etwa gleich sind (37,7 % bzw. 38,7 %). Allerdings ist die Arbeitslosenquote der Frauen, d.h. der Anteil der arbeitslosen Frauen an allen Erwerbspersonen, in der Schweiz (0,7 %) und in Österreich (3,2 %) wesentlich niedriger als in der Bundesrepublik Deutschland (10,2 %). In allen Ländern jedoch betrifft Arbeitslosigkeit vor allem junge Frauen; etwa die Hälfte der arbeitslosen Frauen ist unter 30 Jahre alt.

Versteckte Arbeitslosigkeit

Die registrierte Arbeitslosigkeit zeigt keineswegs das volle Ausmaß der Unterbeschäftigung von Frauen. Hinzu kommen die unfreiwillig Teilzeitbeschäftigten, insbesondere diejenigen Frauen, die nur eine geringfügige Beschäftigung ohne sozialrechtliche Absicherung finden, sowie diejenigen, die sich infolge des Arbeitsplatzmangels in die sogenannte Stille Reserve zurückgezogen haben. Frauenarbeitslosigkeit unterscheidet sich von der Männerarbeitslosigkeit dadurch, daß die Dauer länger ist, daß Frauen unabhängig vom Ausbildungsabschluß stärker betroffen und besser qualifiziert sind, daß vor allem verheiratete Frauen arbeitslos sind (BRD: 53 %, Männer nur 41,5 %), daß etwa ein Viertel Teilzeitarbeitsplätze sucht und daß ein erheblicher Teil der arbeitslosen Frauen keine Leistungen aus der Arbeitslosenversicherung erhält (BRD: 41 %, Männer 23 %).

Frauenarbeitslosigkeit ist nicht einfach Teil der allgemeinen Arbeitslosigkeit. Dies zeigt sich auch in konjunkturellen Aufschwungsphasen, in denen die Männerarbeitslosigkeit abnimmt, die Frauenarbeitslosigkeit aber weiter steigt. Sie ist struktureller Art und ursächlich verknüpft mit der traditionellen Rollenzuschreibung wie der damit verbundenen Aufsplitterung des Arbeitsmarktes. Weil Frauen vorrangig für die Familienarbeit zuständig sind und ein Teil von ihnen die Erwerbstätigkeit deshalb unterbricht oder einschränkt, stehen ihnen von vornherein vor allem Arbeitsplätze mit geringerer Produktivität zur Verfügung. Diese sind aber durch den Einsatz neuer Technologien besonders gefährdet und wurden im verarbeitenden Gewerbe auch schon in erheblichem Umfang wegrationalisiert. Je mehr Frauen aber durch höhere berufliche Qualifizierung auch in einem breiteren Berufsspektrum über den Frauenarbeitsmarkt hinaus Arbeitsplätze anstreben, geraten sie in Konkurrenz zu den kontinuierlich erwerbstätigen Männern. Mögliche oder tatsächliche Berufsunterbrechung sowie Übergang zu Teilzeitarbeit aus familiären Gründen werden zu Barrieren für den Zugang zur Beschäftigung nach Ausbildungsabschluß, im Fall der Arbeitslosigkeit oder bei Rückkehr auf den Arbeitsmarkt nach familiär bedingter Unterbrechung. Hinzu kommt die spezifische Abhängigkeit vieler Frauenberufe im öffentlichen Dienstleistungsbereich von der staatlichen Mittelverwendung, die in Zeiten restriktiver Haushaltspolitik die Beschäftigungschancen von Frauen beeinträchtigt.

Mangelnde Beachtung des Problems

Trotz ihres Ausmaßes findet Frauenarbeitslosigkeit keineswegs dieselbe gesellschaftliche Beachtung wie die der Männer, da Frauen weithin das Recht auf Erwerbsarbeit nur als Ergänzung zu ihrer „eigentlichen“ Familienarbeit zugestanden wird. Anderseits belastet Arbeitslosigkeit Frauen gerade deshalb besonders, weil sie sich den Zugang zur Erwerbstätigkeit erst mühsam erkämpft haben und die Arbeitslosigkeit zur Wiederherstellung der traditionellen Rollenverteilung in der Familie führt. Hinzu kommt, daß nicht nur Familienfrauen, sondern auch immer mehr alleinstehende oder alleinerziehende Frauen für ihren eigenen Lebensunterhalt bzw. für den der Familie aufkommen müssen.

Literatur: *Erna Appelt / Andrea Lösch / Edith Prost* (Hrsg.), Stille Reserve? Erwerbslose Frauen in Österreich (Wien 1987); *Herta Däubler-Gmelin,* Frauenarbeitslosigkeit oder: Reserve zurück an den Herd (Reinbek 1977); *Klaus Heinemann / Peter Röhrig / Rolf Stadié,* Arbeitslose Frauen (Weinheim – Basel 1983); *Hannelore Neumann,* Frauen in der öffentlichen Arbeitsmarkt- und Strukturpolitik (Opladen 1988); *Claus Offe,* Arbeitsgesellschaft. Strukturprobleme und Zukunftsperspektiven (Frankfurt a. M. 1984); *Udo Scholten,* Beschäftigung, Ausbildung und Arbeitslosigkeit weiblicher Jugendlicher in Nordrhein-Westfalen (Opladen 1987).

MARITA ESTOR

Arbeitsrecht

↗ Arbeit; Armut; Aufstiegschancen; Beruf; Chancengleichheit; Erwerbstätigkeit; Gewerkschaften; Job-sharing; Wiedereingliederung; Wirtschaft

Das Arbeitsrecht als „Sonderrecht der unselbständig tätigen Arbeitnehmer" ist weithin als Schutzrecht ausgestaltet. In Gesetzen, Arbeitsschutzbestimmungen, Tarifverträgen und Betriebsvereinbarungen werden die Bedingungen verbindlich festgelegt, unter denen abhängige Arbeit erbracht wird. Die allgemeinen Regelungen des Arbeitsrechts wirken aber für die Gruppen der Beschäftigten unterschiedlich und entfalten ihren Schutz gegenüber Frauen nicht in dem selben Maße wie gegenüber Männern. Grundsätzlich sind die Probleme in Österreich und der Schweiz vergleichbar (in Österreich gelten Kollektivverträge).

Bevorzugung männlicher Arbeitnehmer

Die Gewährung und die Reichweite des sozialen Schutzes in Gesetzen und Tarifverträgen wie auch die Maßstäbe, die den Bewertungen in der Rechtsprechung zugrunde liegen, knüpfen regelmäßig an Vorstellungen an, wie sie Männer mit ihren Lebensmustern erfüllen. Insofern spiegeln sie das ökonomische Interesse der Arbeitgeber wider, vorwiegend männliche Arbeitnehmer zu beschäftigen, eine Bevorzugung, die immer noch auf breiten gesellschaftlichen Konsens stößt. Das Arbeitsrecht hat vor allem das „Normalarbeitsverhältnis" im Auge, also die unbefristete Vollzeitarbeit unter tarifvertraglich geregelten Bedingungen und unter dem gesetzlichen Arbeitsschutz zu einem Lohn, der die arbeitende Person und die von ihr Abhängigen ernährt und ihr eine angemessene soziale Sicherung im Alter gibt. In dieser Art Arbeitsverhältnis dominieren bei weitem die Männer, hingegen überwiegen die Frauen in der Teilzeitarbeit und in ungeschützten Beschäftigungsverhältnissen, für die tarifliche Regelungen fehlen, die befristet und zunehmend nicht versicherungspflichtig sind. Der arbeitsrechtliche Schutz ist für diese Beschäftigungsverhältnisse weit zurückgenommen. Aber auch Frauen in Normalarbeitsverhältnissen sind regelmäßig in der rechtlichen Absicherung gegenüber Männern benachteiligt. So werden z. B. die Höhe des Entgelts, soziale Leistungen und der Bestandsschutz des Arbeitsverhältnisses in Gesetzen (Kündigungsschutzgesetz) wie in Tarifverträgen regelmäßig von der Dauer der Betriebszugehörigkeit abhängig gemacht. Frauen, die immer noch häufig, zumindest für einige Zeit, aus dem Erwerbsleben ausscheiden, um sich ganz den Familienaufgaben zu widmen, erreichen nicht in demselben Maße wie Männer lange Zeiten der Betriebszugehörigkeit. Bei Einstellungen wie bei Kündigungen werden oft Auswahlmaßstäbe angewandt, die sich gegen die Frauen auswirken, z. B. das Kriterium „Doppelverdiener".

Im österreichischen Arbeitsverfassungsgesetz spielt die Dauer der Betriebszugehörigkeit nur bei der Anfechtung einer Kündigung eine Rolle, und zwar, wenn die soziale Rechtfertigung der Kündigung geprüft wird. Sonst sind die meisten Leistungen an eine sechsmonatige Betriebszugehörigkeit gebunden.

Unvereinbarkeit von Familie und Beruf

Hingegen fehlt es bislang an nennenswerten Regelungen im Arbeitsrecht, die bewußt die Vereinbarkeit von Familie und Beruf fördern sollen. Zum Beispiel wird bei der Festlegung der Dauer und des Beginns und Endes der normalen täglichen Arbeitszeit keine Rücksicht auf Menschen genommen, die Familienpflichten haben. Die Anforderungen für qualifizierte Positionen setzen noch immer Personen voraus, die gleichsam unbegrenzt zeitlich und örtlich mobil sind, also sich und die Kinder von anderen versorgen lassen.

Gleichbehandlungsgebote

Gleichbehandlungsgebote und Benachteiligungsverbote wegen des Geschlechts im innerstaatlichen und europäischen Recht – Art. 3 Abs. 2 Grundgesetz, Art. 119 EWG-Vertrag und mehrere europäische Richtlinien, §§ 611aff. Bürgerliches Gesetzbuch – erfassen durchaus den gesamten Bereich der Arbeitsverhältnisse, von der Bewerbung um einen Arbeitsplatz über die Gestaltung der Arbeitsbedingungen bis hin zur Kündigung und betrieblichen Altersversorgung. Die Rechtsprechung der Arbeitsgerichte hat bereits 1955 das Lohngleichheitsgebot festgeschrieben. Schon früh war allgemein anerkannt, daß der Gleichberechtigungsartikel der Verfassung im bestehenden Arbeitsverhältnis gilt. Das EG-Anpassungsgesetz von 1980 schloß die letzte Lücke für den Bereich der Europäischen Gemeinschaften, indem es auch für den Abschluß des Arbeitsvertrages die Benachteiligung wegen des Geschlechts verbot.

Im österreichischen Gleichbehandlungsgesetz (1979, novelliert 1985) beschränken sich Gleichbehandlungsgebote auf Entgelt, Sozialleistungen und Stellenausschreibungen. In Österreich hat das Grundrecht keine Drittwirkung, d.h., der Unternehmer kann dadurch nicht verpflichtet werden.

Allerdings kann in Österreich laut GLBG der Betriebsrat in Vertretung der Betroffenen zur Gleichbehandlungskommission im Bundesministerium für Arbeit und Soziales gehen.

In der Schweiz hat das Lohngleichheitsprinzip (seit 1981 in Bundesverfassung) bisher wenig praktische Auswirkungen gehabt; die Gründe sind ähnlich wie die in der BRD, zusätzlich kommt der fehlende Kündigungsschutz hinzu. Die neueste Rechtsprechung schränkt die Bedeutung des Grundsatzes stark ein, indem sie dem Arbeitgeber erlaubt, beliebige andere Gründe vorzuschieben. In den Gesamtarbeitsverträgen wird der Grundsatz teilweise nicht respektiert oder bewußt umgangen.

Unwirksamkeit der bisherigen Regelungen

Diese Gleichberechtigungs- und Gleichbehandlungsgebote in Verfassung und Arbeitsrecht, die dazu bestimmt sein sollen, die Gleichstellung der Frau im Erwerbsleben herbeizuführen und zu sichern, hatten Bedeutung für einzelne Frauen, die sich individuell gegen Diskriminierungen gewehrt haben. Insgesamt sind sie aber wirkungslos geblieben. Sie haben weder Ausmaß noch Struktur der Benachteiligung der Frauen auf dem Erwerbsarbeitsmarkt positiv verändert. Denn die gesetzlichen Gleichbehandlungsgebote überlassen es der einzelnen Frau, sich selbst gegen ihre Diskriminierung zu wehren und ihr Recht im Verfahren vor den Arbeitsgerichten durchzusetzen – eine hohe und risikoreiche Barriere. Die Regelung der Beweislast nimmt auf die Informationsmöglichkeiten diskriminierter Frauen nicht ausreichend Rücksicht. Die kollektiven Rechte des Betriebsrats oder die Möglichkeiten der Gewerkschaften, gegen Benachteiligungen wegen des Geschlechts von sich aus vorzugehen, sind völlig unzureichend ausgestattet. Da die gesetzlichen Bestimmungen nur an Einzelentscheidungen des Arbeitgebers anknüpfen, nicht aber an der Arbeitswirklichkeit, die von ihm insgesamt geschaffen wird und die Frauen benachteiligt, bleiben ungezählte Umgehungswege. Arbeitgebern wird die Möglichkeit eröffnet, sachliche Gründe für eine Entscheidung zuungunsten von Frauen vorzuschützen. Schließlich sind die Rechtsfolgen der gesetzlichen, nur individualrechtlich angelegten Benachteiligungsverbote so ausgestaltet, daß sie die Benachteiligung entweder nicht beseitigen sollen – ein Einstellungsanspruch auch derjenigen Frau, die besser qualifiziert ist als der vorgezogene männliche Bewerber, wird abgelehnt – oder nicht beseitigen können, da sie nur zwischen den Vertragsparteien gelten und nicht verpflichten, Strukturen zu ändern. Sanktionen gegenüber diskriminierenden Arbeitgebern, die diesen eine Verhaltensänderung nahelegen würden, sind nicht vorgesehen.

Das Arbeitsrecht wird erst dann eine Frauen gleichermaßen wie Männer schützende Wirksamkeit entfalten, wenn es um kompensatorische Regelungen ergänzt wird. Es bedarf eines Gleichstellungsgesetzes auch und gerade für den Bereich des Erwerbslebens. Vor allem müssen Frauenförderpläne gestaltend in die Bedingungen der Erwerbsarbeit eingreifen. Jedoch werden das Gleichberechtigungsgebot der Verfassung und § 611a Bürgerliches Gesetzbuch oft, aber unzutreffend so interpretiert, daß Frauenfördermaßnahmen, insbesondere Quotenregelungen, die eine Gleichstellung der Frauen im Erwerbsleben ermöglichen sollen, unzulässig seien. Fazit über das Arbeitsrecht: es ist zu unwirksam im Schutz der Frauen, höchst wirksam zum Schutze der Männer und ihrer Vorrangstellung.

Literatur: *Ernst Benda,* Notwendigkeit und Möglichkeit positiver Aktionen zugunsten von Frauen im öffentlichen Dienst (Freiburg i. Br. 1986); *Maria Berger,* Die Gleichberechtigung von Mann und Frau im österreichischen Recht, in: Lutz Frauendorf (Hrsg.), Die Stellung der Frau im sozialen Rechtsstaat (Tübingen 1982); *Alexander Dix,* Gleichberechtigung der Frau als Verfassungsauftrag (Stuttgart 1981); *Christine Hohmann-Dennhardt,* Ungleichheit und Gleichberechtigung (Heidelberg 1982); *dies.,* Mut zur Entscheidung. Umsetzungsstrategien für Zielvorgaben, in: Quotierung. Reizwort oder Lösung (Wiesbaden 1985); *Christine Lenzen,* Die Stellung der Frau im schweizerischen Recht, in: Lutz Frauendorf (Hrsg.), a.a.O.; *Heide M. Pfarr,* Frauenförderung. Notwendigkeit und Verfassungsmäßigkeit (Baden-Baden 1988); *dies.,* Gleichbehandlungsgesetz (Wiesbaden 1985); *dies. / Klaus Bertelsmann,* Lohngleichheit (Stuttgart 1981); *Walter Schmitt-Glaeser,* Abbau des tatsächlichen Gleichberechtigungsdefizits der Frauen durch gesetzliche Quotenregelung (Stuttgart 1982).

Heide Pfarr

Archetypen, weibliche ↗ Tiefenpsychologie; Urbilder, weibliche.

Armut

↗ Abhängigkeit; Alleinerziehende; Alleinstehende; Alter; Arbeitslosigkeit; Depression; Erwerbstätigkeit; Gesundheit; Kinder; Krankheit; Kriminalität; Prostitution; Soziale Sicherung; Wiedereingliederung

Frauenarmut in Zahlen

Auf der Weltfrauenkonferenz der Vereinten Nationen zum Ende des Internationalen Jahrzehnts der Frau wurde festgestellt, daß die Rechte der Frau überall in der Welt fortgeschrieben worden sind, die wirtschaftliche und soziale Situation der Frau sich aber verschlechtert hat. Frau-Sein ist ein Synonym für Armut geworden. Arm sind die Frauen, die über ein geringes Einkommen, z. B. auf dem Niveau der Sozialhilfe, verfügen und daher von einer menschenwürdigen Lebensweise ausgeschlossen sind; denn die Einkommensarmut ist ein bestimmender Faktor für andere gesellschaftliche Benachteiligungen, soziale Isolation und Desintegration, physische und psychische Krankheiten. In der Bundesrepublik Deutschland sind 11,1 Mio. Menschen bedürftig und arm (19,6% der Bevölkerung). Auch wenn im Folgenden nur Zahlen für die Bundesrepublik Deutschland genannt werden,

gelten die Aussagen grundsätzlich analog für Österreich und die Schweiz.
1982 hatten in der Bundesrepublik Deutschland 74% aller Frauen über 15 Jahre weniger als DM 1200,– zur Verfügung. 8,5 Mio. der Frauen hatten kein Einkommen, 5 Mio. Frauen weniger als DM 1200,– monatlich. Unter ihnen waren 1,7 Mio. Frauen, die mit weniger als DM 600,– auskommen mußten. In diesen Zahlen fehlen die von den Statistiken nicht erfaßten sogenannten verschämten Armen. Von den 2,8 Mio. Sozialhilfeempfängern waren 1985 1,6 Mio. Frauen. Von ihnen ist die Hälfte über 50 Jahre alt. Arm sind Frauen vor allem, weil sie überproportional erwerbslos sind (44% der erwerbslos gemeldeten Personen sind Frauen, von denen nur 58% einen Anspruch auf Arbeitslosengeld oder Arbeitslosenhilfe haben, bei Männern hingegen ist der Anteil 76%. Arm sind Frauen, weil sie Alleinerziehende sind. 1985 gab es 190000 Alleinerziehende, die Sozialhilfe bezogen. Arm sind Frauen, weil sie zu geringe Versorgungsansprüche haben. Die monatliche Durchschnittsrente betrug für Frauen 1985 DM 620,– (Männer: DM 1320,–), die Witwenrenten erreichten den Durchschnittsbetrag von DM 670,–.
79% aller Sozialhilfeempfänger über 65 Jahren sind Frauen.

Ursachen der Frauenarmut

Frauenarmut ist die Folge einer patriarchalisch-kapitalistischen Gesellschaftsstruktur, die Frauen einseitig und primär die Hausarbeit und Erziehungsarbeit zuweist und Männern die Ernährerrolle. Frauenarmut ist von der Sozial- und Geschichtsforschung ausgeblendet worden. Bereits im Mittelalter bildeten Frauen die größte Gruppe der Armen, vor allem die Witwen mit Kindern. Die erste Armenstatistik von Victor Böhmert (1886) zeigt, daß Frauen 76,71 der dauernd Unterstützten in 77 ausgewählten Städten und Landarmenverbänden ausmachen. Daran änderte sich auch mit der Industrialisierung nichts. Frauen waren weder durch die Bismarcksche Sozialgesetzgebung noch durch die Kriegsfürsorge abgesichert. Die Geringschätzung der weiblichen Erwerbsarbeit und Reproduktionsarbeit in einer patriarchalisch bestimmten Gesellschaft mit ihrem ideologischen Zwang zur Versorgungsehe war ursächlich für die Unterbewertung der weiblichen Arbeit und die Vernachlässigung der sozialen Absicherung der Frau.
Die heutige Krise auf dem Arbeitsmarkt und die Verschuldung der öffentlichen Haushalte verschärfen die Armut der Frauen. Das soziale Sicherungssystem in der Bundesrepublik Deutschland ist wie in anderen europäischen Ländern eng mit der Erwerbssituation verbunden. Da Frauenleben immer noch nach der Drei-Phasen-Theorie gelebt werden, d.h., geprägt sind durch Schule, Ausbildung, Erwerbsarbeit, Unterbrechung der Erwerbsarbeit bei Geburt eines Kindes und den Versuch der Wiedereingliederung in das Erwerbsleben, kommen Frauen nicht zu einem ausreichenden Einkommen oder sozialem Schutz. Das erhöhte Verarmungsrisiko der Frauen zeigt sich daran, daß alleinstehend, geschieden, verwitwet oder erwerbslos zu sein für Frauen aus allen Generationen und sozial benachteiligten Schichten den Verlust einer materiellen Existenzgrundlage bedeutet.

Junge Frauen

Junge Frauen haben größere Schwierigkeiten als junge Männer, sich in die Ausbildung oder Erwerbsarbeit zu integrieren (zwei Drittel aller jungen Menschen, die einen Ausbildungs- oder Arbeitsplatz suchen, sind Frauen). Daher sind unter den arbeitslosen Sozialhilfeempfängern unter 30 Jahren mehr Frauen als Männer – 48% gegenüber 30%. Da sie weder einen Ausbildungs- noch Arbeitsplatz haben, haben sie keine Möglichkeit, Ansprüche nach dem Arbeitsförderungsgesetz zu erwerben. Mädchen konzentrieren sich immer noch auf 15 Ausbildungsberufe. Sie sind aber nicht nur von den sogenannten traditionellen Berufswünschen der Mädchen abhängig. Die geschlechtsspezifische Ausbildungs- und Arbeitsplatzwahl ist auch darauf zurückzuführen, daß fast 90% der angebotenen Stellen im Technikbereich Männern vorbehalten sind. In Berufen ohne Zukunft lernen 58% der weiblichen Auszubildenden, in Berufen mit steigender Nachfrage nur 10%. Nach der Ausbildung werden nur 24% der Mädchen übernommen. So weichen Mädchen in ihrer Lebensplanung auf die Heirat aus, die keine dauerhafte Versorgung gewährleistet, weil jede dritte Ehe geschieden wird. Die Armut der jungen Frauen führt zu Problemen bei ihrem Identität-Findungsprozeß, zu Resignation, aber auch zu Suchtverhalten und Prostitution.

Ältere Frauen

In der Bundesrepublik Deutschland haben 92% aller Frauen eine Rente unter 1000,– DM, und rund 30% der über 60jährigen Frauen verfügen über ein Einkommen, das geringer ist als DM 800,–. Unter den über 60jährigen Sozialhilfeempfängern waren 1984 79,8% Frauen. Vor allem die Witwen, die nicht selbst erwerbstätig waren, haben Versorgungsdefizite. Aber auch Rentnerinnen mit einer eigenen Rente unterschreiten die Armutsgrenze. Fast die Hälfte dieser Frauen nimmt Sozialhilfe aus Stolz und Scham, aber auch aus Rücksicht auf ihre Kinder nicht in Anspruch. Die Gründe für die Frauenarmut im Alter lassen sich auf die Lohndiskriminierung der Frau in der Arbeitswelt, die geringe Anzahl der anrechnungsfähigen Versicherungsjahre (durchschnittlich 22 Jahre, Männer durchschnittlich 43 Jahre) und auf die Unterbrechung der Erwerbstätigkeit während der Familienphase, die Schwierigkeiten bei der Wiedereingliederung in das Erwerbsleben und die Tatsache, daß Frauen sehr häufig aus familiären Gründen nur Beschäftigungen nachgehen, die niedrig entlohnt und nicht sozialversicherungspflichtig sind, zurückführen. Gerade im Alter führt die Frauenarmut zu Isolation, Krankheit und Depression.

Frauen im mittleren Lebensalter

Frauen sind überproportional für schlecht bezahlte Tätigkeiten eingesetzt und weniger als Männer in höheren und leitenden Positionen zu finden. Der Arbeitsmarkt ist im Lohngefüge geschlechtsspezifisch bestimmt. Zudem werden 92% der Teilzeitarbeit von Frauen verrichtet. Niedriges Einkommen ist die Folge. Diese Arbeitsplätze sind überdies häufig von Rationalisierungsmaßnahmen und der damit verbundenen Arbeitslosigkeit betroffen. Auch Scheidungen führen zur Verarmung von Frauen. Nur 29% der Frauen, die in Scheidung leben oder geschieden sind, haben gegenüber ihrem Ehemann einen Unterhaltsanspruch, der meistens nicht erfüllt wird. Hinzu kommt, daß Wiedereingliederungsmaßnahmen wenig erfolgreich sind, nicht zuletzt durch die Änderungen des Arbeitsförderungsgesetzes, die Frauen mit Familienpflichten finanziell benachteiligen.

Fast 40% der arbeitslos gemeldeten Frauen müssen von der Sozialhilfe oder anderen Unterstützungen leben. Armut verstärkt gerade in dieser Altersgruppe nicht nur die soziale Isolation, sondern auch die psychischen Belastungen für Frauen. Sie äußert sich in Depressionen, Schlafstörungen, erhöhten Selbstmordraten und höheren Todesfällen bei Krebs, Geschwüren und sonstigen Erkrankungen als in anderen Frauengenerationen bzw. Frauen mit anderen sozialen und wirtschaftlichen Verhältnissen.

Besonders betroffen sind die alleinerziehenden Frauen, die durch Scheidung und Arbeitslosigkeit an den Rand der Gesellschaft gedrängt und durch die Sozialpolitik keine angemessene Hilfestellung erfahren. Die Einschränkungen ihrer persönlichen Lebensgestaltungsräume und die soziale Isolation sind bei ihnen besonders groß. Zudem ist heute wie früher Armut der Frauen auch die Armut ihrer Kinder.

Literatur: *Barbara Beuys,* Familienleben in Deutschland (Reinbek 1980); *BMJFG* (Hrsg.), Frauen in der Bundesrepublik Deutschland 1984; *BMJFG,* Vierter Familienbericht (Bonn 1986); *BTDrs.* 10/6055, 10, 6340; *DPWV,* Tagungsbericht, „Die Armut ist weiblich" (Wuppertal 1987); *Hans-Böckler-Stiftung,* Neue Armut – Keine Wende (Köln 1986); *Ute Gerhard,* Verhältnisse und Verhinderungen. Frauenarbeit, Familie und Rechte der Frauen im 19. Jahrhundert (Frankfurt a.M. 1981); *Marielouise Janssen-Jurreit* (Hrsg.), Frauenprogramm gegen Diskriminierung (Reinbek 1979); *Ilona Kickbusch / Barbara Riedmüller,* Die armen Frauen (Frankfurt a.M. 1982); *Ruth Köppen,* Die Armut ist weiblich (Berlin 1985); *Wolfgang Schütte / Waldemar Süß,* Armut in Hamburg (Hamburg 1987); *Statistisches Bundesamt,* Fachserie 13 Reihe 2, Sozialleistungen; *Statistisches Bundesamt,* Wirtschaft und Statistik, 2/1987.

CHRISTA RANDZIO-PLATH

Aufstiegschancen

↗ Arbeit; Ausbildung; Begabung; Beruf; Chancengleichheit; Diskriminierung; Erwerbstätigkeit; Erziehung; Familie; Frauenförderung; Frauengleichstellungsstellen; Frauenquotierung; Gewerkschaften; Job-sharing; Leistung; Mädchen- / Frauenschutz; Mutterschutz; Technik / Technologien; Wiedereingliederung; Wirtschaft

Benachteiligung von Frauen

In der Bundesrepublik Deutschland sind ungefähr 40% der erwerbstätigen Bevölkerung Frauen, aber nur 2–5% der Führungskräfte in Politik und Wirtschaft sind weiblichen Geschlechts. In Österreich und der Schweiz sind die Zahlenverhältnisse ähnlich. Erwerbstätige Frauen konzentrieren sich in fast allen westlichen Industrieländern am unteren Ende der Betriebshierarchie. Warum steigen sie nicht auf?

Vier generelle Typen von Aufstiegsbarrieren lassen sich identifizieren: sozioökonomische, erziehungs- und ausbildungsbedingte, sozialpsychologische und systemische Barrieren.

Sozioökonomische Hindernisse

Zu den sozioökonomischen Hindernissen gehört vor allem eine unzureichende Infrastruktur (z.B. Mangel an Ganztagskindergärten und -schulen), die es erwerbstätigen Frauen mit Familienpflichten ermöglichen würden, flexibler auf die Anforderungen des beruflichen und privaten Lebens einzugehen. Eine Gesellschaft, die die Erfüllung von Familienpflichten hauptsächlich den Frauen zuschreibt, vermindert deren Chancen des beruflichen Fortkommens, indem sie sie doppelt belastet, so daß das eine oder das andere immer zu kurz kommt.

Beschränkungen durch Erziehung und Ausbildung

Erziehungs- und ausbildungsbedingte Barrieren bedeuteten früher generell eine andere Erziehung und schlechtere Ausbildung von Mädchen, die somit kaum auf das Berufsleben und schon gar nicht auf beruflichen Aufstieg vorbereitet waren.

Heute sind Mädchen formal genausogut ausgebildet wie Jungen, allerdings in sehr unterschiedlichen „Welten": Während Mädchen heute noch hauptsächlich Friseuse, Verkäuferin oder Bürogehilfin werden, werden Jungen als Maschinenschlosser, Kfz-Mechaniker oder Elektroinstallateur ausgebildet. Ein ähnliches Bild ergibt sich, wenn man die Fächerwahl von jungen Frauen und Männern an den Hochschulen betrachtet: Frauen sind in den Natur-, Rechts- und Ingenieurwissenschaften deutlich unterrepräsentiert.

Derart unterschiedliche Ausbildungshintergründe bilden sicher auch die Grundlage für die unterschiedlichen beruflichen Aufstiegschancen von Frauen und Männern.

Allerdings sind sie auch nicht gleich, wenn gleiche Ausbildungen vorliegen. Deutlich wird dies z.B. im Bankenbereich in der Bundesrepublik Deutschland, in dem heute fast 50% der Auszubildenden Mädchen sind, in dem aber auch gleichzeitig der Anteil an weiblichen Führungskräften geringer als in anderen Wirtschaftsbereichen ist.

Sozialpsychologische Barrieren

Sozialpsychologische Barrieren sind zumeist Vorurteile seitens der Ausbilder und Arbeitgeber gegenüber Frauen, die sehr stark von klassischen Rollenbildern geprägt sind: „Frauen sind nicht durchsetzungsstark, führungsfähig, sie widmen sich nicht ausschließlich dem Beruf, sie sind nicht mobil ... etc." Solche Einstellungen sortieren Frauen auf den Karriereleitern aus, verweisen sie in berufliche Sackgassen, machen keine positiven Vorbilder möglich.

Systemische Hindernisse

Als systemische Hindernisse bezeichnet man solche, die in der Selbstdarstellung und im Selbstverständnis von Unternehmen und Organisationen begründet sind. Dazu zählen z.B. die Außendarstellung eines Unternehmens in Werbebroschüren und anderen Anzeigen als einer von Männern gestalteten Welt, die Ansprache von Männern und Frauen („wir suchen den jungen, dynamischen Mann ...") bis hin zur Arbeitsorganisation und Arbeitsgestaltung, die noch weitgehend von der Vorstellung des männlichen, von Familienpflichten entlasteten Beschäftigten ausgeht.
Keines der hier nur kurz angedeuteten Erklärungsmuster kann alleinige Gültigkeit beanspruchen, ihr Zusammenwirken erschwert jedoch die Chancen von Frauen, beruflich aufzusteigen.

Literatur: *Ariane Berthoin Antal / Camilla Krebsbach-Gnath,* Women in Management. Unused Resources in the Federal Republic of Germany, in: International Studies of Management and Organization (Armonk/N.Y. 1986–87) 133–150; *Der Bundesminister für Jugend, Familie, Frauen und Gesundheit* (Hrsg.), Frauen in der Bundesrepublik Deutschland (Bonn 1984); *Rosabeth Moss-Kanter,* Men and Women of the Corporation (New York 1977); *Virginia Novarra,* Die Geringschätzung der weiblichen Arbeitskraft. Von der Verschwendung der Talente (Reinbek 1982). Camilla Krebsbach-Gnath

Ausbildung

↗ Arbeitslosigkeit; Aufstiegschancen; Begabung; Beruf; Bildung; Chancengleichheit; Erwerbstätigkeit; Frauenberufe; Gleichberechtigung; Medizin; Schule; Selbständige; Technik / Technologien; Weiterbildung; Wirtschaft

Benachteiligung von Mädchen und Frauen

Der Gegensatz zwischen Bildung und Ausbildung, in dem Bildung Waffe gegen die Ungleichheit der Geburt sein sollte (Humboldt), in dem aber das berufliche Berechtigungswesen keinen Anschluß an das bürgerliche Berechtigungswesen gefunden hatte (Blankertz), wurde durch den revolutionären Gedanken von *Kerschensteiner,* daß Berufserziehung staatsbürgerliche Erziehung, ja „die Pforte der Menschenbildung" (Preisschrift von 1901) sei, grundsätzlich überwunden. Sie spiegelt sich jedoch, geschlechtsspezifisch zugeordnet (Frau – das Sein, Mann – das Tun), immer noch sowohl in der geringen Beteiligung der Mädchen an der dualen Ausbildung wie an ihrer Zuwendung zu verschiedenen Ausbildungsbereichen. Duale Ausbildung heißt, daß die Jugendlichen einen Ausbildungsvertrag mit einem Betrieb abschließen und in Betrieb und Berufsschule ausgebildet werden. Dieses System, das auch Österreich und der deutschsprachige Teil der Schweiz kennen, hat weltweit Anerkennung gefunden und hilft, Jugendarbeitslosigkeit relativ niedrig zu halten. Der Anteil der Mädchen an dieser Ausbildungsform hat daher auch Auswirkungen auf den Arbeitsmarkt. Schulisch haben die Mädchen aufgeholt (Bundesrepublik Deutschland 1984: 53,5% Realschulabschluß, 50,0% Abitur), bei den Bewerbern um einen Ausbildungsplatz hatten 1983/84 nur 37% der Mädchen (50% der Jungen) einen Hauptschulabschluß, aber 50% einen mittleren Schulabschluß, Abitur: 12% der Jungen, 14% der Mädchen. Von den 434 anerkannten Ausbildungsberufen (1984) sind nur 33 aufgrund der

Schutzbestimmungen für Frauen nicht zugänglich, aber der Anteil der Mädchen an dualen Ausbildungsberufen hat sich erst auf ca. 38% erhöht. Die Steigerung ist erfreulich, aber noch nicht hinreichend: Von 1970 bis 1982 nahm der Anteil der Männer mit beruflicher Ausbildung von 65% auf 77%, der Mädchen von 38% auf 62% zu. Im Vergleich von 1977 zu 1985 erhöhte sich zwar die Zahl der Berufe, in denen Mädchen ausgebildet werden, um 47, aber immer noch werden Mädchen in 165, Jungen in 223 Ausbildungsberufen ausgebildet. Auch in Österreich und der Schweiz beschränken sich die mit weiblichen Auszubildenden abgeschlossenen Ausbildungsverträge auf ein kleines Spektrum der angebotenen Ausbildungsberufe. In Österreich beträgt der Anteil weiblicher Auszubildender in den dem dualen System vergleichbaren Berufen ca. ein Drittel. Die Arbeitslosenquote ist auch Folge des unterschiedlichen Qualifikationsniveaus: 1984 waren 26,7% der beschäftigten Männer und 36,8% der beschäftigten Frauen ohne abgeschlossene Berufsausbildung: unter den Arbeitslosen machte ihr Anteil 48,5% (Männer), 50,4% (Frauen) aus. Auf diesem Hintergrund muß es das Bestreben sein, die Ausbildungsbereitschaft der Mädchen zu erhöhen; das Berufswahlspektrum und das Beschäftigungsspektrum zu erweitern; die sogenannten Frauenberufe besser zu qualifizieren.

Frauenausbildungsberufe

Bei der Beurteilung der Ausbildungsbereitschaft muß auch die qualifizierte Ausbildung außerhalb des Berufsbildungsgesetzes (BBiG) und der Handwerksordnung beachtet werden: Medizinalfachberufe, Beamtenausbildung und vollzeitschulische Wege. Sie eingeschlossen, haben z.B. in Berlin 1986 die Mädchen 49,8% aller neuen Ausbildungsabschlüsse (bei einem Jahrgangsanteil von 49,3%) besetzt. Diese Zahlen zeigen den Trend: Mädchen holen auf. Auch wenn Mädchen die Ausbildung in ihre Lebensbiographie einbeziehen, so sehen sie sie doch zunehmend nicht mehr nur als „Absicherung", auf die sie später einmal zurückgreifen wollen, sondern durchaus als Basis einer Lebensorientierung, wenngleich weniger als Grundlage für weiteren Aufstieg und Qualifizierung wie die Jungen. Das läßt sie vor allem nach den Beschäftigungsmöglichkeiten nach Abschluß der Ausbildung fragen, 1984 wurden in der Bundesrepublik Deutschland 36,2% aller weiblichen Auszubildenden in fünf Berufen (Friseurin, Verkäuferin, Verkäuferin im Nahrungsmittelhandwerk, Bürokauffrau, Arzthelferin) ausgebildet, der Anteil der arbeitslos gemeldeten Absolventen einer betrieblichen Berufsausbildung lag bei Kraftfahrzeugmechanikerinnen (18,2%), Friseurinnen (19,7%), Sprechstundenhelferinnen (s. Arzthelferinnen) (11,9%), Verkäuferinnen (10,2%) überdurchschnittlich hoch. Diese Zahlen spiegeln Chancen und Probleme: Die Ausweitung des Spektrums ist erforderlich, in neuen Berufen ist die anschließende Beschäftigung zu lösen. In Österreich zeigt sich eine ähnliche Entwicklung, dort liegt der Frauenanteil allerdings neben den auch in der Bundesrepublik gewählten Berufen besonders hoch in den Berufen Bürokauffrau/mann (77,4%) und Industriekauffrau/mann (79,5%). Das deutsche Bundesministerium für Bildung und Wissenschaft hat 1978 – 1985 ein Modellprogramm zur „Erschließung gewerblich-technischer Ausbildungsberufe für Mädchen" mit rd. 27 Mio. DM in 29 Einzelvorhaben mit 217 Betrieben an 21 Standorten gefördert, das 1186 Mädchen eine Ausbildung in 75 gewerblich-technischen Berufen gab. Der Anteil weiblicher Auszubildender in gewerblich-technischen Berufen ist von 13000 (1977) auf 54000 (1984) gestiegen, aber der Frauenanteil beträgt insgesamt nur 4%. Das ist keineswegs ein „Durchbruch". Mädchen haben ihre Ausbildungsverträge überproportional in diesem Bereich gelöst (vor allem Hauptschülerinnen, Hauptgrund: Leistungsversagen im mathematisch-naturwissenschaftlichen Teil). Dies verweist auf die Pflicht der Schule, die Entscheidung über Wahl- und Wahlpflichtfächer nicht geschlechtsspezifischen Gewohnheiten auszuliefern. Gravierender ist, daß Mädchen in „Männerberufen" viermal so häufig arbeitslos sind wie Jungen in diesen Berufen (16% : 4%), daß sie seltener als die Jungen und seltener als Mädchen in Frauenberufen ein Übernahmeangebot erhielten. Ein bisher nicht hinreichend beachtetes Argument ist die Einlassung der Betriebe, daß sie angesichts der Knappheit an Fachkräften dem kontinuierlich zur Verfügung stehenden Mann den Vorzug vor der „Mutterschutz-bedrohten Frau" gäben. Hier gewinnen Modelle einzelner Betriebe mit ausgeschiedenen Mitarbeiterinnen für eine Jahresvertretung, die dem Betrieb Personalressourcen, der Facharbeiterin fachliche Kontinuität geben, Bedeutung. Ausweitung des Ausbildungsspektrums ohne Ausweitung des Beschäftigungsspektrums ist ein Irrweg. Die Antwort der den ersten Platz im Ausbildungswettbewerb besetzenden Stukkateurin, sie mache sich dann eben selbständig, erklärt zwar zum Teil die überproportionale Zunahme der Frauen unter den Betriebsneugründungen, ist aber keine generelle Lösung.

Überwindung geschlechtsspezifischer Ungleichheit

Bei der Qualifizierung der herkömmlichen Frauenberufe, die durch schlechtere Bezahlung und geringe Aufstiegschancen gekennzeichnet sind und die durch die Neuordnung der Ausbildungsordnung im Einzelhandel (künftig vorerst nur drei- und nicht zweijährig) gekennzeichnet ist, ergeben sich u. a. folgende Fragen: Werden diese Berufe, wenn sie höhere Qualifizierung verlangen, von Männern besetzt werden? Werden die Frauen, insbesondere in den Büroberufen, die mehr informationstechnisches Wissen verlangen, sich den neuen Anforderungen stellen? Zahlreiche Erfahrungen zeigen: Wird Frauen in Technologie, Datenverarbeitung etc. ein geschlechtsspezifisches Ausbildungs- und Fortbildungsprogramm angeboten, so wenden sie sich dem überproportional und mit bestem qualitativem Ergebnis zu, während sie sich Angeboten, die sich an Frauen und Männer gemeinsam richten, weithin entziehen. Der geschlechtsspezifische Ansatz muß als Chance zur Überwindung der geschlechtsspezifischen Ungleichheit aufgenommen werden. Die Auswirkungen der neuen Technologien, die künftig 50–90% der Arbeitsplätze bestimmen werden, können für die Frauen nur dann nicht negativ sein, wenn sie sich den Qualifikationsansprüchen stellen. Unqualifizierte Arbeitsplätze werden maschinell ersetzt. Insofern ist das Problem der Frauenarbeitslosigkeit eine Herausforderung an die Ausbildung der Frauen.

Literatur: *Frank Achtenhagen,* Berufsausbildung, in: Josef Speck/Gerhard Wehle (Hrsg.), Handbuch pädagogischer Grundbegriffe (München 1970); *Herwig Blankertz,* Zur Geschichte der Berufsausbildung, in: Hans-Hermann Groothoff, Die Handlungs- und Forschungsfelder der Pädagogik. Erziehungswissenschaftliches Handbuch, Bd. 5 (Königstein 1979); *Bulletin der Europäischen Gemeinschaft,* Beilage 3/86, Chancengleichheit für Frauen, Mittelfristiges Programm der Gemeinschaft 1986 bis 1990 (Luxemburg 1985); *Bundesminister für Bildung und Wissenschaft,* Berufsbildungsbericht (Bonn 1986); *ders.* (Hrsg.), Frauen und Beruf. Zwischen Wunsch und Realität (Studien Bildung und Wissenschaft 41) (Bonn 1986); *Herta Däubler-Gmelin u. a.* (Hrsg.), Mehr als nur gleicher Lohn. Handbuch zur beruflichen Förderung von Frauen (Hamburg 1985); *Franz Dormann* (Hrsg.), Bildung, Schlüssel zur Zukunft (München 1984); *Rita Süssmuth,* Frauen – Der Resignation keine Chance (Düsseldorf 1985).

Hanna-Renate Laurien

Ausländerinnen

↗ Armut; Chancengleichheit; Diskriminierung; Generationsprobleme; Islam; Menschenrechte; Sozialisation; Wirtschaft

Unhaltbare Stereotypen

Von den ca. 4,5 Mio. aus 175 Nationen stammenden, 1987 in der Bundesrepublik Deutschland lebenden „Fremden" (Gesamtzahl der Ausländer in der Schweiz 1987: 977000 [1985: 939671]; in Österreich 1987: 281600, davon Arbeitskräfte: 152580) bewegt sich der größte Teil so unauffällig in unserer in sich ohnehin durch Zuwanderung, Kriege und Besatzungsmächte über Jahrhunderte bunt gemischten Gesellschaft, daß er von uns immer weniger bewußt wahrgenommen wird. (Alle im folgenden genannten Zahlen beziehen sich, wenn nicht anders angegeben, auf den Stand vom Juni 1987.) Europa und auch die Bundesrepublik Deutschland als dessen Teil haben ihre Kultur nicht aus der Abgeschlossenheit und Absonderung heraus entwickelt, sondern durch fortwährenden Austausch mit anderen Kulturen. Das „Abendland" wurde zu einer Hochkultur, weil es der Schnittpunkt unterschiedlicher Kulturen war. Weit über die Hälfte der Ausländerinnen und Ausländer, die sich in der Bundesrepublik Deutschland aufhalten, kommen aus EG-Ländern und dem übrigen europäischen Ausland. Anders als in den amtlichen Statistiken sind die 1,5 Mio. Türken hierbei *nicht* eingerechnet.

In Ausbildung, Religion und Brauchtum sind die Unterschiede zwischen der deutschen Bevölkerung und diesen Gruppen – je nach Perspektive – ebenso gering oder auch auffällig wie entsprechende Unterschiede innerhalb der bundesrepublikanischen Gesellschaft selbst (vgl. das „Nord-Süd-Gefälle", Stadt- und Landbevölkerung, Dialekt- und Brauchtumsvielfalt usw.). Europäischer Staatenverbund, gemeinsame europäische Tradition, Tourismus, wirtschaftliche und kulturelle Verflechtungen haben, soziologisch betrachtet, zwischen den europäischen Ländern zu mehr und tiefer gehenden Gemeinsamkeiten geführt, als dies in den politischen Querelen zwischen den europäischen Staaten zum Ausdruck kommt. Aus dem Blickwinkel eines sich vor allem gegenüber *anderen* Ländern und Kulturen formierenden europäischen „Wir-Gefühls" heraus sind Europäerinnen und Europäer unterschiedlicher Staaten füreinander jeweils eine besondere Kategorie von Aus- bzw. Inländern – eben „Europäer".

Integration und sozialer Kontakt

Die größten Ausländergruppen in der Schweiz waren 1985: Italiener (392481), Spanier (108352) und Bundesdeutsche (81031). In Österreich waren es 1987 (bei der Bezugsgröße Arbeitnehmer): Jugoslawen (85682), Türken (34486), Bundesdeutsche (11649). In der Bundesrepublik Deutschland stellen die hier lebenden türkischen Migranten mit ca. 1,5 Mio. (1987) die größte Ausländergruppe. Für den größten Teil von ihnen, insbesondere für diejenigen, die sich schon seit zehn und mehr Jahren bei uns aufhalten oder hier aufgewachsen sind, gilt ebenfalls, daß sie für den aufmerksamen Beobachter auffällig unauffällig, genauer: überraschend gut integriert sind in das bundesrepublikanische Ausbildungs- und Arbeitssystem. Insbesondere die türkischen Mädchen zeichnen sich in *allen* Schultypen durch überdurchschnittliche Motivation und Leistung aus. Als durch Kleidung, Hautfarbe, religiöses Brauchtum „auffällig" empfunden werden im Sinne alltäglicher Urteile und Vorurteile neben orthodox religiösen türkischen Gruppierungen vor allem Afrikaner (145841) und Asiaten (349066). Im guten wie im schlechten Sinne werden den Einheimischen aller Länder die Fremden um so mehr zum Gegenstand von Projektionen, von Wünschen und Ängsten, je geringer der soziale Kontakt mit ihnen ist bzw. je mehr dieser gemieden wird.

Frauen unter vielfachem Druck

Etwa ein Drittel aller in der Bundesrepublik lebenden Ausländer sind Frauen (1479200 insgesamt, davon

413 189 Türkinnen, 31 856 Afrikanerinnen, 98 397 Asiatinnen). In der Schweiz war 1987 der Anteil der Frauen an der ausländischen Bevölkerung auf 435 300 zu beziffern, in Österreich (1987, Bezugsgröße Arbeitnehmer) waren es 59 109. In der Obhut dieser Frauen, überwiegend von ihnen betreut und gepflegt, leben die Kinder (insgesamt 1 013 900 unter 16 Jahren; Kinder unter 16 Jahren in der Schweiz 1987: 195 300. In „der Fremde" lebend, lösen die Mütter die Probleme, das Familieneinkommen (oft in Teilzeitarbeit) zu steigern und sich dennoch um die Kinder zu kümmern mit ähnlichen Mühen wie die einheimischen Frauen, jedoch unter erschwerten Bedingungen. Insbesondere den Türkinnen und Nordafrikanerinnen ist es dabei gelungen, in ihren jeweiligen Wohngebieten und darüber hinaus ein autonomes, weibliches Nachbarschaftsnetz gegenseitiger Hilfeleistungen ähnlich wieder aufzubauen, wie sie es aus ihren Heimatländern gewohnt waren. Das Besondere an dieser Leistung: die für islamische Familien zentralen Personen solcher Netze – die Großmütter (sofern sie Söhne geboren haben) – fehlen, d.h., die Gesamtleistung mehrerer wird *einer* Frauengeneration allein übertragen. Diese Generation der Mütter und Ehefrauen führt einen Abwehrkampf nach zwei Seiten: sowohl gegen einen überkommenen Traditionalismus (verkörpert durch die Großeltern in ihrem Heimatland), der sich im Aufnahmeland in der hergebrachten Form nicht mehr aufrechterhalten läßt, als auch gegen die (vor allem durch die Töchter verkörperte) Tendenz zur „Lockerung" und Aufgabe der alten Bräuche in der neuen Umgebung. Wunschdenken und Illusion auf der einen, ökonomische und soziale Realität auf der anderen Seite bilden die diffusen Orientierungspunkte für diese Frauengeneration: So waren z.B. schon 1968 nur noch 28 % der Familien in der Türkei Großfamilien alten Musters; trotzdem stellte das Bild eben jener Großfamilie noch 1980 für 44 % der in der Bundesrepublik befragten türkischen Männer (!) die ideale Lebensform dar. Im Spannungsfeld von Tradition und Anpassungszwang, von Rückkehrwunsch(-illusion) und Daueraufenthalt zerbrechen zunehmend die Familien, ohne daß dieses Zerbrechen – anders als bei der Generation der Töchter und Söhne – von der Mütter- und Vätergeneration als „Befreiung" empfunden werden kann. Dennoch ist, gemessen an äußerem Druck und innerer Spannung, der Anteil der tatsächlich zerfallenden Familien bei den türkischen, nordafrikanischen und asiatischen Bevölkerungsgruppen erstaunlich gering. Die nicht nur für den Islam typische Mischung aus Ewigkeitsanspruch und historischer Anpassungsfähigkeit der Religion hält die einzelnen Gruppierungen relativ dauerhaft zusammen – im Überdauern durch Veränderung. Der Islam als diejenige der Weltreligionen, die den geringsten Anteil an Konvertiten aufweist, bewährt sich hier besonders eindrucksvoll.

Asylproblematik

Neben den Arbeitsmigranten, den weitaus größten bei uns lebenden Ausländergruppierungen, bietet die Bundesrepublik Deutschland politisch und/oder religiös Verfolgten politisches Asyl. Die Möglichkeiten und Bedingungen für die Aufnahme und Anerkennung von Asylsuchenden werden allerdings zunehmend eingeschränkt. So wie über die letzten Jahrhunderte hinweg politisch oder religiös verfolgte deutsche Minderheiten Schutz in anderen Ländern suchten und fanden – nach 1848 und 1933 nicht zuletzt auch in der Türkei (!) –, suchen heute verfolgte Minderheiten Schutz in der deutschen Nachkriegsdemokratie. Vielen dieser Emigranten bleibt nicht einmal die Rückkehrillusion. Sie sind – mit allen bereits genannten Konsequenzen – zum Neuanfang gezwungen. Ihr Weg führt über die hart arbeitende, oft überangepaßte erste zur sich „verloren" fühlenden, einerseits nicht mehr ans Heimatland gebundenen, anderseits noch nicht angenommenen zweiten bis hin zur endlich angekommenen dritten und vierten Generation. Es ist derselbe Weg, den u. a. die Hugenotten in Preußen und später Millionen polnischer Einwanderer zwischen 1880 und 1914 im Ruhrgebiet gegangen sind. Bei allen notwendigen politischen, karitativen und privaten „Integrationshilfen" muß aus historischer Erfahrung jedoch gelernt werden: Zur Wahrung der Menschenrechte gehört auch die Achtung des Rechts auf Autonomie und demokratische Entscheidungsfreiheit bei religiösen und politischen Minderheiten. Nur so läßt es sich vermeiden, daß sie von Opfern ihrer ehemaligen Regierung zu Opfern unserer Institutionen werden.

Literatur: *Nermin Abadan-Unat* (Hrsg.), Die Frau in der türkischen Gesellschaft (Frankfurt a.M. 1985); *Christine Albert / Hildegard Immendorf / Ingrid Pfluger,* Leiden in der Fremde. Zur psychosozialen Situation ausländischer Familien. Arbeitskreis Psychosoziale Situation ausländischer Familien (Berlin 1986); *Silvia Bautz / Monika Helbig-Dürr / Regina Hübscher / Heike Krell,* Zur Situation türkischer Mädchen und Frauen, in: Publikationen der Fachhochschule für Verwaltung und Rechtspflege, Bd. 52 (Berlin 1985); *Elke Esser,* Ausländerinnen in der Bundesrepublik Deutschland. Eine soziologische Analyse des Eingliederungsverhaltens ausländischer Frauen (Frankfurt a. M. 1982); *Hans J. Hoffmann-Nowotny / Karl O. Hondrich* (Hrsg.), Ausländer in der Bundesrepublik Deutschland und in der Schweiz. Segration und Integration: Eine vergleichende Untersuchung (Frankfurt – New York 1981); *Irene Hübner,* ... wie eine zweite Haut. Ausländerinnen in Deutschland (Weinheim 1986); *Christine Huth / Jürgen Misksch,* Ausländische Frauen. Interviews, Analysen und Anregungen für die Praxis. Nachwort von Liselotte Funcke (Frankfurt a.M. 1982); ISS – Informationsdienst zur Ausländerarbeit Nr. 2/87, Themenheft „Frauenalltag in der Migration"; *Ursula Mehrländer,* Ausländerforschung 1965 bis 1980. Fragestellungen und theoretische Ansätze, empirische Ergebnisse (Bonn 1987); *Sigrid Meske,* Situationsanalyse türkischer Frauen in der BRD. Unter dem Aspekt ihrer kulturellen Neuorientierung im Vergleich zu ihren Lebensbedingungen in der Türkei (Berlin 1983); *Birgit Meyer-Ehlert / Ursula Schneider-Wohlfart* (Hrsg.), Gesundheitsbildung und -beratung mit Ausländerinnen, Landesinstitut für Schule und Weiterbildung (Berlin 1986); *Ina Schmid-Jörg / Camilla Krebsbach-Gnath / Sabine Hübner,* Bildungschancen für Mädchen und Frauen im internationalen Vergleich (München 1981).

HANS-GEORG SOEFFNER

B

Befreiungstheologie

↗ Abhängigkeit; Armut; Christentum; Dritte Welt; Entwicklungshilfe; Frauenhandel / Mädchenhandel; Gemeinde; Kirche; Maria; Menschenrechte; Ökumene; Schwesterlichkeit; Sextourismus; Sozialethik, evangelische; Soziallehre, katholische; Spiritualität; Theologie, feministische; Weltgebetstag der Frauen

Ausgangspunkt und Methode

Ausgangspunkt aller Befreiungstheologie ist die *Betroffenheit* über die zunehmende Verelendung der Volksmassen des lateinamerikanischen Kontinents. Gemäß dem Evangelium sind die Armen die Lieblingskinder Gottes. Im Anschluß an das Zweite Vatikanische Konzil und die Bischofskonferenzen von Medellín (1968) und Puebla (1979) traf die Kirche des primär katholisch geprägten Erdteils die „vorrangige Option für die Armen".

Diese Entscheidung wird konkretisiert durch die *Methode* „Sehen – Urteilen – Handeln": *Sehen,* wie die Wirklichkeit beschaffen ist (Zunahme der Ver-

armung durch weltweite ungerechte Wirtschaftsbeziehungen); *Urteilen* im Licht des Evangeliums und des Glaubens (Ungerechtigkeit ist soziale Sünde und widerspricht dem Plan Gottes für die Welt) und *Handeln* (Überwindung der Situation in Richtung auf Menschenwürde und -rechte für *alle* Menschen).
Diese Methode, die alle Reflexion in den Dienst an der Praxis stellt, wird auf drei Ebenen angewendet: der popularen, der pastoralen und der professionellen. *Popular* meint das Beten und Leiden, Hoffen und Nachdenken, Kämpfen und Feiern des Volkes in den Basisgemeinden. *Pastoral* bezeichnet die haupt- und ehrenamtliche Arbeit von Frauen und Männern, die die Seelsorge planen und begleiten. *Professionell* schließlich ist die Ebene des systematischen Reflektierens von Fachleuten, die wissenschaftlich arbeiten. Wichtig ist dabei für alle Beteiligten, daß diese drei Ebenen im ständigen Austausch bleiben und sich wechselseitig fördern.

Träger/innen der Befreiungstheologie

Hierzulande wird Theologie der Befreiung häufig gleichgesetzt mit den Namen einiger berühmter Theologen: Leonardo Boff (brasilianischer Franziskaner), Rubem Alves (presbyterianischer Theologe), Gustavo Gutiérrez (Priester aus Peru). Nach lateinamerikanischem Verständnis dagegen sind die eigentlichen Träger/innen dieser Theologie die Männer und Frauen des Volkes („Volk“ wird die große Masse der Ausgebeuteten und Unterdrückten genannt, im Unterschied zu „Nation“), die sich meist in den Basisgemeinden zusammenfinden. Nach dem ekklesiologischen Selbstverständnis der Befreiungstheologie wird in ihnen durch die Kraft des Geistes Gottes die Kirche neu geboren. Besonders engagiert und vielfältig wirken hier die Frauen. Sie bilden die Mehrheit des Volkes und sind doppelt unterdrückt, durch den Männlichkeitskult sowie durch ihre Marginalisierung. Ohne Ausbildung, von ihren Männern oder Partnern häufig verlassen, kämpfen sie für sich und ihre Kinder ums Überleben.

Frauen in der Befreiungstheologie

Als Konsequenz der Entscheidung für die Ärmsten der Armen geraten in jüngster Zeit besonders zwei Gruppen ins Blickfeld: die Frauen, die der *Elendsprostitution* nachgehen (allein in Brasilien auf 5 bis 7 Mio. geschätzt), und das Heer der weiblichen *Hausangestellten,* ohne geregelte Arbeitszeit und Sozialversicherung, bei minimalem Lohn meist in einem winzigen Raum untergebracht. In Zusammenarbeit mit den Betroffenen wird eine „Pastoral der Frauenbefreiung“ entwickelt mit dem Ziel, die Selbstverachtung zu durchbrechen, die aufgrund der jahrhundertealten Verachtung bei ihnen entstanden ist. Die Frauen – meist Analphabetinnen – sollen so zu Subjekten ihres Lebens und Glaubens werden können.
Die Begleitung und Förderung geschieht auf der zweiten, pastoralen Ebene. Sie umfaßt die Aus- und Weiterbildung der Leiter/innen der Basisgemeinden (schätzungsweise zwei Drittel der Basisgemeinden Brasiliens, des für die Befreiungstheologie bedeutendsten Landes, werden von Frauen geleitet) bis hin zum Entwurf pastoraltheologischer Konzeptionen durch Bischofskonferenzen. Ein wesentliches Moment bilden in diesem Bereich die *Ordensfrauen.* Viele leben zu zweit oder zu dritt mitten unter dem Volk und unter denselben Bedingungen, in absoluter Armut. Sie wollen ein Zeichen setzen für die Menschenfreundlichkeit Gottes in einem Klima der Menschenverachtung, indem sie mit dem Volk daran arbeiten, die Lebensbedingungen zu verbessern, wo nötig Rechtsbeistand leisten oder einfach „da sind“, wenn Menschen sie brauchen. Die Theologie der Befreiung hat im seelsorgerischen Bereich insgesamt zu einer stärkeren Mitwirkung von Frauen geführt, die bis dahin „an

pastoralen Initiativen kaum beteiligt waren“ (Puebla, 843).
Auf der dritten Ebene arbeiten die in wissenschaftlich-systematischer Theologie ausgebildeten Frauen und Männer, wobei hier bisher das zahlenmäßig größte Ungleichgewicht der Geschlechter herrscht. Diese Situation wird als nachteilig gesehen und ihre Veränderung angestrebt; an der seit Mitte der achtziger Jahre erscheinenden „Bibliothek Theologie der Befreiung“ sind auch Theologinnen beteiligt. Erste Versuche, Theologie aus der Sicht von Frauen zu betreiben, führten 1985 zu einem Treffen weiblicher Delegierter aus neun lateinamerikanischen Ländern in Buenos Aires. Als Arbeitsfelder der Zukunft nennt das Schlußdokument: Gottesbild, Menschwerdung, Dreifaltigkeit, Gemeinschaft, Körper und Leiblichkeit, Leiden und Freude. Was sich jedoch im Bereich der wissenschaftlichen Reflexion erst ansatzweise herauszubilden beginnt, wird getragen durch die vielfältigen Aktivitäten der Frauen auf der popularen und pastoralen Ebene.

Afrika und Asien

Befreiungstheologie entwickelt sich in zunehmendem Maß auch in Afrika und Asien. Ausbeutung und dadurch verursachte Verelendung führen auf dem schwarzen Kontinent zu Bestrebungen, die anthropologische und soziale Fremdbestimmung durch Rückgriff auf die überlieferten Werte der eigenen Kultur zu überwinden.
In Fernost gerät in diesem Zusammenhang besonders der Sextourismus und internationale Heiratsmarkt als Unterdrückungsmechanismus gegenüber Frauen und Kindern in den Blick.
Befreiungstheologie besteht für diese beiden Kontinente jedoch stärker in innerkirchlichen Neuansätzen und ist in ihrer Auswirkung auf die Gesellschaft nicht in dem Maße prägend wie in Lateinamerika, da Asien und Afrika bei weitem nicht so durchgehend von christlicher Tradition beeinflußt sind.

Das dialogische Prinzip

Gemeinsam ist der Theologie der Befreiung in allen ihren Ausprägungen über den Primat der Praxis hinaus das dialogische Prinzip: Dialog innerhalb der Kirche mit den *Reichen* (sie werden nicht ausgeschlossen, sondern eingeladen, die Wirklichkeit aus der Perspektive der Armen wahrzunehmen), Dialog zwischen *Laien* und *Amtsträgern* (es geht darum, gemeinsam das menschliche Elend zu bekämpfen, das eine Beleidigung Gottes darstellt). Dialog aber auch zwischen den Konfessionen und über Kontinente hinweg: lateinamerikanische Befreiungstheologie steht in einem fortwährenden Prozeß des Hörens auf das *kirchliche Lehramt* und der Auseinandersetzung mit seinen Aussagen und bezieht auch theologische Neuansätze ein.

Parallelen zur feministischen Theologie

Die Parallelen zur feministischen Theologie bestehen im *Ansatzpunkt* (Subjekte dieser Theologie sind die durch ein System der Ungerechtigkeit und Unterdrückung an den Rand Gedrängten), in der *Standortbezogenheit* (kontextuelle Theologie) und in der *Zielsetzung* (umfassende Befreiung aller Menschen aus Herrschaftsverhältnissen). Beide theologischen Neuansätze arbeiten nach der Methode „Sehen – Urteilen – Handeln“, und beide weisen als wesentliche Schwerpunkte die Auseinandersetzung mit dem Gottesbild, eine neue Hermeneutik im Umgang mit der Bibel und damit verbunden die Suche nach einer ganzheitlichen Spiritualität auf.
So ist die Theologie der Befreiung insgesamt eher ein Geschehen als ein theoretisches System, eine Aufforderung zur Umkehr und Gestaltung des individuellen und gemeinschaftlichen Lebens aus dem Evangelium in einer Welt, die von sozialer Sünde gekennzeichnet ist.

Literatur: *Rubem Alves,* Was ist Religion? (Zürich 1985); *Clodovis Boff,* Mit den Füßen am

Boden (Düsseldorf 1986); *Leonardo Boff,* Die Neuentdeckung der Kirche. Basisgemeinden in Lateinamerika (Düsseldorf – Mainz 1985); *ders. / Clodovis Boff,* Wie treibt man Theologie der Befreiung? (Düsseldorf 1986); *Jean-Marc Ela,* Mein Glaube als Afrikaner. Das Evangelium in schwarzafrikanischer Lebenswirklichkeit (Freiburg i. Br. 1987); *Ivone Gebara / Maria C. Luchetti Bingemer,* Maria, Mutter Gottes und Mutter der Armen (Düsseldorf 1988); *Horst Goldstein* (Hrsg.), Tage zwischen Tod und Auferstehung. Geistliches Jahrbuch aus Lateinamerika (Düsseldorf 1984); *Aloysius Pieris,* Theologie der Befreiung in Asien. Christentum im Kontext der Armut und der Religionen (Freiburg i. Br. 1986); *Christel Voß-Goldstein,* Aus Ägypten rief ich meine Töchter. Feministische Theologie praktisch (Düsseldorf 1988).

Christel Voss-Goldstein

Begabung

↗ Aufstiegschancen; Ausbildung; Beruf; Bildung; Chancengleichheit; Charismen; Emotionalität und Rationalität; Erziehung; Frauenförderung; Frauenrollen / Frauenleitbilder; Kultur; Leistung; Schule; Sozialisation; Technik / Technologien; Weiterbildung; Wissenschaft

Begriff und Struktur

Unter Begabung versteht man sowohl allgemeine Intelligenz als auch besondere Fähigkeiten auf speziellen Gebieten. Höchstbegabungen werden als Genialität bezeichnet, zentrales Merkmal ist dabei die Kreativität. Aus der Sicht eines modernen Begabungsbegriffes führen angeborene Fähigkeiten in aktiver Auseinandersetzung mit einer motivierenden, fördernden sozialen Umwelt zur Entfaltung von Begabung. Diesem interaktionistischen Begabungsbegriff ging die experimentelle Erforschung der Begabungsstruktur voraus. Sie konzentrierte sich auf das quantitative Erfassen intellektueller Leistungen in Tests. In jüngerer Zeit ist die Analyse kognitiver Prozesse bedeutsamer geworden.
Erst vor dem Hintergrund dieser allgemeinen, sich wandelnden Begabungsproblematik sind die Ergebnisse zur Begabung von Frauen in beiden Begabungsbereichen zu bewerten.

Begabung von Frauen

Umfangreiche Tests belegen, daß es im Gesamtwert der Intelligenz keinen meßbaren geschlechtsspezifischen Unterschied gibt, Frauen sind also nicht weniger intelligent als Männer. Dies bestätigt sich in Deutschland sowie in Österreich und der Schweiz auch in der Qualität der gymnasialen und wissenschaftlichen Abschlüsse von Frauen (Stat. Bundesamt; Österr. Statist. Zentralamt; Bundesamt für Statistik). Deutliche Unterschiede treten in Einzelbereichen auf: Frauen haben bessere sprachliche Fähigkeiten, Männer sind im räumlichen Vorstellungsvermögen und in mathematischen Fähigkeiten überlegen. Dies zeigt sich am deutlichsten bei mathematisch Hochbegabten (Terman/Tyler; Maccoby/Jacklin; Halpern).
Frauen haben sich in den letzten Jahrzehnten in allen Fachgebieten wissenschaftlich qualifiziert, obwohl ihr Anteil an Habilitationen auch heute nur bei 7 % (Schweiz 7,4 %; Österreich 13 %) liegt. Zahlenmäßige Schwerpunkte bilden Medizin, Literaturwissenschaft und Biologie.
Herausragende weibliche Begabungen finden sich in allen Bereichen der Kunst und der Wissenschaften. Geniale Frauen gibt es selbst in den Gebieten, die man lange Zeit mit der weiblichen Natur für unvereinbar hielt: in der Physik, der Mathematik und der Astronomie. Sie treten in den Epochen und Kulturen hervor, in denen man Frauen wie Männern eine gleiche qualifizierte Bildung ermöglichte. Daher wuchs ihre Zahl im 19. und 20. Jahrhundert stärker an (Castle; Feyl).
Die seltenen geschlechtspezifischen Analysen der Denkweisen zeigen bei Männern und Frauen vergleichbare Strukturen. Die kognitiven Stile (d. h. Formen des Wahrnehmens, Erinnerns, Denkens) sind bei Frauen jedoch vom sozialen Umfeld abhängiger als bei Männern. Hierbei scheinen sich Denkweisen mit der Interessen- und Lebenswelt zu berühren. Die angeführten Un-

tersuchungsdaten erklären nicht die verschwindend geringe Zahl von besonderen Talenten bei Frauen. Die Gründe hierfür vermuten wir im sozialen Umfeld, das die Anregungsbedingungen zur Entfaltung des Begabungspotentials bereitstellt (Sternberg/Davidson).

Aktivierungsbedingungen

Bereits die Testergebnisse deuten Persönlichkeitsfaktoren an, die Begabung aktivieren; dies gilt vor allem für Motivation und Interesse. Hierbei finden sich auch ausgeprägte Geschlechtsunterschiede. Die männlichen Interessen sind aktiver, wettbewerbsorientierter, risikofreudiger und mannigfaltiger; die weiblichen sind handlungsbegrenzter, personenbezogener, kooperationsbereiter und weniger ehrgeizig. Männer neigen zu aggressiverem, dominanterem Verhalten; Frauen ziehen verbale Auseinandersetzungen vor, zeigen eher größere Selbstkontrolle und soziale Anpassung (Terman/Tyler; Maccoby/Jacklin).
Motivation, Interessen und Verhaltensdispositionen werden in der Kindheit entwickelt. Das Anregungsmilieu der Familie, Gesprächskontakt und Zuwendung begründen ein positives Selbstbild und fördern die Motivation zum kreativen Denken und künstlerischen Schaffen. Diese Impulse werden in der Bildungslaufbahn gestärkt und gefestigt.
Begabungsförderung und Anerkennung intellektueller Leistung sind stark an gesellschaftlich geprägten Rollenvorstellungen über die Aufgaben von Mann und Frau orientiert. Fast bis in die Gegenwart hat man geistige Bildung für unvereinbar mit der weiblichen Lebensaufgabe erklärt. Eine Reihe von Arbeiten lieferte ideologische und wissenschaftliche Begründungen, die meist biologisch fundiert wurden (Halpern, Vaerting). Die meisten Frauen haben sich mit dieser Rollennorm identifiziert und auf geistige Eigenständigkeit und kreative Freiheit verzichtet. Außerdem blieb das Bildungsangebot für Frauen lange Zeit eingeschränkt und mußte in jahrzehntelangem Kampf gegen Widerstände und Diskriminierung erfochten werden. Die Frauenbewegung war Wegbereiter einer gleichberechtigten Frauenbildung (Twellmann). In Deutschland wurden Frauen erst im Jahre 1896 offiziell zum Abitur, 1900 zum Hochschulstudium (in Preußen 1908) und 1920 zur Habilitation zugelassen. Die Universität Zürich läßt Frauen 1867 generell zum Studium zu; die Philosophische Fakultät der Universität Wien wird 1879 für Frauen geöffnet, die erste Habilitation erfolgt 1907 (Weiland).

Herausragende Leistungen

Die wenigen Frauen, die eine herausragende Begabung in anerkannte Leistung umgesetzt haben, bestätigen die These von der Notwendigkeit günstiger Bedingungen für die Aktivierung des Begabungspotentials. Biographische Dokumente enthüllen uns – trotz ausgeprägter Individualität und Originalität – einige durchgängige Faktoren. Die hochbegabten Frauen stammen meist aus wohlhabenden, gebildeten Familien; vor allem die Väter unterstützten die geistigen und künstlerischen Interessen der Töchter und deren Ausbruch aus dem weiblichen Normensystem. Diese Frauen waren geistig unabhängig, selbstbewußt, unkonventionell und hoch leistungsmotiviert. Ihre Begabung zeichnete sich in einem früh auftretenden, intensiven Interesse und hartem Arbeitseinsatz ab. Sie nahmen die Erschwernisse wie: externes Abitur, Gasthörerstatus, Zurückweisung, unsichere und unterbezahlte Positionen in Kauf, wenn auch nicht immer unverletzt. Auch Anfeindungen der Umwelt, die bei Wissenschaftlerinnen, besonders bei Naturwissenschaftlerinnen, stärker waren als bei Künstlerinnen, brachten sie nicht von ihrem Ziel ab. Diese Frauen sahen sich gezwungen, sich männlichem Wissenschaftsverständnis und männlich geprägter Wissenschaftsorganisation anzupassen, um sich behaupten zu können. Die Biographie Lise Meitners (Kerner) offenbart beispielhaft, wie ein kreativer, gleichrangiger wissenschaftlicher Beitrag einer Atomphysikerin im Schatten eines Mannes verblaßt.

Recht auf individuelle Begabungsentfaltung

Diese historisch-biographischen Analysen (Pusch) stützen die Annahme, daß weibliche Begabung oft nicht zur Entfaltung kam, selbst wenn diese These statistisch schwer zu belegen ist. Nachdem die äußeren Beschränkungen abgebaut sind, ist es nun an den Frauen, innere Unabhängigkeit und geistige Autonomie zu entwickeln und ihr Begabungspotential im Rahmen ihrer weiblichen Interessen und Lebensbezüge voll zur Geltung zu bringen. Die jahrzehntelange Ungleichheit der Chancen erfordert allerdings aktive partnerschaftliche und gesellschaftliche Unterstützung. Frauen sollten nicht weiter zur Entscheidung gezwungen werden, entweder auf Familie oder auf berufliche Karriere zu verzichten. Das Recht auf individuelle Begabungsentfaltung ist Menschenrecht.

Literatur: *Elisabeth Boedeker / Maria Meyer-Plath,* 50 Jahre Habilitationen von Frauen in Deutschland, Schriften des Deutschen Hochschulverbandes (Göttingen 1974); *Bundesamt für Statistik* (Hrsg.), Statistisches Jahrbuch der Schweiz 1987/88 (Basel 1987); *Cora Castle,* A Statistical Study of Eminent Women (New York 1913); *Ulrika Evers,* Deutsche Künstlerinnen des 20. Jahrhunderts (Hamburg 1983); *Renate Feyl,* Der lautlose Aufbruch. Frauen in der Wissenschaft (Darmstadt – Neuwied 1983); *Diane F. Halpern,* Sex Differences in Cognitive Abilities (London – Hillsdale / New Yersey 1986); *Charlotte Kerner,* Lise, Atomphysikerin. Die Lebensgeschichte der Lise Meitner (Weinheim – Basel [3]1987); *Eleanor E. Maccoby / N. Carol Jacklin,* The Psychology of Sex Differences (Stanford 1974); *Luise F. Pusch* (Hrsg.), Schwestern berühmter Männer (Frankfurt a.M. 1985); *Österreichisches Statistisches Zentralamt* (Hrsg.), Statistisches Handbuch für die Bundesrepublik Ö. 37 (Wien 1986); *Hans-Werner Prahl / Ingrid Schmidt-Harzbach,* Die Universität. Eine Kultur- und Sozialgeschichte (München – Luzern 1981); darin: UNESCO-Statistical Yearbook of Education 1980; *Statistisches Bundesamt* (Hrsg.), Wirtschaft und Statistik 1985; *Robert J. Sternberg / Janet E. Davidson* (Hrsg.), Conceptions of Giftedness (Cambridge 1986); *Levis Terman / Leona Tyler,* Psychological Sex Differences, in: Leonard Carmichael (Hrsg.), Manual of Child Psychology (New York 1954); *Margrit Twellmann,* Die Deutsche Frauenbewegung. Ihre Anfänge und erste Entwicklung. Quellen 1843 – 1889 (Meisenheim a. Glan 1972); *Mathilde Vaerting,* Wahrheit und Irrtum in der Geschlechterpsychologie (Weimar [2]1931); *Daniela Weiland,* Geschichte der Frauenemanzipation in Deutschland und Österreich (Düsseldorf 1983).

MAGDALENA BAUS

Beruf

↗ Arbeit; Arbeitslosigkeit; Arbeitsrecht; Armut; Aufstiegschancen; Ausbildung; Begabung; Bildung; Chancengleichheit; Erwerbstätigkeit; Erziehung; Familie; Familienrollen; Frauenberufe; Frauenbewegung; Frauenförderung; Frauenquotierung; Frauenrollen / Frauenleitbilder; Gewerkschaften; Hausfrauen; Job-sharing; Mann; Männerbilder; Medizin; Selbständige; Tagesmütter; Technik / Technologien; Weiterbildung; Wiedereingliederung; Wirtschaft

Beruf und Berufung

Das Wort Beruf steht in engem Zusammenhang mit Berufung und weist so nicht nur auf ein bestimmtes Leistungsvermögen hin, sondern auch auf einen Auftrag und Dienst an den Bedürfnissen der Gemeinschaft. Im christlichen Verständnis kommt die Berufung von Gott, die sich sowohl in der persönlichen Neigung und Eignung, aber auch in den gesellschaftlichen Bedürfnissen anzeigt. In diesem Sinn umfaßt Beruf die Lebensbetätigung der Person, die Dienstleistung an der Gesellschaft ist, Unterhaltsquelle und Auftrag von Gott. Der Beruf bestimmt die gesellschaftliche Stellung und Geltung.

Auch in seiner säkularisierten Form hat der Beruf seine weitreichende Bedeutung zumindest in den europäischen Industriegesellschaften beibehalten, insbesondere im deutschsprachigen Raum, wo sich das berufsspezifische duale Ausbildungssystem strukturprägend ausgewirkt und als äußerst anpassungsfähig erwiesen hat. Neben Betrieb, Arbeitsplatz und Lohnarbeit ist der Beruf zur tragenden Säule des Beschäftigungssystems geworden. Allgemein wird heute unter Beruf jede Form bezahlter Arbeit verstanden, die auf einem spezialisierten, nicht-alltäglichen Wissen oder einer entsprechenden Leistung beruht. Insofern wurde die Arbeit der Hausfrau bis vor kurzem nicht als Beruf angesehen, weil sie weder bezahlt wird noch eine spezielle Ausbildung voraussetzt. Erst die von der Frauenbewegung initiierte Diskussion um Hausarbeit führte zu ihrer Anerkennung als Beruf, wenn auch nicht als volkswirtschaftlich zu erfassende Arbeitsleistung mit daraus abgeleiteten sozialrechtlichen Ansprüchen.

Ausbildungsberufe

Die moderne Industriegesellschaft mit ihren komplexen Anforderungen hat zur Herausbildung von jetzt etwa 400 Ausbildungsberufen in Landwirtschaft, Handwerk, Handel und Industrie, im öffentlichen Dienst und in den freien Berufen geführt. Die Ausbildungsinhalte werden in Ausbildungsordnungen für die betriebliche und in Rahmenlehrplänen für die schulische Seite der Ausbildung verbindlich geregelt. Diese Ausbildungsordnungen werden von Zeit zu Zeit überprüft und an neue Anforderungen, die sich aus der technologischen Entwicklung ergeben, angepaßt. Ursprünglich für die Absolventen der Volks- bzw. Haupt- und Realschule gedacht, werden heute auch viele Abiturienten/Abiturientinnen in diesen Ausbildungsberufen ausgebildet (ca. 12%). Der enge Zusammenhang zwischen Ausbildungs- und Beschäftigungssystem zeigt sich in der quantitativen Verteilung auf die Ausbildungsberufe wie auch besonders in ihrer geschlechtsspezifischen Ausprägung. So werden etwa die Hälfte aller Ausbildungsplätze nur Jungen, ein Viertel nur Mädchen sowie ein weiteres Viertel Jungen und Mädchen angeboten. Die Mädchen konzentrieren sich dabei in wenigen frauentypischen Ausbildungsberufen. Nur 8% der jungen Frauen werden in einem gewerblich-technischen Beruf ausgebildet. 36% der Mädchen sind in den fünf am stärksten besetzten Ausbildungsberufen beschäftigt: Friseurin, Verkäuferin und Verkäuferin im Nahrungsmittelhandwerk, Bürokauffrau und Industriekauffrau.
Kennzeichen für einige frauentypische Berufe sind eine kürzere Ausbildungsdauer (2 Jahre) und ein begrenztes Qualifikationsprofil, denen die breite, branchenübergreifende Verwertbarkeit und die Erweiterungsmöglichkeit für den beruflichen Aufstieg weitgehend fehlen. Andere Ausbildungsberufe – vor allem die stark besetzten Jungenberufe Kraftfahrzeugmechaniker, Elektroinstallateur, Maschinenschlosser – vermitteln Schlüsselqualifikationen, die vielseitig verwertbar sind. Die Absolvierung einer beruflichen Ausbildung vermittelt nicht nur spezielles Berufswissen, sie dient auch der Entwicklung des Arbeitsverhaltens und des Selbstbewußtseins. Dies hat auch da zu einer selbstbewußten Facharbeiterschaft geführt, wo die spezifisch erworbenen Kenntnisse nicht verwertbar sind, z.B. beim Metzger oder Maler in der industriellen Produktion. Erwerbstätige mit abgeschlossener Berufsausbildung sind von Arbeitslosigkeit weniger betroffen und überproportional an Maßnahmen der beruflichen Fortbildung beteiligt.

Arbeitsteilung und persönliche Entwicklung

Die neuere Berufssoziologie hat von einem subjektbezogenen Ansatz aus auf den engen Zusammenhang zwischen der Art der beruflichen Arbeitsteilung einerseits und der Fähigkeitsentwicklung der beruflich arbeitenden Personen andererseits hingewiesen (Beck/Brater/Daheim). Danach sind Berufe nicht nur ein Gliederungsprinzip für Arbeitsprozesse, sondern auch für Lernprozesse, die den Menschen auch über seine Arbeitssituation hinaus prägen und zur Entwicklung von entsprechenden Einstellungen und Verhaltensweisen beitragen. So bestimmen der Tauschcharakter der Arbeit und der Interessengegensatz von Arbeitgeber und Arbeitnehmer die Berufssituation. Natürliche Bedürfnisse und Rhythmen müssen dabei vor Rationalität und Funktionalität zurückstehen. Dies erfahren Frauen gerade in typischen Frauenberufen wie Krankenpflege oder Erziehung, woraus nicht unerhebliche Frustrationen entstehen, weil die affektive und emotionale Seite in der rationalisierten Arbeitswelt auch in diesen Bereichen keinen Raum hat.

Berufs- und Hausarbeit

In der Industriegesellschaft wird ein großer Teil der gesellschaftlich geleisteten Arbeit in beruflicher Form erbracht. Der Beruf garantiert das Geldeinkommen, mit dem die eigenen Bedürfnisse befriedigt werden können. Aber damit Menschen konkret existieren können, sind darüber hinaus andere Formen von Tätigkeiten im privaten Lebensbereich notwendig. Der Berufstätige ist auf die Haus- oder Alltagsarbeit angewiesen, damit er den Anforderungen der Berufswelt überhaupt entsprechen kann. Deshalb wird der Beruf in seiner heutigen Form als „Anderthalb-Personen-Beruf" (Beck-Gernsheim) gekennzeichnet, denn die Berufsarbeit ist nach Quantität und Qualität so organisiert, daß sie auf die Anforderungen der privaten Alltagsarbeit kaum Rücksicht nimmt. Sie erfordert den „familienfreien Ehemann", und das heißt auch eine Ehefrau, die durch Übernahme der Alltagsarbeit einschließlich der Versorgung des Ehemannes diesen für die Berufstätigkeit freistellt. Die Aufspaltung und Trennung der Lebensbereiche Beruf und Familie, Berufs-, Alltags- und Familienarbeit mit der damit verbundenen Rollenzuweisung an Mann und Frau wird noch dadurch verschärft, daß beide Lebensbereiche entgegengesetzte Anforderungen stellen. Sie polarisieren sich mehr und mehr in Richtung von zunehmender Rationalität und Konkurrenz im Beruf, während Geborgenheit und Harmoniebedürfnis Erwartungen an die Familie sind. Die in der Berufstätigkeit ausgeklammerten emotionalen Bedürfnisse sollen also in der Familie abgedeckt werden, die sich auf die natürlichen Rhythmen und Bedürfnisse einstellen und auf diffuse Anforderungen eingehen soll. „Die Familie ist der Schnittpunkt, wo ökonomische Rationalität und elementare Lebensbedürfnisse aufeinandertreffen. Sie soll den Ausgleich zwischen beiden herstellen – also zusammenbringen, was eigentlich unvereinbar ist, was ständig in Widerspruch zueinander gerät" (Beck-Gernsheim). Die Spaltung von Beruf und Familie, von Berufsarbeit und Familienarbeit beinhaltet darüber hinaus eine intrapersonale Aufspaltung, die insbesondere den Mann gefährdet, weil er die weiblichen Anteile seiner Psyche nicht integrieren kann und zugleich seine Identität in weit höherem Maß von seiner beruflichen Position ableitet.

Mehrfachbelastung für Frauen

Für Frauen, die sich in zunehmendem Maß nun auch beruflich qualifizieren und ihre Gleichstellung in der Berufswelt fordern, bedeutet die gegenwärtige Berufsstruktur eine Mehrfachbelastung, solange sie die Alltagsarbeit weiterhin ausführen, wie es auch berufstätige Männer fast selbstverständlich erwarten. Der Verzicht auf Ehe und Kinder ist deshalb in hochqualifizierten Berufen eine nicht seltene Strategie. Eine andere ist der Verzicht auf die eigene berufliche Entfaltung, eine Unterordnung der eigenen Möglichkeiten unter diejenigen des Mannes. Frauen, die dennoch beide Lebensbereiche für sich verbinden wollen, wenn auch um einen hohen Preis, stehen gerade dann, wenn sie beruflich aufsteigen wollen, noch vor einem anderen Problem. Von ihnen wird eine Anpassung an die von Männern normierten Berufsanforderungen, Einstellungen und Verhaltensmuster verlangt. Damit wird aber das spezifische Arbeitsvermögen von Frauen, das sich vor allem auf Kommunikation, Kooperation, Teamarbeit und Intuition bezieht, außer Betracht gelassen und blockiert. Dabei könnten Frauen, in Verbindung mit fachlicher Kompetenz Verengungen und Verkrustungen, die in der gegenwärtigen Berufsarbeit angelegt sind, deren Abgehobenheit von Alltag und lebendigen Bedürfnissen überwinden. Gerade eine Wirtschaft, die auf dem Weg zu einer Dienstleistungs- und Informationswirtschaft ist, die ihre Beschäftigten zu ständiger Fortbildung und Flexibilität motivieren muß, ist auf das spezifische Potential von Frauen, auch für Führungsfunktionen angewiesen. Deshalb gehen Firmen schon heute dazu über, gezielte Qualifizierungsmaßnahmen für weibliche Beschäftigte und Führungskräfte durchzuführen.

Neue wirtschaftliche Entwicklungen

Der zunehmende Einsatz der Informations- und Kommunikationstechnologien wird die Arbeitswelt in den neunziger Jahren bestimmen und sowohl die Berufsinhalte wie die Berufsstruktur verändern. Bereits jetzt sind 40% der Beschäftigten in Informationsberufen tätig. Fast in allen Berufen wird zumindest eine informationstechnische Grundausbildung erforderlich sein. Spezielle Kenntnisse und Fähigkeiten müssen durch Denken in systembezogenen Zusammenhängen ergänzt werden. Genauigkeit und Ausdauer sowie Kooperations- und Teamfähigkeit sind erforderlich. An die Stelle von manueller Beanspruchung treten mentale Belastungen. Physische Stärke, die jahrhundertelang Männerarbeit kennzeichnete, wird nur noch in wenigen Berufen gebraucht. Während Landwirtschaft und verarbeitendes Gewerbe an Bedeutung verlieren, wird der Dienstleistungssektor weiter wachsen, und zwar sowohl die produktionsbezogenen Dienstleistungen als auch die öffentlichen Dienstleistungen, die der Staat im Bereich von Bildung, Gesundheit und Verkehr anbietet. Mit dieser Entwicklung gehen ein Rückgang der Zahl der Arbeiter und eine Zunahme der Zahl der Angestellten einher.

Diese Entwicklung wird sich in der Berufsstruktur niederschlagen und könnte auch die Geschlechtsstruktur der Beschäftigten verändern, sofern Frauen sich stärker als bisher im Umgang mit den neuen Technologien qualifizieren. Schon jetzt arbeiten mehr Frauen mit EDV-Geräten als Männer, wenn auch überwiegend in ausführender Weise. Wo Frauen allerdings die Chance haben, sich auf ihre Art mit den Möglichkeiten der EDV vertraut zu machen, wurde ein besonders kreativer Umgang damit festgestellt und die Fähigkeit, die Möglichkeiten dieser Technologien zur Problemlösung voll auszuschöpfen.

Chancen und Gefahren

Berufsarbeit wird in der Informations- und Dienstleistungsgesellschaft flexibler organisiert sein, und zwar in bezug auf die Arbeitszeit wie auf den Arbeitsort. Das hat eine weitere Individualisierung der Arbeitsverhältnisse zur Folge, die für einzelne Vorteile haben kann, z.B. auch für eine bessere Vereinbarkeit von Familie und Beruf. Sie kann aber auch zu einer Schwächung der kollektiven Interessenvertretung, der Gewerkschaften führen, wenn diese sich nicht ausreichend und rechtzeitig auf die neue Situation einstellen. Das wäre aber notwendig, um die Gefahr eines zweiten Arbeitsmarktes zu bannen, der die nicht oder unzulänglich Qualifizierten nur in ungesicherte oder befristete Beschäftigungsverhältnisse aufnimmt.

Literatur: *Ulrich Beck,* Die Risikogesellschaft (Frankfurt a.M. 1986); *ders. / Michael Brater / Hansjürgen Daheim,* Soziologie der Arbeit und Berufe (Reinbek 1980); *Elisabeth Beck-Gernsheim,* Das halbierte Leben. Männerwelt Beruf, Frauenwelt Familie (Frankfurt a.M. 1980);

dies. / Ilona Ostner, Frauen verändern – Berufe nicht? in: Soziale Welt 3 (1978); *Barbara Hegelheimer,* Berufsqualifikation und Berufschancen von Frauen in der Bundesrepublik Deutschland (Berlin 1978); *Renate Hellwig,* Die Konflikte von Familie und Beruf, in: Anton Rauscher (Hrsg.), Die Frau in Gesellschaft und Kirche (Berlin 1986) 91 – 106; *René König,* Der Beruf als Indiz sozialer Integration, in: ders., Soziologische Orientierungen. Vorträge und Aufsätze (Köln 1965) 109ff.; *Silvia Kontos / Karin Walser,* ... weil nur zählt, was Geld einbringt. Probleme der Hausfrauenarbeit (Gelnhausen 1979); *Camilla Krebsbach-Gnath u.a.,* Frauenbeschäftigung und neue Technologien (München – Wien 1983); *Ilona Ostner,* Beruf und Hausarbeit (Frankfurt a.M. 1978); *Sandra Scarr,* Wenn Mütter arbeiten. Wie Kinder und Beruf sich verbinden lassen (München 1987); *Heidi Schelbert,* Beruf und Karriere, in: Christa Köppel / Ruth Sommerauer, Frau – Realität und Utopie (Zürich 1984); *Alena Wagnerowa,* Mutter – Kind – Beruf (Reinbek 1976); *Angelika Willms-Herget,* Frauenarbeit. Zur Integration der Frauen in den Arbeitsmarkt (Frankfurt a.M. 1985). MARITA ESTOR

Bibel ↗ Altes Testament; Neues Testament.

Bildung

↗ Aufstiegschancen; Ausbildung; Begabung; Chancengleichheit; Emanzipation; Emotionalität und Rationalität; Frauenbewegung; Frauenforschung; Frauengeschichte; Frauenrollen / Frauenleitbilder; Frauenverbände; Ganzheitlichkeit; Gleichberechtigung; Identität, weibliche; Kultur; Literatur; Menschenbild; Musik; Nationalsozialismus; Philosophie, feministische; Religiöse Erziehung; Schule; Weiterbildung; Wissenschaft

Geschichte gebildeter Frauen

Gebildete Frauen haben in allen Phasen der langen Geschichte der Wissenschaft eine Rolle gespielt. In den meisten Epochen dieser Geschichte ist ihr Anteil aber behindert, bekämpft, verschwiegen worden. Die herrschende Geschichtsschreibung verfährt dabei so erfolgreich, daß die Frauen, die in Antike und frühem Mittelalter Philosophie, Mathematik, Medizin studiert und gelehrt haben, bis heute so gut wie unbekannt geblieben sind. Erst ab dem Hochmittelalter werden die Quellen etwas zahlreicher. So wissen wir von der Tradition der mittelalterlichen Klöster, in deren Abgeschiedenheit Frauen lernen, forschen und schreiben konnten, oder von Professorinnen und weiblichen Akademiemitgliedern an den italienischen Universitäten der Renaissance. Die historische Frauenforschung ist dabei, die Leistungen und die Bedeutung dieser Frauen „sichtbar“ zu machen. Vom Zeitalter der bürgerlichen Revolutionen an, in dem Frauen gemeinsam beginnen, die proklamierten Bürger- und Menschenrechte öffentlich für sich einzuklagen, ist auch ihr Kampf für gleichberechtigten Zugang zu Bildung und Wissenschaft dokumentiert.

Entwicklung im 19. Jahrhundert

Die Frauen, die in den Jahren vor der Revolution von 1848 „Teilnahme der weiblichen Welt am Staatsleben“ (Luise Otto 1843) fordern, begreifen Persönlichkeitsbildung und charakterliche Höherentwicklung von Frauen als Chance für eine Höherentwicklung der geistigen und sozialen Welt überhaupt. Luise Otto formuliert für ihre 1849 erstmals erscheinende „Frauenzeitung“ ein Programm, das das „Recht, das Rein-Menschliche in uns in Entwicklung aller unserer Kräfte auszubilden“, neben dem Recht der Mündigkeit und Selbständigkeit im Staat fordert. Nach 1848 werden soziale und politische Frauenvereine gegründet, Sonntagsschulen für Mädchen entstehen. Die fortschrittlichste Bildungseinrichtung für Frauen wird die im Januar 1850 in Verbindung mit der katholischen „Freien Gemeinde“ Hamburgs gegründete erste Frauenhochschule Deutschlands. Das erklärte Bildungsziel der Entwicklung der Frau zu einem Wesen, „welches zunächst sich selbst Zweck ist und sich frei nach den Bedürfnissen und Fähigkeiten seiner Natur entfalten kann“ (zit. nach Twellmann), gesteht Frauen eine uneingeschränkte Entwicklung ihrer Persönlichkeit zu. Die Vorlesungen der Hochschule stehen der gesamten weiblichen Bürgerschaft Hamburgs offen und umfassen auch mathematische und naturwissenschaftliche Fächer. Projekte wie die „Frauenzeitung" und die Hamburger Frauenhochschule scheitern in den Jahren der politischen Reaktion. Der Kampf der Frauen für Zugang zu Bildung und Berufsausbildung ist aber nicht mehr aufzuhalten.

Bildungsarbeit der Frauenbewegung

Die zunächst an Nahzielen ausgerichtete Bildungsarbeit der zunehmend organisierten Frauenbewegung führt bald zu allgemeinen Konzepten zur Verbesserung der Mädchen- und Frauenbildung. In der zweiten Hälfte des 19. Jahrhunderts sind höhere öffentliche Schulen der männlichen Jugend vorbehalten. Einige wenige städtische Schulen und Privatschulen vermitteln den „höheren Töchtern", ab den sechziger Jahren des 19. Jahrhunderts auch vermehrt den Töchtern der Mittelschicht, eine Bildung, deren Schwerpunkt auf deutscher Sprache und Literatur, französischer Konversation, Handarbeiten und Religion liegt. Naturwissenschaftliche Fächer fehlen völlig. Die mittlerweile zu überregionalen Organisationen zusammengeschlossenen Vereine der Frauenbewegung streben eine grundlegende Neuordnung des Mädchenschulwesens an, so der 1865 gegründete Allgemeine Deutsche Frauenverein (ADF), der Lette-Verein und der Frauenverein Reform. Mit zum Teil unterschiedlichen Konzeptionen treffen sie sich in den grundlegenden Forderungen: staatliche Gymnasialkurse (oder Reformgymnasien) für Mädchen, verbesserte Lehrerinnenausbildung, Ausbildung von Mädchen durch weibliche Lehrkräfte. Ab ca. 1890 entstehen städtische und privat geförderte Modelle zum Abitur führender Mädchenschulen. 1896 legen die ersten Schülerinnen aus den von Helene Lange initiierten Gymnasialkursen extern das Abitur ab. 1908 bringt die offizielle Neuregelung ein Mädchengymnasium, das nach dreizehn Klassen zum Abitur führt und zum Studium berechtigt. Schrittweise wird auch die Lehrerinnenausbildung verbessert. 1894 erläßt das preußische Ministerium Ausbildungsrichtlinien, 1903 wird das Staatsexamen für Oberlehrerinnen eingeführt. Die Forderung der Frauenbewegung nach Ausbildung von Mädchen durch Lehrerinnen, vor allem formuliert von dem 1890 von Auguste Schmidt, Helene Lange und Marie Loeper-Housselle gegründeten „Allgemeinen Deutschen Lehrerinnenverein" (ADLV), stößt aber weiterhin auf Widerstand. Die Kontrolle über die Bildung von Frauen will der Staat auf keinen Fall aufgeben. Die Reformbestimmungen von 1908 enthalten zwar die Formulierung, daß in allen Stufen der Mädchengymnasien männliche und weibliche Lehrkräfte unterrichten sollten, der Anteil der männlichen Lehrenden darf aber in keiner Stufe unter einem Drittel liegen. Die Öffnung der Universitäten für Studentinnen wird 1891 erstmals im preußischen Reichstag diskutiert; ab 1896 sind Frauen an einigen deutschen Universitäten als Gasthörerinnen zugelassen; 1908 bildet Preußen das Schlußlicht der Länder in der Zulassung der Frauen zum Studium.

Wachsen des Frauenstudiums

In der Weimarer Republik nimmt die Zahl der Absolventinnen höherer Schulen und der Studentinnen ständig zu. 1908 studieren nur 1172 Frauen an deutschen Hochschulen, 1931 hat ihre Zahl mit 22084 einen Höhepunkt erreicht (im Vergleich zu 67044 männlichen Studenten). Schwerpunkte der Fächerwahl verlagern sich in den zwanziger Jahren von der Philologie hin zu Medizin und Jura, wobei die Studienrätin das häufigste Berufsziel von Hochschulabsolventinnen bleibt. Die Zahl der Hochschullehrerinnen (ab 1918 haben Frauen das Recht zur Habilitation) bleibt im Vergleich zu der Zunahme anderer akademischer Beru-

fe gering. An den höheren Schulen nimmt die Zahl weiblicher Lehrkräfte und weiblicher Direktoren zu; zu Beginn der dreißiger Jahre ist ca. ein Fünftel der höheren Mädchenschulen unter weiblicher Leitung.
Inhaltlich vertiefen sich die Konzepte, die Frauen aus der Frauenbewegung für die Bildung von Mädchen und Frauen entwickeln. Die erste Generation ausgebildeter Sozialwissenschaftlerinnen beschäftigt sich mit sozialpsychologischen, soziologischen und ökonomischen Fragestellungen in bezug auf die Rolle der Frau in Familie und Gesellschaft.

Behinderungen durch den Nationalsozialismus

Der Nationalsozialismus beginnt die systematische Verdrängung von Frauen aus hochqualifizierten Stellungen 1933 mit der Einführung eines Numerus clausus für Studentinnen, deren Anteil an der Studentenschaft nicht mehr über 10% liegen darf. Diskriminierende Maßnahmen und Gesetze treffen neben den höheren Beamtinnen vor allem auch Ärztinnen und Juristinnen. Die Entlassung verheirateter Beamtinnen wird per Gesetz erzwungen, die Zahl der Lehrerinnen an höheren Schulen wird drastisch reduziert, Direktorinnen werden ihrer Posten enthoben. Während des Zweiten Weltkrieges werden einige der diskriminierenden Bestimmungen stillschweigend wieder zurückgenommen, da in allen Bereichen Frauen die zum Kriegsdienst eingezogenen Männer ersetzen müssen.

Heutige Situation

Die heutige Situation von Mädchen und Frauen als Lernende und Lehrende in Bildungsinstitutionen ist nicht mehr von der rechtlichen Ungleichbehandlung und der offenen Diskriminierung geprägt, gegen die die alte Frauenbewegung kämpfte. Sexismus in Bildung und Wissenschaft ist zu einem vielschichtigen, subtilen Phänomen geworden, dessen Ort zu bestimmen und dessen Funktionieren aufzuzeigen eines der großen Aufgabengebiete von Frauenforschung bleibt.
Seit Bestehen der Bundesrepublik Deutschland hat sich das Bildungsniveau von Mädchen und Frauen im Bereich der allgemeinbildenden Schulen immer weiter verbessert. Mitte der achtziger Jahre erreichten mehr Mädchen als Jungen mittlere Bildungsabschlüsse; ihr Anteil in den Gymnasien stieg auf 50% (1960 lag er noch bei 36%). Die Zahl der Studentinnen hat sich von 1960 bis 1980 etwa verfünffacht, 1986 lag sie bei ca. 38% (in leicht rückläufigem Trend). Noch immer sinkt aber der Frauenanteil mit steigendem Niveau der Bildungsabschlüsse. Frauen qualifizieren sich eher für ein Lehramt an Grund-, Haupt- und Realschulen (an Gymnasien liegt ihr Anteil an den Lehrenden bei ca. 36% im Vergleich zu 64% Lehrerinnen an Grund- und Hauptschulen).

Abbau von Benachteiligungen

Die Mechanismen, die auch in den achtziger Jahren noch einseitige Festlegungen von Frauen bewirken und sie in den Planungs- und Entscheidungsinstanzen nicht erscheinen lassen, sind Gegenstand von Frauenforschung, die auch in den Bildungsinstanzen selbst ansetzt. Sie untersucht geschlechtsspezifische Sozialisation in der Schule (durch Lehrer und Lehrerinnen, durch Unterrichtsinhalte, Lehrmittel usw.) genauso wie Diskriminierungserfahrungen von Studentinnen und Wissenschaftlerinnen. In Bildung und Wissenschaft sucht Frauenforschung nach neuen Ansätzen, die aus immer noch allein männlich bestimmten Strukturen herausführen. In Bildungsplanung und Bildungspolitik werden konkrete Forderungen eingebracht, die auf den Abbau von Benachteiligungen zielen. So können etwa spezielle Kursangebote Mädchen in der Schule die Angst vor untypischer Fächerwahl nehmen; Schulbücher sollten so gestaltet werden, daß

sie keine Rollenklischees und einseitige Festlegungen enthalten; die Ausbildung von Lehrern und Lehrerinnen muß verstärkt auf einen Abbau diskriminierender Erfahrungen von Mädchen in der Schule hin angelegt werden.
Um zielgerichtet und effektiv arbeiten zu können, wird von Frauen aus allen Bereichen des Bildungssektors ein interdisziplinärer Austausch angestrebt. Initiativen und Projekte sind in den letzten Jahren auf vielen Gebieten entstanden. So gibt es Forschungszentren wie das Frauenforschungs-, -bildungs- und -informationszentrum in Berlin und das Institut „Frau und Gesellschaft" in Hannover sowie feministische Archive und Dokumentationszentren (z.B. in Frankfurt). Frauenakademien und -ferienhäuser, Vereine und Arbeitskreise dienen dem gemeinsamen Lernen und Arbeiten von Frauen aus verschiedenen Lebenszusammenhängen. Im Hochschulbereich gibt es Frauenreferate, Ringvorlesungsreihen und Studiengruppen zu frauenrelevanten Themen. Ein Forum für die Darstellung und den Austausch der verschiedenen Projekte und inhaltlichen Konzeptionen war die von 1976 bis 1984 jährlich in Berlin stattfindende Sommeruniversität für Frauen. Zunehmend wird auch die Forderung nach gezielten Frauenförderplänen in den Hochschulen laut.

Österreich und Schweiz

Die Situation in den Nachbarländern Schweiz und Österreich zeigt in Geschichte und Gegenwart die gleichen Tendenzen. In der Schweiz gibt es allerdings schon vor der Jahrhundertwende die Zulassung der Frauen zum Studium. Die Universität Zürich läßt schon 1867 Frauen generell zum Studium zu. In Zürich wird 1903 die „International Association of Lyzeum Clubs" gegründet, deren Ziel insbesondere die Förderung des Interesses der Frauen an Kunst, Literatur, Musik, aber auch Wissenschaft und Journalismus ist. In Österreich setzt erst in den 80er Jahren durch die Arbeit der „Dokumentation Frauenforschung" an der Universität Wien die Aufarbeitung des Materials auch zum Thema Frauenbildung ganz verstärkt ein.
Hinter allen diesen Ansätzen, die bisher weitgehend in Eigeninitiative entstehen, finanziell kaum abgesichert und noch fast ohne Einfluß auf Macht- und Entscheidungsbereiche sind, steht das Ziel einer grundsätzlichen Veränderung. Der für die heutige Gesellschaft so zentral bedeutsame Sektor Bildung wird sich tiefgreifend wandeln, wenn es den Frauen gelingt, ihren ihnen so lange vorenthaltenen Anteil zurückzuerobern, wenn sie ihre Erfahrungen und Lebensbedingungen in die Regeln der Produktion und Aneignung von Bildung einbringen können.

Literatur: *Ilse Brehmer u.a.* (Hrsg.), Frauen in der Geschichte IV: „Wissen heißt leben...". Beiträge zur Bildungsgeschichte von Frauen im 18. und 19. Jahrhundert (Düsseldorf 1983); *Frauengruppe Faschismusforschung* (Hrsg.), Mutterkreuz und Arbeitsbuch. Zur Geschichte der Frauen in der Weimarer Republik und im Nationalsozialismus (Frankfurt a.M. 1981); *Elisabeth Gössmann* (Hrsg.), Das wohlgelahrte Frauenzimmer (Archiv für philosophie- und theologiegeschichtliche Frauenbildung, Bd. 1) (München 1984); *Sigrid Metz-Göckel* (Hrsg.), Frauenstudium. Zur alternativen Wissenschaftsaneignung von Frauen (Hamburg 1979); *Kristine v. Soden / Gaby Zipfel* (Hrsg.), 70 Jahre Frauenstudium. Frauen in der Wissenschaft (Köln 1979); *Gerda Tornieporth,* Studien zur Frauenbildung. Ein Beitrag zur historischen Analyse lebensweltorientierter Bildungskonzeptionen (Weinheim – Basel 1977); *Margrit Twellmann,* Die deutsche Frauenbewegung. Ihre Anfänge und Entwicklung 1843–1889 (Kronberg/Ts. 1976); *Gabriele Weiland,* Geschichte der Frauenemanzipation in Deutschland und Österreich (Düsseldorf 1983). IRMGARD KARWATZKI

Bindung

↗ Abhängigkeit; Aggressivität; Arbeit; Beruf; Ehe; Eheformen; Ehescheidung; Elternschaft; Emotionalität und Rationalität; Erwerbstätigkeit; Erziehung; Familie; Frauenrollen / Frauenleitbilder; Identität, weibliche; Kinder; Lesbische Liebe; Liebe; Mutterbindung; Nichteheliche Lebensgemeinschaften; Partnerschaft; Religiosität; Väterlichkeit; Zärtlichkeit

Gestalten von Bindung

Bindungen sind lebenswichtig. Sie sind grundgelegt als anthropologisch-biologische Konstante. Ihre Gestaltungsformen sind gleichermaßen bestimmt von individuellen Motiven wie von gesellschaftlichen Einflüssen. Bestehende Gestalten von Bindung, speziell im Verhältnis von Mann und Frau, haben ihre Selbstverständlichkeit verloren. Es entstehen neue Formen der Gestaltung, und mit dem Wandel des Bindungsverhaltens werden die Bindungsgestalten als Ergebnis von Reflexion und Planung zugleich spannungsreicher und differenzierter. Für die Bindung zwischen Eltern und Kindern wie für jene zwischen Mann und Frau gilt, daß das gewandelte Selbstverständnis der Frau und ihre Einbeziehung in die moderne Bildungs-, Berufs- und Arbeitswelt neue Gestalten provoziert. Deren Gelingen macht wesentlich ein ebenso gewandeltes Selbstverständnis des Mannes nötig, dessen Verantwortung für die aus den Bindungen resultierenden personalen Beziehungsgemeinschaften von Partnerschaft, Ehe und Familie deutlicher denn je zuvor zutage tritt. Wandlungen im Bindungsverhalten und die Suche nach gelingenden Gestalten menschlicher Bindungen lassen eine Reflexion auf den naturalen Ursprung des menschlichen Bindungswillens sowie seine Auswirkungen auf das Sozialverhalten ebenso sinnvoll erscheinen wie auf sein Verhältnis zum Anspruch des Menschen auf Autonomie und die identitätsfördernde Funktion von Bindungen.

Bindung und Aggression

Der Wille des Menschen zur Bindung ist ein elementarer Grundantrieb und kann als eine anthropologisch-biologische Konstante bezeichnet werden. Sichert der Bindungswille das Miteinander im Gegeneinander, so steht die Aggression im Dienst der Selbstdurchsetzung und Selbstbehauptung. „Bindungswille und Aggression stehen sonach in einem antagonistischen Zuordnungsverhältnis“ (Korff, 88). Das Wesen des Sozialen ist auszumachen und zu definieren in der Spannungseinheit beider Komponenten. Dabei weist der Bindungswille das Zerstörungspotential der Aggression in Schranken, ohne es zu zerstören. Damit wird die Aggression ihrerseits auch im Hinblick auf den Aufbau menschlicher Sozialisierung zu einer konstruktiven Komponente. Der Bindungswille mildert menschliches Gegeneinander in sozialisiertes Konkurrenzverhalten. Das Phänomen der sozialen Verbindung und Vergesellung läßt sich, im Unterschied zur Aggression, nicht auf eine einheitliche Wurzel zurückführen. Aus der Verhaltensforschung sind im Anschluß an Eibl-Eibesfeldt mindestens zwei naturale Ursprungsimpulse bekannt: die Vergesellungsform des Miteinanders, die wesentlich durch den „Fluchttrieb“ zustande kommt, und diejenige des Füreinanders, die im „Brutpflegetrieb“ disponiert ist. Über den „Fluchttrieb“ baut sich die Vergesellungsform auf, die durch Schutzstruktur bestimmt ist, erst im „Brutpflegetrieb“ kommt das Füreinander zum Ausdruck, das dem Zuwendungsgeschehen innewohnt (vgl. Eibl-Eibesfeldt, 138 – 148). Schon daraus ergibt sich, daß die häufig angenommene Dualität von Aggression und Fürsorge zu ergänzen ist um den Faktor der Konkurrenz. Von daher kann gesagt werden, daß das Grundgesetz der Bindung von einer dreifachen sozialen Beziehungsdimension bestimmt ist: vom bedürfnisgerichteten, konkurrierenden und fürsorgenden Bezug. „Der Mensch ist dem Menschen Bedürfniswesen, Aggressor und Fürsorger zugleich“ (Korff, 91).

Alle Formen von Bindung und sozialem Umgang weisen eine der drei Bezugsarten als vorherrschend auf. Immer aber gilt, daß Bindungen dann ihre humane Gestalt verlieren, wenn ein Beziehungsmoment so überwiegt, daß die beiden anderen ausgeschlossen bleiben. „Keine der drei Komponenten ist entbehrlich, jede für sich genommen bliebe abkünftig" (Korff, 96). Erst die integrierte Vielfalt aller drei Beziehungsmomente zu einem jeweils spezifischen Beziehungs- und Handlungsgefüge macht dessen ethische und soziale Dignität aus. Dieses natural-soziale Grundgesetz der Bindung läßt die verborgen-wirksame Dynamik menschlicher Bindungen aufgrund ihrer naturalen Ursprungsimpulse deutlicher werden. Daraus wird ersichtlich, daß da, wo z.B. in der Eltern-Kind-Beziehung alle relevante Bindung auf die Fürsorgebereitschaft der Mutter zurückgeführt wird, die anthropologisch-biologische Realität verkürzt wird. Auch hier gilt, daß bei aller Dominanz der Fürsorgebereitschaft ebenso „der bedürfnisgerichtete sachhafte Bezug des ‚Den-anderen-Gebrauchens' ... verwirklicht und aufgehoben ist wie der auf Selbstdurchsetzung gerichtete aggressionsspezifische Bezug des ‚Sich-gegenüber-dem-anderen-Behauptens'" (Korff, 91). Auch die Rolle des Vaters muß danach, entgegen ihrer klassischen Unterbewertung, die weniger biologisch als sozial bedingt ist, differenzierter und zugleich vielfältiger gesehen werden. Für die Beziehung zwischen Mann und Frau gilt, daß die Spannung von Nähe und Distanz sowie von Intimität und Offenheit auch Ausdruck dieser naturalen Dreiheit ist.

Bindung und Autonomie

Zum Selbstverständnis des modernen Menschen gehört sein Anspruch auf Autonomie. Die darin vor allem seit der Aufklärung postulierte Mündigkeit schließt geistigen Selbstand und personale Selbstverwirklichung ein. Dieser Anspruch ist ein Grund für die vor allem von Feuerbach, Marx und Nietzsche formulierte Kritik gegenüber der Religion und der darin postulierten Bindung des Menschen an Gott. Die Kritik gipfelt in dem behaupteten Gegensatz von Autonomie und Theonomie. Demgegenüber wird in der christlichen Tradition, vor allem im Anschluß an Thomas von Aquin betont, daß die unbedingte Bindung an Gott als Ursprung und Ziel des Menschen Autonomie nicht ausschließt, sondern begründet, freisetzt und zur Erfüllung bringt. Erst in der Bindung an Gott als dem Unbedingten erscheint die Würde der Person als in ebensolcher Weise unbedingt zu achten und dürfen die Grundrechte des Menschen durch keine bedingte Wirklichkeit beschränkt werden. Von daher kann die christliche Lehre in ihrem Kern als Freiheitslehre gedeutet werden. Personale Selbstverwirklichung und die Befreiung von Unterdrückung und Benachteiligung für Mann und Frau sind von daher zutiefst christlich motivierte Herausforderungen. In der Bindung an Gott ist der Mensch befreit von der existentiellen Angst um Ursprung, Sinn und Ziel seines Lebens. Die in dieser Bindung freigesetzte Autonomie begründet menschliche Freiheit als christlichen Grundvollzug.

Bindung und Identität

Identität bildet sich aus Identifikationen (Bindungen) in Kindheit und Jugend. Gelungene Identität entsteht aus solchen Bindungen, die die Fähigkeit des Subjektes fördern, auch und gerade in „tiefgreifenden Veränderungen der Persönlichkeitsstruktur, mit denen sie auf widersprüchliche Situationen antwortet, mit sich identisch zu bleiben" (Habermas, 27). Dazu gehört das Vertrauen, daß die praktizierte Selbstidentifikation auch intersubjektiv anerkannt wird. Daraus ergibt sich ein zweifacher Anspruch an Bindungsgestalten im Blick auf ihre identitätsfördernde Funktion: sie müssen tragfähig und zuverlässig sein, um Vertrauen in die intersubjektive Akzeptanz begründen zu können; sie müssen darüber hinaus so strukturiert sein, daß sich darin die freisetzende Kraft im Blick auf die Herausbildung von Individualität der in Bindung stehenden Subjekte entwickeln kann. Die Grundlage der Identitätsentwicklung des Kindes wird in stabilen Bindungen während der frühkindlichen Entwicklung gesehen. In diesen Bindungen zu den Eltern bzw. zu festen Bezugspersonen entwikkelt das Kind jenes Ur-Vertrauen, das ihm das Gefühl vermittelt, mit der Glaubwürdigkeit anderer und mit der eigenen Stabilität rechnen zu können. Die Glaubwürdigkeit anderer gewinnt in der weiteren Entwicklung Gestalt in der personalen Bindung an Vorbilder, die unverzichtbarer Bestandteil menschlicher Selbstwerdung sind. So unbestritten diese Feststellung ist, so unbestritten ist auch die Ambivalenz der Vorbildfunktion. Sie bleibt ihrerseits in ihrer Wirkung abhängig von den Unabwägbarkeiten des gelebten Lebens und verlangt den empfindsamen Umgang mit dem im Laufe der Entwicklung zu bewältigenden Weg der Personalisation des Heranwachsenden, der in allen Phasen Momente der Ablösung und daraus erwachsener neuer Bindungen enthält. Zur Zuverlässigkeit dieser personalen Bindung des Vorbildes gehört eine Gestaltung, die freisetzt zum eigenen, authentischen Weg; einem Weg hin zur Selbstbindung in der Gewissenskompetenz des Subjektes als dem Kern von Wertbindung und Wertentscheidung.

Wandel im Bindungsverhalten

Das Bedürfnis des Menschen nach Bindung, danach, durch einen anderen angenommen zu sein, ist von existentieller Bedeutung. „Bindung gehört zur psychischen Grundaustattung des Menschen" (Süssmuth, 59). Von daher ist auch der Wunsch nach dauerhaften, tragfähigen und zuverlässigen Bindungen konstant geblieben. Zwischen diesem Wunsch und seiner Umsetzung im tatsächlichen Bindungsverhalten aber besteht eine offenkundige Diskrepanz. Neben einem veränderten Verhältnis zwischen Person und Institution, das sich in der deutlichen Zunahme nichtehelicher Lebensgemeinschaften zeigt, scheint vor allem ein Wandel im Verständnis dauerhafter Bindung vorzuliegen. In den Selbstaussagen junger Menschen ist das zentrale Problem der Anspruch lebenslanger Bindung, der als subjektive Überforderung gewertet wird. Es scheint unter heutigen Lebensverhältnissen und pluralen Wertorientierungen schwieriger, Bindungen dauerhaft zu leben, nachdem materielle und sonstige Sachzwänge für sie entfallen. Die sozialen und ökonomischen Wandlungen in den Lebensbedingungen der Menschen stellen immer mehr funktionale Bezüge der Arbeitswelt in den Vordergrund, in denen Mobilität und Flexibilität gefordert werden. „Für die funktionalen Bezüge der Arbeitswelt werden geringe, für die personalen Bezüge hohe Bindungsintensität gefordert" (Süssmuth, 53). Die geringe Wertschätzung der Bindung im beruflichen und öffentlichen Leben bleibt nicht ohne Auswirkungen auf die persönlichen Beziehungen und darauf, wie Menschen ihre Bindungsfähigkeit selbst einschätzen und tatsächlich ausbilden können.

Wenn festgestellt wird, daß in Fällen der schweren Erkrankung eines Partners Frauen eingegangene Bindungen gerade dann durchtragen, aber Männer sich in vergleichbaren Situationen häufig eher als bindungslabil erweisen, so läßt dies keine Rückschlüsse auf ein natürliches, geschlechtsspezifisches Verhalten zu. Vielmehr kommt gerade dann jene Erwartungshaltung zum Tragen, unter der der in der Regel von der Erwerbsarbeitswelt geprägte Mann steht. Gegenüber speziell in solchen Krisensituationen notwendiger Bindungsintensität und damit verbundenen personalen Grundhaltungen wirken sich dann die im Arbeitsleben geforderten funktionalen Grundhaltungen negativ aus. Von daher muß der in einigen Untersuchungen gegebene Hinweis auf verschiedenartige Reaktionen von Frauen und Männern auf krankheitsbedingte Krisensituationen beantwortet werden mit soziokulturellen Konsequenzen, nicht aber mit der ver-

allgemeinernden Aussage über ein naturgegebenes geschlechtsspezifisch verschiedenartig ausgeprägtes Bindungsverhalten.
Grundwerte personaler Bindungen wie Treue, Verbindlichkeit und Zuverlässigkeit werden in den Umfragen von verheirateten wie von unverheirateten Paaren gleich hoch gewertet. Wenn deren Umsetzung in dauerhaften Bindungen gelingen soll, so sind hierzu, gerade angesichts der beschriebenen Diskrepanz zu beruflichen Erwartungen der Mobilität und Flexibilität, Vermittlung und Einübung jener Fähigkeiten nötig, die Spannungen aushalten und zwangsläufig auftretende Konflikte lösen helfen. Zur dauerhaften Bindung gehören starke Wünsche nach „Verschmelzung" in der Phase des Verliebtseins ebenso wie die nachfolgende Ablösung, in der beide Partner ihre Eigenständigkeit zurückgewinnen (Willi, 1975). Der Skepsis gegenüber der individuellen Fähigkeit zur dauerhaften Bindung kann nicht begegnet werden mit dem Verzicht auf den Anspruch der Dauerhaftigkeit, insofern darin eine wesentliche anthropologische Bedeutung liegt. Vielmehr müssen Veränderungen in den Lebensverhältnissen der Menschen erfolgen, die zu einer Stärkung der Bindungsfähigkeit des Menschen führen.

Literatur: *Irenäus Eibl-Eibesfeldt,* Liebe und Haß. Zur Naturgeschichte elementarer Verhaltensweisen (München [13]1987); *Norbert Elias,* Die Gesellschaft der Individuen (Frankfurt a.M. 1987); *Erik H. Erikson,* Identität und Lebenszyklus (Frankfurt a.M. [4]1977); *Jürgen Habermas,* Können komplexe Gesellschaften vernünftige Identität ausbilden?, in: ders. / Dieter Henrich, Zwei Reden (Frankfurt a.M. 1974); *Wilhelm Korff,* Norm und Sittlichkeit. Untersuchungen zur Logik der normativen Vernunft (Mainz 1973); *Annette Schavan,* Zur Ambivalenz des Vorbildes, in: Vierteljahresschrift für wiss. Pädagogik, 2/1985; *Rita Süssmuth,* Wandlungen im Bindungsverhalten. Liebe und Treue in nichtehelichen Lebensgemeinschaften, in: dies., Frauen – der Resignation keine Chance (Düsseldorf 1985) 47–68; *Jürg Willi,* Die Zweierbeziehung (Reinbek 1975, [2]1985); *ders.,* Koevolution. Die Kunst gemeinsamen Wachsens (Reinbek 1985).

ANNETTE SCHAVAN

Buddhismus

↗ Christentum; Dritte Welt; Eheformen; Entwicklungshilfe; Gottesbilder; Hinduismus; Islam; Judentum; Kultur; Naturreligionen

Frauen in traditionellen Kulturen

Allgemein gilt, daß traditionelle Religionen wie alle alten Kulturen in erster Linie von Männern geprägt, von Männern organisiert und beherrscht waren (und sind). Dies hat zur Folge, daß religiöse Konzeptionen, Symbole und Praktiken vielfach männliche Interessen und Probleme widerspiegeln. Besonders in historischen Kulturen lag das Privileg schriftlicher Kommunikation zumeist bei den Herrschenden. Alle Rollen, die Frauen in traditionellen Systemen spielen, geben daher weit mehr Auskunft über die Vorstellungen von Männern als über das Selbstverständnis von Frauen.

Wege und Ziel religiöser Praxis

Das Ziel religiöser Praktiken im Buddhismus ist es, aller Leidenschaften und Begierden ledig zu werden, an Weisheit zuzunehmen und die Erleuchtung zu erlangen. Verschiedene Wege führen zu diesem Ziel. Da ist einerseits der Weg der Meditation, der inneren Versenkung, der besonders für den Spezialisten geeignet ist. Zum anderen gibt es den Weg der Anbetung, der äußeren Frömmigkeit, der allen Gläubigen gleichermaßen offensteht. Während in den Ländern Südasiens (besonders Sri Lanka, Thailand, Burma) heute eine ältere Tradition vorherrscht, der sogenannte Theravada, ist der Buddhismus in Ostasien (besonders Korea, Japan, Taiwan) vom Mahayana geprägt. Letzterer ist eine spätere Entwicklung, die zahlreiche lokale Kultelemente mit aufgenommen hat. Erleuchtung im Theravada ist bedingt durch eine rigorose Moral, eine intensive Meditation sowie Glauben an die Güte des Buddha. Im Mahayana ist sie ein bestimmtes Verständnis dieser Welt als leer und irreal, das allein, ohne bestimmte Moral- und Glaubensvorschriften, die

Qualität des vollkommenen Buddhisten ausmacht.
Frauen spielen in diesem Zusammenhang unterschiedliche Rollen: als Verkörperungen bestimmter psychologischer Kräfte, als aktiv die Religion Praktizierende und als Stellvertreterinnen der weltlichen Gemeinschaft, auf deren Hintergrund der Weg der Meditation nur stattfinden kann.

Frauen als Verkörperung psychologischer Kräfte

Zunächst verkörpert die Frau als Sexualobjekt alle diejenigen Emotionen, Begierden und Leidenschaften, die der Erleuchtung im Wege stehen. Sie ist ein Symbol des Bösen schlechthin, dargestellt in Form der Gottheit Mara, der Illusion. Wo Erleuchtung Freiheit bedeutet, sind Leidenschaften Bande, wo Meditation und Anbetung Frieden verkörpern, sind Emotionen nichts als Aufruhr und Versuchung. Frauen sollen gemieden werden, Mönche in Thailand dürfen sie weder ansehen noch berühren. Als Mutter steht die Frau für andere Bande, die der Buddhist ebenfalls abzuschütteln trachtet: die Zugehörigkeit zu einer Familie, einer Gemeinschaft. Die Mutter symbolisiert das warme Gefühl der Geborgenheit in dieser Welt. Doch die Welt, so die grundsätzliche Lehre, bietet in Wirklichkeit keinerlei Zuhause, wahre Sicherheit findet man nur in der Weisheit und in der schließlichen Erleuchtung. Die Mutter, obwohl in der Gesellschaft geachtet und auch im Buddhismus für ihre Wohltaten an späteren Heiligen verehrt, steht dem heiligen Weg entgegen. Der Buddha Shakyamuni selbst trat bei seiner Geburt „unbefleckt“ aus der linken Seite seiner Mutter. Er war sofort in der Lage, auf seinen eigenen Beinen zu stehen und zu sprechen. Von Anfang an war er weniger an die Weltlichkeit gebunden als normale Menschen.

Weibliche Gottheiten

Die schützende, wohlwollende Natur des Mütterlichen ist im Mahayana-Buddhismus mit zwei Gottheiten verbunden worden, die beide zentrale positive Ziele des aktiven Buddhisten verkörpern: die Weisheit und das Mitgefühl. Unter dem Einfluß lokaler Traditionen adaptierte der Buddhismus auf seinem Weg durch Zentral- nach Ostasien zahlreiche lokale Gottheiten, darunter auch weibliche und Mutterfiguren. Die Göttin Prajnaparamita, die Vollkommene Weisheit, leitet den religiös Strebenden und hilft ihm in seinen Anstrengungen, die Welt so zu erkennen, wie sie wirklich ist. Die Göttin des Mitgefühls speziell des ostasiatischen Buddhismus ist Kuan-yin (jap. Kannon), eine Muttergottheit, die weite Verehrung in der allgemeinen Bevölkerung findet, da sie auch für Fruchtbarkeit und Kindersegen zuständig ist.

Frauen als aktive Praktikanten

Als aktive Adepten des Buddhismus sind Frauen den Männern untergeordnet. Der Buddha war angeblich sehr zurückhaltend, einen Orden für Frauen zuzulassen, da sie eine tragendere Rolle in der Gesellschaft spielten und außerdem mehr Probleme hätten, ihre Dummheit, ihre Begierden und ihre Weltlichkeit zu kontrollieren. Seine endliche Zusage, die auf Drängen seiner Anhänger erfolgte, machte er von der rigorosen Unterordnung aller Nonnen unter die Mönche abhängig. Die moralischen Regeln der Orden, die das tägliche Verhalten regulieren, sind daher für Nonnen weit zahlreicher als für Mönche. Ihr Noviziat dauert länger, und am Ende dürfen sie weder predigen noch lehren. Alle Meister des japanischen Zen z.B. sind nach wie vor Männer. Nach der buddhistischen Theorie können Frauen auch nicht die Erleuchtung erlangen: Sie müssen erst als Männer wiedergeboren werden.
Dennoch können Frauen sich große religiöse Verdienste erwerben, indem sie als Stellvertreter der weltlichen Gemeinschaft der Gläubigen die Anstrengungen der Mönche und aktiven Adepten nach besten Kräften unterstützen.

Als Mütter sollen sie die Ideale von Weisheit und Mitgefühl vermitteln, als Hausfrauen und Schwiegertöchter die Harmonie und innere Stabilität der Familie gewährleisten. Als Töchter schließlich sollen sie ihre Brüder dazu ermutigen, den Weg des Asketen zu wählen. Sie sollen gute Freundinnen und Helferinnen der religiös aktiven Männer sein. Die Verdienste, die sie auf diese Weise erwerben, werden sich später in einer Geburt als Mann und Mönch, möglicherweise sogar Bodhisattva oder Buddha niederschlagen.
In der Tat ist es heute in den buddhistischen Ländern so, daß den Weg der Meditation zumeist Männer gehen, während die Anhänger des Weges der Anbetung in der Überzahl Frauen sind. Mönche in Theravada-Ländern vermeiden jeden Kontakt mit Frauen und leben strikt zölibatär. Dagegen sind in Japan, wo der Mahayana am weitesten entwickelt ist, die meisten Mönche verheiratet. Da hier die Erleuchtung eine neue und wahre Sichtweise der Welt bedeutet, besteht kein Grund, sie nicht so zu nehmen, wie sie ist. Die Moralvorschriften des Theravada sind durch eine offene spontane Handlungsweise ersetzt, die ganz von Erleuchtung durchdrungen ist. Dennoch bleibt, was die Bewertung von Frauen betrifft, die traditionelle Diskriminierung nach wie vor bestehen.

Literatur: *Heinz Bechert,* Buddhismus, Staat und Gesellschaft in den Ländern des Theravada (Frankfurt a.M. – Berlin 1966); *Edward Conze,* Buddhism. Its Essence and Development (New York 1958); *Heinrich Dumoulin* (Hrsg.), Buddhismus der Gegenwart (Freiburg i.Br. 1970); *Isaline B. Horner,* Women Under Primitive Buddhism (Amsterdam 1930, London 1975); *Hans Küng u.a.,* Christentum und Weltreligionen. Hinführung zum Dialog mit Hinduismus und Buddhismus (München 1984); *Wilhelm K. Müller / Michael von Brück / Hans Waldenfels,* Buddhismus, in: H. Waldenfels (Hrsg.), Lexikon der Religionen (Freiburg i.Br. ²1988); *Diana Paul,* Women in Buddhism (Berkeley – Los Angeles 1985).

LIVIA KÖHN

C

Chancengleichheit

↗ Amt, kirchliches; Aufstiegschancen; Ausbildung; Begabung; Bildung; Diskriminierung; Frauenförderung; Frauengleichstellungsstellen; Frauen im ländlichen Raum; Frauenquotierung; Gleichberechtigung; Grundgesetz / Bundesverfassung; Leistung; Macht; Partnerschaft; Schule; Sozialisation; Weiterbildung

Begriffsbestimmung

Chancengleichheit geht von der gleichen Personenwürde der Menschen aus, wie sie der christlichen Position und der der Aufklärung entspricht. Das, was im Menschen angelegt ist, soll entfaltet werden; gesellschaftlich, sozial und geschlechtsspezifisch verursachte Hindernisse sollen beseitigt werden. Waren es früher rechtliche Hindernisse, die den Zugang zu Bildung schichtenspezifisch einschränkten, so waren es nach Wegfall dieser Barrieren die sozialen Bedingungen (die Kosten konnten nicht erbracht werden), die regionalen Zugangsmöglichkeiten (kein Netz höherer Schulen im ländlichen Raum) und Vorurteile (das ist nichts für Arbeiter, nichts für Mädchen), die hemmend wirkten. Da Bildung in der modernen Gesellschaft das Tor zu sozialen Chancen, zu Positionen in der Arbeitswelt bedeutet, ist der Verzicht auf Bildungschancen oft auch ein Verzicht auf Lebenschancen. Die Forderung nach

Chancengleichheit setzte vor allem auf die Schule als Instanz des sozialen Ausgleichs, doch verband sich damit auch die Forderung nach besserer Information (Aktion „Student aufs Land" in den sechziger Jahren). Schließlich spitzte sich die Forderung zu: Chancengleichheit wurde von der Schulorganisation abhängig gemacht, Gesamtschule als Schule der Chancengleichheit („Schule ohne Sitzenbleiben") gefördert, das gegliederte Schulwesen als „Klasseninstrument" dargestellt. In der Schweiz hat es eine derart politisierte Auseinandersetzung nicht gegeben, in Österreich verlief die Debatte gedämpfter.

Geschichtliche Entwicklung

Das Verlangen nach bürgerlicher Gleichheit, zumindest nach Gleichheit der Ausgangschancen, gerät nicht selten in Spannung zur Forderung nach optimaler Förderung des einzelnen. Ansätze zu eigenen Mädchenschulen gab es im Mittelalter, dann in den Schulordnungen des 17. und 18. Jahrhunderts, doch wurde die Frage nach der Erziehung beider Geschlechter deutlich erst in der Französischen Revolution gestellt. Antoine Condorcet befaßt sich mit der Ungerechtigkeit der Benachteiligung. Beide Geschlechter haben Anspruch auf öffentliche Unterweisung. Seine Pläne werden von den radikalsten Jakobinern abgelehnt, weil Bildung neue Ungleichheiten schaffe. In Deutschland löste Rousseaus „Émile" die Bewegung gegen die Vernachlässigung der einen Hälfte des Menschengeschlechts aus, doch nur einzelne (Th. G. v. Hippel – noch schärfer als Mary Wollstonecraft, und Betty Gleim) durchbrechen die Beschränkung der Frau auf die Bestimmung des „Weibes". Auch die Bildung der Frau soll der Mütterlichkeit dienen (Rousseau, Pestalozzi, Philanthropen). Die große Zahl von Schulgründungen um 1800 lag wegen der geschlechtsspezifischen Ausprägung der Töchterschulen unter dem Niveau der Jungenschulen. Doch begann auch auf diesem Bildungshintergrund sich das Bild der Frau als Bürgerin, als eigenständige Person abzuzeichnen.

Die Gleichberechtigung von Mann und Frau ist inzwischen rechtlich festgelegt. Sie verlangt, die Bedingungen für das Ermöglichen in sozialer wie pädagogischer Sicht zu schaffen. Drastische gruppenspezifische Unterschiede der Ergebnisse weckten die Rückfrage nach den Lebensbedingungen und ihrer Veränderbarkeit durch Politik. Es geht dabei um das Verwirklichen von Gerechtigkeit (personenbezogener Aspekt) und um das Ausschöpfen der Fähigkeiten einer größtmöglichen Zahl (gesellschaftsbezogener Aspekt). Chancengerechtigkeit führt zu personaler und gesellschaftlicher Vielfalt. Die bildungspolitische Auseinandersetzung der sechziger und siebziger Jahre konzentrierte sich auf „Chancengleichheit" als politisches Leitwort und bezog es auf regionale (Land), schichtenspezifische (Arbeiter), konfessionelle (Katholiken) und geschlechtsspezifische (Frauen) Defizite. Der Bildungsrückstand der katholischen Männer war dabei größer als der der Mädchen, was sich aus der schwerpunktmäßigen Zuwendung zu den am Nächsten orientierten Berufen (soziale Berufe z.B.) erklärte und das Defizit im technisch-naturwissenschaftlichen Bereich vergrößerte.

Bildungspolitische Positionen

Die geschlechtsspezifische Anthropologie, die Jungen und Mädchen unterschiedliche Schulformen zuordnete, wurde um 1970 vom koedukativen Verständnis abgelöst, das im Sinne der Chancengerechtigkeit alle Schulformen für Jungen und Mädchen öffnete. Die geschlechtsspezifische Zuwendung zu den Fächern (Jungen Naturwissenschaft, Mädchen Sprachen) besteht jedoch weiterhin in erheblichem Umfang, findet ihre Fortsetzung im beruflichen Bereich (angebotene gewerbliche Ausbildungsplätze finden nicht genug Bewerberinnen) und läßt fragen, ob in koedukativen Systemen ein am

Mann orientiertes Erziehungsverhalten dominiert. Die Frage nach der Chancengerechtigkeit muß sich auf Start und Weg richten, die Voraussetzung für vergleichbare Ergebnisse sind. Die politischen Positionen – in der Bundesrepublik Deutschland vertreten von CDU und SPD – unterscheiden sich vor allem in der Bewertung von Weg und Ziel. Das eine Verständnis von Chancengleichheit (vertreten von der SPD) mißt den Erfolg an der Gleichheit der Ergebnisse: Jede Bevölkerungsschicht sollte, so hieß es, möglichst den gleichen Prozentsatz von Abiturienten stellen. Die andere Position (vertreten von der CDU) bezieht sich auf die mögliche Gleichheit der Startchancen, hält aber, der Unterschiedlichkeit der Menschen wie ihrer Lebensbedingungen wegen, die Gleichheit der Ziele weder für erreichbar noch – wegen der Bewahrung der Freiheit – für wünschenswert. Sie vertritt Chancengerechtigkeit. Der Unterschied der Positionen greift jedoch noch tiefer: Für die einen ist die Gleichheit der Menschen Zielvorstellung; die anderen gehen von deren Unterschiedlichkeit aus und betonen die Gleichrangigkeit des Unterschiedlichen. Durch diese in der Bundesrepublik Deutschland sich in den beiden großen Parteien SPD und CDU exemplarisch widerspiegelnden Positionen war eine bildungspolitische Teilung der Bundesrepublik etwa von 1970 bis 1980 ideologisch gegeben. Dadurch verpaßten es die SPD-regierten Bundesländer, die Entwicklungen des gegliederten Schulwesens positiv aufzunehmen (Vielzahl der Bevölkerungsschichten im Gymnasium, jeder Abschluß zugleich ein Anschluß), und die CDU/CSU-regierten Bundesländer verpaßten es, die Chancen der Gesamtschule aufzunehmen (Bewahren von Bildungschancen auch bei späterer Entwicklung, bewußter Ausgleich von Defiziten).

Erst mit dem Abkommen über die Anerkennung der Gesamtschulzeugnisse von 1981 wurde deutlich, daß Differenzierung und Integration in jedem System verbunden und verwirklicht werden können und sollen. Die Auseinandersetzung war zudem überlagert von der Forderung vieler Gesamtschul-Vertreter, Schule als Instrument gesellschaftlicher Systemänderung in Richtung eines demokratischen Sozialismus einzusetzen. Das provozierte Ablehnung. Die politische Pointierung verhärtete die Positionen und ließ pädagogische Gundüberlegungen z.B. über die Entwicklung und Anwendung unterschiedlicher Methoden und Erziehungsstile zum Überwinden vorhandener Defizite zurücktreten.

Die verbissen geführten Schlachten um die Organisation von Schule und Hochschule (Gesamtschule contra gegliedertes Schulwesen, Gesamthochschule contra gegliedertes Hochschulwesen) ließen – bedauerlicherweise – die Inhaltsdebatten an die zweite Stelle rükken und den für deren Lösung notwendigen Konsens der sachlich Betroffenen häufig nicht zustande kommen.

Gesellschafts- und Menschenverständnis

In der Debatte über Chancengerechtigkeit oder Chancengleichheit traten somit die Unterschiede des Gesellschaftskonzepts wie des Menschenverständnisses hervor. Die Positionen sind durch nicht unerhebliche Unterschiede gekennzeichnet: Einmal geht es um die konkrete Veränderbarkeit der Umwelt; die einen (SPD) halten sie für erreichbar, die anderen (CDU) halten sie für erstrebenswert, aber nicht für voll erreichbar. Der andere gravierende Unterschied liegt im Beurteilen personaler Verantwortung: Sind es vor allem die Umstände, die den Menschen prägen, oder sind die Verantwortung des einzelnen, seine Kraft, auch Umstände zu gestalten, gefragt? Beide Positionen neigen dazu, ihren Schwerpunkt überzubetonen. Auch die Spannung von Freiheit und Gleichheit wird dabei unterschiedlich beantwortet. Eine Gleichheit der Ziele würde Freiheit des einzelnen aufheben, doch zugleich gerieten auch Qualität und Gleichheit in ein schwieriges Verhältnis. Chancengleichheit blieb das Leitwort der SPD, Chancengerechtigkeit – übrigens nach längerer Debatte – bestimmt das Grundsatzprogramm der CDU. Gleichrangigkeit ist nicht Gleichheit. Das hat Konsequenzen für die sozialen Positionen, die Wertung etwa von Abitur und Lehre, aber auch für die Geschlechter. Chancengerechtigkeit verlangt kompensatorische Zusatzmaßnahmen bei unterschiedlichen Voraussetzungen. Chancengerechtigkeit für Frauen kann nur verwirklicht werden, wenn die Gleichrangigkeit des Unterschiedlichen, die Verschiedenheit der Wege zu vergleichbaren Zielen anerkannt wird. Die Diskussion in Österreich verlief ähnlich, die Schweiz zeigt insbesondere im Wahlrecht erhebliche Unterschiede. Frauen haben erst seit 1971 in allen Kantonen, außer Appenzell-Innerrhoden, Wahlrecht, in Wirtschaft und Staat ähneln die Verhältnisse jedoch denen in der Bundesrepublik Deutschland. Im Bildungsbereich haben die Mädchen aufgeholt, Realschulabschluß, Abitur belegen dies. In der beruflichen Bildung ist die Lage zwar verbessert, aber noch nicht gut – rund 40% beträgt der Anteil der Mädchen an Ausbildungsberufen im dualen System, die Konzentration auf weniger Berufe als die Jungen ist nicht beseitigt, und trotz gleicher Startbedingungen (Studium, Fähigkeiten) haben Frauen erhebliche Rückstände in Führungspositionen in Wirtschaft, Wissenschaft und Politik. Entscheidender Grund: Ihr Lebensablaufmodell, ihr Biographiemodell unterscheidet sich von dem der Männer, wenn sie nicht auf Kinder und Familie verzichten wollen. Familie und Beruf sind bisher weder im Nebeneinander noch im Nacheinander voll vereinbar. Im Nebeneinander ist die Doppelbelastung der Frau, und dadurch ihre geringere (zeitliche) Belastbarkeit im Beruf das Problem, im Nacheinander steht die Forderung nach beruflicher Kontinuität ebenso wie der permanente Weiterbildungsanspruch ihrer Biographie entgegen. Quotierung als Lösung ist umstritten. Sie kann einerseits ein Mittel gegen verfestigte Männerherrschaft sein, kann aber den Qualitätsanspruch der Frauen schwächen und löst das Problem der Vereinbarkeit von Familie und Beruf überhaupt nicht.

Zielvorstellungen

Hatte das Bürgerliche Gesetzbuch formuliert: Die Frau „ist berechtigt, erwerbstätig zu sein, soweit dies mit ihren Pflichten in Ehe und Familie vereinbar ist", so gibt die neue Fassung des § 1356 (1977!) beiden Geschlechtern gleiche Rechte und verlangt beiden die Rücksicht auf den Partner und die Familie ab. Damit wäre auch für die Frauen der Weg frei zu der Form, die die moderne Gesellschaft kennzeichnet; nicht Schicksal, sondern Wahl! Doch die Realitäten entsprechen diesem Bild nicht. Der Machtkampf von Männerreservaten, die alleinige Zuweisung der Erziehungsaufgaben an die Mütter, die stärker auf Anpassung als aufs Durchsetzen bezogenen Verhaltensmuster von Mädchen mögen hinderlich sein, ihnen stehen aber auch neue wirksame Entwicklungen entgegen: Die Wirtschaft entdeckt, daß bisher als „weiblich" eingestufte Eigenschaften (Überzeugungskraft, partnerschaftlicher Stil) die vom künftigen Chef geforderten Eigenschaften sind. Die Vereinbarkeit von Beruf und Familie wird inzwischen auch von Männern gefordert.

Lösungsvorschläge, Chancengleichheit von Mann und Frau durch die Vergesellschaftung der Haus- und Erziehungsaufgaben zu erreichen, widersprechen nicht nur den verfassungsmäßig niedergelegten Grundsätzen von Familie und Staat, sondern auch dem Verständnis von Familie in unserer Gesellschaft. Der andere, auf Chancengleichheit zielende Vorschlag, Arbeit

und Einkommen zu entkoppeln und, da Chancengleichheit über Bildungseinrichtungen nicht erreichbar sei, ein einheitliches „Bürgergehalt“ zu zahlen, widerspricht zum einen dem gesellschaftlich geltenden Verständnis von Freiheit, personaler Entfaltung, freier und sozialer Marktwirtschaft und bringt zum anderen den Frauen so gut wie nichts, weil damit die traditionelle Rollenverteilung nicht berührt ist.
Chancengleichheit ist näher gerückt durch die Veränderung im Rentenrecht: Die „Wartezeit“ (Voraussetzung für die Auszahlung von Rente) ist von 15 auf 5 Jahre gesenkt und damit dem weiblichen Biographiemodell angepaßt worden, wodurch kein Mann Schaden erleidet, während das vorige, am Mann orientierte Modell der Frau schadete. Mit der erstmaligen Anerkennung von Erziehungszeiten für die Rente und mit der Gewährung eines Erziehungsurlaubes, verbunden mit der Zahlung von Erziehungsgeld und dem Kündigungsschutz in der Zeit des Erziehungsurlaubes sind Schritte zur Verwirklichung der Chancengerechtigkeit gemacht. Soll daraus eine umfassende gesellschaftliche Realität werden, so müßten folgende Voraussetzungen geschaffen werden: die Rollenfixierung muß zu einer Rollenerweiterung (nicht zum biologisch, psychologisch und sozial unvertretbaren Rollentausch) führen, was Partnerschaft statt Rollenfixierung, vor allem aber ein Umdenken bei den Männern und in der Jungenerziehung bedeutet; Arbeit muß neu definiert werden und Erwerbs-, Familien- und ehrenamtliche Arbeit einschließen; Familienarbeit muß sozial (Anerkennung im Rentenrecht) und gesellschaftlich (Anerkennung im Prestige) neu gewertet werden. Sie wird heute geschätzt, aber nicht gewertet, wenn Frauen sie tun; Männer (Hausmann!) treffen auf Vorurteile.
Die Wirtschaft ist künftig auf flexible Arbeitszeiten angewiesen, denn nur so läßt sich die kontinuierliche Nutzung der Maschinen mit der Wochenarbeitszeit der Arbeitnehmer verbinden. Dies muß genutzt werden, um betriebsverträgliche und familienfreundliche Arbeitszeiten zu erreichen. Dies bezieht sich auf die Tages- und Wochenarbeitszeiten wie auch auf Vertretungsverträge mit Frauen, die für die Kindererziehung zeitweise aus dem Beruf ausscheiden, aber ihre Wiedereintrittschance nur sichern, wenn sie die fachliche Verbindung halten. Chancengleichheit bringt bei unterschiedlichen Biographien unterschiedliche Wege.
Die übergroße Belastung der Spitzenkräfte in Wirtschaft und Politik, die nicht wenige Frauen hindert, sich für diese Positionen bereitzuhalten, sollte auf ein zumutbares Maß zurückgeführt werden. Chancengleichheit könnte so ein Beitrag zur Humanisierung sein.

Kirchliche Problematik

In der katholischen Kirche hat Papst Johannes XXIII. die Wandlung der Stellung der Frau zu den „Zeichen der Zeit“ erklärt, und die Pastoralkonstitution „Über die Kirche in der Welt von heute“ (Gaudium et spes) nennt die Ungleichheit der Frau als Beispiel für diskriminierende Ungleichheit. Doch das Votum der Synode der katholischen Bistümer in der Bundesrepublik Deutschland, die Frauen zum Diakonat zuzulassen, ist bis heute unbeantwortet. Im neuen römischen Kirchenrecht sind zwar viele diskriminierende Bestimmungen entfallen, und wenn wir die Frage des Priestertums der Frau beiseite lassen, die die evangelische Kirche seit Jahrzehnten gelöst hat, so bleibt eine diskriminierende Wirklichkeit (z.B. Ablehnung von Ministrantinnen, die faktische Beschränkung im Zugang von Frauen zu kirchlichen Führungspositionen), die der Botschaft des Christentums widerspricht. Der Auszug der Frauen aus der Kirche hat wohl auch im Vernachlässigen ihrer Chancengleichheit einen wesentlichen Grund.

Literatur: *Elisabeth Blochmann,* Das Frauenzimmer und die Gelehrsamkeit (Heidelberg 1966);

Heiner Geißler (Hrsg.), Abschied von der Männergesellschaft (Frankfurt a.M. – Berlin 1986); *Birgit Geissler / Birgit Pfau,* Über die Hintertreppe in die Vorstandsetage. Überlegungen zur Quotierungsforderung, in: Freibeuter, Thema: Leistung, Nr. 32 (Berlin 1987); *Ernst Gutting,* Offensive gegen den Patriarchalismus (Freiburg i. Br. [3]1988); *Christopher Jendes,* Chancengleichheit (Reinbek 1973); *Monika Langkau-Herrmann u. a.,* Frauen im öffentlichen Dienst (Bonn 1983); *Traute Nellessen-Schumacher,* Sozialstruktur und Ausbildung der deutschen Katholiken (Weinheim 1969); *dies.,* Sozialprofil der deutschen Katholiken (Mainz 1978); *Adalbert Rang,* Historische und gesellschaftliche Aspekte der Gesamtschule, in: Zeitschrift für Pädagogik, Heft 1 (Weinheim 1968); *Rita Süssmuth,* Frauen – der Resignation keine Chance (Düsseldorf 1985).

Hanna-Renate Laurien

Charismen

↗ Amt, kirchliches; Begabung; Christentum; Gemeinde; Glauben; Heilige / Heiligkeit; Kirche; Mystik; Neues Testament; Religiosität; Urkirche

Phänomen und Begriff

Charisma ist ein für die hellenistische Umgangssprache charakteristisches Verbalsubstantiv mit der Bedeutung „Geschenk, Wohltat, Gabe". Seine Herkunft liegt im dunkeln. Paulus führte den Begriff in die christliche Literatur ein.

In der *Geschichte* der Kirche läßt sich eine ständige Spannung zwischen Amt und Charismen nachweisen, angefangen beim Charismenchaos in Korinth (1 Kor 12 – 14), über die Auseinandersetzungen mit ketzerischen Bestrebungen (im Montanismus und Messalianismus), die Armutsbewegungen im Mittelalter, die Mystik, die Schwärmer der Reformationszeit bis hin zu den Kontroversen um den Modernismus, charismatischen Strömungen und bestimmten feministischen Tendenzen der Gegenwart. Die Unklarheit im heutigen Gebrauch ist wesentlich mitbestimmt durch die wertfreie Verwendung in der Religionssoziologie von Max Weber. In der Folge dient Charisma zur Bezeichnung jeder außerordentlichen Begabung, ob bei Jesus, Napoleon oder beim Schamanen; es wird zum „inhaltsleeren Allerweltswort" oder, wie bei Rudolf Otto, zum „Ideogramm für alles, was nicht ganz klar ist". Will man den Begriff inhaltlich wieder füllen und klären, muß man ihn in seinen religiösen, speziell neutestamentlich-paulinischen Zusammenhang stellen.

Charisma kommt nur in den *paulinischen Hauptbriefen* vor und in paulinischem Einfluß unterliegenden Briefen. Auch der Sprachgebrauch der Apostolischen Väter reflektiert diesen Einfluß. Als *Geistgabe* wird Charisma *unabhängig vom Geschlecht* jedem zuteil, der durch Taufe und Glauben den Heiligen Geist empfangen hat und Glied der Kirche geworden ist. Dabei erhalten die einzelnen je nach Bedürfnissen der Gemeinden unterschiedliche Gaben (z. B. „Weisheitsrede", „Erkenntnisvermittlung", „Glaubenskraft", „Heilkraft", „prophetisches Reden", „Geisterunterscheidung", „Zungenreden", „Auslegekraft", „Gabe zu trösten", „Ehelosigkeit" und vor allem „Liebe"). Die Frage nach den Charismen ist für Paulus nur relevant im Blick auf die Gemeinde. Jedes Charisma ist „Offenbarung des Geistes, damit sie anderen nützt" (1 Kor 12,7). Da Paulus die Charismen, die dem Aufbau der Gemeinde dienen, höher bewertet als andere, versucht er das vermutlich auch von Frauen in der Gemeinde ausgeübte charismatische Zungenreden (Glossolalie) einzudämmen (vgl. 1 Kor 14).

Echtheitskriterien

Im heutigen theologischen Sprachgebrauch sind Charismen „jene Einwirkungen des Geistes Gottes auf den einzelnen Glaubenden, die vom Menschen her niemals erzwingbar, von den amtlichen Organen der Kirche nicht vorhersehbar, durch die Setzung der Sakramente nicht erreichbar und dennoch immer und überall vermutbar sind, weil sie wie Amt und Sakrament zum notwendigen und dauernden Wesen der Kirche gehören" (K. Rahner). Auch das Amt ist durch das Charismatische gekennzeichnet, ohne daß Amt und Charisma deckungsgleich wären. Echtheitskriterium ist die gegenseitige Auferbauung in Liebe. Ein Zeichen der Echtheit ist auch das *Leid des Charismas.* Es muß als unvermeidlich ertragen werden, was keinen Freibrief für Anfeindung ausstellt. Männer wie Frauen (z.B. Katharina von Siena, Elisabeth von Thüringen, Maria Ward) haben ihr Charisma im Leid erwiesen. Von apostolischer Zeit an gibt es Prophetinnen, Mystikerinnen, Mitarbeiterinnen im Gemeindedienst, Frauen in allen Formen des persönlichen Apostolats. Charismen können nicht den eigenen emotionalen Kräften hinzuaddiert und dann als Besitz für sich und als Waffe gegen andere eingesetzt werden. Anderseits kann Neuartigkeit nicht als Argument gegen Kirchlichkeit und Geistgewirktheit gelten, sie kann sorgfältig zu prüfender Antrieb des Gottesgeistes sein. In den echten Charismen vollzieht sich das eigenste Leben der Kirche.

Literatur: *Josef Gewiess / Karl Rahner,* Charisma, in: LThK² (Freiburg i. Br. 1958) II, 1025 bis 1030; *Susanne Heine,* Wiederbelebung der Göttinnen? Zur systematischen Kritik einer feministischen Theologie (Göttingen 1987); *Alfred Gugolz,* Charisma und Rationalität in der Gesellschaft (Berlin 1984); *Walter Kern / Yves Congar,* Geist und Hl. Geist, in: Christlicher Glaube in moderner Gesellschaft, Bd. 22 (Freiburg i. Br. 1982) 98–99; *Peter Neuner,* Charisma / Amt, in: NHthG I, 170–175; *Karl Rahner,* Das Dynamische in der Kirche (Freiburg i. Br. ³1965); *Carl Heinz Ratschow u. a.,* Charisma, in: TRE VII, 681–698; *Max Weber,* Wirtschaft und Gesellschaft (Tübingen ⁵1976). Corona Bamberg

Christentum

↗ Altes Testament; Amt, kirchliches; Antike; Befreiungstheologie; Buddhismus; Charismen; Ehe; Esoterik; Ethik, weibliche; Eva; Frauenbewegung; Frauenorden; Frauenseelsorge; Frauenverbände; Frieden; Glauben; Gottesbilder; Heilige / Heiligkeit; Hexen; Hinduismus; Islam; Judentum; Jungfräulichkeit; Kirche; Kirchenlehrerinnen / Kirchenväter; Kirchenrecht; Kult; Kultur; Liebe; Mann; Männerbilder; Maria; Menschenbild; Mittelalter; Mystik; Naturreligionen; Neues Testament; Ökumene; Ostkirchen / Orthodoxie; Reformation; Religiöse Erziehung; Religiosität; Schwesternschaften; Sexualethik; Sophia; Sozialethik, evangelische; Soziallehre, katholische; Spiritualität; Theologie, feministische; Urkirche; Väterlichkeit; Weiblichkeitssymbole; Weltgebetstag der Frauen

Biblischer Hintergrund

Das Christentum steht hinsichtlich der Einschätzung von Mann und Frau im Kontext der antiken Welt und insbesondere in der Tradition des *Alten Testaments,* dessen Hintergrund die gesellschaftlichen Gegebenheiten Israels bilden. Die israelitische Frau hatte gegenüber dem Mann eine nachgeordnete Stellung. Die Frau des israelitischen Vollbürgers war nicht rechtsfähig; die unverheiratete Frau und die Witwe hatten beschränkte Rechtsfähigkeit. Demgegenüber begründen und sichern aber viele alttestamentliche Texte die Würde und die Rechte der Frau, viele stellen herausragende Frauengestalten vor. Im Alten Testament ist eine Spannung zwischen der sozialen Wirklichkeit und ihren Strukturen einerseits und anderseits den theologischen Intentionen, die auf eine Überwindung des Vorfindlichen zielen, festzustellen. Im *Neuen Testament* ist für Jesus belegt: Er tritt in Wort und Tat für die schöpfungstheologisch grundgelegte unteilbare Gleichwertigkeit von Mann und Frau in Religion und Ehe (vgl. Mk 10,2–12; Mt 19,3–9) ein. Er weist die in anderer Weise legitimierte gesellschaftliche Sonderstellung des Mannes zurück und verändert gegenüber dem zeitgenössischen Judentum (und teilweise gegenüber den anderen Religionen und Kulturen) zur Zeit seines irdischen Wirkens die Wertung der Frau. Seine Botschaft richtet sich an Männer und Frauen in gleicher Weise, er wendet sich beiden in öffentlicher Verkündigung und Heilssorge zu und nimmt beide in seinen Dienst. Obwohl sich über die Rolle Marias, der Mutter Jesu, in der Urkirche nur wenig sagen läßt, hat die hervorragende Bedeutung ihrer Gestalt starken Einfluß auf das Frauenbild des Christentums gewonnen.

In den *paulinischen Briefen* wird die Gleichwertigkeit von Mann und Frau im Hinblick auf Christus betont (Gal 3,28; 1 Kor 11,11). Auch Paulus erwähnt viele Frauen namentlich, auf deren Sorge und Mitarbeit er sich beim Aufbau der Gemeinden stützen konnte. Nach ihm sind Mann und Frau zu einem leiblichen und geistigen Miteinander verpflichtet; sie gehören unter theologischen, christologischen und anthropologischen Gesichtspunkten zusammen (1 Kor 7,4; 11,2 – 16f.). Paulus verweist Mann und Frau auf ihre Verantwortung füreinander und stellt in der Ehe neben die Unterordnung der Frau die Liebe des Mannes in den Mittelpunkt (Kol 3,19). In Anpassung an das zeitgenössische Ethos verlangt Paulus von den Frauen die gemäß den Haustafeln geforderte Sitte (Kol 3,18 – 4,1), ein bestimmtes Verhalten im Gottesdienst (1 Kor 11,2; 14,33 bis 36) und ehelichen Gehorsam gegenüber ihren Männern (1 Kor 11,2 – 16), wobei der Gehorsamsbegriff jedoch kritisch zu verstehen ist: im Hinblick auf die gegenseitige Unterordnung von Mann und Frau nach Art der Christusliebe, wodurch die gesellschaftliche Wirklichkeit eine Umwandlung erfährt.

Entwicklungen in der Alten Kirche

Neben traditionswirksamen Aussagen, die Frauen abwerten, gibt es (vor allem bei den griechischen Kirchenvätern) auch solche über die Gleichwertigkeit von Mann und Frau vor Gott: Sie sind beide nach dem Bild Gottes geschaffen, und sie sind Zeugen der Auferstehung Jesu Christi, wobei den Frauen der Vorrang zugestanden wird (Johannes Chrysostomus, Gregor von Nazianz, Gregor von Nyssa, Clemens von Alexandrien). Männern und Frauen werden gleiche ethische und spirituelle Fähigkeiten und Verpflichtungen zugesprochen. Frauen nahmen teil am Aufbau der Kirche und setzten sich dafür bis hin zum Martyrium in Verfolgungszeiten ein. Zeitweise wirkten Frauen prophetisch in den Gemeinden (Apg 21,9). Als diese Fähigkeiten in religiösen Gruppen außerhalb der Kirche besondere Bedeutung erlangten und Frauen in diesen Gemeinschaften priesterliche Aufgaben übernahmen und sakramentale Handlungen vollzogen, wurden Frauen aus dem öffentlichen Leben der Kirche verdrängt (vgl. Eusebius von Cäsarea, Hist. eccl. 5,18,3; Cyprian, Ep. 75,7 10f.; Epiphanius, Haereses 49,3; Irenäus, Adversus haereses 1,13, 1 – 5; Tertullian, Praescr. 41).

In den christlichen Gemeinden gibt es den Dienst der Witwe und das durch Ordination gegebene und in den Klerus eingliedernde Amt der Diakonin oder Diakonisse (Const. Apost. 2,26,6; 8,19f.). Dieses Amt war besonders im östlichen Bereich der Kirche verbreitet, setzte sich in der westlichen Kirche aber weniger durch. Die Aufgaben der Witwe wie auch der Diakonin waren vornehmlich die Katechese der Taufbewerberinnen und die Assistenz bei der Taufspendung (Const. Apost. 8,28,4). Beide Dienstämter wurden schließlich zusammengefaßt, indem man für die Übernahme des Frauendiakonats nur Jungfrauen oder Witwen, die nur einmal verheiratet waren, zuließ, so daß die Lebensform der Witwe sich mit dem Amt der Diakonin verband und (theologischer Auffassung entsprechend) die Jungfräulichkeit aufgewertet wurde.

Leibfeindliche und Frauen abwertende Tendenzen

Dem Bild von der Frau als Verführerin des Mannes zur Sünde wird von den Kirchenvätern das Bild von der spirituellen reinen Frau gegenübergestellt und in diesem Zusammenhang von der sittlichen und religiösen Minderwertigkeit der Frau gesprochen (Tertullian, Johannes Chrysostomus, Ambrosius, Hieronymus, Augustinus). Diese Tendenzen wirkten in der Geschichte des Christentums nach und bestimmten das Frauenbild entscheidend mit. Besonders in dem nach asketischen

Idealen lebenden Mönch- und Eremitentum war die Verachtung von Frauen weit verbreitet. Beeinflußt von der dualistischen Weltsicht des Manichäismus, wonach alles Leibliche dem Reich der Finsternis zugeordnet ist und dessen Folge leibfeindliche rigoristische Vorstellungen sind, verbindet Augustinus die Erbsünde mit dem Sexualtrieb und stellt mit Ambrosius die unheilbringende Eva der heilbringenden Maria gegenüber (Ambrosius, Expos. in Lc 2,28; Augustinus, De fide et symbolo 4). Obgleich Augustinus von Maria als Muttergottes, von seiner eigenen Mutter Monika und auch von Maria Magdalena, weil sie die Auferstehung Christi den Aposteln verkündet hat, voller Hochachtung spricht (Serm. 190,2), gilt für ihn die Frau als das schwache, zur Sünde geneigte Geschlecht. Dieses Denken bestimmte auch seine Auffassung von der Ehe. Denn die Zeugung von Nachkommen geschehe durch die Fortpflanzung der Erbsünde, weshalb der geschlechtliche Umgang an sich mit einem Makel behaftet sei, auch wenn er in der Ehe nicht als Sünde angerechnet werde (Augustinus, De nupt. et concup. I, 14.15: PL 44,422f.; Serm. 332,4: PL 38,1563). Solche theologischen Deutungen förderten das asketische Ideal für Frauen. Es wurde verwirklicht in den Frauenklöstern, in denen Frauen einfach, enthaltsam und gottgeweiht lebten. Auf den kirchlichen Dienst der (jungfräulichen) Diakoninnen folgte der geistliche Dienst von Frauen in Konventen und Klöstern.

Mittelalterliche Frauenkultur

Im Mittelalter wurde das Bild der Ordensfrau prägend. Diese Frauen verwirklichten das Leben in der Nachfolge Christi mit Armut, Gehorsam und Keuschheit. Unter ihnen gab es nicht wenige herausragende Persönlichkeiten, die nicht nur kontemplativ lebten, sondern aktiv am kirchlichen, politischen und gesellschaftlichen Leben teilnahmen (Hildegard von Bingen, Gertrud und Mechthild von Hackeborn, Gertrud von Helfta, Katharina von Siena, Birgitta von Schweden). Theologie, Mystik und Frömmigkeit wurden im späten Mittelalter gerade von Ordensfrauen in eigener Weise geprägt und im relativ selbständigen Bereich der Klöster entfaltet. Den Äbtissinnen kamen spirituelle und jurisdiktionelle Vollmachten zu, die jedoch aufgrund anderer theologischer Ansichten und der daraus gezogenen kirchenrechtlichen Konsequenzen vermindert wurden. Die Frauenklöster waren Stätten der Bildung und Kultur für Frauen. Sie ermöglichten auch das Entstehen einer Laienkultur, an der Frauen teilhatten (Minnesang).

Begünstigt wurden dadurch auch geistige und geistliche Beziehungen zwischen Männern und Frauen. Es gab Doppelklöster, die von Äbtissinnen geleitet wurden. Theologisch begründet wurde dies durch die Vorrangstellung der Gottesmutter vor den Aposteln. Für viele unverheiratete Frauen aus mittleren und unteren Bevölkerungsschichten waren die Formen gemeinschaftlichen Lebens auch soziale Versorgungsstätten (Beginen).

Scholastische Theologie

Den vielen die Kirche belebenden Aktivitäten von Frauen gegenüber zeichnete die scholastische Theologie ein Bild der Minderstellung der Frau gegenüber dem Mann unter naturrechtlichen Prämissen. Für den von Aristoteles beeinflußten Thomas von Aquin war der Mann Ausgangspunkt und Ziel der Frau (Sth I, 93, a.4), denn von Natur aus stehe sie dem Mann an Kraft und Würde nach, und im Gegensatz zum Mann sei sie etwas „Mangelhaftes" und „eine Zufallserscheinung" (Sth I, 92, a.1). Diese Unterordnung der Frau sei die Sündenstrafe nach dem Sündenfall (Sth II – II, ad 1). Diese naturrechtliche Begründung wurde vom Kirchenrecht durch das Decretum Gratiani rezipiert.

Reformationszeit

In der Zeit der Renaissance, des Humanismus und der Reformation wandelten sich Bildung, Religiosität und Selbstbewußtsein der Frauen. Das Bild von der Frau als Mutter, wie es Luther maßgeblich geprägt hat, löste das Leitbild der Ordensfrau ab. Der Aufwertung der Frau diente eine Erhöhung der Ehemoral und damit auch die Zurückdrängung der häufigen Prostitution und des Konkubinats. Im Verständnis der Kirchen wie der Gesellschaft war der eigentliche Bereich der Frau die Familie, d.h. die Großfamilie. Die Ehefrau war ökonomisch von ihrem Mann abhängig und ihm rechtlich nicht gleichgestellt. Entsprechend war auch die Bildung der Mädchen auf ihre zukünftige Aufgabe als Ehefrau und Mutter eingeschränkt.

Renaissance und Neuzeit

Die Renaissance führte z.B. in Italien Frauen höherer Schichten zu literarischen und künstlerischen Zirkeln zusammen, so daß weltgewandte, gelehrte, wirtschaftlich und politisch aktive Frauenpersönlichkeiten hervortreten. Antike, frauenfreundlichere, philosophische Aussagen werden wiederentdeckt und wirksam. Auf diesem Hintergrund gibt es in Europa nicht wenige von christlichem Geist gelenkte, regierende Frauen als Herrscherinnen und viele sehr gelehrte Frauen. Thomas Morus und Erasmus von Rotterdam forderten für Mädchen und Jungen eine gleichwertige und weitgehend gleichartige Bildung, die Morus selbst für seine Tochter verwirklichte. Innerhalb der Katholischen Reform wirkten viele Frauen mit. Es werden neue Frauenkongregationen gegründet, die eine vertiefte Frömmigkeit leben, sich den Armen und Kranken zuwenden sowie die Seelsorge, Katechese und Erziehung von Mädchen und Frauen übernehmen. Im Bildungsprozeß des mittelalterlichen Menschen spielte Maria eine unersetzliche, wenn auch in ihrer Wirkung für Frauen heute ambivalent zu wertende Rolle. Die zahlreichen Marien-Wallfahrten und die verschiedenen Andachtsformen prägten vor allem die Frömmigkeit der Frauen. Im Zuge der Gegenreformation entstehen auch neue Frauenkongregationen und Klöster. Neben der Armenfürsorge und Krankenpflege bemühten sich die Ordensfrauen um eine tiefe, aus dem innersten Gefühl gespeiste Frömmigkeit. Als neue Aufgabe wurde auch die Mädchenerziehung aufgegriffen.

In den Bewegungen der reformatorischen Kirchen, denen in einzelnen Ländern mit harter Unterdrückung, teilweiser Ausrottung oder Vertreibung begegnet wurde, wirkten Frauen aktiv und mit großer Standhaftigkeit mit. Von der gemüthaft-mystischen Spiritualität katholischer Frauen und ihrer geistlichen Führer und Freunde gibt es Berührungen auch zu evangelisch-pietistischen Kreisen, sogar ökumenische Zirkel, in denen Frauen sich nicht selten hervortaten, auch mit bibel-exegetischen und mystisch-spirituellen Schriften.

Das entscheidende Defizit für eine Entwicklung der Frauen und der Frauenfrage waren jedoch die mangelnden Bildungsmöglichkeiten, vor allem für Frauen der mittleren und niederen Schichten. Nur von einzelnen Persönlichkeiten wurde öffentlich, aber wirkungslos reflektiert, ob Frauen nicht von Natur dem Mann ebenbürtige Begabungen und Fähigkeiten gegeben seien. Die Mehrheit der maßgebenden Männer, Theologen, Philosophen oder auch Naturgelehrten, war überzeugt von einer spezifisch weiblichen geistigen Beschränktheit und der Bestimmung der Frau für rein familiäre Aufgaben. Im 18. Jahrhundert war es die evangelische Brüdergemeine Graf Nikolaus L. v. Zinzendorfs, in der Frauen als völlig gleichwertige Glieder anerkannt, ihnen Mitspracherecht in allen Gemeindeangelegenheiten und Zugang zu Leitungsaufgaben gewährt wurden. Auch in anderen sogenannten Erwekkungsbewegungen des 18. und 19. Jahrhunderts wirkten Frauen mit.

Entwicklung im 20. Jahrhundert

Die bürgerliche und die sozialistische Frauenbewegung hat direkt und indirekt auch die Entwicklung der Frauenfrage im christlichen kirchlichen Raum vorangetrieben. Kirchliche Frauenbewegungen boten ihren Mitgliedern Räume eigenständiger Gemeinschaft, regten zu bewußterem Glaubensleben an, suchten die Befähigung zu christlichem Eheleben und religiöser Kindererziehung zu vertiefen und übernahmen karitative und diakonische Aufgaben in den Gemeinden.

Frauen werden als Lehrerinnen und Erzieherinnen in kirchlichen Schulen tätig. Im katholischen Raum wird die schulische Bildung für Frauen vor allem durch die weiblichen Ordensgemeinschaften gefördert (Englische Fräulein, Ursulinen u.a.). Organisatorisch wird neben der Ausbildung zu einer hauswirtschaftlichen oder pflegerischen Tätigkeit für Frauen nach der Volksschule der Übergang auch zu einer höheren Schule eröffnet, Mädchen erlangen nun auch den Zugang zum Universitätsstudium. So studieren Frauen auch Religionslehre bzw. Theologie, womit sie die Befähigung zum Religionsunterricht an den verschiedenen Schultypen erlangen. Kirchliches Leben wird nun auch geprägt von Frauen in kirchlichen Berufen, ebenso wie von Frauen, die im familiären Bereich tätig sind.

Nach 1945 distanzieren sich zunehmend Frauen von der Kirche. Dieser Säkularisierungsprozeß hat verschiedene Wurzeln und kann noch nicht als abgeschlossen angesehen werden. In Verbindung mit der säkularen Emanzipationsbewegung von Frauen werden auch die traditionellen christlichen Leitbilder der Frauen in Frage gestellt.

In den evangelischen Kirchen gelangen Frauen nach vielen Jahrzehnten spezieller Gemeindeaufgaben und der Vertretung des die Gemeinde leitenden Pfarrers während des Zweiten Weltkriegs selbst ans ordinierte Pfarramt. In der katholischen Kirche gestalten Frauen aktiv in ehrenamtlichen und hauptamtlichen Diensten in den Gemeinden und in Gremien der Mitverantwortung, in Institutionen der Verwaltung und der Caritas die Kirche mit. Viele Frauen haben auch hier eine theologisch-wissenschaftliche Ausbildung absolviert und akademische Grade erlangt. Die theologische Reflexion über die Stellung der Frau in der Kirche ist unabweisbar. Von besonderem Interesse ist dabei das Gottes- und Menschenbild, die Mariologie, die eschatologische Lehre von der Aufhebung der Geschlechterdifferenz, die ekklesiologischen Fragen nach dem Verhältnis vom gemeinsamen Priestertum aller Getauften und dem geweihten Priestertum, wie auch die Fragen nach Diensten, Ämtern und Vollmacht in der Kirche. Solche theologischen Ansätze sind von der feministischen Theologie aufgegriffen worden. Mittlerweile nehmen nicht wenige Frauen am Diskurs der Theologie teil. Als Vertreterinnen der verschiedenen Disziplinen der Theologie in Forschung und Lehre haben sie Anteil am Prozeß der wissenschaftlichen Qualifizierung und treten durch eigene Forschungsarbeiten und Lehrveranstaltungen hervor. Bezeichnend für die heutige Zeit ist das Bemühen um partnerschaftliches Zusammenwirken von Männern und Frauen in der Sendung der Kirche Jesu Christi. Nur gemeinsam kann die Botschaft von Heil und Erlösung als Gottes Angebot an alle Menschen in einer Welt glaubhaft verkündet werden, die von Werteverlust und Resignation bestimmt ist.

Literatur: *Otto Bangerter,* Frauen im Aufbruch. Die Geschichte einer Frauenbewegung in der Alten Kirche (Neukirchen 1971); *Wolfgang Beinert* (Hrsg.), Frauenbefreiung und Kirche. Darstellung – Analyse – Dokumentation (Regensburg 1987); *Wolfgang Beinert / Heinrich Petri* (Hrsg.), Handbuch der Marienkunde (Regensburg 1984); *Kari Elisabeth Børresen,* Subordination et Equivalence. Nature et Rôle de la Femme d'après Augustin et Thomas d'Aquin (Oslo

1968); *dies.*, Die anthropologischen Grundlagen der Beziehung zwischen Mann und Frau in der klassischen Theologie, in: Concilium 12 (1976) 10–17; Concilium 21 (1985) Heft 6: Frauen – unsichtbar in Theologie und Kirche; *Gerhard Dautzenberg u. a.* (Hrsg.), Die Frau im Urchristentum (Freiburg i. Br. 1983); *Edith Ennen*, Frauen im Mittelalter (München [2]1985); *Uwe Gerber*, Die feministische Eroberung der Theologie (München 1987); *Elisabeth Gössmann*, Die streitbaren Schwestern. Was will die Feministische Theologie? (Freiburg i. Br. 1981); *Hans-Jürgen Greschat u. a.*, Frau, in: Theologische Realenzyklopädie, Bd. 11 (Berlin 1983) 417–469 (Lit.); *Friedrich Heiler*, Die Frau in den Religionen der Menschheit (Berlin – New York 1977); *Paul Hoßfeld*, Albertus Magnus über die Frau, in: Trierer Theologische Zeitschrift 91 (1982) 221–240; *Karl Lehmann*, Das Bild der Frau. Versuch einer anthropologisch-theologischen Standortbestimmung, in: Herder-Korrespondenz 41 (1987) 479–487; *Anton Rauscher* (Hrsg.), Die Frau in Gesellschaft und Kirche. Analysen und Perspektiven (Berlin 1986); *Ilona Riedel-Spangenberger*, Frauen in der wissenschaftlichen Theologie, in: Die christliche Frau 5 (1987); *Gerta Scharffenorth*, Frauenbewegung, in: Theologische Realenzyklopädie, Bd. 11 (Berlin 1983) 471–481 (Lit.); *George Tavard*, Women in the Christian Tradition (West Bend / Ind. 1973); *Klaus Thraede*, Ärger mit der Freiheit. Die Bedeutung von Frauen in Theorie und Praxis der alten Kirche, in: Gerta Scharffenorth / Klaus Thraede, „Freunde in Christus werden…" (Gelnhausen u. a. 1977).

Ilona Riedel-Spangenberger

D

Depression

↗ Abhängigkeit; Alter; Diskriminierung; Ehekrisen; Eßstörungen; Familienrollen; Frauenrollen / Frauenleitbilder; Generationsprobleme; Gesundheit; Kinderwunsch; Klimakterium; Krankheit; Lebenskrisen; Psychotherapie, feministische; Schwangerschaft; Sexualität; Sozialisation; Suizid; Tiefenpsychologie

Begriff und Erscheinungsformen

Bei einer Depression können Krankheitsmerkmale auf der psychischen Ebene, der psychomotorischen Ebene, der psychosomatischen und der psychosozialen Ebene beobachtet werden. Um von einer Depression sprechen zu können, müssen Symptome auf drei Ebenen über längere Zeit existieren.

Unter Symptomen auf der psychischen Ebene versteht man die gedrückte Stimmungslage, mehr noch das Gefühl der Leere, die Erfahrung des Gefühlsverlusts, das Kreisen der Gedanken um bedrückende Lebensinhalte; Selbstvorwürfe, Schuldgefühle und das grundsätzliche Entwerten von sich selbst und der Welt. Unter Symptomen auf der psychomotorischen Ebene versteht man die Antriebs- und die Bewegungshemmung. Die Symptome auf der psychosomatischen Ebene können variabel sein: Schlafstörungen, Eßstörungen, sexuelle Störungen, der „Druck auf der Brust", der „Klumpen im Hals" usw. Zu den Symptomen auf der psychosozialen Ebene gehört, daß der depressive Mensch sich als ausgestoßen vorkommt und sich als unnütz erlebt. Er meint, sich ständig nützlich machen zu müssen, um seinen Selbstwert zu erweisen. Im Zentrum der depressiven Erkrankung steht ein Sinn- und ein Selbstwertverlust.

Frauen und Depression

Frauen erkranken häufiger an Depressionen als Männer, das Verhältnis wird von 2:1 bis 6:1 angegeben (vgl. Greenglass). Es gibt zudem Untersuchungen, die darauf hinweisen, daß Nur-Hausfrauen anfälliger für Depressionen sind als berufstätige Frauen (Mostow/

Newberry). Die Frage, wie weit hormonelle Veränderungen bei der größeren Anfälligkeit für die Depression eine Rolle spielen, wird immer wieder diskutiert, jedoch ohne eindeutiges Ergebnis. Das ist auch deshalb kaum möglich, weil das Zusammenwirken vieler Faktoren – man bedenke die Symptome auf den verschiedenen Ebenen – das Krankheitsbild der Depression ausmachen.

Frauen scheinen grundsätzlich eher auf eine depressive Position hin erzogen zu werden. Die klassische Mutter- und Hausfrauenrolle, in der sich die Frau auch als Gehilfin des Mannes versteht, scheint die depressive Position besonders zu begünstigen: Eine gute Hausfrau und Mutter ist für die anderen alles und für sich selbst nichts, erfüllt Wünsche der anderen und verzichtet darauf, daß ihre eigenen erfüllt werden, vergißt sie sogar. Die Welt bekommt so zunehmend einen Forderungscharakter: Eine solche Frau muß Forderungen genügen, Anforderungen erfüllen, damit sie geliebt und anerkannt wird. Da gerade auch durch das Heranwachsen der Kinder und ihre Entwicklung aus der Familie heraus immer weniger Liebe, Anerkennung, Bewunderung zurückkommt, fordert sie noch mehr von sich und hat bald das Gefühl, sie könne tun, soviel sie wolle, es sei immer zu wenig. Die Liebe, die Wertschätzung, die sie sich erdienen wollte, bekommt sie nicht in dem Maße, wie sie es sich erhofft hat. Sie gibt sich selbst die Schuld daran, sie meint, etwas falsch gemacht zu haben, und will alles noch besser machen. Da in diesem forcierten Mehreinsatz meistens unterschwellig viel Ärger mitschwingt und da es letztlich auch um etwas anderes geht, kommt wiederum nicht die ersehnte Wertschätzung zurück.

So breitet sich das Lebensgefühl aus, daß alles notwendig, unausweichlich, nicht zu ändern und sehr banal ist. Statt daß etwas verändert würde, wird alles entwertet: das Leben, die Beziehungen, der Lebensentwurf, die eigene Liebesfähigkeit. Damit wird aber die Selbstachtung noch mehr herabgesetzt. In diesem Lebensentwurf wird die Anforderung, auch sich selbst zu sein, nicht gehört. Frauen haben in der Regel gelernt, sich im Spiegel der anderen liebenswert zu finden, aber nicht sich selbst, ungeachtet der Reaktionen der Umwelt. Sie machen sich zu sehr vom Urteil der Umwelt abhängig, damit aber auch zu manipulierbar: Sie werden sich der Umwelt anpassen, Forderungen unbesehen erfüllen, um die Liebe und Wertschätzung zu bekommen, die sie brauchen. Sie lassen sich ihren Selbstwert von außen geben, statt daß sie sich auf ihn besinnen, sie reagieren, statt zu gestalten.

Die Schuldgefühle, von denen sie geplagt sind, haben mit der existentiellen Schuld, sich selbst zu verfehlen, zu tun. Die Problematik dieser depressiven Position besteht darin, daß der eigene Selbstwert zunehmend erschüttert wird. Die damit verbundene Angst und Aggression schlagen sich in Selbstvorwürfen, Schuldgefühlen, schleichender Entwertungsstimmung nieder.

Typische Auslöser

Lebt jemand vorwiegend in der depressiven Position, kann sich durch Verlust oder Kränkung leicht eine Depression einstellen. Typische Auslöser für Depressionen sind der Verlust von Menschen, die in irgendeiner Form den Selbstwert garantiert haben, aber auch der Verlust der Jugend, der Schönheit, die eine Frau begehrenswert gemacht haben: Verlust von etwas, das uns unseren Selbstwert erhielt oder erhalten sollte. Verlust kann Verlust durch Tod bedeuten, aber auch Verlust einer gewohnten Lebenssituation, z.B. dadurch, daß Kinder erwachsen werden und sich ablösen.

Damit hängt vermutlich auch die Depression im Klimakterium zusammen. In diesem Lebensabschnitt verändert sich die Familie durch das „Ausfliegen“ der Kinder, das Klimakterium

weist darauf hin, daß die biologisch fruchtbare Zeit des Lebens vorbei ist. Die neue Lebensphase, die folgt, steht zudem ganz im Zeichen des Todes und des „Selbst-Seins" angesichts des Todes – etwas, das man in der depressiven Position nicht gelernt hat.
Auch der Verlust der Beziehung zum Ehepartner löst oft Depressionen aus, nicht Trauer, weil es so schwierig ist, sich aus der Beziehung abzulösen und sich auf das eigene Selbst zurückzuorganisieren.
Die Wochenbettdepression kann im Zusammenhang mit einer ersten Trennung vom Kind gesehen werden.
Auch Kränkungen, besonders andauernde kränkende Situationen, die die Selbstachtung beeinträchtigen, können zu Depressionen führen.

Perspektiven von Befreiung und Heilung

Grundsätzlich müssen Frauen sich aus der depressiven Position herausentwikkeln und die Mädchen nicht wieder auf diese Werte hin erziehen. Erst wenn Frauen auch sie selbst sein können, sich selbst einen Wert geben, können sie auch selbständig in Beziehungen stehen und für andere Menschen so dasein, daß sie sich nicht überfordern. Unstimmigkeiten in Beziehungen werden dann auch angesprochen, solange Veränderungen möglich sind. Dabei ist es wesentlich, daß Frauen sich nicht auf eine einseitige Rolle festlegen, sich aber auch nicht einfach Mehrbelastungen aufbürden lassen, ohne daß sich die Partner daran beteiligen.
Alle Therapierichtungen befassen sich mit der Therapie von Depressionen. Den Theorien entsprechend und dem Menschenbild, die die verschiedenen Therapieschulen ausmachen, stehen jeweils andere Aspekte der Depression im Vordergrund, was wiederum Einfluß auf die therapeutischen Ansätze hat.
So versucht etwa die kognitive Verhaltenstherapie das falsche System von Überzeugungen des Depressiven zu korrigieren, das dazu führt, sich selbst, die Umwelt, die Zukunft zu entwerten. Tiefenpsychologisch orientierten Therapien im weitesten Sinne geht es mehr darum, herauszufinden, was unabdingbar zum je eigenen Leben gehört, zum jeweiligen Menschen selbst. Anhand der Analyse von Alltagserlebnissen, vor allem aber von Träumen und Phantasien wird herausgearbeitet, welches wirklich der eigene Weg ist. Im Erleben von mehr eigener Lebendigkeit können die Entwertungen aufgegeben werden. Diese Therapieform scheint für Frauen mit Depressionen besonders hilfreich zu sein.

Literatur: *P. J. Clayton,* Gender and Depression, in: J. Angst (Hrsg.), The origins of depression, Dahlem Konferenzen (1983) 77–89; *Esther R. Greenglass,* Geschlechterrolle als Schicksal (Stuttgart 1986); *Elizabeth Howell / Marjorie Bayes* (Hrsg.), Women and Mental Health (New York 1981); *Liliane Juchli,* Bilder einer Depression. Leben mit den Kräften der Tiefe. Mit einem Vorwort von Karlfried Graf Dürckheim (Stuttgart 1987); *Verena Kast,* Trauern. Phasen und Chancen des psychischen Prozesses (Stuttgart 1987); *Paul Kielholz* (Hrsg.), Die larvierte Depression (Bern – Stuttgart – Wien 1973); *Evelyn Mostow / P. Newberry,* Work role and depression in women. A comparison of workers and housewives in treatment, in: American Journal of Orthopsychiatry 45 (1975) 538–548; *Caroline Muhr,* Depressionen. Tagebuch einer Krankheit (Köln 1970); *Kathy Nairne / Gerrilyn Smith,* Leiden an der Wirklichkeit. Frauen und Depression (Reinbek 1987); *Martin E. P. Seligman,* Erlernte Hilflosigkeit (Stuttgart 1979).

Verena Kast

Diagnostik, vorgeburtliche

↗ Fortpflanzungsmedizin; Geburt; Gentechnik; Humangenetik, angewandte; Mutterbindung; Schwangerschaft; Schwangerschaftsabbruch

Der Untersuchungsbereich

Unter „vorgeburtlicher Diagnostik" faßt man im weitesten Sinne alle Untersuchungen zusammen, die zur Schwangerenvorsorge und Überwachung des Schwangerschaftsverlaufs durch Ärzte oder Hebammen gehören. Vor der Entwicklung von Ultraschallgeräten und weiteren technischen Hilfsmitteln zur Orientierung über die Einnistung des befruchteten Eis, die Entwicklung und Lage der Plazenta (Mutterkuchen), Menge des Fruchtwassers, Größenverhältnisse und Bewegungen des Kindes, der Herzaktion oder anderer innerer Organe des heranwachsenden Kindes, war man auf Hör- und Tastbefunde angewiesen oder mußte bei Auffälligkeiten sogar auf Röntgenaufnahmen zurückgreifen.

Chancen und Gefahren

Der Einsatz der modernen technischen Geräte erlaubt es, von einem sehr frühen Zeitpunkt der Schwangerschaft an die kindliche Entwicklung zu beobachten und so Mutter und Ungeborenes sicherer durch die Monate der Erwartung zu leiten.

Diese Vorteile werden unlösbar von Nachteilen begleitet: Bei einer vorgeburtlichen Überprüfung der Entwicklung werden nicht nur die guten Hoffnungen auf ein vermutlich gesundes Kind bestätigt und bestärkt, sondern es müssen auch die schweren Enttäuschungen hingenommen werden, wenn diese Beobachtungen Hinweise auf ein krankes oder behindertes Kind ergeben. Das durchschnittliche Risiko für genetisch und nicht-genetisch bedingte Krankheiten und Entwicklungsstörungen, die beim Neugeborenen erkennbar sind, beträgt in unserer Bevölkerung etwa 3 %. In der frühen Schwangerschaft fallen heute bereits schwere Entwicklungsverzögerungen des Embryos oder Feten auf, im weiteren Verlauf der Schwangerschaft werden z. B. Fehlbildungen erkennbar, je besser die Konturen des Kindes sichtbar sind. Krankheiten des Ungeborenen, die sich nicht in einer Wachstumsstörung oder in einer Abweichung von der normalen Körperform ausdrücken, entgehen natürlich einer Entdeckung. Eltern, die in Sorge um die Gesundheit ihres erwarteten Kindes sind, weil es ein über dem Durchschnitt liegendes Risiko für eine Erkrankung hat, fragen nach einer spezifischen, auf diese Krankheit gerichteten Untersuchung. Im Blick auf den Wortlaut des deutschen § 218a StGB sollte diese vorgeburtliche Diagnostik vor dem Ablauf der 22. Schwangerschaftswoche nach Konzeption abgeschlossen sein, damit die Schwangere/die Eltern sich für Austragen des Kindes oder straffreien Abbruch der Schwangerschaft bei schwerer Krankheit entscheiden können. Bevor die medizinische Indikation für eine ärztliche Maßnahme von so weitreichender Bedeutung für Mutter und Kind gestellt wird, muß die Schwangere ausführlich beraten werden. Die vornehmste Aufgabe dieser Beratung liegt in Aufklärung über die biologischen Zusammenhänge und Darstellung der Untersuchungsmöglichkeiten sowie Beantwortung von Fragen bis hin zur Erörterung der gesundheitlichen Risiken für das Kind und die Schwangere selbst durch die Untersuchungsmethoden. Die Voraussetzung dafür, daß die Schwangere sich aus eigener Überzeugung für oder gegen eine solche Untersuchung entscheiden kann, ist die Auseinandersetzung mit den Folgen der Diagnosesicherung und dem Konflikt, in den die vorgeburtliche Diagnostik führt, wenn das Ergebnis die Befürchtungen bestätigen sollte.

Individuelle und gesellschaftliche Abwägung

Die Vor- und Nachteile der vorgeburtlichen Diagnostik insgesamt werden individuell und gesellschaftlich unterschiedlich eingeschätzt. Für die einzelne Schwangere bedeutet die Klärung ihres Risikos durch Feststellung eines Normalbefundes, daß sie, von dieser Sorge befreit, sich auf die Geburt ihres Kindes freuen kann. Dieser Vorteil steht in vielen Stellungnahmen im Vordergrund der Bewertung dieser Methoden. Anderseits stürzt die vorgeburtliche Diagnostik bei Bestätigung des befürchteten Befundes die Schwangere/Eltern in schwerste Konflikte. Nur wenige Frauen entscheiden sich bewußt für das Leben mit ihrem behinderten Kind! Hierbei muß man berücksichtigen, daß viele Eltern mit einem Wiederholungsrisiko für eine schwere Krankheit bereits Erfahrungen mit der Erkrankung des behinderten Kindes haben und die eigene Belastung durch diese Krankheit kennen. Anders ist es bei dem sogenannten „Altersrisiko“, weil die wenigsten Frauen persönliche Erfahrung z. B. mit einem mongoloiden Kind besitzen. Je schwerer die Krankheit des Kindes, je größer die Belastung der Mutter/Familie durch das behinderte Kind war oder ist, um so eher kann eine Schwangere beurteilen, ob ein zweites Kind mit der gleichen Behinderung „zumutbar“ ist (vgl. Wortlaut des § 218a Abs. 2 Nr. 1 StGB). Anderseits muß man auch ganz klar sehen, daß eine breite Anwendung der vorgeburtlichen Diagnostik zum Ausschluß eines Ersterkrankungsrisikos sich auf eine diffuse Angst vor einem Leben mit einem behinderten Kind stützt und die leichte Zugänglichkeit zu dieser Untersuchungsmethode einer zunehmenden unreflektierten Nutzung von Technik in der Hoffnung auf ein problemärmeres Leben Vorschub leistet.

Kritik

Für die Kritiker dieser Methode steht eine solche Entwicklung, die eher zur Ablehnung von Behinderten führt, im Vordergrund der Beurteilung; Frauenverbände argumentieren gegen die vorgeburtliche Diagnostik und Abtreibung von kranken Feten aus Sorge, unsere Gesellschaft würde sich nicht mehr in gleichem oder ausreichendem Maße der Behinderten annehmen. Besonders Behinderte selbst halten die vorgeburtliche Diagnostik für ein diskriminierendes Mittel. Sie wenden sich zusammen mit Vertretern der GRÜNEN gegen die Selektion zugunsten von gesunden Kindern, wobei diese Kinder gewollt, die kranken ungewollt sind. Im Grunde sind also für Frau und Familie die Argumente die gleichen wie für den Schwangerschaftsabbruch aus sozialer Indikation. In beiden Fällen tragen die Mütter nur die gewollten Kinder aus.

Literatur: *Wolf-Michael Catenhusen / Hanna Neumeister* (Hrsg.), Enquête-Kommission des Deutschen Bundestages. Dokumentation des Berichts an den Deutschen Bundestag: Chancen und Risiken der Gentechnologie, Bd. 12 (München 1987); *Die Frauen des Feministischen Frauengesundheitszentrums e. V.,* Vorgeburtliche Diagnostik. Übersicht der Untersuchungsmethoden, Humangenetische Beratung, Geschlechtswahl, Gentherapie, in: CLIO 11, Heft 25 (Berlin 1986); *Die GRÜNEN im Bundestag, AK Frauenpolitik & Sozialwissenschaftliche Forschung und Praxis für Frauen e. V.* (Hrsg.), Frauen gegen Gentechnik und Reproduktionstechnik. Dokumentation zum Kongreß vom 19.–21. 4. 1985 in Bonn (Köln 1986); *Reinhard Löw,* Die vorgeburtliche Diagnose konsequent weitergedacht, in: H. Krautkrämer, Ethische Fragen an die modernen Naturwissenschaften (Zukunftsethik 2) (München 1987); *Jan Murken* (Hrsg.), Pränatale Diagnostik und Therapie (Stuttgart 1987); Pränatale Diagnostik. Empfehlungen des Wissenschaftlichen Beirats der Bundesärztekammer, in: Deutsches Ärzteblatt – Ärztl. Mitteilungen 84 (1987) Heft 10, 572–574; *Traute Schroeder-Kurth,* Indikationen zur pränatalen Diagnostik, in: Zeitschrift für Evangelische Ethik 29 (1985) 30–49; *dies.,* Pränatale Diagnostik und Ethik, in: Ärztin 34 (1987) Heft 6 und 7.

Traute Schroeder-Kurth

Diskriminierung

↗ Abhängigkeit; Arbeit; Arbeitsrecht; Aufstiegschancen; Ausländerinnen; Begabung; Chancengleichheit; Emanzipation; Emotionalität und Rationalität; Frauenbewegung; Frauenförderung; Frauenquotierung; Gleichberechtigung; Grundgesetz/Bundesverfassung; Sexismus; Sozialisation; Sprachkritik, feministische

Begriff und Phänomen

Der Begriff ist auf das lateinische „discriminatio“ zurückzuführen, das „Scheidung“, „Unterscheidung“ bedeutet. Er meint allgemein die Ausgrenzung einer Person aus einer Gruppe, so daß diese keine oder weniger Chancen, die die anderen Mitglieder der Gruppe durch Gewohnheit, Brauchtum, Sitte oder Recht besitzen, im Zusammenleben mit diesen haben. Im engeren soziologischen Sinne bedeutet Diskriminierung die Abwertung der „anderen“ durch Ablehnung ihrer andersartigen

Eigenschaften, Lebensumstände oder Erfahrungen, die durch die Zugehörigkeit zu einer Religion, Rasse, politischen Gruppierungen usw. bedingt sind. Diskriminierung kann vom Vorurteil bis zur offenen Bekämpfung reichen.
Diese allgemeine Erklärung des Begriffs trifft auch auf die Diskriminierung der Geschlechter zu. Diskriminierung von Frauen bedeutet zum einen deren im Vergleich zu Männern ungleiche Chancen in Bereichen wie Bildung, Ausbildung und Erwerbsleben, zum anderen die gegen sie gerichteten Vorurteile und Stereotype („das können Frauen nicht"), die nicht immer unbedingt offen zutage treten müssen.
Diskriminierung ist also sowohl ein Prozeß als auch ein Ergebnis.
Rechtliche Diskriminierungen von Frauen sind, sieht man einmal von bestimmten Schutzbestimmungen und einigen „Relikten" in den Gesetzesbüchern ab, heute grundsätzlich ausgeschlossen. Tatsächlich bestehen sie jedoch noch weitgehend, da historisch gewachsene Gewohnheiten, Einstellungen und Vorurteile länger in den Köpfen der Menschen haftenbleiben und ihr Verhalten lenken, als dies eine gesetzlich festgeschriebene Norm vermag.
Tatsächliche Diskriminierungen sind in vielen Erscheinungsformen möglich: offene, bewußte und willkürliche Diskriminierung: Frauen werden für bestimmte Tätigkeiten, Aufgaben oder Positionen nicht vorgesehen oder ausgewählt – allein aus dem Grunde, weil sie Frauen sind.
Wesentlich häufiger sind jedoch unbewußte und versteckte Formen der Diskriminierung, die sich zumeist als Einstellung und als Vorurteil oder dessen starrster Form als Stereotyp äußern: „Dazu sind Frauen nicht in der Lage", „Frauen sind ungeeignet, mathematisch-naturwissenschaftlich zu arbeiten" usw.
Dieses Fremdbild über Frauen wird häufig auch von diesen als Selbstbild angenommen.

Historische Wurzeln von Vorurteilen gegenüber Frauen

Festgefahrene Einstellungen und Vorurteile über Frauen (und korrespondierend dazu auch über Männer) wurzeln in der historisch gewachsenen – und in den vorigen Jahrhunderten auch durch die Realität belegten – Vorstellung, die Lebensbereiche der Geschlechter seien strikt und gemäß den natürlichen Unterschieden von Frau und Mann funktional getrennt in einen Männerbereich „Beruf und Öffentlichkeit" (mit den dazugehörigen Bildungsvoraussetzungen) sowie einen Frauenbereich „Haushalt, Kinder und Privatleben". Die Frauenwelt mit den ihr eigenen Lebensumständen und Erfahrungen wird für die „Männerwelt" als anders und nicht adäquat abgewertet und ausgegrenzt, sprich: diskriminiert.

Maßnahmen gegen Diskriminierung

Maßnahmen zur Verbesserung der von vielen Frauen, aber auch Männern als ungerecht, weil dem gesetzlich verankerten Gleichheitsgebot widersprechend, empfundenen Situationen reichen von vagen Appellen zur Bewußtseinsänderung über freiwillige frauenfördernde Aktionen („positive Aktionen") in den Bereichen Bildung, Arbeitsleben und öffentliches Leben (politische Gremien, Verbände, Parteien) bis hin zur Förderung von Diskriminierungsverboten (Antidiskriminierungsgesetz) und positiven Diskriminierungen von Frauen, d.h. kompensatorische Bevorzugung des bisher benachteiligten Geschlechts. Bei diesen Forderungen wird im deutschsprachigen Raum besonders Bezug auf die Entwicklung in den Vereinigten Staaten genommen, da dort die umfassendsten Regelungen und die längsten Erfahrungen vorliegen. Aber auch dort stehen sich – wie hier – Kritiker und Befürworter in ihren Meinungen fast unversöhnlich gegenüber.
Es ist letztendlich eine politische Bewertung, ob der Zustand der Nicht-

Diskriminierung dann erreicht ist, wenn die Zugangschancen zu allen zentralen Bereichen des Lebens faktisch auf Männer und Frauen gleich verteilt sind oder ob erst das Ergebnis zählt, d.h. die anteilsmäßige Gleichheit der Geschlechterverteilung in der beruflichen und privaten Welt.

Literatur: *Theodor W. Adorno u.a.,* Der autoritäre Charakter, 2 Bde. (Amsterdam 1968/1969); *Elisabeth Beck-Gernsheim,* Das halbierte Leben – Männerwelt Beruf, Frauenwelt Familie (Frankfurt a.M. 1980); *Dagmar Coester-Waltjen,* Zielsetzung und Effektivität eines Antidiskriminierungsgesetzes, in: Zeitschrift für Rechtspolitik 15 (1982) 217ff.; *Herta Däubler-Gmelin u.a.* (Hrsg.), Mehr als nur gleicher Lohn (Hamburg 1985); *J. Delbrück,* Die Konvention der Vereinten Nationen zur Beseitigung jeder Form der Diskriminierung der Frau von 1979 im Kontext der Bemühungen um einen völkerrechtlichen Schutz der Menschenrechte, in: Festschrift Hans-Jürgen Schlochauer (Berlin 1981) 247ff.; *Paolo Freire,* Pädagogik der Unterdrückten (Reinbek 1973); *Peter R. Hofstätter,* Das Denken in Stereotypen (Göttingen 1960); *Marielouise Janssen-Jurreit* (Hrsg.), Frauenprogramm (Reinbek 1979); *Anitra Karsten* (Hrsg.), Vorurteil. Ergebnisse psychologischer und sozialpsychologischer Forschung (Darmstadt 1978); *Virginia Novarra,* Die Geringschätzung der weiblichen Arbeitskraft. Von der Verschwendung der Talente (Reinbek 1982).

Camilla Krebsbach-Gnath

Doppelbelastung

↗ Beruf; Mutterschaft.

Dritte Welt

↗ Abhängigkeit; Armut; Befreiungstheologie; Buddhismus; Eheformen; Entwicklungshilfe; Familienplanung; Frauenhandel / Mädchenhandel; Hinduismus; Islam; Kultur; Matriarchat / Patriarchat; Menschenrechte; Naturreligionen; Schwesterlichkeit; Sextourismus

Herkunft und Verständnis des Begriffs

Verschiedene Versionen gibt es über die Herkunft des Begriffs Dritte Welt. Einmal heißt es, der Terminus gehe auf das Jahr 1949 und auf Frankreich zurück: Damals wurde der innenpolitische Versuch einer von der kommunistischen Partei unabhängigen Oppositionspolitik gegenüber den rechten Parteien auf die internationale Ebene übertragen. Insofern hat der Begriff in seinen Anfängen mit der Vorstellung eines *dritten Weges* zu tun, was sich dann bald in der Blockfreienbewegung manifestierte.

Andere Interpretationen gehen davon aus, daß der Begriff Dritte Welt 1955 auf der Konferenz von Bandung, dem ersten und folgenschweren Treffen der blockfreien Staaten, geboren worden sei. Die eine Lesart schließt die andere nicht aus; Dritte Welt wurde zunächst verstanden als ein loser politischer Zusammenschluß jener Länder, die als neutrale Dritte zwischen den Machtblöcken Ost und West ihre Eigenständigkeit geltend machen wollten. Es war die Zeit der Entkolonisierung; so verbanden sich mit dem politischen Unabhängigkeitsstreben auch bald wirtschaftliche, kulturelle und religiöse Fragen. Heute versteht man unter dem nicht ganz glücklichen, aber auch nicht diskriminierenden Begriff Dritte Welt ein ganzes Geflecht von Wirklichkeiten in Asien, Afrika, Ozeanien und Lateinamerika, Kontinente und Staaten, die einige Gemeinsamkeiten, jedoch auch viele Verschiedenheiten aufweisen. Damit verbietet es sich, Dritte-Welt-Länder einzig nach wirtschaftlichen Kategorien einordnen zu wollen. Im Rahmen der Dritten Welt gibt es sogenannte *Schwellenländer* (Länder im Übergang zu Industrienationen, wie Korea, Brasilien, Mexiko) und eine sogenannte *Vierte Welt*, zu der jene Länder gerechnet werden, die über keine eigenen Rohstoffe verfügen und somit eigentlich keine Chance haben, ihre Unterentwicklung zu überwinden. In Frankreich wird auch noch der Terminus „Quart Monde" gebraucht für die marginalisierten Bevölkerungsschichten innerhalb der reichen Industrienationen – Ausländer, Alte, Arbeitslose usw.

Wirtschaftsproblematik

Zur Dritten Welt gehören etwa 150 Staaten mit 3,4 Mrd. Menschen (fast

75 % der Menschheit), von denen 800 Mio. in absoluter Armut leben. Diese dramatische (und sich weiter verschärfende) Situation (man spricht vom *Schereneffekt*) ist historisch erklärbar. Um zu Industrienationen werden zu können, brauchte das Europa des 19. und beginnenden 20. Jahrhunderts billige Rohstoffimporte aus den Kolonien: Kautschuk aus Brasilien und Malaysia, Bauxit aus Guinea, Zucker aus Kuba, Kaffee aus Kolumbien, Gold aus Südafrika usw. Dies führte viele Länder, die bisher für ihren Eigenbedarf hatten sorgen können, zur Exportabhängigkeit der Produkte ihrer Monokulturen und bald auch zur Importabhängigkeit, oft genug selbst für Güter des täglichen Bedarfs. Damit verbunden war die Preisfestsetzung vieler Rohstoffe auf dem Weltmarkt, über die die rohstoffproduzierenden Länder keine Kontrolle hatten. Hinzu kommt, daß die Exportgüter der Dritten Welt mit hohen Zöllen belegt werden, daß Halbfertigprodukte ausgeführt werden müssen und daß die *Terms of trade* sich zuungunsten der Dritten Welt verschoben haben. Zu den Terms of trade gehört auch die ungeheure Verschuldung der Dritten Welt, deren magere Devisen allein durch die Zinszahlungen aufgebraucht werden. Schließlich haben fast alle Dritte-Welt-Länder keine konvertierbare Währung, sind also den Schwankungen von Yen und Dollar ausgeliefert.

Immer wieder wird der Ruf laut nach einer „neuen Weltwirtschaftsordnung", einer Regelung der Auslandsverschuldung und nach gerechteren Handelsbeziehungen zwischen Industrienationen und Dritte-Welt-Ländern. Eine globale Lösung dieser Probleme ist im Augenblick nicht in Sicht.

Zur Problematik der Dritte-Welt-Länder gehört, daß sie überwiegend *Entwicklungsländer* sind, ein fragwürdiger Begriff. Ebenso fragwürdig hat sich in den letzten dreißig Jahren die *Entwicklungshilfe* erwiesen; zumindest in der Bundesrepublik Deutschland gibt es heute in den kirchlichen, staatlichen und privaten Entwicklungshilfe-Organisationen ein ernsthaftes Bemühen um Neuansätze. Vereinfacht gesprochen, ist nicht mehr das Großprojekt gefragt, das womöglich nur einer kleinen Clique von Reichen im Entwicklungsland zugute kommt und oft bestehende Unrechtsstrukturen nur verfestigen hilft, sondern die Summe von Kleinprojekten, die an der Basis ansetzen und dem Volk helfen, „sich selbst zu helfen".

Frauen in der Dritten Welt

In der Dritten Welt sind es überwiegend die Frauen, die für das Überleben der – meist großen – Familien zu kämpfen haben. 70 % aller Frauen leben in der Dritten Welt. Von den ökonomischen und ökologischen Krisen sind sie am stärksten betroffen; sie leiden am meisten unter Hunger, Umweltzerstörung, Erwerbslosigkeit, Landflucht, Staatsverschuldung und Sozialabbau. In den Fabriken sind sie preiswertes und rechtloses Arbeiterinnenmaterial; auf den Feldern leisten sie Schwerarbeit, sind Zugtier und Lastträger; Hausarbeit und Kindererziehung leisten sie zusätzlich, unbezahlt und ungewürdigt; die Tendenz zur *Feminisierung der Armut* hält an; mehr als zwei Drittel aller Armen auf der Welt sind Frauen. So das bittere Fazit der 3. Weltfrauenkonferenz in Nairobi (1985); kaum anders das Fazit der jüngsten Frauenkonferenz in der Bundesrepublik Deutschland.

Doch – ermutigt durch die Frauenrechtsbewegungen in den USA und in Europa Anfang der 70er Jahre – haben die Frauen der Dritten Welt begonnen, sich zu organisieren. Hinzu kam die Erkenntnis mancher Entwicklungshilfeorganisation, daß im Sinne einer „Grundbedürfnisstrategie" Frauen die eigentlichen Entwicklungsträgerinnen sind. Der Ruf nach Geburtenkontrolle schließlich machte die Frauen endgültig zu Adressaten von Entwicklungsprogrammen.

All dies wirkte zusammen, daß schließlich auch die Vereinten Nationen die Frau „entdeckten" und 1975 die 1. Weltfrauenkonferenz in Mexiko einberiefen. Auf der 2. Weltfrauenkonferenz, 1980 in Kopenhagen, wurde deutlich gemacht, daß Frauen zwei Drittel aller Arbeitsstunden leisten, dafür jedoch nur ein Zehntel allen Einkommens erhalten und weniger als ein Prozent der Produktionsmittel besitzen.

Die Tatsache, daß in Lateinamerika 40% aller landwirtschaftlichen Arbeiten von Frauen verrichtet werden, in Asien 60% und in Afrika 80%, ist bisher von der Entwicklungsplanung weitgehend übersehen worden. Auch hier wurden die patriarchalischen Strukturen der traditionellen Kulturen mit ihrer häufigen Mißachtung der Frau einfach als gegeben hingenommen; der Mann galt lange genug als der „Träger der Entwicklung"; die Frau war nicht mehr als seine „Erfüllungsgehilfin". Diese Tendenz wurde noch verstärkt durch die Tatsache, daß in internationalen Gremien Frauen bis heute hoffnungslos unterrepräsentiert sind. 1985 besetzten sie nicht einmal 5% der führenden Positionen in der UNO.

Daß sich bis heute die Entwicklung auf dem Rücken der Frauen vollzieht, wird nicht nur in den Industriezonen der Entwicklungsländer deutlich, deren schlechtbezahlte Kräfte überwiegend junge Mädchen sind, sondern auch auf dem traditionellen Sektor: immer teurer, immer mühseliger wird es etwa für eine Frau der Sahelzone, das tägliche Wasser, das tägliche Brennholz herbeizuschaffen. Obwohl überall Frauen die „Trägerinnen des Lebens" und das „Rückgrat der Entwicklung" sind, bleiben sie auf der gesellschaftlichen Ebene weiterhin von jeder Entscheidungsgewalt ausgeschlossen.

Obwohl diese Situation inzwischen in vielen Ländern offiziell zur Kenntnis genommen worden ist, obwohl 72 Staaten die UN-Konvention „zur Beseitigung jeder Form der Diskriminierung von Frauen" ratifiziert haben, zählen die Frauen der Dritten Welt heute wenig auf die Hilfe der Regierungsapparate. Sie organisieren sich selbst: in Basisgemeinschaften, in Nachbarschaftshilfen, in Arbeitsgruppen, in Sofortprojekten und in gemeinsamen Überlegungen zu einer menschengerechten Zukunft. Hierin unterscheiden sich die „Schwestern" der Dritten Welt im allgemeinen von den amerikanischen und europäischen Frauenrechtlerinnen: Wenn sie um *ihren Platz* in der Geschichte kämpfen, dann ist damit weniger der Platz der „Frau" gemeint als der Platz jedes Menschen schlechthin.

Dennoch herrscht Übereinstimmung darüber, daß die Frauen heute nicht mehr in die bestehenden und fragwürdigen Entwicklungsmuster integriert werden wollen, sondern eine grundlegend neue, menschen- und frauengerechte Form der Entwicklung fordern.

Literatur: *Jutta Berninghausen / Birgit Kerstan* (Hrsg.), Die unsichtbare Stärke. Frauenarbeit in der Dritten Welt (Saarbrücken 1984); *Erwin Fahlbusch* (Hrsg.), Taschenlexikon Religion und Theologie (Göttingen 1983); Frauen auf dem Weg in eine gerechtere Zukunft (EMW-Informationen) (Hamburg 1987); Frauen in der Mission der Kirche. Rogate-Aktion 1987 (Hamburg 1987); *Günter Hartfiel,* Wörterbuch der Soziologie (Kröner Tb. 410) (Stuttgart 1972); *Ilse Lenz / Renate Rott* (Hrsg.), Frauenarbeit im Entwicklungsprozeß (Saarbrücken 1984); *Winnie Mandela,* Ein Stück meiner Seele ging mit ihm (Reinbek 1984); *Dieter Nohlen* (Hrsg.), Lexikon Dritte Welt (Reinbek 1984); *Kay-Michael Schreiner* (Hrsg.), Frauen in der Dritten Welt (Wuppertal 1980); *Sozialwissenschaftliche Forschung und Praxis für Frauen e. V.* (Hrsg.), Frauen und „dritte" Welt (Beiträge zur feministischen Theorie und Praxis 3) (München 1980); *Terre des hommes* (Hrsg.), Indien. Frauen organisieren sich gegen Unterdrückung und Ausbeutung (Osnabrück 1985); *Awa Thiam,* Die Stimme der schwarzen Frau. Von Leid der Afrikanerinnen (Reinbek 1981); *Moema Viezzer,* „Wenn man mir erlaubt zu sprechen". Zeugnis von Domitilia, einer Frau aus den Minen Boliviens (Bornheim-Merten 1986); *Christa Wichterich,* Frauen in der Dritten Welt (DSE) (Bonn 1984); *Alyson Wynne,* Keine Zeit für Tränen (Frankfurt a.M. 1980).

Marietta Gesquière-Peitz

E

Ehe

↗ Abhängigkeit; Altes Testament; Eheformen; Ehekrisen; Eherecht; Ehescheidung; Ehe- und Paartherapie; Familie; Familienplanung; Familienrollen; Gemeinde; Gleichberechtigung; Kirchenrecht; Lesbische Liebe; Neues Testament; Partnerschaft; Reformation; Sozialethik, evangelische; Soziallehre, katholische

1. Geschichtlich, soziologisch

Historische und kulturelle Ausprägungen

Die Vielfalt der Formen ehelicher sowie eheähnlicher Verbindungen, nicht nur in verschiedenen Zeit- und Kulturräumen, sondern auch innerhalb ein und desselben Kulturraumes, widersetzt sich einer umfassenden Definition.

Entgegen einer verbreiteten Vorstellung läßt sich völkerkundlich keine gesetzmäßige Entwicklungslinie beobachten, nach der sich aus Promiskuität und Ehelosigkeit über die Vielehe (Polygamie) die Einehe (Monogamie) entwickelt hat. Vielmehr scheint es von den wirtschaftlichen, sozialen und kulturellen Bedingungen einer Gesellschaft abzuhängen, ob sich polygame oder monogame Eheformen und ob sich vater- oder mutterrechtliche Familienformen ausbilden.

In den europäischen Kulturen ist schon frühzeitig die patriarchalische Einehe zur Regelform geworden, die die Unterordnung der Ehefrau unter den Mann als Oberhaupt der Familie ebenso voraussetzt wie die Einordnung der Ehe in das Gesamt des Familienverbandes und seiner Interessen: der Erhaltung des Geschlechts (männliche Nachkommen) sowie des Familienbesitzes. Auch gesellschaftlich anerkannte Nebenformen dienen in erster Linie diesen Interessen (z.B. die Nebenehe oder das gesellschaftlich, oft sogar rechtlich anerkannte Konkubinat für bestimmte Stände).

Die gesellschaftliche und familiäre Position der Ehefrau im abendländischen patriarchalischen Familiensystem kann stark variieren: Sie kann Besitz des Mannes sein, der sie von ihrem Vater käuflich erworben oder erdient hat (noch um 1270 belegt), kann in Bildung, Erziehung und Ausbildung unterprivilegiert und vom gesellschaftlichen Leben nahezu völlig ausgeschlossen sein (bei den Griechen) oder aber Gefährtin des Mannes (bei den Römern), ähnlich oder sogar mehr gebildet als er, Leiterin des häuslichen Bereichs im gemeinsamen Familienbetrieb sein und gleichzeitig weitgehend rechtlos (bei den Germanen) oder selbst geschäftsfähig (nach manchen mittelalterlichen Stadtrechten). Dies variiert in einem historischen Auf und Ab und Nebeneinander je nach Volks-, Kultur- oder Schichtzugehörigkeit, aber auch nach den wirtschaftlichen, politischen (Abwesenheit der Männer in Kriegszeiten) und religiösen (Bewertung der Sexualität) Entwicklungen.

Auffällig ist, wie oft in Zeiten einer starken Beschränkung der Ehefrauen in ihren Lebens- und Entwicklungsmöglichkeiten, aber auch der ehelichen Beziehung gleichzeitig eine erotische Kultur nebenehelicher Geschlechterbeziehungen erblüht (vgl. z.B. die Beziehungen gebildeter Griechen zu den ebenfalls oft hochgebildeten und einflußreichen Hetären oder die Doppelmoral des 19. Jahrhunderts mit seinen Bordellen und kostspieligen pornographischen Luxusausgaben als Pendant zur Enge der bürgerlichen Familie und ihrer Tabus).

Die Geschichte des abendländischen Patriarchalismus läßt immer wieder eine Doppelgleisigkeit aufscheinen in der Gestaltung der ehelichen und der nicht-ehelichen Geschlechterbeziehungen, die sich als Spaltung des Weiblichen beschreiben läßt: Frauen werden als Ehefrauen und Mütter sowohl ihrer erotischen als auch vieler außerhäuslichen Möglichkeiten und Kompetenzen enteignet, welche dann – wenn auch meist nur partiell – von anderen Frauen gelebt werden können, denen dafür gewöhnlich der Weg in die Ehe versperrt bleibt. Diese Spaltung kann einhergehen mit einer ideologischen Aufwertung der Ehefrau und einer Abwertung der nicht-ehelich lebenden Frau (Ausnahme: religiös begründete Ehelosigkeit der Ordensfrauen), die bis zu weitgehender Entrechtung (z. B. der Prostituierten), zu Verfolgung und Tötung reichen kann (Aufgipfelung in den Hexenprozessen, die zunächst in erster Linie Frauen, und zwar der zweiten Gruppe, trafen).

Umbruch, Krise und Chance

Ehe im 20. Jahrhundert ist Ehe im Umbruch und damit Ehe in der Krise. Die raschen und umfassenden gesellschaftlichen Veränderungen seit dem Beginn der Industrialisierung haben Bedingungen, Strukturen und Funktionen der Familie und mit ihr die Ehe so wesentlich verändert, daß viele durch die Sozialisation vermittelten, bisher eheerhaltenden Werte, Normen, Einstellungen und Verhaltensmuster der neuen Situation nicht gerecht werden, während neue Orientierungen erst langsam geschaffen und erprobt werden: Die Trennung von Wohn- und Arbeitsplatz hat den Raum gemeinsamer Erfahrungen und Entwicklung reduziert. Mit der teilweisen Herauslösung der Ehe aus dem Familienverband hat die Ehe einerseits an Stabilität verloren, anderseits hat die emotionale Beziehung der Ehepartner an Gewicht gewonnen und durch das neue Ideal der Liebesehe eine neue Qualität, aber auch oft eine Überforderung erfahren – zumal die Arbeitsstrukturen (wenn sie kreative Eigenleistungen stark beschränken) dem Gelingen der ehelichen Liebesbeziehung (die kreative Eigenleistungen voraussetzt) sehr abträglich sein können. Wo Familie nicht mehr Arbeitsgemeinschaft mit dem Vater als Leiter des Familienbetriebs ist, wird die patriarchalische Ehe- und Familienstruktur, soweit sie noch besteht, als funktionsentleerte Fassade erlebt und führt zur Brüchigkeit solcher Familien. Das neue Leitbild der Partnerschaft in der Ehe dagegen entbehrt noch der sozial eingespielten Verhaltensmuster (z. B. des Konfliktlösens) und steht vielfach in Widerspruch zu den Normen und Verhaltensweisen im zumeist hierarchisch strukturierten Berufsumfeld.

Während also Verhaltensunsicherheit, -vielfalt und -widersprüchlichkeit die Ehe von innen her zerbrechlich machen, wird sie von außen in ihren Möglichkeiten oft eng beschnitten, anderseits überschätzt und überfordert: Ihre neue Hauptfunktion neben der Kindererziehung ist die emotionale Stabilisierung im Ausgleich zur Destabilisierung durch Entfremdung im beruflichen Bereich sowie zur Desintegration und Isolierung im sozialen Umfeld. Je mehr aber die Strukturen einer technisch geprägten Gesellschaft zu Vereinzelung, psychischer Labilität und emotionaler Armut führen, desto weniger werden die Ehepartner über Ressourcen verfügen, einander emotionale Geborgenheit zu vermitteln.

Die Frage nach der Zukunft der Ehe im ausgehenden 20. Jahrhundert scheint nicht so sehr die Frage nach neuen Eheformen zu sein, sondern zunächst danach, ob die Ehe überhaupt eine tragfähige Institution der Gesellschaft bleiben wird, eine Institution, die zur Integrität der einzelnen und der menschlichen Gemeinschaft beiträgt; und diese Frage entscheidet sich an jener anderen, ob nämlich und wieweit es gelingen wird, die Integrität der Menschen auch in ihren anderen Lebensbereichen und -bedingungen (Wohnung, Arbeit, Umwelt usw.) zu fördern und zu wahren.

2. Theologisch

Orientierung an einem biblischen Eheverständnis

Theologie der Ehe ist der Versuch, für den Lebensbereich Ehe das in die Sprache einer Zeit zu übersetzen, was christlicher Glaube und – als seine wichtigste Quelle – biblische Verheißung dem Menschen an Lebensmöglichkeiten aus dem Vertrauen auf den menschenfreundlichen Gott erschließen.

Die biblischen Ehevorstellungen sind historisch bedingt. In dieser Bedingtheit sind sie nicht einfach auf unsere gegenwärtigen Lebensbedingungen übertragbar.

Die *alttestamentlichen Ehevorstellungen* und die alttestamentlichen Rollennormen für Mann und Frau können dort, wo sie nur den Patriarchalismus ihrer Zeit wiedergeben, kein Orientierungsrahmen für uns heute sein. Neben zeitbedingten Vorstellungen überliefern die alttestamentlichen Texte aber überzeitlich bedeutsame Erfahrungen der Israeliten mit ihrem Gott, den sie als den erfahren, der für die Menschen da ist. Zu ihnen gehören Zeugnisse davon, daß vorhandene Ohnmacht- und Machtstrukturen in ihren unheilvollen Folgen durchbrochen werden können und überwindbar sind. So finden sich innerhalb einer Eheauffassung, die die Frau als Besitz des Mannes versteht, Scheidungsgesetze zu ihrem Schutz vor männlicher Willkür und zur Gewährleistung ihrer sozialen Sicherheit.

Die in patriarchalischem Denken verfaßte Darstellung der israelitischen Heilsgeschichte erhält erstaunliche Akzente, wenn an entscheidenden Wendepunkten gerade Frauen durch ihre Klugheit, durch ihre List, ihren Mut, ihre eigenwilligen Entscheidungen und ihre Entschlossenheit im Handeln die Rettung oder positive Wendung herbeiführen.

Auch für das *Neue Testament* gilt: Neben zeitbedingten Vorstellungen und neben Regeln, die in Anpassung an die – heidnische – soziale Umwelt übernommen worden sind (z.B. „Ihr Frauen, ordnet euch euren Männern unter“ [Kol 3,18], wird ein neues christliches Grundanliegen – im Erbe des Alten Testaments – prägend für alle Lebens- und Verhaltensbereiche: die Verkündigung des Heilswillens Gottes für die Menschen und Jesu handelndes Einstehen für diese Zusage. Den Menschen, die ihm begegnen, vermittelt er (z.B. durch die Verhinderung der Steinigung bei der Ehebrecherin) neue Lebensmöglichkeiten, und dies setzt sie frei für ein ganz neues Verhalten, das von der Liebe bestimmt ist, die sie erfahren haben.

Da das Neue Testament keine spezielle Ehelehre enthält, sondern nur zufällige Stellungnahmen anläßlich auftauchender Fragen, bestimmt sich das christliche Eheverständnis an diesem Grundanliegen: Das Heil (die Integrität) der jeweils betroffenen Menschen soll möglich werden. Mit einer diskriminierenden Unterordnung der Frau läßt sich das ebensowenig vereinbaren wie mit einer Diskriminierung der an der Ehe Gescheiterten. In diesem Kontext, der einen Neuanfang immer offenhält, sind auch die ablehnenden Aussagen Jesu zur Ehescheidung (Mk 10,2–12, Lk 16,18; Mt 19,9; 5,32) zu verstehen: nicht als rigide Zuspitzung des Scheidungsverbots, sondern als Antwort auf eine die Frauen diskriminierende Scheidungspraxis des damaligen Judentums. Gegen den Mißbrauch juristischer Legitimierung inhumanen Verhaltens zeigt Jesus die – durch nichts legitimierbare – innere Treulosigkeit auf. Ihr stellt er den Schöpfungswillen Gottes gegenüber, nach dem Mann und Frau zuverlässig füreinander einstehen sollen. Die frühchristlichen Gemeinden haben das Scheidungsverbot als Orientierungsnorm zum Gelingen des Miteinanderlebens verstanden, und sie haben es diesem Ziel entsprechend frei gehandhabt (vgl. Mt 19,9; 1 Kor 7,15.16).

Entwicklungen katholischer und evangelischer Ehelehre

Für die frühe Kirche ist die Ehe – als besonderer Raum der Liebe – ein Erfahrungsraum des zugesagten Heils. Sie vergleicht die eheliche Liebe mit der Liebe Christi zur Gemeinschaft der Christen und weiß, daß auf dem Boden seiner zuverlässigen Liebe zuverlässige Liebe zwischen Mann und Frau erwachsen kann (Eph 5,22–32).

In der katholischen Ehelehre findet dies seinen Niederschlag in der theologischen Aussage von der Ehe als Sakrament (Konzil von Trient), als Heil wirkend und als sichtbares Zeichen der Heilsmöglichkeit, die Gott den Menschen eröffnet. Diese besondere Lebensmöglichkeit zu bewahren ist Anliegen des katholischen Eherechts, das bei Wiederheirat nach dem Zerbrechen einer Ehe die Eheleute vom Empfang der Sakramente ausschließt (für ungerechte Härtefälle hat es den Weg der Annullierung von Ehen erstellt). Heute wird das von vielen Theologen als eine nicht adäquate Verrechtlichung der Liebe kritisiert. Die ursprünglich ebenfalls im kirchlichen Eherecht festgelegte Minderstellung der Frau ist in seiner Neufassung (1983) zurückgenommen worden.

Im Protestantismus wird die Ehe nicht als Sakrament gesehen, sondern als „weltlich Ding" (Luther), als Ort ethischer Bewährung. Die grundsätzliche Unauflöslichkeit gemäß Jesu Appell wird ernst genommen, aber nicht durch ein juristisches Verbot der Wiederheirat sanktioniert. Im Rollenverständnis von Mann und Frau bleibt die Reformation weitgehend konventionell, betont aber auch die Eigenständigkeit der Vater- und Mutterrolle und die Eigenwertigkeit der Sexualität innerhalb der Geschöpflichkeit des Menschen.

Theologie der Ehe heute

Eine heutige Theologie der Ehe formt sich in ihren konkreten Themen an der Diskrepanz zwischen biblischer Heilsverkündigung und realer Ehesituation. Zur Überwindung dieser Diskrepanz hat sie beizutragen, weil in der christlichen Eheauffassung als reale Möglichkeit zugesagt ist, daß Geborgenheit in der zuverlässigen Annahme durch andere Menschen und daß lebenslange Liebe und Treue glücken können.

Bei der Bewältigung schwieriger Aufgaben versuchen die christlichen Kirchen Hilfe zu leisten durch Orientierungsnormen, durch Ehevorbereitung, ehebegleitende Seelsorge und Eheberatung: beim Lernen partnerschaftlichen Verhaltens, beim eigenständigen Gestalten nicht vorgegebener Rollen in der partnerschaftlichen Beziehung und bei der Überwindung neuer Überansprüche in diesem Bereich (Berufs- und Mutterrolle, Sexualität usw.). Darüber hinaus ist das Engagement der christlichen Gemeinschaft gefordert bei der Überwindung ehe- und familienstörender Strukturen im gesellschaftlichen Umfeld.

Christliche Förderung der Ehe gilt den in ihr lebenden Menschen, nicht – davon abgelöst – der Institution Ehe an sich. Wo immer Menschen sich um eine zuverlässige Liebesbeziehung bemühen, die fruchtbar werden kann als Familie, aber auch auf vielfältige andere Weise, da leben sie entsprechend der Weisung Jesu für die Ehe – auch wenn sie in Vorformen zur Ehe leben, die dem jugendlichen Einüben in Partnerschaft und der sexuellen Identität und Begegnung dienen, oder in Alternativformen, die – z.B. bei sexuell atypisch geprägten Menschen – am besten ihrer besonderen Situation und Verfaßtheit entsprechen.

Literatur zu 1.: *Elisabeth Bleske,* Konfliktfeld Ehe und christliche Ethik (München 1981); *Nancy Chodorow,* Das Erbe der Mütter (München 1985); *Hans Peter Dreitzel,* Die gesellschaftlichen Leiden und die Leiden der Gesellschaft. Vorstudien zu einer Pathologie des Rollenverhaltens (Stuttgart 1976); *Josef Duss-von Werdt / Rosmarie Welter-Enderlin,* Der Familienmensch (Stuttgart 1980); *Marina Gambaroff,* Utopie der Treue (Reinbek 1984); *Heimo und Susanne Gastager,* Die Fassadenfamilie (München 1973); *Paul Mikat,* Ethische Strukturen der Ehe in unserer Zeit. Zur Normierungsfrage im Kontext des abendländischen Eheverständnisses (Paderborn 1987); *Heide Rosenbaum,* Familie als Gegenstruktur zur Gesellschaft (Stuttgart 1973); *Helmut Schelsky,* Soziologie der Sexualität (Hamburg 1955); *Herrad Schenk,* Freie Liebe – wilde Ehe. Über die allmähliche Auflösung der Ehe durch die Liebe (München 1987); *Reinhard Sieder,* Ehe, Fortpflanzung und Sexualität, in: ders. / Michael Mitterauer, Vom Patriarchat zur Partnerschaft. Zum Strukturwandel der Familie (München 1977) 144–168; *Paul Watzlawick,* Die Möglichkeit des Andersseins (Bern 1977); *Ingeborg Weber-Kellermann,* Die deutsche Familie. Versuch einer Sozialgeschichte (Frankfurt a.M. 1974); *Barbelies Wiegmann,* Ende der Hausfrauenehe (Reinbek 1980).

Zu 2: *Heinrich Albertz* (Hrsg.), Die Zehn Gebote, Bd. 7: Du sollst nicht ehebrechen (Stuttgart 1987); *Elisabeth Bleske,* Konfliktfeld Ehe und christliche Ethik (München 1981); *Leonardo Boff,* Kleine Sakramentenlehre (Düsseldorf 1976); *Helga Frisch,* Ehe (Frankfurt a. M. [7]1983); *Gesine Hefft,* Ehe, nichteheliche Lebensgemeinschaft und der Segen der Kirche, in: Wege zum Menschen 39 (1987) 310–326; *Franz Henrich / Volker Eid* (Hrsg.), Ehe und Ehescheidung (München 1972); *Konrad Hilpert,* Literaturbericht: Partnerschaftliche Beziehungen, in: Katechetische Blätter 110 (1985) 806–816 und 970–978; *Walter Kasper,* Zur Theologie der christlichen Ehe (Mainz 1977); *Walter Kirchschläger,* Ehe und Ehescheidung im Neuen Testament. Überlegungen und Anfragen zur Praxis der Kirche (Wien 1987); *Hans Kramer,* Ehe war und wird anders (Düsseldorf 1982); *Dietmar Mieth,* Ehe als Entwurf (Mainz 1984); *Otto Hermann Pesch / Franz-Xaver Kaufmann / Karl Herbert Mandel,* Ehe, in: Franz Böckle u. a. (Hrsg.), Christlicher Glaube in moderner Gesellschaft, Bd. 7 (Freiburg i. Br. 1981) 5–86 (Lit.); *Rudolf Pesch,* Freie Treue. Die Christen und die Ehescheidung (Freiburg i. Br. 1971); *Hans Joachim Thilo,* Ehe ohne Norm? Eine evangelische Eheethik in Theorie und Praxis (Göttingen 1978); *Lorenz Wachinger,* Ehe (München 1986); *Martha Wegan,* Ehescheidung. Auswege der Kirche (Graz 1982). Elisabeth Bleske

Eheformen

↗ Bindung; Buddhismus; Christentum; Ehe; Eherecht; Ehescheidung; Familie; Frauenrollen / Frauenleitbilder; Hinduismus; Islam; Judentum; Kultur; Matriarchat / Patriarchat; Naturreligionen; Partnerschaft; Sexualität

Abhängigkeit von kulturellen Gegebenheiten

Die Erforschung der menschlichen Ehe- und damit Familienformen hat in den letzten Jahrzehnten große Fortschritte gemacht: Als überholt werden inzwischen sowohl die Vorstellungen der evolutionär-marxistischen Ethnologie angesehen, die als „Urzustand" der Menschheit absolut promiskuitive Sexualität behauptet hatten, woraus sich langsam erst Vielehe und später Monogamie entwickelt hätten, als auch die eher idealisierende Idee einer ursprünglich monogamen Ehe, die im Zeitenverlauf zu anderen Eheformen quasi degeneriert sei, was die „Kulturkreislehre" (Wiener Schule der Völkerkunde) postuliert hatte. Es zeigte sich nämlich, daß nirgendwo auf der Welt in Gegenwart und überschaubarer Vergangenheit Menschengruppen ohne die Institution der Ehe gelebt haben. Deren Form differiert jedoch außerordentlich und hat weniger mit – womöglich jahrtausendealten – Entwicklungssträngen zu tun als mit den allgemeinen Daseinsbedingungen der betreffenden Völkerschaften, ihren religiösen Vorstellungen und ihren stark unterschiedlichen Wirtschaftsformen. Die auf dem durch unsere eigene abendländisch-christliche Kultur geprägten Ideal der Identität von monogamer Ehe mit lebenslanger Gattenliebe beruhende partnerschaftliche Einehe erwies sich dabei nur als ein mögliches Modell unter sehr zahlreichen weiteren und ist quantitativ nicht dominierend. Ihre Bedeutung aber steigt, da Menschen aus nichtchristlichen Hochkulturen zunehmend dazu neigen, die Einehe als „modern" zu übernehmen und in den armen Gebieten der Welt die Vielehe bei sinkendem Lebensstandard wirtschaftlich untragbar wird.

Eheformen in verschiedenen Kulturen

Grundsätzlich muß die Verbindung von Mann und Frau, um rechtlich als Ehe zu gelten, unter Einhaltung bestimmter Formen abgeschlossen werden, die durch Sitte, Brauch oder geschriebenes Recht festgelegt sind (dasselbe gilt für Scheidungen). Die Wahl des Ehepartners steht den beiden zukünftigen Gatten allermeist nicht frei (auch den Männern nicht), sondern folgt von der Tradition fixierten (weltweit stark differierenden) Heiratsregeln.

Die bis in die jüngere Vergangenheit häufigste Eheform der *Polygynie* (Vielweiberei) ist für die betreffenden Ehefrauen nicht diskriminierend; häufig drängt die erste Frau selbst den Mann, zu ihrer Arbeitsentlastung weitere Frauen zu nehmen. Oft entsteht Vielweiberei durch Zuheirat, wobei ein Mann nach dem Tod eines nahen Blutsverwandten dessen Witwe(n) ehelicht. Wo mehrere legitime Ehefrauen vorhanden sind, ist die familial und sozial am höchsten geachtete zunächst die erstgeheiratete („Hauptfrau"), insbesondere, falls sie mindestens einen Sohn geboren hat; denn Polygynie kommt nur in patriarchalisch orientierten Gesellschaften vor. Gebiert die Hauptfrau jedoch nur Mädchen, oder erweist sie sich nach mehreren Fehl- oder Totgeburten als praktisch unfruchtbar, kann ihre Position von einer der anderen Frauen eingenommen werden, die mindestens einen lebensfähigen Jungen geboren hat.

Bei *Polyandrie* (Vielmännerei) heiratet eine Frau mehrere Männer, meist Brüder; die Kinder gelten als legitim und werden entweder dem ältesten Bruder angerechnet oder zur mütterlichen Seite gezählt, denn besonders häufig findet sich Vielmännerei in Regionen mit Mutterfolge (Tibet, Polynesien, Südindien); faktisch ist diese Eheform ein simples Verfahren natürlicher Geburtenbeschränkung. Die Stellung der Frau in polyandrischen Ethnien ist hoch geachtet; mehrere Männer sorgen für Schutz und Unterhalt ihrer aller Frau und kümmern sich um das Wohl der Kinder. Die tägliche Arbeitslast einer solchen Frau ist allerdings vergleichsweise hoch: Sie muß für alle Männer und Kinder die anfallenden häuslichen Aufgaben wahrnehmen.

Typisch für mutterrechtliche Kulturen, in denen Grund und Boden über die mütterliche Seite vererbt und eheliche Kinder der maternalen Seite zugerechnet werden (heute noch gelegentlich in Teilen Indonesiens), ist die *„Besuchsehe"*. Dort bleibt der Mann bei seiner Muttersippe wohnen und trifft seine Frau nur besuchsweise. Infolge ihrer Stellung als Erbtochter ist die Frau sehr geachtet und einflußreich; in der Öffentlichkeit werden ihre Belange aber nicht von ihr, sondern ihrem ältesten Bruder wahrgenommen, der als „Mutterbruder" auch Respekts- und Erziehungsperson ihrer Kinder ist.

Das Verheiraten von Kindern war in der Vergangenheit häufig (heute z.T. noch in Indien); vollzogen wurde die Ehe erst in der Pubertät. Bei großem Altersunterschied der Partner wird dem Mann bis zur körperlichen Reife der eigentlichen Braut ein anderes Mädchen zur Verfügung gestellt. Wo körperliche Reife mit dem Zeitpunkt der ersten Menstruation gleichgesetzt wird, kommt es bei noch kindlichen Schwangeren oft zu gesundheitlichen Komplikationen, deshalb ist die Sterblichkeit von extrem jungen Ehefrauen hoch. Da diese meist wirklich noch Kinder sind, bedingt dies Unmündigkeit und blindes Befolgen des Gattenwillens. Eine sozial niedrige Position ist die Folge.

In Teilen Afrikas konnten auch Frauen sozial als „Ehemänner" für die Witwen verstorbener Brüder sorgen. Die Fürsorgepflicht steht hier höher als der Sexualkontakt.

Vom Koran gestattet und im Orient z.T. noch verbreitet ist die „Ehe auf Zeit": Das Paar heiratet z.B. für die Frist der Abwesenheit des Mannes von dessen eigentlichem Wohnsitz, die Frau erhält dafür ein bestimmtes Entgelt. Werden Kinder geboren, zählen sie zur Muttersippe. Heute z.T. als legalisiertes Konkubinat mißverstanden bzw. mißbraucht, ist die Ehe auf Zeit als Einrichtung hochaltertümlich und stellt die Frau sozial neben den Mann; weil die Kinder ihr zugerechnet wer-

den, familial sogar über ihn. Die früher verbreitete Vorstellung einer *„Tauschehe“* („Frauentausch“) ist Resultat falscher Beobachtungen, dergleichen existiert nicht.
Zu enge Blutsverwandtschaft (Eltern/Kinder, Bruder/Schwester) gilt als Heiratshindernis (Inzest-Tabu); in einigen frühen Hochkulturen (Alter Orient, Ägypten sowie davon beeinflußten Regionen) war *Geschwisterehe* aus kultischen Gründen aber gelegentlich erlaubt.

Literatur: *Philippe Ariés u.a.,* Die Masken des Begehrens und die Metamorphose der Sinnlichkeit. Zur Geschichte der Sexualität im Abendland (Frankfurt a.M. 1984); *Jack Goody,* Die Entwicklung von Ehe und Familie in Europa (Berlin 1986); *Franz-Xaver Kaufmann,* Die Ehe in sozialanthropologischer Sicht, in: Franz Böckle (Hrsg.), Naturrecht im Disput (Düsseldorf 1966) 15 – 60; *G. P. Murdock,* Social Structure (New York 1949); *Gisela Völger / Karin von Welck* (Hrsg.), Geliebt, verkauft, getauscht, geraubt. Zur Rolle der Frau im Kulturvergleich 1 (Köln 1985).
Gisela Bleibtreu-Ehrenberg

Ehekrisen

↗ Abhängigkeit; Bindung; Ehe; Ehe- und Paartherapie; Emanzipation; Familientherapie; Frauenrollen / Frauenleitbilder; Lebenskrisen; Liebe; Macht; Mann; Männerbilder; Partnerschaft; Psychotherapie, feministische; Sexualität

Komponenten der Partnerwahl

Die Wurzeln von Krisen in der Ehe oder in der Partnerschaft liegen zumeist schon in der Partnerwahl. Sehr unterschiedliche Motive führen zur Partnerwahl und dann auch zum „psychischen Ehevertrag“. Ein häufiges Motiv ist der Wunsch, durch Partnerschaft und Ehe die schwierige Ablösung von den Eltern zu erreichen. Diese Ablösung ist dann besonders schwierig, wenn man für die Eltern eine wichtige Funktion als Ersatzpartner erfüllen mußte und erfüllen durfte. Nicht nur den Eltern oder auch einem Elternteil fällt es dann schwer, den Sohn/die Tochter in eine eigene Paarbeziehung zu entlassen. Auch der Sohn/die Tochter kann sich entsprechend schwer aus einer Beziehung lösen, in der er/sie immer „besser“ war als der andere Elternteil. Es ist nicht leicht, auf die in dieser Art von Beziehung von seiten der Eltern oder eines Elternteiles genossene Idealisierung zu verzichten.
Um diesen Verlust auszugleichen, wird in der Partnerwahl oft nicht der/die Partner(in) gewählt, so wie er/sie ist, sondern das Bild von einem Partner/einer Partnerin, das demjenigen des manifest oder latent bevorzugten Elternteils entspricht und somit erwarten läßt, daß die Idealisierung in der Partnerschaft fortgesetzt wird. In der Partnerwahl sind immer zwei Komponenten enthalten: die Wiederholung der bisherigen Beziehungen und die Suche nach neuen Lösungen, nach mehr Befriedigung und nach mehr Freiheit. Der/die Partner(in) soll alle bisher unbefriedigten Wünsche erfüllen. Das sind Wünsche nach Nähe, Verständnis und Geborgenheit, aber auch der Wunsch nach Bestätigung und Unterstützung im „Kampf gegen die Welt“. Gleichzeitig mit diesen Wünschen nach Veränderung besteht aber auch der Wunsch, daß alles so bleiben soll, wie es immer war, daß der Mann wie der Vater, die Frau wie die Mutter sein soll. Alle diese zum Teil widersprüchlichen Wünsche führen dazu, daß im „psychischen Ehevertrag“ eigentlich eine Scheinehe geschlossen wird. Jede/r heiratet ihr/sein Wunschbild und versucht, selbst das Wunschbild des Partners/der Partnerin zu erfüllen. Dabei werden wichtige psychische Anteile *beider* Partner verdrängt, die nach kurzer oder längerer Zeit wieder aus der Verdrängung zurückkehren.

Idealisierung und Entwertung

In Krisensituationen werden diese bisher verdrängten Anteile, z.B. Versorgungswünsche, sexuelle Wünsche, Machtwünsche zur Kompensation von Minderwertigkeitsgefühlen, aber auch Enttäuschung und Wut darüber, daß der Partner/die Partnerin so ist, wie er/sie ist, wieder lebendig. Wut und Enttäuschung haben oft damit zu tun, daß die Partner sich in übermäßiger Weise aneinander, d.h. an die Idealbilder des/der Partner/in, angepaßt haben und glaubten, dabei auf eigene Wünsche und Gefühle verzichten zu müssen. Die Ursache dieser Einschränkung der eigenen Lebensbedürfnisse wird als Schuld beim jeweils anderen gesucht. Wo bisher Idealisierung und Verleugnung der eigenen Wünsche und Gefühle waren, da entstehen in der Krise Anklagen und gegenseitige Entwertung.

Komplementäre Rollenzuweisungen

Neben diesen psychologisch und psychoanalytisch verstehbaren Vorgängen gibt es auch soziologische Perspektiven, unter denen eine Krise in der Ehe oder Partnerschaft verstanden werden kann. Die in unserer Gesellschaft traditionellen Rollenverteilungen zwischen Frauen und Männern stellen Einschränkungen dar, und zwar für Frauen *und* für Männer. So müssen die Frauen ihrer traditionellen Rolle gemäß „jederzeit zur Verfügung stehen", auch sexuell, sie müssen Mann und Kinder versorgen und pflegen, auf die Entwicklung ihrer besonderen Fähigkeiten und zumeist auch auf eine befriedigende berufliche Tätigkeit und politisches Engagement verzichten. Die Männer sind in ihrer Rolle komplementär dazu auf das Leben außerhalb des Hauses, auf berufliche Bewältigung von Problemen festgelegt und müssen, auch sexuell, „jederzeit funktionieren". Sie dürfen sich im Gegensatz zu den Frauen viel weniger nach ihren Gefühlen richten, sie müssen immer sachlich sein, um nicht unmännlich zu erscheinen.

Geschlechterdistanz und Emanzipation

Diese Rollenverteilung sorgte in unserer Kulturgeschichte immer für Distanz zwischen den Geschlechtern. In unserer Zeit wird sie zunehmend in Frage gestellt. Vor allem die Frauen erleben die Benachteiligung als dienende und versorgende „Hausmütter" oder „Dienstmädchen", eventuell auch als „Prostituierte" ihrer Männer. Die Männer scheinen unter ihrer Benachteiligung weniger zu leiden, ja sie scheinen sie kaum als Benachteiligung zu empfinden, da ihre Tätigkeiten gesellschaftlich als höherwertig eingeschätzt werden als die der Frauen. Beide Geschlechter tendieren oft dazu, Emanzipation als Machtgewinn mißzuverstehen. Aus diesem Mißverständnis ergibt sich folgerichtig, daß die von den Frauen angestrebte Macht nur als Beschneidung der Macht der Männer, und deshalb als gegen die Männer gerichtet, verstanden wird – und zwar wiederum von *beiden* Geschlechtern.
So verstandene Emanzipationswünsche von Frauen führen fast zwangsläufig in eine Krise der Partnerschaft. Soweit die Paarbeziehung nach den Gesetzen des „Nullsummenspiels" aufgebaut ist (was ich gewinne, geht dir verloren, und umgekehrt), können Befreiungswünsche des einen dem anderen nur Angst machen. Wo Emanzipation aber *von beiden Geschlechtern* als Befreiung aus der einseitigen Rollenfestlegung verstanden wird, können beide Partner durch die Emanzipation des anderen nur gewinnen. Wenn beide Geschlechter sich aus der Beschränkung ihrer Rollenvorschriften befreien, wird eine Annäherung möglich, die bisher durch die Komplementarität der Rollen vermieden wurde.

Krisen als Chance

Krisen sind Chancen, die Frage nach den Wünschen in der Partnerschaft neu zu stellen. Häufig wird diese Chance aber nicht genutzt. Es kommt dann eventuell zur Trennung und zu dem Versuch, in einer neuen Beziehung glücklicher zu werden. Solange man glaubt, daß das Unglück in der bisherigen Beziehung nur an der Uneinsichtigkeit, Böswilligkeit oder Unfähigkeit des bisherigen Partners bzw. der bisherigen Partnerin lag, so lange hofft man, daß sich das Problem durch Partnerwechsel lösen ließe. Häufig wird dann das Beziehungsproblem in der neuen Beziehung wiederholt, eventuell mit umgekehrter Rollenverteilung. Wenn die Ent-Täuschung in der Krise und durch die Krise nicht möglich war, muß die Täuschung fortgeführt werden.

Um eine Partnerschaft lebendig zu erhalten, ist es nötig, Krisen bzw. Irritationen schon frühzeitig gemeinsam als Chance zur Öffnung füreinander zu nutzen, und nicht erst zu warten, bis der/die andere einem so viel angetan hat, daß man glaubt, ein Recht zu kritischen Äußerungen zu haben. In diesem Sinne frühzeitig genutzte Krisen in Ehe und Partnerschaft sind wie kleine Infektionen, deren Bewältigung die Widerstandskraft und damit die Gesundheit des Körpers erhöht. Wenn man die Erfahrung gemacht hat, häufig und frühzeitig gemeinsam durch kleine Krisen hindurchgegangen zu sein, wächst die Sicherheit, auch schwierige Situationen miteinander lösen zu können.

Literatur: *Thea Bauriedl,* Psychoanalyse ohne Couch (München 1985); *Fritz Fischalek,* Faires Streiten in der Ehe (Freiburg i. Br. 1977); *Adolf Guggenbühl-Craig,* Die Ehe ist tot – lang lebe die Ehe (Zürich 1976); *Karl Herbert Mandel u. a.,* Therapeutischer Dialog. Bausteine zur Ehe-, Sexual- und Familientherapie (München 1979); *Kristine Schneider* (Hrsg.), Familientherapie in der Sicht der psychotherapeutischen Schulen (Paderborn 1983); *Paul Watzlawick u. a.,* Lösungen (Bern 1974); *Jürg Willi,* Die Zweierbeziehung (Reinbek 1975); *Frieder Wölpert,* Sexualität – Sexualtherapie – Beziehungsanalyse (München 1983). Thea Bauriedl

Eherecht

↗ Ehe; Eheformen; Ehekrisen; Ehescheidung; Ehe- und Paartherapie; Familie; Familienrecht; Gleichberechtigung; Hausfrauen; Kirchenrecht; Partnerschaft

Entwicklungen und Wandlungen

Auf die Entwicklungen im Eherecht hatten neben römischem, germanischem und kanonischem Recht weitreichenden Einfluß die Familientheorie der Scholastik (Familie als Institution des Naturrechts), die Aufklärung (Ehe als reiner Vertrag) und die sich seit Mitte des 18. Jahrhunderts in Europa ausbreitende Deutung als persönliche partnerschaftliche Beziehung.

In frührömischer Zeit stand die Großfamilie unter der Macht des „pater familias". Im germanisch-deutschen Rechtskreis (patriarchalische Familienverfassung) besaß der Hausherr uneingeschränkte Hausgewalt (Munt).

Nach dem Konzil von Florenz (1439) wurde die Ehe zum Sakrament; sie galt als unauflöslich. Die Kirche forderte eine ausschließliche Zuständigkeit zur Rechtsprechung in Ehesachen. Das Konzil von Trient bestimmte 1563, die Ehe vor dem Pfarrer und zwei Zeugen zu schließen. Das Eherecht der katholischen Kirche wird im Codex Iuris Canonici zusammengefaßt; die Zivilehe wird nicht anerkannt. Grundlage des Eherechts für evangelische Christen ist Luthers Traubüchlein von 1529. Die Ehe gilt als „weltlicher Stand", die wirksam geschlossene bürgerliche Ehe ist Voraussetzung der Trauung. Geschiedene können (erneut) getraut werden. Ehen mit Angehörigen nichtchristlicher Religionen werden in der Regel nicht getraut.

Die großen Gesetzeswerke des beginnenden 19. Jahrhunderts (Preußisches Allgemeines Landrecht, 1794; Code civil in Frankreich, 1804; das Österreichische Allgemeine Bürgerliche Gesetzbuch) sehen, auf dem Boden der Aufklärung, in der Ehe ein Vertragsverhältnis der Gatten, dazu bestimmt, ihren Interessen und Zwecken zu dienen. Der Staat zieht die Eheschließung an sich (1850 Stadt Frankfurt, 1869 Baden, 1874 Preußen, 1875 Deutsches Reich). Persönliche Ehewirkungen und Güterrecht ändern sich nur unwesentlich: Die Frau bleibt der Herrschaft des Mannes unterworfen. 1900 tritt in Deutschland das Bürgerliche Gesetzbuch (BGB) in Kraft, bringt aber kaum Fortschritte für die (Gleich-)Stellung der Frau. Der Mann behält das Entscheidungsrecht in allen gemeinschaftlichen Angelegenheiten (§ 1357 a.F.), kann der Frau bei der Haushaltsführung Anweisungen erteilen, ihr die Schlüsselgewalt entziehen, ihr Arbeits- und Dienstverhältnis kündigen. Ihm stehen die elterliche Gewalt sowie die Verwaltung und Nutznießung des Frauenvermögens zu. Die Weimarer Verfassung postuliert die Gleichberechtigung nur als Programmsatz; die Stellung der Frau wird nicht verbessert.

Dies ändert das Grundgesetz: Art. 3 Abs. 2 ist auch für den Bereich von Ehe und Familie unmittelbar geltendes Recht. Ab 1. 7. 1958 gilt die gleichberechtigte Lebensgemeinschaft von Mann und Frau; die Entscheidungsbefugnis des Mannes entfällt (bis auf den „Stichentscheid" in Kindesangelegenheiten). Die Ehegatten sind gegenseitig zum Unterhalt verpflichtet, den die Ehefrau durch Haushaltsführung erfüllt, die ihr eigenverantwortlich zusteht. Sie hat Schlüsselgewalt, darf erwerbstätig sein, soweit Ehe- und Familienpflichten nicht leiden. Der gesetzliche Güterstand wird die „Zugewinngemeinschaft".

Heutige Rechtslage

Deutschland: Nach zahlreichen Gesetzesänderungen (insb. Gesetz vom 14. 6. 1976) spricht das Bürgerliche Gesetzbuch nicht mehr von Mann und Frau, sondern von „Ehegatten". Beide sind zur Haushaltsführung berufen, zur Erwerbstätigkeit berechtigt; Berufswahl und -ausübung müssen Familienbelange berücksichtigen (§ 1356 Abs. 2). Die Funktionsteilung ist dem Einvernehmen der Eheleute überlassen; beiden steht Schlüsselgewalt zu. Aus der Generalklausel des § 1353 Abs. 1 folgt die Pflicht zu ehelicher Lebensgemeinschaft (einklagbar, aber nicht vollstreckbar), zur häuslichen und Geschlechtsgemeinschaft, zur ehelichen Treue, zur Regelung gemeinsamer Angelegenheiten, zu Beistand und Rücksichtnahme, u.U. zur Mitarbeit im Betrieb des anderen. Die Ehegatten haben gemeinsam die Familie mit ihrem Arbeitseinkommen und den Erträgnissen ihres Vermögens zu unterhalten; durch Haushaltsführung wird diese Pflicht ebenfalls erfüllt. Die freie Wahl des Familiennamens wird ermöglicht (ohne Wahl: Mannesname); der andere kann seinen Namen voranstellen.

Gesetzlicher Güterstand ist die Zugewinngemeinschaft – ein irreführender Begriff, da faktisch Gütertrennung vorliegt: Jeder Ehegatte bleibt Inhaber seines Vermögens, auch des Teiles, den er während der Ehe hinzuerwirbt. Er nutzt und verwaltet es selbst. Die Teilhabe des anderen wird erst bei Beendigung der Ehe (Tod/Scheidung) realisiert. Bei Scheidung wird der in der Ehe erzielte Gewinn ausgeglichen, indem der andere die Hälfte davon erhält. Bei Beendigung durch Tod wird wahlweise der Erbanteil des Überlebenden um ein Viertel des Nachlasses erhöht. Durch Vertrag kann ein anderer Güterstand vereinbart werden.

Österreich: Das Ehegattenverhältnis aufgrund Gleichberechtigung ist ausführlich geregelt (§§ 89 – 100 AGBG). Es besteht Pflicht zum gemeinsamen Wohnen, zur Treue, „anständigen Begegnung" und Beistand, zumutbaren und üblichen Mitarbeit im Geschäft gegen angemessenes Entgelt (§ 98). Haushaltsführung und Erwerb unterliegen einvernehmlicher Gestaltung. Beide haben zur Deckung der Ehekosten beizutragen. Der nicht Erwerbstätige muß den Haushalt führen, hat Schlüsselgewalt. Der Familienname kann gewählt werden, sonst gilt der Mannesname; der andere kann seinen Namen nachstellen. Im Güterrecht gilt Gütertrennung (§ 1237); bei Scheidung werden Gebrauchsvermögen und Ersparnisse „nach Billigkeit" geteilt. Ehegatten können „Ehepakte" schließen.

Schweiz: Grundsatz: Die Ehegatten sind gegenseitig verpflichtet, das Wohl der Gemeinschaft zu wahren (Art. 159 ZGB: Zivilgesetzbuch von 1907). Der

Mann ist „Haupt“ und „Vertreter“ der Gemeinschaft (Art. 160/162). Es besteht eine primäre Unterhaltspflicht des Mannes; die Frau führt den Haushalt. 1984 kam es zur Revision des Eherechts (in Kraft ab 1988). Ziel: Gleichstellung, Gedanke der Partnerschaft und stärkere Gewichtung der Persönlichkeit. Die Ehegatten sind zu Gemeinschaft verbunden, haben gemeinsam für die Kinder zu sorgen, schulden einander Beistand, Schutz sowie Rücksichtnahme bei Berufswahl und -ausübung. Sie bestimmen gemeinsam die eheliche Wohnung, haben für „gebührenden“ Unterhalt zu sorgen (Art. 163 fordert Einigung über Art des Unterhaltsbeitrages: Geld, Haushaltsführung, Kinderbetreuung, Mithilfe in Beruf und Gewerbe). Der Haushaltsführende hat Anspruch auf einen „Beitrag zur freien Verfügung“. Es sind Ausgleichsansprüche des Partners, der „erheblich mehr“ leistet, vorgesehen. Familienname ist der Mannesname (u.U. Name der Frau). Die Frau kann ihren Namen voranstellen. Sie erwirbt das Bürgerrecht des Mannes, behält aber ihr eigenes. Der Staat hat die Ehe zu schützen. Es bestehen Beratungsstellen, auf Antrag sind Vermittlung des Richters oder sogar „richterliche Maßnahmen“ möglich.

Güterrecht: Durch Gütervertrag kann der Güterstand bestimmt werden. Der gesetzliche Güterstand war bisher Güterverbindung (jeder behält sein Eigentum, aber Verwaltung und Nutzung hauptsächlich durch den Mann). Jetzt gilt die Errungenschaftsgemeinschaft (in der Ehe Erarbeitetes gehört beiden, bei Auflösung der Ehe wird geteilt).

Literatur: Alternativkommentar zum Bürgerlichen Gesetzbuch (§§ 1297–1921) (Neuwied 1981); *Alexander Bergmann / Murad Ferid,* Internationales Ehe- und Kindschaftsrecht (Frankfurt a.M. [6]1983); *Joachim Gernhuber,* Lehrbuch des Familienrechts (München [3]1980); *Alfred E. Hierold,* Das neue Eherecht der katholischen Kirche, in: FamRZ 1985, 237; *Wolfram Müller-Freienfels,* Ehe und Recht (Tübingen 1962); *Otto Palandt,* Bürgerliches Gesetzbuch (München [47]1988); *Peter Tuor / Bernhard Schnyder,* Das schweizerische Zivilgesetzbuch (Zürich [10]1986).

HEIDI LAMBERT-LANG

Ehescheidung

↗ Abhängigkeit; Alleinerziehende; Bindung; Ehe; Ehekrisen; Eherecht; Ehe- und Paartherapie; Familienrecht; Hausfrauen; Kinder; Kirchenrecht; Lebenskrisen; Neues Testament; Partnerschaft; Scheidungsrecht

Geschichte

Allgemein kann gesagt werden: Je mehr eine Zeit Wesen und Wert der ehelichen Gemeinschaft im persönlichen Glück und Verhältnis der Ehegatten zueinander sieht, desto eher zeigt sich eine Neigung zur Lösbarkeit der Ehe, wenn an die Stelle der Zuneigung Gleichgültigkeit oder sogar Ablehnung tritt.

Mit wachsendem Einfluß der katholischen Kirche wird die Ehe ab dem Mittelalter, als Sakrament, unauflöslich. Die Zulassung (weltlicher) Scheidung ist in Ländern mit starkem katholischem Einfluß, z.B. Irland, Italien, Liechtenstein, Spanien, Portugal, noch heute heftig umstritten. Seit der Reformation ließ man im gesamten evangelischen Bereich bestimmte Scheidungsgründe gelten. In Österreich wird im Allgemeinen Bürgerlichen Gesetzbuch (ABGB) 1811, im Deutschen Reich (1875) die staatliche Ehescheidung eingeführt. Seit 1900 (BGB) galt das Schuldprinzip. Scheidungsgründe waren Ehebruch, bösliches Verlassen, Tötungsversuch, schwere Verletzung ehelicher Pflichten; ferner ehrloses oder unsittliches Verhalten, wenn es zur Zerrüttung der Ehe führte. Die Schuld wurde im Urteil festgestellt. 1938 wurden die Scheidungsgründe für Deutschland und Österreich einheitlich im Ehegesetz – im wesentlichen im Verfolg der nationalsozialistischen Ideologie – erweitert, so z.B. auf Unfruchtbarkeit; außerdem wurde Scheidung nach 3jähriger Trennung zugelassen. Der unschuldige Teil konnte der „Fristenscheidung“ – meist erfolglos – widersprechen. Nach dem Krieg wurden die auf nationalsozialistischem Gedankengut basierenden Gründe wieder gestrichen, die Fristenscheidung beibehalten, jedoch der Widerspruch des schuldlosen Teils in der Regel anerkannt. Wer schuldig geschieden wurde, erhielt keinen Unterhalt, meist auch nicht die elterliche Gewalt über die Kinder. Die Scheidung war danach für den schuldigen Mann schlimmstenfalls teuer; die schuldige (Haus-)Frau aber verlor ihre Lebensgrundlage. Wer sich „ehegemäß" verhielt, konnte die Scheidung verhindern, selbst wenn der andere Jahrzehnte in einer neuen Verbindung lebte. Die Scheidung wurde deshalb häufig ausgehandelt und gerichtlich zur Farce.

Das Auseinanderklaffen von rechtlicher und tatsächlicher Bindung, das Problem, „Schuld" wirklich festzustellen, und das Vordringen der Auffassung, daß die gescheiterte Ehe für Familie und Gesellschaft wertlos sei, führten in der Bundesrepublik 1977 zur Einführung des Zerrüttungsprinzips. Jede gescheiterte Ehe ist jetzt grundsätzlich auflösbar. In Österreich kam es 1978 zur „kleinen" Scheidungsreform. In der Schweiz übten auf das zersplitterte Recht der Kantone die beiden Gesetze der Nachbarstaaten, der französische „Code civil" von 1804 in den West- und Südschweizer Kantonen, das österreichische ABGB von 1811 in der sogenannten „Bernischen Gruppe", starken Einfluß aus. Die Ehescheidung wurde erst 1874 durch Bundesgesetz allgemein eingeführt. Eine Revision des auch jetzt noch im wesentlichen auf dem Schuldprinzip basierenden Scheidungsrechts ist vorgesehen.

Daten und Entwicklungen

Mit dem aufkommenden Industriezeitalter und den damit verbundenen gesellschaftlichen Wandlungen stieg die Zahl der Scheidungen in etwa im ganzen deutschsprachigen Raum zuerst allmählich, dann sprunghaft an; in Deutschland mit deutlichen Spitzen nach dem Ersten Weltkrieg, der Machtergreifung der Nationalsozialisten, dem Inkrafttreten des Ehegesetzes 1938, dem Zweiten Weltkrieg und dem Ehegesetz 1975. Im Jahre 1900 wurden in Deutschland rd. 10000 Ehen geschieden, 1950 waren es in der Bundesrepublik Deutschland 86341, 1960 rd. 50000 und 1984 über 130000. Erstmals 1985 (–2%) und 1986 (–4,4%) sind leichte Rückgänge zu verzeichnen (bei zugleich rückläufigen Heiratsziffern).

In der Schweiz zählte man im Jahre 1900 14000 geschiedene Einwohner, 1930 waren es 37000, 1960 knapp 90000 und 1980 bereits 205000; zwar stieg die Zahl der Verheirateten (unter 1000 Personen) von 326 im Jahre 1900 auf 475 und 473 in den Jahren 1970 und 1980, aber die Geschiedenenzahl schnellte im gleichen Zeitraum von 4 auf 19 und 32 (Männer: 3–14–27; Frauen: 5–24–38) hoch! Der starke Anstieg der Scheidungen erfolgte also auch in der Schweiz seit der zweiten Hälfte der 60er Jahre. Die Wiederverheiratungschancen sind für Schweizerinnen erheblich schlechter als für Schweizer – ein Phänomen, das durchaus auch für andere Länder gilt.

Die langfristige Zunahme der Scheidungen hat verschiedene Ursachen: Erst im 20. Jahrhundert wurde Heirat zum selbstverständlichen Lebensbestandteil (um 1970 waren 90% aller Männer und 85% aller Frauen zwischen 35 und 45 Jahren verheiratet). Mit der Freiheit der Partnerwahl, der wachsenden Mobilität und der Überwindung gesellschaftlicher Schranken geht die soziale Ähnlichkeit bei der Partnerwahl zurück, ebenso der Einfluß von Eltern und Verwandten, Sitte und Tradition. Die Ehegatten müssen deshalb Art und Inhalt ihres Zusammenlebens selbst bestimmen. Die Neigung, auf daraus erwachsende Probleme und Schwierigkeiten mit Trennung zu reagieren, wird begünstigt durch das Schwinden kirchlichen Einflusses und allgemeingültiger Wertvorstellungen sowie die zunehmende Akzeptanz von Scheidung und Geschiedenen im sozialen Gefüge. Die stetig steigende Lebenserwartung und der Rückgang der Müttersterblichkeit führen überdies zu weit längerer Ehedauer als in früheren Jahrhunderten und damit erstmals verbreitet zu dem Gedanken, nach Abschluß einer Lebensphase einen Neubeginn zu wagen. 1984 wurden über 40000 Ehen geschieden, die länger als 15 Jahre gedauert hatten. Bedeutsam für den Trennungsentschluß sind schließlich die geistigen Veränderungen ab den 60er und die rechtlichen Veränderungen der 70er Jahre: der sogenannte neue Emanzipationsschub hat nicht nur zur Forderung nach Gleichberechtigung im beruflichen Bereich geführt, sondern auch zu deutlicher Ablehnung des de facto immer noch verbreiteten patriarchalischen Eheleitbildes. Auch wenn Partnerschaft in der Ehe im Grundsatz bejaht wird, ist die (Nur-)Hausfrau häufig finanziell unterprivilegiert und vom Mann abhängig; die berufstätige Frau und Mutter ohne hinreichende Mithilfe des Partners in Haushalt und Familie ist überfordert. Die Überlegung, Kindern die Familie zu erhalten (im Jahre 1976 z.B. wurden rd. 106000 Minderjährige von der Scheidung ihrer Eltern betroffen), wird relativiert durch neue Erkenntnisse, daß zerrüttete Familienverhältnisse gleichermaßen die gedeihliche Entwicklung der Kinder stören können.

Scheidungsfolgen

Die seelischen Auswirkungen der Trennung auf die Partner – nach dem sogenannten Trennungsschock – entziehen sich wegen der Unterschiedlichkeit der Lebenssituationen einer Kurzdarstellung. Die materiellen, insbesondere finanziellen Auswirkungen einer Scheidung für Betroffene und Gesellschaft sind schwerwiegend. Die Bundesrepublik hat allein an Prozeßkostenhilfe für Scheidungen über 200 Mio. DM pro Jahr aufzubringen; zahllose Halbfamilien, vor allem Mütter mit Kindern, fallen der Sozialhilfe anheim. Der Rechtsanspruch des wirtschaftlich Schwächeren auf Unterhalt nach den ehelichen Lebensverhältnissen geht – vor allem bei Alleinverdienerehen mit Kindern – kraß an der Lebenswirklichkeit vorbei. Ein Einkommen reicht selten aus, die Kosten zweier Haushalte und zusätzlich die Altersversorgung des geschiedenen Partners zu finanzieren. Dem Unterhaltspflichtigen droht sozialer Abstieg. Er ist aus wirtschaftlichen Gründen meist nicht in der Lage, eine neue Ehe einzugehen. Die finanziellen Folgen der Scheidung sind zu einem erheblichen Teil Ursache für die starke Zunahme nichtehelicher Lebensgemeinschaften.

Literatur: *Bundesminister für Jugend, Familie und Gesundheit* (Hrsg.), Die Lage der Familie in der Bundesrepublik Deutschland. 3. Familienbericht (Bonn 1979); *Hans Floretta* (Hrsg.), Das neue Ehe- und Kindschaftsrecht (Salzburg 1979); *Hans Hinderling,* Das schweizerische Ehescheidungsrecht (Zürich 1967; Zusatzband 1981); *Ursula Jäckel,* Partnerwahl und Eheerfolg (Stuttgart 1980); *Sabine Lang,* Lebensbedingungen und Lebensqualität von Kindern (Frankfurt a.M. 1984); *Dietmar Mieth,* Ehe als Entwurf (Mainz 1984); *Paul Mikat,* Rechtsgeschichtliche und rechtspolitische Erwägungen zum Zerrüttungsprinzip, in: FamRZ 81 (1962) 273 und 497; *Horst-Eberhard Richter,* Patient Familie (Reinbek 1972); *ders.,* Eltern, Kind und Neurose (Reinbek 1969); *Helmut Schelsky,* Soziologie der Sexualität (Hamburg 1955); *Rita Süssmuth,* Wandlungen im Bindungsverhalten, in: Herder-Korrespondenz 35 (1981) 195ff. und 246ff.; *Hans Thieme,* Die Rechtsstellung der Frau in Deutschland, in: Recueils de la Société Jean Bodin 12 (1962) 351ff.; *Marianne Weber,* Ehefrau und Mutter in der Rechtsentwicklung (Tübingen 1970); *Ernst Wolf,* Ehe, Zerrüttung und Verschulden, in: Neue Juristische Wochenschrift 1968, 1497.

HEIDI LAMBERT-LANG

Ehe- und Paartherapie

↗ Abhängigkeit; Ehekrisen; Familientherapie; Lebenskrisen; Partnerschaft; Psychoanalyse; Psychotherapie, feministische; Sexualität; Tiefenpsychologie

Ansatzpunkte der Therapie

Allen unterschiedlichen Formen der Paartherapie ist gemeinsam, daß das

Paar als ein System verstanden wird, in dem jeder Partner von dem anderen abhängt. Man untersucht das Zusammenspiel von Frau und Mann, von Aktion und Reaktion, und man versucht, die „Regeln“ dieses Systems zu verändern. Das kann auf sehr unterschiedlichen Ebenen geschehen, je nachdem welcher therapeutischen Schule Therapeut/in oder Berater/in folgen. Mehr am Verhalten orientierte Psychotherapeut(inn)en sehen vorwiegend die Art der Kommunikation, d.h., sie beobachten die Art und Weise, wie die Partner miteinander umgehen. Sie sehen zum Beispiel, wie beide immer wieder dem jeweils anderen Partner das Stichwort dafür liefern, in immer gleicher Weise zu reagieren. Diese Regelhaftigkeit versuchen die am Verhalten orientierten Psychotherapeut(inn)en mit Hilfe verschiedener Interventionen zu unterbrechen oder zu verändern, indem sie zum Beispiel die Krisensituation und die in ihr enthaltene Angst und Aufregung verstärken, so daß „das System“ aus dem bisher mühsam gehaltenen Gleichgewicht gerät und sich neu orientieren muß. Oder sie verschreiben bestimmte Verhaltensweisen, die entweder den Konflikt deutlich machen oder das Weiterlaufen des immer gleichen Zusammenspiels unterbrechen.

Psychoanalytisch orientierte Therapie

In der psychoanalytischen oder psychoanalytisch orientierten Paartherapie werden neben der Kommunikation zwischen den Partnern vor allem auch die unbewußten Phantasien beider Partner und ihr wechselseitiger Bezug erforscht. Das Verhalten wird hier immer als Ausdruck dieser Phantasien und Bilder von sich selbst und vom anderen verstanden. Die Veränderung beruht deshalb in diesem Konzept darauf, daß die Partner ihre Beziehung und die jeweils eigene Position darin neu, und zwar vollständiger sehen können. Es geht dabei vor allem um die Erkenntnis, daß jede Phantasie auch ihre Umkehrung enthält. So ist zum Beispiel in dem dringenden Wunsch nach häufigerem Geschlechtsverkehr immer auch die Angst davor enthalten. Diese „Ambivalenz“ (Wunsch und Angst) wird aber bei gestörten Beziehungen nicht mehr in der eigenen Person erlebt, sondern zwischen den beiden Partnern aufgespalten und verteilt. Wenn der eine einen solchen Wunsch spürt, erlebt der andere automatisch die Angst und übernimmt deshalb die Vermeidung der Sexualität – oder auch irgendwelcher anderer Möglichkeiten, miteinander zufrieden zu werden. Das Erscheinungsbild der Beziehungsstörung ist regelmäßig das der Ambivalenzspaltung, nach der immer scheinbar der eine das nicht will, was der andere will, und umgekehrt.

In der psychoanalytischen Paartherapie werden nun gemeinsam diese in beiden Personen voneinander abgespaltenen und komplementär verteilten Ambivalenzanteile wieder „zusammengesucht“, so daß das, was beim anderen bekämpft wird, in der eigenen Person wiedergefunden werden kann. Beide Partner haben so die Chance, die Trennung zwischen Opfer (ich) und Täter (der/die andere) aufzugeben und sich selbst und den Partner/die Partnerin wieder realistischer, vollständiger zu sehen. Die Verklammerung, in der sich beide Partner entwerten müssen, löst sich schrittweise auf, wenn sich die Spaltung und polarisierende Verteilung der Ambivalenzen vermindert.

Psychotherapeutischer Prozeß

Da dieser Prozeß den Verlust der die eigene Person stabilisierenden Feindbilder (jeweils der/die andere wird als Feind erlebt, mit dem man glaubt, nicht mehr umgehen zu können oder zu müssen) mit sich bringt, wird im Lauf einer solchen Therapie viel Angst erlebt. Wenn diese Angst nicht respektiert wird, tritt keine Lockerung der Beziehung ein, sondern eine Verhärtung. Deshalb braucht dieser Prozeß, wie jeder psychoanalytische Prozeß, ausreichend Zeit. In wenigen Sitzungen kann hier (je nach dem Grad der Verhärtung) bestenfalls eine kleine „Weichenstellung" erfolgen. Eine grundsätzliche „Nachreifung" oder „Nachentwicklung" beider Partner ist in den meisten Fällen nicht in einem Zeitraum unter zwei Jahren zu erwarten. Manche Therapien dauern auch wesentlich länger.

Nicht in allen Fällen ist eine solche grundsätzliche Veränderung durch eine Paartherapie möglich. Für eine psychoanalytische Paartherapie ist vor allem der Leidensdruck beider Partner wichtig, d.h., daß beide Partner wirklich eine Veränderung wünschen und bisherige Machtpositionen aufgeben können. Da aber Wünsche und Ängste in gestörten Paarbeziehungen, wie oben geschildert, zumeist auf die beiden Partner verteilt sind, erscheint häufig der Wunsch nach Veränderung und auch nach einer therapeutischen Hilfe nur bei einem der Partner, zumeist bei der Frau. (Frauen können ihrer Rolle entsprechend zumeist leichter ihre Gefühle ausdrücken und fühlen sich deshalb in einer psychotherapeutischen Situation oft dem Mann überlegen, während die Männer hier oft fürchten, ihren Frauen unterlegen zu sein.) Der Mann übernimmt dann die Angst vor der Veränderung bzw. vor der Therapie. Diese Angst (die immer auch teilweise die Angst der Frau ist) wird von den Männern, ihrer Rolle als Männer entsprechend, aber zumeist nicht bewußt erlebt oder ausgedrückt. Statt dessen wird die Hilfe, die die Frau beim Therapeuten oder Berater sucht, vom Mann abgewertet: „Davon halte ich sowieso nichts", oder: „Das müssen wir doch selbst schaffen" usw. Die Angst der Frau drückt sich häufig darin aus, daß sie dem/der Therapeuten/in oder Berater/in mitteilt: „Mein Mann hält gar nichts davon, er wird sicher nicht kommen" etc.

So besteht schon bei Beginn fast jeder Paartherapie die Schwierigkeit, daß die Motivation einseitig verteilt ist. Zwar „kippt" diese Motivation häufig überraschend schnell, wenn der/die Therapeut/in oder Berater/in die von der scheinbar „nur" motivierten Frau ausgesprochene Diffamierung des Mannes nicht mitmacht. Sie wird dann oft vom Mann übernommen und geht dadurch der Frau verloren. Aber dieses „Kippen" ist oft nur ein erster Schritt auf dem langen Weg der Auflösung von Ambivalenzspaltungen.

Die Rolle des/der Therapeuten/in

Erschwerend – bzw. eventuell auch erleichternd – kommt zu diesen Schwierigkeiten hinzu, daß der Therapeut/Berater oder die Therapeutin/Beraterin von dem Paar regelmäßig auch als der/die bessere Dritte erlebt wird. In einer frustrierenden Paarbeziehung wird mehr oder weniger bewußt von beiden Partnern nach diesem besseren Partner außerhalb der Beziehung gesucht. Kinder übernehmen diese Rolle ebenso wie andere Dritte, andere Partner oder eben auch der/die Therapeut/in. *Erschwerend* für die Therapie ist an dieser Situation, daß die Eifersucht des einen Partners den/die Therapeuten/in in dem Maße trifft, in dem er/sie sich dem anderen emotional annähert. *Erleichternd* oder hilfreich ist diese Situation, wenn man sie therapeutisch nutzen kann, indem man auch mit Hilfe des emotionalen Geschehens im Hier und Jetzt der therapeutischen Situation die unterdrückten Wünsche der beiden Partner entdeckt, die sich jetzt an den/die Therapeuten/in richten. Diese Analyse der Dreiersituation (bzw. bei Cotherapie der Vierersituation) ist aber schwierig, da der/die Therapeut/in dabei schrittweise auf die Position des/der besseren Dritten verzichten muß, auf die er/sie vielleicht in bezug auf die eigenen Eltern noch nicht verzichtet hat.

Ziel und Grenzen der Therapie

Eine gelingende Paartherapie endet damit, daß der/die Dritte (auch der/die Therapeut/in) nicht mehr gebraucht wird, weil die Partner wieder oder erstmals miteinander zufrieden werden können. Nicht jede Paartherapie führt jedoch dazu, daß das Paar die Lebensgemeinschaft aufrechterhält. Wenn mehr Freiheit und Verantwortlichkeit in der Beziehung zueinander angestrebt wird, muß grundsätzlich offenbleiben, ob die Paarbeziehung aufgelöst oder weitergeführt wird. Die Chance einer die Konflikte aufdeckenden Paartherapie besteht darin, daß die Frage: Wollen wir ein Paar sein? grundsätzlich neu gestellt wird. Eine Paarbeziehung, die nicht auf der von beiden Partnern verantworteten Entscheidung und auf einer realistischen Sicht der Partner und der Beziehung beruht, hat nach unserer Erfahrung keine Überlebenschance (im Sinne des Lebendigseins), auch wenn die äußere Form bestehenbleibt.

Literatur: *Thea Bauriedl,* Beziehungsanalyse. Das dialektisch-emanzipatorische Prinzip der Psychoanalyse und seine Konsequenzen für die psychoanalytische Familientherapie (Frankfurt a.M. 1980); *dies.,* Das systemische Verständnis der Familiendynamik in der Psychoanalyse, in: dies., Psychoanalyse ohne Couch (München 1985); *dies.,* Der Veränderungsprozeß in der psychoanalytischen Paar- und Familientherapie, in: dies., Psychoanalyse ohne Couch (München 1985); *Fritz Fischalek,* Faires Streiten in der Ehe (Freiburg i.Br. [2]1987); *Karl Herbert Mandel u.a.,* Therapeutischer Dialog. Bausteine zur Ehe-, Sexual- und Familientherapie (München 1979); *Paul Watzlawick u.a.,* Lösungen (Bern 1974); *Jürg Willi,* Therapie der Zweierbeziehung (Hamburg 1978); *Frieder Wölpert,* Sexualität – Sexualtherapie – Beziehungsanalyse (München 1983).

THEA BAURIEDL

Ehrenamt

↗ Alter; Arbeit; Arbeitslosigkeit; Ausbildung; Beruf; Bildung; Frauenberufe; Frauenbewegung; Frauenverbände; Gemeinde; Hausfrauen; Mütterlichkeit; Netzwerke; Neue soziale Bewegungen; Pflege, häusliche; Selbsthilfe; Wiedereingliederung

Begriff und Geschichte

In der zweiten Hälfte des 19. Jahrhunderts, dem Beginn der Vorarbeiten zur gesetzlich geregelten Armenfürsorge- und zum Vormundschaftswesen, finden wir erstmals die Verwendung der Bezeichnung Ehrenamt. Sie meinte, daß bestimmte Personen durch Wahl zu (z. B. kulturellen und sozialen) Tätigkeiten verpflichtet wurden. Die Wahl in diese Ämter wurde als „Ehre“ betrachtet. Diese Art der ehrenamtlichen Tätigkeit finden wir auch heute noch. Die Bezeichnung „Freitätige“ für ehrenamtlich Tätige setzte sich nicht durch.

Heute wird unter ehrenamtlicher Tätigkeit im allgemeinen die Dienstleistung ohne Arbeitsvertrag, die grundsätzlich unentgeltlich, freiwillig und mit zeitlicher Begrenzung geleistet wird, verstanden; Erwerbsmotive fehlen. Eine bestimmte berufliche Vorbildung ist in der Regel nicht erforderlich.

Die ehrenamtliche Mitarbeit ist nicht auf soziale Gebiete beschränkt. Sie wird auch in anderen Bereichen und Institutionen geleistet, z.B. in der Gerichtsbarkeit (Laienrichter / Schöffen), in kulturellen Einrichtungen (z.B. in der Touristik), im Bildungswesen (z.B. organisierte Nachhilfe für schlechte Schüler) usw. Vor allem im sozialen Sektor findet sich ein hoher Frauenanteil. Die Pionierleistungen führender Frauen in der Wohlfahrtspflege (schon im 19. Jahrhundert) erfahren einen starken Aufschwung durch die erste Frauenbewegung und führen zur Schaffung der sozialen und sozialpädagogischen Berufe (z.B. in der Armenfürsorge und der Kinderhilfe).

Gegenwärtige Handlungsfelder

Gegenwärtige Handlungsfelder sind vornehmlich: *allgemeine,* direkte, persönliche Dienste (ausgehend von Netzwerken, Nachbarschaft oder Beruf) oder *spezifische* persönliche Dienste (auf besondere Personengruppen oder Problemkreise gerichtet, z.B. auf alleinstehende Mütter, Häftlinge, Drogenabhängige). Ehrenamtliche Mitarbeit findet sich auch in anderer Form, etwa in Organisationen und Verwaltungen karitativer und sozialer Vereinigungen oder Einrichtungen (z.B. Leitung von Helfergruppen, Gremienarbeit). In neuerer Zeit nimmt die Organisation von Selbsthilfegruppen zu, die meist von Betroffenen selbst initiiert sind. Im strengen Sinn fallen sie nicht unter den Begriff der ehrenamtlichen Tätigkeit.

Die Verschiedenheit der angewandten Kriterien für die Definition ehrenamtlicher Tätigkeit erlaubt keine eindeutige Zahlenaussage. Schätzungen für die Bundesrepublik Deutschland besagen z.B., daß 1,5 – 2 Mio. Personen ehrenamtlich tätig sind, zwei Drittel davon sind Frauen, die zu 50% aus Städten über 50000 Einwohnern stammen. Der Altersschwerpunkt liegt bei 40 bis 50 Jahren (das Durchschnittsalter steigt in den letzten Jahren an). Überwiegend sind es erwerbstätige Frauen, die ehren*amtlich* tätig sind. Berufstätige Frauen nehmen eher Ämter wahr, nicht Erwerbstätige ziehen mehr direkte persönliche Dienste vor (vgl. Umfrage des Deutschen Frauenrats 1977).

Ehrenamtliche Arbeit liegt im Interesse der Gesellschaft. Sie ergänzt die hauptberufliche soziale Arbeit im Sinne einer Verstärkung der „kleinen sozialen Netze“, sie wendet sich gegen die Bürokratisierung durch die „Vermenschlichung“ der Hilfen und trägt zur Demokratisierung der Gesellschaft durch die Teilnahme am Gemeinwesen im Sinne der Übernahme wechselseitiger Hilfen bei. Ambivalent ist, daß die ehrenamtliche Tätigkeit, z. B. in Zeiten knapper Finanzen, Rationalisierungen und Kosteneinsparungen im sozialen Bereich ermöglichen.

Kritik

Grundsätzlich ist festzustellen, daß hauptamtliche soziale Berufstätigkeit nicht durch ehrenamtliche Arbeit zu ersetzen ist. Auch darf die ehrenamtliche Arbeit nicht dazu „mißbraucht“ werden, Frauen von einem Wiedereinstieg in den Beruf abzuhalten. Autonome Frauengruppen betonen jedoch auch positiv den politischen Charakter des Ehrenamts im Sinne eines „Gegenmodells“ zu den öffentlichen und freien Trägern sozialer Dienste: Es verhilft zur Emanzipation gegenüber Bevormundungstendenzen, es ermöglicht selbstbestimmte Tätigkeit, darf aber nicht zur grundsätzlichen Entlastung des Sozialstaates beitragen (Süssmuth, 92ff.).

Motive

Die Motivierung der ehrenamtlichen Mitarbeit findet sich in breiter Streuung von Altruismus bis Egoismus, zumeist sind beide Motive gemischt (es sind „nicht eindeutige Wertbindungen“ nach N. Luhmann). Eingestandene und verborgene Motive ergeben ein Ganzes. Religiöse und politische Beweggründe können sich treffen, z.B. in der sozialen Verantwortung für den Nahbereich, in der persönlichen Suche nach Unabhängigkeit und Sinnerfüllung, in der Dankbarkeit für verfügbare Zeit und Gesundheit, in der Kompensation für persönliche Verluste.

Ehrenamtliche Tätigkeit steht grundsätzlich jeder Person (ab 16 Jahren) offen. Sie umfaßt stunden- oder tageweise Tätigkeiten auf lokaler Ebene, kann aber darüber hinausgehen. Sie kann informell (ohne feste Organisationsstrukturen) oder in organisierter Form (z.B. in Wohlfahrtsverbänden) geleistet werden. Die Gruppe ehrenamtlicher Mitarbeiter/innen bürgt für das eigene Selbstbewußtsein in dieser Rolle. Sie wird zum Ort gegenseitigen Lernens und der Zusammenarbeit mit hauptberuflich Tätigen. Die sozialkaritative Arbeit von Frauenorganisationen findet zum Teil unter anderen Vereinszielen statt.

Die Verkürzung der Wochenarbeitszeit, die vermehrte Freizeit, die öffentliche Diskussion über den Stellenwert von „Arbeit“ insgesamt, die hohe Lebenserwartung der einzelnen können dazu beitragen, daß ehrenamtliche Arbeit von immer mehr Personen wahrgenommen wird.

Probleme

Ein besonderes Problem liegt in der Vergütung der Dienstleistungen. Frauen überbrücken oft die Zeit zwischen vollem Familieneinsatz und erneutem Wiedereinstieg in den Beruf mit einer ehrenamtlichen Tätigkeit, die sie jedoch nicht sozial absichert. Auch steuerfreie Bezüge (z.B. in der Gesundheitsvorsorge der Bundesrepublik Deutschland verbreitet) haben keinen Zukunftseffekt, weil sie wie Nettoeinkommen behandelt werden. Damit verliert sich der emanzipatorische Charakter einer ehrenamtlichen Mitarbeit völlig. Spesenvergütungen sind meist üblich, wenn auch oft erst auf Anforderung, ebenso Versicherungsschutz (während der Tätigkeit). In seltenen Fällen wird auch eine Aufwandsentschädigung gewährt. Zwar sind die Vorbereitung ehrenamtlicher Mitarbeiter/innen vor Mitarbeit in einer Helfergruppe sowie Weiterbildungsveranstaltungen oft fachlich notwendig, sie lassen sich aber auch als eine Form der sozialen Anerkennung verstehen. Soziale Anerkennung meinen auch die (offiziellen) Ehrungen der ehrenamtlichen Mitarbeiter.

Ein besonderes Konfliktfeld ist die Zusammenarbeit zwischen ehrenamtlichen und hauptberuflichen Mitarbeitern. Konkurrenzdenken, Mißverständnisse über besondere Voraussetzungen des jeweiligen Partners im Hilfsprozeß, uneingestandene Ängste auf beiden Seiten können Ursachen sein. In der Entdeckung von Notständen, in der Weitervermittlung an Fachkräfte (wenn nötig), in der Nachsorge kann der/die ehrenamtliche Mitarbeiter/in seine/ihre Partner entlasten; in der Geschäftsführung (z.B.) kann der „Profi“ unter Umständen den/die ehrenamtliche(n) Mitarbeiter/in entlasten. Die Behauptung eigener funktionaler Kompetenzen der ehrenamtlich Tätigen wird von seiten der Berufskräfte noch nicht genügend diskutiert bzw. anerkannt.

In keinem Fall dürfen ehrenamtlich Tätige als „billige Arbeitskräfte“ einen Ersatz für Berufskräfte darstellen. Wo Hilfe kontinuierlich und regelmäßig geleistet und kontrolliert werden soll, ist der Einsatz einer vertraglich verpflichteten Person für den Träger notwendig. Allerdings ist derzeit weder die „Ausbeutung“ ehrenamtlich Tätiger noch die „Verdrängung“ einsatzwilliger Arbeitsloser eine tatsächliche Gefahr.

Literatur: *Bernhard Badura / Peter Gross,* Sozialpolitische Perspektiven. Eine Einführung in die Grundlagen und Probleme sozialer Dienstleistungen (München 1976); *Teresa Bock,* Ehrenamtliche Tätigkeit im sozialen Bereich, in: Deutscher Verein für öffentliche und private Fürsorge (Hrsg.), Fachlexikon der sozialen Arbeit (Frankfurt a.M. 1980); *dies. u.a.,* Kooperation freitätiger und beruflicher Mitarbeiter in sozialen Diensten (Freiburg i.Br. 1979); *Caritas Schweiz* (Hrsg.), Freiwilligenarbeit. Geist und Geld in der Hilfe von Mensch zu Mensch (Luzern 1986); *Caritasverband,* Informationen des Deutschen Caritasverbandes: Die „leisen Helfer“. Ehrenamtliche Mitarbeit in den Verbänden des Caritas 4 (1983) Nr. 21; *Deutscher Caritasverband* (Hrsg.), Ehrenamt und Selbsthilfe (Freiburg i.Br. 1986); *Diakonie,* Jahrbuch des Diakonischen Werks 1977, Stuttgart, Diakonisches Werk (Hrsg.), Ehrenamtliche Mitarbeit (Stuttgart 1977); DPWV, Institut für soziale Arbeit, Münster, Tagungsbericht: Ehrenamtliche Arbeit von Frauen im sozialen Bereich I (1984) (Literatur); *Martha Krause-Lang,* Weiterbildung ehrenamtlicher Mitarbeiter, in: Caritaskonferenzen Deutschlands (Freiburg i.Br. 1986); *Gisela Notz.* Frauenarbeit zum Nulltarif. Von der ehrenamtlichen Tätigkeit zur Professionalisierung und zurück, in: Alexa Franke / Ingrid Jost (Hrsg.), Das Gleiche ist nicht dasselbe (Tübingen 1985); *Claudia Pinl u.a.,* Frauen auf neuen Wegen (Oelnhausen 1978); *Roland Schmidt* (Hrsg.), Ehrenamtliche Dienste in der Altenhilfe, Deutsches Zentrum für Altenfragen (1983); *Anne K. Stenzel,* Mitarbeiter für das Ehrenamt gewinnen und fördern (Wiesbaden 1968); *Rita Süssmuth,* Frauen – der Resignation keine Chance (Düsseldorf 1985) 231 – 243.

Martha Krause-Lang

Elternschaft

↗ Abhängigkeit; Adoption; Ehe; Elternurlaub; Erziehung; Erziehungsgeld; Familie; Familienplanung; Familienrollen; Kinder; Leihmütter; Mütterlichkeit; Mutterbindung; Mutterschaft; Tagesmütter; Väterlichkeit

Veränderungen der Eltern-Kind-Situation

Umfeld und Aufgaben der Eltern haben sich in den letzten 120 Jahren drastisch geändert. Es scheint, wir haben mit unseren Aufgaben als Eltern viel mehr Schwierigkeiten als frühere Generationen.
Diese allenthalben zu beobachtende Veränderung der Eltern-Kind-Situation hängt mit der durch die industrielle Revolution verursachten Änderung der Produktionsbedingungen zusammen. In der vorindustriellen Zeit arbeiteten und lebten die Eltern überwiegend am selben Ort, so wie dies heute noch bei der bäuerlichen Familie zutrifft, fallweise aber auch bei selbständig Erwerbstätigen (etwa Bäcker, Gastwirt u.a.). Solange Arbeits- und Lebensraum eins waren, wuchsen die Kinder, eingebettet in dieses eher größere Produktions- und Familiensystem, auf und wurden frühzeitig, ihren wachsenden Kräften entsprechend, in den Produktionsprozeß der Gesamtfamilie eingegliedert. Das war bestimmt nicht immer zu ihrem Vorteil. Doch jedes Ding hat zwei Seiten. Günstig hat sich wohl ausgewirkt, daß Vater und Mutter von den Kindern als arbeitende Menschen erlebt wurden, von denen sie in vielfältiger Weise lernen konnten. Der Vater besaß für seinen Sohn eine berufliche und arbeitsmäßige Vorbildwirkung. In der Industriegesellschaft von heute sind, von verschwindenden Ausnahmen abgesehen, die Väter nur mehr außerhäuslich berufstätig. Die Kinder erleben den Vater fast ausschließlich nur mehr in der Freizeit. Er degeneriert zum „Freizeit-Vater".

Verluste für die Frauen

Das Pendant zum „Freizeit-Vater" ist die sogenannte „grüne Witwe": die Nur-Hausfrau, die mit ihren Kindern zu Hause sitzt, in mehr oder weniger schöner, manchmal auch grüner Umgebung und der „die Decke auf den Kopf fällt". Anders gesagt: Es handelt sich um eine Frau, die – aller früherer Produktionsfunktionen beraubt – in unserer Gesellschaft ausschließlich auf ihre mütterlichen Pflichten reduziert wird. Diese Erscheinung, die es bisher in der Geschichte der Menschheit in diesem Ausmaß nie gegeben hat, ist erst seit ungefähr 120 Jahren zu beobachten, nämlich seit die Produktion von Gütern (z.B. Nahrungsmitteln und Kleidung) den Händen der Frau entwunden und in die industrielle Produktion übernommen wurde. Sobald eine Frau Mutter wird und aus ihrem bisherigen Beruf aussteigt, um diese Pflichten für Kinder und Familie übernehmen zu können, hat sie gesellschaftlichen Prestigeverlust hinzunehmen. Mit dem Schritt aus dem Beruf zur Nur-Hausfrau sind zweierlei Folgen verbunden: sie verfügt in der Regel über kein eigenes Einkommen mehr; sie verliert die Möglichkeit, andere als die erzieherischen und versorgenden Qualitäten auszuleben.

Belastungen für Mütter und Kinder

Da die Frau aber immer die wesentlichen Produktionsfunktionen für die Gesellschaft wahrgenommen hat und die Kinder sozusagen „nebenher" gelaufen sind, ergibt sich heute psychologisch eine für die Frau und die Kinder ungeheuer belastende Situation. Die Kinder werden zum (oft einzigen) sinnhaften Mittelpunkt im Leben der Mutter, die sich oft vom außerhäuslich schwer beschäftigten Mann allein gelassen fühlt. Diese Position ist aber für die Entwicklung des Kindes denkbar ungünstig. Sie führt meist zur Überversorgung und Verwöhnung und bewirkt anderseits eine psychische Überlastung der Mutter. Viele Mütter sind gar nicht mehr fähig, sich innerlich auf ihre Kinder einzustellen, und lehnen sie oft unbewußt ab. So geraten sie in eine Konfliktspirale von Schuldgefühlen und unbewußten Aggressionen, die sie dann mit äußerer Überversorgung überkompensieren. Nicht zu übersehen ist dabei die Gefahr einer zu langen und intensiven symbiotischen Beziehung, denn die Mütter beziehen ihr gesamtes Selbstbewußtsein aus ihrer Mutterrolle und sehen für sich keine andere Betätigungsmöglichkeit als Haushalt und Kinder. Eine Folge davon ist, daß es ihnen nur schwer möglich ist, die Kinder in der Pubertät loszulassen, denn mit diesem Verlust, so scheint ihnen, verlieren sie ihren eigenen Lebenssinn, ja ihre Daseinsberechtigung. Es besteht für sie nur dann Hoffnung, diese Klippe zu überwinden, wenn sie imstande sind, einen eigenen Lebenssinn unabhängig von den Kindern für sich zu finden; dadurch würde auch die Loslösung von den Kindern günstiger verlaufen.

„Freizeit-Vater" und „grüne Witwe"

Ein weiteres Problem, dem sich die Eltern unserer Zeit erstmals gegenübersehen, ist die Tatsache, daß beim Vatertypus „Freizeit-Vater" und dem extremen Muttertypus „grüne Witwe" ganz bestimmte Kommunikations- und Interaktionsprobleme auftauchen. Die Männer, die sich in einer eher kalten Berufswelt bestätigen müssen, neigen immer mehr zu funktionalen Kommunikationsinhalten und werden auch in ihren Interaktionen immer sachlicher. Die Einmauerung der Gefühle wird immer konsequenter durchgeführt. Ganz anders aber läuft die Entwicklung bei den „grünen Witwen". Bei ihnen tritt gerade ihr emotionaler Anteil immer mehr in den Vordergrund. Das bedeutet, daß die Entwicklung der Elternteile gegenläufig ist und die Gemeinsamkeiten zwischen den Partnern immer weniger werden. In solchen Fällen werden dann oft die Kinder als Kitt der ehelichen Beziehung erlebt. Sobald sie größer werden und abzusehen ist, wie bald sie das Elternhaus verlassen werden, zerbricht die bis dahin intakt scheinende Ehe. Diese Erscheinungen mögen die heranwachsenden jungen Menschen von heute dazu veranlassen, Ehe und Familie und auch der Elternschaft sehr viel kritischer gegenüberzustehen als die Eltern- und Großelterngeneration; relativ festgefügte Strukturen und Formen ließen lange Zeit diese Problembereiche gar nicht sichtbar werden. Im europäischen Raum ist allgemein zu beobachten, daß die jungen Menschen sich heute viel weniger spontan zur Ehe entschließen können, als dies früher der Fall war. Elternschaft von heute bedeutet schließlich auch, daß von der Gesellschaft alle Erziehungs- und Sozialisationsaufgaben vor allem der Mutter zugeschoben werden. In der vorindustriellen Zeit waren diese Aufgaben ganz anders gewichtet und verteilt: die Übereinstimmung von Arbeits- und Lebensraum, das Zusammenleben von in der Regel drei Generationen unter einem Dach, die Anwesenheit von anderen Verwandten und von familienfremden Personen, die im Familiensystem eingegliedert waren, die Notwendigkeit im Vergleich zu heute intensiverer nachbarschaftlicher Kontakte, die weitaus größere Kinderzahl pro Familie, nicht zu vergessen die größere Naturnähe, waren bestimmende Faktoren, mit-erziehende Elemente und gaben für Erziehung und Sozialisation ganz entscheidende Impulse. Erziehungsarbeit wurde von vielen geleistet, niemals von der Mutter allein. Daher wird die bewußte Akzeptanz der Vaterschaft eine Überlebensfrage der Familie. Zwar dürfte auch der Vater früherer Zeiten nicht bewußt und aktiv am Erziehungsgeschehen interessiert gewesen sein, aber er war anwesend, und die Kinder hatten Zugriff zu ihm. Der ganztägig außerhäuslich tätige Vater der Industriegesellschaft ist für seine Kinder als berufstätiger Mensch nicht mehr faßbar. Die Kinder entfremden ihm immer mehr, und wenn er sich nicht – entgegen der Tradition – bewußt und aktiv ins Leben mit den Kindern einbringt, bleiben wir in der Tat eine „vaterlose Gesellschaft", in der das Wort Vater nicht mehr emotional gefüllt ist.

Zukunft von Elternschaft

Eltern werden in Zukunft mehr Hilfe als bisher brauchen, da ja auch die alten Erziehungsformen und -hilfen zerbrochen sind. Eltern sollten ihre eigenen Möglichkeiten im Sinne einer präventiven psychologischen Schulung aktiv entwickeln lernen, um Partnerschaftsbeziehung leben und in eine neue Form von Kommunikation miteinander eintreten zu können. Denn es gibt für das moderne Kernfamiliensystem (Vater, Mutter, ein [höchstens zwei] Kind[er]) keine historischen Vorbilder. Zudem sind in Europa in den sechziger Jahren viele Traditionen und alte Wertesysteme zerbrochen, so daß hier auch keine moralischen Korsetts und Stützmechanismen mehr wirksam werden. Die jungen Ehe- und Elternpaare werden oft mit einer Überlast von Neuem und Schwierigem allein gelassen.

Aufgabe von Kirchen und Staat müßte es sein, sich dieser Zusammenhänge bewußt zu werden und hier helfend und stützend einzugreifen.

Literatur: *Brigitte Berger / Peter Berger,* Die Verteidigung der bürgerlichen Familie (Frankfurt a.M. 1984); *Colette Dowling,* Der Cinderella-Komplex (Frankfurt a.M. [10]1987); *Familienbericht* der Österreichischen Bundesregierung (Wien 1979); *Anneliese Fuchs,* Ist die Familie noch zu retten? (Freiburg i.Br. 1981); *dies.,* Männersprache – Frauensprache (Skriptum) (Wien 1981); *dies.,* Die besseren Zwei (Wien 1987); *Josef Klingler,* Erfüllen Ehe und Familie noch ihre Funktion?, hrsg. von Arge Tiroler Volksbildungskurse, Grillhof (Innsbruck 1978); *Alexander Mitscherlich,* Auf dem Weg zur vaterlosen Gesellschaft (München [16]1986); *Evelyne Sullerot,* Die emanzipierte Sklavin (Graz 1972); *Paul Tournier,* Rückkehr zum Weiblichen (Freiburg i.Br. 1981).

ANNELIESE FUCHS

Elternurlaub

↗ Adoption; Ehe; Elternschaft; Erziehung; Erziehungsgeld; Familie; Familienplanung; Familienrollen; Kinder; Leihmütter; Mütterlichkeit; Mutterschaft; Mutterschutz; Partnerschaft; Tagesmütter; Väterlichkeit

Elternurlaub und Erziehungsurlaub

Elternurlaub – so die Bezeichnung in Schweden – bzw. Erziehungsurlaub – so in der Bundesrepublik Deutschland genannt – ist eine familienpolitische Maßnahme, die eine kindbezogene und partnerschaftsorientierte Lösung zur Vereinbarung von Beruf und Familie für Mütter und Väter darstellt. Demgegenüber richtet sich der in Österreich bestehende einjährige Karenzurlaub mit Arbeitsplatzgarantie und Karenzgeld (wie auch der bis Ende 1985 in der Bundesrepublik Deutschland gültig gewesene Mutterschaftsurlaub) nur an Mütter. Eltern- bzw. Erziehungsurlaubsregelungen sind vor dem Hintergrund der zunehmenden Erwerbstätigkeit von Frauen und Müttern entstanden. Sie zielen auf die Entlastung erwerbstätiger Mütter, die Herstellung günstiger Erziehungs- und Betreuungsbedingungen für Kleinkinder und ermöglichen eine intensive Beziehung von Mutter und Vater zum Kind, mehr Partnerschaft und Familien-Erleben.

Erfahrungen

1986 wurde in der Bundesrepublik Deutschland der Mutterschaftsurlaub durch den Erziehungsurlaub abgelöst. Gleichzeitig wurde das Erziehungsgeld eingeführt. Der Erziehungsurlaub schließt sich an die zweimonatige Mutterschutzfrist an und erstreckt sich – ab 1988 – bis zum Ende des 12. Lebensmonats des Kindes. Mütter und Väter, die erwerbstätig sind, haben Anspruch auf Erziehungsurlaub. Während des Erziehungsurlaubs besteht Kündigungsschutz und ist Teilzeitarbeit unter 19 Wochenstunden erlaubt. Von der Möglichkeit, teilzeittätig zu sein, machen zur Zeit etwa 7% Gebrauch. Eheleute können sich beim Erziehungsurlaub abwechseln. Davon wird nur in 0,5% aller Fälle Gebrauch gemacht. Der Anteil der Väter ist mit etwa 1% außerordentlich gering. Diese niedrige Beteiligung ist neben der

Höhe des Erziehungsgeldes von 600 DM monatlich, das keinen Ausgleich insbesondere für den Verdienst des Ehemannes bietet, nicht nur in der Zurückhaltung der Väter, sondern auch in der ausgeprägten Familienidentität der Mutter begründet. Bei den allermeisten Frauen, auch den eher berufsorientierten Frauen, besteht der Wunsch, hautnah mitzuerleben, wie ihr Kind aufwächst. Diese Vorstellung schlägt sich in der Forderung nach einer gut abgesicherten Familienphase und anschließender Rückkehrmöglichkeit in den Beruf nieder.

Die Erfahrungen mit dem schwedischen Elternurlaub sprechen für diese Tendenz. In Schweden beträgt die Erwerbstätigkeit von Müttern 70 – 80 %. Viele davon sind teilzeitbeschäftigt. Der schwedische Elternurlaub, 1974 eingeführt, umfaßt derzeit 9 Monate und wird während der ersten 6 Monate durch die „Elternversicherung bei Geburt eines Kindes" in Höhe von ca. 90 % des Gehaltes finanziert. Mutter und Vater können sich diese Zeit des Elternurlaubs untereinander aufteilen. Hinzu kommen 3 Monate des „besonderen Elterngeldes", die zu beliebiger Zeit bis zum 8. Lebensjahr des Kindes genommen werden können oder für einen bestimmten Zeitraum auf die Verkürzung der täglichen Arbeitszeit angerechnet werden. In der zweiten Phase hat jeder Elternteil einen Anspruch auf 3 Monate, so daß sich der Zeitraum auf insgesamt 6 Monate erhöht. Eine wechselseitige Übertragung der Ansprüche ist möglich. Während der ersten 60 Tage wird ebenfalls ein Gehaltsausgleich von 60 %, für die restlichen 30 Tage nur ein Mindestsatz von Skr 37 pro Tag gewährt. Die Finanzierung erfolgt über die Sozialversicherung. Zwar ist in Schweden die Beteiligung der Väter am Elternurlaub zunächst kontinuierlich gestiegen, aber mittlerweile hat sie sich auf einem relativ niedrigen Niveau eingependelt: Etwa 7 % der Väter nehmen in den ersten 6 Monaten 2 % der Zeit in Anspruch. Am Zeitraum des besonderen Elterngeldes beteiligt sich ein Drittel der Väter mit 13 % der ihnen zur Verfügung stehenden Zeit. 73 % des den Vätern zustehenden besonderen Elternurlaubs werden auf die Mütter übertragen. Trotz der flexibleren zeitlichen Ausgestaltung bleibt auch das schwedische Elternurlaubsmodell hinter den Erwartungen zurück.

Zukunftspläne

Die Ausweitung des Erziehungsurlaubs auf die Dauer von 3 Jahren stellt in der Bundesrepublik Deutschland eine familienpolitische Zielperspektive dar, die den Lebensvorstellungen vieler Frauen zur Vereinbarkeit von Beruf und Familie nahe kommt. Aufgrund der Erfahrungen in Schweden und im Interesse einer freien Gestaltbarkeit und einer besseren Abstimmung auf die individuelle Familien- und Berufssituation ist jedoch eine flexiblere Regelung angezeigt. Das heißt, Eltern sollten sich entscheiden können, wie und wann sie den Erziehungsurlaub innerhalb eines vorgegebenen Zeitraums – etwa bis zum Ende des ersten Schuljahres des Kindes – nehmen wollen. Partnerschaftliches Zusammenwirken in der Familienarbeit und der Erwerbsarbeit erfordert flexible Lösungsmöglichkeiten für Mütter und Väter.

Literatur: *Gisela Erler u. a.,* Mütter zwischen Beruf und Familie (München 1983); *Silvia Grosserbacher,* Familienpolitik und Frauenfrage in der Schweiz (Grusch 1987); *Hanna Beate Schöpp-Schilling,* Rückkehr der Väter in die Familie?, in: Informationen für die Frau, Heft 4 (1983) 9 – 12.

Maria Böhmer

Emanzipation

↗ Abhängigkeit; Alter; Antike; Beruf; Bindung; Chancengleichheit; Diskriminierung; Emotionalität und Rationalität; Ethik, weibliche; Familienrollen; Feminismus; Frauenbewegung; Frauenrollen / Frauenleitbilder; Generationsprobleme; Gleichberechtigung; Identität, weibliche; Lebenskrisen; Macht; Mann; Männerbilder; Menschenrechte; Mutterbindung; Nationalsozialismus; Partnerschaft; Väterlichkeit; Wiedereingliederung

Begriffsgeschichte

Der vielschichtige Begriff „Emanzipation“ hat im Laufe der Geschichte seine Bedeutungen gewandelt und sich von einem statischen zu einem differenzierten, dynamischen Verständnis entwikkelt. Dabei enthüllen sich die tieferen Wurzeln von Emanzipation, die das Verhältnis des Menschen zur Natur, zum Mitmenschen und zur eigenen Person umgreift. Aus der historischen Betrachtung wird der konfliktreiche Kampf um die Emanzipation der Frau deutlich, und zwar in ihren rechtlichen, politisch-gesellschaftlichen und psychosozialen Aspekten.

Ursprünglich war „Emanzipation“ ein Begriff des römischen Rechts und bedeutete die Entlassung des Sohnes aus der Gewalt des Vaters („patria potestas“) in eine unabhängige Rechtsperson, die über Besitz und Vermögen verfügen konnte. Dieser Rechtsakt weist auf den Zusammenhang von Natur und Recht hin, der auch weiterhin die Auseinandersetzungen um das Verständnis von Emanzipation begleitete.

Der ursprüngliche Rechtsbegriff blieb so lange erhalten, wie die Abhängigkeits- und Herrschaftsverhältnisse in Staat und Gesellschaft als rechtens anerkannt oder zumindest toleriert wurden. Im Verlaufe der Jahrhunderte ändert sich das politische Bewußtsein und löst Veränderungsprozesse in den herrschenden Machtverhältnissen aus. Gegen Ende des 18. Jahrhunderts ist der ehemalige Rechtsbegriff zum politisch-gesellschaftlichen Begriff geworden. Der einmalige Rechtsakt der Emanzipation wird zum Entwicklungsprozeß über längere Zeiträume mit dem Ziel, sich aus rechtlicher, ökonomischer, sozialer und politischer Fremdbestimmung zu befreien. Damit wandelte sich das Verständnis von passiver Hinnahme gewährter oder verweigerter Emanzipation zum Anspruch auf universale Selbstbefreiung. Der Begriff wird verwendet, um „jeden Vorgang bezeichnen zu können, der aus Untertänigkeit und Abhängigkeit in Unabhängigkeit und Gewaltfreiheit hinüberführt“ (Grass/Koselleck, 157).

Aufklärung und Französische Revolution

Die Französische Revolution mit ihren geistigen Wurzeln in der Aufklärung hat Emanzipation zu ihrer Leitidee erkoren. Mit der Verkündung der Menschen- und Bürgerrechte von Freiheit, Gleichheit und Brüderlichkeit nach dem Vorbild der nordamerikanischen Unabhängigkeitserklärung war der Emanzipationsbegriff der Moderne formuliert. Emanzipation wird im 19. Jahrhundert zum Symbol für den „sozio-ökonomischen Wandel, der das Zeitalter der Revolutionen bestimmt und seine ideologischen Signaturen bis heute beibehalten hat“ (Greiffenhagen, 7). Mit dem politischen Kampf um Macht und Herrschaft polarisiert sich auch die Auseinandersetzung um die richtige Vorstellung von Emanzipation. Für die einen wird Emanzipation zum Synonym für Freiheit, Fortschritt, Demokratie und Selbstbestimmung gegen Unterdrückung, Ausbeutung, Entfremdung, Abhängigkeit und Rechtlosigkeit. Für die anderen steht der Begriff für Ungehorsam, Verwirrung, Zügellosigkeit, Aufruhr und Anarchie.

War bisher Emanzipation nur in der Abwehr gegen Beschränkungen der Außenwelt gesehen, so hat Immanuel Kant in seiner klassischen Definition der Aufklärung als „den Ausgang des Menschen aus seiner selbstverschuldeten Unmündigkeit“ (1784) die individuelle Verantwortlichkeit betont. Ebenso hat Georg Forster (1792) diese neue Dimension der inneren Freiheit gegen äußere Herrschaft hervorgehoben (vgl. Grass/Koselleck, 164).

Um 1840 war Emanzipation zu einer bewegenden Idee geworden, die alle Personen, Menschengruppen und Institutionen umfaßte. Nach Scheidler (1840) muß der Mensch eine dreifache Unabhängigkeit erstreben: von der äußeren Natur und der Sinnlichkeit, von der willkürlichen Gewalt anderer Menschen und vom blinden Autoritätsglauben. Für ihn ist das ganze Leben ein universeller Emanzipationsprozeß (vgl. Greiffenhagen, 58 ff.).

Emanzipation als Gesellschaftskritik

Im Vormärz der Revolution von 1848 wurde die Emanzipationsidee neu belebt. Dabei hat sich zwischen bürgerlich-kapitalistischer und marxistisch-sozialistischer Gesellschaftsauffassung eine Kontroverse über die geeigneten Wege zur Befreiung entwickelt.

Der heutige Emanzipationsimpuls in den deutschsprachigen westlichen Ländern hat sich erneut als Kritik an der Gesellschaft artikuliert. Die Begründer der Frankfurter Schule, die Emanzipation als Weg aus der „Bewußtseinskrise" der deutschen Vergangenheitsbewältigung sehen, sind die geistigen Väter dieser Ideen. Emanzipation wurde zum Erkenntnisinteresse aller Wissenschaft und zum Lernziel aller Erziehung (Habermas, 1968; vgl. dazu: Herwig und Meinberg).

Emanzipationsgeschichte der Frauen

Neben den allgemeinen Emanzipationszielen wandte man sich bereits im 19. Jahrhundert einzelnen Gruppen zu (Juden, Arbeiter, Sklaven, Frauen). Am Beispiel der Diskussion um die rechtlich-politische Emanzipation der Juden zeigt sich deutlich der Konflikt, der zwischen der gleichberechtigten Integration in die Gesellschaft und der Wahrung einer eigenständigen kulturellen Identität entstehen kann. Dieses Problem wird besonders auch in der Emanzipationsgeschichte der Frauen evident. Auf der rechtlichen und der politisch-gesellschaftlichen Ebene hat man ihnen lange Zeit die Emanzipation verweigert: Wahlrecht, Bildung und öffentliche Ämter. Führende Aufklärer wie Kant und Rousseau, die mit ihren emanzipatorischen Ideen die moderne Staats- und Gesellschaftsauffassung prägten, erklärten die Frauen für unmündig, unselbständig und nur auf den Mann hin zu erziehen. Die Natur des Menschen, nach Rousseau zur Freiheit und zum eigenen Nachdenken bestimmt, wurde für die Frau mit fragwürdigen Argumentationen anders definiert. Aus der physischen Schwäche des Weibes begründete man ihren untergeordneten Rang und die Unfähigkeit zum Denken und zur geistigen Tätigkeit. Die biologische Funktion der Frau als Gebärerin wurde als ihre ausschließliche „natürliche Bestimmung" festgeschrieben. Der Frau wurde nur Gefühlsfähigkeit zugeschrieben, die zur Verstandesfähigkeit des Mannes in unversöhnlichem Gegensatz stehe. Die historischen Quellen belegen, daß die Frauen selbst in diese geistige und öffentliche Auseinandersetzung nicht einbezogen waren, sondern gegen erbitterte Widerstände ihren Kampf um konkrete Ziele der Emanzipation führten. Enttäuscht in ihrer Hoffnung auf die Impulse der Französischen Revolution, hat in England Mary Wollstonecraft bereits 1792 ausdrücklich die Emanzipation beider Geschlechter gefordert. Die frühe Frauenbewegung verstand sich insgesamt weitgehend als Emanzipationsbewegung (vgl. Weiland). Sie wollte zunächst einmal elementare Voraussetzungen dafür schaffen, daß Frauen an der allgemeinen, geistigen und sozialen Entwicklung teilnehmen können. Denn „das weibliche Geschlecht kam um die Menschenrechte ohne seine Schuld" ... „man erniedrigt ein ganzes Geschlecht zur Sklavenklasse" (von Hippel, 120, 81). Diese Bemühungen der Frauen führten allerdings nur langsam zum Erfolg und kamen in Deutschland durch den Nationalsozialismus völlig zum Erliegen.

Neue Frauenbewegungen im 20. Jahrhundert

Nach 1945 entstanden in den USA und in Europa neue Frauenbewegungen, die durch die Studentenbewegungen der sechziger Jahre ins Leben gerufen wurden. Sie zerfielen in unterschiedliche Richtungen, von gemäßigten bis zu radikalen Gruppierungen, wobei letztere von einem unüberwindbaren Klassengegensatz zwischen Männern und Frauen ausgehen. Dennoch verfolgen alle eine grundlegende Änderung individuellen und gesellschaftlichen Bewußtseins. Dabei sollten die Frauen ihre Abhängigkeiten und Diskriminierungen erkennen und eigene Handlungsmöglichkeiten entwickeln. Die neue Frauenbewegung kämpft nicht mehr als Unterlegene um Gewährung selbstverständlicher Rechte, sondern sie fordert als gesellschaftlich integrierte Gruppe Gleichberechtigung in vielfältigen Initiativen ein. Frauenberatungsstellen, Frauenhäuser, Frauenforschung, internationale Frauenbegegnungen seien als Beispiele genannt. Der Bedeutungswandel von Emanzipation läßt erkennen, daß es auch historisch nicht zu einem eindeutigen Verständnis von Emanzipation kam. Die Begriffsgeschichte zeigt sozialen Wandel an, der von politischen Auseinandersetzungen begleitet ist. Jedes politisch-gesellschaftliche System hat seine eigene Emanzipationstheorie, sei sie nun ausdrücklich formuliert oder nicht, sie ist immer mit eingeschlossen.

Perspektiven

Aus dieser historischen Bedeutungsvielfalt lassen sich zentrale Perspektiven für den Emanzipationsprozeß der Frauen herausschälen. Die einzelnen historischen Etappen haben für die Frau verspätet und in wesentlichen Punkten noch keine Geltung erlangt. Zwar ist die formalrechtliche Gleichstellung der Frau nach langjährigen Kämpfen heute in den Lebensbereichen Familie, Beruf und Öffentlichkeit gesichert. Ebenso sind auf politisch-gesellschaftlicher Ebene Bildungsdefizite abgebaut worden, so daß die Frauen heute über bessere berufliche Qualifikationen verfügen. Dennoch ist ihre Gleichstellung im Beschäftigungsbereich noch keineswegs erreicht. Die rechtliche Gleichstellung sowie die gesellschaftlichen Verbesserungen sind unverzichtbar und weiter auszubauen. Sie können jedoch nur wirksam werden in Verbindung mit persönlicher Autonomie der einzelnen Frau, welche sich in innerer Unabhängigkeit und geistiger Eigenständigkeit ausdrückt. Hier ist der zentrale Kern von Emanzipation zu sehen. Erst die individuelle Entwicklung von Emanzipationsbewußtsein, in der die persönliche Lebenssituation und die gegebenen Umweltbedingungen gleichermaßen beachtet werden, kann dazu führen, daß sich Handlungsperspektiven erweitern und Entscheidungsmöglichkeiten eröffnen. Es geht darum, Abhängigkeiten bewußtzumachen und Emanzipationsideen handlungsleitend umzusetzen. Zunehmende Autonomie stärkt das Selbstbewußtsein der Frauen und ermöglicht einen selbständigen Umgang mit den Rollenerwartungen der Gesellschaft (Baus). Habermas (1976) beschreibt die Identitätsentwicklung allgemein als lebenslangen Prozeß, der über die „Rollenidentität“ (Bindung an traditionelle Rollenmuster) zur „Ich-Identität (autonome Integration eigener Interessen und Vorstellungen mit sozialen Anforderungen) führt.

Emanzipation beider Geschlechter

Was die Identitätsentwicklung der Frauen angeht, beinhaltet dies auch die Akzeptierung weiblicher Denkmuster, die in ihrer affektiv-kognitiven Ausrichtung stärker auf Verantwortung und Sorge für andere orientiert sind, wohingegen die rational-kognitiven männlichen Denkstrukturen stärker auf abstrakte Gerechtigkeit ausgerichtet sind (Gilligan; Colby/Kohlberg). Beide Denkmuster sind komplementär, und sie können sich je nach individuellen Neigungen und Entscheidungen unterschiedlich stark bei Mann und Frau ausbilden. Damit erweist sich die Entfaltung aller Fähigkeiten, der geistigen, emotionalen und handlungsleitenden, in der Emanzipationsentwicklung als wünschenswert und notwendig. Emanzipation der Frau ist konkret nur möglich mit der korrespondierenden Emanzipation des Mannes. Dies setzt voraus, daß jeder die Perspektive des anderen nachdenkend und einfühlend einzunehmen vermag und in bezug darauf seinen eigenen Standort bestimmt. Danach ergeben sich Rechte und Pflichten nicht mehr aus einem Unterordnungsverhältnis, sondern sie werden partnerschaftlich ausgehandelt. „Nur im partnerschaftlichen Miteinander der Geschlechter ist es möglich, eine menschlichere Welt zu schaffen" (Gutting). Dies sollte eigentlich für alle Lebensbereiche gelten. Dennoch geraten auch heute noch Frauen in den Konflikt, sich für Familie oder Beruf entscheiden zu müssen, zumal wenn die Ansprüche aus beiden Bereichen zeitweilig oder auf Dauer als unvereinbar erscheinen. Diese Konfliktsituation kann nur durch partnerschaftliche Arbeitsteilung in der Familie, durch gesellschaftliche Unterstützung der Familienaufgaben und beim Wiedereintritt in den Beruf erleichtert werden (Süssmuth). Es sei jedoch betont, daß nicht Beruf gleich Emanzipation und Familie gleich Nicht-Emanzipation ist. Der Beruf jedoch vermittelt in der Regel stärker emanzipatorische Impulse durch geforderte fachliche Qualifizierung, anerkannte Leistung, außerhäusliche Kontakte und eigenes Einkommen. Einige Berufsaspekte können daher zum Modell für die Emanzipation in der Familie werden.

Emanzipatorische Reife

Die Emanzipation der Frauen ist in dem Maße erreicht, in dem ihnen allgemein zugebilligt wird, daß sie auf dem Hintergrund ihrer spezifischen Lebenssituation und Interessen eigene Entscheidungen selbstverantwortlich und mit gesellschaftlicher Unterstützung treffen. Diese Entscheidungsfähigkeit muß jedoch in früher Kindheit gefördert und ein Leben lang in Auseinandersetzung mit eigenen und fremden Interessen weiterentwickelt werden. Dies kann auch für die einzelne Frau mit Ängsten und inneren Konflikten verbunden sein, woraus jedoch kein Argument gegen die Emanzipation der Frau geltend gemacht werden darf. Diese „kritischen Lebensereignisse" sind eher eine Chance für Weiterentwicklung. Besonders im Alter ist die Frau auf ihre erworbene emanzipatorische Reife verwiesen, vor allem wenn sie in einer veränderten Familiensituation lebt. Ihre Selbstdefinition und die Bestätigung durch andere muß sie stärker aus ihrer eigenen Lebenswelt entwickeln.

Aus der Erläuterung des Emanzipationsbegriffes und seines historischen Wandels läßt sich ableiten, daß sich die Emanzipation der Frau sowohl auf rechtlicher, politisch-gesellschaftlicher und psychosozialer Ebene vollziehen muß. Diese drei Bereiche bedingen, ergänzen und unterstützen einander. Konkret bedeutet das, daß Emanzipation nicht nur von außen gefordert, sondern innerlich mitvollzogen werden muß. In dieser Hinsicht ist den Frauen, den Männern und der Gesellschaft auch weiterhin eine zukunftsweisende Aufgabe gestellt.

Literatur: *Magdalena Baus,* Frauen verändern sich. Erfahrungen mit Ausbildungskursen zur Wiedereingliederung von Frauen in Büroberufe mit modernen Technologien (Speyer 1988); *Anne Colby / Lawrence Kohlberg,* The Measurement of Moral Judgement, Bd. I: Theoretical Foundation and Research Validation (Cambridge / Mass. 1987); *Marina Gambaroff,* Emanzipation macht Angst, in: Kursbuch 47 (Berlin 1977); *Carol Gilligan,* Die andere Stimme. Lebenskonflikte und Moral der Frau (München 1984); *Karl Martin Grass / Reinhart Koselleck,* „Emanzipation", in: Geschichtliche Grundbegriffe. Historisches Lexikon zur politisch-sozialen Sprache in Deutschland, Bd. 2 (Stuttgart 1975) 153–197; *Martin Greiffenhagen,* Emanzipation (Hamburg 1973); *Ernst Gutting,* Offensive gegen den Patriarchalismus (Freiburg i. Br. [4]1988); *Jürgen Habermas,* Erkenntnis und Interesse (Frankfurt a.M. 1968); *ders.,* Moralentwicklung und Ich-Identität, in: ders., Zur Rekonstruktion des Historischen Materialismus (Frankfurt a.M. 1976); *Günter Hartfiel* (Hrsg.), Emanzipation. Ideologischer Fetisch oder reale Chance? (Opladen 1975); *Hedda Herwig,* Formen des Emanzipationsbegriffs. Zur Kritik der unbestimmten Selbstverwirklichung (München 1980); *Theodor Gottlieb v. Hippel,* Über die bürgerliche Verbesserung der Weiber (Berlin 1792); *Eckhard Meinberg,* Das Menschenbild der modernen Erziehungswissenschaft (Darmstadt 1988); *Jutta Menschik* (Hrsg.), Emanzipation der Frau. Grundlagentexte (Köln 1976); *Trutz Rendtorff,* Emanzipation und christliche Freiheit, in: Franz Böckle u.a., Christlicher Glaube in moderner Gesellschaft, Bd. 18 (Freiburg i.Br. 1982) 149–179; *Karl Hermann Scheidler,* Art. Emanzipation, in: Ersch / Gruber, Allgemeine Encyclopädie der Wissenschaften und Künste. 1. Sect. Bd. 34 (Leipzig 1840), Nachdruck in: *Martin Greiffenhagen,* a.a.O. 48–74; *Rita Süssmuth,* Frauenemanzipation und Familie, in: Helge Pross / Ursula Lehr / Rita Süssmuth, Emanzipation und Familie (Hannover 1981); *Daniela Weiland,* Geschichte der Frauenemanzipation in Deutschland und Österreich (Düsseldorf 1983). MAGDALENA BAUS

Emotionalität und Rationalität

↗ Begabung; Bildung; Diskriminierung; Erziehung; Ethik, weibliche; Frauengeschichte; Frauenrollen / Frauenleitbilder; Ganzheitlichkeit; Geschlechtsidentität; Glauben; Identität, weibliche; Kultur; Mann; Männerbilder; Menschenbild; Mystik; Philosophie, feministische; Sexismus; Sichtweise, weibliche; Sophia; Sozialisation; Wissenschaft

Stabile Begründung von Herrschaft

„Das logische Denken ist eine der Stärken des Mannes, Gefühl und Intuition bilden die geheimnisvolle, doch nicht ganz ernst zu nehmende Domäne der Frau. Sie fühlt mehr mit der rechten Gehirnhälfte, er denkt mit der linken." Empirische Untersuchungen mögen solche Mischung aus Vorurteil und kulturellen Tatsachen bestätigen. Es dürfte sich bei solchen Befunden jedoch nicht um eine Naturgegebenheit, sondern um eine *kulturspezifische* Erscheinung handeln. Interkulturelle Vergleiche sind schwer: Zum einen hat unsere westliche Rationalität heute die ganze „gebildete" Welt erfaßt, zum anderen stellt die westliche Kultur nicht die einzige patriarchalisch geprägte dar.
Setzt man aber eine rationalistische, d.h. von einem logischen und technisch effizienten, auf Beobachtung und Mathematik beruhenden Denken geprägte Lebensform voraus, dann ist scheinbar rationale Begründung des Patriarchats die stabilste und am wenigsten anfechtbare.

Geschichte der Trennung

Die Entgegensetzung von Rationalität und Emotionalität ist so alt wie der abendländische Rationalismus selbst. Unter Rationalismus wird hier nicht der ausgiebige und genaue Gebrauch der Ratio überhaupt verstanden, sondern deren *ideologischer* Mißbrauch dort, wo sie die anderen Vermögen, darunter das Fühlen, dominiert. Dadurch kommt aber auch die Ratio, d.h. das Denkvermögen selbst, in verkehrter Weise zum Einsatz. Es besteht gerade *kein Entweder-Oder* im richtigen Gebrauch beider Vermögen. Die ganze abendländische Philosophie – seit den vorsokratischen Sophisten über Sokrates, Platon, Aristoteles hinweg ins christliche Mittelalter hinein und dann erst recht – ist rationalistisch in dem Sinne, daß sie dem Gefühl keinen angemessenen Platz unter den *Erkenntnis*vermögen einräumt. Bei Platon etwa hat es zwar seinen Platz unter den Seelenvermögen (thymia/Mut, Gemüt), doch Erkenntnis bleibt der sinnlichen Wahrnehmung und vor allem dem Denken überlassen. Unter den vorsokratischen Philosophen stellt Pythagoras und seine (bald unterdrückte) „esoterische" Geheimschule eine Ausnahme dar: durch eine ganzheitliche Einheit von Theorie und Lebensweise, durch Einbeziehen des musikalischen und sonstigen sinnlichen Empfindens sowie der Intuition. Später wird das Gefühl nur noch über die *Verbündung mit dem religiösen Glauben* etwas mit Erkenntnis zu tun haben (auch wenn Glauben offiziell nicht als Gefühl galt): Kompensation an Erkenntnis außerhalb der männlichen Rationalität als eine Grundlage für die engere Beziehung der Frauen zur Kirche!

Gegeninstanzen gegen die große rationalistische Strömung gab es jederzeit, doch blieben sie entweder der Hauptströmung innerlich verhaftet wie der englische Sensualismus und Empirismus, oder sie wurden ins spezifisch Theologische abgedrängt wie das Denken der Mystiker/innen sowie die Gefühlsphilosophie eines F. H. Jacobi oder eines F. Schleiermacher.

Kulturelle Konsequenzen

Im philosophischen Deutschland wurde beim „Untergang des Abendlandes" (O. Spengler 1918ff.) ausgesprochen, was im übrigen Europa nicht minder galt und gefühlt wurde: daß der „Geist" der „Widersacher der Seele" sei (L. Klages). Das aufschäumende nationale Gemeinschaftsgefühl war verbunden mit dem Haß gegen die seelenlose „westliche" Rationalität. Der technische Rationalismus erwies sich dagegen als machtlos. Deutschlands und Europas Schicksal, das der ganzen westlichen Kultur läßt sich zwanglos am Leitfaden der nicht überbrückten Kluft von Rationalität und Emotionalität interpretieren.

Das Stichwortpaar „Rationalität und Emotionalität" übersteigt also bei weitem die feministische Problematik, zeigt aber zugleich deren zentrale Bedeutung – eben wegen der ideologischen Verteilung der auch in sich halbierten Vermögen auf die beiden Geschlechter. Erst wenn diese Halbierung erkannt und zumindest tendenziell aufgehoben wäre, könnte sinnvoll gefragt werden, ob eine gewisse natürliche (nicht bloß kulturspezifische) Affinität des Mannes zum rationalen Denken und der Frau zum Gefühl gegeben ist und deshalb kulturelle Verstärkung verdient.

Wertungen des Fühlens

Eine philosophisch-psychologische Theorie der menschlichen Vermögen oder auch nur der Erkenntnisvermögen stellt vor große Schwierigkeiten: Denn das Denken muß sich selbst und alle anderen Vermögen definieren. Bei Kant, dem beherrschenden Erkenntnistheoretiker der letzten zweihundert Jahre, gibt es den Dualismus der beiden Erkenntnisstämme *Sinnlichkeit* und *Verstand.* Gefühl kommt nicht als eigentliches Erkenntnisvermögen vor, sondern erst als Hilfsmittel der ästhetischen Urteilskraft (in der dritten Vernunftkritik): als Gefühl der Lust und Unlust. In Kants Kategorienlehre sind Werturteile, die auf Gefühlen gründen, nicht vorgesehen (zur Kritik vgl. Heinrichs 1986).

Der Soziologe Max Weber fragt nach der Legitimation sozialen Handelns und gesellschaftlicher Institutionen. Er stellt eine vierfache Skala der Rationalität auf: 1. traditionales, 2. affektuelles (emotionales), 3. zweckrationales, 4. wertrationales Handeln. Das emotional gesteuerte Handeln schätzt er sozial für weniger wertvoll ein als das rationale. Er beantwortet aber kaum die entscheidende Frage, wie wertrationales Handeln begründet ist, stellt also nicht die Verbindung zwischen emotionaler und wertrationaler Begründung her. Welchen Werten auf den jeweiligen Stufen vom einzelnen der Vorrang gegeben wird, darüber aber kann nur das Wertfühlen des einzelnen entscheiden, der seine Wertungen in einen interpersonalen Dialog einbringen muß, wenn die Wertungen intersubjektiv akzeptiert werden sollen. Die Gründe für die meisten menschlichen und zwischenmenschlichen Angelegenheiten sind werthafter Natur, und Werterfassung geschieht durch fühlende Teilhabe. Kein Wunder, daß unsere gefühlskalte Gesellschaft in einer epochalen Wertkrise steht. Allerdings stünde es auch nicht besser um sie, wäre sie weniger gefühlskalt, ohne aber die Gefühle mit der Rationalität zu verbinden.

Verbindungen von Fühlen und Denken

C. G. Jung unterscheidet vier Funktionen des erkennenden Weltkontaktes, die strukturell so charakterisiert werden können: 1. *Empfinden:* das Aufnehmen des unmittelbar Gegebenen; 2. *Denken:* das Verbinden des Gegebenen und Erfassen der Beziehungen; 3. *Fühlen:* das wertende In-Bezug-Setzen des Empfundenen und Gedachten zum Subjekt; 4. *Intuition:* die Fähigkeit, Möglichkeiten am Gegebenen (am Empfundenen, Gedachten, Gefühlten) aus dem Unbewußten ahnend zu erfassen oder produktiv zu entwerfen. Jung sieht im Fühlen eine ebenso rationale Funktion wie das Denken, hält es allerdings für unmöglich, daß ein Denktyp „gleichzeitig" so differenziert fühlt wie ein Fühltyp, der wiederum nicht ebenso differenziert denken könne. Dies ist nur als kulturbedingt nicht grundsätzlich einzusehen.

Die Intuition hängt eng mit dem Wollen zusammen, weshalb A. Keyserling die Reihe aufstellt: Empfinden, Denken, Fühlen, Wollen. Jedoch ist Wollen selbst kein Erkenntnisvermögen mehr, sondern dynamisiert alle Erkenntnis und gehört dem Übergang von der Erkenntnis zum Handeln an. Es muß unterschieden werden, ob man von der Ebene der beiläufig-spontan *gelebten Erkenntnis (gelebte Reflexion:* Das „Ich denke" begleitet, unausdrücklich reflektierend, all meine Vorstellungen) oder von der Ebene der *ausdrücklichen Reflexion (Nach-Denken)* ausgeht. Auf der ersten Ebene lautet die Reihe wie oben, auf der zweiten Ebene jedoch: 1. Beobachtung der Empfindungen, 2. Selbstbeobachtung im Hinblick auf Gefühle, 3. objektivierendes Denken, 4. Wollen/Entscheiden.

Auf der *Ebene der gelebten Erkenntnis* steht das Fühlen höher als das Denken. Fühlen setzt gelebtes Denken voraus und geht wertend, d.h. den Subjektbezug herstellend, über das empfindend und denkend Erfaßte hinaus. Auf der Ebene des ausdrücklichen *Nachdenkens* jedoch schließt das Denken die Gefühle ein, indem es sie, wie alle anderen Inhalte, *objektiviert.* Auf dieser Ebene kann das Denken nur durch Wollen, Entscheiden, Handeln überboten werden. In der objektivierenden Kraft des Denkens als Nach-Denken liegt nun der gesuchte Grund, weshalb es sich zum Herrschaftsmittel eignet und warum sich mit dem Siegeszug des abendländischen Rationalismus eine unerkannt bleibende Form des Patriarchats stabilisieren konnte. Denn objektivieren heißt distanzieren und potentiell verfügen, beherrschen. Hat das mehr mit der männlichen als mit der weiblichen Rolle zu tun? Geschichtlich jedenfalls wohl mit der männlichen. Als innerer Grund dürfte hinzutreten, daß *solches Verfügungsdenken sich mit der körperlichen Kraft und Verfügungsgewalt verbinden* kann.

Aufgaben

Hier liegt eine vordringliche *praktisch-pädagogische Aufgabe:* Keine der seelischen Funktionen kann ohne Schaden auch für sich selbst die anderen unterdrücken, selbst wenn sie zeitweilig oder meist „Hauptfunktion" (C. G. Jung) sein mag. Deshalb ist es auch kein fruchtbarer Weg, Rationalität abzuwerten, ohne sie vom Rationalismus zu unterscheiden. Eine Verteilung von Emotionalität und Rationalität auf die Geschlechter kommt bei richtigem Verständnis beider, zumal bei Einbeziehung von Intuition und Empfindung, nicht als „naturgegeben" in Betracht. Hier muß die Geschlechterpädagogik ansetzen: Arten der partnerschaftlichen Ergänzung dürfen nicht konstant auf die alte Rollenverteilung hinauslaufen. Etwas anderes ist *symbolische Analogie,* beruhend auf dem aktiven („männlichen") Charakter des Denkens auf beiden Ebenen und der vornehmlich rezeptiv-verarbeitenden, aber wertend engagierten („weiblichen") Art des Fühlens. Bezieht man dabei Empfindung für die Kindheit und Intuition für das Alter ein, so ist man gegen die Verwechslung von symbolischer Analogie mit Rollenverteilung stärker gewappnet.

Literatur: *Gotthart Günther,* Idee und Grundriß einer nicht-Aristotelischen Logik (Hamburg [2]1983); *Johannes Heinrichs,* Die Logik der Vernunftkritik. Kants Kategorienlehre in ihrer aktuellen Bedeutung (Tübingen 1986); *ders.,* Die Liebe buchstabieren. Stichworte zu einem Menschheitsthema (Frankfurt a.M. 1987); *Agnes Heller,* Theorie der Gefühle (Hamburg 1980); *Carl Gustav Jung,* Über Grundlagen der analytischen Psychologie (Frankfurt a.M. 1983); *ders.,* Psychologische Typen, in: Ges. Werke VI (Olten 1967); *Arnold Keyserling,* Vom Eigensinn zum Lebenssinn. Neue Wege der ganzheitlichen Pädagogik (Wald [2]1984); *Genevieve Lloyd,* Das Patriarchat der Vernunft. „Männlich" und „weiblich" in der westlichen Philosophie (Bielefeld 1985); *Dieter E. Zimmer,* Die Vernunft der Gefühle (München [2]1984). JOHANNES HEINRICHS

Empfängnisverhütung

↗ Ehe; Elternschaft; Emanzipation; Familienplanung; Fortpflanzungsmedizin; Ganzheitlichkeit; Geburt; Gesundheit; Kinder; Kinderlosigkeit; Kinderwunsch; Leihmütter; Medizin; Menstruation; Mütterlichkeit; Mutterschaft; Schwangerschaft; Schwangerschaftsabbruch; Sexualität; Sterilisation; Vaterschaft; Zyklus / Zyklen

Ganzheitliche Sichtweise

Empfängnisverhütung oder besser Empfängnisregelung sollte ganzheitlich gesehen werden. Die Erörterung von medikamentösen und gerätetechnischen Befruchtungshindernissen muß erweitert werden um den individualpsychologischen und soziologischen Gesichtspunkt. Das Wissen um die Körpervorgänge bei einer Empfängnis stellt nur die Basis dar für eine adäquate Auseinandersetzung mit der eigenen Sexualität, der Beziehungsstruktur in der Partnerschaft und dem eigenen Rollenverständnis wie der Rollenzuweisung. Eine rein technische Beratung zur Empfängnisverhütung wird dieser Komplexität nicht gerecht, wie die hohe Anzahl ungewollter Schwangerschaften trotz praktikabler und sicherer Mittel und Methoden zur Empfängnisverhütung zeigt. Auch die von der Frau anzuwendenden Verfahren wie Pille und Spirale brachten keine grundlegende Änderung. Sahen die Verfechter und Verfechterinnen in dem neuen Anwendungsmonopol durch die Frau die Befreiung von männlicher Abhängigkeit und einen Schritt auf dem Weg zur selbstbestimmten weiblichen Sexualität, so warnten andere vor der Gefahr der Verfügbarkeit des weiblichen Körpers. Bei einem Geschlechterkampf auf dem Felde der Schwangerschaftsverhütung kann es nur Verlierer geben: Männer, Frauen und deren ungewollte Kinder. Man überdenke die Äußerungen eines Sexualwissenschaftlers 1986 auf einem Symposium zum 25jährigen „Pillenjubiläum": „Früher lag die Tatherrschaft für die Kontrazeption mit Kondom und Coitus interruptus beim Mann. Heute bestimmt die Frau, ob sie die Pille nehmen oder sich die Spirale entfernen lassen will, um gegebenenfalls den Mann mit einer Schwangerschaft nach ihren Wünschen zu überraschen." Oder an anderer Stelle: „Ohne Kontrazeption keine Emanzipation." Erfreulicherweise sind aber auch Ansätze vorhanden, Empfängnisregelung als „geschlechtsübergreifende" Aufgabe zu verstehen.

Wahl der „richtigen" Methode

Wir beobachten ein zunehmendes Interesse für eine natürliche Familienplanung. Doch die gemeinsame Verantwortung ist nicht an eine Methode gebunden. So kann nicht nur die Zeitwahlmethode mit Zyklusbeobachtung und Enthaltsamkeit während der fruchtbaren Tage auf der Basis partnerschaftlichen Verständnisses zur Anwendung kommen, sondern auch andere Verfahren. Vor- und Nachteile müssen vor einer Entscheidung abgewogen werden. Die Akzeptanz ist abhängig von körperlichen wie auch psychischen Voraussetzungen bei Mann und Frau und dem Erfordernis der individuellen kontrazeptiven Verläßlichkeit. Klarzustellen ist aber, daß heute jedes Verhütungsmittel weniger risikoreich für Körper und Seele ist als eine ungewollte Schwangerschaft, die in einem Abbruch endet. Von den bei uns am häufigsten angewendeten Verhütungsmitteln: Pille und Spirale, müssen neben den unzweifelhaft vorhandenen Vorteilen wie hohe Verhütungssicherheit und Reversibilität, auch die typischen Risiken aufgezeigt werden: bei der Pille ein leicht erhöhtes Risiko für Blutgefäßveränderung mit der Gefahr der Gerinnselbildung insbesondere für Raucherinnen über 35 Jahre. Bei der Spirale muß möglicherweise eine erhöhte Infektionsrate im Bereich der Geschlechtsorgane in Betracht gezogen werden. Immerhin stellt die Eileiterverklebung als Folge einer Entzündung oder der Verlust der Eileiter nach einer Operation wegen einer Eileiterschwangerschaft die zweithäufigste Ursache für ungewollte Kinderlosigkeit bei der Frau dar. Hinzu kommen ethische Bedenken, da die Spirale lediglich die Einnistung des Embryos in die Gebärmutter verhindert, nicht aber die Befruchtung der Eizelle selbst. Zur Sterilisation der Frau, dem gewollten operativen Eileiterverschluß oder Eileiterdurchtrennung, ist anzumerken, daß der Eingriff nahezu irreversibel ist und bei bestimmten Verfahren das Risiko der Hormonstörung im Sinne vorverlegter Wechseljahre nicht auszuschließen ist. Die Anwendung von nicht-eindringenden Barrieremethoden wie Diaphragma oder Kondom setzt Übung und Eingewöhnung und den Abbau unbewußter Widerstände voraus. Was bei allen anderen Verfahren sozusagen antizipiert wurde, muß bei diesen Methoden situationsbezogen nachgeholt werden: das Nein zur Schwangerschaft jetzt und heute trotz des Ja zur Sexualität und zum Partner. Neben Anwendungsfehlern sind sicher auch „Weglaßfehler“ für das relativ schlechte Abschneiden auf der Skala des Pearl-Index (Schwangerschaftsraten bezogen auf Verhütungsmittel pro 1200 Anwendungszyklen) verantwortlich zu machen.

Für viele katholische Ehepaare spielt das „Plädoyer“ der päpstlichen Enzyklika „Humanae Vitae“ für natürliche Methoden der Empfängnisverhütung und gegen „künstliche“ (also vor allem die „Pille“) eine gewichtige Rolle in der Entscheidungsfindung.

Neue Sichtweise

Erschien noch am 5. 9. 1963 in der Zeitung „Die Welt“ das Zitat „Wir Ärzte müssen über die Empfängnisverhütung sprechen“, so sind wir in den vergangenen Jahren des „Pillenzeitalters“ doch so weit vorangekommen, daß wir fordern: Wir *Frauen und Männer* müssen miteinander über Empfängnisregelung sprechen und uns eine Gesellschaft schaffen, in der dem gewandelten Rollenbild der Frau Rechnung getragen wird und in der das „Kinderkriegen“ und das „Kinderhaben“ Freude macht und vereinbar ist mit anderen Lebensbereichen für die Frau.

Literatur: *Arbeitsgruppe NFP,* Natürlich und sicher. Leitfaden zur natürlichen Familienplanung (München 1987); *The Boston Women's Health Book Collective,* Unser Körper unser Leben (Hamburg 1980); *Gerhard K. Döring u. a.,* Ergebnisse einer repräsentativen Umfrage zum Familienplanungsverhalten in der Bundesrepublik Deutschland 1985, in: Geburtshilfe und Frauenheilkunde 12 (1986) 857–920; *Elisabeth Beck-Gernsheim,* Die Kinderfrage. Frauen zwischen Kinderwunsch und Unabhängigkeit (München 1988); *Hans-H. Riedel / Heike Langenbucher,* Diagnostik und Therapie ovarieller Ausfallserscheinungen (Berlin 1987); *Benno Runnebaum u. a.,* Gynäkologische Endokrinologie (Berlin 1986); *Winfrey Strachan,* Sexual- und Gesundheitsatlas der Frau (München 1986); *Rheinhard Wille* in: Hammerstein, 25 Jahre hormonelle Kontrazeption aus Berlin (Amsterdam 1986).

HEIKE LANGENBUCHER

Entwicklungshilfe

↗ Abhängigkeit; Armut; Befreiungstheologie; Dritte Welt; Eheformen; Familienplanung; Frauenhandel / Mädchenhandel; Menschenrechte; Sextourismus

Nichtbeachtung von Frauen

Frauen in der Dritten Welt wurden von der Entwicklungshilfe bis vor kurzem nicht als Zielgruppe anerkannt, da man fälschlicherweise das Bild der europäischen Kleinfamilie z. B. auf afrikanische Familien übertrug und sich von allen Maßnahmen, die man an den Mann richtete, eine Verbesserung der Familiensituation versprach. Die geschlechtsspezifische Arbeitsteilung in Entwicklungsländern setzt aber eine aktive Rolle der Landfrau als Produzentin voraus. Aufgrund der Nichtbeachtung ihrer diversen Aufgabenbereiche verringerte sich ihre Arbeitsbelastung bei Einführung neuer Produktionsverfahren und Technologien nicht (größere mit dem Traktor bearbeitete Landflächen bedeuten mehr Unkrautjäten etc.). Ausbildung richtete sich an Männer, und somit haben Frauen in Bereichen, die eine formale Ausbildung verlangen, kaum Chancen, Arbeit zu finden. Landwirtschaftliche Beratungsdienste wurden etwa nur auf die Verkaufsfrüchteproduktion der Männer ausgerichtet; Frauen bleiben in der mit niedriger Produktivität behafteten Arbeit, die das Überleben sichern und die Familie ernähren soll. Traditionelle Landnutzungsrechte wurden durch individuelle Eigentumsrechte für männliche Haushaltsvorstände aufgelöst, Ungleichheiten der Geschlechter verfestigt.

Verstärkte Einbindung

Diese wichtigen Zusammenhänge wurden während der von den Vereinten Nationen durchgeführten Weltfrauendekade (1975 – 1985) in vielen empirischen Studien belegt, und man forderte die verstärkte Einbindung der Frauen in Projekte der Entwicklungszusammenarbeit. Die personelle Ausstattung der Entwicklungshilfeorganisationen, in denen bis heute wenige Frauen in Entscheidungspositionen arbeiten, verstärkte immer wieder die Tendenz, männliche Haushaltsvorstände als Ansprechpartner der Entwicklung zu wählen. Die Kommunikationsstrukturen waren und sind immer noch primär durch einen Informationsfluß zwischen Männern geprägt, die Probleme und Wünsche der Frauen werden deshalb ungenügend in die Planung der Projekte integriert. Die Frauenförderung ist, so das bundesdeutsche Ministerium für wirtschaftliche Zusammenarbeit, integraler Bestandteil deutscher Entwicklungspolitik, und seit 1988 gibt es ein neues Referat „Übersektorale Grundsatzfragen, Frauen-, Familien- und Jugendfragen“, in dem eine Referentin ganztags und ein Referent zu 50% seiner Arbeitszeit die Interessen der Frauen bei Planung und Realisierung von Projekten durchzusetzen hat. Die schweizerische Entwicklungsorganisation Swissaid geht von allgemein formulierten Grundsätzen aus und arbeitet stark personenorientiert, d.h., jeder Projektverantwortliche bestimmt das individuelle Engagement in der Projektarbeit. Um dies zu verändern, wurde 1981 eine auf fünf Jahre befristete Frauenstelle eingerichtet, die neben der Sensibilisierungsarbeit eine Projektuntersuchung zur Aufgabe hatte. Man stellte fest, daß Projekte mit Frauenkomponenten und Frauenprojekte Frauen durch einkommenschaffende Maßnahmen und Bildung/Ausbildung ansprechen, hingegen im Landwirtschafts-, Bewässerungs- und Wasserversorgungsbereich sie zu wenig einbeziehen. Ähnliche Ergebnisse lassen sich für die deutsche staatliche und kirchliche Entwicklungshilfe festhalten: Frauenförderung wurde in komplementären Produktionsbereichen der Hauswirtschaft und Reproduktion durchgeführt. Die Tendenz zur Konservierung einer traditionellen Frauenrolle (Hausfrau und Mutter) ist gegeben, da ihre Rolle als Produzentin und Erwerbstätige vernachlässigt wurde. Diese Erfahrungen führen nunmehr dazu, die ökonomischen Rollen der Frauen in der staatlichen und kirchlichen Entwicklungszusammenarbeit stärker zu berücksichtigen.

Andere Projektprioritäten

Nichtregierungsorganisationen wie Terre des Hommes argumentieren deshalb, daß sie eine verstärkte Förderung von Projekten, die von Frauen getragen und verantwortlich durchgeführt werden, implementieren wollen. Dadurch können sich andere Projektschwerpunkte ergeben, da Frauen aus ihrem Lebenshintergrund andere Projektprioritäten setzen als Männer. Relevante Sektoren für die Frauenförderung sind Landwirtschaft (Grundnahrungsmittel) und Vermarktung, Stärkung von Selbsthilfeorganisationen, Institutionenförderung, Bildung/Ausbildung, Gesundheit und Ernährung. Bei allen Projekten und Programmen sind Frauen an Planung und Durchführung zu beteiligen – nicht nur als Auszuführende, sondern als politisch Partizipierende. Nur durch diese aktive Partizipation kann sich Frauenförderung in allen Bereichen der Entwicklungszusammenarbeit entfalten. Dies gilt für Industrie- und Entwicklungsländer.

Literatur: *Bundesministerium für wirtschaftliche Zusammenarbeit,* Frauenförderung in der Entwicklungszusammenarbeit. Informationsvermerk für den Bundestagsausschuß für wirtschaftliche Zusammenarbeit (akt. Fassung 1. 7. 86); *Theodor Dams,* Entwicklung, Entwicklungspolitik, in: Staatslexikon, Bd. 2 (Freiburg i. Br. [7]1986) 294 – 329; *Carola Donner-Reichle,* Frauenförderung in der Entwicklungspolitik. Hindernisse in „Erster" und „Dritter" Welt, in: Friedrich-Ebert-Stiftung (Hrsg.), Vierteljahresberichte Nr. 101, Sept. 1985, 259 – 271; *Carola Donner-Reichle / Gudrun Graichen-Drück,* Frauenförderung. Administrative Voraussetzungen in der Dritten Welt und Hier, in: epd-entwicklungspolitik 20/86, 16 – 18; *GATE (Deutsches Zentrum für Entwicklungstechnologien) / GTZ (Deutsche Gesellschaft für Technische Zusammenarbeit),* Frauenförderung in der technischen Zusammenarbeit. Situation, Ziele, Konzeption und Instrumente (Eschborn 1986); *Walter Schug,* Die Rolle der afrikanischen Frau im Entwicklungsprozeß, in: Universitas 5 (1988) 578 – 588; *Swissaid (Schweizerische Stiftung für Entwicklungszusammenarbeit),* Vergeßt die Frauen nicht. Frauen in der Swissaid-Projektarbeit (Bern 1986).
CAROLA DONNER-REICHLE

Erwerbstätigkeit

↗ Abhängigkeit; Arbeit; Arbeitslosigkeit; Arbeitsrecht; Aufstiegschancen; Ausbildung; Beruf; Chancengleichheit; Frauenberufe; Gewerkschaften; Hausfrauen; Job-sharing; Leistung; Mädchen-/Frauenschutz; Mutterschutz; Selbständige; Soziale Sicherung; Tagesmütter; Technik / Technologien; Wiedereingliederung; Wirtschaft

Entwicklung der Erwerbstätigkeit

In der Bundesrepublik Deutschland, in Österreich und der Schweiz erfolgte im langfristigen Verlauf eine Zunahme der Wohnbevölkerung, die zu einem höheren Angebot an Arbeitskräften führt. Von 1961 – 1985 erfolgte Zuwachs bzw. Abnahme bei Männern und Frauen jeweils gleicherweise. Die Zahl der erwerbstätigen Frauen stieg von 1971 auf 1985 um 1 Mio. auf 10 Mio., bei Männern nahm die Erwerbstätigenzahl ab. Die Erwerbsquoten stiegen insbesondere bei verheirateten und geschiedenen Frauen. Fast die Hälfte aller verheirateten Frauen sind Erwerbspersonen, von den geschiedenen Frauen gut drei Viertel. 1985 waren 2,3 Mio. Frauen mit Kindern erwerbstätig. Ihre Erwerbsquote hat deutlich zugenommen und liegt seit 1980 in den einzelnen Jahren bis zu 5 %-Punkten über der der Frauen insgesamt. Frauen mit Kindern – nicht nur in der Land- und Forstwirtschaft – stehen überproportional im Erwerbsleben. Auch in *Österreich* verlief das Auf und Ab an Erwerbstätigen bei Männern und Frauen jeweils parallel. Der Bestand an erwerbstätigen Männern lag 1984 etwas höher, bei Frauen etwas niedriger als 1961. In der *Schweiz* waren von 1970 – 1980 Männer den Schwankungen des Arbeitsmarktes stärker unterworfen als Frauen. Die Erwerbstätigkeit der Frauen nahm um rd. 10 Prozentpunkte zu, bei Männern um 4 Prozentpunkte ab.

Stellung im Beruf nach Wirtschaftsbereichen

In der *Land- und Forstwirtschaft* sind trotz rückläufiger Zahl der erwerbstätigen Männer zu 60 % als Selbständige tätig, Frauen zu rd. 10 %. Sie arbeiten zu 70 – 80 % als mithelfende Familienangehörige. In *Österreich* hat trotz

Abnahme der Erwerbstätigenzahl besonders bei Frauen eine Verschiebung von den mithelfenden Familienangehörigen zur selbständigen Führung eines land- und forstwirtschaftlichen Betriebes stattgefunden. Mehr als 40% der Frauen waren 1985 selbständig. Auch in der Schweiz erfolgte eine Abnahme der Erwerbstätigen. Der Anteil der selbständigen Frauen lag 1970 bei 7% und sank bis 1980 auf 4,5% ab. Die abhängige Beschäftigung überwiegt. Im *verarbeitenden Gewerbe* herrscht in der Bundesrepublik Deutschland die abhängige Beschäftigung mit rd. 95% vor. Männer haben einen Selbständigen-Anteil von 5–7% (1985: 518000); Frauen erreichen 1–3% (1985: 67000). Der Anteil der mithelfenden Familienangehörigen liegt auch bei Frauen nur noch bei 2%. Um für das Alter und gegen Arbeitslosigkeit versichert zu sein, wird eine abhängige Beschäftigung beim selbständigen Familienmitglied bevorzugt. In *Österreich* und der *Schweiz* hat sich die Struktur nach der Stellung im Beruf ähnlich entwickelt wie in der Bundesrepublik Deutschland. *Handel und Verkehr* verzeichneten in der Bundesrepublik eine Zunahme der abhängig beschäftigten Frauen um 580000 auf 1,9 Mio. Die Zahl der mithelfenden Familienangehörigen ist rückläufig. Bei den selbständigen Frauen ist nach zunächst abnehmender Tendenz seit 1982 ein Anstieg zu verzeichnen, 1985 war jede 12. erwerbstätige Frau selbständig. In *Österreich* arbeitete 1971 jede 7. Frau im Handel auf eigene Rechnung, bis 1985 nahm wie bei Männern der Anteil der selbständigen Frauen ab; dennoch liegt er mit 9% höher als in der Bundesrepublik Deutschland. In der *Schweiz* ist die Tendenz zur Selbständigkeit rückläufig zugunsten einer abhängigen Erwerbstätigkeit. In der Bundesrepublik Deutschland sind im *Dienstleistungsbereich* mehr Frauen als Männer beschäftigt. Die Zahl der abhängig beschäftigten Frauen stieg bis 1985 auf 4,5 Mio. an, das ist nahezu eine Verdoppelung gegenüber 1961. Jede 17. Frau war als Selbständige tätig. Es gibt einen Rückgang an mithelfenden Familienangehörigen und weitgehende Umwandlung in ein Arbeitnehmerverhältnis. In *Österreich* sind im Dienstleistungsbereich mehr Männer als Frauen beschäftigt. Erheblicher Zuwachs an Erwerbstätigen, der sich auch auf Selbständige und mithelfende Familienangehörige bezieht. In der *Schweiz* sind 95% abhängig beschäftigt.

Stellung im Beruf nach Berufsgruppen

Konzentration auf fünf Berufsgruppen mit mehr als 50% aller erwerbstätigen Frauen: Bürofach-, Bürohilfskräfte, Warenkaufleute, übrige Gesundheitsdienstberufe, landwirtschaftliche Arbeitskräfte, Reinigungsberufe. In den Fertigungs- und technischen Berufen sind Frauen bisher nicht nennenswert als *Selbständige* tätig. Anders im Dienstleistungsbereich. *Verbeamtet* ist jeder 9. erwerbstätige Mann, aber nur jede 25. erwerbstätige Frau. Die Berufsgruppe Lehrer hat den höchsten Anteil an Beamten, Lehrerinnen sind nur zu knapp 70% verbeamtet. Auffallend in der Berufsgruppe Bürofach-, Bürohilfskräfte: Gut 20% der erwerbstätigen Männer, nur 4% der Frauen sind verbeamtet. Frauen sind nicht so häufig wie Männer mit hoheitsrechtlichen Aufgaben betraut. Das *Angestelltenverhältnis* überwiegt bei Frauen gegenüber Männern u.a. in den Berufsgruppen Warenkaufleute, Dienstleistungskaufleute, Ärzte/Apotheker, übrige Gesundheitsdienstberufe, sozialpflegerische Berufe. Deutlicher Zuwachs an beschäftigten weiblichen Angestellten in den Berufsgruppen Bürofach-, Bürohilfskräfte, Gesundheitsdienstberufe, sozialpflegerische Berufe, Bank- und Versicherungskaufleute. Die Zahl der Buchhalterinnen nahm ab, die Zahl der Datenverarbeitungsfachleute zu. Der *Arbeiterstatus* liegt in verschiedenen Berufsgruppen der Fertigungs- und Dienstleistungsberufe anteilmäßig bei Frauen deutlich höher als bei Männern. Verlust von 11 % der Arbeitsplätze in den Fertigungsberufen und Zuwachs an Arbeitsplätzen für Arbeiterinnen in den Dienstleistungsberufen, vor allem in den Berufsgruppen Warenkaufleute, Bürofach-, Bürohilfskräfte, übrige Gesundheitsdienstberufe. Kürzere Kündigungsfristen für Arbeiter/innen gegenüber Angestellten ermöglichen Betrieben größere Flexibilität der Beschäftigungskapazität, für Arbeitnehmer/innen geringeren Zeitspielraum bei der Suche nach einem Anschlußarbeitsplatz. Die zugänglichen amtlichen Daten sind in *Österreich* und der *Schweiz* anders aufbereitet und lassen keinen unmittelbaren Vergleich zu.

Berufliche Qualifikation

Die Erwerbstätigenquote der Frauen mit beruflicher Qualifikation ist gestiegen, dagegen bei Frauen ohne Berufsausbildung gefallen. Ein Drittel der erwerbstätigen Frauen hatte 1982 keinen beruflichen Bildungsabschluß (Männer knapp 20 %). Die Erwerbstätigenquote der Frauen liegt unabhängig vom Familienstand um so höher, je höher die Qualifikationsstufe ist. Auch das Alter wirkt sich auf die Erwerbstätigenquote aus. Vereinbarkeit von Familie und Beruf ist für Frauen um so eher zu „managen“, je höher der erreichte Bildungsgrad ist. Auch der Wiedereintritt in den Beruf steht in enger Beziehung zum Bildungsgrad. Je höher die Qualifikationsstufe, um so später erfolgt die ausschließliche Familienphase, aber um so später auch der Wiedereintritt in das Erwerbsleben, bzw. je höher der Bildungsgrad, um so höher der Anteil der Frauen, die bis zum Erreichen des üblichen Renten-/Pensionsalters erwerbstätig bleiben.

Nettoeinkommen nach der Stellung im Beruf

Von den *selbständigen* Frauen hatten 1985 über 20 % ein Nettoeinkommen unter 800 DM im Monat (Männer unter 2 %). Über 4000 DM netto verdienten weniger als 10 % der Frauen (mehr als 30 % der Männer). Bei den Beamten liegt die Einkommensstruktur ähnlich wie bei Selbständigen. Aber fast jede 5. *Beamtin* bezog ein Nettoeinkommen bis 1400 DM. Am deutlichsten zeigt sich der geschlechtsbezogene Einkommensunterschied in der Nettoeinkommensgruppe über 4000 DM: Nur jede 33. Beamtin erhält es, jedoch jeder 8. Beamte ist in dieser Einkommensgruppe. Im *Angestelltensektor* sind die Einkommensunterschiede noch deutlicher ausgeprägt. Weibliche Angestellte sind zu fast zwei Drittel in den unteren Nettoeinkommensgruppen bis 1400 DM (von den Männern jeder 8.). *Arbeiter/-innen* weisen die niedrigste Einkommensstruktur auf. Mehr als die Hälfte aller Arbeiterinnen hatte ein Nettoeinkommen unter 1000 DM (Männer 12 %). Das im Durchschnitt niedrigere Einkommen der Frauen führt neben anderen Faktoren (z. B. Zahl der Erwerbsjahre) zu einem im Durchschnitt niedrigeren Altersruhegeld im Vergleich zu männlichen Arbeitnehmern. In der *Schweiz* zeigt sich ebenfalls ein Gefälle der Löhne und Gehälter bei Männern und Frauen. Für *Österreich* liegen keine differenzierten Daten vor.

Teilzeitarbeit und Job-sharing

Teilzeitarbeit als versicherungspflichtige abhängige Beschäftigung mit einer Stundenzahl unterhalb der tariflichen oder ortsüblichen Arbeitszeit wird zu 90 % von Frauen ausgeübt. Sie hat vor allem im Dienstleistungsbereich erheblich zugenommen. 1985 übten 1,7 Mio. Frauen eine versicherungspflichtige Teilzeitbeschäftigung aus, somit jede 5. abhängig beschäftigte Frau. Innerhalb der Berufsgruppen zeigen sich deutliche Unterschiede des Anteils in den einzelnen Bundesländern. Bei *Job-sharing* füllen zwei oder mehr Personen einen Vollzeitarbeitsplatz aus. Sie bestimmen selbst innerhalb der vom Arbeitgeber vertraglich vorgegebenen Rahmenbedingungen die zeitliche Durchführung der Arbeit.

Geringfügige Beschäftigung

Die Versicherungsgrenze für geringfügige Beschäftigung liegt in der Arbeitslosenversicherung bei weniger als 19 Std. wöchentlich, in der Kranken- und Rentenversicherung bei 15 Std. Von allen abhängig beschäftigten Frauen hatte jede 6. 1985 eine wöchentliche Arbeitszeit unter 21 Std. (Männer unter 1 %). Diese große Gruppe von Frauen ist nicht oder nicht ausreichend eigenständig sozialversichert mit möglichen negativen Folgen, wenn sie als familienversicherte Frauen eine Änderung ihres Familienstandes erfahren.

Schicht-, Nacht- und Sonntagsarbeit

Diese Arbeitszeitformen kommen besonders in den Gesundheitsdienst-, Gaststätten- und Verkehrsberufen, aber auch in den Berufsgruppen Textilhersteller, -verarbeiter, Handschuhmacher, in den Reinigungsberufen und in den Organisations-, Verwaltungs- und Büroberufen für Frauen vor. Seit 1891 gilt ein Nachtarbeitsverbot für Arbeiterinnen. Befragte Betriebe der Industrie gaben zu 60 % technische Erfordernisse für Schicht- und Nachtarbeit an. Zur Zeit wird über eine Ausweitung besonders der Sonntagsarbeit kontrovers diskutiert.

Sonstige Arbeitszeitformen

Weit verbreitet sind der kontinuierliche Arbeitstag, die gleitende oder zumindest gestaffelte Arbeitszeit sowie Zeitarbeit (Arbeit auf Zeit). Die kapazitätsorientierte variable Arbeitszeit als „Arbeit auf Abruf" mit einer Arbeitszeit unterhalb der Versicherungsgrenze wird von den Gewerkschaften kritisch betrachtet. Die rechtlich geregelte gewerbsmäßige Überlassung von Arbeitnehmern als Leiharbeiter an Dritte als Entleiher darf u.a. im Einzelfall sechs Monate nicht überschreiten. Viele Frauen sind an einem unbefristeten Arbeitsverhältnis mit wechselnden Arbeitsplätzen interessiert. Frauen mit häuslicher Bindung streben Heimarbeit an. Das Heimarbeitsgesetz von 1951 stellt sie den übrigen Arbeitnehmern gleich. Die Vergabe von Heimarbeit ist rückläufig und an regionale Standorte sowie in wenige Wirtschaftszweigen gebunden.

Zukunftsaufgaben

Die Bundesrepublik Deutschland, Österreich und die Schweiz haben sich auf der Internationalen Arbeitskonferenz – 66. Tagung 1980 – für Maßnahmen ausgesprochen, die die Schwierigkeiten erleichtern, die Arbeitnehmer beiderlei Geschlechts aufgrund ihrer Familienpflichten haben. Als wesentliche Voraussetzung für die Chancengleichheit der Frauen im Arbeitsleben wird die Beteiligung der Männer an den Aufgaben in Haushalt und Kindererziehung angesehen. In neuen Normen müsse zum Ausdruck kommen, daß sich die Sonderstellung der Frauen im Arbeitsrecht auf die Berücksichtigung ihrer biologischen Funktion (Mutterschutz) beschränken sollte und daß Familienpflichten eine Aufgabe der gesamten Gesellschaft sind.

Literatur: ANBA, Nürnberg 5/87 und frühere; Bericht der Eidgenössischen Kommission für Frauenfragen, Die Stellung der Frau in der Schweiz. Teil I: Gesellschaft und Wirtschaft (Bern 1979); BMA, Arbeits- und Sozialstatistik 1986 u. fr; *N. Engelbrech,* Erwerbsverhalten und Berufsverlauf von Frauen (Stuttgart 1987); *A. Hofbauer,* Untersuchung des IAB über Berufsverläufe bei Frauen (Stuttgart 1978); ifo-Schnelldienst 19/80, 1/80, 16/79, 1/79; Internat. Arbeitskonferenz Bericht: Arbeitnehmer mit Familienpflichten (Genf 1980); Programmbudget der Arbeitsmarktverwaltung (Wien 1987 u. fr.); Statistisches Bundesamt, Wirtschaft und Statistik (4/87 u. fr.); Statistisches Hdb. für die Republik Österreich (1985 u. fr.); Statistisches Jahrbuch der Bundesrepublik (1987 u. fr.); Statistisches Jahrbuch der Schweiz (1986 u.fr.); Yearbook of Labour Statistic (Genf 1986 u. fr.).

LUISE JOPPE

Erziehung

↗ Adoption; Alleinerziehende; Ausbildung; Begabung; Beruf; Bildung; Chancengleichheit; Emanzipation; Erziehungsgeld; Frauenrollen / Frauenleitbilder; Ganzheitlichkeit; Geschlechtsidentität; Identität, weibliche; Männerbilder; Menschenbild; Mütterlichkeit; Mutterschaft; Partnerschaft; Religiöse Erziehung; Sozialisation; Tagesmütter; Väterlichkeit; Vaterschaft; Wissenschaft

Anthropologische Grundlagen

Der Mensch ist ein weltoffenes Wesen. Sein Leben unterliegt keinem instinktiven Automatismus. Der Mensch muß – im Unterschied zum Tier – die ihm eigene Lebensweise erlernen. Dies schließt eine zweifache Aufgabe ein: Er hat Welt zu bewältigen; seine Lebenswelt ist die Kulturwelt, und er soll dies in einer Weise tun, die ihn zu einer stimmigen individuellen Selbstdarstellung, zur Ich-Identität kommen läßt. Diese Herausforderung verlangt Wege der Welt- und Selbsterfahrung, die zu der Feststellung menschlicher Lernbedürftigkeit und -fähigkeit führen. Da, wo spontanes Lernen nicht gelingt, sei es aus von inneren oder äußeren Faktoren bedingten Hemmungen, bedarf der heranwachsende Mensch erzieherischer Hilfen.

Erziehung in der Industriekultur

Erziehung wird mit zunehmender Differenzierung der Lebensverhältnisse bei gleichzeitiger abnehmender Transparenz lebensbestimmender Faktoren in einer hochtechnisierten, pluralistischen Gesellschaft mit dem seit der Aufklärung allen Menschen zuerkannten Anspruch auf Selbstbestimmung und Mündigkeit immer wichtiger (Wehle). Die mit der Industrialisierung seit Beginn des 19. Jahrhunderts einsetzende Trennung der Lebensbereiche führt zu einem Erfahrungsverlust im unmittelbaren Lebensbereich Familie. Erziehungsaufgaben werden weitgehend institutionalisiert: Im Vordergrund steht jetzt die Bildung als Hinführung auf eine berufliche Existenz, während Grundhaltungen und Inhalte gelingender personaler Beziehungen und eine damit verbundene Vorbereitung auf Ehe und Familie eher vernachlässigt werden. Wenn überhaupt, so erscheint ein Lernen im Hinblick auf Partnerschaft und Familienarbeit nur als Ziel in der Mädchenbildung. Das gewandelte Selbstverständnis der Frau nach ihrer Einbeziehung in die moderne Bildungs-, Berufs- und Arbeitswelt läßt allerdings die sozial bestimmte Rollen- und Wertzuteilung ins Wanken geraten (Korff). Die Verschiedenheit der im Raum häuslicher Gemeinschaft und Erziehung und der im öffentlichen Leben, d.h. vor allem in der Arbeitswelt, praktizierten Werte und Normen erschwert die Orientierung des Heranwachsenden.

Alle Reflexion über Erziehung hat diese für die moderne Industriekultur kennzeichnenden Entwicklungen aufzugreifen, will sie über eine bloße Übernahme bestehender Verhältnisse hinaus innovativ wirken im Hinblick auf eine Mündigkeit des modernen Menschen, die sich im Raum einer bereicherten und zugleich gegenüber bisherigen geschlechtstypischen Rollenzuweisungen differenzierteren personalen Beziehungswelt ebenso entfalten kann wie in gesellschaftlichen und ökonomischen Strukturen mit menschengerechtem Maße.

Erziehung und Rollenbildung

Die Institutionalisierung von Erziehungsaufgaben ist eine Folge der mit Beginn der modernen Industriekultur einsetzenden Verselbständigung einer am ökonomischen Maßstab der Effizienz orientierten Produktionsarbeit. „Ökonomisch orientierte Arbeitswelt und personale Beziehungswelt treten auseinander“ (Korff, 2). Spontanes Lernen im Raum der Familie wird in dem Maß erschwert, in dem wichtige Lernfelder der Arbeits- und Sozialwelt außerhalb der Familie wichtig werden – in Bereichen der Produktion und öffentlichen Dienstleistung. Die demokratisch verfaßte Gesellschaft muß zudem „bildungspolitische und pädagogische Arrangements bereitstellen“, um die postulierte Mündigkeit ihrer Bürger vorzubereiten und zu ermöglichen. „Gesellschaftlich-politisch eingeforderte Haltungen, Entscheidungsmöglichkeiten und Sinngebungen" gelten nicht mehr als von Anfang an verfügbar, sondern durch institutionalisierte Prozesse des Lernens und Erziehens zu erwerben (Wehle, 55).

Erziehen gilt in alledem als Aufgabe der Mutter im häuslichen Kontext und als Beruf der zumeist unverheirateten Frau in den Einrichtungen institutionalisierter vorschulischer und schulischer, später auch außerschulischer Erziehung. Diese Zuweisung entspricht einer – vor allem im Anschluß an Parsons und Bales – vorgenommenen Klassifikation männlicher und weiblicher Rollen. Danach zeichnet sich die weibliche, „expressive", d.h. ausdrucksbetonte, Rolle vor allem durch eine Befähigung im sozialemotionalen Bereich aus, die männliche, „instrumentelle", d.h. auf Zwecke und Funktionen hingeordnete, Rolle durch Fähigkeiten in sachlogisch anzugehenden Problemfeldern (Zahlmann-Willenbacher). Von dieser Klassifikation her sind immer wieder sogenannte „männliche" und „weibliche" Lebenswelten konstruiert worden. Für die Erziehung gilt dann: „Jungen werden auf eine Berufsrolle, Mädchen auf eine Familienrolle vorbereitet" (Beck-Gernsheim, 194). Diese Klassifikation kann heute nicht mehr akzeptiert werden. Zahlreiche Studien weisen nach, daß Rollenzuweisungen nicht auf biologisch festgelegten Unterschieden beruhen, sondern einen gesellschaftlich bedingten Charakter haben, der sich auf der Grundlage von Arbeitsteilung verstehen läßt (vgl. u.a. Eckert).

Daraus ergibt sich die Forderung, anstelle einer Fortschreibung der Arbeitsteilung zu einer Wiedergewinnung des Ganzen menschlicher Lebenswelt mit der damit verbundenen gemeinsamen Verantwortung von Mann und Frau zu kommen. Dies schließt als ein zentrales Ziel von Bildung und Erziehung die Vermittlung dazu notwendiger Fähigkeiten und Grundhaltungen für beide Geschlechter ein.

Hilfe zur Personalisation

Zur Reflexion über Erziehung gehört auch die Wahrnehmung der latenten Spannung von Fremdbestimmung und Selbstbestimmung im Erziehungsgeschehen. Es gibt im pädagogischen Raum Mißbrauch von Macht, und dies hat vielfach zu der Frage geführt, ob denn Erziehung sittlich erlaubt sei.

Insofern der Mensch als weltoffenes Wesen vor der Aufgabe eines verantworteten, authentischen Lebens steht, bedarf er erzieherischer Hilfe zur Entfaltung damit verbundener Verantwortung und zur Verwirklichung seiner ihm zukommenden Freiheit. Die Spannung von Fremdbestimmung und Selbstbestimmung in der Erziehung weist auf die Notwendigkeit hin, Personalität zugleich als Grenze und Herausforderung erzieherischen Handelns zu sehen. Personalität ist eine dem Menschen bedingungslos, von Beginn an zukommende Verfassung. Sie schließt die Überzeugung von der unbedingten Würde des Menschen ein und begründet seinen Eigenstand und seine Selbständigkeit (Guardini). Personalität ist eine dynamische Wirklichkeit. Der Mensch ist immer schon Person und sieht sich zugleich immer wieder in die Situation gestellt, zu seinem Personsein Stellung zu nehmen und es zu aktualisieren, indem er in Beziehung tritt zu Mensch und Welt. „Person erscheint, indem sie zu anderen in Beziehung tritt" (Buber 1973, 65). Ausgehend von diesem Verständnis der Personalität als gleichermaßen gegebener Wirklichkeit wie zu entfaltender Möglichkeit und damit ständig neu sich stellender Aufgabe, kann die menschliche Entwicklung als Prozeß der Personalisation verstanden werden. Er umfaßt die wechselseitig aufeinander bezogenen Prozesse der Individuation, Enkulturation und Sozialisation zur Verwirklichung von Personalität. Erziehung steht unter dem Anspruch, das mit diesen Prozessen verbundene Lernen zu stützen und zu fördern, und kann von daher umschrieben werden als Hilfe zur Personalisation. So verstandene Erziehung verbietet die Einengung und Instrumentalisierung erzieherischen Handelns auf allein öffentlich vorgegebene Zwecke ebenso wie eine Praxis der Erziehung als Humantechnologie.

Verantwortung als Ziel

Zur Personwerdung gehört die Entwicklung der Geschlechtsidentität. Erziehung muß helfen, die hieraus sich ergebenden Herausforderungen zur Vaterschaft und Mutterschaft in ihren individuellen, gesellschaftlichen und kulturellen Chancen und Grenzen der Person erkennen und leben zu lernen. Dies meint näherhin, daß Mann und Frau zu unterscheiden wissen zwischen der je geschlechtsspezifischen Herausforderung einerseits und der gemeinsamen Verantwortung für die Gestaltung von Partnerschaft und Familienleben anderseits.

Schließlich gehört zur Erziehung die Bildung des Gewissens als Erfahrung von unvertretbarer Eigenverantwortung im Umgang mit Werten und Normen. Die Gewissensbildung gewinnt in dem Maße an Bedeutung, in dem der moderne Mensch einer pluralen Gesellschaft gegenübersteht, die ihm die Entscheidung über den je eigenen Lebensentwurf und die damit verbundenen Grundhaltungen und Wertsetzungen abverlangt.

Erziehung als Hilfe zur Personalisation stellt der historisch entwickelten sozialen Zuweisung der Lebensfelder eine gemeinsame Verantwortung von Mann und Frau für die eine Lebenswirklichkeit entgegen, die den Grundvollzug personaler Beziehung ebenso einschließt wie Grundvollzüge kulturell-ästhetischen, sozial-politischen und beruflichen Wirkens.

Literatur: *Elisabeth Beck-Gernsheim,* Das halbierte Leben. Männerwelt Beruf, Frauenwelt Familie (Frankfurt a.M. 1980); *Wolfgang Brezinka,* Erziehung als Lebenshilfe (München [8]1972); *Martin Buber,* Reden über Erziehung (Heidelberg [9]1969); *ders.,* Das dialogische Prinzip (Heidelberg [3]1973); *Annette Degenhardt / Hanns Martin Trautner* (Hrsg.), Geschlechtstypisches Verhalten. Mann und Frau in psychologischer Sicht (München 1979); *Roland Eckert* (Hrsg.), Geschlechtsrollen und Arbeitsteilung. Mann und Frau in soziologischer Sicht (München 1979); *Berthold Gerner,* Personale Erziehung. Beiträge zur Pädagogik der Gegenwart (Darmstadt 1965); *Romano Guardini,* Welt und Person (Würzburg [4]1955); *Wilhelm Korff,* Ehe und Familie in der modernen Industriegesellschaft. Ethisch-politische Implikationen (bislang unveröffentlichtes Manuskript); *T. Parsons / R. Bales,* Family, Socialization and Interaction Process (Toronto [6]1966); *Annette Schavan,* Person und Gewissen. Studien zu Voraussetzungen, Notwendigkeit und Erfordernissen heutiger Gewissensbildung (Frankfurt a.M. 1980); *dies. / Bernhard Welte* (Hrsg.), Person und Verantwortung. Zur Bedeutung und Begrüßung von Personalität (Düsseldorf 1980); *Wilhelm Speck / Gerhard Wehle* (Hrsg.), Handbuch pädagogischer Grundbegriffe (München 1970); *Rita Süssmuth,* Erziehungsbedürftigkeit, in: Handbuch pädagogischer Grundbegriffe, Bd. 1 (München 1970) 405–424; *Gerhard Wehle,* Erziehung, in: ders. (Hrsg.), Pädagogik aktuell. Lexikon pädagogischer Schlagworte und Begriffe, Bd. 1 (München 1973) 54–56.

Annette Schavan

Erziehungsgeld

↗ Adoption; Alleinerziehende; Arbeitslosigkeit; Ehe; Erwerbstätigkeit; Erziehung; Erziehungsurlaub; Familie; Geburt; Hausfrauen; Kinder; Kinderwunsch; Mutterschaft; Mutterschutz; Partnerschaft; Soziale Sicherung; Tagesmütter; Vaterschaft

Erziehungsgeld und -urlaub

Erziehungsgeld und Erziehungsurlaub sind neue familienpolitische Leistungen, die mit dem Gesetz über die Gewährung von Erziehungsgeld und Erziehungsurlaub (Bundeserziehungsgeldgesetz – BErzGG) vom 6. 12. 1985 zum 1. 1. 1986 eingeführt worden sind. Durch Erziehungsgeld und Erziehungsurlaub soll einem Elternteil ermöglicht oder erleichtert werden, sich im Anschluß an die Geburt oder den Mutterschutz der Betreuung und Erziehung seines Kindes widmen zu können. Damit wird für Mütter und Väter mehr Wahlfreiheit zwischen der Tätigkeit für die Familie und einer außerhäuslichen

Erwerbstätigkeit geschaffen. Das Erziehungsgeld stellt darüber hinaus eine Anerkennung der Erziehungsleistung in der Familie durch den Staat dar.
Die Forderung nach der Einführung von Erziehungsgeld und Erziehungsurlaub ist zu Beginn der siebziger Jahre im Zusammenhang mit der Diskussion um adäquate Sozialisationsbedingungen für Kinder angesichts des Wandels in Familie und Arbeitswelt entstanden. Auch bei zunehmender Erwerbstätigkeit von Müttern, insbesondere auch von Alleinerziehenden, sollte die zwangsweise sich stellende Alternative einer Fortsetzung der Erwerbstätigkeit unmittelbar nach der Geburt oder einer Betreuung des Kindes unter (vorübergehender) Aufgabe der Erwerbsarbeit sowohl unter finanziellen Gesichtspunkten wie auch von einer Rückkehrmöglichkeit in die frühere Beschäftigung her aufgehoben und eine größere Vereinbarkeit zwischen Familie und Erwerbsberuf hergestellt werden. Wichtig ist in diesem Zusammenhang das Zusammentreffen einer finanziellen Leistung, der Sicherung des Arbeitsplatzes durch Kündigungsschutz und die Anerkennung dieser Zeit in der gesetzlichen Rentenversicherung (Kindererziehungszeiten im Rentenrecht).

Rechtliche Regelungen

Anspruch auf Erziehungsgeld hat, wer seinen Wohnsitz in der Bundesrepublik Deutschland hat, als Entsandte/r im Ausland beschäftigt ist oder als Angehörige/r eines Mitgliedstaates der Europäischen Gemeinschaft oder als Grenzgänger/in aus Österreich oder der Schweiz ein Arbeitsverhältnis in der Bundesrepublik Deutschland hat. Das Erziehungsgeld wird seit 1988 für 12 Monate im ersten Lebensjahr des Kindes gezahlt. Dem/der Antragsteller/in muß die Personensorge zustehen, und das Kind muß im gleichen Haushalt leben. Er/sie muß das Kind selbst betreuen und erziehen. Das gilt auch für Adoptivkinder und Stiefkinder, die der/die Antragsteller/in in seinem/ihrem Haushalt aufgenommen hat. Neben dem Bezug von Erziehungsgeld ist eine Erwerbsarbeit von unter 19 Stunden in der Woche möglich. Wer Erziehungsgeld bezieht, bleibt beitragsfrei in der gesetzlichen Kranken- und Arbeitslosenversicherung.
Erziehungsgeld können also, abweichend vom früheren Mutterschaftsurlaubsgeld, auch Hausfrauen, Selbständige, mithelfende Familienangehörige, also alle Mütter und wahlweise auch Väter in Anspruch nehmen. Auch ein Wechsel in der Inanspruchnahme von Erziehungsgeld und Erziehungsurlaub von Mutter und Vater ist in der Regel einmal möglich.
Die Höhe des Erziehungsgeldes beträgt 600 DM monatlich. Vom siebten Lebensmonat des Kindes gelten Einkommensgrenzen. Welche Stellen für die Beantragung und Auszahlung von Erziehungsgeld zuständig sind, bestimmen die Bundesländer.

Ausblick und Weiterentwicklung

Nach erklärter Absicht der Bundesregierung kann die Regelung des Bundeserziehungsgeldgesetzes nur als Einstieg gelten. Wegen der großen Bedeutung der Erziehung des Kindes durch Mutter oder Vater in den ersten drei Lebensjahren ist eine Ausdehnung von Erziehungsgeld und Erziehungsurlaub auf diesen Zeitraum grundsätzlich erforderlich. Deshalb ist in der Regierungserklärung des deutschen Bundeskanzlers vom 18. 3. 1987 eine Ausweitung des Erziehungsgeldes und des Erziehungsurlaubs angekündigt. Dabei soll auch geprüft werden, wie weitere Erleichterungen für Alleinerziehende geschaffen werden können.
Erziehungsgeld und Erziehungsurlaub stoßen bei den jungen Familien auf hohe Akzeptanz. Die Inanspruchnahme liegt insgesamt bei 97%, bei den Erwerbstätigen bei 94%. Auch bei Alleinerziehenden ist die Inanspruchnah-

me nur wenig geringer. Mitentscheidend dafür dürfte sein, daß das Erziehungsgeld nicht auf den Anspruch auf Sozialhilfe und andere einkommensabhängige Sozialleistungen angerechnet wird.

In *Österreich* gibt es bisher lediglich ein Karenzurlaubsgeld (und damit verbunden einen Karenzurlaub) für unselbständig erwerbstätige Frauen während des ersten Lebensjahres des Kindes. Seit 1. Januar 1988 beträgt das Karenzurlaubsgeld monatlich 4431 Schillinge für verheiratete und in Gemeinschaft lebende Mütter, 6627 Schillinge für alleinstehende. Doch wird die Frage der Ausdehnung auf selbständig beschäftigte und nicht-beschäftigte Mütter (und Väter) heftig diskutiert. Einzelne Bundesländer (Tirol, Vorarlberg) haben inzwischen eigene Regelungen für eine Ausdehnung des Karenzurlaubsgeldes (was den Personenkreis sowie die Dauer betrifft) eingeführt.

In der *Schweiz* existiert keine Regelung für ein Erziehungsgeld. Eine Initiative zur Einführung eines einjährigen Erziehungsurlaubs wurde 1983 durch eine Volksabstimmung abgelehnt.

Literatur: *Deutsches Jugendinstitut* (Hrsg.), Ergebnisse der europäischen Vergleichsstudie zum Mutterschaftsurlaubs- und Elternurlaubsmaßnahmen in Finnland, Österreich, Schweden, Ungarn und der Bundesrepublik Deutschland (München 1982); *Peter Fricke,* Das Bundeserziehungsgeldgesetz – eine Einführung, in: Der Amtsvormund, 1986, 218ff.; *Jochem Grönert,* Erziehungsgeld, Mutterschutz, Erziehungsurlaub. Alles über das neue Recht für Eltern (Niedernhausen 1986); *Institut für Entwicklungsplanung und Strukturforschung, Hannover* (Hrsg.), Förderung der Betreuung und Erziehung von kleinen Kindern und Verbesserung der Lebenssituation von Familien, Modellversuch in Niedersachsen, 1981; *dass.,* Eltern als Partner in Familie und Erwerbstätigkeit, Tagung vom 3. Februar 1982 anläßlich des Abschlusses des Modellversuchs „Erziehungsgeld“ in Niedersachsen, 1982; *Heinrich Sudmann,* Erziehungsgeldgesetz – für Familie und Arbeitswelt, Bundesarbeitsblatt 2/86, S. 5ff.; *Johannes Zmarzlik / Manfred Zipperer / Hans P. Viethen,* Mutterschutzgesetz, Mutterschaftshilfe, Erziehungsgeld, Erziehungsurlaub (Köln – Berlin – Bonn – München [5]1986).

Rita Süssmuth

Esoterik

↗ Antike; Buddhismus; Christentum; Feminismus; Ganzheitlichkeit; Gottesbilder; Kirche; Kirchenlehrerinnen / Kirchenväter; Magna Mater; Mittelalter; Mystik; Naturreligionen; Religiosität; Sophia; Spiritualität; Urbilder, weibliche; Urkirche; Weiblichkeitssymbole

Dimensionen des Begriffs

Esoterik stellt geheime, nur einem Kreis von Eingeweihten zugängliche Lehren und Praktiken dar, für die bestimmte Bewußtseinszustände und besondere Einführung (Initiation) zum echten Verstehen als erforderlich gelten. Daraus folgt ihre elitäre sowie die gnostische, auf Erleuchtung hin orientierte Prägung.

Gnosis als durch spezifische Offenbarung erhaltenes tieferes, geistiges Wissen tritt in vielen Religionen auf und reagiert, weil sie die Erfahrung in den Mittelpunkt stellt, kaum auf Verbote oder gar Unterdrückung.

Das Christentum hat sich von Anfang an gegen die Gnosis in den eigenen Reihen gestellt, welche einen geheimen Sinn des Lebens Jesu vermitteln wollte. Diese Haltung blieb in der Geschichte der Kirche erhalten und führte zur Ablehnung von Versuchen, „tiefere Kenntnisse“ zu verbreiten (dies versuchten im Mittelalter z.B. Katharer und Templer). Eine zu rigorose Ablehnung drängte zeitweise die Mystik und die mystische Erfahrung in den Hintergrund. Die negative Einstellung der Kirche zur Esoterik ergibt sich aus deren ideologischen Grundsätzen: im Unterschied zum Dualismus der Gnosis vertritt das Christentum stets eine positive Weltsicht (Schöpfung, Leben, Geschichte) und betont die Gnadentat Jesu gegen alle Versuche, das Heil selbst herbeizuführen.

Heutige esoterische Strömungen

Es lassen sich vier Linien der Esoterik unterscheiden:

1. Organisationen: Rosenkreuzer-Gemeinschaften, Theosophie (gegr. 1875 von Helena P. Blavatsky), Anthropo-

sophie (gegr. 1912/13 von Rudolf Steiner).
2. Neuoffenbarer stellen einen Übergang von der Organisation zur Auswahl-Esoterik (Grom) dar, z. B. Emanuel Swedenborg (1688 – 1772) und Jakob Lorber (1800 – 1864); zwei „Prophetinnen der Gegenwart" sollen für zahlreiche Neuoffenbarer genannt sein: Erika Warter-Bertschinger leitet in der Schweiz den „Orden Fiat Lux", auf Gabriele Wittek in Würzburg geht das „Heimholungswerk Jesu Christi/Universelles Leben" zurück.
3. Auswahl-Esoterik will esoterische Weltanschauung ohne durchgängige Systematik, z. T. mit wissenschaftlicher Argumentation. Dazu zählen aus dem Hinduismus stammende Organisationen (z. B. Transzendentale Meditation), Psychokulte (z. B. Scientology), Transpersonale Psychologie sowie die breite Strömung des New Age (Fritjof Capra, Marilyn Ferguson u. a. m.). New Age ist ein „Netzwerk" von esoterischen und alternativen Sinnangeboten und Praktiken und will durch das Angebot von Esoterik für die Allgemeinheit zu einer Transformation der Menschheit durch höheres Bewußtsein führen. Ziel ist ein ganzheitliches Denken und Handeln.
4. Gebrauchs-Esoterik (Grom) und Okkultismus befassen sich mit meditativen und mantischen Techniken aus esoterischen Traditionen, ohne sich für den ideologischen Hintergrund zu interessieren. Esoterik versteht sich hier als Lebenshilfe (Horoskop u. a.).
Esoterik wendet sich allgemein gegen die bloß intellektuelle Erfassung von Glaubensinhalten und betont deren Erfahrungscharakter. In Krisenzeiten ist Esoterik je neu attraktiv und kommt dem Bedürfnis des Menschen nach Sinnsuche entgegen. Hinter der Esoterik steht die Suche nach spirituell geprägten Alternativen zum Pessimismus der Gegenwart und der Versuch, das Zentriertsein auf die Ratio durch eine ganzheitliche (kosmische, ökologische, spirituelle) Weltsicht zu überwinden und den Fortschrittsglauben durch einen esoterisch gefärbten Optimismus zu erhalten. Christliche Weisheitstradition versucht seit den Kirchenvätern echte Anliegen der Esoterik in die christliche Praxis zu integrieren.

Weibliche Traditionen

In der Esoterik bestehen weibliche Traditionen: als Weissagerin (Orakel, Sibylle), Schamanin, Druidin, Medizinfrau, Fetischpriesterin und Priesterin in Mysterienkulten (z. B. Eleusis). In einer Schrift der frühchristlichen Gnosis, der „pistis sophia", wird Maria Magdalena als den Jüngern überlegen und als Trägerin einer besonderen Offenbarung gesehen. Weiters wird in der Antike sowohl im hellenistisch-römischen, aber auch im jüdisch-christlichen Umkreis die Weisheit mit weiblichen Attributen ausgestattet gedacht.
Einige Feministinnen weisen heute auf das – als ursprünglich angenommene – Matriarchat und den Kult der großen Göttin anhand von Mythen hin. Das Versenken in diesen Kult soll altes Wissen fruchtbar werden lassen. Das Bild von der kosmischen Urmutter sei durch den Schöpfungsmythos vernichtet und in der Sündenfallerzählung liege „der patriarchale Versuch vor, die Göttin zu stürzen und weibliche Fruchtbarkeit, Lebens- und Göttinnen-Weisheit zu entwerten" (Elga Sorge). Versuche, mittels esoterischer weiblicher Traditionen die Frau und ihre Fähigkeiten aufzuwerten, lassen sich auch als eine Reaktion auf die tatsächliche (niedrige) Stellung der Frau und Minderbewertung spezifischer weiblicher Qualitäten in Kirche und Gesellschaft verstehen.
Ob die Frau besseren Zugang zu transzendenten Erfahrungen hat als der Mann oder auch einen leichteren Zugang aufgrund einer „natürlichen" oder durch Kulturprägung bedingten Intuition zu den die Erfahrung betonenden esoterischen Strömungen besitzt, läßt sich nicht gültig feststellen.

Jedenfalls läßt sich heute auch im Feminismus eine Strömung ausmachen, die mit der Betonung des Ganzheitlichen eine gleichzeitige Hochschätzung intuitiver Fähigkeiten und Erfahrungen verbindet. Damit ist nicht zuletzt auch beabsichtigt, eine Vorrangstellung des Weiblichen und der Frau nachzuweisen und zu begründen.

Literatur: *Karin Gaube / Alexander von Pechmann,* Magie, Matriarchat und Marienkult. Frauen und Religion. Versuch einer Bestandsaufnahme (Reinbek 1986); *Bernhard Grom,* Esoterik, in: Handwörterbuch religiöser Gegenwartsfragen, hrsg. von Ulrich Ruh / David Seeber / Rudolf Walter (Freiburg i. Br. 1986); *Friedrich Heiler,* Die Frau in den Religionen der Menschheit (Berlin – New York 1977); *Susanne Heine,* Wiederbelebung der Göttinnen? Zur Systemkritik einer feministischen Theologie (Göttingen 1987); *Hans D. Leuenberger,* Das ist Esoterik (Freiburg i. Br. 1985); *Heinrich Rombach,* Welt und Gegenwelt. Die philosophische Hermetik (Basel 1983); *Gertrude Sartory* (Hrsg.), Schlüssel zum Geheimnis der Welt (Freiburg i. Br. 1987); *Josef Sudbrack,* Neue Religiosität – Herausforderung für die Christen (Mainz 1987); *Gerhard Wehr,* Esoterisches Christentum. Aspekte, Impulse, Konsequenzen (Stuttgart 1975).

FRIEDERIKE VALENTIN

Eßstörungen

↗ Abhängigkeit; Frauenrollen / Frauenleitbilder; Gesundheit; Identität, weibliche; Krankheit; Leib / Leiblichkeit; Medizin; Psychotherapie, feministische; Selbsthilfe; Sucht

Essen als Problem

Der Begriff „Eßstörungen" beinhaltet die Annahme, daß es so etwas wie gesundes Eßverhalten gibt. Dies mag auch so sein – doch Tatsache ist, daß unsere Kenntnisse über das Essen, die Steuerung von Appetit und Sättigung und deren Zusammenhang mit dem Körpergewicht keineswegs geklärt sind. Kenntnisse, die vor einiger Zeit als sicher galten, wie z. B. der Zusammenhang zwischen Idealgewicht und längerer Lebenserwartung, werden von wissenschaftlichen Untersuchungsergebnissen zunehmend in Zweifel gezogen.

Daneben existiert als zweite Tatsache, daß das Essen für viele Menschen der industrialisierten Gesellschaften zum Problem geworden ist, und hier insbesondere für die Frauen. Das Körperideal hat sich in den letzten zwanzig Jahren signifikant in Richtung auf „Schlanksein" verändert, was bedeutet, daß Frauen ihren Körper fortlaufend verschmälern müssen, um mit dem vorgegebenen Ideal konkurrieren zu können. Befragungen haben ergeben, daß in der Bundesrepublik Deutschland mehr als drei Viertel aller Frauen mindestens einmal eine Diät machen. Und während viele sich in mehr oder weniger quälender Weise über eine mehr oder minder lange Zeit mit diesem „Problem" auseinandersetzen, gerät es anderen so außer Kontrolle, daß sie eine Form gestörten Eßverhaltens annehmen, die Krankheitswert besitzt. Die häufigsten Formen solcher als „Eßstörungen" bezeichneter Krankheiten sollen im folgenden kurz vorgestellt werden.

Adipositas (Fettleibigkeit, Fettsucht)

Während man früher sehr viel Wert auf genaue Bestimmungen von Gewichtsnormen („Idealgewicht", „Normalgewicht") legte, legen neuere wissenschaftliche Erkenntnisse nahe, die Normen flexibler und unter Berücksichtigung der Lebensbedingungen eines Menschen zu handhaben. Im allgemeinen wird Adipositas heute diagnostiziert bei Personen, deren Gewicht um etwa 15 % oder mehr über dem Normalgewicht (Körperhöhe in cm minus 100) liegt. Das trifft in der Bundesrepublik bei 16 % der Männer und 18 % der Frauen zu.

Vor einiger Zeit galt es als sicher, daß Übergewicht das Risiko für viele Krankheiten erhöht. Derzeit werden die gesundheitsschädigenden Auswirkungen des leichteren Übergewichts als geringer eingeschätzt.

Ursachen: Es ist noch weitgehend unklar, *warum* einige Menschen ihrem Körper regelmäßig mehr zuführen, als

er braucht. Faktoren wie Vererbung oder das Drüsensystem spielen selten eine Rolle. Eher scheinen gestörtes Sättigungsgefühl und eine starke Abhängigkeit von Außenreizen bedeutsam zu sein.
Therapie: Das Spektrum der Behandlungsvorschläge ist sehr breit und schillernd. Wobei sich die traurige Bilanz ergibt, daß Adipositas ein chronisches Krankheitsbild ist, das sich äußerst hartnäckig gegen Behandlungsversuche erweist und stark zu Rückfällen neigt. Langfristig am erfolgversprechendsten scheint die Kombination verhaltenstherapeutischer Maßnahmen mit einer Umstellung auf kalorienreduzierte Mischkost.

Bulimia nervosa

Die Betroffenen versuchen, ein niedriges Körpergewicht durch Erbrechen zu erreichen. Freßanfälle, bei denen oft ungeheure Mengen hochkalorischer Nahrungsmittel verschlungen werden, wechseln mit Erbrechen in mehr oder weniger regelmäßiger Folge, oft mehrmals täglich, ab. Die Betroffenen schämen sich ihres Verhaltens sehr und versuchen es vor ihrer Umwelt zu verbergen.
Betroffen sind vor allem junge Frauen im Alter von 14 bis 30 Jahren, schätzungsweise etwa 1 bis 3% dieser Altersgruppe. Das gesundheitliche Risiko ist sehr hoch, da häufiges Erbrechen zu Störungen des Elektrolythaushalts führt, der langfristig Schädigungen des Herzmuskels und der Nieren bedingt. Mögliche weitere Folgen sind Zahnverfall, Muskelschäden, Verletzungen der Speiseröhre, Wassereinlagerungen und andere.
Ursachen: Bisher gibt es noch wenig schlüssige Erklärungsmodelle für die Störung. Da sie vor allem bei jungen Frauen in hochindustrialisierten Gesellschaften auftritt, liegt es nahe, davon auszugehen, daß die spezifische Situation der Frau in diesen Gesellschaften ein wesentliches Moment bei der Entstehung ist. Eine Situation, die durch viele Widersprüche und Ambivalenzen gekennzeichnet ist – von denen eine diejenige ist, inmitten eines Überangebots an Nahrungsmitteln schlank sein zu müssen, um als Frau attraktiv und anerkannt zu sein.
Therapie: Das breiteste Hilfsangebot steht betroffenen Frauen heute im Rahmen von Selbsthilfegruppen zur Verfügung; fachliche Hilfe gibt es erst vereinzelt.

Anorexia nervosa

Leitsymptome dieser Krankheit sind Gewichtsverlust von mindestens 25% des ursprünglichen Körpergewichts; gestörtes Eßverhalten, vorwiegend im Sinne von Nahrungsverweigerung, Beschränkung auf wenige, kalorienarme Nahrungsmittel, Phasen von Freßanfällen mit anschließendem Erbrechen oder Abführmittelmißbrauch; intensive Beschäftigung mit Essen und Kochen oft gepaart damit, die Nahrung der anderen Familienmitglieder zu kontrollieren; Ausbleiben der Menstruation; motorische Hyperaktivität.
Die Krankheit manifestiert sich im allgemeinen im Alter zwischen 14 und 20 Jahren. Die Häufigkeit männlich zu weiblich beträgt etwa 1 zu 10. Die Krankheit tritt in den letzten 30 Jahren ständig häufiger auf; heute ist anzunehmen, daß etwa 1% der jungen Frauen zwischen 15 und 25 Jahren darunter leiden. In etwa 30% aller Fälle nimmt die Erkrankung einen chronischen Verlauf, wobei es zu Unterfunktionen und Schädigungen in nahezu allen körperlichen Systemen kommen kann. Etwa 5 bis 15% der Betroffenen sterben. Bei einem großen Teil kommt es jedoch zur deutlichen Verbesserung der Symptomatik bzw. zu einer völligen Genesung. Im letzteren Fall sind im allgemeinen alle Schäden reversibel.
Ursachen: Anorexia nervosa ist eine der am längsten und intensivsten beobachteten psychosomatischen Erkrankungen, und dementsprechend ist die Zahl der Erklärungsansätze sehr hoch. Die Theorien weichen z.T. sehr weit

voneinander ab. In vielen Theorien wird der familiären Situation ein wesentlicher Anteil am Entstehen der Störung gegeben: eine Situation, in der die Heranwachsende wenig Spielraum erhält, sich als Frau eigenständig zu entwickeln.
Therapie: Entsprechend der großen Zahl der Erklärungsansätze sind auch die Annahmen über die „richtigen“ Therapien sehr unterschiedlich. Es ist empfehlenswert, sich ausführlich zu informieren und gegebenenfalls verschiedene Therapieangebote zu überprüfen, da die Folgen einer negativ verlaufenden Therapie die Chronifizierung des Krankheitsbildes begünstigen.

Frauenaspekte

An der *Literatur* zum Thema Eßstörungen fällt auf, daß männliche und weibliche Experten die Tatsache, daß diese Störungen vor allem Frauen betreffen, nur wenig berücksichtigen. Weiblichkeit wird, wenn überhaupt, mit Sexualität gleichgesetzt, und die Eßstörung als Mittel interpretiert, „gestörte“ Sexualität abzuwehren bzw. im Essen einen Ersatz für Sexualität zu suchen. Erfahrungsberichte betroffener Frauen und feministischer Therapeutinnen betonen dagegen die soziale Rolle als Frau und Probleme, eine weibliche Identität inmitten einer männlichen Gesellschaft zu entwickeln, als zentrales auslösendes Moment von Eßstörungen. An Frauen wird eine Vielzahl sich widersprechender Anforderungen gestellt; außerdem haben sie sehr viel weniger als Männer die Möglichkeit, Ungereimtheiten und Aggressionen nach außen abzuleiten. Es bleibt daher oft der eigene Körper als der Bereich, auf den sich sowohl die eigene Aufmerksamkeit richtet als auch alle Unsicherheit und Aggression.

Literatur: *Hilde Bruch,* Der goldene Käfig. Das Rätsel der Magersucht (Frankfurt a.M. 1982); *Courage,* Eß- und Magersucht (Berlin 1980); *Marilyn Lawrence,* Ich stimme nicht (Reinbek 1986); *Susie Orbach,* Antidiätbuch I und II (München 1978, 1982); *Mara Selvini-Palazzoli,* Magersucht (Stuttgart 1982). – *Berichte betroffener Frauen: Katharina Haverkamp,* ... und Liebe eimerweise (Berlin 1978); *Sheila Macleod,* Hungern meine einzige Waffe (München 1983); *Gunvor Nygaard,* Inger – oder Jede Mahlzeit ist ein Krieg (München 1985). Alexa Franke

Ethik, weibliche

↗ Abhängigkeit; Aggressivität; Anima / Animus; Antike; Aufstiegschancen; Begabung; Christentum; Diskriminierung; Eheformen; Erziehung; Eva; Familie; Feminismus; Frauenbewegung; Frauenrollen / Frauenleitbilder; Ganzheitlichkeit; Gewalt gegen Frauen; Hausfrauen; Heilige / Heiligkeit; Hexen; Hinduismus; Islam; Judentum; Jungfräulichkeit; Kultur; Lesbische Liebe; Liebe; Macht; Mann; Maria; Matriarchat / Patriarchat; Menschenbild; Menschenrechte; Mittelalter; Natur; Partnerschaft; Philosophie, feministische; Politik; Sexualethik; Sexualität; Sichtweise, weibliche; Weiblichkeitssymbole; Wirtschaft; Wissenschaft

Verhalten und Wertsysteme

Jede Ethik als Verhaltensrichtschnur, die sich Menschen selber setzen oder setzen lassen, entsteht durch Erkenntnis, praktische Erfahrung, was gut und wertvoll erschien, und Voraussicht, daß sich diese oder andere Werte wieder bewähren könnten. Aus mehreren alternativen Möglichkeiten wählen sich Individuum, Gruppe oder Gesellschaft bestimmte Hauptziele als Programm ihrer privaten oder gemeinsamen Lebenskunst (ars vivendi) aus. Ihrer Wahl liegen meist drei Hauptfaktoren zugrunde: die biologische Anlage des Individuums, die sich als sogenannte Neigung, Talent oder Begabung äußert, die Umweltbedingungen natürlicher und sozialerzieherischer Art und der eigenentwickelte Verstand und Wille. In jedem so geschaffenen Wertsystem können alle drei Faktoren unterschiedliches Gewicht erhalten. Ihre Unterdrückung oder Verstärkung führt bis zum Extrem eines Lebens gegen jede natürliche Anlage (Askese) oder des Erfolgs trotz widrigster Umstände. Weder „Biologie“ noch Umwelt oder Kulturwillenskraft sind daher absolutes „Schicksal“.

Nicht demokratisch-plurale Wertsysteme erheben zugunsten ihrer „Normen“ jedoch oft starke Allgemeingültigkeitsansprüche. Erst seit der Antike entdeckt der Mensch langsam bewußt, daß die ihm wirklich angemessene, allgemein nutzende, d.h. humanistische Ethik alle solche, an Sondersituationen anknüpfenden Sondermoralen zwar bis zum gewissen Grad tolerieren kann. Sie selber müssen die unverletzlichen Grundwerte der individuellen Persönlichkeitsentfaltung und des freien, friedlich-freundlich-gerechten Miteinanderlebens aber ebenfalls achten. Alle Spezialethiken finden also in der menschenrechtlichen Wertordnung (und diese in der Gesamtnatur) ihre Grenzen.

Nicht jede machtvoll und erfolgreich herrschende, profane oder religiöse Sondermoral gibt ihren gewohnten eigenen Höchstwertanspruch jedoch freiwillig auf. Zu diesen uneinsichtigen, menschenrechtsfeindlich weiterherrschenden Spezialethiken gehört unter anderen auch die uralte, noch immer allgemein verbreitete Patriarchatsmoral des Mannes, d.h. des männlich statt weiblich geprägten Teils der Menschen.

Frühe frauenbegünstigende Kulturinstitutionen

In der sittlich noch variationsreicher experimentierenden historischen Stammeskulturzeit der homo/femina-sapiens-Art (ca. 35000 – 5000 v. Chr.) zeigt sich zwar, daß auch die Frau zunächst noch gewisse Erfolge in den Wertsetzungen zu ihren Gunsten verzeichnen kann. Als zufällig begabte, überragende Persönlichkeit und/oder Mutter errichtet sie schon früh weibliche Ahninnenkulte. Sie erfindet reine oder zumindest noch geschlechtlich gemischte Göttinnen- oder Dämoninnenwelten. Andere geistig-kulturelle Einflußmöglichkeiten ergeben sich ihr als Seherin, Orakel, Zauberin oder weise Frau durch ihre politisch-psychologischen, naturwissenschaftlichen, gewerbetechnischen oder medizinischen, insbesondere die ihr persönlich wie dem Stamm nützlichen gynäkologischen Geburts- und Geburtsbeschränkungserkenntnisse. Ökonomisch verschafft sie der weiblichen Linie weitgehende Macht durch matrilokale Familienformen oder matrilineare Eigentums-, Erwerbs- oder Erbrechte. Zwar gibt es, wie heute auch, einige absolute Herrscherinnen. In der Regel vermeidet schon die frühe frauenmitbestimmte Gesellschaft aber die einseitige, volle Gynokratie (Weiberherrschaft) oder das Matriarchat. Sie teilt die Macht mit dem Mann.

Diese frauenbegünstigenden Kulturinstitutionen wirken historisch bis in die folgende Manneshochkulturzeit nach. Ähnliche, wenn auch nicht mehr so gesamtinstitutionell, „quotenregelnd“, durchschlagende Frauengleichberechtigungen oder -vorzüge werden später, besonders in den demokratischeren Zeitaltern der Antike, Renaissance und Neuzeit, durch gezielte Frauenbewegungen erstrebt. Sie bleiben meist aber kaum erfüllte Forderung.

Durchsetzung patriarchaler Strukturen

Im ganzen gesehen ist nämlich schon die frühe Stammesgesellschaft durch die tatsächliche Vormacht des Mannes und damit das Patriarchat geprägt. Die Wertmuster, die sich in seinem Verständnis als Jäger, Haus-Herr, Krieger, Held, männlicher Ahne und Erbe, im Mannesstamm, unter dessen Namen, im männlichen Priester und Hauptgott spiegeln, setzen sich siegreich durch. In der ab ca. 5000 v. Chr. bis heute herrschenden sogenannten Hochkultur der „orientalischen Despotien“, die die meisten Stämme der Erde zu (monarchischen) Großimperien zusammenschließen, und in den diese profanen Herrschaftsstrukturen begleitenden oder kompensierend auffangenden, zwischen 600 v. und 600 n. Chr. gegründeten (monotheistischen) Hoch- oder Stifterreligionen erweisen sie sich als erst recht erfolgreich. Die patriarchalische Familie wird zur „Keimzelle des (absoluten) Staates", der Kirchen- und Gemeindeorganisation. Von wenigen Ausnahmen und dem milderen oder geschlechtsindifferenteren Willen einiger Religionsgründer, wie Jesus oder Buddha, abgesehen, werden der Frau in der jetzt schon schriftlich fixierten Rechtsordnung oder dem jeweiligen heiligen Buch und religiösen Recht fast sämtliche Bürger- und Menschenwertqualifikationen abgesprochen. Es entsteht die umfangreichste, systematischste, intensivste und dauerhafteste, obwohl am besten getarnte, sklavenartige, kulturelle und körperliche Unterdrückung der menschlichen Geschichte. In der rechtlichen wie religiösen ethischen Norm erscheint die Frau als reines Sacheigentum des Mannes, als Tier (Vieh), als ungeistiges bloßes Gefühls-, Trieb-, Mutterinstinkt- und biologistisch determiniertes Naturwesen oder, zumindest, als Unmündige und Dienerin in Mannes „Hand" (Codex Hammurapi, 1800 v. Chr.; Exodus 20,17; griech.-röm. Recht: mancipio – emancipatio; neuzeitliches Staats- und Kirchenrecht). Der ganzen Femina-sapiens-Hälfte der Menschheit wird also weltweit das Menschenrecht auf Freiheit, Lebensschutz und Geistigkeit verweigert. Darüber hinaus beansprucht der Patriarch, entgegen schon antiken besseren Kenntnissen, nach denen die Frau „von Natur aus" gleichpotent liebt und (durch Lieferung des halben Chromosomensatzes) mitzeugt, auch noch diese weibliche Schöpferkraft, das alleinige Lustrecht und sein Organ für sich. Die Frau versteht sich, oft bis heute, daher auch selbst nur noch als bloße „Empfängerin" des Mannessamens, d.h. erst durch ihn „befruchtete", selber unfruchtbare, bloße „Materie". (Mutterstoff). Sie trägt „das Kind des Mannes" als sozusagen bloße „Leihmutter" für ihn aus. Ihre eigene Lustpotenz wird, ihrer Verwendbarkeit bei der Jung- und Ehefrau, zur Sicherung der männlichen Abstammungslinie, bei der Konkubine (Lebensgefährtin) und der Prostituierten entsprechend manipuliert und ethisch doppelbödig. Grundsatz der patriarchalischen Behandlung der Frau bleibt jedoch immer: Ist ihr, ob verachtet, ver-wöhnt oder ver-ehrt, irgendwo, auf irgendeinem Gebiet, die Benutzung ihrer eigenen körperlich-seelisch-geistigen Anlagen und Kräfte überhaupt gestattet, so stets nur, um sie, un- oder unterbezahlt und nicht honoriert, als Unmündig-Abhängige auf niederem Posten, im männlichen Interesse einzusetzen. Übertritt sie „selbstfraulich" dies ihr Sklavinnengesetz, so droht ihr der religiöse, der soziale oder der reale Tod, durch Exkommunikation, Gesellschaftsausschluß und/oder oft mit Vergewaltigung verbundene besonders grausame Strafen. „Familia" heißt und ist „Dienerschaft".

Anpassung durch Ersatzethiken

Unter diesen 3 bis 4 Jahrtausende andauernden Sozialisationsbedingungen haben weder die vielen allgemeinmenschlichen Begabungen der Frau (die man, bei einem Verhältnis von 4 Geschlechtschromosomen zu 42 übrigen, heute statistisch auf 92 bis 94% einschätzt) noch ihre (wie beim Rassenunterschied) entsprechend gering anzusetzenden, genuin weiblichen Anlagen eine echte Entwicklungs- und Entfaltungschance. Wie es, laut Ausweis moderner Vorurteilsforschung, andere unterdrückte Gruppen oder Rassen ebenfalls tun, flüchten auch die Frauen, abgesehen von Träumen und Utopien, praktisch vor allem in anpasserische, kompensatorische Ersatzethiken. Sie wie meist auch ihre Feministin übernehmen im Laufe der Geschichte also die patriarchalische Auffassung der Frau; ob unbewußt, bewußt-pragmatisch oder unter dem ihre Selbstachtung schonenden Vorbehalt, es gäbe oder sie wollten selbst keine andere, z.B. partnerschaftlich-humane, gleichberechtigte Geschlechterbeziehung. Halb unterwürfig, halb stolz sehen sie sich selbst primär als Geschlechtswesen, statt als Menschen oder höchstens als beidseitig männlich-weiblich (androgyn). Entgegen ihrer „Biologie" als Mensch und Frau widmen sie sich allein den patriarchalisch erlaubten „weiblichen Lebensformen". Im Westen sind es die der aus dem lateinisch-katholischen Kulturraum stammenden „Nur-Hausherrin" und der protestantischen „Nur-Hausfrau und Mutter". Beide werden noch durch das christliche Ideal der absolut sexuell „reinen", ganz selbst-losen „Maria", Nonne oder Heiligen verstärkt. Sie legen der Frau den letzten Verzicht auf Eigenpersönlichkeitsentfaltung zugunsten von Familie, Kindern oder Wohlfahrt nahe. Der Mann wiederum verschafft sich mit dieser einseitigen Aufgabenzuweisung ein bequemes sozialethisches Alibi.

Östliche Traditionen

In den östlichen Kulturen und Religionen entwickelt sich zwar eine andere, weniger „puritanische" Ehe- und Liebeswelt. Was in ihrem Harem, hinter dem Purdah (Vorhang), unter dem Schleier, Kopftuch oder Umhang der Ehefrau an Erniedrigung, Einengung oder Gewalt zugemutet und angetan wird, ist jedoch nicht weniger menschenrechtswidrig. Die weibliche Gebär- und Arbeitsfronnorm liegt noch weit höher. Nur die erotische Kultur der Geisha- oder Bajaderenwelt bleibt oft noch offener und geachteter als die nach der Antike untergetauchte, doppelmoralische des christlichen Westens.

Autonome Enklaven

Neben beiden gibt es in Ost und West zwar immer noch gewisse autonomere weibliche Enklaven, ob die der Hetären (als Salondamen), der großen Philosophinnen (von Aspasia bis zu Hypatia), der genialen Künstlerinnen (wie der des lesbischen Sapphokreises), der mächtigen Adelsfrauen und Äbtissinnen, der städtischen selbständigen Handwerkerinnen oder Beginen (Stadtluft macht frei), der weisen Frauen, der Hexen, der Bacchantinnen oder Göttinnenkulte usf. Die übrige Masse der Frauen macht jedoch nur aus ihrer patriarchalischen Notlage eine Tugend. Sie entwickeln also auf dem ihnen verbleibenden Gebiet der Häuslichkeit eine eigene, feinsinnige, hochstehende, wenn oft auch schon ganz irreale und überintensive Liebes- oder Gefühlskultur. Ihre Aufrechterhaltung erfordert aber so viel Lebensverzicht, Verstellung, Verdrängung oder Unrechts- und Gewalthinnahme, daß die jeweilige menschliche und weibliche Gesamtpersönlichkeit der Frau notwendig schweren objektiven, nur anscheinend selbstgewählten Schaden erleidet. Meist kann sie sich sogar erst gar nicht entfalten. Sie „geht" buchstäblich im Manne, den Kindern, dem Haushalt oder Sex und Mode „auf".

Demokratisches Wertsystem

Eine echte Entdeckung und Einschätzung der Frau, ihrer allgemeinmenschlichen und weiblichen Begabungen und Reichweite verspricht daher erst das von der Antike bis zu Olympe de Gouges (1791) geforderte demokratisch-humane Wertsystem. Im Gegensatz zum Patriarchat sieht es vor, die Geschlechter, wo sie, wie heute die weiblichen Schul- und Berufsleistungen beweisen, in der Tat zu 94% gleich begabt und leistungsfähig sind, gleich, wo sie ungleich sind, ausgleichend zu behandeln sind. Beides ist bisher weltweit erst in Ansätzen verwirklicht. Wie es schon Taylor/Mill (The Subjection of Women, 1869) ethisch ausformulieren, weigern sich die herrschenden Männer bisher, den Gewinn eigener Gerechtigkeit mit dem Verlust der Hälfte ihrer ungerechten Macht zu bezahlen.

Allerdings erweist sich echte menschenrechtliche Demokratie auch als ein kritischer Test für die wirkliche weibliche Ethik. Die patriarchatsbedingte Fiktion gewisser angeborener Tugenden oder Laster der Frau gerät in Gefahr. Hält sie noch stand, wenn die Frau in Amt, Würden und Machtpositionen, mit deren allgemeinmenschlicher Versuchung, gelangt ist? Schon heute beginnt hier ein Prozeß oft schmerzlichen Abschiednehmenmüssens von der patriarchalischen Zwangszuweisung sozialerer Verhaltensweise, die auch die Erwartung der Frau mitprägte. Sie klammert sich zwar oft weiter an die Hoffnung, wenn nicht ihr allgemeinmenchliches Wesen „von Natur aus" moralischer angelegt sei, so würden wenigstens ihre genuin weiblichen Besonderheiten, d.h. praktisch Menstruation, Austragen, Gebären und Stillen, statt ihrer bisherigen Unterdrückungssituation ihre ethische Überlegenheit auch fortan rein biologistisch garantieren. Ohne Kultur bleibt das aber auch zweifelhaft.

Wie die Einzelforschung und -praxis von der Sports- und Arbeits- bis zur Moralnormentstehung allmählich erkennt, unterscheiden sich die Geschlechter ohnedies weniger aufgrund bestimmter Eigenschaften oder Moralen. Ihre Hauptdifferenz liegt, schon im ganzen äußerlich sichtbar, wie im (übertragbaren) Einzelorgan oder im Gehirn nachweisbar, bei (relativ) gleicher Leistung vor allem in deren mehr oder weniger „luxurierenden" Form und Ausprägungsart. Die Frau, so registriert die Wissenschaft, bleibt insgesamt dem Grundmuster der Menschenart und ihrer Entwicklungsfähigkeit näher, also in ihren Funktionen, wie Körper und Seele, Gefühl und Verstand, ganzheitlicher und flexibler. Die gleichen Muskeln, Knochen oder inneren Organe, ihre körperlich-geistigen Äußerungen und ethischen wie technischen Gestaltungsversuche fallen beim Mann gewöhnlich starrer, schärfer abgesetzt und gröber aus. Es ist also diese formale Struktur, die die Geschlechter am meisten scheidet. Sie wird sehr zu Unrecht sofort mit inhaltlichen Eigenschaften oder Tugenden wie „Aggressivität" oder „Friedfertigkeit" identifiziert. Beide Geschlechter entwickeln unter Umständen beide Verhaltensweisen, aber immer in verschiedener Ausprägung. Weibliche und männliche Ethik umfassen also nahezu die gleichen menschlichen Grundwerte, auch im sexuellen Bereich. Die Frau „neigt" nur zu weniger „Maßlosigkeit" in ihnen. Sie kann sie jedoch, wie gezeigt, auch unter- oder überkultivieren.

Literatur: *Gordon W. Allport,* The Nature of Prejudice (Boston 1954); *Charlotte H. Berndt,* Women and the secret Life, in: Roland und Charlotte Berndt, Aboriginal Man in Australia (Sydney 1951) 238–262; *Monika Dillier u.a.* (Hrsg.), Olympe de Gouges (Frankfurt a.M. 1980); *Elisabeth Gössmann* (Hrsg.), Archiv für philosophische und theologische Frauenforschung, Bd. 4: „Ob die Weiber Menschen seyn oder nicht?" (München 1988); *Erna Lesky,* Die Zeugungs- und Vererbungslehren der Antike (Wien 1951); *Horst Nachtigall,* Das Problem der mutterrechtlichen Kultur, in: Archiv für Kulturgeschichte 4 (Graz 1958) 275–288; *Jean-J. Rousseau,* Emil oder über die Erziehung (Paderborn 1972); *John Stuart Mill / Harriet Helen Taylor-Mill,* Die Hörigkeit der Frau (Frankfurt a.M. 1976); *Elfriede Walesca Tielsch,* „Du sollst gebären – Du darfst nicht gebären", in: Manon Maren-Grisebach / Brigitte Weißhaupt (Hrsg.), Was Philosophinnen denken II (Zürich 1986) 189–201, vgl. *dies.,* Die Abtreibungsethik der menschlichen Frühgesellschaft, in: ebd. I (1986) 224–243 und: Die Philosophin, 309–328.

ELFRIEDE WALESCA TIELSCH

Eva

↗ Altes Testament; Antike; Christentum; Frauenrollen / Frauenleitbilder; Glauben; Heilige / Heiligkeit; Judentum; Kirchenlehrerinnen / Kirchenväter; Magna Mater; Maria; Neues Testament; Ökumene; Reformation

Traditionelle christliche Interpretationen

Die erste biblische Frauengestalt, die am Ende der Paradieserzählung (Gen 3,20) Chawwah – (Mutter alles) Leben (digen) – genannt wird, ist vor allem in der westlichen Kultur zum Symbol für die Unzuverlässigkeit und Schlechtigkeit von Frauen geworden. Durch die Schlange verführt, hat sie vom Baum der Erkenntnis des Guten und des Bösen gegessen, gab ihrem Mann zu essen und stürzte so die Menschheit ins Verderben. Deshalb sind die Frauen für alle Ewigkeit zur Unterwerfung unter den

Mann verurteilt. So wenigstens lautete die herrschende christliche Interpretation von Gen 2 und 3. *Der Verfasser des neutestamentlichen ersten Timotheusbriefes* formuliert diese Sicht folgendermaßen: „Eine Frau soll sich still und in aller Unterordnung belehren lassen. Daß eine Frau lehrt, erlaube ich nicht, auch nicht, daß sie über ihren Mann herrscht; sie soll sich still verhalten. Denn zuerst wurde Adam erschaffen, danach Eva. Und nicht Adam wurde verführt, sondern die Frau ließ sich verführen und übertrat das Gebot" (1 Tim 2,11 – 14). Kennzeichnend für diese (und für viele spätere) Deutung(en) ist zum einen, daß sie sich auf eine falsche Auslegung des Genesistextes stützen: Adam ließ sich *nicht* verführen; und zum anderen, daß die Argumentation zwar zwingend, aber nicht logisch ist: *Weil Eva* nach Adam erschaffen wurde, müssen *Frauen* untertan sein.

Der Theologe *Tertullian* (Ende 2., Anfang 3. Jahrhundert) geht noch einen Schritt weiter und identifiziert alle Frauen mit Eva. Ihm zufolge ist die Frau das „Tor zur Hölle". Weil sie das tat, was die Schlange nicht direkt wagte, nämlich Adam zu verführen, ist es ihre Schuld, „daß Gottes Sohn sterben mußte". Unter dem Einfluß seines Bildes von Eva legt *Augustinus* (354 bis 430) den Schöpfungsbericht Gen 1,27 (hier ist davon die Rede, daß Mann und Frau nach dem Bild Gottes erschaffen werden) folgendermaßen aus: „Der Mann ist Bild Gottes nach Leib und Seele, die Frau nur der Seele nach." Beim Mann bilden Leib und Seele eine harmonische Einheit; bei der Frau dagegen wird die Seele vom Leib negativ beeinflußt. Sie ist, wie Eva, engherzig, sinnlich, materialistisch, leicht zu verführen und Verführerin. Sie dient dem Mann als Hilfsmittel für die Fortpflanzung; für alles andere ist ihm ein Mann besser geeignet. Nach *Thomas von Aquin* (1225 – 1274) war Eva schon vor dem Sündenfall Adam untergeordnet. Sie wurde als erste von der Schlange angesprochen, weil sie leichtgläubiger und leichter zu verführen war als Adam. In Anschluß an Aristoteles beschreibt Thomas die Frau als eine „Zufallserscheinung", als etwas „Mangelhaftes", gemessen am Mann.

Das so konstruierte negative Bild Evas wurde durch den Gegensatz verschärft, der im Zusammenhang mit dem Kampf gegen die Sexualität seit dem frühen Christentum zwischen Eva und Maria hergestellt wurde. Dank ihrer Jungfräulichkeit und ihres demütigen Gehorsams überwindet Maria (die „zweite Eva") die seit Eva vor allem in der Frau verkörperte Sexualität. Als Gegenpol zu Maria, dem Symbol der Frau als Jungfrau, ist Eva das Symbol der Frau als Hure und Verführerin. Diese Vorstellung ist noch immer einflußreich, auch wenn seit der Reformation etwas positiver über Eva gesprochen wird. Ihre Mutterschaft wird von *Luther* (1483 – 1546) und in päpstlichen Ansprachen aus unserem Jahrhundert gleichermaßen gepriesen und den Frauen als Vorbild vorgestellt.

Feministische Sichtweisen Evas

„Es ist unverständlich, daß man das Dogma von der Inferiorität der Frau mit der Genesis begründet. Das Verhalten Evas ist von Anfang bis zum Ende dem Adams überlegen", so kommentierte *The Woman's Bible* (1895 hrsg. von der nordamerikanischen Kämpferin für die Rechte der Frau, Elisabeth Cady Stanton). Von dieser Sichtweise inspiriert, haben feministische Theologinnen des 20. Jahrhunderts den Kampf gegen die herrschende Deutung Evas aufgenommen. Weder in Gen 1 noch in Gen 2 ist davon die Rede, daß die Frau nach dem Mann erschaffen wird. Vielmehr entsteht dank der Erschaffung der Frau (ischah) der Mann (isch). Wie die Frau die „Tochter" des Adam (des aus Erde Gemachten) ist, ist der Mann der „Sohn" (Gen 2,21 – 24). Daß der Mann trotzdem weiter Adam heißt, ist ein Beleg für den patriarchalen Irrtum, wonach der

Mann der eigentliche Mensch ist. Die Frau ißt vom Baum, nachdem sie mit der Schlange ein intelligentes theologisches Gespräch geführt hat. So liefert sie einen Beitrag dazu, daß sie selbst und der Mann zu selbständigen Persönlichkeiten werden. Das Urteil Gottes über die Frau, daß der Mann über sie herrschen soll (Gen 3,16), muß nicht als ewige Strafe für die Frau gedeutet werden, sondern als Verurteilung des herrschenden kulturellen Modells. Der Name, den die Frau am Ende der Erzählung erhält, verbindet sie mit Gott (CHWWH – JHWH), wie Adam mit dem Erdboden (adam – adamah) verbunden ist (Bal; Trible).

Die *nachchristliche* Theologin und Philosophin *Mary Daly* bannt das Böse aus Eva heraus, indem sie zeigt, daß die Genesiserzählung nicht den Sündenfall der Menschheit, sondern den des Patriarchats beschreibt. Die Ursünde des Patriarchats besteht nach Daly darin, daß die Sünde falsch benannt wird, daß man das Böse in der Frau verortet. Dieser „patriarchalische Mythos" bewirkt Frauenhaß und Selbsthaß von Frauen. Durch die Entlarvung des Mythos vom Sündenfall als eines patriarchalischen Betrugs beginnen Frauen mit dem „Fall in die Freiheit" (Daly).

Im Zusammenhang ihrer Suche nach matriarchalischen Kulturen verweisen andere Feministinnen darauf, daß Evas Titel „Mutter aller Lebendigen" auf die Muttergöttin der alten Religionen des Nahen Ostens hinweist. Die Schlange war in diesen Religionen Weisheits- und Lebenssymbol. Das Essen von Früchten des der Göttin geweihten Baums war ein religiöses Ritual. Die Genesiserzählung kehrt diese matriarchalen religiösen Gebräuche und Werte auf verwerfliche Weise um und legitimiert und festigt damit das Patriarchat. Aus der Göttin wird das zweitrangige Geschöpf Eva, das auch noch das Böse in die Welt bringt (Göttner-Abendroth; Stone).

Jüdische Feministinnen haben als erste gezeigt, daß diese Deutung auf einem romantischen und historisch unzutreffenden Bild matriarchaler Kulturen beruht, das außerdem auch stark antijüdisch gefärbt ist. Der Tadel, von dem Eva gereinigt wird, kommt über das Haupt der Religion Israels und also der Juden. Auch die Religionen in der Umgebung Israels waren schon in starkem Maß patriarchalisch geprägt, als der Eva-Mythos entstand (Adler). In der hebräischen Bibel und der jüdischen Tradition wird übrigens auch nicht die „Übertretung" Evas als Ursache des Bösen betrachtet, sondern die Untreue gegenüber dem Bund Gottes mit Israel (Ruether 1985). Der Mythos von Eva inspiriert heutige jüdische Frauen dazu, neue ermutigende Geschichten zu schreiben wie den „Jewish Feminist Midrash on Lilith and Eve" (Plaskow in: Ruether 1987). Bei der Feier, in der dieser Midrasch zum ersten Mal vorgelesen wurde (Feminist theologizing Conference, Grailville, Ohio, 1972), hängten alle Frauen einen Apfel an einen Baum, auf den jede von ihnen geschrieben hatte, was sie in nächster Zeit für ihre Befreiung tun würde. Die Prophetinnen des Montanismus (einer „ketzerischen" Bewegung des 2. Jahrhunderts) taten etwas Ähnliches: Sie dankten Eva dafür, daß sie als erste vom Baum der Erkenntnis gegessen hat. Die Frucht vom Erkenntnisbaum, in der patriarchalischen Ideologie als ein abwertendes Erkennungszeichen für die Frau dargestellt, wird auf diese Weise umgewertet als Zeichen für gleichwertige – wenn nicht gar vorrangige – Teilnahme der Frau auf dem Erkenntnisweg der Menschheit.

Literatur: *Rachel Adler,* A mother in Israel. Aspects of the Mother Role in Jewish Myth, in: Rita Gross (Hrsg.), Beyond Androcentrism (Missoula/Montana 1977); *Mieke Bal,* Femmes Imaginaires. L'Ancient Testament au risque d'une narratologie critique (Utrecht – Paris 1986); *Mary Daly,* Jenseits von Gottvater, Sohn & Co. (München 1980); *Heide Göttner-Abendroth,* Die Göttin und ihr Heros (München 1980); *Hedwig Meyer-Wilmes,* Eva. Eine Collage aus Männerphantasien und Frauenträumen, in: Karin Walter (Hrsg.), Zwischen Ohnmacht und Befreiung. Biblische Frauengestalten (Freiburg i. Br. 1988) 12–22; *John A. Phillips,* Eva. Von der Göttin zur Dämonin (Stuttgart 1987); *Judith Plaskow,* Blaming the Jews for the Birth of Patriarchy, in: E. T. Beck, Nice Jewish Girls. A Lesbian Anthology (Watertown MA 1982); *Theodore Reik,* The creation of Women. A Psychoanalytic Inquiry in to the Myth of Eve (New York 1960); *Rosemary Radford Ruether* (Hrsg.), Sexismus und die Rede von Gott (Gütersloh 1985); *dies.* (Hrsg.), Frauenbilder – Gottesbilder. Feministische Erfahrungen in religionsgeschichtlichen Texten (Gütersloh 1987); *Merlin Stone,* When God was a Woman (New York 1978); *Phyllis Trible,* Gegen das patriarchalische Prinzip in Bibelinterpretationen, in: Elisabeth Moltmann-Wendel, Frauenbefreiung (München 1978); *Urs Winter,* Frau und Göttin. Exegetische und ikonographische Studien zum weiblichen Gottesbild im alten Israel und in dessen Umwelt (Fribourg – Göttingen 1984).

Fokkelien van Dijk-Hemmes
Aus dem Niederländischen von Ulrich Ruh

F

Familie

↗ Abhängigkeit; Adoption; Alleinerziehende; Alter; Beruf; Ehe; Eheformen; Elternschaft; Elternurlaub; Erwerbstätigkeit; Erziehung; Erziehungsgeld; Familienplanung; Familienrecht; Familienrollen; Familientherapie; Generationsprobleme; Hausfrauen; Identität, weibliche; Kinder; Mütterlichkeit; Nationalsozialismus; Partnerschaft; Pflege, häusliche; Tagesmütter; Väterlichkeit; Vaterschaft; Wiedereingliederung

Geschichtlicher Wandel

Die Familie gilt als die kleinste Einheit menschlicher Gesellschaften und als deren Keimzelle, bestehend aus dem im gemeinsamen Haushalt lebenden Elternpaar und dessen unmündigen, unverheirateten Kindern. Aus christlicher Sicht und Tradition basiert die Familie auf der für das Leben geschlossenen Ehe („bis daß der Tod euch scheidet"). Die Gesetzgebung unterstreicht die wichtige Stellung der Familie in der Gesellschaft und garantiert ihr besonderen Schutz. Ihre Inhalte sind im Laufe des letzten Jahrhunderts einem beträchtlichen Wandel unterworfen worden. Die Statuierung der Gleichberechtigung der Frau gibt hierfür ein Beispiel, ebenso die Regelung der Rechte und Pflichten von Eltern und Kindern (in den jeweiligen rechtlichen Regelungen).

Zur angemessenen Einschätzung der Situation heutiger Familien ist der *historische Bezug* unerläßlich. Erst im Zuge der Industrialisierung gelang es z. B. allmählich breiteren Bevölkerungsschichten, die erforderliche materielle Basis für eine Familiengründung zu schaffen. Sie war den besitzlosen und rechtlosen Schichten (z. B. Landarbeiter, Proletariat der Städte) bis dahin vielfach verwehrt. Im Hinblick darauf war der Anteil der Verheirateten an der Bevölkerung noch nie so hoch wie in den letzten Jahrzehnten, ebenso allerdings der Anteil der Geschiedenen. Seit Mitte des 19. Jahrhunderts haben sich im Zusammenhang mit Industrialisierung, Wirtschaftskrisen, Kriegs- und Nachkriegszeiten Familiengröße und -strukturen wesentlich verändert. Die Entwicklung ging von der Drei-Generationen-Familie mit vielen Kindern zur *Zwei-Generationen-Familie mit durchschnittlich 1 bis 2 Kindern.* Diese Tendenz ist in allen modernen hochindustrialisierten Gesellschaften nachzuweisen. Sie wird begleitet u. a. von einem erheblichen Absinken der Säuglings- und Müttersterblichkeit und einer kontinuierlich steigenden Lebensalterserwartung. Die Phase der Betreuung und Erziehung

der wenigen Kinder hat sich im Familienzyklus deutlich verkürzt, die sogenannte „nachelterliche" Phase entsprechend vorverlagert und verlängert.
Im Zuge der Industrialisierung haben sich die Rollen von Mann und Frau im innerfamilialen Bereich grundlegend verändert. Durch die Trennung von Arbeitsstätte und Wohnstätte wurde vornehmlich für das Proletariat und Kleinbürgertum die *außerhäusige* Erwerbstätigkeit für Männer wie für Frauen erforderlich. Dagegen entwikkelte sich im gehobenen Bürgertum eine ebenfalls neuartige Aufgabenverteilung zwischen Mann und Frau, indem die Frau – anders als im agrarischen und handwerklichen Betrieb – ausschließlich auf die hauswirtschaftlichen und mütterlichen Funktionen verwiesen wurde, während der Mann durch außerhäusige Erwerbstätigkeit die materielle Basis für die Familie zu schaffen hatte. Angesichts der extrem ungünstigen Arbeitbedingungen in den Industriebetrieben wurde dieser bürgerliche Familientypus auch für Teile der Arbeiterklasse zu einem erstrebenswerten Ideal.

Forderungen von und gegenüber Frauen

Anderseits wurden Forderungen nach ökonomischer Unabhängigkeit und *rechtlicher Gleichstellung der Frauen* erhoben (z.B. durch Clara Zetkin), die nur durch die eigene *Erwerbstätigkeit der Frauen* zu verwirklichen waren. In der nationalsozialistischen Ära wurden solche Forderungen hinfällig, weil nun die deutsche Familie mit nicht berufstätiger, gebärfreudiger Mutter propagiert wurde. Vor allem der Zweite Weltkrieg und die Nachkriegszeit überrollten dieses nationalsozialistisch überformte Familienideal. Frauen wurden in einem bis dahin nicht gekannten Ausmaß als *vollgültiger Ersatz der Männer* in der Arbeitswelt eingesetzt. Diese Phase hat zu einem *Wandel der internen Familienstrukturen* von einer patriarchalischen zu einer partnerschaftlich orientierten Ehe und Familie beigetragen sowie zu einer Anerkennung beider Aufgabenbereiche, nämlich Familie und Beruf, für die Frauen. Zu Beginn der sechziger Jahre kamen dazu weitere Impulse aus den skandinavischen und angelsächsischen Ländern. Propagiert wurde ein *Drei-Phasen-Modell* (Ausbildung und erste Berufserfahrung – Kindergeburt und Erziehung – Rückkehr in den Beruf), das den Frauen im Lebensplan die Kombination beider Aufgabenbereiche ermöglichen sollte. Unter den Bedingungen von Vollbeschäftigung erschien dieses Modell durchaus realisierbar. Allerdings sind die Schwierigkeiten der Frauen nicht zu unterschätzen, nach einer längeren Familienpause wieder in das Berufsleben mit seinen spezifischen, inzwischen veränderten Anforderungen und Zeitvorgaben zurückzufinden. Unter den Bedingungen zunehmender Arbeitslosigkeit erscheint Mitte der 80er Jahre eine Rückkehr in den Beruf nach einer längeren Unterbrechung oftmals ohnehin utopisch.

Streit über die „richtige" Familie und Mutter

Die Vorstellungen über den erwünschten Familientypus sind bis in die Gegenwart hinein kontrovers. Sowohl die *Familie mit nicht berufstätiger* als auch *mit berufstätiger Mutter* findet ihre Befürworter. Realiter sind beide Familienformen in der Bundesrepublik Deutschland etwa gleich häufig vertreten. Auch von den Müttern mit Kindern unter 15 Jahren sind immerhin ca. 40% berufstätig. Mit Hinweis auf die wichtige Rolle der Mutter für die Entwicklung der Kinder wird von Befürwortern der Hausfrauen-Familie die Berufstätigkeit von Müttern häufig kritisiert. Negative Auswirkungen der Berufstätigkeit auf die Entwicklung der Kinder lassen sich jedoch in entsprechenden Untersuchungen nicht nachweisen. Auch bestehen keine eindeutigen Zusammenhänge zwischen der Berufstätigkeit von Frauen und der

Kinderzahl. Im Hinblick auf die Entwicklung der Kinder erscheint ein Zusammenwirken von familialer und außerfamilialer professioneller Betreuung und Erziehung in der Regel förderlicher als eine zu enge Mutter-Kind-Beziehung über einen langen Zeitraum (z. B. bis zum Schuleintritt). Im Gegenteil wirkt eine einseitige Fixierung entwicklungshemmend, was sich in einer geringeren Selbständigkeit und Kontaktfähigkeit, in Ängstlichkeit und Unsicherheit gegenüber anderen gleichaltrigen Kindern äußert. Demgegenüber ist eine *intakte Mutter-Kind-Beziehung* im Säuglingsalter und der frühen Kindheit, solange also die biologischen und emotionalen Funktionen im Vordergrund stehen, der außerfamilialen Betreuung in der Regel überlegen. Im Laufe der kindlichen Entwicklung tritt jedoch bald die sozialkulturelle Entwicklung und Erziehung in den Mittelpunkt, z. B. das soziale Lernen in der größeren Gruppe der Gleichaltrigen, der Erwerb der Sprache, Kultur, Religion, Technik. Diese Aufgaben kann die Familie mangels entsprechender Kompetenzen nur teilweise erfüllen, so daß es auch deshalb sinnvoll erscheint, wenn außerfamiliale Erziehungsinstanzen (z. B. Kindergarten, Schule, Kirche) frühzeitig hinzutreten. Anderseits fungiert die Familie angesichts eines z. T. ausufernden Pluralismus und Wertewandels auch als Rückhalt oder Gegengewicht. Von einem „Funktionsverlust" der Familie kann also nicht die Rede sein. Die außerfamiliale Erziehung hat in bestimmten Familienkonstellationen – z. B. wird ein Zehntel aller Familien nur von einem alleinerziehenden Elternteil getragen – eine besonders wichtige kompensatorische Funktion. Vor allem bei Familien, in denen Frauen bzw. Kinder von Gewalt und Mißhandlung bedroht sind, sind Einwirkungen und Hilfen von außen unerläßlich.

Gattengemeinschaft und Kinderzahl

Infolge der geringen Kinderzahl gewinnt die *Gattengemeinschaft* innerhalb der Familie größte Bedeutung. Gegenseitige Zuneigung, Sexualität und Partnerschaft werden zu tragenden Elementen. Das birgt die Gefahr der Überforderung, wenn enges tägliches Zusammenleben in negativer Ausformung zu Distanzlosigkeit und überzogener Kontrolle, zu einer meist durch die Ehefrauen praktizierten *„Überorganisation"* der Familien führt. Das kann innerfamiliale Konflikte schüren und die Auflösung bzw. „Desorganisation" von Ehe und Familie begünstigen. Als positive Merkmale heutiger Familien sind hervorzuheben die Möglichkeit geplanter Elternschaft sowie der *intensiven Zuwendung der Eltern zu den wenigen Kindern.* Der Trend zur Ein- bzw. Zwei-Kinder-Familie sollte deshalb nicht pauschal als negative Einstellung gegenüber Kindern oder als Egoismus bewertet werden. Lebensglück und „Selbstverwirklichung" lassen sich für alle Familienmitglieder, insbesondere für die Frauen, am besten mit wenigen Kindern realisieren. Nur so lassen sich für Frauen die Aufgaben in Familie, Beruf und Öffentlichkeit in Einklang bringen. Die Ein- oder Zwei-Kinder-Familie ist auch nach medizinischen und psychologischen Befunden der Mehr-Kinder-Familie deutlich überlegen, z. B. im Vergleich der Schul- und Intelligenzleistungen der Kinder. Schwangerschaften und Geburten werden zudem ab drittem und weiteren Kindern zunehmend riskant.

Im ganzen weisen heutige Familien eine beachtliche Stabilität und Kontinuität auf und fungieren nach wie vor als wichtige Instanz für die Entwicklung und Erziehung ihrer Kinder bis ins Jugendalter hinein. Auch nach Einschätzung der Jugendlichen schneidet die Familie durchaus positiv ab. Vor allem wird das Verhältnis zu den eigenen Eltern überwiegend gut beurteilt. Zugleich wünscht sich die Mehrheit der Jugendlichen für die eigene Zukunft eine Familie mit ebenfalls durchschnittlich ein bis zwei Kindern sowie eine *Kombination von Beruf und Familie* für die Frauen und Mütter. Die Hausfrauen-Ehe und -Familie wird nur von einer Minderheit heutiger Jugendlicher bevorzugt. Im innerfamilialen Bereich wird eine partnerschaftliche Rollenaufteilung befürwortet. Allerdings besteht in heutigen jungen Familien die traditionelle Aufgabenverteilung weitgehend fort, wenngleich die Bereitschaft junger Väter zur Kinderbetreuung zugenommen hat.

Nichteheliche Lebensgemeinschaften

Die Bedeutung der Ehe ist bei jungen Paaren deutlich zurückgetreten. *Nichteheliche Lebensgemeinschaften* ohne Legalisierung nehmen zu. In den meisten Fällen fungieren sie als Erprobungs- bzw. Vorphase vor Gründung einer Familie. Mit der (zumeist) gewünschten Schwangerschaft und Geburt eines Kindes wird eine Eheschließung meist im Interesse der Kinder als sinnvoll und wichtig angesehen und realisiert. Diese Haltung tangiert jedoch ohne Zweifel die bisherige christliche, insbesondere katholische, Auffassung und Wertschätzung der Ehe. Auf Dauer angelegte familienähnliche Formen des Zusammenlebens werden nur von einem kleinen, meist akademischen Teil der jüngeren Bevölkerung u.a. auch im Rahmen von Kommunen und Wohngemeinschaften praktiziert, allerdings bei hoher Fluktuation ihrer Mitglieder.

Frauen nach der Erziehungsphase

Speziell mit Blick auf die Frauen haben sich die Aufgaben im innerfamilialen Bereich auch im Haushalt deutlich vermindert. Heutige Mütter sind maximal 50 Jahre alt, wenn ihre ein bis zwei Kinder die Schul- bzw. Berufsausbildung weitgehend abgeschlossen haben bzw. so weit selbständig sind, daß die Betreuung und Erziehung durch die Mütter unbedingt in den Hintergrund treten muß. Ohnehin konzentrieren sich Jugendliche zunehmend auf die Gruppe der Gleichaltrigen. Die Ablösung von der Familie vollzieht sich bei den Mädchen noch früher als bei den Jungen. Eine ausschließliche, lebenslange Fixierung der Frau auf die Familie, die in der „nachelterlichen" Phase allmählich nur noch aus dem Ehepaar besteht und einem Haushalt, der sich auf zwei Personen reduziert, erscheint immer weniger sinnvoll. Ein Verharren in sinnentleerten Funktionen birgt die Gefahr, daß die Kinder zu lange abhängig und unselbständig bleiben bzw. gehalten werden oder daß eheliche Konflikte aufbrechen. Das betrifft in erster Linie die Hausfrauen-Familie. Allerdings könnten sich für sie auch im familiären Bereich neue Aufgaben stellen, sofern sie bereit sind zu einer intensiveren Betreuung der älteren (Großeltern-)Generation oder der Enkelkinder, deren Mütter berufstätig bleiben möchten. Die Bereitschaft dazu ist jedoch nur gering, wenn diese regelmäßig zu erfüllen sind. Außerhalb der Familie eröffnen sich vielfältige Aufgaben im sozialen, kulturellen, gesellschaftlichen Bereich. Wenn sich Frauen auf die eigenen vier Wände ihres Haushaltes zurückziehen, mit Kaffeekränzchen und Hobbies oder anderem die Zeit „totschlagen", erfüllt die verbleibende *Restfamilie* ihre Funktionen im Rahmen der Gesellschaft nicht mehr. Die jungen Frauen und Mütter ziehen allmählich andere Konsequenzen, indem sie ihre Berufstätigkeit nach Geburt von Kindern möglichst beibehalten, *Familie und Beruf also langfristig kombinieren*. Mangels ausreichender außerfamilialer Betreuungsmöglichkeiten und Teilzeitarbeit stellt sich jedoch für sie unverändert das Problem der Vereinbarkeit von Berufstätigkeit und Familienaufgaben.

Literatur: *Elisabeth Badinter,* Die Mutterliebe. Geschichte eines Gefühls vom 17. Jahrhundert bis heute (München 1981); *Urie Bronfenbrenner,* Die Ökologie der menschlichen Entwicklung (Stuttgart 1981); *Werner Conze* (Hrsg.), Sozialgeschichte der Familie in der Neuzeit (Stuttgart 1976); *Familie und Arbeitswelt.* Schriftenreihe des Bundesministeriums für Jugend, Familie und Gesundheit, Bd. 143 (Stuttgart 1984); *Sigmund Gastiger / Günther Oswald,* Familienrecht (Stuttgart 1978); *Gemeinsame Synode der Bistümer in der Bundesrepublik Deutschland,* Christlich gelebte Ehe und Familie, in: Offizielle Gesamtausgabe I (Freiburg i. Br. [6]1985) 411–457; *Manfred Hermanns / Barbara Hille,* Familienleitbilder im Wandel (München 1987); *Barbara Hille,* Familie und Sozialisation in der DDR (Opladen 1985); *Jugendhilfe und Familie,* Siebter Jugendbericht, 10. 12. 1986; *René König,* Soziologie der Familie, in: ders. (Hrsg.), Handbuch der empirischen Sozialforschung VII (Köln [2]1976); *Ursula Lehr,* Die Bedeutung der Mutter in der Sozialisation des Kindes (Darmstadt 1974); *Kurt Lüscher/Franz Böckle,* Familie, in: Franz Böckle u. a. (Hrsg.), Christlicher Glaube in moderner Gesellschaft, Bd. 7 (Freiburg i. Br. 1981) 87–145; *Claus Mühlfeld,* Ehe und Familie (Opladen 1982); *Rosemarie von Schweitzer/Helge Pross,* Familienhaushalte im wirtschaftlichen und sozialen Wandel (Göttingen 1976); *Laszlo A. Vaskovics* (Hrsg.), Umweltbedingungen familialer Sozialisation (Stuttgart 1982); *Ingeborg Weber-Kellermann,* Die deutsche Familie (Frankfurt a. M. 1981); *Max Wingen,* Nichteheliche Lebensgemeinschaften (Zürich 1984); *Gerhard Wurzbacher,* Die Familie als Sozialisationsfaktor (Stuttgart 1968). BARBARA HILLE

Familienplanung

↗ Adoption; Antike; Armut; Dritte Welt; Ehe; Elternschaft; Elternurlaub; Empfängnisverhütung; Erziehung; Erziehungsgeld; Familie; Fortpflanzungsmedizin; Frauenbewegung; Geburt; Gentechnik; Kinder; Kinderlosigkeit; Kinderwunsch; Leihmütter; Medizin; Mütter-Genesungswerk; Nationalsozialismus; Schwangerschaftsabbruch; Sexualethik; Sexualität; Soziale Sicherung; Sterilisation

Begriff und Geschichte

Familienplanung umfaßt alle Bestrebungen, durch Maßnahmen der Geburtenregelung auf die Anzahl der Kinder entsprechend den Wünschen und Lebensumständen der Eltern Einfluß zu nehmen. Obwohl meist mit Methoden oder Fragen der Empfängnisverhütung gleichgesetzt, beschreibt der Begriff auch Maßnahmen zur positiven Beeinflussung der Fruchtbarkeit. Familienplanung ist Teil der individuellen Lebensplanung; man bezeichnet aber auch staatliche Maßnahmen zur Steuerung des generativen Verhaltens der Bevölkerung mit diesem Begriff.

Bereits in der Frühantike lassen sich Belege finden, die auf gezielte Maßnahmen zur Steuerung der Kinderzahl und der Geburtenhäufigkeit hindeuten. In Ägypten z. B. benutzten Frauen u. a. Schwämme, die mit Kräutern getränkt wurden, um eine Empfängnis zu verhindern. Für alte Indiokulturen lassen sich ähnliche Methoden nachweisen. Außerdem durften Frauen dort während der Stillzeit nicht berührt werden. Da diese bis zu zwei Jahren dauerte, hatte das Auswirkungen auf die Geburtenhäufigkeit. Noch heute bekannt sind Fruchtbarkeitsriten bei afrikanischen Stämmen. Es ist jedoch nicht immer mit Sicherheit zu sagen, ob die Motive, die hinter derartigen Ritualen und Maßnahmen stehen, tatsächlich gezielt der Familienplanung dienten oder ob nicht vielmehr rituelle oder religiöse Motive im Vordergrund stehen.

Eine lange Geschichte haben auch Versuche staatlicher Obrigkeiten, auf die Bevölkerungsentwicklung und damit auf die individuelle Familienplanung Einfluß zu nehmen. So hat z. B. Kaiser Augustus in Rom in den Jahren 4 und 9 n. Chr. zwei Gesetze erlassen, mit denen u. a. Eheschließungen und Geburten prämiert, unverschuldete Kinderlosigkeit und Ehelosigkeit dagegen unter Strafe gestellt wurden.

Nationalsozialistische Zwangsmaßnahmen

Beispiellos in der Geschichte sind die Zwangsmaßnahmen des NS-Regimes zur „Rassenveredlung" und Geburtenförderung zwischen 1933 und 1945. 1935 wurde der Verein Lebensborn e. V. von Heinrich Himmler mit der Zielsetzung gegründet, Einrichtungen zu schaffen, in denen erbbiologisch „einwandfreie" Frauen von ebensolchen Männern, meist SS-Angehörigen, geschwängert werden sollten. Frauen wurden zu Gebärmaschinen degradiert.

Jährlich wurden nach Schätzungen etwa 500 Kinder in solchen Heimen geboren. Neben derartigen Maßnahmen zur gezielten Menschenzüchtung sollte durch Ausschluß der Frauen aus dem Berufsleben, Gewährung von staatlicher Unterstützung wie auch durch großangelegte propagandistische Aktionen und Verleihung von Mütterkreuzen die Geburtenrate gesteigert werden, was allerdings auch hier auf Dauer nicht gelang. Gleichzeitig wurde erbbiologisch und rassisch „unwertes" Leben durch Zwangssterilisation und Euthanasieprogramme zerstört.

Das Bekanntwerden des vollen Ausmaßes der nationalsozialistischen Bevölkerungs- und Rassenpolitik hat eine kritische Diskussion über die Legitimation des Staates, individuelle Lebensplanung zu beeinflussen, wie auch über ethisch verbindliche Maßstäbe der Familienplanung ausgelöst.

Ethische und theologische Fragestellungen

Nach der vom Alten Testament geprägten Anschauung sind Kinder ein Geschenk Gottes. Sexualität an sich wird jedoch auch als Folge des Sündenfalls gesehen, die ihre sittliche Rechtfertigung allein durch die Zeugung von Nachkommenschaft erhält. Diese seit dem 3. und 4. Jahrhundert n. Chr. im Christentum durchgesetzte Auffassung blieb für die katholische Moralverkündigung bis in das 20. Jahrhundert bestimmend: Wenn die Ehe in erster Linie der Fortpflanzung dient, verstößt ein bewußter Ausschluß der Zeugung gegen die göttliche Ordnung. Mit dem Zweiten Vatikanischen Konzil gewinnt ein neues Eheverständnis Raum, in dem der Eigenwert der ehelichen Liebe betont wird und die Zielgerichtetheit auf Zeugung für die Ehe als Ganzes gilt, nicht mehr für den einzelnen Akt. Zur Methodenwahl äußert sich das Konzil nicht.

Die Enzyklika „Humanae Vitae" von 1968 untersagt „künstliche", d.h. mechanische, hormonale, chemische empfängnisverhütende Mittel, da sie der Zweckbestimmung der Ehe als liebende Vereinigung von Frau und Mann und der Fortpflanzung widersprechen, jedoch wird die Zeitwahl-Methode (Methode Knaus-Ogino) für zulässig erklärt, und zwar u.a. auch deswegen, weil die Eheleute verantwortlich über die Größe der Familie entscheiden können sollen und dabei ihre sozialen und finanziellen Möglichkeiten berücksichtigen müssen. In der Enzyklika „Familiaris consortio" von 1981 wird unter Rückgriff auf diese Aussagen besonders auf den „anthropologischen und moralischen" Unterschied zwischen Empfängnisverhütung und Zeitwahl unter Berücksichtigung des Zyklus der Frau abgestellt. Dies stehe nicht im Widerspruch zur sittlichen Ordnung.

Eigenverantwortlichkeit und individuelle Freiheit einerseits, ethisch-normative Vorgaben unter Bezug auf eine vorgegebene „natürliche" Ordnung anderseits: dieser Konflikt bricht unmittelbar mit Verkündigung der Enzyklika „Humanae Vitae" auf und schlägt sich in der scharfen Ablehnung der Haltung der katholischen Kirche durch die sich Ende der sechziger Jahre formierende autonome Frauenbewegung nieder. Höhepunkt der Auseinandersetzung sind die Demonstrationen um die Reform des § 218 StGB: Empfängnisverhütung und sexuelle Selbstbestimmung einschließlich der Entscheidungsfreiheit zum Schwangerschaftsabbruch werden als wesentliche Bestandteile der sexuellen Befreiung vom Mann und Voraussetzung für Emanzipation schlechthin verstanden. Spätestens seit Beginn der achtziger Jahre ist diese Position jedoch auch in der Frauenbewegung nicht mehr unumstritten, da die These von der Befreiung mit der der Festschreibung der Geschlechterrollen kollidiert, da z.B. empfängnisverhütende Mittel wie die Pille nicht unerheblich dazu beigetragen haben, daß den Frauen nahezu ausschließlich die Verantwortung für

Verhütung zukommt und so die vermeintliche Befreiung in andersgeartete Abhängigkeiten führt.
Problematisiert und kritisiert wird die Haltung der katholischen Kirche zur Empfängnisverhütung auch mit Blick auf die Bevölkerungsexplosion in der Dritten Welt, wo sie sich zwar nicht gegen Aufklärung und staatliche Maßnahmen an sich wendet, jedoch am Verbot künstlicher Empfängnisverhütung festhält und sich gegen Zwangsmaßnahmen wendet, die die freie Entscheidung von vornherein ausschließen. In der jüngsten Sozialenzyklika von 1988 wird die Lösung der Probleme der Überbevölkerung in der Dritten Welt auf einer anderen Ebene, nämlich im Ausbau der Bildungssysteme und in der Verbesserung der sozialen Sicherungssysteme sowie der wirtschaftlichen Lage, gesucht.
Die evangelische Kirche macht keine Einschränkungen bei der Empfängnisverhütung. Einigkeit besteht in der Ablehnung des Schwangerschaftsabbruchs und jeglicher Zwangsmaßnahmen zur Familienplanung. Weitgehend identisch sind auch die Verlautbarungen der Kirchen zu Fragen der Fortpflanzungsmedizin und der Gentechnologie, aus denen eine ablehnende Haltung gegen künstliche Befruchtung, Leihmutterschaft und gentechnische Eingriffe am Menschen deutlich wird, da sie der natürlichen Ordnung widersprechen.

Familienplanung und Bevölkerungsentwicklung

Wir stehen heute vor der Situation, daß die Geburtenhäufigkeit in den Industrieländern rückläufig ist, während in den Entwicklungsländern das Bevölkerungswachstum trotz erheblicher Bemühungen der Regierungen und großangelegter Kampagnen für Familienplanung, in manchen Ländern mit ethisch äußerst problematischen Maßnahmen wie Sterilisationsprogrammen, kaum aufzuhalten ist. Dafür gibt es vielfältige Ursachen: Zum einen ist ein Rückgang der Säuglingssterblichkeit festzustellen. Zum anderen haben Armut und das Fehlen staatlicher Sozialsysteme in den Ländern der Dritten Welt zur Folge, daß eine große Kinderzahl den Eltern ein Mindestmaß an sozialer und materieller Unterstützung garantiert. Aufklärungskampagnen scheitern am Analphabetentum. Zwangsmaßnahmen haben oft eine grundsätzliche Ablehnung jeder Familienplanung zur Folge. Vielfach spielen auch das kulturelle Selbstverständnis (z.B. religiöse Bindungen) und das Mißtrauen gegen Manipulation durch die reichen Industrieländer eine nicht unerhebliche Rolle.
Kinder dienen dagegen in den Industrieländern der persönlichen Lebensbereicherung ihrer Eltern, nicht ihrer materiellen Sicherung. Die Entscheidung für Kinder freilich ist in jedem Fall mit Konsequenzen für die individuelle Lebensplanung verbunden, die nicht immer als positiv empfunden werden. Nicht selten erfahren Eltern und Kinder nur mangelnde gesellschaftliche Anerkennung und Unterstützung. Der Funktionsverlust der Kinder für die soziale Sicherung der Eltern, aber ebenso der Werteverlust der Familienarbeit in den Industrieländern sind nicht ohne Auswirkungen für die Familienplanung geblieben. Die Erkenntnis, daß langfristig der Erhalt der staatlichen Sicherungssysteme von der Bereitschaft zur Fortpflanzung abhängt, ist für die individuelle Lebensplanung nicht von entscheidender Bedeutung. Vielmehr spielen die Rahmenbedingungen, auf die junge Paare stoßen, sei es das persönliche Umfeld oder die Erwerbsorientierung, eine nicht unwesentliche Rolle bei der Frage nach der Realisierung ihres Kinderwunsches.
Es ist fraglich, ob staatliche Maßnahmen – Familienpolitik – Familienplanung derart beeinflussen können, daß der Bevölkerungsrückgang im nördlichen Teil der Erdkugel gebremst werden kann. Unterstützung der Familien

unter Berücksichtigung der sich verändernden Rollenbilder und Lebenspläne beider Partner kann aber dazu beitragen, daß die Diskrepanz zwischen Kinderwunsch und Realisierung des Kinderwunsches überwunden wird.

Literatur: *Franz Böckle,* Bulletin zur innerkirchlichen Diskussion um die Geburtenregelung, in: Concilium 1985, Heft 1, 411 ff.; *Elisabeth Dessai,* Auf dem Weg in die kinderlose Gesellschaft (Reinbek 1975); *Gerhard Döring u. a.,* Ergebnisse einer repräsentativen Umfrage zum Familienplanungsverhalten in der Bundesrepublik Deutschland 1985, in: Geburtshilfe und Frauenheilkunde 1986, Heft 12, 892–897; *Johannes Müller,* Bevölkerungswachstum, in: Ulrich Ruh / David Seeber / Rudolf Walter (Hrsg.), Handwörterbuch religiöser Gegenwartsfragen (Freiburg i. Br. 1986) 52–56; *John T. Noonan,* Empfängnisverhütung. Geschichte ihrer Beurteilung in der katholischen Theologie und im kanonischen Recht (Mainz 1969); *Monika Weichert-von Hassel* (Hrsg.), Der zerrissene Schleier (Bonn 1987); *Max Wingen,* Kinder in der Industriegesellschaft – wozu? (Zürich [2]1987). Marion Thielenhaus

Familienrecht

↗ Adoption; Ehe; Eheformen; Elternschaft; Elternurlaub; Erziehung; Familie; Familienrollen; Familientherapie; Kinder; Partnerschaft; Scheidungsrecht

Begriff und Umfang

Zum Familienrecht gehören das Recht von Ehe und Scheidung, das der elterlichen Sorge, der nichtehelichen Kindschaft sowie das Unterhaltsrecht zwischen Verwandten. Nicht dazu gehören das Erbrecht, obwohl die gesetzliche Erbfolge auf familienrechtlichen Beziehungen gründet, und das auf die nichtehelichen Lebensgemeinschaften anzuwendende Recht. Auf sie vermag – auch bei äußerlich ähnlichen Sachverhalten – das Familienrecht nicht einmal analog angewandt zu werden, da bei ihnen ein für das Familienrecht entscheidendes Merkmal fehlt: die im Grundsatz lebenslange rechtliche Bindung. Diese kann die Folge sozialer Tatbestände sein (Verwandtschaft) oder vertraglich eingegangener Verpflichtungen (Ehe, Adoption). Bei den zum Familienrecht gehörenden sozialen Tatbeständen handelt es sich um solche, die Wesen und Selbstverständnis eines Menschen zwangsläufig und irreversibel prägen. Soweit solche Wirkungen auf vertraglich eingegangenen Familienrechtsbeziehungen beruhen, sind diese in hohem Maße formbedürftig. Da dies bei formlos und ohne verpflichtenden Bindungswillen eingegangenen nichtehelichen Gemeinschaften fehlt oder nicht vorausgesetzt werden kann, verbietet sich ihre Einordnung in die Konfliktlösungsmodelle, die das Familienrecht vorsieht. Bestrebungen, auch hier interessengerechte Regelungen gesetzlich vorzusehen, werden dies berücksichtigen müssen.

Familienrecht wurzelt in den geschichtlichen, kulturellen und religiösen Traditionen einer Gesellschaft. Daher überrascht es nicht, daß es in der Bundesrepublik Deutschland, Österreich und der Schweiz – drei Staaten mit ähnlichen Traditionen – parallele Rechtsentwicklungen gegeben hat. Nahezu gleichzeitig reiften in den drei Staaten weitreichende Reformen ihres Familienrechts.

Kindschaftsrecht

Im Mittelpunkt der reformierten Kindschaftsrechte steht das Wohl des Kindes. Diese Sicht hat eine frühere abgelöst, die stärker die Absolutheit des elterlichen Rechts betonte. Auch heute ist das Recht der Eltern, Erziehung und Entwicklung minderjähriger Kinder zu lenken, ein nicht vom Staat verliehenes „natürliches" Recht (so Art. 6 des Grundgesetzes der Bundesrepublik Deutschland). Es hat aber nicht vorrangig dem Entfaltungsinteresse der Eltern als Rechtsinhabern, sondern dem Wohl des Kindes zu dienen. Dieser Pflichtcharakter wird unterstrichen. Seine rechtsethische Begründung erfährt die starke Stellung des Elternrechts darin, daß Eltern in der Regel das stärkste Interesse daran haben, die Entwicklung ihrer Kinder zu fördern. Eben diese Begründung setzt dem Elternrecht zugleich seine Grenzen. Das heutige Kindschaftsrecht geht nach wie vor davon aus, daß minderjährige Kinder den Entscheidungen ihrer Eltern Folge zu leisten haben. Sie können aber bei schwerwiegenden Konflikten (Berufswahl) von sich aus Hilfe bei den Gerichten suchen. Das Kindschaftsrecht weist die Eltern ausdrücklich auf die Prozeßhaftigkeit ihres Durchsetzungsanspruchs gegenüber ihren Kindern hin. Die zunehmende Urteilsfähigkeit auch noch Minderjähriger müssen sie berücksichtigen. Gefährden Eltern das Kindeswohl, so kann und muß der Staat eingreifen („Wächteramt"). Die zur Gefahrenabwehr für das Kind ergriffenen Maßnahmen müssen aber verhältnismäßig sein, das Elternrecht also möglichst schonen. Im äußersten Fall kann das Sorgerecht aber auch ganz entzogen werden.

Eltern üben die elterliche Sorge gleichberechtigt und gemeinsam aus. Eine rechtliche Dominanz des Vaters („Stichentscheid") gibt es nicht mehr. Können Eltern einen Konflikt nicht aus eigener Kraft lösen, so können sie eine gerichtliche Entscheidung nachsuchen, die sich ausschließlich am Wohl des Kindes zu orientieren hat. Im deutschen Kindschaftsrecht ist ansatzweise auch ein Recht der Pflegefamilie enthalten, um entstandene Bindungen zwischen Kindern und Pflegeeltern zu schützen.

Adoptionsrecht

Um das Kindeswohl geht es auch bei den reformierten Adoptionsrechten. Hier ist es das gesetzgeberische Ziel, Kindern die Zugehörigkeit zu einer verantwortungsbereiten Familie zu sichern, wenn die Herkunftsfamilie ausfällt. Strenge Formvorschriften, die Beteiligung von Jugendbehörden und Gericht dienen dieser Sicherung. Ein Mindestaltersabstand zwischen Adoptierenden und Adoptierten soll die Beziehung zwischen beiden dem natürlichen Eltern-Kind-Verhältnis möglichst annähern. Gleichzeitig wurde die Adoption erleichtert. Bevölkerungspolitisch motivierte Hemmnisse wurden entfernt. Die Zustimmung leiblicher Eltern kann dann gerichtlich ersetzt werden, wenn von dort keine verantwortungsbewußte Fürsorge für ein minderjähriges Kind zu erwarten ist. Die rechtlichen Wirkungen der „Volladoption" (so in der Bundesrepublik Deutschland und in der Schweiz) integrieren das adopierte wie ein leibliches Kind der Adoptierenden in die neue Familie und deren Verwandtschaft. Rechtsbeziehungen zur Herkunftsfamilie gehen unter. Im österreichischen Recht bleiben – allerdings nur subsidiär – Unterhaltsbeziehungen zu leiblichen Eltern erhalten; so auch im deutschen Recht bei der Adoption Volljähriger.

Das Recht nichtehelicher Kinder

Die Reform des Rechts nichtehelicher Kinder hat in den drei Rechtskreisen die nichtehelichen den ehelichen Kindern weitgehend gleichgestellt, was ihre Rechtsansprüche angeht. Am weitesten in der formalen Gleichstellung geht das österreichische Recht, das insbesondere hinsichtlich der Unterhaltsansprüche nichtehelicher Kinder einfach auf die für eheliche Kinder geltenden Vorschriften verweist. Das deutsche Recht hingegen privilegiert nichteheliche Kinder sogar, indem es ihnen im Verfahrensrecht besonders schlagkräftige Instrumente gewährt, zu durchsetzbaren Titeln zu gelangen. Damit soll der Nachteil kompensiert werden, den nichteheliche Kinder mangels emotionaler Beziehungen ihrer Väter zu ihnen aufweisen, da freiwillig Unterhalt selten geleistet wird. Nichteheliche Väter sind mit ihren Kindern „verwandt". Die Rechtsbeziehung des einen zum anderen ist familienrechtlicher Natur. Das deutsche Recht zieht diese Linie bis ins Erbrecht hinein und gewährt nichtehelichen Kindern Ansprüche auch hinsichtlich des Nachlasses ihrer Väter.

Auf der anderen Seite ist die Rechtsstellung des nichtehelichen Vaters im deutschen Recht äußerst schwach. Ihm wird nur ein Besuchsrecht zuerkannt, das gegen den Willen der Mutter kaum durchsetzbar ist. Demgegenüber ähnelt im österreichischen Recht die Stellung des nichtehelichen Vaters der des nicht sorgeberechtigten Vaters bei geschiedener Ehe. Er hat nicht nur ein Besuchsrecht, sondern sogar Anspruch auf Beteiligung in wichtigen Angelegenheiten der elterlichen Sorge. Das gilt unabhängig von der Frage, ob er freiwillig die Vaterschaft anerkannt hat oder streitig durch einen Richterspruch als Vater festgestellt wurde. In der Bundesrepublik Deutschland wird über eine Ausweitung väterlicher Rechte gegenüber nichtehelichen Kindern diskutiert. Ein wesentlicher Gesichtspunkt in dieser Diskussion ist der, daß in heutiger Zeit nichteheliche Elternschaft auch bei Vätern zu tiefen emotionalen Beziehungen zwischen ihnen und ihren Kindern führen können, da nicht selten jahrelange Haushaltsgemeinschaft der nicht auf einer Ehe begründeten Familie bestanden hat. Solche Gefühlsbedingungen zwischen Vätern und Kindern könnten nach mehr rechtlichem Schutz verlangen, als gegenwärtig geboten wird.

Im deutschen Recht ist die rechtliche Stellung der nichtehelichen Mutter gegenüber ihrem Kind dominierend. Sie hat ipso jure die elterliche Sorge allein, wobei das Jugendamt durch die ihm auferlegte Amtspflegschaft verpflichtet ist, für das Kind Vaterschaftsfeststellung und Unterhaltsansprüche durchzusetzen. Das hat es – in Grenzen – auch gegen den Willen der Mutter zu tun, weil hier die Rechte des Kindes im Vordergrund stehen. Ist in Österreich die Stellung des Vaters relativ stark, so ist die der Mutter vergleichsweise eingeschränkt: Hier ist sie nicht automatisch Inhaberin der elterlichen Sorge, sondern muß, um es zu werden, um einen dahingehenden Richterspruch nachsuchen. Nichteheliche Mütter haben in allen drei Rechtskreisen eigene wirtschaftliche Ansprüche gegen den nichtehelichen Vater, nämlich auf Kostentragung für die Entbindung und einen zeitlich begrenzten Rumpfunterhalt im Bedarfsfalle.

Verwandtenunterhalt

Der Gesetzgeber hat auch in den reformfreudigen 70er Jahren das Recht des Verwandtenunterhalts unverändert gelassen. Dabei sind dessen Regelungen (lebenslange Unterhaltsverpflichtungen dem Grunde nach zwischen Verwandten in auf- und absteigender Linie) in ihren sozialen Folgen nicht unproblematisch. Sie führen oft zu schweren Belastungen von Familien, seit die Ausbildungsgänge von Kindern bis zur wirtschaftlichen Unabhängigkeit länger geworden sind, gestiegene Lebenserwartung die Anzahl von Pflegebedürftigen in höherem Alter hat anwachsen lassen und Arbeitslosigkeit ein langfristiges Schicksal vieler geworden ist. Das Verwandtenunterhaltsrecht spielt hier die Rolle einer letzten Auffanglinie, wenn Sozialleistungen an Bedürftige nicht oder nur subsidiär gewährt werden. Dieses Problem wirkt sich bei dem vergleichsweise rigiden deutschen Unterhaltsrecht am schärfsten aus. Hier kommt erschwerend hinzu, daß eine Tendenz zu einheitlicher Praxis der Abstimmung zwischen den verschiedenen Institutionen nicht erkennbar ist, die über Unterhalt (Familiengerichte) oder über Sozialleistungen entscheiden (Sozialämter, Arbeitsverwaltung, akademische Förderungsämter bei BAFöG). Das österreichische und vor allem das schweizerische Unterhaltsrecht formulieren wesentlich einschränkender als das deutsche. Dort ist der Verwandtenunterhalt stärker auf den Kernbereich der Unterhaltspflicht von Eltern gegenüber ihren minderjährigen oder noch in der Ausbildung stehenden Kindern eingegrenzt. Weitere Unterhaltspflichten, die auch dort existieren, sind in den Vorschriften so umrissen, daß sie nur selten wirksam werden dürften.

Literatur: *Günther Beitzke,* Familienrecht (München [8]1981); *Günter Belchaus,* Elterliches Sorgerecht (Köln 1980); *Alexander Bergmann / Murad Ferid,* Internationales Ehe- und Kindschaftsrecht (Frankfurt a.M. [6]1983); *Horst Göppinger* (Hrsg.), Unterhaltsrecht (Bielefeld [5]1987); *Ernst G. Herlan,* Das nichteheliche Kind und sein Recht (Regensburg 1985); *Hermann Hummel-Liljegren,* Sinnlose Widersprüche bei Bedürftigkeit, zumutbarer Arbeit und eheähnlicher Gemeinschaft zwischen Arbeitslosen-, Unterhalts- und Sozialhilferecht, in: Zeitschrift für Rechtspolitik 1987, 310ff.; *Wolfgang Köhler,* Handbuch des Unterhaltsrechts (München [6]1983); *Marcus Lutter,* Das Erbrecht des nichtehelichen Kindes (Frankfurt a.M. [2]1972); *Felix Odersky,* Nichtehelichen-Gesetz (Bielefeld [4]1978); *Klaus Roth-Stielow,* Adoptionsgesetz, Adoptionsvermittlungsgesetz (Stuttgart 1976). MARGOT VON RENESSE

Familienrollen

↗ Arbeit; Beruf; Bindung; Ehe; Elternschaft; Ethik, weibliche; Familie; Familientherapie; Frauenrollen / Frauenleitbilder; Generationsprobleme; Identität, weibliche; Kinder; Macht; Mütterlichkeit; Mutterschaft; Partnerschaft; Väterlichkeit; Vaterschaft

Die Kleinfamilie westlicher Gesellschaften

Sozialgeschichtliche und völkerkundliche Familienforschung zeigen, daß die traditionell-bürgerliche Kleinfamilie und die damit verbundene „Domestizierung" der Frau im Hinblick auf die gesellschaftlich normierte Rollenkombination „Gattin-Hausfrau-Mutter" als Ergebnis der bzw. als Reaktion auf die anfangs des vergangenen Jahrhunderts in den Gesellschaften des Westens wachsenden gesellschaftlichen Ansprüche der Frauen betrachtet werden muß. Zu den wichtigsten Merkmalen dieses Familientyps gehören: die Beschränkung ihrer Funktionen auf Reproduktion und Sozialisation, die Ausformung einer expressiven Binnen- und einer instrumentellen Außenrolle, deren Besetzung geschlechtsspezifisch zugeschrieben ist: Es übernimmt die Frau vor allem die innerfamiliären Aufgaben, während der Mann die Familie nach außen vertritt.

Familie

Wie läßt sich nun aber erklären, weshalb so viele Frauen auch heute noch ihre Berufstätigkeit ganz oder vorübergehend aufgeben und damit auf einen eigenen gesellschaftlichen Status bzw. familienunabhängige Belohnungen verzichten? Mit der Übernahme der familiären Rollen werden sie nämlich gesellschaftlich, wirtschaftlich und psychisch von ihrem Ehemann – psychisch auch von ihren Kindern – abhängig. Ihre Arbeit – zumindest die physische Reproduktion – wird zudem von ihnen selber häufig als eintönig, ständig sich wiederholend, in sich aufgesplittert und unzusammenhängend beschrieben. Was die psychische Reproduktion (z.B. Harmonie zu schaffen, Krisen zu beheben) betrifft, so werden von ihnen Einfühlung und Anpassung an die Wünsche von Ehemann und Kindern sowie die Rückstellung der eigenen Bedürfnisse gefordert. Die Hinnahme solcher Einschränkungen ist nicht nur das Ergebnis geschlechtsspezifischer Erziehung. Sie muß vielmehr als Reaktion auf die bildungs-, berufs- und lohnmäßige Benachteiligung und Mobilitätsbehinderung der Frau im gesellschaftlich-öffentlichen Bereich betrachtet werden – präziser: als eine Reaktion auf die Machtstruktur auf dem Bildungs- und Arbeitsmarkt, welche durch die weitgehende geschlechtsspezifische Zuschreibung der Berufe und das entsprechende Arbeitsbedingungs- und Lohngefälle aufrechterhalten wird. Beschränkung auf Familienrollen und Teilhabe am gesellschaftlichen Status des Mannes werden dadurch – vor allem für Frauen aus tiefen und mittleren Berufspositionen – zu einer attraktiv-resignativen Alternative. Sie erlaubt es, sich einer monotonen und schlecht bezahlten Berufsarbeit zu entziehen. Mit zunehmender Bildung sinkt diese Tendenz.

Die „Familienkarriere" der Frauen ist aber auch eine Folge der gesellschaftlich erzwungenen Anpassung und Unterwerfung unter die oben erwähnte, einer „Frauenwelt“ zugeordneten Rollen-Erwartung. Die oft unbewußte Identifikation mit dieser Erwartung wird durch kulturell tradierte kirchliche, massenmediale, psychiatrische, psychologische und familientherapeutische Weiblichkeits- und Familienkonzeptionen unterstützt und erhalten. Die ihnen gemeinsame Betonung, daß die an das biologische Geschlecht gebundenen Aufgaben und Biographien prinzipiell gleichwertig seien und sich notwendig ergänzten, stützt und begründet die gesellschaftliche Vorherrschaft des Mannes.

Familienrollen und Frauenbewußtsein

In einer Studie begründeten 73 % der Hausfrauen – auch solche mit einem feministischen Frauen- und Familienmodell – ihre Berufsaufgabe mit dem Kinderwunsch: keine führte diesen Entschluß auf ihre prekäre berufliche Situation oder gesellschaftliche Rollenerwartungen zurück (Heintz/Obrecht, 450). Sobald die Familie zu einem umfassenden und abgeschlossenen Lebensraum wird, stellen sich zwei weitere Folgen ein: a) die Übernahme der Komplementaritätsvorstellung im Sinne von „Wesensunterschieden“ – sogar bei vormals strukturkritischen Frauen – und dadurch die Verfestigung und Erhaltung der oben beschriebenen Machtverteilung; b) die Deutung und Kritik gesellschaftlicher Strukturen und Prozesse mittels psychologischer oder familistischer Konzepte, Harmonie-, Lust- und Glücksvorstellungen, verbunden mit der Ablehnung von Leistung, Instrumentalität, Produktivität, Wissen und Technik – kurz der „Männerwelt“, ohne mehr die eigene soziale und ökonomische Abhängigkeit von dieser Welt zu reflektieren.

Frauen, die sich auf diese Weise an die gesellschaftlich vorgeschriebenen Familienrollen angepaßt haben, ja sie sogar als legitim empfinden, weisen die höchste Rate an psychosozialen Störungen auf.

Die Absage an die „Natur der Frau wie des Mannes“ in bezug auf den Arbeitsmarkt und die tradierten Leitbilder sind eine wichtige Voraussetzung für die Veränderung der innerfamiliären Rollenstruktur.

Literatur: *Elisabeth Beck-Gernsheim,* Vom „Dasein für andere“ zum Anspruch auf ein Stück „eigenes Leben“. Individualisierungsprozesse im weiblichen Lebenszusammenhang, in: Soziale Welt 34 (1983) H. 3; *Josef Duss-von Werth / Rosmarie Welter-Enderlin* (Hrsg.), Der Familienmensch (Stuttgart 1981); *Roland Eckert* (Hrsg.), Geschlechtsrollen und Arbeitsteilung (München 1979); *Karin Hausen,* Die Polarisierung der „Geschlechtscharaktere“. Eine Spiegelung der Dissoziation von Erwerbs- und Familienleben, in: Heidi Rosenbaum (Hrsg.), Seminar Familie und Gesellschaftsstruktur (Frankfurt a. M. 1978); *Bettina Heintz / Werner Obrecht,* Die sanfte Gewalt der Familie. Mechanismen und Folgen der Reproduktion der traditionellen Familie, in: Guido Hischier / René Levy / Werner Obrecht (Hrsg.), Weltgesellschaft und Sozialstruktur (Diessenhofen 1980) 447–472; *Silvia Staub-Bernasconi,* Herrschaft als „zweite Natur“ der Frauen und Frauenbewegung, in: Elisabeth List / Brigitte Weisshaupt (Hrsg.), Was Philosophinnen denken, Bd. III (Zürich 1988).

Silvia Staub-Bernasconi

Familientherapie

↗ Abhängigkeit; Bindung; Ehe; Ehekrisen; Ehe- und Paartherapie; Emanzipation; Familie; Familienrollen; Frauenrollen / Frauenleitbilder; Lebenskrisen; Mutterbindung; Psychotherapie, feministische; Sexismus; Sozialisation; Tiefenpsychologie

Begriff

Die beiden Begriffe Familienberatung und Familientherapie werden hier unter dem gemeinsamen Nenner Familientherapie gefaßt. In der Praxis dient ihre Unterscheidung eher der berufspolitischen als der theoretischen Abgrenzung. Die traditionelle Vorstellung, daß Beratung Orientierung über Problemlösungsmöglichkeiten, Therapie hingegen Heilung im Sinne der Veränderung des inneren Erlebens bedeute, gehört zu einem dualistischen Menschenbild, das innerpsychisches Geschehen und Handeln trennt. Dem ganzheitlichen Menschenbild der Familientherapie entsprechend werden hier beide Aspekte als Teil eines Ganzen gesehen.

Entwicklung der Familientherapie

Familientherapie wurzelt einerseits in der Tradition der Ehe- und Lebensberatung und anderseits in der sozialpsychiatrischen Bewegung.

Die ersten Ansätze zur Entwicklung familientherapeutischer Sichtweisen über menschliche Probleme und von Handlungsmodellen zum Umgang damit stammen aus den USA der späten 40er und der frühen 50er Jahre. Sie knüpfen an eine Tradition von Ideen an, wonach das Individuum sowohl als Ganzheit wie auch als Teil eines Netzes von Beziehungen betrachtet wird. Daraus resultierte vorerst die Meinung, gerade wegen dieser Vernetzung brauche der einzelne in der Therapie einen Schonraum, in welchem er von den „Familienbanden" geschützt werden müsse, wie dies den tiefenpsychologischen bzw. psychoanalytischen Schulen entsprach. Neu am familientherapeutischen Ansatz war darum die Idee, menschliche Probleme als verständliche Reaktionen auf eine schwierige Situation in der Gegenwart zu sehen und anzugehen. Das hieß: nicht nur Betroffene, sogenannte Symptomträger, sondern auch ihre Bezugspersonen einzubeziehen in die Therapie, und vor allem: ein therapeutisches Bündnis auch mit jenen einzugehen, die nicht zur Sitzung erschienen. Durch die Entwicklung der Familientherapie wurde also das Bild des Individuums als „Held", der gegen alle Schwierigkeiten allein kämpft und seinen Weg sucht – also das Menschenbild des 19. Jahrhunderts –, vom Bild des Individuums als „Teilnehmer" an vielen sozialen Systemen abgelöst. Familientherapie wurde in den frühen sechziger Jahren in Europa eingeführt und ist inzwischen, neben Psychoanalyse und Verhaltenstherapie, zu einer bedeutenden Therapieform geworden.

Menschenbild und theoretische Grundlagen

Im Gegensatz zu anderen therapeutischen Bewegungen gab es in der Familientherapie von Anfang eine Vielfalt an theoretischen Konzepten, die der Vielfalt der beruflichen Prägungen ihrer Gründerinnen und Gründer entsprachen, welche aus den Grundberufen Psychologie, Medizin und Sozialarbeit kamen. Gemeinsam ist ihnen das „Systembild des Lebens", ein Menschenbild, das aus der Übertragung von Erkenntnissen der allgemeinen Systemtheorien auf menschliches Verhalten stammt und die Vernetzung des Individuums mit seinen biologischen, erkenntnismäßigen, emotionalen, sozialen und räumlichen Gegebenheiten beschreibt. Diese Meta-Theorie – eine Art Vogelperspektive – bedarf zusätzlich besonderer Beschreibungs- und Handlungstheorien, damit sie sinnvoll auf den therapeutischen Bereich übertragen werden kann.

Das *Krankheitsverständnis* der Familientherapie weicht insofern von traditionellen Vorstellungen über menschliche Probleme ab, als nicht Zuschreibungen von Charakter- oder Persönlichkeitsmerkmalen, sondern das Prozeßhafte menschlichen Verhaltens betont wird. Hoffnungsvoll an dieser Sichtweise ist die Idee, daß auffällige Verhaltensweisen oder „Symptome", wie auch Konflikte zwischen Partnern, nicht einseitig als Folge einer bestimmten Ursache in der Geschichte der Individuen, sondern als Vorboten von Wandel in den Beziehungen verstanden werden. Damit wird die Suche nach „Schuldigen" in der Vergangenheit relativ unwichtig.

Aufgabe der Familientherapie ist es, den Signalwert eines Krankheitszeichens oder Konflikts erkennen zu helfen und die nötigen Veränderungsschritte anzuregen. Oft ergibt sich ein anhaltendes Problem aus einer zufälligen Verhaltensabweichung von einer familialen oder partnerschaftlichen Norm, die dem Entwicklungsprozeß eines Systemmitgliedes nicht mehr entspricht. Falls diese Norm nicht in angemesssener Weise verändert wird – indem z.B. statt der Forderung nach bedingungsloser Gemeinschaftlichkeit Handlungsfreiräume für einzelne geöffnet werden –, kann die Abweichung durch die Reaktion der Umwelt so verstärkt werden, daß schließlich ein Teufelskreis entsteht, dem die Betroffenen ohne Hilfe kaum mehr entrinnen. Typisch für diese Situation ist die Art, wie z.B. Partner oder Eltern von suchtkranken Menschen immer mehr Verantwortung für diese übernehmen, was deren Flucht in die Sucht erhöht und wiederum nach mehr Kontrolle ruft.

Familientherapeutisches Vorgehen

Familientherapeutisches Vorgehen bedeutet nicht unbedingt, daß immer alle am Problem Beteiligten in den Prozeß einbezogen werden, daß sie aber in der Diagnosestellung und im Behandlungsplan mitgedacht werden. Allerdings wird der therapeutische Prozeß erleichtert, wenn sich Bezugspersonen aus dem familialen, schulischen oder Arbeitsalltag einbeziehen lassen und mit ihnen ein Konsens über das Verständnis des bestehenden Problems gefunden wird. In besonderem Maße trifft dies für Kinder- und Eheprobleme zu.

Der *Ablauf* einer Familien- oder Paartherapie besteht in der Regel aus verschiedenen Phasen: in der ersten ist oft eine relativ direkte Krisen-Intervention durch die Therapeutin oder den Therapeuten nötig, die das präsentierte Problem zu modifizieren sucht. In den folgenden Behandlungsphasen wird die Reflexion der Betroffenen über die Bedeutung der Probleme als Aufforderung zu Entwicklung zunehmend wichtiger. Der Umgang mit individuellen Wünschen und Gefühlen sowie die Verhandlungsfähigkeit der Beteiligten wird angeregt und unterstützt. Dabei ist es wichtig, daß die oft bestehenden gestörten Machtverhältnisse zwischen Mann und Frau, Eltern und Kindern oder Familie und Umwelt durchschaut und modifiziert werden. Dies ist von besonderer Bedeutung dort, wo gewalttätiger Konflikt beobachtet wird, welcher immer auch unter dem Aspekt von Macht verstanden werden muß.

Im Lauf einer gelungenen Paar- oder Familientherapie übernehmen die Betroffenen immer mehr, die Therapeutinnen und Therapeuten immer weniger Verantwortung für den Entwicklungsprozeß. Die Erfahrung, daß Probleme zirkulär vernetzt sind, und die Einsicht, daß es z.B. nicht die Eltern sind, welche das Kind krank machen, und nicht das Kind, das die Eltern hilflos macht, sondern die Art und Weise, wie die versuchten Lösungen das Problem allmählich zu einem Dauerproblem verfestigen, können für alle Betroffenen entlastend wirken und sie zu neuen Schritten ermutigen.

Die präsentierten Probleme mögen komplex und vielfältig sein. Folgende *Dimensionen des Geschehens* in der Familie können zum Verständnis eben dieser Probleme beitragen: Fähigkeit zu Intimität, Gemeinschaftlichkeit, Liebe; Fähigkeit zu Distanz, Auseinandersetzung, Autonomie einzelner; Fähigkeit zur Einschätzung kritischer Ereignisse, welche diesen Sinn gibt und Entwicklungsmöglichkeiten aufzeigt.

Während die *Fähigkeit zu Intimität* am Anfang einer Paar- oder Familienbeziehung in hohem Maß der Stabilität dient, kann sie in jenen Zeiten, da die Entwicklung zur Eigenständigkeit von Ehepartnern und Kindern notwendig ist, oft zum Hindernis werden. Tendiert eine Paar- oder Familienbeziehung jedoch zu einseitig in Richtung *Abgrenzung und Autonomie* einzelner, kann ihr Fortbestand in Frage gestellt werden. Das Suchen einer Balance zwischen den beiden Polen gehört eigentlich zu jedem familientherapeutischen Prozeß.

Damit die voraussehbaren und nicht voraussehbaren kritischen Ereignisse im Leben von Paaren und Familien einigermaßen sinnvoll gemeistert werden, ist die Art ihrer Einschätzung von großer Bedeutung. Individuelle und gemeinsame Weltanschauungen, die sogenannten „Landkarten", sind geprägt von der jeweiligen Familiengeschichte der Partner und können oft nur schwer auf einen gemeinsamen Nenner gebracht werden. Zum Umgang mit Krisen ist ein solcher jedoch oft vorübergehend nötig und kann ein Anliegen des therapeutischen Prozesses sein.

Kritik

In den bekanntesten Modellen dieses therapeutischen Ansatzes werden die unterschiedlichen Sozialisations- und Lebensbedingungen von Männern und Frauen bisher kaum reflektiert. Eine zu enge Ausrichtung auf „die" Familie im therapeutischen Denken und Handeln wirkt sich oft zuungunsten von Frauen und Müttern aus. Das Interesse der Pioniere an der Frage, in welcher Weise z.B. familiale Interaktionen psychische Störungen in der Ablösungsphase Jugendlicher auslösen oder aufrechterhalten können, wirkte sich negativ auf die Praxis aus: vor allem Mütter wurden nämlich beschuldigt, die Störung ihrer Kinder „verursacht" zu haben. Diese Tendenz hat auch mit dem Zeitgeist der Nachkriegsjahre, der Entstehungszeit der Familientherapie, zu tun. Eine Romantisierung von Ehe und Familie verband sich mit der Rollentrennung zwischen Müttern und Vätern. Den ersteren wurde dabei die alleinige Verantwortung für die Sozialisation der Kinder zugewiesen. Inzwischen wurde diese Sichtweise insofern korrigiert, als die Ursachen psychiatrischer Krankheiten durch das Zusammenwirken vieler Systemebenen, zu denen ausdrücklich auch die biologische gehört, beschrieben werden. Dennoch kann nicht übersehen werden, daß in der familientherapeutischen Theoriebildung die gesellschaftliche Situation von Frauen und Männern noch zu wenig reflektiert wird. Weibliches Verhalten wird nach wie vor an männlichen Normen definiert und pathologisiert, wobei dies zum Beispiel durch subtilsexistischen Sprachgebrauch („phallische Frau" oder „kastrierende" Mutter) geschieht. Das Engagement in größeren Zusammenhängen denkender Familientherapeutinnen zur Korrektur dieser Probleme bewirkt, daß endlich die *Frage nach den Leitbildern* von Frau und Mann, von Ehe und Familie, die familientherapeutischen Modellen zugrunde liegen, sowie jene, was frauenfreundliche Familientherapie wäre, gestellt und beantwortet werden muß. Die Kritik an der bisher eher *spärlichen Forschung* in bezug auf familientherapeutische Effizienz ist berechtigt und gefährdet zur Zeit die ohnehin durch die biologistische Tendenz in der Psychiatrie in Frage gestellte weitere Entwicklung der Familientherapie.

Literatur: *Gregory Bateson,* Ökologie des Geistes. Anthropologische, psychologische, biologische und epistemologische Perspektiven (Frankfurt a.M. 1981); *Ludwig v. Bertalanffy,* General Systems Theory, Foundations, Development, Applications (New York 1968); *Josef Duss-von Werdt / Rosmarie Welter-Enderlin,* Der Familienmensch. Systemisches Denken und Handeln in der Therapie (Stuttgart 1980); *Gottlieb Guntern,* Systemtherapie, in: ders., Die Transformation von Humansystemen (Brig 1981); *Jay Haley,* Gemeinsamer Nenner Interaktion (München 1978); *Dagmar Hosemann,* Intuition – männlich? weiblich?, in: Familiendynamik, Heft 3, Juli 1987; *Marianne Krüll,* Feministisches und systemisches Denken – eine epistemologische Herausforderung, in: ebd.; *Almuth Massing / Ilona Schöll-Schwinghammer,* Frauenfreundliche Familientherapie zwischen Utopie und Realität, in: ebd.; *Salvador Minuchin,* Familie und Familientherapie. Theorie und Praxis struktureller Familientherapie (Freiburg i.Br. 1977); *Selvini Palazzoli u.a.,* Paradoxon und Gegenparadoxon. Ein neues Therapiemodell für die Familie mit schizophrener Störung (Stuttgart 1978); *Fritz B. Simon / Helm Stierlin,* Die Sprache der Familientherapie. Ein Vokabular (Stuttgart 1984); *Paul Watzlawick / Janett H. Beavin / Don D. Jackson,* Menschliche Kommunikation (Bern 1979); *Rosmarie Welter-Enderlin,* Familismus, Sexismus und Familientherapie, in: Familiendynamik, Heft 3, Juli 1987; *dies. / Josef Duss-von Werdt,* Menschliche Systeme. Ein Rahmen für das Denken, die Forschung und das Handeln.

Institut für Ehe und Familie (Zürich 1982); *dies.*, Systemtherapie, in: Raymond Battegay u. a., Handwörterbuch der Psychiatrie (Stuttgart 1984). Rosmarie Welter-Enderlin

Feminismus

↗ Abhängigkeit; Chancengleichheit; Diskriminierung; Emanzipation; Ethik, weibliche; Film; Frauenbewegung; Frauenforschung; Frauenrollen / Frauenleitbilder; Frauenpolitik; Frauenverbände; Gewalt gegen Frauen; Gleichberechtigung; Kultur; Kunst, bildende; Literatur, feministische; Macht; Matriarchat / Patriarchat; Nationalsozialismus; Natur; Netzwerke; Neue soziale Bewegungen; Ökologie / Umwelt; Philosophie, feministische; Politik; Psychotherapie, feministische; Schwangerschaftsabbruch; Sexualethik; Sexualität; Sichtweise, weibliche; Sozialismus; Sprachkritik, feministische; Theologie, feministische

Zur Geschichte des Begriffs

Der Begriff Feminismus ist im deutschen Sprachgebrauch erst durch die neue Frauenbewegung allgemein üblich und für die in der Bewegung Engagierten zu einem positiv besetzten Kampfbegriff geworden. Er ist lange Fremdwort geblieben, seine Bedeutung ist deshalb noch schillernd, problematisch, im Wandel begriffen.
In den deutschen Standardlexika taucht der Begriff bisher entweder gar nicht auf oder vorwiegend in einem abwertenden, biologisierenden Sinn. Feminismus gilt da als „weibisches Wesen bei (homosexuellen) Männern“ (Der Große Brockhaus 1954/1964) oder „ist das Auftreten weiblicher Eigenschaften bei einem männlichen Tier oder bei einem Mann“ (Meyers Enzyklopädisches Lexikon oder Duden bis 1973). Erst seit 1980 ist unter dem Stichwort Feminismus im Duden zu lesen: „Richtung der Frauenbewegung, die ein neues Selbstverständnis der Frau und die Aufhebung der traditionellen Rollenteilung anstrebt.“ Lediglich mit dem Hinweis auf den angelsächsischen und romanischen Sprachgebrauch wurde auch früher schon auf den Zusammenhang mit der Frauenbewegung verwiesen; hier meint Feminismus also die Zusammenfassung aller Bestrebungen, den Frauen in allen Lebensbereichen, in Staat, Gesellschaft und Kultur, gleichen Einfluß und eine mit den Männern gleichberechtigte Stellung zu verschaffen.
Soweit die Ziele des Feminismus und der Frauenbewegung identisch sind, haben sie gemeinsame Wurzeln und eine gleiche Geschichte. Wichtigste Wegmarken des französischen Feminismus sind die politischen Aktivitäten der Frauen in der Französischen Revolution mit eigenen Frauen-Clubs und Frauenzeitschriften, die „Frauenrechtserklärung“ der Olympe de Gouges von 1791 oder die tragende Rolle der Frauen bei den Saint-Simonisten und Frühsozialisten. Ihr Lehrer Charles Fourier ist Begründer einer Gesellschaftstheorie, die als feministisch zu bezeichnen ist, weil er als erster „die Fortschritte in der Befreiung der Frau“ als Gradmesser einer allgemein menschlichen Emanzipation anerkannte.
Auch in den Frauenbewegungen der USA oder Englands wird nicht zwischen frauenspezifischer und feministischer Politik unterschieden. Denn die Anlässe für den Aufbruch der Frauen und die gemeinsame Organisation ihrer Interessen waren überall dieselben: das Patriarchat als Herrschaft der Männer über Frauen und damit soziale Ungleichheit, Ausbeutung und Entmündigung der Frauen. Ihr Vorgehen war je nachdem radikal oder auch pragmatisch. Beispiele dafür bieten etwa die Amerikanerinnen, die in ihrer „Declaration of Sentiments“, die „Tyrannei des Mannes“ anklagten und für „Frauen“ das gleiche Recht auf Leben, Freiheit und das Streben nach Glück“ beanspruchten, oder in England die in der Antisklavereibewegung engagierten Frauen, die schon um die Mitte des vorigen Jahrhunderts davon ausgingen, daß ihnen ebenso wie den ehemaligen Sklaven das gleiche Wahlrecht und Bürgerrecht zustände – bis 1945 vergeblich, wie wir wissen, obwohl sie doch in J. St. Mill (Die Hörigkeit der

Frau, 1869) einen der brillantesten Befürworter fanden.
Anders in den deutschen Verhältnissen; zwar hatte Th. G. von Hippel schon 1792 „die bürgerliche Verbesserung der Weiber" vorgeschlagen, meldeten sich auch in Deutschland um die 1848er Revolution die Frauen zum erstenmal politisch zu Wort, gründeten Frauenzeitschriften und demokratische Frauenvereine und forderten die Menschenrechte auch für Frauen. Doch selbst die engagiertesten Frauenrechtlerinnen, allen voran Louise Otto, waren doch immer wieder darauf bedacht, sich von den allzu „Emanzipierten" abzugrenzen, also von denen, die zur Befreiung der Frau auch die „freie Liebe" forderten, oder mit ihrer „Zigarre rauchenden" Emanzipation der gerechten Frauensache schaden konnten. Auch nachdem sich seit 1865, seit der Gründung des „Allgemeinen Deutschen Frauenvereins" durch Louise Otto und Auguste Schmidt in Leipzig, die deutsche Frauenbewegung stetig und zunächst zaghaft, seit der Jahrhundertwende entschieden verbreitete, wurde die Bezeichnung Feminismus doch nur zur Bezeichnung der Gegner (vgl. Hedwig Dohm, Die Antifeministen. Ein Buch der Verteidigung, 1902) oder von den Gegnern der Frauenemanzipation, und d.h. diffamierend, im abschätzigen Sinn verwendet. Nur gelegentlich griffen Frauen dieses Etikett zur Abwehr der Anschuldigungen auf, z.B. Johanna Elberskirchen in ihrer polemischen Replik auf die „Gutachten der Herren Universitätsprofessoren über die Eignung der Frauen zur Wissenschaft" (hrsg. von A. Kirchhoff), die 1903 unter dem Titel „Feminismus und Wissenschaft" erschien. Lediglich die sogenannten Radikalen, der „linke Flügel" in der bürgerlichen Frauenbewegung, hatten wegen ihrer internationalen Orientierung insbesondere in Fragen der Sittlichkeit oder des Pazifismus keine Probleme damit, ihre Politik zumindest mit dem Adjektiv feministisch zu versehen. Dieses spezifische historische Vorverständnis dürfte nicht zuletzt der Grund dafür sein, warum seither nicht nur in der nationalsozialistischen Propaganda gegen die Frauenemanzipation feministische Politik in Deutschland als anstößig oder zumindest des Radikalismus verdächtig gilt.
Die neue Frauenbewegung hat sich von Anbeginn ausdrücklich als feministisch verstanden, in bewußter Anknüpfung an die Ziel der internationalen Bewegung der Frauen, aber auch zur Abgrenzung von der Bescheidenheit und Selbstbeschränkung der alten bürgerlichen Frauenbewegung und der Politik der etablierten Frauenverbände. Geblieben ist bis jetzt ein einengender Begriff von Feminismus als nur *einer* Richtung der Frauenbewegung mit bestimmten extremen oder radikalen Positionen auf der einen Seite oder auf der Seite der Feministinnen selbst die Konkurrenz um das richtige Verständnis oder die Politik, die als radikaler Feminismus zu kennzeichnen ist.

Gemeinsame Ziele und Differenzen

Gemeinsam ist allen feministischen Positionen der Kampf gegen das Patriarchat als Herrschaft der Männer über Frauen, das sowohl historisch wie gegenwärtig die gesellschaftlichen und individuellen Beziehungen der Geschlechter kennzeichnet und prägt. Die Herrschaftssicherung erfolgt danach auf drei Ebenen: erstens durch die Kontrolle der weiblichen Sexualität, ihrer Gebärfähigkeit, also durch die Unterwerfung der Frau in der Geschlechterbeziehung, zweitens durch die Verfügung über die weibliche Arbeitskraft, insbesondere in der unbezahlten Hausarbeit und schließlich durch die Ausbeutung von „Weiblichkeit" als eines über Jahrhunderte geformten Sozialcharakters, des „weiblichen Arbeitsvermögens" in der sogenannten Beziehungsarbeit.
Selbstbestimmung auch in der Sexualität, Abschaffung der geschlechtsspezifischen Arbeitsteilung, Aufhebung der

Geschlechterrollen sind darum für Feministinnen die entscheidenden Hebel zur Befreiung der Frau. Von der neuen Frauenbewegung wurden diese Forderungen in den Kampagnen für die Abschaffung des § 218, in den Debatten um „Lohn für Hausarbeit" und durch die Veröffentlichung der alltäglichen privaten Gewalt gegen Frauen mit der Einrichtung von Frauenhäusern zu einem Politikum gemacht. In Selbsterfahrungsgruppen und Frauenbildungsveranstaltungen haben Frauen ihre vereinzelten Erfahrungen als gesellschaftliche und politische erkannt, einen Bewußtwerdungsprozeß und damit bereits eine „Politisierung des Privaten" eingeleitet. Frauenzentren, Selbsthilfegruppen und autonome Frauenprojekte bilden die Basis all dieser Aktivitäten, haben eine Gegenkultur entwickelt, die den herrschenden politischen Konsens, seine Bewertungen und Normen grundsätzlich in Frage stellt. Als nur informelles, keineswegs organisiertes Netz politischer Einmischung ist ihr vorrangiges Ziel Autonomie, d.h. Unabhängigkeit von allen politischen Gruppierungen und Parteien. Das ist ihre Stärke und politische Schwäche zugleich. Das schließt nicht aus, daß feministische Forderungen und Inhalte in zunehmender Ausdifferenzierung von verschiedenen Gruppen und von Frauen in Kirchen und Parteien mitgetragen und übernommen werden. Darin liegt auch eine Chance des Feminismus als Bewegung, nicht isoliert zu bleiben, sondern „sich einzumischen".

Der Feminismus intendiert somit eine grundlegende Veränderung der Welt, weil er die Lebensbedingungen der „Hälfte der Menschheit" verbessern, die soziale Ungleichheit der Frauen beseitigen und ihre Träume vom Menschenglück verwirklichen will. Dies heißt aber, sein Konzept ist revolutionär, seine Ziele sind in jedem Fall radikal, d.h., gehen an die Wurzeln des Übels, auch wenn er sich dieses Beiwortes nicht bedient.

Strittig unter den Vertreterinnen der verschiedenen feministischen Positionen sind jedoch die Wege dorthin, die Rangfolge und Bewertung der Strategien, die diese grundlegende Veränderung ermöglichen und durchsetzen sollen. Der Gegensatz zwischen einem sogenannten Radikalfeminismus, als dessen Avantgarde sich die Lesbenbewegung versteht, und mehr marxistisch argumentierenden Emanzipationstheoretikern, die den Klassenwiderspruch neben die Patriarchatsanalyse stellten, kennzeichnet eher die Anfänge der Frauenbewegung nach ihrer Ablösung aus der Studentenbewegung und der sozialistischen Linken. Er hat inzwischen anderen Ausdifferenzierungen und Schwerpunktsetzungen Platz gemacht.

Neben *sozialistischen Feministinnen,* die nach wie vor den Klassengegensätzen auch in ihrer Patriarchatskritik Bedeutung beimessen, gibt es so die sogenannten radikalen *Kulturfeministinnen,* die der anderen, besseren Kultur der Frauen, ihren notwendig separaten, d.h. in einem eigenen Raum und unabhängig von Männern gemachten und gedeuteten Erfahrungen und weiblichen Lebenszusammenhängen als entscheidendem Motor für gesellschaftliche Veränderungen vertrauen. Daneben finden immer mehr Frauen in Anbetracht der weltweiten Gefährdung von Mensch und Natur durch eine lebenszerstörende Technologie ihre Orientierung in einem *ökologischen Feminismus,* der in der Aussöhnung mit der Natur, in der Überwindung des Gegensatzes von Natur (als Synonym für weiblich) und Kultur (als Ausdruck bisher männlichen Schaffens) die Notwendigkeit zur Entwicklung ganzheitlicher Ansätze, einer neuen Vermittlung von alternativer Theorie und gesellschaftlicher Praxis sieht.

Falsch wäre es, nicht aus der Geschichte des Feminismus zu lernen und sich auch heute noch auf eine falsche Alternative zwischen nur zwei Emanzipationsstrategien festlegen zu lassen: auf die Alternative zwischen Gleichheit oder Anders-Sein, eine Politik der Gleichberechtigung, die allzu vorschnell nur als Anpassung an männliche Muster und Lebensweisen verstanden wird, oder eine „Politik des Unterschieds", der „Kultur weiblicher Eigenart". Beide Strategien, jede für sich, sind Festlegungen auf ein dualistisches Konzept der Geschlechterrollen, auf eine Definition der Frau als der „anderen" (S. de Beauvoir), und haben auch in der bürgerlichen Gesellschaft trotz ihres Programms von Freiheit und Gleichheit immer als Anlaß und Rechtfertigung für die Unterdrückung der Frauen gedient. Vielmehr wird es für den Feminismus als „Zukunftsorientierung der Menschheit – nicht als Separatismus, sondern als eine gemeinsame Zukunft, die uns alle angeht" (R. Lutz) – darauf ankommen, die falschen Alternativen zu überwinden. Dazu gehört die Verbesserung der materiellen Lebensbedingungen von Frauen ebenso wie die Überwindung der Kluft zwischen weiblicher und männlicher Kultur, dazu gehört eine Veränderung nicht nur der Inhalte, sondern auch der Formen bisheriger Politik und schließlich ein anderer Umgang, ein neues Verhältnis zur Natur, wie zum Leben überhaupt, in dem unterdrückende Herrschaft von Menschen über Menschen abgeschafft ist. Die Überzeugung, daß Frauen zur Verwirklichung dieser gesellschaftlichen Utopie einen unverzichtbaren Beitrag leisten können, ist die gemeinsame Parole des Feminismus.

Literatur: *Simone de Beauvoir,* Das andere Geschlecht (Reinbek 1968); *Germaine Greer,* Der weibliche Eunuch (Frankfurt a.M. 1974); *Marielouise Janssen-Jurreit,* Sexismus (Frankfurt a.M. 1979); *Rüdiger Lutz* (Hrsg.), Frauen Zukünfte (Weinheim 1984); *Rossana Rossanda,* Einmischung (Frankfurt a.M. 1980); *Herrad Schenk,* Die feministische Herausforderung (München 1977); *Daniela Weiland,* Geschichte der Frauenemanzipation. Die Frauenbewegung. Ein Lexikon zu ihrer Tradition (Hermes Handlexikon) (Düsseldorf 1983). Ute Gerhard

Feministische Literatur ↗ Literatur, feministische.

Feministische Theologie ↗ Theologie, feministische.

Film

↗ Feminismus; Frauengeschichte; Frauenrollen / Frauenleitbilder; Kultur; Kunst, bildende; Literatur, feministische; Medien; Schönheit; Sichtweise, weibliche

Frauen in der Filmgeschichte

Feministischer Filmgeschichtsschreibung ist es zu verdanken, daß der Eindruck völliger Traditionslosigkeit weiblicher Filmarbeit aufgehoben wurde und nicht mehr nur als die der Frau *vor* der Kamera begriffen wird. Sie wies auf die unbenannte, unsichtbare Arbeit zahlloser Drehbuchautorinnen, Kostümbildnerinnen, Script-Girls oder Cutterinnen hin. Sie holte nicht nur die Filmpionierin Alice Guy-Blaché (1873 – 1968), die vielleicht noch vor Méliès ihre ersten Filme gemacht hat, aus dem Vergessen, sondern erinnerte auch an Frauen wie Lois Weber (1882 – 1939), die zu ihrer Zeit so bekannt war wie Cecil B. de Mille und D. W. Griffith, an Germaine Dulac (1822 – 1942), eine der wichtigsten Personen der französischen Avantgardefilmbewegung, an Olga Preobrashenskaja und Esfir Schub, die am russischen Revolutionsfilm mitarbeiteten, und an Lotte Reiniger, die eine Reihe von Scherenschnittfilmen anfertigte. Ihre Entdeckungen führten auf Frauenfilmfestivals zu Retrospektiven von Ida Lupino (*1918), Jacqueline Audry (1908 – 1977) oder Dorothy Arzner (1900 – 1979), die mit den Mitteln der männlichen Filmsprache diese doch subtil gegen herrschende Konventionen und Ideologien wendeten. Regisseurinnen, die nicht erst im Zuge feministischer Filmgeschichtsschreibung und Filmproduktion bekannt geworden sind, deren Werke in diesem Zusammenhang aber wieder anders und neu diskutiert werden, sind z.B.: Agnes Varda, Marguerite Duras, Maya Deren, Vera Chytilova, Márta Mészáros, Liliana Cavani, Lina Wertmüller und Elaine May.

Frauenfilm und feministischer Film

Mit dem sogenannten „Frauenfilm“ sind eher Männer bekannt geworden, deren Werke sich unter diesem Etikett gewinnbringend vermarkten ließen – nicht immer im Interesse der Frauen. Feministinnen unterscheiden deshalb zwischen feministischem Film – der das Macht- und Geschlechterverhältnis thematisiert – und Frauenfilm, der bestimmte Themen zwar aufgreift, diese aber als nur wieder die Frauen und nicht die ganze Gesellschaft betreffend abhandelt. Noch deutlicher werden die Schwierigkeiten dieses Begriffs, wenn man bedenkt, was er ursprünglich, nämlich als historischer, einmal bezeichnete: Melodramen im Amerika der 40er und 50er Jahre, in denen sich ein weibliches Publikum mit dem zur heroischen Geste hochstilisierten, masochistischen Leiden der Protagonistin und ihrer selbstlosen Aufopferung identifizieren sollte.

Neue Frauenbewegung und Film

Im Zuge der Neukonstituierung der Frauenbewegung 1968/69, der damit beginnenden Spurensuche und Neuschreibung von Geschichte wurde auch der Film, als künstlerisches und – auch falsches – Bewußtsein vermittelndes Medium, zum Gegenstand der Auseinandersetzung. Ansätze eigener Filmarbeit entstanden im Zusammenhang mit der Studentenbewegung, dem Beginn des Jungen Deutschen Films und einer wiederbelebten Avantgardefilmbewegung, und formulierten sich dementsprechend dokumentarisch (z.B. Erika Runge, Gisela Tuchtenhagen, Nina Gladitz), experimentell (z.B. Dore O., Birgit Hein, Elfie Mikesch) oder in Spielfilmform aus (z.B. Helke Sander, Claudia von Alemann, Jutta Brückner, Ula Stöckl), wobei Genrekonventionen oft emanzipatorisch aufgelöst wurden. In der Anfangsphase überwogen dokumentarische Arbeiten, da es feministischem Filmschaffen zunächst darum ging, Öffentlichkeit für politische Anliegen zu finden, wie z.B. die Abschaffung des § 218, die Verbesserung von Arbeits- und Ausbildungsbedingungen, und um die Formulierung eigener Sexualerfahrungen und Wünsche. Film wurde als aufklärerisches und agitatorisches Instrument eingesetzt.

Feministische Filmkritik

Nicht zuletzt das Mißverhältnis hinsichtlich Erfolg und Förderungssummen zwischen weiblichen und männlichen Autoren ließ Frauen nach den Produktionsbedingungen im herrschenden Film fragen, nach den Anteilen und Formen weiblicher Arbeit in ihm. Damit verbunden war die Frage nach den Inhalten und Wirkungsweisen einer von Männern beherrschten und produzierten Bilderwelt sowie nach dem Status der Frau darin.

Mit der Ausprägung einer feministischen Filmkritik und Filmtheorie, insbesondere im angelsächsischen Raum, entwickelten sich auch verschiedene Ansätze und Methoden der Analyse. Ob soziologisch, inhaltsanalytisch, psychoanalytisch oder semiotisch, d.h. an der Frage nach der Bedeutung von Zeichen orientiert, kamen alle zum wesentlich selben Ergebnis: Frauen sind im Film stärker stereotypisiert als Männer, sie kommen als Frauen nicht vor, sondern nur als Repräsentanzen männlicher Projektionen, Wünsche und Ängste, statt Handlungsträger sind sie lediglich Objekte des männlichen Blicks, den das Kino für Männer organisiert. Das führte anfänglich zu einer radikalen Ablehnung des patriarchalen Kinos und der – immer noch geltenden – Forderung nach anderen Filmformen und -inhalten. Die Lust jedoch, die Frauen auch am herrschenden Kino haben können, wurde als eine identifiziert, die in einer Strategie des „Gegen-den-Strich-Lesens“ Widersprüche und Brüche in der männlichen Sicht und Darstellungsweise zu entdcken vermag. So findet neben der Herstellung eigener Filme auch auf der Ebene der Rezeption – beide reflektiert und unterstützt durch die feministische Filmtheorie – eine zweite Form weiblicher Gegenproduktion statt.

Organisationen und Forderungen

Um die eigenen, kommerziell oft nicht erfolgreichen Filme zeigen und diskutieren zu können, fanden zahlreiche internationale Frauenfilmfestivals statt, die auch die Arbeiten der wenigen Frauen, die schon vor der Frauenbewegung Filme gemacht hatten, integrierten. 1974 wurde die bis heute einzige europäische feministische Filmzeitschrift *Frauen und Film* gegründet und 1979 der Verband der Filmarbeiterinnen e. V. Dessen Forderung nach Geschlechterparität in allen Bereichen der Filmproduktion und in den Filmförderungsgremien ist noch längst nicht eingelöst. Ganz im Gegenteil: der Anteil der Filmstudentinnen an den Filmhochschulen nimmt wieder ab; Frauen haben nach dem Abebben einer „Frauenfilmwelle“ größte Schwierigkeiten, ihre Projekte gefördert zu bekommen; in allen Entscheidungsinstanzen sowie auf den Professorenstühlen und in den Redaktionen der Fernsehanstalten sitzen vorwiegend Männer.

Literatur: *Emilie Altenloh,* Zur Soziologie des Kino. Die Kino-Unternehmung und die sozialen Schichten ihrer Besucher (Jena 1914); *Frauen und Film,* hrsg. von Gertrud Koch und Heide Schlüpmann (Frankfurt a.M.), halbjährliche Zeitschrift; *Gudrun Lukasz-Aden/Christel Strobel,* Der Frauenfilm. Filme von und für Frauen (München 1980); *Renate Möhrmann,* Die Frau mit der Kamera. Filmemacherinnen in der Bundesrepublik Deutschland (München 1980); *Laura Mulvey,* „Visuelle Lust und Narratives Kino“, in: Gislind Nabakowski / Helke Sander / Peter Gorsen (Hrsg.), Frauen in der Kunst, Bd. I (Frankfurt a.M. 1980); *Anthony Slide,* Engel vom Broadway oder Der Einzug der Frauen in die Filmgeschichte (Münster 1982); Women and the Cinema. A Critical Anthology, hrsg. von Karyn Kay und Gerald Geary (New York 1977). Annette Brauerhoch

Fortpflanzungsmedizin

↗ Adoption; Depression; Diagnostik, vorgeburtliche; Empfängnisverhütung; Familienplanung; Geburt; Gentechnik; Gesundheit; Humangenetik, angewandte; Kinderlosigkeit; Kinderwunsch; Leihmütter; Medizin; Menschenbild; Mütterlichkeit; Schwangerschaft

Verteilung der Lasten und Risiken

Die Fortpflanzungsmedizin befaßt sich mit der Diagnostik und Therapie ungewollter Kinderlosigkeit. Bezüglich medizinischer Einzelheiten muß auf ausführlichere Darstellungen verwiesen werden. Hier soll deutlich gemacht werden, daß fast ausschließlich Frauen die Belastungen und Risiken einer Sterilitätsdiagnostik und -therapie zu tragen haben. Dazu gehören biochemische und physikalisch-technische Zykluskontrollen, operative Eingriffe und medikamentöse Einwirkungen auf den Hormonhaushalt. Die Mitwirkung des Mannes erschöpft sich zumeist in der Bereitstellung von Samen, sei es zur Untersuchung seiner Fortpflanzungsfähigkeit, sei es zur künstlichen Befruchtung selbst. In Ermangelung therapeutischer Behandlungsansätze bei Fruchtbarkeitsstörungen des Mannes wird häufig „ersatzweise“ die Frau behandelt. Nicht nur die künstliche Samenübertragung (instrumentelle Insemination) in die Scheide erfolgt aus andrologischer (männlicher) Indikation, sondern auch belastende operative Verfahren wie die künstliche Eileiterbefruchtung, bei der nach vorheriger operativer Eizellenentnahme Ei- und Samenzellen über einen Eingriff in den Bauchraum an ihren Befruchtungsort im Eileiter gebracht werden (ITB = intratubarer Gametentransfer). Selbst die In-vitro-Fertilisation (Retortenbefruchtung), die als Umgehungstherapie bei verschlossenen Eileitern entwickelt wurde, gilt inzwischen z. T. als Anwendungsbereich für männliche Fruchtbarkeitsstörungen, obwohl an dieser Indikation fachliche Kritik laut geworden ist. Mit der Geburt des ersten außerhalb des Körpers gezeugten Kindes 1978 in England sind die wissenschaftlichen Erkenntnise, die den Beginn des menschlichen Lebens im Labor ermöglichen, einerseits bestaunt, anderseits heftig kritisiert worden. Der Körper und Seele belastende Behandlungsverlauf, die relativ geringen „Erfolgsaussichten“, die erhöhte Wahrscheinlichkeit einer Mehrlingsschwangerschaft mit drohender Frühgeburtlichkeit und Kaiserschnittentbindung relativieren die Erfolgsmeldungen.

Ungelöste Probleme

Auch die mittelbaren Folgen werfen kaum lösbar erscheinende Probleme auf. Erstmals sind Embryonen an ihrem Lebensbeginn verfügbar. Sie können in diesem frühen Stadium jeder geschlechtsreifen Frau übertragen und ausgetragen werden. Mit der Gewinnung befruchtungsfähiger Eizellen aus dem Eierstock könnte eine „Kombination“ männlicher und weiblicher Keimzellen ohne weiteres „Zutun“ der „Spender“ im Reagenzglas erfolgen. Selbst das direkte Einbringen einer Samenzelle in eine Eizelle (Spermainjektion) zur „Erzeugung“ eines Embryos ist in Australien bereits durchgeführt worden.
Die Lösung des Problems: Unfruchtbarkeit wegen Eileiterverschluß, mit dem sinnvoll erscheinenden therapeutischen Ansatz, den verschlossenen Eileiter durch eine Befruchtung im Labor zu umgehen, hat zu neuen ungelösten Problemen geführt, die weit über das individuelle Schicksal der ungewollten Kinderlosigkeit hinausgehen. Überzählige Embryonen, die sozusagen aus Versehen bei einer Retortenbefruchtung entstanden waren und nicht alle auf die Mutter übertragen werden konnten, führten zur Übernahme von Tiefkühlverfahren (Kryokonservierung) aus der Tierzucht. Gleichzeitig mit den Fortschritten in der Fortpflanzungsmedizin entwickelten sich gentechnische Analyseverfahren zur Aufschlüsselung der Erbsubstanz, so daß es geboten erscheint, menschliche Embryonen vor solchen und anderen Forschungsvorhaben zu schützen. Die vorgeburtliche Diagnostik erhält durch die außerhalb des Mutterleibes erzeugten Embryonen eine neue Dimension. Die „Auswahl“ gesunder Kinder mit dem entsprechenden „Wunschgeschlecht“ noch vor der Einnistung in die Gebärmutter könnte die In-vitro-Befruchtung zu einer „Kindererzeugung mit Gesundheitsgarantie“ machen. Da kein Fortschritt ungeschehen gemacht werden kann, muß der verantwortliche Umgang mit den Möglichkeiten der Fortpflanzungsmedizin gelernt werden. Nicht nur Experten muß das Risikopotential bewußtgemacht werden, sondern auch denen, die medizinische Fortpflanzungshilfen in Anspruch nehmen wollen. Dazu gehören die Reflexion des Kinderwunsches und eine Analyse der Erwartungen, die Mann und Frau an das Wunschkind stellen.

Literatur: *Christine Hölzle,* Lokalisiertes Leiden. Sterilitätskrise und Reproduktionsmedizin, in: Psychosozial 30 (1986) 21 – 32; *Dieter Krebs,* Reproduktion, Störungen der Frühgravidität, in: Klinik der Frauenheilkunde und Geburtshilfe, Bd. 3 (München 1985); *Heike Langenbucher,* Medizin des Lebensbeginns, in: Das manipulierte Schicksal, hrsg. von Traute Schröder-Kurth und Stephan Wehowsky (München 1988); *Hans-H. Riedel,* IVF – eine Form der Therapie für die andrologisch bedingte Sterilität?, in: Fertilität 1 (1985) 67 – 75; *Stephan Wehowsky* (Hrsg.), Lebensbeginn und menschliche Würde (München 1987).

HEIKE LANGENBUCHER

Frauenberufe

↗ Arbeit; Arbeitslosigkeit; Aufstiegschancen; Ausbildung; Begabung; Beruf; Bildung; Chancengleichheit; Diskriminierung; Ehrenamt; Erwerbstätigkeit; Frauenförderung; Frauen im ländlichen Raum; Frauenquotierung; Ganzheitlichkeit; Gewerkschaften; Hausfrauen; Identität, weibliche; Leistung; Medizin; Pflege, häusliche; Selbständige; Soziale Sicherung; Technik / Technologien; Weiterbildung; Wirtschaft

Geschichte

In der agrarischen Gesellschaft wie in der handwerklich strukturierten Wirtschaft hat es immer eine Aufgabenteilung zwischen Männern und Frauen gegeben. Frauen haben überwiegend die Tätigkeiten im Binnenbereich des Hauses übernommen, während Männer nicht darauf beschränkt waren. Sie übernahmen vorwiegend auch solche Arbeiten, die physische Kraft erforderten. Die Industrialisierung veränderte diese Aufgabenteilung grundlegend, indem Frauen auf Haus- und Familienarbeit und Männer auf Erwerbsarbeit festgelegt wurden. Allerdings gab es von Anfang an bestimmte industrielle Tätigkeiten, in denen vorrangig Frauen beschäftigt wurden, sei es, daß die gezahlten Löhne niedrig waren oder daß Frauen aufgrund bestimmter physischer Fertigkeiten, z. B. Geschicklichkeit, besser geeignet waren. Gegen Ende des 19. Jahrhunderts entwickelten sich dann die sogenannten Frauenberufe, wie vor allem Lehrerin, Krankenpflegerin oder Fürsorgerin, für meist unverheiratete Frauen aus bürgerlichen Kreisen, die in diesen Berufen ihre mütterliche Bestimmung – meist in bezug auf Kinder, Frauen, Kranke und Alte – zugunsten gesellschaftlicher Bedürfnisse leben und für ihren eigenen Unterhalt aufkommen konnten. Diese Frauenberufe im engeren Sinn können als Mütterberufe bezeichnet werden. Für sie gab es eigene Ausbildungsstätten und teils sogar gemeinschaftliche Lebensformen wie die im 19. Jahrhundert entstehenden religiösen Genossenschaften oder Diakonissenverbände. Daneben entwickelten sich Frauenberufe im weiteren Sinn, Berufe, in denen überwiegend oder fast ausschließlich Frauen arbeiteten. Hierfür gab es oft nur kurze Ausbildungen oder Anlernphasen. Sie befähigten junge Frauen häufig nur für eine kurze Berufstätigkeit im Übergang von der Elternfamilie bis zur eigenen Familiengründung und können deshalb als Töchterberufe bezeichnet werden. Die beiden Weltkriege sowie die ökonomischen Krisen führten dazu, daß ein Großteil der Frauen gezwungen war, entgegen den allgemeinen Vorstellungen von der Zuständigkeit der Frauen für Haushalt und Familie, auch in diesen Berufen lebenslang zu arbeiten.

Statistische Verteilung

Historisch gesehen, haben sich die Frauenberufe und damit die Schwerpunkte der Berufstätigkeit in den letzten hundert Jahren erheblich gewandelt, obwohl die Frauenquote insgesamt sich nur von 32 % auf fast 38 % (1982) erhöhte. In keinem Industriezweig stellten Frauen 1882 mehr als die Hälfte der Beschäftigten. Auch die Textil- und Bekleidungsindustrie, die größte gewerbliche Branchengruppe, war eine Männerindustrie mit einem Frauenanteil von nur einem Drittel. Der Dienstleistungsbereich war dagegen im Gesundheitswesen (56 %), bei den Kirchen (59 %) sowie in den haushaltsbezogenen Diensten der Reinigung (92 %) und der privaten Haushalte (94 %) stark von Frauen bestimmt. Obwohl heute die Frauenquote in allen Bereichen höher liegt, gibt es in den gewerblichen Wirtschaftszweigen nur in der Textil- und Bekleidungsindustrie mehr Frauen als Männer (67 %). In der Nahrungsmittelindustrie und in der elektronischen Industrie entspricht die Frauenquote etwa dem Durchschnitt. Über 50 % liegt die Frauenquote in den Bereichen: Handel (59 %), Banken/Versicherungen (51 %), Rechtsberatung (75 %), Bildungswesen (57 %), Gesundheitswesen (78 %), Kirchen (62 %), Organisationen ohne Erwerbscharakter, Wohlfahrtspflege (56 %), Reinigung (76 %), Gastwirtschaft und Körperpflege (73 %) und private Haushalte (99,6 %). Dem entspricht auch die Verteilung der erwerbstätigen Frauen auf die einzelnen Berufsgruppen. So waren 1985 zwei Drittel der erwerbstätigen Frauen in nur 12 Berufsgruppen beschäftigt. Die größten Gruppen sind die Bürofach-, Bürohilfskräfte (23 %), Warenkaufleute (12,6 %), Gesundheitsdienstberufe (8 %), Reinigungsberufe (5 %). Die Frauenquote betrug bei den Bürokräften 67 %, bei den Warenkaufleuten 62 %, in den Gesundheitsdienstberufen 86 %, in den Reinigungsberufen 85 %. Dieser Berufsstruktur entspricht in etwa auch die Ausbildungsstruktur der jungen Frauen, von denen sich ebenfalls 68 % (Männer 48 %) auf die fünfzehn am stärksten besetzten Ausbildungsberufe konzentrieren.

In Österreich ist die Berufsverteilung ähnlich. Im Jahr 1982 arbeiteten 70 % aller berufstätigen Frauen in nur acht Berufsgruppen. Die meisten Frauen waren in der Berufsgruppe „Übrige Büro- und Verwaltungshilfsberufe“ beschäftigt (19 %), in Handelsberufen (13 %), in Ackerbau-, Tierzucht- und Gartenberufen (12 %), Lehrerinnen und Erzieherinnen (6 %), Buchhalterinnen und Kassiererinnen (6 %), Gebäudereinigerinnen (5 %), Gesundheitsberufe (5 %) und Bekleidungsherstellerinnen (4 %). Die Frauenquote betrug bei den Büroberufen 64 %, in den Gesundheitsberufen 72 %, in den Reinigungsberufen 92 %.

Auch in der Schweiz liegt der Schwerpunkt der Berufstätigkeit der Frauen im Dienstleistungsbereich. Die Verteilung auf die Berufsgruppen dürfte ähnlich sein wie in der Bundesrepublik Deutschland und in Österreich.

Männer- und Frauenberufe

Bestimmend für die Aufteilung von Männer- und Frauenberufen sind nicht in erster Linie die physischen Anforderungen; zumal wenn darunter nicht ausschließlich Muskelkraft verstanden wird, sondern alle physischen Belastungsmomente berücksichtigt werden, dann ist Schwerarbeit nicht die Domäne der Männer. Entscheidend für die Kennzeichnung der Frauenberufe ist vielmehr ihre Ableitung von der familiären Aufgaben- und Rollenverteilung. Frauenberufe sind ausführende, ergänzende, assistierende Berufe, Männerberufe leitende, planende, anordnende Berufe. Frauenberufe sind erziehende, betreuende, heilende Berufe und insofern in vielfacher Weise personenbezogen; Männerberufe sind bearbeitende, gestaltende Berufe und daher in starkem Maß sachbezogen. Frauenberufe sind in den haushaltsnahen Produktions- und Dienstleistungsbereichen, Männerberufe im Handwerk, im verarbeitenden Gewerbe und im sachbezogenen bzw. produktionsbezogenen Dienstleistungsbereich. Entsprechend arbeitet fast die Hälfte der Männer als Arbeiter, dagegen zwei Drittel der Frauen als Angestellte. In Österreich arbeiteten 1982 53 % der Frauen (Männer 41 %) als Angestellte und knapp 30 % als Arbeiterinnen (Männer 44 %).

Benachteiligungen in Frauenberufen

Die Arbeitsbedingungen in den Frauenberufen unterscheiden sich gleichfalls von denen in den Männerberufen. Sie sind in bezug auf Einkommen und Aufstiegsmöglichkeiten wesentlich schlechter und liegen am unteren Ende der beruflichen Hierarchie. Die Gewerkschaften haben lange nicht die Existenz von Leichtlohngruppen verhindern können, und jetzt, nach Abschaffung der Leichtlohngruppen, sind Frauen überproportional in den unteren Lohngruppen vertreten sowie in den Branchen, in denen das Lohnniveau im Verhältnis zu anderen niedriger ist (Textilindustrie; wenig Frauen dagegen in der mineralölverarbeitenden Industrie). Dabei sind die physischen Belastungen häufig größer. Während Belastungen, die Männer betreffen – wie Schwere, Hitze, Lärm –, durch Lohnzuschläge ausgeglichen werden, finden Belastungen weiblicher Arbeitskräfte – wie Monotonie, einseitige Dauerbelastung, Geduld und Freundlichkeit in personenbezogenen Dienstleistungen – keine gesonderte Berücksichtigung. Im Gegenteil, diese „typischen“ weiblichen extrafunktionalen Fähigkeiten werden als natürliche Eigenschaften der Frauen betrachtet, die weder besonders qualifiziert noch honoriert werden müssen. So liegen denn auch die durchschnittlichen Verdienste (Vollzeitbeschäftigung) der Arbeiterinnen bei etwa 70 %

und die der weiblichen Angestellten bei 64 % der Männerverdienste.

Ursachen der Benachteiligung

Die Ursachen für die geschlechtsspezifische Geringschätzung der Frauenberufe – die in allen Industriegesellschaften zu finden ist, wenn auch der Geschlechtscharakter einzelner Berufe variiert – sind vielfältig. Erklärungsansätze, die die Ursachen in dem weiblichen Arbeitskräfteangebot sehen, verweisen auf schlechtere oder andere Schulbildung, geschlechtsspezifische Ausbildungsunterschiede, relative Immobilität von Frauen, Doppelbelastung durch Familie und Beruf, Diskontinuität der Erwerbsbeteiligung sowie besondere gesetzliche Schutzvorschriften. Diese Ansätze zeigen schon die große Bedeutung, die die familiäre Aufgabenteilung für die Berufswahl und Berufstätigkeit von Frauen hat. Andere Erklärungsansätze gehen von der Arbeitskräftenachfrage aus, d.h. von der Beschäftigungsseite. Hier wird auf die geschlechtsspezifische Konzentration der Frauen auf wenige, meist arbeitsintensive Branchen und Berufsbereiche verwiesen, auf die Spaltung des Arbeitsmarkts, die Frauen in die Bereiche mit geringeren Qualifikationsanforderungen verweist, auf die Lohnkosten, deren Erhöhung zu einer Wegrationalisierung von Frauenarbeitsplätzen führe, sowie auf die geringere tarifliche Absicherung der Teilzeitkräfte. Alle diese Ansätze messen Frauenarbeit an den männlichen Normen, sehen Frauen als defizitär an und erklären nicht, warum Frauen sich dennoch für die Frauenberufe entscheiden.

In der neueren Frauenforschung ist ein umfassender Ansatz entwickelt worden, der die geschlechtsspezifischen Unterschiede durch die Besonderheiten des weiblichen Arbeitsvermögens zu erklären versucht und zugleich das Verhalten der Frauen wie der Arbeitgeber erklärt und begründet. Ursprünglich war das weibliche Arbeitsvermögen biologisch verstanden und auf das anlagebedingte „Wesen der Frau“ zurückgeführt worden, auf ihre spezifische Natur und Disposition, wie Gefühlsbestimmtheit, Irrationalität, geringe Ausprägung geistig-intellektueller Interessen, womit ihr Ausschluß von bestimmten Berufen begründet wurde. Diese Argumentation kann jedoch als wissenschaftlich widerlegt gelten. Ein anderer, ebenfalls am spezifischen Arbeitsvermögen anknüpfender Erklärungsansatz (Beck-Gernsheim) geht von der Trennung zwischen Haus- und Berufsarbeit aus, die als die grundlegende geschlechtsspezifische Arbeitsteilung begriffen wird. Die Vorbereitung der Frauen auf die Haus- bzw. Familienarbeit hat danach zur Ausbildung bestimmter Fähigkeiten und Einstellungen geführt, die das typische weibliche Arbeitsvermögen ausmachen. Dieses ist stärker arbeitsinhaltlich orientiert, personenbezogen, ganzheitlicher, aber auch von geringerem Selbstbewußtsein und Selbstvertrauen geprägt. Dem entspricht die größere Bereitschaft zu Unterordnung und Zuarbeit, die mangelnde Aufstiegs- und Karriereorientierung. Dieses weibliche Arbeitsvermögen ist besonders in den als Frauenberufe gekennzeichneten Tätigkeiten gesellschaftlich verwertbar, teilt aber mit der Hausarbeit die Geringschätzung wegen derselben grundsätzlich auf die Reproduktion bzw. Hausarbeit bezogenen Orientierung. Männer dagegen entwickeln ihr Arbeitsvermögen im Hinblick auf Erwerbsarbeit, d.h. gekennzeichnet durch Orientierung an Tauschwertgesichtspunkten wie Prestige, Einkommen, Aufstiegschancen, denen gegenüber das Interesse am Berufsinhalt zurücktritt. Darin spiegelt sich noch einmal die Hierarchisierung des Geschlechterverhältnisses, wonach Hausarbeit, Frauenberufe und von Frauen bestimmte Tätigkeiten geringer bewertet und untergeordnet werden. Dies zeigt sich weiter darin, daß die meisten Frauenberufe erst spät ihre eigene Form und qualifizierte Ausbildungsgänge entwickelten. So erfolgte die Professionalisierung in den typischen Frauenberufen erst in den sechziger Jahren durch einen Ausbau der Aus- und Fortbildungsmöglichkeiten. Allerdings hat sich das in der Praxis noch nicht überall durchgesetzt, wo Arbeitgeber aus Kostengründen in Frauenbereichen immer noch unqualifizierte Frauen bevorzugen, z. B. in den hauswirtschaftlichen Berufen. Anderseits sind manche Frauenberufe dadurch gefährdet, daß diese professionalisierten Tätigkeiten dann wieder in den ehrenamtlichen oder privaten Bereich zurückverlagert werden, wenn z. B. öffentliche Ausgaben für Pflegetätigkeiten gekürzt werden.

Zukunft der Frauenberufe

Obwohl der Dienstleistungssektor einen Großteil auch der anspruchsvollen Frauenberufe umfaßt und der Wirtschaftsbereich mit den günstigsten Beschäftigungsperspektiven für Frauen ist, stellt sich die Frage nach der Zukunft der Frauenberufe, da dieser Sektor nicht alle Arbeitsuchenden aufnehmen kann und Frauenberufe mit geringerer Qualifikation von Rationalisierung bedroht sind. Haben Frauen, die berufliche Gleichstellung anstreben, nur eine Chance, wenn sie sich in Männerberufen zu Lasten ihres spezifischen Arbeitsvermögens anpassen und zu behaupten versuchen? Oder müssen in den Frauenberufen mehr Härte, Rationalität, Aggressivität und Konkurrenzverhalten zum Zuge kommen, damit Frauen sich in den qualifizierten Bereichen durchsetzen? Oder gelingt es Frauen, ihr spezifisches Arbeitsvermögen auf die Anforderungen der modernen Berufswelt hin zu reflektieren, zu modifizieren und gerade dadurch für eine Humanisierung der Arbeitswelt fruchtbar zu machen? Neuere Untersuchungen zeigen die Möglichkeit und die Notwendigkeit auf, das spezifische Arbeitsvermögen der Frauen als Kreativitätspotential zu nutzen. So erhalten in der neueren Managementtheorie die Mitarbeiterführung und Motivation, Team- und Kooperationsfähigkeit sowie Flexibilität einen hohen Stellenwert ebenso wie Denken in komplexen Zusammenhängen, Fähigkeiten und Einstellungen, die dem weiblichen Arbeitsvermögen entsprechen. Um dieses zu entfalten, gehen Großunternehmen im Rahmen ihrer Frauenförderungsmaßnahmen dazu über, Frauen eigene Fortbildungs- und Führungsseminare anzubieten. Allerdings müssen Frauen auch in den klassischen Frauenberufen bereit sein, sich auf die Anforderungen der neuen Technologien einzulassen, was aber da geringere Schwierigkeiten bereitet, wo Frauen ihrem Arbeitsvermögen entsprechend sich diese Kenntnisse aneignen können.

Literatur: *Elisabeth Beck-Gernsheim,* Der geschlechtsspezifische Arbeitsmarkt. Zur Ideologie und Realität von Frauenberufen (Frankfurt a. M. 1976); *Ursula Beer,* Theorien geschlechtlicher Arbeitsteilung (Frankfurt a. M. 1984); *Dorothea Gaudart / Rose Marie Greve,* Die Frau in den Arbeitsbeziehungen (Wien 1978); *Barbara Hegelheimer,* Berufsqualifikation und Berufschancen von Frauen in der Bundesrepublik Deutschland (Berlin 1978); *Edith Krebs,* Gleichberechtigung der Frauen im Erwerbsleben in Österreich, in: Von der bürgerlichen zur sozialen Gesellschaft (Heidelberg 1981); *Camilla Krebsbach-Gnath u. a.,* Frauenbeschäftigung und neue Technologien (München – Wien 1983); *Sigrid Pohl,* Entwicklung und Ursachen der Frauenlohndiskriminierung (Frankfurt a. M. 1984); *Ursula Rabe-Kleberg,* Frauenberufe. Zur Segmentierung der Berufswelt (Bielefeld 1987); *Angelika Willms-Herget,* Frauenarbeit. Zur Integration der Frauen in den Arbeitsmarkt (Frankfurt a. M. 1985).

MARITA ESTOR

Frauenbewegung

↗ Arbeit; Beruf; Bildung; Chancengleichheit; Emanzipation; Ethik, weibliche; Familienrecht; Familienrollen; Feminismus; Frauenberufe; Frauenforschung; Frauengeschichte; Frauengleichstellungsstellen; Frauenhäuser; Frauenpolitik; Frauenquotierung; Frauenrollen / Frauenleitbilder; Frauenverbände; Frieden; Gewalt gegen Frauen; Gleichberechtigung; Internationaler Frauentag; Mann; Männerbilder; Menschenrechte; Nationalsozialismus; Schule; Schwangerschaftsabbruch; Schwesterlichkeit; Schwesternschaften; Sozialismus

Gründungsphase

Die Frauenbewegung ist Teil des großen Individualisierungs- und Emanzipationsprozesses, der mit Renaissance und Reformation begann und seit dem 18. Jahrhundert vom Gedankengut der Aufklärung und der Französischen Revolution (Menschenrechtserklärung) sowie von wissenschaftlichen und ökonomischen Veränderungen (Technisierung und Industrialisierung) beeinflußt wurde. Emanzipations- und Menschenrechtsforderungen von Frauen verstärkten sich im Vormärz, der Vorphase der Revolution von 1848, durch demokratische Bestrebungen und die aufkommende soziale Frage. Sie stand auch am Anfang der organisierten Frauenbewegung in Deutschland und führte in den vierziger Jahren des vorigen Jahrhunderts zur Gründung der ersten Frauenerwerbsvereine (für Dienstmädchen, Näherinnen und Arbeiterinnen) durch die Schriftstellerin Louise Otto (später Louise Otto-Peters). Daneben wurden die staatsbürgerlichen Rechte und Pflichten, die Bildungsfrage und das Sittlichkeitsproblem (Prostitution und sogenannte Doppelmoral) zu zentralen Anliegen der Frauenbewegung. Die Niederschlagung der Revolution löste Stagnation aus, die erst 1865 durch den ersten Frauenbildungsverein in Leipzig, die durch L. Otto-Peters einberufene Erste deutsche Frauenkonferenz und die während der Konferenz erfolgte Gründung des Allgemeinen Deutschen Frauenvereins überwunden werden konnte.

Forderungen

Die Forderung nach dem Recht auf Arbeit für Frauen in materieller Notlage sowie für Frauen, deren Lebenskreis durch geringe häusliche Betätigungsmöglichkeiten eingeengt worden war, wurde grundlegend. Da die Verbesserung der Existenzbedingungen nicht zuletzt höhere Bildung voraussetzte, traten Frauenbildungsbewegung und Frauenerwerbsbewegung gleichwertig nebeneinander. Frauenbildungsvereine waren in dieser Phase meistens Arbeiterinnenvereine. Den Arbeiterinnen vor allem dienten Abendkurse, Sonntagsschulen, Fortbildungskurse, Suppenküchen und Mädchenherbergen. Die Auskunftsstellen für Frauenberufe und die zahlreichen Rechtsschutzstellen entstanden später. Demgegenüber lehnte der 1865/66 in Berlin gegründete Lette-Verein zur Ausbildung von Mädchen und Frauen für gewerbliche Berufe die Frauenemanzipation ab.
Anders Clara Zetkin, die seit 1892 die Arbeiterinnen unter der Parole des gemeinsamen Klassenkampfes von Frau und Mann zur Befreiung des Proletariats sammelte und die „Geschlechtssklaverei der Frau" zur Folge des Privateigentums erklärte. Sie begründete die proletarische Frauenbewegung, indem sie die Erwerbstätigkeit der Frau als Grundlage für ihre Unabhängigkeit vom Mann forderte und spezielle Frauenfragen behandelte.

Radikale und Gemäßigte

Dieser ersten *Spaltung* der Frauenbewegung folgte bald die zweite. 1894 war der Bund deutscher Frauenvereine (BDF) gegründet worden. Zu ihm stellte sich 1899 der Bund fortschrittlicher Frauenvereine in Opposition. Streitpunkt war außer der Bildungs- und der Stimmrechtsfrage die Neue Ethik. In der Bildungsfrage war es zum Konflikt gekommen, als Helene Lange, bekannt geworden durch ihre „Gelbe Broschüre" zur Reform der höheren Mädchenschule (1887), auf dem Umweg über Gymnasialkurse (1893) in Berlin den Beweis antreten wollte, daß Frauen und Mädchen in der Lage seien, den Anforderungen von Abitur und Studium zu genügen, was mit den ersten sechs Abiturientinnen 1896 gelang. Die Radikalen unter Führung des Vereins Frauenbildungsreform (gegr. 1888 als Deutscher Frauenverein Reform) kritisierten diese Methode als untauglich und gründeten 1893 in Karlsruhe ein humanistisches Mädchengymnasium.

Im Hinblick auf das Frauenstimmrecht ging der gemäßigte Flügel schrittweise vor, um den Widerstand gegen die Frauenbewegung nicht zu erhöhen und ungeschulte Frauen nicht von Parteien manipulieren zu lassen, während die Radikalen (u.a. Minna Cauer, Anita Augspurg, Lida Gustava Heymann) das sofortige Stimmrecht als Schlüssel zur Lösung aller weiteren Probleme der Frauen und des Staates verlangten. Grundsätzlicher Art waren die Differenzen hinsichtlich der Neuen Ethik des Bundes für Mutterschutz und Sexualreform, der seit 1905 von Helene Stöcker geleitet wurde. Ausgehend von gleichen sexuellen Anlagen für beide Geschlechter, wurden dieselben Rechte für die Frau („Sichausleben") gefordert, wie sie bisher allein für den Mann galten (Doppelmoral). Die Ehe sollte nicht mehr die einzige Form des Zusammenlebens der Geschlechter sein. Erleichterung der Ehescheidung, Gleichstellung von ehelicher und unehelicher Mutterschaft, Verbesserung der Stellung des unehelichen Kindes und Abschaffung des Abtreibungsparagraphen 218 waren Programmpunkte, die von den Gemäßigten (u.a. Auguste Schmidt, Helene Lange, Gertrud Bäumer) abgelehnt wurden. Sie forderten die Reform des § 218 und statt des Sichauslebens der Frau vom Mann die stärkere Kontrolle seines Trieblebens. Über die ungenügende Rechtsstellung des unehelich geborenen Kindes und seiner Mutter gab es keine Differenzen.

Konfessionelle Frauenbewegung

Die konfessionelle Frauenbewegung nahm ebenfalls an diesen Auseinandersetzungen teil. Auch sie organisierte sich, wie die gesamte frühe Frauenbewegung, in ehrenamtlich geführten Vereinen und Verbänden und wurde bahnbrechend auf sozialpädagogischem Gebiet. Der Deutsch-Evangelische Frauenbund (DEF, gegr. 1899, Vorsitz Paula Müller-Otfried) als „Vereinigung von Frauen und Frauenvereinen, die im Sinne des Evangeliums mitarbeiten wollen an der Lösung der Frauenfrage und der religiös-sittlichen Erneuerung des Volkslebens", gründete 1905 mit dem Christlich-sozialen Frauenseminar in Hannover die erste Soziale Frauenschule, der weitere folgten, so 1908 unter Leitung von Alice Salomon eine interkonfessionelle in Berlin und 1911 die erste katholische in Heidelberg. 1903 erfolgte in Köln die Gründung des Katholischen Deutschen Frauenbundes (KDF) zur „Förderung der Frauenbewegung nach den Grundsätzen der katholischen Kirche". Erste Vorsitzende war Emilie Hopmann, seit 1912 Hedwig Dransfeld, neben der Sozialforscherin Elisabeth Gnauck-Kühne und den Politikerinnen Helene Weber und Christine Teusch die wohl wichtigste Persönlichkeit der katholischen Frauenbewegung. 1915 schlossen sich im Bistum Paderborn bestehende katholische „Müttervereine" zum ersten Diözesanverband der Müttervereine zusammen, die sich um die religiöse Bildung der Mitglieder bemühten und zugleich für die Teilnahme an kirchlichen, karitativen und diakonischen Aufgaben ausrüsteten und damit dem Leben der Pfarrgemeinden dienten. 1928 wurde der Zentralverband der Frauen- und Müttervereine Deutschlands gegründet (heute: Katholische Frauengemeinschaft Deutschlands – kfd). 1904 organisierten sich die jüdischen Frauen. In der Stimmrechtsfrage bestanden Differenzen zur überkonfessionellen Frauenbewegung, insbesondere von evangelischer Seite. Die katholischen Verbände traten dem BDF aus weltanschaulich-religiösen Gründen nicht bei, der DEF erst 1908, um 1918 wieder auszutreten. Das kirchliche Frauenstimmrecht wurde seit 1903 von den evangelischen Frauen, seit 1920 von den Katholikinnen gefordert.

Entwicklung seit dem Ersten Weltkrieg

Im Ersten Weltkrieg gehörte eine kleine Gruppe der einstigen Radikalen zur Frauenfriedensbewegung, während die Mehrheit der Verbände im Nationalen Frauendienst fürsorgerisch tätig war. In der Weimarer Republik, die 1918 das Frauenwahlrecht einführte, nahmen bedeutende Mitglieder der Frauenbewegung als Reichstagsabgeordnete Einfluß auf die Gesetzgebung (u.a. Jugend-, Schul- und Wohlfahrtsgesetze, § 218, Frauenstudium, das seit 1908 auch in Preußen erlaubt war).

Frauenbewegung in Österreich und der Schweiz

Auch in Österreich hatten die Frauen 1918 das Wahlrecht erhalten. Mitte des 19. Jahrhunderts war es zur Gründung eines Erwerbsvereins gekommen, des ersten nicht-karitativen und nichtkonfessionellen Frauenvereins in Wien (1866). Für gleiche Bildungsmöglichkeiten für Mädchen und Jungen traten Marianne Hainisch und der Verein österreichischer Lehrerinnen und Erzieherinnen (1869) ein. Marie Lang und Rosa Mayreder repräsentierten den bürgerlich-fortschrittlichen Flügel, Adelheid Popp vertrat den sozialistischen. In Österreich und der Schweiz wurde die Bekämpfung der staatlich reglementierten Prostitution wie in Deutschland von Frauenvereinen getragen. 1909 erfolgte die Gründung des Schweizerischen Verbandes für Frauenstimmrecht. Seit 1971 haben die schweizerischen Frauen auf Bundesebene das aktive und das passive Wahlrecht. Auf Kantonsebene und auf kommunalem Gebiet gibt es wenige Ausnahmen. Fortschrittlich verhielt sich die Schweiz in der Frage des Frauenstudiums. Zürich war bis 1908 die bevorzugte Universität deutscher Studentinnen.

Unterdrückung durch den Nationalsozialismus

Um seine jüdischen Mitglieder nicht preisgeben zu müssen und nicht ans NS-Frauenwerk angeschlossen zu werden, löste sich der BDF 1933 selbst auf, gefolgt von den meisten seiner Mitgliedsverbände. Bekannte Repräsentantinnen der Frauenbewegung emigrierten (u.a. Anita Augspurg, Lida Gustava Heymann, Alice Salomon) oder wurden „wegen nationaler Unzuverlässigkeit" aus dem Staatsdienst entfernt (u.a. Gertrud Bäumer, Emmy Beckmann). Die konfessionellen Verbände zogen sich auf ihre diakonischen Aufgaben zurück. NS-Frauenwerk und NS-Frauenschaft (geleitet von Gertrud Scholtz-Klink) waren der NS-Ideologie und dem Führerprinzip verpflichtet, mit dem Auftrag, die Mutterrolle aufzuwerten, und blieben ohne eigenen politischen Einfluß.

Wiederaufbau nach 1945

Nach dem Zusammenbruch 1945 bildeten sich bald Frauengruppen zur Bekämpfung der Notzustände. 1947 schlossen sich 15 überkonfessionelle und überparteiliche Frauenvereine und -verbände zum Frauenring in der Britischen Zone zusammen; 1949 erfolgte die Gründung des Deutschen Frauenrings als Dachverband auf Bundesebene, beides auf Initiative der Regierungspräsidentin von Hannover, Theanolte Bähnisch. Im selben Jahr setzte Dr. Elisabeth Selbert im Parlamentarischen Rat den Gleichberechtigungsartikel 3, Abs. 2 des Bonner Grundgesetzes durch, 1959 wurde der Stichentscheid des Vaters für verfassungswidrig erklärt. Die Chancenungleichheit für Frauen in Bildungswesen, Wirtschaft und Politik existierte aber weiterhin.

Die neue Frauenbewegung

Als Studentinnen sich von der Studentenbewegung von 1968 wegen ihrer patriarchalischen Verhaltensweisen trennten, an den Universitäten Weiberräte und in vielen Städten des deutschsprachigen Raumes, mit Ausnahme der DDR, autonome Frauengruppen bildeten, begehrten sie auch gegen den Widerspruch zwischen Rechtslage und Realität auf. Hauptforderungen, denen durch demonstrative Aktionen Nachdruck verliehen wurde, waren Abschaffung des § 218 und Befreiung von sexueller Repression und ökonomischer Abhängigkeit vom Mann, zusammengefaßt in der Forderung nach Selbstverwirklichung. Damit lebten Grundgedanken des radikalen und des sozialistischen Flügels der frühen Frauenbewegung wieder auf und führten auch jetzt zur Flügelbildung: Den Radikalfeministinnen, die von der kleinen, aber aktiven Lesbenbewegung beeinflußt waren, traten die Anhängerinnen der neuen Weiblichkeit gegenüber, die weibliche Werte und weibliches Denken in die Gesellschaft tragen wollen. Der Konflikt um Mutterschaft und Familie ist mehrfach aufgebrochen (z. B. Müttermanifest 1987 einer Frauengruppe der GRÜNEN).

Die Ehe- und Familienkritik und die Ausbreitung der „Ehen ohne Trauschein" entsprechen der einstigen Neuen Ethik. Solche Veränderungen sind Ziel der feministischen Frauenbewegung. Zahlreiche Projekte, wie Frauenhäuser, Frauenzentren, Frauenzeitschriften, -buchverlage, -buchläden, sind Ausdruck der Vielfalt. Die traditionell reiche theoretisch-literarische Produktion der Frauenbewegung wurde zu einem neuen Höhepunkt geführt. Die Geschlechterrollenfixierung des üblichen Frauen- und Männerbildes wurde von den Feministinnen als zentrales Problem analysiert und wird, ausgehend von der Annahme der Gleichheit von Frau und Mann, bekämpft. Mit der Frauenforschung autonomer Gruppen, Institute, Archive und einiger Universitätslehrstühle wird die Tradition der Bewußtmachung von Frauengeschichte fortgesetzt. Der Problemkreis „Gewalt gegen Frauen", der bereits Louise Otto-Peters zu einer Umfrage veranlaßte, ist ein Kernpunkt feministischer Arbeit.

Frauenverbände und autonome Frauenbewegung

Die verbandsorientierten Frauen, die älteste Gruppe der (gespaltenen) Frauenbewegung unserer Zeit, sind in eine neue Phase eingetreten, nachdem sie nach dem Kampf um die gesetzliche Gleichberechtigung nun gegen die verdeckte und offene Diskriminierung der Frau auftreten, hierin von der feministischen Bewegung beeinflußt. Sie verbinden Bemühungen um praktische Hilfestellung für Frauen zwischen Familie und Beruf mit dem generellen Streben nach Veränderung frauen- und familienfeindlicher Strukturen.

Während der Ersten Berliner Frauenkonferenz 1977 unternahmen Frauenverbände und autonome Gruppen zum ersten Mal den Versuch der Verständigung. Seitdem hat der Prozeß gegenseitiger Tolerierung Fortschritte gemacht.

Literatur: *Elisabeth Boedeker,* Marksteine der deutschen Frauenbewegung (Hannover 1969); *Martha Stephanie Braun / Ernestine Fürth / Marianne Hönig u. a.* (Hrsg.), Frauenbewegung, Frauenbildung, Frauenarbeit in Österreich (Wien 1930); Cirkel-Journal des Frauencircel Wien, Sondernummer März (Wien 1984); *Dorothea Frandsen,* Helene Lange (Freiburg i. Br. 1980); *Lida Gustava Heymann / Anita Augspurg,* Erlebtes – Erschautes (Meisenheim a. Glan 1972); *Marielouise Janssen-Jurreit,* Sexismus. Über die Abtreibung der Frauenfrage (München 1976); *Doris Kaufmann,* Frauen zwischen Aufbruch und Reaktion. Protestantische Frauenbewegung in der ersten Hälfte des 20. Jahrhunderts (München 1988); *Cordula Koepcke,* Die Frau und die Gesellschaft (München – Wien 1973); *dies.,* Frauenbewegung (Heroldsberg 1979; Freiburg i. Br. 1981); *dies.,* Louise Otto-Peters (Freiburg i. Br. 1981); *Helene Lange,* Kampfzeiten, 2 Bde. (Berlin 1928); *dies.,* Die Frauenbewegung in ihren gegenwärtigen Problemen (Leipzig 1924); *Helene Lange / Gertrud Bäumer,* Handbuch der Frauenbewegung, 5 Bde. (Berlin 1901 – 1906); *Clara Nef,* Chronik des Bundes Schweizerischer Frauenvereine 1899 bis 1949 (o. Ort u. Jahr); *Ruth Pauly,* Emanzipation in Österreich (Wien u. a. 1986); *Louise Otto-Peters,* Das Recht der Frauen auf Erwerb (Hamburg 1866); *Herrad Schenk,* Die feministische Herausforderung. 150 Jahre Frauenbewegung in Deutschland (München 1980); *Alice Schwarzer,* Der „Kleine Unterschied" und seine großen Folgen (Frankfurt a. M. 1975); *E. C. Stanton u. a.,* History of Woman Suffrage, 6 Bde. (New York 1889 bis 1922); *Margrit Twellmann,* Die deutsche Frauenbewegung. Ihre Anfänge und erste Entwicklung 1843 – 1889, 2 Bde. (Meisenheim a. Glan 1972); Lexikon der Frau, 2 Bde. (Zürich 1953).

CORDULA KOEPCKE

Frauenförderung

↗ Arbeit; Arbeitsrecht; Aufstiegschancen; Beruf; Chancengleichheit; Diskriminierung; Frauengleichstellungsstellen; Frauenpolitik; Frauenquotierung; Gewerkschaften; Job-sharing; Macht; Medien; Mutterschutz; Technik / Technologien; Wiedereingliederung; Wirtschaft

Diskussion im deutschsprachigen Raum

Im Gegensatz zu anderen westlichen Industrienationen (z. B. USA, Kanada, Schweden, Großbritannien) hat die Diskussion um gezielte personalpolitische Maßnahmen in Unternehmen und Behörden zur Förderung der beruflichen Chancen von Frauen in der Bundesrepublik Deutschland (ebenso wie in Österreich und der Schweiz) relativ spät eingesetzt. Erörterungen in der Enquête-Kommission des Deutschen Bundestages „Frau und Gesellschaft" (1979/1980) sowie eine Sachverständigenanhörung zu einem möglichen Antidiskriminierungsgesetz (1982) haben das Thema erstmals in eine breitere Öffentlichkeit getragen.

Frauenförderpläne

Mit den Begriffen „Frauenförderungsmaßnahmen" oder „Frauenförderpläne" werden manchmal Vorstellungen von einem „Sonderprogramm für Frauen", von ungerechtfertigter Bevorzugung weiblicher Mitarbeiter oder Bewerber verbunden, auch der Gedanke von karitativer Hilfe wird ins Feld geführt.

All dies ist damit aber keinesfalls gemeint. Unter „Frauenförderungsmaßnahmen" wird vielmehr eine bewußte und gezielte unternehmensspezifische Personalplanung und -politik verstanden, die das Ziel hat, breitere Personalressourcen – auch im Interesse der Mitarbeiterinnen selber – effizienter zu nutzen.

Es sind Maßnahmen oder Aktionsprogramme, die helfen, die vorherrschenden personalpolitischen Entscheidungsmuster „bei gleicher Qualifikation im Zweifel für den männlichen Bewerber" aufzubrechen und möglicherweise für eine befristete Zeit umzukehren; die der Tatsache Rechnung tragen, daß es viele qualifizierte Frauen gibt, deren berufliche Chancen an sozialen Vorurteilen – die vielfach die betriebliche Personalpolitik leiten – scheitern; die den Zugang zu einem größeren Spektrum an qualifiziertem Personal eröffnen und die den Entscheidungsträgern in Unternehmen helfen, bewußte oder unbewußte, willkürliche und unwillkürliche Benachteiligung von Frauen im Arbeitsleben abzubauen.

Voraussetzung für die Entwicklung von Frauenfördermaßnahmen in Unternehmen und Behörden ist die Erstellung einer Ist-Analyse. Das ist die Zusammenstellung des statistischen Datenmaterials über die Verteilung der weiblichen und männlichen Beschäftigten nach Positionen, Funktionen, Berufsgruppen, Lohn- und Gehaltsstufen, Fluktuation, Teilzeitbeschäftigung etc. Sie ist die wesentliche Grundlage zur Definition von Problemen und Chancen der weiblichen Beschäftigten und zur Identifizierung von Ansatzpunkten für gezielte personalpolitische Maßnahmen. Sie kann ferner für einen fortschreibungsfähigen Ergebnis- bzw. Kontrollbericht benutzt werden, in dem Veränderungen gegenüber der Ausgangslage festgehalten werden.

Auf der Grundlage dieser Ist-Analyse werden dann spezielle personalpolitische Maßnahmen entwickelt, die Bereiche wie z. B. Personalwerbung, -auswahl und -einstellung, Ausbildung, Weiterbildung und Beförderung, familienfreundliche Arbeitszeitregelung sowie grundsätzliche organisatorische Bedingungen umfassen. Frauenförderung ist kein Patentrezept, sondern muß immer den spezifischen Bedingungen eines Unternehmens oder einer Behörde Rechnung tragen.

Öffentliche und private Arbeitgeber

In der Bundesrepublik Deutschland haben in den letzten Jahren zahlreiche

Organisationen, Behörden und Unternehmen Frauenförderungsmaßnahmen für einzelne Bereiche oder umfassende Frauenförderpläne aufgestellt: allen voran der öffentliche Dienst (auf Bundes-, Landes- und kommunaler Ebene), der damit eine „Vorreiterfunktion" übernimmt; aber auch die politischen Parteien und zahlreiche Einzelgewerkschaften und vereinzelte Rundfunkanstalten sind in diesem Bereich aktiv.

Maßnahmen aus Unternehmen der Privatwirtschaft werden öffentlich nicht so deutlich, aber auch hier sind verstärkte Bemühungen, vor allem bei Großunternehmen, zu verzeichnen. Den Hintergrund bilden dabei die Annahmen über einen für die nähere Zukunft absehbaren Mangel an qualifizierten Mitarbeiterinnen und Mitarbeitern, wie er von vielen wissenschaftlichen Instituten prognostiziert wird. Weniger bedeutsam ist für diesen Bereich – im Vergleich zum öffentlichen Dienst – die grundgesetzlich verankerte Sozialklausel, die dem Staat die Befugnis und dem Grundsatz nach auch die Verantwortung zuschreibt, Defizite der Gleichberechtigung in der sozialen Wirklichkeit durch entsprechende Maßnahmen auszugleichen.

In der Bundesrepublik Deutschland sind die Erfahrungen mit Frauenfördermaßnahmen noch zu jung, um mit Hilfe von Zahlen Veränderungen beschreiben zu können. Dies gilt ebenso für die Schweiz, wo sich namhafte Unternehmen in der Initiative „Taten statt Worte" zusammengeschlossen haben, um die beruflichen Chancen der Frauen in der Industrie und im öffentlichen Dienst zu verbessern. Anders allerdings in den USA, wo mittlerweile bald 25 Jahre Erfahrung mit Maßnahmen zur Förderung von Frauen und ethnischen Minoritäten vorliegen. Hier können viele Firmen und Behörden gute Dokumentationen über die Verbesserung der Situation ihrer weiblichen Beschäftigten aufgrund solcher Maßnahmen vorlegen. Allerdings muß man bedenken, daß es in den USA gesetzliche Vorschriften zur Aufstellung solcher Pläne („affirmative action plans") gibt. Im Gegensatz dazu herrscht in der Privatwirtschaft der Bundesrepublik Deutschland das Prinzip der Freiwilligkeit.

Frauenförderung darf nicht – und das zeigen bisherige Erfahrungen auch sehr deutlich – bei Appellen (nach dem Motto: „Alles muß sich ändern") stehenbleiben. Soll wirklich ein kontrollierbares Ergebnis erzielt werden, dann ist das Setzen von numerischen Richtwerten unverzichtbar.

Literatur: *Ernst Benda,* Notwendigkeit und Möglichkeit positiver Aktionen zugunsten von Frauen im öffentlichen Dienst (Freiburg i. Br. 1986); *Herta Däubler-Gmelin / Heide Pfarr / Marianne Weg* (Hrsg.), Mehr als nur gleicher Lohn. Handbuch zur beruflichen Förderung von Frauen (Hamburg 1985); *Camilla Krebsbach-Gnath / Ina Schmid-Jörg,* Wissenschaftliche Begleituntersuchung zu Frauenförderungsmaßnahmen (Schriftenreihe des Bundesministers für Jugend, Familie und Gesundheit Bd. 180) (Stuttgart 1985); *Christa Lippman* (Hrsg.), Technik ist auch Frauensache. Frauenförderung im Industriebetrieb (Hamburg 1986).

Camilla Krebsbach-Gnath

Frauenforschung

↗ Arbeit; Aufstiegschancen; Beruf; Bildung; Chancengleichheit; Diskriminierung; Emanzipation; Emotionalität und Rationalität; Ethik, weibliche; Frauenbewegung; Frauengeschichte; Frauenrollen / Frauenleitbilder; Ganzheitlichkeit; Gleichberechtigung; Menschenbild; Philosophie, feministische; Psychotherapie, feministische; Sexismus; Sichtweise, weibliche; Sprachkritik, feministische; Theologie, feministische; Volkskundliche Frauenforschung; Wissenschaft

Definition

Frauenforschung definiert sich aus dem Gegenstandsbereich „Frauenfragen". Mit den Methoden unterschiedlicher Disziplinen untersuchen überwiegend Frauen die Situation von Frauen in Gesellschaften der Gegenwart und Vergangenheit. Sie kann von dem Erkenntnisinteresse geleitet sein, die Defizite an Rechtsgleichheit und faktischer Gleichberechtigung bzw. die spezifischen Belastungen, Benachteiligungen und Lebensrisiken von Frauen zu verdeutlichen und zu kritisieren, Empfehlungen zur Behebung dieser Defizite an die Politik zu formulieren und mit ihren Ergebnissen herrschende Wissenschaftstheorien sowie Ideologien vom männlichen und weiblichen Wesen zu korrigieren. Schon die erste Phase der deutschen Frauenforschung zu Beginn des 20. Jahrhunderts (Alice Salomon, Marianne Weber) war bestimmt von einer strategischen Forschungsplanung, um die Ergebnisse nationalökonomischer, juristischer oder kulturwissenschaftlicher Untersuchungen für die politischen Zwecke und Initiativen der Frauenbewegung zu verwenden.

Feministische Frauenforschung

Die Neue, Kritische bzw. Feministische Frauenforschung entstand seit dem Ende der 60er Jahre zunächst in den USA, dann aber auch in den Ländern Westeuropas und einigen Ländern der Dritten Welt als Selbstbewußtwerdung von Studentinnen und Wissenschaftlerinnen im Zusammenhang der Neuen Frauenbewegung, die nicht nur die Aufhebung der Gleichberechtigungsdefizite in Beruf, Familie und Gesellschaft fordert, sondern vor allem die patriarchalischen Strukturen der Gesellschaft, ihrer Institutionen und Werte kritisiert und grundlegend verändern will. Die Kritische oder Feministische Frauenforschung ist zwar auch Teil einer umfassenderen Bewegung kritischer Wissenschaftstheorie und -praxis, erweitert diese jedoch um die Kritik des Sexismus und Androzentrismus in der Wissenschaft. Diese manifestieren sich in der mangelhaften Präsenz von Frauen im Wissenschaftsbereich, in der Nichtbeachtung bzw. Verzerrung weiblicher Lebenszusammenhänge bei der Wahl wissenschaftlicher Themen und bei Entwürfen und Interpretationen von Forschungsergebnissen sowie in den grundlegenden Annahmen, Denk- und Sprachformen neuzeitlicher Wissenschaft. Ziel der Feministischen Frauenforschung ist daher auf der Grundlage ihrer Verankerung in der Neuen Frauenbewegung die Erarbeitung bisher vernachlässigter Themen weiblicher Lebenszusammenhänge sowie die Erstellung neuer Wissenschaftstheorien, die die neuen Erkenntnisse sowie „Geschlecht" als sozialhistorische Strukturkategorie mit einschließen.

Frauenforschung in der Bundesrepublik Deutschland, der Schweiz und in Österreich

In der *Bundesrepublik Deutschland* entwickelte sich die Feministische Frauenforschung zunächst vor allem in den Sozialwissenschaften (Soziologie, Psychologie, Pädagogik, Politologie), der Geschichtswissenschaft und den Literaturwissenschaften. Heute gibt es derartige Ansätze in fast allen Wissenschaftsdisziplinen (z.B. Philosophie, Linguistik, Theologie, Ökonomie, Arbeits-, Rechts- und Kunstwissenschaft, Architektur), und auch die Natur- und Technikwissenschaften werden mit ihrer Kritik konfrontiert.
Die enge Verschränkung der Neuen Frauenbewegung mit der Feministischen Frauenforschung bestimmt zwar die wissenschaftstheoretischen, -politischen und -organisatorischen Grundlagen der letzteren, bedeutet aber auch, daß die Feministische Frauenforschung weder ein monolithisches noch ein statisches Gebilde sein kann. Die methodischen Postulate der Betroffenheit und Subjektivität, der Parteilichkeit und des Praxisbezugs werden zunehmend vermittelter und vielschichtiger verstanden und disziplinspezifisch reflektiert. Die Feministische Frauenforschung artikuliert sich an deutschen Hochschulen seit 1974 in einem wechselnden Angebot von Vorlesungen und Seminaren, die vorwiegend von jüngeren Wissenschaftlerinnen für Studentinnen in einer Vielzahl von Disziplinen angeboten werden. Die Feministische Frauenforschungsbewegung ar-

beitet seit 1976 überregional zusammen in den informellen Strukturen der Sommeruniversitäten, in informellen und formalen Zusammenschlüssen innerhalb oder außerhalb wissenschaftlicher Berufsverbände und in eigenen Zeitschriften. Eine Institutionalisierung von Frauenforschung oder Feministischer Frauenforschung an deutschen Universitäten in Form von Lehrstühlen ist bisher nur in äußerst geringem Ausmaß gelungen. Das gleiche gilt für die prüfungsrelevante Verankerung der Ergebnisse von Frauenforschung oder feministischer Frauenforschung in der Lehre. Die geringe Zahl von festangestellten Wissenschaftlerinnen und Hochschullehrerinnen ist ein Grund dafür. Zunehmend versuchen Frauenbeauftragte an Universitäten und Hochschulen, hier Verbesserungen zu erreichen. Die Institutionalisierung Feministischer Frauenforschung außerhalb der Universitäten ist finanziell wenig abgesichert. Im Gegensatz zu den USA haben daher in der Bundesrepublik Deutschland bisher weder Frauenforschung allgemein noch Feministische Frauenforschung wesentliche Auswirkungen auf Inhalte und Struktur des deutschen Wissenschaftsbetriebs gehabt.

In der *Schweiz* ist Frauenforschung in keiner wissenschaftlichen Disziplin ein anerkannter Forschungszweig. Der 1983 gegründete Verein „Feministische Wissenschaft Schweiz", der Fachfrauen unterschiedlicher Disziplinen sowie Nicht-Akademikerinnen zusammenführt, will über Gleichstellungsstellen an den Universitäten Genf, Zürich und Lausanne die Chancen von Frauen verbessern.

Auch in *Österreich* erfolgte die Aufnahme von Frauenforschung und -lehre zeitlich verzögert. Inzwischen wurde der erste Lehrstuhl, der die Bezeichnung „Frauenforschung" enthält, an der Universität Innsbruck eingerichtet. „Österreichische Frauensommeruniversitäten" (seit 1984), „Frauenabenduniversitäten" sowie ein Sonderkontingent des Bundesministeriums für Wissenschaft und Forschung (seit 1985/86) schaffen die Infrastruktur einer frauenwissenschaftlichen Öffentlichkeit.

Die internationale Ausrichtung der Feministischen Frauenforschung insgesamt erfährt besondere Unterstützung durch die enge Zusammenarbeit der Studentinnen und Wissenschaftlerinnen dieser drei deutschsprachigen Länder.

Literatur: *Ursula Beer* (Hrsg.), Klasse Geschlecht. Feministische Gesellschaftsanalyse und Wissenschaftskritik (Bielefeld 1987); *Ulla Bock / Barbara Witych,* Thema: Frau. Bibliographie der deutschsprachigen Literatur zur Frauenfrage 1949 – 1979 (Bielefeld 1980); *Der Bundesminister für Bildung und Wissenschaft* (Hrsg.), Frauen in Forschung und Lehre (Bad Honnef 1985); *Bärbel Clemens,* Frauenforschungs- und Frauenstudieninitiativen in der Bundesrepublik Deutschland (Kassel 1983); *Deutscher Akademikerinnenverbund e. V.,* Die Frauenfrage in Deutschland. Bibliographie 1931 – 1980 (München 1982; neue Folge, Bd. 1 – 3, 1983, 1985, 1987); *Ruth Großmaß / Christiane Schmerl* (Hrsg.), Philosophische Beiträge zur Frauenforschung (Bochum 1981); *Karin Hausen / Helga Nowotny* (Hrsg.), Wie männlich ist die Wissenschaft? (Frankfurt a.M. 1986); *Methoden in der Frauenforschung,* hrsg. von der Zentraleinrichtung zur Förderung von Frauenstudien und Frauenforschung an der Freien Universität Berlin (Frankfurt a.M. 1984); *Maria Mies,* Methodologische Postulate zur Frauenforschung, in: Beiträge zur feministischen Theorie und Praxis 1/1978; *Ilona Ostner* (Hrsg.), Frauen. Soziologie der Geschlechterverhältnisse = Soziologische Revue, Sonderheft 2, 1987; *Luise F. Pusch* (Hrsg.), Feminismus. Inspektion der Herrenkultur. Ein Handbuch (Frankfurt a.M. 1982); *Anne Schlüter / Annette Kuhn* (Hrsg.), Lila Schwarzbuch. Zur Diskriminierung von Frauen in der Wissenschaft (Düsseldorf 1986); Schriftenreihe des Vereins Feministische Wissenschaft Schweiz: 120 Jahre Frauenstudium an der Universität Zürich (Zürich 1988).

HANNA BEATE SCHÖPP-SCHILLING

Frauengeschichte

↗ Antike; Diskriminierung; Eheformen; Ethik, weibliche; Feminismus; Frauenbewegung; Kultur; Macht; Matriarchat / Patriarchat; Menschenbild; Mittelalter; Nationalsozialismus; Volkskundliche Frauenforschung; Wissenschaft

Entstehung
Die Frauengeschichte, die sich heute als eine Sozialgeschichte der Frauen zu einer an einzelnen Universitäten etablierten, wissenschaftlichen Teildisziplin innerhalb der Geschichtswissenschaft zu entwickeln scheint, hat mehrere Wurzeln. Wichtig wurden Erfahrungen innerhalb der Neuen Frauenbewegung, als Frauen der 68er Bewegung ihre Geschichtslosigkeit und die hiermit verbundene Schwächung ihres Selbstbewußtseins und ihrer gesellschaftlichen Handlungsfähigkeiten entdeckten. Von der Frauengeschichte wurde vor allem Aufschluß über die Entstehung und die Wirkungsweisen der geschlechtsspezifischen Arbeits- und Wahrnehmungsweisen und Ideologien und über die Spezifik der Widerstands- und Handlungsstrategien von Frauen erwartet: Es galt in erster Linie, unterstützt durch frauengeschichtliche Aufklärung, die strukturelle Ungleichheit der Geschlechter in unserer Gesellschaft radikal, d.h. an ihren Wurzeln, anzugreifen. Feministische Werte und sozial gleiche Gesellschaftsformen zwischen den Geschlechtern waren zu realisieren. Die Frauengeschichte wurde als eine unverzichtbare Voraussetzung für eine erfolgreiche frauenpolitische Praxis und für die individuelle Selbstverwirklichung von Frauen begriffen.
In der frauengeschichtlichen Forschung wurden zunächst sehr heterogene, bisher vergessene Themen aufgegriffen, wie z.B. die Geschichte der Sexualität, die historische Entstehung spezifischer Erfahrungsweisen der Frauen, die Geschichte des frauenzentrierten Haushaltes oder die Geschichte der Frauen im Nationalsozialismus und in der deutschen Nachkriegszeit. Das verbindende Merkmal der thematischen Vielfalt der frauengeschichtlichen Ansätze lag zunächst darin, daß sie von der etablierten Fachwissenschaft bisher ausgeschlossen waren. Entsprechend fanden auch die ersten frauengeschichtlichen Veranstaltungen außerhalb des institutionellen Forschungsbetriebes statt. In einem neuen sozialen Klima und ohne Beachtung traditioneller Disziplinschranken wurde somit in der Anfangsphase über die Frauengeschichte verhandelt. Von seiten der Fachwissenschaft wurde vielfach eine Verdunkelung der „allgemeinen“ wissenschaftlichen Erkenntnis durch die von den Frauen hervorgehobenen, eigenen Erkenntnisinteressen und ein Verstoß gegen die „Universalität“ der Wissenschaft beargwöhnt, während von seiten der Frauen die Grenzen zwischen Frauenbewegung, Frauengeschichtsforschung und der Entwicklung der allgemeinen Frauenforschung als einer praxisorientierten, interdisziplinären Disziplin bewußt offengehalten wurden.

Neubestimmung historischen Denkens
Diese innovativen Ansätze, die sich innerhalb einer breiten, nicht organisierten Frauengeschichtsbewegung entfalteten, standen von Anbeginn in einem spannungsreichen Verhältnis zu den Anfängen einer inneruniversitären, frauengeschichtlichen Forschung. Dabei spielte auch die Rezeption der fortgeschritteneren Entwicklung der Frauengeschichte in den USA eine nicht unbedeutende Rolle. Aus der Sicht der bundesrepublikanischen Historikerschaft sollte die Institutionalisierung der women's studies und somit auch die akademische Absicherung der Frauengeschichte in den USA für die Bundesrepublik Deutschland keinen Modellcharakter haben.
Die amerikanischen Arbeiten zur Theorie und Praxis der Frauengeschichte übten dennoch durch ihre organisatorische Stärke, ihren Erfahrungsvorsprung, ihre theoretische Überlegenheit und ihre empirische Qualität einen beachtlichen Einfluß aus.
„Die Sozialgeschichte der Frau stellt die traditionelle Annahme in Frage, daß der Mann das Zentrum aller Dinge und das Maß alles dessen sei, was bedeutungsvoll ist, daß die von Männern

ausgeübten Tätigkeiten ihrem Wesen nach wichtig seien, während die von Frauen von untergeordneter Bedeutung sind. Sie stellt die Vorstellung in Frage, nach der Zivilisation das ist, was Männer geschaffen, verteidigt und verfeinert haben, während Frauen Kinder hatten und der Familie dienten, wozu sie [die Männer] von Zeit zu Zeit in äußerlicher Weise beigetragen haben" (Gerda Lerner).

Bedeutung der Geschlechterbeziehung

Die Aussage, daß alle Geschichte eine Geschichte von Frauen und Männern ist, daß es in unserer historischen Welt keine nur Frauen- oder nur Männergeschichte gibt, daß Geschichte stets eine Geschichte der Geschlechterbeziehungen ist und daß die Wahrnehmung und die soziale Organisation der Geschlechterbeziehung zu den zentralsten Bewegungsmomenten von Geschichte überhaupt gehört, ist zwar selbstverständlich. Diese Selbstverständlichkeiten werden aber gerade durch unsere traditionelle historische Sichtweise ihrer Selbstverständlichkeit entkleidet. Denn unsere Geschichte stellt sich sowohl als akademische Disziplin als auch als öffentliches Geschichtsbewußtsein in der Tat fast ausschließlich als eine Männergeschichte dar. In der traditionellen historischen Forschung werden die Geschlechterbeziehungen in einem solchen Maße ausgeblendet, daß die Aussage: „Männer machen Geschichte" durchaus mit unserem wissenschaftlichen und unserem Alltagsbewußtsein von „der" Geschichte übereinstimmt. In unserem „allgemeinen" historischen Bewußtsein ist die Frau inzwischen so sehr zu einer ahistorischen Naturerscheinung oder zu einem subjektlosen Objekt des historischen Prozesses geworden, sind die Geschlechterbeziehungen so sehr privatisiert, naturalisiert, idealisiert, mythisiert, kurzum: enthistorisiert worden, daß diese Tatsache der Enthistorisierung der Frauen, der Verschleierung der Frauengeschichte und der Patriarchalisierung unseres Geschichtsbewußtseins erst zum Gegenstand der frauengeschichtlichen Forschung werden mußte. Frauengeschichte ist somit ihrerseits sowohl ein bewußter Protest von Frauen gegen eine ihnen seit über 3000 Jahren verordnete Geschichtslosigkeit als auch das Produkt dieses historischen Enteignungsprozesses der Frauen in einer patriarchalen Gesellschaft. In diesem Sinne ist die Frauengeschichte ihrerseits schon verformt. Zu Recht beschränkt sie sich bei allen Ansätzen der Selbstdefinition auf den Hinweis, daß ihr „Gegenstand" das Geschlecht als eine historisch-soziale Größe sei. Die Frauengeschichte kann sich nicht in einer männlichen Argumentationsweise aus ihrem Gegensatz zur Männergeschichte definieren. Denn gerade die ahistorische Fixierung der Geschlechter auf duale, komplementäre, antagonistische oder geschlechtshierarchische Zuordnungen widerspricht dem Forschungsansatz der historischen Frauenforschung. Erst im Verlauf der Erkenntnisfortschritte in der Frauengeschichtsforschung wird heute in ersten Ansätzen ersichtlich, in welch hohem Ausmaß sich die Geschlechterbeziehungen im Verlauf unserer Geschichte verändert haben, wie wenig unsere geschlechterstereotypen Vorstellungen der historischen Wirklichkeit entsprechen, in welchem Maße aber auch die in patriarchalen Strukturen sich durchsetzende Geschichtslosigkeit der Frauen zu einer der bisher unangetasteten Voraussetzungen unseres „allgemeinen" Selbst- und Geschichtsbewußtseins geworden ist.

Neue Universalgeschichte

Historikerinnen wie Gerda Lerner, Joan Kelly u.a. haben auf die immanente Radikalität einer Frauengeschichte hingewiesen, die, ob gewollt oder ungewollt, stets Patriarchatskritik ist. Folgerichtig wird daher aus der Perspektive der Frauengeschichte auf eine notwendige neue Sicht unserer

„allgemeinen“ Geschichte als eine Geschichte von Frauen und Männern verwiesen. „Nur eine Geschichte, die auf der Erkenntnis beruht, daß Frauen schon immer wesentlich zum geschichtlichen Prozeß beigetragen haben und daß Männer und Frauen das Maß der Bedeutung sind, [wird] wirklich eine Universalgeschichte sein“ (Gerda Lerner).

Diese innovatorischen Forderungen an die Frauengeschichte haben in der Diskussion um die Frauengeschichte eine gewisse Verbindlichkeit erfahren, obgleich ihre Einlösung nicht absehbar ist. Denn die Frauengeschichte verfügt nicht über eigene geschichts-, gesellschafts- und erkenntnistheoretische Voraussetzungen. Die Frauengeschichte zeichnet sich vielmehr dadurch aus, daß sie auf das Geschlecht als einer universellen historisch-sozialen Kategorie beharrt und mit Nachdruck daran festhält, daß alle Geschichte eine Geschichte der Geschlechterbeziehungen ist. Mit diesem Ausgangspunkt verbindet sie nicht etwa in Analogie zur herrschenden patriarchalischen Gesellschafts- und Geschichtstheorie eine eigene feministische Gesellschafts- und Geschichtstheorie. Vielmehr versteht sie die Frauengeschichte als einen offenen, an der Widerständigkeit der traditionellen Geschichte sich abarbeitenden historischen Lern- und Erkenntnisprozeß, der sich nur in der kritischen und rational überprüfbaren Auseinandersetzung mit den Prämissen und Normen der männlichen Geschichtswissenschaft entfalten kann.

Merkmale der Forschung

Dieser frauengeschichtliche Forschungsprozeß läßt sich an drei miteinander verbundenen Merkmalen charakterisieren, die allen historischen Forschungsprozessen immanent sind. Er ist zunächst, ausgehend von dem Defizitansatz, d.h. der fehlenden Frauengeschichte, positivistisch und sucht sowohl mit traditionellen als auch mit neuen Methoden vergessene unterdrückte Frauengeschichte sichtbar zu machen; er ist zweitens hermeneutisch, d.h., er sucht den verborgenen Eigen-Sinn, die verschüttete Eigen-Logik, die spezifische Wahrnehmungsweise und Begriffswelt der Frauengeschichte zu erfassen; und er ist schließlich drittens ideologie-kritisch, indem er die Spezifik dieser anderen Geschichte in ein Verhältnis zu unseren bisherigen historischen Sichtweisen zu setzen versucht.

Auf diesem Hintergrund lassen sich weitere allgemeine Merkmale bestimmen. Frauengeschichte verweist uns auf eine spezifische Erfahrungsgeschichte von Frauen, die anders strukturiert ist als die männliche Erfahrungsgeschichte. Sie steht in einem konfliktreichen Widerstands- und Anpassungsverhältnis zur Männergeschichte. Sie weist auf der einen Seite den Definitionsanspruch der herkömmlichen Geschichtswissenschaft ab, die davon ausgeht, daß die „allgemeine Sozialgeschichte ... breit und dehnbar genug“ sei, um frauengeschichtliche Fragestellungen, Forschungen und Ergebnisse aufzugreifen (J. Kocka). Auf der anderen Seite wehrt sie dogmatisierte Bestimmungen von einem Patriarchat und einem Matriarchat ab. Denn die Frauengeschichte ist weder eine Opfergeschichte im Kontext eines übermächtigen Patriarchats, noch ist sie eine Legitimationsquelle für matriarchale Mythen und Legenden, indem sie unsere vor-patriarchalische Geschichte mythisiert. Die Patriarchalisierung unserer Geschichte und unserer Geschichtssicht ist vielmehr ein sehr komplexer, wechselreicher historischer Prozeß, der stets von individuellem und kollektivem Frauenwiderstand mitgestaltet wird. Das Patriarchat ist niemals in der Geschichte zu seiner vollen Verwirklichung gelangt.

Offene Anfragen

Aus der bisherigen frauengeschichtlichen Forschung geht zunächst das Andere, die Differenz hervor: Traditionelle Strukturierungen, Periodisierungen unserer historischen Vergangenheit werden anders gesehen; aus der frauengeschichtlichen Sicht stimmen unsere männlich besetzten Begriffe von Macht, Rationalität, Autonomie, Produktivität, Arbeit usw. nicht. Ob sich aber aus der Dialektik von Frauen- und Männergeschichte eine neue Gesamtsicht unserer einen Geschichte entwickelt, ob sich auf diese Weise eine neue universale Moral als eine vernünftige und humane Handlungsbasis erschließt, bleibt offen. Allerdings liegt diese feministische Utopie einer Gesellschaft, die Geschlechterdifferenz und Geschlechtergleichheit als sozial vereinbare Größen begreift, den vielfältigen frauengeschichtlichen Anstrengungen zugrunde, die zugunsten einer Gesellschafts- und einer Universalgeschichte im eigentlichen Wortsinn einen Paradigmenwechsel für unverzichtbar halten.

Literatur: *Barbara Becker-Cantarino,* Der lange Weg zur Mündigkeit. Frau und Literatur (1500 bis 1800) (Stuttgart 1987); *Gisela Bock,* Der Platz der Frauen in der Geschichte, in: Methoden in der Frauenforschung: Symposium an der Freien Universität Berlin vom 30. 11.–2. 12. 1983, hrsg. von der Zentraleinrichtung zur Förderung von Frauenstudien und Frauenforschung an der Freien Universität Berlin (Frankfurt a.M. 1984) 51–75; *Bodo von Borries / Annette Kuhn / Jörn Rüsen,* Sammelband Geschichtsdidaktik: Frau in der Geschichte I/II/III (Düsseldorf 1984); Frauengeschichte. Dokumentation des 3. Historikerinnentreffens in Bielefeld, April 1981, in: Beiträge zur feministischen Theorie und Praxis 5 (München 1981); Frauen und Theorie. Das Argument 24 (1982) H. 132; *Karin Hausen* (Hrsg.), Frauen suchen ihre Geschichte. Historische Studien zum 19. und 20. Jahrhundert (München 1982); *Claudia Honegger / Bettina Heintz,* Listen der Ohnmacht. Zur Sozialgeschichte weiblicher Widerstandsformen (Frankfurt a.M. 1981); *Joan Kelly,* Women, History, and Theory (Chicago – London 1986); *Annette Kuhn* (Hrsg.), Frauen in der Geschichte, Bd. 1–8 (Düsseldorf 1979ff.); *Gerda Lerner,* Die Herausforderungen der Frauengeschichte, in: Renate Duelli-Klein / Maresi Nerad / Sigrid Metz-Göckel (Hrsg.), Feministische Wissenschaft und Frauenstudium (Hamburg 1982); *Gerda Lerner,* The Creation of Patriarchy (New York – Oxford 1986); *Brigitte Nölleke,* In alle Richtungen zugleich. Denkstrukturen von Frauen (München 1985); *Claudia Opitz,* Der „andere Blick" der Frauen in der Geschichte. Überlegungen zu Analyse- und Darstellungsmethoden feministischer Geschichtsforschung, in: Methoden in der Frauenforschung: Symposium an der Freien Universität Berlin vom 30. 11.–2. 12. 1983, hrsg. von der Zentraleinrichtung zur Förderung von Frauenstudium und Frauenforschung an der Freien Universität Berlin (Frankfurt a.M. 1984) 76–94.

Annette Kuhn

Frauengleichstellungsstellen

↗ Armut; Chancengleichheit; Diskriminierung; Frauenbewegung; Frauenförderung; Frauenhäuser; Frauenpolitik; Frauenquotierung; Gleichberechtigung; Netzwerke

Netzwerk zur Durchsetzung der Gleichberechtigung

Gleichstellungsstellen – auch als Leitstelle, Frauenbüro oder Frauenbeauftragte bezeichnet – haben zum Ziel, die Verwirklichung der Gleichberechtigung von Frauen und Männern in allen Lebensbereichen durchzusetzen. Ende der sechziger Jahre wurden die ersten staatlichen Gleichstellungsstellen in der Bundesrepublik Deutschland und in Österreich eingerichtet. In der Schweiz wurde die Eidgenössische Kommission für Frauenfragen geschaffen.

Die 1973 eingesetzte Enquête-Kommission „Frau und Gesellschaft" des Deutschen Bundestages forderte 1980 ein Netzwerk von Institutionen zur Gleichberechtigung der Frau für Bund, Länder und Gemeinden. In der Bundesrepublik Deutschland sind inzwischen beim Bund (1979 Arbeitsstab Frauenpolitik im Bundesministerium für Jugend, Gesundheit und Familie, 1987 umgewandelt in Abteilung Frauenpolitik im Bundesministerium für Jugend, Familie, Frauen und Gesundheit) und in allen Bundesländern Gleichstellungsstellen geschaffen worden. Die Zahl der kommunalen Frauenbeauftragten nimmt ständig zu. Auch in kleineren Städten und in Landkreisen kommt es zunehmend zur Einrichtung solcher Stellen. Die Schaffung eines Netzwerkes frauenpolitischer Institutionen ist damit in der Bundesrepublik Deutschland am weitesten vorangeschritten.

Für die Arbeit von Gleichstellungsstellen sind vier Aufgabenbereiche kennzeichnend:

1. Mitwirkung an gesetzlichen Regelungen,
2. Initiierung und Durchführung von Maßnahmen zur Verbesserung der Situation der Frau,
3. Anlaufstelle für Anregungen und Beschwerden aus der Bevölkerung,
4. Förderung des Bewußtseinswandels zugunsten der Gleichberechtigung von Frauen und Männern.

Die Gleichstellungsstellen setzen sich für generelle Lösungen ebenso wie für die Hilfe im Einzelfall ein, wenn es darum geht, die Benachteiligung von Frauen zu beseitigen. Durch gezielte Informationsarbeit – Broschüren, Tagungen, Vorträge, Presseberichte – sollen Frauen auch in die Lage versetzt werden, ihre Rechte selbst besser wahrzunehmen. Der Zusammenarbeit mit Frauenverbänden und Frauengruppen kommt eine wesentliche Bedeutung zu.

Wirksamkeit von Gleichstellungsstellen

Frauen darf ihre Rolle nicht von außen zugeschrieben werden. Sie müssen selbst über ihre Aufgabe und ihre Mitwirkung in der Arbeitswelt, der Familie und im öffentlichen Leben bestimmen können. Die rechtliche Gleichstellung von Frauen und Männern ist zwar weitgehend erreicht, aber im Lebensalltag gibt es nach wie vor eine Fülle von Gegebenheiten, in denen Frauen aufgrund ihres Geschlechts benachteiligt werden und Zwängen ausgesetzt sind. Gleichberechtigung ist nicht per Gesetz allein zu erreichen. Vielmehr sind ein stärkerer Bewußtseinswandel, die Veränderung von Einstellungen und Handlungsweisen und die Schaffung frauen- und familienfreundlicher Strukturen erforderlich.

Wie wirksam die Arbeit der Gleichstellungsstellen ist, hängt insbesondere von der Organisation und den Kompetenzen, der personellen und finanziellen Ausstattung ab. Ein Vergleich der Stellen beispielsweise auf Länderebene oder erst recht auf kommunaler Ebene zeigt, daß ihre Ausgestaltung sehr unterschiedlich ist. Dies ist ein deutliches Indiz dafür, daß sich die Entwicklung sowohl der einzelnen Stellen als auch insgesamt noch im Fluß befindet.

Eine abschließende Beurteilung der Organisation von Gleichstellungsstellen ist im gegenwärtigen Stadium nicht möglich, aber im Hinblick auf die Möglichkeiten und Erfolgschancen der Gleichstellungsstellen sowie die Durchsetzbarkeit frauenpolitischer Maßnahmen sind folgende Kriterien wesentlich: Die Stelle muß politisch hoch angesiedelt sein, z.B. Frauenministerium, Staatssekretärsrang, Kabinettszugang, unmittelbares Vortragsrecht beim Regierungschef für die Frauenbeauftragte; übertragen auf den kommunalen Bereich, heißt dies direkte Zuordnung zum Oberbürgermeister, Bürgermeister oder Landrat. Die Gleichstellungsstelle ist aufgrund der von ihr wahrzunehmenden Querschnittsaufgaben mit ressorts- bzw. abteilungsübergreifenden Kompetenzen auszustatten und entsprechend hervorzuheben. Die Pflicht, die Gleichstellungsstelle an Verwaltungsentscheidungen, die sich auf Gleichberechtigung auswirken, zu beteiligen, muß sichergestellt sein. Ein eigenes Öffentlichkeitsrecht ist einzuräumen. Die Gleichstellungsstelle muß über eine ausreichende Stellenausstattung und eigene Haushaltsmittel verfügen. In der Realität ist die Spannweite erheblich: Es gibt die „Mini"gleichstellungsstelle (mit weniger als einer vollen hauptamtlichen Kraft und ohne Haushaltsmittel) und Gleichstellungsstellen, in denen über 5 bis 20 Personen mitarbeiten und die über eigene Gelder in Höhe von mehreren hunderttausend Mark verfügen.

Auf Bundes- und Länderebene ist eine zunehmende Verbesserung der Kompetenzen und der personellen und finanziellen Ausstattung erkennbar. Auf kommunaler Ebene geht es häufig zunächst einmal um die Einrichtung einer solchen Stelle. Es liegen somit unterschiedliche Entwicklungsstadien vor. Sowohl auf Bund-Länder-Ebene als auch auf kommunaler Ebene haben sich die Frauenbeauftragten zu Fachkonferenzen bzw. Arbeitsgemeinschaften zusammengeschlossen, um ihre Erfahrungen auszutauschen und ihre Durchsetzungsmöglichkeiten zu verbessern.

Innerer und äußerer Legitimationsdruck

Die Gleichstellungsstellen sind mit mehrfachen Anforderungen konfrontiert: Außer ihrem primären Ziel, die Gleichberechtigung zu verwirklichen, sind sie mit dem Aufbau und der Entwicklung ihrer eigenen Organisationsstrukturen und ihres Selbstverständnisses befaßt. Zugleich müssen sie, um die Durchsetzbarkeit ihres Zieles zu verbessern, an der Veränderung der sie umgebenden Strukturen arbeiten, die sich als nachteilig für Frauen erweisen. Die Gleichstellungsstellen sind nach innen und außen einem erheblichen Legitimationsdruck ausgesetzt. Sie befinden sich in einem Spannungsverhältnis zwischen den vielfältigen Erwartungen, die ihnen beispielsweise einzelne Frauen, Frauenverbände und autonome Frauengruppen entgegenbringen, und den Handlungsmöglichkeiten und -grenzen als Teil einer Institution mit vorgegebenen Arbeitsweisen und Strukturen.

Literatur: *Bericht der Enquête-Kommission Frau und Gesellschaft.* Bundestagsdrucksache 8/4461 vom 29. 8. 1980; *Bericht der Eidgenössischen Kommission für Frauenfragen,* Die Stellung der Frau in der Schweiz, Teil IV: Frauenpolitik (Bern 1984); *Susanne Feigl,* Frauen in Österreich 1975–1985 (Wien o.J.) (hrsg. vom Staatssekretariat für allgemeine Frauenfragen im Bundeskanzleramt); *Frauenforschung.* Informationsdienst des Forschungsinstituts Frau und Gesellschaft, Heft 1 u. 2 (1985).

Maria Böhmer

Frauenhandel/Mädchenhandel

↗ Abhängigkeit; Ausländerinnen; Diskriminierung; Dritte Welt; Frauenhäuser; Gewalt gegen Frauen; Grundgesetz / Bundesverfassung; Menschenrechte; Prostitution; Sextourismus

Getarnter Handel

Frauenhandel/Mädchenhandel ist nicht zu trennen von Prostitution; denn Frauen und Mädchen werden gehandelt, verkauft, um im eigenen bzw. vor allem in einem anderen Land zur Prostitution gezwungen zu werden. Frauenhandel findet überall auf der Welt noch statt (Interpol 1984). In den seltensten Fällen werden Frauen mit Gewalt entführt. Normalerweise handelt es sich um „getarnten Handel", den Interpol definiert als „Akt, Frauen in einem Land anzuwerben mit dem Ziel, sie dazu zu bringen, in einem anderen Land bestimmten Beschäftigungsarten nachzugehen ... unter Bedingungen, in denen sie der Prostitution unterworfen, ausgesetzt oder zu ihr ermuntert werden". Frauenhandel hat in den letzten 20 Jahren – unbemerkt von der Öffentlichkeit – erheblich zugenommen, und nicht zuletzt die Bundesrepublik Deutschland ist zu einem Zentrum modernen Menschenhandels geworden (Ohse in: Barry). Gründe hierfür sind die gesetzliche Situation und die Möglichkeit hoher Gewinnspannen, die die Bundesrepublik Deutschland für Menschenhändler so attraktiv macht. Zu Anfang des Jahrhunderts oder auch nach dem Krieg waren deutsche Mädchen und Frauen betroffen, als sie sich ebenfalls durch das Angebot scheinbar sicherer Arbeitsverträge ins Ausland locken ließen und dort dann zur Prostitution gezwungen wurden. Heute sind vor allem asiatische, aber auch afrikanische und lateinamerikanische Frauen betroffen. Frauen werden zunehmend nicht mehr nur in die Prostitution, sondern auch in die Ehe verkauft (um zum Teil anschließend doch in der Zwangsprostitution zu landen).

Die UNO-Konvention von 1949

Nach der Konvention der UNO von 1949 zur „Bekämpfung des Menschenhandels und der Ausbeutung der Prostitution anderer" macht sich strafbar, „wer eine Frau oder ein Mädchen anwirbt, verleitet oder entführt – ... selbst wenn sie einwilligt – in der Absicht, sie außerhalb ihres eigenen Landes der Prostitution zuzuführen", und „wer sich als Zuhälter betätigt oder öffentliche Häuser betreibt, sie wissentlich finanziert oder sich finanziell daran beteiligt oder wissentlich Häuser zu diesem Zweck vermietet". 60 Länder haben bis 1987 die Konvention unterschrieben, die Bundesrepublik Deutschland gehört nicht dazu. Ein entscheidender Grund dafür ist wohl das die Prostitution regulierende System in der Bundesrepublik, das entsprechend der Konvention grundlegend geändert werden müßte, so z.B. durch Abschaffung von Bordellen und Eros-Centern, denn alle Gewinne an solchen Häusern wären dann ebenso strafbar wie die Zuhälterei. Tatsächlich sehen Experten auf der internationalen Ebene (UNESCO, UNO) in der Verhinderung von Gewinnmöglichkeiten/Profitchancen einen entscheidenden Punkt in der Bekämpfung des Frauenhandels. Wie die Studie von H. G. Schmidt zeigt, entspricht die Situation in der Schweiz weitestgehend der Situation in der Bundesrepublik Deutschland mit einer Ausnahme im gesetzlichen Bereich: In der Schweiz erhält eine ausländische Frau mit der Heirat sofort ein eigenständiges Aufenthaltsrecht. Dies ermöglicht ihr, sich notfalls von ihrem Ehemann zu trennen und legal im Land zu bleiben, was die Gefahr der Zwangsprostitution verringert. Österreich scheint demgegenüber zahlenmäßig weniger in diese Form von Menschenhandel einbezogen zu sein (oder auch nur weniger intensiv erforscht?).

Der Kampf gegen die Prostitution

Eine Verbesserung der gesetzlichen Bestimmungen in der Bundesrepublik Deutschland ist auch eines der Ziele der 1987 gegründeten Bundesarbeitsgemeinschaft zum „Schutze des Menschen vor Ausbeutung durch Prostitution", die eng mit der IAF (International Abolitionist Federation) zusammenarbeiten will (weitere Ziele sind: Öffentlichkeitsarbeit, Aufklärung und Vorbeugung sowie Hilfestellung für Betroffene). Die IAF geht auf Josefine Butler (1828–1906) zurück, die als eine der ersten den Zusammenhang zwischen Reglementierung der Prostitution und Menschenhandel erkannte und, aus ihrem Glauben heraus zutiefst von der Personenwürde jeder Frau überzeugt, den Kampf gegen die reglementierende Gesetzgebung zur Prostitution in England zur damaligen Zeit begann und erfolgreich führte. Zur IAF gehören heute 40 nationale Organisationen, sie hat beratenden Status beim Wirtschafts- und Sozialausschuß der UNO und arbeitet außerdem eng mit der Kommission für Menschenrechte zusammen. Ebenso gibt es eine Zusammenarbeit der IAF mit der UNESCO, der Weltgesundheitsorganisation und UNICEF (zumal der Kinderhandel – entsprechend der Entwicklung, daß zunehmend Kinder in die Prostitution geraten – ebenfalls zunimmt).

Literatur: *Kathleen Barry,* Sexuelle Versklavung von Frauen (Berlin 1983); *G. Nordhausen,* in: Handwörterbuch der Kriminologie II (Berlin 1936); *Regula Rentschler,* Ware Liebe (Wuppertal 1987); *Heinz G. Schmidt,* Der neue Sklavenmarkt (Basel 1985); *Zentrum für entwicklungsbezogene Bildung (ZEB)* (Hrsg.), Tourismus, Prostitution, Entwicklung (Stuttgart – Köln 1983).

EVI MEYER

Frauenhäuser

↗ Aggressivität; Ehe; Ehekrisen; Ehe- und Paartherapie; Familientherapie; Frauenbewegung; Frauengleichstellungsstellen; Frauenpolitik; Gewalt gegen Frauen; Kinder; Macht; Selbsthilfe

Entwicklung und Geschichte der Idee

Im Stadtteilzentrum für Frauen in Chiswick, England, entstanden 1971, genügten einige Räume, die allen Frauen jederzeit und ausschließlich zur Verfügung standen, um Gewalt gegen Frauen öffentlich zu machen: Aus Angst vor Mißhandlung blieben Frauen manchmal über Nacht und fanden Gehör und Unterstützung. Erst die Möglichkeit, sich Gewalt zu *entziehen,* bot die Chance, über sie zu sprechen; und damit wurde das verschwiegene Problem sichtbar. In England fing die Frauenhaus-Bewegung an; bis das aufrüttelnde Buch von Pizzey erschien, gab es schon 20 Frauenhäuser in Großbritannien; aber auch rund um die Welt waren Frauenhäuser entstanden: USA, Holland, Australien. 1976 war es der Berliner Initiative gelungen, nach zwei Jahren Öffentlichkeitsarbeit das erste deutsche Frauenhaus als Modellprojekt des Bundesministeriums für Jugend, Familie und Gesundheit zu eröffnen; etwa zur gleichen Zeit wurde ein Frauenhaus in Köln eingerichtet.

Hoffnungen

Damals glaubten engagierte Politikerinnen, ein Frauenhaus würde zur Bewußtseinsänderung beitragen und bestehende soziale Dienste verändern. Doch stellte sich heraus, daß in der Regel keine andere Einrichtung das notwendige Bündel gleichzeitiger Hilfen anbieten kann: Mißhandelte Frauen brauchen sofortigen Schutz, Unterkunft auf unbestimmte Zeit mit Kindern und ohne Wartezeit, Beratung in juristischer, psychologischer, sozialer Hinsicht und – vielleicht am wichtigsten – die Erfahrung der Gemeinsamkeit der eigenen Lage mit der vieler anderen Frauen, d.h. statt Scham und Schuldgefühle die Erkenntnis: „Ich bin nicht allein." Die meisten Frauenhäuser halten Selbstverwaltung der Bewohnerinnen für unerläßlich, weil erst die praktische Erfahrung, ohne jede Bevormundung das eigene Leben gestalten zu können, der meist jahrelang gedemütigten Frau den Mut geben kann, ihr Leben auch allein zu meistern. Nur wenn sie weiß, daß sie dies kann, hat sie die Möglichkeit, sich wirksam vor weiterer Mißhandlung schützen.

Frauenhäuser in der Bundesrepublik Deutschland

1987 gibt es rund 200 Frauenhäuser fast gleichmäßig über die Bundesrepublik verteilt; in den Großstädten sind es z.T. drei bis fünf, Frauenhäuser in Kleinstädten erreichen auch Frauen im ländlichen Umfeld. Die Inanspruchnahme bleibt – traurige Bilanz! – gleich stark. Über zwei Drittel der Frauenhäuser bezeichnen sich als „autonome", meist von eigens dazu gegründeten Vereinen getragen, die der neuen Frauenbewegung nahestehen. Einzig in Berlin und Hamburg gibt es verläßliche Finanzierung aus dem Landeshaushalt. Bislang scheiterten alle Gesetzesinitiativen sowie eine ministerielle Arbeitsgruppe, die für die Finanzierung von Frauenhäusern eine sichere Grundlage schaffen sollten; das Recht der Frau auf körperliche Unversehrtheit auch in der Ehe ist je nach Haushaltslage und Prioritäten der Kommunen nur unvollkommen und wechselhaft gewährleistet.

Frauenhäuser in Österreich und der Schweiz

Sowohl in Österreich wie auch in der Schweiz haben in den späten 70er Jahren Initiativgruppen der neuen Frauenbewegung Frauenhäuser gefordert und dann auch eingerichtet, die in der Konzeption und der Arbeitsweise den autonomen Frauenhäusern der Bundesrepublik Deutschland ähnlich sind. In Österreich wurde 1978 das erste Frauenhaus (in Wien) eröffnet. Bis Ende 1979 gab es dort acht Frauenhäuser (davon zwei in Wien) und verschiedene Initiativen. Auch die Finanzierung ist in Wien relativ am besten ausgestaltet; alle österreichischen Frauenhäuser sind jedoch teilweise auf Spenden angewiesen.

In der Schweiz gibt es seit 1979

Frauenhäuser, die ebenfalls eigens hierfür gegründete Träger haben und auf Mischfinanzierung angewiesen sind. Im Jahre 1985 hatten die Schweizer Frauenhäuser insgesamt über 600 Frauen und deren Kinder aufgenommen. Ende 1987 gab es zehn Frauenhäuser in der Schweiz, u.a. in Zürich, Basel, Bern, Fribourg, Genf und Luzern.

Die Grundsätze der Sicherung von Schutz und Anonymität, der Parteilichkeit, der unbedingten Förderung der Selbstbestimmung der Frauen, des Ausschlusses von Männern aus den Frauenhäusern und der offenen Aufnahme werden allgemein als Grundlage für die Frauenhausarbeit angesehen.

Trennung und weiterführende Betreuung

Für die allermeisten mißhandelten Frauen ist die endgültige Trennung vom Mann der einzige realistische Ausweg; sie ist aber sehr schwer umzusetzen und braucht Zeit und Unterstützung. Generell wird aber aus allen drei Ländern berichtet, daß mit längerem Aufenthalt im Frauenhaus die Wahrscheinlichkeit steigt, daß eine Frau sich wenigstens aus der Mißhandlungsbeziehung lösen kann. Mißhandelnde Männer verfolgen und bedrohen ihre Frauen oft jahrelang nach der Trennung; so bringt die Scheidung z.T. ein Leben wie auf der Flucht, meist in Armut und oft ohne ausreichende soziale Kontakte. Für die Zukunft wird es wichtig sein, daß die Frauenhäuser stärker eingebunden werden in ein breiteres Netz von Angeboten, die nicht nur mißhandelten Frauen gelten, und daß die nachgehende Betreuung ausgebaut wird.

Literatur: *Margrit Brückner,* Die januskópfige Frau (Frankfurt a.M. 1987); Frauen gegen Männergewalt. Erfahrungsbericht des Berliner Frauenhauses (Berlin 1978); Frauenhaus Köln: Nachrichten aus dem Ghetto Liebe (Frankfurt a.M. 1980); Hilfen für mißhandelte Frauen (Schriftenreihe des BMJFG 124) (Stuttgart 1981).
CAROL HAGEMANN-WHITE

Frauen im ländlichen Raum

↗ Abhängigkeit; Alter; Arbeit; Arbeitslosigkeit; Ausbildung; Beruf; Erwerbstätigkeit; Frauenberufe; Frauenbewegung; Frauenforschung; Frauenverbände; Nationalsozialismus; Pflege, häusliche; Selbständige; Soziale Sicherung; Volkskundliche Frauenforschung; Weiterbildung; Wiedereingliederung; Wissenschaft

Zur Geschichte

Bis zur Jahrhundertwende nahmen Frauen auf dem Lande – das sind alle Frauen im ländlichen Raum, nicht nur landwirtschaftlich beschäftigte – weder Notiz von der Frauenbewegung, noch gab es eine organisierte Frauenverbandsarbeit. Gründe hierfür lagen z. B. im Preußischen Vereinsgesetz, das die Aufnahme und Mitarbeit von Frauen in Vereinen untersagte. Dem landwirtschaftlichen Gesinde war es bis 1918 nicht gestattet, sich in irgendeiner Form zusammenzuschließen. Zudem war die landwirtschaftliche Familie des vergangenen Jahrhunderts stark patriarchalisch orientiert, so daß weibliche Familienmitglieder neben ihrer Tätigkeit in Haus und Hof kaum Entfaltungsmöglichkeiten hatten. Das Standesbewußtsein in der Landwirtschaft war so stark ausgeprägt, daß es nahezu unmöglich war, die Schranken zwischen Gutsbesitzerin, Bäuerin und Tagelöhnerin zu überwinden.

1895 gründete Elisabeth Boehm in Rastenburg/Ostpreußen den ersten Landwirtschaftlichen Hausfrauenverein, in dem sich *alle* Frauen aus der Landwirtschaft ohne Rücksicht auf ihren Status und ihre Herkunft sowie nicht landwirtschaftlich orientierte Frauen zusammenschlossen. 1920 erfolgte die Gründung eines Reichsverbandes; obwohl auch andere Frauen der neu geschaffenen Organisation angehörten, lag ein Schwergewicht der Verbandsarbeit auf der berufsständischen Interessenvertretung der Bäuerinnen. Weitere Schwerpunkte waren das Schaffen einer Berufsausbildung für die Frauen in der Landwirtschaft (eine hauswirtschaftliche Berufsausbildung) sowie

die Verbesserung der wirtschaftlichen Stellung der Frauen insbesondere der Bäuerinnen.
Kurz nach den Gründungen des ersten Landwirtschaftlichen Hausfrauenvereins richteten Landfrauen Verkaufsstellen ein. Sie wurden mit zunehmendem Erlös in Genossenschaften – den ersten Frauengenossenschaften – umgewandelt. Die Verbandsarbeit der Landwirtschaftlichen Hausfrauenvereine war sehr von nationalistischen Gedanken geprägt. Politisch standen die Verbände den Deutsch-Konservativen oder der Vaterlandspartei sehr nahe. Es war daher leicht, die Frauen beim Aufkommen des Nationalsozialismus für seine Ideen zu begeistern. Angesichts der Versprechungen, soweit sie die Verbesserung der wirtschaftlichen Situation landwirtschaftlicher Betriebe betrafen wie auch „Hebung des Ansehens der Frau und vor allem der Bäuerin“, war es nicht schwer, die Landfrauenorganisationen zu einer Integration in den Reichsnährstand zu bewegen. 1934 löste sich daraufhin der Reichsverband Landwirtschaftlicher Hausfrauenvereine auf. Für die Arbeit der Landfrauen hatte die Eingliederung in den Reichsnährstand unbestritten den Vorteil, daß die eigentliche berufsständische Arbeit weitergehen konnte. Da die vor 1934 aufgebauten Organisationsstrukturen nicht zerschlagen wurden, war der Neubeginn der organisierten Landfrauenarbeit nach dem Ende des Zweiten Weltkrieges relativ leicht zu bewerkstelligen.

Frauen in der Landwirtschaft

Noch heute ist das Leben der Frauen in der Landwirtschaft untrennbar an das Wohl und Wehe des landwirtschaftlichen Betriebes gebunden. So wird die Landwirtschaft in der Bundesrepublik Deutschland durch eine Familienarbeitsverfassung geprägt, wobei Frauen zunehmend an betrieblichen Entscheidungen beteiligt sind. Sie beeinflussen direkt die Sicherung der Lebensgrundlage ihrer Familien, und ohne sie kann ein landwirtschaftlicher Familienbetrieb heute nicht existieren. Diese starke Stellung der Frauen in der Landwirtschaft hat bisher ihr z.T. negatives Bild in der Öffentlichkeit wenig beeinflußt.

Frauen auf dem Lande in Beruf und Familie

Auch im ländlichen Raum wollen und müssen viele Frauen Beruf und Familie vereinbaren. Die Frauenarbeitslosigkeit ist hier aber aufgrund der schlechten Infrastruktur und schon fehlender Ausbildungsplätze für Mädchen deutlich höher als in städtischen Gebieten. Betriebsinhaberinnen gibt es in 60400 der 707000 bundesdeutschen landwirtschaftlichen Betriebe. Ihre Betriebe sind überwiegend in Größenordnungen unter 5 ha anzutreffen, deren Fortbestand nur dann annähernd gewährleistet ist, wenn sie (arbeits-)intensive Kulturen (z.B. Obst, Gemüse) anbauen. Etwa 650000 Frauen oder 53,6% der weiblichen Familienmitglieder arbeiten in Haushalt und landwirtschaftlichem Betrieb. Sie erbringen etwa 32% der von Familienarbeitskräften zu leistenden Arbeit. Seit 1970 hat sich ihre Arbeitsleistung jährlich um etwa 5% vermindert. Hierfür ist ein Grund, daß Ehefrauen landwirtschaftlicher Unternehmer zunehmend aus landwirtschaftsfremden Berufen kommen und diese nach ihrer Eheschließung nicht aufgeben. Die Krankenschwester, Lehrerin, Sekretärin oder Kauffrau auf dem landwirtschaftlichen Betrieb ist keine Seltenheit mehr.

Probleme der Pflege

Die Frauen der auf den landwirtschaftlichen Betrieben wirtschaftenden Generation haben durchschnittlich eine 75-Stunden-Woche, die ausgefüllt ist mit Arbeit in Haushalt und Betrieb – und nicht zu vernachlässigen durch die Pflege von alten und pflegebedürftigen Angehörigen. Eine Umfrage der Landfrauenorganisationen hat ergeben, daß

auf etwa jedem 6. Hof eine pflegebedürftige Person lebt. Unter moralischen und finanziellen Aspekten sehen Landfrauen häufig keine andere Möglichkeit als die häusliche Pflege, wobei sie sich ambulante Hilfen dringend wünschten.
Landfrauenorganisationen schufen daher eine Ausbildung zur „Altenpflegehelferin", die Bezeichnung variiert regional. Diese Ausbildung ist gedacht für Frauen, deren Kinder aus dem Hause sind, und an „Altenteilerinnen", die heute aufgrund des beschleunigten Strukturwandels in der Landwirtschaft gerade erst die 50 Jahre überschritten haben. Die spätere Einsatzplanung sollen die Sozialstationen übernehmen.
Es ist fraglich, ob den Frauen, die die Ausbildung zur Altenpflegerin absolvieren, wirklich geholfen ist. Wird dort ein großes Problem des ländlichen Raumes – nämlich die Frauenarbeitslosigkeit – nur scheinbar angegangen? Das Einkommen der Frauen, die diesem neuen „Beruf" nachgehen, wird meist unter der Versicherungsgrenze liegen. Es stockt zwar das Familieneinkommen auf, nutzt ihnen aber nichts im Hinblick auf die eigene soziale Sicherung.

Hauswirtschaftliche Ausbildung

Eine hauswirtschaftliche Berufsausbildung ist für viele Mädchen im ländlichen Raum nach wie vor die einzige Möglichkeit, zunächst überhaupt eine Berufsausbildung zu absolvieren, denn Ausbildungsplätze sind hier noch rarer als in der Stadt. Hinzu kommt, daß einer hauswirtschaftlichen Ausbildung traditionell im ländlichen Raum eine besondere Bedeutung beigemessen wird. Es gibt daher eine Berufsausbildung zur „ländlichen Hauswirtschafterin" in Abgrenzung zur „städtischen Hauswirtschafterin", die in den Händen der Landfrauenabteilungen der Landwirtschaftskammern liegt. 1986 gab es in der ländlichen Hauswirtschaft 4831 Auszubildende, von denen zwei männlich waren. In den letzten Jahren äußerte sich besonders die weibliche Landjugend kritisch im Hinblick auf eine Berufsausbildung in der ländlichen Hauswirtschaft. Sie fühlt sich zu einseitig festgelegt auf ihre Rolle und eingeengt in den Möglichkeiten der Berufsausbildung.

Ehrenämter

Trotz der Vielfachbelastung ist der Anteil der Frauen im ländlichen Raum, die ein Ehrenamt ausüben, sehr groß. Eine Erhebung in Stadt- und Landhaushalten hat 1984 ergeben, daß ca. 20 % aller Frauen im bundesdeutschen ländlichen Raum ein Ehrenamt innehaben. Allen voran steht die ehrenamtliche Arbeit in den Landfrauenvereinen. Allerdings dringen Frauen seit einigen Jahren zunehmend in die Männerdomänen der Genossenschaften und der landwirtschaftlichen Sozialversicherungsträger ein.

Agrarsoziale Sicherung

Die meisten der geschilderten Probleme gelten für alle Frauen im ländlichen Raum. Besonderer Erwähnung bedarf aber die Stellung der Bäuerin in der agrarsozialen Sicherung (in der Bundesrepublik Deutschland). Für die landwirtschaftliche Bevölkerung besteht ein eigenes soziales Sicherungssystem, das die Risiken von Alter, Unfall und Krankheit absichert. Es berücksichtigt von vornherein den Familienstand des Versicherten und die Mitarbeit des Ehepartners im landwirtschaftlichen Betrieb: ist der/die Versicherte unverheiratet, erhält er/sie nur zwei Drittel des Altersgeldes eines/einer Verheirateten. Frauen werden in der Altershilfe ganz unterschiedlich behandelt: Als Betriebsleiterinnen sind sie ihren männlichen Kollegen gleichgestellt, als mithelfende Familienangehörige sind sie über ihren Ehemann (Betriebsleiter) mitversichert.
Seit dem 1. 1. 1986 wird – auf gesonderten Antrag – ein Drittel des Altersgeldes im Leistungsfall an die Bäuerin ausgezahlt, wenn sie im landwirt-

schaftlichen Betrieb hauptberuflich mitgearbeitet hat. Allerdings ist diese Leistung nicht auf einen eigenen Anspruch begründet, so daß z. B. Kindererziehungszeiten sich nicht rentensteigernd auswirken können. Sie werden nur wirksam, wenn die Bäuerin schon in einem anderen Sicherungssystem eigene Ansprüche erworben hat oder selbst landwirtschaftliche Unternehmerin ist und eigene Beiträge an die Altershilfe für Landwirte entrichtet.

Landfrauenverbände und -forschung

Frauen im ländlichen Raum haben heute im Deutschen Landfrauenverband mit seinen 17 Landesverbänden und ca. 550000 Einzelmitgliedern eine starke Interessenvertretung, er hat sich in seinem fast 40jährigen Bestehen zu einem der größten Erwachsenenbildungsträger und einem der größten Frauenverbände entwickelt. Die Landfrauenorganisationen der Schweiz und Österreichs wurden nach seinem Vorbild organisiert, sind aber – ähnlich wie in Bayern, Württemberg-Hohenzollern und Südbaden – in die Bauernverbände integriert und damit weniger „schlagkräftig", was Fraueninteressen anlangt.

Landfrauenforschung existiert faktisch nur in der Bundesrepublik Deutschland, weil kompetente Forscher in Zusammenarbeit mit den Frauenabteilungen der Landwirtschaftskammern (die es in Österreich und der Schweiz nicht gibt!) ein sehr gutes Erhebungsnetz aufgebaut haben.

Österreich und die Schweiz

Die Situationsanalyse der Lebensumstände von Frauen im ländlichen Raum läßt sich durchaus auf einige europäische Nachbarstaaten übertragen, ganz besonders aber auf Österreich und die Schweiz. Ähnlich wie Landfrauen in der Bundesrepublik Deutschland fühlen sie sich der Tradition besonders verpflichtet. Für sie wirken sich infrastrukturelle Benachteiligungen – wie sie z. B. für Frauen in den Mittel- und Hochgebirgsregionen der Bundesrepublik auftreten – ebenso aus. Frauen des ländlichen Raumes in der Schweiz und in Österreich und hier auch besonders die Bäuerinnen kämpfen um kürzere Schul- und Kindergartenwege für ihre Kinder, sie streiten für eine bessere soziale Absicherung und für Hilfen bei der häuslichen Pflege.

Literatur: *Agrarbericht 1987,* Agrar- und ernährungspolitischer Bericht der Bundesregierung, Bundestagsdrucksache 11/85, Deutscher Bundestag, 11. Wahlperiode; *Agrarsoziale Gesellschaft* (Hrsg.), Die Frau in der Landwirtschaft (Schriftenreihe für Ländliche Sozialfragen, Bd. 85) (Göttingen 1981); *dies.* (Hrsg.), Landwirtschaftliche Betriebe – Probleme der Gegenwart und Perspektiven für die Zukunft (ASG, Kleine Reihe, Nr. 29) (Göttingen 1987); *Gertrud Bäumer,* Die Frau in Volkswirtschaft und Sozialleben der Gegenwart (Stuttgart – Berlin 1914); *Anna D. Brockmann* (Hrsg.), Landleben (Reinbek 1977); *Bernd van Deenen / Christa Kossen-Knirim,* Landfrauen in Betrieb, Haushalt und Familie, Ergebnisse einer empirischen Untersuchung in acht Dörfern der Bundesrepublik Deutschland, Forschungsgesellschaft für Agrarpolitik und Agrarsoziologie e. V. (Bonn 1981); *Bernd van Deenen u. a.* (Hrsg.), Europäische Landfrauen im sozialen Wandel (Bonn 1982); *Heide Inhetveen / Margret Blasche,* Frauen in der kleinbäuerlichen Landwirtschaft, „Wenn's Weiber gibt, kann's weitergehen" (Opladen 1983); *Onno Poppinga* (Hrsg.), Produktion und Lebensverhältnisse auf dem Land, in: Leviathan Sonderheft 2 (Opladen 1979); *Sozialinstitut Katholisches Landvolk e. V.* (Hrsg.), Veränderungen von Werten und Normen im ländlichen Raum. Handreichungen von Lehr- und Lernmaterialien für die ländliche Erwachsenenbildung (Stuttgart 1983); *Rita Süssmuth,* Frauen auf dem Lande, in: dies., Frauen – der Resignation keine Chance (Düsseldorf 1985) 211 ff.

Angela Icken

Frauenorden

↗ Charismen; Christentum; Frauenbewegung; Frauengeschichte; Heilige / Heiligkeit; Jungfräulichkeit; Kirche; Kirchenlehrerinnen / Kirchenväter; Literatur; Mittelalter; Mystik; Schwesternschaften; Spiritualität

Ursprünge und Entwicklung

Der Versuch, den radikalen Anspruch des Evangeliums in Alltagsrealität umzusetzen, brachte die vielfältigen Le-

bensformen der *Frauenorden* hervor. Die Berufung auf den allgemein und persönlich ergangenen Appell zur Nachfolge bot der Frau dabei immer zugleich die Chance der Befreiung aus familialen und gesellschaftlichen Zwängen wie auch das Risiko religiös motivierter Abhängigkeit.
Unter den engagierten Frauen in der frühen Kirche gab es von Anfang an solche, die das Charisma der Ehelosigkeit um des Himmelreiches willen lebten. Im 3. und 4. Jahrhundert nahm der Stand der gottgeweihten Jungfrauen deutlich umschriebene Umrisse an. Die Frauen banden sich durch ein Gelübde, verblieben aber zunächst im Lebenszusammenhang der Familie. Mit dem Mönchtum entwickelten sich im Morgen- und Abendland Frauenklöster. Unter der Leitung von Vorsteherinnen pflegten die Frauen Psalmengesang, Gebet und Schriftlesung. Ihre Gemeinschaften wurden zu regen Zentren geistlicher Bildung. In den unterschiedlichsten Regeln tauchte erstmals im 6. Jahrhundert die Forderung nach strenger Klausur auf, also nach völliger Abschließung von der Welt und Einschließung innerhalb von Klostermauern. Sie sollte sich bis heute folgenschwer auswirken. Wo diese Forderung – wie in der späteren Benediktusregel – als selbstverständliche, lebensdienliche Abgrenzung gesehen wurde, garantierte sie eine Autonomie, die den Frauenklöstern zur Entfaltung einer stabilen Struktur verhalf. Bis ins 12. Jahrhundert war das Leben nach der Regel Benedikts die wichtigste Form des klösterlichen Lebens für die Frau, und Abteien waren in allen Ländern der abendländischen Christenheit zu finden. Ohne Gelübde und Klausur lebten Frauen in den Kanonissenstiften, die sich vom 9. Jahrhundert an entwickelten. Diese Frauen pflegten das Chorgebet und sorgten mit ihren Mitteln für den Gottesdienst in der zugehörigen Kirche.
Gegen Ende des 12. Jahrhunderts entstand neben den Abteien und den Stiften das Beginentum. Frauen lebten als Laiengemeinschaften zusammen unter der Leitung einer Meisterin. Neben einem Leben des Gebets übten sie eine karitative Tätigkeit aus und verdienten ihren Lebensunterhalt durch Handarbeit.

Bedeutende Ordensfrauen

Den religiösen Frauengemeinschaften in den verschiedenen Formen entstammten im Mittelalter Persönlichkeiten wie die erste deutsche Dichterin Roswitha von Gandersheim, die Seherin Hildegard von Bingen und die Mystikerinnen Mechtild und Gertrud von Helfta. Zusammen mit der Entstehung der Bettelorden gründeten Frauen eigenständig neue Ordensfamilien wie die Dominikanerinnen, Klarissinnen und Karmelitinnen, die das Ideal der Stifter oft radikaler und kompromißloser verwirklichten als ihre Ordensbrüder. Im 16. und 17. Jahrhundert entstanden durch die Initiative mutiger Frauen wie Angela von Merici und Mary Ward religiöse Gemeinschaften im Geist des Ignatius von Loyola. Zusammen mit der Gründung der Barmherzigen Schwestern durch Vinzenz von Paul und Louise von Marillac wurden sie bahnbrechend für die spätere Entstehung der großen Frauenkongregationen im 19. Jahrhundert.

Blütezeit im 19. und zu Beginn des 20. Jahrhunderts

Im 19. Jahrhundert erlebten die Frauenorden eine Blütezeit, wie sie die Kirche bis dahin nicht erlebt hatte. Allein in Deutschland entstand jedes halbe Jahr eine neue Schwesterngemeinschaft, so daß bei Ausbruch des Zweiten Weltkriegs 350 Mutter- oder Provinzhäuser vorhanden waren. Die Gründerinnen dieser Zeit gehörten oft selbst zu den Armen, deren Not sie lindern wollten. Die jungen Frauen, die zahlreich diesen Neugründungen zuströmten, widmeten sich verschiedenen Arten der erzieherischen und karitativen Tätigkeit und verbanden diese Arbeit mit einem

Leben des Gebets. Eine Reihe dieser Frauengemeinschaften sah die Missionstätigkeit als ihre Hauptaufgabe. Nach dem Zweiten Weltkrieg entfalteten sich die sogenannten Weltgemeinschaften oder Säkularinstitute, nachdem bereits Vorformen vorhanden waren. Religiöse Frauengemeinschaften verschiedener spiritueller Richtung entstanden nach 1930 auch in der evangelischen Kirche.

Bedeutung für Kirche und Gesellschaft

Die Bedeutung der Frauenorden für die Kirche ist zunächst die der exemplarisch gelebten Jesusnachfolge und des damit gegebenen Zeugnisses für die Auferstehung. Das konsequente Sich-Einlassen auf Nachfolge drängt an die Seite der Leidtragenden menschlicher Geschichte und Gesellschaft und hält die Endzeiterwartung in christlicher Hoffnung wach (Metz). Die Frauenorden haben den spirituell/geistlichen Erfahrungsschatz der Kirche um den ureigenen weiblichen Anteil bereichert, besonders im Bereich der Mystik. In ihren Freiräumen war früh weibliche Theologie möglich. Durch die Ordensfrauen wurden Diakonie und Caritas als Aufgaben der Kirche entfaltet und erhielten den „Duft des kostbaren Salböls", der nichtberechnenden personal-menschlichen Liebe bis heute. Ordensfrauen leisteten Erstaunliches als Missionarinnen seit dem frühen Mittelalter. Ihr Beitrag zur heute in den westlichen Gesellschaften weitgehend vom Staat übernommenen Erziehungs- und Sozialtätigkeit bestand nicht nur im Einsatz der Frauen selbst, sondern auch im Aufbau erzieherischer und sozialer Institutionen und des damit verbundenen Wissens- und Erfahrungsschatzes.

Die Frauenorden und die Sache der Frau

Mit den Orden haben sich die Frauen einen Lebensraum in der Kirche geschaffen, in dem sie – wenn auch oft gegen Widerstand und unter Leiden – authentisches Christsein verwirklichen konnten. Für die Frauen der vorindustriellen Zeit wie des beginnenden Industriezeitalters boten die Orden alternative Möglichkeiten der Lebensstrategie und des sozialen Aufstiegs. Sie ermöglichten ihren Mitgliedern und den durch sie unterrichteten Mädchen und Frauen den Zugang zur Schriftkultur und den Erwerb der Fertigkeiten und Fähigkeiten, die die vorindustriellen Großhaushalte von den Frauen forderten. Die Anfänge nicht weniger Lehr- und Pflegeberufe gehen zurück auf die Frauenorden. Heute ist die Solidarität mit den Frauen in anderen Lebensformen den Ordensfrauen besonders aufgetragen. Sie äußert sich in manchen Ländern, wie den USA, darin, daß Ordensfrauen führend in der Frauenbewegung engagiert sind.

Gegenwärtige Situation und Zukunftsperspektiven

Einen Neuaufbruch, der sich zum Teil krisenhaft äußerte, erfuhren die Frauenorden mit dem Zweiten Vatikanischen Konzil. Der Rückgang der Mitgliederzahlen und die starke Überalterung betrifft besonders die großen Kongregationen mit Lehr- und Pflegetätigkeit in eigenen Einrichtungen. Neue Ansätze gehen in die Richtung einer Belebung der charismatisch-spirituellen Elemente und des Versuchs, das gemeinsame Leben und das apostolische Engagement den Herausforderungen der heutigen Welt und Zeit anzupassen, ohne den Grundauftrag der Nachfolge aus dem Auge zu verlieren.

Literatur: *II. Vatikanisches Konzil,* Dekret über die zeitgemäße Erneuerung des Ordenslebens (1965); *Johann Baptist Metz,* Zeit der Orden? (Freiburg i. Br. 1977); *Mirjam Prager,* Die religiösen Frauenorden (Aschaffenburg 1968); *Leo Kardinal Suenens,* Krise und Erneuerung der Frauenorden (Salzburg ^{2}1963); *Gemeinsame Synode der Bistümer der Bundesrepublik Deutschland,* Die Orden und andere geistliche Gemeinschaften – Auftrag und pastorale Dienste heute (1974); *Adam Wienand* (Hrsg.), Das Wirken der Orden und Klöster in Deutschland, Bd. II, Die weiblichen Orden, Kongregationen und Klöster (Köln 1964).

Ephrem E. Lau

Frauenorganisation ↗ Frauenbewegung; Frauenverbände; Netzwerke.

Frauenpolitik

↗ Aufstiegschancen; Beruf; Bildung; Chancengleichheit; Diskriminierung; Emanzipation; Emotionalität und Rationalität; Erziehungsgeld; Familie; Familienrecht; Feminismus; Frauenbewegung; Frauenförderung, Frauengleichstellungsstellen; Frauenquotierung; Frauenverbände; Gewalt gegen Frauen; Gleichberechtigung; Grundgesetz/Bundesverfassung; Kinder; Macht; Menschenbild; Menschenrechte; Nationalsozialismus; Neue soziale Bewegungen; Parteien; Partnerschaft; Politik; Soziale Sicherung; Sozialismus; Technik/Technologien; Wehrdienst

Geschichtliche Entwicklung

Frauenpolitik im Sinne von Politik für Frauen ist ein noch junger Politikzweig, wenn auch der Ruf nach einer Interessenpolitik für Frauen keineswegs neu ist: Seit der Französischen Revolution 1789, in Deutschland seit der Märzrevolution von 1848, gab es die Forderung nach politischen Rechten für Frauen. In Frankreich veröffentlichte Olympe de Gouges 1791 ihre „Erklärung der Rechte der Frau und der Bürgerin", im gleichen Jahr proklamierte Mary Wollstonecraft die Rechte der Frauen. Die erste deutsche Frauenbewegung, die im Zuge der 1848er Revolution entstand, forderte Berufsfreiheit, Wahlrecht und Vereinsrecht für Frauen. Doch von der offiziellen Politik wurde die sogenannte Frauenfrage lange nicht aufgenommen. 1891 stellte als erste Partei die SPD die Forderung nach politischer Gleichberechtigung, doch erst 1918 bekamen die Frauen das Wahlrecht. In der Weimarer Nationalversammlung waren 9,6% der Abgeordneten weiblich, und es kam bereits öfters zu einer überfraktionellen Arbeit zwischen den weiblichen Abgeordneten. Frauenpolitische Themen waren damals u.a.: Frauenarbeitsschutz, Frauenbildung, Eherecht, Abtreibung und Empfängnisverhütung, Gebärstreik. Trotz der oft sehr kämpferischen Interessenvertretung der Frauen in der Weimarer Zeit spielten Frauenfragen und Frauenpolitik in den Parteien und im Parlament nur eine Nebenrolle. Nach der Ausschaltung jeglicher frauenpolitischer Aktivitäten in der Zeit des Nationalsozialismus – Frauenpolitik bestand allein in der Verherrlichung der Mutterideologie – kam nach dem Zweiten Weltkrieg nur sehr langsam ein politisches Bewußtsein der Frauen wieder auf. Zwar war bei der Beratung des Gleichberechtigungsgrundsatzes (Art. 3 GG) durch den parlamentarischen Rat das Interesse der Frauenöffentlichkeit sehr groß und ihr Einfluß entscheidend. Das Interesse der Frauen an einer eigenen Politik blieb aber bis zur Entstehung der neuen Frauenbewegung Ende der sechziger Jahre gering. Die neue Frauenbewegung hatte zunächst den § 218 zum Thema, wendete sich aber schon bald auch anderen Bereichen zu: Frauenforschung, Frauengeschichte, Gewalt gegen Frauen, Sexualität, Empfängnisverhütung, Mutterschaft, Medizin, Lohndiskriminierung etc. Alle Parteien haben heute Programme oder Programmteile zur Frauenpolitik, auch Kirchen und Gewerkschaften thematisieren Frauenprobleme.

Institutionen und soziale Bewegungen

Die Geschichte der Frauenpolitik läßt sich weniger an den etablierten politischen Institutionen (Parteien, Parlamente, Verbände) aufzeigen als an sozialen Bewegungen, die sich für die Emanzipation der Frau einsetzten. Die herkömmlichen Politikbereiche konnten Frauen und Fraueninteressen nur wenig integrieren, auch wenn sich der Frauenanteil in den Parteien in den letzten Jahren erhöht hat und viele Parteien eigene Frauenorganisationen aufzuweisen haben. Als die besten Möglichkeiten für politisches Engagement sehen Frauen soziale Einrichtungen, Nachbarschaft und Fraueninitiativen an. Es ist von daher nicht verwunderlich, wenn Frauen insbesondere in den Parlamenten eine Minderheit bilden, aber die Hälfte der außerparlamentarischen Bewegung (Bürgerinitiativen, Öko- und Friedensbewegung) stellen. Dies hat nicht nur damit zu tun, daß die üblichen Organisationsformen von Politik wenig Rücksicht auf Familienpflichten nehmen, und Frauen, die immer noch die Alleinzuständigkeit für die Familienarbeit haben, dadurch ausschließen, als damit, daß in den Parteien und Parlamenten die Trennung zwischen öffentlichem und privatem Bereich propagiert und praktiziert wird. Frauenpolitik thematisiert dagegen gerade „private" Themen als gesellschaftliche Fragen, sie hat einen ganzheitlichen Politikbegriff in dem Sinne, daß politische Aktivitäten notwendigerweise alle Lebensbereiche umfassen. Sie trennt eben nicht die politischen Aktivitäten von Frauen von deren privaten Konsequenzen für Frauen. Frauenpolitik ist insofern „radikal", als sie den gesamten Lebenszusammenhang von Frauen und Männern verändern will.

Institutionalisierte Frauenpolitik

Seit 1979, mit der Einrichtung des Arbeitsstabes Frauenpolitik im Bundesministerium für Jugend, Familie und Gesundheit, gibt es eine institutionalisierte Frauenpolitik in der Bundesrepublik. Auch die Bundesländer haben seitdem Stellen eingerichtet, die zur Durchsetzung der Gleichberechtigung der Frauen beitragen sollen. Auch innerhalb der Kirchen, der Parteiorganisationen, bei Landtagsbehörden, Polizeidienststellen, bei großen Behörden und Betrieben werden Frauenbeauftragte ernannt oder Gleichstellungsstellen eingerichtet. Seit 1986 sind dem Bundesministerium für Jugend, Familie, *Frauen* und Gesundheit die Aufgaben für die Gleichberechtigung zwischen Frauen und Männern übertragen. Der Arbeitsstab Frauenpolitik wurde in eine Abteilung Frauenpolitik mit acht Referaten umgestaltet. Das Bundesland Schleswig-Holstein hat seit 1988 eine Frauenministerin mit eigenem Ressort und entsprechenden Rechten innerhalb des Kabinetts.

In Österreich ist im Bundeskanzleramt eine Staatssekretärin für Frauenfragen, in der Schweiz bislang im Kanton Jura eine kantonale Amtsstelle für Frauenfragen eingerichtet worden. Auf Bundesebene besteht im Bundesamt für Kultur eine Abteilung für Frauenfragen.

Gleichstellungsstellen nehmen grundsätzlich ressortübergreifende Querschnittsaufgaben wahr, da Fraueninteressen von allen Politikbereichen berührt werden. Dies macht ihre Arbeit sehr schwierig, denn sie sind qua Amtes Störfaktoren und müssen sich in die Aufgaben anderer Ministerien und Ämter kontrollierend und initiierend einmischen. Eine solche Einmischung ist aber nur dann möglich, wenn den Gleichstellungsstellen auch entsprechende Kompetenzen und Befugnisse verliehen werden und wenn sie mit ausreichendem qualifiziertem Personal und mit den nötigen Geldmitteln ausgestattet sind. Ohne diese Voraussetzungen können sie allenfalls Anregungen geben, aber im Zweifel nichts bewirken. Das Bundesfrauenministerium hat daher neben einer besseren personellen Ausstattung auch zusätzliche Kompetenzen und Befugnisse erhalten, wie z.B. die Mitfederführung bei wichtigen frauenpolitischen Vorhaben der Bundesregierung, ein Initiativrecht, um ein wichtiges frauenpolitisches Thema auf die Tagesordnung einer Kabinettssitzung zu bringen, ein Rederecht, um in wichtigen Angelegenheiten neben dem federführenden Ministerium die Argumente der Frauen im Bundestag und Bundesrat sowie in den Ausschüssen einzubringen, ein Vertagungsrecht, um bei mangelnder Mitbeteiligung die Absetzung eines Tagesordnungspunktes zu verlangen und verbesserte Beteiligungsrechte bei Maßnahmen, um die Belange von Frauen angemessen zur Geltung zu bringen.

Frauenpolitik und Frauenbewegung

Die institutionalisierte Frauenpolitik in Gestalt der Gleichstellungsstellen wurde von der Frauenbewegung zunächst skeptisch betrachtet, sie wird heute jedoch zunehmend als Chance begriffen, soweit die Stellen entsprechend mit Kompetenzen und Personal ausgestattet sind. Die Kritik an Gleichstellungsstellen hat viel mit der Ablehnung von administrativen Strukturen zu tun, die sich bisher eben nicht als wirksame und willige Instrumente für Fraueninteressen gezeigt hatten. An der Frage der institutionalisierten Frauenpolitik werden die beiden Hauptrichtungen der Strategiediskussion für Frauenpolitik deutlich: Die einen befürworten ein pragmatisch ausgerichtetes Maßnahmenkonzept und fordern beispielsweise Förderungsprogramme für Frauen, um sie in das politische System eingliedern zu können; die anderen verfolgen einen konsequent gesellschaftspolitisch-kritischen Ansatz und warnen vor einer unkritischen Orientierung an der Männerwelt und vor der Anpassung der Frauen an vorgegebene Leistungsstandards und Persönlichkeitsmerkmale, da auf diese Weise das männliche System festgeschrieben werde, ohne daß auch nur Ansätze zur Humanisierung der Gesellschaft eine Chance haben. Innerhalb der Frauenbewegung besteht daher eine Kontroverse zwischen „Institutionen-Frauen", die an einen „Marsch durch die Institutionen" glauben und an eine Politik der kleinen Schritte, und den autonomen Frauen, die ihre Überzeugungen kompromißlos leben wollen und eine Art außerparlamentarische Opposition bevorzugen bzw. sich in private Nischen zurückziehen. Bei den Gleichstellungsstellen wird dabei die Gefahr der leichtfertigen Anpassung von Frauen an die gegebenen Machtstrukturen einerseits wie auch die Gefahr der strategischen Vereinnahmung von Alibifrauen zur Systemerhaltung anderseits gesehen. Die Frauenbeauftragten sind sich dieses Risikos bewußt, und sie versuchen mittels einer basisdemokratischen Verankerung in der Frauenbewegung und einer Kooperation untereinander das Risiko einer solchen Vereinnahmung zu verhindern.

Ziele und Maßnahmen

Ziel von Frauenpolitik ist es, die Frauen in ihren Leistungen und Fähigkeiten anzuerkennen und gleichzeitig ihre Benachteiligungen abzubauen. Die geschlechtsspezifische Arbeitsteilung soll aufgehoben werden. Einheitsmodelle werden dabei kaum noch angestrebt, die unterschiedlichen Lebenssituationen von Frauen sollen vielmehr bei den einzelnen Maßnahmen berücksichtigt werden. Frauenpolitik ist damit notwendigerweise komplexer Kernpunkt einer Gesellschaftspolitik, deren Aufgabe es ist, Leistungen und Fähigkeiten anzuerkennen, politisches, gesellschaftliches und soziales Unrecht zu beseitigen und Voraussetzungen dafür zu schaffen, daß Menschen ihre Rechte und Pflichten als Frau und Mann wahrnehmen können. Derzeitige Schwerpunkte der Frauenpolitik sind u.a. die familienfreundliche Gestaltung des Arbeitslebens, die Wiedereingliederung in den Beruf, die Verbesserung des Angebots von Kinderbetreuungseinrichtung, Frauenförderung im Erwerbsleben, Bekämpfung der Frauenarbeitslosigkeit, Aufwertung der Familienarbeit (Erweiterung des Erziehungsgeldes und des Erziehungsurlaubs, bessere soziale Absicherung von Pflegenden etc.), Schutz der Frauen vor Männergewalt, verstärkte Einbeziehung von Frauen in Politik und Gesellschaft, eine neue Partnerschaft zwischen Frauen und Männern.

Als Instrumente zur Durchsetzung dieser Ziele werden diskutiert, geplant oder bereits angewandt: kompensatorische Maßnahmen wie Quotenregelungen, Richtwerte, Frauenförderpläne, Sanktionen bei Frauendiskriminierungen und Veränderung des Wahlrechts (mit der Möglichkeit, aus Listen

Personen auszuwählen). Kompensatorische Maßnahmen, insbesondere Gesetze, versprechen dann eine gute Wirkung, wenn sie auf Ansätze bereits vorhandener gesellschaftlicher Einstellungen aufbauen, an konkrete Interessenlagen anknüpfen, begrenzte Ziele verfolgen, auf Veränderung bestimmter Verhaltensweisen und auf die Verbesserung benennbarer Lebenschancen gerichtet sind. Daneben sind wichtig: ständige Öffentlichkeitsarbeit mit dem Ziel der Bewußtseinsänderung und der Änderung eingefahrener Verhaltensweisen; Frauenforschung und Durchführung von Frauenprojekten mit Modellcharakter; Vermittlung zwischen Frauenbewegung und offizieller Politik; Frauenlisten, Bildung von Frauennetzwerken in Wirtschaft, Politik und auch Kirchen; Kooperation von Frauen über ideologische, parteipolitische oder konfessionelle Schranken hinweg.

Frauenpolitik ist kein leichtes Geschäft, und es wird auch in Zukunft nicht leichter werden, da es vermehrt um die Machtfrage gehen wird. Männer stellen fest, daß es jetzt an ihre Privilegien geht, daß Frauen zur ernsthaften Konkurrenz werden und daß das männliche Selbstverständnis immer mehr in Frage gestellt wird. Die politische Auseinandersetzung wird daher härter werden. Das beste Mittel, das Frauen dabei einsetzen können, ist ihre breite Solidarisierung.

Literatur: *Bericht der Enquête-Kommission* des Deutschen Bundestages „Frau und Gesellschaft" (Bonn 1979); *Anne Ballhausen / Uta Brandes u.a.,* Zwischen traditionellem Engagement und neuem Selbstverständnis – weibliche Präsenz in der Öffentlichkeit (Hannover 1986); *Claudia Bernardoni / Vera Werner* (Hrsg.), Der vergeudete Reichtum (Bonn 1983); *Gisela Anna Erler,* Frauenzimmer. Für die Politik des Unterschiedes (Berlin 1985); *Liselotte Funcke* (Hrsg.), Frauen in der Politik. Die Liberalen (Stuttgart 1984); *Heiner Geißler,* Abschied von der Männergesellschaft (Frankfurt a.M. 1986); *Marita Haibach / Mechthild Immenkötter / Eva Rühmkorf u.a.,* Frauen sind nicht zweite Klasse (Hamburg 1986); *Renate Hellwig* (Hrsg.), Frauen in der Politik. Die Christdemokratinnen (Stuttgart 1984); *Antje Huber* (Hrsg.), Frauen in der Politik. Die Sozialdemokratinnen (Stuttgart 1984); *Marielouise Janssen-Jurreit* (Hrsg.), Frauenprogramm (Reinbek 1979); *Christa Randzio-Plath,* Frauenmacht – Ausweg aus der Krise (Köln 1987); *Herrad Schenk,* Die feministische Herausforderung (München 1980); *Gabriele Strecker / Marlene Lenz,* Der Weg der Frauen in die Politik (Melle 1980); *Rita Süssmuth,* Frauen – der Resignation keine Chance (Düsseldorf 1985).

RITA SÜSSMUTH

Frauenquotierung

↗ Arbeit; Arbeitsrecht; Aufstiegschancen; Beruf; Chancengleichheit; Diskriminierung; Frauenförderung; Frauenpolitik; Gewerkschaften; Macht; Politik; Wirtschaft; Wissenschaft

Benachteiligungen

Die Forderung nach Quotierung wird meist dann erhoben, wenn es darum geht, Benachteiligungen von Frauen abzubauen. Solchen Benachteiligungen sind Frauen vor allem im Arbeitsleben ausgesetzt. Die Arbeitsplätze von Frauen sind in der Regel weniger qualifiziert, bieten geringere Verdienst- und Aufstiegsmöglichkeiten. Auch richtet sich faktisch nur ein Teil des Arbeitsplatzangebotes an Frauen. Die Ursachen für die berufliche Benachteiligung der Frauen sind zu einem großen Teil struktureller Art, so daß auch von struktureller Diskriminierung gesprochen wird. Um die Gleichstellung von Frau und Mann in der Arbeitswelt zu erreichen und die Berufschancen von Frauen zu verbessern, sind in den letzten Jahren Initiativen diskutiert und entwickelt, rechtliche Regelungen, frauenpolitische Programme und Maßnahmen eingeleitet worden. Sie lassen sich unter dem Begriff positive Maßnahmen zusammenfassen. Insbesondere werden dazu Frauenförderungsprogramme und Quoten gezählt.

Quoten und Fördermaßnahmen

Frauenquoten haben sich in der Auseinandersetzung, welche Maßnahmen geeignet sind, die berufliche Gleichstellung der Frau zu verwirklichen, zu einem Reizwort entwickelt. Jedoch sollte allen bewußt sein, daß die Erreichung eines Ziels einerseits eine klare Zielbeschreibung voraussetzt, und dazu gehören möglichst präzise Zeit- und Zielvorgaben. Anderseits ist es mit der bloßen Einführung einer Quote nicht getan. Es müssen entsprechende Förderungsmaßnahmen hinzukommen, die den Anteil von Frauen an den Beschäftigten quantitativ und qualitativ verbessern.

Bei Quotenregelungen handelt es sich um Frauenförderungsmaßnahmen im engeren Sinn. Sie zielen auf eine systematische Erhöhung des zahlenmäßigen Anteils der Frauen, bis ein vorgegebener Anteil erreicht ist. Diese Vorgabe kann nach unterschiedlichen Bezugsgrößen festgelegt werden, beispielsweise dem Frauenanteil an der Bevölkerung oder an einer bestimmten Altersgruppe oder an einer Berufsgruppe. Zwischen folgenden Quotenregelungen ist zu unterscheiden: *Influenzierende Quotierung,* bei der mit Anreizen und Begünstigungen (z.B. Subventionen, Auftragszusagen) Verhalten und Entscheidungen zugunsten von Frauen beeinflußt werden sollen; *imperative Quotierung,* die unter Einsatz hoheitlicher Befehls- und Zwangsgewalt verordnet wird und die mit Sanktionen verbunden ist. Quoten können starr, d.h., eine bestimmte Anzahl von Positionen wird für Frauen vorgesehen, oder flexibel sein, beispielsweise als leistungsbezogene Quoten oder als Zielvorstellungen.

Erfahrungen mit Quotenregelungen

Ausländische Erfahrungen mit Quotenregelungen können als Anregung dienen und Hinweise auf deren Wirksamkeit geben, wobei die jeweilige rechtliche und gesellschaftliche Situation, Unterschiede in Traditionen und Strukturen der einfachen Übertragbarkeit Grenzen setzen. Vor allem die USA, aber auch Schweden verfügen über längere und umfassende Erfahrungen mit der Quotierung. Seit mehr als 20 Jahren werden in den USA durch Präsidentenverordnungen unter bestimmten Bedingungen Unternehmen und Behörden zur Erstellung und Durchführung eines „affirmative action plan“ – eines ergebnisorientierten Maßnahmenbündels – verpflichtet. Ein solcher Aktionsplan umfaßt eine Ist-Analyse über die Beschäftigungssituation von Frauen und legt fest, in welchem Zeitraum, mit welchen Maßnahmen welche Zielgrößen – ausgestaltet als flexible Quoten – erreicht werden sollen. Über die Einhaltung wacht das Office of Federal Contract Compliance, eine dem Arbeitsministerium angegliederte Behörde. Die Erfahrungen in den USA mit „affirmative action plans“ sind überwiegend positiv zu werten. Von den europäischen Staaten hat Schweden die größte Tradition mit positiven Maßnahmen. In Schweden gibt es ein verfassungsrechtliches Diskriminierungsverbot und entsprechende gesetzliche Regelungen. 1980 trat das Gleichstellungsgesetz in Kraft (Act on Equality between women and men at work). Kontrollfunktion übt ein von der Regierung ernannter Ombudsman aus. Als schwedische Besonderheit ist hervorzuheben, daß nicht nur auf eine Erhöhung des Frauenanteils gezielt wird, sondern auch des Männeranteils, dort, wo diese unterrepräsentiert sind, und zwar mit der Zielvorgabe von jeweils 40%. Die Erfahrungen zeigen, daß Frauenförderung einen mühsamen und langwierigen Prozeß darstellt. Euphorische Hoffnungen, die sich an Quotierungsregelungen knüpfen, werden zwangsläufig enttäuscht werden. Dennoch kommt geeigneten Quotierungsregelungen im Rahmen von Frauenförderungsmaßnahmen ein wichtiger Stellenwert zu.

Zielvorgaben als flexible Quotierungen

In der Bundesrepublik Deutschland haben die Bundesregierung und fast alle Bundesländer Frauenförderungsprogramme für den öffentlichen Dienst erlassen.

Auch in Österreich gibt es ein Förderungsprogramm für Frauen im Bundesdienst. Es beinhaltet jedoch noch keine Quotenregelung. Während in Österreich zunehmend Quotenregelungen erwogen werden, ist in der Schweiz das Thema Quotierung immer noch weitgehend tabu.

Für den Bereich der Wirtschaft wird zunehmend gefordert, daß Unternehmen Frauenförderung auf freiwilliger Basis praktizieren. Mehr Druck, frauenfördernde Maßnahmen einzuleiten, wird in jüngster Zeit von gewerkschaftlicher Seite ausgeübt. Für ihren eigenen Arbeits- und Organisationsbereich wollen Gewerkschaften ebenfalls positive Aktionen durchführen. Der Begriff Quote wird dabei zum Teil bewußt vermieden. In den Parteien werden gegenwärtig verstärkt Maßnahmen und Regelungen diskutiert und verabschiedet, die Frauen einen bestimmten Anteil an den Funktionen, Ämtern und Mandaten sichern soll, um Mitwirkungs- und Einflußmöglichkeiten von Frauen zu verbessern. Somit sind positive Maßnahmen nicht mehr allein auf die Arbeitswelt beschränkt.

Die Zielvorgabe als eine Form flexibler Quotierung, die Bestandteil eines Frauenförderungsprogramms ist, findet mehr und mehr Zustimmung. Nach dem 1986 vorgelegten Benda-Gutachten über Frauenförderung im öffentlichen Dienst besteht für den Staat die grundsätzliche Verpflichtung, den Zustand bestehender faktischer Ungleichheit durch geeignete Maßnahmen allmählich zu überwinden. Unzulässig ist jede starre Quote. Quotenregelungen, die etwa für den Bereich des öffentlichen Dienstes getroffen werden, müssen stets leistungsbezogen sein und eine gewisse Flexibilität für die einzelne Auswahlentscheidung aufweisen. Außerdem müssen die zahlenmäßigen Zielvorgaben hinreichend bestimmt sein, d.h., der zu realisierende Anteil von Frauen ist an einer Bezugsgröße zu orientieren und numerisch festzulegen.

Literatur: *Ernst Benda,* Notwendigkeiten und Möglichkeiten positiver Aktionen zugunsten von Frauen im öffentlichen Dienst (Freiburg i.Br. 1986); *Bundesministerium für soziale Verwaltung – Frauenreferat* (Hrsg.), Regierungsklausur „Frauenpolitik". Maßnahmen und Perspektiven des Bundesministeriums für soziale Verwaltung zur Gleichbehandlung von Frauen (Wien 1986); *Traute Hoffmann,* Frauenförderpläne. Durchsetzung der Chancengleichheit auf dem Erwerbsarbeitsmarkt und in der Gesellschaft, Materialien Nr. 100, Wissenschaftliche Dienste des Deutschen Bundestages (Bonn 1987); *Claudia Kaufmann,* Quoten besser als ihr Ruf: Das umstrittene Mittel zur Verwirklichung der Gleichstellung von Frau und Mann, in: Frauenfragen / Questions an féminin / Problem al femminile, H. 1 (1988) 2–13; *Camilla Krebsbach-Gnath / Ina Schmid-Jörg,* Wissenschaftliche Begleituntersuchung zu Frauenförderungsmaßnahmen (Stuttgart 1985); Mehr tun für die Frauen im Bundesdienst. Förderungsprogramm für Frauen im Bundesdienst, hrsg. vom Bundespressedienst Wien (Wien 1981).

MARIA BÖHMER

Frauenrollen/Frauenleitbilder

↗ Abhängigkeit; Arbeit; Aufstiegschancen; Ausbildung; Bildung; Diskriminierung; Ehe; Eherecht; Emanzipation; Familie; Familienrecht; Familienrollen; Frauenberufe; Geschlechtsidentität; Gleichberechtigung; Hausfrauen; Identität, weibliche; Liebe; Mann; Männerbilder; Menschenbild; Mode; Mütterlichkeit; Partnerschaft; Schönheit; Schule; Sozialisation

Entstehung der „traditionellen" Frauenrolle

Die bis ins 18. Jahrhundert vorherrschende Arbeits- und Lebensform war nicht die Familie im heutigen Sinn, sondern der Haushalt des „ganzen Hauses". In dieser Wirtschaftsgemeinschaft trugen die Frauen erheblich zur täglichen Existenzsicherung bei. Sie stellten das meiste dessen her, was im großen Haushalt benötigt wurde (vom Brotbacken bis zum Seifensieden). Sie übernahmen als Bauersfrauen eigene Aufgaben in Hof und Feld. In der städtischen Handwerkerfamilie waren sie tätig beim Warenverkauf, bei der Rechnungsführung und der Lehrlingsbetreuung. Dies änderte sich mit der Industrialisierung. Das Haus verlor allmählich seine Bedeutung und Funktion als Produktionsstätte. Immer mehr Männer nahmen eine bezahlte Erwerbstätigkeit außer Haus auf. Gleichzeitig entstand in der neuen Mittelschicht des zahlenmäßig wachsenden, an Einfluß erstarkenden Bürgertums auch ein neues Leitbild des Frauenlebens. Sein hervorstechendes Merkmal war, daß Frauen nicht nur im Haus *blieben,* sondern (und das ist ein wesentlicher Unterschied) zunehmend auf das Haus *beschränkt* wurden. Dabei verengte sich ihr Arbeitsbereich von der Herstellung der täglich benötigten Güter auf den Kauf und Verbrauch fertiger Waren. Gleichzeitig erfuhr er aber eine Ausweitung in Richtung gefühlsmäßiger Aufgaben. Die Aufgabe der Frauen lag nicht mehr nur darin, einen unmittelbar greifbaren Beitrag zur täglichen Existenzsicherung zu leisten, sondern sie verlagerte sich in zunehmendem Maße auf eine eher unsichtbare Ebene, auf das leise und immer bereite „Dasein für die Familie".

Rollenzuweisungen und die Festlegung von Geschlechtscharakteren

So entstand eine neue Arbeitsteilung zwischen Mann und Frau: Er wurde zuständig für Außenwelt, Beruf und Öffentlichkeit, sie für Heim, Haushalt, Familie. Aber nicht nur die unmittelbaren Tätigkeitsbereiche traten auseinander, sondern parallel dazu und dadurch mitbeeinflußt auch die Vorstellungen von männlicher bzw. weiblicher „Natur": Die Geschlechtscharaktere polarisierten sich. Vorherrschend wurde die Idee einer immer schon vorgesehenen und geltenden „Ergänzung" zwischen männlichem und weiblichem „Wesen": dort Aktivität, Durchsetzung, Kraft und Verstand; hier Fügsamkeit, Bescheidenheit, Herz und Gemüt. Die Frau soll sich, wie z.B. Sigismund Stern 1867 schrieb, vor allem üben „in der weiblichen Selbstverleugnung, die für das kleinste und bedeutungsloseste Geschäft, das niemand würdigt, dieselbe Aufmerksamkeit und Hingabe übt wie für das größte und schwerste, das vielleicht ebensowenig ihr den Dank dessen erwirbt, für den sie es getan hat". Solche Äußerungen sind kein Einzelfall, und sie hatten durchaus reale Wirkung. Denn die darin enthaltenen Rollenzuweisungen beschrieben nicht nur, nein: sie *begrenzten* massiv die der Frau zugestandenen Lebensmöglichkeiten und Rechte. So gab es trotz des Ausbaus des öffentlichen Bildungssystems bis gegen Ende des 19. Jahrhunderts kaum Bildungschancen für Mädchen. Den Töchtern der Unterschicht wurde ein dürftiges Minimalwissen in Lesen, Schreiben und Rechnen vermittelt. Die Töchter des gehobenen Bürgertums wurden eingeübt in Anstandsregeln, Musik und Französisch, in Handarbeit und den Tugenden der gepflegten Konversation. Nach dem Ende der Schulzeit kam für die höheren Töchter das Warten auf den Mann. Weil es keine sozial anerkannten Lebensmöglichkeiten jenseits von Ehe und Mutterschaft gab, richteten sich alle Hoffnungen und Planungen auf das „Lebensziel Heirat". War schließlich der sichernde Hafen der Ehe erreicht, gab es eine Vielzahl rechtlicher Regelungen, die eindeutig die Abhängigkeit der Ehefrau vom Manne verfügten. So war die Frau verpflichtet, den Namen des Mannes zu führen, seine Staatsangehörigkeit zu teilen, bei ihm zu wohnen, ihren Umgang nach seinen Wünschen zu regeln. Er hatte das Recht, ihre Korrespondenz zu überwachen, die Richtlinien der Haushaltsführung und ihre Ausgaben zu bestimmen, und vielfach war auch noch die Verfügungsgewalt über das eigene Vermögen der Frau dem Mann übertragen.

Die Widersprüche der Gegenwart

Seit damals haben sich einschneidende Veränderungen vollzogen. Durch Veränderungen in Bildung, Beruf, Rechtsprechung usw. werden Frauen aus der

Familienbindung zumindest teilweise herausgelöst, werden – in freilich oft widersprüchlicher Form – auf Selbständigkeit und Selbstversorgung verwiesen. Dahinter stehen vielfältige gesellschaftliche Entwicklungen, die Veränderungen in Alltagswelt, Haushalt und Wirtschaftssystem, im Lebenszyklus der Frau und im Familienzyklus in Gang gesetzt haben. Hierher gehören etwa die höhere Bildungsbeteiligung, die eine stärkere Berufsmotivation fördert; dic Anonymität der Neubausiedlungen, die Isolation der Kleinfamilie, das Abgeschnittensein der Hausfrauenexistenz von Gesellschaft und Öffentlichkeit; die Technisierung des Haushalts, die Ersetzung des Selbsthergestellten durch den Kauf industriell vorgefertigter Waren. Hinzu kommen die Reformen des Ehe- und Familienrechts. Es zeichnet sich eine neue Richtung ab: Auch für Frauen beginnt der Anspruch und Zwang zum „eigenen Leben".

Dabei setzt sich freilich diese neue Entwicklung keineswegs gradlinig durch. Typisch ist vielmehr auf vielen Ebenen ein Wechselspiel von alten und neuen Momenten, woraus zahlreiche Spannungen, Konflikte und Brüche entstehen. Zum Beispiel die Berufssituation: Auf der einen Seite sind die formalen Schranken gefallen, die Frauen früher den Zugang zu den meisten qualifizierten Berufsfeldern verwehrten. Anti-Diskriminierung-Gesetze verbieten (juristisch einklagbar) eine Benachteiligung von Frauen. Die Berufstätigkeit ist, quer durch die Schichten, zu einem Bestandteil der weiblichen Normalbiographie geworden. Aber gleichzeitig gilt auch: Die Mehrzahl der Frauen bleibt in den unteren Rängen der Berufshierarchie. Sie verdienen weniger und sind stärker von Arbeitslosigkeit bedroht als Männer, sie haben schlechtere Arbeitsbedingungen und geringere Aufstiegschancen. Auch die Verbesserungen im Bildungsbereich haben hier keinen grundsätzlichen Wandel gebracht, denn sie setzen sich nur in sehr viel geringerem Maß in bessere Berufschancen um: Denn der Markt verlangt den freien Lohnarbeiter, aber die Frau ist der „weniger freie Lohnarbeiter". Sie ist, so die gesellschaftlich festgelegte Rolle, auch für die Familienarbeit zuständig. Wenn sie es heute noch nicht ist (da noch ohne Familie), dann später, so heißt die Befürchtung der Arbeitgeber. So entstehen Doppelstandards und widersprüchliche Anforderungen, die aus der Gegensätzlichkeit von Beruf und Familie resultieren. Diese bekommen auch alleinstehende Frauen zu spüren, sie treffen aber noch stärker die verheirateten Frauen. So sind Berufe darauf zugeschnitten, daß im Bereich der Alltagsversorgung der Berufstätige entlastet wird durch die stillschweigende Hintergrundarbeit einer anderen Person. Berufstätige Frauen aber übernehmen, statt entlastet zu werden, zusätzlich zur eigenen auch noch den Großteil der Alltagsversorgung für Mann und Kind. Vom Berufstätigen wird selbständige geographische Mobilität erwartet; aber in der Partnerbeziehung zieht meist die Frau dem Mann hinterher. Vom Berufstätigen wird Durchsetzung und Erfolg erwartet; aber für die berufstätige Frau kann Erfolg, wenn er den des Mannes übersteigt, Gefährdung der Partnerbeziehung bedeuten.

Konkurrierende Leitbilder

Während im 19. Jahrhundert das „Dasein für andere" das selbstverständliche Leitbild war, entsteht jetzt ein Angebot konkurrierender Lebensmodelle, wechselnd je nach Bezugsgruppe und Bereich, nach Regierungspartei und Wirtschaftsverlauf, und nicht zuletzt auch nach Lebensalter und Familienstand.

Dabei kristallisieren sich vor allem drei Modelle heraus. Das erste Angebot nimmt die Zwänge und Verheißungen der individualisierten Leistungsgesellschaft auf. Es heißt „Angleichung an den Mann". Hier sollen Frauen genauso wie Männer die Chancen erhalten, die die Marktgesellschaft bietet, und natürlich umgekehrt auch den gleichen Risiken ausgesetzt sein. Das geht freilich nur, wenn sie im Innern abstreifen, was noch zum „Dasein für andere" gehört. Sie sollen lernen, sich durchzusetzen, mit Ehrgeiz und Ellenbogen, damit im allgemeinen Konkurrenzkampf der/die Tüchtigste siegt.

Doch keine Gesellschaft kann nur nach dem Prinzip des „Jeder für sich" bzw. „Jeder gegen alle" funktionieren. Denn keine besteht nur aus physisch und psychisch gesunden Erwachsenen. Überall gibt es Menschen, die in ihrer Leistungsfähigkeit eingeschränkt sind, ja der Versorgung durch andere bedürfen – Kinder und Alte, Behinderte und Kranke. Sie sind die „Schwachstellen" im System der individualisierten Gesellschaft. Also braucht man immer Menschen, die die Lücken ausfüllen, das „Dasein für andere" übernehmen. Das kann, zum Teil jedenfalls, in Form beruflicher Arbeit geschehen, die den Staat allerdings Geld kostet. Und wenn nur wenig Geld für diese Aufgaben vorhanden ist oder zur Verfügung gestellt wird, so heißt die naheliegende Lösung, daß man auf die altbewährte Tradition, sprich: die Frau, zurückgreift. So ist es kein Anachronismus, sondern viel eher „systembedingt", nämlich die Grenzen der individualisierten Gesellschaft markierend, wenn es gegen Ende des 20. Jahrhunderts – immer noch und schon wieder – viele Erwartungen, Aufforderungen, Zuweisungen gibt, die das besondere *„Wesen der Frau"* betonen. Die Frau soll eine „sanfte Macht ausüben", die Tugenden des Herzens bewahren und eine Nische der Fürsorglichkeit inmitten einer Gesellschaft sein, die Leistung einseitig ökonomisch bemißt.

Aber die meisten Frauen finden sich weder in dem einen noch in dem anderen Leitbild wieder. Sie wollen sich nicht mehr zurückbinden lassen in den traditionellen Rahmen, beschrieben durch Küche und Kind; und sie wollen sich auch nicht stromlinienförmig einpassen in die Zwänge von Konkurrenz und Karriere. Ihr Hoffnungsziel heißt, wie Untersuchungen über Frauen der jüngeren Generation durchgängig zeigen, *„Vereinbarkeit"*, also die Verbindung beider Bereiche, Beruf und Familie. Doch diesem Wunsch stehen heute noch viele Barrieren entgegen, von den Bedingungen der Berufswelt bis zu den Erwartungen der männlichen Partner. Typisch für immer mehr Frauen wird deshalb die Suche nach dem eigenen Lebensentwurf, jenseits des vorgegebenen Entweder-Oder. So wird der Lebenslauf eine Art Bastelbiographie, im Versuch-und-Irrtum-Verfahren entwickelt. Dabei taucht immer wieder die Frage nach der persönlichen Identität auf. In vielen Bereichen des Alltags, in teils offenen, teils verdeckten Formen, steht im Raum: Wer bin ich; wer kann ich sein; wer soll ich sein? Was einst ein klar vorgeschriebener Lebensweg war, verzweigt sich heute in viele Stationen, die immer neue Entscheidungen fordern. Die jeweilige Wahl erfolgt oft ins Unbekannte hinein. Der Umbruch vom „Dasein für andere" zu den Ansätzen eines „eigenen Lebens" befreit von alten Zwängen, eröffnet neue Chancen – aber bringt auch neue Fragen und Unsicherheiten.

Literatur: *Elisabeth Beck-Gernsheim,* Das halbierte Leben. Männerwelt Beruf, Frauenwelt Familie (Frankfurt a.M. 1980); *Betty Friedan,* Der Weiblichkeitswahn (Reinbek 1976); *Ute Gerhard,* Verhältnisse und Verhinderungen. Frauenarbeit, Familie und Rechte der Frauen im 19. Jahrhundert (Frankfurt a.M. 1978); *Karin Hausen,* Die Polarisierung der „Geschlechtscharaktere". Eine Spiegelung der Dissoziation von Erwerbs- und Familienleben, in: Werner Conze (Hrsg.), Sozialgeschichte der Familie in der Neuzeit Europas (Stuttgart 1976) 363–401; *Sigrid Metz-Göckel / Ursula Müller,* Der Mann. Die Brigitte-Studie (Weinheim 1986); *Josef Mörsdorf,* Gestaltwandel des Frauenbildes in der Neuzeit (München 1958); *Gerhard Schmidtchen,* Auskunft über Frauen. Geschlechterrollendifferenzierung soziologisch betrachtet, in: Erika Weinzierl (Hrsg.), Emanzipation der Frau (Düsseldorf 1980); *Barbara Sichtermann,* Wer ist wie? Über den Unterschied der Geschlechter (Berlin 1987).

ELISABETH BECK-GERNSHEIM

Frauenseelsorge

↗ Alleinerziehende, Alleinstehende; Amt, kirchliches; Befreiungstheologie; Charismen; Christentum; Ehrenamt; Frauenbewegung; Gemeinde; Glauben; Kirche; Maria; Netzwerke; Religiöse Erziehung; Schwesterlichkeit; Weltgebetstag der Frauen

Begriff

Frauenseelsorge geschah allgemein immer dort, wo sich die Kirche durch Priester, hauptamtliche und ehrenamtliche Frauen in den Pfarreien, in Gruppen, kirchlichen Vereinen, Verbänden und besonderen Einrichtungen und Angeboten um den Glauben, das gesamtmenschliche christliche Leben, den kirchlichen Dienst und das gesellschaftliche Engagement von Frauen bemühte.

Der Begriff stammt aus der naturständisch aufgebauten Seelsorge (Kinder-, Jugend-, Männer-, Altenseelsorge), die ihrerseits der Standesseelsorge entspringt. Diese hatte nach der politischen und gesellschaftlichen Auflösung der Standesgrenzen (Adel/Bürgertum etc.) ihre Basis verloren. Qua pastoralem Amt wird Frauenseelsorge traditionell von Männern *an* Frauen ausgeübt. Heute ist es vom pastoralen Selbstverständnis her gefordert, Frauen als Partnerinnen und d.h. auch als Trägerinnen der Pastoral (Seelsorge *durch* die Frauen) zu verstehen und anzuerkennen.

In den evangelischen Kirchen existiert die Frauenseelsorge in diesem Sinne nicht (Ausnahme: Frauenseelsorge an inhaftierten Frauen). Hier wirkt Luthers Taufverständnis nach, nach dem die Wirkung der Taufe in keinem Falle geschlechtsspezifische Differenzierungen zuläßt. Allerdings war auch hier die Frauenarbeit (verstanden als Dienst) lange Zeit von Männern geleitet; dies änderte sich mit dem Entstehen der organisierten evangelischen Frauenbewegung zum Ende des 19. Jahrhunderts. In der Frage um die Zulassung der Frauen zum Pfarramt gab es jedoch kurze Zeit die Tendenz, Pfarrerinnen bzw. Vikarinnen auf Frauenarbeit bzw. frauenspezifische Arbeiten zu fixieren. Dies hat sich jedoch nicht durchgesetzt.

Historische Entwicklungen

Historisch bildete sich die Frauenseelsorge aus zwei Wurzeln: einmal aus der 1751 gegründeten „Marianischen Kongregation“; hier sollte Frauen die Möglichkeit gegeben werden, ihre Persönlichkeit zu entfalten und im Rahmen der Kirche Verantwortung zu übernehmen. Die andere historische Wurzel sind die 1850 in Frankreich als Gebets- und Notgemeinschaft entstandenen Müttervereine. 1871 wurde der Regensburger „Verein christlicher Mütter“ zur Erzbruderschaft (!) erhoben, 1915 entstanden Diözesanverbände, die sich 1928 zum Zentralverband katholischer Müttervereine zusammenschlossen.

Zur Zeit des Nationalsozialismus wurden in Deutschland wie in Österreich alle Verbände verboten. Dies hatte zur Folge, daß die Frauenseelsorge in die Seelsorgeämter der Diözesen integriert wurde. Dies blieb auch nach 1945 so, als die Nachfolgeorganisation der Müttervereine, die Katholische Frauengemeinschaft Deutschlands (kfd), gegründet wurde.

In Österreich wurde 1947 die Katholische Frauenbewegung Österreichs (kfbö) gegründet (die 1906 gegründete Katholische Frauenorganisation wurde 1938 durch die Nationalsozialisten zerschlagen; ähnlich wie in Deutschland wurde die Frauenseelsorge in die Seelsorgeämter integriert).

Die Neugründung ging über den Rahmen der Seelsorgeämter und über den der einzelnen Diözesen hinaus und entwickelte neue Ansätze.

In das 1981 erschienene Wort der deutschen Bischöfe „Zu Fragen der Stellung der Frau in Kirche und Gesellschaft“ floß das veränderte Selbstverständnis der Frauen in der Kirche ein, ebenso wie es die österreichische Pastoraltagung von 1984 prägte, die unter dem Thema stand „Frau, Partnerin in der Kirche“.

Die in der Schweiz besonders auf der Ebene der Kirchengemeinden und Verbände geleistete Frauenseelsorge ist in den vier Sprachregionen unterschiedlich ausgestaltet. Der Schweizer Katholische Frauenbund (gegr. 1912) hat einen überdiözesanen geistlichen Begleiter. Die kfd hat auf Diözesanebene (sofern präsent) und Bundesebene je einen Präses. Die „Frauenseelsorger" in den österreichischen Diözesen sind zugleich geistliche Assistenten der Katholischen Frauenbewegung.

Grundzüge pastoraler Arbeit

Zum Verständnis heutiger „Frauenseelsorge" kann die Reflexion der drei Aspekte des Begriffs hilfreich sein:
Frauen: Die Frauenseelsorge hat durch die neuen Frauenbewegungen wichtige Impulse erhalten für ihre Auseinandersetzung mit der gesellschaftlichen und kirchlichen Situation der Frauen. Über die rechtliche und politische Gleichberechtigung hinaus geht es um ein neues Bewußtsein der Frauen als autonome Person. Die mangelnde Respektierung ihrer Personwürde und die Behinderungen der Entfaltung zum vollen Menschsein von Frauen und Männern sollen überwunden werden. Durch aktive Mitarbeit wollen Frauen die nur männlich geprägten Strukturen von Kirche und Gesellschaft verändern. Frauen wie Männer sind füreinander Seelsorger; sie empfangen voneinander manchen Dienst des Wortes, des Sakramentes und des mitmenschlichen Beistands. Die „grundlegende Gleichheit aller Menschen" soll auch in der Kirche voll verwirklicht werden, u.a. dadurch, daß Frauen nicht nur Dienste, sondern auch Vollmachten übertragen werden. Die Diakonatsweihe für Frauen z.B. wurde von allen deutschsprachigen Synoden gefordert.
*Seel*sorge: Frauenseelsorge hat nicht nur mit „Innerlichkeit" (Seele) zu tun, sondern mit dem ganzen Menschen. Innerlichkeit ist zwar angestrebt, aber nicht als Selbstzweck, sondern als eine Voraussetzung für personale Kommunikation, als Befähigung für „mitgeteilte Innerlichkeit" (L. Boff). In der gegenseitigen Mitteilung des eigenen Lebens kann sich die einzelne Frau besser sehen, kennenlernen und sich ihrer Situation bewußt werden.
Seel*sorge:* Seelsorge erinnert an „Beseelsorgung", ein Vorgang von oben nach unten, wie er in früheren Seelsorgekonzepten gedacht und praktiziert wurde. Aber die Lehre des Konzils über das Volk Gottes und als „Träger der Mission" wurde gerade von den Laien, insbesondere von den Frauen, vernommen und ernst genommen. Innerhalb der Frauenseelsorge gilt daher in allen Beziehungen der Zusammenarbeit das Prinzip der Gegenseitigkeit und des partnerschaftlichen Miteinanders. Es geht immer um die gemeinsame „Sorge" für das Miteinander-Glauben, für die Verkündigung und den gemeinsamen Dienst für die Menschen.
Damit die heilende und befreiende Botschaft des Evangeliums bei den Frauen ankommen kann, arbeitet die Frauenseelsorge zielgruppenorientiert. Sie berücksichtigt sowohl die Lebensphasen der Frauen wie auch ihre konkrete Lebenssituation als verheiratete, unverheiratete, verwitwete, getrenntlebende, alleinerziehende Frau und Mutter, als berufstätige, als pensionierte, als arbeitslose Frau. Sie unterscheidet sich damit von der traditionellen naturständischen Seelsorge. Ihre pastoralpädagogischen Angebote gelten auch der für die Gemeinden unentbehrlichen Struktur der „ehrenamtlichen Dienste" bzw. den in Gemeinde und Verband verantwortlichen Frauen. Frauenseelsorge ist ökumenisch ausgerichtet, wo sich Zusammenarbeit anbietet, wie etwa in der Arbeit für „Alleinerziehende" oder beim „Ökumenischen Weltgebetstag der Frauen".

Literatur: *Die deutschen Bischöfe,* Zu Fragen der Stellung der Frau in Kirche und Gesellschaft (Bonn 1981); *Helmut Erharter / Rudolf Schwarzenberg* (Hrsg.), Frau – Partnerin in der Kirche (Wien, 2. erweiterte 1988); *Elisabeth Gössmann,*

Die Frau in der Kirche, in: Handbuch der Pastoraltheologie, hrsg. von K. Rahner / F. Klostermann / H. Schild, Bd. IV (Freiburg i. Br. 1969) 241 – 261; *Ernst Gutting,* Frauenseelsorge, in: ebd., Bd. V (Freiburg i. Br. 1972); *Bernhard Häring,* Stand, Standesseelsorge, in: Lexikon für Theologie und Kirche, Bd. IX (Freiburg i. Br. 1964); Frau – Partnerin in der Kirche. Eine Handreichung für Gespräch und Seelsorge, approbiert von der Österreichischen Bischofskonferenz, Frühjahr 1986, hrsg. in der Reihe „Texte der Pastoralkommission Österreichs für die Seelsorger, Pfarrgemeinderäte und Apostolatsgruppen" (Wien 1986). Theresia Hauser

Frauenverbände

↗ Alleinerziehende; Beruf; Bildung; Ehrenamt; Frauenbewegung; Frauenberufe; Frauen im ländlichen Raum; Gewerkschaften; Hausfrauen; Internationaler Frauentag; Medien; Netzwerke; Neue soziale Bewegungen; Parteien; Politik; Selbständige; Sozialismus; Wissenschaft

Anfänge

Frauenvereine und -verbände sind traditionell Träger der Frauenbewegung. Der Allgemeine Deutsche Frauenverein (ADF, gegr. 1865) war für lange Zeit die wichtigste Organisation. 1919 nahm der Verein die Zusatzbezeichnung Deutscher Staatsbürgerinnen-Verband an. Unter diesem Namen besteht er noch heute. Zu den ältesten Frauenverbänden gehören auch der Verband der weiblichen Angestellten (gegr. 1889) und der Deutsche Verband Frau und Kultur (1896) sowie der Deutsche Frauenbund für alkoholfreie Kultur (1900). Bis zum Ende des Ersten Weltkrieges organisierten sich viele Berufsgruppen in bis heute bestehenden Interessenverbänden, so die Hausfrauen (1915, heute Deutscher Hausfrauen-Bund), die Landfrauen (1898, seit 1948 Deutscher Landfrauenverband), der Verband der Sozialbeamtinnen (1916, heute Deutscher Berufsverband der Sozialarbeiter und Sozialpädagogen). Zu den Bildungsvereinen gehört der Reifensteiner Verband für haus- und landwirtschaftliche Frauenbildung (1898). Akademisch gebildete Frauen schlossen sich 1923 im Ärztinnenbund, 1926 im Deutschen Akademikerinnenbund zusammen. Im selben Jahr gründete Ida Dehmel die Gedok, Verband der Gemeinschaften der Künstlerinnen und Kunstfreunde.

Zu den ältesten Frauenveränden der Schweiz gehören der Schweizerische Gemeinnützige Frauenverein (gegr. 1888) und der Bund abstinenter Frauen (gegr. 1902). 1924 wurde der Verband der Akademikerinnen gegründet. Allen überkantonalen und -lokalen Gründungen gingen jeweils vielfältige lokale Gründungen voraus. Neben den Berufs- und Bildungsvereinen und den staatsbürgerlich ausgerichteten Verbänden hatte der 1909 gegründete Schweizerische Verband für das Frauenstimmrecht besondere Bedeutung. Der Bund Schweizerischer Frauenvereine wurde 1899/1900 von den Frauenkonferenzen zum eidgenössischen Kreuz in Bern, der Union des Femmes de Genève, der Union des Femmes de Lausanne und der Union für Frauenbestrebungen in Zürich gegründet.

In Österreich begann 1866 mit dem Wiener Frauen-Erwerbsverein die Frauenberufsbewegung, mit dem Verein katholischer Lehrerinnen (1868) und dem interkonfessionellen Verein österreichischer Lehrerinnen (1869) die Frauenbildungsbewegung. Neben den Berufsvereinen stehen die Verbände der österreichischen Staatsbürgerinnen (1918) und Akademikerinnen (1922). Dachverband ist seit 1902 der Bund Österreichischer Frauenvereine.

Konfessionelle Verbände

Hauptorganisationen der konfessionellen Frauenverbände entstanden 1899 (Deutscher Evangelischer Frauenbund, einschließlich Evangelische Frauenhilfe), 1903 (Katholischer Deutscher Frauenbund, ursprünglich Katholischer Frauenbund Deutschlands), 1904 (Jüdischer Frauenbund in Deutschland) und 1915 (Katholische Frauengemeinschaft Deutschlands). Ziel ist die verantwortliche Mitgestaltung von Kirche, Gesellschaft und Staat, Familie und Beruf unter dem Aspekt religiöser Bindung in den jeweiligen Ausprägungen.

1912 gründete sich in der Schweiz der Schweizerische Katholische Frauenbund, 1946 der Evangelische Frauenbund (als Verbindung evangelischer Frauen nach dem Prinzip der Ökumene), und 1924 entstand der Bund der israelitischen Frauenvereine. In Österreich wurde 1907 die Katholische Frauenorganisation gegründet.

Entwicklung nach 1945

Staatsbürgerliche Bildungsarbeit ist Hauptaufgabe des 1947 (regional) bzw. 1949 (auf Bundesebene) gegründeten Deutschen Frauenringes, der sich als Nachfolgeorganisation des Bundes Deutscher Frauenvereine (der sich unter nationalsozialistischer Bedrohung aufgelöst hatte) versteht und dem International Council of Women (ICW) als nationale Vertretung angehört. Der deutsche Zweig von W.O.M.A.N. (1948, Weltorganisation der Mütter aller Nationen) dient dem speziellen Ziel internationaler Verständigung. Als Folge des Zweiten Weltkrieges entstand 1953 die Arbeitsgemeinschaft heimatvertriebener und geflüchteter Frauen (heute Frauenbund für Heimat und Recht). Um dieselbe Zeit bildeten sich weitere Berufsorganisationen, z.B. 1946 der Deutsche Juristinnenbund, 1950 der Bund Deutscher Hebammen, nachdem bereits 1903 der Agnes-Karll-Verband als Berufsorganisation der Krankenpflegerinnen Deutschlands vorangegangen war, 1954 die Vereinigung der Unternehmerinnen. 1967 entstand aus den Gesellschaftsproblemen der Zeit heraus der Verband alleinstehender Mütter und Väter. Eine besondere Gruppe bilden die Service-Clubs von berufstätigen Frauen in gehobenen Stellungen, so die Deutsche Union der Soroptimist Clubs und Zonta International.

Nahezu alle Frauenverbände und Frauengruppen gemischter Verbände sowie der Parteien sind zusammengefaßt im Deutschen Frauenrat, der heute etwa 10 Mio. Mitglieder (einschließlich Doppelmitgliedschaften) auf überparteilicher und überkonfessioneller Grundlage als Dachorganisation vertritt. Parallel dazu sind die Verbände und Gruppen auf der jeweiligen Landesebene in Landesfrauenräten organisiert.

1947 wurde der durch die Nationalsozialisten aufgelöste Bund Österreichischer Frauenvereine wiedergegründet, in ihm sind die überkonfessionellen und unpolitischen Vereine vertreten.

Auch in der Schweiz führte die zunehmende Frauenarbeit zur Gründung von Frauenberufsorganisationen, so entstand 1923 die von den Vereinen getragene „Zentralstelle für Frauenberufe". Sie wurde 1944 zum Schweizerischen Frauensekretariat und 1949 zur Geschäftsstelle des Bundes Schweizerischer Frauenvereine.

Die nationalen Dachorganisationen der Frauenverbände in der Schweiz und Österreich gehören dem International Council of Women (ICW), dem Internationalen Frauenrat an.

Literatur: *Gudrun Beckmann-Kircher,* Der Deutsche Frauenrat (Düsseldorf 1984); *Elisabeth Boedeker,* Marksteine der deutschen Frauenbewegung (Hannover 1969); Handbuch deutscher Frauen-Organisationen, hrsg. vom Deutschen Frauenrat (Bonn [4]1980); Jahrbücher des Bundes deutscher Frauenvereine; Cirkel-Journal des Frauencirkel Wien, Sondernummer März (Wien 1984); *Doris Kaufmann,* Frauen zwischen Aufbruch und Reaktion. Protestantische Frauenbewegung in der ersten Hälfte des 20. Jahrhunderts (München 1988); *Clara Nef,* Chronik des Bundes Schweizerischer Frauenvereine 1899 – 1949; Jahresberichte des Bundes Schweizerischer Frauenvereine.

Cordula Koepcke

Frieden

↗ Aggressivität; Befreiungstheologie; Dritte Welt; Entwicklungshilfe; Frauenbewegung; Gewalt gegen Frauen; Macht; Menschenrechte; Nationalsozialismus; Netzwerke; Neue soziale Bewegungen; Ökologie/Umwelt; Politik; Schwesterlichkeit; Wehrdienst; Weltgebetstag der Frauen

Kulturgeschichtliche Dimensionen

Seit je ist Frieden die Sehnsucht der Menschen. Das griechische Wort *eirene* bezeichnet einen vertraglich gesicherten Rechtszustand, dessen Bruch die Strafe der Götter herbeiführt. Auch im Krieg rechnete man aber mit der Hilfe göttlicher Mächte. Krieg galt als unvermeidliches Übel. Das lateinische Wort *pax,* als Vertragsschluß zwischen Kriegführenden begriffen, umfaßt den Schutz der Besiegten gegen äußere Angriffe. Das hebräische Wort *shalom* meint elementar das Ganzsein und Heilsein der Gemeinschaft und jedes einzelnen in ihr. Obwohl auch Gegenbegriff zu Krieg, ist Friede hier Segensgabe Jahwes, nie bloß innerer Friede. Bei den Propheten wird Friede zum universalen Völker-Frieden und eschatologischen Heil. Jesu Friedensbotschaft, Zentrum der Ankündigung nahender Gottesherrschaft, ist nicht unpolitisch; denn durch die Feindesliebe, den Verzicht auf Widerstand mit Gewalt und die Absage an Herrschaftsstrukturen (Mt 5,39.44; Mk 10,42f.) durchdringt Friede als Frucht der Liebe alle menschlichen Verhältnisse. Da Regierenden die Aufgabe zukommt, für Recht und Gerechtigkeit zu sorgen und Böse zu strafen, fordert Paulus die Christen auf, sich ihnen unterzuordnen (Röm 13,1 – 7). Die Spannung zwischen Jesu Friedensauftrag und diesem Gebot hat bis heute auf das Friedensverständnis der Christen eingewirkt.

Die frühe Kirche hielt Kriegsdienst für unvereinbar mit der Nachfolge Jesu. Kirchliche Lehren machten seit dem Mittelalter aber aus Jesu Weisungen (Bergpredigt) Räte für „vollkommene Christen". Dagegen schrieb Erasmus von Rotterdam 1508 im Friedensessay: „Wir führen ständig Krieg, und was das Gräßlichste ist, ... Christen kämpfen gegen Christen ... Der Ketzerei verdächtigt wird, wer ... vom Krieg abrät." Luthers Rechtsunterricht, auf Frieden als höchstem Gut gründend, überwand das Fehdewesen (Selbsthilfe), indem er den Friedensauftrag allen Christen, auch dem „Vater- und Mutterstand", einprägte. Doch bestätigte er das Mandat der Obrigkeit (Röm 13), „gerechte Kriege" zu führen.

Die Wiederentdeckung der Antike mit ihrem Lob von Kampf und Tod fürs Vaterland im 18. Jahrhundert verdrängte die Friedenstraditionen. Dichter, die auch das Denken von Frauen formten, verherrlichten den Mannesmut im Krieg (F. G. Klopstock, F. v. Schiller, L. Uhland). Frauen, zum „Hüten der heiligen Flamme des Herdes und des Schönen" (F. Hölderlin) bestimmt, sahen Frieden als künftige Weltordnung, konnten geistige Entwicklungen aber nicht beeinflussen.

Trotz des moralischen Vernunftdenkens der Aufklärung (I. Kant) und des gemeinsamen Ideals „Ewiger Frieden" prägte männlich kämpferischer Geist die Kultur. In der Abwehr der napoleonischen Okkupation war jeder Krieg des Volkes um Freiheit und Selbständigkeit ein gerechter Krieg. Frauen waren gemäß ihrer Wesensbestimmung als Gattin, Mutter und Hausfrau, die ihre Bildung bestimmte, zu Opfern für Ziele der Männer bereit. Aus dem religiösen Patriotismus des Bürgertums ging ein *Bellizismus* hervor, der friedenfördernde Züge der Aufklärung überlagerte und Krieg als unvermeidliches Resultat menschlicher Unvollkommenheit und Sünde begriff. Der *Pazifismus* christlicher und liberaler Friedensbewegungen im 19. Jahrhundert konnte dagegen nicht aufkommen, auch nicht der *Antimilitarismus* der Arbeiterbewegung. Vergeblich warb Bertha v. Suttner in Büchern und Vorträgen für Friedensbereitschaft („Die Waffen nieder", 1889, vielfach übersetzt; Friedens-Nobelpreis 1905). Der Erste Weltkrieg war für alle Friedensbewegungen eine Katastrophe. Die Friedensverträge nach 1918 brachten keine Befriedung. Der Völkerbund förderte Abrüstung und Sicherheit (Kriegsächtung Kellogg-Pakt 1928; Haager Friedens-Konferenz). Die nationalsozialistische Herrschaft brach internationale Friedensbestrebungen ab (1933 Völkerbunds-Austritt) und betrieb Machtpolitik, die zum Ausbruch des Zweiten Weltkriegs führte.

Frieden – Lebensbedingung der wissenschaftlich-technischen Welt

Die massenhaften Zerstörungen und Kriegsverluste, auch in den Zivilbevölkerungen, die weltweite Erschütterung durch die Atombombenabwürfe auf Hiroshima und Nagasaki 1945, die dennoch ungehemmte Fortentwicklung moderner Waffensysteme (Ost-West-Konflikt) bewirkten den Umbruch im Friedensverständnis. In der radikal veränderten Situation der Menschheit, die mit der Atomenergie zugleich fähig wurde, sich selbst zu vernichten, ist der Weltfriede zur Lebensbedingung des technischen Zeitalters geworden. „Im Banne nuklearer Abschreckung“ (D. Senghaas) entstand *Friedensforschung* zur Verbesserung von Verteidigungskonzepten und Waffentechnik, zur Kriegsverhütung durch Analyse von Kriegsursachen und Konfliktlösungen. Die Produktion atomarer, biologischer, chemischer Waffen gedieh weiter aufgrund latenter Kriegsbereitschaft der Völker. Erst die Umweltkrise vertiefte die Einsicht in existentielle Zusammenhänge: Wie wird in täglichen Ansprüchen und im Sicherheitsbedürfnis mit menschlichem Wissen und Können umgegangen? Da der Atomkrieg zerstört, was er zu schützen vorgibt, ist nach den anthropologischen Voraussetzungen des Friedens zu fragen. Friede als vieldimensionales Handlungsziel erfordert, daß alle relevanten Wissenschaften beteiligt werden; mit den weltverändernden Naturwissenschaften, Philosophie und Theologie entstand die interdisziplinäre Friedensforschung. Die Verantwortung der Wissenschaft und der Kirchen für den Frieden wurde bewußt (vgl. Heidelberger Thesen 1959).

Ein Problem war der *Friedensbegriff,* auf den sich theoretische und praktische Fragestellungen ausrichteten. Da Friede mehr ist als Abwesenheit organisierter Gewalt, müssen Friedensforschung und -handeln mit Zielen wie Gerechtigkeit, Freiheit, Sicherheit, Humanität verbunden werden. Diese Werte können miteinander in Konkurrenz treten. Weil Friede heute mit den großen Weltproblemen zusammenhängt, verengt das traditionelle Gegensatzpaar Friede – Krieg die Problemsicht. Friede als Weltzustand, in dem die Menschheit biologisch existieren kann, bringt zutage, daß Not den Gegensatz zu Frieden bildet.

Aus der Analyse des Weltzustands ergeben sich drei Parameter der Friedensaufgabe: Not, Gewalt und Unfreiheit. Friede ist darum als *andauernder Prozeß* zu verstehen, der viele aufeinander bezogene Strategien zur *Minderung von Not, Gewalt, Unfreiheit* erfordert. Männer und Frauen aller Schichten, nicht nur Politiker haben somit teil an Friedensförderung (wie an Friedensgefährdung, z.B. durch unreflektierte Verwertung von Wissen und technischen Fähigkeiten). Diese drei Defizite begegnen auf allen Ebenen menschlichen Lebens (Weltgesellschaft; Staat/Staatenbund; gesellschaftliche Gruppen; Individuum/Familie). Die Ebenen greifen stärker ineinander, als bisher wahrgenommen wurde. Not, Gewalt und Unfreiheit können nie völlig beseitigt, aber minimiert werden. Damit eröffnen sich neue Wege der Mitwirkung von Frauen in der Gesellschaft. Diese Reichweite der Friedensaufgaben wurde lange in der Friedensforschung unterschätzt, damit auch die Komplexität der Widerstände gegen Friedensaktivitäten.

Träger von Friedenshandeln

Die Zunahme von Kriegen und Gewaltmaßnahmen im Weltrahmen nötigt, nach Trägern von Friedenshandeln zu fragen. Es geht um *Veränderungspotentiale* im Blick auf ein gewandeltes Lebensverständnis, das an Humanität, nicht an blindem Fortschrittsdenken orientiert ist. Der wachsende Abstand zwischen den für den Weltfrieden nötigen und den durchsetzbaren Entscheidungen zeigt, daß *Politiker in Regierungen, Parteien und gesellschaftlichen Verbänden,* die offen Friedensaufgaben vertreten, ihre Mehrheiten häufig verlieren. Angesichts der Komplexität der Friedensprobleme sind sie auf wissenschaftliche Beratung angewiesen, brauchen aber vor allem mehr Partizipation von Bürgerinnen und Bürgern an politischen Entscheidungen. Sollen die Friedensziele im Innern, im Wirtschaftssystem, in Entwicklungs-, Verteidigungs- und Kulturpolitik zum Zuge kommen, muß die demokratische Organisation der Willensbildung neu durchdacht werden. *Bürgerinitiativen* für friedensrelevante Aufgaben bedürfen stärkerer Förderung. Geregelte Formen einer außerparlamentarischen Diskussion um Friedensprobleme sind notwendig. Ein Beispiel dafür ist *die politisch relevante Institution der „Friedenswoche"* in den Niederlanden, die jährlich zur Eröffnung des Parlaments vielerorts stattfindet und breite Beteiligung ermöglicht. Ein Beispiel für Minderung von Gewalt ist die Organisation *Amnesty International,* die weltweit Menschenrechtsverletzungen durch rechtswidrige Verhaftung, Folter, Verschleppung aufdeckt und durch Veröffentlichung der Vorgänge Hilfe für Betroffene sowie Briefe an Militärdiktaturen bzw. Regierungen auf Entlassung der Gefangenen drängt.

Einen Einstellungswandel bewirkten teilweise die *Friedensdienstorganisationen,* die durch freiwillige Hilfen bei Wiederaufbauarbeiten in ehemaligen Feindländern und Solidarisierung mit Notleidenden und Unterdrückten Haß abbauten und Wege zu gewaltfreien Konfliktlösungen aufzeigten (Aktion Sühnezeichen; Pax Christi; Weltfriedensdienst; EIRENE u.a.). In geringer Zahl beteiligten sich auch Frauen. *Pädagogen und Lehrer* entwickelten aus Forschungsergebnissen und Erfahrungen beim Überwinden von nationalen, rassischen, sozialen Vorurteilen Unterrichtsmodelle und Praktika zum Einüben von Friedensfähigkeit. Auch hier ist eine öffentliche Förderung notwendig.

Als Glieder eines universalen Kommunikationssystems haben die *Kirchen* besondere Verantwortung für den Frieden. Die christliche Friedensbotschaft enthält Kriterien für Handlungsziele und Veränderungsprozesse. Friedensbemühungen der Kirchen haben jedoch oft nur begrenzte Wirkung. Zu ihren Aufgaben gehört, daß die Kirchen sich ihrer Ökumenizität nicht verschließen, um in gemeinsamem Handeln ihre Einheit zu erfahren. Manche Frauenaktivitäten (Weltfrauengebetstag) zeigen, daß trotz Rückschlägen das Bewußtsein dieser Gemeinschaft wächst. Seit 1985 drängen große Gruppen in den Kirchen auf eine Weltversammlung der Christen für Gerechtigkeit, Frieden und Bewahrung der Schöpfung.

Frauen für den Frieden

Friedensaktivitäten zwischen den Weltkriegen trugen Männer und Frauen meist in getrennten Gruppen. Die Bittschrift von Frauen zur Abrüstungskonferenz des Völkerbundes 1932 mit 8 Mio. Unterschriften blieb unbeachtet. Bis heute dominiert die Meinung, das soziale Wirken von Frauen sei auf Familie, Kindererziehung, Sorge für Hilfsbedürftige begrenzt. Krieg galt als patriotische Bewährungsprobe; so wurden Frauen auch in kriegsbedingten Aufgaben eingesetzt. Unter dem Opfermotiv ließen sich Frauen als Rädchen im Kriegsgetriebe brauchen (eine Ausnahme ist die Internationale Frauenliga für Frieden und Freiheit). Als „Heldenmütter" fanden sie Achtung. Die Ausnutzung weiblicher Arbeitskraft unter nationalsozialistischer Kriegsführung bestätigt überliefertes Verhalten.

Die Entwicklungen in Politik, Wirtschaft und Wissenschaft, der sogenannten „Männerwelt", haben zur Lebensgefährdung der Menschheit geführt. Frauen entdeckten inzwischen, daß die Umwelt nicht „zu Hause" geschont und anderswo zerstört werden kann ohne Rückwirkung für alle. Die durch „Dienst im Kleinen" geübte Verantwortung von Frauen wird zu friedenspolitischem Handeln, wenn der Wunsch, Unfrieden zu mindern, sie zur Teilnahme am Abbau von Gewaltträchtigkeit und Not drängt.

In der Afghanistankrise sprachen *skandinavische Frauen* Politikern das Recht ab, für ihre Sicherheit weiter durch Abschreckung zu sorgen (Aufruf 1980). Frauen beteiligen sich überall an Friedensforschung und Friedenspädagogik. Initiativen wie *„Frauen stiften zum Frieden an"* (ähnlich Friedensgruppe in Bern; Internationaler Versöhnungsbund Wien) suchen bisher als „weiblich" deklarierte Werte in Öffentlichkeit und Politik zur Geltung zu bringen. Seit 1983 sind kirchliche Frauengruppen in Baden jährlich im Herbst zu Fuß „Unterwegs für das Leben": Der Bittgang will „den Boden für Abrüstung bereiten" durch Gottesdienste und Gespräche mit Politikern, auch jenseits der Grenzen. Leben bewahren verstehen sie als Aufgabe, die konkrete Anstrengungen fordert. Die *Frauenkommunität in Grandchamp/Schweiz* sucht durch Präsenz in Konflikten (Armenviertel in Algier, Jerusalem u. a.) ein ökumenisches Netz des Friedens zu knüpfen. Für diese Beispiele gilt: Die „kleinen menschlichen Schritte zum Frieden zu unterschätzen ist eine der tödlichsten Gefahren für die großen Ziele" (Heidelberger Thesen 1959).

Literatur: *Gertrud Bäumer,* Heimatchronik während des Weltkriegs (Berlin 1927); *Otto Czempiel,* Schwerpunkte und Ziele der Friedensforschung (Mainz – München 1972); *Lida Gustava Heymann,* Völkerversöhnende Frauenarbeit während des Weltkriegs (München 1920); *Günther Howe* (Hrsg.), Atomzeitalter, Krieg und Frieden (m. Heidelberger Thesen) (Witten – Berlin 1959); *Gudrun Kaper / Henriette Visser 't Hooft,* Eva, wo bist Du? Frauen in internationalen Organisationen der Ökumene (Gelnhausen – Berlin 1981); *Scilla McLean,* The Role of Women in Peace Movements, in the Development of Peace Research and in the Promotion of Friendly Relations between Nations (Paris, UNESCO, 1980); *Gerta Scharffenorth,* Bilanz der Ostdenkschrift. Echo und Wirkung in Polen (Hamburg 1968); *dies.,* Aufgaben und Probleme der Friedensforschung, in: Studien zur Friedensforschung, Bd. 12 (Stuttgart – München 1973); *Klaus v. Schubert,* Heidelberger Friedensmemorandum (Reinbek 1983); *Eva Senghaas-Knobloch,* Frieden durch Integration und Assoziation (Stuttgart 1969); *Carl Friedrich v. Weizsäcker,* Die Zeit drängt. Eine Weltversammlung der Christen für Gerechtigkeit, Frieden und Bewahrung der Schöpfung (München – Wien 1986).

GERTA SCHARFFENORTH

G

Ganzheitlichkeit

↗ Anima / Animus; Bildung; Emotionalität und Rationalität; Erziehung; Kultur; Kunst, bildende; Leib / Leiblichkeit; Menschenbild; Mystik; Natur; Philosophie, feministische; Religiosität; Sichtweise, weibliche; Spiritualität; Tiefenpsychologie; Urbilder, weibliche; Weiblichkeitssymbole; Zyklus / Zyklen

Ganzes und Teil

Geistesgeschichtlich wird das Problem des „Ganzen" seit der griechischen Philosophie beständig verhandelt; so stellt der berühmte Parmenides-Satz das „Ein und Alles" („hen kai pan") dem Vielen und den Teilen gegenüber. Bis in die Gegenwart hinein kreist seitdem die philosophische Diskussion um zwei gegensätzliche Zuordnungen von Ganzem und Teil. *Quantitativ* (mathematisch) aufgefaßt wäre das Ganze die Summe seiner Teile; *qualitativ* aufgefaßt ist das Ganze mehr und anderes als seine Teile (Aristoteles: „Das Ganze ist notwendig früher als der Teil"; Pol. I, 2, 1253a19). Die *qualitative* Betrachtung ist in den letzten Jahrzehnten für die *Einzelwissenschaften* besonders fruchtbar geworden und beeinflußt in hohem Maße auch das Menschenbild. In der *Biologie* entwickelte u.a. H. Driesch (1867–1941) die These des Neovitalismus: der lebendigen Gestaltung eines (auch embryonalen) Organismus aus einer ihm eingeprägten Ganzheit, einem wachstumsleitenden Prinzip nicht mechanischer Art. V. v. Weizsäcker (1886–1957) übertrug dies auf die ganzheitliche *Medizin,* die als „Psychosomatik" von der Wechselwirkung von Leib und Seele ausgeht. Überhaupt deutet die Entwicklung von bislang unbekannten Doppelwissenschaften auf eine unumgänglich werdende ganzheitliche Betrachtung auch der Naturvorgänge hin. So ist etwa in der *Biophysik* der noch für das 19. Jahrhundert gültige Gegensatz zwischen „toter" und „lebender" Materie als unbrauchbar abgelegt, weil man von toter Materie sinnvoll nicht mehr sprechen kann.

Ganzheitlichkeit als Aufgabe

In den *Humanwissenschaften* entwirft heute vor allem die *Psychologie,* in deren Gefolge auch die *Pädagogik,* die Zielvorstellung des „Integralen". Dies wird insbesondere für das Selbstverständnis der Frau von Bedeutung. Denn die Tiefenpsychologie in der Prägung C. G. Jungs („Komplexe Psychologie") handelt von der Überwindung des Geschlechterdualismus und auch des Dualismus von Bewußtem und Unbewußtem. Die anima-/animus-Lehre zeigt in der Frau wie im Mann beide geschlechtliche Anlagen oder seelische Dynamiken auf. Diese bekämpfen sich nicht, sondern ergänzen sich notwendig. Die „Individuationslehre" weist auf übergreifende Ganzheit der Seele hin, das „Selbst". Es befindet sich in jedem Menschen und ist Mitte und Umfang der Persönlichkeit zugleich, während das Ich nur das Bewußtseinszentrum vorstellt. Dieses Selbst überwindet den seelischen Dualismus von bewußt – unbewußt, von Männlichem und Weiblichem. Dabei ist Ganzwerden gleichbedeutend mit Selbstwerden nicht ein abschließbarer Vorgang, sondern eine Daueraufgabe. Denn auch für die Psyche gilt: Je stärker sich ein Lebewesen zur Ganzheit integriert, desto differenzierter werden seine Teile. Ganzheitlichkeit ist also nicht ein embryonaler Zustand, Spannungsarmut und Monolog, sondern Auswägen von Spannungen, Dialog der eigenen gegengeschlechtlichen Spannungen.

Vierfaches vereinen

Weiterhin meint Ganzheitlichkeit im Sinne C. G. Jungs nicht nur die Integration zweier Polaritäten, sondern ein vierfaches Vereinen: von rechts und links (animus und anima), von oben und unten (Geist und Leib). Bildhafter Ausdruck dieser Vierheit/Quaternität ist die Kreuzform. Damit wird über das Geistige hinaus ein viertes Element eingeführt, das freilich, psychologisch gesehen, undeutlich bleibt. Jung besetzt den vierten Aspekt auch mit dem Weiblichen überhaupt, was assoziativ heißen kann: Körperlichkeit, Schöpfung, Sinnlichkeit, Erde, Materie, Stoff. Damit wäre – psychisch – die dreidimensionale Welt überwunden, „integriert". „Die Vier begreift neben dem männlichen Geist, welcher als Vaterprinzip bloß die eine Welthälfte darstellt, auch den weiblich-körperlichen Aspekt in sich als dessen Gegenpol, welcher Ersteren zu einem Ganzen abrundet" (Jolande Jacobi). Für die Ganzheitlichkeit des einzelnen heißt das, daß es nicht genügt, männliche und weibliche Seelendynamik in sich zu vereinen, sondern auch das Geistige und das Leibliche, ohne Selbstverachtung gerade des letzteren. So bedeutet Ganzheitlichkeit ausdrücklich auch eine „Fleischwerdung", nicht im Sinne des Verfallenseins an Trieb und Instinkt, sondern im Sinne der Leibwerdung, wo der Geist im Leib konkret bewahrt und bewahrheitet wird. Wenn Jung das Weibliche in dem vierten „verlorenen" Element „unten" wiederfand, dann heißt das in seiner lösenden Qualität, daß Integration zunächst im Annehmen des (archetypisch) Weiblichen in jedem einzelnen beginnt. (Darauf deuten auch weibliche Archetypen der Ganzheit hin, wie der Baum, die Stadt.)

Pädagogische Konsequenzen

Für die *Pädagogik* wird daher die Durchlässigkeit für alle angelegten Strukturen, der Nicht-Ausschluß oder die Nicht-Verdrängung von Gaben thematisch. Methodisch leistet dies eine Erziehung aus polaren Qualitäten (Gefühl und Verstand, Wissenschaft und Kunst, Intuition und Präzision, Gehorchen und Freisein, Imitation und Originalität usw.). Die zur Vereinseitigung oder Verselbständigung neigenden Kräfte sind durch pädagogische Überformung zu „ergänzen". Edith Stein (1891–1942) hat für die Mädchenbildung deswegen schon Ende der zwanziger Jahre eine umfassende und durchaus nicht geschlechtsspezifische Bildung (etwa nur auf emotionale Wärme hin) gefordert; im Gegenteil – je stärker die Gemütswerte, desto intensiver habe deswegen die Verstandesschulung einzusetzen.

Der ganzheitliche Ansatz in der Anthropologie

Für die philosophische Anthropologie des 20. Jahrhunderts hat Romano Guardini (1885–1968) schließlich einen ganzheitlichen Ansatz vorgelegt („Der Gegensatz", 1925). Demnach durchzieht eine spannungsreiche Polarität das gesamte Lebendige; Gegensatz ist „Urphänomen" des Lebens selber. Gemeint ist nicht Widerspruch oder ein Zerreißen der Kräfte; sie sind vielmehr nur mit ihrer Gegenkraft möglich, wenn auch streng von ihr getrennt. Besonders am Menschen weist Guardini acht Grundgegensätze auf, in deren gegenseitiger Spannung sich Leben vollziehe: Dynamik – Statik; Form – Formloses; Integration – Differenzierung; Produktion – Disposition; Ursprünglichkeit – Regel; Innewohnen – Darüberstehen; Verwandtschaft – Besonderung; Einheit – Mannigfaltigkeit. Jeder Pol, für sich genommen, bleibt schillernd in seiner Wertigkeit, so wenn etwa in der „Ursprünglichkeit" auch „Haltlosigkeit" mit angelegt ist oder in der dazu gegensätzlichen „Regel" auch Rhythmus, Gesetz, Zucht, Dauer und schließlich Starre. Erst durch die Ergänzung am gegensätzlichen Pol wird die einzelne Anlage also in ihrem inneliegenden Unguten, Gefährlichen aufgefangen. Gerade so erweist sich Ganzheitlichkeit zum einen als eine Mitgift des Lebens selbst (in den gegenpoligen Anlagen), zum anderen aber als (selbst-)erzieherische Aufgabe immer neu zu justierender Spannung. Ganzheitlichkeit unternimmt ein „alles zugleich", die nie abzuschließende Sammlung gegensätzlicher Kräfte, die zugleich differenziert *und* mittebezogen bleiben.

Literatur: *Romano Guardini,* Der Gegensatz (Mainz [3]1985); *Theo Herrmann,* Problem und Begriff der Ganzheit in der Psychologie (Wien 1957); *Jolande Jacobi,* Die Psychologie von C. G. Jung (Zürich 1945); *Artur Kern* (Hrsg.), Die Idee der Ganzheit in Philosophie, Pädagogik und Didaktik (Freiburg i. Br. 1965); *Felix Krueger,* Zur Philosophie und Psychologie der Ganzheit (Berlin 1953); *Evarts G. Loomis / J. Sig. Paulson,* Heilen durch Liebe und Erkenntnis. Ein neues Leben im Ganzheitsbewußtsein (München 1986); *Friedrich Märker,* Weltbild der Goethezeit: die Ganzheitsidee (München 1961); *Edith Stein,* Die Frau. Ihre Aufgabe nach Natur und Gnade (Freiburg i. Br. 1959); *Frauke Teegen,* Ganzheitliche Gesundheit. Der sanfte Umgang mit uns selbst (Reinbek 1984); *dies.,* Das Buch der ganzheitlichen Gesundheit. Alles über die natürlichen Heilweisen (Reinbek 1982); *Albert Wellek,* Die genetische Ganzheitspsychologie (München 1954); *Wilhelm Witte,* Zur Geschichte des psychologischen Ganzheits- und Gestaltsbegriffes, in: Studium Generale 5 (1952) 455ff.

HANNA-BARBARA GERL

Geburt

↗ Depression; Diagnostik, vorgeburtliche; Ehe; Elternschaft; Elternurlaub; Erziehungsgeld; Familie; Familienplanung; Fortpflanzungsmedizin; Frauenrollen / Frauenleitbilder; Kinder; Kinderlosigkeit; Kinderwunsch; Leihmütter; Medizin; Mütterlichkeit; Mutterschaft; Mutterschutz; Schwangerschaft; Schwangerschaftsabbruch

Soziologischer Befund

Eine Geburtsstatistik, die medizinische und soziologische Daten erfaßt, kann nur sehr begrenzt vermitteln, wieviel Hoffnung, Freude, aber auch Leid hinter Zahlenangaben verborgen ist. Die Zahl der Mütter, die bei der ersten Geburt älter sind als 30 Jahre, steigt an. Die Müttersterblichkeit ist in den letzten 32 Jahren in der Bundesrepublik von 188 auf 10 Todesfälle pro 100000 Lebendgeborene zurückgegangen, in Österreich auf 7; in der Schweiz auf 5. Die Sterblichkeit der Neugeborenen verringerte sich ebenfalls beträchtlich. Starben vor 100 Jahren noch 23 von 100 Kindern vor, während und nach der Geburt, so waren es 1985 statistisch noch 7,9 auf 100000 (in Österreich: 11,2; in der Schweiz: 6,9). Für das Kind stellt die Frühgeburtlichkeit den größten Risikofaktor dar. Für die Mutter sind das Lebensalter und auch psychosoziale Bedingungen mit entscheidend. Schwangere Teenager und Frauen über 35 tauchen nicht nur in den Sterblichkeitsziffern überproportional auf, sondern sind auch bei Erkrankungen im Zusammenhang mit Schwangerschaft und Geburt überrepräsentiert. Daß insbesondere Ausländerinnen und unverheiratete Frauen (oft mit niedrigem sozialem Status) betroffen sind, weist darauf hin, daß Mutterschaftsvorsorge nicht von allen im gleichen Umfang in Anspruch genommen wird und die Lebensumwelt (psychosoziale Faktoren eingeschlossen) Schwangerschaft und damit Geburt beeinflussen.

Individuelle und soziale Implikationen

Mit der Geburt eines Kindes kommt eine Vielzahl neuer Verantwortungen und Verpflichtungen auf die Familie zu. Insbesondere mit der Übernahme der Mutterrolle ist eine Reihe einschneidender Veränderungen verbunden. Mutterschutz, Erziehungsgeld und Erziehungsurlaub sind unbestreitbar Errungenschaften, die bei der Bewältigung helfen können. Aber sowohl die Aufgabe des Berufs wie auch die Vereinbarkeit von Familie und Beruf stellen Anforderungen an die Frau und Mutter, bei deren Bewältigung sie der Unterstützung aller bedarf. Die Geburt ist also nicht nur eine biologische Zäsur, ein existentielles menschliches Erlebnis mit der Eröffnung neuer Lebenswelten und emotionalen Erfahrungsräumen, sondern birgt auch soziale Implikationen.

Geburtsvorgang als Lebens- und Handlungsraum

In der Geburtssituation kristallisieren sich die vielfältigen Aspekte. Ist Gebären auch risikoärmer für Mutter und Kind geworden, so wurde doch allenthalben Kritik laut; offensichtlich geht es nicht nur um das Ergebnis, sondern auch um das Erlebnis. Selbstverständlich ist eine Geburt ein natürlicher Vorgang und bedürfte im Einzelfall nicht der klinischen Überwachung, doch hat sich gezeigt, daß trotz Fehlen von Gefahrenzeichen, plötzlich risikoreiche Situationen für Mutter und Kind auftreten können. Die Fortschritte in der Geburtsmedizin sind unbestreitbar. Doch der Wunsch nach Zuwendung und Aufmerksamkeit und die Bitte um Verständnis, daß das „Auf-die-Welt-Kommen" ihres Kindes von Mutter und Vater als einzigartig erlebt werden möchte und nicht in der Professionalisierung eines Kreißsaals verlorengehen darf, sind verständliche Bedürfnisse, um deren Erfüllung sich die moderne Geburtshilfe bemühen sollte. Im Interesse eines entspannten vertrauensvollen Wehen- und Geburtsklimas sollten Hebammen, Ärztinnen und Ärzte ihre historisch begründete Rivalität bewältigen. Es ist nicht das

Vorrecht einer Berufsgruppe, für die Menschlichkeit im Kreißsaal zuständig zu sein.

Der Geburtsvorgang ist ein Lebens- und Handlungsraum, der von allen Beteiligten, der werdenden Mutter, dem werdenden Vater, dem Kind, der Hebamme, den Ärztinnen und Ärzten, Offenheit, Entspanntheit, aber auch höchste Aufmerksamkeit, Kraft und Stärke, Disziplin und manchmal auch viel Geduld abverlangt. Das Warten auf den Geburtsbeginn, die Ungeduld, alles in der Hand haben zu wollen, die Unsicherheit, mit der Unbestimmtheit umzugehen, hat oft genug zu voreiligen Eingriffen in den Geburtsablauf geführt. Die medikamentöse Beeinflussung von Wehenstärke und Wehenrhythmus hat ihren Wert bei der Beherrschung von Komplikationen. Alle anderen Indikationen zum Einsatz von Wehenmitteln und Wehenhemmern, wie z.B. Ungeduld, mögen zwar den ersehnten guten Ausgang im Auge haben, riskieren aber unnötige Zwischenfälle.

Eigenverantwortung und Vorbereitung

Die Ärztin, der Arzt und die Hebamme tragen zwar im juristischen Sinne die Verantwortung für Mutter und Kind, doch heißt das nicht, daß die Schwangere bei Eintritt in die Geburtsklinik ihre Eigenverantwortung abgegeben hat. Sie ist vielmehr über alles zu informieren und muß letztendlich die Entscheidungen mittragen. Sie muß den medizinischen Maßnahmen einverständlich zugestimmt haben. Das erfordert angesichts des Wehenschmerzes eine einfühlende Aufklärung und wird ganz sicher erleichtert durch eine gute Vorinformation der Frau über den natürlichen und auch komplizierten Geburtsverlauf. Auch ist eine ausreichende Information und Geburtsvorbereitung die beste Prophylaxe für eine angstfreie Spontangeburt. Wer Trost nötig hat, sollte es auch sagen können und nicht Verleugnung, Reaktionsbildung und andere inadäquate Auswege aus der Angst suchen. Wehen tun weh, der einen Frau etwas mehr als der anderen. Lange Geburten zehren an den körperlichen und seelischen Reserven. Eine schöne Geburt ist ein Geschenk und vielleicht auch das Ergebnis einer Geburtsvorbereitung, die nicht nur Atemübungen beinhaltet hat, sondern auch die Auseinandersetzung und Vorbereitung auf die Zukunft als Mutter, Vater, Eltern. Sie ist anderseits niemals ein Verdienst und eine komplizierte Geburt niemals eine „Strafe“.

Geburtsablauf

Die statistischen Angaben über die Geburtsdauer sind unwesentlich. Sie sagen für den Einzelfall nichts vorher. Im übrigen bekommt Zeit im Kreißsaal eine neue Dimension: kurz kann lang sein, lang kann kurz sein. Über die Wehen sollte jede Frau wissen, daß Eröffnungswehen schmerzhafter empfunden werden als die Austreibungswehen. Die Aufdehnung des Muttermundes, der Druck des kindlichen Kopfes gegen den sich allmählich öffnenden Ausgang läßt sich am besten ertragen durch ein passives Sich-tragen-Lassen von den rhythmischen Schmerzwellen der Wehen. Der Schmerzcharakter ändert sich, wenn der Muttermund vollständig eröffnet ist. Durch die vaginale Untersuchung ist zu fühlen, wie der den Kopf oder Steiß ringförmig zurückhaltende Muttermund immer weiter zurückweicht, bis nur noch der „vorangehende“ kindliche Teil zu fühlen ist, der dann ungehindert in den Geburtskanal eintreten kann. Jede Wehe schiebt das Kind weiter hinaus. Der Geburtsschmerz verliert seinen wogenden Charakter. Es wird klarer, welches Ziel hinter ihm steht. In der letzten Phase der Geburt kann die Mutter den Ausstieg ihres Kindes durch Mitpressen unterstützen. Wenige Minuten nach der Geburt und dem Abnabeln des Kindes löst sich die Nachgeburt, der sogenannte Mutterkuchen, von der Innenfläche der Gebärmutterwand und wird ausgestoßen. Die Blutstillung der großen Lösungsfläche erfolgt durch die Muskelkontraktion der Gebärmutter. Sie verkleinert sich innerhalb von Minuten auf fast „normale" Größe. Das Anlegen des Babys unterstützt das Zusammenziehen der Gebärmutter nach der Geburt.

Belastungen und Komplikationen

Die Geburt stellt für Mutter und Kind eine Extremsituation dar. Um Belastungen für das Kind rechtzeitig zu erkennen, werden die kindlichen Herztöne während der gesamten Geburt überwacht (CTG: Cardio-Toko-Graphie). Manchmal werden zusätzlich Blutuntersuchungen beim Ungeborenen durchgeführt (MBU: Mikroblutuntersuchung). So können akute und auch sich langsam anbahnende Gefahren für das Kind rechtzeitig erkannt werden. Nabelschnurumschlingungen, vorzeitige Lösungen der Nachgeburt und Erschöpfung der Reservekapazität des Mutterkuchens bewirken über eine verminderte Sauerstoffzufuhr zum Kind typische „Antworten". Je nach Risikosituation und Geburtsfortschritt sind medikamentöse Eingriffe, wie z. B. vorübergehende Wehenhemmung oder eine operative Geburtsbeendigung, erforderlich. Mit der Saugglocke oder der „Zange" läßt sich die Austreibungszeit verkürzen. Wenn der Muttermund noch nicht vollständig offen ist und das Kind möglichst schnell auf die Welt kommen muß, ist ein Kaiserschnitt durchzuführen. Für die Durchführung des Dammschnittes und den Einsatz von Schmerzmitteln unter der Geburt gibt es keine Patentlösungen. Eine unmäßig überdehnte Beckenbodenmuskulatur und eine schlecht verheilte Rißverletzung schaden der Mutter mehr als ein operativ gut zu versorgender Dammschnitt. Anderseits ist jeder Eingriff, der nicht getan werden muß, der beste. Auch hier gilt es also, aus Erfahrung verantwortungsbewußt zu handeln.

Schmerzmittel

Jedes in die Blutbahn der Mutter gelangende Medikament erreicht auch das Kind. Die lokale bzw. regionale Schmerzausschaltung wie *Pudendusanästhesie* und *Periduralanästhesie* betreffen das Kind nur mittelbar. Während bei ersterem Verfahren lediglich die Muskeln- und Hautnerven im Scheidenausgang kurz vor Durchtritt des Kindes betäubt werden, macht das zweite Verfahren den gesamten Unterleib während der Eröffnungs- und Austreibungsperiode nach einer Injektion von Betäubungsmitteln in den Rückenmarkskanal völlig schmerz- und empfindungslos. Diese schmerzfreie Geburt wird mit dem Risiko einer erhöhten operativen Entbindungshäufigkeit erkauft. Schon dieser kurze Überblick zeigt: Es kann nur an der Sicherheit von Mutter *und* Kind orientierte Rahmenbedingungen geben, doch müssen die Entscheidungen in der konkreten Situation im Einzelfall entschieden werden.

Literatur: *Lutwin Beck,* Zur Geschichte der Gynäkologie und Geburtshilfe (Berlin 1986); *Bundesminister für Jugend, Familie, Frauen und Gesundheit,* Frauen zwischen Familie und Beruf (Schriftenreihe des BMFFJG, Bd. 184) (Stuttgart 1986); *Gerhard Martius,* Geburtshilflich-perinatologische Operationen (Stuttgart 1986); *Hans Jürgen Prill,* Die Geburt zum Erlebnis werden lassen. Vorträge der Hebammenfortbildung Bonn-Bad Godesberg 1983 und Bad Nauheim 1985; *Willibald Psychrembel / Joachim W. Dudenhausen,* Praktische Geburtshilfe (Berlin 1986); *Friedrich Wolf,* Die Frühgeburt (München 1984); *Ulrike Zischka,* Vater, Mutter, Kind, hrsg. vom Münchner Stadtmuseum (München 1987).

HEIKE LANGENBUCHER

Geburtenplanung ↗ Familienplanung.

Gemeinde

↗ Amt, kirchliches; Befreiungstheologie; Chancengleichheit; Charismen; Christentum; Frauenseelsorge; Glauben; Gottesbilder; Kirche; Kirchenrecht; Kult; Liebe; Netzwerke; Neues Testament; Ökumene; Religiöse Erziehung; Religiosität; Schwesterlichkeit; Sozialethik, evangelische; Soziallehre, katholische; Urkirche; Weltgebetstag der Frauen

Gemeindliche Gestalt der Kirche

Seit ihren Anfängen hatte die Kirche gemeindliche Gestalt, beginnend mit den paulinischen Hausgemeinden oder den Gemeinden in den antiken Städten (wie Jerusalem, Korinth, Rom) über die über Jahrhunderte vorherrschenden und immer noch bedeutsamen Ortspfarreien bis zu den vielfältigen Personal- und Basisgemeinden in der heutigen Weltkirche. Gemeinden sind nicht nur eine sozialpsychologische Voraussetzung, um als Minderheit Christ/in sein zu können. Die prinzipiell gemeindliche Gestalt der Kirche ist darin begründet, daß wahrer christlicher Glaube stets Liebe freisetzt. Wo immer sich nämlich Menschen im Umkreis Gottes gläubig sammeln, ist Gott (im Geist Jesu) nicht nur mitten unter ihnen, sondern fügt sie auch zu einer geschwisterlichen Gemeinschaft zusammen. Gottesliebe setzt Nächstenliebe frei. Glaube zeugt Gemeinde.
Theologisch ist klar: Jede Gemeinde ist vom berufenden Gott selbst gegründet. Sie ist ein Ort, wo Menschen erfahren, daß Gott mit uns ist (Sach 8,23; Mt 1,23). Ihre Berufung ist es, das Gerücht davon in der Welt wachzuhalten, daß Gott in unbeirrbarer Treue (Dtn 32,6) in Jesus von Nazaret einer von uns geworden und in seinem Geist in der Welt gegenwärtig bleibt. Insofern eine Gemeinde Gott aufnimmt (Joh 1,12), wird sie ermächtigt, inmitten der Alltagswelt einer bürgerlichen Gemeinde darzustellen, wie Leben unter den Augen Gottes menschlicher werden kann.

Lebensäußerungen der Gemeinde

Eine aus der Sehnsucht Gottes nach dem Menschen geborene Gemeinde kennt drei zentrale Lebensäußerungen: das Empfangen, Loben und Austeilen. Das Empfangen ist die Haltung des Erwartens, des Hinhorchens auf die Gabe des Glaubens schlechthin, auf Gott, auf das lebendige Wort in der Verkündigung, auf das gelebte Leben im Alltag. Loben ist die zum Ausdruck gebrachte Begeisterung der Kirche für das, was der Herr Großes an uns, der Menschheit, getan hat: und dies in den vielfältigen Formen des Gebets, der Eucharistie/des Abendmahls, der Sakramente. Das Austeilen ist schließlich die Auswirkung des reichen Beschenktseins. Die Gemeinde gibt weiter, weil und was sie im Überfluß empfangen hat. Dieses Weitergeben geschieht in Menschenfreundlichkeit, Nächstenliebe, Friedenstiften, befreiendem Einsatz für die Armgemachten und Unterdrückten. Das Grundamt der Gemeinde ist, das Gerücht von Gott wachzuhalten durch das Wort, aber ebenso in Anbetung und Liturgie sowie in der Art, wie Christen zusammenleben (Geschwisterlichkeit, Koinonia) und was sie füreinander inmitten der einen Menschheit tun (Politik, Diakonie).

Frauen in der Gemeinde

Dieses Grundamt wird durch ihre Mitglieder konkret wahrgenommen. Dabei gibt es in der Gemeinde nur Berufene, es gibt nur Subjekte, die in unvertretbarer Eigenverantwortung das Leben der Gemeinde tragen und gestalten. Weil es nur von Gott erwählte Berufene gibt, gibt es unter allen Menschen der Gemeinde eine wahre Gleichheit an Würde und Berufung. „Jede Christin ist eine geweihte Seelsorgerin" (Karl Rahner). Diese theologische Einsicht wird in der Praxis jedoch kaum eingelöst. Vor allem Männer müßten lernen, die Präsenz und die Erfahrungen von Frauen zu entdecken und zu schätzen.
Frauen werden in der Gemeinde häufig die klassischen unentgeltlichen „Frauenaufgaben" zugewiesen (z. B. Putzen des Kirchenraums, Backen, Basteln, Singen, Übernahme von sozialen Aufgaben). Sie werden nur in bestimmte Funktionen, wo sie „dienlich" sein können, gefragt. Von verantwortlicher

Entscheidung auf allen Ebenen der Kirchen sind sie weithin ausgeschlossen oder nur unproportional repräsentiert. Das gilt nicht nur für die katholischen Gemeinden. Vor allem unverheiratete Frauen, Alleinlebende, Berufstätige, Geschiedene und ledige Mütter werden nicht so akzeptiert wie die „verheiratete berufslose Familienmutter". Anderseits wird der wichtige Beitrag der Frauen in der Kindererziehung und Familienarbeit oft nur so lange kirchlich gewürdigt, wie keine berufliche Tätigkeit angenommen wird. Sobald Frauen ihre Ausbildung und Berufsqualifikationen auch in eine angemessene Tätigkeit umsetzen wollen, stören sie den kirchlichen „Familialismus".
Oft wird unterstellt, daß ledige Frauen ohnedies Heiratsabsichten und Kinderwünsche hegten, so daß eine hauptberufliche Tätigkeit in der Kirche eher nur vorübergehend angenommen wird.

Partizipation

Es fehlt der Kirche an Modellen, in denen Familienleben und Erwerbstätigkeit von Frauen und Männern gleichzeitig möglich gemacht wird. Die Kirche hätte als Arbeitgeberin beispielhaft politische Aufklärungsarbeit zu leisten durch eine exemplarische Praxis in den eigenen Reihen. Der Reichtum einer Kirchengemeinde liegt darin, daß möglichst viele (sakramental) in sie Eingegliederte ihre „geistliche (Kirchen-)Berufung" erkennen, annehmen und eigenverantwortlich im Rahmen des gemeindlichen Gemeinwohls entfalten und daß die Gemeinde ihrerseits den Raum offenhält für die so wachsende Partizipation. Aus der gottgegebenen Berufung zur Kirche an Ort und Stelle folgen Verbindlichkeit, Teilnahme und Beteiligung an den Entscheidungen, die das gemeindliche Leben und Arbeiten betreffen. In absehbarer Zeit wird es – im Rahmen der katholischen Kirche zumindest – zu einer wachsenden Teilnahme nicht nur von Laien allgemein, sondern vorab von Frauen kommen. Dies wird die Gestalt der Kirche (in Richtung von Glaubensnetzen) sowie ihre Praxis (in Richtung auf Förderung des Lebendigen) umformen.

Das „Amt" in der Gemeinde

Inmitten einer charismatisch begründeten Gemeinde kommt dem „Amt" (in seinen vielfältigen Ausformungen) mehr Bedeutung zu als in einer Gemeinde, in der die Berufungen nicht gehoben und angenommen sind. Es ist berufen, die Einheit der vielen untereinander dadurch zu wahren, daß die Verbindung mit den anderen Gemeinden sowie mit der langen Tradition der Christen nicht abreißt. Die Kunst des „Amtes" in heutigen Gemeinden besteht darin, die Berufung aller ernst zu nehmen, das Bewußtsein der Würde, der Verbindlichkeit, der Partizipation und Entscheidungsfähigkeit bei allen zu fördern. Solches Amt „delegiert" auch nicht Aufgaben an Mitglieder der Gemeinde, macht sie auch nicht zu Mitarbeitern/innen des Amtes, sondern fördert die den einzelnen von Gott unmittelbar gegebenen Begabungen und macht sie so zu Mitarbeitern/innen der Gemeinde Gottes. Aus solchen Aufgabenverteilungen erwachsen keine Unterschiede an Würde, Berufung, Beteiligung an den Entscheidungen weder zwischen Amtsträgern und den übrigen Kirchenmitgliedern noch zwischen Männern und Frauen.

Gemeindekultur

Wie geschieht nun die praktische lebensmäßige Eingliederung in eine Gemeinde, wie damit die Weitergabe des Glaubens an neue Mitglieder? Gibt es bewährte Glaubenszuwege nicht nur für Kinder, sondern zunehmend für suchende Erwachsene in einer religiös mobil gewordenen Kultur hochmoderner Gesellschaften? Wie kann es geschehen, daß das einzelne Mitglied der Gemeinde in einer Gruppe lebt, die es „ernährt", und einer anderen, die es nährt? Wie können Nähe und Distanz kultiviert, wie das Individuelle der gläubigen Einzelbiographie mit der „Biographie" der Ortsgemeinde vermittelt werden? Die Antworten auf solche und ähnliche Fragen einer Gemeindekultur sind nur von den Mitgliedern der Gemeinde, von Männern *und* Frauen, selbst zu geben.

Die Gemeinden tragen heute auch wachsende Bedeutung für die dringlich erforderliche Beschleunigung des ökumenischen Prozesses. Sie sind der Ort, an dem Mischehen leben, Christ(in-n)en verschiedener Konfessionen für die Bewahrung der Schöpfung und des Friedens zusammen beten und arbeiten. Darin wächst zwischen Gemeinden verschiedener Konfessionen eine gelebte Gemeinsamkeit, die mehr wiegt als die (unentbehrlichen) Konsenspapiere der theologischen Kommissionen.

Gemeinden in der Gesamtkirche

Kirche ereignet sich in Gemeinden, erschöpft sich aber nicht in ihnen. Die einzelne Gemeinde ist angewiesen auf die umgreifende Tradition der Kirche. Sie bedarf daher vielfältiger Verbindungen mit Nachbar- und Partnergemeinden. Der Zusammenschluß zu Pfarrverbänden (im Rahmen der katholischen Kirche) ergibt sich nicht nur wegen des heute in der katholischen Kirche verbreiteten Pfarrermangels, sondern weil viele Lebensvorgänge der Kirche den begrenzten Ort einer Gemeinde übergreifen (z. B. Bildungsarbeit, Medien). Dazu kommt, daß viele Aufgaben der Kirche überhaupt nicht in der Ortsgemeinde erfüllt werden können: Es braucht daher übergemeindliche Gebilde in der Kirche (z. B. theologische Fakultäten, Frauenverbände, Priester- und Predigerseminare, Verbände und Vereine, Verwaltungen, Bildungswerke und Akademien, Religionsunterricht). Viele Mitglieder einer Gemeinde werden dabei eine Mehrfachzugehörigkeit besitzen: Sie beteiligen sich auch an außergemeindlichen Vorgängen der Kirche, was dem Leben in der Gemeinde Farbe und Anreicherung bringen kann. Je mehr Möglichkeiten Frauen eröffnet werden, in all diesen Bereichen ihre vielfältigen Fähigkeiten einzubringen, desto lebendiger und glaubwürdiger wird sich das Christentum einer säkularisierten Gesellschaft darstellen können.

Literatur: *Christof Bäumler / Norbert Mette,* Gemeindepraxis in Grundbegriffen (Mainz – Düsseldorf 1987); *Ferdinand Klostermann,* Gemeinde – Kirche der Zukunft, 2 Bde. (Freiburg i. Br. 1974); *Karl Lehmann,* Gemeinde, in: Franz Böckle u. a. (Hrsg.), Christlicher Glaube in moderner Gesellschaft, Bd. 29 (Freiburg i. Br. [2]1982) 5 – 65; *Gerhard Lohfink,* Wie hat Jesus Gemeinde gewollt? (Freiburg i. Br. [7]1987); *Norbert Mette* (Hrsg.), Wie wir Gemeinde wurden (München – Mainz 1982); *Christian Möller,* Lehre vom Gemeindeaufbau, Bd. 1: Konzepte – Programme – Wege (Göttingen 1987); *Gerhard Schneider,* Grundbedürfnisse und Gemeindebildung (München – Mainz 1982); *Paul M. Zulehner,* Das Gottesgerücht. Bausteine für eine Kirche der Zukunft (Düsseldorf [4]1988); *ders. u. a.,* Sie werden mein Volk sein. Grundkurs gemeindlichen Glaubens (Düsseldorf [3]1987). Paul Michael Zulehner

Generationsprobleme

↗ Abhängigkeit; Alleinstehende; Alter; Ausländerinnen; Bildung; Depression; Ehrenamt; Elternschaft; Erwerbstätigkeit; Familie; Frauen im ländlichen Raum; Kinder; Lebenskrisen; Mutterbindung; Mutterschaft; Pflege, häusliche; Selbsthilfe; Soziale Sicherung; Vaterschaft; Wohnen

Altersstrukturen

Der Begriff „Generation" wird in mehrfachem Sinn gebraucht. Er kann die Gruppe von Altersgleichen kennzeichnen oder eine Gruppe Verschiedener, die ein gemeinsames Schicksal in der nämlichen historischen Epoche erlebt haben (z. B. „Kriegsgeneration"); oder – wie hier – eine Abstammungsfolge in einer Familie (Großeltern, Eltern, Kinder).

Während früher der Begriff „Kernfamilie" (Eltern – Kinder) dominierte, rückt heute die Mehr-Generationen-Familie in den Vordergrund. Die Generationsprobleme von heute müssen im Licht der gegenwärtigen demographischen Entwicklung und im Hinblick auf das Jahr 2000 antizipiert werden; die wichtigsten Daten des Strukturwandels unserer Bevölkerung betreffen Gestalt und Probleme der Generationen in der Familie. Der Altersaufbau hat sich – bei einer insgesamt sinkenden Bevölkerungszahl – verändert. Nach Modellrechnungen für das Jahr 2030 stehen Jugendlichen unter 20 Jahren mit 16% ca. 37% Ältere über 60 Jahren entgegen (heutiges Verhältnis: 23% zu 21%). Die Frage der wirtschaftlichen Daseinsversorgung von älteren Personen durch die Produktionsleistung der Jüngeren (Rente) wird schon vor dem Jahr 2000 in Frage gestellt werden. – Die Gruppe der Hochbetagten (über 80 Jahren) steigt seit 1950 ständig; damit wird die Pflege und Versorgung vieler älterer Menschen akut, wenngleich nicht alle „Alten" fremder Hilfe bedürfen; die gestiegene Lebenserwartung läßt 60jährige von heute im Durchschnitt 78 Jahre alt werden.

Situation der Familien

Der Rückgang der Eheschließungen und die Verdoppelung der Scheidungsziffern in den vergangenen 25 Jahren erschüttern die Stabilität vieler Familien. Die Zahl der Mehrgenerationen-Haushaltungen ist rückläufig. Das rapide Anwachsen der Zahl von Ein-Personen-Haushaltungen läßt nicht nur auf frühzeitiges Ausscheiden von Kindern aus dem Elternhaus schließen, sondern auch auf eine hohe Zahl von Verwitweten und Ledigen. Hier wiederum sind die älteren Frauen am meisten betroffen. – Zur „mittleren Generation" in der Familie gehören heute die Frauen zwischen 30 und 45 Jahren, die den Zweiten Weltkrieg kaum mehr miterlebt haben, wohl aber die Jahre des Lebenskampfes ihrer Eltern danach, den Wiederaufbau und die „Wohlstandsphase" seit Ende der 50er Jahre. Sie durchliefen bereits eine Berufsausbildung und waren meist kürzere oder längere Zeit erwerbstätig, oft neben der Familientätigkeit. Viele von ihnen haben im Lauf der Zeit gelernt, neben dem Wohl ihrer Kinder und des Ehegatten auch die eigenen Bedürfnisse ohne Schuldgefühle zu berücksichtigen und nach Wegen zu suchen, wie sie beide Anliegen sinnvoll miteinander in Verbindung bringen können. Andere litten unter Ohnmachtsgefühlen, Minderwertigkeit und Isolierung, weil sie die ungebrochenen Selbstwertgefühle als Ehefrau und Mutter nicht mehr aufbringen konnten.

Neue Großmütter

Während die heute Hochbetagten noch die selbstverständliche Einfügung in ein traditionelles Bild von Frauenrolle kannten, ist schon die Altersgruppe heutiger Großmütter zwischen 50 und 70 nicht mehr eindeutig davon geprägt, da sie zum Teil einen anderen Bildungsweg hinter sich gebracht, berufliche Selbständigkeit und ab 1918 (in Deutschland und Österreich) politische Gleichstellung mit dem Mann bewußt erfahren konnten. Die heutigen Großmütter ähneln gelegentlich nicht nur im Phänotyp den Töchtern, sondern haben in mancher Beziehung ebenfalls ihre „Öffnung zur Welt und zu sich selbst" vollzogen. Viele von ihnen haben freiwillig auf eine kontinuierliche Erwerbsarbeit verzichtet bzw. haben sie erst später (oder im ehrenamtlichen Dienst) wiederaufgenommen.

Sorge für alte Eltern

Die Generationen leben zwar nicht mehr unter einem Dach zusammen, jedoch besteht entgegen der landläufigen Meinung ein Austauschverhältnis von gegenseitigen Leistungen. Wenn in jüngeren Jahren der Kinder die Verantwortung der *Eltern* ihnen gegenüber im Vordergrund stand, so kann sich dies im weiteren Phasenverlauf einer Familie zugunsten altgewordener Eltern umkehren. Entgegen landläufiger Beurteilung sind quantitative und qualitative Beziehungen zwischen der mittleren und der Abstammungsgeneration erheblich. Einen besonderen

Stellenwert nimmt dabei die mittlere Frauengeneration ein, deren Dienste hauptsächlich an pflegebedürftigen alten Eltern geleistet werden. Neun Zehntel werden von ihnen entweder in deren Haushalt oder in der eigenen Familie versorgt, wenngleich häufig nur unter starker Überforderung physischer und psychischer Kräfte. Eine „Verantwortungskollision" zwischen den eigenen Kindern und Ehegatten und den (töchterlichen) Pflichten gegenüber Eltern kann entstehen, die der praktischen Hilfe von außen bedarf, um nicht auf beiden Seiten Schuldgefühle aufkommen zu lassen.

Hilfe für die junge Familie

Großeltern beantworten die Herausforderungen ihrer „neuen Rolle" ihrerseits durch Dienstleistungsangebote, wie gelegentliche Haushaltsversorgung und Kinderbetreuung (vor allem bei alleinstehenden bzw. erwerbstätigen Töchtern). Sie fördern durch ansehnliche Geldbeträge eine Hausstandsgründung bzw. eine wichtige Neuanschaffung bei Kindern und Enkeln, halten Verbindungen aufrecht von Familie zu Familie und leisten in Krisenzeiten Arbeitserleichterung für die jüngere Frau. Ansprüche der alternden Frau auf Erfüllung eigener Bedürfnisse sollten nicht zu kurz kommen. (Bei einer fortgesetzten Erwerbsarbeit der Großmutter dürfte wohl auch künftig der Freizeitrahmen für Kinder und Enkel zu beiderseitigem Nachteil erheblich eingeengt werden.)

Wohnen

Ein gemeinsames Wohnen mit der „jungen" Familie wird auch von älteren Frauen trotz häufiger Angst vor Einsamkeit im Witwenstand nicht allzuhäufig gewünscht, wohl aber eine eigene Wohnung im räumlichen Nahbereich („Intimität auf Abstand"). Der in den fünfziger Jahren entstandene Typ von Neubauwohnungen trägt den Bedürfnissen alter Menschen kaum Rechnung. Es bleibt immerhin erstaunlich, daß noch 1982 jeder zehnte Mensch über 65 Jahren mit Kindern und Enkeln zusammenleben konnte (in Österreich wohnten 1979 noch 34% der über 60jährigen zusammen mit der jungen Generation).

Unterschiede der Schulbildung

Probleme anderer Art können sich aus der verschiedenen Schulbildung der Generationen ergeben, wenn auf formalisierten Bildungsweg, „Wissenschaftlichkeit", „Fortschritt" besonders Wert gelegt wird. Darunter haben vor allem Mütter (und Großmütter) von Ausländerfamilien zu leiden, weil nur der Abschluß einer deutschen Schule Status und Prestige zu versprechen scheint. Ein gutes Verhältnis zwischen Großmüttern und Enkeln sichert ihre Lebenserfahrung, Sinn für Humor, Beherrschung kreativer Fähigkeiten, Geduld zum Zuhören usw. Zurückhaltung in Erziehungsfragen der Enkel ist geboten, weil die Tendenz zur Selbstbestimmung über die Zeit der Adoleszenz hinaus anhält und das Recht der mittleren Elterngeneration auf die „eigenen" Wege in der Erziehung einschließt.

Umgang mit Konflikten

Damit sind bereits Wege zu potentiellen Konfliktlösungen angedeutet:
Die mittlere und ältere Generation in der Familie müssen sich als erwachsene Partner begegnen und damit die alten Muster Kind – Eltern hinter sich lassen.
Während in der Jugend der Ablösungsvorgang von den Eltern existentiell notwendig ist, wird beim Älterwerden die innere Loslösung vom erwachsenen „Kind" erforderlich, um den Nachkommenden gerechten Freiraum zu gewähren.
Auf beiden Seiten besteht heute so lange wie möglich der Wunsch nach selbständiger Lebenshaltung, nach größerer Unabhängigkeit bei gleichbleibendem Bedürfnis nach Zuwendung und Anteilnahme.

„Filiale Reife“ (Rosenmayr) verlangt von den Frauen in der mittleren Generation eine Auseinandersetzung mit der Mutter, die gefühlsmäßige Abklärung früher erlebter Abhängigkeiten im Prozeß der eigenen Entwicklung, und gilt als Voraussetzung für die Vorbereitung aufs eigene Alter (sowohl Ablösung früherer Identifizierungen und damit verbundener Ängste wie auch Annahme der eigenen Ambivalenz gegenüber alten Eltern). Auch eine gewisse *Übereinstimmung in Wertvorstellungen und Erwartungen* an das Familienleben bleibt eine gute Voraussetzung für intergenerationellen Austausch. Wo diese Gemeinsamkeiten nicht mehr zutreffen (z.B. in Glaubens- und Moralfragen), entstehen oft schmerzliche Risse zwischen Generationen, die häufig mit Resignation beantwortet werden. Erstaunlich ist aber, daß die Toleranzbreite der Großeltern häufig größer ist als die der Eltern, ohne daß sie selbst ihren persönlichen Standpunkt aufgeben. Generationsprobleme können durch Aufklärung (gesellschaftlicher und psychologischer Zusammenhänge) allein jedoch nicht gelöst werden. Es bleibt keiner Generation erspart, sich zeitlebens immer wieder auf die Suche nach offener Begegnung und nach liebevoller Annahme der anderen wie des eigenen Selbst zu begeben.

Literatur: *4. Familienbericht der Bundesregierung.* Die Situation der älteren Menschen in der Familie, hrsg. vom Bundesministerium für Jugend, Familie, Frauen und Gesundheit (Bonn 1986); *Siegfried Eisenstadt,* Tradition, Wandel und Modernität (Frankfurt a.M. 1979); *Wilhelm Korff,* Wie kann der Mensch glücken? Perspektiven der Ethik (München 1985); *Ursula Lehr,* Die Beziehungen zwischen den Generationen, Konflikte und Kooperation, in: Zeitschrift für Gerontologie 16 (1983) 197ff.; *Karl Mannheim,* Das Problem der Generationen, in: Kölner Vierteljahreshefte für Soziologie 7 (1928) 157ff.; *Margaret Mead,* Der Konflikt der Generationen. Jugend ohne Vorbild (Olten 1971); *Leopold Rosenmayr,* Die menschlichen Lebensalter. Kontinuität und Krisen (München 1978); *ders.,* Die späte Freiheit (Berlin 1983).

MARTHA KRAUSE-LANG

Genetik ↗ Humangenetik, angewandte.

Gentechnik

↗ Diagnostik, vorgeburtliche; Fortpflanzungsmedizin; Geburt; Humangenetik, angewandte; Leihmütter; Schwangerschaft

Grundlagen

Unter „Gentechnik“ versteht man die Gesamtheit der Methoden, die heute zur Erforschung des genetischen Materials (DNS) selbst dienen und zur Darstellung einzelner Erbfaktoren (Gene), ihrer Funktionen und Bedeutung für Entwicklung und Wachstum eines Organismus, für Steuerungsvorgänge und Funktionen in Organen oder in einzelnen Zellen benutzt werden. In der Grundlagenforschung geht es sowohl um die normalen Funktionen als auch um die fehlerhaften Auswirkungen bei Veränderung des genetischen Materials und damit um die Ursachen von Erbkrankheiten oder auch der Krebsentstehung. Darüber hinaus werden diese Methoden, die man auch unter dem Begriff „Gentechnologie“ zusammenfaßt, zur gezielten Zusammenstellung von DNS unterschiedlicher Organismen benutzt, um bestimmte Gene in andere biologische Umgebung einzubringen, dort zu vermehren oder/und funktionieren zu lassen.

Von größter Bedeutung für die Entwicklung der Gentechnik sind Methoden, um ein Gen aus dem Zellkern zu isolieren und es dann als Informationsträger in einen anderen Organismus einzuschleusen, in dem es genauso funktionieren kann wie im ursprünglichen Kern (Gentransfer).

1972 gelang es zum ersten Mal, genetisches Material unterschiedlicher Organismen im Labor miteinander zu verknüpfen. Das genetische Material selbst bietet durch den gemeinsamen molekularen Aufbau bei Pflanzen, Tier und Mensch dazu Gelegenheit: Im Prinzip spielt es keine Rolle, ob ein Gen eines Bakteriums in die Erbmasse eines Tieres oder ein menschliches Gen in ein Bakterium eingepflanzt wird. Dadurch kann man z.B. erreichen, daß ein Genprodukt durch Bakterienvermehrung massenhaft gewonnen wird und für medizinische Zwecke zur Verfügung steht. Auf diese Weise wird menschliches Insulin für Zuckerkranke hergestellt.

Perspektiven der Anwendung

Frauen müssen über die Anwendungsbereiche genausogut informiert sein wie Männer. Sie sollten in der Öffentlichkeit mitreden können, wenn es um Chancen und Risiken geht, die diese neuen Techniken mit sich bringen. Frauen sind besonders sensibilisiert, wenn es um die Zukunft der eigenen Kinder und um die Bewältigung von Hunger in der Welt, um Veränderung des eigenen Lebensraumes und der Umwelt geht.

Ein Anwendungsbereich wird als „weiße Gentechnologie" bezeichnet. Hier wird versucht, Wirtschaftlichkeit, Produktionssicherheit und Produktqualität von eingeführten biotechnologischen Verfahren, bei denen die Stoffwechselleistung von Mikroorganismen ausgenutzt wird, mit Hilfe der Gentechnik zu verbessern. In welchem Umfang hierbei Erfolge erzielt werden oder gerade neue, schwerwiegende Probleme auftreten, wird kontrovers diskutiert. Gegenwärtig eröffnet der Einsatz der Gentechnik insbesondere auf folgenden Gebieten Vorteile und aussichtsreiche Perspektiven: bei der Herstellung von Medikamenten wie Humaninsulin, Blutgerinnungsfaktor VIII, Wachstumshormon oder Interferon; bei der Herstellung von Impfstoffen, diagnostischen Hilfsmitteln wie monoklonalen Antikörpern, DNS-Sonden zur Erkennung von Krankheitserregern oder Krankheiten; bei Erleichterungen in der Käseherstellung, in der Wirkungsverbesserung bei Waschmitteln, Einsparung von Rohstoffen oder Abbau von Schadstoffen im Sinne von Umweltschutz.

Die Anwendung in der Pflanzenproduktion wird auch als „grüne Gentechnologie" bezeichnet. An die Grundlagenforschung auf diesem Gebiet werden hohe Erwartungen geknüpft: Gentechnisch veränderte Pflanzen sollen schließlich für den Menschen hochwertige Eiweiße liefern, damit bei Fehlen tierischer Eiweißquellen auf diese Weise eine ausgewogene Eiweißversorgung einer Bevölkerung erreicht werden kann. Pflanzen könnten durch Einbringung bestimmter Gene gegenüber Unkrautvernichtungsmitteln resistent gemacht werden. Andere Pflanzen könnten einer Umwelt angepaßt werden, in der sie heute nicht gedeihen. Auch die Versuche, z.B. die fruchtständigen Bakterien der Erdbeeren so zu verändern, daß sie Frostschutz gewähren, gehören in diese Ansätze.

Gentechnik in der Tierproduktion und beim Menschen anzuwenden wird „rote Gentechnologie" genannt. In der Nutztierzucht wird in der Gentechnik eine Chance zur weiteren Verbesserung der Produktionsbedingungen gesehen. Hier geht es um Steigerungen der Qualität und Quantität des Tierproduktes (Fleisch, Milch, Wolle), etwa durch schnelleres Wachstum, erhöhte Vermehrung, Verringerung von Krankheitsanfälligkeit oder Veränderung in Stoffwechsel und Futterverwertung. Auch der Gentransfer in die Keimbahn (Ei- oder Samenzellen, befruchtete Eizellen) steht im Experiment. Es konnte bereits gezeigt werden, daß fremde Gene im Wirtsorganismus funktionieren können und ein in den Embryo eingebrachtes Gen im erwachsenen Tier voll funktionsfähig ist. So wurden Mäuseembryonen isolierte Rattengene für Wachstumshormon implantiert; die Mäuse entwickelten ein Riesenwachstum, auch ihre Nachkommen hatten das Rattengen.

Gentechnische Verfahren werden im Bereich der Humangenetik verwendet in der Grundlagenforschung und in der klinischen Genetik. Insbesondere setzt man molekulargenetische Methoden

ein, um Erbkrankheiten zu diagnostizieren und deren Ursache zu ergründen.
Gentechnologische Verfahren eröffnen weitreichende Möglichkeiten für Grundlagenforschung und hochgesteckte Ziele der zukünftigen Anwendung. In diesen Bereich gehören Versuche, defekte Zellen bei Erbkrankheiten durch Einbringung eines normal funktionierenden Gens zu korrigieren, um damit dem Kranken selbst zu helfen (somatische Gentherapie).
Auch von einer Keimbahntherapie ist bereits die Rede, die In-vitro-Fertilisation voraussetzt. Allerdings stehen neben technischen Schwierigkeiten erhebliche sachliche, ethische und rechtliche Probleme zur Debatte, auch wenn einzelne Frauen auf solche Methoden ihre ganze Hoffnung gesetzt haben sollten.

Chancen und Risiken der Gentechnik

Gentechnik wird als eine Schlüsseltechnologie der Zukunft bewertet. Sie wird dabei etwa mit der Mikroelektronik verglichen, wobei sich die Gentechnik allerdings erst in einem frühen Entwicklungsstadium befindet. Es ist aber damit zu rechnen, daß die gesamten Gentechnologien volkswirtschaftlich sehr große Möglichkeiten bieten. Dabei erhofft man sich entscheidende Beiträge zur Lösung schwerwiegender Probleme im Umweltschutz und bei der Überwindung des Hungers in der Welt sowie für die Diagnose und Therapie von Krankheiten beim Menschen. Die Basis für die genannten Chancen ist der Erkenntniszuwachs, der aus der Grundlagenforschung stammt.
Bei allem Optimismus, den die Eröffnung neuer Forschungsansätze und auch die Einschleusung von Kenntnissen in die Anwendung auslöst, werden die Risiken, die eine so grundlegende Umwälzung der Verfahren mit sich bringt, heute in der Öffentlichkeit breit diskutiert. Vor allem wird in Zweifel gezogen, daß die Gefahrenpotentiale der Gentechnik bereits ausreichend bekannt sind und entsprechende Zurückhaltung und Vorsicht geübt werden. Dabei geht es insbesondere um die Freisetzung von Lebewesen mit neu kombinierten Eigenschaften (Erdbeerbakterien). Was im Labor beherrschbar erscheint, könnte unter den Bedingungen freier Entfaltung und Weiterentwicklung nicht rückholbare Folgen haben. Besonders hieraus wird die Forderung nach einem Moratorium für gentechnische Forschung und Anwendung immer wieder erhoben. Auch die Tatsache, daß Gentechnik in die Grundlagen und in die geschichtlich langsamen, evolutiven Veränderungen des Lebens auf der Erde eingreift, wird als Risiko sehr hoch bewertet. Insbesondere mit Blick auf die Anwendung beim Menschen werden die Befürchtungen geäußert, daß die Gentechnik nicht nur eugenische Menschenzucht in den Händen der Mächtigen ermöglicht, sondern daß sich auch mit Hilfe der Gentechnik individuelle Wünsche nach einem problemfreien Leben verwirklichen ließen. Hierbei spielt eine weitverbreitete Angst vor Mißbrauch im Großen, auch für militärische Zwecke, sowie vor Sensationslust und Geltungsdrang einzelner Forscher eine Rolle und führt dabei immer wieder angesichts schrecklicher geschichtlicher Erfahrungen zu einer Ablehnung der Gentechnik. Chancen und Risiken, die bei jeder neu entwickelten Technik vorhanden sind und vor Anwendung bedacht werden müssen, sind bei den gentechnologischen Verfahren besonders weitreichend, in die Zukunft weisend und daher im einzelnen und für den einzelnen schwer zu beurteilen. Das zeigt sich auch in den Diskussionen von Regierungsorganen, die sich seit Jahren um die Abschätzung der Risiken und das Abwägen zwischen Chancen und Risiken in den einzelnen Anwendungsbereichen bemühen.
Gegner der Gentechnologie, u.a. auch Frauenorganisationen, befürchten eine Nutzung dieser Verfahren zur Men-

schenzucht und eine Ausgliederung von Kranken und Behinderten in einem größeren Maße, als es heute durch die vorgeburtliche Diagnostik bereits geschieht. Hierbei ist es die Angst vor dem Umgang mit immer mehr Wissen über die unveränderbare genetische Ausstattung des einzelnen oder der gesamten Menschheit mit einem durchforschten Genom (der gläserne Mensch), die viele verunsichert und eine Abwehrhaltung im Sinne von „Recht auf Nichtwissen" hervorruft. Chancen und Risiken gleichermaßen zu erfassen und zu erkennen, gegeneinander abzuwägen und verantwortungsvolle Entscheidungen für bestimmte Bereiche zu treffen ist Aufgabe von allen Beteiligten; öffentliche Diskussion und Aufklärung, Erziehung zum Umgang mit Wissen für alle erwachsen aus dieser Verantwortung als Pflicht.

Literatur: *Günter Altner,* Leben auf Bestellung. Das gefährliche Dilemma der Gentechnologie (Freiburg i. Br. 1988); *Das Leben achten.* Maßstäbe für Gentechnik und Fortpflanzungsmedizin (Gütersloh 1988); Reihe „Gentechnologie. Chancen und Risiken" (München): Bd. 3: *Rainer Flöhl* (Hrsg.), Genforschung. Fluch oder Segen (1985); Bd. 4: *Hans-Böckler-Stiftung* (Hrsg.), Biotechnologie (1985); Bd. 5: *Friedrich-Naumann-Stiftung* (Hrsg.), Biotechnik und Gentechnologie. Freiheitsrisiko oder Zukunftschance? (1985); Bd. 10: *Regine Kollek / Beatrix Tappeser / Günter Altner* (Hrsg.), Die ungeklärten Gefahrenpotentiale der Gentechnologie (1986); Bd. 12: *Wolf-Michael Catenhusen / Hanna Neumeister* (Hrsg.), Chancen und Risiken der Gentechnologie (1987); *Hans Günter Gassen,* Gentechnik. Einführung in Prinzipien und Methoden (Stuttgart 1985); *Hans Günter Gassen / Andrea Martin / Gabriele Sachse,* Der Stoff, aus dem die Gene sind (München 1986).

TRAUTE SCHROEDER-KURTH

Geschichte

↗ Frauengeschichte.

Geschlechtsidentität

↗ Aggressivität; Anima / Animus; Begabung; Emanzipation; Emotionalität und Rationalität; Erziehung; Familienrollen; Frauenberufe; Frauenrollen / Frauenleitbilder; Identität, weibliche; Leib / Leiblichkeit; Lesbische Liebe; Mann; Männerbilder; Mutterbindung; Psychoanalyse; Psychotherapie, feministische; Sexualethik; Sexualität; Tiefenpsychologie; Urbilder, weibliche

Zum Begriff

Das Wort „Geschlechtsidentität" ist aus zwei Begriffen zusammengesetzt, die beide unter dem Aspekt der Persönlichkeitsentwicklung des Menschen seit Beginn unseres Jahrhunderts Forschungsgegenstände, aber erst in jüngerer Zeit zu einem geläufigen Begriffspaar geworden sind.

Von Sigmund Freud wurde die Bedeutung der Sexualität als zentraler Antrieb und der Zugehörigkeit zu einem Geschlecht als bestimmender Faktor der Persönlichkeitsentwicklung entdeckt; außerdem betonte Freud, daß Sexualität im Sinne der libidinösen Zuwendung zu einer Bezugsperson schon bei der Geburt ihren Anfang nimmt.

„Identität" wurde von Freud und den frühen Psychoanalytikern nur vereinzelt benutzt; die Begriffe „Selbst" und „Selbstvorstellung" galten als präziser. Von „Identität" konnte erst gesprochen werden, nachdem seit 1950 zwei Strömungen in der Psychologie wirksam geworden waren: die Ichpsychologie von Heinz Hartmann mit der Einführung einer konfliktfreien, nicht triebgebundenen Sphäre des Ich und die Erkenntnis der Bedeutung von Umwelt und Kultur in der psychischen Entwicklung des Menschen. E. H. Erikson, der den Begriff der Identität einführte und begründete, ging von drei Komponenten der Persönlichkeitsentwicklung aus: der biologischen, der psychischen und der sozialen. Das Begriffspaar „Geschlechtsidentität" wird von da an in der psychoanalytischen (z. B. Jacobson), in der entwicklungspsychologischen (z. B. Ausubel) und in der sozialpsychologischen (z. B. Neidhardt) Literatur angetroffen.

Entwicklung der Geschlechtsidentität

Eine Darstellung des Entwicklungsverlaufs zur Geschlechtsidentität muß biologische, psychische und soziokulturelle Faktoren einbeziehen. Auch wenn das Verhältnis von Anlage (biologisch und psychisch) und Umwelt ungeklärt ist, sind für die Zuordnung zu einem Geschlecht am Beginn des vorgeburtlichen Lebens Gene und Hormone verantwortlich, und Hormone spielen auch für die weitere Geschlechtsentwickung eine maßgebende Rolle. Sobald der Mensch aber geboren ist, werden Umwelt- und Erziehungseinflüssc machtvoll wirksam. Wie Beobachtungen an Menschen mit Chromosomen- oder Hormonaberrationen zeigen, wird das zugeordnete und „anerzogene" Geschlecht (sogar wenn die Zuordnung biologisch falsch ist) identifikatorisch übernommen (Erhardt, in: Bischof/Preuschoft). Die Zugehörigkeit zu einem Geschlecht ist für die meisten Menschen ein grundlegendes und gesichertes Faktum der eigenen Identität; die Erkenntnis des eigenen Geschlechts wird mit zwei bis drei Jahren vollzogen und so gefestigt, daß sie von da an nie mehr in Zweifel gezogen wird.

Sehr viel länger dauert die Entwicklung der Geschlechtsidentität im Sinne des geschlechtstypischen Selbstverständnisses. Zu wissen, daß man eine Frau ist, und sich weiblich zu verstehen, zu fühlen, zu verhalten sind zwei voneinander abhängige, aber verschieden verlaufende Prozesse, von denen der letztere bei der Geburt beginnt, bis ins Erwachsenenalter Veränderungen und Modifikationen durchläuft und – besonders bei Frauen – oft lebenslang andauert.

Hormone und biologische Reifevorgänge nehmen zwar Einfluß auf dieses geschlechtstypische Selbstverständnis und Verhalten, Umwelt-, Erziehungs- und Kultureinflüsse geben aber den Ausschlag. Mütter und Väter, Erwachsene überhaupt gehen vom Lebensanfang an typisch verschieden um mit Mädchen und mit Knaben (Keller). Im ersten Lebensjahr fördern die Eltern bei den Mädchen Lächeln und Vokalisieren, generell soziales Verhalten, bei Knaben mehr die physischen Aktivitäten. Da die bei Neugeborenen feststellbaren Verhaltensweisen (z. B. Körperbewegungen, Reflexlächeln) bei Mädchen und Knaben verschieden ausgeprägt sind, auf die die Eltern reagieren und eingehen, muß von Anfang an mit einem gegenseitigen Wirkungszusammenhang gerechnet werden: Die Geschlechtsidentität wird nicht auf einfache Weise anerzogen.

Vom zweiten Lebensjahr an werden Mädchen zu weniger Aktivität und Expansion, weniger körperlich betonten Spielen, aber mehr Abhängigkeit angeregt. Obwohl Mütter und Väter mit ihren Töchtern und Söhnen verschieden umgehen, sind Kinder beiden Geschlechts bis zu zwei Jahren an beide Eltern gleich stark gebunden. Danach beginnt eine Konzentration des Kindes auf den gleichgeschlechtlichen Elternteil. Die Erkenntnis der Zugehörigkeit zu einem Geschlecht, der Beginn des geschlechtstypischen Verhaltens und die Anfänge der Identitätsentwicklung geschehen im selben Zeitraum. Verhaltensunterschiede von Mädchen und Knaben in den Bereichen der Aggression, der Aktivität und Dominanz sind von diesem Alter an nachgewiesen und im interkulturellen Vergleich bestätigt worden (Meyer-Bahlburg/Rudolph in: Bischof/Preuschoft). Mit zunehmendem Alter werden diese Unterschiede ausgeprägter. In der Adoleszenz wird die körperliche Entwicklung vervollständigt und die Geschlechtsidentität im Rahmen der Individualitätsentwicklung verdeutlicht und verfestigt. Vor allem an der entstehenden Zukunftsorientierung ist zu erkennen, daß die Selbstbilder der Jugendlichen zunehmend geschlechtstypischer werden.

Das Selbstbild ist bei Mädchen – auch in neuester Zeit – vorwiegend sozial orientiert. Berufe, die Verständnis und Einfühlungsvermögen für andere Menschen voraussetzen, werden von den Mädchen höher bewertet als Berufe, die Durchsetzungsvermögen und Übernahme von Verantwortung verlangen (Degenhardt/Trautner). Obwohl die Mädchen schon vor der Adoleszenz beginnen, die männlichen Rollen höher zu bewerten, übernehmen sie die mit zunehmendem Alter immer negativer bewerteten weiblichen Rollen. Dies führt zu inneren Konflikten und Identitätskrisen, die oft dann manifest werden, wenn eine Frau versucht, berufliche Ambitionen und den Wunsch nach einer Familie gleichzeitig zu realisieren.

Erklärungsmodelle

Die Ursache dieser geschlechtstypischen Entwicklung kann in biologischen Faktoren allein nicht gefunden werden. Aufgrund der pränatalen Einflüsse ist zwar die Geschlechtszugehörigkeit eindeutig vorbestimmt, die Prädisposition zu einer Geschlechtsidentität beschränkt sich hingegen auf einen Rahmen, der durch die Lebenserfahrung ausgefüllt werden muß und stark modifizierbar ist. Die Ursache allein den soziokulturellen Einflüssen und der Erziehung zuzuschreiben löst die Frage ebensowenig, da jeder Mensch Einstellungen und Verhaltensweisen entwickelt, die ihm nicht mit den Mitteln der Belohnung und Bestrafung anerzogen worden sind und die er auch nicht durch Imitation oder Identifikation mit seinen Mitmenschen erworben hat. – Nur eine komplexe, interaktive Betrachtungsweise, die biologische, psychische und soziokulturelle Komponenten einschließt, vermag eine Erklärung anzubieten: Aufgrund einer biologisch vorbedingten Prädisposition, der richtungweisenden Einflüsse der Erzieher sowie der eigenen Erkenntnis der Geschlechtszugehörigkeit beginnt das Kind, seine Umwelt nach männlich und weiblich zu differenzieren. Es übernimmt nicht abbildhaft die geschlechtstypischen Rollen, die von ihm erwartet werden, sondern es setzt sich aktiv mit den Modellen auseinander, die seinem vorläufigen Selbstbild und der Idealvorstellung seiner selbst entsprechen. Dieses Erklärungsmodell der aktiven Aneignung (Kohlberg) vermag besser als die anderen zu erklären, wie das Kind, der Jugendliche und der Erwachsene die divergierenden Erwartungen und Einflüsse zu einer individuellen Identität integriert, und es dürfte das einzige sein, das zu erklären vermag, daß die Emanzipation der Frauen möglich war und ist.

Literatur: *Annemarie Allemann-Tschopp,* Geschlechtsrollen. Versuch einer inderdisziplinären Synthese (Bern – Stuttgart – Wien 1979); *David P. Ausubel / Edmund V. Sullivan,* Das Kindesalter (München 1974); *Norbert Bischof,* Biologie als Schicksal?, in: Erika Weinzierl (Hrsg.), Emanzipation der Frau (Düsseldorf 1980); *Norbert Bischof / Holger Preuschoft* (Hrsg.), Geschlechtsunterschiede. Entstehung und Entwicklung (München 1980); *Werner Conze* (Hrsg.), Sozialgeschichte der Familie in der Neuzeit Europas (Stuttgart 1976) 363ff.; *Annette Degenhardt / Hanns Martin Trautner* (Hrsg.), Geschlechtstypisches Verhalten. Mann und Frau in psychologischer Sicht (München 1979); *Hubert Ch. Ehalt* (Hrsg.), Zwischen Natur und Kultur. Biologistische Ansätze in Geschichte und Gegenwart (Wien 1984); *Erik H. Erikson,* Identität und Lebenszyklus (Frankfurt a.M. 1966); *Heinz Hartmann,* Ich-Psychologie. Studien zur psychoanalytischen Theorie (Stuttgart 1972); *Edith Jacobson,* Das Selbst und die Welt der Objekte (Frankfurt a.M. 1973); *Heidi Keller* (Hrsg.), Geschlechtsunterschiede (Weinheim 1979); *Lawrence Kohlberg,* Zur kognitiven Entwicklung des Kindes (Frankfurt a.M. 1974); *John Money / Anke A. Erhardt,* Man and Woman, Boy and Girl (London – Baltimore 1972); *Ursula Morf-Rohr,* Zur Frau geboren – zur Frau erzogen?, in: Christa Köppel / Ruth Sommerauer (Hrsg.), Frau. Realität und Utopie (Zürich 1984); *Klaus E. Müller,* Die bessere und die schlechtere Hälfte. Ethnologie des Geschlechterkonflikts (Frankfurt a.M. 1984); *Friedhelm Neidhardt* (Hrsg.), Frühkindliche Sozialisation (Stuttgart 1979).

Ursula Morf-Rohr

Gesundheit

↗ Alter; Arbeitslosigkeit; Armut; Depression; Ehekrisen; Ehe- und Paartherapie; Empfängnisverhütung; Eßstörungen; Familientherapie; Fortpflanzungsmedizin; Ganzheitlichkeit; Geburt; Klimakterium; Krankheit; Lebenskrisen; Leib / Leiblichkeit; Medizin; Psychoanalyse; Psychotherapie, feministische; Schwangerschaft; Sucht; Suizid; Tiefenpsychologie; Zyklus / Zyklen

Definitionen

Gesundheit bedeutet für viele Frauen mehr als nicht krank zu sein, keine Schmerzen zu haben. Freude am Leben, innere Zufriedenheit und Glück sind wichtige Bestandteile des von Frauen beschriebenen Gesundheitsbegriffs. Diese Bestimmung beruht auf ihren alltäglichen und lebensgeschichtlichen Erfahrungen. Ihre Lebensgeschichte des Leidens und der Unterdrückung, aber auch ihrer Stärke, ihres Widerstands, um sich und ihren Kindern ein lebenswertes Leben zu verschaffen, gehen darin ein. Dieser Gesundheitsbegriff umfaßt die sozialen und persönlichen Bedingungen für ein gesundes Leben.

Von der Medizin wird der Gesundheitsbegriff als Abwesenheit von Krankheit definiert und damit als Normalzustand, der weder medizinisches Handeln erfordere noch eine Arbeitsunfähigkeit zur Folge habe. Gesundheit wird damit als Arbeits- und Leistungsfähigkeit verstanden und damit als Bereitschaft, sich diesen gesellschaftlichen Normen anzupassen. In Sozialmedizin und Epidemiologie, den Wissenschaften, die unter anderem soziale und umweltbezogene Bedingungen/Ursachen von Krankheit und Gesundheit untersuchen, wird Gesundheit ebenfalls als Abwesenheit von Krankheit verstanden. Es werden die (Risiko-) Faktoren untersucht, die Krankheit hervorbringen, aber nicht diejenigen, die Gesundheit erhalten. Ziel ist es, die Ansatzpunkte für die Verhütung – Prävention – von Erkrankungen zu finden.

Gesundheitserziehung und ihre Kritik

Diese Wissenschaften sind Grundlage für die verhaltenstheoretisch ausgerichtete Gesundheitserziehung. Da die sozialmedizinische Forschung vor allem verhaltensbedingte Faktoren (z.B. Rauchen, Fehlernährung, Bewegungsmangel, Alkoholmißbrauch) als Ursachen für Volkskrankheiten wie Herzinfarkt, viele Krebsarten, Atemwegserkrankungen, Lebererkrankungen etc. benennt, ist es Ziel der bisherigen Gesundheitserziehung, durch Aufklärungs- und Motivationskampagnen die Bevölkerung zu einer gesünderen Lebensweise zu veranlassen. Allerdings mit umstrittenem und bisher nicht eindeutig nachgewiesenem Erfolg.

Kritisch betrachtet wird dieses Konzept vor allem aus sozialwissenschaftlicher Perspektive, woran die Frauengesundheitsforschung (und -bewegung) einen wichtigen Anteil hat. Ihre Kritik lautet: Die bisherige Gesundheitserziehung vernachlässige die gesellschaftlichen, sozialen, kulturellen und personalen Bedingungen, unter denen Verhaltensänderungen und Gesundheit möglich oder nicht möglich seien. Dem Risikofaktorenkonzept wurde das Lebensweisenkonzept entgegengestellt (vgl. Horn und Kickbusch). Rauchen, Alkoholkonsum, falsche Ernährung seien soziale Verhaltensweisen, die ihren Sinn nicht als Risiken für Gesundheit, sondern in ihrer Bedeutung für die Bewältigung alltäglicher Konflikte und Belastungen in Beruf und Familie erhalten. Das Festhalten an diesem „Fehl"-Verhalten sei vielleicht sogar ein versteckter Protest gegen die Funktionalisierung der Gesundheit für die Leistungs- und Arbeitsfähigkeit und den Zwang zur gesellschaftlichen Konformität.

Das Lebensweisenkonzept erfordert deshalb eine jeweils spezifische Betrachtung unterschiedlicher sozialer Gruppen, wie z.B.: Männer und Frauen; Kinder, Jugendliche und Erwachsene; Personen mit unterschiedlicher sozialer Lage. Nicht eine von außen gesetzte Gesundheitsnorm, sondern die Alltagsvorstellungen der Menschen selbst und die Bedingungen, unter denen sie entstehen und sich verändern, müssen Forschungsthema und Ausgangspunkt für eine über die Veränderung von Risikofaktoren hinausgehende Gesundheitsförderung sein.

Frauengesundheitsbewegung und Frauengesundheitsforschung

Im Sinne dieses Konzeptes setzen sich die Frauengesundheitsforschung und -bewegung mit der männlich dominierten Medizin auseinander und prangern die Einverleibung des weiblichen Körpers und seiner biologischen Funktionen – wie Menstruation, Schwangerschaft, Geburt, Menopause – durch die Medizin an. Frauengesundheitszentren entstanden, in denen Frauen begannen, ihren Körper kennenzulernen und alte Heilmethoden anzuwenden. Es entwickelte sich eine breite Frauenselbsthilfebewegung; Frauenhäuser, Frauentherapiezentren und Mütterzentren wurden eingerichtet. Mit der sanften Geburt und dem Konzept „rooming-in" erhielten Forderungen der Frauenbewegung sogar Einzug in die männliche Domäne der Geburtshilfe.

In Epidemiologie und Sozialmedizin konnten bisher jedoch kaum frauenspezifische Fragestellungen hereingetragen werden. Je praxisbezogener allerdings die Ansätze, um so mehr stiegen die Chancen für die Frauengesundheitsforschung. Dabei erwies sich der Einbezug neuer methodischer Ansätze, wie der qualitativen Forschung und der an den Interessen der „Beforschten" orientierten Handlungsforschung, als notwendig.

Unterschiedliche Gesundheit bei Frauen und Männern

Eine neue Gesundheitstheorie sollte entwickelt werden, die auch die spezifischen Bedingungen der Frauen einschließe (Franke 1985). Dazu gehören unter anderem solche Fragen wie: Haben Frauen eher passive, beziehungs- und körperbezogene, Männer eher aktive, rationale, sachbezogene Bewältigungsstrategien? Dies wäre eine Erklärung dafür, daß Frauen häufiger als Männer Befindungsstörungen äußern (z.B. Kopfschmerzen, Zerschlagenheit, Müdigkeit, Schlafstörungen, depressive Verstimmungen). Frauen nehmen auch mehr psychovegetativ wirkende Medikamente ein als Männer (doppelt so häufig Schlaf- und Beruhigungsmittel und anderthalbmal so häufig Schmerzmittel). Eßstörungen, Fehlernährung (z. B. Magersucht und Übergewicht) und Depressionen kommen ebenfalls bei Frauen häufiger vor. Wir sprechen hier vom „Frauensyndrom" (Vogt 1983) oder der „weiblichen somatischen Kultur" (Rodenstein 1982).

Welches sind die spezifischen Lebensbedingungen von Frauen, die ihre Gesundheit bestimmen? Daten zur gesundheitlichen Lage und zum Gesundheitsverhalten zeigen, daß besonders Frauen aus unteren sozialen Schichten stark beeinträchtigt sind. Sie sind nicht nur kränker, sondern sie rauchen auch mehr, sind eher übergewichtig, neigen häufiger zu hohem Blutdruck als Männer. Besondere Belastungen haben Frauen durch ihre Aufgaben in Beruf und Familie. Sehr verschiedene Faktoren kommen dabei zusammen: zeitliche Belastungen, widersprüchliche Verhaltensanforderungen und Orientierungsmuster, der Zwang zu Anpassungsbereitschaft und Passivität bei gleichzeitiger Forderung nach Durchsetzungs- und Arbeitsfähigkeit, die Forderung nach Flexibilität auf dem Arbeitsmarkt u. a. m.

Gesundheit und soziale Utopie

Auf diesem Hintergrund sind Gesundheit und Krankheit der Frau als Ausdruck der Ambivalenz zwischen Anpassung und Widerstand zu verstehen. Im gesellschaftlichen Feld widersprüchlicher Anforderungen schwankt die Frau zwischen Passivität und dem Zwang zur Meisterung des Lebens. Befinden, Leiden, Sucht und Abhängigkeit sind stiller Protest und leiser Widerstand gegen den Zwang zur Unterwerfung unter eine gesellschaftlich wirksame Weiblichkeitsnorm. Sie sind innere Signale, aufzustehen und ein selbstbestimmtes Leben und eine widerständige Identität zu suchen.

Gesundheit ist auch Streben nach Glück, Wohlbefinden, Zufriedenheit und Stärke. Frauen müssen lernen, diesen Anspruch auf Gesundheit zu stellen und durchzusetzen. Veränderungen der gesellschaftlichen Bedingungen und in der Umwelt müssen dabei genauso erstritten werden wie Veränderungen der unmittelbaren Lebensumwelt und der eigenen Person. Anspruch auf Gesundheit in diesem Sinne heißt, den Anspruch auf Selbstverwirklichung, Unversehrtheit des Körpers, körperliches und seelisches Wohlbefinden zu stellen. Gesundheit ist damit eine soziale Utopie.

Literatur: *Barbara Ehrenreich / Deidre English,* Hexen, Hebammen, Krankenschwestern (München 1975); *Esther Fischer-Homberger,* Krankheit Frau. Zur Geschichte der Einbildung (Neuwied 1984); *Alexa Franke,* Einige Überlegungen zur Gesellschaftsspezifität von Gesundheit und Krankheit. Vortrag auf der Tagung „Medikamente für Frauen – Chemie für die Seele" vom 4.–6. November 1985 in Bremen; *Klaus Horn,* Gesundheitserziehung im Verhältnis zu anderen sozialisatorischen Einflüssen. Grenzen individueller Problemlösungsmöglichkeiten, in: Europäische Monographien 5 (1983); *Ilona Kickbusch,* Betroffenheit und Beteiligung. Ein soziales Konzept der Gesundheitserziehung, in: Internationales Journal für Gesundheitserziehung, Suppl. für Vol. XXIV, Nr. 4, Okt.–Dez. 1981; *Marianne Rodenstein,* Thesen zur somatischen Kultur von Frauen, in: Friedrich Heckmann / Peter Winter (Hrsg.), 21. Deutscher Soziologentag 1982. Beiträge der Sektions- und ad-hoc-Gruppen (Wiesbaden 1983); *Ulrike Schneider* (Hrsg.), Was macht Frauen krank? Ansätze zu einer frauenspezifischen Gesundheitsforschung (Frankfurt a.M. – New York 1981); *Irmgard Vogt,* Das Frauensyndrom im Verhältnis zur Medizin. Iatrogene Medikalisierung der gesellschaftlich hergestellten Leidensformen einer unterdrückten Majorität, in: Leviatan 11/1983.

ULRIKE MASCHEWSKY-SCHNEIDER

Gewalt gegen Frauen

↗ Abhängigkeit; Aggressivität; Diskriminierung; Frauenbewegung; Frauenhandel / Mädchenhandel; Frauenhäuser; Frauenrollen / Frauenleitbilder; Hexen; Kriminalität; Mann; Männerbilder; Menschenrechte; Pornographie; Prostitution; Selbsthilfe; Sexismus; Sexualethik; Sexualität; Sprachkritik, feministische

Äußerungen der Gewalt

Der Begriff „Gewalt gegen Frauen" umfaßt verschiedene Formen von Angriffen durch Männer gegenüber Frauen: Prügeln; sexuelle Nötigung und Vergewaltigung der Ehefrau, Partnerin oder anderer Frauen; sexueller Mißbrauch von Mädchen in der Familie, Verwandtschaft und Nachbarschaft oder durch Fremde; Nötigung von Auszubildenden und Arbeitskolleginnen zur Duldung sexueller Übergriffe; verbale Einschüchterung mit sexuellen Anspielungen; Pöbeleien und Anfassen am Arbeitsplatz oder in der Öffentlichkeit; abfällige, verdinglichende und masochistische Frauenbildvorgaben in pornographischen Medien und Werbung u.v.m. Zum Verständnis des Problems sind zwei Aspekte von Bedeutung: die verschiedenen Tatbestände der Gewalt als psychosoziales Phänomen einerseits sowie die Formen der Beachtung und Beurteilung der Taten innerhalb der Gesellschaft anderseits. Angst vor sexueller oder sonstiger Gewalt von Männern ist prägendes Element der Lebenssituation von Frauen. Daher nimmt eine Analyse dieser Aspekte bei der Suche nach einer Lösung der Problematik den größten Raum ein.

Phänomene und Bewertungen

Gewalt im beschriebenen Sinn ist nicht nur als individuelle Konfrontation zwischen einem Täter und einem Opfer zu begreifen. Man muß sie vielmehr als Ausdruck eines gesellschaftlich bedingten Konflikts verstehen, in dem der physisch und meist auch ökonomisch Stärkere mit einem Akt körperlicher Gewalt oder verbaler Nötigung (der häufig bewußt sexuell demütigend sein will) seinen Willen auf Kosten der Frau oder des Mädchens durchsetzt oder eigene Erniedrigungserfahrungen z.B. aus dem beruflichen Alltag an sie weitergibt. Im Bereich von Ehe und unehelicher Partnerschaft lassen sich folgende Weisen der Angriffe beschreiben: insbesondere Vergewaltigung, die in der Ehe je nach Strafgesetz entweder nicht oder in geringerem Maße als die außereheliche Vergewaltigung strafbar ist; Nötigung zu bestimmten sexuellen Praktiken; Prügelstrafe für Verfehlungen oder Widerstände der Partnerin; Einsperren in der Wohnung; Nötigung durch Bedrohung der Kinder; Verweigerung bzw. Entzug von Wirtschaftsgeld; psychischer Druck durch Betonung der Minderwertigkeit und Bedeutungslosigkeit der jeweiligen Frau; einschüchternde Ausschreitungen gegen das Wohnungsinventar. Anlässe können z.B. sein: ein als schlecht befundenes Essen; aggressive oder verteidigende Bemerkungen der Frau; Eifersucht; ein Fleck im Tischtuch; die Angst, verlassen zu werden; eigenständiges Handeln; das eigenständige Knüpfen sozialer Kontakte; Verfolgen beruflicher Interessen; Aufnahme von Erwerbstätigkeit u.v.m.

Soziokulturelle Faktoren

Als Konfliktursachen kommen zahlreiche Faktoren in Betracht, die einen gesellschaftlichen oder kulturellen Hintergrund haben können. Die Tatsache bzw. das Bewußtsein der Überordnung gegenüber Frauen stellt z.B. für viele Männer eine Mindestvoraussetzung der eigenen männlichen Identität dar. Dies übt wiederum einen großen Rollendruck aus. Gleichzeitig beruhen die Kalkulierbarkeit und Funktionsfähigkeit fast sämtlicher gesellschaftlicher Prozesse, insbesondere der ökonomischen, sowie das Engagement und die Durchsetzung des Mannes im Beruf auf der stillschweigenden Voraussetzung: nämlich, daß die komplementäre Rolle der Frau akzeptiert wird. Dies schließt deren unbezahlte Arbeit als Familienversorgerin und ihren weitgehenden Verzicht auf berufliche Konkurrenz mit dem Mann ein. Angst als Reaktion auf verändertes Frauenverhalten ist daher unvermeidlich. Männern verhilft ihre körperliche Überlegenheit oft dazu, sich durch Gewalt oder unter Ausnutzung der Abhängigkeit (vor allem der Familienmutter und der Mitarbeiterin) von der Bedrohung und Belastung dieser Angst zu befreien. Faktische Gewalt wird durch eine schlichte Berufung auf den eigenen Machtanspruch gerechtfertigt. Solche Gewaltanwendung steht nicht selten im Zusammenhang mit einem Alkoholkonsum des Mannes. Auch Selbstzweifel, hervorgerufen etwa durch Arbeitslosigkeit oder Niederlagen im Beruf, werden mit aggressiv-handgreiflichem Machtgebaren kompensiert.

In der neuen Frauenbewegung besteht die Forderung, das Phänomen der Überspielung von Konflikten und des Abreagierens von Frustration mittels Gewalt gegen (die schwächeren) Frauen nicht nur als privates bzw. individuelles Problem zu sehen und es nicht in die Zuständigkeit der betroffenen Einzelpersonen zu verweisen. Es soll vielmehr als gesellschaftliche Notlage begriffen werden. Diese steht im Zusammenhang einer Atmosphäre von Frauenfeindlichkeit. Sie kommt beispielsweise in Reaktionen auf die Gewalt zum Ausdruck: Da gibt es die Feststellung, Frauen seien selbst schuld, wenn sie sich Gewalt gefallen lassen, und das reicht bis hin zum mit wissenschaftlichem Anspruch behaupteten Masochismus der Frau: Eine als wesensmäßig begriffene Leidensbereitschaft, die zugunsten der Bedürftigkeit des in der Welt geplagten Mannes wirkt, ist hier unterstellt.

Sexualdelikte

In ähnlicher Weise sind die Ursachen außerehelicher Sexualdelikte in der gesellschaftlichen Konstruktion der Geschlechterverhältnisse aufzufinden und nicht in einer womöglich vom Opfer selbst verschuldeten triebbedingten Reaktion eines aufgereizten Mannes. Der Umgang mit sexueller Erregung ist eine Frage des freien Willens und sozialen Handelns. Verschiedene Untersuchungen zeigen, daß das Ziel des Täters letztlich nicht die sexuelle Be-

friedigung ist – der geisteskranke Triebtäter ist selten –, sondern darin, Überlegenheit und Durchsetzungsentschlossenheit zu demonstrieren.
Tatsächlich wird dem Vergewaltiger in unserer Gesellschaft mehr Verständnis entgegengebracht als seinem Opfer. Diesem kann stets irgendeine Form von Naivität oder Leichtfertigkeit von „unweiblichem" Verhalten, von aufreizenden körperlichen Signalen u.v.m. als Tatauslösung angelastet werden.
Das Strafrecht verlangt eine eindeutige massive körperliche Gegenwehr, die es möglich macht, eine Abweichung vom normalen männlichen „Erobererverhalten" festzustellen. Verbaler Widerstand reicht nicht aus, es sei denn, die Betroffene wird lebensgefährlich oder körperlich bedroht. Hierbei bleibt die weibliche Perspektive, daß ein Mann schon allein wegen seiner körperlichen Überlegenheit als Bedrohung empfunden werden kann, außer acht. Das erwartete Verhalten steht allerdings in Widerspruch zu einer Erziehung zur Weiblichkeit, die Körperkraft und Durchsetzungsfähigkeit in der Regel vernachlässigt. Der Anspruch, sich dem Schutz eines Mannes anzuvertrauen, verstärkt die Abhängigkeit und verdeckt die Tatsache, daß der Täter überwiegend aus dem Bekannten- oder Verwandtenkreis stammt. Dieses Faktum sowie die Angst, als unglaubwürdig dazustehen, diffuse Schamgefühle und die Angst, sozial gebrandmarkt zu sein, die Angst vor der Wirksamkeit des Mythos, jede Frau wolle einmal vergewaltigt werden, die Furcht vor den rücksichtslosen Fragen in einer von Männern beherrschten Gerichtsverhandlung, wo sie ihre Glaubwürdigkeit beweisen muß usw., bewirken, daß 90% der Opfer auf eine Anzeige verzichten. Falschanzeigen liegen unter der Quote von 3% bei anderen Delikten.
Das stete Gefühl realer Bedrohung führt u.a. zur Einschränkung der Bewegungsfreiheit von Frauen, zur Lebensangst als einem Grundelement weiblichen Lebensgefühls, zum Bewußtsein der Minderwertigkeit sowie zur Festigung der sozialen Unterordnung.

Literatur: *Karin Albrecht-Désirat / Klaus Pacharzina* (Hrsg.), Sexualität und Gewalt (Bensheim 1979); *Kathleen Barry,* Die sexuelle Versklavung von Frauen (Berlin 1983); *Cheryl Benard / Edit Schlaffer,* Die ganz gewöhnliche Gewalt in der Ehe (Reinbek 1978); *dies.,* Der Mann auf der Straße (Reinbek 1980); *Susan Brownmiller,* Gegen unseren Willen (Frankfurt a.M. 1978); *Margrit Brückner,* Die Liebe der Frauen (Frankfurt a.M. 1983); *Roswitha Burgard,* Mißhandelte Frauen. Verstrickung und Befreiung. Eine Untersuchung zur Überwindung von Gewaltverhältnissen (Weinheim 1985); *Carol Hagemann-White u.a.,* Hilfen für mißhandelte Frauen (Stuttgart 1981); *Jürgen Heinrichs* (Hrsg.), Vergewaltigung. Die Opfer und die Täter (Braunschweig 1986); *Sibylle Plogstedt / Kathleen Bode* (Hrsg.), Übergriffe. Sexuelle Belästigung in Büros und Betrieben (Reinbek 1984); *Florence Rush,* Das bestgehütete Geheimnis. Sexueller Kindesmißbrauch (Berlin 1982); Vergewaltigung als soziales Problem – Notruf und Beratung für vergewaltigte Frauen (Schriftenreihe des Bundesministers für Jugend, Familie und Gesundheit, Bd. 141) (Stuttgart 1983); *Kurt Weis,* Die Vergewaltigung und ihre Opfer (Stuttgart 1982).

BEATRIX SCHIELE

Gewerkschaften

↗ Arbeit; Arbeitslosigkeit; Arbeitsrecht; Aufstiegschancen; Ausbildung; Ausländerinnen; Beruf; Chancengleichheit; Emanzipation; Erwerbstätigkeit; Erziehung; Familie; Frauenberufe; Frauenbewegung; Frauenförderung; Frauengeschichte; Frauenquotierung; Internationaler Frauentag; Leistung; Macht; Mädchen-/Frauenschutz; Mutterschutz; Nationalsozialismus; Parteien; Soziale Sicherung; Sozialethik, evangelische; Sozialismus; Soziallehre, katholische; Technik / Technologien; Wiedereingliederung; Wirtschaft

Geschichte

In der Geschichte der Frauenemanzipation spielen Gewerkschaften eine eher untergeordnete Rolle. Berufliche Bildung und Recht auf Arbeit z.B., die für bürgerliche Frauen nicht zuletzt deshalb von wesentlicher Bedeutung waren, weil sie damit ihre Abhängigkeit von einem Ernährer aufheben konnten, blieben für die große Masse der Arbeiterinnen über viele Jahrzehnte ohne Bedeutung. Angesichts der schlechten materiellen Lage von Arbeiterfamilien war es faktisch die Pflicht der Ehefrau, gemeinsam mit dem Mann den Familienunterhalt zu gewährleisten. Die Forderungen nach Arbeitsschutz, Schwangeren- und Wöchnerinnenschutz und nach Versorgung beim Tod des Ernährers waren für Arbeiterinnen wichtiger als die Auseinandersetzung mit ihrer Rolle als Frau. Sie mußten sich nicht selten gegen Bestrebungen bürgerlicher Frauen wehren, die alle Schutzgesetze als Hemmnisse für die Gleichberechtigung ansahen und höchstens den Mutterschutz gelten ließen.

Für die männlichen Arbeiter war es ein Idealziel, ihren Ehefrauen die schwere Erwerbsarbeit unter zum Teil menschenunwürdigen Bedingungen zu ersparen. Anderseits sahen viele Arbeiter die gering bezahlten Arbeiterinnen – Frauen verdienten zum Teil bei gleicher Arbeit nicht einmal 50% des Männerlohns – über viele Jahre hinweg als Konkurrentinnen und Lohndrückerinnen an.

Das waren keine idealen Voraussetzungen für eine systematische Organisierung von Frauen in Gewerkschaften, die traditionell reine „Männersache" waren. Dennoch wurden in den Gewerkschaften bald Bemühungen sichtbar, für die Vertretung der spezifischen Interessen von Frauen (Lohnfragen, Arbeitsschutzfragen, stärkere Organisationsdichte usw.) eigene Frauensekretariate einzurichten – nicht zuletzt deshalb, um der Entwicklung von reinen Arbeiterinnengewerkschaften keine Chance zu geben.

Bei der Generalkommission der Freien Gewerkschaften Deutschlands (sozialdemokratische Prägung) – dem ersten dauerhaften Zusammenschluß unterschiedlicher gewerkschaftlicher Fachverbände in Deutschland – wurde am 1. 10. 1905 das erste Arbeiterinnensekretariat eingerichtet. Es wurde bis zum März 1909 von Ida Altmann geleitet. Ihre Nachfolgerin wurde Gertrud Hanna, die diese Aufgabe bis zum Verbot der Gewerkschaften durch die Nationalsozialisten 1933 wahrnahm. Gertrud Hanna suchte gemeinsam mit ihrer Schwester am 26. 2. 1944 den Freitod.

Im Zentralverband der christlichen Gewerkschaften wurde 1918 ein Frauendezernat eingerichtet, dessen Leitung Christine Teusch übertragen wurde. Christine Teusch wurde 1919 (sie war 31 Jahre alt) in die Weimarer Nationalversammlung gewählt. Mit Auflösung des letzten frei gewählten Reichstages 1933 verlor sie ihr Mandat. Nach dem Kriege rief der nordrhein-westfälische Ministerpräsident Karl Arnold (CDU) sie als Kultusministerin in sein Kabinett. Sie starb am 24. 10. 1968.

Entwicklungen nach 1945

Im Vorstand der nach dem Kriege 1949 gegründeten Einheitsgewerkschaft, dem Deutschen Gewerkschaftsbund (DGB), waren von 1950 bis 1956 Thea Harmuth, von 1956 bis 1980 Maria Weber und ab 1980 Irmgard Blättel für Frauenarbeit zuständig.

Es waren in erster Linie Gewerkschafterinnen und Gewerkschafter, die – nach Inkrafttreten von Artikel 3 des Grundgesetzes – die ersten Klagen gegen die Benachteiligung der Frauen beim Einkommen über alle Instanzen führten und schließlich auch obsiegten. Damit wurde das auch nach 1945 noch allgemein praktizierte Lohnschema: „Facharbeiter, ungelernte Arbeiter, Arbeiterinnen" außer Kraft gesetzt.

Das entscheidende Urteil des Bundesarbeitsgerichts wurde am 15. 1. 1955 gefällt. Darin wird ausdrücklich festgestellt: „Der Lohngleichheitsgrundsatz bindet als Grundrecht nicht nur die staatliche Gewalt, sondern auch die Tarifvertragsparteien."

Allerdings heißt es im gleichen Urteil auch, daß keine rechtlichen Bedenken bestehen, wenn bei einem Umbau der Tarifverträge Frauen „deshalb geringer entlohnt werden, weil gerade sie es sind, die die leichtere Arbeit oder die überwiegend leichtere Arbeit leisten". Diese Feststellung wurde von Arbeitgeberseite als Aufforderung empfunden, Leichtlohn- bzw. Frauenleichtlohngruppen einzuführen, denen die Vertreter der Arbeitnehmerseite über lange Jahre hinweg – wenn auch nicht ohne Skrupel und gegen wachsenden Widerstand bei den organisierten Arbeitnehmerinnen – zustimmten, mindestens aber keinen erfolgversprechenden Widerstand leisteten.

Gleicher Lohn für gleichwertige Arbeit

Die industrielle Entwicklung und die fortschreitende Arbeitsteilung brachten es mit sich, daß immer weniger Frauen die gleiche Arbeit leisten wie Männer. Damit wurde die Bewertung der Arbeit immer entscheidender. Sie findet in der gewerkschaftlichen Forderung nach „gleichem Lohn für gleichwertige Arbeit" ihren Ausdruck.
Die traditionell niedrige Bewertung von Frauenarbeit wird heute nicht mehr so sehr in Frauen- oder Leichtlohngruppen erkennbar, sondern darin, daß Arbeiterinnen in ihrer überwältigenden Mehrheit in den unteren Lohngruppen, weibliche Angestellte mehrheitlich in den unteren Gehaltsgruppen eingestuft sind, deren langsame stetige Anhebung das Problem zwar mildert, aber nicht löst.
Besonderes Augenmerk richten Gewerkschafterinnen daher auf richtige Eingruppierung und auf bessere Möglichkeiten, Aufstiegschancen für Frauen zu eröffnen (z.B. Frauenförderpläne, „Aktion richtige Eingruppierung").

Anteil der Frauen in bundesdeutschen Gewerkschaften

Während im neu gegründeten Deutschen Gewerkschaftsbund 1950 der Anteil weiblicher Mitglieder bei 16,4% lag, machte er am 31. 12. 1986 22,6% aus. In den Gewerkschaften Erziehung und Wissenschaft, Textil-Bekleidung sowie Handel, Banken und Versicherungen liegt der Frauenanteil jeweils bei über 50%.
In der Deutschen Angestellten-Gewerkschaft, die nicht dem DGB angehört, liegt der Frauenanteil bei 41,5%, beim Deutschen Beamtenbund (DBB) bei 25% und beim Christlichen Gewerkschaftsbund (CGB) bei 23%.
In absoluten Zahlen bedeutet das: Von insgesamt 2,1 Mio. weiblicher Mitglieder waren 1985 im DGB 1,75 Mio., in der DAG 200000 und etwa 200000 in weiteren kleinen Gewerkschaftsgruppierungen organisiert.
Dieser hohe, ständig steigende Anteil weiblicher Mitglieder schlägt sich noch nicht in adäquat steigendem Frauenanteil in den gewerkschaftlichen Entscheidungsgremien nieder.
Von den im DGB zusammengeschlossenen Gewerkschaften hat 1988 lediglich eine, die Gewerkschaft Öffentliche Dienste, Transport und Verkehr (ÖTV), eine Frau an der Spitze. Unter den neun Mitgliedern im Geschäftsführenden Bundesvorstand des DGB sind zwei Frauen. Dem Geschäftsführenden DAG-Vorstand gehört eine Frau an. Von den 137 Mitgliedern der 19 Geschäftsführenden Vorstände von DGB-Gewerkschaften sind 13 Frauen.
Frauenförderpläne sollen diese unzureichende weibliche Repräsentanz verbessern. Als erster Schritt wird ein Prozentsatz angestrebt, der dem Mitgliederanteil entspricht. Erwägungen, die Beteiligung weiblicher Mitglieder in den Betriebsräten durch Veränderung der gesetzlichen Bestimmungen zu erhöhen, sind noch in der Diskussion. Immerhin hat sich auch der Anteil weiblicher Betriebsratsvorsitzender von 11,4% im Jahre 1968 auf 20% im Jahre 1984 erhöht, der Anteil weiblicher Betriebsratsvorsitzender von 10,7% im Jahr 1978 auf 14,3% im Jahr 1984.

Familienfreundliche Arbeitszeiten

Die traditionelle Rollenteilung, die Männer von Familienaufgaben freistellt, erwerbstätigen Frauen die Erfüllung dieser Aufgabe voll abverlangt,

wird von Gewerkschafterinnen in Frage gestellt.
Die „Wahlfreiheit“ zwischen Beruf und Familie soll ersetzt werden durch Bedingungen, die es dem Mann und der Frau ermöglichen, Familie und Beruf miteinander vereinbaren zu können. Dazu gehört insbesondere die Verkürzung der täglichen Arbeitszeit, die unter Gewerkschafterinnen im Rahmen von allgemeinen Arbeitszeitverkürzungsforderungen hohe Priorität genießt, weil sie familienfreundlicher ist als die Verkürzung der wöchentlichen oder jährlichen Arbeitszeit. Flexibilisierungsvorschläge werden von Gewerkschafterinnen nur insoweit akzeptiert, als sie auf die Bedürfnisse der Arbeitnehmerinnen und der Familien abgestellt sind. Verkürzte Arbeitszeiten, die in erster Linie den betrieblichen Erfordernissen dienen sollen, werden abgelehnt (z.B. kapazitätsorientierte Arbeitszeit und andere ungeschützte Beschäftigungsverhältnisse).
Alles in allem war das Verhältnis zwischen organisierten Frauen, Gewerkschaften, Frauenbewegung und Frauen insgesamt niemals unkompliziert. Aber anderseits ist festzuhalten, daß die Gewerkschaften im Rahmen ihrer Emanzipationsbestrebungen praktisch für die Frauen sehr viel mehr geleistet haben, als gelegentlich erkannt bzw. behauptet wird.

Frauen in österreichischen Gewerkschaften

In Österreich hat ein einheitlicher Gewerkschaftsbund, der Österreichische Gewerkschaftsbund (ÖGB), nach dem Zweiten Weltkrieg die Nachfolge der früheren Richtungsgewerkschaften angetreten. 1945 wurde ein Frauenreferat beim ÖGB eingerichtet. 1951 fand der erste Frauenkongreß des ÖGB statt. Frauenreferate gibt es darüber hinaus sowohl in den 15 österreichischen Gewerkschaften als auch in allen Bundesländern.
Die Zahl der unselbständig erwerbstätigen weiblichen Beschäftigten liegt über 40%; die Zahl der weiblichen Mitglieder des ÖGB lag 1986 bei 30,8% (551469 weibliche Mitglieder). 20% der Funktionspositionen auf der mittleren Ebene (Betriebsräte, Personalvertreter) werden von Frauen besetzt; die Zahl der Frauen in Spitzenfunktionen beim ÖGB liegt bei nur 10%.
Ein Ziel der Frauenpolitik des ÖGB ist es, diese Zahlen zu verbessern. Weitere Ziele lauten: Abbau der nach wie vor bestehenden Lohnungleichheiten; Verbesserung der Arbeitsbedingungen für Frauen; mehr einflußreiche Positionen für Frauen in Wirtschaft und Gesellschaft.
Vorrangig ist auch die partnerschaftliche Aufteilung der Familienpflichten. Die zahlreichen einschneidenden gesellschaftlichen Veränderungen, die damit einhergehen müßten, werden auch in der gewerkschaftlichen Diskussion noch nicht allgemein akzeptiert. Das emanzipatorische Bewußtsein verändert sich offensichtlich nur langsam. Dennoch sind auf vielen Gebieten Fortschritte zu verzeichnen: so beim Mutterschutz, der Rechtsstellung der Frau und ihren Ausbildungsmöglichkeiten.

Frauen in Schweizer Gewerkschaften

In der Schweiz ist die gewerkschaftliche Organisationslandschaft stark zersplittert: Es gibt zahlreiche Verbände und Dachorganisationen (z.B. Christlichnationaler Gewerkschaftsbund, Vereinigung schweizerischer Angestelltenverbände), die nicht dem Schweizerischen Gewerkschaftsbund (SGB) angeschlossen sind.
Im SGB gibt es einen Frauenausschuß, der insbesondere die Fragen der Gleichberechtigung von Männern und Frauen behandelt. Er entsendet eine stimmberechtigte Vertreterin in den Ausschuß des SGB und ist berechtigt, Anträge an den SGB-Kongreß zu stellen.
Mehr als ein Drittel der schweizerischen Erwerbsbevölkerung (knapp 3 Mio. Personen) sind Frauen; 12,3% (55000) der im SGB Organisierten (451000) sind

Frauen. Von den 146 Mitgliedern des SGB-Vorstandes sind 11 Frauen, von den 27 Mitgliedern des Exekutivausschusses 2 Frauen, unter den 5 Mitgliedern des Präsidiums ist eine Frau. Seit 1978 ist die Vizepräsidentin des SGB eine Frau. Zwei von den 15 Gewerkschaften werden von Frauen geleitet.

Seit 1981 sind in der Schweizerischen Bundesverfassung die gleichen Rechte für Frauen und Männer garantiert. Dennoch sind viele Problembereiche praktisch noch nicht hinreichend gelöst, z.B. gleicher Lohn für gleichwertige Arbeit, gleiche Bildungs- und Ausbildungsmöglichkeiten, die Anpassung des Eherechts, die Anpassung der Sozialversicherung, Sonderschutzbestimmungen, z.B. für Nacht- und Sonntagsarbeit.

Zum Mutterschutz besteht ein Arbeitsverbot von 8 Wochen nach der Geburt, ohne daß die Lohnfortzahlung garantiert ist. Seit 1945 haben die Gewerkschafterinnen und andere sich für Mutterschaftsurlaub und eine Mutterschaftsversicherung eingesetzt. Die im März 1987 vorgelegten gesetzlichen Regelungen: Ausweitung auf 16 Wochen bezahlte Schutzfrist, wurden wegen des Widerstands der Arbeitgeberorganisationen am 6. 12. 1987 nicht verabschiedet.

Literatur: Geschäftsberichte der Abteilung Frauen im Bundesvorstand des DGB (Geschäftsperioden 1952–1953, 1954–1955, 1956–1958, 1959–1961, 1962–1964, 1965–1967, 1968–1970, 1971–1973, 1974–1976, 1977–1980, 1981–1984); Protokolle der Bundesfrauenkonferenzen des DGB (1. DGB-Bundesfrauenkonferenz 1952, 11. DGB-Bundesfrauenkonferenz 1985); Gewerkschaftliche Beiträge zur Frauen-Erwerbsarbeit Nr. 1 (1956): Zum Frauen-Lohnproblem, Nr. 2 (1959): Bedeutung der Frauenarbeit, Nr. 3 (1960): Ergebnisse einer Befragung über die Belastung der erwerbstätigen Frauen durch Beruf, Haushalt und Familie, Nr. 4 (1962): Mutterschutz, Nr. 5 (1962): Zum Frauen-Lohnproblem, Nr. 6 (1963): Ausbildung und Weiterbildung für Mädchen und Frauen. – *Irmgard Blättel,* Gewerkschaftliche Politik zur Sicherung der Zukunftschancen der Frauen, in: frauen und arbeit, Mitteilungsblatt der Abteilung Frauen des DGB-Bundesvorstands, Nr. 11/12, 1985; *dies.,* Gewerkschaftliche Überlegungen zur Familienpolitik, in: Gewerkschaftliche Monatshefte, April 1987; *Marlies Kutsch,* Die Frau im Berufsleben. Der Weg zur Chancengleichheit am Arbeitsplatz (Freiburg i.Br. 1979); *Gisela Losseff-Tillmanns,* Frauenemanzipation und Gewerkschaften (Wuppertal 1978); *dies.,* Frau und Gewerkschaft (Frankfurt a.M. 1982); *Helga Tölle,* Selbstverständnis, soziales und politisches Engagement sowie öffentliche Präsenz der Gewerkschafterinnen, in: Informationsdienst Frauenforschung, Heft 4 1986; *Maria Weber,* 30 Jahre gewerkschaftliche Politik für Arbeitnehmerinnen, in: frauen und arbeit, Mitteilungsblatt der Abteilung Frauen des DGB-Bundesvorstands, Nr. 5, 1981.

IRMGARD BLÄTTEL

Glauben

↗ Altes Testament; Befreiungstheologie; Charismen; Christentum; Frauenorden; Frauenseelsorge; Ganzheitlichkeit; Gemeinde; Gottesbilder; Heilige / Heiligkeit; Identität, weibliche; Kirche; Kult; Liebe; Maria; Mystik; Neues Testament; Ökumene; Ostkirchen / Orthodoxie; Reformation; Religiöse Erziehung; Religiosität; Sophia; Spiritualität; Theologie, feministische; Urkirche; Weltgebetstag der Frauen

Begriffserklärung

Unsere Umgangssprache kennt das Verb „glauben“ in verschiedenen Bedeutungen: meinen, vermuten, der begründeten Überzeugung sein, einer Autorität zustimmen, vertrauen. Der Sprachgebrauch unterscheidet überdies: etwas – jemandem – an jemanden glauben. Das Substantiv „Glaube(n)“ kann daher eine Haltung bzw. Einstellung meinen oder Sammelbegriff für eine Weltanschauung sein. Innerhalb des theologischen Denkens wird es seit Augustinus (353–430) in einem doppelten Sinn gebraucht: als fides qua (creditur), d.h. als „Glaube, mit dem geglaubt wird“, i.e. Glaubens*akt,* und als fides quae (creditur), d.h. „Glaube, der geglaubt wird“, i.e. Glaubens*inhalt.* H. Fries spricht daher von einem „Du-Glauben“ und einem „Daß-Glauben“. Glaubensakt und Glaubensinhalt beeinflussen sich dabei ständig wechselseitig.

Glauben im Alten Testament

Die hebräische Bibel kennt keine direkte Entsprechung zum christlichen

Glaubensbegriff. Das entsprechende hebräische Wort läßt sich im Deutschen mit „treu sein, sich einlassen (auf einen gemeinsamen Weg), sich festmachen (in Gott)“ umschreiben. In der Rezeptionsgeschichte ist vor allem Gen 15,6 wichtig geworden, wo Abraham dieses Verb zugeschrieben wird. Charakteristisch für Israel und seinen Glauben ist die Erfahrung, daß Gott in und durch die Geschichte wirkt, sich zu erkennen gibt, sowie die grundlegende Erfahrung der Befreiung (s. Exodus), die schließlich in den Bund zwischen Israel und Gott mündet: „Ich bin euer Gott, und ihr seid mein Volk.“ Frauen sind in der Kategorie des Bundes, so wie ihn die priesterschriftliche Quelle im Pentateuch (Fünf Bücher Mose) schildert, nicht eingeschlossen. Das Bundeszeichen, die Beschneidung, gilt nur für die Männer. Die Funktion der Frauen liegt u.a. darin, die Söhne zu gebären, die die Verheißung Gottes in die Zukunft tragen. Darauf bezieht sich dann auch ein mögliches Eingreifen Gottes zu ihren Gunsten (Sara: Gen 17; 21; Hagar: Gen 16; 21; Hanna: 1 Sam 1 – 2), wobei die Frauen zuerst all ihre eigenen Kräfte und Möglichkeiten voll ausschöpfen müssen. Von einem Glaubensakt der Frauen im traditionellen Sinn ist nicht die Rede (am ehesten gehört noch das Gebet der Hanna in diese Kategorie). Wohl aber gibt es eine starke, wenn auch bisher kaum beachtete Tradition innerhalb der hebräischen Bibel, die Frauen das Glaubens*bekenntnis* zu Gott als einem, der rettet und hilft, in den Mund legt. Die für Israel so wichtige Erfahrung der Befreiung durch Gott, die Reflexion darauf, das Ausformulieren und Verkündigen dieser Erfahrung findet sich z.B. bei Mirjam (Ex 15, 20ff.), Debora (Ri 5), Rahab (Jos 2, 9 – 11), Judit (Jdt 16), Hanna (1 Sam 2, 1 – 10).

Glauben im Neuen Testament

Anders als in der hebräischen Bibel ist der Begriff „glauben“ im Neuen Testament zentral. Die Evangelien sprechen gerade bei den Heilungserzählungen immer wieder vom Glauben als einer Haltung, die Anteilhabe am Reich Gottes (basileia tou theou) ermöglicht und sich auf Jesu Botschaft und Sendung vom bereits angebrochenen Reich Gottes bezieht. Nachösterlich gewinnt die Gestalt Jesu selbst zentrale Bedeutung. Glauben heißt dann Glaube an Jesus Christus als den für uns gekreuzigten und auferweckten Herrn (kyrios), der in der Sendung des Geistes den Seinen bleibend nahe ist (vgl. die johanneische und paulinische Theologie). Ohne das Neue Testament und die Berichte über Jesus Christus selbst, die in einer patriarchalisch geprägten Umwelt entstanden sind, überfordern zu wollen, kann man aber doch sagen, daß Frauen in diesem Glaubensverständnis eine wichtige Rolle spielten, die allerdings kaum Wirkungsgeschichte entfaltet hat. Wer kennt schon das Messiasbekenntnis der Marta (Joh 11, 27), die Kopfsalbung Jesu durch eine Frau bei Markus (14, 3 – 9)? Oder wer hat in seiner Theologie wirklich ernst genommen, daß es die hartnäckigen Worte der Syrophönizierin waren, die Jesus zum Umdenken brachten (Mk 7, 24 – 30), daß Frauen, die Treuesten in der Passion, dann als erste die Osterbotschaft erfuhren und weitertrugen (Mt 28, 1 – 10)? Wie beim Alten Testament stehen wir vor einer Auslegungsgeschichte, die nicht einmal das wahrnimmt, was vorhanden ist, wenn auch oft nur mühsam rekonstruierbar: vgl. z.B. die Rolle von Frauen in den Gemeinden: Junia (Röm 16, 7), Priska (Röm 16, 3), Lydia (Apg 16, 14f. 40), Tabita (Apg 9, 36 – 42). Die Folge davon war und ist, daß nur wenige und da nur wieder einseitig interpretierte Frauengestalten (Maria, Maria Magdalena) Frauen zur eigenen Identifikation im Glauben angeboten wurden. Der Umdenkprozeß, der vor allem bei Frauen in Theologie und Kirche eingesetzt hat, versucht, die biblischen Frauengestalten in der Vielfalt ihrer jeweiligen Lebenswirklichkeiten zur Sprache und in ihrer Bedeutsamkeit ins Bewußtsein zu bringen.

Einfluß der Lebenswirklichkeit

Wenn davon auszugehen ist, daß die eigene Lebenswirklichkeit auch in die Gestalt des Glaubens einfließt, ist anzunehmen, daß Frauen aufgrund ihrer eigen-artigen Erfahrungen mit Leiblichkeit, Erziehung, Sozialisation, sozialer Erwünschtheit und aufgrund ihrer Geschichte innerhalb der jüdisch-christlichen Tradition (die sie oft verschwieg, nicht wahrnahm, an den Rand schob, verdrängte und den Männern unterordnete) auch einen eigengeprägten Zugang zum Glauben als Haltung und Inhalt haben. Art und Ausmaß dieser Prägung können bei den einzelnen Frauen zweifellos sehr verschieden sein, da auch Lebensumstände und Lebensgeschichten von Frauen sehr voneinander abweichen. Die Tatsache einer solchen Prägung trifft aber, global gesehen, sicher zu, auch wenn es „im Prozeß der Bewußtwerdung ... ein hohes Maß an Ungleichzeitigkeit" gibt (C. Halkes, 149). Wo können Unterschiede ausgemacht werden?

Ein Glaube, der wie das Christentum Gott in männlichen Bildern und Symbolen (Vater, Sohn, Hl. Geist) aussagt, der in amtlicher Verkündigung ausschließlich von (meist überdies ehelosen) Männern weitergegeben wurde, schließt Frauen auf doppelte Weise aus: Ihr Geschlecht erscheint so nicht geeignet, „Bild Gottes" zu sein, und ihr Lebenszusammenhang und ihr Lebenswissen gehen nicht direkt in die Glaubensauslegung ein. Im Gegenteil: ihre – doch wohl vom Schöpfer gewollte und mitgegebene – biologische Funktion wird als Hindernis auf dem Weg zur Vollkommenheit angesehen: „Solange die Frau für Geburt und Kinder lebt, besteht zwischen ihr und dem Manne derselbe Unterschied wie zwischen Leib und Seele; wenn sie aber Christus mehr dienen will als der Welt, wird sie aufhören, Frau zu sein, und Mann wird man sie nennen, weil wir wünschen, daß alle vollkommen zum Mann erhoben werden" (Hieronymus, 347–420: PL 26, 531 f.). Männlichsein ist daher zugleich das Symbol für das vollkommenere Mensch- und Christsein.

Glaube als Haltung bedeutet dann oft für Frauen, auf das Wort von Männern hin, verwiesen auf Männer (1 Tim 2, 11 f.), abhängig und im Deutungsrahmen von Männern (bes. Gottes- und Menschenbild, Bibelauslegung, Moral, Kirchenleitung und -struktur) zu glauben.

Es gab aber neben diesem die Frauen einengenden Haupttrend immer auch das unzerstörbar Prophetische, theologisch gewendet das „Wirken des Geistes Gottes" genannt. Das heißt: es gab und gibt Frauen aller Schichten, Rassen, Kulturen und Lebensformen, die trotz aller Widerstände den Glauben bereichert und weitergegeben haben.

Frauen heute sind nach wie vor so sozialisiert, daß sie mehr als Männer beziehungsorientiert leben. Glauben ist daher für sie lebensnah, konkret, mit Alltag und Mitmenschen verbunden. Sie wehren sich daher mehr gegen seine Bedrohung und/oder lehnen alte Formen vehementer ab; religiöse Sprachlosigkeit des Partners trifft sie mehr, öfter als Männer sind sie mit den praktischen Seiten des Glaubens und seiner Vermittlung an Kinder konfrontiert.

Wenn Frauen heute in Neuland aufbrechen, haben sie oft einen mühsamen Prozeß hinter sich: zuerst das Erkennen und Zulassen, *daß* eine Einengung besteht, die auch mit dem Frausein zu tun hat, dann die Suche nach dem Neuen mit psychischen Hemmnissen von innen und Widerstand von außen. Frauen wissen oft gar nicht mehr, was ihnen auch im Glauben durch die zweitausendjährige überwiegend männliche Tradition in den Kirchen verlorengegangen ist. Sie sind angewiesen auf ihre eigene Denkkraft und Phantasie, oft ohne je ermutigt worden zu sein, auf die eigenen Gedanken, Gefühle, Wahrnehmungen zu achten. Nehmen Frauen sich ernst, fördert dies Kraft und Lebendigkeit des Glaubens bei Frauen *und* Männern, weil ein weithin ausgeblendeter Lebens- und Erkenntnisbereich, eben die Erfahrungen von Frauen, neue Sichtweisen und Zugänge einbringen. Die so oft beschworene „Treue zum Herrn Jesus Christus" sollte daher für die ganze Kirche bedeuten: sich endlich zum Beispiel Jesu in seinem unbefangenen Umgang mit Frauen zu bekehren.

Literatur: *Juan Alfaro,* Glaube, in: Sacramentum Mundi II (Freiburg i. Br. 1968) 390–409; *Wolfgang Beinert,* Glaube, in: Lexikon der katholischen Dogmatik (Freiburg i. Br. ²1987) 193–197; *Gottfried Bitter,* glauben/vertrauen, in: Handbuch religionspädagogischer Grundbegriffe I (München 1986) 347–356; *Marianne Dirks* (Hrsg.), Glauben Frauen anders? (Freiburg i. Br. ⁵1987); *Rudolf Englert,* glauben lernen, in: Handbuch religionspädagogischer Grundbegriffe I (München 1986) 344–347; *Heinrich Fries,* Was heißt glauben? (Düsseldorf 1969); *Elisabeth Gössmann,* Glaube und Gotteserkenntnis im Mittelalter, in: HDG I/2 b; *Catharina J. M. Halkes,* Suchen, was verlorenging. Beiträge zur feministischen Theologie (Gütersloh 1985); *Medard Kehl,* Hinführung zum christlichen Glauben (Mainz 1984); LThK IV 914–928; RGG II 1586–1611; *Max Seckler / Christoph Berchtold,* Glaube, in: Neues Handbuch theologischer Grundbegriffe II (München 1984) 91–109; *Norbert Sommer* (Hrsg.), Nennt uns nicht Brüder! (Stuttgart 1985); TRE 13, 275–365; *Karin Walter* (Hrsg.), Zwischen Ohnmacht und Befreiung. Biblische Frauengestalten (Freiburg i. Br. 1988); *Bernhard Welte,* Was ist glauben? (Freiburg i. Br. 1982); *Hans Wildberger,* 'mn, in: THAT I 177–209.

Herlinde-Anna Pissarek

Gleichberechtigung

↗ Abhängigkeit; Arbeitsrecht; Aufstiegschancen; Beruf; Bildung; Chancengleichheit; Diskriminierung; Ehe; Emanzipation; Erziehung; Familie; Familienrecht; Feminismus; Frauenbewegung; Frauenförderung; Frauengeschichte; Frauengleichstellungsstellen; Frauenpolitik; Frauenquotierung; Grundgesetz / Bundesverfassung; Menschenbild; Menschenrechte; Partnerschaft; Sozialethik, evangelische; Soziale Sicherung; Sozialismus; Soziallehre, katholische

Definition

Gleichberechtigung ist in Art. 3 Abs. 2 des Grundgesetzes (GG) der Bundesrepublik Deutschland ausdrücklich als Grund- und Menschenrecht festgeschrieben. Artikel 3 GG bestimmt, daß alle Menschen vor dem Gesetz gleich sind, daß Männer und Frauen gleichberechtigt sind, und verbietet ausdrücklich eine Benachteiligung wegen des Geschlechts. Obwohl sich die Gleichberechtigung im Grundgesetz nicht ausschließlich auf das Geschlecht bezieht – in Art. 3 Abs. 3 wird der Gleichheitsgrundsatz auch noch hinsichtlich Abstammung, Rasse, Sprache, Heimat, Herkunft, Glaube, religiöse und politische Anschauung spezifiziert –, assoziiert doch fast jeder bei diesem Begriff die Gleichberechtigung der Geschlechter. Diese Gleichberechtigung soll auch hier überwiegend behandelt werden. Gleichberechtigung ist gemäß Art. 3 Abs. 2 GG unmittelbar geltendes Recht und heißt, daß Frauen und Männer unter gleichen Voraussetzungen gleiche Rechte haben. Dies bedeutet nicht die rechtliche Aufhebung faktischer Unterschiede, es geht vielmehr um einen Maßstab zur Beurteilung von an sich Verschiedenem, um einen „gleichen Gesichtspunkt", damit nicht die natürliche Verschiedenheit der Geschlechter rechtlich als verschiedene Tatbestände gewertet wird.

Geschichte

Die Geschichte der Demokratie ist eng mit dem Kampf um die Gleichheit verbunden. Über 2000 Jahre hatte die aristotelische Trennung der Menschen in Freie und Sklaven, in Herrschende und Dienende und die Lehre, daß die Menschen von Natur aus ungleichwertig seien, gegolten. Von Aristoteles stammt der Satz: „Desgleichen ist das Verhältnis des Männlichen zum Weiblichen von Natur so, daß das eine besser, das andere geringer ist, und das eine regiert und das andere regiert wird" (Pol. 1254 b 14).

Diese Rechtfertigung einer Hierarchie durch die Annahme einer natürlichen Ungleichheit wurde mit der Aufklärung und der Französischen Revolution beantwortet: Mit der Freiheit wurde erstmals auch die Gleichheit postuliert. Seitdem kann als gemeinsame Überzeugung aller Kulturvölker angenommen werden, daß alle Menschen als vernünftige Wesen in ihrer Natur, ihrem Wert, ihrem Rang und ihrer Würde gleich sind.

Wertgleichheit bedeutet dabei nicht, daß die Menschen auch in ihren Anlagen und Fähigkeiten, Bedürfnissen und Ausdrucksmedien gleich sind, und es gibt auch die natürliche Ungleichheit „des Alters, der Gesundheit, der Körperkraft und der Eigenschaft des Geistes und der Seele“ (J.-J. Rousseau). Es geht um Gleichheit in der Verschiedenheit. Wesentliches Ergebnis von Aufklärung und Französischer Revolution war die Aufhebung des Kausalzusammenhanges zwischen den natürlichen Ungleichheiten einerseits und den sozialen Ungleichheiten anderseits: Aus der von der Natur bedingten Ungleichheit folgt nicht, daß es Reiche und Arme, Ungebildete und Gebildete, Mächtige und Unterdrückte, Elite und Masse, Zuständige für Erwerbsarbeit und Zuständige für Familienarbeit geben muß. Genausowenig, wie die biologische Mutterschaft die soziale Mutterschaft nach sich ziehen muß.

Trotz des eindeutigen Wortlauts der Menschen- und Bürgerrechtserklärung thematisierte weder die Verfassung der USA von 1787 noch die der Französischen Republik von 1791 die Gleichberechtigung zwischen Männern und Frauen. Den Revolutionären ging es um die Emanzipation der Menschheit, nicht die der Frauen. In Frankreich sah sich daher die Schauspielerin Olympe de Gouges 1791 gezwungen, eine „Erklärung der Rechte der Frau und der Bürgerin“ zu schreiben, in der sie für die Frauen gleiche Rechte forderte. Ein Jahr später proklamierte in England Mary Wollstonecraft die Rechte der Frauen.

Nach der Französischen Revolution gewann der Begriff der Gleichheit zunehmend den Rang eines einklagbaren Rechtes. Die geschichtliche Entwicklung hin zu immer umfassenderer Gleichheit vor dem Gesetz, die auch die Station eines unterschiedlichen Wahlrechts hinter sich ließ, gipfelte zu Beginn der Geschichte der Bundesrepublik Deutschland in dem oben zitierten Artikel 3 GG. Daß in der Verfassungsformulierung die Diskriminierung wegen der Geschlechtszugehörigkeit ausdrücklich verboten ist, ist den Müttern des Grundgesetzes zu verdanken. Im Unterschied zu anderen demokratischen Staaten – auch den USA – ist in der Bundesrepublik Deutschland von der Verfassung her ausdrücklich eine auf das Geschlecht bezogene Gleichberechtigung abgesichert. Dies war vor 100 oder 200 Jahren überhaupt nicht im Blick. Gleichheit war Männersache, nichts, was die Frage des Verhältnisses beider Geschlechter berührte. Selbst die Weimarer Verfassung, gern ob ihrer Liberalität gerühmt, hatte die Gleichstellung der Frauen nicht als unmittelbar geltendes Recht, sondern lediglich als Programmsatz behandelt.

Die im Grundgesetz vorgesehene Anpassung alten Rechts an das Gleichberechtigungsgebot kam nach 1949 nur zögerlich voran: Erst 1957 wurde das Gleichberechtigungsgesetz verabschiedet, das zwar das Familienrecht verbesserte, aber unvollständig blieb. Eine formale Gleichheit bei der Zuständigkeit für Haushalt und Familie zum Beispiel wurde erst 1977 mit der Familienrechtsreform geschaffen. Weitere Stationen auf dem Weg zur Gleichberechtigung im Recht waren das Staatsangehörigkeitsgesetz von 1970, die Änderung des Namensrechts 1979, das Mutterschaftsurlaubsgesetz 1979, die Neuregelung des Rechts der elterlichen Sorge 1980, das Gesetz über die Gleichbehandlung von Männern und Frauen am Arbeitsplatz 1980, Än-

derungen im Rentenrecht 1983, Hinterbliebenenrenten- und Erziehungszeitengesetz 1986, Reform des internationalen Privatrechts 1986.
Auch im Wahlrecht gab es, was die Verwirklichung von Gleichheit anbelangt, nicht nur das Hemmnis eines 3-Klassen-Wahlrechts, sondern auch die systematische Diskriminierung von Frauen. In Deutschland und Österreich erhielten Frauen erst 1918 das Wahlrecht, in England im gleichen Jahr lediglich selbständige Frauen und Ehefrauen mit eigener Haushaltung ab dem 30. Lebensjahr. In den USA war es erst 1920 so weit, daß Frauen in allen Staaten politisches Wahlrecht erhielten.

Gesetzesschutz und Gleichberechtigung

Viele Kämpfe und die Aufbietung von Überzeugungskraft waren notwendig, zu diesem Rechtszustand zu kommen. Was die sozialethische Grundhaltung anbelangt, mußte erst gelernt werden, daß jeder Mensch Person ist, d.h. ein Wesen, das nicht Mittel zum Zweck, sondern Selbstzweck ist. Da Menschsein nicht durch das Geschlecht, die Hautfarbe, die Sprache, die Religion usw. bestimmt wird, muß Personalität allen Menschen zugesprochen werden. Damit werden geschlechtliche, rassische, religiöse, sprachliche und sonstige Diskriminierungen hinfällig – in der Theorie, denn faktisch kämpfen wir noch immer gegen Ungleichbehandlungen an. Gleichberechtigung ist nicht nur ein Grund- und Menschenrecht, sondern auch ein politisches Ziel. Denn: Eine fehlende Gleichberechtigung zwischen Frauen und Männern stellt auf Dauer den gesellschaftspolitischen Konsens in Frage. Eine Gesellschaft, die die Herausforderungen des ausklingenden Jahrhunderts bestehen will – Bewältigung der dritten industriellen Revolution, Schaffung einer ausreichenden Anzahl von Arbeitsplätzen, Schutz der Umwelt, Sicherung des sozialen Netzes –, darf dies nicht auf Kosten der Frauen tun, vielmehr muß sie den Beitrag, den Frauen zur Problemlösung einbringen können, aufgreifen. Eine Verschwendung menschlicher Begabung und Fähigkeiten – und auch unter diesem Gesichtspunkt muß eine fehlende Gleichberechtigung betrachtet werden – kann sich eine weit fortgeschrittene Industriegesellschaft, die vom Können ihrer Menschen lebt, nicht leisten.
Das Ziel der Gleichberechtigung ist noch nicht erreicht. Viele Gesetze sind in ihren Auswirkungen gleichberechtigungshemmend. Sie sind zwar durchweg geschlechtsneutral formuliert und schreiben keine geschlechtsspezifischen Kompetenzen vor. Doch sie treffen in der Lebenswirklichkeit nicht auf eine ebenso geschlechtsneutrale Situation, d.h., sie sind wegen des geschlechtsspezifischen Alltagslebens einseitig bevorzugend oder diskriminierend. Das Alltagsleben wird in unserer Rechtsordnung nicht bzw. nur einseitig berücksichtigt: Allein die männliche Arbeits- und Lebensweise, die sogenannte männliche Normalbiographie, dient als Beurteilungsmaßstab in der Rechtsordnung, während der (typisch) weibliche Lebenszusammenhang und seine Besonderheiten kaum Niederschlag finden. Ein Beispiel hierfür ist die soziale Sicherung, die bisher ausschließlich am Erwerbsleben anknüpfte, nicht aber an der Haus-, Pflege- und Erziehungsarbeit. Diese Rechtsnormen sind, abstrakt gesehen, nicht rechtswidrig im Sinne des Gleichberechtigungsgrundsatzes, trotzdem diskriminieren sie Frauen: Es sind nun einmal nicht die Männer, die mehrheitlich ihre Erwerbskarriere wegen der Kindererziehung abbrechen oder unterbrechen oder vermindern, sondern die Frauen. Die Anrechnung von Kindererziehungszeiten in der Rentenversicherung war ein erster Schritt von dieser geschlechtsspezifisch diskriminierenden Gesetzeslage weg.

Notwendigkeit weiterer Schritte

Der Grad der Verwirklichung der Gleichberechtigung in unserem Alltagsleben zeigt, daß es besonderer – auch rechtlicher – Anstrengungen bedarf, damit die Gleichberechtigung tatsächlich verwirklicht wird (z. B. Frauenförderpläne usw.). Denn so sieht die Alltagswirklichkeit aus: Frauen haben das Wahlrecht und können gewählt werden, doch Frauen werden kaum gewählt, und die wirklichen wichtigen politischen Entscheidungen (die militärischen, wirtschaftlichen, außen- und innenpolitischen) fallen weitgehend ohne sie. Universitäten und Hochschulen stehen den Frauen offen, sie werden Lehrerinnen, Juristinnen, Beamtinnen und einige wenige auch Professorinnen. Aber Justiz, Verfassungsinterpretation, Verwaltung, Schule, Erziehungsinhalte und -ziele sowie der Technik- und Informatikbereich sind weitgehend Männersache. Frauen sind geschäftsfähig, sie können Bankkonten eröffnen, ihr Geld gehört ihnen und ist nicht mehr Eigentum des Mannes. Trotzdem stellen Frauen die Mehrheit der Armen, die Mehrheit der Sozialhilfeempfänger und Eigentumslosen. Noch nie waren so viele Frauen erwerbstätig wie heute, aber ihre Löhne und Gehälter liegen meist unter dem Männerverdienst, in Karrierepositionen sind Frauen kaum zu finden, und in einer angespannten Arbeitsmarktlage werden sie als „Doppelverdiener" als erste entlassen. Die Doppelbelastung der weiblichen Arbeitnehmerinnen durch zusätzliche Arbeitsstunden im Haushalt für den Mann und die Kinder besteht weiterhin, eine neue familiäre Arbeitsteilung hat nicht stattgefunden. In den Gremien des öffentlichen Lebens, der Politik, in den Vorstandsetagen, auf Leitungspositionen sitzen fast ausschließlich Männer. Die Organisation des Arbeitslebens ist immer noch so beschaffen, daß Männer, unbelastet von Familienpflichten, wettbewerbsfähiger sind als Frauen und bessere Start- und Karrierechancen haben. Die Erziehung von Mädchen und Jungen hat nicht zu verändern vermocht, daß Mädchen immer noch Frauenberufe bevorzugen und daß Jungen und Männer wenig Neigung zu verantwortlicher Übernahme von Familienpflichten haben. Nach wie vor besteht eine geschlechtsspezifische Arbeitsteilung, von einer gleichberechtigten Teilhabe von Frauen an allen Bereichen des gesellschaftlichen Lebens kann noch keine Rede sein. Entscheidend ist: Solange Frauen und Männer fremd bestimmt sind durch gesellschaftliche Strukturen (insbesondere solchen des Arbeitsmarktes) und durch gesellschaftliche, einengende Rollenzuweisungen, so lange können sie nicht wirklich selbst bestimmen, wie sie ihr Leben gestalten wollen. Eine zielgerichtete Frauenpolitik ist hier gefragt, die aber Gleichberechtigung nicht nur als ein Nachholen männlicher Rechtsvorteile, als eine Anpassung an die Rechtslage der Männer begreift. Gleichberechtigung ist vielmehr als Menschenrecht anzustreben, d. h., es ist ein Maß für Gleichberechtigung zu finden, das sich nicht nur an der Lebensweise des Mannes orientiert, sondern an einem für alle Menschen möglichen Maß für Freiheit und Gleichheit.

Diskussion in Österreich und der Schweiz

In Österreich und in der Schweiz ist die Situation zur Gleichberechtigung ähnlich wie in der Bundesrepublik Deutschland: Auf der Gesetzesebene hat sich bereits einiges getan, in der gelebten Wirklichkeit ist Gleichberechtigung noch nicht selbstverständlich.

In *Österreich* trat 1976 das Kernstück der Familienrechtsreform in Kraft, das Gesetz über die persönlichen Rechtswirkungen der Ehe. Es geht vom Grundsatz aus, daß Mann und Frau in der Ehe gleiche Rechte und Pflichten haben. Damit wurde das patriarchalische Versorgungsehemodell durch ein partnerschaftlich orientiertes ersetzt. Durch die Neuregelung des Kindschaftsrechts 1978 haben Vater und Mutter nun mehr gleiche Rechte und Pflichten gegenüber ihren Kindern. Weitere Ge-

setze zur Durchsetzung der Gleichberechtigung folgten.
In der *Schweiz* besitzen die Frauen seit 1971 die gleichen politischen Rechte wie die Männer, seit 1981 ist der Anspruch auf Gleichstellung verfassungsmäßig garantiert. Trotzdem harrt das Prinzip der Gleichberechtigung noch in den verschiedenen rechtlichen Bereichen der Konkretisierung. Das neue Eherecht, das dem Partnerschaftsgedanken Rechnung trägt, ist erst 1988 in Kraft getreten.

Literatur: *Ewald Bartuch / Christian Böhm / Inge Groß,* Die wirtschaftliche Rolle der Frau in Österreich (Wien 1984); *Günther Beitzke,* Gleichheit von Mann und Frau, in: Die Grundrechte, hrsg. von Franz Leopold Neumann / Hans Carl Nipperdey / Ulrich Scheuner, Bd. 2 (Berlin [2]1968) 199ff.; Bericht der Eidgenössischen Kommission für Frauenfragen, Die Stellung der Frau in der Schweiz, 4 Bde. (Bern 1979, 1980, 1982, 1984); *Simone de Beauvoir,* Das andere Geschlecht (Hamburg 1951); *Walter L. Bühl / Günter Dürig,* Gleichheit, in: Staatslexikon, Bd. 2 (Freiburg i.Br. [7]1986) 1065–1073; Frauen in der Bundesrepublik Deutschland. Broschüre des Bundesministeriums für Jugend, Familie, Frauen und Gesundheit (Bonn 1987); *Dieter Giesen,* Ehe, Familie und Erwerbsleben (Paderborn 1977); *ders.,* Sex Discrimination in Germany (W), in: The Modern Law Review 41 (1978) 526ff.; *Christine Hohmann-Dennhardt,* Ungleichheit und Gleichberechtigung (Heidelberg 1982); *Marielouise Janssen-Jurreit,* Sexismus (München 1976); *Thomas Jürgens / Marie-Luise Löper,* Rechte der Frau (München 1986); *Annette Kuhn / Detlef Appenzeller* (Hrsg.), Mehrheit ohne Macht (Düsseldorf 1985); *Ruth Pauli,* Emanzipation in Österreich (Wien 1986); *Herrad Schenk,* Die feministische Herausforderung (München 1980); *Hannelore Schröder* (Hrsg.), Die Frau ist frei geboren. Texte zur Frauenemanzipation, Bd. 1 und 2 (München 1979 und 1981); *Rita Süssmuth,* Frauen – der Resignation keine Chance (Düsseldorf 1985).

RITA SÜSSMUTH

Gleichstellungsstellen

↗ Frauengleichstellungsstellen.

Gottesbilder

↗ Altes Testament; Amt, kirchliches; Befreiungstheologie; Buddhismus; Christentum; Diskriminierung; Ethik, weibliche; Frauenrollen / Frauenleitbilder; Glauben; Heilige / Heiligkeit; Hinduismus; Islam; Judentum; Kirche; Kirchenlehrerinnen / Kirchenväter; Kult; Kultur; Liebe; Macht; Männerbilder; Maria; Matriarchat / Patriarchat; Menschenbild; Mystik; Mythologie; Naturreligionen; Neues Testament; Ostkirchen / Orthodoxie; Reformation; Religiöse Erziehung; Religiosität; Sexismus; Sichtweise, weibliche; Sophia; Spiritualität; Theologie, feministische; Urkirche; Väterlichkeit; Weiblichkeitssymbole

Menschenbild und Gottesbild

Wenn Frauen heute im Rahmen eines gesellschaftlichen, kirchlichen, wissenschaftlichen und existentiellen Interesses der Frage nach den Gottesbildern mit neuer Aufmerksamkeit begegnen, so knüpfen sie an die Einsicht in den Zusammenhang von Menschenbild und Gottesvorstellungen, an die Erkenntnis von der Bedeutung sprachlicher und imaginativer Formen für die Struktur gesellschaftlicher Wirklichkeit sowie der Verflochtenheit der sozialen und religiösen Dimension in unserer Kultur an. Nicht selten steht im Hintergrund ihres Interesses aber auch die diskriminierende Erfahrung einer angeblich gottgewollten Vorherrschaft des Mannes über die Frauen. Überzeugt davon, daß die Rede von Gott nicht ohne Bedeutung ist für solche kulturelle Wertungen, thematisieren sie neu die Frage nach der Angemessenheit unserer Gottesvorstellungen, suchen geschichtlich-kulturelle Gebundenheiten als relative kenntlich zu machen, verschüttete Möglichkeiten der Tradition für heute zu entdecken und eigene Erfahrungen und Vorstellungen kritisch einzubringen. Dabei werden neue Formulierungen für Gotteserfahrungen gesucht, Bilder, deren befreiender Charakter für Frauen neue Möglichkeiten der Identifikation eröffnet. Kirchliche und gesellschaftliche Praxis wird daran gemessen.
Die Gottesbilder unseres Kulturraums sind weithin männlich geprägt. Die Bibel spricht von Gott als einem allmächtigen Vater, dem Herrn der Heerscharen; er ist himmlischer Souverän, König, Richter, Krieger, Hirt, Herr aller Mächte und Gewalten. Solche Bilder

sind geschichtlich prägend geworden in Theologie und Frömmigkeitsbewußtsein. Für das Christentum ist darüber hinaus bedeutend, daß sein Heiland, „wahrer Gott und wahrer Mensch“, ein Mann ist. Wie unreflektiert männlich geprägte historisch-gesellschaftliche Vorstellungsmodelle die Theologie bestimmt haben, zeigt sich exemplarisch an Aussagen wie dieser: „Das Gottesbild der Offenbarung ist mit den innersten ‚soziologischen Archetypen‘ im menschlichen Geist zu vergleichen: ‚Herr‘, ‚Bundespartner (Gatte)‘, ‚Vater‘“ (J. Auer in: LTHK², Bd. 4, 1960, 1098; Nachdruck 1987).

Patriarchalische Kultur und Offenbarung

Dagegen ist immer wieder neu daran zu erinnern, daß die göttliche Offenbarung der Bibel uns immer nur im menschlichen Text zugänglich ist und daß Gott sich „durch Menschen und nach Menschenart“, nach den Bedingungen der jeweiligen Zeit und Kultur also, geoffenbart hat (vgl. Dogmatische Konstitution über die göttliche Offenbarung, Nr. 12). Die männerherrschaftliche und männervorrechtliche Struktur ist der sozialgeschichtliche Kontext, der zu den menschlichen Bedingtheiten gehört, durch deren Relativität hindurch Gottes Offenbarung zu hören ist. Es gilt, den Zirkel zu durchbrechen, der so beschrieben werden kann: „Die herrschende Form des Mannes lieferten die Bilder für das Heilige, und das männlich benannte Heilige begründete wiederum die vorherrschende Geltung des Mannes in der irdischen Welt und Kultur“ (Johannes Brantschen 1987). Soziologische und kulturelle Bedingtheiten der Bibel dürfen nicht zu Lasten der Frauen theologisiert werden. Daneben ist auch festzuhalten, daß der jüdische Glaube an den einen Gott sich gegen umgebende heidnische Mutterreligionen und deren polytheistische Vergöttlichung von Natur und Fruchtbarkeit wandte.

In einer weiterwirkenden patriarchalischen Kultur, in der von Männern erwartet wurde, daß schöpferische Kraft, Autorität und Macht ausschließlich von ihnen ausgehe, konnte schließlich ein Gott, dem man diese Attribute zuschrieb, nur männlich sein. Die Zweitrangigkeit der Frauen wurde damit fixiert, Herrschaftsstrukturen in Kirchen und Gesellschaften schienen auch theologisch legitimiert und „gottgewollt“.

Kritik und Notwendigkeit der Bildersprache

Dagegen ist, nicht nur von Frauen, auf die Enge dieser Mannssprache und die inhumane Beschränktheit von gesellschaftlichen Bedingungen hinzuweisen, die den Primat des Mannes festhalten. Die theologische Tradition hat zwar die „Analogie“ unseres Sprechens von Gott betont und so gezeigt, daß sie von der Begrenztheit des Sprechens weiß. Anderseits hat sie die Macht der (männlichen) Symbole für Gott und die enge Beziehung zwischen dem jeweils herrschenden Gottes- und Menschenbild unterschätzt. Heute geht es also darum, daß eine neue Sicht der Frau auch neue Nuancen in das Bild vom Menschen einbringt und wir achtsam werden auch auf weibliche Züge im Gottesbild der Bibel und der Tradition, die zwar immer schon vorhanden waren, die uns wohl bisher entgangen sind, weil wir Bibel und Tradition aus androzentrischer Sicht wahrgenommen haben. Denn schon die theologische Grundaussage der Bibel ist: Gott west jenseits unserer Bilder. Er übersteigt alle Vorstellungen, die wir uns von ihm machen. Der Schöpfungsbericht sagt Gott als Geber geschlechtlichen Lebens, der aber selbst nicht geschlechtlich bestimmt ist, aus. Gott ist weder Frau noch Mann, noch eine Mischung aus beiden, sondern ein Mehrsein, das die Möglichkeiten endlichen Seins überbietend enthält. Das biblische Bilderverbot weist auf Gott als den geheimnisvoll Anderen. „Lauft nicht in euer Verderben, und macht euch kein Gottesbild“, heißt es in Dtn

4,16, und der Prophet Jesaja sagt: „Mit wem wollt ihr mich vergleichen? Wem sollte ich ähnlich sein?, spricht der Heilige“ (Jes 40,25). Anderseits brauchen wir Bilder als Hilfe, soll unsere Gott-Rede nicht sprachlos und unser Gebet nicht abstrakt werden. Dieses Dilemma sagt aber nur: Alle Bilder, die wir gebrauchen, müssen gleichzeitig gebrochen und verneint werden, wenn sie auf Gott als geheimnisvolle Andersheit zeigen wollen. Gott ist immer unfaßbar, auch in sprachlichen Bildern kann er nicht angemessen ausgedrückt werden. Und: wir gewinnen die Freiheit, neue Gottesbilder zu suchen, Bilder, mit denen nicht nur Frauen sich besser identifizieren können, sondern die auch die traditionellen Männer-Bilder zu relativieren vermögen.

Bei der Auswanderung aus dem Patriarchalismus werden Frauen Gottesbilder ins Zentrum ihrer Glaubensartikulation stellen, die ihnen helfen bei ihrer Befreiung aus dem Unrecht und der Unfreiheit, die Sexismus und die sich daraus ergebende Arbeitsteilung und Rollenzuweisung gebracht haben. Dabei sind sie sich des Dilemmas bewußt, daß unsere Bilder von Gott notwendigerweise bei unseren menschlichen Erfahrungen ansetzen und daher auch negativ geprägt sein können. Dieses Dilemma kann besonders deutlich werden bei jenen Bildern, die bei unseren frühkindlichen Erfahrungen in der Familie ansetzen.

Familien-Bilder

Zu den wichtigsten Gottesbildern gehört die Aussage, daß Gott Vater ist. Die zärtliche Abba-Rede Jesu vermittelt, daß Gott nicht mit Furcht und Schauder zu begegnen ist, daß sein Name nicht unnennbar ist, sondern daß er in die vertraute Familienatmosphäre hineingezogen werden will. Er ist dem Menschen schützend, fürsorgend, liebend und erbarmend zugewandt und gibt uns die Gewißheit, daß unser Leben nicht Zufall, sondern gewollt und behütet ist. Seine ständige Ansprechbarkeit als naher Gegenüber ermöglicht Austausch, Rat und Hilfe. Entwicklung wird liebevoll gefördert, sorgfältig beobachtet und gewünscht. Das Erlebnis rettender Nähe macht mutig und führt zu Selbständigkeit. Damit entsteht Vertrauen in uns selbst, in unsere Entfaltung und schließlich auch in unser Sterben. All diese Erfahrungen von ständiger helfender Nähe sind allerdings in unserer Gesellschaftsform (und ihrer Arbeitsteilung) im menschlichen Bereich, wenn überhaupt, eher mit Müttern zu machen. Wenn also Bilder helfen sollen, Gott zu erfahren, indem wir beim erlebbaren Alltag ansetzen, ist das Mutterbild unverzichtbar (vgl. Margaret Collier). Es geht dabei nicht darum, den Vater-Gott auch mit mütterlichen Attributen auszustatten. Entscheidend ist, daß wir lernen, Gott auch als unsere Mutter anzusehen und in der Sprache der Liturgie, in unseren Gebeten und Gesängen auch so zu benennen. Nicht selten steht hinter der Ablehnung solcher Benennung der Konsens männlicher Wissenschaftler, daß Abwendung vom Weiblichen und Hinwendung zum Männlichen einen Reifungsschritt darstelle und daß weibliche Gottesbilder demnach als regressiv, heidnisch, manchmal sogar als obszön empfunden wurden, männliche dagegen als angemessen. Das Bild von Gott als Mutter und Vater sagt auch Wesentliches über die Geschwisterlichkeit seiner Geschöpfe aus und macht klar, daß Rangunterschiede, Statusstreitereien und Machtausübung als Fehlform eines auf Gott bezogenen Zusammenlebens anzusehen sind und daß männlicher Machtanspruch nicht mit dem Vaterbild von Gott legitimiert werden darf.

Macht-Bilder

Daß Gott „Allmacht“ zugeschrieben wird, scheint menschliche Ohnmachtserfahrungen erträglicher zu machen. Die Geschichte des Judentums und des Christentums ist voll von Erfahrungen der Gläubigen, daß Gott ihre Bitten erhört und auch in aussichtslosen Situationen machtvoll eingreift. Doch in der Bibel ist Gott nicht nur ein zorniger und starker Feldherr und Krieger, dem Niederlagen im Kampf gegen die Feinde seines Lieblingsvolkes fremd sind. Gottes Niederlagen kommen von woanders, und auch davon berichten Bibel und Tradition im reichen Maß. Gottes Werben um die Liebe der Menschen, das zurückhaltend und unaufdringlich ist und keinen Zwang ausübt, weil die Entscheidung zur Liebe in Freiheit geschehen muß und nicht erzwungen werden kann – dieses Werben ist oft erfolglos. Alle Macht des Himmels und der Erde ist für Gott „nutzlos", wenn ein Mensch das Angebot zur Liebe ausschlägt. Göttliche Allmacht setzt sich bei der Freiheit des Menschen ein Ende. Zu Ende gehen damit aber auch alle Gottesbilder, mit denen Männerherrschaft und Frauenunterdrückung, Herrschaft der Mächtigen über Ohnmächtige gerechtfertigt werden. Niemand sollte sich zudem dabei auf Gott berufen, wenn er Entscheidungen für wertvoller hält, die aufgrund von Sachzwängen und Strukturen gefällt werden und Beziehungen außer acht lassen.

Geschlechtsbilder

Das gewohnteste und zugleich abenteuerlichste Bild von Gott sind wir selbst. „Gott schuf also den Menschen als sein Abbild; als Abbild Gottes schuf er ihn. Als Mann und Frau schuf er sie" (Gen 1,27). Wie die Fülle des Menschseins weder durch eine Frau noch einen Mann auszudrücken ist, so ist die „Fülle Gottes" in Geschlechtsbildern nicht erfaßt. So sehr eine geschlechtlich verfaßte Sprache möglich ist, um eine Aussage über die Personalität Gottes zu machen, so sehr macht die Vormachtstellung männlicher Bilder Gott klein und uns eng. Die Idee, daß Männer Gott besser repräsentieren könnten, führt in die gefährliche Nähe eines Götzenkultes, weil Gott auf ein einziges Bild eingeschränkt wird. Die Bibel beschreibt Gott in vielen männlichen und weiblichen Bildern, verwendet dazu Symbole aus der menschlichen Sexualität und aus geschlechtsspezifischen Lebensformen. Sie betont, daß in Gott beide menschliche Existenzmöglichkeiten „abgebildet" und integriert sind (vgl. Virginia Mollenkott). Das Alte Testament kennt Gott etwa als Gebärerin (Dtn 32,18) und als Mutter (Jes 49,15; andere weibliche Bilder vgl. u.a. in: Ps 22,10f.; 132,2; Jer 42,24; Num 11,12). Hosea 11,8 („Mein Herz wendet sich gegen mich, mein Mitleid lodert auf") läßt sich wörtlich übersetzen mit: „ganz und gar ist entbrannt mein Mutterschoß" (Helen Schüngel-Straumann). Weibliche Gottesbilder in der Bibel sind aber nicht nur sanft, tröstend und hegend. Das Bild der Bärenmutter, deren Zorn sich gefährlich gegen all jene wendet, die ihren Jungen Böses tun wollen, mag dafür stehen (Hos 13,8). Das Neue Testament übernimmt sogar das Bild einer stillenden Mutter (Dtn 32,13) für den auferstandenen Christus, der nicht mehr eingeschränkt ist durch menschliches Mannsein (vgl. 1 Petr 2,2–3). Von „Jesus, unserer Mutter", wußten Patristik und Mittelalter deutlicher als wir (vgl. Margaret Collier). Trotzdem haben auch christliche und jüdische Gesellschaften ein Schema des Gegensatzes von männlich und weiblich aufgebaut – auch das mit Hilfe der Bibel. Belege dafür sind von der Genesis (z.B. 3,16) bis zu den Paulus-Briefen zu finden (z.B. 1 Kor 11,3–10; 1 Tim 2,11–14; Eph 5,22 bis 24 usw.).

Die starre Aufteilung von Geschlechtsrollen, klare Grenzen zwischen männlich und weiblich, mögen Sinn gehabt und Hilfen für die Bewältigung des Alltags geboten haben. Das ist heute weithin nicht mehr so. Wir erkennen immer deutlicher, daß wir *alle* unsere Fähigkeiten einzusetzen haben, um ein Überleben für uns, unsere Kinder, unsere

Umwelt möglich zu machen. Wenn wir aufgerufen sind, „vollkommen zu werden" wie unser Gott (Mt 5,48), bedeutet das auch den Appell, Männliches und Weibliches in uns zu integrieren, alle unsere positiven Anlagen zu fördern, unabhängig davon, ob sie in unserer Gesellschaft als männlich oder weiblich bezeichnet werden. Wenn wir unsere Persönlichkeit aufgrund herkömmlicher Geschlechtsstereotypen verkürzen, verfehlen wir nicht nur Gottes Absicht mit uns, sondern würden auch dazu verführt, unsere Bilder einseitig und beschränkt zu belasten.

Geist-Bilder

Manche Frauen sehen eine Lösung der Misere der überwiegend männlichen Gottesbilder in unserer westlichen christlichen Tradition – wenn sie nicht die Einseitigkeit mit umgekehrten Vorzeichen fortsetzen wollen – darin, daß sie auf die personalen Vorstellungen von Gott (vorläufig?) verzichten, Gott als „das Göttliche" bezeichnen und Bilder verwenden, mit deren Hilfe sie der Anrede einer Person ausweichen können. Abgesehen vom Verlust der personalen Dimension überhaupt, bergen Abstraktionen die Gefahr der Blässe und Wirkungslosigkeit. Hierin mag auch ein Grund dafür liegen, daß der Heilige Geist im Christentum sprachlich zur männlichen Person wurde, auch wenn er kaum einmal als solche bildlich dargestellt wird. In der jüdischen Tradition sind einzelne Aspekte der „Fülle Gottes" immer schon sehr personhaft – und oft weiblich – erfahren worden: *rûaḥ,* das hebräische Wort für Gottes Geist, Gottes Atem, ist weiblich. *Rûaḥ* macht deutlich, daß Gott in Beziehung lebt; sie schafft Leben und stiftet Beziehungen auch für andere Menschen; *shekînāh* ist die weiblich erlebte Vermittlerin der Anwesenheit Gottes in Gottes Volk; *thora,* das Wort für Gottes Gesetz, Gottes Weisung an das Volk, ist weiblich; *sophia,* die Weisheit, die Tochter Gottes, ist „eingeweiht in das Wissen Gottes" und bestimmte seine Werke (Weish 8,4); ihr Wesen und Wirken wird ausführlich beschrieben (Weish 6,22–8,18). Rûah, shekînāh, thora, sophia können unsere Begleiterinnen auf der Suche nach dem sein, was verlorenging (Catharina Halkes) in unseren Bildern von Gott – und damit auch in unseren Vorstellungen von uns selbst. Halten können wir uns dabei, wie Dorothee Sölle betont, „an den herrschaftsfreien, den machtlosen Christus, der außer seiner Liebe nichts hat, uns zu gewinnen und zu retten" (Concilium, 225). In ihm ist die Güte und Menschenliebe Gottes erschienen (Tit 3,4), bei ihm sind wir nicht auf Bilder angewiesen, er ist Mensch geworden. Halten können wir uns auch an das, was die theologische Tradition mit dem Geheimnis der Trinität meint, wenn sie sie als Liebesbeziehung beschreibt. „Wenn Gott, das Geheimnis der Welt, liebender Dialog ist, dann sind wir Menschen auf der Erde nur dann Bild dieses Gottes, wenn wir Menschen des Dialogs werden" (Johannes Brantschen 1986). Ein solches Gottesbild könnte Orientierungspunkt für ein neues Verhältnis der Geschlechter nicht nur in der Kirche sein.

Literatur: *Alfred Bertholet,* Das Geschlecht der Gottheit (Tübingen 1934); *Johannes B. Brantschen,* Die Macht und Ohnmacht der Liebe, in: FZPhTh 27 (1980) 224–246; *ders.,* Gott, in: Ulrich Ruh / David Seeber / Rudolf Walter (Hrsg.), Handwörterbuch religiöser Gegenwartsfragen (Freiburg i.Br. 1986); *ders.,* Am Rande von Kirche und Gesellschaft: Frauen. Anfragen an unser Christsein, in: Bad Schönbrunner Protokolle Nr. 26 (1987) 25–36; *Margaret Collier,* Gott ist unsere Mutter (Freiburg i.Br. 1989); *Concilium* 17 (1981) Themenheft: Gott Vater; *Mary Daly,* Jenseits von Gott Vater Sohn & Co (München 1980); *Catharina Halkes,* Frau und Mann als Ebenbild Gottes, in: Frau – Partnerin in der Kirche, hrsg. von Helmut Erharter / Rudolf Schwarzenberger (Wien 1985) 89–105; *Susanne Heine,* Wiederbelebung der Göttinnen? (Göttingen 1987); *Franz Karl Mayr,* Patriarchalisches Gottesverständnis?, in: Theologische Quartalschrift 152 (1972) 224–255; *ders.,* Der Ausschluß der weiblich-mütterlichen Analogie für Gott bei Thomas von Aquin, S.c.G. IV, 11, in: Theologie und Glaube 63 (1973) 120–144;

Virginia Mollenkott, Gott eine Frau? Vergessene Gottesbilder der Bibel (München 1985); *Christa Mulack,* Die Weiblichkeit Gottes. Matriarchale Voraussetzungen des Gottesbildes (Stuttgart 1983); *Herlinde Pissarek-Hudelist,* Feministische Theologie – eine Herausforderung an Kirche und Theologie?, in: Wolfgang Beinert (Hrsg.), Frauenbefreiung und Kirche (Regensburg 1987) 15–50, bes. 27–34; *Frederic Raurell,* Der Mythos vom männlichen Gott (Freiburg i. Br. 1989); *Helen Schüngel-Straumann,* Gott als Mutter in Hosea 11, in: Theologische Quartalschrift 166 (1986) 119–134; *Dorothee Sölle,* Lieben und arbeiten. Eine Theologie der Schöpfung (Stuttgart 1985); *Marie Theres Wacker* (Hrsg.), Der Gott der Männer und Frauen (Düsseldorf 1987); *Uwe Wesel,* Der Mythos vom Matriarchat. Über Bachofens Mutterrecht und die Stellung von Frauen in frühen Gesellschaften (Frankfurt a. M. 1980); *Urs Winter,* Frau und Göttin. Exegetische und ikonographische Studien zum weiblichen Gottesbild im Alten Israel und in dessen Umwelt (Fribourg – Göttingen 1983); *Willem Adolf Vissert 't Hooft,* Gottes Vaterschaft im Zeitalter der Emanzipation (Frankfurt a. M. 1982).

Martha Heizer/Karin Walter

Grundgesetz/Bundesverfassung

↗ Arbeitsrecht; Chancengleichheit; Diskriminierung; Eherecht; Familienrecht; Frauengleichstellungsstellen; Gleichberechtigung; Menschenrechte; Mutterschutz; Nichteheliche Lebensgemeinschaften; Soziale Sicherung; Wehrdienst

Grundrechte

Das *Grundgesetz der Bundesrepublik Deutschland* gewährleistet allgemeine Grundrechte mit Verfassungsrang. Sie sind unmittelbar geltendes Recht. Nach ihrer Geschichte und ihrem heutigen Inhalt sind sie in erster Linie dazu bestimmt, die Freiheitssphäre des Einzelnen vor Eingriffen der öffentlichen Gewalt zu schützen; sie sind Abwehrrechte des Bürgers gegen den Staat und daneben Grundelemente objektiver Ordnung des Gemeinwesens.

Gesetzliche und gesellschaftliche Gleichstellung

Für Frauen von entscheidender Bedeutung ist der allgemeine Gleichheitssatz des Art. 3, insbes. Abs. 2 GG sowie Art. 6 GG, der dem Schutz von Ehe und Familie, des Elternrechts und der Mutter dient. In Art. 3 Abs. 1 GG gewährleistet der Staat Rechtsgleichheit sowohl im Sinne formeller als auch im Sinne materieller Gleichheit. Formelle Rechtsgleichheit ist Gleichheit aller vor dem Gesetz; sie fordert die ausnahmslose Verwirklichung des bestehenden Rechtes ohne Ansehen der Person. Der Grundsatz inhaltlicher (materieller) Rechtsgleichheit verbietet dem Gesetzgeber eine ungleiche Regelung von im wesentlichen gleichen Sachverhalten. Weil die einzelnen Lebenssachverhalte nie völlig übereinstimmen, bleibt dem Gesetzgeber Spielraum zur Rechtsgestaltung: Der Gleichheitssatz ist nur verletzt, wenn sich für die gesetzliche Regelung ein vernünftiger, sich aus der Natur der Sache ergebender Grund nicht finden läßt. Art. 3 Abs. 2 GG bestimmt weitergehend: „Männer und Frauen sind gleichberechtigt“, und fordert damit zwar nicht identische, aber gleichwertige Rechte für Mann und Frau. Eine Ungleichbehandlung allein wegen des Unterschiedes Mann – Frau darf nicht erfolgen; der Gesetzgeber darf nur differenzieren, wo biologisch-geschlechtliche Unterschiede von Mann und Frau dies zulassen oder erfordern, also wenn gemeinsame Elemente nicht vorhanden sind oder der biologische Geschlechtsunterschied den Lebenssachverhalt entscheidend prägt, z. B. Verwirklichung nur in *einem* Geschlecht finden kann (Schwangerschaft; Sopranistin/Tenor). Danach ist Wehrpflicht nur für Männer ebenso zulässig wie ein Verbot des Waffendienstes für Frauen (bestritten!) oder der besondere Schutz des Art. 6 Abs. 4 GG für Mütter. Es verstößt nicht gegen Art. 3 Abs. 2 GG, wenn die Witwe weniger Rente nach ihrem Mann erhält, als ihm selbst zustand, weil nur er Beiträge gezahlt hatte. Der „Stichentscheid“ des Vaters im Gleichberechtigungsgesetz vom 18. 6. 1957 scheiterte aber ebenso am Spruch des Verfassungsgerichts wie der Vorrang des männlichen Geschlechts bei der Erbfolge im Höferecht. Es verstößt auch gegen Art. 3 Abs. 2 GG, wenn die Frau Witwenrente nach dem Mann bezieht, der Witwer aber nur ausnahmsweise einen Rentenanspruch nach seiner berufstätigen Frau erwirbt (diese Entscheidung des Bundesverfassungsgerichts war der Anstoß zur Rentenreform).

Durch das Gleichberechtigungsgesetz 1957, die Reform des Ehe- und Familienrechts 1977, das arbeitsrechtliche EG-Anpassungsgesetz hat der Gesetzgeber in wichtigen Lebensbereichen die *gesetzliche* Gleichstellung der Frau nahezu verwirklicht. Das „Gesetz über die Gleichbehandlung von Mann und Frau am Arbeitsplatz" von 1980 verbietet eine unterschiedliche Behandlung wegen des Geschlechts insbesondere bei der Begründung eines Arbeitsverhältnisses, der Bezahlung, den Arbeitsbedingungen, bei Aufstieg und Kündigung. Das Gesetz hat auf einem entscheidenden Gebiet Klarheit geschaffen, weil umstritten ist, ob Art. 3 (insbes. Abs. 2) GG auch den einzelnen Bürger bindet (sog. „Drittwirkung"). Der einzelne ist nach herrschender Meinung frei in seinen privaten und geschäftlichen Dispositionen (Eheleute können ungleiche Belastung absprechen; der Kaufmann darf bedienen, wen er will; jedermann darf sich bemühen, mehr zu werden oder zu verdienen als der andere).

Schutz der Familie

Art. 3 Abs. 2 GG wird eingeschränkt durch Art. 6 GG, der dem Staat eine besondere Fürsorge für die Familie aufgibt. Art. 6 GG ist eine verbindliche Wertentscheidung und eine Bestandsgarantie des Staates für Ehe und Familie, aber auch Schutz ihrer Privatsphäre vor äußerem Zwang; dazu gehört die Wahlfreiheit der Ehegatten, ihr Familienleben zu gestalten, etwa die Entscheidung für Hausfrauen- oder Berufstätigenehe. Art. 6 Abs. 1 GG enthält darüber hinaus den positiven Auftrag an die staatlichen Gewalten, Ehe und Familie nicht nur gegen Beeinträchtigung zu schützen, sondern sie durch geeignete Maßnahmen zu fördern.

Der Staat ist dieser Pflicht durch Einführung des Ehegattensplitting, von Kinderfreibeträgen, Kindergeldzuschlägen, Erziehungsgeld, Erziehungsurlaub und Anrechnung von Erziehungsjahren in der gesetzlichen Rentenversicherung und durch abgeleitete Rentenansprüche der hinterbliebenen Familienmitglieder nachgekommen (wenn diese Maßnahmen auch nicht ausreichen, die Belastungen der Familien mit Kindern auszugleichen). Aus Art. 6 Abs. 1 GG kann aber kein verfassungsrechtlich gesicherter Anspruch auf bestimmte staatliche Maßnahmen oder Leistungen hergeleitet werden; der Staat muß auch nicht jede die Familie treffende Belastung ausgleichen. Nichteheliche Lebensgemeinschaften können den Schutz und die Leistungen, die auf Art. 6 Abs. 1 GG beruhen, nicht beanspruchen.

Art. 6 Abs. 2 GG weist Pflege und Erziehung der Kinder als natürliches Recht und als Pflicht den Eltern zu, der staatlichen Gemeinschaft lediglich ein Wächteramt. Der Verpflichtung, unehelichen Kindern die gleichen – nicht dieselben – Bedingungen für ihre Entwicklung zu schaffen wie ehelichen Kindern (Art. 6 Abs. 5 GG), ist der Gesetzgeber durch das Gesetz über die rechtliche Stellung der nichtehelichen Kinder weitgehend nachgekommen. Das nichteheliche Kind ist jetzt rechtlich mit seinem Vater verwandt und hat ein eingeschränktes Erbrecht.

Schweizer und Österreichische Bundesverfassungen

Die *Schweizer Bundesverfassung* bestimmt in Art. 4 Abs. 2 (in der Fassung vom 5. 10. 1984) ausführlich: „Mann und Frau sind gleichberechtigt. Das Gesetz sorgt für ihre Gleichstellung, vor allem in Familie, Ausbildung und Arbeit. Mann und Frau haben Anspruch auf gleichen Lohn für gleichwertige Arbeit" und in Art. 54 Abs. 1: „Das Recht zu Ehe steht unter dem Schutz des Bundes."

In *Österreich* ist der Gleichheitssatz – sehr unbestimmt und unübersichtlich – in Art. 7 des Bundesverfassungsgesetzes sowie Art. 2 und in Einzelausprägungen – in Art. 3, 6, 7, 13, 14, 17 und 18 des Staatsgrundgesetzes von 1867 – und zwar nur für die Staats-(Bundes-)Bürger – festgelegt.

Nach Art. 8 der *Europäischen Menschenrechtskonvention* vom 4. 11. 1950 hat der einzelne gegenüber dem Staat (nur) Anspruch auf Achtung des Privat- und Familienlebens.

Literatur: *Bundesministerium für Jugend, Familie, Frauen und Gesundheit,* Bericht der Bundesregierung über Benachteiligung von Frauen in und außerhalb des Arbeitslebens (unveröffentlicht); *dass.,* Frauen in der Bundesrepublik Deutschland (Bonn 1986); *Arthur Haefliger,* Alle Schweizer sind vor dem Gesetz gleich (Bern 1985); *Konrad Hesse,* Grundzüge des Verfassungsrechts der Bundesrepublik Deutschland (Heidelberg – Karlsruhe [12]1980); *Theodor Maunz / Günter Dürig / Roman Herzog,* Kommentar zum Grundgesetz (München 1987); *Robert Walter / Heinz Mayer,* Grundriß des österreichischen Bundesverfassungsrechts (Wien [5]1985) 391 ff.

HEIDI LAMBERT-LANG

H

Hausfrauen

↗ Abhängigkeit; Alleinerziehende; Beruf; Depression; Ehe; Ehrenamt; Elternschaft; Erwerbstätigkeit; Erziehung; Familie; Familienrollen; Frauen im ländlichen Raum; Generationsprobleme; Geschlechtsidentität; Identität, weibliche; Kinder; Lebenskrisen; Mütter-Genesungswerk; Mutterschaft; Pflege, häusliche; Wiedereingliederung

Definitionen

Hausfrauen sind weiblichen Geschlechts, und sie erledigen die Hausarbeit, die Versorgungs-, Pflege- und Erziehungsleistungen für die Haushalts- und Familienangehörigen im privaten Bereich. Der „Hausherr" kann nie zu einer Hausfrau werden, wenn auch eine Hausfrau zur Hausherrin aufzusteigen vermag. Hausherr und Hausherrin sind die über ein Haus oder eine Wohnung Verfügungsberechtigten. Ob sie gleichzeitig die Rolle der „Hausfrau" oder des „Hausmannes" übernommen haben und die Hauswirtschaft führen, die Hausarbeit machen, ist daraus allein nicht zu ersehen. In der Regel ist jedoch die Hausherrin auch die Hausfrau, auch verfügt der Hausherr zumeist nicht nur über Haus und Wohnung, sondern auch über die Hausfrau – seine Ehefrau. Das Leitbild der bürgerlichen Familie, der Versorgungs- oder Hausfrauenehe, entspricht in etwa dieser Vorstellung.

Leitbilder und soziale Wirklichkeit

Das Leitbild der „Hausfrauenehe" war im Bürgerlichen Gesetzbuch aus dem Jahr 1900 festgeschrieben. Die Frau hatte nach der Eheschließung die Leitung des gemeinschaftlichen Hauswesens zu übernehmen, die wirtschaftliche Verantwortung trug jedoch der Mann. Er war Haushaltsvorstand. Diese rechtliche Festschreibung galt auch für Österreich und die Schweiz. Nach dem Gleichberechtigungsgesetz von 1957 (BRD) führte die Ehefrau zwar immer noch den Haushalt, nunmehr jedoch in eigener Verantwortung. Zur Erwerbstätigkeit war sie nur insoweit berechtigt, als dies mit ihren Pflichten in Ehe und Familie vereinbar war. Pri-

vat konnten die Ehegatten andere Regelungen treffen, so wie überhaupt das Gesetz in Ehe und Familie nur dann wirksam wird, wenn private Regelungen nicht oder nicht ordnungsgemäß getroffen werden oder Streitigkeiten solche nicht mehr ermöglichen.
Dieses Leitbild der Hausfrauenehe hat das Erste Gesetz zur Reform des Ehe- und Familienrechts vom 14. 6. 1976 aufgegeben. (Auch für Österreich und die Schweiz gilt dieses Leitbild nicht mehr.) Die Ehegatten haben nunmehr die Haushaltsführung im gegenseitigen Einvernehmen zu regeln. Faktisch hat sich aber nicht viel verändert. Auch 1984 wird von den *Hausfrauen,* ob erwerbstätig oder nicht, 80% der Hausarbeit gemacht. Beide Ehepartner sind allerdings heute berechtigt, erwerbstätig zu sein, und es liegt an ihnen, den Haushaltsvorstand zu bestimmen. Sie haben aber bei der Wahl und Ausübung der Erwerbstätigkeit auf die Belange des anderen Ehegatten und der Familie die gebotene Rücksicht zu nehmen.
Die „Wirklichkeit der Hausfrau" entsprach aber noch 1975 der Gesetzesnorm einer „Hausfrauenehe". Die „typische" Hausfrau als Bild des Durchschnitts aus den Angaben einer repräsentativen Auswahl von Befragten sah für die Bundesrepublik wie folgt aus: „Die deutsche Hausfrau (ist) 35 Jahre alt. Geheiratet hat sie mit 21 Jahren. Zum Zeitpunkt der Befragung lebte sie also schon vor zehn Jahren mit dem Ehemann zusammen. Der Ehemann ist 41 Jahre alt. Sie hat zwei Kinder, die noch zur Schule gehen und bei ihr im Haushalt sind. Außer den Kindern und dem Ehemann werden in diesem Haushalt keine weiteren Personen betreut. Bis zur ersten Schwangerschaft war sie berufstätig. Vorher hatte sie die Volksschule besucht und eine einfache Berufsausbildung erhalten. Sie arbeitete in einer niedrigen Stellung und hat gerne damit aufgehört, um sich ganz der Familie zu widmen. Ihr Mann ... ist der einzige Verdiener der Familie" (Pross 1975, 54).

Inzwischen haben wichtige Zeitereignisse einen sozialen und bewußtseinsmäßigen Wandel herbeigeführt, und eine neue Altersgruppe von Frauen sind Hausfrauen geworden.

Neuere Entwicklungen

Die jüngeren Hausfrauen heiraten später. Die Erwerbstätigkeit wird nicht mit der Eheschließung aufgegeben, sondern solange wie möglich ausgeübt. Geheiratet wird, wenn die Familiengründung beschlossen ist, ein Kind gewünscht wird. Partnerschaft in Familie und Beruf wird zumindest verbal von Männern und Frauen gewünscht.
Die jüngere Hausfrauengeneration hat im Vergleich zu den Älteren – den Altersjahrgängen bis 1950 etwa – eine weit bessere berufliche Ausbildung erworben, doch die Erwerbsquote hat sich nicht wesentlich verändert. Von 100 verheirateten Frauen unter 45 Jahren, mit Kindern unter 18 Jahren und einer Ehedauer unter 10 Jahren – den typischen Familien mit Hausfrauen – waren nach dem Mikrozensus 1985 39% erwerbstätig, und nur 24,3% der erwerbstätigen und verheirateten Mütter mit Kindern unter 18 Jahren gaben an, vollzeitbeschäftigt zu sein.
Im Vergleich dazu waren im März 1987 in Österreich Mütter mit Kindern unter 15 Jahren zu 52% erwerbstätig und in der Schweiz nur zu 27% (Volkszählung 1980). Nicht zuletzt dürfte dieses vergleichsweise konservative Bild der Schweiz durch den relativen Wohlstand des Landes bedingt sein. Die „Hausfrauenehe" ist folglich auch für die jüngere Müttergeneration noch die Wirklichkeit.
Hausfrauen führen in eigener Verantwortung den gemeinschaftlichen Haushalt der Ehegatten und Familien. Die Haushaltsführung ist zu einem guten Teil Hausarbeit. Die Arbeits- und Funktionsbereiche der Hauswirtschaften sind unterschiedlich nach Zahl und inhaltlicher Ausrichtung, Wohnstandort und sozialer Position der Familienmitglieder. Das Anspruchsniveau an

die „Produktionsabteilung" des Haushalts – der Hauswirtschaft – ist unterschiedlich. Im Hinblick auf die personenbezogene Dienstleistung ist es deutlich gestiegen. Diese ändern sich in den Phasen des Lebens- und Familienzyklus: Schulkinder stellen andere Anforderungen als Studenten, der Ehegatte im Streß andere als der, der sich nicht ausgefüllt fühlt oder mit Arbeitslosigkeit fertig werden muß oder öfters versetzt wird. Schätzungen ergaben 1986, daß die werteschaffenden Leistungen der Hausfrauen im eigenen Haushalt jährlich einen Wert in Höhe von 68% des Bruttosozialprodukts erreichen.
Die Hausfrauentätigkeit kann auch Verpflichtungen für den erweiterten Familienkreis beinhalten und/oder Mithilfe im Geschäft, im Betrieb des Ehepartners.

Unterschiedliche Lebenswirklichkeiten

Jeder Haushalt – auch der von nur einer Person und ohne Kinder – bedarf der Hausarbeit. Hausarbeit sollten wir deshalb von Familientätigkeit unterscheiden. Familientätigkeit üben Hausfrauen oder Hausmänner aus, die nicht nur sich und ihren gesunden Ehepartner versorgen, sondern darüber hinaus ältere oder jüngere Personen, die sich noch nicht oder nicht mehr selbst versorgen können. Diese Leistungen sind auch für die Gesellschaft von besonderer Bedeutung, denn sie müßten von ihr übernommen und finanziert werden, wenn es die Hausfrauen nicht gäbe.
In Haushalten ohne Kinder, Kranke oder Behinderte hat das Hausfrauendasein weniger gesellschaftliche als persönliche Vorteile. Ehemänner mit einer treusorgenden Hausfrau haben es leichter im Beruf. Sie brauchen sich nicht um ihre eigene Versorgung zu kümmern. Sie haben außerdem beachtliche steuerliche Vorteile durch das Ehegatten-Splitting.
Die erwerbslose und kinderlose Hausfrau hat den Vorteil, daß die Versorgung zweier erwachsener Personen und die zu leistenden unabdingbaren Hausarbeiten kaum einem Halbtagsjob entsprechen. Diese Hausfrauen oder Hausmänner können über ihre Zeit verfügen, dem Ehepartner hilfreich zur Seite stehen, Ehrenämter wahrnehmen und eigenen Interessen nachgehen. Durch ihren Ehegatten sind sie in der Regel sozial abgesichert.

Benachteiligungen

Wer zugunsten des Partners auf Erwerbstätigkeit verzichtet oder verzichten muß, weil etwa kein entsprechender Arbeitsplatz am Wohn- und Arbeitsort des Partners zu finden ist, ist auf den Unterhalt des erwerbswirtschaftlich tätigen Partners angewiesen. Die Qualifikationen für den eigenen Erwerbsberuf veralten, die soziale Integration über Berufskollegen und -kolleginnen geht verloren. Die soziale Sicherung hängt von der Erwerbskarriere des Partners ab und von der Dauer und Stabilität der ehelichen Gemeinschaft. Die Selbst-Bezeichnung „Nur-Hausfrau" zeigt an, daß diese Frauen ihre soziale Rolle relativ gering einschätzen und lieber eine erwerbswirtschaftliche Berufsbezeichnung angeben würden. Wenn Menschen in der Familie (Kinder und/oder Kranke und Behinderte) ganz unmittelbar abhängig sind von diesen unverzichtbaren Versorgungs-, Pflege- und Erziehungsleistungen rund um die Uhr und am Wochenende und Feiertagen, sieht das Bild anders aus. Familientätigkeit kann nicht ausgesetzt und selten delegiert werden. Hausmütter und -väter sind eigentlich unersetzlich. Sie sind auch unabdingbar für die Kultur unseres Zusammenlebens.
Über weite Spannen des Lebensverlaufs verdankt jeder Mensch in unserer Kultur dieser Versorgung nicht nur Leben und Gesunderhaltung, sondern auch die Prägung der Persönlichkeit und die Bestätigung, angenommen und geliebt zu sein. Da, wo Mangel an Versorgung, Pflege und Erziehung in der

Familie durchlebt werden muß, ist die Folge nicht selten ein gestörtes Leben, das durch gesellschaftliche Wiedergutmachungsversuche kaum heilbar ist.

Zwischen Familie und Erwerbsleben

Wie ist Hausarbeit als Familientätigkeit unter diesen Umständen vereinbar mit der beruflichen Integration in die Gesellschaft?

Man glaubte in den 60er Jahren, mit der Drei-Phasen-Theorie die Lösung gefunden zu haben. Doch das Schema – Erwerbstätigkeit beider Ehegatten bis zur Geburt des ersten Kindes, dann Familientätigkeit eines Partners, bis die Kinder sich selbst versorgen können, und sobald wie möglich die Rückkehr in den Erwerbsberuf – funktioniert in der Realität nicht richtig: Wer einmal aussteigt, verliert oft den Anschluß im Erwerbsbereich. Auch die Familien einschließlich der Hausfrauen gewöhnen sich an die stets bereiten und bereitzuhaltenden Leistungen in der Hauswirtschaft.

Hilflosigkeit der Frauen in außerhäuslichen Bereichen kann eine Folge solcher Aufopferungen für die Familie sein. Frauen, die ihre eigene berufliche Karriere verfolgen, können mitunter für Ehepartner und Kinder hilfreich sein: sie lernen, sich selber zu versorgen. In jedem Fall müßten Männer *und* Frauen ein Leben lang für Erwerbs- und Familientätigkeit motiviert werden. Dies schließt eine ständige Fortbildung mit ein. Die Aufgaben, die Hausfrauen gestellt werden, fallen in den privaten Bereich. Sie haben jedoch beachtliche gesellschaftliche Folgen. Die Zahl der Kinder, Regeneration der Familienmitglieder und familiale Sozialisation sowie die Alltagskultur des Zusammenlebens werden durch sie bestimmt. Schlecht beraten ist eine Gesellschaft, die diesen Funktionen keinen Wert zumißt, sie im Bildungs- und Ausbildungssystem vergißt und jene benachteiligt, die sich diesen Versorgungs-, Pflege- und Erziehungsleistungen zuwenden.

Literatur: *Familie und Arbeitswelt* (Schriftenreihe des Bundesministers für Jugend, Familie und Gesundheit, Bd. 143) (Stuttgart 1984); *Hans-Günter Krüsselberg / Michael Auge / Manfred Hilzenbecher,* Verhaltenshypothesen und Familienzeitbudgets. Die Ansatzpunkte der „Neuen Haushaltsökonomik" für Familienpolitik (Schriftenreihe des Bundesministers für Jugend, Familie und Gesundheit, Bd. 182) (Stuttgart 1986); *Leistungen für die nachwachsende Generation* in der Bundesrepublik Deutschland (Schriftenreihe des Bundesministers für Jugend, Familie und Gesundheit, Bd. 73) (Stuttgart 1979); *Ilona Ostner,* Beruf und Hausarbeit. Die Arbeit der Frau in unserer Gesellschaft (Frankfurt a. M. ²1979); *Helge Pross,* Die Wirklichkeit der Hausfrau (Reinbek 1975); *dies.,* Die Männer (Reinbek 1978); *Rosemarie von Schweitzer* (Hrsg.), Leitbilder für Familie und Familienpolitik. Beiträge zu Ökonomie von Haushalt und Verbrauch, Heft 16 (Berlin 1961); *dies.,* Haushaltsführung (Stuttgart 1983); *dies.,* Der gesellschaftliche Wert der Hausarbeit. Eine Analyse des Wertes der Hausarbeit als Bildungsgut, in: Hauswirtschaft und Wissenschaft 30 (1981) 11 – 19; *Gertrud Schwerdtfeger,* Haushalt heute. Handbuch für moderne Haushaltsführung (Weil der Stadt ⁵1987); Vierter Familienbericht. Die Situation der älteren Menschen in der Familie, hrsg. vom Bundesminister für Jugend, Familie, Frauen und Gesundheit (Bonn 1986).

Rosemarie von Schweitzer

Heilige/Heiligkeit

↗ Buddhismus; Charismen; Christentum; Frauengeschichte; Frauenorden; Gottesbilder; Hexen; Hinduismus; Islam; Judentum; Jungfräulichkeit; Kirche; Kirchenlehrerinnen / Kirchenväter; Kult; Maria; Menschenbild; Mittelalter; Mystik; Naturreligionen; Neues Testament; Reformation; Urbilder, weibliche; Weiblichkeitssymbole

Religiöses Grundphänomen

Heiligkeit wird vom Menschen erfahren als das ihn Übersteigende, Lockende und zugleich Erschreckende. Für den Bereich des Heiligen und Göttlichen werden in den Religionen nicht nur Gegenstände, Räume und Zeiten ausgesondert, sondern vor allem auch Frauen und Männer, an denen eine besondere Nähe zum Außeralltäglichen und Transzendenten erfahrbar wird. Im allgemeinen wird Frauen nicht der gleiche Zugang zur Heiligkeit zuerkannt wie den Männern, dies gilt besonders für das Judentum, den Hinduismus und den Konfuzianismus. Wo die Ehrfurcht vor der geheimnisvollen Nähe der Frau zum Heiligen in Angst vor ihrer nicht beherrschbaren Macht umschlägt, wurde ihr der Pakt mit dem Bösen unterschoben und sie als Hexe denunziert (Jeanne d'Arc).

Christliche Auffassung

Der Gott der Christen wohnt zwar „im unzugänglichen Licht“ und wird als der „allein Heilige“ gepriesen. Zugleich aber sind die Christen als die von Christus Erlösten „der göttlichen Natur teilhaftig und so wirklich heilig geworden“ (Vat. II, Lumen gentium). Das II. Vatikanische Konzil hat in seiner Kirchenkonstitution ein eigenes Kapitel der „Berufung zur Heiligkeit in der Kirche“ gewidmet und die Bedeutung der Gemeinschaft der Heiligen besonders im Kapitel über den „endzeitlichen Charakter der pilgernden Kirche und ihre Einheit mit der himmlischen Kirche“ betont.

Nach christlicher Lehre bietet Gott dem Menschen nicht nur seine Hilfe, sondern läßt ihn an seiner eigenen Heiligkeit teilnehmen. Die christliche Heiligkeit ereignet sich als „Vollendung der Menschwerdung Gottes“, damit durch den vollkommenen Menschen „Christus in seiner vollendeten Gestalt dargestellt“ (Eph 4, 13) wird (vgl. Müller 1986). Bezogen auf den „Leib Christi“, die Kirche, kommt Heiligkeit wesentlich der Gemeinschaft, der Communio oder Koinonia zu. Die „Gemeinschaft der Heiligen“ als die Communio derjenigen, die „noch auf Erden pilgern“, der anderen, die „aus diesem Leben geschieden“, und derer, die „verherrlicht sind“ (Lumen gentium), ist „Abbild und Teilhabe an der innergöttlichen Communio“.

In ihrer Vielfalt und Verschiedenheit bilden die Heiligen die eine „Fülle Christi“, die Schönheit und Pracht der neuen Schöpfung. Dieser Gedanke der Vollendung der Gestalt Christi durch die Heiligen läßt sich kritisch wenden gegen die Zusammensetzung der im kirchlichen Heiligenkult herausgestellten Versammlung der heiligen Männer und Frauen. Wenn sie die gesamte erlöste Menschheit repräsentieren und das „Menschenantlitz Gottes in der Welt“ aufleuchten lassen soll (Müller 1986), so tut sie das nur unzureichend, weil einseitig mehrheitlich in einem Geschlecht, dem männlichen.

Heiligenverehrung als Institution und Kult

Heilige werden in der katholischen Kirche den Christen als Vorbilder vor Augen gestellt. Sie werden um ihre Fürbitte angerufen, und sie werden in einer Weise verehrt, die von der Gottesverehrung unterschieden ist. Während die Vorbildfunktion der Heiligen ökumenisch-christliches Gemeingut ist, ist die Frage der Verehrung und der Anrufung seit der Reformation kontrovers und ein populäres Unterscheidungsmerkmal zwischen katholischer und evangelischer Christenheit. In der evangelischen Tradition kennt jedoch bereits die „Augsburgische Konfession“ den Dank an Gott für die Gottesfreunde, sieht in ihnen eine Stärkung im Glauben und ist sich der Gemeinschaft der in Jesus Christus einen Kirche im Himmel und auf Erden bewußt (vgl. Müller 1984). Eine durchgängige Linie einer evangelischen Befassung mit den Lebensbildern heiliger Frauen und Männer (Hagiographie) läßt sich aufzeigen: von Georg Major, der von Martin Luther beauftragt wurde, bis zu Walter Nigg und B. J. Forck, der über die Märtyrer der Bekennenden Kirche schrieb. Die evangelische Sicht kann jedoch mit einer abgegrenzten Namensliste heiliger Frauen und Männer nichts anfangen und sieht die Institution der „Heiligsprechung“ als ein dem „Urteil Gottes Vorgreifen“ an (vgl. Grote).

Die alte Kirche entwickelte zunächst einen Märtyrerkult, der sich auf Frauen und Männer bezog. Später wurde die Verehrung auf Jungfrauen und Witwen, auf Bekenner und Asketen ausgedehnt. Im Mittelalter entwickelte sich der Heiligenkult stark, besonders in der Volksfrömmigkeit. Eine feierliche „Heiligsprechung“ durch den Papst wurde zum erstenmal im Jahre 993 bei Ulrich von Augsburg († 973) angewandt und später kirchenrechtlich in Stufen (Selig-, Heiligsprechung) institutionalisiert. Die langwierigen und aufwendigen Verfahren der Sammlung und Prüfung von Schriften des Betreffenden, der Beibringung von Zeugnissen und der Klärung von Wundern erklärt manche Schiefheiten in der Zusammensetzung der „Liste der Heiligen und Seligen“. Bei solchen Frauen und Männern, die keine Gruppe (z. B. Orden, Diözese) mit Interesse an einer Durchführung der Prozesse hinter sich haben, besteht nämlich nur eine geringe Chance, zur Heiligsprechung zu kommen. Als theologische Basis für die Institution der Heiligsprechung und der Heiligenverehrung in der katholischen Kirche betont Rahner die Verpflichtung der Kirche zum Zeugnis über die ihr verliehene Heiligkeit. Die Kirche bezeugt damit, daß die von Gott mitgeteilte Heiligkeit hier auf Erden in alltäglichen Lebensgeschichten konkret verwirklicht worden ist: Heiligkeit ist lebbar.

Die Heiligen der katholischen Kirche

Überblickt man die amtliche „Liste der Heiligen und Seligen“, so scheint es, als sei es für Männer bedeutend leichter als für Frauen, ihr Leben mit der heiligmachenden und helfenden Gnade Gottes so zu realisieren, daß es als Zeugnis für die Heiligkeit der Kirche dienen kann. Der 1970 erneuerte „Römische Kalender“ führt unter den 158 namentlich aufgeführten Heiligen jedenfalls nur 27 Frauen gegenüber 131 Männern auf, also weniger als ein Fünftel Frauen. Im deutschen Sprachraum kommen dazu 68 regional zu feiernde Heilige, von ihnen sind 54 Männer und 14 Frauen (etwas mehr als ein Fünftel). Die im „Römischen Kalender und im Eigenkalender für das deutsche Sprachgebiet“ genannten Heiligen sind allerdings nur ein Bruchteil der in der katholischen Kirche verehrten „Heiligen und Seligen“. Ihre Zahl dürfte sich auf 13000 zubewegen (Bader: 12688). In bezug auf die Gesamtzahl der namentlich erfaßten Heiligen und Seligen machen die heiligen Frauen nur etwa ein Sechstel aus (Bader: 10619 Männer gegenüber 2069 Frauen). Ein Werk, das abweichend vom offiziellen Kanon der Heiligen „große Gestalten des Glaubens“ vorstellt (Moser), findet neben 60 „großen Männern“ nur 4 Frauen (Gertrud von le Fort, Edith Stein, Bertha von Suttner, Mutter Teresa) der Erwähnung wert.

Paulus spricht im 1. Korintherbrief von der Vielfalt der Gaben, die der Geist austeilt: „Alle wurden mit dem einen Geist getränkt“ (1 Kor 12, 13). Dieser eine Geist wirkt sich in Ämtern und Diensten aus, vor allem aber in dem Weg, der alle anderen übersteigt, dem der Liebe. Da der Geist Gottes im ganzen Volk Gottes gleichermaßen Heiligkeit schafft, wäre es von zentraler Bedeutung für die Kirche, daß diese Heiligkeit von Frauen und Männern unterschiedlicher Volkszugehörigkeit und Hautfarbe und in den unterschiedlichsten Lebenswelten bis zur Vollendung realisiert werden kann. Das Zeugnis für die ihr geschenkte Heiligkeit nämlich ist ein „Bekenntnis der *sichtbaren* Kirche“ (Rahner). Stößt man hier bereits auf eine Dimension der Unsichtbarkeit der Frau in der Kirche, die im Widerspruch steht zum Auftrag, die ganze Breite und Länge, Höhe und Tiefe der geistgewirkten Heiligkeit zu bezeugen, so muß weiter gefragt werden nach dem Bild der Frau, das durch die Proklamation der Heiligkeit in der Kirche und von der Kirche herausgestellt wird.

Typen der Heiligkeit und die heilige Frau

Die Kirche macht ihre in den Heiligen aufscheinende Heiligkeit sichtbar, indem sie sie öffentlich als Selige und

Heilige proklamiert und in der Liturgie Gott in den Heiligen preist und anruft. Vor der kirchlichen und weltlichen Öffentlichkeit werden Typen heiliger Menschen präsentiert, die die Vielfalt und Vielzahl der historisch-konkreten Biographien in ein sehr begrenztes Raster pressen. Die alten Heiligkeitstypen der Märtyrer, Jungfrauen und Bekenner erfuhren unterschiedliche Ergänzungen. Im erneuerten liturgischen Meßbuch und im Stundenbuch gibt es gemeinsame Texte für „Apostel“ und „Märtyrer“, für „Hirten der Kirche“, „Kirchenlehrer“, „Jungfrauen“, „Ordensleute“, „Heilige der Nächstenliebe“ und „Heilige Erzieher“, sowie schließlich die „Restkategorien“ „heilige Männer“ und „heilige Frauen“. Die Heiligentypen lassen das Einmalig-Geschichtlich-Persönliche der Heiligen zurücktreten hinter abstrakten Konstrukten, die ihrerseits sich in Programmen und Postulaten niederschlagen und so modellhaft und normgebend wirken. Mary Collins sieht im vorgegebenen Typus, bezogen auf die heilige Frau, die Nähe zur „persona“ (nach C. G. Jung), dem „der Welt zugewandten Gesicht“, der „Antwort auf die Anforderungen der Gesellschaft“. Dieser „öffentlichen Maske“ stehen die eigenen tiefinneren Eingebungen entgegen. Es scheint ein Charakteristikum heiliger Frauen zu sein, daß sie zwar eine zulässige Rolle übernehmen, dabei aber sich nicht überidentifizieren mit ihrer „persona“, so daß sie ihren inneren Eingebungen nachkommen können (vgl. Collins). Von den 40 außer der „Jungfrau und Mutter“ Maria im Römischen und regionalen Kalender für das deutsche Sprachgebiet namentlich genannten heiligen Frauen werden 10 als „Jungfrauen“ geehrt, davon sechs als Jungfrauen und Märtyrinnen, zwei als Jungfrauen und Ordensgründerinnen. Die Titel „Mystikerin“ und „Kirchenlehrerin“ sind bei je zwei Jungfrauen zusätzlich verzeichnet. Wenn die Ordensfrauen hinzugenommen werden, kommt man auf 21 unverheiratete und 17 verheiratete Frauen. Sechs der Ehefrauen hatten Regierungspflichten oder waren (zwei) mit Regenten verheiratet, vier gründeten als Witwen Ordensgemeinschaften, fünf werden als Märtyrinnen verehrt, zwei als Mütter (Anna und Monika). Ungeklärt bleibt der Stand der beiden neutestamentlichen Frauen von Betanien, Maria und Marta – sie werden jedenfalls nicht dem Typus der Jungfrau zugeordnet, sondern bei ihrer liturgischen Feier werden die Texte für „heilige Frauen“ verwendet.

Die angebotenen Typen heiliger Frauen geben für die in Ehe und Familie, in Beruf, Politik und Gesellschaft engagierte Frau wenig Identifikationsmöglichkeit und hilfreiches Vorbild zum konkreten christlichen Handeln. Eher scheinen hier nicht mehr oder noch nie brauchbare Wunschbilder enthalten, die das wahre Gesicht der heiligen Frau und gleichzeitig der Kirche eher im Unsichtbaren lassen. Für die Bewältigung des konkreten Alltags kann aber weniger das stilisierte Wunschbild Modell sein als das konkrete Leben der vielen Frauen aller Konfessionen, die sich um Gottes- und Nächstenliebe in der Freiheit ihrer personalen Entscheidung bemüht haben.

Die heilige Frau und die Kirche

Die heiligen Frauen haben für die Kirche und mit der Kirche gelebt. Sie haben dabei auch Beziehungen realisiert, die uns modellhaft überliefert sind am Beispiel „heiliger Paare“. Geistliche Freundschaften (Franz und Klara von Assisi, Franziska von Chantal und Franz von Sales), in die auch familiale Rollenmuster mündeten (Scholastika und ihr Bruder Benedikt, Monika und ihr Sohn Augustinus), sind Modelle der Frau-Mann-Beziehung, die einer „Gemeinschaft der Heiligen“ gemäß wären. Für die meisten heiligen Frauen gilt: Sie haben in, für und an der Kirche gelitten oft bis zur physischen Vernichtung. Als heilige Frauen sind sie wie Maria, ihre einzigartige

Vertreterin, Symbol der Kirche und der gläubigen Menschheit, die sich in Liebe Gott zuwendet.

Literatur: *Herrmann Bader,* Alle Heiligen und Seligen der römisch-katholischen Kirche (München 1950); *Mary Collins,* Töchter der Kirche: Die vier Theresien, in: Concilium 21 (1985) 398–405; *Heiner Grote,* Heiligenverehrung, in: Erwin Fahlbusch (Hrsg.), Taschenlexikon Religion und Theologie (Göttingen 1983), Bd. 2, 244–246; *Peter Manns* (Hrsg.), Die Heiligen (Mainz 1975); *Bruno Moser,* Große Gestalten des Glaubens (München 1982); *Gerhard Ludwig Müller,* Der theologische Ort der Heiligen, in: Zeitschrift für Theologie und Kirche 108 (1986) 145–154; *ders.,* Die Heiligen – ein altes und neues Thema der Ökumene, in: Herder-Korrespondenz 38 (1984) 522–527; *Karl Rahner,* Vom Geheimnis der Heiligkeit, der Heiligen und ihrer Verehrung, in: Manns, a.a.O. Aufl. 1966, 9–26; *Wilhelm Schamoni,* Heilige Frauen des Altertums, Reihe Heilige der ungeteilten Christenheit, hrsg. von Walter Nigg und Wilhelm Schamoni (Düsseldorf 1963); *Reinhold Schneider,* Heilige Frauen (Freiburg i.Br. [2]1959); *Jakob Torsy,* Der große Namenstagskalender (Freiburg i.Br. [12]1987); *Zweites Vatikanisches Konzil,* Dogmatische Konstitution über die Kirche Lumen gentium, Kap. 5 und Kap. 7.

EPHREM E. LAU

Hexen

↗ Christentum; Diskriminierung; Esoterik; Ethik, weibliche; Frauenbewegung; Frauengeschichte; Heilige / Heiligkeit; Märchen; Matriarchat / Patriarchat; Medizin; Menschenrechte; Mittelalter; Mythologie; Naturreligionen; Urbilder, weibliche; Volkskundliche Frauenforschung; Weiblichkeitssymbole

Begriff

Hexe (ahd. *hagazuzza,* Zaunreiterin; ursprünglich wohl ein nachtfahrendes dämonenartiges weibliches Wesen), in Volksglauben und Märchen ältere, alleinstehende Frau mit magisch-schädigenden Kräften; erst spät zur Bezeichnung der mit dem Teufel im Bund stehenden Zauberinnen gebräuchlich. Der Hexenbegriff der großen Verfolgungen bildet sich im Verlauf des 15. Jahrhunderts durch das Zusammenwirken von Inquisition, scholastischer Dämonologie, kirchlichen Häresiekonzeptionen und volkstümlichen Glaubensvorstellungen.

Herausbildung eines Deutungsmusters

Entscheidende Vorbedingung für die Entwicklung des neuzeitlichen Hexenverständnisses war die institutionalisierte Ketzerverfolgung durch die päpstliche Inquisition seit dem frühen 13. Jahrhundert. Hier kam es zu einer ersten Verknüpfung von Ketzerei und Zauberei. Folgenreich war die scholastische Lehre vom Teufelspakt, die im Anschluß an Augustin von Thomas von Aquin zur Grundlage der Aberglaubenstheorie gemacht wurde. Nun galt es als erwiesen, daß Zauberer allgemein in einem ketzerischen Vertragsverhältnis zum Teufel standen, wodurch sie erst in die Lage versetzt wurden, Schadenszauber (maleficium) auszuüben. Gleichzeitig wurde von der Priesterschaft das Konzept vom Teufelspakt auf Häresie schlechthin ausgeweitet. Im Verlauf des 15. Jahrhunderts entwickelte sich allmählich aus der Ketzerverfolgung die Fahndung nach bösen Zauberinnen, für die ein einheitlicher Name erst erfunden werden mußte. Dabei verdichteten sich ursprünglich getrennte Elemente zu einem systematisierten Deutungsmuster. Neben der Angleichung von Ketzerei und Zauberei spielte die Aufnahme der heidnisch geprägten Alltagsreligiosität durch den Klerus eine herausragende Rolle. Während der ganzen christlichen Ära läßt sich die Vorstellung von nachtfahrenden weiblichen Dämonen *(strigae* oder *lamiae)* nachweisen.

Legitimierung des Hexenglaubens

Die Vorstellung, daß auch Menschen in der Lage seien, des Nachts durch die Lüfte zu fahren, wurde im Hochmittelalter von der Kirche als heidnischer Aberglaube bekämpft. Verbindlich war lange Zeit der sogenannte *Canon episcopi* (aus den Rechtssammlungen des Abts Regino von Prüm, 10. Jh.), der den Bischöfen und Priestern Anweisung erteilte, solche Vorstellungen in ihren Predigten als Abfall vom rechten Glauben und als heidnischen Irrtum zu verurteilen. Erst im 15. Jahrhundert zogen Theologen die Beweiskraft des Kanons zunehmend in Zweifel. Sie erklärten die Hexen zu einer *neuen* Sekte, die dem Teufel huldige, den Sabbat besuche und mit satanischer Hilfe böse Taten vollbringe. Damit hatte sich im Klerus auch eine Abwehrkonzeption gegen die sozialreligiöse Frauenbewegung des späten Mittelalters entwickelt, denn von Anfang an waren der hohe Frauenanteil und die relative Gleichberechtigung der Frauen in Ritus und Alltagsleben der Sekten für die Kirche ein besonderer Stein des Anstoßes gewesen.

Hexenbulle und Hexenhammer

Zunächst bewahrten sowohl Bevölkerung wie Obrigkeiten ein hohes Maß an Skepsis gegenüber der neuen Hexenfahndung. Das mag den 1479 zum Inquisitor für Oberdeutschland ernannten Dominikaner Heinrich Institoris zur Abfassung des *Malleus maleficarum* (1487), eines dreibändigen Handbuches der Hexenlehre und -verfolgung (den sogenannten *Hexenhammer*), bewogen haben. Er konnte den berühmteren Kölner Inquisitor Jakob Sprenger als Co-Autor oder – wie heute mehrheitlich angenommen wird – als bloßes Namensschild gewinnen und stellte dem Buch eine gefälschte Approbation der Kölner Theologischen Fakultät voran. Vor allem aber war es ihm gelungen, bereits 1484 die sogenannte Hexenbulle „Summis desiderantes" von Papst Innozenz VIII. (1484–92) zu erwirken, die – und das war durchaus ein Novum – von 1487 bis 1669 den rund 30 Auflagen des *Malleus* vorangestellt wurde und so eine enorme Verbreitung fand. Papsttum und Kurie waren also maßgeblich beteiligt an Urheberschaft und Legitimation der deutschen Hexenprozesse.

Mit dem *Hexenhammer* erlangte die Hexenlehre kurz vor der Reformation ihre verbindliche Festlegung. Katholiken wie Protestanten, Theologen wie Juristen beriefen sich in der Folgezeit erstaunlich häufig auf die Autorität der beiden Dominikaner und deren „kriminalistisches Standardwerk" (so u.a. der berühmte französische Jurist und Staatstheoretiker Jean Bodin in seiner *Démonomanie des sorciers,* dt. 1591). Vorwiegend in der vom *Hexenhammer* entwickelten Gestalt wurde die diabolische Hexerei über Mitteleuropa verbreitet und überlagerte mancherorts ältere regional unterschiedlich ausgeprägte volkstümliche Glaubensvorstellungen. Der *Hexenhammer* wurde aber auch für die weltliche Gerichtsbarkeit zum maßgeblichen Gesetzbuch. Strafrechtliche Voraussetzung dafür war die Verallgemeinerung des Inquisitionsverfahrens (an Stelle des älteren Akkusationsprozesses) durch die *Peinliche Halsgerichtsordnung von Kaiser Karl V.*, kurz *Carolina* genannt (1532). Für die Hexengerichtsbarkeit wurden die Anwendung der Folter sowie die Einführung von Denunziation und Hexenproben entscheidend. Zudem spitzte der *Hexenhammer* den Hexenbegriff auf die Frauen zu und machte die „neue Sekte" endgültig zu dem, was sie die beiden nächsten Jahrhunderte bleiben sollte: Hexen als ein teuflisches Geschlecht boshafter, glaubensschwacher und unersättlicher Weiber. Damit fand am Vorabend der Reformation im Bereich christlicher Dogmatik die Überhöhung des Marienbildes im Hexenbild sein negatives Pendant.

Hexenverfolgung

In der ersten Hälfte des 16. Jahrhunderts blieb die weltliche Gerichtsbarkeit relativ mild. Zwar häuften sich Einzelprozesse, aber es gab noch keine Großfahndungen und Massenverfolgungen. Erst nach 1560 und nach den ersten Religionskriegen änderte sich die Szenerie, der „Hexenwahn" erreichte sozusagen seine Phase der Autonomie. Skeptische Zurückhaltung und Kritik verloren sich, die Gesetze wurden zum großen Teil in der vom *Hexenhammer* vorgeschlagenen Weise verschärft. Die

Unterscheidung zwischen guter und schädigender Zauberei wurde fallengelassen, die Hexerei zum *crimen exceptum,* zum Ausnahmeverbrechen, erklärt, bei dem die Tortur uneingeschränkt angewendet werden konnte. Nun führten auch Denunziationen von bereits verurteilten Hexen beinahe automatisch zur Verfolgung und meist zum Tod der so Beschuldigten. Die Zeit der Massenvernichtungen begann. Der Höhepunkt der Hexenverfolgung in Europa liegt zwischen 1560 und 1630, einer Zeit der Hegemonialkriege und Glaubenskämpfe, der wirtschaftlichen Krisen und sozialen Umwälzungen. Am stärksten betroffen von der institutionalisierten Hexenjagd waren Frankreich, Süd- und Westdeutschland, die Schweiz, allgemein die Alpenregionen, die Beneluxländer und Schottland. Kaum oder gar nicht betrieben wurde die Hexenverfolgung in Osteuropa, Süditalien und Irland. In Spanien wurde sie früh eingeschränkt. Im Reich konzentrierten sich die Prozesse um die Jahre 1590, 1630 und 1660. Die Kernzone der deutschen Hexenprozesse besteht ungefähr aus folgenden Gebieten: Lothringen, Kurtrier, Herzogtum Westfalen, Minden, Schaumburg, von dort über die Harzgegend zu den anhaltischen Fürstentümern, über die sächsischen Herzogtümer und die Fürstbistümer Bamberg, Eichstätt und Augsburg bis zur Schweizer Grenze. Die letzten Hexenprozesse fanden 1782 in Glarus/Schweiz und 1793 in Posen statt.

Kritik an den Hexenprozessen

Ohne die Möglichkeit der Hexerei insgesamt in Frage zu stellen, wurden während dieser Zeit einzelne Aspekte von Theorie und Prozeßführung einer Kritik unterzogen. Der humanistische Arzt Johann Weyer erklärte bereits im Jahre 1563 in seinem Werk *De praestigiis daemonum,* die meisten der als Hexen verfolgten Frauen seien schlichte Melancholikerinnen, die nicht auf den Scheiterhaufen, sondern in den Zuständigkeitsbereich der Medizin gehörten. Zwar gebe es auch böse Zauberinnen, aber diese seien äußerst selten. Der Jurist Bodin hat die „Unlogik" dieser Argumentation aufs schärfste attakkiert, und Weyers „melancholisches Plädoyer" vermochte sich erst sehr viel später durchzusetzen. 1631 wandte sich der deutsche Jesuitenpater Friedrich von Spee in seiner anonym erschienenen Schrift *Cautio criminalis oder Rechtliches Bedenken wegen der Hexenprozesse* gegen die Unmenschlichkeit der Prozeßführung, vor allem gegen die Folter. Auch ihm war nur wenig Resonanz beschieden. Erst Christian Thomasius, der zu Beginn des 18. Jahrhunderts den Teufelspaktgedanken und das Gerichtsverfahren mit seinen manipulierbaren Indizien angriff, fand eine breitere öffentliche Zustimmung.

Neben solcher Verfahrenskritik veränderte auch der stärkere Moralismus der Protestanten (besonders der Calvinisten) den Gehalt der Hexenlehre. Die wichtigste Neuerung ist im 17. Jahrhundert das Aufkommen der diabolischen Besessenheit, damit die tendenzielle Umwandlung der naturmächtigen Hexe in das hilflose Opfer einer nun selber satanischen Männlichkeit. Darin spiegelt sich auch eine Übergangsphase im Strukturwandel weiblicher Wertbilder: vom Weib als unmittelbare Bedrohung zur Zeit der Hexenverfolgung zur „domestizierten" Frau des späten 18. und 19. Jahrhunderts. Das „moderne" Frauenideal der trieblosen, versittlichten und versittlichenden Mutter (mit den Begleiterscheinungen von später Heirat und Geburtenbeschränkung) scheint sich danach auch eher in Gebieten mit systematischer Hexenverfolgung durchgesetzt zu haben. Jedenfalls blieben in Süd- und Osteuropa weiterhin ältere Formen der Geschlechterpolarität erhalten.

Forschung und Analysen

Während die Hexenforschung des 19. und frühen 20. Jahrhunderts von konfessioneller Polemik (wobei der jeweils anderen Kirche die Hauptschuld angelastet wurde) oder generellem Antiklerikalismus geprägt war, hat sich in den letzten Jahren das Augenmerk der Historiker – im Anschluß an anthropologische Studien zur Hexerei in außereuropäischen Kulturen – auf die Ebene der Anklage und deren Einbettung in die Alltagswelt der Betroffenen verschoben. Allerdings sind die rationalisierten Begründungszusammenhänge der Prozeßführung zu unterscheiden von den Mechanismen der Anklage, die von sozialpsychologischen und wirtschaftlichen Voraussetzungen in Dorf und Nachbarschaft bestimmt wurden. Viele der Angeklagten hatten sich eine „Abweichung" zuschulden kommen lassen, und sei es auch nur die der sozialen Randständigkeit als arme, alte Frau. Mit anthropologischen Analyseinstrumenten allein kann weder die systematisierte Hexentheorie, die die Anklage ermöglichte und die Prozesse legitimierte, noch die Tatsache erklärt werden, daß die Opfer eben hauptsächlich Frauen waren.

Beim gegenwärtigen Stand der Forschung kann nicht länger von Millionen Opfern gesprochen werden; neuere Überblicksdarstellungen gehen aber von mindestens 100000 Hinrichtungen in Europa aus (wobei hier allerdings andere „Strafformen" wie Verbannung, Ächtung und die Brandmarkung durch die Gesellschaft bis hin zum „sozialen Tod" nicht gezählt werden). Vielleicht ist es aber überhaupt nicht möglich, genauere Zahlen zu nennen (viele Archivbestände sind noch nicht ausgewertet, andere sind für immer zerstört; die regionalen und zeitlichen Unterschiede sind zudem dermaßen groß, daß Hochrechnungen sehr unzuverlässig sein müssen). „Es dürfte lediglich feststehen", schreibt der Historiker Schormann, „daß diese Prozesse mit Ausnahme der Judenverfolgung die größte nicht kriegsbedingte Massentötung von Menschen durch Menschen in Europa bewirkt haben."

Fest steht freilich auch, daß es eine Massentötung von Frauen durch Männer war. Zwar waren Frauen – sogar recht häufig – auch als Anklägerinnen in die Prozesse verwickelt; aber auf der Seite der Theoretiker und Spezialisten, der Theologen und Juristen, der Richter und Henker waren ausschließlich Männer tätig.

Die Hexenverfolgungen, denen von 1500 bis 1660 zu 80–90% Frauen zum Opfer fielen (vorher und nachher war der Anteil der Männer und auch Kinder oft höher), haben dazu beigetragen, die Selbstverständlichkeit weiblicher Kultur und Solidargemeinschaft zu zerstören sowie die frauenspezifische Tradierung von Wissen über den eigenen Körper wie über Naturkräfte zu zersetzen. Eine Langzeitwirkung ist zudem in jenem weiblichen Verhalten zu sehen, das durch die Verfolgungsgefahr implizit prämiiert wurde: Um erst gar nicht in den Verdacht der Hexerei zu kommen, mußten die Frauen der frühen Neuzeit jeglichen Ungehorsam gegenüber den neuen patriarchalischen Ordnungsprinzipien in Familie, Kirche und Staat vermeiden.

Hexen heute

Es ist historisch nicht belegbar, im Hexensabbat Überreste eines alten Dianakultes zu sehen oder die Hexen zu einer organisierten Widerstandsbewegung hochzustilisieren oder gar die Verfolgungen als eine rein bevölkerungspolitisch motivierte Verschwörung männlicher Obrigkeiten gegen eine erfolgreich praktizierte weibliche Geburtenkontrolle zu werten. Da macht es schon mehr historischen Sinn, an die romantisierende Mythologie eines Jules Michelet anzuknüpfen, der einst die Hexenverfolgung mit der „Entzauberung der Welt" und dem Fortgang der Wissenschaften in Verbindung brachte.

„Tremate, tremate, le streghe son tornate – Zittert, zittert, die Hexen sind zurückgekehrt" – diese in den 70er Jahren zuerst von italienischen Frauen vorgebrachte Drohung war die Kampf-

Kampfansage an eine Männerkultur, die die Kosten des Fortschritts mit weiblichem Leben begleichen ließ. Hatte die alte Frauenbewegung eher die gleichberechtigt-komplementäre Partizipation an allen gesellschaftlichen Bereichen eingeklagt, so steht das Bild der zurückgekehrten Hexen in der neuen Frauenbewegung für eine radikale Infragestellung des patriarchalen Prinzips in Gesellschaft und Kultur, in Politik, Religion und Wissenschaft. Die Hexe als Metapher bedeutet, daß Frauen nicht länger bereit sind, ihre eigene Geschichte zu vergessen, zu verleugnen und zu vergeben und den von der bisherigen Wissenschaft inthronisierten Umgang mit innerer und äußerer Natur kritiklos zu übernehmen. Wenn Frauen sich heute auf die Hexen beziehen, bringen sie zudem ihren Anspruch auf die Nacht (und das heißt im wörtlichen Sinn z.B. auch, abends ohne Angst aus dem Haus gehen zu können), auf weibliche Vergesellschaftungsformen, auf nicht von männerdominierten Institutionen reglementierte Lüste und lizenzierte Wißbegierden zum Ausdruck.

Literatur: *Gabriele Becker / Silvia Bovenschen u.a.,* Aus der Zeit der Verzweiflung. Zur Genese und Aktualität des Hexenbildes (Frankfurt a.M. 1977); *Wolfgang Behringer,* Hexenprozesse und Hexendiskussionen in Südostdeutschland (München 1987); *Richard van Dülmen* (Hrsg.), Hexenwelten. Magie und Imagination (Frankfurt a.M. 1987); *Carlo Ginzburg,* Die Benandanti. Feldkulte und Hexenwesen im 16. und 17. Jahrhundert (Frankfurt a.M. 1980); *Joseph Hansen,* Zauberwahn, Inquisition und Hexenprozeß im Mittelalter und die Entstehung der großen Hexenverfolgung (1900, Neudr. Aalen 1964); *ders.,* Quellen und Untersuchungen zur Geschichte des Hexenwahns und der Hexenverfolgungen im Mittelalter (1901, Neudr. Hildesheim 1963); *Claudia Honegger* (Hrsg.), Die Hexen der Neuzeit. Studien zur Sozialgeschichte eines kulturellen Deutungsmusters (Frankfurt a.M. 1977); *Jules Michelet,* Die Hexe (1863, München 1974); *H. C. Erik Midelfort,* Witch Hunting in South-Western Germany, 1582–1684 (Stanford 1972); *Robert Muchembled,* Kultur des Volks – Kultur der Eliten. Die Geschichte einer erfolgreichen Verdrängung (Stuttgart 1982); *Gerhard Schormann,* Hexenprozesse in Deutschland (Göttingen 1981); *Georg Schwaiger* (Hrsg.), Teufelsglaube und Hexenprozesse (München 1987); *Erika Wisselinck,* Hexen. Warum wir so wenig von ihrer Geschichte erfahren und was davon auch noch falsch ist (München 1986).

CLAUDIA HONEGGER

Hinduismus

↗ Buddhismus; Christentum; Dritte Welt; Eheformen; Entwicklungshilfe; Gottesbilder; Islam; Judentum; Kultur; Magna Mater; Naturreligionen

Frauen in traditionellen Kulturen

Allgemein gilt, daß traditionelle Religionen wie alle alten Kulturen primär von Männern geprägt, von Männern organisiert und beherrscht waren (und sind). Dies hat zur Folge, daß religiöse Konzeptionen, Symbole und Praktiken vielfach männliche Interessen und Probleme widerspiegeln. Besonders in historischen Kulturen lag das Privileg schriftlicher Kommunikation zumeist bei den Herrschenden. Alle Rollen, die Frauen in traditionellen Systemen spielen, geben daher weit mehr Auskunft über die Vorstellungen von Männern als über das Selbstverständnis von Frauen.

Glaubenvorstellungen und Praktiken

Unter Hinduismus versteht man die höhere einheimische Religion Indiens. Diese ist ein Gemisch aus den verschiedensten Glaubensvorstellungen und Praktiken, das im Laufe vieler Jahrhunderte zusammengeschmolzen ist. Man kann Hindu nur durch Geburt in eine Hindu-Familie werden, nicht durch Übertritt. Selbst wenn man sich zu einer der großen Weltreligionen bekennt, verliert man doch nie seine Identität als Inder und Hindu. Der Hinduismus regelt jedes Detail im Leben seiner Anhänger, von der Wiege bis zur Bahre, vom frühen Morgen bis in die späte Nacht. In eine von ursprünglich vier Kasten (der Priester, Krieger, Kaufleute und Bauern) geboren, durchläuft der Hindu idealerweise vier Lebensphasen: Jugend und Ausbildung, Heirat und Karriere, Pensionierung und Studium, Rückzug von der Gesellschaft und religiöse Verwirklichung in der Askese. Der Hinduismus kennt demnach zwei Pole der religiösen Vervollkommnung: in der Gesellschaft als aktives Mitglied und außerhalb der Gesellschaft als Asket. Im Zusammenhang mit diesen nur für Männer beschriebenen Idealen spielen Frauen in allen verschiedenen Lebensphasen eine Rolle. Ihr Leben richtet sich nach denselben Gesetzen.

Rolle und Stellung der Frau

Die Ausbildung der Tochter besteht in der Vorbereitung auf ihre Aufgaben als Hausfrau und Mutter. Die Lektüre der klassischen Schriften, das wichtigste Element der traditionellen Ausbildung des jungen Mannes, ist den praktischen Kenntnissen von Küche, Kindern und Klan nachgestellt. Der Hinduismus kennt acht Formen der Heirat, von denen vier negativ und vier positiv bewertet werden: Heiraten durch Vergewaltigung, durch gewaltsame Entführung, durch Kauf der Frau sowie aufgrund einer Liebesbeziehung werden verurteilt. Heiraten durch den Austausch von Gaben (Kuh gegen Frau), durch eine formelle Opferzeremonie an die Götter, durch die rituelle Vorstellung des Paares sowie durch die zeremonielle Übergabe der Braut an den Ehemann seitens des Brautvaters gelten als akzeptabel. Ehen sind Verträge zwischen Familien und werden nach wie vor vielfach ohne Einverständnis der Betroffenen (und in deren Kinderjahren) geschlossen.

Im Hause ihres Mannes ist die Frau der Schwiegermutter untertan, sie hat die Aufgabe, den Haushalt zu organisieren und die Harmonie der Familie aufrechtzuerhalten. Ihre Stellung steigt mit der Geburt eines Kindes, besonders eines Sohnes. Ihre Karriere ist die der Behüterin und Beschützerin, sie erhält die Grundfesten der Gesellschaft aufrecht. Mit der Pensionierung ihres Mannes, d.h. der Übernahme aller aktiveren Rollen durch ihre Kinder, wird die Frau zur Lehrerin der Schwiegertochter. Sie überwacht nun den ordnungsgemäßen Fortbestand der Tradition. Wenn ihr Mann den Idealen gemäß das Haus verläßt, um seine religiöse Verwirklichung in der Askese zu suchen, kann sie ihn begleiten, muß es aber nicht. Als Matriarchin sollte sie immer einen Ehrenplatz im Hause ihres ältesten Sohnes haben.

Obwohl in Indien inzwischen die Ausbildung für Frauen weit mehr umfaßt als „Familienhauswesen" und zahlreiche Frauen in allen Bereichen der Gesellschaft beruflich tätig und erfolgreich sind, stehen für viele nach wie vor Ehe und Familie im Zentrum ihres Lebens. Ein gutes Verhältnis zu Mann, Schwiegermutter und Sohn gewährleistet grundsätzlich soziale Sicherheit, die der unabdingbare Hintergrund für eine berufliche Tätigkeit und erfolgreiche Karriere außerhalb des Hauses ist. Ein gespanntes Familienleben treibt aber allzuoft Frauen in den Selbstmord, Probleme mit der Mitgift oder der geforderten Geburt des Stammhalters führen immer wieder zu Mord an Frauen. Der Tod des Mannes wirft darüber hinaus viele Frauen völlig aus dem sozialen Gefüge, wenn auch die Witwenverbrennung *(sati)* seit 1829 offiziell verboten und inzwischen wohl weitgehend verschwunden ist.

Weibliche Gottheiten

In den Glaubenvorstellungen des Hinduismus spielen Frauen vor allem als Muttergottheiten eine wichtige Rolle. Bereits in der alten Induszivilisation von Harappa und Mohenjodaro hatte die Mutter als Fruchtbarkeitssymbol eine wichtige Position inne. Auch noch heute haben alle indischen Dörfer ihre spezielle mütterliche Lokalgottheit, eine Göttin der Erde und der Fruchtbarkeit, die besonders das betreffende Dorf beschützt. Die große Mutter der indischen Religion ist jedoch nicht nur eine schützende und nährende Figur. Neben den wohlwollenden Göttinnen

wie Aditi und Mahadevi gibt es die schrecklichen, alles zerstörenden Mütter wie Kali und Durga. Dargestellt mit Reißzähnen, einer Kette aus Schädeln um den Hals, auf Leichen oder Knochen stehend, sind diese grausamen Göttinnen die Vernichter von allem; d.h. aber auch, besonders von allem Übel. Sie zerreißen alle Bande, sie zerstören sogar den Tod.
Eine andere prominente Frauenfigur in der indischen Glaubenswelt und besonders in ihrer tantrischen Ausrichtung ist Shakti, die Verkörperung des weiblichen Prinzips. Shakti ist die Gattin Shivas, des männlichen Schöpfungsprinzips, das ohne seine bessere Hälfte unvollkommen und nichtig ist. Shakti ist die aktive und positive Kraft des Universums, wo Shiva der ruhende, bewahrende und eher negative Grund ist. Beide zusammen machen den Bestand der Welt aus, in beiden verwirklicht sich Brahman, die allem innewohnende göttliche Kraft, die in der Askese von den Banden dieser Welt befreit werden muß. Die Praktiken des Tantra zielen auf eine kreative Vereinigung der beiden Grundprinzipien ab. Im menschlichen Körper residiert Shiva im Kopf und Shakti am Ende der Wirbelsäule. In der Meditation und im Yoga wird die Kraft der Shakti, das Kundalini, geweckt und nach und nach immer weiter durch die Wirbelsäule nach oben zum Kopf geleitet. Dort vereint sich Shakti mit Shiva, beide zusammen steigen weiter nach oben in den Himmel. Dieselbe Idee wird auch in der Ausübung rituellen Sexualverkehrs verwirklicht – der Adept wird ganz eins mit den beiden Grundkräften, er (oder sie) wird eins mit der Welt und gerade dadurch von ihr befreit.

Literatur: *A. S. Altekar,* The Position of Women in Hindu Civilization (Delhi – Varanasi – Patna [5]1938); *Heinrich von Glasenapp,* Von Buddha zu Gandhi, hrsg. von Volker Moeller u.a. (Wiesbaden 1962); *Dabid R. Kinsley,* Hindu Goddesses (Berkeley – Los Angeles 1986); *Hans Küng u.a.,* Christentum und Weltreligionen. Hinführung zum Dialog mit Hinduismus und Buddhismus (München 1984); *Prabhati Mukherjee,* Hindu Women. Normative Models (Calcutta 1978); *Wendy D. O'Flaherty,* Women, Androgynes, and Other Mythical Beasts (Chicago 1980); *Heinrich von Stietencron,* Hinduismus / Hindu-Religionen, in: Hans Waldenfels (Hrsg.), Lexikon der Religionen (Freiburg i.Br. [2]1988) 288–296; *J. Woodroffe,* Śakti and Śākta (Madras [7]1969); *Heinrich Zimmer,* Maya, der indische Mythos (Zürich 1952); *ders.,* Die indische Weltmutter, in: Eranos-Jahrbuch 6 (1938) 175.

Livia Köhn

Humangenetik, angewandte

↗ Diagnostik, vorgeburtliche; Empfängnisverhütung; Familienplanung; Fortpflanzungsmedizin; Geburt; Gentechnik; Leihmütter; Medizin; Mutterbindung; Schwangerschaft; Schwangerschaftsabbruch

Begriff und Gegenstand

Humangenetik ist die Wissenschaft, die sich mit den Unterschieden zwischen den einzelnen Menschen befaßt, diese Unterschiede beschreibt, die Ursachen dafür aufzudecken sucht und Zusammenhänge mit allgemein gültigen biologischen Prinzipien herstellt, um das so entstehende naturwissenschaftliche Bild vom Menschen in Vergangenheit und Gegenwart begreiflich zu machen. Als Konsequenz daraus müssen aber auch zukünftige Entwicklungen und für den Menschen relevante Veränderungen erkennbar und voraussehbar werden. Die Konzentration auf unsere eigene Art macht die Humangenetik sofort auch zu einer Wissenschaft mit praktischer Bedeutung.

Genetische Beratung

Besonders durch die Einführung von molekulargenetischen Methoden eröffneten sich in den letzten Jahren neue Möglichkeiten der Diagnostik von Erbkrankheiten. Ein Erfolg der neueren Forschungsergebnisse spiegelt sich in der Tatsache wider, daß heute rd. 3900 Erbkrankheiten oder Erbmerkmale des Menschen bekannt sind, die sicher oder auch wahrscheinlich dem sogenannten einfachen, von Mendel 1865 entdeckten Erbgang folgen. Es handelt

sich um den sogenannten dominanten, rezessiven und geschlechtsgebundenen Erbgang. Ergebnisse aus der Grundlagenforschung haben direkt eine Auswirkung auf die angewandte Humangenetik, die ein Teilgebiet der Medizin ist. Die Feststellung der Diagnose, daß ein Kind an einem rezessiv vererbten Leiden erkrankt ist, bedeutet z. B. sofort, daß beide Eltern Überträger des krankmachenden Gens sein müssen.
Die Mitteilung des Arztes: „Das Kind hat eine erbliche Krankheit" löst sofort die Frage der Eltern aus: „Woher kommt das? Was bedeutet das für uns, unsere gesunden Kinder oder auch für die weitere Familienplanung? Welches Risiko gehen wir bei einer neuen Schwangerschaft ein", und „was kann ich tun", fragt die Mutter, „damit mein Baby gesund geboren wird?" Jeder Arzt, besonders der Kinderarzt und der Humangenetiker sind in einem solchen Fall aufgefordert, mit ihrem Fachwissen und ihrem verantwortlichen Rat als Arzt aufzuklären und weiterzuhelfen. Das geschieht in einer humangenetischen Beratung, eventuell sind zusätzliche Untersuchungen bei den Eltern oder weiteren Familienangehörigen notwendig, um den vermuteten Erbgang zu bestätigen oder um eine vorgeburtliche Diagnostik bei einem erwarteten Kind durchzuführen.

Beratung als Kommunikationsprozeß

Genetische Beratung ist ein Angebot an Menschen, die ein genetisches Problem haben oder zu haben glauben, die Fragen zu den medizinischen und biologischen Fakten haben, ihre Möglichkeiten kennenlernen möchten und sich in ein Gespräch mit einem speziell ausgebildeten Arzt/Ärztin über den Krankheitswert und das Krankheitsgewicht für sie selbst und ihre Familie, über ihre Ängste, vielleicht auch über Schuldgefühle, einlassen wollen. Das macht deutlich, daß die genetische Beratung ein kommunikativer Prozeß zwischen dem fragenden Laien und dem Fachmann ist. Es geht hier in erster Linie darum, daß Berater und Ratsuchender lernen, auf einer Ebene miteinander zu sprechen. Der Berater muß zuhören, was der Ratsuchende von ihm erwartet, was er versteht. Er muß die Probleme erkennen, die während der Verarbeitung des Mitgeteilten auftreten. Er muß sich vergewissern, daß Risiken, ganz gleich wie groß oder wie gering sie sind, so eingeschätzt werden, daß sie keine falschen Hoffnungen oder übertriebene Ängste wekken. Entscheidungsfähig in diesem Sinne ist nur jemand, der in Kenntnis von Tatsachen und Konflikten bewußt seine Wahl zwischen Alternativen treffen kann. Da es sich meistens um Familienplanung und damit um Zukunft handelt, sollten diese Entscheidungen wohlüberlegt und dauerhaft tragbar sein. Es ist selbstverständlich, daß genetische Beratung freiwillig erfolgt, genauso wie allgemein jede Inanspruchnahme von ärztlichen Hilfeleistungen.

Genomanalyse

Zu den diagnostischen Maßnahmen werden außer der bereits erwähnten vorgeburtlichen Diagnostik Untersuchungsmethoden eingesetzt, die heute vielfach als „Genomanalyse" bezeichnet werden. Sie reichen von klinischen Untersuchungen, z. B. von äußeren Merkmalen über Röntgenaufnahmen des Skeletts, nerven- oder augenärztlichen Untersuchungen bis hin zur Chromosomenanalyse oder Methoden aus der Gentechnik, jeweils abgestimmt auf die Fragestellung, um die genetisch richtige Diagnose zu finden. Gerade bei diesen Maßnahmen fließen ständig neue Forschungsergebnisse aus dem Wissenschaftsbereich der Humangenetik in die Praxis der humangenetischen Beratung ein, so daß Berater und Ratsuchende gemeinsam vor dem Problem stehen, wie mit einem Zuwachs an Wissen umgegangen werden kann und soll. Das Schlagwort vom „Recht auf Nichtwissen" löst nur scheinbar den Konflikt, sich zwischen Chancen und Risiken nicht mehr entscheiden zu können oder weder mit der Sicherheit der Diagnose noch mit der Unsicherheit eines Risikos leben zu können. Genetische Beratung hat in solchen schwierigen Krisensituationen auch lebensbegleitende Funktionen.

Die Rolle der Frauen

Besonders Ärztinnen fühlen sich von diesen Beratungsaufgaben angesprochen. In der Bundesrepublik Deutschland haben vorwiegend Ärztinnen die Zusatzbezeichnung „Medizinische Genetik“ erworben. Für Nachsorge und Begleitung, z.B. nach einem Schwangerschaftsabbruch wegen kindlicher Indikation, sind Sozialarbeiterinnen dringend erwünscht. Leider gibt es nur wenige Beratungsstellen, die Positionen für diesen psychosozialen Dienst haben. Offensichtlich müssen Frauen noch eine Menge an Energie aufbringen, um ihre Interessen und Erfahrungen in diesem Bereich so dringend vorzubringen, daß die Ausstattung von Beratungsstellen diesen Erfordernissen angeglichen wird.

Literatur: *Wolf-Michael Catenhusen / Hanna Neumeister* (Hrsg.), Enquête-Kommission des Deutschen Bundestages; Dokumentation des Berichts an den Deutschen Bundestag: Chancen und Risiken der Gentechnologie, Bd. 12 (München 1987); Das Leben achten. Maßstäbe für Gentechnik und Fortpflanzungsmedizin (Gütersloh 1988); *Walter Fuhrmann / Friedrich Vogel,* Genetische Familienberatung (Berlin – Heidelberg – New York 1982); *Maria Reif / Helmut Baitsch,* Genetische Beratung. Hilfestellung für eine selbstverantwortliche Entscheidung? (Berlin – Heidelberg – New York 1986); *Traute Schroeder-Kurth,* Vorsorge für ungeborenes Leben. Humangenetische Beratung und pränatale Diagnostik, in: Evangelische Kommentare 18 (1988) 392–395; *Friedrich Vogel / Arno G. Motulsky,* Human Genetics (Berlin – Heidelberg – New York – Tokyo 1986); Von der Würde werdenden Lebens. Eine Handreichung der Evangelischen Kirche in Deutschland zur ethischen Urteilsbildung (EKD Texte 11) (1985).

TRAUTE SCHROEDER-KURTH

I

Identität, weibliche

↗ Abhängigkeit; Anima / Animus; Bildung; Emanzipation; Emotionalität und Rationalität; Erziehung; Ethik, weibliche; Familienrollen; Feminismus; Frauenrollen / Frauenleitbilder; Ganzheitlichkeit; Geschlechtsidentität; Glauben; Lebenskrisen; Menschenbild; Mode; Partnerschaft; Philosophie, feministische; Psychoanalyse; Sexualethik; Sexualität; Sozialisation; Tiefenpsychologie; Urbilder, weibliche; Weiblichkeitssymbole

Rollenerwartung und persönliche Identität

Außerhalb der bereits seit der Antike andauernden philosophischen und logischen Diskussion wird die Frage nach Identität heute von den Sozialwissenschaften und der Psychologie aufgegriffen: als soziale Identität/Gruppen-Identität und persönliche Identität/Ich-Identität. Mit der Beschreibung der vielerlei sozialen Rollen und Funktionen einer Person erhob sich zugleich die Frage nach deren Integration, also nach einer differenzierten, aber grundsätzlichen Ich-Identität. Umgekehrt: mit dieser Identität stellt sich die Problematik, wieweit ein Rollenverhalten überhaupt erlernt werden könne und welche Schwierigkeiten der Rollenzwang aufwirft. Der Wissenssoziologe Thomas Luckmann bringt den terminologisch nicht eindeutig verwendeten Begriff der Identität sachlich mit folgendem auch für unseren Zusammenhang wichtigen Fragenkomplex in Verbindung: „Wer bin ich, wohin gehöre ich, wie lebe ich sinnvoll, wie gestalte ich mein Leben im Zusammenspiel mit anderen. Es geht somit um das Problem der (Selbst-)Definition des Menschen, um das Wechselspiel zwischen Individuum und Gesellschaft, um das Phänomen der Menschwerdung" (Luckmann 1980, 8).

Von diesem Problemkomplex sind Frauen in der Gegenwart besonders beladen, weil die Rollenerwartung oder -verpflichtung für sie deutlich ausgeprägt, da geschichtlich festgelegt erscheint, etwa als Hausfrau, Ehefrau und Mutter. Die Psychologie unterstreicht diese Problematik durch die Erkenntnis (G. H. Mead, A. Strauss), daß Ich-Identität zu einem ziemlich bestimmenden Teil von der sozialen Einordnung mitgeschaffen wird. Zu dieser Einordnung gehören auch institutionell getragene oder von der Gruppendeutung begleitete biologisch-seelische Entwicklungsstufen (Mädchen / Braut / Frau / Mutter / Großmutter). Auch für Frauen bedeutet das Eintreten in solche vorgegebenen Strukturen häufig eine Aufwertung des Selbstbewußtseins: Die Erweiterung oder Veränderung der Ich-Identität wird mitverursacht von Veränderungen im sozialen Umfeld.

Wesentlich für diese sozialen Änderungen ist eine mitvollzogene Änderung der Selbstdeutung. Sie kann sich äußern in der Leibsprache (Auftreten, Kleidung, Haltung) und „Verbalisierung" (Wortschatz, Argumentation, Reflexion). Umgekehrt gilt: Wo das äußere Erscheinungsbild unorganisch-unbeholfen und die Sprachlichkeit unentwickelt ist, ist die Balance von persönlicher und sozialer Identität (noch) nicht gelungen. Für die Entwicklung weiblicher Identität muß daher einer sozialen Anerkennung eine Schulung der eigenen Sprachlichkeit und der leiblichen Erscheinung parallel gehen.

Anderseits ist es wünschenswert, eine möglichst wenig von den Erwartungen der Klasse, der Gesellschaft usw. abhängige persönliche Identität zu gewinnen. Denn eine so gewonnene Identität ließe in Krisen (sozialer Abstieg, Partner- und Berufsverlust) die von außen bedrohte Identität lebens- und handlungsfähig. Auch Unverwechselbarkeit/Einzigkeit gehört zum eigenen (und fremden!) Anspruch an menschliche Existenz. Die bloße, selbst gesellschaftlich „optimale" Rollenträgerin muß sich noch einmal auf das nicht Stereotype, das „eigene Gesicht" befragen, ja sie wird paradoxerweise sogar von der Gruppe (deren Rollenerwartung sie erfüllt) danach befragt. (Psychologisch wird dies als die Spannung von Unterscheidung und Anpassung, Einzigkeit und Normalität beschrieben.) So sehr also die Rollen auch stabilisieren und deswegen nicht unterschätzt oder ganz außer acht gelassen werden können, so sehr besteht zugleich die Notwendigkeit, in den Rollen *nicht* aufzugehen, sogar über sie hinaus und möglicherweise gegen sie eine Identität zu bilden.

Schwierigkeiten einer Festlegung

Was die Frage nach einer spezifisch weiblichen Identität betrifft, so zeigt sich hier deutlich gerade in den letzten Jahrzehnten eine Skepsis gegenüber den sozialen Rollenfeldern und ihren jeweiligen Erwartungen und Festlegungen; Rollentausch oder Partnerschaft in bisher Frauen oder Männern vorbehaltenen Funktionen zeigen vielfach, daß Festlegungen auf bestimmte Aufgaben immer mehr als geschichtlich bedingt erkannt werden und nicht als Ausfluß eines Wesens der Geschlechter zu sehen sind. Das bringt notwendig Unsicherheit auch in bezug auf die persönliche Identität mit sich, die sich ja aus der Spannung von Individuum und Gemeinschaft erstellt. So ist nicht nur eine lebhafte Diskussion über das „Rollen"-Verständnis von Frausein, sondern ebenso eine Ablehnung der (zu metaphysischen) Frage nach dem „Wesen der Frau" zu verzeichnen.

Neuerdings untersuchen gerade weibliche Geisteswissenschaftlerinnen diese Frage: bezeichnenderweise behandeln sie sie nicht unter dem Aspekt eines abstrakten Selbstverständnisses, sondern fragen nach dem geschichtlichen Selbstbewußtsein von Frauen in der kulturellen und geistigen Entwicklung. Die allgemeine Bewußtseinsgeschichte kann ja heute – durchaus unpolemisch – als eine Bildungsgeschichte männlichen Bewußtseins gesehen werden, das sich von Anfang an als allgemeinmenschliches verstanden hat.
So stellt die Erforschung der weitgehend noch unerhellten weiblichen Identität zunächst eine Doppelaufgabe: Notwendig erscheint zum einen die Erforschung der Sozialgeschichte weiblicher Funktionen, Rechte, Pflichten, möglichst mit der Unterscheidung von Wandel und Beständigkeit (z.B. im Verständnis von Mutterschaft), zum andern ist aber auch die Erhellung der Geistesgeschichte weiblichen Selbstverständnisses wichtig, zu erschließen aus Mythen, Philosophie, Theologie, Literatur und den Künsten; auch hier sollte der Blick sowohl auf Konstanten wie auf Varianten gerichtet bleiben.
Beide Untersuchungsgegenstände sind vielfach miteinander verknüpft, nicht zuletzt durch die psychische Identität, die in der Einzelperson beides vermittelt. Forschungen zu den genannten Gebieten können auch nicht vom Feld der „männlichen Identität“ abgekoppelt werden, sind sogar über deren Rekonstruktion und Ausleuchtung weiterzuentwickeln.
Da diese „Archäologie“ weiblichen Selbstverständnisses (weniger reflexiv: weiblicher Selbstäußerungen) erst am Anfang steht, ist eine historisch-kritische Festlegung weiblicher Identität noch eine Aufgabe der Zukunft. Erschwert wird sie auch durch weitgehende Nicht-Sprachlichkeit und Nicht-Reflexivität: Gerade in der Symbolik, Mythologie, in den Künsten sind unterschwellige (Selbst-)Aussagen erst herauszuarbeiten.

Identität aus religiöser und werthafter Erfahrung

Ein philosophisch-theologischer Aspekt der Findung und Bestimmung weiblicher Identität ist dabei mit einzubringen: Identität erstellt sich nicht nur aus der Spannung „von innen nach außen“ (sozial) und „von innen nach innen“ (persönlich). Aus dem letzteren geht bereits vorher, daß das Selbst nicht einfachhin monologisch ist, sich vielmehr positiv „verläßt“ und dabei übersteigt. Damit ist die Sinnfrage der einzelnen Identität gestellt, welche sich erst beantworten läßt in dem Bezug „von innen nach oben“: Selbstgewinn im Selbstüberstieg. So ist weibliche Identität auch zu konturieren im Bezug auf Anderes, Höheres „als sie selbst“. Ohne diese paradoxe Formel „Selbigkeit als Offenheit oder Heraustreten über sich selbst“ wäre die Bestimmung weiblicher Identität nur *geschichtlich* zu belegen, während sie hier *methodisch* und *formal* gefaßt ist. Die *inhaltliche* Orientierung ergibt sich als Einzelaufgabe jeder Frau: Identität aus religiöser und werthafter Erfahrung. Auch die Sichtung der religionsgeschichtlichen Ausgestaltungen des Gottesbezuges der Frau gehört demnach zur Erforschung weiblicher Identität, ebenso wie die Findung weiblicher Identität den transzendenten Bezug voraussetzt und Anleitungen dazu erwartet.

Literatur: *Ruth T. Barnhouse,* Identity (Philadelphia 1984); *Jean-Marie Benoist* (Hrsg.), Identität. Ein interdisziplinäres Seminar unter Leitung von Claude Lévi-Strauss (Stuttgart 1980); *Bettina Blanck,* Magersucht in der Literatur. Zur Problematik weiblicher Identitätsfindung (Frankfurt a.M. 1984); *Karlfried Dürckheim,* Erlebnis und Wandlung. Grundfragen der Selbstfindung (Weilheim ²1982); *Erik H. Erikson,* Identität und Lebenszyklus (Frankfurt a.M. 1970); *Elisabeth Gössmann* (Hrsg.), Archiv für philosophie- und theologiegeschichtliche Frauenforschung (München 1984ff.); *Margit Heissenberger,* Erziehung und Identität. Zur Identitätsfindung im pädagogischen Handlungsfeld (Frankfurt a.M. 1987); *Lothar Krappmann,* Soziologische Dimensionen der Identität (Stuttgart 1971); *Ste-*

phan Lermer, Selbstfindung und Lebenskunst. Vom Umgang mit Liebe und Angst (München 1986); *Theodore Lidz,* Das menschliche Leben. Die Entwicklung der Persönlichkeit im Lebenszyklus (Frankfurt a.M. 1970); *Thomas Luckmann,* Personal identity as an evolutionary and historical problem, in: H. Aschoff / M. v. Cranach / R. Lepenies (Hrsg.), The limits of ethnology (Oxford 1978); *Thomas Luckmann / Heinrich Döring / Paul M. Zulehner,* Anonymität und persönliche Identität, in: Franz Böckle u.a. (Hrsg.), Christlicher Glaube in moderner Gesellschaft, Bd. 25 (Freiburg i.Br. 1980) 5–38; *George Herbert Mead,* Geist, Identität und Gesellschaft (Frankfurt a.M. 1968); *Helmut Reiser,* Identität und religiöse Einstellung (Hamburg 1972); *Anselm Strauss,* Spiegel und Masken. Die Suche nach Identität (Frankfurt a.M. 1968). Hanna-Barbara Gerl

Internationaler Frauentag

↗ Frauenbewegung; Gewerkschaften; Menschenrechte; Schwesterlichkeit; Sozialismus; Weltgebetstag der Frauen

Intention

Seit einigen Jahren wird ein Internationaler Frauentag, zu dem vor allem die Gewerkschaften aufrufen, am 8. März jeden Jahres öffentlich begangen. Vor allem in den sozialistischen Ländern als organisiertes Fest der gesellschaftlichen Befreiung der Frau gefeiert, hat sich dieser Tag als Möglichkeit, an die Verwirklichung des inzwischen rechtlich fixierten Gleichberechtigungsgebots zu erinnern und die Solidarität der Frauen öffentlich darzustellen, auch in westlichen Ländern durchgesetzt. Seinen Ursprung hat er im Kampf der Frauenbewegungen des 19. Jahrhunderts für das Frauenstimmrecht.

Bürgerliche und proletarische Frauenbewegungen im 19. Jahrhundert

Nach der Revolution von 1848 begannen sich bürgerliche Frauen in Deutschland wie in anderen Ländern Europas zusammenzuschließen. Wichtigste Aufgaben waren die Bildung und die berufliche Ausbildung von Frauen, die ihnen bis dahin verschlossen gewesen waren. Daneben entwickelte sich innerhalb der Arbeiterbewegung, als ihr aktiver Bestandteil, eine proletarische Frauenbewegung, die jedoch vor 1890 keine kontinuierliche Entwicklung verzeichnen konnte. 1865 schuf Louise Otto-Peters den „Allgemeinen Deutschen Frauenverein“ (ADF), der 1894 vom „Bund Deutscher Frauenvereine“ abgelöst wurde, einem von Helene Lange angeregten Dachverband aller deutschen Frauenvereine. Vom Gründungskongreß waren die Arbeiterinnenvereine ausgeschlossen, was mit den bestehenden Vereinsgesetzen begründet wurde, aber tatsächlich mit der Angst vor den radikalen Positionen sozialdemokratischer Frauen zu tun hatte, die diese nach 1889 vertraten. Ab 1889 prägte Clara Zetkin das Selbstverständnis der sozialistischen Frauenbewegung. Sie erwartete die Befreiung der Frau nur vom Sozialismus, weil für sie ein untrennbarer Zusammenhang zwischen „Frauenfrage“ und „sozialer Frage“ bestand. Schon 1891 hatte die SPD ein Forderungsprogramm für die Frauen verabschiedet, das als ersten Punkt das aktive und passive Wahlrecht für alle Frauen über 20 Jahren enthielt. Ins Programm des Bundes Deutscher Frauenvereine wurde die Forderung nach dem Frauenwahlrecht erst 1902 aufgenommen.

Kampf für das Frauenstimmrecht

1907 fand in Stuttgart, auf Anregung deutscher Sozialistinnen, die erste internationale Konferenz sozialistischer Frauen mit dem Ziel statt, die Arbeit unter den Frauen in den nationalen sozialistischen Parteien zu aktivieren. Beteiligt waren 60 Delegierte aus 16 vorwiegend europäischen Ländern, die sich schwerpunktmäßig mit der Frage des Frauenstimmrechts auseinandersetzten. Einer Resolution, mit der die sozialistischen Parteien gezwungen werden sollten, eine energische Kampagne für das Frauenwahlrecht zu führen, widersetzten sich die Österreicher/innen, weil sie einen Wahlkompromiß mit bürgerlichen Parteien eingegangen waren. Die zweite Konferenz fand

1910 in Kopenhagen statt, beteiligt waren 100 Delegierte, Frauen und Männer, aus 17 Ländern. Einstimmig verabschiedet wurde eine Resolution, die konkrete Einzelheiten für den Kampf um das Frauenwahlrecht festlegte: Einmal jährlich, im März, sollte ein internationaler Frauentag mit dem Ziel organisiert werden, das Frauenstimmrecht durchzusetzen, den Forderungen der sozialistischen Feministinnen größeres Gewicht zu geben und sie als politische Kraft bekannt zu machen. Schon 1911 wurde am 18. und 19. März der erste internationale Frauentag in Dänemark, Deutschland, Österreich und der Schweiz durchgeführt, die anderen Länder konnten oder wollten ihn nicht organisieren. Auch der zweite Frauentag 1912 wurde als Erfolg gewertet, und 1913 wurde er in Deutschland zu einer Frauenwahlrechtswoche ausgeweitet. 1914 wurde der Frauentag zu einer Demonstration für das Frauenwahlrecht und zugleich zu einer Kundgebung für die Erhaltung des Friedens.

Literatur: *Annik Mahaim / Alix Holt / Jacqueline Heinen,* Frauen und Arbeiterbewegung (Frankfurt a.M. 1984); *Heinz Niggemann,* Emanzipation zwischen Sozialismus und Feminismus (Wuppertal 1981); *Clara Zetkin,* Zur Geschichte der proletarischen Frauenbewegung Deutschlands (1928, Neudruck: Frankfurt a.M. 1971).

MARGRET DE HAAN

Islam

↗ Altes Testament; Ausländerinnen; Christentum; Dritte Welt; Eheformen; Judentum; Menschenrechte

Aussagen des Korans

Gott hat Frau und Mann als gleichwertig und einander zugeordnet erschaffen (z.B. Sure 4,1). Während jüdische und christliche Theologen die biblischen Schöpfungsberichte – gegen ihre theologische Intention – vielfach im Sinne einer schöpfungsmäßigen Unterlegenheit der Frau deuteten, bietet der Koran keinen Ansatzpunkt für eine solch abwertende Sicht. Frauen und Männer sind, abgesehen von einigen biologisch bedingten Einschränkungen religiöser Vorschriften (menstruierende Frauen sollen z.B. ebenso wie Kranke die Fastentage nachholen), in der Pflicht zu gottgefälligem Leben und bei der eschatologischen Entlohnung völlig gleichgestellt (z.B. Sure 3,195). Musliminnen sind gleichwertige Mitglieder der islamischen Gemeinschaft (Sure 9,71; 60,12). Jedoch deuten Muhammads Anweisung, Frauen nicht vom Moscheebesuch abzuhalten, und die Zusage des Paradieses für eine gute Bildung und Erziehung der Töchter, darauf hin, daß schon zur Zeit des Propheten die Realisierung dieser Gleichwertigkeit schwierig war. Der Option für die völlige Gleichheit von Frauen und Männern vor Gott steht die Anerkennung zeitgenössischer patriarchalischer Ordnungsvorstellungen im Koran gegenüber. „Die Männer stehen über den Frauen, weil Gott sie (von Natur vor diesen) ausgezeichnet hat und wegen der Ausgaben, die sie von ihrem Vermögen ... gemacht haben ... Und wenn ihr fürchtet, daß (irgendwelche) Frauen sich auflehnen, dann vermahnt sie, meidet sie im Ehebett und schlagt sie!" (Sure 4,34; vgl. Sure 2,228; 4,32). Der Vorrang des Mannes ist nicht im Sinne einer ontologischen, sittlichen oder geistigen Überlegenheit zu verstehen – wenn auch in der Folge zum Teil so gedeutet –, sondern hier soll eine nicht nur in der Antike weitverbreitete Rollen- und Funktionsverteilung (Mann: Leitung des Hauswesens, Repräsentation gegenüber der Öffentlichkeit; Frau: geringere Mobilität aufgrund der Geburt und Versorgung der Kinder, Beschränkung auf das Haus) als dem Willen Gottes gemäß legitimiert werden. Die Vorrangstellung des Mannes ist kein Freibrief für Willkür, sondern er wird mehrfach zu einem rechtlich einwandfreien Verhalten aufgefordert (Sure 2,229; 2,231). Der Koran betont zudem die gegenseitige Zuordnung und das Aufeinanderangewiesensein von Frau und Mann (z.B. Sure 30,21). Die Eheschließung gilt als zivilrechtlicher Vertrag, der zwei Vorgänge beinhaltet: die Unterzeichnung des Ehevertrages mit der Überreichung der Morgengabe und die Hochzeitsfeier mit dem Vollzug der Ehe. Anders als in vorislamischer Zeit soll die Brautgabe der Frau als persönlicher Besitz übergeben werden (Sure 4,4); sie gewährt der Frau zumindest idealiter eine gewisse finanzielle Unabhängigkeit und Sicherheit, zumal der Mann für den Unterhalt der Familie alleine verantwortlich ist. Die Ehe ist die normale, unbefragte, auf Nachkommenschaft hingeordnete Lebensform. Sexualität wird innerhalb der vom Koran legitimierten Beziehungen positiv gewertet. Gestattet ist die Verheiratung mit bis zu vier Frauen oder Sklavinnen, wobei diese Erlaubnis (Sure 4,3) durch die Forderung, alle Frauen gleich zu behandeln, beschränkt ist. Sure 4,129 weist indes auf die Unmöglichkeit zur Erfüllung dieses Gebots hin und mahnt, keine der Frauen ganz zu vernachlässigen. Die Billigung der Polygamie war wohl von der sozialen Intention getragen, Witwen und Waisen zu versorgen. Ehebruch steht für Frau und Mann unter gleicher Strafe (Sure 24,2); die fälschliche Beschuldigung von Ehefrauen – Männer müssen offenbar nicht damit rechnen – wird ebenfalls schwer bestraft (Sure 24,4). Von Frauen wie Männern wird zurückhaltendes Benehmen gegenüber dem anderen Geschlecht verlangt (Sure 24,30–31); Frauen sollen etwas von ihrem Überwurf über sich herunterziehen (Sure 33,59; ein Verschleiern von Gesicht und Händen ist nicht gemeint, vgl. Sure 24,31), und die Gläubigen sollen mit den Frauen Muhammads hinter einem Vorhang reden (Sure 33,53). Der Mann kann jederzeit seine Ehe durch einfaches Aussprechen der Verstoßung der Frau beenden. Nach einem Prophetenwort wird zwar die Scheidung unter allen erlaubten Dingen von Gott am meisten verabscheut, und der Koran trifft einige Regelungen zum Schutz der verstoßenen Frauen (z.B. Sure 2,226–233), aber in der Folgezeit wirkte sich besonders das Scheidungsrecht – gegen die Intention des Korans – zuungunsten der Frauen aus. Frauen wird anders als in vorislamischer Zeit ein beschränktes Erbrecht zugestanden (Sure 4,7; 4,11–12); ihre Zeugenschaft gilt nur halb soviel wie die des Mannes (Sure 2,282).

Islamisches Recht und islamische Sitte

Koran und Sunna (Aussagen und Lebenspraxis Muhammads) sind wesentliche Grundlagen des islamischen Rechts. In den folgenden Jahrhunderten entwickelten die verschiedenen Rechtsschulen ein Rechtssystem, das Frauen oft über die Forderungen des Korans hinaus benachteiligte. Handlungspraxis und soziokulturelle Gegebenheiten der Verbreitungsländer übten dabei nachhaltigen Einfluß aus. So kennt der Koran noch kein Recht des Vaters, seine Tochter auch gegen ihren Willen zu verheiraten, er fordert nicht die totale Verschleierung der Frau und ihre ausschließliche Beschränkung auf das Haus oder etwa die Beschneidung der Frau. Die Gültigkeit einer im Scherz oder bei Trunkenheit ausgesprochenen Verstoßung der Ehefrau widerspricht der Intention des Korans ebenso wie der mitunter praktizierte Ausschluß der Frauen vom Besuch der Moschee und von Koranschulen bzw. anderen Bildungsmöglichkeiten.

Bestrebungen zur Gleichstellung der Frau

Seit Ende des letzten Jahrhunderts ist auch in islamischen Ländern eine intensive Auseinandersetzung um die soziale und rechtliche Gleichstellung der Frau zu registrieren. Eine Konsequenz war die Rückbesinnung auf den Koran. Man forderte die Aufhebung aller diskriminierenden Rechtssätze und Bräuche, die sich nicht mit dem Koran legitimieren lassen oder die eine Verfälschung seiner Absicht bedeuten. Das Problem, daß auch einige Vorschriften im Koran die Frauen deutlich benachteiligen, suchte man durch eine veränderte Auslegung der Texte zu lösen: z. B. versteht man die Forderung, alle Frauen gleich zu behandeln, heute zunehmend als implizites Polygamieverbot. Diese Sicht fand in manchen Ländern ihren rechtlichen Niederschlag nur in der Möglichkeit, im Ehevertrag ein Recht der Frau auf Scheidung im Falle einer Zweitehe festzulegen. Ähnlich kann das einseitige Verstoßungsrecht durch die ehevertragliche Bevollmächtigung der Frau, ihre eigene Verstoßung aussprechen zu lassen, ausgeglichen werden. Solch kurios wirkende Regelungen scheinen unvermeidlich, solange der Koran mit seinem – wenn auch gemäßigt – patriarchalischen Ordnungssystem Legitimierungsinstanz für moderne Gesetzgebung bleibt.

Rechtliche Lage der Frauen in islamischen Ländern

In der Türkei wurde die im Zuge der Reformen von Präsident Kemal Atatürk erfolgte Trennung zwischen Religion und Staat – bis heute singulär in der islamischen Welt – zur Grundlage, um in Anlehnung an das schweizerische Zivilrecht ein neues Familienrecht an die Stelle des islamischen Rechts treten zu lassen. Die Zivilehe wurde eingeführt, die Polygamie verboten, ein Mindestalter für die Eheschließung festgelegt; im Scheidungs-, Sorge- und Erbrecht wurde die Gleichstellung festgeschrieben. Seit 1931 besteht allgemeine Schulpflicht, und seit 1934 haben Frauen aktives und passives Wahlrecht. Flankierend wurden Kampagnen gegen Verschleierung u. ä. durchgeführt. Vor allem auf dem Land waren die neuen Rechte der Frauen bis heute gegen traditionelle Strukturen oft nicht durchsetzbar.

Ähnlich radikale Reformen enthielt das tunesische Personenstandsrecht von 1957. Sein Initiator, Präsident Bourgiba, brach allerdings nicht mit dem Islam, sondern legitimierte die Neuerungen mittels einer veränderten Auslegung des Korans.

In Ägypten erreichte die 1923 gegründete Frauenrechtsunion unter Führung von Huda Scharawi zwar durch spektakuläre Aktionen (wie das Abwerfen des Schleiers ins Meer) Aufsehen, aber nur langsam rechtliche Fortschritte; 1923 wurde immerhin ein Mindestheiratsalter festgesetzt und 1924 die Gleichberechtigung im Bildungssektor in der Verfassung eingefügt. Seit 1956 haben die Frauen das Wahlrecht, und 1979 wurde das Ehe- und Scheidungsrecht liberalisiert, ohne allerdings die Polygamie und das einseitige Verstoßungsrecht abzuschaffen.

In Algerien wirkte sich entgegen den Erwartungen die aktive Beteiligung der Frauen im Unabhängigkeitskampf gegen Frankreich nur begrenzt auf ihre soziale und rechtliche Lage aus, da man das Festhalten an überkommenen Strukturen in Opposition zur verhaßten Überfremdung als Chance zur Identitätswahrung verstand. So wurde den Frauen in der Verfassung zwar Gleichberechtigung in Politik und Bildung zuerkannt, das Familienrecht blieb aber vom islamischen Recht bestimmt.

Die islamische Erneuerungsbewegung

Wirtschaftliche und soziale Probleme und die Krise der kulturellen Identität durch Verwestlichung und Industrialisierung führten zu einer Rückbesinnung auf die islamischen Wurzeln. Die Folge war neben religiöser Erneuerung und der Solidarisierung islamischer Staaten eine Restauration der traditionellen Sicht der Frauen (vgl. die Parole „Zurück zu Kindern und Küche“ in Westeuropa), die bislang erreichte Verbesserungen in Frage stellt. Spektakulärsten Ausdruck fand die fundamentalistische Bewegung in der islamischen Revolution im Iran, wo Frauen sich wieder im Tschador verhüllen mußten und die Rücknahme der 1975 erfolgten Liberalisierung des Eherechts und eine weitgehende Geschlechtertrennung in der Öffentlichkeit angestrebt wurde. Die konservativen Kräfte fanden Unterstützung auch bei Frauen; selbst in Städten wie Kairo und Tunis begannen Frauen, traditionelle Vorrechte des Mannes zu verteidigen, und Studentinnen, sich zu verschleiern. Neben den genannten Gründen spielen u.a. die mangelnde Bildung vieler muslimischer Frauen, das Aufleben bestehender Ressentiments gegen alle Neuerungen (gerade bei älteren Frauen) und die Ernüchterung angesichts der Probleme einer veränderten sozialen Stellung (z.B. Isolation in der Kleinfamilie, berufliche Konkurrenz) eine Rolle. Bei Nichteinhaltung traditioneller Normen drohen gravierende Sanktionen. Im Iran entließ man z.B. Beamtinnen wegen der Mißachtung der Kleiderordnung und warf Frauen u.a. aus diesem Grund ins Gefängnis, wo sie oft vergewaltigt und gefoltert wurden. Die öffentliche Auspeitschung bei Ehebruch – Usus auch in Saudi-Arabien – wurde eingeführt. In vielen Ländern werden Frauen bei vor- und außerehelichen Beziehungen von der Familie verstoßen und gesellschaftlich geächtet; man nimmt ihnen ihre Kinder, und nicht selten werden sie „zur Rettung der Familienehre" ermordet.

Muslimische Frauen in der Bundesrepublik Deutschland, in Österreich und in der Schweiz

Die Situation muslimischer Frauen gleicht jener anderer Ausländerinnen, wird aber noch durch ihre Religion und ihre fremdartige Lebenskultur erschwert. Ihre vielfältigen Probleme konzentrieren sich im Raum der Familie. Denn die bisweilen jahrelange Trennung der Familie, die soziale Isolation, die ungewohnten Arbeitsbedingungen, die Erwerbstätigkeit der Frauen und die „Umkehr der Erziehungsverhältnisse" (Kinder lehren ihre Eltern, mit den fremden Lebensverhältnissen zurechtzukommen) bewirken Veränderungen der Familienstruktur und führen zu starken Verunsicherungen. Diese Destabilisierung führt mit weiteren Belastungsfaktoren (niedrigem Bildungsniveau, schlechten Wohnverhältnissen u.ä.) und dem Umstand, daß viele Muslime aus ländlichen Gebieten der Türkei stammen, wo die Prägekraft des Islam durch Reformen wenig beeinträchtigt ist, häufig zum Festhalten an überkommenen, aber für die Bewältigung des Alltagslebens gegenläufigen Normen. Hieraus ergeben sich spezifische Schwierigkeiten für Musliminnen; so ist z.B. das außerfamiliäre Zusammensein von Frauen, das in einer patriarchalischen Gesellschaft mit strikter Geschlechtertrennung Garant für Sozialkontakte überhaupt war, mithin Geborgenheit und Solidarität vermittelte, oft nur schwer möglich. Die Doppelbelastung Erwerbsarbeit – Haushalt bedeutet eine hohe Beanspruchung, da in der Regel Hausarbeit exklusiv Sache der Frau ist und die Entlastung bei der Kinderbetreuung und der Vermittlung und Kontrolle normgerechten Verhaltens durch Verwandtschaft und Umwelt weithin fehlen. Die oft aus Sorge um die Familienehre eingeschränkte Bewegungsfreiheit der Töchter und ihre frühe Zuständigkeit für Aufgaben in Haus und Familie läßt nicht nur Bildungschancen ungenutzt, sondern der Dissens zwischen den Lebensgewohnheiten, Normen und Werten der Herkunftsfamilie und jenen der Umwelt führt auch zu schweren psychischen und sozialen Konflikten. Dazu kommt, daß sie nicht selten ohne Rücksicht auf eigene Zukunftswünsche im Herkunftsland ihrer Familie verheiratet werden. (Sozial-)pädagogische Arbeit mit Musliminnen wird u.a. in multikulturellen Einrichtungen, in Beratungsstellen, in Mütter- oder Jugendzentren (z.B. Gruppen ausländischer Mädchen) geleistet. Sie leidet – neben finanziellen Problemen – unter der Schwierigkeit, daß die Männer allen unabhängig von ihnen stattfindenden Außenkontakten ihrer Frauen mißtrauen. In einigen Städten haben sich Ausländerinnen selbst organisiert oder gehören Frauenvereinen an, die Ausländerorganisationen angegliedert sind.

Literatur: *Muhammad Salim Abdullah,* „Frau III", in: Adel-Theodor Khoury (Hrsg.), Lexikon religiöser Grundbegriffe (Graz 1987); *Andrea Baumgartner-Karabak / Gisela Landesberger,* Die verkauften Bräute. Türkische Frauen zwischen Kreuzberg und Anatolien (Hamburg 1978); *Lois Beck / Nikki Keddi,* Women in the Muslim World (Cambridge u.a. 1978); *Rosemarie Höll,* Die Stellung der Frau im zeitgenössischen Islam: dargest. am Beispiel Marokkos (Frankfurt a.M. 1979); *Christine Huth / Jürgen Micksch,* Ausländische Frauen. Interviews, Analysen und Anregungen für die Praxis (Frankfurt a.M. 1981); *Fatima Mernissi,* Geschlecht – Ideologie – Islam (München 1987); *Naila Minai,* Schwestern unterm Halbmond (Stuttgart 1984); *Iris Müller,* Zur Stellung der Frauen im Islam. CIBEDO-Dokumentation 6/7 (Frankfurt a.M. 3/6 1980); *Alice Münscher,* Ausländische Frauen. Annot. Bibliographie. DJI Reihe Materialien zur Ausländerarbeit (München 1980 mit Ergänz. Frühj. 1982); *Rudi Paret,* Zur Frauenfrage in der arabisch-islamischen Welt, in: Veröffentlichungen des orientalistischen Seminars der Univ. Tübingen, H. 8 (Stuttgart 1934) 1 – 70; *Irmhild Richter-Dridi,* Frauenbefreiung in einem islamischen Land – ein Widerspruch? Das Beispiel Tunesien (Frankfurt a.M. 1981); *Rita Rieplhuber,* Die Stellung der Frau in den neutestamentlichen Schriften und im Koran (Altenberge 1986); *Nawal el Saadawi,* Tschador. Frauen im Islam (Bremen 1980); *Terre des Femmes* (Hrsg.), Tod als Ehrensache. Frauenschicksale (Berlin 1987); *Wiebke Walther,* Frauen im Islam (Stuttgart 1980); *Beatrix Wiethold,* Kadinlarimiz. Frauen in der Türkei (Hamburg 1983). RITA RIEPLHUBER

J

Job-sharing

↗ Arbeit; Arbeitsrecht; Aufstiegschancen; Beruf; Elternschaft; Erwerbstätigkeit; Familienrollen; Frauenförderung; Gewerkschaften; Kinder; Mutterschaft; Soziale Sicherung; Tagesmütter; Weiterbildung; Wiedereingliederung

Die Diskussion

Job-sharing oder Arbeitsplatzteilung ist eine Form der Teilzeitarbeit, bei der zwei Personen einen Arbeitsplatz besetzen und in eigener Verantwortung regeln, wie sie sich die Vollstelle teilen. Der Arbeitsplatz ist trotz Teilzeitbeschäftigung ganztägig besetzt, was für die betriebliche Organisation von Vorteil ist. Diese Arbeitszeitform wurde in den USA entwickelt und fand zu Beginn der achtziger Jahre in der Bundesrepublik Deutschland breite Beachtung in der öffentlichen Diskussion, die sich an dem von der Arbeitsgemeinschaft der Arbeitgeberverbände der Deutschen Chemischen Industrie (1980) vorgelegten Musterarbeitsvertrag entzündete. Im Mittelpunkt standen die Vertretungspflicht der Job-sharing-Partner und der Bestandsschutz des Arbeitsverhältnisses, wenn ein Partner ausscheidet. Die Gewerkschaften befürchteten eine Verlagerung des Unternehmerrisikos auf den Arbeitnehmer, wenn dieser wegen Urlaub, Krankheit oder anders bedingter Abwesenheit den Partner vertreten muß. Außerdem sahen sie ein erhöhtes Beschäftigungsrisiko in der Auflösung des Arbeitsverhältnisses, wenn ein Job-sharing-Partner kündigt. Der Musterarbeitsvertrag der CDU/CSU-Fraktion (1981) trug diesen Problemen stärker Rechnung und schloß eine Kündigung beim Ausscheiden eines Job-sharing-Partners aus. In dem Beschäftigungsförderungsgesetz (1985, § 5 Abs. 1 und 2) wurde eine Vertretungspflicht nur aufgrund einer für den Einzelfall vorab getroffenen Vereinbarung zugelassen, die für den Partner zumutbar sein muß. Die Entlassung eines Job-sharing-Partners bei Ausscheiden des anderen ist grundsätzlich verboten.

Während in den USA das Modell der Arbeitsplatzteilung zur Abdeckung einer ganztägigen Besetzung eines Arbeitsplatzes bei gleichzeitiger Praktizierung von Teilzeitarbeit insbesondere für hochqualifizierte oder mit Führungsaufgaben verbundene Arbeitsplätze entwickelt wurde, richteten sich in Deutschland die Erwartungen der Arbeitgeber darauf, Job-sharing-Arbeitsplätze durch Teilzeitbeschäftigte ganztägig, d.h. auch nachmittags besetzen zu können, da die Mehrzahl der teilzeitarbeitsuchenden Frauen eine Vormittagsbeschäftigung anstrebt. Während die Teilzeitbeschäftigung in den letzten Jahren stark expandierte, hat die Arbeitsplatzteilung bisher nur einen geringen Anteil. Eine Untersuchung ermittelte (1985) lediglich 17 privatwirtschaftliche und 25 öffentlich-rechtliche Unternehmen, in denen zuerst auch nur in Einzelfällen Job-sharing-Arbeitsverhältnisse bestanden. Dies hat auch mit den jeweiligen Versicherungssystemen zu tun. In der Schweiz und in Österreich wird die Idee des Job-sharing zuerst zaghaft diskutiert.

Privater und betrieblicher Nutzen

Das Interesse der Arbeitnehmer/innen an solchen Arbeitsverhältnissen liegt vorrangig im privaten Bereich, d.h. an einer besseren Vereinbarkeit von Familie und Erwerbstätigkeit. Wo Job-sharing eingeführt wurde, geschah dies auf Wunsch meist höherqualifizierter Mitarbeiter/innen. Der betriebliche Nutzen wird vor allem in der Reduzierung von Fehlzeiten, der Vergrößerung der Arbeitsproduktivität und der Erhöhung der Arbeitszufriedenheit gesehen. Da eine Arbeitsplatzteilung wegen der sozialversicherungsrechtlichen Folgen (15 Std. bzw. 18 Std. Arbeitszeit zur Begründung der Kranken- und Rentenversicherungspflicht bzw. der Beitragspflicht der Arbeitslosenversicherung) nur in engem Rahmen möglich ist, ist lediglich eine Aufteilung der Arbeitszeit in etwa gleichem Verhältnis möglich, es sei denn, mehrere Arbeitsplätze werden in die Teilung einbezogen. Auch ist im Rahmen der Arbeitsplatzteilung eine tage- oder wochenweise Aufteilung der Arbeitszeit möglich. Die Möglichkeiten, die das Job-sharing-Modell bietet, sind noch keinesfalls ausgeschöpft. Insbesondere im Hinblick auf den steigenden Anteil qualifizierter Frauen dürfte diese Arbeitszeitform noch an Bedeutung gewinnen.

Literatur: *Gerhard Bosch,* Job-sharing-Vorteile für den Arbeitnehmer? Ein Kommentar aus gewerkschaftlicher Sicht, in: Die Betriebswirtschaft, H. 2/1982; *Helmut Glaubrecht / Dieter Wagner / Ernst Zander,* Arbeitszeit im Wandel (Freiburg i.Br. 1984); *Renate Gorges,* Job-sharing – Möglichkeiten für Arbeitsteilung und Arbeitsorganisation (Düsseldorf 1984); *H.-Helmut Heymann / Lothar Seiwert* (Hrsg.), Job-sharing – Flexible Arbeitszeit durch Arbeitsplatzteilung (Stuttgart 1982); *Andreas Hoff,* Job-sharing als arbeitsmarktpolitisches Instrument. Discussion-Paper IIM / LMP 81 – 17 (Wissenschaftszentrum Berlin 1981); *Karl-H. Neumann,* Arbeitsplatzteilung – insbesondere bei Führungskräften und qualifizierten Arbeitnehmern, in: Harald Bielenski / Friedhart Hegner, Flexible Arbeitszeiten (Frankfurt a.M. 1985); *Günther Schanz,* Job-sharing Handbuch, hrsg. vom Niedersächsischen Minister für Wirtschaft und Verkehr (Hannover 1984); *Peter Schüren,* Job-sharing. Arbeitsrechtliche Gestaltung unter Berücksichtigung amerikanischer Erfahrungen (Heidelberg 1983).

MARITA ESTOR

Judentum

↗ Altes Testament; Antike; Buddhismus; Christentum; Eva; Frauenbewegung; Gottesbilder; Hinduismus; Islam; Kult; Naturreligionen; Neues Testament; Urkirche

Aspekte jüdischer Identität

Die gesellschaftliche Stellung der jüdischen Frau war und ist in den verschiedenen Kulturkreisen der jüdischen Diaspora sehr stark von den jeweils bestehenden sozialen Verhältnissen in der nicht-jüdischen Umwelt beeinflußt. Ihre Rolle in der Gesellschaft ist keineswegs nur von der religiös-jüdischen Tradition bestimmt. Nicht zuletzt im Staat Israel werden an den aus unter-

schiedlichen sozialen und kulturellen Verhältnissen kommenden Einwanderern große Verschiedenheiten in der Rolle der Frau sichtbar.
Wenn von der Frau im heutigen Judentum die Rede ist, dann kann das nur unter Beachtung der verschiedenen Aspekte jüdischer Identität geschehen, wie sie sich vor allem seit dem 19. Jahrhundert entwickelt haben. So schließt der Begriff Judentum neben dem Aspekt der Religion auch den des Volkes ein. Demnach kann sich jemand als jüdische Frau verstehen, ohne die Normen der jüdischen Religion zu akzeptieren. Daraus ergeben sich verschiedene Grade der Nähe zum als Religion verstandenen Judentum (Plaskow). Eine Darstellung der Frau im Judentum wird daher am besten von den religiösen Normen ausgehen, die für alle späteren Entwicklungsstufen des jüdischen Selbstverständnisses relevant bleiben und auch im Rollenverständnis moderner, nicht religiös motivierter Frauen nachwirken (Lahav). Es ist also einerseits von der Frau zu handeln, deren jüdische Existenz primär durch die Religion bestimmt ist. Anderseits ergibt sich daraus ein Bezugsrahmen auch für jene Frauen, die ihre jüdische Identität nicht religiös verstehen, aber auf die religiös bestimmte Rolle der Frau im Judentum reagieren. In dieser Situation befinden sich vor allem nicht-religiöse, jüdische Frauen im Staat Israel, da dort sowohl für religiöse wie auch nicht-religiöse Juden das jüdisch-religiöse Personenstandsrecht staatliche Gültigkeit besitzt.

Zwischen religiöser Tradition und gesellschaftlicher Evolution

Die religiös akzeptierte Rolle der Frau im Judentum ruht auf der Juden und Christen gemeinsamen hebräischen Bibel und ist im nachbiblischen Judentum durch das von den rabbinischen Autoritäten tradierte Religionsgesetz, die sogenannte Halacha, geregelt. Die rabbinische Interpretation der biblischen Normen, wie sie in Mischna und Talmud enthalten ist, versteht sich nicht als Neuerung oder Abänderung der Bibel, sondern als deren notwendige und legitime Aktualisierung, die im orthodoxen Judentum als Bestandteil der Offenbarung gilt. Die sich wandelnden außerreligiösen gesellschaftlichen Standards werden von diesen Offenbarungsnormen her beurteilt. Diese konsequente, religiöse Sicht findet keine einheitliche Akzeptanz aller innerjüdischen religiösen Gruppierungen.
Die Frauenfrage, die auch im Judentum seit ihren Anfängen aktuell ist (Berta Pappenheim: geb. 1859; Henrietta Szold: geb. 1860; Anna Heller Rosenthal: geb. 1872; Sara Schenirer: geb. 1883), wird im Spannungsraum zwischen religiöser Tradition und gesellschaftlicher Evolution diskutiert und zeigt strukturelle Ähnlichkeit mit der Diskussion derselben Thematik in anderen Offenbarungsreligionen (Pummer), nicht zuletzt im Christentum.

Das traditionell religiöse Frauenbild

Das Frauenbild in der biblischen wie auch in der rabbinischen Literatur ist deutlich durch den Umstand geprägt, daß sie von Männern verfaßt wurde und insgesamt der antiken patriarchalischen Gesellschaft entstammt. Das bedingt eine Reihe von biblischen und rabbinischen Aussagen, die aus heutiger Sicht als Vorurteile erscheinen. So findet man beispielsweise im Anschluß an die Sündenfallgeschichte ein negatives Frauenbild, das in dem Satz des Talmud zum Ausdruck kommt: „Wer dem Rat seiner Frau folgt, verfällt dem Gehinnom“ (bBM 59a). Solche Tendenzen finden sich schon in der hellenistisch-jüdischen Literatur, wie etwa bei Philo (vgl. Op. 55–60). Dieses Frauenbild wird aber sowohl in der weisheitlich-biblischen Literatur wie auch in der rabbinischen relativiert. So findet neben der negativ-kritischen Sicht auch die Hochschätzung der Frau als unentbehrlicher Helferin des Mannes ihren Ausdruck in dem bekannten Spruch: „Eine tüchtige Frau, wer findet sie? Auch geht ihr Wert weit über Korallen. Auf sie vertraut ihr Gatte von Herzen..." (Spr 31,10). Hierher gehört auch der bekannte rabbinische Ausspruch: „Ein Mann, der keine Frau hat, ist kein Mensch" (bYev 63a). Der gesellschaftliche Raum der Frau im gesamten traditionellen Judentum ist das Haus und die Familie (vgl. Ket 5,5). Von diesem Prinzip her ist die Rechtsstellung der Frau in der Bibel und im rabbinischen Judentum bestimmt. Die biblische Gesellschaftsordnung ist eine patriarchalische, in der die aus vorbiblischer Zeit vorgegebene Rollenverteilung von Mann und Frau in der Regel nicht hinterfragt wird. Dem entsprechen die zivil- und strafrechtlichen Bestimmungen der Bibel und im Anschluß an sie, des rabbinischen Rechts. Die Frau steht entweder in der rechtlichen Abhängigkeit von ihrem Vater oder, nach der Verehelichung, in der ihres Gatten (ba'al bedeutet Herr). Eine eigenständige Rechtsfähigkeit kommt im notwendigen Ausmaß konsequenterweise nur der unverheirateten oder verwitweten Frau zu. Da die Familie bzw. Sippe alle Funktionen zu erfüllen hatte, die im modernen Sozialstaat die Sozialgesetze haben, ging es auch im Erb- und Personenstandsrecht primär um die Sippen- und nicht um Individualinteressen. Da nun aber die Sippe durch die Männer repräsentiert wurde, waren Frauen Individuen minderen Rechts. Die ungünstigere Stellung der Frau äußerte sich einmal im Erbrecht (vgl. Num 27,8 und bBB 110a.b). Dort wird festgelegt, daß Töchter nur dann Erbrecht haben, wenn keine Söhne geboren wurden (vgl. jedoch die abweichende staatliche Regelung im modernen Staat Israel seit 1965!). Im Scheidungsrecht hat nur der Mann das Recht zur Entlassung der Frau, die eine solche von sich aus nicht rechtswirksam fordern kann. Das Prinzip, daß nur der Mann die für die Scheidung rechtlich relevanten Akte setzen kann (Ausstellung des Scheidungsbriefes), gilt nicht nur in der Bibel (vgl. Dtn 24,1–4), sondern auch im nachbiblischen Judentum (Ket 7, 9–10; zur geforderten Zustimmung der Frau vgl. Yev 14,1). Wie sehr jedoch schon in der Antike gesellschaftliche Gegebenheiten auch die religiösen Normen beeinflußten, zeigt der Umstand, daß in der jüdischen Kolonie Elephantine (Ägypten) begüterte Frauen auch selbst den Scheidebrief ausstellen konnten. Auch die Rolle der Frau in der antiken jüdischen Gemeinde stimmt nach neueren Forschungen nicht mehr so eindeutig mit den traditionellen Auffassungen überein (Brooten). Für die Rolle der Frau im Gottesdienst gelten zahlreiche Bestimmungen, die sich am besten aus dem Prinzip erklären, daß öffentliches Auftreten dem Mann vorbehalten ist. Die Frau wird daher auch nicht zur Tora-Lesung in der Synagoge aufgerufen, und sie kann auch nicht als Mitglied eines Minjan (öffentliche Gebetsgruppe von 10 Männern) fungieren. Die im traditionellen Judentum übliche Praxis, daß Frauen nicht zur Tora-Lesung aufgerufen werden können, ist auch auf dem Hintergrund der rabbinischen Quellen (bMeg 23a) zu sehen, wo es heißt, daß die Frauen zwar zu denjenigen gehören, die aus der Tora vorlesen können, daß aber die Weisen sagen, daß sie es „aus Respekt vor der Gemeinde" nicht tun sollen. Der Tora-Lesung durch Frauen steht also das Religionsgesetz nicht prinzipiell im Wege, als vielmehr gesellschaftliche Normvorstellungen. In Synagogen des modernen konservativen und Reform-Judentums in Amerika sind daher auch Frauen zur Tora-Lesung berechtigt.

Da die Frau als Herrin des Hauses und Mutter gesehen wird, konnten die für sie geltenden Bestimmungen über ihr Nicht-Auftreten im Kult auch als ein Privileg gesehen werden, durch das sie für ihre eigentlichen Aufgaben im häuslichen Bereich frei sein konnte. Damit ist freilich die reale gesellschaftliche Stellung der Frau weder im alten

Israel noch in der nachbiblischen rabbinischen Tradition ausreichend beschrieben.

Zu beachten ist zunächst die überaus hohe Wertschätzung, die einzelne Frauengestalten, wie Sara, Rebekka, Mirjam, Debora, Rut, Ester und Judit in der jüdischen Tradition genießen und die auch das Selbstbewußtsein der religiös bestimmten jüdischen Frau bis heute prägt. Im Rahmen jüdischer Erörterungen der Frauenfrage wird immer wieder auf die prominente Rolle jüdischer Frauen in allen kulturellen Bereichen („Salons" in Berlin und Wien!) verwiesen. Dieser gesellschaftlichen Realität entspricht ein überaus positives rabbinisches Frauenbild, das vielleicht am besten durch den sprichwörtlich gewordenen Satz aus Gen 21,12 charakterisiert ist: „In allem, was Sara dir sagt, höre auf ihre Stimme."

Die moderne innerreligiöse Diskussion im orthodoxen Judentum

Im orthodoxen Judentum gelten zweifelsohne religionsgesetzliche Bestimmungen, die in einem Spannungsverhältnis zum modernen Rollenbild der Frau stehen. Es gibt vor allem drei Problembereiche für moderne orthodoxe Frauen: die mangelnden kultischen Ausdrucksmöglichkeiten, die Schlechterstellung im Eherecht und die Festlegung auf die Dienstfunktion in der Familie.

Im orthodoxen Judentum wird heute versucht, modernen soziologischen Gegebenheiten im Rahmen der Halacha Rechnung zu tragen (Navé). So wird etwa die Bar-Mitzwa-Feier der Buben durch die neue Bat-Mitzwa-Zeremonie für Mädchen ergänzt oder das aktive *und* passive Wahlrecht der Frauen in den Gemeinden verlangt. Wo die Rolle der Frau als halachisch endgültig festgelegt gilt, sind wesentliche Änderungen aber ausgeschlossen. Diese Rolle wird auch in modernen Darlegungen verteidigt (Miller), wobei auf manche Unzulänglichkeiten der modernen Gesellschaft verwiesen werden kann, die das traditionelle Rollenverständnis der Frau zu vermeiden in der Lage ist.

Diskussion im konservativen und reformierten Judentum

Die verschiedene Einschätzung des Wesens und der aktuellen Relevanz der biblischen Offenbarung und vor allem der ihrer rabbinischen Vermittlung in den nicht-orthodoxen Richtungen des religiösen Judentums hat auch Auswirkungen auf die Positionen hinsichtlich der Frauenfrage. Die Überlegungen des konservativen und des Reformjudentums knüpfen bei zeitbedingten Aspekten der jüdischen Tradition an, um Entwicklungsmöglichkeiten des Rollenbildes der jüdischen Frau aufzuzeigen und doch die Rückbindung an die Tradition zu bewahren. Dabei werden besonders auch jene Elemente der Tradition betont, die zwar in der Vergangenheit nicht geschichtsmächtig geworden waren, aber als wegweisend für die Zukunft gelten könnten. Als wichtiges Anliegen wird die Förderung der halachisch nicht vorgesehenen (vgl. Sot 3,4) Tora-Bildung der Frau gesehen, die auch im orthodoxen Bereich akzeptiert wird. Im konservativen Judentum wird die Diskussion der religionsgesetzlichen Bestimmungen fortgeführt und durch extensive Interpretation nach Lösungen im Rahmen der verbindlichen Halacha gesucht. Im Reformjudentum versucht man, auf biblischer Basis aufbauend, unter Berücksichtigung traditioneller jüdischer Werte sowie soziologischer und psychologischer Aspekte, neue Wege zu beschreiten (Hamburger). Als Konsequenz daraus ergeben sich bezüglich der Rolle der Frau im gottesdienstlichen und gesellschaftlichen Raum signifikante Unterschiede zur Orthodoxie. So gibt es in Reformgemeinden bereits seit 1972, im konservativen Judentum seit 1985 Frauen als Rabbinerinnen, wobei es noch an ausreichenden Erfahrungen mit der konkreten Akzeptanz durch die Gemeinden fehlt. Das gilt noch mehr für die erst jüngst gestattete Übernahme des Kantorenamtes durch Frauen. Zu verweisen ist hier auch auf die Aktivitäten aus den Reihen der jüdisch-religiösen Frauenorganisationen „Esrat Naschim" (Frauenhilfe) und der Organisation „Jewish Women's Movement" in den USA oder auch auf die Zeitschrift „Lilith", die stark von den Grundtendenzen der amerikanischen Gesellschaft bestimmt sind (Koltun).

Säkularisation und Rolle der Frau

Ein besonderes Spannungsverhältnis (Yuval) ergibt sich im Staat Israel aus der Diskrepanz zwischen religiösem und säkularisiertem Rollenverständnis der Frau deshalb, weil im Rahmen des an sich pluralistischen Staates (Gesetz über die Gleichberechtigung von Mann und Frau 1951) die gesellschaftlichen Ansprüche des religiös motivierten Frauenbildes allgemeine Verbindlichkeit haben. Jene Frauen, die sich primär aus nationalen und weniger aus religiösen Motiven zum Judentum gehörig fühlen, versuchen auf der einen Seite den Einfluß der als diskriminierend empfundenen religionsgesetzlichen Bestimmungen auf andere als die religiösen Lebensbereiche auszuschalten (Aloni). Auf der anderen Seite bemüht man sich, die zivilen, in allen Kulturkreisen festzustellenden Benachteiligungen der Frau etwa am Arbeitsplatz oder in der Armee zu überwinden. Diese ökonomisch-sozialen Probleme haben ihren Ursprung zwar nicht in religionsgesetzlichen Bestimmungen, werden aber von daher eher in einer für die Frau nachteiligen Weise beeinflußt (Aloni). Manche der weitverbreiteten Klischees von der emanzipierten Rolle der modernen israelischen Frau im Kibbuz oder bei der Armee müssen als oberflächlich gelten (Davis, Lahav, Stern).
Die Ursprünge der neuzeitlichen Frauenbewegung sind sicher keine direkte kulturelle Leistung des Judentums (oder auch des Christentums), sondern mußten sich gegen deren religiöse Institutionen erst durchsetzen (Pummer). Allerdings kann die kultur- und sozialgeschichtliche Wirksamkeit des sich trotz aller religionsgesetzlichen und gesellschaftlichen Verkrustungen behauptenden biblischen Gleichheitsprinzips von Mann und Frau, das von Judentum und Christentum in gleicher Weise geschichtlich transportiert wurde, nicht hoch genug eingeschätzt werden.

Literatur: *Shulamit Aloni,* The Status of Women in Israel, in: Judaism 22 (1973) 248 – 256; *Bernadette Brooten,* Women Leaders in the Ancient Synagogue (Chico 1982); *Nira Yuval Davis,* Israeli Women and Men. Divisions Behind the Unity (London 1980); *Ferdinand Dexinger,* Art. Frau III. Judentum, in: TRE 11 (1983) 424 – 431; *Robert Gordis,* Love and Sex. A Modern Jewish Perspective (Toronto 1978); *Wolfgang Hamburger,* Die Stellung des Reformjudentums zur Frau, in: Emuna 10 (1975) 11 bis 22; *Susanne Heine,* Frauen der frühen Christenheit (Göttingen 1986); *Elizabeth Koltun* (Hrsg.), The Jewish Woman. New Perspectives (New York 1976); *Pnina Lahav,* The Status of Women in Israel. Myth and Reality, in: The American Journal of Comparative Law 22 (1974) 107 bis 129; *Günter Mayer,* Die jüdische Frau in der hellenistisch-römischen Antike (Stuttgart 1987); *Yisroel Miller,* In Search of the Jewish Woman (New York 1984); *Pnina Navé,* Die jüdische Frau. Dulderin oder Partnerin?, in: Emuna 10 (1975, Suppl. 1) 22 – 28; *Judith Plaskow,* The Jewish Feminist. Conflict in Identities, in: Elizabeth Koltun (Hrsg.), a.a.O. 3 – 10; *Reinhard Pummer,* Women and Religion, in: Élisabeth J. Lacelle (Hrsg.), La Femme et la Religion au Canada Français (Montreal 1979) 177 – 181; *Geraldine Stern,* Israeli Women Speak Out (Philadelphia 1979); *Anabelle Yuval,* The Israeli Woman, in: Judaism 22 (1973) 224 – 236.

FERDINAND DEXINGER

Jungfräulichkeit

↗ Alleinstehende; Antike; Charismen; Christentum; Diskriminierung; Ehe; Eheformen; Ethik, weibliche; Frauenorden; Heilige / Heiligkeit; Hinduismus; Islam; Judentum; Kirche; Kirchenlehrerinnen / Kirchenväter; Kult; Leib / Leiblichkeit; Maria; Menschenbild; Mutterschaft; Naturreligionen; Neues Testament; Sexualethik; Sexualität; Weiblichkeitssymbole

Unterschiedliche Bewertung

Ohne sexuelle Beziehungen zu sein wird in der in unseren modernen Gesellschaften geltenden Hierarchie der Werte einer Ethik des Körpers tendenziell nicht mehr hochgeschätzt. Dennoch bleibt dies auf der Grundlage des sozialen Lebens ein Verhalten, das der Frau im Umgang mit ihrem (Selbst-) Bild Spielraum läßt. Geschichtlich ist das Thema weiblicher Jungfräulichkeit für fast alle Gesellschaften belegt. Die Symbolik der Jungfräulichkeit wird dabei auch sozial integriert, und zwar fast immer mit Hilfe religiöser Elemente. Doch gibt es vornehmlich zwei sich diametral entgegenstehende Anschauungen über weibliche Jungfräulichkeit.

Die erste Einstellung begründet eine Abwertung der Jungfräulichkeit und eine Aufwertung der Ehe als mit Fortpflanzung verbundene Ausübung sexueller Funktionen (afrikanische Volksstämme). Manchmal ist sie geknüpft an die Heilsgeschichte (Judentum) oder an eine positive Absicht der „Natur" (Islam): Jungfräulichkeit läuft nach dieser Konzeption der Natur zuwider. Daher wird im Islam die andauernde sexuelle Unberührtheit und geschlechtliche Enthaltsamkeit nicht nur beim Mann, sondern auch bei der Frau geringgeschätzt. Sie wird nicht nur als Mangel an Tugend verstanden, dem Koran gilt sie sogar als Laster. Die weibliche Jungfräulichkeit wird hier eingebettet in den Umgang mit der Sexualität innerhalb einer patriarchalischen Gesellschaft.

Die zweite Haltung bezüglich der Jungfräulichkeit besteht darin, sie als einen Wert in sich zu sehen. Allerdings ist sie dabei meist in den Kontext einer dualistischen Weltsicht einzuordnen, die zwischen Materie und Geist (Griechen) oder Körper und Seele (Christen) unterscheidet. Obwohl die Jungfräulichkeit dabei den Hintergrund der Ehe voraussetzt und damit an sie, d.h. an die patriarchalische Deutung der Sexualität und ihrer Beherrschung, gebunden bleibt, besitzt sie eine besondere Symbolik. Sie ist wesentliches Element in der asketischen Praxis: in der Trennung von der Welt und/oder der Beherrschung der weltlichen Begierden im weitesten Sinne. Von daher versteht sich, daß der Geistliche (röm.-kath.) und/oder das spirituelle Oberhaupt (Hinduismus) ledig sind. Naturvölker üben voreheliche Jungfräulichkeit und vorübergehende Enthaltsamkeit im Zusammenhang mit magischen Handlungen. Formen vorübergehender Enthaltsamkeit kennen wir z.B. bei den Vestalinnen.

Christliche Tradition

In der christlichen Tradition wird die Jungfräulichkeit Frauen und Männern zugeordnet. Sie schließt die Dimension des Ewigen ein. Hier ist vor allem die Jungfräulichkeit Mariens prägend geworden. Gregor von Nyssa sah Jungfräulichkeit als Eigenschaft Gottes und in Verbindung mit der Erlösung.

In diesem Zusammenhang wird auch die Ehe in ihrer sexuellen Funktion abgewertet zugunsten ihrer Vergeistigung, die sie der Jungfräulichkeit wieder annähern soll (z.B. die Deutung und Wertung der Ehe von Maria und Josef in der Patristik).

In der Frühzeit des Christentums wird Jungfräulichkeit eng mit dem Martyrium verbunden. Allerdings ist auffällig, daß gerade bei Frauen die Jungfräulichkeit in ihrem Martyrium (z.B. Thekla) besonders hervorgehoben wird (A. Jensen). Die christlichen Kirchenväter brachten eine Hierarchie in die Wahl zwischen gelebtem Zölibat und Ehe und fixierten diese Lebensformen als unveränderlich, jenseits von Zeit und Raum (z.B. Gelübde der Jungfräulichkeit, Unauflösbarkeit der Ehe). Sie ordneten die Jungfräulichkeit eindeutig der Ehe über (Hieronymus äußerte sich fast ehefeindlich). Damit forderten sie den Verzicht auf Sexualität. Dies ist aber auch unter dem Aspekt zu sehen, daß Sexualität in der Spätantike „keine Kategorie erfüllten Menschseins" war (A. Jensen). Der „Ausstieg aus den biologischen Zwängen schien der Weg in eine neue Frei-

heit und Selbstverwirklichung zu eröffnen" (A. Jensen).
Das *Unreine,* das als Symbol für den Verlust von Leben durch Riten eliminiert werden konnte (z.B. in den Reinigungsriten jüdischer Frauen), wird nun in der sexuell-leiblichen Unberührbarkeit aufgehoben; paradoxerweise ist dies nun eschatologisches Zeichen und Mittel, um zum ewigen Leben und Heil zu gelangen. Von daher verwundert es nicht, daß sich der christliche Klerus diese absolute Reinheit in der Nachfolge des Priestertums Jesu, wie ihn die Evangelisten verkünden, aneignen wollte, als er sich im 4. Jahrhundert strukturierte und institutionalisierte.
Diese Aneignung erfolgte über das Mittel des Zölibats (am Beginn des 4. Jahrhunderts finden sich die ersten Vorschriften). Doch wird die sexuelle Unberührtheit des Mannes nicht sozial aufgewertet. Die jungfräuliche Frau sieht sich hingegen in ihrer absoluten sexuellen Unberührtheit (vor allem gegenüber anderen Frauen) aufgewertet durch die Umkehrung der Hierarchie Witwe – Jungfrau zugunsten Jungfrau – Witwe, wie die liturgischen Sammlungen dieser Zeit bezeugen. Dennoch wird sie gleichzeitig aus der Hierarchie der Kleriker ausgeschlossen, während die Witwe durch Handauflegen noch in das kirchliche Amt eingegliedert werden durfte. Die frühesten Zeugnisse der Liturgie der Jungfrauenweihe stammen aus dem 4. Jahrhundert. Sie entwickelte sich während 700 Jahren als ein spezifisches Element für Frauen. Im 10. Jahrhundert geriet sie immer mehr aus der Übung zugunsten des männlichen Gelübdes der Keuschheit oder Ehelosigkeit (Mönchtum). Doch hielten sich einige wenige Ausnahmen vor allem in Frauenorden.
Das Zivilrecht setzte den Eintritt ins Kloster mit dem Tode gleich; der geweihten Jungfrau wurde jedoch das juristische Recht auf Spenden und Legate (Codex Justinianus 529/534) zuerkannt. Diese liturgischen (Jungfrauenweihe) und rechtlichen Praktiken weisen in diesem Bereich auf eine juristische Gleichstellung mit dem Mann. In der Gegenwart wird versucht, an diese liturgische Tradition, die nie ganz abgebrochen war, wieder anzuknüpfen. Die Jungfrauenweihe wurde im Codex der römisch-katholischen Kirche 1983 kirchenrechtlich fixiert.

Gebundene Sexualität

Obwohl in heutigen Gesellschaften dem Wert der Jungfräulichkeit kein hoher Rang mehr zugemessen wird, kann er auch heute noch für Frauen einen symbolischen und – im Sinne eines männlichen Dominanzanspruchs – existentiellen Wert haben. Auch die Frau, der heute theoretisch das Recht zugebilligt wird, sich sexuell auszudrücken, könnte dem konkurrierenden „Entwurf" der Jungfräulichkeit Rechnung tragen. Ihre „Freiheit" hat sie ja letztlich nur durch einen Kompromiß mit dem herrschenden Patriarchat erworben, welches ihr immer noch seine Doppelmoral und Normen aufzwingt. Gesellschaftlich ist für Frauen nur eine „gebundene" Sexualität akzeptiert, eine Existenzform also, die sich in ihrer geschlechtlichen Prägung an etwas anderes bindet. Die „gebundene" Sexualität läßt für Frauen nur die Mutterschaft oder die Jungfräulichkeit zu. Bei diesem Kompromiß ersetzt die „gebundene" Sexualität die Jungfräulichkeit in dem strukturierten Ablauf Jungfräulichkeit – männliche Dominanz – Mutterschaft. Die Mutterschaft, selbst außerhalb der Ehe, wird sowohl symbolisch (vgl. Maria) als auch existentiell als Ausweg aus dem Spannungsverhältnis Jungfräulichkeit – sexuelle Leidenschaft erfahren. Die Mutterschaft schreibt aber die „gebundene" Sexualität fest und versichert sie vor der sexuellen Freiheit, die sowohl Mutterschaft als auch männliche Kontrolle ausschließen würde. Strukturell gesehen, funktioniert die Jungfräulichkeit (da sie „gebundene" Sexualität ist) auch in der Mutterschaft weiter.

Literatur: *Ruth Albrecht,* Das Leben der hl. Makrina auf dem Hintergrund der Thekla-Traditionen (Göttingen 1986); *Vern L. Bullough / James Brundage,* Sexual practices and the medieval church (Buffalo/NY 1982); *Eugen Drewermann,* Strukturen des Bösen, 3 Bde. (München – Paderborn – Wien 1977); *Alexandre Faivre,* Naissance d'une hiérarchie. Les premières étapes du cursus clérical (Paris 1977); *Gordon D. Fee,* The first epistle to Corinthians (Grand Rapids/Mi. 1987); *Leonard J. Friedman,* Virginität in der Ehe (Stuttgart 1963); Geography of Gender in the third world, hrsg. von J. H. Momsen / J. G. Townsend (Hutchinson 1987); *Ferdinand Heiler,* Die Frau in den Religionen der Menschheit (Berlin 1976); Interpreter's (The) Dictionary of the Bible. An illustrated encyclopedia, hrsg. von G. A. Buttrick, 4 Bde. (New York 1962); *Anne Jensen,* Thekla. Vergessene Verkünderin, in: Karin Walter (Hrsg.), Zwischen Ohnmacht und Befreiung. Biblische Frauengestalten (Freiburg i. Br. 1988) 173 – 179; *René Metz,* La consécration des vierges dans l'église romaine (Paris 1954); *Claudia Opitz,* Hunger nach Unberührbarkeit. Jungfräulichkeitsideal und weibliche Libido im späten Mittelalter (Feministische Studien 5) (Düsseldorf [2]1986); *Paul M. Quay,* Contraception and marital love, in: International review of natural family planing 9 (1985) 251 – 276.

MARIE ZIMMERMANN
Aus dem Französischen von Christiane Kugeler

K

Kinder

↗ Abhängigkeit; Adoption; Alleinerziehende; Beruf; Elternschaft; Elternurlaub; Erziehung; Familie; Familienplanung; Familienrollen; Geburt; Generationsprobleme; Kinderlosigkeit; Kinderwunsch; Leihmütter; Mutterbindung; Mütterlichkeit; Mutterschaft; Mutterschutz; Schwangerschaft; Tagesmütter; Väterlichkeit; Vaterschaft; Wohnen

Geschichtlicher Wandel

Der Stellenwert der Kinder innerhalb einer Gesellschaft ist dem historischen Wandel unterworfen, abhängig von den gesellschaftlichen Entwicklungen und Einflüssen u. a. aus Politik, Kirche, Kultur. Unverändert bleibt jedoch die enge Verknüpfung des Schicksals der Frauen bzw. Mütter mit ihren Kindern aufgrund der biologisch und anthropologisch festgelegten Fähigkeiten und Funktionen von Empfängnis, Austragen, Gebären und Nähren des Kindes. Dennoch ist auch für die Frauen der Stellenwert der Kinder in ihren individuellen Lebensbiographien, in ihren Vorstellungen, Interessen und Wünschen dem gesellschaftlichen Wandel ausgesetzt und damit variabel.

In vorindustrieller Zeit, insbesondere im agrarischen Bereich, waren Kinder als Garanten der eigenen Alterssicherung unverzichtbar. Zu Beginn der Industrialisierung wurden sie als billige Arbeitskräfte bevorzugt und entsprechend ausgebeutet. Kinder wurden ohnehin bis ins 20. Jahrhundert hinein zumeist als „kleine Erwachsene" angesehen und behandelt, so daß Kindheit im Grunde kaum stattfinden konnte. *„Kinderreichtum"* war in beiden Phasen in den großen Drei-Generationen-Familien zum Erhalt und Unterhalt der Familien wichtig und unerläßlich. Außerdem trugen fehlende Kenntnisse und Möglichkeiten der Geburtenregelung und Empfängnisverhütung zu einer großen Kinderzahl bei. Während sie aus christlicher Sicht als Gottesgeschenk und „Kindersegen" empfangen und akzeptiert wurden, waren sie in der frühen Phase der Industrialisierung für das Proletariat in Stadt und Land unter elenden Arbeits- und Lebensbedingungen oftmals eine schicksalhaft schwere Bürde. Noch zu Beginn des 20. Jahrhunderts war die Situation der Kinder (und ihrer Mütter) gekennzeichnet durch hohe Kinder- und Säuglingssterblichkeit sowie hohe Müttersterblichkeit. Frauen hatten durch zahlreiche Schwangerschaften und Geburten nur eine geringe Lebenserwartung, so daß in das Leben vieler Kinder eine „Stiefmutter" treten mußte. Unter solchen Bedingungen wurde der Stellenwert von Kindern, zumindest des einzelnen Kindes, individuell und gesellschaftlich nicht so hoch veranschlagt, wie das aus heutiger Perspektive angenommen wird. Die Rolle der Frauen definierte sich primär durch den Ehemann, dem sie angetraut und untertan waren, und nicht ausdrücklich durch die Kinder, die allerdings meist eine Selbstverständlichkeit waren.

Die Situation heutiger Kinder

Seit Beginn des 20. Jahrhunderts („Jahrhundert des Kindes", Ellen Key) liegen differenzierte entwicklungspsychologische Erkenntnisse über *kindspezifische Merkmale* und Besonderheiten u.a. in Sprache, Spiel, Gestalten, Motorik vor, die vor allem durch die Reformpädagogik in eine kindgemäße Erziehung ausgemünzt wurden. Sie haben jedoch bis heute nur zögernd in dem Alltag von Familien und bei den Eltern Eingang gefunden. Die Kenntnisse sind nach wie vor unzureichend, z.B. über Spielinteressen und Spielverhalten im Laufe der kindlichen Entwicklung.

Die Situation heutiger Kinder ist vornehmlich geprägt durch die Bedingungen moderner, hochentwickelter Industriestaaten. Die materiellen, medizinischen, kulturellen Bedingungen für Kinder sind sicherlich so günstig wie nie zuvor. Zu den positiven Merkmalen zählen ein relativ guter Gesundheitszustand, geringe Säuglings- und Kindersterblichkeit, die Möglichkeit einer umfassenden medizinischen Versorgung, Hygiene, Ernährung und als eine Folge eine generell hohe Lebensaltererwartung innerhalb der Bevölkerung. Daneben gibt es allerdings die benachteiligten, behinderten Kinder, die mehr Hilfe und Zuwendung benötigen. Wenn in der veröffentlichten Meinung pauschal negative Einschätzungen überwiegen, mag dies u.a. ein Hinweis auf eine größere Sensibilisierung gegenüber der Situation von Kindern sein. Kinder werden jedoch meist einseitig aus der Perspektive und nach den Bedürfnissen der Erwachsenen beurteilt und behandelt. Unter *bevölkerungspolitischen Aspekten* werden sie z.B. besonders hoch eingeschätzt und ins Kalkül gezogen. Angesichts sinkender Geburtenraten sind mehr Kinder als bisher erforderlich zur Reproduktion und zum Erhalt des Bevölkerungs- und des Arbeitskräftepotentials. In diesem Zusammenhang wird auch die Rentensicherung als eine Aufgabe der nachfolgenden Generationen im Rahmen eines sogenannten „Generationsvertrages" hervorgehoben. Hierbei handelt es sich allerdings um ein Relikt aus frühindustrieller Zeit, weil sich die Voraussetzungen dafür inzwischen grundlegend geändert haben. Nicht mehr die Zahl der verfügbaren Arbeitskräfte bzw. Kinder, für die künftig ohnehin nur noch begrenzte Arbeit zur Verfügung stehen wird, ist maßgeblich, sondern die Arbeitsproduktivität, die wesentlich durch technische Innovation bestimmt wird.

Rechtliche Aspekte

Kinder genießen *rechtlichen Schutz* und Förderung, die in der Gesetzgebung der meisten Staaten analog garantiert werden. Am Beispiel der Bundesrepublik Deutschland (Art. 6 GG) sei kurz dokumentiert, wie die Rechte und Pflichten von Eltern und Kindern festgelegt sind:

„(1) Ehe und Familie stehen unter dem besonderen Schutze der staatlichen Ordnung.

(2) Pflege und Erziehung der Kinder sind das natürliche Recht der Eltern und die zuvörderst ihnen obliegende Pflicht. Über ihre Betätigung wacht die staatliche Gemeinschaft.

(3) Gegen den Willen der Erziehungsberechtigten dürfen Kinder nur auf-

grund eines Gesetzes von der Familie getrennt werden, wenn die Erziehungsberechtigten versagen oder wenn die Kinder aus anderen Gründen zu verwahrlosen drohen.
(4) Jede Mutter hat Anspruch auf den Schutz und die Fürsorge der Gemeinschaft.
(5) Den unehelichen Kindern sind durch die Gesetzgebung die gleichen Bedingungen für ihre leibliche und seelische Entwicklung und ihre Stellung in der Gesellschaft zu schaffen wie den ehelichen Kindern."

Altersabgrenzung

Zur Frage der Altersabgrenzung gibt die Gesetzgebung nur wenig Anhaltspunkte. Bis zur Vollendung des 14. Lebensjahres können Kinder strafrechtlich nicht zur Verantwortung gezogen werden (in der Schweiz sind allerdings auch Kinder zwischen 7 und 14 Jahren strafrechtlich belangbar, etwa durch das Verhängen von Disziplinarstrafen). In der Regel nimmt man heute das 15. Lebensjahr bzw. den Abschluß der Pflichtschulzeit als Grenze zwischen Kindheit und Jugendalter. Die medizinische Anthropologie und Psychologie haben eine Beschleunigung bzw. Vorverlagerung der kindlichen Entwicklung innerhalb der letzten 100 Jahre feststellen können. Die obere Altersgrenze für die Kindheit hat sich infolge dieser „Akzeleration" auf das ca. 11./12. Lebensjahr vorgeschoben, wobei die Mädchen einen Entwicklungsvorsprung von etwa 2 Jahren haben. Solche ungenauen Altersabgrenzungen mögen dazu beitragen, daß bereits im „Kindesalter" auftretende gravierende Probleme nicht rechtzeitig erkannt und effektiv behandelt werden, wie z.B. zunehmende Kinderschwangerschaften, Alkohol- und Drogenmißbrauch sowie Kinderkriminalität.

Innerfamiliale Veränderungen

Die Situation der Kinder wie der Frauen wird ferner durch die innerfamilialen Veränderungen geprägt. Die in allen westeuropäischen Industriestaaten analoge Tendenz zur Zwei-Generationen-Familie mit durchschnittlich ein bis zwei Kindern hat zu einer stärkeren Intimisierung und Individualisierung beigetragen, die im positiven Falle zu einer intensiveren Zuwendung zu jedem einzelnen Kind führen. Dank medizinischer und biologischer Kenntnisse ist es möglich geworden, daß Kinder bewußt gewünscht und im Lebenszyklus eingeplant werden können. Das hat insbesondere Auswirkungen auf die Frauen, die damit mehr Unabhängigkeit und Disponibilität gewinnen. Anderseits erwachsen dadurch neue Ansprüche an die Mütter. Die hohe Wertung einer engen Mutter-Kind-Beziehung, intensiver emotionaler Bindungen zwischen Mutter und Kind fordert von den jungen Müttern in der Regel permanente Präsenz meist zur Betreuung nur eines einzigen oder zweier Kinder zumindest in den ersten drei Lebensjahren bis zum Eintritt in den Kindergarten.

Betreuung außerhalb der Familie

Eine außerfamiliale Betreuung in staatlichen, kommunalen, kirchlichen Einrichtungen steht für Kinder bis zum 3. Lebensjahr ohnehin nur in Härtefällen zur Verfügung. Wenn Mütter trotzdem ihre Berufstätigkeit fortführen möchten, müssen meist private Lösungen gefunden werden. Die meisten jungen Mütter geben in dieser Phase ihre Berufstätigkeit auf oder nutzen die über die im Arbeitsrecht garantierten Schutzfristen hinausgehenden sozialpolitischen, staatlichen Hilfen (z. B. Erziehungsurlaub und -geld in der Bundesrepublik Deutschland oder bezahlter Karenzurlaub von einem Jahr in Österreich). Ebenso unzureichend sind allerdings auch die Betreuungsmöglichkeiten für die Schulkinder ab 6. Lebensjahr. Demgegenüber stehen für die meisten Kinder zwischen 3 und 6 Jahren Kindergartenplätze in ausreichender Zahl zur Verfügung, mit geringeren Anteilen in ländlichen Regionen.

Das Motiv der Selbstverwirklichung

Kinder bedeuten für heutige junge Paare in erster Linie individuelle Selbstverwirklichung und Lebensglück. Zunehmendes Interesse an der Elternschaft und am Kind konzentriert sich relativ einseitig auf die pränatale Phase der Schwangerschaft und das frühe Säuglingsalter. Das individuelle Erleben von Schwangerschaft und Geburt spielt für junge Paare dabei eine große Rolle, ebenso Formen der Selbstverwirklichung in der Mutterrolle. So wird die Stillperiode zu einer neu entdeckten Quelle eines speziellen „Lustgewinns" für die Mütter (wie für die Kinder). Stimmungsvolle Hausgeburten intensivieren vornehmlich gemeinsames Erleben von Mann und Frau. Die Auswirkungen auf die Kinder sind bislang ungeklärt. Zumindest sind solche Tendenzen mit Blick auf die Kinder ambivalent, weil letztlich als zentrales Motiv die Selbstverwirklichung des erwachsenen Paares dahintersteht.
Der Kinderwunsch tritt in Konkurrenz zu anderen Lebensformen, woran die außerhäusige eigenständige Erwerbstätigkeit der Frauen ihren Anteil hat. Bewußter Verzicht auf Kinder ist ebenso möglich geworden wie die gewünschte und geplante Elternschaft. Kinderlosigkeit bleibt allerdings nach wie vor auch ein ungelöstes biologisches und medizinisches Problem.

Probleme ungewollter und benachteiligter Kinder

Besonders zu beachten ist die schwierige Situation der nicht gewünschten und dennoch geborenen Kinder. Sie sind von Anbeginn Risiken ausgesetzt und durch mangelnde Zuwendung, Vernachlässigung sowie massive Mißhandlungen besonders gefährdet. Ein ungünstiges soziales Milieu verstärkt die Problematik. Häufig führen in diesen Fällen mangelhafte Kenntnisse über Schwangerschaft und Säuglingspflege sowie eine ungesunde Lebensweise der Mütter, psychische Abwehr und Ablehnung der Schwangerschaft zu Spätaborten, Frühgeburten und erhöhter Säuglingssterblichkeit. Die beträchtlich höhere Säuglingssterblichkeit bei nichtehelichen Geburten ist dafür ein alarmierender Indikator. Gerade diejenigen Frauen, deren Kinder am stärksten gefährdet sind, nehmen für ihre Kinder auch die vorhandenen medizinischen Beratungen und Kontrollen nicht ausreichend in Anspruch. Somit ist ein Teil der heutigen Kindergeneration bereits mit Beginn der Schwangerschaft durch eine ungünstige Hypothek belastet. Durch materielle Hilfen lassen sich die Probleme dieser von Anbeginn benachteiligten Kinder nachweislich nicht lösen. Unerläßlich sind für sie in jedem Falle eine *ergänzende sorgfältige Betreuung* und Erziehung außerhalb der belasteten Familie, die in der frühen Kindheit beginnen sollten.

Ablösung und Verselbständigung

Kinder können heute für Frauen angesichts der kurzen generativen Phase im Lebenszyklus und der hohen Lebensalterserwartung nicht der einzige zentrale Lebensinhalt sein. Spätestens mit Schuleintritt übernehmen außerfamiliale Institutionen spezielle erzieherische Funktionen. Außerdem entwikkeln die Kinder Freizeitinteressen und Kontakte zu Gleichaltrigen, die im Laufe ihrer Entwicklung zunehmend außerhalb der Familie liegen. Der Prozeß der Ablösung und Verselbständigung der Kinder birgt insbesondere im Jugendalter Konflikte für Eltern und Kinder. Er gelingt am besten dort, wo sich die innerfamilialen Kontakte auf der Ebene kompetenter Partnerschaft und Freundschaft weiterentwickeln. Zunehmende außerfamiliale berufliche und soziale Aktivitäten der Mütter können wesentlich dazu beitragen.

Literatur: *Günter Ammon,* Kindesmißhandlung (München 1979); *Philippe Ariès,* Geschichte der Kindheit (München ^{2}1976); *Elisabeth Beck-Gernsheim,* Vom Geburtenrückgang zur neuen Mütterlichkeit (Frankfurt a.M. 1984); *Ekkehard* *von Braunmühl,* Zeit für Kinder (Frankfurt a.M. 1981); *Wilhelm Brinkmann/Michael-Sebastian Honig,* Gewalt gegen Kinder – Kinderschutz (München 1986); *Elisabeth Dessai,* Auf dem Weg in die kinderlose Gesellschaft (Reinbek 1979); *Gisela Erler / Monika Jaeckel / Jürgen Sass,* Mütter zwischen Beruf und Familie (München 1983); *Heinz Hengst* (Hrsg.), Kindheit in Europa. Zwischen Spielplatz und Computer (Frankfurt a.M. 1985); *Barbara Hille,* Kindergesellschaft? (Köln ^{2}1982); *Franz-Xaver Kaufmann,* Kinder als Außenseiter der Gesellschaft, in: Merkur (1980) 761 ff.; *Sabine Lang,* Lebensqualität von Kindern. Sonderforschungsbereich 3 der Universitäten Frankfurt und Mannheim (Frankfurt a.M. 1985); *Friedhelm Neidhardt* (Hrsg.), Frühkindliche Sozialisation (Stuttgart ^{2}1979); *Christiane Rochefort,* Die Kinder zuerst (München 1977); *Michael Rutter,* Bindung und Trennung in der frühen Kindheit (München 1978); *Ulrich Schmidt-Denter,* Die soziale Umwelt des Kindes (Berlin – Heidelberg 1984); *Stefan Schmidtchen/Anneliese Erb,* Analyse des Kinderspiels. Ein Überblick über neuere psychologische Untersuchungen (Köln 1976); *Hans-Jürgen Schultz* (Hrsg.), Kinder haben? Eine Entscheidung für die Zukunft (Stuttgart 1986); Die Situation der Kinder in der Bundesrepublik Deutschland (Stuttgart – Mainz 1979); *Barbara Sichtermann,* Vorsicht Kind (Berlin 1982); *Rita Süssmuth,* Zur Anthropologie des Kindes (München 1968); *Max Wingen,* Kinder in der Industriegesellschaft – wozu? (Zürich 1982).

BARBARA HILLE

Kinderlosigkeit

↗ Adoption; Beruf; Ehe; Empfängnisverhütung; Familienplanung; Gentechnik; Kinder; Kinderwunsch; Leihmütter; Mütterlichkeit

Veränderungen der Fruchtbarkeit

Seit der Jahrhundertwende geht in den industrialisierten Ländern die Fruchtbarkeit zurück. Der Rückgang hat sich seit 1960 beschleunigt. Der Geburtenrückgang beruht 1. auf zunehmendem Alter bei der Eheschließung, 2. auf zunehmendem Alter bei der ersten Geburt, 3. auf abnehmender Kinderzahl pro Familie. Er beruht *nicht* auf einem steigenden Anteil kinderloser Frauen. In den westlichen Ländern ist dieser Anteil mit 10 – 20 % seit den 60er Jahren praktisch konstant geblieben. Dagegen nehmen Familien mit drei und vier Kindern ab. Allerdings glauben Demographen, daß der Anteil der kinderlosen Frauen in naher Zukunft größer werden könnte, wenn das Alter bei der Heirat noch stärker ansteigt. Zunehmendes Alter erschwert die Entscheidung für eine Schwangerschaft (Berufsbindung der Frau), reduziert die Jahre, während welcher eine Schwangerschaft eintreten kann, und setzt die Zeugungsfähigkeit von Männern und Frauen herab. (Vom Alter von 35 Jahren an gehen die Chancen für eine Schwangerschaft stark zurück.) Der Geburtenrückgang betrifft vor allem die wohlhabenden Nationen. Daß in einigen wirtschaftlich benachteiligten europäischen Ländern die Fruchtbarkeit nicht oder nur wenig zurückgegangen ist, spricht gegen einen generellen Zusammenhang der reduzierten Fortpflanzung mit chemischen oder physikalischen Umweltbelastungen.

Gewollte und ungewollte Kinderlosigkeit

Der Anteil *ungewollt* kinderloser Paare an allen definitiv kinderlosen Paaren ist unbekannt. Nach einer französischen Umfrage bezeichnen sich fünf Prozent einer Stichprobe von verheirateten Frauen mittleren Alters als ungewollt kinderlos. Ungewollte Kinderlosigkeit ist seit jeher – und früher mit Sicherheit stärker als heute – als schweres Schicksal und Strafe Gottes empfunden worden. Nomadisierende Hirten, Bauern und Handwerker waren in der Subsistenzgesellschaft auf die Arbeitskraft von Nachkommen angewiesen; in der Industrie- und Dienstleistungsgesellschaft sind dagegen Kinder zu einer ökonomischen Belastung geworden. Wir haben keine Beweise dafür, daß der Druck auf kinderlose Paare, fruchtbar zu werden, in der neuesten Zeit zugenommen hat. Alles spricht dafür, daß bei der wachsenden Differenziertheit und Komplexität der „postmodernen" Gesellschaft viele Möglichkeiten der Lebensführung – und so auch die Kinderlosigkeit – toleriert werden.

Medizinische Ursachen der Kinderlosigkeit

Zeugungsunfähigkeit heißt *Sterilität,* die Unfähigkeit, ein Kind auszutragen, heißt *Infertilität.* Daten über die Sterilität sind von unfreiwillig kinderlosen Paaren bekannt, welche sich in Behandlung begeben. Die körperlichen Ursachen liegen in ungefähr gleicher Häufigkeit bei Mann und Frau. In 10 % der Fälle findet man keine körperliche Ursache (idiopathische Sterilität), in 20 % finden sich Sterilitätsursachen bei beiden Partnern.

Weibliche Sterilität beruht in erster Linie auf einem *Verschluß der Eileiter.* Dieser entsteht am häufigsten durch Entzündungen (z.B. bei Geschlechtskrankheiten wie der Gonorrhoe), seltener durch Verwachsungen und Strangbildungen nach Blinddarm- oder Bauchfellentzündung, nach Operationen im Unterbauch, nach Eileiterschwangerschaft. Die zweithäufigste Ursache sind *Ovulationsstörungen.* Die monatliche Reifung und Wanderung einer Eizelle in die Tube wird durch das Zwischenhirn über Hypophysenhormone (Gonadotropine) gesteuert. Eine Störung kann das Zwischenhirn betreffen (z.B. Gewichtsverlust, psychische Belastung, Traumen, Tumoren, Infektionen) oder – seltener – die Hypophyse. Die Störung kann in den Eierstöcken liegen, die auf die Gonadotropine nicht ansprechen (z.B. wegen Mißbildungen, Einwandern von Gebärmutterschleimhaut, aber auch aus unbekannten Gründen), oder durch Störungen anderer Drüsen (Schilddrüse, Nebenniere) bedingt sein. Am seltensten hat weibliche Sterilität ihre Ursache in der *Gebärmutter:* Mißbildungen, gutartige Geschwülste, Entzündungen können das Einnisten der befruchteten Eizelle in der Schleimhaut unmöglich machen. Der Schleim des *Muttermundes* kann Stoffe enthalten, welcher den Zugang der Spermien zur Gebärmutter verhindern. Der Muttermund selber kann durch Infektionen oder frühere Operationen verändert sein. Die *Infertilität* kann z.B. auf einer unerklärten Neigung zur Fehlgeburt, auf Schwäche des Muttermundes, auf ungenügender Bildung von Schwangerschaftshormonen oder auf Mißbildungen der Gebärmutter beruhen.

Männliche Sterilität: In erster Linie kommt eine Störung in der Bildung der Samenzellen in Frage. Samenzellen werden entweder gar nicht gebildet (Azoospermie), oder sie werden in ungenügender Zahl oder mit ungenügender Funktionsfähigkeit gebildet. Häufigste Ursache für Störungen der Samenbildung sind Entwicklungsstörungen (die Hoden liegen nicht im Skrotum), Gefäßgeschwülste im Skrotum, Infektionen (Mumps), Berufskrankheiten (Arbeit in großer Hitze, mit Schwermetallen und Pestiziden, Strahlenschäden). Durch Hormonmangel verursachte Störungen der Samenbildung sind viel seltener. Angeborenes Fehlen der Samenleiter oder deren Verschluß durch eine Entzündung verursacht ebenfalls Azoospermie; ebenso eine chronische Entzündung der Prostata.

Behandlung der Sterilität

Es ist eine Erfahrungstatsache, daß gelegentlich spontan eine Schwangerschaft eintritt, wenn ein Paar sich zur Behandlung entschließt oder eine solche gerade aufgenommen hat. Das weist auf psychologische Faktoren hin, welche bei der Sterilität mitspielen können, die aber im einzelnen unbekannt sind. Deshalb werden die einzelnen Schritte einer Sterilitätsabklärung in eher großen Zeitabständen durchgeführt: zuerst einfache Abklärungen (Spermauntersuchung, Kontrolle der Basaltemperatur), erst später Röntgendarstellungen von Eileiter und Uterus, Inspektion des Bauchraumes. Die Therapie einer Sterilität richtet sich nach den Ursachen (Hormongaben, Entzündungsbekämpfung, Rekanalisieren von verschlossenen Eileitern, Entfernung von Gefäßgeschwülsten). Oft bleibt aber auch die Behandlung einer bekannten Sterilitätsursache unwirksam. Die auf andere Weise unheilbare Sterilität des Mannes kann durch Spenderbesamung behandelt werden, der auf andere Weise unheilbare beidseitige Eileiterverschluß durch In-vitro-Fertilisation und Embryotransfer (IVF/ET). Bei hartnäckiger weiblicher Sterilität unbekannter Ursache können Eizelle und Samen in einen Eileiter gebracht werden (Gamete Intrafallopian Transfer, GIFT). Die Heilungsaussichten mit diesen Methoden „künstlicher Zeugung" sind relativ gut bei Spenderbesamung und GIFT, gering bei IVF/ET. Die ethische Bewertung dieser Methoden künstlicher Zeugung wird kontrovers diskutiert. Vom Lehramt der katholischen Kirche wird die „künstliche Zeugung" abgelehnt. In den evangelischen Kirchen sind die Meinungen darüber geteilt.

Psychologische Faktoren als Ursache von Kinderlosigkeit?

Psychologische Faktoren kommen sicher vor (s. oben), aber ebenso sicher ist es unangemessen und angesichts unseres Kenntnisstandes voreilig, wenn jede Sterilität oder Infertilität unbekannter Ursache oder jede trotz kunstgerechter Behandlung unheilbare Sterilität oder Infertilität als „psychosomatische Krankheit" (vor allem als „unbewußte Ablehnung" der Mutterschaft durch die Frau) verstanden wird. Gerade die neue Methode der IVF/ET hat gezeigt, daß Störungen bei der Vereinigung von Ei- und Samenzelle und bei der Einnistung des Embryos in der Gebärmutterschleimhaut auftreten können, welche bis heute unbekannt waren und eine „psychogene" Sterilität vortäuschen können.

Literatur: *A. Campana u. a.*, La Sterilità (Bellinzona 1987); *François Höpflinger*, Wandel der Familienbildung in Westeuropa (Frankfurt a. M. 1987); *Hans-Joachim Hoffmann-Novotny*, Planspiel Familie (Diessenhofen 1984); *H. Leridon* in: G. David u. a., Human artificial insemination and semen preservation (New York 1980); *R. J. Pepperell u. a.*, Unexplained infertility, a review. British Journal of Obstetrics and Gynecology 92 (1975) 569–580; *W. J. Scott u. a.*, An analysis of factors affecting traditional family expectations. Sex Roles 9 (1983) 69–73; *J. E. Veevers*, Childless by choice (Toronto 1980).

Cécile Ernst

Kinderwunsch

↗ Adoption; Ehe; Elternschaft; Familie; Familienplanung; Kinder; Kinderlosigkeit; Leihmütter; Mutterschaft; Vaterschaft

Kultureller und sozialer Wandel

Im Zusammenhang mit dem Wandel von der Agrar- zur Industrie- und schließlich zur Dienstleistungsgesellschaft ist die Fruchtbarkeit in den reichen Ländern vor allem in den letzten Jahrzehnten stark zurückgegangen. Das wird mit folgenden Veränderungen der sozialen und kulturellen Bedingungen in Zusammenhang gebracht: Säkularisierung der Verhaltensnormen (kirchliche und andere Traditionen verlieren an Einfluß); Tendenz zu rationalem Verhalten und Anwendung von Technik (Empfängnisverhütung, Schwangerschaftsabbruch); Aufstiegs- und Innovationsorientiertheit (kleine Familien sind mobiler und flexibler); Konsumorientiertheit (die Verschiebung von Heirat und Elternschaft erlaubt eine „verlängerte Adoleszenz" ohne Verpflichtungen). Der Rückgang der Fruchtbarkeit betrifft heute alle Schichten, alle Konfessionen und Stadt- wie Landbewohner. Frühere soziostrukturelle Unterschiede haben sich ausgeglichen.

Individuelle sozialpsychologische Bedingungen

Der Kinderwunsch erscheint heute vor allem als Resultat einer von jedem Paar aufgrund seiner individuellen psychologischen und sozialen Situation durchgeführten Kosten-Nutzen-Analyse. Kinder bringen, seit sie nicht mehr als Arbeitskräfte gebraucht werden, finanzielle Nachteile; Mutterschaft führt – bei den heute zunehmend besser ausgebildeten Frauen – zur vorläufigen oder definitiven Aufgabe der Berufstätigkeit oder zur Doppelbelastung; Kinder schaffen Wohnprobleme; Kinder schaffen neue Verantwortungen (Eltern werden heute in einem noch nie dagewesenen Ausmaß für das Lebensglück und den Berufserfolg ihrer Kinder verantwortlich gemacht). Diesen Nachteilen steht vor allem der „emotionelle Nutzen" von Kindern gegenüber. Kinder kann man lieben, sie bringen Neues, sie erhalten lebendig, sie schaffen eine Verbindung zur Zukunft, sie geben dem Leben einen Sinn. Befragungen zeigen, daß diese „egozentrischen" oder „emotionellen" Motive des Kinderwunsches heute völlig im Vordergrund stehen. „Normerfüllung" als Motiv tritt zurück. Der Druck der Umgebung auf kinderlose Paare hat in dem Maß abgenommen, wie Lebensläufe und Familienformen variabel geworden sind. (Der Druck der Umgebung auf Frauen, welche einen differenzierten Beruf ausüben, dürfte besonders gering sein.) Weitere individuelle Faktoren gehen in die Kosten-Nutzen-Analyse ein: Eine als gut erlebte Partnerbeziehung, eine herkömmliche Rollen- und Machtverteilung im Zusammenleben, intakte Herkunftsfamilie und eine positive (konfessionsunabhängige) Einstellung zur Religion sind mit starkem Kinderwunsch verbunden.

„Normierung" des Kinderwunsches

Die Auflösung traditioneller Normen führt nicht zur Normfreiheit, sondern zu neuen Normen. Befragungen der Bevölkerung hinsichtlich der *idealen* Kinderzahl zeigen, daß in den industrialisierten Ländern die Mehrzahl der Bevölkerung zwei Kinder vorzieht. Was darüber oder darunter liegt, wird eher abgelehnt. Vor allem die Popularität der kinderreichen Familie ist in den letzten Jahrzehnten stark zurückgegangen. In einigen europäischen Ländern (Deutschland, Skandinavien) ist eine Tendenz zur Einkindfamilie festzustellen. Abgesehen von den Folgen vieler Kinder für Finanzen, Wohnen und Berufstätigkeit der Mutter, verlangt die „Egozentrizität" oder „Emotionalität" der Motive für den Kinderwunsch nach einer geringen Kinderzahl, weil diese Voraussetzung einer intensiven, individuellen, gefühlsmäßigen Beziehung ist. Gegenüber dem auf eine kleine Familie gerichteten Kinderwunsch erweist sich der Staat mit finanziellen Anreizen zur Fertilitätssteigerung als praktisch machtlos.

Pathologisierung des Kinderwunsches

Im Zusammenhang mit der „künstlichen Zeugung" ist eine ganze Literatur entstanden, welche – aufgrund der unrichtigen Auffassung, Sterilität (vor allem weibliche Sterilität) sei eine psychosomatische Krankheit – den Kinderwunsch, sofern er zu einer Sterilitätsbehandlung führt, für pathologisch und sozial unerwünscht erklärt. Es wird behauptet, daß damit die unbewußte Ablehnung vor allem der Mutterrolle umgangen und einer unreifen und neurotischen Frau – vom Vater ist kaum je die Rede – eine untragbare Bürde auferlegt werde. Behandlung von Sterilität bedeute „ein Kind um jeden Preis", letztlich aus narzißtischen Gründen. Die Frau unterziehe sich zu ihrem Unheil kalter, männlicher Technik, und das Schicksal des mit elterlichen Wünschen überlasteten „Laborkindes" sei die seelische Abwegigkeit. Untersuchungen an Paaren in Sterilitätsbehandlung mit zuverlässigen und gültigen psychologischen Testverfahren haben dagegen keine Abweichungen von der Gesamtbevölkerung gezeigt. Dasselbe gilt für Nachuntersuchungen von Kindern, welche durch Spenderbesamung gezeugt worden sind und von der ersten Nachuntersuchung an „In-vitro"-Kindern. Die „Egozentrizität" und „Emotionalität" der Motive für den Kinderwunsch in der Gesamtbevölkerung zeigen, daß heute Kinder durchwegs zur Erfüllung „narzißtischer" Bedürfnisse gezeugt werden. Die heute anzutreffende Pathologisierung des Kinderwunsches beruht möglicherweise auf einer Verschiebung der Angst vor der Technik, vor dem künstlich gezeugten und genetisch manipulierten Menschen, auf die Personen, welche die „künstliche Zeugung" in Anspruch nehmen, und von dort auf unfruchtbare Personen mit intensivem Kinderwunsch überhaupt.

Literatur: *Elisabeth Beck-Gernsheim,* Die Kinderfrage. Frauen zwischen Kinderwunsch und Unabhängigkeit (München 1988); *J. Edelman u. a.,* in: British Journal of Medical Psychology 39 (1986) 209 – 219; *Hans-Joachim Hoffmann-Novotny u. a.,* Planspiel Familie (Diessenhofen 1984); *François Höpflinger,* Wandel der Familienbildung in Westeuropa (Frankfurt a. M. 1987); *Walter Kiefl u. a.,* Empirische Studien zum generativen Verhalten (Boppard 1985); *D. Muskin u. a.* in: In Vitro Fertilization and Embryo Transfer 3 (1986) 247 – 252; *Lutz v. Rosenstiel u. a.,* Einführung in die Bevölkerungspsychologie (Darmstadt 1986); *Hans Jürgen Schultz* (Hrsg.), Kinder haben? Eine Entscheidung für die Zukunft (Stuttgart 1986); *R. Snowden u. a.,* Artificial reproduction (1983); *Max Wingen,* Entscheidung zum Kind zwischen persönlichen Interessen, familialen Leistungen und Gemeinwohl, in: Anton Rauscher (Hrsg.), Die Frau in Gesellschaft und Kirche. Analysen und Perspektiven (Berlin 1986) 135 – 160. CÉCILE ERNST

Kirche

↗ Amt, kirchliches; Befreiungstheologie; Charismen; Christentum; Ehrenamt; Familienplanung; Frauenorden; Frauenseelsorge; Gemeinde; Glauben; Gottesbilder; Heilige / Heiligkeit; Hexen; Jungfräulichkeit; Kirchenrecht; Kirchenlehrerinnen / Kirchenväter; Kult; Männerbilder; Maria; Mittelalter; Mystik; Netzwerke; Neues Testament; Ökumene; Ostkirchen / Orthodoxie; Reformation; Religiosität; Schwesterlichkeit; Schwesternschaften; Sexualethik; Sozialethik, evangelische; Soziallehre, katholische; Spiritualität; Theologie, feministische; Urkirche; Väterlichkeit; Weiblichkeitssymbole; Weltgebetstag der Frauen

1. Katholische Kirche

Theologisches Selbstverständnis

Die (römisch-)katholische Kirche versteht sich – nach den Aussagen des Zweiten Vatikanischen Konzils, den derzeit aktuellsten Texten normativer gesamtkirchlicher Selbstverständigung und Ortsbestimmung – als „eine einzige komplexe Wirklichkeit, die aus menschlichem und göttlichem Leben zusammenwächst", in freilich unterschiedener, nicht symbiotischer Einheit gemäß dem ökumenischen Grundsatz der Gott-Welt-Beziehung „unvermischt und ungetrennt" (Kirchenkonstitution Nr. 8). Beides also ist, in der Logik christlichen Glaubens jedenfalls, stets im Blick zu behalten: die durch und durch geschichtliche Realität der Kirche im Wandel der Zeiten *und* ihre einmalige Besonderheit in Ursprung und Ziel, in Gestalt und Auftrag. Die damit gesetzte Spannungseinheit von „Innenansicht" und „Außenansicht", von Geheimnis und Institution, von Unsichtbarkeit und Sichtbarkeit, durchzieht die Geschichte und Gegenwart von Kirche durchgängig – wesentlich auch hinsichtlich patriarchalischer und androzentrischer Strukturen. Entsprechend sind empirisch-humanwissenschaftliche und theologisch-normative Zugänge zur Kirche gleichermaßen wichtig, um einen ekklesiologischen Idealismus und Triumphalismus (mit entsprechenden Übererwartungen) ebenso zu vermeiden wie eine bloß faktizistische Kirchenwahrnehmung (mit entsprechend depressiven und resignativen Tendenzen).

Kirche versteht sich, gemäß dem gesamtchristlichen Glaubensbekenntnis (und seinem dritten Artikel), „gleichsam als Sakrament, d. h. als Zeichen und Werkzeug für die innigste Vereinigung mit Gott wie für die Einheit der ganzen Menschheit" (Kirchenkonstitution Nr. 1). Kirche ist demnach kein Selbstzweck. Sie steht vielmehr ganz im Dienst des in Jesus Christus schon gekommenen und noch kommenden Reiches Gottes und der Verwirklichung seiner Liebe für alle Menschen und alle Kreatur. Kirche ist der geschichtliche Ort, an dem sich die unverbrüchliche und schöpferische Treue Gottes gerade auch und wesentlich in menschlicher Untreue offenbart, bewährt und durchhält – mit dem Ziel universaler Versöhnung und Vereinigung aller Menschen mit Gott und untereinander. Deshalb bekennt die Kirche in ihrem eigenen Credo, daß man christlich nicht „an“ die Kirche glaubt, sondern an den dreieinigen Gott und sein erlösendes Handeln allein – mittels, dank und auch trotz der Kirche und in ihr. (In der lateinischen Fassung des Glaubensbekenntnisses kommt dieser in der Alten Kirche vielfach diskutierte, theologisch fundamentale Sachverhalt darin deutlich zum Ausdruck, daß das „credere *in*“ sich auf den dreieinigen Gott allein bezieht, nicht auf die Kirche. Diese steht in der Heilsordnung der Mittel, nicht des Zieles.) Entsprechend ist die Kirche seit dem letzten Konzil verstärkt bemüht, sich auf allen Strukturebenen eine trinitarisch-kommuniale Gestalt zu geben, hierarchistische Engführungen in Theorie und Praxis zu überwinden und sich „ständig zu reformieren“. Ein konsequent trinitarisches und kollegiales Verständnis von Kirche als Gemeinschaft von gleichermaßen Berufenen, von Klerikern und Laien, von Männern und Frauen, eröffnet neue Möglichkeiten zur Überwindung patriarchalischer und androzentrischer Einstellungen und zur Herausbildung einer partnerschaftlicheren Kirchengestalt – nicht zuletzt hinsichtlich der vollen Beteiligung von Frauen am kirchlichen Amt (wogegen nach römisch-katholischem Verständnis ohnehin keine zentralen dogmatischen Gründe sprechen).

Emanzipative und patriarchale Tendenzen

Faktisch hat die Kirche in ihrer Geschichte und in ihrem heutigen Erscheinungsbild – aktiv prägend und reproduktiv – teil an der patriarchalischen Lebenswelt der letzten Jahrtausende. Von der Kirche sind immer wieder wichtige emanzipative und real verändernde Impulse ausgegangen – z.B. hinsichtlich der prinzipiellen (leider nicht faktischen) Anerkennung und Durchsetzung der Gleichberechtigung von Mann und Frau, hinsichtlich der Würdigung der Frau als freier Konsenspartnerin in der Ehe, hinsichtlich einer monastischen (und mystischen) Kultur von Frauen und Männern usw. Dominant aber ist Kirche bis heute patriarchal und androzentrisch bestimmt (zumal im ökumenischen Gespräch und Vergleich). Zwar ist die Mehrzahl ihrer erwachsenen Mitglieder weiblichen Geschlechts, aber ihr reales Erscheinungsbild ist männerzentriert. Die Sprache ist, bis zu Kirchenliedern und Gebeten, männlich und sexistisch geprägt. Frauen haben keinen Anteil an kirchlicher Leitung und Macht. Die Gottesdienste werden von Männern geleitet. Kirchliche Normen (etwa hinsichtlich Ehe, Familie und Sexualität) werden weithin immer noch ohne Beteiligung von Frauen formuliert. Zwar gibt es eine Vielzahl von Aufgaben und Diensten von ekklesialer Bedeutung, die Frauen wahrnehmen; zwar gibt es eine Fülle weiblicher Symbole für Kirchenverständnis, Glaubenspraxis und Spiritualität (z.B. Braut, Tochter, Mond, Brunnen), wobei nicht zufällig das Symbol „Jungfrau“ und „Mutter“ vor-herr-schend ist. Aber gerade in Geschichte und Gegenwart der Marien- und Kirchenfrömmigkeit zeigt sich nicht selten jene sublimatorische Ambivalenz, die „die“ (gar noch ewige) Frau marianisch glorifizieren, madonnenhaft projizieren oder zur „Magd des Herrn“ stilisieren muß, um sie anderseits als kultisch Unreine, als Verführerin und Hexe abwehren und dämonisieren zu können. Die katholische Kirche hat den christlichen Glauben, was durchaus auch ihre Größe und Einmaligkeit ausmacht, primär im Kontext der Mutterbindung realisiert und vermittelt (während die Kirchen der Reformation die Vaterthematik kollusiv betonten). Aber dadurch wurden Idealbilder vom heiligen Vater, von heiliger Herr-schaft (Hierarchie), von Kirchenvätern und geistlichen Vätern favorisiert, mit denen oft einseitig männlich definierte Verhaltensmuster für Frauen korrespondieren. Gegenläufige Ansätze, in der Geschichte der Kirche durchaus zu finden (z.B. hinsichtlich des Amtes der Diakonin und Prophetin), kamen bis heute nur selten und in Ausnahmefällen (z.B. bei Teresa von Ávila) zur Geltung und Verwirklichung.

Frauen und Kirchlichkeit

Entsprechend ändern sich Kirchenerfahrung und Kirchenverhalten auch in der Bundesrepublik Deutschland (26,3 Mio. Katholiken 1985). Der Gottesdienstbesuch der Frauen z.B. übertrifft zwar noch den der Männer, geht aber ebenfalls drastisch zurück – von 37,4% im Jahre 1970 auf 25,8% 1985. Eheschließungen haben seit 1970 um 30,9% abgenommen. Ähnlich ist die Entwicklung bei den Taufen. Der beträchtliche innere Distanzierungsvorgang zumal bei jüngeren Frauen gegenüber „ihrer" Kirche wird immer manifester. Die Einstellung zu kirchlichen Normen und Werten (z.B. hinsichtlich Unauflöslichkeit der Ehe, Geburtenplanung oder Kindererziehung) lockert sich signifikant. Die Kirchenaustritte näherten sich 1985 der bisherigen Höchstmarke nach dem Zweiten Weltkrieg (1974: 83000) beträchtlich: 75000, wobei geschlechtsspezifisch aufgeschlüsselte exakte Zahlen nicht vorliegen.

In *Österreich* betrug 1981 die Gesamtzahl der Katholiken 6,3 Mio. (84,4% der Gesamtbevölkerung); die Zahlen sind leicht rückläufig. Für den Gottesdienstbesuch gibt es keine nach Geschlechtern aufgeschlüsselte Zahlen; er ist von 34,5% (1968) auf 26,2% (1986) gesunken. 80,5% aller Katholiken, die 1985 standesamtlich heirateten, heirateten auch kirchlich. Allerdings geht die Heiratshäufigkeit (wie in allen europäischen Staaten) zurück. Die Zahl der Taufen von Kindern hat sich von 92,5% (1968) auf 88,4% (1986) verringert. Die Kirchenaustritte sind nicht geschlechtsspezifisch aufgeschlüsselt; 1985 betrug die Anzahl der Austritte 32736. Im Verhältnis zur Katholikenzahl ist der Anteil an Kirchenaustritten fast doppelt so hoch wie in der Bundesrepublik Deutschland.

In der *Schweiz* betrug 1980 die Gesamtzahl der Katholiken ca. 3 Mio. Die Gesamtzahl der Kirchenaustritte ist hier in den Jahren 1960 bis 1970 von 55000 auf 140000 gestiegen. Der Kirchenbesuch der Katholiken ging 1958 bis 1981 um die Hälfte zurück. Eine Erhebung für Basel (Stadt) zeigt, daß in den Jahren 1974 bis 1979 rd. 20000 Katholiken aus der Kirche ausgetreten sind bei einer Gesamtzahl von 95640 Katholiken 1970. Die Austrittshäufigkeit ist bei Frauen etwas geringer als bei den Männern.

Daß Frauen sich mit der überlieferten Kirchengestalt tendenziell nicht mehr abfinden, ist ebenso Krise wie Chance. Dabei ist stets zu berücksichtigen, daß Kirche faktisch zur Weltkirche wird und ihre eurozentrischen Prägungen in eine polyzentrische, universalere Gestalt hinein aufzuheben beginnt.

Partnerschaftliche Perspektiven

Nicht ohne lebendigen Zusammenhang mit den zahlreichen ökumenischen Bemühungen überhaupt sind neue Formen partnerschaftlichen Christseins in der Kirche längst im Entstehen, auch in der Realisierung von Gemeindeleitung und amtlicher Glaubensvermittlung durch Frauen. Gerade aus der Treue zum prägenden Ursprung, zur bisherigen Geschichte und zum bleibenden Auftrag ergeben sich im Übergang der Kirche ins dritte Jahrtausend schöpferische Veränderungen (auch interreligiöser Art), dank der unerbittlich konkreten Hoffnung in Gebet und Arbeit, dank österlich schmerzhafter Lern- und Verlerngeschichten von Frauen und Männern unterschiedlichster Berufung und Beauftragung, in deren Glaubensgeschichte das Wirken des – durchaus weiblich verstandenen – Heiligen Geistes selbst erkannt wer-

den darf und muß, der das Volk Gottes führt und das Angesicht der (Mutter) Erde im ganzen verändert.
Zur symbolischen Deutung dieses ebenso verheißungsvollen wie gefährdeten (Wüsten-)Weges der Kirche hin zu einer nachpatriarchalischen, partnerschaftlichen Hoffnungsgestalt für alle, bei dem es stets um das Geheimnis von Tod und Auferstehung geht, kann ein archetypisches Selbstbild der Alten Kirche wegweisend bleiben. Sie sah sich – nach dem Zeugnis vieler Kirchenväter (von den Kirchenmüttern, etwa des frühen Mönchtums, ist viel zuwenig die Rede!) – als Mond, der das Licht der Christus-Sonne der Gerechtigkeit aufnimmt und in die Nacht der Menschheit ausstrahlt (Hugo Rahner). Der Mond aber muß in rhythmischen Abständen abnehmen und sterben, um den Lichtglanz der Sonne aufnehmen und weiterstrahlen zu können; so müsse auch die jeweils geschichtlich gewordene Sozialgestalt von Kirche sterben, um zeit- und sachgemäßer das österliche Licht vom wahren gemeinsamen Leben in der Gegenwart Gottes ausstrahlen und vermitteln zu können. Gemäß dieser lunaren Theologie vom Tod und der Auferstehung der Kirche ist darauf zu hoffen, daß die patriarchalisch geprägte Sozialgestalt von Kirche in eine andere, eine „strahlendere" und partnerschaftlichere hinein karsamstaglich aufersteht.

Literatur: *Giuseppe Alberigo / Yves Congar / Hermann J. Pottmeyer* (Hrsg.), Kirche im Wandel. Eine kritische Zwischenbilanz nach dem Zweiten Vatikanum (Düsseldorf 1982); *Wolfgang Beinert* (Hrsg.), Frauenbefreiung und Kirche. Darstellung, Analyse, Dokumentation (Regensburg 1987); *Yves Congar,* Die Lehre von der Kirche, Handbuch der Dogmengeschichte III/3d (Freiburg i. Br. 1971); *Heinrich Döring,* Grundriß der Ekklesiologie (Darmstadt 1986); *Christian Duquoc,* Kirchen unterwegs. Versuch einer ökumenischen Ekklesiologie (Freiburg/Schweiz 1985); *Walter Kern / Hermann J. Pottmeyer / Max Seckler* (Hrsg.), Handbuch der Fundamentaltheologie III (Traktat Kirche) (Freiburg i. Br. 1986); *Hans Küng,* Die Kirche (Freiburg i. Br. 1967; Neuauflage München 1988); *Norbert Mette / Martina Blasberg-Kuhnke,* Kirche auf dem Weg ins Jahr 2000 (Düsseldorf 1986); *Hugo Rahner,* Symbole der Kirche. Die Ekklesiologie der Väter (Salzburg 1964); *Anton Rauscher* (Hrsg.), Die Frau in Gesellschaft und Kirche. Analysen und Perspektiven (Berlin 1986); *Hans Zirker,* Ekklesiologie (Düsseldorf 1984).

GOTTHARD FUCHS

2. Evangelische Kirche

Zur Situation

Der Protestantismus hatte am Aufstieg der modernen Arbeits- und Konsumgesellschaft mit ihrer Orientierung an Leistung und Nutzen (durchaus auch im sozialen Sinn zugunsten aller bzw. der Schwächeren) besonders teil und „marschierte an der Spitze des Fortschritts". Nun treffen der Zerfall der modernen Lebenswelt und die Zunahme der „Konfession der Konfessionslosen" die evangelischen Kirchen mehr als die anderen Konfessionen. Die Zahl der Mitglieder in den evangelischen Kirchen ist rückläufig. Weder von der bürgerlich-liberalen noch der pietistisch-evangelikalen Strömung gehen zur Zeit zukunftsweisende Impulse aus. Es gibt Ansätze zu einer theologischen und pastoralen Erneuerung, die die Grunderkenntnisse der Reformation zum Menschsein vor Gott zurückgewinnen und für die ökumenische Bewegung auf sichtbare Gemeinschaft der Christenleute hin furchtbar machen könnten.

Zur Organisation

Der Evangelischen Kirche in Deutschland gehörten 1985 rd. 25,1 Mio. Menschen an. Davon gingen ca. 1,3 Mio. (mehrheitlich Frauen) am Sonntag zur Kirche.
Seit dem 3. 12. 1948 (und nach einer bis in die Mitte des 19. Jahrhunderts zurückreichenden Vorgeschichte) sind 17 lutherische, reformierte und unierte Kirchen in der EKD zusammengeschlossen. Die EKD ist ein Kirchenbund, keine Bundeskirche. Ihre Beschlüsse haben keine bindende Kraft. In einer rechtlich lockeren Form sind die Brüderunität in Deutschland und

der Bund evangelisch-reformierter Kirchen Deutschlands angeschlossen. Ursprünglich gehörten die acht Landeskirchen auf dem Gebiet der DDR zur EKD; sie bildeten 1969 ihren eigenen Bund (BEK DDR).
Die EKD ist Vollmitglied im ÖRK (Ökumenischer Rat der Kirchen) und repräsentiert dort alle ihre Gliedkirchen; ausgenommen sind davon Fragen des lutherischen Bekenntnisses, in denen die Gliedkirchen der VELKD (Vereinigte Evangelisch-Lutherische Kirche Deutschlands) selbst tätig werden. Die VELKD ist ein engerer Zusammenschluß von fünf lutherischen Landeskirchen in der Bundesrepublik Deutschland. Die Gliedkirchen der VELKD samt Oldenburg und Württemberg bilden das Deutsche Nationalkomitee des LWB (Lutherischer Weltbund). In ÖRK und LWB sind die deutschen Kirchen starke Partner in materieller und intellektueller Hinsicht.
In der *Schweiz* gehörten 1980 2,82 Mio. Menschen (45 % der Bevölkerung) evangelischen Kirchen (mehrheitlich Reformierten, aber auch aktiven Gruppen von Lutheranern, Methodisten, Baptisten und Mennoniten) an. Die Reformierten sind in 19 Kantonalkirchen und dem Evangelisch-reformierten Kirchenverband der Zentralschweiz organisiert und überkantonal im Schweizerischen Evangelischen Kirchenbund (SEK) zusammengefaßt. Der SEK hat keine Weisungsbefugnisse gegenüber den Mitgliedskirchen; er vertritt diese gegenüber der schweizerischen Bundesregierung und in den internationalen ökumenischen Gremien. Zwischen 1982 und 1988 existierte neben dem SEK die Schweizerische Evangelische Synode (SES), eine Laieninitiative, die von vielen Gemeinden und Pfarrern unterstützt wurde. Sie entstand aus dem Bedürfnis, möglichst rasch und gründlich aktuelle Fragen bearbeiten zu können. In ihren Leitungspositionen fanden sich viele Frauen.
Auch die evangelischen Kirchen der Schweiz kämpfen mit Säkularisierungstendenzen. In Basel ist von 1976 bis 1988 ca. ein Drittel der Kirchenmitglieder aus der Kirche ausgetreten. Geschlechtsspezifisch aufgeschlüsselte Daten liegen jedoch nicht vor.
In *Österreich* sind die evangelischen Kirchen (Augsburgerisches und Helvetisches Bekenntnis) in der Lutherischen Landeskirche (Augsburger Bekenntnis, A. B.), die in 8 Diözesen eingeteilt ist, und der Reformierten Landeskirche (Helvetisches Bekenntnis, H. B.), die 9 Pfarrgemeinden umfaßt, organisiert. Zur Erledigung gemeinsamer Anliegen bilden sie eine gemeinsame Kirche A. u. H. B. Beide Kirchen haben ca. 365000 Mitglieder, davon sind ca. 8900 reformiert.
Spezielle Äußerungen zum Thema „Frau“ liegen von seiten der Kirchen noch nicht vor.
Die evangelische Kirche in Österreich ist eine Minderheitenkirche. Sie muß sich zum einen mit dem katholischen Umfeld auseinandersetzen, zum anderen aber auch mit den zunehmenden Säkularisierungstendenzen, die auch in Kirchendistanzierungen zu bemerken sind. Kirchenaustritte sind nicht geschlechtsspezifisch aufgeschlüsselt.

Frauen in der Kirche

Die evangelische Frauenbewegung und die diakonische Bewegung mit ihren Schwesternschaften (1836 erste Diakonissenanstalt in Kaiserswerth) und Frauenverbänden (1899 Evangelische Frauenhilfe mit volksmissionarischem und Deutscher Evangelischer Frauenbund mit Bildungsschwerpunkt) haben von Anfang an die Grenzen zwischen lutherischen, reformierten und unierten Kirchtümern überschritten. Diesen Zeitraum umfaßt auch die evangelische Frauenarbeit in Österreich und der Schweiz. Die organisierte und die spontane Frauenarbeit ist heute die eigentliche ökumenische Kraft an der Basis der evangelischen Kirchen, durch die Fragen nach Diakonie und Weltverantwortung, christlicher Identität als Frau unter den Bedingungen unserer Zeit, Gemeinschaft von Frauen und Männern in der Kirche, in die Gemeinden hineingetragen wird. Der „Weltgebetstag der Frauen“ (am 1. Freitag im März) und die Südafrika-Boykottaktion „Kauft keine Früchte der Apartheid!“ mit intensiven Vorbereitungen und Öffentlichkeitsarbeit sind durch die evangelische Frauenarbeit zu Faktoren im gesamtkirchlichen Leben geworden. Es bestehen regelmäßige Arbeitskontakte zwischen den Verbänden in der BRD und DDR sowie zur Frauenarbeit der Evangelischen Kirche A. B. und H. B. in Österreich; die Zusammenarbeit mit dem Evangelischen Frauenbund der Schweiz und dem Schweizerischen Evangelischen Verband der Frauenhilfe ist weniger intensiv.

Im Prinzip hat die evangelische Frauenarbeit in der *Schweiz* eine ähnliche Struktur und Ausrichtung wie in der Bundesrepublik Deutschland; der Dachverband der evangelischen Frauenvereinigungen ist der Evangelische Frauenbund der Schweiz, und der größte Mitgliederverband ist der Schweizerische Evangelische Verband der Frauenhilfe.

Die Evangelische Frauenarbeit A. u. H. B. in *Österreich* ist seit 1988 eine eigene Rechtskörperschaft, d. h., sie ist für ihre Tätigkeit jetzt auch rechtlich selbstverantwortlich. Neben der Evangelischen Frauenarbeit bestehen noch die Gustav-Adolf-Frauenarbeit, drei evangelische Frauenvereine, der Frauen-Missionsgebetsbund, zwei Gemeindeschwester-Verbände und weitere verschiedene Zusammenschlüsse von Frauen bestimmter geistiger Strömungen.

Die Evangelische Frauenarbeit hat innerhalb der Kirche als erste den Themenkreis Gen- und Reproduktionstechnologie aufgegriffen. Wichtig ist ihr nicht nur in diesem Zusammenhang, daß Frauen kompetent und in den Gremien gehört werden. 1988 haben sich die christlichen Frauen in Österreich zu einem ökumenischen Forum zusammengeschlossen. Ziel dieses Forums ist es, die gemeinsamen Anliegen von Frauen in der kirchlichen und gesellschaftlichen Öffentlichkeit zu vertreten.

In welchem Umfang ist Kirche Frauensache (geworden)? In der EKD-Studie „Was wird aus der Kirche?“ (1984) sind die statistischen Angaben nicht mehr nach dem Geschlecht der Befragten aufgegliedert. Es entsteht der Eindruck, als verteilten sich Frauen und Männer so, wie es dem Bundesdurchschnitt entspricht (55 % weiblich, 45 % männlich). Das ist mit Sicherheit falsch.

In „Christsein gestalten. Eine Studie zum Weg der Kirche“ (1986) heißt es: „Die 17400 Frauen- und Mütterkreise in den Gemeinden umfassen im Gesamtdurchschnitt etwa 375000 Teilnehmerinnen. In der Größenordnung steht dieser Arbeitsbereich damit an zweiter Stelle hinter der Kinder- und Jugendarbeit. Die einzelnen Frauenkreise differenzieren sich nochmals nach Alter und sozialer bzw. familiärer Stellung in Kreise junger Frauen, junger Mütter, alleinerziehender Frauen, Hausfrauen mit oder ohne Kinder und Frauen im Beruf. Zu erwähnen ist auch die Sozialarbeit, die insbesondere die verbandliche Frauenarbeit für gefährdete Frauen, alleinstehende Mütter, Studentinnen, junge Mädchen und Senioren leistet“ (55).

Die *ehrenamtliche* Tätigkeit von Frauen und Männern zeigt eine charakteristische Verteilung: zwei Drittel Frauen bei „Sammeln und Verteilen“, Besuchsdienst, Sonntagsschule/Kindergottesdienst, Vorbereitung kirchlicher Feste und Bazare. In Jugendarbeit, Erwachsenenbildung, Beratung sind Frauen und Männer etwa gleich vertreten; in allen Entscheidungsgremien sitzen höchstens noch ein Drittel Frauen.

Die *berufliche* Mitarbeit zeigt eine ähnliche Struktur: Zwar sind mehr als doppelt so viele Frauen als Männer in der Kirche beruflich tätig, jedoch überwiegend in Bereichen, die dem traditionellen, mittelständischen Frauenbild entsprechen (Hauswirtschaft, Kindererziehung, Pflege). Seit 1970 nimmt der Anteil der ordinierten Theologinnen zu, die eine Gemeinde selbständig leiten und sich damit auch für Aufgaben auf Dekanats- und Landesebene qualifizieren können; Grund: Aufhebung der Klausel, nach welcher die Theologin mit Eheschließung aus dem Kirchendienst ausschied. Inzwischen sind 10–12% der Gemeindepfarrer weiblich. Seit 1988 gibt es eine Pröpstin. Ob diese Tendenz angesichts schwindender Einnahmen und wachsender Zahl männlicher Pfarramtsbewerber anhält, wird sich zeigen. In vielen Landeskirchen sind für Verheiratete (besonders für Pfarrers-Ehepaare) ungünstige Bedingungen geschaffen worden.

Nach einer von Inge Schintlmeister für diesen Zusammenhang vorgenommenen Erhebung sind in der Österreichischen Lutherischen Landeskirche im Pfarrdienst 27% Frauen beschäftigt, in der Reformierten Landeskirche 1%. Kirchenvorsteherin (Kuratorin): in der Lutherischen Landeskirche sind 16% Frauen, in der Reformierten Landeskirche gibt es keine Frau. In der Superintendentenversammlung und im Superintendentenausschuß der Reformierten Landeskirche sind 18% bzw. 1% Frauen, die Reformierte Landeskirche hat diese Gremien nicht. In der Synode sind in beiden Landeskirchen je 3% Frauen vertreten. Im Synodalausschuß der Lutherischen Kirche gibt es keine Frau, in dem der Reformierten Kirche sind 4% Frauen. In der Generalsynode beider Kirchen sitzen 6% Frauen. Der Forderung der Evangelischen Frauenarbeit, mit einem Drittel Frauen in allen Gremien vertreten zu sein, ist in den kirchlichen Wahlen somit nicht entsprochen worden (Zahlen 1988). Die Mitarbeit im kirchlichen Dienst (außer dem Pfarramt) wird in Österreich hauptsächlich neben- und ehrenamtlich geleistet, und zwar von ca. 80% Frauen (Sekretärin, Religionslehrerin etc.). Bis 1965 waren Theologinnen zum Schul- und Predigtdienst zugelassen, 1965 erfolgte die Zulassung zur Ordination. Unverheiratete durften ein Pfarramt führen, mußten aber bei Heirat aus dem Dienst scheiden. 1980 fiel dieses „Frauenzölibat". 1988 kam es zur Gleichstellung von Frauen und Männern in den sozialrechtlichen Angelegenheiten in den Kirchengesetzen. In Österreich gibt es eine Reihe von Theologinnen der älteren Generation, die jedoch oft nicht ordiniert sind. Die mittlere Generation ist geringer vertreten, es wächst aber eine stärkere jüngere nach. Insgesamt sind ca. 47 Theologinnen in den verschiedenen Diensten der Kirche tätig. Insgesamt sind ca. 370 Pfarrer und Pfarrerinnen im Dienst. Die Theologinnen vertreten sich durch die Arbeitsgemeinschaft evangelischer Theologinnen.

In der *Schweiz* gab es nach einer Statistik des Reformierten Weltbundes 1987 2202 ordinierte Pfarrer, davon waren 229 Pfarrerinnen. Genaue statistische Zahlen über die Mitarbeiterinnen im kirchlichen Dienst waren nicht zugänglich. Von der Basis her verstärkt sich das Engagement der Frauen, ihre Anliegen zur Sprache zu bringen und (u.a. aufgrund von Umfragen) auch ihre Mitarbeit in der kirchlichen Öffentlichkeit sichtbar zu machen sowie ihre Repräsentanz in Gremien etc. einzufordern.

Grundsätzlich bessern wird sich die Stellung der Frauen in der evangelischen Kirche nur, wenn Gal 3,27f. und Luthers „Beziehungslehre" beachtet und die Lehre von der grundsätzlichen Unterordnung der Frau unter den Mann (Kol 3,18ff.; Eph 5,21ff.; 1 Petr 3,1ff.) in Theorie und Praxis abgetan ist. Die evangelischen Frauenverbände bemühen sich deshalb nicht nur um weitere Qualifizierung der Frauen für ehrenamtliche Tätigkeiten, sondern immer mehr um die Klärung ihres Selbstverständnisses als Christinnen in lebendiger Auseinandersetzung mit Bibel, Kirchengeschichte und ökumenischer Bewegung.

Literatur: Reihe Kennzeichen. Studien und Problemberichte aus dem Projekt „Frauen als Innovationsgruppen“ des DNK des LWB, Bde. 1 bis 10 (Gelnhausen – Berlin – Stein a.M. 1977 bis 1984); bes. Bd.3: *Claudia Pinl / Mechthild Fischer / Erika Reichle u.a.*, Frauen auf neuen Wegen. Studien und Problemberichte zur Situation der Frauen in Gesellschaft und Kirche (1978); Bd. 5: *Frauenarbeit der Evangelischen Landeskirche in Württemberg* (Hrsg.), Wir Frauen in der Kirche. Eine Selbststudie zur organisierten Frauenarbeit (1980); Bd. 7: *Ingrid Luhatis / Anna-Barbara Naß*, Phantasie für sich und andere. Mitarbeit von Frauen – Neue Formen der Frauenarbeit in der Kirche (1981); Bd. 10: *Gerta Scharffenorth / Friederike Rupprecht u.a.*, Schwestern. Leben und Arbeit Evangelischer Schwesternschaften. Absage an Vorurteile (1984); Christsein gestalten. Eine Studie zum Weg der Kirche (Gütersloh 1986); Die Frau in Familie, Kirche und Gesellschaft. Eine Studie zum gemeinsamen Leben von Frau und Mann, vorgelegt von einem Ausschuß der EKD (Gütersloh 1979); Frauen in der Kirche. Ein Aufbruch nimmt Gestalt an, Theologia Practica 2 (1987); *Susanne Kahl* (Hrsg.), Die Zeit des Schweigens ist vorbei. Zur Lage der Frau in der Kirche (Gütersloh 1979); *Anna Paulsen*, Aufbruch der Frauen. Ein Beitrag zum Gespräch zwischen Frauendiakonie und Frauenbewegung (Lahr 1964); *Erika Stöffler* (Hrsg.), Initiativen. Lebensbilder evangelischer Frauen (Stuttgart 1984); Die Zukunft des Pfarrberufs, Theologia Practica 1 (1985); Was wird aus der Kirche? (Gütersloh 1984).

ERIKA REICHLE

Kirchenlehrerinnen/Kirchenväter

↗ Amt, kirchliches; Antike; Charismen; Christentum; Frauenorden; Glauben; Heilige / Heiligkeit; Jungfräulichkeit; Kirche; Mittelalter; Reformation; Spiritualität; Theologie, feministische; Urkirche

Der Begriff Kirchenväter

In der Kirchengeschichte begegnen verschiedene Kategorien von Vätern: Apostolische Väter, geistliche Väter, Wüstenväter, Mönchsväter, Konzilsväter, Kirchenväter. Eine ganze Epoche, die Zeit vom 2. bis zum 7./8. Jahrhundert, verdankt ihren Namen diesen Vätern. In neutestamentlicher und frühchristlicher Zeit wird Vater als Ehrentitel für geistlich erfahrene Männer benutzt, die Laien, Mönche, Priester oder Bischöfe sein konnten. Eine ähnliche Ehrenbezeichnung ist die des Lehrers (griechisch: didaskalos; lateinisch: doctor, vgl. 1 Kor 12,28; Eph 4,11). Während in der Alten Kirche die Begriffe Vater und Lehrer breite Verwendung finden, zeichnet sich in der katholischen Tradition des Mittelalters eine dogmatische Eingrenzung des Verständnisses von Kirchenlehrer und Kirchenvater ab. Für beide werden Kriterien festgelegt, die auf die Kirchenlehrer in strengerer Weise Anwendung finden, so daß die Zahl der Doctores Ecclesiae bis 1959 auf dreißig begrenzt war. Folgende vier Merkmale bilden die Bedingungen für die Ernennung zum Kirchenlehrer: Rechtgläubigkeit der Lehre, Heiligkeit des Lebens, hervorragende wissenschaftliche Leistung und ausdrückliche Anerkennung durch die Kirche.

Geistliche Lehrerinnen

Eine der Wurzeln für die große Bedeutung des Vaterbegriffs in der Alten Kirche liegt im Mönchtum, das von seinen Ursprüngen her eine Laienbewegung war. Die aus dem Aramäischen stammenden Worte Abbas (geistlicher Vater) und Amma (geistliche Mutter) und das mit ihnen verbundene Lebensmodell prägten weit über die Grenzen der Wüsten hinaus die Spiritualität der Kirche. Im Umkreis dieses spirituellen Milieus erhielten Frauen den Titel einer Didaskalos (Lehrerin): Gregor von Nyssa nennt seine Schwester Makrina eine Didaskalos, Gregor von Nazianz seine Mutter Nonna; die in der ägyptischen Wüste lebende Amma Synkletike trägt diesen Titel genauso wie Melania d. J., die in Jerusalem im 5. Jahrhundert Klöster für Frauen und Männer gründete.

Frauen als Doctores Ecclesiae

Wenn Papst Paul VI. 1970 den bis dahin geltenden Rahmen des Kirchenlehrerbegriffs sprengte, indem er zwei Frauen zu Doctores Ecclesiae erklärte, so führte er damit keine nie dagewesene Neuheit ein, sondern konnte sich auf eine in der Alten Kirche vorliegende Tradition beziehen. Der Unterschied zwischen römisch-katholischer und altkirchlicher Auffassung besteht allerdings darin, daß in der Alten Kirche geistliche Mütter und Väter, männliche und weibliche Lehrer in einem breiten Strom geistlicher Führung und theologischer Lehrbildung verankert waren, der auf der Anerkennung der christlichen Gemeinschaft beruhte, jedoch keine zahlenmäßige Abgrenzung kannte.

Teresa von Ávila wurde am 27. 9. 1970 als erste Frau feierlich zur Kirchenlehrerin erhoben, ihr folgte am 4. 10. 1970 Katharina von Siena. Beide Frauen waren bereits vorher als Heilige verehrt worden, Katharina seit 1461, Teresa seit 1622; sie zeichnen sich durch mystische Erfahrungen und mystisch-theologische Werke aus.

Teresa von Ávila (1515 – 1582) trat 1536 in einen Karmelitinnenkonvent ein. Nach langen Jahren großer Schwierigkeiten mit dem geistlichen Leben als Nonne wurde sie zur Reformatorin des Karmel, zur Gründerin von 19 Klöstern in Spanien und zu einer mystischen Lehrerin des inneren Gebets. Teresa hinterließ ein umfangreiches literarisches Werk, aus dem die „Wohnungen der inneren Burg“ als ihre Gebetslehre hervorragen.

Katharina von Siena (1347 – 1380) entfaltete durch ihr schriftstellerisches Werk (380 Briefe sind erhalten) und ihre Reisen Wirkungen bis zu den Päpsten nach Avignon und Rom. Nachdem sie zurückgezogen dem Gebet gelebt hatte, trat sie als Terziarin in den Dominikanerorden ein. Um die Mystikerin bildete sich ein Freundeskreis, der sie Mutter nannte. Das theologische Hauptwerk Katharinas liegt in ihrem „Dialog“ vor, dem Gespräch der Seele mit Gott.

Ambivalenz des Frauenlobs

Das Erbe der Kirchenväter prägt bis in die Gegenwart kirchliche Strukturen und theologische Lehrmeinungen. Dieses Erbe kann jedoch nur im Lichte seiner Wirkungsgeschichte betrachtet werden. Entfaltete etwa Tertullians Satz, daß die Frau das Tor zur Hölle sei, große Breitenwirkung, so wurde kaum weitertradiert, daß Johannes Chrysostomos eine Frau als weiblichen Apostel beschreibt. Weder können die Kirchenväter pauschal für alle Frauenverachtung haftbar gemacht werden, noch dürfen einzelne positive Aussagen über Frauen aus ihrem Kontext herausgelöst werden. Die Äußerungen der Kirchenväter über Frauen erweisen sich als ambivalent, die Anerkennung gleicher Würde und gleicher Natur von Frau und Mann steht neben der fraglosen spätantiken Grundposition, daß das männliche Geschlecht gegenüber dem weiblichen führend sei. Deutlich erkennbar ist, daß allem Frauenlob das Ideal der männlichen Andreia (Tapferkeit) zugrunde liegt; Märtyrerinnen, Jungfrauen, Klostergründerinnen und Diakonissen werden gepriesen, wenn in ihren Taten als männlich bewerteter Mut und Tapferkeit zum Vorschein kommen.

Spuren der Frauen

Neben den theologischen Texten, die die Minderwertigkeit der Frau und ihre Unterordnung unter den Mann betonen, entstammt den Zeiten der Kirchenväter eine Fülle von Material, das über Lebensformen von Frauen berichtet, die nicht dem Modell von männlicher Herrschaft und weiblichem Gehorsam entsprechen. In der Alten Kirche und im Mittelalter war z. B. die Geschichte Theklas weit verbreitet, die von einer wandernden und predigenden Apostelschülerin in Männerkleidern berichtet.

Die Ernennung Teresas von Ávila und Katharinas von Siena zu Doctores Ecclesiae macht auf die Fülle von vergessenen Frauengestalten aufmerksam, die als geistliche Mütter und Töchter, Lehrerinnen und Schülerinnen in den so scheinbar ganz von den Vätern bestimmten Zeiten der Gemeinschaft der Kirche ihre Spuren einprägten.

Literatur: *Ruth Albrecht,* Das Leben der heiligen Makrina auf dem Hintergrund der Thekla-Traditionen (Göttingen 1986); *Aloysius Alkofer* (Hrsg.), Sämtliche Schriften der hl. Theresia von Jesus (München 1931–41), 6 Bde.; *Berthold Altaner/Alfred Stuiber,* Patrologie. Leben, Schriften und Lehre der Kirchenväter (Freiburg i. Br. [9]1980); *Elisabeth Behr-Sigel,* Le ministère de la femme dans l'Église (Paris 1987); *Elizabeth A. Clark,* Women in the Early Church (Wilmington/Delaware 1983); *Ulrich Dobhan,* Teresa von Ávila (Olten 1979); *Louise Gnädinger,* Caterina Benincasa von Siena (1347–1380). Mystikerin und Politikerin, in: Paul Imhof (Hrsg.), Frauen des Glaubens (Würzburg [2]1986) 89–102; *Maximiliano Herraiz-Garcia,* Beten mit der hl. Teresa. Anleitung zum geistlichen Leben (Wien 1987); *Adolf Hoffmann/Bernhard Gertz* (Hrsg.), Katharina von Siena. Ausgewählte Texte (Düsseldorf 1981); *Erika Lorenz,* Teresa von Ávila. „Ich bin ein Weib und obendrein kein gutes" (Freiburg i. Br. 1982); *Rosemary Radford Ruether,* Misogynism and Virginal Feminism in the Fathers of the Church, in: Religion and Sexism. Images of Women in the Jewish and Christian Traditions (New York 1974) 150–183; *Adrian Schenker* (Hrsg.), Das Leben der heiligen Katharina von Siena (Legenda maior des Raimund von Capua) (Düsseldorf 1965); *Ellen Sommer v. Seckendorff/Hans Urs v. Balthasar* (Hrsg.), Caterina von Siena. Gespräch von Gottes Vorsehung (Einsiedeln [3]1964).

RUTH ALBRECHT

Kirchenrecht

↗ Amt, kirchliches; Charismen; Christentum; Ehe; Eherecht; Ehescheidung; Frauenorden; Frauenseelsorge; Frauenverbände; Gemeinde; Gleichberechtigung; Grundgesetz / Bundesverfassung; Kirche; Kult; Neues Testament; Ökumene; Ostkirchen / Orthodoxie; Reformation; Schwesternschaften; Sozialethik, evangelische; Soziallehre, katholische

1. Katholisches Kirchenrecht

Begriff

Kirchenrecht heißt die Rechtsordnung sowohl der katholischen Kirche als auch der Ostkirchen und der aus der Reformation hervorgegangenen Kirchen. Das Kirchenrecht der katholischen Kirche wird präziser kanonisches Recht genannt, weil der kirchliche Rechtssatz im Unterschied zum weltlichen Gesetz Canon (c.) heißt. Vom Kirchenrecht werden das vom Staat in kirchlichen Angelegenheiten erlassene Recht, das sogenannte Staatskirchenrecht, und das vertraglich zwischen Staat und Kirche vereinbarte Recht, das sogenannte Konkordatsrecht, unterschieden. Die wissenschaftliche Erforschung des kanonischen Rechts nennt man Kanonistik.

Kodifikation

Im ersten Jahrtausend der Kirche entstehen im Orient und Abendland rechtliche Normen und Bestimmungen aufgrund konkreter pastoraler Notwendigkeiten der Kirche. Die vornehmlich von Konzilien und Partikularsynoden erlassenen, Canones genannten Rechtsbestimmungen bilden aber noch kein kategoriales und geschlossenes Rechtssystem nach dem Modell weltlicher Rechte, sondern sind sakramental-disziplinarische Rechtssetzungen der Kirche. Die so entstehenden, vom römischen und germanischen Recht beeinflußten kirchlichen Rechtssetzungen bedingen mit den Entscheidungen der Päpste und der anderen kirchlichen Autoritäten eine Vielzahl von privaten kirchenrechtlichen Sammlungen. Mit dem Dekret des Bologneser Mönchs und Rechtsgelehrten Gratian wird um 1140 erstmalig unter systematischen Gesichtspunkten eine wissenschaftliche Überprüfung des kirchlichen Rechtsstoffes vorgenommen. Zusammen mit den Sammlungen der päpstlichen Dekretalen des Hochmittelalters bildet das „Decretum Gratiani" die 1580 erstmals amtlich herausgegebene Druckausgabe des Corpus Iuris Canonici. Diese Rechtssammlung enthält mehrere Verbote einer liturgisch-kultischen Betätigung der Frau und Bestimmungen über den Ausschluß der Frau von amtlichen Diensten in der Kirche. Das urkirchliche Diakonissenamt und die Vollmacht der Äbtissinnen werden dadurch in den nichtamtlichen Bereich der Kirche verwiesen. Eine dem Geist der zeitgenössischen Rechtswissenschaft im 19. Jahrhundert entsprechende Kodifikation des lateinischen Kirchenrechts erfolgt

1917 mit dem Codex Iuris Canonici. Eine Kodifikation des orientalischen Kirchenrechts für die mit der römisch-katholischen Kirche verbundenen Ostkirchen wurde 1935 begonnen, aber nie vollständig durchgeführt. Auf Anregung Papst Johannes' XXIII. wurde 1963 die Überprüfung des Codex Iuris Canonici von 1917 in Verbindung mit den Aussagen des Zweiten Vatikanischen Konzils angefangen. Die Kodexrevisionskommission legte 1982 Papst Johannes Paul II. einen Gesamtentwurf für ein neues kirchliches Gesetzbuch vor. Der Papst promulgierte dieses als Codex Iuris Canonici am 25. Januar 1983 mit Wirkung vom 27. November 1983. Der Entwurf eines neuen orientalischen Kirchenrechts liegt derzeit vor.

Geltendes Recht

Im Codex Iuris Canonici ist der Rechtsstoff in sieben Büchern geordnet, wobei sowohl theologisch-ekklesiologische als auch juristische Kriterien berücksichtigt wurden. Dieses Gesetzbuch der Kirche zielt auf einen kollegialen und verfassungsrechtlichen Ausgleich zwischen der Universal- und der Partikularkirche im Rahmen der Gemeinschaft bischöflich verfaßter Ortskirchen mit der vom Papst geleiteten Gesamtkirche. Das Verständnis der Kirche als Gemeinschaft, an deren Sendung in der Welt alle Christgläubigen Anteil haben, hat bewirkt, daß im kirchlichen Gesetzbuch für alle Christgläubigen Rechte und Pflichten normiert wurden. Dabei wird eine unter allen Christgläubigen bestehende wahre Gleichheit herausgestellt, die allen Unterscheidungen vorausliegt.

Die Rechte der Frau

Diese rechtliche Grundstellung aller Glieder der Kirche und des Rechtsstatus der Laien, denen neben den Klerikern ein eigener Wert zuerkannt wird, hat auch implizit die Rechte der Frau in der Kirche gefördert. Als Laie hat die Frau in der Kirche die Rechte und Pflichten, die mit dem Status des Gläubigen im allgemeinen und mit dem der Laien im besonderen zusammenhängen. Der Frau als Laie kommt in der Kirche volle Rechtsgleichheit mit dem Mann zu, denn es gibt unter allen Gliedern des Volkes Gottes eine Gleichheit der Würde und der aktiven Teilnahme am Aufbau des Leibes Christi (c. 208). Mit allen Gläubigen haben auch Frauen Rechte und Pflichten im Hinblick auf Liturgie, Verkündigung und Leitung in der Kirche (vgl. cc. 209 – 223). Wie alle Laien sind auch die Frauen in besonderer Weise berechtigt und verpflichtet (vgl. cc. 225 – 231). Eine volle rechtliche Gleichstellung mit den männlichen Laien ist wegen einzelner entgegenstehender Bestimmungen (cc. 111 § 1, 604, 1083 § 1, 1089) nicht gegeben. Durch c. 1024 ist bestimmt, daß Frauen keine sakramentalen Weihen gültig empfangen können. Im liturgischen Bereich können Frauen wie Männer liturgische Gebete leiten, das Sakrament der Taufe spenden, die Kommunion austeilen, die Aufgaben des Lektors und Akolythen übernehmen (c. 230 §§ 2 und 3), die Predigt halten (c. 766) mit Ausnahme der Homilie (vgl. c. 767), der Eheschließung assistieren (c. 1112) und einige Sakramentalien spenden (c. 1168).

Im Bereich des Leitens sind die Frauen berechtigt, mitzuwirken als Mitglieder in Verbänden, Räten, Vereinigungen sowie bei Aufgaben in kirchlichen Organisationen, Pfarreien, Ordinariaten, Gerichten und gesamtkirchlichen Behörden oder Zusammenschlüssen. Nach einer entsprechenden Ausbildung können Frauen Richter in einem Richterkollegium sein (c. 1421 § 2) oder als Beisitzer oder Vernehmungsrichter tätig werden (cc. 1424, 1428) sowie als Kirchenanwalt und Ehebandverteidiger (c. 1435) oder als Vermögensverwalter (c. 1282) oder Kanzler oder Notar (vgl. c. 483 § 2) zugelassen werden. Im Bereich des Lehrens reicht das Berechtigungsfeld für Frauen vom Religionsunterricht über Katechese und Verkündigung bis zur wissenschaftlichen

Theologie in Forschung und Lehre (cc. 229 § 3, 230 §§ 2 und 3, 253 § 1, 810, 812, 818).

Literatur: Codex Iuris Canonici, Lateinisch-deutsche Ausgabe (Rom – Kevelaer 1983); Handbuch des katholischen Kirchenrechts, hrsg. v. Joseph Listl/Hubert Müller/Heribert Schmitz (Regensburg 1983); Münsterischer Kommentar zum Codex Iuris Canonici, hrsg. von Klaus Lüdicke (Essen 1985ff.); *Ida Raming,* Der Ausschluß der Frau vom priesterlichen Amt. Eine rechtshistorisch-dogmatische Untersuchung der Grundlagen von Kanon 968 § 1 des Codex Iuris Canonici/1917 (Köln – Wien 1973); *Ilona Riedel-Spangenberger,* Die rechtliche Stellung der Frau im Codex Iuris Canonici, in: Die christliche Frau 2 (1984); *Norbert Ruf,* Das Recht der katholischen Kirche (Freiburg i. Br. [5]1988).

ILONA RIEDEL-SPANGENBERGER

2. Evangelisches Kirchenrecht

Begriff und Selbstverständnis

Evangelisches Kirchenrecht ist die Rechtsordnung der aus der Reformation hervorgegangenen Kirchen. Um die Zusammenarbeit und das Leben evangelischer Christen als Glieder der Kirche zu ordnen, gibt die Kirche Anleitungen, die Rechtsform haben.

Die aus der Reformation hervorgegangenen Kirchen versuchen, ihr Kirchenrecht an den biblischen Weisungen auszurichten. In den lutherischen bzw. reformierten Bekenntnisschriften der Reformationszeit sind diese Weisungen maßgeblich ausgelegt worden. Evangelisches Kirchenrecht hat teils die mit der katholischen Kirche gemeinsame Tradition beibehalten, teils grenzt es sich bewußt gegen diese ab (z.B. in der Reduzierung der Sakramente auf Taufe und Abendmahl; in der Aufhebung des grundsätzlichen Unterschieds zwischen Klerus und Laien im „allgemeinen Priestertum der Gläubigen"). In den Erfahrungen des Kirchenkampfes in Deutschland 1933–1945 wurde evangelisches Kirchenrecht als „bekennendes Kirchenrecht" bestimmt, womit nicht allein gesagt ist, daß kein Teil des Kirchenrechts Schrift und Bekenntnis widersprechen darf, sondern daß die Ordnung der Kirche als solche zum Zeugnis der Kirche gehört und so ausgerichtet und formuliert sein muß, daß sie dem Auftrag der Kirche entspricht.

Struktur

Evangelisches Kirchenrecht ordnet die Verkündigung der Kirche und die Verwaltung der Sakramente (Gottesdienstrecht), den Aufbau der Gemeinde sowie der größeren kirchlichen Einheiten (Kirchenkreis, Landeskirche, kirchliche Zusammenschlüsse, Ökumene), zudem die für die Erfüllung des kirchlichen Auftrages erforderlichen Dienste und Ämter. Alle Glieder der Kirche sind berufen und beauftragt, an Zeugnis und Dienst der Kirche mitzuarbeiten. Damit ist jedoch nicht ausgeschlossen, daß einzelne Glieder der Kirche mit besonderen Funktionen beauftragt werden, sei dies ehrenamtlich oder beruflich, auf Zeit oder auf Lebenszeit. Durch diese Berufung wird kein Herrschafts- oder Führungsanspruch begründet. Auch wenn sich die Grundordnungen (Verfassungen) der einzelnen evangelischen Kirchen unterscheiden, so ist ihnen doch gemeinsam, daß in allen Entscheidungsgremien (Presbyterien / Gemeindekirchenräte, Synoden, Kirchenleitungen) Laien und Ordinierte, Frauen und Männer zusammenarbeiten.

Ordination von Frauen

Erst die Notsituation in Kirchenkampf und Krieg hat in den deutschen evangelischen Kirchen dazu geführt, daß auch Frauen zum Pfarramt zugelassen worden sind. Zunächst noch bestehende Einschränkungen (schlechtere Bezahlung; Verlust des Pfarramtes bei Eheschließung; Beschränkung auf besondere Pfarrstellen) wurden in den 50er bis 70er Jahren allmählich aufgehoben, so daß heute in allen Landeskirchen der Evangelischen Kirche in Deutschland (mit einer Ausnahme) und des Bundes der Evangelischen Kirchen in der DDR Frauen und Männer im Pfarramt gleichberechtigt sind. In den leitenden Ämtern (Superintendent, Bischof/Präses u.ä.) sind Frauen allerdings noch immer stark unterrepräsentiert, auch wenn seit Ende der 70er Jahre die ersten Frauen in solche Ämter gewählt wurden.

Für den weiteren Bereich der protestantischen Ökumene gilt, daß die meisten protestantischen und anglikanischen Kirchen die Ordination von Frauen zum Pfarramt inzwischen zulassen. Das Pfarrerdienstrecht der evangelischen Kirchen in Österreich, der Schweiz, in Holland, Großbritannien, Belgien und Frankreich ist den deutschen Regelungen sehr ähnlich; in den skandinavischen Kirchen ist die Frauenordination noch nicht überall möglich. In den osteuropäischen protestantischen Kirchen gibt es überall examinierte Theologinnen; während die Kirchen in der CSSR und Ungarn z.B. auch Pfarrerinnen zulassen, ist dies z.B. in Polen noch nicht möglich. Die evangelischen Kirchen in den USA haben ähnliche Regelungen wie die westeuropäischen; in Asien, Afrika und Lateinamerika ist die Ordination von Frauen möglich, wenn die Praxis diese Möglichkeit auch nicht immer bestätigt.

Literatur: *Heinrich Ammer,* Handbuch der Praktischen Theologie, Bd. I: Die Ordnung der Kirche (Berlin / DDR 1975); *Hermann Diem,* Amt ohne Weihe. Zur Diskussion über die Ordination und den Dienst des Pfarrers, in: Evangelische Kommentare 2 (Stuttgart 1969); *Hans Dombois,* Das Recht der Gnade. Ökumenisches Kirchenrecht, Bd. I (Witten 1969), Bd. II (Bielefeld 1974); *Eva Senghaas-Knobloch,* Die Theologin im Beruf. Zumutung – Selbstverständnis – Praxis (München 1969); *Albert Stein,* Evangelisches Kirchenrecht. Ein Lernbuch (Neuwied – Darmstadt 1980); *Fritz Viering* (Hrsg.), Gemeinde – Amt – Ordination. Votum des Ausschusses der Evangelischen Kirche der Union (Gütersloh 1970); *Erik Wolf,* Die Ordnung der Kirche. Lehr- und Handbuch des Kirchenrechts auf ökumenischer Basis (Frankfurt a.M. 1961).

Ulrike Berger

Klimakterium

↗ Alter; Depression; Lebenskrisen; Leib / Leiblichkeit; Medizin; Menstruation; Mutterschaft; Schwangerschaft; Sexualität; Zyklus / Zyklen

Medizinische Aspekte

Klimakterium, lat. climacter, griech. κλιμακτήρ (= Stufenleiter), bedeutet Wechseljahre der Frau und umfaßt die Zeitspanne vom Ende der generativen Phase bis zum Beginn des Seniums, vom 45. bis 60. Lebensjahr. In diese Zeit des allmählichen Erlöschens der Eierstockfunktion fällt auch die Menopause, die letzte hormongesteuerte Blutung aus der Gebärmutter. Durch den Östrogenentzug kann es zu Schrumpfungsprozessen im Bereich von Scheide und Harnblase kommen, zu vegetativen Gefäßreaktionen mit Hitzewallungen, Schweißausbrüchen, Pulsbeschleunigung und Schwindel und zur Entkalkung des Knochens mit Brüchigkeit und Neigung zu Frakturen. Eine individuell angepaßte Östrogensubstitution mit kleinstmöglichen, noch wirksamen Dosen ist die hier zu wählende Therapie.

Psychosoziale und kulturelle Faktoren

Nervosität, Schlaflosigkeit, Kopfschmerzen und Depressionen sind in dieser Zeitspanne nicht nur Störungen der erlöschenden Keimdrüsenfunktion – bei der die sexuelle Erlebnisfähigkeit erhalten bleibt! –, sondern sind vorwiegend psychosozial bedingt. Auch beim Mann gibt es um das fünfte Lebensjahrzehnt psychosomatische Krisen, ohne daß hormonelle Veränderungen nachzuweisen sind.

Untersuchungen von Jaszmann und Keep haben gezeigt, daß Frauen mit später Menarche und solche, die nie verheiratet waren oder auch nie im Leben eine Schwangerschaft gehabt haben, weniger klimakterische Beschwerden hatten als Frauen, bei denen der Mutter-Rolle und der Sexualpartnerschaft überragende Bedeutung zukam.

Da die durchschnittliche Lebenserwartung der Frau heute bei 75 Jahren liegt (vor hundert Jahren war sie halb so hoch), bestimmt die Bewältigung dieser Lebensphase die Qualität ihres gegenwärtigen und zukünftigen Lebens. Erfüllte Berufsarbeit ist wichtig oder Wiederaufnahme einer beruflichen Tätigkeit, sinnvolle Beschäftigung, strukturierter Tagesablauf, politisches und soziales Engagement, Pflege tragfähiger menschlicher Beziehungen und geistige Auseinandersetzung mit Alter, Krankheit, mit Verlusterlebnissen und Tod. Im körperlichen Bereich sind es Bewegung, sportliche Betätigung ohne Leistungsdruck, Körperpflege und gesunde Ernährung, die die Spannkraft lange erhalten; kein Nikotin, Alkohol in Maßen.

Hinweise, wie sich die alternde Frau in anderen Kulturen erlebt hat, gibt es in der wissenschaftlichen Literatur kaum. Das wird sich mit zunehmender Lebenserwartung ändern. In romanischen Ländern ist die Mutter der Söhne auch nach ihrer generativen Funktion noch geachtet, nicht aber die kinderlose Frau.

Emotional und sozial wird sich die Einstellung zu Würde und Vorbild der alternden Frau dann wandeln, wenn von ihr selbst Impulse ausgehen, es nicht der Jugend gleichtun zu wollen, sondern den eigenen, kreativen, verinnerlichten und damit individuell sinnerfüllten Weg zu zeigen.

Literatur: *Doritt Cadura-Saf,* Das unsichtbare Geschlecht. Frauen, Wechseljahre, Älterwerden (Reinbek 1981); *Christine Downing,* Journey through the Menopause (New York 1987); *L. Jaszmann,* Epidemiologie der klimakterischen und postklimakterischen Beschwerden, in: Pieter A. van Keep / Christian Lauritzen, Älter werden und Östrogene (Basel 1973) 23–36; *Pieter A. van Keep,* The menopause. A study of attitudes of women in Belgium, France, Great Britain, Italy and West Germany (Genf 1970); *Ursula Lehr,* Zur Problematik des Menschen im reifen Erwachsenenalter. Eine sozialpsychologische Interpretation der „Wechseljahre", in: Psychiatrische, Neurologische und Medizinische Psychologie 18 (1966) 59–62; *Fritz Riemann,* Zur Psychopathologie des Alters, in: Graf Wittgenstein, Vom Alt-Werden und Altwerden-Können. Arbeitsgemeinschaft „Psychotherapie-Seminare" (Stuttgart 1961); *Thore v. Uexküll,* Lehrbuch der psychosomatischen Medizin (München 1979).

SIEGLINDE SCHMIDT

Konsum

↗ Armut; Hausfrauen; Neue soziale Bewegungen; Ökologie / Umwelt; Werbung; Wirtschaft

Begriff und wirtschaftswissenschaftliche Theorie

Die Begriffe „Konsum", „Konsument" und „konsumieren" gehen auf die Wirtschaftswissenschaft zurück. Diese bezeichnet Konsum im engeren Sinne als „Einkommensverwendung", als „Marktentnahme" oder „privaten Verbrauch von Konsumgütern und Dienstleistungen". So gesehen, bedeutet Konsum eine Rechengröße, ein quantitativ erfaßbares Wirtschaftsdatum, das Prognosen für die wirtschaftliche Zukunft der Gesellschaft bzw. ihrer Produzenten und Konsumenten zuläßt. Demgegenüber wird unter Konsum im weiteren Sinn die Nutzung bzw. der Verzehr von Ge- und Verbrauchsgütern verstanden, die unmittelbar der Befriedigung menschlicher Bedürfnisse dienen (Streissler/Streissler). Damit wird angenommen, daß Hersteller und Anbieter privater und öffentlicher Güter sich an den Bedürfnissen der Konsumenten orientieren.

Die klassische Annahme der wirtschaftswissenschaftlichen Konsumtheorie, der einzelne Konsument bediene sich der Güter und Dienstleistungen, um seine Bedürfnisse zu befriedigen, gilt schon lange nicht mehr. Ebensowenig, daß der Konsum ihn unverändert lasse. Vielmehr wird deutlich, daß die Bedürfnisse sich nicht unabhängig vom Angebot an Konsumgütern entwickeln, sondern von diesem beeinflußt werden (Scherhorn). Die historische Entwicklung zeigt, daß im Lebensverlauf der Individuen der Konsumbereich immer wichtiger wird. Die Bedeutung der Konsumgüter verändert sich, mehr und mehr treten Prestigefunktionen in den Vordergrund. Konsumgüter vermitteln gesellschaftliches Ansehen. Um dieses aber längerfristig zu erhalten, muß fortwährend Konsumtätigkeit weitergeführt, ja sogar gesteigert werden (Hunziger).

Frauen als Konsumenten

Die Herausbildung der Konsumsphäre als eigenständigen Lebensbereich ist eine Folge der gesellschaftlichen Arbeitsteilung; und mit ihr zerfällt der unmittelbare Zusammenhang zwischen Bedürfnis und Bedürfnisbefriedigung, zwischen Konsum und Produktion. Die Entwicklung der Arbeitssicherung, der Zunahme des Waren- und Dienstleistungsangebots trägt zwar auch dazu bei, daß der Konsumcharakter privater Haushalte und Familien immer mehr in den Vordergrund tritt; vormals intensive häusliche und arbeitswirtschaftliche Funktionen (wie z.B. die Vorratswirtschaft) können nun zugunsten anderer Lebensbereiche arbeitserleichternd und -entlastend erfüllt werden. Doch erfahren gerade tagtäglich Frauen, daß die Konsumsphäre zunehmend durch die Produktionssphäre beeinflußt und gestaltet wird. „Frauen als Kaufentscheider, speziell in solch bedeutsamen Märkten wie Mode, Kosmetik und Körperpflege, Nahrungsmittel und Reinigungsmittel, sind für Werbungstreibende, Marketingmanager, Media-Planer, Konzeptioner und Kreative in der Werbung häufig wichtigste Zielgruppe“, so eine Marktforschungsstudie (m-Institut, Media Markt Analysen). „Feminine Kaufmotive“ sind danach wesentliche Anhaltspunkte, um „Entscheidungssicherheit“, „Lebenshilfe“ und „konkrete Produktinformation“ in Form von Werbebotschaften bieten zu können, und dies, obwohl eine der wichtigsten Erkenntnisse der Marktforschung lautet, sie habe es mit „aktiven, innovativen und mündigen Verbraucherinnen“ zu tun, die keineswegs mehr die „geheimen Verführten“ sind.

Die Tatsache, daß die Kauf- und Konsumentscheidungen des täglichen Lebensbedarfs für die Familie in den meisten Fällen nach wie vor von der Hausfrau allein und eigenverantwortlich getroffen werden – partnerschaftliche Entscheidung ist fast nur bei größeren Anschaffungen üblich –, verdeutlicht die volkswirtschaftliche Bedeutung von Frauen als Konsumenten. Immerhin werden jährlich mehr als 55% aller in unserer Volkswirtschaft produzierten Güter und Dienstleistungen für den privaten Verbrauch nachgefragt. 1986 waren das insgesamt 1081 Mrd. DM. Diese für die Bundesrepublik Deutschland erhobenen Zahlen sind repräsentativ für die Entwicklung in den Industrieländern. Und damit wird Frauen zunehmend die Chance einer stärkeren Einflußnahme auf das „Wie“ und „Wozu“ des „Konsumangebots“ bewußt.

Veränderungen im Konsumverhalten

„Die Krise des Wohlstands“ und die negativen Folgen des Wirtschaftswachstums fordern bei vielen ein Umdenken heraus – ein Umdenken, nach dem individuelle Bedürfnisse nicht nur nach persönlichem Nutzen oder Gewinn gestillt werden, sondern nach dem der Konsum in gesellschaftlicher Verantwortung zu verwirklichen sei. Zudem verbreitet sich die Erfahrung, daß die am Markt angebotenen Güter und Dienste nicht immer den qualitativen, nach umwelt- und sozialverträglichen Kriterien bestimmten Anforderungen und Ansprüchen der Konsumenten entsprechen. Erste Konsequenzen zeichnen sich in der wachsenden Bereitschaft von Verbraucherinnen und Verbrauchern ab, „jenseits des Marktes zu konsumieren“, d.h., es werden Produkte wie z.B. für die Grundbedürfnisse Ernähren und Wohnen selbst hergestellt. Die Form der Eigenproduktion dient in diesem Zusammenhang dem Ziel, sich bedarfsgerecht zu versorgen. So weist eine 1980 durchgeführte Untersuchung zur Haushaltsproduktion (Glatzer, Zapf) u.a. nach, daß immerhin 30% aller Haushalte ihren Garten als Nutzgarten halten und bewirtschaften. Es ist anzunehmen, daß es dabei um die Selbstversorgung mit frischen Produkten geht; der Konsument hat es hier weitgehend selbst in

der Hand, möglichst gesunde und unbelastete Nahrungsmittel zu erhalten.
Die Ausbreitung der Eigenwirtschaft im privaten Konsumbereich hat noch andere Gründe. Neben der Unzufriedenheit mit dem Marktangebot spielen in der Erwerbsbevölkerung – bedingt durch stagnierende und sinkende Realeinkommen –, in Renten- und Sozialhilfeempfänger-Haushalten sowie aufgrund anhaltender Massenarbeitslosigkeit wirtschaftliche Engpässe eine Rolle. Private Haushalte sind genötigt zu sparen, indem sie über ihre Eigenleistung für den Konsum selbst billiger produzieren. Strukturelle Veränderungen auf dem Konsum- und Dienstleistungsmarkt begünstigen die Entwicklung der Eigenproduktion. Die Expansion von Bau- und Heimwerkermärkten, das steigende Angebot von Haushaltsgeräten und Maschinen tragen hierzu bei (Gebauer). Zunehmende freie Zeit und der Wunsch, Fertigkeiten und Fähigkeiten entfalten zu können, um beispielsweise das Bedürfnis nach Selbstverwirklichung zu befriedigen, machen deutlich, daß das Konsumieren auch immaterielle bzw. nichtwirtschaftliche Faktoren verstärkt einbezieht. Die kritische Reflexion von Bedürfnissen und Bedarfsstrukturen befähigt Frauen und Männer als Verbraucher verantwortungsbewußt nicht nur in ökonomischen, sondern auch in ökologischen und kulturellen Zusammenhängen zu argumentieren und zu handeln.

Literatur: *Monika Gebauer / Helmut Hartmann,* Qualitativer Konsum und die Möglichkeiten von Eigenproduktion, in: Jan Jarre (Hrsg.), Konsum jenseits des Marktes. Loccumer Protokolle 63 (1985); *Wolfgang Glatzer / Wolfgang Zapf* (Hrsg.), Lebensqualität in der Bundesrepublik (Frankfurt a.M. 1984); *Peter Hunziger,* Erziehung zum Überfluß. Soziologie des Konsums (Stuttgart – Berlin – Köln – Mainz 1972); *m-Institut, Media Markt Analysen,* Feminine Kaufmotive. Marktforschung und -planung der A. Springer Verlag AG. Auftraggeber: Bild – Anzeigenverkaufsleitung (Frankfurt a.M. o.J.); *Gerhard Scherhorn,* Konsum, in: Handbuch der empirischen Sozialforschung, Bd. 11, Freizeit und Konsum (Stuttgart 1977); *Martin Stöhr* (Hrsg.), Frauen als Verbraucher. Arnoldshainer Protokolle 1 (1980); *Erich Streissler / Monika Streissler,* Konsum und Nachfrage (Köln – Berlin 1966).

Ingrid-Ute Leonhäuser

Körper ↗ Leib/Leiblichkeit.

Krankheit

↗ Alleinstehende; Alter; Arbeit; Arbeitslosigkeit; Armut; Depression; Diskriminierung; Empfängnisverhütung; Eßstörungen; Familientherapie; Fortpflanzungsmedizin; Frauenrollen / Frauenleitbilder; Ganzheitlichkeit; Geburt; Gesundheit; Lebenskrisen; Männerbilder; Medizin; Menstruation; Psychotherapie, feministische; Schönheit; Schwangerschaft; Sport; Sucht; Suizid; Zyklus / Zyklen

Lebenserwartung, typische Erkrankungen und Gesundheitsbeeinträchtigungen

Heute ist die *Lebenserwartung* eines neugeborenen Mädchens 7 Jahre höher als die eines neugeborenen Jungen: 78 gegenüber 71 Jahren (BMJFFG). Der Grund dafür sind die Geschlechts- und Altersunterschiede bei den beiden wichtigsten *Todesursachengruppen* Herz-Kreislauf-Krankheiten und Krebs: Männer sterben bereits in jungen Jahren häufiger an Herzgefäßkrankheiten, z.B. Herzinfarkt, und im höheren Alter häufiger an Lungenkrebs als Frauen. Frauen sterben häufiger an Hirngefäßerkrankungen, Herzschwäche und Brustkrebs als Männer, jedoch erst im höheren Alter (BMJFFG). Wegen dieser unterschiedlichen Todesursachenhäufigkeit von Männern und Frauen kommt die verstärkte Forschungsaktivität, Medienaufmerksamkeit und Behandlungsverbesserung der letzten Jahre in der Bundesrepublik Deutschland vor allem Männern zugute.
Gründe für vorzeitige Berentung *(Frühinvalidität)* sind bei berufstätigen Frauen häufiger als bei Männern Rükken- und Gelenkleiden, Herz- und Hirngefäßkrankheiten mit Bluthochdruck sowie psychische Störungen (bei Frauen vor allem Depression und

Medikamentenabhängigkeit, bei Männern vor allem Alkoholabhängigkeit), bei Männern häufiger als bei Frauen zusätzlich chronische Bronchitis (BMJFFG).

Zu den häufigsten *Krankheiten im Laufe eines Lebens* gehören bei Frauen häufiger als bei Männern neben den schon genannten Rücken- und Gelenkleiden Venenleiden, niedriger Blutdruck, Blasen-/Nieren-/Harnwegserkrankungen, Schilddrüsen- und Verdauungsbeschwerden, bei Männern zusätzlich häufiger Magenerkrankungen und Risikofaktoren für Herz- und Kreislaufkrankheiten (DHP).

Der regelmäßigen Veröffentlichung von Statistiken über *arbeitsbedingte Erkrankungen und Arbeitsunfälle* von berufstätigen Männern und Frauen steht die Unkenntnis der Krankheiten und Unfälle gegenüber, die nicht-berufstätige Frauen an ihrem Arbeitsplatz Haushalt haben (Bartley/Popey).

In der *arbeitsmedizinischen Berufskunde* kommen Frauen bisher nicht vor (Elsner). Untersuchungen über die *Arbeitsunfähigkeit* von berufstätigen Männern und Frauen werden dazu mißbraucht, die allgemeine Meinung zu belegen, berufstätige Frauen seien häufiger arbeitsunfähig als berufstätige Männer. Berücksichtigt man nur die offiziellen Krankschreibungsfälle von mehr als drei Tagen Dauer, so zeigt sich, daß dies in keiner Altersgruppe der Fall ist (Bürkardt/Oppen).

Insgesamt zeigen diese Daten ein wenig eindeutiges Bild: Frauen leben länger als Männer, sind aber in mancher Hinsicht stärker gesundheitlich belastet. Deutlich wird dies besonders an den sogenannten *Befindlichkeitsstörungen* (alltäglichen Störungen des Wohlbefindens auf der Grenze zwischen Gesundheit und Krankheit): Frauen geben häufiger als Männer vor allem Rücken- und Nackenschmerzen, innere Unruhe, Reizbarkeit, Grübelei, Mattigkeit und Schwere in den Beinen an (DHP). Vom Arzt werden solche Beeinträchtigungen häufig nicht verstanden und dennoch – als wären sie Krankheiten – medikamentös behandelt. So bekommen Frauen von der Pubertät an mehr *Medikamente,* vor allem Psychopharmaka, Schlaf-, Schmerz- und Abführmittel, verschrieben als Männer (Sichrovsky; Glaeske). Dementsprechend sind Frauen häufiger medikamentenabhängig als Männer.

Erklärbar werden diese Unterschiede im Krankheitsgeschehen erst, wenn Krankheiten aus den unterschiedlichen Lebenszusammenhängen von Frauen und Männern heraus begriffen werden. Für die Bestimmung des Krankheitsbegriffs aus der weiblichen Perspektive heißt das, zu hinterfragen, welche *Krankheitsmodelle* und *Verständnisbarrieren* auf seiten der Ärzte und Therapeuten gegenüber den Krankheiten, mit denen Patientinnen zu ihnen kommen, vorhanden sind.

Verständnisbarrieren und Krankheitsmodelle

Das Unverständnis zwischen Arzt und Patientin beginnt mit dem Mißverhältnis im *Geschlechteranteil unter den berufstätigen Ärzten.* Von zehn niedergelassenen Ärzten der Grundversorgung sind nur zwei Frauen; bei den Internisten und Gynäkologen ist das Verhältnis sogar nur 10:1.

Die entscheidende Verständnisbarriere liegt aber im medizinisch-naturwissenschaftlichen Krankheitsverständnis begründet. Krankheit wird hier als individuelle körperliche Organ- oder Funktionsstörung verstanden, die auf eine spezifische Ursache zurückzuführen ist. Aufgabe der medizinischen Experten ist es, die Störung zu reparieren, operieren, chemisch zu bekämpfen oder zu betäuben. Die/der Kranke selbst hat lediglich die Aufgabe, den Anweisungen der Experten Folge zu leisten. In diesem Sinne wird von einer „Enteignung des Körpers" (Jansen/Nemitz) durch den Experten gesprochen.

Das *psychologisch-pädagogische Krankheitsverständnis* versteht Krankheit ebenfalls als individuelles Geschehen:

als einen Zusammenbruch infolge eines Mißverhältnisses zwischen dem, was einen Menschen in seinem Leben belastet, und den Möglichkeiten, die sie/er hat oder sieht, um diese Belastung zu bewältigen. Die Therapie besteht in einer Stärkung, Erweiterung oder Veränderung der Bewältigungsmöglichkeiten eines Menschen.
Beide Modelle stoßen da an ihre Grenzen, wo dem einzelnen allein die Schuld für Krankheit oder die Verantwortung für Gesundheit gegeben wird (z. B. Raucherentwöhnung), ohne daß die Bedingungen, die Krankheit verursachen oder unterstützen, ebenfalls ins Blickfeld kommen.
Das *soziologische Krankheitsverständnis* sieht dagegen vom einzelnen Menschen ab und betrachtet die Lebenslagen und daraus resultierenden Belastungen und Krankheiten von bestimmten Bevölkerungsgruppen. Dieses Krankheitsverständnis stößt da an seine Grenzen, wo die Vermittlungsprozesse zwischen strukturellen Bedingungen und individuellen Veränderungsmöglichkeiten nicht gesehen werden oder erklärbar sind.
Psychosomatische und *sozio-psychosomatische Krankheitsmodelle* versuchen, die Einseitigkeiten der bestehenden Modelle zu überwinden. Aber auch in diesen umfassenderen Modellen wird bisher kaum versucht, Krankheit aus dem weiblichen (bzw. männlichen) Lebenszusammenhang heraus zu verstehen.

Frauengesundheitsbewegung

Mit der Frauengesundheitsbewegung und -forschung wurde, in kritischer Auseinandersetzung mit der herrschenden Medizin, eine Sichtweise von Krankheit aus der Perspektive der Frauen entwickelt. Die Frauengesundheitsbewegung wendet sich z. B. gegen die Tendenz der Medizin, die natürlichen biologischen Funktionen der Frau, wie Menstruation, Schwangerschaft und Klimakterium, als Gesundheitsstörungen oder Krankheit zu verstehen und mit hoher medizinischer Technik und Medikamenten zu behandeln. Unter dem Druck der Frauenbewegung mußte die Medizin weitgehende Veränderungen, wie z. B. die „sanfte Geburt" und das „Rooming-In", in der gynäkologischen Versorgung möglich machen.

Pathologisierung des Weiblichen

Ihre *historischen Wurzeln* liegen in der Entwicklung der Medizin im 19. Jahrhundert: Ehrenreich und English sowie Rodenstein haben einsichtig dargestellt, wie die Medizin wesentlich dazu beigetragen hat, ein bestimmtes (bürgerliches) Frauenbild zu prägen: das Bild einer schwachen, schonungsbedürftigen und kränklichen Frau, die wegen dieser angeblichen körperlichen und daraus abgeleiteten seelischen Labilität in den Kreis der Familie und des Hauses verbannt und damit an der aktiven Beteiligung am sozialen und politischen Leben gehindert wurde. Noch heute werden Frauen von Ärzten, Psychologen und Psychotherapeuten eher als seelisch leidend und depressiv verstimmt angesehen als Männer (Kickbusch). Das Idealbild eines seelisch gesunden, sozial kompetenten erwachsenen Menschen entspricht eher dem Mann. Die Frau ist, gemessen an dieser Norm, ein Mängelwesen (Broverman u. a.): Depressionen, Befindlichkeitsstörungen, Medikamentenabhängigkeit sind Ausdruck dieser spezifisch weiblichen „somatischen Kultur" (Boltanski nach Rodenstein), Ausdruck also der zu Passivität und Schwäche verdammten sozialen Rolle der Frau.
Für die Arbeiterfrau galt und gilt dieses schwache Frauenbild jedoch nicht. Als Arbeiterin war ihr Einfluß auf das politische und soziale Leben ohnehin gering. Körperliche oder seelische Schwächen durfte sie nicht zeigen, denn ihre körperliche Belastbarkeit war ihre Stärke und ihr Einsatzkapital dafür, einen Arbeitsplatz zu bekommen.
Heute existieren beide widersprüchlichen Weiblichkeitsbilder – vielleicht

auch quer durch alle sozialen Schichten – nebeneinander: Frauen werden für schwach gehalten und fühlen sich auch häufig selbst so, sie müssen gleichzeitig aber stark sein, um all das zu bewältigen, was in ihrer Zuständigkeit und Verantwortung liegt. Den Kampf zwischen diesen Widersprüchen tragen sie in sich selbst aus.

Aus dieser Bestandsaufnahme ergeben sich wichtige Forderungen für die *Veränderung der Krankheitsversorgung von Frauen:* In die Krankheitsforschung muß eine frauenspezifische Sichtweise hineingetragen werden, so daß die Daten zur gesundheitlichen Lage von Männern und Frauen besser verstanden und nicht für die eine oder andere These (z. B. Frauen leben länger und sind deshalb gesünder, oder Frauen leisten weniger als Männer) mißbraucht werden können. Die bestehenden Krankheitsmodelle müssen verändert und geschlechtsspezifisch weiterentwickelt werden. Männer und Frauen als Beschäftigte im Gesundheitswesen müssen so ausgebildet werden, daß sie Klientinnen richtig verstehen und deren Symptome als Ausdruck der besonderen Lebenssituation von Frauen verstehen. Bei der Behandlung muß das Selbstbestimmungsrecht der Patientinnen respektiert werden, und sie müssen ermutigt werden, ihre Interessen nach richtiger und umfassender Behandlung durchzusetzen. Um dies zu erreichen, müssen die Frauen vermehrt Leitungs- und Entscheidungspositionen im Medizinsystem, in Forschung und Lehre und in der Gesundheitspolitik übernehmen, um dort den frauenspezifischen Standpunkt und Fraueninteressen zu vertreten und mit der nötigen Macht durchzusetzen.

Literatur: *Mel Bartley / Jennie Popay,* Conditions of Labour and Health Inequalities. Vortrag beim Kongreß „Changing the Public Health“, vom 7.–9. 10. 1987 in Edinburgh; *Inge K. Broverman / Donald M. Broverman / Frank E. Clarkson / Paul S. Rosenkrantz / Susan R. Vogel,* Sex-role stereotypes and clinical judgements of mental health, in: Journal of Consulting and Clinical Psychology 34 (1970) 1–7; *Bundesminister für Jugend, Familie, Frauen und Gesundheit, BMJFFG* (Hrsg.), Daten des Gesundheitswesens, Ausgabe 1987 (Stuttgart 1987); *Dagmar Bürkardt / Maria Oppen,* Sind Frauen häufiger krank? Arbeitsunfähigkeitsrisiken erwerbstätiger Frauen, in: Wirtschafts- und Sozialwissenschaftliches Institut des DGB, WSI (Hrsg.), Hetze, Monotonie und Streß. Arbeitsbedingungen und Arbeitsbelastungen von Frauen. Extra-Info 9 (Düsseldorf 1985) 87–96; *Deutsche Herz-Kreislauf-Präventionsstudie, DHP,* Bremer Gesundheitssurvey 1984, Persönliche Mitteilung; *Gine Elsner,* Mehr arbeitsmedizinische Berufskunde für Arbeitsplätze, die typischerweise mit Frauen besetzt sind, in: Arbeitsmedizin, Sozialmedizin, Präventivmedizin 22 (1987) 313–315; *Barbara Ehrenreich / Deirdre English,* Zur Krankheit gezwungen (München 1976); *Alexa Franke / Ingrid Jost* (Hrsg.), Das Gleiche ist nicht dasselbe. Zur subkutanen Diskriminierung von Frauen. DGVT (Tübingen 1985); *Gerd Glaeske,* Der Körper ist männlich, die Psyche ist weiblich. Daten zur geschlechtsspezifischen Pharmakotherapie. Vortrag auf dem Kongreß für Klinische Psychologie und Psychotherapie der DGVT vom 21.–26. 2. 1988 in Berlin; *Birgit Jansen / Barbara Nemitz,* Frauenleid und Frauenleiden. Zur Pathologisierung von Frauenkörpern, in: Frigga Haug / Kornelia Hauser (Hrsg.), Der Widerspenstigen Lähmung (Argument-Sonderband 130) (Berlin 1986) 41–76; *Ilona Kickbusch,* Vom Verlust des Kontextes und der Leere der Autonomie. Überlegungen zur Depression bei Frauen, in: Alternative Medizin (Argument-Sonderband 77) (Berlin 1983) 135 bis 148; *Werner Maschewsky,* Sozialwissenschaftliche Ansätze der Krankheitserklärung, in: Krankheit und Ursachen (Argument-Sonderband 119) (Berlin 1984) 21-42; *Marianne Rodenstein,* Somatische Kultur und Gebärpolitik, in: Ilona Kickbusch / Barbara Riedmüller (Hrsg.), Die armen Frauen. Frauen und Sozialpolitik (Frankfurt a. M. 1984) 103–133; *Ulrike Schneider* (Hrsg.), Was macht Frauen krank? Ansätze zu einer frauenspezifischen Gesundheitsforschung (Frankfurt a. M. – New York 1981); *Peter Sichrovsky,* Krankheit auf Rezept (Köln 1984).

Rosemarie Klesse/
Ulrike Maschewsky-Schneider

Kriminalität

↗ Aggressivität; Aids; Arbeitslosigkeit; Armut; Frauenrollen/Frauenleitbilder; Geschlechtsidentität; Gewalt gegen Frauen; Macht; Menschenrechte; Prostitution; Sucht

Begriff und Geschichte

Unter Frauenkriminalität wird die Gesamtheit der strafbaren Handlun-

gen von Personen des weiblichen Geschlechts verstanden (Kinder, Jugendliche, Heranwachsende, Erwachsene).
Als einer der ersten Kriminologen versuchte 1894 der Italiener *Lombroso* (1835 – 1909) weibliche Kriminalität in Abgrenzung zur männlichen zu erklären. Sein Ansatz entsprach der damals herrschenden kriminalbiologisch/-anthropologischen Auffassung, an deren Ausbreitung er maßgeblichen Anteil hatte („Der geborene Verbrecher", „Verbrecherphysiognomie"). Frauen scheinen auch in früheren Jahrhunderten wesentlich seltener an der Gesamtkriminalität beteiligt gewesen zu sein als Männer. Lombroso zählte (um seine eigene Theorie zu stützen) deshalb die Prostitution zu den Straftaten und erreichte somit eine annähernd gleiche Verteilung der Kriminalitätsrate beider Geschlechter.
Möbius, ebenfalls Anhänger der Kriminalanthropologie, kann als Vorläufer der „Schwächetheorie" bezeichnet werden. Er schreibt 1905: „Wäre das Weib nicht körperlich und geistig schwach, wäre es nicht in der Regel durch die Umstände unschädlich gemacht, so wäre es höchst gefährlich." In den darauffolgenden Jahrzehnten hat es zahllose Versuche gegeben, die quantitativ und qualitativ andersgeartete Frauenkriminalität auf dem Hintergrund unterschiedlichster sozialwissenschaftlicher Theorien (im weiteren Sinn) zu erklären.

Ausmaß und Form

Der Anteil von Frauen an den Gesamt*tatverdächtigen* macht (bei einem Bevölkerungsanteil von über 50 %) durchschnittlich knapp 20 % aus. Diese Zahl hat sich seit der Jahrhundertwende nur geringfügig geändert. Sie war und ist örtlich und zeitlich abhängig von politischen und gesellschaftlichen Verhältnissen (z. B. Wirtschaftskrisen, Kriegs-, Nachkriegszeiten) und der sich wandelnden Gesetzgebung (z. B. Änderung der Strafbarkeit von Abtreibung, Kuppelei u. a.). Ein starker relativer und absoluter Anstieg der Frauenkriminalität im Zweiten Weltkrieg wird auf die veränderten Rollenübernahmen und die gesellschaftliche Verantwortung der Frauen zurückgeführt (männliche Rollen bedingen „männliches Verhalten" und damit auch Kriminalität). Er ist jedoch auch durch die kriegsbedingte Abwesenheit der Männer und deren entsprechende kriminelle Enthaltsamkeit zu erklären. In Industrieländern und Großstädten liegt der Anteil der weiblichen Kriminalität stets höher als in sogenannten Entwicklungsländern und ländlichen Gebieten.
Unter den *Verurteilten* machen die Frauen rund 14 % aus, unter den *Inhaftierten* nur knapp 4 %. Ob eine grundsätzlich mildere Sanktionierung der Frau vor Gericht vorliegt („Ritterlichkeit" der in der Regel männlichen Richter; Annahme einer geringeren „kriminellen Energie", geringerer Gefährlichkeit von Frauen aufgrund niedrigerer Rückfallquoten) oder ob Richter sich am herkömmlichen Frauenbild orientieren und durch Aussetzung der Strafe zur Bewährung zum Erhalt der Familie (Kindererziehung!) beitragen wollen, ist umstritten.
Feministisch orientierte Kriminologinnen kritisieren die größere Toleranz der staatlichen Kontrollinstanzen Frauen gegenüber. Sowohl eine generellere Milde als auch eine Berücksichtigung physischer Vorgänge wie Menstruation, Schwangerschaft und Klimakterium bei der Festlegung des Strafmaßes wird von ihnen mit der Begründung abgelehnt, daß Frauen nicht einmal als Verbrecherinnen ernst genommen würden und daß die Reduzierung auf ihre Biologie eine erhebliche Diskriminierung darstelle.
In ihrer Deliktstruktur sind männliche und weibliche Kriminalität nicht vergleichbar. Bei allen Delikten, die mit Gewalt verbunden sind (Mord, Totschlag, Körperverletzung, Raub), sind Frauen weit unterrepräsentiert (6 – 12 %). Eine Ausnahme bildete die sogenannte erste und zweite deutsche Terro-

ristengeneration (ca. 1966–1976), in der Frauen aktiv planend und ausführend mit rund 60% beteiligt waren. Der Trend in der dritten und vierten Generation ist stark rückläufig. Der Anteil an (Laden-)Diebstählen, Unterschlagungen/Untreue entspricht etwa dem weiblichen Bevölkerungsanteil. Die 100% bei der „Kindestötung" ergeben sich aus dem gesetzlichen Tatbestand (Tötung eines nichtehelichen Kindes unter der Geburt).

Ursachen

Zur Ursachenfrage weiblicher Kriminalität gibt es zahllose Erklärungssätze, die sich grob in vier Kategorien einteilen lassen. Der *kriminalbiologische* Ansatz geht von einer physischen Schwäche der Frau aus, die sie an umfangreicheren kriminellen Aktivitäten hindert. Der *rollentheoretische* Erklärungsansatz stellt die unterschiedliche Geschlechtsrollensozialisation in den Mittelpunkt der Betrachtung. Mädchen werden „heimorientiert" erzogen (weiblich, gefügig, nachgiebig), während Jungenerziehung auf Außenwelt, Beruf, Durchsetzung, Dominanz, Konkurrenz, Aggression usw. zielt. In der Auflehnung gegen gesellschaftliche Normen zeigen Frauen entsprechend eher Rückzugsverhalten (Depression, Sucht, körperliche Krankheit), während Männer Aggressionsverhalten zeigen, das strafrechtlich sanktioniert wird. Eine Weiterentwicklung dieses Erklärungsansatzes ist die *emanzipatorisch/feministische* Sichtweise: Demnach ist Frauenkriminalität das Symptom der Auflehnung von Frauen gegen die Rollenzumutungen der Gesellschaft. Sie sei ein mehr oder weniger bewußter Versuch, sich auch auf diesem Gebiet männliches Verhalten, männliche „Rechte" und männliche Durchsetzungsstrategien anzueignen. Die Vertreterinnen dieses Ansatzes vermuten, daß die Kriminalitätsquote bei Frauen um so mehr steigen wird, je mehr Frauen männliche Rollen und Positionen übernehmen. Als Diffamierung abgelehnt wird aus feministischer Sicht jedoch die These, der weibliche Terrorismus sei eine Folge der Frauenemanzipation: Frauenemanzipation erstrebt im Gegensatz zu gewaltsamen Lösungen ein selbstverantwortetes Handeln. Hier liegt der grundsätzliche Unterschied.

Vertreter der *Dunkelfeldtheorie* nehmen an, daß Frauen ebenso häufig gegen die Strafgesetze verstoßen wie Männer. Diese Verstöße hätten jedoch einen „maskierten" Charakter, aufgrund dessen sie nicht erfaßt und verfolgt werden (Straftaten im sozialen Nahraum, Ladendiebstähle, Abtreibung usw.). Ausgegangen wird bei dieser Auffassung von einer „These der natürlichen Unehrlichkeit der Frau" (Pollak) bzw. von Dunkelfelduntersuchungen, bei denen der Kriminalitätsanteil durch Selbstberichte, Schüler- und Studentenbefragungen erhoben wird. Die Ergebnisse müssen als ungesichert bezeichnet werden, da grundlegende Untersuchungen zu männlichem und weiblichem Antwortverhalten (Selbstbild von Jungen/Männern und Mädchen/Frauen!) fehlen.

Literatur: *Anne-Eva Brauneck,* Allgemeine Kriminologie (Reinbek 1974); *Marlis Dürkop / Dietlinde Gipser,* Männer und Frauen als Interpreten weiblichen abweichenden Verhaltens, in: Kriminologisches Journal 4/1978, 241–247; *Marlis Dürkop / Gertrud Hardtmann,* Frauenkriminalität, in: dies. (Hrsg.), Frauen im Gefängnis (Frankfurt a.M. 1978); *Christiane Funken,* Versuch zur „Frauenkriminalität", in: Kriminologisches Journal 2/1987, 109–118; *Dietlinde Gipser,* Mädchenkriminalität (München 1975); *dies. / Marlene Stein-Hilbers* (Hrsg.), Wenn Frauen aus der Rolle fallen (Weinheim 1980); *Ann Jones,* Frauen, die töten (Frankfurt a.M. 1986); *Lutz Keupp,* Zur Problematik der weiblichen Delinquenz, in: Mschr. Krim. 4/1982, 219ff.; *Cesare Lombroso,* Das Weib als Verbrecherin und Prostituierte (Hamburg 1894); *Paul J. Möbius,* Über den physiologischen Schwachsinn des Weibes (Halle 1905; Neudruck München 1977); *Susanne v. Paczensky* (Hrsg.), Frauen und Terror (Reinbek 1978); *Hans-Joachim Schneider,* Frauenkriminalität und Frauenstrafrecht, in: Hans-Joachim Hirsch u.a. (Hrsg.), Gedenkschrift für Hilde Kaufmann (Berlin 1986); *Roswitha Soltau,* Sucht und Delinquenz von Frauen, in: Deutsche Hauptstelle gegen die Suchtgefahren (Hrsg.), Sucht und Delinquenz. Rechtsfragen und therapeutische Möglichkeiten (Hamm 1983) 337–343; *Christine Swientek,* Das trostlose Leben der Karin P. Geschichte einer Pennerin (Reinbek 1985); *Elisabeth Trube-Becker,* Frauen als Mörder (München 1974). CHRISTINE SWIENTEK

Kult

↗ Altes Testament; Amt, kirchliches; Antike; Buddhismus; Charismen; Christentum; Esoterik; Frauenseelsorge; Gemeinde; Glauben; Gottesbilder; Heilige / Heiligkeit; Hinduismus; Islam; Judentum; Kirche; Kirchenrecht; Kultur; Mann; Maria; Menschenbild; Menstruation; Mittelalter; Naturreligionen; Ökumene; Ostkirchen / Orthodoxie; Reformation; Religiöse Erziehung; Religiosität; Sophia; Soziallehre, katholische; Spiritualität; Sprachkritik, feministische; Tanz; Theologie, feministische; Urkirche; Väterlichkeit; Weltgebetstag der Frauen

Frühgeschichte und Hochreligionen

Obwohl Frauen in der Frühgeschichte der Menschheit anscheinend im Zentrum kultischen Lebens standen (zumindest als Objekt des Kultes: Hunderte von weiblichen Kultbildnissen bei gleichzeitigem Fehlen männlicher Bildnisse zeugen davon), kam es doch im Laufe der Geschichte zu einer weitgehenden Patriarchalisierung der meisten Kultformen. Die Religionen der Antike kennen die Frau sowohl als Subjekt als auch als Objekt des Kultes (Pythia am Apollo-Heiligtum in Delphi, Vestalinnen, weibliche Gottheiten). In den asiatischen Hochreligionen ist die kultische Stellung der Frau einer Entwicklung unterworfen, die im ganzen zu einer Verminderung des kultischen Einflusses der Frau führte. Die monotheistischen Religionen, in denen die männlichen Züge im Gottesbild vorherrschen, sind geprägt durch eine weitgehende Zurückdrängung der Frau als Trägerin des Kultes. Während z. B. in den ältesten Schichten der jüdischen Überlieferung noch wichtige kultische Aktivitäten der Frau sichtbar werden (Mann und Frau brachten Gott das Opfer dar), durften im Herodianischen Tempel Frauen das Heiligtum überhaupt nur bis zum Frauenhof betreten. Eine ähnliche Entwicklung der kultischen Zurückdrängung der Frau läßt sich auch für den Islam nachweisen.

Vom Urchristentum zur Großkirche

Im Urchristentum scheint die Frau (zumindest theologisch) dem Mann gleichgestellt. Der Initiationsritus der Taufe ist im Gegensatz zur Beschneidung kein geschlechtsspezifischer Ritus mehr. Die feministische Exegese geht inzwischen darüber hinaus davon aus, daß Frauen zumindest bis in die paulinischen Gemeinden hinein auch Leiterinnen von Hausgemeinden waren – und damit auch den Vorsitz im Gottesdienst führten. Eine solche kultische Gleichstellung der Frau wurde allerdings von der sich entwickelnden Großkirche bald verdrängt. Es kam zu einem fortschreitenden Prozeß der kultischen Entrechtung der Frau (Verfall des altkirchlichen und zumindest im Osten gepflegten Diakoninnenamtes, Ausschluß der Frau vom kirchlichen Gesang, durch das Menstruationstabu begründetes Verbot des Betretens des Altarraumes und vieles mehr). Durch die wachsende Heiligenverehrung kam es allerdings zu einer steigenden Bedeutung der Frau als Objekt des Kultes im Sinne der Verehrung bestimmter Frauen (Marienverehrung!). Auch gaben Frauen – besonders in monastischen Gemeinschaften – im Mittelalter wichtige Impulse für eine Reihe von Andachtsformen, die sich in der römisch-katholischen Kirche durchsetzten (Fronleichnam, Herz-Jesu-Andachten). Die Reformation änderte de facto an der kultischen „Minderwertigkeit“ der Frau so gut wie nichts, verschärfte sie durch den Wegfall monastischer Gemeinschaften und auch der Verehrung großer Frauengestalten der Kirchengeschichte sogar eher noch. Erst in unserem Jahrhundert ist das Problem der kultischen Minderstellung der Frau in fast allen Kirchen ins Bewußtsein gedrungen – womit nicht verneint ist, daß Frauen durch die Jahrhunderte in den traditionellen Gottesdiensten durchaus (und vielfach intensiv) das Zentrum ihres Glaubens fanden und erfuhren.

Androzentrik der Gottesdienste

Inzwischen wird aber die traditionelle Androzentrik, d.h. die durch männliche Erfahrung und männlichen Blickwinkel geformte Prägung, so gut wie aller christlichen Gottesdienste immer offensichtlicher. (Ich beschränke mich im folgenden auf die Situation in christlichen Glaubensgemeinschaften, ähnliches ließe sich auch für andere Glaubensgemeinschaften nachweisen.) Diese Androzentrik ist weitaus umfassender zu analysieren als nur auf der Ebene der (lange Zeit Männern vorbehaltenen) Leitung der Gottesdienste. Angesprochen ist besonders die traditionelle gottesdienstliche Sprache („Laßt uns loben, Brüder, loben Gott den Herrn, der ... uns zu seinen Söhnen zählt"), die die Frauen weitgehend unsichtbar sein läßt, aber auch einseitig maskulin geprägte Gottesanreden und -bilder sowie die Auswahl liturgischer Lesungen, die Frauen in der Heilsgeschichte nicht adäquat repräsentieren, und spezielle liturgische Feiern, die einseitig ein traditionelles Frauenbild festlegen (Anzahl und Auswahl weiblicher Heiliger, Orationen für weibliche Heilige, Brautsegen, Jungfrauen- und Äbtissinnenweihe).

Frauen gestalten Gottesdienst

Versuche mit Frauengottesdiensten und feministischen Liturgien, Lektionaren, Liederbüchern und Predigtsammlungen sind auf dem Hintergrund dieser Tatsachen (die vielfach erst noch bewußtgemacht werden müssen!) als Versuch der Aufhebung der traditionellen Androzentrik christlicher Gottesdienste zu verstehen. Sie sind gekennzeichnet dadurch, daß Frauen als Subjekte der Liturgie erfahrbar werden: Hier gestalten und leiten Frauen Gottesdienst. Inhaltlich sind diese Gottesdienste primär auf die Aufhebung der weitgehenden Unsichtbarkeit der Frauen in traditionellen Gottesdiensten ausgerichtet. Das androzentrisch-patriarchalische Verschweigen der Stimme der Frauen wird korrigiert. Frauengeschichte wird als Teil der Befreiungsgeschichte Gottes interpretiert und kommemoriert (biblische Frauengestalten, aber auch kämpferische weibliche Heilige spielen hier eine wichtige Rolle). Charakteristisch für diese Frauengottesdienste ist darüber hinaus, daß sie die traditionellen Gottesanreden und -bilder erweitern, um nun auch weibliche Bilder und Anreden aufzugreifen. Gemeinsam ist ihnen auch der meist freie Umgang mit vorgegebenen liturgischen Formen: So wird der liturgische Tanz wiederentdeckt, aber es kommt auch zur Schaffung ganz neuer Rituale (z.B. einem Ritus der Salbung nach einer Vergewaltigung). Frauengottesdienste sind fast immer ökumenisch orientiert: Trennungslinien zwischen den einzelnen Kirchen verblassen vielfach vor der Trennungslinie in allen Kirchen zwischen Frauen und Männern. (Es erstaunt auf diesem Hintergrund nicht, daß die erste wirklich ökumenisch konzipierte Gottesdienstform der Neuzeit der Weltgebetstag der Frauen ist.) Daß es bei diesen konfessionsübergreifenden Tendenzen unter dem Einfluß der neuen Hexen- und Göttinnen-Bewegung auch zu synkretistischer Vermischung kommen kann (Feier von Mondritualen u.ä.), darf nicht übersehen werden. Im Grunde haben diese neuen Bewegungen aber ein ganz eigenes kultisches Leben entwikkelt.

Notwendige Inkulturation

Experimente mit einer frauengerechten Liturgie werden seitens der Kirchen nicht immer mit Begeisterung aufgenommen. Besonders in den USA entstehen gerade deshalb feministische Basisgemeinden, die auch ein relativ autonomes liturgisches Leben entwickeln (man spricht schon von einer „feministischen liturgischen Bewegung).

Die vor uns liegende Aufgabe kann vielleicht am besten mit dem Begriff der „Inkulturation" umschrieben werden: Die Gottesdienste der Kirchen müssen sich inkulturieren in die Geschichte und Welt der Frauen, müssen mehr und mehr auch aus dieser Geschichte und Welt herauswachsen und ihr entsprechen. Daß eine solche Inkulturation vielfach durchaus auf der Basis der existierenden Gottesdienstformen möglich ist, zeigt ein Satz aus einem Hochgebetsentwurf aus den USA, in dem Gott so angeredet wird: „Wie eine Mutter ihre Kinder zärtlich um sich schart, so hast du dein Volk in die Arme geschlossen."

Literatur: *Elisabeth Aeberli,* Frauengottesdienste. Modelle (Luzern 1987); *Teresa Berger,* Auf der Suche nach einer „integrativen" Liturgie, in: Liturgisches Jahrbuch 37 (1987) 42–58; *Friedrich Heiler,* Die Frau in den Religionen der Menschheit (Berlin 1977); *Elisabeth Hug,* Reden zu Gott. Überlegungen zur deutschen liturgischen Gebetssprache (Zürich 1985); Inclusive Language Lectionary (Atlanta 1983–1985); *Marjorie Procter-Smith,* Frauenbilder im Lektionar, in: Concilium 21 (1985) 420–427; *Rosemary Radford Ruether,* Women-Church: Theology and Practice of Feminist Liturgical Communities (San Francisco 1985); *Starhawk,* Der Hexenkult als Urreligion der großen Göttin. Magische Übungen, Rituale und Anrufungen (Freiburg i. Br. 1983); Wir sind keine Fremdlinge mehr. Frauen halten Gottesdienst, hrsg. vom Ev. Missionswerk (Hamburg [2]1987).

TERESA BERGER

Kultur

↗ Abhängigkeit; Buddhismus; Christentum; Diskriminierung; Eheformen; Emotionalität und Rationalität; Ethik, weibliche; Familie; Feminismus; Film; Frauenbewegung; Frauenforschung; Frauengeschichte; Frauen im ländlichen Raum; Frauenrollen / Frauenleitbilder; Frieden; Ganzheitlichkeit; Gottesbilder; Heilige / Heiligkeit; Hexen; Hinduismus; Islam; Kirche; Kult; Kunst, bildende; Literatur; Literatur, feministische; Macht; Matriarchat / Patriarchat; Menschenbild; Menschenrechte; Mode; Mystik; Mythologie; Natur; Naturreligionen; Philosophie, feministische; Schönheit; Sexualethik; Sexualität; Sichtweise, weibliche; Sprachkritik, feministische; Tanz; Volkskundliche Frauenforschung; Wirtschaft; Wissenschaft; Wohnen

Eingrenzung des Begriffs

Was jemand unter „Kultur" versteht, sagt meist schon sehr viel über Selbstwert und Weltanschauung dieser Person. Es ist ein Begriff mit vielen Gesichtern, teils widersprüchlichen (und/oder) sich überlagernden Bedeutungen. Er ist schwer zu fassen und spricht Gefühle an. Kultur ist ein Wort mit einem bisweilen geradezu mystischen Glanz.

Deshalb unsere stark einschränkende Wahl: Unter Kultur verstehen wir hier „das Zusammenspiel und die Gesamtheit sozialer, politischer, religiöser etc. Strukturen, der intellektuellen, philosophischen, künstlerischen etc. Manifestationen, die eine (räumlich bestimmte) Gemeinschaft / Gesellschaft charakterisieren" (vgl. Larousse oder Hartfiel); wir meinen „das nur menschliche Mittel der Umweltbewältigung" (Greverus) in seiner „menschenmöglichen Formenvielfalt" (vgl. Mühlmann / Müller), entsprechend der kulturanthropologischen Definition von Kultur. Kulturanthropologie, als die Wissenschaft vom Menschen als Kultur-/kulturelles Wesen, kann geschichts- oder gegenwartsbezogen sein; stets geht sie aber(wenn auch nicht immer ausdrücklich) kulturvergleichend vor und spricht deshalb vorzugsweise von Kulturen im Plural (von der Stammes- bis hin zur Industriegesellschaft), ein Wort, das seinerseits auch als Synonym für „Völker" verwendet wird.

Subsysteme und Teilkulturen

Vor allem für bestimmte (Rand-)Gruppen in modernen Großstädten mit von der (legalen) Norm abweichendem, deviantem Verhalten hat sich der Begriff der Subkultur etabliert; Sub- oder Teilkulturen funktionieren ein Stück weit autonom vom dominanten Gesellschaftssystem. In einem ähnlichen Sinn wird nun seit einiger Zeit vermehrt auch von „Frauenkultur" oder der „Kultur der Frau/en" – häufig als der „Kultur des Verdrängten" gesprochen. Damit wird der lange genug vernachlässigten und unterschlagenen Tatsache Nachdruck verliehen, daß auch Frauen sowohl Produkt von Kultur sind (etwa im Sinne Beauvoirs „Als Frau wird man nicht geboren, zur Frau wird man gemacht") als auch selbst Produzentinnen von Kultur, von Werten, Gegenständen und Wirklichkeiten, d.h., daß auch sie auf vielfältige und ganz besondere Weise fähig sind, mit sich und mit anderen in Beziehung zu treten, höchste Werte zu symbolisieren und zu erschaffen, Rituale zu finden und zu erfinden (zu Identität und Ritual vgl. Robbins).

Kultur und Natur

Kultur in unserem Sinn jedenfalls hat viel zu tun mit Symbolen, Bedeutungen, Tradition / Überliefertem, Ritualen und Ritualisierungen, Selbstverständlichkeiten / Dauer und Wandel / Veränderung. Kultur ist ein Zeichensystem. Sie ist Menschenwerk („manmade") und steht somit in einem gegensätzlichen Verhältnis zu Natur. Sie ist gleichsam der Pol am anderen Ende und ist ihr dabei doch näher als die „Gesellschaft" (wenn auch Gesellschaft und Kultur ihrerseits gelegentlich gleichbedeutend verwendet werden), eine Art Bindeglied, Amalgam dazwischen.

Dabei wird mit Natur in der Regel das apodiktisch Gegebene, Unveränderliche gemeint, mit Kultur hingegen das geschichtlich und vom jeweiligen Ort (Land, Stadt, Landschaft etc.) bedingte Veränderliche. Dementsprechend selbstverständlich geht man im allgemeinen davon aus, daß den biologischen Unterschieden zwischen den Geschlechtern eine, wenn nicht die entscheidende, allesumfassende Bedeutung bei der Bestimmung des einen und des anderen Geschlechts zukommt.

Problematische Eingrenzung des kulturellen Raums

So werden, nach den herrschenden Vorstellungen, weibliche Identität und Weiblichkeit primär durch die Fähigkeit definiert, Kinder zu gebären. Im Zusammenhang damit und abgeleitet von der geringeren körperlichen Kraft wird zudem die Schutzbedürftigkeit des „schwachen Geschlechts" als dessen universelles Kennzeichen zitiert (vgl. Mühlmann/Müller). Tätigkeiten und Bereiche, die in einen mehr oder weniger direkten Zusammenhang mit diesen beiden (physiologisch-biologischen) Zeichen der Weiblichkeit gebracht werden können, werden in der Regel problemlos als der legitime kulturelle Raum der Frau anerkannt (die Erziehung der Kinder, die Fürsorge für den Gatten, die Familie).

Eine derartige Betrachtungsweise freilich schafft leicht einiges aus dem Blickfeld fort, zum Beispiel die beachtliche Schutzbedürftigkeit des Mannes wie auch seine – mindestens in unserer Kultur – weitverbreitete Angst vor dem „andern Geschlecht". Vor allem aber wird im Prozeß der Industrialisierung und mit dem Wachstum des Dienstleistungssektors die Bedeutung physischer Kraft bei der Arbeitsteilung tendenziell unwichtig.

Die Schutzbedürftigkeit von kleinen Kindern und ihren Müttern steht außer Frage. Doch was sie ebenso wie die entsprechende Rolle des „Mannes" resp. des Vaters und „Beschützers" bedeutet und alles mit umschließt, ist viel schwieriger naturgesetzlich herzuleiten. Ob etwa in bezug auf die tatsächlich weitgehend dem Mann zugeschriebene Pflicht, (nötigenfalls) Kriege zu führen und (allfällige Gegner) zu töten, berechtigterweise von einer umfassend und überall wirksamen natürlichen Geschlechtsrollenbestimmung gesprochen werden kann, ist gerade unter den gegenwärtig gegebenen Verhältnissen in kriegführenden Ländern fragwürdig. D. h.: Welche weiterreichenden Implikationen kulturell mit den biologischen Geschlechtsunterschieden verbunden sind, ist vor allem eine Frage der Deutung und der (gesellschaftspolitischen) Interessen. Damit soll die Bedeutung der körperlichen Unterschiede zwischen den Geschlechtern nicht geleugnet werden. Zweifellos sorgen die aktuellen Unklarheiten über die Bedeutsamkeit der Unterschiede auch für maßgebende Zweifel über die Gemeinsamkeiten und für teils schwerwiegende Verunsicherungen der modernen Menschen beiderlei Geschlechts.

Das Konzept von Claude Lévi-Strauss

Nach dem einflußreichsten Kulturanthropologen der Nachkriegszeit, Claude Lévi-Strauss, sind die starken Angst-, Schuld- oder Schamreaktionen beim einzelnen ebenso verständlich wie die strenge moralische Ahndung der Gesellschaft bei einem Verstoß (ganz besonders von Frauen) gegen das Sittlichkeitsempfinden. Denn nach ihm ist die Institutionalisierung der sexuellen Beziehungen notwendige elementarste Regelung nicht nur der Beziehungen zwischen den Geschlechtern, sondern die Grundlage der spezifischen Ausprägung jeder gesamtgesellschaftlichen Struktur. Notwendig deshalb, weil die Sexualität des Menschen sowohl autonomistische, anti-soziale Tendenzen enthält (wie uns „Romeo und Julia" lehren) als auch den Keim zu sozialem Verhalten und Gesellschaftlichkeit. Nun läßt sich, dem Konzept von Lévi-Strauss entsprechend, die Kanalisierung des Sexualtriebes resp. des Geschlechtslebens auch als das Verhältnis einer Kultur zur Natur verstehen; dabei wird die Frau primär als das der Natur, der Mann hingegen als das der Kultur zuzuordnende Prinzip angesehen.

Kritik am Objektstatus der Frau

Wenn Lévi-Strauss feststellt, der Objektstatus der Frau sei sozusagen in allen (vorindustriellen) Kulturen die Regel, und der sog. Frauentausch der beispielhafte Ausdruck des durch alle Kulturen gehenden Prinzips der Reziprozität/des Austausches (in erster Linie von Gütern und Waren), dann wurde diese doch sehr selbstherrlich vorgetragene These erst im Verlaufe der siebziger Jahre problematisiert, um schließlich von einem bedeutenden Teil feministischer Anthropologinnen der hermeneutischen Richtung bestätigt zu werden. Verhält sich das Weibliche zum Männlichen wie Natur zu Kultur? So lautet ihre ebenso rhetorische wie provokative Frage (vgl. Ardener/Ortner). Anfang der 80er Jahre erschien dann eine Reihe von Aufsätzen zum Thema, die aufgrund ethnologischer Feldforschungen in den verschiedensten, vor allem vorindustriellen Kulturen die Implikationen der zitierten Gleichsetzung noch ausdehnte: Die Geschlechterbeziehungen und -rollen seien durchwegs gegensätzlich und in den Kategorien zweier sich gegenüberstehender Einheiten (binärer Oppositionen) organisiert, seien nicht symmetrisch, sondern weltweit hierarchisch, stets zugunsten des Mannes, seiner Tätigkeiten, der ihm zugeordneten Bereiche und Eigenheiten. Dies schlage sich schließlich auch im gesamtgesellschaftlichen Bewertungs- oder Prestigesystem einer Kultur prägend nieder, erstrecke sich also auch auf all jene Dinge, die an sich in keiner direkten Beziehung zur Geschlechtszugehörigkeit stehen, d.h. mindestens im Bereich gesellschaftlichen Lebens, praktisch überall gegenwärtig sei. So können Werte wie die Wahrung allgemeiner, gesellschaftlicher, universalistischer Interessen im Bereich der Öffentlichkeit ebenso als Ausdruck von Männlichkeit angesehen werden wie die Attribute „stark", „erfolgreich", „wertvoll" etc., während anscheinend auf der anderen Seite „schwach", „erfolglos", „unsinnig" etc. ebenso selbstverständlich der Weiblichkeit zugeordnet werden wie die Beschränkung auf individuelle, persönliche, familiäre Interessen in einem häuslichen Bereich.

Gegen das Gerechtigkeitsempfinden

Mindestens aus weiblicher Perspektive wirkt diese Sicht der gesellschaftlichen Realität überzeugend und bestürzend zugleich; bestürzend vor allem, insofern als der durch Aufklärung und

Französische Revolution Ende des vorletzten Jahrhunderts in die Welt gesetzte Gedanke von der Gleichheit aller nicht nur unser Gerechtigkeitsempfinden nachhaltig geprägt, sondern auch die selbstverständlich angenommenen grundsätzlichen Gegebenheiten über die Beschaffenheit unserer eigenen, modernen Lebenswelt weitgehend bestimmt hat.

Über die häufige ökonomische Benachteiligung von Frauen oder ihre erotische und sexuelle Ausbeutung gibt es kaum Zweifel; die krassesten Formen von Unterdrückung existieren weit über die Grenzen der sog. Ersten und Dritten Welt hinaus. Trotzdem, ob sie zur „condition féminine" schlechthin gehören, ist fragwürdig. Wenn dies zutreffen sollte, hätte eine Veränderung in Richtung Egalität zwischen den Geschlechtern unter diesen Voraussetzungen den Stellenwert eines Meteoriteinschlages in den jahrtausendealten Fluß der Menschheitsgeschichte, in seiner Schwere etwa vergleichbar dem Ende der Dinosauriervorherrschaft.

Kritik an den Grundbegriffen

Nun hat sich in der hermeneutischen Auseinandersetzung mit der problematisch gewordenen Definition der Geschlechterrollen noch ein zweiter kritischer Ansatz entwickelt; er setzt gleichsam bei der Kritik der Grundannahmen an, bei der Subjektivität des Betrachters/Beobachters, und zielt daher verstärkt auf eine veränderte (geschlechtsspezifisch selbst-bewußte) Sehweise, neue Denk- und Interpretationsformen von Welt, einen „Paradigmenwechsel". Anders formuliert: Wenn wir beim Blick zurück in die eigene Geschichte oder in die Gegenwart „fremder" Kulturen weit und breit nichts entdecken können als die untergeordnete Stellung der Frau, ihrer Person, ihrer Arbeit, ihrer Eigenschaften, ihre Unterdrückung durch das „starke Geschlecht", ihren (weitgehenden) Ausschluß aus der öffentlich-politischen Sphäre, dann ist diese Wahrnehmung auch in Beziehung zu setzen mit unserem eigenen kulturspezifischen Standort und zur Befangenheit in unserer eigenen patriarchalisch geprägten Geschichtlichkeit bzw. dem, was unsere Kultur als die Leitlinien des verflossenen Jahrhunderts erkennt und anerkennt.

In diesem Zusammenhang ist etwa eine genauere Betrachtung des allgemein üblichen, aber irreleitenden Begriffs der „traditionellen Frauenrolle" – zur Charakterisierung der Rolle der Frau als Hausfrau, Ehefrau und Mutter – aufschlußreich; mit dem Beiwort „traditionell" werden assoziative Bezüge hergestellt zu „geschichtsverbürgt", „althergebracht", „natürlich", „bäuerlich ländlich", „vorindustriell". Doch das, was mit dem Begriff der „traditionellen Frauenrolle" im allgemeinen bezeichnet werden soll, entspricht realiter dem erst durch die Industrialisierung hervorgebrachten, bürgerlich städtischen Familien- und Frauenideal des 19. Jahrhunderts. (Zwar läßt die Gleichsetzung des Kompetenzraumes einer Bürgersfrau vor hundert Jahren mit dem einer „grünen Witwe" unserer Tage zu wünschen übrig, aber sie ist sicher immer noch begründeter als der Vergleich mit bäuerlichen Verhältnissen.) Unsere Bezogenheit auf einen schicht- und geschichtsspezifischen Ausschnitt verdeutlicht sich auch in der Bezeichnung für die „andere", die „neue", die sogenannte „moderne Frauenrolle". Die bezeichnete Neuerung bezieht sich hier auf die weibliche Aktivität im Bereich der Produktion – eine Modernisierung also im Hinblick auf die idealtypische Rolle der Frau als Sachwalterin einer aus dem öffentlichen Raum abgesprengten familialen Privatsphäre.

Der Naturbegriff als Kulturprodukt

Von einer ähnlichen Position geht etwa Carol MacCormack in ihrer Theoriebildung aus: Sie hat gezeigt, daß nicht nur die Bedeutung von „Kultur" variabel ist (wie wir eingangs gesehen haben und was im völkerkundlichen Ver-

gleich sinnfällig ist), sondern daß auch „die Natur“ nicht jener feste Block historischer Unveränderlichkeit ist, als den wir sie gemeinhin sehen. Sie ist vielmehr ebenfalls ein Produkt menschlicher Geschichte. Indem die Entstehung unseres Naturbegriffs, ausgehend von Rousseau über Lévi-Strauss zu Beauvoir, nachgezeichnet wird, relativieren sich die Werte der sich gegenüberstehenden Einheiten ebenso wie die Wertigkeiten der ihnen zugeordneten geschlechtsspezifischen Kategorien, insbesondere die Allgemeinheit weiblicher Unterordnung. Eine solche Betrachtungsweise macht den Blick frei für die Entdeckung neuer, „anderer Realitäten“, Abwegiges wird naheliegend, Ungesehenes sichtbar. Freilich ist es außerordentlich schwierig, diesen Blick über unsere eigene, patriarchalischen Bedingungen angepaßte Brille in jene (sowohl geschichtlich, wie auch räumlich und bewußtseinsmäßig von unserem Verständnis entfernten) anderen Räume zu tun, und zu sehen, was denn nun die spezifischen Formen der „Kultur des Verdrängten“ bzw. einer weiblichen Kulturtradition, vor allem auch aus der Sicht ihrer Produzentinnen selbst, ausmachen könnte.
Beim zuerst genannten Theorieansatz hingegen richtet sich im Unterschied dazu das Erkenntnisinteresse vor allem auf die vielfältigen, oft verschleierten Formen weiblicher Diskriminierung. In konkreten Untersuchungs- und Denkzusammenhängen allerdings kommen häufig Elemente des einen und des anderen Ansatzes neben- und miteinander zum Tragen.

Literatur: *Edwin Ardener,* Belief and the Problem of Women, in: Perceiving Women, hrsg. von Shirley Ardener (London 1975) 1 – 18; *Carol MacCormack,* Nature, culture and gender. A critique. Im gleichnamigen Reader von C. P. MacCormack / M. Strathern (Hrsg.) (Cambridge 1980); *Roland Eckert* (Hrsg.), Geschlechtsrollen und Arbeitsteilung (München 1979); *Ina-Maria Greverus,* Kultur und Alltagswelt (München 1978); *Günter Hartfiel,* Wörterbuch der Soziologie (Stuttgart 1976); *Wilhelm Emil Mühlmann / Ernst Wilhelm Müller* (Hrsg.), Kulturanthropologie (Köln – Berlin 1966); Nouveau Petit Larousse (Paris 1971); *Ann Oakley,* Housewife (London 1974); *Sherry B. Ortner,* Is Female to Male as Natur Is to Culture?, in: M. Z. Rosaldo / L. Lamphere (Hrsg.), Woman, Culture and Society (Stanford 1975) 67 – 88; *Sherry B. Ortner / H. Whitehead* (Hrsg.), Sexual Meanings. the Cultural construction of Gender and Sexuality (New York 1981); *Georg Simmel,* Das Relative und das Absolute im Geschlechter-Problem, in: ders., Philosophische Kultur (Leipzig [2]1919) 58 – 94; *Claude Lévi-Strauss,* Les structures élémentaires de la parenté (Paris 1949); *Caroline Walker Bynum u. a.* (Hrsg.), Gender and Religion. On the Complexity of Symbols (Boston 1986); *Ingeborg Weber-Kellermann,* Die deutsche Familie. Versuch einer Sozialgeschichte (Frankfurt a. M. 1974).

KATHARINA STEFFEN

Kunst, bildende

↗ Abhängigkeit; Antike; Begabung; Beruf; Chancengleichheit; Diskriminierung; Ethik, weibliche; Feminismus; Film; Frauengeschichte; Frauenforschung; Kultur; Literatur; Literatur, feministische; Medien; Mittelalter; Schönheit; Sichtweise, weibliche; Sprachkritik, feministische; Tanz

Geschichte

Seit Beginn der Menschheitsgeschichte haben Frauen aktiv teil an der kulturellen Entwicklung. Diesen Beitrag erkennen, angemessen repräsentieren und deuten zu können setzt *Wahr*nehmung, die diesen Namen verdient, einen sorgfältigeren Umgang mit Werken, Quellen, Nachlässen und ein neues Verhältnis zur Sprache voraus.
Im Mythos wird die Entstehung von Kunst mit einer Frau (als darstellende, nicht als dargestellte Person) verbunden, und die Existenz von Künstlerinnen ist bereits für die Antike belegt.
Mit Ausnahme der Klöster war die künstlerische Ausbildung in Werkstätten, Akademien, Künstlergemeinschaften bis weit ins 19. Jahrhundert hinein so organisiert, daß Frauen prinzipiell ausgeschlossen waren; nur die Beziehung zu männlichen Verwandten oder Gönnern bot Einblick und Teilhabe. Allem und (fast) allen zum Trotz wird ihr Weg individuell gestaltet: faktisch und im Rahmen der symbolischen Ord-

nung. Deshalb grenzt ihr durch Leistung dokumentiertes Vorhandensein bereits aus Dürers Sicht an ein „Wunder“, und dieser nach der Französischen Revolution ins Wunderlich-Irrwitzige, ja Pathologische (Scheffler 1908, Weininger 1903) umgedeutete Aspekt des „Wunderbaren“, der zur Ausnahme stilisiert – was nicht, wie bei Männern, zu einem sicheren Bestandteil gesellschaftlicher Realität werden darf –, ist es, der international gefragten und geehrten Künstlerinnenpersönlichkeiten bis ins 18. Jahrhundert die Aufmerksamkeit zeitgleicher Beobachter und – von Vasari über Sandrart bis Houbraken – einen „Platz“ in der Künstlerbiographik einräumt.

Einfluß von Frauen

Um den Einfluß von Frauen auf die Kunst- und Kulturgeschichte zu erfassen, muß ihre Funktion als 1. Dargestellte, 2. Vermittlerin, 3. Darstellende untersucht werden.

Die Diskrepanz zwischen ihrer bedeutenden Stellung in der Kunst von Männern und der von Mangel und Ausgrenzung geprägten Lebenswirklichkeit von Frauen ist ebenso auffällig wie weibliche Ensemblebildungen um Künstler: Das Ineinandergreifen unterschiedlicher Funktionen wie der des Modells, der Muse, der fürsorglichen Mutter, Schwester, Tochter, Ehefrau, Karrierebegleiterin, Ernährerin, der Künstlerwitwe, Mäzenin, Auftraggeberin, Galeristin, der den Kunstmarkt beeinflussenden Expertin zeigt, in welchem Ausmaß Künstler materiell und ideell von weiblicher Arbeit profitiert haben und profitieren – eine Tatsache, die den Frauenhaß oft derselben Künstler nicht besänftigt, sondern forciert hat.

Als Betrachterinnen, Interpretinnen und Künstlerinnen sind Frauen mit einer Darstellungs- und Deutungstradition konfrontiert, die sie – widersprüchlich genug – ausklammern, zum Idol erheben oder abwerten (um nur die Extreme zu nennen) und häufig über den biologischen Befund hinaus Vorstellungen „des Weiblichen“ vermitteln, die lediglich als Folie für heroische Konzeptionen von „Männlichkeit“ gelten dürfen.

Kritik und neue Entwürfe

Die Auseinandersetzung mit einer Sehweise, die den männlichen Menschen ins Zentrum stellt und mit der Norm gleichsetzt, einer Sehweise, die Frauen eher in (nützlichen) Teilaspekten wahrzunehmen und darzustellen geneigt ist, und die Tatsache, daß der schöpferische Eigenanteil von weiblicher Seite, sofern er, sich über Hindernisse hinwegsetzend, wirksam werden konnte, von der Geschichtsschreibung ausgeblendet wurde, hat dazu geführt, daß Künstlerinnen, Wissenschaftler(innen), auch interessierte Laiinnen sich nicht nur verstärkt um die Rekonstruktion historischer Zusammenhänge und Betrachtungsweisen, sondern auch um eine Sprache – mit Worten, in Bildern – bemühen, die dem Vorhandensein von Frauen Rechnung trägt. Es ist der Wunsch nach Authentizität, nach einem von *Frauen* entworfenen Bild ihrer selbst, nach Vielfalt, Realitätsnähe oder phantastischen, in jedem Fall aber Freiheit versprechenden Entwürfen. Daß Künstlerinnen – beeinflußt von der Studenten- und Frauenbewegung – seit den 70er Jahren nicht bei der Analyse ihres Lebens stehenblieben, sondern dies Leben als Muster mit politischer Dimension verstanden, ist ein unverzichtbarer erster Schritt zu solchen Entwürfen. Künstlerinnen separieren sich zeitweise vom Ausbildungsbetrieb an Kunsthochschulen und gewinnen in eigenen Lehrprogrammen, Workshops, Ausstellungen Klarheit über ihr Selbstverständnis und ihren Standort. Sie experimentieren mit überlieferten Rollen, mythologischen Frauengestalten, Weiblichkeits- und Männlichkeitsklischees und heben die „scharfe Unterscheidung zwischen dem Geschlecht, das schaut, und dem, das angeschaut wird“ (Margaret Walters), auf. Sie erproben in mehrjährigen Großprojekten neue Modelle der Zusammenarbeit (dazu gehört etwa die „Dinner Party" von Judy Chicago u.a.). Im Bewußtsein, daß der weiblichen Begabung nie der gleiche Schonraum gewährt wurde wie der männlichen, arbeiten sie verstärkt an der Sicherung und Dokumentation der Hinterlassenschaft von Künstlerinnen, die bereits der Geschichte angehören und vom Vergessen bedroht sind. Sie suchen fremden, aufgezwungenen Projektionen zu entkommen, indem sie sich der Lebenswirklichkeit von Frauen stellen, was am ehesten dort gelingt, wo sie neuere, weniger von der Tradition belastete Ausdrucksformen mit entwickeln: Die Pionierfunktion von Frauen in der Photographie, der Performance und Videokunst, auch im Film, ist Beispiel dafür.

Literatur: Ausstellungskataloge: Künstlerinnen international 1877–1977, Schloß Charlottenburg, Berlin 1977; Women Artists 1550–1950, hrsg. von Ann Sutherland Harris / Linda Nochlin, Los Angeles County Museum of Art, New York 1978; Künstlerinnen der russischen Avantgarde 1910–1930, Galerie Gmurzynska, Köln 1980; L'altra metà dell'avanguardia 1910–1940, hrsg. von Lea Vergine, Mailand 1980; Kunst mit Eigensinn, hrsg. von Silvia Eiblmayr u.a., Museum des 20. Jahrhunderts, Wien 1985; Eva und die Zukunft. Das Bild der Frau seit der Französischen Revolution, München 1986; Das verborgene Museum. Dokumentation der Kunst von Frauen in Berliner öffentlichen Sammlungen, Berlin 1987. – *Edith Almhofer,* Performance Art (Wien – Köln – Graz 1986); *Renate Berger,* Malerinnen auf dem Weg ins 20. Jahrhundert (Köln ²1986); *dies.,* „Und ich sehe nichts, nichts als die Malerei". Autobiographische Texte von Künstlerinnen des 18.–20. Jahrhunderts (Frankfurt a.M. 1987); *Gisela Breitling,* Die Spuren des Schiffs in den Wellen (Frankfurt a.M. ²1986); *Whitney Chadwick,* Women Artists and the Surrealist Movement (London 1985); *Judy Chicago,* Durch die Blume. Meine Kämpfe als Künstlerin (Hamburg 1984); *Ulrika Evers,* Deutsche Künstlerinnen des 20. Jahrhunderts (Hamburg 1983); *Germaine Greer,* Das unterdrückte Talent (Berlin 1980); *Sarah Kent / Jacqueline Morreau* (Hrsg.), Women's Images of Men (London 1985); *Lucy R. Lippard,* From the Center. Feminist Essays on Women's Art (New York 1976); *Gislind Nabakowski / Helke Sander / Peter Gorsen,* Frauen in der Kunst I-II (Frankfurt a.M. 1980); *Ruth Nobs-Greter,* Die Künstlerin und ihr Werk in der deutschsprachigen Kunstgeschichtsschreibung (Zürich 1984); *Chris Petteys,* Dictionary of Women Artists (Boston 1985); Kritische Berichte 1 (1988).

RENATE BERGER

L

Lebenskrisen

↗ Alleinerziehende; Alter; Arbeitslosigkeit; Depression; Ehekrisen; Ehescheidung; Elternschaft; Emanzipation; Eßstörungen; Familientherapie; Frauenrollen / Frauenleitbilder; Ganzheitlichkeit; Geburt; Generationsprobleme; Identität, weibliche; Klimakterium; Krankheit; Leib / Leiblichkeit; Menstruation; Mutterschaft; Psychoanalyse; Psychotherapie, feministische; Schwangerschaft; Tiefenpsychologie

Entstehung

Lebenskrisen entstehen in psychischen Konfliktsituationen. Sie sind teils in der körperlichen und seelischen Entwicklung vorprogrammiert (Pubertät, Schwangerschaft, Geburt usw.), teils durch äußere Geschehnisse konstelliert (Krieg, Tod, Trennung, Arbeitslosigkeit, Verlust usw.), teils durch die Spannung zwischen zwei unaufhebbaren Gegensätzen bedingt (Freiheit/Bindung, Nähe/Distanz, Abgrenzung/Öffnung).

Spezifische Krisensituationen

Die Lebenskrisen der Frau sind inniger mit ihrer Leiblichkeit verbunden als die Krisen des Mannes. So wird in der

Pubertät das vertraute Selbstbild beider Geschlechter in Frage gestellt; aber die Pubertätserfahrung des jungen Mannes ist positiver und drängender als die der jungen Frau. Dadurch wird er stärker zur Veränderung getrieben, während die Frau oft mehr im Vertrauten ausharrt. Impulse der Selbstbehauptung stehen Wünschen nach Hingabe und Bindung gegenüber. Ein Konflikt entsteht, der zur Lebenskrise werden kann. Auch als Schwangere und als Mutter erlebt sich die Frau in einem Zwiespalt der Gefühle und gerät dadurch allzuleicht in eine Entwicklungskrise. Entweder bleibt sie daheim, verzichtet auf Beruf und Einkommen und widmet sich Mann und Kindern (Bindung, Hingabe, Abhängigkeit), oder sie strebt nach „Selbstverwirklichung", stellt Beruf und Karriere über Mann und Kind (Unabhängigkeit, Ungebundenheit, Egozentrik). Die einseitige Hingabe führt oft zum Verlust des Selbstbewußtseins und in tiefe Unzufriedenheit hinein, die Selbstbehauptung dagegen zu schweren Schuld- und Versagensgefühlen, Lebenskrisen, die überwiegend der Frau vorbehalten sind.

Krisen als Chancen zur Veränderung

Was sich aber als Krise darstellt, ist zugleich auch eine Chance, hellhörig zu werden auf eigene und fremde Bedürfnisse, die Zwiespältigkeit der Gefühle zu akzeptieren, einen Ausgleich zu finden zwischen scheinbar unvereinbaren Gegensätzen.

Infolge ihres leibseelischen Verflochtenseins durchläuft die Frau häufiger als der Mann zentrale Krisen. Zugleich hat sie aber größere Möglichkeiten, eine Fehlentwicklung zu korrigieren und die bisherigen Lebensgegebenheiten zu hinterfragen. Von ihrer Leiblichkeit her ist die Frau sozusagen krisengeübter. Sie erlebt deutlicher ihr Ausgeliefertsein an Gegebenheiten, die nicht mehr mit dem Willen steuerbar sind (Menstruation, Entbindung, Entwicklung der Kinder). Dadurch ist sie gezwungen, über sich selbst nachzudenken. Sie registriert deutlicher als der Mann, was in ihr vor sich geht, und fordert häufiger Rat und Hilfe bei Lebens- und Eheberatungsstellen.

Aber es liegt im Wesen der Krise, daß es keine Garantie gibt, sie erfolgreich zum Guten zu wenden. Wenn nicht genügend Kräfte zur Verfügung stehen, kann sie lebensbedrohliche Ausmaße annehmen. Erst durch die Bewältigung der Krise kommt die Frau in die Lage, die eigenen Wünsche für eine Weile zurückzustellen und sich für die Bedürfnisse der anderen bereit zu halten. Durch die Krise lernt sie, aus der eigenen kindhaften Egozentrik auszubrechen und liebevolle Zuwendung – ohne Selbstverleugnung – zu verwirklichen.

Krisen durch Schicksalsschläge

Die Krisen, die durch Schicksalskonstellationen entstehen, sind besonders bedrohlich, wenn sie in eine Zeit natürlicher Entwicklungskrisen hineintreffen (z. B. Pubertät, Ablösung von den Eltern, Partnerfindung, Elternschaft usw.). Zu solchen Krisensituationen gehören u. a. zu früher Tod der Eltern, Verlust der Arbeit oder der Heimat, Trennung vom Ehepartner, Entfremdung von den Kindern, Tod eines Kindes, Zerstörung von Schönheit und Gesundheit. Hier gibt es keinen Unterschied zwischen der Krisengefährdung von Mann und Frau. Jedoch scheint die Bewältigung – entsprechend ihrer psychischen Struktur – verschieden zu sein. Beide reagieren unter Umständen mit Zusammenbruch der Selbstachtung, mit Minderwertigkeitsgefühlen bis hin zu Existenz- und Vernichtungsängsten. Die Fähigkeit, tief zu trauern, ist aber vor allem den Frauen zu eigen, die dadurch eine größere Chance haben, den Verlust zu integrieren. Die Krisenvertrautheit der Frau macht ihr die Annahme des Leids und des Verlustes eher möglich. Auch ist sie eher bereit, ihre Hilfsbedürftigkeit sich

selbst einzugestehen und Beistand zu erbitten.
Gewiß gibt es aber im Schicksal mancher Menschen Krisen, die weder Mann noch Frau ohne Schaden ertragen können (z. B. Tod der übrigen Familie durch einen Autounfall, eigene schreckliche Verstümmelung bei einem Terroranschlag, Entführung oder Ermordung eines Kindes, plötzlicher Sprachverlust durch einen Gehirntumor, Folter). Diese Menschen brauchen Hilfe. Der in seinem Urvertrauen erschütterte Mensch muß Beistand finden bei seiner Familie, bei Freunden, in seiner Gemeinde oder bei jenen Institutionen, die in Kriseninterventionen erfahren sind, z. B. in der Telefonseelsorge, in Beratungsstellen und in einer langdauernden stützenden Psychotherapie.

Möglichkeit der Reifung

Zu den bisher aufgewiesenen Krisensituationen kommt aber noch eine Bedingtheit menschlichen Lebens hinzu, die für alle gleichermaßen gegeben ist. Mann und Frau müssen aus den widersprüchlichen Bedürfnissen des Lebens einen für sie gangbaren Mittelweg finden. Einen Mittelweg zwischen Selbstlosigkeit und Selbstbehauptung, Nähe und Distanz. Je nachdem, wie ihr Leben, und vor allem ihre Kindheit, verlaufen ist, bevorzugen sie entweder Nachgiebigkeit oder Selbstbehauptung. Vor allem die Frauen neigen dazu, mehr Nähe als Distanz, mehr Bindung als Unabhängigkeit anzustreben. Je einseitiger und beharrlicher sie auf ihre Erwartungen bestehen, um so schwerer wird für sie eine etwaige Trennung, um so unerträglicher der Verlust des Partners, und um so mehr stehen sie in der Gefahr, die Kinder an sich zu binden, statt sie loszulassen (Midlife-Crisis).
Lebenskrisen sind Gefährdungspunkte im menschlichen Leben, die die Gefahr, an einer Aufgabe zu scheitern, mit sich bringen, zugleich aber auch die Möglichkeit in sich bergen, zu neuen Einstellungen und Entscheidungen zu finden. Mit Recht gilt die Frau als die krisengefährdetere. Wer aber ihre Hellhörigkeit auf innere Vorgänge und Antinomien als „typisch weiblich-hysterisch“ abwertet, verkennt die einzigartige Chance zur Reifung und größeren Menschlichkeit, die damit gegeben ist.

Literatur: *Simone de Beauvoir,* Das andere Geschlecht (Hamburg 1951); *Wilhelm Bitter* (Hrsg.), Lebenskrisen. Ursachen und Beratung (Stuttgart 1971); *Gion Condrau,* Lebensphasen – Lebenskrisen – Lebenshilfen, in: Christlicher Glaube in moderner Gesellschaft, Bd. 6 (Freiburg i. Br. 1981) 73 – 107; *Helene Deutsch,* Psychologie der Frau, Bd. 1 u. 2 (Bern 1948, [2]1959; 1954); *Erik H. Erikson,* Identität und Lebenszyklus (Frankfurt a. M. 1973); *Esther Harding,* Der Weg der Frau (Zürich 1943); *dies.,* Frauenmysterien (Zürich 1949); *Verena Kast,* Der schöpferische Sprung (Olten 1987); *Margarete Mitscherlich,* Die friedfertige Frau (Frankfurt a. M. 1985); *Gail Sheehy,* In der Mitte des Lebens. Die Bewältigung vorhersehbarer Krisen (München 1976); *dies.,* Neue Wege wagen (München 1982); *Jürg Willi,* Die Zweierbeziehung (Hamburg 1975).
Marielene Leist

Leib/Leiblichkeit

↗ Antike; Alter; Christentum; Eßstörungen; Ganzheitlichkeit; Geburt; Gesundheit; Identität, weibliche; Jungfräulichkeit; Krankheit; Medizin; Menschenbild; Menstruation; Schönheit; Schwangerschaft; Sexualethik; Sexualität; Sucht

Geistesgeschichtliche Konzeptionen

„Leib“ ist im Mittelhochdeutschen ‚lîp‘ noch mit „Leben“ identisch und bedeutet daher in der Regel den beseelten oder belebten Leib im Unterschied zum Körper, während andere europäische Sprachen so nicht differenzieren. Leiblichkeit meint zunächst alles auf den Leib Bezogene, von ihm Abhängige, die „stoffliche“ und damit naturgesetzliche Verfaßtheit des Menschen, die aber von Anfang an auf das Seelische offen ist.
Geistesgeschichtlich wirkt bis heute eine schon antike Streitfrage nach, ob alles Sein grundsätzlich körperlich sei oder ob es unkörperliches Sein gebe, wie es Platon behauptet: etwa den Geist. Einerseits entwickelt sich aus

dieser Frage der neuzeitliche *Materialismus* mit seiner Behauptung, geistige Vorgänge seien nur ein Produkt des Körperlichen (dessen „handgreifliche" antike Kriterien lange galten: Länge, Breite, Tiefe, Undurchdringlichkeit, Schwere, Bewegung). Anderseits kann daraus die Minderschätzung, ja Ablehnung des „Fleisches" im Vergleich zum „Geist" erfolgen wie in den mancherlei *Idealismen*.

Der *Materialismus* degradiert den Leib zum (animalischen) Körper, der im letzten austauschbar, funktional, ja unfrei-mechanisch gesehen wird (was auch den großen Widerstand materialistischer Theorien gegen Psychologie und Psychosomatik bzw. die Aufstellung einer materialistischen Psychologie erklärt). Viele französische und deutsche Aufklärer und eine davon beeinflußte atheistisch eingefärbte Medizin betrachteten Leibvorgänge, zu denen auch seelische Affekte gerechnet wurden, als Maschinenreaktionen (s. J. O. de Lamettrie, L'homme machine, 1748; literarischen Ausdruck fand dies in E. T. A. Hoffmanns Menschenpuppe Coppelia). In der *idealistischen* Tradition wird der Leib stark vom Geistigen getrennt und diesem untergeordnet. Platons orphisches Wortspiel „soma – sema", „Körper – Gefängnis", sowie die Scham des Origenes, überhaupt einen Leib zu haben, wirken in mannigfaltigen Umsetzungen durch die abendländische Geistesgeschichte. Diese Wirkung ist um so stärker, je mehr tatsächlich eine Nichtidentität von Leib und Geist erfahren und z. B. durch die Scham beantwortet wird. Ethnologie, Kulturgeschichte und Psychologie weisen eine Fülle von unterschiedlichen kulturellen Überformungen von Leibvorgängen und vor allem von Triebsublimation durch Tabu, Askese usw. auf.

Problematisch wird diese Bändigung des Leiblichen erst, wenn mit dem zu Domestizierenden einfachhin die Frau gleichgesetzt wird. Denn dem Leiblichen entspricht archetypisch die Assoziation mit Trieb, Instinkt, Begierde, insbesondere Geschlechtlichkeit, Sinnlichkeit, „Erde" und schließlich Frau. Mit der Unterordnung des „Fleisches" ist daher in den Kulturen mit patriarchalen Strukturen auch die Unterordnung des „Weiblichen" mitgemeint.

Jüdisch-christliche Tradition

Die jüdisch-christliche Tradition bricht sowohl die materialistische wie die idealistische Fragestellung auf. Als neues Problem stellt sich, ob und wie der Geist den Leib annehmen könne, ohne sich dessen „Schwerkraft" ganz auszuliefern, aber auch ohne sich seiner verdrängend zu entledigen. Schon die Fleischwerdung (Inkarnation) Gottes ist thematisch ein Neueinsatz; auch die Kirche selber versteht sich paulinisch als geheimnisvoller „Leib" (Kol 1,18; Eph 1,23). Alttestamentarisch ist der unausschöpfbare Bezug von Geistigem und Leiblichem im Hohenlied vorgebildet, da es gerade der Erfahrung der Liebe entspricht, daß Außen und Innen ineinander übergehen. Ebenso ist die Trennung von Geist und Leib im Tode nach Paulus (Röm 6,23) nicht „natürlich", sondern Folge existentieller Verfehlung. So wird die Zweideutigkeit des „Fleisches", die erfahrbare Widerständigkeit von Leib und Geist eschatologisch nach dem Vorbild der leiblichen Auferstehung Jesu für überwindbar erklärt, wie es das Glaubensbekenntnis mit der „Auferstehung der Toten" formuliert. „Leiblichkeit ist das Ende der Wege Gottes" (F. Chr. Oetinger).

Integrierte Leiblichkeit als Aufgabe

Diese Theologie ist in ihrer Rückwirkung auf das Menschen- und vor allem Frauenbild durchaus überlagert worden, in der Regel (neuplatonisch) spiritualisierend. Um so mehr gilt es heute, wie die philosophische Anthropologie es sprachlich verdeutlicht, den Körper als Leib wiederzugewinnen. Körper wäre jene Außenseite, die dem Geist als der Innenseite „entgegensteht";

Leib wäre jedoch immer schon Manifestation von Geist, ein Ineinander leiblich-geistiger Vorgänge. Daher *haben* wir einen Körper, *sind* aber unser Leib. Diese Rückgewinnung hat wegen der genannten archetypischen Beziehung auf das Weibliche eine heute vorrangige Bedeutung. Denn gerade an der Frau drückt sich im Biorhythmus der Menstruation, Schwangerschaft, Geburt, des Stillens die Leiblichkeit einzigartig aus. Während in den vergangenen Jahrhunderten die Gefahr darin bestand, von seiten des Mannes die Leiblichkeit der Frau auf Sexualität und Geburt hin zu „optimieren" (und sie durch diese „Funktionen" ebenfalls zu einem „Körper" herabzusetzen, gemäß dem Satz Napoleons: „Ich werde einen Bauch heiraten"), besteht in der gegenwärtigen Generation erstmals die Möglichkeit und die Gefahr, den Biorhythmus regelmäßig chemisch zu neutralisieren oder zu sterilisieren. Vielfach wird hier die eigene Leiblichkeit in neuzeitlicher Maschinen-Mechanik aufgefaßt und mißbraucht. Die Verweigerung eigener Leiblichkeit scheint auch in der Magersucht junger Mädchen krankhaft gegeben.

Freilich sind gerade dabei übersubjektive Ursachen erkennbar, welche die Annahme und Ausbildung der eigenen Leiblichkeit durch (unbefragte) Normierungen behindern, z.B. durch Mode (Ideal knabenhafter Schlankheit), Sexualverhalten (Mißbrauch der Frau als Lustobjekt und Ware), Versorgungs- und Besitzdenken (Frau als Haushälterin, billige Arbeitskraft, Mitgift-Bringerin). Auch der (männliche und weibliche) Wunsch nach Kindern legt eine Mechanisierung bzw. „Ausschaltung" der eigenen Fruchtbarkeit/Leiblichkeit nahe, solange nicht die Möglichkeit von Mutterschaft *und* Beruf gesellschaftlich sichergestellt und bewußtseinsmäßig begrüßt ist. Verweigerung eigener Leiblichkeit geht vielfach auf – geschichtlich wie individuell erfahrene – Vernutzung und Übernutzung zurück, die nun von vielen Frauen mit dem „leichten" chemischen Ausweg aus der Leibabhängigkeit beantwortet wird.

Doch liefern sowohl die Psychologie als auch die Psychosomatik Bestätigungen von der Notwendigkeit eines „Leibgehorsams". Dabei ist Mehrfaches zu integrieren: am schwierigsten die eigene und fremde Endlichkeit/Sterblichkeit, was mit der Annahme von Alter und Krankheiten beginnt. Zu integrieren ist phasengerecht die Triebwelt, darunter die Sexualität, denn Verselbständigung von Triebwelt geht in Suchtverhalten über. Die allseitige Übung der fünf Sinne ist wegen heutiger Verkümmerung oder Überreizung ebenso aufgetragen wie die Öffnung auf die eigene Psyche: „Durch die Seele werden wir hellsichtig für die unbewußte Vernunft und Leidenschaft des Leibes, durch den Leib werden wir über die natürlichen Notwendigkeiten der Seele belehrt" (V. v. Weizsäcker). Schließlich gehört zur integrierten, reifen Person die wesentliche Balance des Geistigen und Leiblichen. Das Geistige – nicht zu verwechseln mit dem Intellekt – ist das Verantwortliche im Sinne von Freiheit, Selbstbewußtsein, Personalität, Identität. Leiblichkeit in ihrem tiefsten Verständnis darf nicht als einengende „Schwerkraft" abgetan werden, sondern ist Ausdruck, Erscheinung dieser geistigen Personalität selbst. Äußerung einer geistig bestimmten Leiblichkeit ist u.a. die Schönheit, deren Trägerin in besonderem Maße die Frau ist. Das ausgeprägte weibliche Empfinden für Ästhetik und Mode verweist auf diesen Zusammenhang. Leiblichkeit ist damit die Mitte oder, dynamischer ausgedrückt, der Spannungsbogen zwischen endlicher (sterblicher, naturgesetzlicher) Existenz und freier Personalität; mehr und anderes also als eine Summe physikalischer und chemischer Abläufe.

Literatur: *Joseph Bernhart u.a.,* Vom Wert des Leibes in Antike, Christentum und Anthropologie der Gegenwart (München 1936); *Hedwig Conrad-Martius,* Bios und Psyche (Hamburg 1949);

Seymour Fisher / Sidney Cleveland, Body, Image and Personality (New York 1968); *Felix Hammer,* Leib und Geschlecht. Philosophische Perspektiven von Nietzsche bis Merleau-Ponty und phänomenologisch-systematischer Aufriß (Bonn 1974); *Maurice Merleau-Ponty,* Phänomenologie der Wahrnehmung (Berlin 1965); *Elisabeth-Stéfanie Odermatt-Edelmann,* Leiblichkeit und Endlichkeit (Zürich 1985); *Hilarion Petzold* (Hrsg.), Leiblichkeit. Philosophische, gesellschaftliche und therapeutische Perspektiven (Paderborn 1985); *Heinrich Schipperges,* Kosmos Anthropos. Entwürfe zu einer Philosophie des Leibes (Stuttgart 1981); *ders. / Hans Pfeil,* Der menschliche Leib aus medizinischer und philosophischer Sicht (Aschaffenburg 1984); *Bernhard Welte,* Die Leiblichkeit des Menschen als Hinweis auf das Heil in Christus, in: ders., Auf der Spur des Ewigen. Philosophische Abhandlungen über verschiedene Gegenstände der Religion und der Theologie (Freiburg i.Br. 1965) 83–112.

HANNA-BARBARA GERL

Leihmütter

↗ Adoption; Bindung; Ehe; Ehekrisen; Familienplanung; Fortpflanzungsmedizin; Ganzheitlichkeit; Geburt; Humangenetik; Kinder; Kinderlosigkeit; Kinderwunsch; Lebenskrisen; Medizin; Mütterlichkeit; Mutterschaft; Schwangerschaft; Sterilisation; Vaterschaft

Hintergründe

Konnten die Ursachen ungewollter Kinderlosigkeit noch vor einigen Jahren nur selten aufgeklärt werden, so ermöglichen die Diagnoseverfahren der modernen Fortpflanzungsmedizin heutzutage einen genauen Einblick in die anatomischen und physiologischen Voraussetzungen und Störungen des Fortpflanzungsgeschehens. Diese Erkenntnisse lösten den vielschichtigen leibseelischen Vorgang in eine zersplitterte Vielzahl von Einzelfaktoren auf. Nicht zuletzt diese Detailkenntnis hat dazu geführt, einzelne gestörte Funktionsbereiche im „Reproduktionsapparat" von Mann und Frau zu isolieren, zu therapieren, zu umgehen oder sogar zu ersetzen. Die Bandbreite der Möglichkeiten reicht von der Beratung über den optimalen Empfängniszeitpunkt evtl. mit der hormonellen Unterstützung der Eizellreifung bis zur instrumentellen Insemination (Einbringen von Samenzellen mit einem Katheter in die Scheide oder Gebärmutterhöhle) nach vorheriger Samengewinnung durch Masturbation mit Aufbereitung des Spermas im Labor. Sie erweitert sich noch – zur Umgehung des Eileiterverschlusses – auf die In-vitro-Fertilisation (Reagenzglasbefruchtung) bis hin zum Gedanken, durch Samen-, Ei- und Embryonenspende „Ersatzteile" zu liefern. Kryokonservierungsverfahren (Tiefgefrierung bei minus 196 °C in flüssigem Stickstoff) überbrücken die Zeitspanne zwischen Bereitstellung des „Spendermaterials" und zyklusgerechter Übertragung auf die Frau. Doch damit nicht genug, da die Gebärmutter (bis heute) nicht als Spenderorgan in Frage kommt, wurde ihre Funktion kurzerhand mit der ganzen Frau verliehen.

Gefahren

Die Mietmutterschaft oder Leihmutterschaft kann man durch die Grundtatsache beschreiben, daß ein Mann mit einer Frau ohne sexuellen Kontakt, mittels einer instrumentellen Insemination mit seinem Samen, ein Kind zeugen läßt. Zwischen der Frau als Eizelllieferantin und Fruchthalterin und dem Mann als Samenlieferant wird vorab geregelt, daß der Vater sein Kind erhält und die Mutter für ihre „Dienstleistung": Schwangerschaft und Geburt, bezahlt oder belohnt wird. Nach dem Auftrag und der „Produktfertigstellung" erfolgt die „Auslieferung" und schließlich die „Inbesitznahme". Bislang sind immer Bestelleltern aufgetreten, da die Übernahme des Kindes nachträglich als Adoption sanktioniert werden sollte. Denkbar sind jedoch Bestellväter, die ein eigenes Kind ohne mütterliche Ansprüche und ohne Beziehungskonflikte zur Kindesmutter haben wollen. Die beschriebene Form der Leihmutterschaft ist also nichts anderes als eine medizinische Kinderproduktion auf Bestellung mit vorheriger Eigentumsfestlegung zwischen den beiden Keimzellieferanten, denn als „Elternschaft“ kann man diese auf Eizelle, Samenzelle und Gebärmutter reduzierte Koproduktion wohl nicht bezeichnen. Daß das Risiko unzweifelhaft bei der benutzten Frau und bei dem Kind liegt, ist aus den biologischen Bedingungen von Schwangerschaft und Geburt abzuleiten. Neben der psychischen Schädigung ist das körperliche Risiko nicht von der Hand zu weisen. Nach der Statistik ist die Müttersterblichkeit in westlichen Ländern zwar sehr selten, aber nicht ausgeschlossen. So könnte eine Leihmutter in Ausübung ihrer Vertragserfüllung sogar zu Tode kommen. Gesundheitliche Gefährdungen sind nie auszuschließen. Das Kind hingegen müßte mit der Hypothek leben, für Geld oder aus Gefälligkeit gezeugt und ausgetragen zu sein. Gesetzliche Regelungen zum Verbot der Leihmutterschaft und der Vermittlung sind erforderlich, ersetzen aber nicht das Nachdenken über die Motive von Bestelleltern, Leihmüttern, Vermittlern und Ärzten, wie auch die Reflexion über die gesellschaftlichen Bedingungen, in denen der Wunsch nach einem Kind zu einem Anspruch wird, den es technisch zu realisieren und zu vermarkten gilt. Es vermengen sich dabei Gefühle, geschäftliche Interessen und medizinischer Fortschritt. Es wird offensichtlich vergessen, daß Kinder keine Handelsware und dementsprechend nicht zu veräußern oder zu verschenken sind. Über die instrumentelle Insemination hinaus sind noch weitere Varianten der Leihmutterschaft medizinisch-technisch machbar. Will der Bestellvater z. B. jedes Risiko ausschalten, daß die Leihmutter während der Inseminationsbehandlung an den fruchtbaren Tagen sexuellen Kontakt mit ihrem Partner hat, aus dem möglicherweise eine Schwangerschaft entstehen könnte und also nicht *seine* instrumentell in die Scheide eingebrachten Samenzellen die Eizelle befruchten, so könnte er eine Eileiterinsemination vereinbaren. Dabei werden nach vorheriger Hormonbehandlung mit einer Punktionskanüle Eizellen aus dem Eierstock abgesaugt und anschließend zusammen mit den „richtigen“ Samen direkt an ihren Befruchtungsort im Eileiter gebracht. Was sich hier schematisch kurz darstellen läßt, bedeutet in der Ausführung eine aufwendige Behandlung der Frau mit einem operativen Risiko. Aus diesem Grund wurde dieses Verfahren für die Leihmutter-Befruchtung nach heutiger Information auch (noch) nicht angewendet. Dies schließt freilich nicht aus, daß in Australien oder Amerika, wo ein reger Leihmüttermarkt existiert, nicht auch irgendwann diesem „genetischen Sicherheitsaspekt“ Rechnung getragen werden wird. Unabhängig von der Inseminationsmethode trägt die Leihmutter in der beschriebenen Form immer noch ihr eigenes Kind aus. Denkbar sind jedoch auch solche Leihmuttervariationen, wo Ei- oder Samenzellen bzw. Embryonen der Bestelleltern Verwendung finden. Damit reduziert sich der biologische Anteil der Leihmutter auf eine ausschließliche Gebärmutterfunktion. Sie übernimmt als „Fruchthalterin“ eine vorgeburtliche Ammenfunktion. Deshalb wird diese Leihmutter auch als Ammenmutter bezeichnet. Wird nach den Ursachen weiblicher Unfruchtbarkeit geforscht, die den Substitutionsgedanken weiblicher Reproduktion als Leih- oder Ammenmutter in die Welt gebracht hat, so kommen als medizinische Gründe die vorausgegangene operative Entfernung der Gebärmutter, sei es unter Mitnahme oder Belassung der Eierstöcke in Frage, oder aber es handelt sich um eine Frau nach Erlöschen ihrer eigenen Fruchtbarkeit. Beides sind absolute Grenzen für eine Frau, eigene Kinder zu empfangen und auszutragen. Die Entfernung der Gebärmutter sollte deshalb nur aus zwingenden medizinischen Gründen vorgenommen werden und keinesfalls als Empfängnisverhütungsmethode, da diese Entscheidungen nicht selten bedauert werden.

Verlust der Ganzheit

Doch nicht nur die beschriebene absolute weibliche Sterilität bei erhaltener männlicher Fruchtbarkeit könnte zu dem Wunsch nach der Inanspruchnahme einer Leihmutter führen, denkbar sind auch Krankheiten der Bestellmutter, die durch eine Schwangerschaft eine Verschlechterung erfahren könnten.

Die psychischen und sozialen Hintergründe, die Bestelleltern bewegen könnten, sich nach einer Leihmutter umzusehen, sind spekulativ und in ihrer Komplexität keinesfalls aufgedeckt. Wobei der unerfüllte Kinderwunsch nur *ein* Motiv darstellt. Wer will verhindern, daß Schwangerschaft, im Extremfall, nicht als ein abschiebbares Risiko angesehen wird, das von Frauen für Frauen abgenommen wird?

Genauso ist denkbar, daß sich Frauen ausschließlich durch ihre Gebärfunktion definieren könnten. Insgesamt ist durch die medizinische Machbarkeit ein Auseinanderfallen der verschiedenen biologischen und sozialen Funktionen der Frau zu befürchten. In der Ersetzbarkeit elementarer Lebensvorgänge liegt die Gefahr der Spezialisierung mit dem Verlust der Ganzheit menschlichen Daseins als Konsequenz.

Literatur: *Lori B. Andrew,* Feminist Perspectives on Reproductive Technologies, in: Womens Rights Litigation Clinic (Newark N. J. 1987); *Rita Arditti u.a.,* Retortenmütter (Hamburg 1985); *Gina Corea,* Muttermaschine (Berlin 1986); *Klaus Dietrich,* Neue Wege in Diagnostik und Therapie der weiblichen Sterilität (Stuttgart 1987).

Heike Langenbucher

Leistung

↗ Alleinerziehende; Arbeit; Aufstiegschancen; Beruf; Chancengleichheit; Diskriminierung; Ehrenamt; Elternschaft; Elternurlaub; Erziehung; Erziehungsgeld; Familie; Frauenförderung; Frauenrollen / Frauenleitbilder; Gleichberechtigung; Hausfrauen; Job-sharing; Menschenbild; Pflege, häusliche; Tagesmütter; Vaterschaft; Wiedereingliederung

Leistung und Leistungsmotivation

Der Begriff Leistung wird in den verschiedensten Lebens- und Sachbereichen und in der Umgangssprache verwendet; eine eindeutige, allgemeingültige Definition dieses Begriffes ist nicht möglich. Während die Naturwissenschaften Leistung mit der Formel „Kraft mal Weg durch Zeit" beschreiben, erweist sich im sozialen Bereich eine Definition als äußerst schwierig, da Inhalt und Maßstab der Leistung dem gesellschaftlichen Wertesystem und seinem Wandel unterworfen sind. Leistung bestimmt sich hier zum einen nach dem individuellen, durch Arbeit erbrachten Beitrag in Form von Gütern und Dienstleistungen und zum anderen nach der Bedeutung, die die Gesellschaft diesem Beitrag zumißt.

Für den einzelnen hängen Leistung und Leistungsmotivation, also das Bemühen, sich durch Leistung darzustellen, eng zusammen. Leistung ist ein Mittel der Selbstwerterfahrung und eine Möglichkeit, durch gesellschaftliche Anerkennung Selbstbestätigung zu erfahren. Leistung wird durch das Konkurrenzprinzip gefördert. Das Bemühen, besser zu sein als die anderen, kann die Leistungsmotivation erheblich verstärken und damit individuelle Fähigkeiten steigern. Ein permanenter Wettbewerb, der auf allen Ebenen, wie z. B. Freizeit, Sport, Schule und Beruf, stattfindet, kann jedoch auch zur Frustration des ständigen „Verlierers" führen, wenn falsche Maßstäbe gesetzt und das individuelle Leistungsvermögen sowie die jeweiligen Rahmenbedingungen und Leistungsvoraussetzungen außer Betracht bleiben.

Diese Gefahr besteht besonders in einer Gesellschaft, die sich als reine Leistungsgesellschaft versteht und in der gesellschaftliche Anerkennung vorrangig von der Höhe der Bezahlung der jeweils erbrachten Leistung abhängt. Zum Maßstab der Leistung wird damit in erster Linie der Preis, den das jeweilige Gut oder das jeweilige Tun auf dem Markt hat. Die Leistung des einzelnen wird als Beitrag zum Bruttosozialprodukt einer Gesellschaft gesehen.

Leistung und Erwerbstätigkeit

Hauptbetätigungsfeld für derartige Leistungen ist die Erwerbsarbeit. Das System der Entlohnung und das Streben nach gesellschaftlicher Anerkennung fördern das Bestreben, sich im Berufsleben zu bewähren. Demgegenüber werden Tätigkeiten, die als nicht bezahlte Arbeit im zwischenmenschlichen Bereich erbracht werden und die für eine humane Gesellschaft von besonderer Bedeutung sind, kaum als Leistungen anerkannt. Eher im gesellschaftlichen Abseits stehen damit ehrenamtlich Tätige, die sich in kirchlichen oder sonstigen sozialen Organisationen um die hilfsbedürftigen Mitglieder der Gesellschaft kümmern. Viel zuwenig anerkannt werden aber auch Hausarbeit und Kindererziehung, also die Arbeit in der Familie, die sich nur schwer in Marktwert ausdrücken läßt und wohl deshalb bei der Errechnung des Bruttosozialprodukts nicht berücksichtigt wird. Primär betroffen sind hiervon die Frauen, die vor allem die Hausarbeit erledigen und die Kinder großziehen. Der Nutzen ihrer Tätigkeit für die Gesellschaft wird vielfach übersehen, obwohl eine Gesellschaft ohne Kinder nicht fortbestehen kann und Kinder z.B. auch die Voraussetzung dafür sind, daß unser soziales Netz im Rahmen einer Drei-Generationen-Solidarität nicht zusammenbricht.
Die zu geringe Anerkennung der Leistung der Hausfrauen und Mütter zeigt sich auch darin, daß ihnen in vielen Fällen jegliche Altersversorgung fehlt und alleinerziehende Mütter vielfach nur von Sozialhilfe leben müssen.

Leistungen von Frauen im Beruf

Aber auch im Berufsleben sind Frauen nach wie vor benachteiligt. Damit wird ihnen erschwert, Leistung zu erbringen und gesellschaftliche Anerkennung zu erlangen. Das Erfolgsdenken, das losgelöst von allen anderen Lebensbezügen in Ausbildung und Beruf dominiert, führt besonders bei Frauen zur Selbstunsicherheit und zu Angst vor Mißerfolg. Frauen sind in ihrer persönlichen Lebensplanung infolge der oft selbstverständlichen Vereinnahmung durch die Familie vielfach auf Unterstützung und Ermutigung angewiesen, insbesondere auch deshalb, weil heute Berufsaussichten und Aufstiegschancen für Frauen immer noch wesentlich schlechter sind als für Männer. Männer, die noch in ganz überproportionalem Maße in leitenden Positionen sind und als Arbeitgeber auftreten, sprechen Frauen häufig Durchsetzungs- und Leistungsvermögen ab. Gerade hier zeigt sich die Ambivalenz in der gesellschaftlichen Vorstellung von der Stellung der Frau: Frauen werden in die traditionelle Rolle als Hausfrau und Mutter gedrängt, Fähigkeiten im Berufsleben werden ihnen abgesprochen, anderseits erfahren Frauen gesellschaftliche Anerkennung hauptsächlich aus ihrer Berufstätigkeit. Die Berufschancen der Frauen könnten durch Frauenförderungsmaßnahmen – wie sie ansatzweise bereits praktiziert werden – verbessert werden, wobei jedoch ausgeschlossen sein sollte, daß Frauen ungeachtet ihrer Fähigkeiten lediglich „wegen der Quote" eingestellt werden.
Im Berufsleben benachteiligt sind auch besonders Frauen, die wegen der Kindererziehung für einige Jahre aus dem Berufsleben ausgeschieden sind. Die Lage auf dem Arbeitsmarkt macht eine Wiederaufnahme der Berufstätigkeit oft schwer; anderseits fehlt es auch häufig an Arbeitsplätzen, die es der Frau ermöglichen, Beruf und Familie zu vereinbaren, insbesondere also an Halbtagsbeschäftigungen. Ein Lösungsansatz hierfür bietet das Job-sharing, das – wenn auch nicht für alle Arbeitsplätze praktikabel – noch wesentlich stärker durchgeführt werden könnte und müßte.

Kinderbetreuung und Erneuerung des Leistungsbegriffs

Eine Vollzeitbeschäftigung ist Frauen mit Kindern oft auch deshalb nicht möglich, weil es an Möglichkeiten und Einrichtungen der Kinderbetreuung fehlt. Dadurch sind insbesondere Alleinerziehende zusätzlich belastet. Ein wichtiger Ansatz für eine berufliche Besserstellung von Frauen mit Kindern gerade auch in der Wirtschaft ist dagegen die Möglichkeit, daß auch Väter Erziehungsurlaub nehmen oder zu Hause bleiben können, wenn das Kind erkrankt ist. Dadurch kann die Vorstellung abgebaut werden, daß vor allem Mütter „permanente Unsicherheitsfaktoren" sind und deshalb bei der Stellenbesetzung unberücksichtigt bleiben.

Die Verbesserung der Berufschancen nach oder in Verbindung mit Familienarbeit ist ein wichtiger Beitrag dafür, daß Frauen wirklich frei entscheiden können, ob sie ganz oder teilweise erwerbstätig und/oder (vorübergehend) zu Hause bei den Kindern bleiben wollen. Daneben ist ein Überdenken des Leistungsbegriffs notwendig. Hausarbeit und Kindererziehung müssen ebenso wie die Berufstätigkeit als Leistung, als nützlicher Beitrag für die Gesellschaft und als Möglichkeit der Selbstverwirklichung anerkannt werden. Nur so kann erreicht werden, daß auch Männer sich um die Kinder kümmern. Nur ein neues Leistungsverständnis kann dazu führen, „daß für beide Geschlechter Leistung wieder sinnvoll in die Gesamtheit des Lebens integriert werden kann, d.h., daß ‚Selbstverwirklichung' durch Leistung ohne eine Verarmung anderer Persönlichkeitsbereiche möglich wird" (Sylvia Ludwig).

Literatur: *Friedrich Assländer,* Verhältnis des soziologischen und des wirtschaftswissenschaftlichen zum anthropologischen Leistungsbegriff (Dissertation 1982); *Ulrich Bamberg,* Argumente zum Leistungsprinzip, in: Hans-Wolfgang Hoefert und Christoph Reichard (Hrsg.), Leistungsprinzip und Leistungsverhalten im öffentlichen Dienst (Stuttgart 1979) 26ff.; *Helmut Heckhausen,* Leistung und Chancengleichheit (Göttingen 1974); *Katholisches Soziales Institut der Erzdiözese Köln* (Hrsg.), Leistungsgesellschaft und Mitmenschlichkeit (Limburg 1972); *Hermann Krings u.a.,* Leistung, in: Staatslexikon, Bd. 3 (Freiburg i. Br. [7]1987) 894–901; *Sylvia Ludwig,* Geschlechtsspezifische Aspekte der Leistungsmotivation, in: Psychologie in Erziehung und Unterricht (1983) 7ff. RITA SÜSSMUTH

Lesbische Liebe

↗ Alleinstehende; Antike; Christentum; Diskriminierung; Ethik, weibliche; Feminismus; Frauenbewegung; Frauengeschichte; Frauenrollen / Frauenleitbilder; Geschlechtsidentität; Identität, weibliche; Liebe; Nichteheliche Lebensgemeinschaften; Sexualethik; Sexualität

Kulturelle Erscheinungsformen

Lesbische Frauen (andere Bezeichnungen: homosexuelle, sapphische, frauenliebende Frauen, Urninden, Tribaden) suchen Beziehungen, die sie seelisch und körperlich zufriedenstellen, ausschließlich oder in einem bestimmten Lebensabschnitt mit weiblichen Partnern. Sie unterscheiden sich von anderen Frauen durch die gleichgeschlechtliche Wahl des Beziehungssubjektes. Je nach Kultur und Zeit variiert lesbisches Verhalten im Sinne von Empfindungen, Gefühlen, Gedanken und sexuellen Handlungen. Die lesbische Lebensform als liebendes dauerhaftes Zusammenleben in einer Partnerbindung ist vermutlich ein Phänomen der Neuzeit, das die Entdeckung der romantischen Liebe voraussetzt.

Die Frage, ob lesbische bzw. gleichgeschlechtliche Orientierung und nachfolgendes sexuelles Verhalten angeboren ist oder sozialer Prägung unterliegt, ist bisher nicht entschieden. Schon bei schriftlosen Völkern, wie z.B. den Mohaveindianern, den Walapi und den Zulu, gibt es Beziehungen zwischen Frauen, die z.T. auch Ausdruck der jeweiligen Kultur und der Geschlechtertrennung sind.

600 vor Christus lebte die Dichterin Sappho auf Lesbos mit einem Kreis junger Mädchen, denen sie Bildung in

Tanz, Musik und feiner Sitte zukommen ließ. Allerdings verstand Sappho ihre Liebe zu Frauen als Hinführung zur Ehe. Ihr Name und der der Insel dienen bis heute der Bezeichnung frauenliebender Frauen. Der Begriff „homosexuell“ wird hingegen meistens auf Männer, die gleichgeschlechtlich orientiert sind, angewandt.

Unsere Kultur behält Denken, Geschichtsschreibung Männern vor. Diese wiederum beschäftigen sich durchweg mit Hervorbringungen von Männern. Deshalb sind Quellen über frauenliebende Frauen nur indirekt zu erschließen. Enthalten Bußbücher Kirchenstrafen für lesbische Beziehungen, so verweist das auf deren historische Realität. Werden Nonnen stetig vor speziellen Freundschaften gewarnt, so gibt es diese auch. Geistliche Freundschaften zwischen Frauen sind üblich: zwischen Märtyrinnen, Ordensfrauen, Beginen. Das hat sich auch in Liebesgedichten füreinander niedergeschlagen. In religiösen Gemeinschaften fanden Frauen einen Bereich frei von Unterordnung unter einen Ehemann, wirtschaftliche Unabhängigkeit, Bildungsmöglichkeiten und damit die Grundbedingungen eines frauenbezogenen Lebensstils. Ob und wie Freundschaftsgefühle auch erotisch-körperlichen Ausdruck fanden, ist freilich nicht auszumachen. Zeugnisse geistlicher Minnelyrik sind auch auf dem Hintergrund einer reichen mystischen Symbolik, die sich oft erotischer Bilder bedient, zu deuten.

Hexenverbrennungen und die Abschaffung der Klöster durch die Reformation zerstören die Blüte der Frauenkultur. Jetzt hinterlassen lesbische Frauen ihre Spuren in den Akten der Gerichte oder Tollhäuser. Materiell unabhängige Frauenpaare hatten aber stets die Möglichkeit, sich unauffällig in privates Glück zurückzuziehen. Freundschaft zwischen Frauen war „unauffälliger“ und gesellschaftlich akzeptierter als eine Freundschaft zwischen Männern. Den Verheirateten des vorigen Jahrhunderts bleibt die romantische Frauenfreundschaft.

Im 19. Jahrhundert entsteht die Sexualforschung. Krafft-Ebing, Ellis, Freud, Hirschfeld, Adler, Jung stellen aus männlichem Blick lesbische Frauen als seelische und körperliche Monstrositäten dar. Bestenfalls scheinen sie wegen ihres erklärten Widerwillens gegen die übliche Frauenrolle behandlungsbedürftig krank. Die Theorie, weibliche (oder auch männliche) Homosexualität sei eine „Krankheit“, ließ sich bis heute empirisch nicht bestätigen.

Zur Zeit des Ersten Weltkrieges und der Weimarer Republik werden Frauen zu Bildung, Berufstätigkeit, zur Öffentlichkeit eingeladen. Lesbische Kultur in eigenen Zeitungen, Büchern, Vereinen, Lokalen wird sichtbar. Im Nationalsozialismus wurden Homosexuelle beiderlei Geschlechts als „Abnorme“ in Konzentrationslager verschleppt und ermordet. Erst mit der zweiten Frauenbewegung zeigen sich frauenbezogene Frauen, Lesbierinnen wieder in der Öffentlichkeit.

Gesellschaftlich stößt männliche und weibliche Homosexualität immer wieder auf moralische Vorbehalte oder Verurteilungen, obwohl die Akzeptanz inzwischen gestiegen ist.

Empirische Aspekte

Kinsey berichtet für unsere Kultur von allen vierzigjährigen Frauen der Stichprobe, daß 19% derselben irgendeine körperliche Beziehung zu anderen Frauen hatten, die zumindest von einer Partnerin sexuell gemeint war. Fünf Jahre verheiratete Frauen erleben zu 40% regelmäßig den Höhepunkt mit ihrem Partner, bei ebenso lange zusammen lebenden Lesbierinnen sind es 68%. Unter unverheirateten Frauen bis vierzig haben 10% sexuelle Beziehungen zu anderen Frauen, unter Verheirateten etwas über 1%, unter Verwitweten, Geschiedenen, Getrenntlebenden etwa 6%. Also sind lesbische Beziehungen signifikant häufig unter Ledigen, Geschiedenen, Verwitweten.

Diese Frauen teilen also alle Probleme Unverheirateter in einer Gesellschaft von Paaren und berufstätiger Frauen. In der Lebensführung folgen homosexuelle Frauen üblichen Mustern: Befriedigung ist an eine romantisch-gefühlshafte Beziehung geknüpft. Mann-Frau-Rollenspiele werden als Nachahmung der traditionellen Rollenzuweisung abgelehnt.

Eine junge lesbisch orientierte Frau fühlt sich den heterosexuellen Altersgenossinnen gegenüber stärker entfremdet, obgleich sie ähnlich wie diese auch mit Jungen Erfahrungen macht. Während des „Coming-Out“, dem Zeigen ihres geschlechtlichen Andersseins nach außen, besonders in der Mitteilung an die Familie, erkennt die Lesbierin ihr Anderssein als eine Verletzung gesellschaftlicher Normen. Daher sucht sie oft Ansprechpartnerinnen in einer organisierten Subkultur (vor allem in Großstädten) von Frauenlokalen, durch Kontaktanzeigen oder in Gruppen. Da unsere Gesellschaft weibliche Homosexualität kaum beachtet, ist die Suche schwierig. Weibliche Sexualität soll sich normativ als Reaktion auf die vorhandene männliche orientieren und ausbilden: Sie wird als nachgeordnet, nicht als eigenständig beachtet. Für Frauen vorgesehen sind in der Regel immer noch die Rollen der abhängigen Gattin und Mutter. Lesbische Frauen sorgen aber emotional und materiell für sich und andere Frauen. Sie verweigern also eine Rolle, die ihnen einseitig zuschreibt, Beziehungsarbeit am Mann und an den Kindern zu leisten. In dieser Unabhängigkeit liegt eine Provokation für die traditionellen Beziehungsmuster zwischen Mann und Frau. Daher verstand sich die in den 70er Jahren entstandene Lesbenbewegung auch als Avantgarde der Frauenbewegung.

In der Folge treten lesbische Frauen auch im Umfeld der Kirchen in und an die Öffentlichkeit. Es bilden sich Gruppen, welche Gemeindemitglieder auf die Situation homosexueller Christinnen und Christen aufmerksam machen möchten, so etwa in den Arbeitskreisen „Lesben und Kirche“ und „Homosexuelle und Kirche“.

Kirchliche und theologische Aspekte

Kirchliche Äußerungen haben meist ausschließlich die männliche Homosexualität im Blick. Dennoch sind sie auch auf die weibliche Homosexualität zu beziehen. Die Denkschrift zu Fragen der Sexualität der EKD, die sich auch der Homosexualität widmet, wurde 1971 veröffentlicht. Eine Brandmarkung homosexuellen Verhaltens wird darin abgelehnt, doch versteht sie sie als sexuelle Fehlform. Sie stellt allerdings den personalen Charakter der Sexualität heraus. Bis zu dieser Zeit hatte die evangelische Kirche – ebenso wie die katholische – die Homosexualität generell verurteilt.

Die neueren katholischen kirchlichen Stellungnahmen unterscheiden in der Regel zwischen homosexueller Orientierung und homosexuellen Handlungen. Danach wird erstere als „objektiv ungeordnet“ betrachtet, aber nicht als schuldhaft angesehen, während homosexuelle Handlungen als sündhaft gewertet werden. Sie werden als Handlungen beschrieben, die ihrer wesentlichen und unerläßlichen Zielbestimmung beraubt sind (vgl. Kongregation für die Glaubenslehre im Schreiben an die Bischöfe über die Seelsorge für homosexuelle Personen, 1986). Dieser Bewertung liegt eine naturrechtliche Betrachtungsweise zugrunde. Dagegen wird allerdings die Frage eingewandt, ob sich hinter dieser moraltheologischen Wertung nicht auch ein biologistisches Denken verbirgt auf Kosten einer gesamtmenschlichen Sicht, die den Kontext einer sexuellen Handlung und die Qualität einer Beziehung mitberücksichtigt. Homosexualität wird – von beiden Kirchen – als nicht in Übereinstimmung mit der Schöpfungsordnung gesehen.

Die Bibel räumt der Mann-Frau-Beziehung eine Priorität ein. In einer solchen Beziehung werden Mann und Frau zu „einem Fleisch“, zu einer Lebensgemeinschaft, zu der die Sexualität impliziert dazugehört. Die Bibelstellen, die als Beleg für die Verurteilung von Homosexualität herangezogen werden (vgl. Gen 19; Ri 19; Lev 18; 22; 20, 13; Röm 1, 26f.; 1 Kor 6, 1; 1 Tim 1, 10), beziehen sich allerdings nicht direkt auf homosexuelle Handlungen. Keine Aussagen findet man in der Bibel über die homosexuelle Orientierung oder über eine ganzheitliche homosexuelle Beziehung.

Literatur: *Ausstellungskatalog Eldorado,* Homosexuelle Frauen und Männer in Berlin 1850 bis 1950 (Berlin 1984); *Monika Barz / Herta Leistner / Ute Wild,* Hättest du gedacht, daß wir so viele sind? Lesbische Frauen in der Kirche (Stuttgart 1987); *P. Alan Bell u. a.,* Der Kinsey-Institut-Report über weibliche und männliche Homosexualität (München 1978); *dies.,* Der Kinsey-Institut-Report über sexuelle Orientierung und Partnerwahl (München 1981); *Klaus Dörner,* Homophile Menschen – gleichwertig und mit Lebensrecht?, in: Wege zum Menschen 39 (1987) 367–382; *Kenneth J. Dover,* Homosexualität in der griechischen Antike (München 1983); *Lillian Faderman,* Surpassing the Love of Men. Romantic friendship and love between women from the Reanaissance to the present (New York 1981); *Clellan S. Ford / Frank A. Beach,* Formen der Sexualität (Reinbek 1968); *Hanna Hacker,* Frauen und Freundinnen. Studien zur ‚Weiblichen Homosexualität‘ am Beispiel Österreich 1870–1938 (Weinheim 1987); *Magnus Hirschfeld,* Die Homosexualität des Mannes und des Weibes. Nachdr. d. Erstaufl. von 1914 mit einer komm. Einleitung von Erwin J. Haeberle (Berlin 1984); *Alfred C. Kinsey u. a.,* Das sexuelle Verhalten der Frau (Berlin 1954); *Ilse Kokula,* Formen lesbischer Subkultur, hrsg. von Rüdiger Lautmann (Berlin 1983); *Ursula Linnhoff,* Weibliche Homosexualität zwischen Anpassung und Emanzipation (Köln 1976); *Wunibald Müller,* Homosexualität – eine Herausforderung für Theologie und Seelsorge (Mainz 1986); *Sappho* (griechisch / deutsch), Übersetzung von Emil Staiger (Zürich 1957); *William Simon / John H. Gagnon,* Sexuelle Außenseiter (Reinbek 1970); *Helmut Thielicke,* Erwägungen der evangelisch-theologischen Ethik zum Problem der Homosexualität, in: Fritz Bauer u.a., Sexualität und Verbrechen (Frankfurt a.M. ²1963); *Elisabeth Tietmeyer,* Frauen heiraten Frauen. Studien zur Gynaegamie in Afrika (Hohenschäftlarn o.J.); *Hans Georg Wiedemann,* Homosexuelle Liebe. Für eine Neuorientierung in der christlichen Ethik (Stuttgart 1982); *Charlotte Wolff,* Psychologie der lesbischen Liebe (Reinbek 1973).

CHRISTINE STEINIGER

Liebe

↗ Abhängigkeit; Ehe; Eheformen; Emotionalität und Rationalität; Ethik, weibliche; Frauenrollen / Frauenleitbilder; Glauben; Gottesbilder; Identität, weibliche; Lesbische Liebe; Männerbilder; Mystik; Nichteheliche Lebensgemeinschaften; Partnerschaft; Sexualethik; Sexualität; Zärtlichkeit

1. Soziologisch

Kulturgeschichtliche Wandlungen

Ein zentrales Leitbild unserer Gesellschaft ist die romantische Liebe: eine enge gefühlsmäßige Bindung, die zum Traualtar führt und dann lebenslang hält, wie die Formel heißt: „bis daß der Tod euch scheidet“. Doch diese Vorstellung von Liebe, die uns so selbstverständlich erscheint, ist anderen Kulturen und Epochen sehr fern.

In der vorindustriellen Gesellschaft war die Familie vorrangig eine Wirtschaftsgemeinschaft. Unter diesen Bedingungen blieb wenig Raum für persönliche Neigungen, Gefühle, Motive. Ehen wurden kaum nach dem Kriterium persönlicher Zuneigung geschlossen, sondern vor allem danach, was der potentielle Ehepartner – und das bedeutete: das zukünftige Familienmitglied – in den Familienverband einbringen konnte, sei es als Arbeitskraft oder in Form von Mitgift, Kapital, Erbaussichten. Mit dem Übergang zur modernen Gesellschaft begann ein tiefgreifender Wandel der Ehebeziehung. Die Arbeitsgemeinschaft von einst nahm immer mehr den Charakter einer Gefühlsgemeinschaft an. Ins Zentrum rückte der Binnenraum der Kernfamilie, der offensichtlich eine Ausgleichsfunktion gewann. Denn je mehr traditionell gewachsene Bindungen, Glaubenssysteme, Sozialbeziehungen in ihrer Bedeutung in den Hintergrund traten, desto mehr wurden die unmittelbar nahen Personen wichtig für das Bewußtsein und Selbstbewußtsein des Menschen, für seinen inneren Platz in der Welt. Und gewissermaßen als „Herzstück" dieser neuen Form von Identität bildete sich ein neues Verständnis von Liebe heraus. Es ist das Leitbild der zugleich romantischen und dauerhaften Liebe, die aus der engen gefühlsmäßigen Bindung zwischen zwei Personen erwächst und ihrem Leben Inhalt und Sinn gibt.

Liebenswürdigkeit durch Selbstverzicht

Mit diesem neuen Leitbild waren insbesondere neue Erwartungen an die Frau verbunden. Während in der vorindustriellen Gesellschaft beide Geschlechter in der Familienwirtschaft tätig waren, entstand mit dem Aufstieg der bürgerlichen Familie eine Arbeitsteilung ganz anderer Art: der Mann der „Ernährer", die Frau das „Herz der Familie". Neben der physischen Versorgung der Familienmitglieder wurde vor allem auch die psychische zur besonderen Aufgabe der Frau: das Eingehen auf den Mann und seine Sorgen, das Ausgleichen in familialen Spannungssituationen, kurz all das, was heute „Gefühlsarbeit" oder „Beziehungsarbeit" heißt. Liebe wurde definiert als eigentliche Bestimmung der Frau, als Erfüllung des weiblichen Wesens. Die dazugehörigen Tugenden hießen Selbstzurücknahme, Verzicht, Opferbereitschaft. Diese Regelungen gingen eindeutig zu Lasten der Frau, denn sie ließen widerstreitende Wünsche zwischen Mann und Frau von vornherein nicht zu. Der Weg der Frau war Anpassung an den Mann. Folgendes Zitat zeigt, daß die Frau erst durch den Verzicht auf ein eigenes Selbst liebenswürdig erscheint: „Das Weib soll, eingedenk seiner Schwäche und seiner Bestimmung für das innerliche und häusliche Leben, die Bestrebungen, welche sich auf die Selbstheit beziehen, der Innigkeit des Gemüthes, dem Interesse für andre und dem Sinne für das Höchste unterordnen. Das ist der Triumph seyner Ergebung, daß es nicht immer begehrt, etwas für sich selbst zu seyn, aber alles in der Liebe und im Glauben ... Unendlich liebenswürdig ist das Weib, welches seyn Ich so weit als möglich zurückzieht ... In andern findet das Weib, was es für sich selbst nicht seyn und besitzen kann" (Friedrich Ehrenberg, Reden an Gebildete aus dem Weiblichen Geschlechte, 1827).

Seit damals haben die Konturen des Frauenlebens einen spürbaren Wandel erfahren. Durch Veränderungen in Bildung, Beruf, Familienzyklus, Rechtssystem usw. werden Frauen aus der Familienbindung zumindest teilweise herausgelöst, können immer weniger Versorgung über den Mann erwarten, werden (in freilich oft widersprüchlicher Form) auf Selbständigkeit und Selbstversorgung verwiesen. Diesen Entwicklungen entspricht es, daß Frauen heute zunehmend Erwartungen, Wünsche, Lebenspläne entwickeln und entwickeln müssen, die nicht mehr allein auf die Familie bezogen sind, sondern ebenso auf die eigene Person. Sie müssen, zunächst einmal im ökonomischen Sinn, ihre eigene Existenzsicherung planen, gegebenenfalls auch ohne den Mann. Sie müssen sich zunehmend auch als Einzelperson verstehen mit entsprechend eigenen Interessen und Rechten, Zukunftsplänen und Wahlmöglichkeiten.

Das hat Auswirkungen auch auf das Verhältnis zwischen Männern und Frauen. Zweifellos ist, daß auf der einen Seite neue Chancen und Möglichkeiten entstehen: eine Verbindung zwischen Mann und Frau, die sich nicht mehr, wie in der vorindustriellen Gesellschaft, vorwiegend auf den materiellen Anforderungen der Existenzsicherung gründet. Diese Beziehung beruht auch nicht, wie im bürgerlichen Leitbild des 19. Jahrhunderts, auf der „Komplementarität" der als gegensätzlich definierten Geschlechtscharaktere, die im Kern immer auch Unterordnung der Frau meint und real zur Folge hat.

Statt dessen wird jetzt eine Verbindung möglich, die sich auf eine Art Geistesverwandtschaft bzw. auf der ebenbürtigen Partnerschaft zweier Personen gründet, die sich in Charakter und Lebenseinstellung innerlich nah sind.

Neue Konflikte

Aber unübersehbar ist freilich auch, daß damit neue Reibungen und Konflikte entstehen können. Dies wird schon deutlich an den Erwartungen, die Männer und Frauen in bezug auf das Leben zu zweit haben. Jede Ehe besteht aus zwei Ehen: der des Mannes und der der Frau. Diese Formel Jessie Bernards lenkt den Blick auf einen Sachverhalt, der lange Zeit unerkannt blieb, aber im Zuge der Frauenbewegung und Frauenforschung immer deutlicher ins Bewußtsein geriet: Erwartungen und Hoffnungen, die Männer und Frauen mit dem Stichwort Liebe verbinden, stimmen an wichtigen Punkten *nicht* überein. Zu solchen geschlechtstypischen Unterschieden gehört vor allem, daß Männer mehr die instrumentelle Seite von Liebe und Ehe betonen, die Versorgung im Alltag, „daß alles gut läuft". Frauen dagegen legen weitaus mehr Nachdruck auf Gefühle und innere Nähe, eben „daß man einander versteht". Wahrscheinlich ist dieser Unterschied der Erwartungen selbst nicht neu. Neu aber ist die Art des Umgangs damit. Denn in dem Maß, wie auch Frauen sich als Personen mit eigenen Wünschen begreifen, werden sie nicht mehr stillschweigend erdulden, wenn diese nicht eingelöst werden. Sie werden ihre Wünsche eher äußern, nachdrücklich einklagen und auch zur Auseinandersetzung bereit sein. Je mehr Frauen lernen, sich selbständig durchzusetzen (und dies im Zuge eines epochalen Trends zum „eigenen Leben" auch lernen müssen), desto weniger werden sie jene Lösungsform anstreben, die Generationen vorher praktizierten: die Anpassung an den Mann unter Aufgabe der eigenen Rechte und Wünsche. Jenes Bindemittel, das früher der Zusammenhalt garantierte, verschwindet: die alte Frauenrolle, Selbstzurücknahme um der anderen willen, Bereitschaft zu den ebenso endlosen wie unsichtbaren Anstrengungen, die den Ausgleich im emotionalen Klima schaffen.

Perspektiven

Eine mögliche Zukunftsperspektive auf dem Hintergrund der beschriebenen Entwicklung ist, daß die Geschlechterkonflikte sich weiter verschärfen. Aber es muß nicht so sein. Denn was die Entwicklungen der letzten Jahrzehnte in Gang gesetzt haben, ist der Richtung nach eine Angleichung der Frau an den Mann. Aber was heute fehlt oder erst ganz zaghaft sich äußert, ist die parallele Annäherung des Mannes an die Frau – genauer an jene Gefühlsqualitäten, die dem Reservat der Frauenrolle zugewiesen wurden und ohne die das Zusammenleben der Geschlechter seine wichtigste Nahrung verliert. Nicht zufällig waren ja die Geschlechtsrollen des 19. Jahrhunderts komplementär zueinander bestimmt: dort Härte und Durchsetzungsvermögen, hier Herz und Gefühl. Wenn man die eine verändert, muß dies Konsequenzen auch für die andere haben, oder ihr empfindliches Gleichgewicht wird gestört. Soll das soziale Projekt „Liebe" in Zukunft gelingen, so kann es nicht mehr ein einseitiges sein. Dann werden beide, Männer wie Frauen, sich dafür einsetzen müssen – und dann werden auch beide dabei gewinnen.

Literatur: *Philippe Ariès,* Liebe in der Ehe, in: ders. u.a., Die Masken des Begehrens und die Metamorphosen der Sinnlichkeit (Frankfurt a.M. 1984) 165–175; *Elisabeth Beck-Gernsheim,* Von der Liebe zur Beziehung? Veränderungen im Verhältnis von Mann und Frau in der individualisierten Gesellschaft, in: Johannes Berger (Hrsg.), Die Moderne – Kontinuitäten und Zäsuren. Soziale Welt, Sonderband 4 (Göttingen 1986) 209–234; *Francesca M. Cancian,* The Feminization of Love, in: Signs, Nr. 4/1986, 692–709; *Constantina Safilios-Rothschild,* Love, Sex, And Sex Roles (Englewood Cliffs/N. J. 1977).

Elisabeth Beck-Gernsheim

2. Philosophisch, theologisch

Erfahrungsmacht des Eros

Immer wieder hat die Erfahrung der Liebe als Eros das Denken herausgefordert und ihm zugleich Widerstand entgegengesetzt. Durch den Eros (verstärkt durch die Geschlechtlichkeit und die geschlechtliche Anziehungskraft) wird der Mensch, auch gegen sein Wollen und Bewußtsein, über sich selbst hinausgeführt. Daß er dabei um den Verstand gebracht wird (wie es schon Hesiod sah), macht ihm Angst und läßt ihn leiden. Andererseits liegt darin auch ein Gegenmittel gegen die Illusion, die Wirklichkeit, sich selbst und den anderen zu beherrschen und zu kontrollieren. Die Erfahrung der Grenze macht aus dem Eros immer schon ein religiöses Thema. Die Alternative Angst oder Herrschaft, in die die Erfahrung des Eros zu versetzen scheint, ist jedoch wesentlich von der Selbstreflexion des Mannes geprägt. Als eher weibliche Alternative erscheint Hingabe oder Freiheit. Während der Eros schon im Wortsinn von „verlangen" und „begehren" geprägt ist, steckt in dem ursprünglich auch geschlechtlich bestimmten Wort „Agape" die Annahme und die Bereitschaft, sich annehmen und beschenken zu lassen, sozusagen die, wenn auch sicherlich keineswegs exklusive, „weibliche" Komponente.

Das klassische griechische Denken hat das blinde Erleben des Eros „sehend" gemacht für die Erfahrung von Freundschaft und Schönheit. Darin liegt auch, z.B. für Platon, das Gute: in der zwischenmenschlichen Sehnsucht nach der Balance zwischen Gleichheit und Ungleichheit und im Streben nach der Vollkommenheit, das in den göttlichen Bereich führt, der freilich selbst (nach Aristoteles) von der Liebe unberührt bleibt. Durch die Liebe zum Gleichartigen und Gleichwertigen, letztlich zum Gleichgestellten, in welche die Abhängigkeit von Begehren und Erwartung zurückgedrängt ist, hoffte man, der Gefahr der Instrumentalisierung des Menschen in der Liebe zu entgehen. Dies war freilich ein männlich-aristokratisches Konzept.

Der Instrumentalität der „Neigung" sowie der „Ungerechtigkeit" der Vorzugsliebe des Eros versucht I. Kant durch die autonome Konzeption der freien Selbstverpflichtung („bloße Liebe zum Gesetz") zu begegnen. Dieser Gedanke spiegelt sich noch in E. Fromms Versuch der „Objektivität" in der Liebe wider.

Die Romantik hat dem Gedanken von Gleichheit und Ungleichheit seine Beziehung zur Geschlechtlichkeit, die freilich nie völlig verdrängt werden konnte, wiedergegeben: in der Polarität von Weiblichem und Männlichem wird der Mensch erst Mensch, indem er/sie aus der Balance gebracht wird und dann voll Sehnsucht auf neue Weise nach ihr sucht.

Eine gewisse Rückkehr zum mythischen Eros, dessen Zufallsmacht der Mensch erliegt, liegt in der erotisch-sexuellen Besetzung von Leib und Körper der industriellen Spätkultur, die zwischen Widerstand, Flucht und Anpassung gegenüber der Allherrschaft des Rationellen pendelt. Mit einer gewissen Trauer wird die erotische Seele (des Mannes!) als „Hort des Gegenwendigen" (B. Strauß) akzeptiert: bis zum müden Genießen der Möglichkeit, solange sie eben dauert. Die darin liegende, auch mit den Mitteln der Mystifizierung arbeitende Instrumentalisierung der Frau ist noch nicht ausgestanden.

In der Gegenwartsphilosophie sind die Anregungen von E. Levinas von besonderer Bedeutung und Wirkung (vgl. A. Finkielkraut). Der Eros vermittelt zugleich mit der ekstatischen Nähe zum anderen die bleibende Distanz. Die Möglichkeit, im anderen zu sein (Alterität), und zugleich der Entzug bzw. das Geheimnis des anderen sowie die Asymmetrie der Beziehung führen als Lernprozesse das Denken in eine religiöse Dimension, in der auch das Erbe jüdisch-christlicher Erfahrung aufscheint.

Den Widerstand, den der Eros dem Denken entgegensetzt, bezeichnet auch die in der (abendländischen) Literatur gestaltete Erfahrung, deren Modelle (z.B. Antigone, Don Juan, Tristan und Isolde, Romeo und Julia) auch literarisch nie zur Ruhe kommen. Gemeinsam scheint ihnen, daß nur in Scheitern und Tragik die Intensität des Eros als Grenzerfahrung deutlich gemacht werden kann. Daß dabei der Tod das nicht mehr hintergehbare Faktum und Symbol zugleich ist, zeigt auch die Gleichzeitigkeit des Ungleichzeitigen, hier des Antik-Heidnischen in der „christlichen" Kultur des Abendlandes.

Erfahrungsmacht der gottmenschlichen Liebe

Die jüdisch-christliche Glaubensgeschichte rechnet die Liebe nicht zur Unvollkommenheit des Menschen, sondern zur Vollkommenheit Gottes – ein radikaler Perspektivenwechsel in der hellenischen Welt. Das Neue als religiöse Erfahrung ist dabei nicht die Liebe „zu" Gott, sondern die Liebe „aus" Gott, d.h., Gott ist nicht Objekt, sondern Subjekt der Liebe. Seine Liebesmacht ist aber aus der mythischen Macht des Eros (der auch die antiken Götter im Gegensatz zur philosophischen Idee der Gottheit unterliegen) herausgetreten und hat sich anders profiliert: letztlich in den Bildern der Gattenliebe und der Elternliebe, christlich gesehen über die neue Gemeinde Israels in endlich universaler Ausweitung. Daß Gott ein Angesicht hat, wenn auch mit dem Verbot, sich davon ein „Bild" zu machen, entwikkelt sich zum Begriff der Personalität (Persona: das durch die Erscheinungsform Hindurchtönende). Getragen von der Glaubenserfahrung der Annahme und Zuwendung, wird göttliche Liebe als befreiende und zur Hingabe auch zwischen den Menschen befähigende Macht wahrgenommen. Die Gottes-Liebe als Liebe „aus" Gott steht daher letztlich nicht „neben", sondern „in" der Nächstenliebe bzw. der neutestamentlichen Schwester- und Bruderliebe. Die religiöse Liebe „zu" Gott ist daher, bei allen gegenläufigen, aber letztlich nicht dominierenden Motiven im Alten Testament nicht konkurrierend zur Menschenliebe. Das prophetische Motiv ist hier eindeutig: Barmherzigkeit und Gerechtigkeit, nicht Opfer sind Zeugnisse der Gottesliebe (vgl. Hos 6,6; Am 5,21 – 27; Mi 6,6 – 8). Mit großer Entschiedenheit hat Jesus diese Linie bestätigt und verfolgt (vgl. Mt 9,13; 12,7). Es ist wohl kein Zufall, daß bei Hosea die Bilder der Elternliebe (11,1 ff.) mütterliche und die Bilder der Gattenliebe auch weibliche (vgl. 2,21.22) Züge kennen, denn es geht um die befreiende und hingebungsvolle Liebe, erkennbar an Gerechtigkeit und Recht, an Liebe und Erbarmen (Hos 2,21).

Das Doppelgebot der Gottes- und Nächstenliebe (vgl. Dtn 6,5; Lev 19,18; Mt 5,43; Lk 10,27 ff.; Mt 22,36 – 40; Röm 13,9; Gal 5,14.28) stellt daher keine Addition und kein Einerseits-Anderseits dar, sondern ist folgerichtig: Die dankbare Annahme der Liebe aus Gott setzt sich tätig fort in der Menschenliebe.

Angesichts des philosophischen Denkens hat Augustinus eine gültige Form des theologischen Denkens vor der Erfahrungsmacht der gott-menschlichen Liebe gefunden (vgl. De disciplina christiana): Dabei geht er zunächst von der neutestamentlichen Unterscheidung zwischen der richtigen und falschen Selbstliebe aus und interpretiert das „Liebe deinen Nächsten wie dich selbst" als „Liebe deinen Nächsten, wie du dich selbst liebst, nicht wie du dich selbst haßt". Die Fähigkeit zur Selbstannahme durch die Liebe Gottes zu den Menschen mündet in der Fähigkeit, „aus" Gott, d.h. aus der von Gott durchwirkten Selbstliebe, heraus lieben zu können. Wer so befähigt ist, dem können „Nächste", Schwestern und Brüder, „anvertraut" werden. Damit löst Augustinus auch das Problem von Vorzugsliebe und universaler Liebe, von Nächsten- und Fernstenliebe. Die Liebe sucht nämlich zunächst konkret den oder die, die jeweils begegnen und für die jene gott-menschliche „Kompetenz“ besteht. Sie macht bei diesen keinen Unterschied der Rasse, Klasse oder des Geschlechtes (vgl. Gal 3,28) und öffnet sich von daher für alle. Von diesem Ansatz her können auch geschlechtliche Liebe und selbstlose Liebe nicht in Gegensatz gebracht werden (wenn auch bei Augustinus an anderen Stellen fragwürdige Gesichtspunkte hineinspielen). Die Erfahrungsmacht der gottmenschlichen Liebe ist also als wahre Befreiung der Menschenliebe wirksam, und zwar in allen ihren Dimensionen.

Liebe als ethische Grunderfahrung

Die christliche, aber von den Christen oft unerkannte, „weibliche“ (historisch gesehen!) Linie der Liebeserfahrung und des Liebesverstehens stellt so etwas wie eine ethische Grunderfahrung dar, die heute auch, freilich auf jüdisch-christlichem Hintergrund, philosophisch „eingeholt“ wird (vgl. Levinas). Diese Grunderfahrung von Nähe und Distanz, Hingabe und Freiheit beim anderen verbindet Eros und Agape. Und sie liegt daran, daß ich in der Liebe schon will, bevor ich soll: daß also die natürliche Neigung (Thomas von Aquin) bereits ein Gefälle zur Du-Fähigkeit des Menschen erzielt, in die dann freilich die zerstörerische Macht des Bösen und der Sünde eingreift. Daß sich heute immer noch oder wieder die große Mehrzahl der Männer in dem meist frauenbewirkten Zustand der Liebe bequem einrichten und dann an einer ebenfalls frauenbewirkten neuen Unbequemlichkeit der Liebe leiden, ist nur eine der vielen Möglichkeiten, scheinbar im Namen der Liebe zu sündigen. Denn im Namen der Liebe entfalten Furcht und Herrschaft ihre subtilsten Strategien, die ethische Grunderfahrung der Liebe zu zerstören. Zu diesen zerstörerischen Kräften in der Geschichte aller Dimensionen der Menschenliebe gehört die Verwechslung von Liebe und Abhängigkeit, die Hierarchisierung der Liebesformen (Liebe zu Gott vor Liebe zum Nächsten; Fernsten- und Feindesliebe vor Nächstenliebe), die Abstraktion der Gefühle und ihre Ablösung vom Handeln (Liebe auf Distanz), die „Verschmelzungsmystik“ (Liebe ohne Distanz), die Verwechslung von Entmündigungsstrategien mit Fürsorge und so fort.

In der Gottes-Liebe (genitivus subjectivus!) will ich immer schon, bevor ich soll, auch ohne daß die Erosmacht mich erfüllt, aber gestärkt durch die in der Glaubensvergewisserung erfahrene Annahme mit ihren eros-analogen Folgen. Dies macht auch das augustinische Wort deutlich, das als Inbegriff christlich-ethischer Grunderfahrung zu sehen ist: „Ama et fac quod vis“, d.h.: Liebe, und was du *dann* willst, das tu.

Liebe aus der Erfahrung der Hoffnung

Paulus formuliert im Hohenlied der Liebe: „Die Liebe hört niemals auf“ (1 Kor 13,8). Glaubenserkenntnis und Prophetie bleiben „Stückwerk“; sie sehen „rätselhafte Umrisse“ „in einem Spiegel“. Erst in der Schau „von Angesicht zu Angesicht“ vollzieht sich vollkommene Erkenntnis: „dann werde ich durch und durch erkennbar, so wie ich durch und durch erkannt worden bin“ (13,8 – 12). Im Wort „erkennen“ schwingt hier die hebräische Bedeutung der gegenseitigen Erkenntnis der Gatten als Umschreibung des Liebesvollzuges mit. Von Gott her ist der Liebesvollzug bereits geschehen, beim Menschen liegt er in der eschatologischen Spannung: schon – noch nicht.

Die Liebe bleibt auch für den Glaubenden ein undurchdringliches Mysterium. Es gibt nur Bruchstücke des Verstehens: in der Analogie etwa zur Elternliebe, die jedes Kind besonders und doch alle gleich meint. Die gottmenschliche Liebe ist ebenso ein Mysterium wie die Gattenliebe, die diese versinnbildlicht (vgl. Eph 5). Aber die

Liebe ist das „Jetzt" des Gottesreiches im Werden, denn sie allein ist Zeichen der Kontinuität („die Liebe hört niemals auf"): die Liebe, nicht der Glaube. Darum ist auch das „In der Liebe bleiben" ein so großes Thema der johanneischen Schriften (vg. Joh 15,9; 1 Joh 3,16; 4,7 – 9.19). Angesprochen ist dabei die in Christus erschlossene ethische Grunderfahrung des in der Liebe entstehenden Wollens und Könnens, die über sich hinaus verweist. Wenn auf „natürliche" Weise aus Eros/Agape ein Ethos entstehen kann, so entsteht auf gnadenhafte Weise aus dem Liebesethos eine neue Erotik. Die tätige Teilhabe an dieser „Umschöpfung" ist der Weg in die ganzheitliche Befreiung des Menschen: als Frau und als Mann.

Literatur: *Johannes B. Brantschen,* Die Macht und Ohnmacht der Liebe, in: FZPhTh 27 (1980) 224 – 246; *Bernhard Casper,* Liebe, in: HPhG 3 (1973) 860 – 867; *Alain Finkielkraut,* Die Weisheit der Liebe (München 1987); *Erich Fromm,* Die Kunst des Liebens (Frankfurt a.M. u.a. 1972); *Knud Lågstrup,* Solidarität und Liebe, in: Christlicher Glaube in moderner Gesellschaft, hrsg. von Franz Böckle u.a., Bd. 16 (Freiburg i.Br. 1982) 98ff.; *Niklas Luhmann,* Liebe als Passion. Zur Codierung der Intimität (Frankfurt a.M. 1982); *Dietmar Mieth,* Gottesliebe – Menschenliebe. Der Beitrag der Mystik zur Kunst des Liebens, in: Zeitwende 55 (1984) 203 – 219; *Burkhart Mojsisch,* Der Begriff der Liebe bei Augustin und Meister Eckhart, in: Philosophie, Anregungen für die Unterrichtspraxis, Heft 12 (Frankfurt a.M. 1984); *Ludger Oeing-Hanhoff,* Platon über die Liebe, in: StZ 202 (1984) 762 – 774; *Josef Pieper,* Über die Liebe (München 1974); *Bernhard Welte,* Dialektik der Liebe. Gedanken zur Phänomenologie der Liebe und zur christlichen Nächsten-Liebe im technologischen Zeitalter (Frankfurt a.M. 1973); *Beverley Wildung Harrison,* Die Macht des Zorns im Werk der Liebe. Eine christliche Ethik für Frauen und andere Fremde, in: Bernadette Brooten / Norbert Greinacher, Frauen in der Männerkirche (München – Mainz 1982) 191 – 211.

DIETMAR MIETH

Literatur

↗Bildung; Literatur, feministische; Film; Frauenforschung; Frauenorden; Kultur; Kunst; Märchen; Medien; Mittelalter; Mystik

Frauenliteratur im Umkreis der Höfe

Der Anteil der Frauen an der europäischen Literaturgeschichte läßt sich bis ins frühe Mittelalter zurückverfolgen. Bereits im 10. Jahrhundert setzt eine Nonne, Hrotsvit von Gandersheim, mit ihren lateinischen Lesedramen den Auftakt für die dramatische Gattung. Die erste namentlich festgehaltene Dichterin, die in deutscher Sprache geschrieben hat, ist Frau Ava († 1127). Sie hinterließ eine Reihe von erzählenden Gedichten geistlichen Inhalts, zumeist in Anlehnung an die Evangelien. Ab der Mitte des 12. Jahrhunderts mehren sich die Zeugnisse weiblichen Schreibens. Es sind die Frauenklöster und Beginenstifte, die den Frauen – frei von familiären Verpflichtungen – erstmals den Raum zur literarischen Tätigkeit bieten: Schreibmaterialien, Bücher, Anleitung, das Zimmer für sich allein. In einer bis dahin ungekannten Direktheit und Radikalität schreiben die „Bräute Christi", Mystikerinnen zumeist, an und für Gott; Hildegard von Bingen im 12., Mechthild von Magdeburg, Gertrud von Helfta, Christine und Margarethe Ebner im 13. und beginnenden 14. Jahrhundert, Katharina von Genua im 15. und Teresa von Ávila im 16. Jahrhundert.
In Frankreich artikulieren sich die mittelalterlichen Autorinnen vorwiegend im Umkreis der Höfe. In der zu Beginn des 12. Jahrhunderts sich entwickelnden Minnekultur, in deren Mittelpunkt das Spiel mit der höfischen Liebe steht, haben Frauen einen entscheidenden Anteil. Daß sie sich auch schriftstellerisch betätigen, beruht nicht zuletzt auf der Tatsache, daß sie oftmals eine größere Bildung besitzen als ihre männlichen Standesgenossen. Die französische Literaturgeschichte nennt als ihren ersten „weiblichen Dichter" Marie de France, die in der zweiten Hälfte des 12. Jahrhunderts am glanzvollen Hof von Heinrich II., dem wichtigsten Mäzen der französischen höfischen Literatur, in England gelebt hat. In ihren

Fabeln und Liederzählungen, den berühmten „Lais“, läßt sich neben allgemeiner Adels- und Hofkritik eine herbe Schelte gegen die herrschende Konvenienzehe nicht überhören.
Ein anderer Typus der schreibenden Frau ist die „Wunderjungfrau“, wie sie in Italien während der Renaissance in Erscheinung tritt. Es entspricht dem neuen humanistischen Bildungsideal sowie dem dynastischen Prestigedenken, auch die Töchter der höheren Stände in den klassischen Sprachen und Literaturen zu unterrichten und für eine kurze Zeit, nämlich in der vorehelichen Phase, in der Öffentlichkeit auftreten und ihre Fähigkeiten zu improvisierter Rede unter Beweis stellen zu lassen. Aus dieser Tradition der sogenannten Wundermädchen gingen Autorinnen wie Isotta Nogarola, Laura Cereta oder Vittoria Colonna hervor. Doch das Dilemma für diese Schriftstellerinnen lag darin, daß sie von der Gesellschaft als Frauen dafür getadelt wurden, wofür man sie als Jungfrauen bewundert hatte.

Der Salon als Enklave

Was in den vorangegangenen Jahrhunderten eher als Ausnahme in Erscheinung trat und zudem höchst unzureichend von der Literaturgeschichtsschreibung festgehalten wurde, gerät im 17. Jahrhundert ins Blickfeld einer repräsentativen Öffentlichkeit: die Schriftstellerin im Rahmen der französischen Salonkultur. In den aristokratischen Salons des Ancien régime finden Frauen der gehobenen Stände einen gesellschaftlichen Ort, der ihnen ein nie zuvor gekanntes Ausmaß an Freiheit gewährt. Hier entwickelt sich erstmals eine Lebensform, die sich durchaus als genuin weibliche Kultur bezeichnen läßt: die jahrhundertealte Konfliktregelung durch das Schwert ist der neuen Auseinandersetzung mit dem Wort gewichen. Das bringt die beiden Geschlechter einander näher und erleichtert ihren Umgang. In den französischen Salons werden Frauen beim Wort – und das heißt: ernst genommen. Auf dieser Basis entwerfen Schriftstellerinnen die Utopie einer Gesellschaft, in der Frauen und Männer gleichberechtigt miteinander umgehen und die Frau den Mann zum Freund wählt. Zu den maßgeblichen Schriftstellerinnen dieser Epoche gehören: Mlle. de Scudéry, Mlle. de Montpensier, Mme. de Lambert, Mme. de La Sablière, Mlle. Lhéritier, Mlle. de la Vigne, Mme. de Sévigné oder Mme. de Lafayette.
Ein gemeinsames Hauptthema, das sich wie ein Leitmotiv durch ihre Schriften zieht, ist das Plädoyer für eine verbesserte weibliche Bildung sowie die entschiedene Absage an die herrschenden Ehestrategien, d.h. an die väterlichen Heiratsverfügungen wie auch – im umgekehrten Fall – an deren Klostereinweisungen. Denn adlige wie auch bürgerliche Frauen fangen an, die Ehe als eine über sie verhängte Institution zu verurteilen, der sie das Ideal der Freundschaft entgegensetzen. Ein beredtes Zeichen dafür ist die von Mlle. de Scudéry entworfene „Carte de Tendre“, eine erotisch allegorische Topographie, die zu einem vollkommenen Umgang zwischen beiden Geschlechtern anleitet und dem Mann einen Regelkodex nach weiblichem Wunschdenken nahelegt. Doch nicht nur die Betrachtungsperspektive innerhalb der Literaturgeschichte ändert sich im Rahmen der Salonkultur. Auch die literarischen Gattungen erfahren eine hierarchische Umbesetzung. So findet ganz generell – ausgelöst durch die erzählende Literatur von Frauen – eine Aufwertung des epischen Genres statt, und zwar nicht nur des Romans, sondern auch der Skizze, des Porträts, der Memoiren und – in ganz besonderem Maße – des Briefes. Es beginnt die Zeit der großen Briefpassion.

Der Brief als neues Artikulationsmedium der Frauen

Die um die Mitte des 18. Jahrhunderts ausbrechende Briefleidenschaft zieht immer weitere Kreise und bemächtigt sich auch derer, die statt der Feder die Stricknadel zu führen gewohnt waren, nämlich der bürgerlichen Frauen. Da mit der poetologischen Abwertung des Abenteuerromans die Darstellung zwischenmenschlicher Konflikte an Ansehen gewinnt und die Angelegenheiten der Familie ebenfalls literarische Legitimierung erfahren, fassen die Frauen Mut, die Begebenheiten ihrer alltäglichen Häuslichkeit selbst zu Papier zu bringen und den Fremden zu übermitteln. Und so beginnen Frauen plötzlich in allen Lebenslagen Briefe zu schreiben, ja der Briefwechsel wird zu einer ihrer wichtigsten Angelegenheiten überhaupt. Dabei zielt die Intention solcher Briefe nicht bloß auf den Intimbereich von Empfänger und Sender, sondern auf einen weit größeren Personenkreis. Briefe werden vorgelesen, ausgeliehen und abgeschrieben und sind somit gewissermaßen öffentlichkeitsbezogen. Doch bleibt der Briefstil natürlich. Die Form der direkten Selbstaussage ermöglicht nuancierte Seelenschilderungen und schafft erste psychologisch genaue weibliche Charaktere, die aus der Alltagssituation heraus von Frauen selbst entwickelt werden. Und so kommt um die Mitte des 18. Jahrhunderts in Europa eine literarische Gattung in Mode, welche die Briefpassion der Frauen in sich aufnehmen kann: nämlich der Briefroman. Hier regelt keine aristotelische Poetik die Darstellungsformen. Es sind die Briefe selbst, die mit ihren vorgegebenen Anfängen und Schlüssen und der Direktheit des Erzählens die Struktur bestimmen. Darin hatten auch die Frauen inzwischen Übung bekommen. In Deutschland erregt Sophie von LaRoche mit ihrem Briefroman „Geschichte des Fräuleins von Sternheim" (1771) durch die neue empfindsame Art ihres Erzählens die Aufmerksamkeit der literarischen Welt.

Doch wie schwierig für Frauen der Weg in die Öffentlichkeit war, zeigt das Beispiel von Fanny Burney, der „Mutter des englischen Romans". Bereits als Fünfzehnjährige schreibt sie Gedichte und Erzählungen, die sie aber, auf das Drängen ihrer Familie, schon bald verbrennt. Schreiben galt als nicht „lady-like", unziemlich für ein Frauenzimmer mit gutem Ruf. Später schreibt sie heimlich bei Nacht ihren ersten Briefroman (Evelina, or The History of a Young Lady's Entrance into the World, 1778), den sie aus Angst vor ihrem Vater anonym erscheinen läßt. Bei einem der wenigen Theaterstücke, die sie schrieb, „The Witlings", kommt der Vater dahinter und verhindert die Veröffentlichung. Erst der unvermutete und durchschlagende Erfolg des Evelina-Romans bahnt Burney den Weg aus dem Dunkel der Anonymität in das Licht der öffentlichen Anerkennung.

Der Beitrag der Frauen zur epischen Gattung

Obgleich Frauen mit den genannten Werken den Durchbruch in die offizielle Hochliteratur schaffen und der Gattung Roman ihre eigene Handschrift geben können, bedeutet das nicht, daß nun von einer kontinuierlichen Entwicklung der Frauenliteratur gesprochen werden kann. Ganz im Gegenteil. Es ist kennzeichnend für die literarische Arbeit von Frauen, daß sie kaum in einem Kontinuitätszusammenhang steht. Das ist im Verlauf der Kulturgeschichte schon immer das Dilemma der künstlerisch tätigen Frau gewesen. Eingebettet in die patriarchalische Familiengemeinde, ausgegrenzt von jeder Öffentlichkeit, fehlt ihr das, was Männern in Künstlerbünden, literarischen Gesellschaften und Vereinen, in Cafés und Clubs so ausgiebig möglich war: der gegenseitige Interessenaustausch mit dem eigenen Geschlecht. Mit dem Absterben der Salonkultur werden insbesondere die bürgerlichen Frauen mehr und mehr zu Einzelkämpferinnen, die wenig von ihren schreibenden Schwestern wissen. Diese isolierte Produktionssituation hat sich

zweifellos auch auf die Gattungspräferenz der Autorinnen ausgewirkt. Denn noch bis in das 20. Jahrhundert hinein artikulieren sich schreibende Frauen überwiegend in der epischen und lyrischen Gattung, kaum in der dramatischen. Das ist verständlich. Schließlich beruhen wirkungsvolle Dramen stets auf der genauen Kenntnis des Theaters selbst, der Welt der Bühne also, die die Frauen in aller Regel nicht besaßen. Man erinnere sich nur an das Faktum, daß lange Zeit selbst der Theaterbesuch den Frauen verwehrt war. Mit der zunehmenden Teilnahme der Frauen am öffentlichen Leben setzt auch eine verstärkte weibliche Dramenproduktion ein. Man denke etwa an die Amerikanerinnen Gertrude Stein (1874 bis 1946), Susan Glaspell (1882 – 1948) und Lorraine Hansberry (1930 – 1965), die dem schwarz-amerikanischen Theater entscheidende Impulse gab, an die irische Dramatikerin Augusta Gregory (1882 – 1932), die erst in ihrem 50. Lebensjahr mit dem Stückeschreiben anfing, aber von da an noch 50 Theaterstücke verfaßte, an die beiden deutschen Autorinnen Else Lasker-Schüler (1869 – 1945) und Marieluise Fleißer (1901 – 1974), denen das neue bundesrepublikanische Theater entscheidende Impulse verdankt, an heute wirkende Dramatikerinnen wie Gerlind Reinshagen (*1926), Elfriede Jelinek (*1946) oder Caryl Churchill (*1939).
Die Entwicklung der epischen Gattung hingegen ist – zumindest seit dem 18. Jahrhundert – auf ganz entscheidende Weise von Frauen mitgeprägt worden, und zwar im Formalen wie auch im Inhaltlichen. Autorinnen wie Sophie von LaRoche, Fanny Burney, Jane Austen, Charlotte Brontë oder Kate Chopin führen der herrschenden Romantradition nicht nur neue Themen zu, sondern setzen auch neue Akzente und wählen eine bisher ungekannte Erzählperspektive. So zeigt sich schon in Sophie von LaRoches „Geschichte des Fräuleins von Sternheim" eine deutliche Reduzierung der abenteuerlichen Aktionshandlung mit ihren zahlreichen Hindernissen bei der Zusammenführung der Liebespaare, wie sie für den herrschenden Romantypus kennzeichnend war. Die englische Romanautorin Jane Austen (1775 – 1817) verzichtet gänzlich auf dieses Aktionsmuster. Ihre Romane sind auf völlig neue Weise darauf angelegt, die Gefühlswelt der Liebespaare, insbesondere der jungen Mädchen und Frauen des englischen Landadels zu entfalten, wobei den jungen Frauen bei der Wahl oder Ablehnung der Ehepartner ein Höchstmaß an Freiheit zugestanden wird.
Schildern die genannten Autorinnen in der Regel die voreheliche Phase im Leben der Frauen, so verlagert sich im Verlauf des 19. Jahrhunderts der Akzent auf die Darstellung der Ehe selbst. Schriftstellerinnen wie George Sand (1804 – 1876), Fanny Lewald (1811 bis 1889), Kate Chopin (1851 – 1904), Gabriele Reuter (1859 – 1941, Gabrielle-Sidonie Colette (1873 – 1954) oder Sibilla Aleramo (1876 – 1960) zeigen überwiegend Konfliktsituationen, in die Frauen innerhalb der Ehe geraten, wenn Neigung und Pflicht auseinanderfallen. Zwei weitere epische Genres, die in ganz auffälliger Weise von Frauen beherrscht werden, sind die Gothic Novel, der englische Schauerroman also, und der Kriminalroman. Den Auftakt setzt Ann Radcliffe mit ihrem ersten Erfolgsroman „The Mysteries of Udolpho" (1794), gefolgt von Mary Wollstonecraft Shellys „Frankenstein oder Der neue Prometheus" (1818), mit dem eine junge Frau zur Schöpferin des langlebigsten Monsters der Literaturgeschichte wird. Weitere Höhepunkte dieses Genres sind Emily Brontës „Wuthering Heights" (1847), Isak Dinesen „The Seven Gothic Tales" (1934) sowie „The Angelic Avangers" (1946).

Frauen im gegenwärtigen Literaturbetrieb

Heute lassen sich Frauen aus dem literarischen Leben nicht mehr fortdenken, und zwar quantitativ ebensowenig wie qualitativ. Das beginnt bereits in den 50er Jahren, als Ingeborg Bachmann auf der Mainzer Tagung (1953) der Gruppe 47 als neue Lyrikerin entdeckt wird und in der Folgezeit auch in Erzählungen (Das dreißigste Jahr, 1961), Hörspielen (Der gute Gott von Manhattan, 1963) und Romanen (Malina, 1971) radikal mit den traditionellen Erzählweisen und Schreibformen bricht. Ähnliches gilt für die folgenden Schriftstellerinnen in der Deutschen Demokratischen Republik, für Irmtraud Morgner oder für Christa Wolf, die wohl berühmteste Autorin der deutschen Gegenwartsliteratur, die mit ihren Werken „Nachdenken über Christa T." (1968), „Kindheitsmuster" (1976), „Kein Ort. Nirgends" (1979) und „Kassandra" (1983) den Status einer gesamtdeutschen Groß-Autorin erreicht hat.

In Frankreich lassen sich solche ästhetischen Innovationen in den Prosatexten von Nathalie Sarraute oder der Cinécriture von Marguerite Duras beobachten, die somit nicht nur narrative Grenzüberschreitungen innerhalb des literarischen Genres praktiziert, sondern sich mit ihrem „Film-Schreiben" gleichermaßen einen Platz in der alternativen Filmszene erobert.

Für England ist in diesem Zusammenhang die Space-fiction-Literatur von Doris Lessing zu nennen, die sich für ihre Romanserie „die Aufgabe gestellt hat, eine Bibel im Science-fiction-Stil zu schreiben".

Seit den 70er Jahren ist die Palette der schreibenden Frauen noch breiter und vielfältiger geworden. Autorinnen aus Kanada, aus Lateinamerika und Schwarzafrika sowie schwarzamerikanische und chinesische Schriftstellerinnen gewinnen zunehmend internationale Aufmerksamkeit. So ist das Erstlingswerk der Senegalesin Mariama Bâ, „Ein so langer Brief" (1979), der eine Frau im Spannungsfeld von alter Stammeskultur und neuen Aufbrüchen zeigt, mittlerweile in ein Dutzend Sprachen übersetzt. 1982 erhalten erstmals zwei schwarze Frauen renommierteste amerikanische Literaturpreise: Alice Walker bekommt den Pulitzer-Preis für „Die Farbe lila" und Gloria Naylor den American Book Award für „Die Frauen vom Brewster Platz".

Literatur: *Barbara Becker-Cantarino* (Hrsg.), Die Frau von der Reformation zur Romantik. Die Situation der Frau vor dem Hintergrund der Literatur- und Sozialgeschichte (Bonn 1980); *Maria Böhmer / Hedwig Bremer* (Red.), Frauen sehen ihre Zeit. Katalog zur Literaturausstellung des Landesfrauenbeirats Rheinland-Pfalz (Mainz 1984); *Silvia Bovenschen,* Die imaginierte Weiblichkeit. Exemplarische Untersuchungen zu kulturgeschichtlichen und literarischen Präsentationsformen des Weiblichen (Frankfurt a.M. 1979); *Gisela Brinker-Gabler* (Hrsg.), Deutsche Literatur von Frauen, 2 Bde. (München 1988); *dies. / Karola Ludwig / Angela Wöffen,* Lexikon deutsch-sprachiger Schriftstellerinnen 1800 bis 1945 (München 1986); *Marianne Burkhard* (Hrsg.), Gestaltend und Gestaltet. Frauen in der deutschen Literatur (Amsterdam 1980); *Hiltrud Gnüg / Renate Möhrmann* (Hrsg.), Frauen Literatur Geschichte (Stuttgart 1985); *Ellen Moers,* Literary Women (New York 1977); *Wolfgang Paulsen* (Hrsg.), Die Frau als Heldin und Autorin (Bern – München 1979); *Elaine Showalter,* A Literature of Their Own (London 1977); *Inge Stephan / Sigrid Weigel,* Die verborgene Frau (Berlin 1983).

RENATE MÖHRMANN

Literatur, feministische

↗ Feminismus; Frauenbewegung; Frauengeschichte; Kultur; Literatur; Philosophie, feministische; Sichtweise, weibliche; Sprachkritik, feministische

Begriff

Ausgelöst durch die neue Frauenbewegung der beginnenden 70er Jahre, hat sich in Praxis und Wissenschaft das Attribut *feministisch* für solche Artikulationsformen von Frauen durchgesetzt, die von einem frauenemanzipatorischen Elan getragen sind. So wird auch in der Literaturwissenschaft mittlerweile zwischen Frauenliteratur – als dem gesamten Literaturpotential einer weiblichen Verfasserschaft – und einer davon abgegrenzten feministischen Literatur unterschieden.

Feministische Literatur ist provokative Literatur mit dem Ziel, gesellschaftsverändernd zu wirken. Sie gehört zu dem großen Komplex der „littérature engagée". Doch ihr Engagement konzentriert sich in erster Linie auf die Frau. Darin liegt ihre Geschlechtsspezifität, nicht notgedrungen in ihrer Verfasserschaft.

Bevorzugte Themen

Bevorzugte Themen sind die besondere gesellschaftliche Benachteiligung von Frauen, die Zweifachbelastung, die aus dem Doppelanspruch von Berufstätigkeit und Kindererziehung resultiert, die Wirkungsweise weiblicher Sozialisation, Rollenverhalten und Identitätsfragen sowie die Analyse patriarchalischer Unterdrückungsformen.
Gleichzeitig richtet sich das Interesse feministischer Autorinnen in besonderem Maße auf die Rekonstruktion weiblicher Geschichte. Mißtrauisch der offiziellen Geschichtsschreibung gegenüber, die, was die Frauen anbelangt, nie sonderlich genau gewesen ist, vertrauen sie eher den oralen Vergangenheitsdarstellungen ihrer Mütter. So bildet die Auseinandersetzung mit den Müttern ein weiteres Schwerpunktthema ihrer Arbeiten. Beispiele hierfür sind Karin Strucks „Die Mutter" (1975), Joan Hotchkis' „Legacy – Das Vermächtnis" (1975), Angelika Mechtels „Wir sind arm, wir sind reich" (1977), Ingeborg Drewitz' „Gestern war Heute. Hundert Jahre Gegenwart" (1978), Sandra Pazettis „Das Echo Deiner Stimme" (1980) oder Katja Behrens' „Die dreizehnte Fee" (1983).

Weibliche Sprache und Ästhetik

Dabei setzt gleichzeitig eine Reflexion über die herrschende Sprache ein. Denn die Schwierigkeiten, mit denen ein Großteil der feministischen Autorinnen zu kämpfen hat, liegen darin begründet, daß sich die patriarchalischen Gesellschaftsstrukturen auch in der Sprache niedergeschlagen haben. Der Impuls, sich diesem männlichen Diskurs zu widersetzen, kommt aus Frankreich. Frauen wie Luce Irigaray, Hélène Cixous, Julia Kristeva oder Annie Leclerc setzen der Dominanz des männlichen Denkens die „écriture féminine", das „Frau-schreiben", entgegen. Sie kritisieren eine Textpraxis, die vorwiegend normativ und hierarchisch vorgeht, größtmögliche Eindeutigkeit anstrebt und weniger klar definierbare Faktoren wie Rhythmus, Klang, Emotionen und Ambivalenzen kaum zur Kenntnis nimmt. In diesem Zusammenhang wird in den 70er Jahren auch in anderen europäischen Ländern und in den USA die Frage nach der weiblichen Ästhetik gestellt und heftig diskutiert. Die Geschlechtszugehörigkeit der Frau – so wird behauptet – tritt gesellschaftlich stets in Erscheinung. Das wirkt sich auch auf die weibliche Kunstproduktion aus. Frauen können – anders als Männer, die vorwiegend durch Berufstätigkeit und Status definiert sind – auch beim Schreiben weniger davon absehen, daß sie weibliche Wesen sind.
Als Beispiele feministischen Schreibens werden zumeist Dorothy Richardson, Virginia Woolf, Kate Chopin, Sylvia Plath, Simone de Beauvoir, Adrienne Rich, Anja Meulenbelt, Monique Wittig, Betty Friedan, Phyllis Chesler, Marylin French, Verena Stefan, Christa Reinig, Brigitte Schwaiger, Birgit Pausch, Ursula Krechel oder Elfriede Jelinek genannt. Eine verbindliche Antwort allerdings, wodurch sich weibliche Ästhetik auszeichnet, wurde bisher noch nicht gefunden. Und so kommen in den 80er Jahren auch in der feministischen Theorie zunehmend Zweifel auf, ob sich weibliche Ästhetik überhaupt so kategorial ausgrenzen läßt. Die ästhetischen Ablagerungen, die sich im kulturhistorischen Prozeß auf die ursprünglich einmal weibliche Substanz gehäuft haben, lassen sich selbst durch größte theoretische Anstrengungen offenbar nicht wieder abtragen. Die genuin weibliche Ästhetik, als invariable Kategorie, ist mittler-

weile nicht mehr auszumachen, wohl aber eine weibliche Perspektive. Darum geht es heute in der feministischen Literaturtheorie. Denn Darstellungs- und Wahrnehmungsformen sind immer durch Perspektivität, durch den raumzeitlichen Standort des Subjekts im gesellschaftlichen Koordinationssystem bestimmt, und diese Standorte von Männern und Frauen sind in unserer Gesellschaft auch weiterhin nicht dieselben. Und so fallen die Beschreibungsvokabeln zur feministischen Literatur in den ausgehenden 80er Jahren weniger apodiktisch aus als zur Zeit der 70er Jahre, dafür aber sind sie genauer.

Literatur: *Friederike Hassauer / Peter Roos,* Die Frauen mit Flügeln, die Männer mit Blei? Notizen zu weiblicher Ästhetik, Alltag und männlichem Befinden (Siegen 1986); *Claudine Herrmann,* Die Sprachdiebinnen (München 1978); *Magdalene Heuser* (Hrsg.), Frauen Sprache Literatur (Paderborn 1982); *Norgard Kohlhagen,* „Sie schreiben wie ein Mann, Madame!" Von der schweigenden Frau zur schreibenden Frau (Frankfurt a.M. 1983); *Renate Möhrmann,* Feministische Ansätze in der Germanistik seit 1945, in: Jahrbuch für Internationale Germanistik XI H. 2 (1980); *Luise Pusch* (Hrsg.), Feminismus. Inspektion der Herrenkultur. Ein Handbuch (Frankfurt a.M. 1985); *Ilma Rakusa,* Frau und Literatur. Fragestellungen zu einer weiblichen Ästhetik, in: Christa Köppel / Ruth Sommerauer (Hrsg.), Frau – Realität und Utopie (Zürich 1984) 273–296; *Inge Stephan / Sigrid Weigel* (Hrsg.), Feministische Literaturwissenschaft (Berlin 1984); *Sigrid Weigel,* Der schielende Blick. Thesen zur Geschichte weiblicher Schreibpraxis, in: dies., Die verborgene Frau. Sechs Beiträge zu einer feministischen Literaturwissenschaft (Berlin 1983). Renate Möhrmann

M

Macht

↗ Abhängigkeit; Arbeit; Aufstiegschancen; Ausbildung; Beruf; Ethik, weibliche; Frauenbewegung; Frauengleichstellungsstellen; Frauenpolitik; Frauenverbände; Gewalt gegen Frauen; Gleichberechtigung; Kirche; Matriarchat / Patriarchat; Medien; Menschenbild; Neue soziale Bewegungen; Parteien; Politik; Sexualethik; Sexualität; Wirtschaft; Wissenschaft

Diskussion um den Machtbegriff

Manche Begriffe sind in der neuen Frauenbewegung besonders umstritten: das Wort „Macht" gehört dazu. Viele Frauen verbinden mit „Macht" etwas Männliches, Gewalttätiges und damit Negatives, das mit den Zielen von Frauen und mit weiblichen Werten, wie z.B. Liebe, Gefühl, Zärtlichkeit, wenig zu tun hat. Die Palette der Meinungen reicht von Akzeptanz über teilweise Zustimmung bis hin zu völliger Ablehnung von Macht als ein für Frauen erstrebenswertes Ziel (B. Meyer). Ablehnung wie Akzeptanz verdeutlichen die dem Machtbegriff innewohnende Problematik: Einerseits ist Macht notwendig, um die Gleichberechtigung von Mann und Frau in unserer Gesellschaft zu verwirklichen, anderseits kann Macht als Waffe leicht in Unterdrückung umschlagen. Wichtig scheint, sich klarzumachen, wie sich Macht zu Herrschaft verhält, was Macht zwischen Männern und Frauen aktuell bedeutet und in welchen Formen sie sich gesellschaftlich zeigt.

Begriffsbestimmungen

Die klassische Definition von Max Weber bestimmt Macht als „jede Chance, innerhalb einer sozialen Beziehung den eigenen Willen auch gegen Widerstreben durchzusetzen, gleichviel, worauf diese Chance beruht". Dies kann physische oder psychische Eigenschaften von Menschen oder Gruppen betreffen, die sich offener oder versteckter Gewalt- und Zwangsmittel bedienen, um Macht zu erwerben, zu erhalten, zu mehren oder – die Macht anderer zu erschüttern bzw. diese zu *ent*machten. Im Unterschied zu Herrschaft, die durch „Setzung" (z.B. Alter, Geburt, Obrigkeit) begründet ist und das *Recht* hat, die Befolgung von Gesetzen und Regeln notfalls mit Gewalt zu erzwingen, ist Macht nicht in erster Linie *gesetzt,* sondern immer abhängig von der Legitimation und Zustimmung jener, über die sie ausgeübt wird. Zwar geht Macht oft mit Herrschaft einher, ist jedoch nicht notwendig an sie gekoppelt: auch Nicht-Herrschende können Macht besitzen, wobei zu prüfen ist, worin ihre Macht besteht. Macht wird allerdings nicht immer bewußt erlebt, zumal dann nicht oder eher schwer, wenn sie sich in Strukturen und Werten verfestigt hat, die für die Individuen zur „Gewohnheit" geworden sind. Macht setzt sich hier selbst als normative Kraft in den Strukturen einer Gesellschaft und in den Köpfen der Menschen fest – sie lebt vom stillschweigenden Einverständnis der Nicht-Mächtigen und nicht von deren subjektiv bewußter Akzeptanz.

Machtverteilung zwischen Männern und Frauen

Was bedeutet dies nun für das Verhältnis von Männern und Frauen? Zwar stellen die Frauen die Mehrheit einer Gesellschaft, aber sie sind eine „Mehrheit ohne Macht" (A. Kuhn/D. Appenzeller). Trotz gesetzlicher Gleichstellung von Männern und Frauen durch die politische Herrschaft ist unsere Gesellschaft nach wie vor patriarchalisch strukturiert. Dies dokumentiert sich gerade darin, daß jeder Zugang zur Macht fast ausnahmslos in den Händen von Männern liegt. Die zentralen Entscheidungspositionen und -funktionen werden von Männern eingenommen, sei es in Wirtschaft, Wissenschaft, Medien, Finanzen, Verwaltung, Kirche oder Politik. Die offen und klar erkennbare Machtstellung von Männern ist darüber hinaus durch vielfältige Benachteiligung von Mädchen und Frauen im Berufs- und Erwerbsleben (z.B. Arbeitslosenquote, ungleicher Lohn für Männer und Frauen, Lehrstellenvergabe, Einstellungspraxis von Unternehmen und Betrieben usw.) zu belegen. Versteckter und für Frauen wesentlich schwieriger erkennbar ist jene männliche Macht, die sich jenseits aktueller Diskriminierung im persönlichen und intimen Bereich niederschlägt, indem sie Zugriff nimmt auf weibliches Handeln, Denken und Fühlen – weibliche Identität und Sexualität als Gegenstand männlicher Bedürfnisse und männlicher Lust. Diese verdeckte Macht, die sich in fraglosen Zuschreibungen von Eigenschaften und Rollen für Männer und Frauen, in Sprache, kulturellen und sozialen Normen und Werten geltend macht, ist der „harte Kern" des Patriarchats, der weniger durch gesetzliche Regelungen der Gleichstellung, sondern durch die gemeinsame Emanzipation von Männern und Frauen aus tradierten Wert- und Einstellungsmustern aufgeweicht werden kann.

Möglichkeiten eines neuen Machtverständnisses

Herzstück dieser patriarchalischen Gesellschaftsstruktur ist die geschlechtsspezifische Arbeitsteilung zwischen Männern und Frauen, die im allgemeinen nicht als historisch gewachsene und damit von Menschen veränderbare, sondern als natürliche und normale begriffen wird. Männliche Macht basiert auf öffentlich anerkannter Berufsarbeit, weibliche Ohn-Macht findet nur ein schwaches Äquivalent in der öffentlich nicht anerkannten Familienarbeit und der Macht über Haushalt und Kinder. Doch gerade diese Macht ist häufig doppelbödig: Ausgeschlossen von der öffentlichen Macht der Männer und reduziert auf den privaten Bereich, wird dieser zum Lebensmittelpunkt und Mikrokosmos, in dem sich Dramen der Depression, Verzweiflung und ohnmächtiger Wut abspielen können. Nicht selten führen die Kinder Stellvertreterkriege für ihre jeweils in ihren Rollen gefangenen Eltern, ohne daß die Ursachen der Kämpfe geklärt werden können. Anderseits befestigen Frauen auch heute noch insofern in zahlreichen Fällen männliche Macht, als sie die Trennung von Beruf und Familie, Öffentlichem und Privatem und „männliche und weibliche Eigenschaften und Werte" in der Erziehung an ihre Töchter und Söhne unbewußt weitergeben. Neben dem Kampf um Gleichberechtigung und Emanzipation geht es für Frauen darum, den Machtbegriff durch Teilhabe an öffentlicher und privater Macht positiv zu füllen, für Männer, durch die Teilhabe von Frauen an lebenswichtigen und alltäglichen Entscheidungen eine „Entlastung von Macht" zu erfahren. Männer und Frauen haben aufgrund ihrer Geschichte ein unterschiedliches Verhältnis zur Macht. Für beide besteht hier – vielleicht erstmals in der Geschichte der Menschheit – die Chance, lebenswertes Leben im Interesse aller neu zu definieren: Gefordert ist die kritische Solidarität unter Anerkennung unterschiedlicher Ausgangspunkte.

Literatur: *Elisabeth Beck-Gernsheim,* Das halbierte Leben (München 1980); *Gisela Bock / Barbara Duden,* Arbeit aus Liebe – Liebe als Arbeit, in: Beiträge zur I. Sommeruniversität für Frauen (Berlin 1977); *Evelyn Fox Keller,* Liebe. Macht und Erkenntnis. Männliche oder weibliche Wissenschaft? (München 1986); *Ute Gerhardt / Annette Kuhn / D. Appenzeller,* Verhältnisse und Verhinderungen (Frankfurt a.M. 1978); *Claudia Honegger / Bettina Heintz* (Hrsg.), Listen der Ohnmacht (Frankfurt a.M. 1981); *Birgit Meyer,* Frauen an die Macht!?, in: Aus Politik und Zeitgeschichte 9–10 (1987) 15–28; *Barbara Schaeffer-Hegel,* Frauen und Macht. Der alltägliche Beitrag der Frauen zur Politik des Patriarchats (Berlin 1984); *Herrad Schenk,* Frauen kommen ohne Waffen. Feminismus und Pazifismus (München 1983).

Helga Albersmeyer-Bingen

Mädchenarbeit

↗ Arbeitslosigkeit; Ausbildung; Ausländerinnen; Bildung; Familienrollen; Frauenbewegung; Frauen im ländlichen Raum; Frauenpolitik; Frauenverbände; Geschlechtsidentität; Identität, weibliche; Mädchen-/Frauenschutz; Partnerschaft; Religiöse Erziehung; Schule; Schwesternschaften

Ursprünge in der Frauenbewegung

Mädchenarbeit hat ihre Wurzeln in der liberalen und christlichen Frauenbewegung. Sie war von Anfang an ein zentrales Element in deren Engagement. 1858 wurde in Berlin eine evangelische Mädchengruppe und 1889 der Verband evangelischer weiblicher Jugend gegründet. 1893 entstanden dort Mädchen- und Frauengruppen für soziale Hilfsarbeit und 1895 in München der erste Verband des Marianischen Mädchenschutzes. Viele Initiativen und Aktivitäten von Frauen für Mädchen folgten. Sie verbanden zwei Anliegen miteinander. Durch das Angebot, sozial tätig zu werden, erhielten Mädchen der Ober- und Mittelschicht eine Chance, ihren auf die Familie beschränkten Lebensraum und -horizont zu erweitern. Vielen wurde dadurch die Tür zu einem Beruf geöffnet. 1899 wurde in Berlin unter Leitung von Alice Salomon der erste Jahreskurs zur Ausbildung von Frauen für die soziale Arbeit eingerichtet.

Im Umfeld der Frauen- und Jugendbewegung entstanden autonome Mädchenverbände. Zu ihnen gehörten der Jugendbund des Katholischen Deutschen Frauenbundes (1906), die Deutsche Pfadfinderinnenschaft (1912), der Mädchen-Wanderbund (1914), die Weggenossen für evangelische Schülerinnen höherer Schulen (1920) und der Heliand für katholische Schülerinnen höherer Schulen (1926). Auch in den Wandervögelbünden und der Arbeiterjugend bildeten sich Mädchengruppen. In der Schweiz und in Österreich wurden ähnlich wie in Deutschland die Anfänge der sozialen Mädchenarbeit von der Frauenbewegung getragen.

In der *Schweiz* entstand 1886 der Verein der Freundinnen Junger Mädchen (der u.a. Mädchen bei Reisen oder in fremden Städten half), 1895 der Schweizerische katholische Fürsorgeverein für Frauen, Mädchen, Kinder, 1901 der Schweizerische Evangelische Verband Frauenhilfe, 1919 der Bund Schweizerischer Pfadfinderinnen. Ab 1930 wurde in Zürich der Verein für Ferien und Freizeit (auf Initiative von Marianne Lothar-Kater) professionell angeleitet. Er führte nicht nur Ferienfreizeiten durch, leistete Jugendhilfe und setzte sich auch politisch für die Durchsetzung von Ferien ein. Ebenso wie bei den Naturfreunden waren Mädchen hier mit eingeschlossen. Eine eigene Mädchenarbeit entwickelte sich in diesen Vereinigungen jedoch nicht. 1920 wurde eine spezielle Berufsberatung für das weibliche Geschlecht von der Frauenbewegung eingerichtet, hier entwickelte sich eine spezielle Mädchenberatung.

Die Entwicklung der Mädchenarbeit in der Schweiz ist wissenschaftlich noch nicht aufgearbeitet.

In der *österreichischen* Frauenbewegung zeichneten sich zunächst dieselben Vorgänge ab wie in Deutschland und der Schweiz. In der zweiten Hälfte des 19. Jahrhunderts entstand eine Reihe von Frauenorganisationen, die Mädchenarbeit durchführten, so z.B. der Mädchenunterstützungsverein, der Frauenwohltätigkeitsverein, der Verein für volkswirtschaftlichen Fortschritt und der äußerst wichtige Frauenerwerbverein (mit der Zielsetzung, Mädchen eine bessere Bildung zu ermöglichen). Der Verband christlicher Hausgehilfinnen (führend: Johanna Weiß) kümmerte sich um die Verbesserung der Lage der Dienstmädchen. Ähnlich wie in Deutschland entstanden Mädchenorganisationen im konfessionellen Bereich (so organisierten sich etwa die katholischen Schülerinnen höherer Schulen). Mädchengruppen gab es innerhalb der Katholischen Jugend Österreichs, im Bund Neuland sowie in der Arbeiterbewegung. Marianne Hainisch führte die isolierten Frauenvereine 1902 zum Bund österreichischer Frauenverbände zusammen, dem die konfessionelle und sozialdemokratische Frauenbewegung allerdings nicht angeschlossen war.

Wie die sozialdemokratischen Frauen sich der Internationalen anschlossen, gründete Lola Solar (ÖVP) die Europäische Frauenunion als internationalen Zusammenschluß auf politisch-bürgerlicher Seite. Die katholischen Frauen schlossen sich übernational in der Union Mondiale des Organisations Féminines Catholiques zusammen. In diesen Organisationen wird partiell die Mädchenbildung und -arbeit verhandelt.

Neue Lebensperspektiven für Mädchen

Es gibt nur wenige Untersuchungen zur Mädchenarbeit dieser Zeit. Aus persönlichen Zeugnissen sowie den Lebenswegen und -werken von Frauen, die ihr verbunden waren, läßt sich aber auf ihren Einfluß schließen. Er lag vor allem darin, daß sie ihre Mitglieder bekannt machte mit neuen Lebensperspektiven – Berufstätigkeit und sozial-politisches Engagement – in außerfamilialen Bereichen. Sie bot Räume, in denen Mädchen ihren Horizont erweitern, ihre Rollen reflektieren und sich in neuen Aufgaben erproben konnten. In der Gruppe erlebten sie Solidarität und gewannen Sicherheit. Das Profil der sozialen Berufe, in der ihnen eigenen Verbindung von persönlicher Hilfe und sozialreformerischen Aktivitäten, war ein Ergebnis der Mädchen- und Frauenarbeit der ersten Phase.

In den Jahren von 1933 bis 1945 (Österreich: von 1938 bis 1945) erhielt die soziale Mädchenarbeit (wie die berufliche Sozialarbeit überhaupt) durch den Nationalsozialismus einen großen Rückschlag: eine spezifische Pädagogik konnte unter den politischen Bedingungen nicht weiterentwickelt werden, reformpädagogische Ansätze kamen zum Erliegen, ihre Vertreter und Ver-

treterinnen mußten zum Teil emigrieren.
Der Reformpädagogik entspringen die koedukativen Ansätze. Die zunehmende Bedrängung der Schweiz durch Nationalsozialismus (Deutschland und Österreich), Faschismus (Italien) und Krieg führte zu einer „Igelstellung“ der Schweiz. Die schweizerische Sozialarbeit und -pädagogik reagierte auf diese Entwicklung mit der generellen Abwehr von spezifisch deutschem Bildungsgut und deutschen Bildungskonzepten und versuchte eine Rückbesinnung auf nationale schweizerische Entwicklungen. Eine konzentrierte Aufarbeitung dieser Zeit mit den speziellen Entwicklungen in der Mädchenpädagogik steht noch aus.

Außerschulische Mädchenarbeit nach 1945

Die Wiederanfänge nach 1945 wurden durch die Entwicklungen von der Zeit vor der nationalsozialistischen Machtergreifung geprägt. Sie schufen die Voraussetzungen für Mädchenarbeit in Jugendverbänden, Freizeiteinrichtungen, Wohnheimen, in der Bildungsarbeit und in Beratungsdiensten. Sie nahmen Einfluß auf die Verbesserung und Erweiterung der Ausbildungsmöglichkeiten für Mädchen.
Zu den in dieser Phase entwickelten Konzepten außerschulischer Mädchenarbeit gehörten sowohl Angebote zur Vorbereitung auf eine berufliche Tätigkeit wie auf Familienaufgaben und soziales Engagement. Sie erhielten 1958 ihre politische Absicherung durch ein Sonderprogramm „Mädchenbildung“ im Bundesjugendplan. Kritiker warfen der durch dieses Programm und ergänzende Landesprogramme geförderten Mädchenarbeit eine unreflektierte Übernahme tradierter weiblicher Rollen, eine kritiklose Hinnahme der Doppelbelastung von Frauen durch Beruf und Familie, eine einseitige Hinführung zu typischen Frauenberufen sowie ein überholtes Verständnis sozialen Engagements vor. In der Schweiz ist die Mädchenarbeit nicht auf diese Weise politisch verankert worden; die Problematik liegt hier aber ähnlich. Wissenschaftliche Untersuchungen zu den Auswirkungen des Mädchenprogramms und der bis heute geförderten Maßnahmen für Mädchen liegen nicht vor. Anfang bis Mitte der 70er Jahre erschienen in Österreich Forschungsarbeiten zu dieser Thematik, die zu politischen Innovationen Grundlagen und Anregungen geben. In den 60er Jahren geriet die außerschulische Mädchenarbeit in den Windschatten der Koedukationsbestrebungen.

Defizite durch Koedukation

Die Ergebnisse von Forschungsarbeiten zur Lage von Mädchen weckten neue Aufmerksamkeit für Mädchenarbeit. Über verbandliche, politische und weltanschauliche Grenzen weg besteht Übereinstimmung, daß die hohen Erwartungen, die emanzipatorische und antipädagogische Strömungen innerhalb der Erziehungswissenschaft in die Koedukation als Mittel zur „Befreiung“ von Mädchen setzten, sich nicht erfüllt haben. Koedukation in Jugendverbänden und in der offenen Jugendarbeit wurde von Mädchen nur bedingt angenommen; sie gab ihnen kaum Möglichkeiten, sich einzubringen, und blieb weitgehend an Jungen orientiert. Seit Ende der 70er Jahre kommt Mädchenarbeit im Umfeld der neuen Frauenbewegung wieder in den Blick. Ihre Notwendigkeit wird für alle Bereiche der Jugendhilfe wieder anerkannt. Sie soll zur Verbesserung der Chancengleichheit von Mädchen in allen Lebensbereichen beitragen, sie befähigen, tradierte Familienrollen und ehrenamtliche Engagements zu reflektieren, sich mit dem neuen Rollenrepertoire beruflicher Tätigkeit und gesellschaftlicher Partizipation vertraut zu machen. Sie soll Mädchen Mut machen, weibliche Lebens- und Ausdrucksformen auch außerhalb des Familienkreises und in der Zusammenarbeit mit Männern am Arbeitsplatz, in Verbänden, in kirchlichen und politischen Gremien ins Spiel zu bringen. Dazu wird eine die Mädchenarbeit ergänzende „Jungenarbeit" gefordert. Ihr Schwerpunkt sollte – wie bei der Mädchenarbeit – in der Auseinandersetzung mit Familienrollen und der Einübung in sie sowie in der Zusammenarbeit von Frauen und Männern liegen. Die Diskussion um die Koedukation wird in der Schweiz mit ähnlichen Argumenten geführt, in Österreich flammt die Diskussion um die Koedukation immer wieder auf.

Differenzierung der Aufgaben

Die konkrete Ausgestaltung der Aufgaben, die sich Mädchenarbeit setzt, stellt hohe Ansprüche an die Verantwortlichen. In den letzten Jahren hat die Mädchenarbeit Anregungen aus der feministischen Frauenbewegung erhalten, von denen einige fruchtbar zu machen sind, andere in ihrer Einseitigkeit aber wohl nicht weiterführen.

Mädchenarbeit kann nur ihre Ziele erreichen, wenn sie die unterschiedlichen religiös-kulturellen Prägungen, familiären und beruflichen Lebensbedingungen sowie die Zukunftsperspektiven von Land- und Stadtbewohnerinnen, Studentinnen und Arbeiterinnen, Spätaussiedlerinnen aus Osteuropa und Rußland, Ausländerinnen aus den Ländern Europas und der anderen Kontinente, behinderten Mädchen, sexuell mißbrauchten und Mädchen aus besonders belasteten Familiensituationen wahrnimmt und respektiert. Die Ergebnisse ihrer Arbeit müssen sich daran messen lassen, inwieweit sie Mädchen dazu verhelfen, zu einem Lebensentwurf zu kommen, mit dem sie sich über den Tag hinaus identifizieren können. Inwieweit sie durch ihre Angebote Bedingungen schaffen, die es Mädchen ermöglichen, Wissen zu erwerben, Fähigkeiten zu entwickeln und zu erproben sowie Einsichten zu gewinnen, die notwendig sind, damit sie ihren Lebensalltag in Übereinstimmung mit sich selbst und in Verantwortung gegenüber den Menschen, für die sie zuständig sind, meistern können.

Literatur: *Deutscher Bundestag,* „Verbesserung der Chancengleichheit von Mädchen in der Bundesrepublik Deutschland" – Sechster Jugendbericht, Drucksache 10/1007 vom 15. 2. 1984; *Bundeskonferenz der Frauenjugend im BDKJ,* Nicht länger ohne uns (BDKJ Bundesstelle Düsseldorf 1987); *Ariane Hoppler u. a.,* Wie wir wurden, was wir sind – wie wir werden, was wir wollen. Mädchenarbeit in der evangelischen Trägergruppe für gesellschaftspolitische Jugendbildung, in: Materialien zur politischen Bildung, H. 2 (1987) 29 – 36; Jugendarbeit mit Mädchen (Themenheft) Deutsche Jugend H. 12 (1986); *Landeswohlfahrtsverband Württemberg-Hohenzollern – Landesjugendamt,* Arbeit mit Mädchen in der Mobilen Jugendarbeit, in: Forum Jugendhilfe; AGJ-Mitteilungen, H. 4 (1982) 46 – 56; Mädchensozialarbeit. Berichte aus der Praxis, in: Jugend, Beruf, Gesellschaft, H. 3 (1982) 81 – 121; *Verena Mayr-Kleffel,* Mädchen – endlich ein Gegenstand der Jugendforschung, in: Neue Praxis, H. 2/3 (1985) 133 – 141; *Agnes Niegl* (Hrsg.), Schriftenreihe zur Mädchen- und Frauenbildung, 3 Bde. (Wien 1971 u. 1975), Bd. 1: Dorothea Gaudart / Wolfgang Schulz, Mädchenbildung wozu? (1971), Bd. 2: Henry Kreutz / Grete Fürnschuß, Chancen der Weiterbildung für Mädchen (1971); Dorothea Gandart, Zugänge von Mädchen und Frauen zu technischen Berufen (1975); *Ulrike Pilz-Kusch / Mechtild Schramme,* Mädchen- und Frauenarbeit in Jugendverbänden, in: Deutsche Jugend, H. 12 (1986) 533 – 541; *Malte Ristau / Ruth Winkler,* Die vergessene Hälfte der Jugendverbände, in: Materialien zur politischen Bildung, H. 2 (1987) 12 – 29; *Gerlinde Seidenspinner / Angelika Burger,* Mädchen 82 – DJI-Forschungsbericht (München 1983); *Gitte Trauernicht / Michaela Schumacher,* Mädchen in Häusern der offenen Tür. Eine Studie zur verbesserten Einbeziehung von Mädchen in die Angebote der offenen Jugendarbeit in NRW; Institut für soziale Arbeit e. V. Münster 1986, hrsg. vom Ministerium für Arbeit, Gesundheit und Soziales des Landes NRW.

TERESA BOCK

Mädchen-/Frauenschutz

↗ Arbeit; Arbeitsrecht; Beruf; Chancengleichheit; Elternurlaub; Erwerbstätigkeit; Erziehungsgeld; Frauenberufe; Frauenförderung; Frauengleichstellungsstellen; Gesundheit; Gewerkschaften; Mutterschutz; Schwangerschaft; Technik / Technologien; Wirtschaft

Älteste arbeitsrechtliche Regelungen

Gesetzliche Arbeitsschutzbestimmungen für Kinder/Jugendliche und Frauen gehören zu den ältesten arbeitsrechtlichen Regelungen in Deutschland, das hiermit im 19. Jahrhundert führend im sozialen Bereich in Europa war (Verbot der Kinderarbeit 1839, Einführung des Mutterschutzes 1878). Sie sind im Laufe der Zeit in Form von Gesetzen, Verordnungen, Unfallverhütungsvorschriften und auch tarifvertraglichen Bestimmungen erheblich ausgeweitet worden und erfaßten sowohl Frauen oder weibliche Jugendliche allgemein oder besondere Gegebenheiten bei den Frauen wie Schwangerschaft oder körperliche Konstitution, sie regelten ganze Berufe oder bestimmte Tätigkeiten und Maschinenbedienungen, schrieben ärztliche Untersuchungen vor sowie Arbeitszeiten und Arbeitsbedingungen.

In der Bundesrepublik Deutschland gelten heute noch gesetzliche Berufs- und Tätigkeitssperren für Frauen z.B. in Kokereien und bei Unter-Tage-Arbeit, bei gefährlichen Stoffen oder Strahlen und auch bei Gefährdung der Sittlichkeit (Verbot der Beschäftigung weiblicher Jugendlicher als Nackttänzerinnen, Bardamen usw.). Gewichtshöchstgrenzen beim Heben und Tragen von Lasten sind für Frauen festgelegt. Schließlich sieht die Arbeitszeitordnung besondere Höchstarbeitszeiten und Pausen für Frauen sowie das Nachtarbeitsverbot für Arbeiterinnen vor. Die Arbeitsstättenverordnung verlangt getrennte sanitäre Anlagen für Männer und Frauen. Hinzu treten als spezielles Schutzrecht die Regelungen des Mutterschutzes. Die Stellung der Frau ist im österreichischen und Schweizer Arbeitsrecht ähnlich ausgestaltet. In der Schweiz wird im Vergleich zu Regelungen in der Bundesrepublik Deutschland die Mutterschaft relativ schlecht geschützt (unzureichender Kündigungsschutz, kein bezahlter Mutterschaftsurlaub).

Kritik an geltenden Regelungen

Der Umfang des speziellen Arbeitsschutzes für Mädchen und Frauen ist historisch nicht nur mit der Schutzbedürftigkeit gebärfähiger oder schwangerer Frauen zu erklären, sondern in starkem Maße mit der Zuweisung der Familienarbeit an die Frauen und dem Ausschalten unerwünschter Konkurrenz zu Männern. So fordert die EG-Richtlinie zur Gleichbehandlung 76/207 aus dem Jahre 1976 zu Recht die Beseitigung diskriminierender Schutzbestimmungen. Viele nicht gerechtfertigte Arbeitsschutzregelungen sind im Laufe der letzten Jahre auch aufgehoben worden. Auch in der Schweiz ist derzeit eine Revision im Gange, um den Verfassungsauftrag der Geschlechtergleichheit (seit 1981!) zu verwirklichen. Es bleibt Veranlassung zu Kritik in doppelter Weise:

Einerseits sind Frauenarbeitsschutzgesetze, obwohl möglich, ja gesetzlich gefordert, noch immer nicht so ausgestaltet, daß sie einen speziellen diskriminierenden Effekt auf Frauen, denen in Einzelfällen mit dem Hinweis auf Arbeitsschutzregeln ein Arbeitsplatz verweigert wird, vermeiden. Es gibt immer noch Bestimmungen in Arbeitsschutzgesetzen, Unfallverhütungsvorschriften und dergleichen, die eine besondere Behandlung der Frauen verlangen, weil bestimmte durchschnittliche Gruppenmerkmale verbindlich erklärt werden für alle Frauen, statt die Schutzvorschriften an entsprechend schutzbedürftigen Individuen, seien sie männlich oder weiblich, auszurichten. Diejenigen spezifischen Schutzbestimmungen für Frauen wiederum, die aus der Biologie aller Frauen gerechtfertigt sind oder mit Mutterschaft zusammenhängen, sind regelmäßig, aber unnötig so ausgestaltet, daß sie negativ auf die Beschäftigung von Frauen wirken können: Die Überbürdung der Kostenbelastungen des speziellen Arbeitsschutzes für Frauen und des Mutterschutzes auf einzelne Unternehmer statt auf Fonds (wie es für die Mutterschutzkosten seit

1985 in der Bundesrepublik Deutschland wenigstens für Kleinunternehmer mit nicht mehr als zwanzig Beschäftigten geregelt ist) bestraft diejenigen Arbeitgeber, die viele Frauen und diese gar in qualifizierten, gut bezahlten Positionen beschäftigen. Auch in der Schweiz werden die Kosten grundsätzlich dem Arbeitgeber angelastet. In Österreich werden die Leistungen des Mutterschutzes zum Großteil von den Krankenkassen finanziert, der Rest richtet sich nach der Lohnhöhe und wird vom Arbeitgeber getragen.

Erziehungsurlaub und Erziehungsgeld werden in der Bundesrepublik Deutschland zwar auch Männern gewährt, die gesetzlichen Regelungen sind aber so auf Lebens- und Erwerbsmuster von Frauen hin formuliert, daß sie in der Praxis fast ausschließlich von Frauen in Anspruch genommen werden. Der Arbeitgeber muß realistisch daher nur bei einer Beschäftigung von Frauen mit einer Belastung durch Erziehungsurlaub rechnen. In Österreich haben nur Mütter Anspruch auf Karenzurlaub. Die Einführung eines Elternurlaubs wird derzeit diskutiert.

Anderseits wird von Arbeitgebern und konservativen wie wirtschaftsliberalen Politikern die Aufhebung oder weitgehende Einschränkung auch gerechtfertigter, ja notwendiger gruppenspezifischer Arbeitsschutzgesetze gefordert und mit Gleichberechtigung begründet, obwohl diese Personen ansonsten in Bemühungen um die Gleichstellung der Frauen im Erwerbsleben nicht hervorgetreten sind (und die Beseitigung des allgemeinen Arbeitsschutzes auch anders, nämlich mit Kostenargumenten und allgemeiner Dysfunktionalität, begründen). Diese globalen Deregulierungsforderungen werden aber die Gleichberechtigung nicht voranbringen, im Gegenteil. Konkret ist in der Bundesrepublik Deutschland für 1988 z.B. die Aufhebung des Nachtarbeitsverbotes für Arbeiterinnen und weiterer Schutzbestimmungen der Arbeitszeitordnung vorgesehen. In Österreich wurde das Nachtarbeitsverbot für Frauen in höher qualifizierten Berufen 1986 gelockert. Die bloße Abschaffung statt die diskriminierungsfreie Ausgestaltung der Frauenarbeitsschutzgesetze beseitigt zwar deren soziale Wirkung, nicht aber die Benachteiligung der Frauen auf dem Arbeitsmarkt. Die Fähigkeit der Frauen, zu gebären, ist nicht Folge des Mutterschutzgesetzes. Auch in den Bereichen, für die ein Nachtarbeitsverbot nicht galt (z.B. im Verkehrswesen), sind Frauen keineswegs in qualifiziertere Arbeitsplätze gelangt. Der geschlechtsspezifisch geteilte Arbeitsmarkt, der Frauen in unqualifizierteren Positionen festhält und ihnen die größten Arbeitsmarktrisiken überbürdet, hat seine Ursache weder im allgemeinen Arbeitsrecht noch im speziellen Arbeitsschutz.

Auch in der Schweiz ist Ziel der Revision die Aufhebung aller geschlechtsspezifischen Vorschriften, die nicht auf biologischen Unterschieden beruhen, und deren teilweiser Ersatz durch geschlechtsneutrale Schutzbestimmungen, u.a. durch Schaffung einer neuen Schutzkategorie der „Arbeitnehmer mit Familienpflichten“. Wirtschaftliche Argumente und die allgemeinen Deregulierungsbestimmungen stehen dabei ebenfalls im Vordergrund. Gefahr: Konzept der neuen Schutzkategorie ist praktisch kaum durchführbar, die Doppelbelastung der Frauen und Mütter (kein Sonderschutz mehr bei Nacht- und Sonntagsarbeit sind die Folge; gesellschaftliche Rahmenbedingungen, wie z.B. Kinderkrippen, fehlen fast völlig) wird verschärft.

Notwendigkeit von Schutzbestimmungen

Besondere Arbeitsschutzbestimmungen für Mädchen / Frauen sind dann gerechtfertigt und notwendig, wenn es arbeitsmedizinisch nachweisbar ist, daß aus Gründen der biologischen Präformation Frauen als Gruppe generell zu schützen sind und innerhalb der Gruppe Frau Unterschiede zwischen einzelnen Frauen nicht von Bedeutung sind. Spezielle Schutzvorschriften sind berechtigt für gebärfähige Frauen an Arbeitsplätzen, bei denen die Arbeit in der Zeit einer im Frühstadium bestehenden und deshalb möglicherweise nicht erkannten oder erkennbaren Schwangerschaft den Fötus gefährden kann. Frauenarbeitsschutz ist hingegen abzulehnen, wenn er Bezug nimmt auf eine durchschnittliche geringere körperliche Leistungsfähigkeit oder höhere körperliche Empfindlichkeit von Frauen, da dann die Unterschiede in der Gruppe der Frauen (wie auch die in der Gruppe der Männer) negiert werden. Der Arbeitsschutz ist vielmehr auf die konkreten Arbeitskräfte hin individuell und geschlechtsunspezifisch auszugestalten. Zur Minderung spezifischer betriebswirtschaftlicher Risiken, die durch die Beschäftigung von Frauen unter gerechtfertigten speziellen Arbeitsschutzbestimmungen auftreten, ist die Überwälzung auf alle Arbeitgeber (z. B. mittels Fondslösungen) zu wählen, weil nur so die gleichberechtigte Beschäftigung von Frauen kein Kostenfaktor darstellt. Besondere Arbeitsschutzbestimmungen für Mädchen/Frauen sind auch dann nicht gerechtfertigt, wenn sie nicht an die biologischen und die dadurch hervorgerufenen funktionalen Unterschiede von Mann und Frau anknüpfen, sondern an die faktische Rollenverteilung in Familie, Beruf und Gesellschaft. Hier ist vielmehr an Regelungen zu denken, die Männer dazu bewegen können, die sie begünstigende traditionelle Rollenverteilung zu verlassen. Sind Arbeiten gleichermaßen gefährlich für Männer und Frauen (z. B. Nachtarbeit), sind beide Geschlechter im Rahmen des Möglichen vor ihr zu schützen.

Literatur: *Friedelind Binder-Wehberg,* Ungleichbehandlung von Mann und Frau (Berlin 1970) 114ff.; *Marliese Dobberthien,* Kritik des Frauenarbeitsschutzes, in: ZRP 1976, 105ff.; *dies.,* Schutz der oder Schutz vor weiblicher Arbeitskraft, in: WSI-Mitteilungen 1981, 233ff.; *Gertraude Krell / Berga Tammling,* Arbeiterschutz als Alibi für die Doppelbelastung der Frau, in: Marielouise Janssen-Jurreit (Hrsg.), Frauenprogramm (Reinbek 1979) 101ff.; *Heide Pfarr,* Besondere Arbeitnehmerschutzrechte zwischen sozialpolitischer Zielsetzung und arbeitsmarktpolitischer Dysfunktionalität, in: Michael Kittner (Hrsg.), Arbeitsmarkt – ökonomische, soziale und rechtliche Grundlagen (Heidelberg 1982); *dies.,* Deregulierung als Diskriminierung, in: Die Neue Gesellschaft / Frankfurter Hefte 4/1986, 326ff.; *dies. / Klaus Bertelsmann,* Gleichbehandlungsgesetz (Wiesbaden 1985).

Heide Pfarr

Magersucht

↗ Eßstörungen.

Magna Mater

↗ Buddhismus; Gottesbilder; Hinduismus; Matriarchat / Patriarchat; Mythologie; Sophia; Tiefenpsychologie; Urbilder, weibliche; Weiblichkeitssymbole

Begriff und geschichtlicher Befund

Der religionswissenschaftliche Begriff Magna Mater weist auf jene Weltanschauung hin, in der das Göttliche durch das Weibliche in seiner mütterlichen Ausprägung definiert wird. Die Große Göttin oder Weltmutter ist die universelle Lebenskraft, die das Leben spendet und auch wieder zu sich nimmt und damit das Ursprüngliche schlechthin verkörpert. Ob die ältesten Gottheiten Mütter sind, wird noch erforscht. Jedenfalls gehören sie zu den ältesten. Sie umfassen Himmel und Erde. Verehrung und Kult der Magna Mater konzentrieren sich auf das Mysterium von Geburt und Tod. Geborenwerden aus der Mutter und Rückkehr in ihren Schoß umfassen die Entfaltung menschlichen Lebens, sie symbolisieren Werden und Vergehen, Bewegung und Wandlung von Materie und Geist. Kulte und Mythen der Magna Mater sind bereits in der Vorzeit (Eiszeit, Megalith-Kulturen, vorarische Induskultur mit Mohendjo-Daro) nachweisbar, finden sich wieder in den Upanishaden (Weltkraft der Göttin), im Hinduismus als Shakti

(Urkraft in Form der Weltmutter), im tantrischen Buddhismus (Shakti führt zu Erleuchtung und Nirvana). Magna-Mater-Kulte finden sich in Vorderasien wie in der griechischen Antike (Mysterienreligionen, griechische Erdmuttergöttinnen, Isis u.a.) und klingen auch im gnostisch-christlichen Bereich mit dem Sophia-Verständnis an.

Patriarchale Entwertung

Mit Magna Mater wird nicht einengend eine historische Frauengestalt bezeichnet, der Begriff umfaßt eine weiblich-mütterliche Symbolfigur, die Leben schenkt und wieder in sich aufnimmt. Daher trägt sie weltweit als Muttergottheit gebende wie nehmende, gütige wie grausame Züge. Im Laufe der kulturellen Verfestigung patriarchaler Strukturen erfolgte eine entsprechende Abwertung ihrer positiven Fähigkeiten und Werte: Die Magna Mater wurde durch männlich verstandene und geprägte Schöpfergottheiten ersetzt, Ursprung und Ende wurden dem Machtbereich eines männlich verstandenen Gottes zugeordnet. Die patriarchal genutzte Spaltung in Himmel und Erde, Geist und Materie sowie ihre parallellaufende Hierarchisierung in Werte haben u.a. zur Folge, daß durch die Festschreibung und Ideologisierung dieser Einseitigkeiten im Zeitalter fortschreitender Technik ein männlicher Machbarkeitswahn Geburt und Tod, Gebären und Sterben durch Technisierungen (z.B. Apparatemedizin, Gen- und Reproduktionstechnologie) zusehends mehr entfremdet.
Sigmund Freud hat in der Psychoanalyse die Bedeutung der persönlichen Mutter für das Schicksal des einzelnen wieder entdeckt. Carl Gustav Jung (und sein Schüler Erich Neumann) hat den Begriff der Magna Mater wieder aufgenommen im Sinne eines Archetypus, des Mütterlichen an sich. Die vorangegangene patriarchale Abwertung wird auch hier deutlich, indem deren Spaltung und Hierarchisierung ins Psychische übertragen wurden.

Literatur: *Richard Fester u. a.*, Weib und Macht. Fünf Millionen Jahre Urgeschichte der Frau (Frankfurt a.M. 1979); *Heide Göttner-Abendroth*, Die Göttin und ihr Heros (München 1980); *dies.*, Die tanzende Göttin (München 1982); *Gerhardus van der Leeuw*, Phänomenologie der Religion (Tübingen 1977); *Erich Neumann*, Die Große Mutter. Eine Phänomenologie der weiblichen Gestaltungen des Unbewußten (Olten 1974); *Robert Ranke-Graves*, Griechische Mythologie, 2 Bde. (Reinbek 1961); *Heinrich Zimmer*, Die indische Weltmutter (Frankfurt a.M. 1980).
URSULA BAUMGARDT

Mann

↗ Abhängigkeit; Aggressivität; Bindung; Buddhismus; Christentum; Diskriminierung; Ethik, weibliche; Frauengeschichte; Frauenrollen / Frauenleitbilder; Frieden; Ganzheitlichkeit; Geschlechtsidentität; Gleichberechtigung; Gottesbilder; Hinduismus; Islam; Kirchenlehrerinnen / Kirchenväter; Kult; Kultur; Liebe; Macht; Männerbilder; Matriarchat / Patriarchat; Menschenbild; Menschenrechte; Natur; Naturreligionen; Partnerschaft; Sprachkritik, feministische; Theologie, feministische; Väterlichkeit; Vaterschaft

Biologische Ausdifferenzierung des Menschen

Um zu einer ausreichenden Beschreibung oder Definition des „Mannes" zu gelangen, ist, außer dem Blick auf ihn als Geschlechtswesen, auch einer auf die mannigfaltige andere Aufspaltung der großen Gattung Mensch in verschiedenste, sich überschneidende Unterarten notwendig. Der um 30000 v.Chr. zum „homo sapiens sapiens" entwickelte Mensch, dessen Erbgut seitdem nahezu unverändert bleibt, zeigt zwei durch verschiedene Gene bzw. Chromosome hervorgerufene, äußerlich besonders auffällig voneinander abweichende Gestaltungen.
Die eine ist die der „Populationen", als sogenannten Rassen, die sich frühzeitig auseinanderentwickelt haben. Nach Schätzung heutiger Genetiker sind sie jedoch nur auf einen zu 1–2% anderen Genbestand, als ihn der Mensch sonst aufweist, zurückzuführen.
Ein nur geringfügig höherer „kleiner Unterschied", obwohl auch er die ganze innere Struktur und äußere Erschei-

nung mitzuprägen scheint, besteht zwischen den Geschlechtern. Die Biologen errechnen für Mann und Frau, mit ihrem an sich gleichzahligen und bei 42 Chromosomen (Autosomen) auch qualitativ gleichen Erbgut, nur je zwei ungleichgewichtige XX- und XY-Chromosomen. Deren geschlechtlich bestimmende Gene – die auch die für die sekundären Geschlechtsmerkmale und die Geschlechtszugehörigkeitsempfindungen im Gehirn (Hypothalamus) Hormone (Andro- und Östrogene) produzieren – machen ebenfalls, statistisch gesehen, nur etwa 3–4% der Genmenge aus. Schon ohne das eine, einzige Y-Chromosom entfällt jede Männlichkeitsentwicklung. Zwischen diese Genesis eines ausgeprägt männlichen oder weiblichen Menschen schiebt sich allerdings auch noch die des dritten Geschlechts der Herm(es)-Aphroditen, also der androgynen Menschen ein. Entgegen ihrer theoretischen Verherrlichung im alten Mythos oder in jeder Neuromantik geschlechtlicher Vollvereinigung (China: Yin-Yang; Platon, Symposion 189c–194e) streben ihre nichtchimärischen, realen Exemplare (bereits sexuell eher hin- und hergerissen als mit sich einig) jedoch meist eine Rückumwandlung in ein – besonders auch seelisch – bestimmtes, eindeutiges Geschlecht an. Ihre Gleichheit mit allen anderen Menschen beträgt, genauso wie die aller Menschen untereinander, 98–97%. Das gilt entsprechend auch für die Homosexuellen und Lesbierinnen.
Neben diesen beiden, wenn auch insgesamt auf nur geringen Genverschiedenheiten beruhenden rassischen und geschlechtlichen Spezies des Menschen bilden sich andere seiner Sonderarten und Ausgestaltungen auch aufgrund einer gleichen Genausstattung heraus. Wir finden Menschen auf noch verschiedenen menschheitsgeschichtlichen Evolutionsstufen (z.B. Pygmäen) und in altersbedingter Gestalt (z.B. Kind, Greis). Durch unterschiedliche Mischung der Einzelgene oder Genkomplexe desselben Erbguts entstehen außerdem die in allen Rassen, Altersstufen und Geschlechtern auftretenden menschlichen Typen oder Charaktere, an denen wir uns mitorientieren, und die Individuen in ihrer (fast) völligen Singularität. Diese – die Art oder die Unvereinbarkeit gewisser ihrer Eigenarten – werden oft mit jenen Ausprägungen verwechselt; d.h., man schreibt der Rasse, dem Alter oder Mann und Frau feste Eigenschaften wie Geistesschwäche, Leichtsinnigkeit, Aggressivität oder Friedfertigkeit zu, die sie gar nicht immer notwendig aufweisen. Jede Unterart des Menschen, wie auch der Mann, ist daher auch nur durch alle seine sich überschneidenden Merkmale „bestimmbar". Die Hervorhebung einer spezifischen Differenz, wie „männlicher Mensch", genügt dazu nicht.

Kulturelle Natur des Menschen

Über dieser „ersten", genetischen Anlagenatur erhebt sich außerdem noch die „zweite (Kultur-)Natur" (Demokrit) des Menschen. Erst durch ihre Miteinschaltung, samt ihren Irrtümern und Vorurteilen oder ihrem Wahn, entscheidet sich in jedem Fall, wie der jeweilige Mensch, auch der Mann, sich selbst verstehen, leben und anderen Menschen begegnen wird.
Allen bisherigen menschlichen Anlagen kann er allerdings nur in einer demokratisch-humanen Gesellschaftsform gerecht werden. Allein sie läßt prinzipiell volle Pluralität zu. Sie muß dabei aber auch voraussetzen, daß jede Art, im Interesse aller, selbsteinsichtig gewisse Erfahrungsregeln menschlichen Miteinanderauskommens im Rahmen der gegebenen Natur respektiert, d.h. die neuzeitlich sog. Menschenrechte (und -pflichten).

Der Mann als Alleinmensch und Maß des Menschseins

Obwohl menschliche Geschichte monokausal nie zureichend erklärt und beschrieben werden kann, ist die ge-

schlechtsspezifische Betrachtung als durchgehende analytische Perspektive schon deswegen aufschlußreich, weil sie von einer weitgehend männlich geprägten Sicht: „Männer machen Geschichte" (Carlyle) bis heute generell vernachlässigt bzw. verdrängt wird.
Die große Frage ist, ob gerade der Mann als Mann sich demokratisch versteht und verhält, und damit Mensch und Welt, besonders in den letzten 5000 Jahren seiner Vormacht, in diesem prekären Gleichgewicht gehalten hat und hält. Ob unbewußt oder später bewußt und sogar „wissenschaftlich begründet", versteht und gebärdet sich der Mann dieser Epoche zwar oft als schon selbst – und einzig und allein – „Mensch". Sprachlich wie begrifflich, profan wie religiös (homo, Adam), im Alltag (man) wie im Gesetz (jeder), in der Hominidenentwicklungs- wie der historischen Geschichte (als „his-story"), der Berufsbezeichnung (Staatsmann, Denker) oder der Ethik (Mannhaftigkeit), in aller Wissenschaft, Technik und Kunst, schreitet die Identifizierung von Mann und Mensch mit schwerwiegenden Konsequenzen fort. Es scheiden damit aber nicht nur Frauen, sondern auch andere Männer als nicht dem idealen Menschentum entsprechend aus. Wenn sich mit ihm rassische Vorstellungen verbinden, sind es ganze Völker, wie Juden oder Schwarze. Wenn es sich um die Einhaltung eines anderen männlichen Ideals handelt, z.B. des „korrekt" oder leger auftretenden, des heldenhaften oder professoralen, pastoral-frommen oder aufgeklärten, des wirtschaftlich-technisch oder politisch tüchtigen, werden auch andere Männer „invisible men": d.h., sie fallen als Nicht- oder Untermenschen wie Fremde, Ausländer, Sklaven, Pöbel, Arbeiter, Geisteskranke oder schlicht dem jeweiligen Vorbild des Mannesmenschen Unangepaßte trotz ihrer Mannheit aus der Menschheit heraus. Auch die Bürgerschaft der neuzeitlichen Männerdemokratie bleibt daher nicht nur, wie in der segmentären, akephalischen (häuptlingslosen) Frühgesellschaft und der Antike, auf „Brüderlichkeit" beschränkt. Sie wehrt sich als ausschließliche Adels-, Honoratioren- oder Wirtschaftsherrschaft auch gegen alle weitere Durchmischung und Pluralität. Der Mann identifiziert sich in Wirklichkeit lediglich mit gewissen, nicht also mit allen Männer-Menschen.

Der Mann als Herr

Eng verbunden mit dieser Einstellung ist auch seine in dieser Epoche grassierende Selbstauffassung als „geborener Herr" (despotes, dominus, in der Frauenoberschicht ebenfalls domina – Dame) über andere Menschen und die angeblich niedere Natur der Mineral-, Pflanzen- und Tierwelt, oft begründet mit dem Auftrag Gottes in Gen 1,29. Diese Natur hält er fälschlich, entgegen eigener, schon früher besserer Einsicht und Praxis, für ganz zu seinen Diensten stehend und beutet sie immer unbekümmerter und gründlicher aus. Gegenüber seinen Mitmenschen(-Männern) entwickelt er einen Herren-, Eroberungs- und Vernichtungsgeist, der vor keiner Gewalt zurückscheut und die kriegerische Auseinandersetzung der Verhandlung, das Herr-Knechts- (und Patriarchats-)Verhältnis der Partnerschaftspflege überall weit vorzieht. Seine Kriegslust endet meist nur nach Erschöpfung im Frieden. Es gelingt ihm selten, seine gleichfalls bewiesenen Hemm-, Verzichts- und Askesepotentiale oder positiven Liebeskräfte korrigierend und vor allem wirkungsvoll einzusetzen. In seiner religiösen Organisation sucht er auch sie zwar stark und ausdauernd zu kultivieren. Seiner luxurierenden Natur entsprechend verfällt er meist jedoch wieder in zu abstrakte oder „gewaltige" Vorstellungen davon. Ein stabiles Gleichgewicht stellt sich nicht ein. Im Gegenteil, die Epoche, die der Mann der Welt mit immer noch überwiegend absoluten Staatsbildungen, Kirchen, Religionen, Ideologien oder Wirtschaftssystemen als Resultat vorzeigen kann sowie weiter mit seinen bevorzugten Lehrmitteln von Gebot, Befehl, Gehorsamsforderung oder Zwang aufrechtzuerhalten trachtet, wird menschenrechtlichen Vorstellungen, wie denen des Naturschutzes, nur wenig oder viel zu langsam gerecht. Allzu spät findet er, erst heute, heraus, daß sein Zeitalter männlicher profaner und religiöser Herrschaftskultur mehr zerstört hat als er verantworten kann. Er steht vor irreversiblen Folgen seiner noch so bewunderten, hohen Ideen und Taten.

Der Mann als Vernunft und Intelligenz

Dabei rühmt er sich selbst und definiert sich oft wesentlich als „reine“ Vernunft, Geist oder Intelligenz. In allen seinen östlichen oder westlichen dualistischen Systemen verbannt er folglich entweder, wie Platon wieder, alle ihm profan oder religiös nicht geistig und ideal genug erscheinenden Menschen, wie Kaufleute, Techniker, Künstler, Handwerker und -arbeiter als Nichtintellektuelle, aber leider auch Andersdenkende und Kritiker, d.h. geistige Gegner, in das Reich der Materie als das Reich des Bösen. Geist und Stoff (als Wertstoff: hyle, oder Mutterstoff: materia) stehen sich im noch neuzeitlichen ideologischen Idealismus und (dialektischen) Materialismus (mit umgekehrtem Vorzeichen) streng gegenüber, meist zugleich mit der Zuordnung der positiven Eigenschaften (Licht, Wahrheit, Ordnung, Tugend) zum Mann, der negativen (Dunkel, bloßes Meinen, Chaos und Untugend) zur Frau verbunden. Oder die männlich kurzsichtige Rationalität macht sich in Naturwissenschaft, Wirtschaft und Technik monistisch-materialistisch, bar größerer geistiger Verantwortung, nur allzu pragmatisch breit. Sie sucht die größte Genialität des Mannes als Mensch im Erfinder und Entdecker von kurzlebigem Nutzen und Profit und vergißt fast ganz, diesem Geist auch moralisch-soziale und naturschonende Zügel anzulegen. Auf beiderlei Weise bringt sich der Mann erneut um die besten Früchte seines Verstandes, den er sich lange Zeit als nur ihm eigen zugeschrieben hat.

Der Mann als Repräsentant in den Religionen

Eine ähnliche Entwicklung leitet nach der ersten polytheistischen Stammesreligionsphase, die die Heiligung aller Geschöpfe der Erde, einschließlich der Frau, ermöglicht, die um 3000 v.Chr. erfolgende großkulturelle Übernahme religiöser Macht durch den Mann allein ein. Schon in der frühen imperialen Hohepriesterposition und -organisation des Ostens, die der Pontifex maximus Roms bis in das Papsttum trägt, aber auch in den noch armen-, unterdrückten- und frauenfreundlicheren, zwischen 600 vor und 600 n.Chr. neu entstehenden Stifter-Religionen ist diese männliche Herrschaftsanmaßung in allen Glaubensfragen bald perfekt. Trotz der von allen großen Theologen angenommenen, die geschlechtliche Festlegung transzendierenden Andersartigkeit Gottes: bestimmend werden für das religiöse Bewußtsein weithin patriarchalisch geprägte andromorphe Gottesvorstellungen. Zwar stellen die – von Männern – entwickelten großen Theologien auch moralische Ziele, etwa Nächstenliebe, soziale Hilfe, innere Umkehr, Befreiung von Übel, Krankheit, Unglück, selbst von Tod und Unterwerfung neu und wirksam heraus. Eine blinde unkritische Glaubensart, die durch Forderungen von (männlichen) Priestern dennoch erwuchs, führte und führt zu Glaubensinquisition, fundamentalistischem Fanatismus und zu schrecklichen Religionskriegen, die die Menschheit noch mehr verfeinden als ein nur profaner Zwist. Dies fördert weder das freie Denken noch die Einhaltung aller anderen Menschenrechte, außer dem Bestehen auf die (je eigene) Religionsfreiheit selbst. Die eigenen Gegenentwürfe des Mannes in allen Epochen bleiben immer wieder hintenan. Wie an den anderen Beispielen zeigt sich wieder, daß der Mann als Herrscher, obwohl geistig, seelisch und körperlich qualitativ gleich ausgestattet, und ethisch hochstehend (oder niedriger Gesinnung) wie die Frau, auch religiös zur Übertreibung neigt, die das Gute in sein Gegenteil verkehrt (Abwertungen der Frau).

Die männlichen Abwertungen der Frau

Schuld an diesem seinem Scheitern ist dabei auch seine ebenso radikale Falschauffassung und Falschbehandlung der Frau. Diese, mit ihrem von Natur aus weniger übertreibenden Wesen, hätte gut zu einem ausgleichenden Gegenpol heranreifen können. Obwohl er ihr das oft heimlich (d.h. in seinem Heim) zugesteht und zu benutzen versteht, wertet er es in der Öffentlichkeit jedoch als mögliches Eingeständnis seiner Insuffizienz als Alleinmensch am heftigsten ab. Er versucht, die Frau als Konkurrentin ganz oder zumindest soviel wie möglich auszuschließen. Von Ausnahmen wie den frühen Sophisten und Atomisten, dem jungen Platon, Epikur und Lukrez (mit deren neuzeitlichen Kennern und Anhängern wie Milton, Condorcet, W. Thompson, J. St. Mill oder Bebel) abgesehen, erklären die meisten sog. großen Denker und Fachwissenschaftler bis ins 20. Jahrhundert, die Frau habe keinen Verstand, sie sei ein Unglück, ein triebhaftes Wesen, im Höchstfalle ein defizienter Mann (Aristoteles). Die männlichen Gesetzgeber schreiben 4000 Jahre lang das Patriarchat im sog. Familien-„recht" fest. Die Frau bleibt bis gegen 1500 auch in Europa oft Nichtmensch, d.h. Sacheigentum des Mannes. Oder der Mann rechnet sie mit seinen übrigen ihm unterworfenen Haus- und Hofgehilfen (famuli) deren Gemeinschaft (familia), d.h. den unmündigen, von ihm total beherrschten Kindern, Gesinde oder Sklaven, zu. Die Religionen verweigern der Frau bis ins 20. Jahrhundert die Priesterschaft, der Staat die Ausbildung. In der Wirtschaft wird sie, wie beim Hausherrn, zur billigen Arbeitskraft und rechtlosen Manövriermasse gerechnet.

Warum wehrt sie sich nicht gegen diese, menschenrechtlich gesehen, unglaubliche Behandlung? Sie liebt ihren Mann und ihre Kinder und will nicht, wie er, ihre in der patriarchalen Bedrängnis erworbene Menschlichkeit der Sachlichkeit oder öffentlichem Ehrgeiz opfern. Sie ist mit solcher dritten Belastung, dem Emanzipationskampf, meistauch weit überfordert. Warum unterdrückt der Mann sie am meisten? Dort, wo Ungleichheiten zwischen den Geschlechtern normativ festgeschrieben werden und das Geschlecht Beurteilungskriterium für bestimmte Qualitäten ist, zeigt auch heute eine Haltung noch Konsequenzen, die man zugespitzt und verallgemeinernd so formulieren kann: Bei all seinem Verstand vermag der Mann hinter dem weiblichen Äußeren der Frau nicht ihr gleichwertiges Menschsein zu entdecken, sondern sieht nur ihre Weiblichkeit. Wo er es bei der genialen, bedeutenden Frau nicht übersehen kann, empfindet er sie meist nur als Konkurrenz. Sie könnte seinen Grundirrtum, *eine* Sonderart Mensch, seine, könne schon allein genügen, alles für alle anderen wahrzunehmen, zu erklären und zu regeln, manifest machen. Durch diese Selbstüberschätzung verfehlt der Mann oft jede Chance, nicht nur das Verhältnis von Mann und Frau, sondern auch von Mensch zu Mensch und Mensch zu Natur richtig-gerecht, d.h. als Partnerschaft zu erfassen und einzurichten. Wie der gleichfalls durch Genungleichheit mitbedingte rassische Unterschied ist auch der geschlechtliche schwerer zu überwinden als die übrigen, durch Genmischung entstehenden. Subjektive, individuelle Toleranzanstrengungen reichen dazu oft nicht aus. Um so mehr sollten alle „Wissenden" (sophoi und sophai) darauf dringen und dafür sorgen, daß diese mühsamere Toleranz jederzeit und überall zusätzlich durch handfeste „quotierende" Ausgleichsinstitutionen aller Art unterstützt wird.

Literatur: *Sr. Prudence Allen RSM,* The Concept of Women. The Aristotelean Revolution 750 BC – AD 1250 (London 1985); *Carl Amery,* Das Ende der Vorsehung (München 1972); *Cedric Oswald Carter,* Human Heredity (London 1963); *R. W. Goy / B. S. McEwen,* Sexual Differences of the Brain (Cambridge / Mass. 1980); *E. R. Hall u. a.* (Hrsg.), Male-Female Differences (New York 1985); *Norbert Hatebur,* Antikes Patriarchat und Frauenfeindlichkeit (Münster 1987); *Peter Ketter,* Christus und die Frauen: 1. Die Frauen in den Evangelien; 2. Die Frauen in der Urkirche (Stuttgart 1949f.); *M. S. Kimmel* (Hrsg.), Changing Men (London 1987); *Fatima Mernissi,* Geschlecht, Ideologie, Islam (München 1987); *Susumu Ohno,* Mior Sex-Determining Genes (Berlin 1979); *Elisabeth Schüssler Fiorenza,* In Memory of Her (New York 1983; dt.: Zu ihrem Gedächtnis, Mainz – München 1988); *Annegret Stopczyk,* Was Philosophen über Frauen denken (München 1980) (enthält nicht die echt frauenfreundlichen und die Philosophinnen der Antike); *Elfriede Walesca Tielsch,* The Evolution of Human Wisdom and its Role in the Moral Education of Future Mankind, in: Anna-Tèresa Tymieniecka (Hrsg.), Analecta Husserliana, Bd. XXII, 519 – 550 (Dordrecht 1987); *Senta Trömel-Plötz,* Gewalt durch Sprache (Frankfurt a. M. 1982).

Elfriede Walesca Tielsch

Männerbilder

↗ Aggressivität; Amt, kirchliches; Anima / Animus; Bindung; Christentum; Diskriminierung; Ehe; Eheformen; Emotionalität und Rationalität; Ethik, weibliche; Familienrollen; Feminismus; Frauenrollen / Frauenleitbilder; Geschlechtsidentität; Gewalt gegen Frauen; Gottesbilder; Heilige / Heiligkeit; Kirche; Kirchenlehrerinnen / Kirchenväter; Kult; Kultur; Liebe; Macht; Mann; Matriarchat / Patriarchat; Menschenbild; Mutterbindung; Mystik; Mythologie; Partnerschaft; Pornographie; Sexismus; Sexualethik; Sexualität; Väterlichkeit; Vaterschaft; Wehrdienst

Geschichtliche Perspektive

Auch wenn sich im kulturgeschichtlichen Vergleich Rolle und Selbstverständnis der Männer ebenso wie die Ausprägung der Geschlechterbeziehung als variabel zeigen, so gibt es doch eine geschichtlich durchgehende Linie, die von einem männlichen Bewußtsein einer Überlegenheit des Mannes und einer wesensmäßigen Untergeordnetheit der Frau ausgeht. Dieses patriarchalische Selbst- und Fremdbild läßt sich in der von Männern geprägten Geistesgeschichte des Abendlandes in Theorien aufweisen, die die Frau als „die andere“, als nicht vollwertig, defizient oder unmündig bezeichnen und sie auf den Mann als vollwertiges Bild des Menschen beziehen. Faktisch haben solche Bilder und Vorurteile männliche Macht gestützt und mit dazu beigetragen, daß bis heute Männer die öffentlichen, politischen und beruflichen Entscheidungspositionen eingeschlechtlich monopolisiert haben. Die Überbetonung der patriarchalen Realität gipfelt in der Herausbildung der bürgerlichen Lebenswelt der Moderne und der mit ihr faktisch verbundenen kapitalistischen Wirtschaftsordnung. In ihre Sachzwänge, den Automatismus der Machtund Besitzsteigerung, des exponentiellen Wachstums in allen Bereichen eingebunden, ist der Schöpfer dieser Ordnung selbst, der Mann, im Namen und im Vorgang der Freiheit, doch unfrei geblieben oder gar geworden. Folgenreich wurde insbesondere die Trennung von Wohnen und Arbeiten. Industrialisierung und die damit verbundene Herausbildung der Kleinfamilie führten zur tendenziell ausschließlichen Zuteilung der Berufswelt an den Mann und der Familienwelt an die Frau. Während diese fortan verstärkt für den Fühlbereich und die Beziehung zuständig wurde, wurde der Mann seinerseits durch einen förmlich prometheischen Gestaltungswillen definiert. Seine Aggressionsbereitschaft wurde durch die gesellschaftlichen Strukturen gefördert, er wurde zum Einzelkämpfer stilisiert, zum unverwundbaren Helden. Dies förderte nicht nur antisolidarische, sondern auch schizoide Haltungen. Wissend um die eigene Zufälligkeit und Nichtigkeit, muß sich der Mann zum „Herrn und Besitzer der Natur“ (Descartes) aufspielen, schwankend zwischen Depressionen und Grandiosität, zwischen Schützengraben und Siegesparade. Ohne Leistung (Erwerbsarbeit!) ist dieser Mann, mindestens psychisch, nichts. Napoleon (als Typ des neuzeitlichen Eroberers), Don Juan, Prometheus (aber auch Sisyphos) sind Prototypen. Kehrseite des männlichen Machbarkeitswahns und maßlosen Gestaltungswillens sind dann z. B. Selbstmitleid, Verweigerung inneren Wachstums, emotionale Sprachlosigkeit und bloß tragizistischer Heroismus. Die Frau erscheint in diesem Männerbild ebenfalls gespalten: einerseits nur Besitz, Lustobjekt, dem Herrn zu Willen und Gefallen in allem (entsprechend dann auch zur Verführerin, zur Hexe und Hure stilisiert); zum anderen die rundum stillende, bergende Frau, das große Mädchen, die gute Mutter, die treue Gefährtin, ohne Kopf, aber mit Herz.

Daß dieser psychische und soziale Status des Mannes inzwischen zunehmend, auch von Männern, problematisiert wird, ist Ergebnis der jüngeren Geschichte und Ausdruck des sozialen Wandels: Veränderungen der Lebens- und Arbeitsverhältnisse, Verschiebungen im Wertverhalten, kritische Anfragen von Frauen und nicht zuletzt neue Möglichkeiten sexueller Selbstbestimmung führen zur individuellen und gesellschaftlichen Überprüfung traditioneller Männerbilder und zur Formulierung neuer Perspektiven.

Biologisch-anthropologische Perspektiven

Daß biologische Gegebenheiten und soziale Muster vielfältig zusammenwirken, ist prinzipiell unstrittig (und im folgenden vorausgesetzt). Das genaue Zusammenspiel von „Natur“ und „Kultur“ wird kontrovers diskutiert. Als Konsens gilt, *daß* es signifikante Unterschiede in der Realität von Mann und Frau gibt; worin sie im einzelnen bestehen, ist – bis auf den „kleinen“, „großen“ Unterschied im Geschlecht – dem sozialen Wandel und den jeweiligen geschichtlichen Ausprägungen unterworfen. In biologischer Hinsicht ist die besondere Organausstattung zur Bestimmung von Männlichkeit wichtig. Der weibliche Organismus besitzt alle Chromosomen in doppelter Ausstattung und hat entsprechende kompensatorische Reserven (z. B. bezüglich Mutationen und Krankheiten). Das vereinzelte männliche Y-Chromosom, das den menschlichen Körper zum männlichen polt, macht den Mann biologisch gegenüber der Frau insuffizient, was für Krankheitsverhalten und Lebenserwartung von Bedeutung sein dürfte. Für Triebstruktur und Psychodynamik ist wichtig, daß im männlichen Organismus bis zu fünfmal mehr Testosteron-Hormone sind als im weiblichen, was für die Bestimmung (spezifisch?) männlicher Aggressivität folgenreich sein dürfte; nicht zu unterschätzen (und noch wenig erforscht) sind Anteil und Bedeutung gegengeschlechtlicher Hormone (als biologische Fundierung der psychischen „Animus-Anima-Struktur“). Der Mann – als Samenträger – trägt seine Geschlechtsorgane außerhalb des Körpers, was ihn unmittelbar verletzlich und schutzbedürftig macht. (Die stärkere Ausbildung der Muskulatur kann als Schutzmechanismus der Natur verstanden werden.) Die physiologische Ausstattung männlicher Sexualorgane ist für Selbst- und Fremdbild des Mannes wichtig. Je mehr das Verhältnis zum eigenen Körper und Geschlecht entfremdet, unterentwikkelt oder gestört ist – bei Männern faktisch nicht selten –, desto mehr muß es zu Haltungen angsthaft projektiver Abwehr (mit Tendenz zu Depression und Imponiergehabe) kommen, zu Empfindungen besonderer Verletzlichkeit oder Härte, zu (spezifischen) Männerkrankheiten (zumal im Herz- und Kreislaufbereich) und zu spezifischem Suchtverhalten.

Sozialpsychologische und sozialisationstheoretische Aspekte

Zumal in „vaterloser Gesellschaft“ gilt, daß Männer nicht einfach geboren, sondern gemacht werden – faktisch vor allem durch die Mütter. Wenn die

Identität von Frauen in unserer Lebenswelt (immer noch) wesentlich davon mitbestimmt wird, daß und ob sie einen Sohn geboren haben, daß und wie sie ihn zu einem „richtigen Mann“ erziehen, dann kann dies zur Konsequenz haben, daß Männer trotz aller Aktivitäten nach außen in ihrer psychischen Struktur stets kleine Kinder und große Jungen bleiben (mit entsprechend projektiver Bestimmung der Frau nur als Mutter beziehungsweise als mütterlich). Durch die Abwesenheit der Väter selbst allein gelassen, abhängig gemacht und behindert, kann es zu wechselseitig symbiotischen Übertragungsverhältnissen zwischen Mutter und Sohn kommen, die sich zwischen den Generationen wiederholen („Muttersöhne“, „Kindmänner“ usw.). Die jeweiligen Konstellationen haben für Erfahrung, Bestimmung und Gestaltung von Macht und Ohnmacht zwischen den Geschlechtern lebenslange Bedeutung. Für die Reifung der männlichen Persönlichkeit ist es wichtig, ob und wie sie sich im Laufe ihrer Geschichte aus der frühkindlichen Mutterbindung lösen. Die Ausbildung männlicher Identität – im Sinne einer Ausbalancierung „weiblicher“ und „männlicher“ Anteile – ist wesentlich auch davon abhängig, ob und wie Vatergestalten im Prozeß des heranwachsenden Kindes aktiv präsent sind.

Ehe – Familie – Beruf

Soziologisch gesehen, ist der Mann der Gegenwart ein Mensch, der „lebenslang“ erwerbstätig ist, für eine Familie zu sorgen hat, entsprechend gut verdienen muß und daraus seine Identität bezieht. „Der Mann ist stärker, er will den Beruf und will Familienernährer sein; die Frau ist schwächer, sie will ihre heutige Familienrolle und nur zeitweise eine dann noch anspruchslose Berufstätigkeit, und sie will zum Mann aufschauen können“ (Helge Pross). Dieses Selbstverständnis der repräsentativen Mehrheit bundesdeutscher Männer und Frauen aus dem Jahr 1976 hat sich inzwischen zwar deutlich verändert (Sigrid Metz-Göckel). Die größere Anzahl der im Jahre 1986 befragten Männer befürwortet z.B. die Berufstätigkeit der Frauen und findet es nicht länger peinlich, in der Öffentlichkeit Gefühle zu zeigen. Diese tendenzielle Überwindung patriarchalischen Verhaltens ist aber in der Praxis, zumal bei Gründung von Hausstand und Familie sowie in der Kindererziehung, kaum verwirklicht. Zwar ändert sich faktisch der Zusammenhang von Berufserfolg und Familienversorgung in der modernen Gesellschaft für die Männer. Die an und für sich mögliche Entlastung vom alleinigen Versorgungszwang hat aber bisher nur bei kleinsten Minderheiten zu einem Wandlungsprozeß in Einstellung und Verhaltensweisen geführt. Der bundesdeutsche Mann definiert sich in der Realität, entgegen oft „progressiven“ Äußerungen, doch durch Beruf und Leistung sowie durch eine hierarchistisch-patriarchalisch bestimmte Fürsorge-Dominanz gegenüber Frauen und Kindern. Die neuzeitlich ausgebildete Arbeitsteilung der Geschlechter besteht weiterhin. Die Mehrzahl der Männer lebt, tatsächlich und dem Wunsche nach, in einer eigenen Welt aus Beruf und Hobby. Das Selbstverständnis als Familienernährer und „ritterlicher“ Beschützer bedeutet ihnen nicht, die Last und Lust des familiären Alltags mit zu übernehmen: Man(n) bringt Geld nach Hause und ist ansonsten frei. Die Folgen solcher Arbeitsteilung sind für den Mann ambivalent: auf der einen Seite narzißtischer Gewinn durch Aufgabendelegation und Abschottung, auf der anderen Seite Verlust von Einfluß und Beziehungserfahrung (mit entsprechend emotionaler Verkümmerung).

In ehe- und familiendynamischer Perspektive sind deutliche Veränderungen zu konstatieren. Jede dritte Ehe wird frühzeitig geschieden, häufiger auf Initiative der Frauen. Männer bewältigen Ehescheidungen, die nicht von ihnen initiiert werden, zumindest psychisch signifikant schlechter und langsamer als Frauen, obwohl sie sich schneller und „hektischer“ wieder binden. (Geschiedene Frauen, besonders solche mit Kindern, sind ökonomisch und sozial stärker belastet.) Männer sind deutlich unfähiger, Gefühle zu zeigen. Die Ausbildung reifer Identität im Sinne einer Balance von hetero- und homoerotischen Anteilen ist bei ihnen unterentwickelt. Wille und Fähigkeit zu einer innerlichen entschiedenen Monogamie sind wenig entfaltet. Männer definieren sich, wenngleich sexuell aktiv, im Gefühlsbereich als eher passiv und bedürftig, ohne solche „Schwäche“ bewußt zugeben und gestalten zu können. In Öffentlichkeit und Beruf dagegen sind sie ganz auf Erfolg, auf Konkurrenz und Gewinn eingestellt, mit alles bestimmender Angst, Versager zu sein. Entsprechend zentral ist das Problem männlicher Gewalt, nicht nur im Geschlechterverhalten. Im Zusammenhang damit muß die Geschichte der nicht geäußerten und nicht bewältigten Schuldgefühle und der sprachlos geschluckten Tränen noch geschrieben werden. Dies fordert zur Beziehungsarbeit auf und dient nicht zur Entschuldigung.

Kirchen-Männer, Gottes-Männer

Christliche Theologie und Kirche sind, trotz des Bewußtseins, daß Geschlechtlichkeit und Sterblichkeit den Menschen bis ins Innerste prägen, in der expliziten Entfaltung ihrer Lehre und Praxis eigentümlich geschlechtslos abstrakt bzw. geschlechtsvorbewußt geblieben. Das hängt zweifellos mit dem Bekenntnis zu jenem Gott zusammen, der sich gerade als Schöpfer und Erlöser des Menschen, von Mann und Frau, als übergeschlechtlich erwiesen hat. Gott ist selbst nicht sexuell geprägt, und nichts geschlechtlich Geprägtes ist göttlich. Der Mensch dagegen ist durch und durch geschlechtlich geprägt und doch mehr und anderes als sein Geschlecht: Seine Personalität, Würde und Originalität überschreiten jede sexuelle Bestimmung als solche. In der Realisierung und Bewährung dieses Gott-Mensch-Verhältnisses hatte sich das Christentum stets gegen Tendenzen zur Divinisierung und Dämonisierung des Geschlechtlichen (auch in den eigenen Reihen) immer erst durchzusetzen – mit der permanenten Gefahr struktureller Einseitigkeiten, z. B. hinsichtlich eines idealistischen Menschenbildes, bezüglich der Nichtbeachtung oder Unterbewertung des Sexuellen und Sinnlichen überhaupt. Die mangelnde Reflexion darauf, daß alles kirchliche und theologische Denken bisher männer-zentriert war und ist, ist also ebenso verständlich wie ambivalent. Das Christentum hat wesentlich zur Humanisierung, zur Emanzipation und Erlösung auch des Mannes beigetragen; es ist aber nicht minder, in re-produktiver Wechselwirkung zur Umwelt, an der Durchsetzung, Aufrechterhaltung und Legitimierung patriarchalischer Verhaltensweisen beteiligt. Zwischen Gottesbild, Jesus-Bekenntnis, Kirchenerfahrung und Männerbild bestanden vielfältig wirksame Zusammenhänge. Der alte Adam, von Eva verführt und „eigentlich“ unschuldig, ist wirkmächtig noch in seinem Gegenbild, dem „Gottes-Mann“ aus Nazaret, dem neuen Adam. Entscheidende biblische Maßgabe ist aber, daß nur Mann und Frau im gleichberechtigten Zueinander den ganzen Menschen ausmachen, als Gottes Ebenbild. Herrschaft des Mannes über die Frau wird gerade als Folge der Sünde, als nicht Gott gemäß, denunziert. Christliche Mystiker/innen erfahren und betonen, daß auch der Mann im Gegenüber zu Gott gleichsam wie eine Frau sei, empfangend und nur so aktiv.

Eine Verharmlosung der patriarchalischen Realgestalt des christlichen Glaubens in seiner bisher prägenden Form ist ebenso zu vermeiden wie unhistorische Klischees oder Schuldzuweisungen. Größe und Elend eines christlich geprägten Männerbildes zeigen sich besonders deutlich in Selbstverständnis und Aufgabenbeschreibungen derer, die Leitungsaufgaben in der Kirche wahrnehmen. Einerseits verstehen sie sich als „treuer Josef" im Hintergrund der Krippe, im Schatten der Mutter Gottes (der Mutter Kirche), ihr vollends zu Diensten, anderseits üben sie heilige Herr-schaft aus. Je mehr in der römisch-katholischen Kirche der männliche Klerus faktisch zum eigenen, zum „höheren" Stand wurde – maßnehmend an den Mönchen, maßgebend für Männlichkeit überhaupt –, desto mehr bildeten sich Theorie und Praxis des Dienstes als spezifische Ausübung geistlicher Gewalt und Herrschaft aus, nicht zufällig vorrangig im Bild der väterlichen Autorität in Anteilhabe an der Vater-Macht Gottes.

Während der christliche Gottesglaube römisch-katholisch primär im Kontext der Mutterbeziehung ausgelegt wurde (Mutter Kirche, Mutter Gottes), hatte der Protestantismus den Bezug zum väterlichen Gott, zu seinem richtenden und rettenden Wort, in den Mittelpunkt gestellt. Die marianische Grundierung des Gottesglaubens und der Kirchenbindung prägt das katholische Männerbild bis heute in deutlicher Ambivalenz und mit patriarchalischer sowie androzentrischer Dominanz. Eine authentische Männerspiritualität, die auch angstfrei die eigene Geschlechtlichkeit mit in den Blick genommen hätte und entsprechend zum Beispiel und Plädoyer für einen erlösteren Umgang der Geschlechter untereinander hätte werden können, gibt es bisher nur in Ansätzen. Die sogenannte Naturständepastoral des 19. Jahrhunderts – mit entsprechendem Männerapostolat, Männerpastoral usw. – war und ist ein Bemühen in dieser Richtung.

Der Mann Jesus

Bestimmend für die Ausbildung abendländischer Männerbilder war und ist die Tatsache, daß der Heiland der Christen ein Mann ist. Schon im Neuen Testament variieren die Jesusbilder und Christusbekenntnisse: der apokalyptische Visionär, der anarchische „Fresser und Säufer", der sanfte Messias der Gewaltlosigkeit, der aus Wut und Trauer weinende Mann, der Gottesknecht und das Opfer, schließlich der Herr der Geschichte, der Welterlöser und Richter – erkennbar allemal als Mann der Liebe an seinen Wundmalen. Jesus erscheint als der vollends integrierte Mann, ohne Berührungsängste vor Frauen, ohne projektive Verfallenheit: zärtlich und konfliktfähig, hellsichtig ohne jede Animosität, stark und fordernd, jenseits aller Geschlechtszuweisungen „mütterlich"-nährend und „väterlich"-konfrontierend, selbstbewußt und selbstlos. Folgenreich bleibt die Tatsache, daß der Mann Jesus nicht verheiratet war und keine sexuellen Beziehungen hatte.

In der Wirkungsgeschichte sind die Züge des Heilands und Retters, des Weltenherrschers und Richters, des Gottes-Sohnes und Gottes-Kindes (auf dem Schoß der Madonna) prägend geworden. Im Bild des verwundeten Heilands blieb das Heilswissen lebendig, daß Erlösung und Emanzipation nur gelingen können in der Annahme von Glück und Leid, von Leben und Tod im angstlösenden Raum bedingungsloser Liebe. Im Schmerzensmann (wie in der Pietà) blieb das Bild des Mannes anschaulich, der für den Preis der Gewaltlosigkeit und Liebe zu zahlen fähig und willens ist. Zumal die christliche Mystik sah im Gekeuzigten mit der (vaginalen) Herzwunde den androgynen Gottes-Mann mit dem Mutterschoß, die leibhafte Anima-Animus-Gestalt, freilich nicht ohne die Gefahr masochistischer Züge. Männliche Stärke schließt jedenfalls hier Schwäche und „Weichheit", Liebes- und Leidensfähigkeit gerade nicht aus. Wo man freilich Jesu Göttlichkeit einseitig betonte, wurde seine Menschlichkeit, seine spezifische Männlichkeit zumal, vergessen und verdrängt (die faktische Ehelosigkeit Jesu geriet zur ambivalenten Norm, entgegen dem Sinn des Zölibats als besondere Berufung). Das Bemühen, geschlechtliche Prägungen nicht zu verabsolutieren, konnte in Leibfeindlichkeit und bloß abstrakte Menschlichkeit umschlagen.

Aufgaben

Gesellschaftlicher Wandel und emanzipative Prozesse setzen mit neuen Möglichkeiten bekanntlich Angst frei. Bedenkt man(n) freilich, wie sehr die Gefährdung von Menschheit, Innenwelt und Umwelt das Werk des (weißen) Mannes ist, dann ist die Überwindung von Rollenverengungen, von Projektionen der Ungleichwertigkeit zwischen den Geschlechtern und die Suche nach Strukturen, die ein partnerschaftliches Umgehen ermöglichen, vordringliche Aufgabe.

Literatur: *Helmut Barz,* Männersache. Kritischer Beifall für den Feminismus (Stuttgart 1984); *Cheryl Benard / Edit Schlaffer,* Der Mann auf der Straße. Über das merkwürdige Verhalten von Männern in ganz alltäglichen Situationen (Reinbek 1980); *ErnestBornemann,* Das Patriarchat (Frankfurt a.M. 1975); *Siegfried Rudolf Dunde* (Hrsg.), Geschlechterneid – Geschlechterfreundschaft (Frankfurt a.M. 1987); *Gotthard Fuchs* (Hrsg.), Männer. Auf der Suche nach einer neuen Identität (Düsseldorf 1988); *Erhard F. Gerstenberger / Wolfgang Schrade,* Frau und Mann (Stuttgart 1980); *Ernst Gutting,* Offensive gegen den Patriarchalismus. Für eine menschlichere Welt (Freiburg i.Br. [3]1988); *Norbert Hatebur,* Antikes Patriarchat und Frauenfeindlichkeit (Münster 1987); *Manfred Hauke,* Die Problematik um das Frauenpriestertum vor dem Hintergrund der Schöpfungs- und Erlösungsordnung (Paderborn [2]1986); *Shere Hite,* Hite-Report. Das sexuelle Erleben des Mannes (München 1982); *Sigrid Metz-Göckel / Ursula Müller,* Der Mann. Die „Brigitte"-Studie (Weinheim 1986); *Museumspädagogischer Dienst der Kulturbehörde Hamburg* (Hrsg.), Männersache. Bilder – Welten – Objekte. Katalog einer Ausstellung (Hamburg 1987); *Volker-Ellis Pilgrim,* Manifest für den freien Mann (München [5]1979); *Helge Pross,* Die Männer (Reinbek 1978); *Richard Rohr,* Der wilde Mann. Geistliche Reden zur Männerbefreiung (München 1986); *Klaus Theweleit,* Männerphantasien, 2 Bde. (Frankfurt a.M. 1980); *Esther Vilar,* Der dressierte Mann. Das polygame Geschlecht (München 1987); *Marie-Theres Wacker* (Hrsg.), Der Gott der Männer und die Frauen (Düsseldorf 1987); *Wilfried Wiek,* Männer lassen lieben. Die Sucht nach der Frau (Stuttgart 1987); *Hanna Wolff,* Jesus, der Mann (Stuttgart 1976).

GOTTHARD FUCHS

Märchen

↗ Frauenrollen / Frauenleitbilder; Tiefenpsychologie; Urbilder, weibliche; Volkskundliche Frauenforschung

Grundstruktur und Motive

Märchen sind Volkserzählungen, in denen abenteuerliche Geschehnisse mit Zauberelementen beschrieben werden. Aber wenn sie auch eine unwirkliche Welt zeichnen mit geheimnisvollen Wesen und unheimlichen Mächten, so meinen sie doch die Menschenwelt mit ihren Aufgaben und Problemen, mit ihren Chancen und Gefahren. Die im Mittelpunkt stehenden Gestalten (Held oder Heldin) müssen sich Prüfungen unterwerfen, ungeheure Wanderungen unternehmen, ihnen können hilfreiche Wesen beistehen, die dazu beitragen, auch die unlösbaren Aufgaben zu bewältigen. Die Märchen sind durchzogen von der Zuversicht und Hoffnung, daß die entgegenstehenden Mächte und Gewalten besiegt, die Verzauberung durch Erlösung rückgängig gemacht und das angestrebte Ziel erreicht werden kann. – Nur von seiner symbolgeprägten Bildersprache her lassen sich die Märchen verstehen, weshalb vor allem die Tiefenpsychologie viel zum Verständnis ihrer verschlüsselten Bildsprache beigetragen hat. Aber auch die Religionsgeschichte und andere Wissenschaftszweige konnten wichtige Aspekte der Märchensymbolik aufdecken, so vor allem den Initiationscharakter vieler Märchenhandlungen: der Reifungsweg des Helden oder der Heldin geht stufenweise vor sich bis zur mündigen Entfaltung des vollen Menschseins. Es ist heute unbestritten, daß mythische Traditionen und religiöse Vorgänge rituell-kultischer Art ins Märchen eingeflossen sind, wenn auch die sakralen Wur-

zeln nur noch spurenhaft zu erkennen sind.
In sehr vielen Märchen steht das Schicksal und der Reifungsweg *eines* Menschen im Mittelpunkt, entweder einer Frau oder eines Mannes, so daß sich ablesen läßt, wie ähnlich oder wie unterschiedlich das Rollenverständnis der Geschlechter im Märchen ausgeprägt ist. Da aber die Märchentradition der verschiedenen Völker und Kulturen unübersehbar reich und vielgestaltig ist, lassen sich zwar viele gemeinsame Züge beobachten, aber es findet sich auch eine große Mannigfaltigkeit. Selbstverständlich spiegelt sich in den Märchen auch die gesellschaftliche Struktur eines Volkes wider, die Normvorstellungen vom Zusammenleben der Menschen, von der Arbeitsteilung, der Struktur eines Gemeinwesens, es werden Idealbilder und Kontrastbilder erkennbar. Auch das Ehe- und Familienleben, die Berufswelt, das Rechtswesen usw. wirken sich auf die Volkserzählungen aus. Märchen sind keine unveränderbaren Gebilde; eine verwandelte Umwelt, soziale Prozesse, wirtschaftliche Neuerungen führen auch zu anderen Akzenten im Erzählen. Trotzdem läßt sich erkennen, daß die Grundstruktur und die wichtigsten Motive der Märchen eine erstaunliche Konstanz behalten, auch wenn sich die Requisiten und die gesellschaftliche Umrahmung verändern.

Das Bild der Frau und des Mädchens

Das Bild der Frau und des Mädchens im Märchen ist nicht einseitig typenhaft und schematisch eingeengt, sondern breit gefächert und vielgestaltig. Wohl findet sich die Vorstellung von der passiven Frau, die auf den ersehnten Partner wartet, ohne selbst aktiv zu werden, gibt es das „Ideal" der gehorsamen und dienstwilligen Frau, aber daneben werden viele Geschichten erzählt, die von klugen und listigen Frauen handeln. Durch ihre intelligente Vorausschau und geschickte Diplomatie übertrumpfen sie nicht selten die Männer. Die kluge Bauerntochter löst die schwierigen Rätsel und erweist sich listiger als der souveräne König. Scheherezade verwandelt den blutrünstigen und mitleidlosen König, der die Frauen haßt, zu einem liebenden Menschen. In nicht wenigen Märchen erscheint der weibliche Part eines Geschwisterpaares als der klügere und vorausschauendere Teil. Gretel ist geschickter als Hänsel und bringt es fertig, die Hexe zu überwinden, „Schwesterchen" weiß besser als „Brüderchen" die drohenden Gefahren des Zaubers zu erkennen. Insgesamt ist die „Suchwanderung" der Frau nicht weniger schwierig und stationenreich als die des Mannes, auch sie muß sich bewähren, muß Entbehrung und Verfolgung erleiden, wird verleumdet und ist durch eine Schweigeverpflichtung daran gehindert, sich zu verteidigen. In manchen Märchen ist die Frau das verzauberte Wesen, das auf die erlösende Liebe des Mannes wartet (als Schlange haust sie in einem leeren Schloß, als schwarze Prinzessin hofft sie darauf, wieder ihre weiße Gestalt zurückzugewinnen), aber in vielen anderen Märchen ist sie es, die aktiv und mutig die Erlösung und Befreiung ihrer verzauberten Brüder oder ihres verblendeten Bräutigams vorantreibt. Vor allem in den russischen Märchen erscheint häufig ein Heldenmädchen, das alles andere ist als folgsam und angepaßt, vielmehr ist es ein Wesen voller Wildheit und Unberechenbarkeit.
Auch die Gefährdung der Frau wird in den Märchen auf vielfältige Weise beschrieben. Da wird von der hochmütigen Prinzessin erzählt, die die Männer verachtet, die stolz und grausam ist, sich hochmütig selbst isoliert und ihre intellektuelle Überlegenheit ausspielt (wie im Turandot-Motiv). Oder es ist von der machtgierigen Frau die Rede, die in ihrem Ehrgeiz nie mit ihrem Schicksal zufrieden ist und durch ihre maßlosen Wünsche alles wieder zerstört, was ihr gewährt wird. Daneben gibt es natürlich auch die neugierigen,

die schwatzhaften, die zänkischen, die lüsternen und die boshaften Frauen, die faulen und dummen nicht zu vergessen. Dabei ist allerdings zu bedenken, daß es jeweils auch das männliche Pendant gibt, eine einseitige Schuldzuweisung kennt das Märchen nicht.

Deutungen und Verdeutlichungen

Folgen wir dem Deutungsansatz der Tiefenpsychologie, dann verbergen sich hinter vielen Gegenständen und dinglichen oder naturhaften Elementen symbolische Andeutungen des Weiblichen. Die Symbolsprache (deren Ambivalenz aber immer zu bedenken ist) kann also auf Funktionen des Fraulichen und Mütterlichen hinweisen. Ein Teich oder ein Brunnen, eine Höhle oder ein Haus können symbolische Ausdrucksformen des Mutterschoßes sein, der Backofen (in „Frau Holle“) kann für den Reifungsvorgang in der Pubertät stehen usw.

Auch die Gestalt der Mutter wird im Märchen auf ganz verschiedene Weise verdeutlicht. Neben der treusorgenden und liebend zugewandten Mutter gibt es die überängstliche, die überfordernde, die lieblose, die rivalisierende, die verstoßende und die zerstörerisch hassende Mutter. Dabei ist zu beachten, daß sich Muttergestalten auch in der Königin, in der Stiefmutter, in der Hexe, aber auch in der alten weisen Frau darstellen.

Insgesamt wird in den Märchen der Reifungsweg der Frau in symbolischen Bildern und Gestalten beschrieben, es wird die Gefahr der Verirrung und Verhärtung gekennzeichnet, aber auch die Chance der Erlösung aus der Versteinerung. Es geht ein ermutigender Impuls von den Märchen aus: Hab keine Angst vor dem schwierigen Weg, wag auch den Wandel, in jedem stekken Kräfte, die es zu entfalten gilt. Das Ziel lohnt den Einsatz.

Literatur: *Sibylle Birkhäuser-Oeri,* Die Mutter im Märchen (Stuttgart 1976); *Marie-Louise v. Franz,* Das Weibliche im Märchen (Stuttgart 1977); *Sigrid Früh / Rainer Wehse,* Die Frau im Märchen (Kassel 1985); *Heide Göttner-Abendroth,* Die Göttin und ihr Heros. Die matriarchalen Religionen in Mythos, Märchen, Dichtung (München 1980); *Verena Kast,* Mann und Frau im Märchen (Olten 1983); *Max Lüthi,* Märchen (Stuttgart 1962/1974); *Hanna Moog* (Hrsg.), Die Wasserfrau (Köln 1987); *Elfriede Moser-Rath,* Frau, in: Enzyklopädie des Märchens, Bd. 5 (Berlin 1985) 100 – 137; *Claudia Schmölders* (Hrsg.), Die wilde Frau (Köln [3]1986).

OTTO BETZ

Maria

↗ Befreiungstheologie; Christentum; Eva; Glauben; Gottesbilder; Heilige / Heiligkeit; Hexen; Jungfräulichkeit; Kirche; Kirchenlehrerinnen / Kirchenväter; Mittelalter; Mystik; Neues Testament; Ökumene; Ostkirchen / Orthodoxie; Reformation; Religiöse Erziehung; Spiritualität; Theologie, feministische

Biblischer Befund

Maria ist als Mutter Jesu im Neuen Testament, besonders in den Evangelien, bezeugt. Allerdings fallen diese Zeugnisse eher karg aus. Maria ist uns überliefert als die Frau, die demütig den Willen Gottes im „Fiat“ annimmt und aus der Gewißheit der außerordentlichen Geburt ihres Sohnes heraus die prophetischen Worte des Magnificat spricht.

Im Johannesevangelium nimmt Maria bei der Hochzeit zu Kana nach der Zurechtweisung durch Jesus sich selber ganz zurück und verweist die für den Wein Zuständigen an ihn: „Was er euch sagen wird, das tut!“ (Joh 2,5). Wir dürfen sie gerade in dieser Geste als ein Vorbild von Kirche sehen, wie wir sie uns wünschen.

Für die Szene mit Johannes unter dem Kreuz (Joh 19,25 – 27) darf man wohl die Deutung annehmen, daß mit dem einen Jünger noch viele andere, die Jüngergemeinde, Maria als Mutter anvertraut wurden; ein Ansatz, sie als „Mutter der Kirche“ zu sehen. Sie kann als Repräsentantin der neuen Gemeinde gelten (Apg 1,14).

Väterzeit und Mittelalter

In den ersten christlichen Jahrhunderten wurden die spärlichen Berichte über Maria aus dem Neuen Testament entfaltet und vertieft. Die Texte der Kirchenväter sind uns heutigen Christen oft fremd in ihrer Denkweise; an den Aussagen der Schrift entzündet sich die Phantasie der Väter – sie spüren Analogien auf, entdecken Symbole und Beziehungen. Der Marientext des Zweiten Vatikanischen Konzils hat sich zunächst an der Schrift orientiert, aber auch oft auf Vätertexte zurückgegriffen. Das gleiche gilt von der Enzyklika Papst Johannes Pauls II. „Redemptoris Mater".

Ein Lieblingsgedanke der frühen Kirchenväter war die Beziehung zwischen Maria und der Kirche. Die These, Maria sei „Typos" oder „Urbild" der Kirche, ist vielen heutigen Christen nicht recht verständlich; wenn man Maria „Mutter der Kirche" nennt, so kann man sie anderseits doch auch als Tochter der Kirche sehen. Maria wurde als die neue Eva gesehen: in der jungfräulichen Empfängnis symbolisiert sie die Sündlosigkeit und – in der Betonung des „Fiat" – die Demut. Damit entwickelte sie sich zum Gegentypos der sündhaften Eva, der Verführerin. Da Maria immer mehr zum Leitbild für Frauen wurde, prägte gerade diese Sichtweise das christliche Frauenbild. Zwar gab es im Hinblick auf Maria auch andere theologische Akzentuierungen, doch setzten diese sich weder in Theologie noch in der Volksfrömmigkeit durch.

Im Mittelalter wuchs die Bedeutung Marias in Lehre und Volksfrömmigkeit. Doch wurde jetzt immer mehr Wunderbares, oft auch Wunderliches über sie erdacht und teilweise ohne jeden biblischen Anhaltspunkt erfunden. In den Kirchen der Reformation schlug die Beziehung zu Maria dann völlig um: Mit konsequenter Beschränkung auf die Aussagen der Schrift wurde ein ganz neuer Anfang gesetzt. Man ging darin bald weiter als Luther; er hatte zunächst noch eine positive Beziehung zu Maria, wie seine bewegende Magnificat-Auslegung zeigt.

De Maria numquam satis – von Maria nie genug

Als Reaktion auf die wachsende protestantische Distanzierung von Maria wurde in der Gegenreformation die Marienverehrung übertrieben und schwärmerisch. Der Grundsatz „De Maria numquam satis" (über Maria kann man nie genug sagen) wurde in einer bewußten Gegenposition zum protestantischen „Minimalismus" zu einem für die Praxis vorrangigen Zeichen der Unterscheidung. „Man legt Maria den Titel ‚Göttin' zu, man scheut sich nicht, sie als vierte Person der Trinität zu bezeichnen" (W. Beinert 1977).

In der gleichen Zeit, in der Maria als das weibliche Element in einer von Männern beherrschten Kirche so hochstilisiert wurde, war die Situation der „gewöhnlichen" Frauen in dieser Kirche denkbar schlecht. (Von großen Frauengestalten abgesehen, die meist als Jungfrauen oder Witwen heilig wurden.) Das zeigte sich im Extrem in den Hexenprozessen, deren sich die katholische und die evangelische Kirche schuldig gemacht haben.

Der marianische Überschwang fand nach einer gewissen Dämpfung im aufklärerischen 18. Jahrhundert neue Nahrung in der Romantik (freilich auf noblere Weise – Novalis: „Ich sehe dich in tausend Bildern ...") und hielt sich im 19. bis in die Mitte des 20. Jahrhunderts, wo er unter dem Pontifikat Pius' XII. noch einmal lebhaft aufblühte.

Vor einem neuen Anfang

Die Dogmatisierung der Lehre von Marias leiblicher Aufnahme in den Himmel (1950) rief jedoch bereits bei nicht wenigen ökumenisch gesinnten Katholiken ein Unbehagen hervor, weil sie – nicht ohne Grund – eine negative Reaktion der Protestanten fürchteten; war doch bereits die Dogmatisierung der Unbefleckten Empfängnis Marias von 1854 für diese schwer zu verkraften gewesen.

In den späten 50er Jahren kündeten die Ansätze der zweiten Frauenbewegung einen Aufbruch der Frauen an, wie er in Jahrhunderten nicht möglich gewesen war; er konnte aus dem überkommenen und weithin noch hochgehaltenen Marienbild keine Kraft beziehen. Zur Zeit des Konzils war die Marienverehrung an einem Tiefpunkt. Als neuer Anfang ist der Marientext des Konzils nüchtern und an der Schrift orientiert.

Die allen Kirchen gemeinsame Grundüberzeugung: „Was Maria ist und was sie bedeutet, wird durch ihr Verhältnis zu Christus bestimmt" (M. Schmaus) war und blieb Lehre der katholischen Kirche auch in den Zeiten hochgesteigerter Marienverehrung. Doch unterschwellig wirkte vieles mit, wenn Maria in der Volksfrömmigkeit und in den Köpfen und Herzen vieler Theologen solche Bedeutung erlangen konnte: man „brauchte" sie, einmal, um das Defizit an Menschlichkeit aufzuholen, die man in der Kirche immer dann nicht ausreichend erfuhr, wenn die Göttlichkeit des „Menschensohnes" einseitig betont wurde; aber auch, um das Defizit an Weiblichkeit in der patriarchalischen Männerkirche auszugleichen. Dazu kam, daß eine triumphalistische Kirche, die sich manchmal schwertat mit dem Schmerzensmann, der, als Verbrecher betrachtet, am Galgen endete, einen Gegenpol suchte in der glorreichen Himmelskönigin.

Die Rolle der feministischen Theologie

Theologinnen verschiedener Kirchen möchten heute das weibliche Element wieder in ihre Kirchen einbringen. Sie sehen in Jesus aber auch wieder stärker den Menschenbruder – mit vielen weiblichen Zügen. Das wären zwei wichtige Voraussetzungen zur Entlastung Marias von Ansprüchen, die man jahrhundertelang an sie gestellt hatte. Dazu müßte auch die Entlastung von der Machtfülle gehören, die man ihr zuwies. Hier hat die feministische Theologie für Entlastung gesorgt durch die (übrigens schon von Papst Johannes Paul I. ausgesprochene) Entdeckung, daß Gott mindestens ebensosehr Mutter wie Vater ist – soweit man überhaupt mit unseren menschlichen Kategorien der Geschlechtlichkeit von ihm sprechen kann.

Wenn die christlichen Feministinnen sich das Magnificat Marias als das selbstbewußte Befreiungslied der Entrechteten zu eigen machen, so bereiten sie auch damit den Boden für eine an der Bibel orientierte Beziehung zu Maria (wobei man fragen könnte, ob dabei nicht manchmal die entscheidende Bedeutung des recht verstandenen „Fiat" zu kurz kommt). Alle diese Herausforderungen geben katholischen Christen die Chance, alle „Ansprüche" an Maria abzubauen, sich an den Aussagen der Schrift zu orientieren, sie als „Schwester im Glauben" zu lieben und zu ehren – als „unsere liebe Frau". Und das wiederum eröffnet den Kirchen der Reformation die Möglichkeit, zu dieser biblischen Maria einen neuen Zugang zu finden.

Manche feministischen Theologinnen sehen in Maria die Wiederkehr der geschichtslosen „großen kosmischen Mutter" aus matriarchalischen Zeiten und die Auferstehung mythologischer Göttinnen in Maria als der „geheimen Göttin des Christentums" (Chr. Mulack).

Damit wird sie aber – in anderem Verständnis und mit anderen Vorzeichen als in super-marianischen Zeiten – wieder in die Rolle der Göttin versetzt, eine ganz und gar unbiblische und unchristliche Rolle. Hinter der Mythologisierung Marias steckt wohl bei ihren Verfechterinnen der Wunsch, Maria als völlig autonome Frau zu sehen – als Erweis für die neu entdeckte Bedeutung des Weiblichen in der Kirche, das auch darin geltend gemacht wird.

Die Jungfrauengeburt

Feministinnen sind vielfach für die Annahme der Jungfrauengeburt offen: „Ich wollte euch zeigen, daß mit mir

die männliche Verfügungsgewalt über den weiblichen Schoß endet, darum mußte es eine Jungfrauengeburt sein. Ich wollte den Sohn meiner eigenen Eingebung", schreibt Chr. Mulack in einem „Brief der zornigen Jungfrau Maria an die Frauen" (Publik-Forum-Extra „Maria", Frankfurt 1987). R. Radford Ruether sieht in der Jungfrauengeburt „... eine Segnung für einen Menschen, der im Heilsplan Gottes eine einmalige Aufgabe zu erfüllen hat ...", und damit „keine Abwertung des Sexuellen". Sie weicht damit der Frage aus, ob die symbolische Vorstellung der Jungfrauengeburt zugleich als Aussage über einen realen Vorgang verstanden werden kann und soll. Viele Christen, die in der These von der biologischen Jungfrauengeburt vor allem die Sexualfeindlichkeit der Kirche sehen, vertreten heimlich oder offen die Ansicht: wenn Jesus als wahrer Mensch „in allem uns gleich war außer der Sünde", ist es angemessen, daß er auch wie ein normaler Mensch auf normale Weise gezeugt wurde und Josef also sein menschlicher Vater war.
Viele Christen haben keine Probleme mit der Jungfrauengeburt; sie nehmen diese als ein Geheimnis an, das letztendlich mehr über die Gottessohnschaft Christi aussagt als über physisch-biologische Fakten – und das man als Geheimnis stehenlassen muß.
Im übrigen war die Jungfrauengeburt Marias selbstverständliches Glaubensgut aller Kirchen und ist im Glaubensbekenntnis festgehalten; bei den auf die Zukunft der Kirche gerichteten feministischen Theologinnen steht sie für die Autonomie der Frau und ihre Unabhängigkeit vom Mann. Solche Begegnung von ganz verschiedenen Ansatzpunkten her bedeutet natürlich Auseinandersetzung. Man darf wünschen und hoffen, daß diese auch zu anderen Themen der Mariologie in Gang kommt: zwischen den Generationen, zwischen den Kirchen, zwischen marianischen „Maximalisten" und „Minimalisten". Und es wäre zu wünschen, daß nicht nur Frauen, sondern auch Männer „pendeln" – nach einem Wort der feministischen Theologin Catharina Halkes – zwischen Fiat und Magnificat.

Literatur: *Hans Urs von Balthasar,* Maria für heute (Freiburg i. Br. 1987); *Wolfgang Beinert,* Heute von Maria reden? (Freiburg i. Br. [4]1977); *ders.,* Maria und die Frauenfrage, in: Stimmen der Zeit 108 (1983) 31 – 44; *ders. / Heinrich Petri* (Hrsg.), Handbuch der Marienkunde (Regensburg 1984); *Wolfgang Beinert u. a.,* Maria. Eine ökumenische Herausforderung (Regensburg 1984); *Leonardo Boff,* Das mütterliche Antlitz Gottes. Ein interdisziplinärer Versuch über das Weibliche und seine religiöse Bedeutung (Düsseldorf 1985); *E. Brown / P. Donfried,* Maria im Neuen Testament. Eine ökumenische Untersuchung (Stuttgart 1981); *Concilium,* Maria in den Kirchen (Nijmegen 1983) Heft 10; *Walter Delius,* Texte zur Geschichte der Marienverehrung und Marienverkündigung in der Alten Kirche (Berlin [2]1973); *ders. / Adolf Kolping* (Hrsg.), Texte zur Mariologie und Marienverehrung der mittelalterlichen Kirche (Berlin 1961); *Andrew Greeley,* Maria. Über die weibliche Dimension Gottes (Graz 1979); *Ernst Guldan,* Eva und Maria. Eine Antithese als Bildmotiv (Wien 1966); *Johannes Paul II.,* Maria – Gottes Ja zum Menschen, Enzyklika „Mutter des Erlösers". Einleitung von Joseph Ratzinger, Kommentar von Hans Urs v. Balthasar (Freiburg i. Br. 1987); *Martin Luther / Helmut Riedlinger,* Das Magnifikat (Freiburg i. Br. 1982); *Alois Müller,* Glaubensrede über die Mutter Jesu (Mainz 1980); *Karl Rahner / Marianne Dirks,* Für eine neue Liebe zu Maria (Freiburg i. Br. [2]1985); *Rosemary Radford Ruether,* Maria – Kirche in weiblicher Gestalt (München 1980); *Michael Schmaus,* Maria – Mutter Christi und Mutter der Kirche. Der Glaube der Kirche, Bd. 5 (St. Ottilien 1982); *Walter Schöpsdau,* Mariologie und Feminismus (Göttingen 1985); *Max Thurian / Frère Roger,* Mutter des Herrn – Urbild der Kirche (Mainz [3]1983); *Marie-Theres Wacker,* Der Gott der Männer und die Frauen (Düsseldorf 1987).

MARIANNE DIRKS

Marxismus

↗ Sozialismus.

Matriarchat/Patriarchat

↗ Ehe; Eheformen; Familie; Feminismus; Frauenforschung; Kultur; Magna Mater; Mutterschaft; Naturreligionen; Sexualität; Vaterschaft

Begriffserklärung

Die beiden komplementären Begriffe „Patriarchat" und „Matriarchat" sind in feministischen Gruppen zu Kampfbegriffen geworden, die, abgelöst von ihrer eigentlichen wissenschaftlichen Bedeutung, in die Diskussion geworfen werden. Es geht dabei faktisch um Fragen einer gerechteren Bewertung des weiblichen Anteils an und in der modernen (Industrie-)Welt. Allerdings wäre ein „Matriarchat" im Sinne eines Feminats, in dem die Frauen auf allen Lebensgebieten alle Männer beherrschten, ebensowenig gerecht wie die von Geschlechterkonflikten geprägten derzeitigen Zustände, gegen die sich feministische Kulturkritik richtet. Diese individuellen und soziokulturellen Strukturen werden von dieser Kulturkritik mit dem Attribut patriarchal(isch) und den Substantiven Patriarchat oder Patriarchalismus belegt. Im Kontext der Frauenbewegung werden die Begriffe „Matriarchat" und „Patriarchat" also oft in einem übertragenen Sinne verwandt. Entstanden sind die Begriffe aber in einem anderen Zusammenhang, und wissenschaftliche Forschung, auch Frauenforschung, gebraucht sie in anderer Bedeutung.

Normierungen durch evolutionistische Theorien

In der Vergangenheit haben Vertreter der Disziplinen Ethnologie, Soziologie, Religionswissenschaft und Politologie mit diesen Begriffen Familienformen beschrieben und analysiert, die sich uns heute wesentlich vielschichtiger und mehrdeutiger darstellen als den Theoretikern des 19. Jahrhunderts, zumal deren Werke tatsächlich eher die für jene Zeit typischen Geschlechterprobleme diskutierten als reale Zustände während der Urzeit.
Die um Patriarchat und Matriarchat kreisenden theoretischen Spekulationen gehören wissenschaftshistorisch zum Evolutionismus. Diese zuerst philosophisch (Leibniz, Hegel) argumentierende Denkschule wurde wenig später durch Naturwissenschaftler (Darwin) aufgenommen und hat, stark verallgemeinert ausgedrückt, die These zum Inhalt, daß alle Dinge sich vom Einfachen zum Komplizierten hin entwickelt hätten, auseinander hervorgegangen seien und eine aufsteigende Tendenz in sich trügen, wobei das „Höhere" zugleich auch als das „Wertvollere" aufgefaßt wurde. Die sich damals erst herausbildende Disziplin der Völkerkunde (Ethnologie, in Rußland Ethnographie) griff dies Konzept einer allgemeinen unilinearen Entwicklung bald auf. Sie wandte es sowohl auf die eigentlichen Objekte ihrer Forschung an, die Naturvölker, als auch hinsichtlich ihrer theoretischen Überlegungen zu menschlichen Ursprüngen (der Arbeitsteilung, der Familienordnung, der Herausbildung von Recht und Sitte, Religion usw.). Als Gradmesser „höherer" oder „höchster" Entwicklung wurde dabei ethnozentrisch-naiv der abendländische Mensch der damaligen Gegenwart aufgefaßt; da es sich bei dieser Spezies dem Selbstverständnis jener Zeit nach freilich nur um ein männliches Wesen handeln konnte, geriet dabei die Frau als quasi Wesen einer eigenen Spezies, einer geringeren „Klasse", unversehens nicht weniger in die Rolle eines zu erforschenden und in bezug auf den (weißen!) Mann minderwertigeren Objektes als die Angehörigen andersrassiger Naturvölker. (In der Hinsicht war auch noch Freud durchaus Evolutionist).

Ethnologische Evolutionstheorien

Obwohl, wie der Gang der Forschung seither bewiesen hat, lediglich in der Biologie mit einigem Recht von Evolution als dem Motor alles Lebendigen gesprochen werden darf und die ethnologischen Theorien des Evolutionsgedankens sich als unhaltbar herausstellten, sollen sie im folgenden dennoch knapp gestreift werden, da ihre Irrtümer bei Nichtfachleuten nicht als durchweg bekannt vorausgesetzt werden können.

Der Begriff „Mutterrecht" geht auf den Juristen Bachofen (1861) zurück, der aus dem Vorhandensein mutterrechtlicher Züge bei Hoch- und Randkulturen des Alten Orients schloß, daß dem späteren Vaterrecht eine frühere mutterrechtliche Familienform vorangegangen sein müsse. In der ältesten Vorzeit habe es überhaupt noch keine Familie gegeben, sondern nur allgemeine Promiskuität (hierher stammt Freuds für die Forschung so irreführende Idee einer sogenannten „Urhorde"). 1877 erweiterte der amerikanische Ethnologe Morgan das Konzept Bachofens um die These der „Gruppenehe" und parallelisierte außerdem die hypothetischen Familienkonstellationen der Frühzeit mit bestimmten Abschnitten technischer Naturbeherrschung bzw. der Entwicklung von Ackerbau und Nutzviehhaltung. Auf dieser gedanklichen Basis konstruierte man anschließend angebliche „Stufen" der menschlichen Entwicklung („Stadien").

In solchen Periodisierungen, die sich freilich als willkürlich und unhaltbar erwiesen, nachdem das gesicherte Wissen über außereuropäische Lebensformen zugenommen hatte, ordnete man ganz disparate Aspekte des menschlichen Lebens einander zu und behauptete, sie seien typisch für gewisse zeitliche Epochen der Frühgeschichte, wobei es (um nur ein Beispiel zu nennen) zu so abstrusen Kombinationen wie Promiskuität, Kannibalismus, Wohnen in Höhlen oder auf Bäumen, Glauben an Tier- oder Ahnengeister und – sozusagen politisch gesehen – dem „Urkommunismus" kam. Gewissermaßen durch Nacht zum Licht sollte das Menschengeschlecht zur hehren Höhe des abendländischen 19. Jahrhunderts aufgestiegen sein, und auf diesem als Leiterstieg gedachten Weg stellte das Matriarchat eine der Stufen dar, die glücklicherweise schon längst überwunden worden waren. Die derart phantasierte Periodisierung der Geschichte übernahm 1884 Engels und baute sie in das Konzept des marxistischen Welterklärungsmusters ein, eschatologisch erweiterte er sie zusätzlich um die Voraussage einer als in jeder Hinsicht problemfrei definierten „Endzeit" im Kommunismus im Sinne des „Ziels der Geschichte". So zum wesentlichen Bestandteil des marxistischen Theoriengebäudes erhoben, hat die evolutionistische Ethnographie allein im Ostblock wissenschaftlich überlebt.

Mutterrecht als „Durchgangsstufe"

Schon seit 1891 war die Annahme eines „Mutterrechts" als regelmäßige Durchgangsstufe der menschlichen Familienentwicklung infolge der Südseeforschungen Westermarcks widerlegt. Seit den 20er Jahren bemühte sich die Wiener Schule der Völkerkunde im Rahmen ihres Konzepts der „Kulturkreislehre" unter Führung von Wilhelm Schmidt um die auch theoretische Zurückweisung der evolutionistischen Familienmodelle; Schmidt nahm an, statt der wahllos-promiskuitiven Vermischung habe am Anfang des Zusammenlebens der Geschlechter die monogame Paarbeziehung gestanden, was in dieser Verallgemeinerung jedoch ebensowenig haltbar ist. Zur gleichen Zeit erarbeitete die amerikanische Schule des aus Deutschland gebürtigen Boas den Nachweis auch bilateraler Verwandtschaftssysteme, in denen die Herkunft sowohl nach der Vater- wie der Mutterseite hin gerechnet wird.

Beziehungen zwischen mutter- und vaterrechtlichen Strukturen

Die inzwischen jahrzehntelange Erforschung tatsächlich vorfindbarer Familienstrukturen und Deszendenzberechnungen seitens der Praktiker unter den Ethnologen hat in der Feldforschung ergeben, daß manches, wovon die älteren Theoretiker sprachen, wirklich existiert, aber anders zu bewerten und einzuordnen ist, als die einlinigen und weltumfassenden Theoriengebäude suggeriert hatten. Vor allem ist die Gleichsetzung von Vaterherrschaft, wie wir sie aus Geschichte und Gegenwart kennen, mit einem bloß hypothetischen „Matriarchat" insofern unzulässig und irreführend, als bei den – wenigen – Ethnien (Südindien, einige indonesische Inseln, Westafrika), wo die Familienberechnung nach der Mutterseite hin erfolgt (maternale Deszendenz), solche Familienverhältnisse, wo alles ist wie im Patriarchat, bloß umgekehrt, eben nicht vorliegen. Dennoch hat die Frau in manchen Gesellschaften eine familiale und soziale Position, die von derjenigen in vaterrechtlichen Kulturen abweicht und, insgesamt betrachtet, wirklich höher ist als dort. Aber die Ursachen dafür sind mannigfach, schwer in Regeln zu fassen und außerdem variierend. Stämme gehen von maternaler Deszendenzrechnung zu paternaler über, umgekehrt nur äußerst selten, aber immerhin gelegentlich, oder die paternale wird zur bilateralen ausgeweitet. Sofern derartige Änderungen in historisch überblickbaren Zeiten und nicht in äonenferner Vergangenheit stattfanden, sind stets genau faßbare profunde Veränderungen der Lebensgestaltung auszumachen gewesen (z. B. Übergang vom Nomadentum zur Seßhaftigkeit, vom Ackerbau zum Jägertum, die Annahme einer neuen Religion oder sogar der Einfluß eines einzigen überragenden Individuums). Als völlig unzutreffend haben sich die evolutionistischen Periodisierungssysteme erwiesen: Die Vorstellung von „Stufen" der Menschheitsentwicklung, die je typische Familienkonstellationen, typische Werkzeuge, typische Formen des Nahrungserwerbs, der allgemeinen Naturbeherrschung, der Religion usw. umfassen, läßt sich ebensowenig aufrechterhalten, wie die Vorstellung, „primitive" Stämme (d. h. nach abendländischem Verständnis solche mit vergleichsweise geringem Grad technischer Ausstattung) könnten als Modelle für die Anfangszustände der Menschheit dienen: Diese liegen in der Altsteinzeit und also beim Neandertaler, jene sind, anthropologisch gesehen, moderne Menschen gleich uns und haben sich der Aufgabe der Daseinsbewältigung lediglich auf andere Art gestellt als wir.

Merkmale des Mutterrechts

Für die moderne Ethnologie stellt das Mutterrecht eine Erbfolgeregelung dar, in der die mütterliche Linie bevorzugt wird. Merkmale des Mutterrechts können einzeln oder gehäuft, kaum je alle gemeinsam auftreten. Die wesentlichen sind: 1. mütterliche Deszendenz, d. h., die Kinder gehören zur Mutterseite; 2. Eigentum, gelegentlich auch Ämter und Rechte werden in mütterlicher Linie vererbt (entweder von der Mutter auf die Tochter oder vom Mutterbruder auf den Neffen); 3. matrilokale Heiratswohnfolge (der Ehemann tritt in die Sippe der Frau ein und wohnt dort); 4. voreheliche sexuelle Ungebundenheit junger Mädchen, weitgehende Freiheit bei der Gattenwahl und große Selbständigkeit der Frau in der Ehe; 5. leichte Scheidungsmöglichkeit für die Frau; 6. hervorgehobene Stellung der Frau in Kult und Religion (etwa als Schamanin, Priesterin, Kultleiterin für weibliche Gottheiten, Hüterin der Stammestradition).

In mutterrechtlichen Gesellschaften gilt der biologische Vater als mit seinen Kindern sozial nicht verwandt; seine Stelle nimmt, was Erziehung und Fürsorge betrifft, der Bruder der Mutter ein; er ist der soziale Vater für alle Kinder der Schwester, auch wenn diese infolge der leichten Scheidungsmöglichkeit von verschiedenen Vätern stammen.

Abnahme mutterrechtlicher Verhältnisse

Mutterrechtliche Verhältnisse sind noch in der jüngeren Vergangenheit sehr viel häufiger gewesen als gegenwärtig. Ihre Abnahme steht in direktem Zusammenhang mit dem Aufsteigen der europäischen Nationen im Kolonialzeitalter bzw. der bis heute ständig wachsenden Bedeutung westlicher

Technologie und neuzeitlichen Lebensstils.
In Südostasien wurde seit der schon im 8. Jahrhundert beginnenden Islamisierung das Mutterrecht zunehmend zurückgedrängt und findet sich deshalb bloß noch in Rückzugsgebieten; in Westafrika führte der Einfluß von Islam und Christentum zum gleichen Resultat.

Vaterrechtliche Gesellschaften

Weltweit betrachtet, gehört heute die Mehrheit aller Menschen zu vaterrechtlichen Gesellschaften. Es handelt sich dabei um die auch in unserer eigenen Kulturtradition bestehende Sozialordnung, Rechts- und Erbfolgeform, worin die väterliche Abstammungslinie dominiert. Die Ehefrau zieht nach der Heirat zum Wohnsitz des Gatten oder dessen Großfamilie, beider Kinder werden seiner Sippe zugerechnet. Der Erbgang erfolgt nur über die männliche Seite. Der Sippenälteste besitzt große, manchmal absolute Macht über die Großfamilie (Klan); die soziale Stellung der Frau kann niedrig bis praktisch rechtlos sein, muß das aber nicht: Unsere eigene Kultur ist zwar seit den Zeiten vor Tacitus vaterrechtlich, dennoch war die Position der (freien) Frau in Nord-, West- und Mitteleuropa wesentlich höher als weiter südlich. Mischformen der Familienorganisation wie die von Boas akzentuierte bilaterale Rechnung lassen sich in Deutschland noch vage an der hohen Bedeutung ablesen, die bei den Germanen der Mutterbruder eines Mannes besessen hat. Unser Vaterrecht dominiert auch nicht absolut (wie etwa das im Islam). Denn obwohl wir nach der väterlichen Deszendenz rechnen, empfindet jeder Mensch doch deutlich, daß uns auch die Familienmitglieder von Mutters Seite Liebe, Schutz, Geschenke und allgemeine Fürsorge schulden – und wir ihnen.
In der modernen Ethnologie ist man zunehmend davon abgegangen, die Termini Patriarchat/Matriarchat zu verwenden, die von der langen Diskussion um das Theoriengebäude des unilinearen Evolutionismus stark belastet sind; umgangssprachlich und bei Nichtethnologen werden sie aber noch häufig benutzt. Es wäre sinnvoll, sie allgemein durch „Vaterrecht/Mutterrecht“ zu ersetzen.

Literatur: *Johann Jakob Bachofen,* Das Mutterrecht. Eine Untersuchung über die Gynaikokratie der alten Welt nach ihrer religiösen und rechtlichen Natur (Stuttgart 1861); *Franz Boas,* The Methods of Ethnology, in: American Anthropologist, Bd. 22 (Menasha/Wisc. 1920) 311ff.; *Friedrich Engels,* Der Ursprung der Familie, des Privateigentums und des Staates (Zürich 1884); *Sigmund Freud,* Totem und Tabu (Wien 1913); *Ute Gerhard u.a.,* Herrschaft und Widerstand. Entwurf zu einer historischen und theoretischen Kritik des Patriarchats in der bürgerlichen Gesellschaft, in: Beiträge zur Frauenforschung, 21. Deutscher Soziologentag (Bamberg 1982); *Heide Göttner-Abendroth,* Die Göttin und ihr Heros (München 1980); *Louis Henry Morgan,* Ancient Society (New York 1877; dt.: Die Urgesellschaft, Stuttgart 1891); *Wilhelm Schmidt,* Das Mutterrecht, in: Studia Instituti Anthropos, Bd. 10 (Mödling 1910); *D. M. Schneider / K. Gough* (Hrsg.), Matrilineal Kinship (Berkeley / Calif. 1962); *Uwe Wesel,* Der Mythos vom Matriarchat. Über Bachofens Mutterrecht und die Stellung der Frauen in frühen Gesellschaften (Frankfurt a.M. 1980); *Edward Alexander Westermarck,* The History of Human Marriage (London 1891), *Hartmut Zinser,* Der Mythos des Mutterrechts. Verhandlungen von drei aktuellen Theorien des Geschlechterkampfes (Frankfurt a.M. 1981).

Gisela Bleibtreu-Ehrenberg

Medien

↗ Aufstiegschancen; Beruf; Diskriminierung; Film; Frauenrollen / Frauenleitbilder; Gleichberechtigung; Grundgesetz / Bundesverfassung; Politik; Sprachkritik, feministische; Werbung

Einfluß der Massenmedien

Die Massenmedien, Fernsehen, Hörfunk, Zeitungen und Zeitschriften, spielen eine bedeutende Rolle bei der Durchsetzung der Gleichberechtigung der Frau. Gesetzliche Regelungen, dies hat sich gezeigt, können allein wenig ändern. Entscheidend ist eine Bewußtseinsänderung der gesamten Be-

völkerung. Hierbei können die Medien durch systematische und kontinuierliche Arbeit einen wesentlichen Beitrag leisten, denn sie übermitteln Informationen, Meinungen, Einstellungs- und Verhaltensmuster, Werte und Normen gesellschaftlichen Zusammenlebens.
In diesem Zusammenhang ist zu sehen, daß zum Auftakt des Jahrzehnts der Frau (1975 – 1985) die Vereinten Nationen 1974 eine Untersuchung über den Einfluß der Massenmedien auf die Rolle der Frau in der heutigen Gesellschaft veröffentlichten. Das Ergebnis der Studie, an der sich 28 Staaten und 22 nichtstaatliche Organisationen beteiligt hatten, war alarmierend hinsichtlich der negativen Klischees, mit denen Frauen in Fernsehen, Hörfunk, Zeitungen und Zeitschriften dargestellt werden.

Frauen im Fernsehen

1975 – im Jahr der Frau – folgte in der Bundesrepublik Deutschland eine unter Leitung von Erich Küchenhoff verfaßte Studie mit dem Titel: „Die Darstellung der Frau und die Behandlung von Frauenfragen im Fernsehen". Die Erkenntnisse lassen sich in sieben Punkten zusammenfassen: 1. Frauen sind im deutschen Fernsehen erheblich unterrepräsentiert; 2. die Mittelschichtorientierung in der Darstellung von Frauen steht im Gegensatz zur gesellschaftlichen Realität; 3. neben dem traditionellen Leitbild der Hausfrau und Mutter steht das Leitbild der jungen, schönen und unabhängigen Frau; 4. charakteristisch ist, daß die Berufstätigkeit kaum thematisiert wird und Probleme der Frauenarbeit und der Doppelbelastung kaum behandelt werden. Berufstätigkeit von Frauen in Sendungen mit Spielhandlung dient im wesentlichen der Zuweisung des sozialen Status und der Legitimierung des Lebensstandards; 5. die Fernsehfrau ist unpolitisch. Sie zeigt sich wenig informiert und wird daher auch nicht politisch oder gesellschaftskritisch aktiv; 6. die Behandlung von Frauenfragen, das heißt die kritische Auseinandersetzung mit der besonderen Situation der Frau, wird in den Programmen des bundesdeutschen Fernsehens vernachlässigt; 7. auch die medieninterne Rollenverteilung in den Fernsehanstalten weist eine deutliche Benachteiligung der Frau auf.
Fazit der Studie von 1975: Das öffentlich-rechtliche Fernsehen könnte sich intensiver und wirkungsvoller für die von der Verfassung gewollte Gleichheit von Mann und Frau und insbesondere für die stärkere politische Beteiligung der Frau einsetzen. Nicht die Unterstützung und Zementierung traditioneller Verhaltensnormen, sondern das Angebot von neuen Identifikationsmodellen für Frauen sollten zu den Inhalten von Fernsehprogrammen gehören.
Für das Österreichische Fernsehen kam die von Christine Leinfellner 1981 vorgelegte Studie zu nahezu gleichen Ergebnissen.
Es kann davon ausgegangen werden, daß im Schweizer Fernsehen die Situation ähnlich war bzw. ist, zumal viele Programme zwischen der Bundesrepublik Deutschland, Österreich und der Schweiz ausgetauscht werden. Während die Intendanten aus der Küchenhoff-Studie kaum Konsequenzen zogen, fanden engagierte Medienfrauen die Defizite bestätigt, die sie seit Jahren beobachtet hatten und von denen sie zum Teil selbst betroffen waren. Sie gründeten in den Rundfunkanstalten Frauengruppen, um vor allem die Situation der Mitarbeiterinnen zu verbessern.
In den letzten Jahren sind in den Fernsehprogrammen aller drei Länder positive Veränderungen zu beobachten. Es gibt seit einiger Zeit z. B. nicht nur Nachrichtensprecherinnen, sondern auch für Inhalte verantwortliche Redakteurinnen/Präsentatorinnen/Moderatorinnen sowie im Unterhaltungsbereich Show- und Talkmeisterinnen. Auffällig ist, daß die Situation der Frau in unserer Gesellschaft – im Arbeitsleben, in der Öffentlichkeit, in der Politik

und im privaten Bereich – zunehmend in Informationssendungen des Hauptabendprogramms behandelt wird.
Das Zuschauerinnen-Verhalten jedoch weist einen interessanten Aspekt auf: Unterhaltungsserien mit ausgeprägt traditionellen Rollenklischees, die der Gleichberechtigung der Frau in unserer Gesellschaft entgegenlaufen, erfreuen sich bei Frauen (Einschaltquoten) großer Beliebtheit. Eine Tatsache, die die Programmverantwortlichen nicht gerade dazu veranlassen wird, solche Inhalte mit Blick auf den Gleichberechtigungsgedanken zu verändern.

Hörfunk

Was den *Hörfunk* betrifft, so hat sich in den letzten Jahren das Frauen- und Familienprogramm ausgeweitet und profiliert. Im öffentlich-rechtlichen Hörfunk findet sich eine größere Vielfalt des Frauenbildes als im Fernsehen. Die bei Hörern/innen beliebten und von Fachleuten anerkannten thematisch vielfältigen Frauenprogramme werden jedoch überwiegend am Vor- oder Nachmittag gesendet.
Trotz der positiven Aspekte ist jedoch nicht zu übersehen, daß Redakteurinnen im Verhältnis zu ihren Kollegen eine Minderheit von nicht einmal 20% ausmachen und daß wichtige, frauenbetreffende Themen noch immer nicht genügend Beachtung finden. Ein Grund hierfür ist sicher auch, daß Männer in der Regel bestimmen, welche Themen behandelt werden.

Frauen in der Presse

Über die Darstellung der Frau in der Presse hat 1985 Christiane Schmerl eine Untersuchung vorgelegt, die sich im wesentlichen mit dem Ergebnis der Küchenhoff-Studie deckt: Frauen sind in der Berichterstattung der Printmedien unterrepräsentiert. Sie nehmen mit 14–30% einen wesentlich geringeren Anteil an der Gesamtberichterstattung als Männer mit 63–70% ein. Lediglich in Frauenzeitschriften mit den üblichen Themen: Mode, Kosmetik, Haus und Garten, Ehe, Familie, Sex, Emanzipation, Gesundheit, Medizin, Urlaub und Freizeit stehen Frauen im Mittelpunkt der Berichterstattung.
Neben diesen auflagenstarken Frauenzeitschriften gibt es in der Bundesrepublik Deutschland, Österreich und der Schweiz eine Reihe von Verbands- und konfessionellen Frauenzeitschriften, die sich mit der Situation der Frau in unserer Gesellschaft auseinandersetzen und dadurch die allgemeine Diskussion in der Öffentlichkeit vorantreiben. Eine Sonderstellung nehmen feministische Zeitschriften ein, die gesellschaftlich brisante Frauenthemen zur Sprache bringen.
Eine positive Entwicklung in bezug auf die Behandlung von Frauenthemen ist in den letzten Jahren in einigen engagierten auflagenstarken, in Mehrheit von Männern gelesenen politischen Zeitschriften und Magazinen zu beobachten. Hier finden sich Artikel, in denen die Situation der Frau in unserer Gesellschaft problematisiert wird.
Generell gilt jedoch für die Printmedien: die sozialen Probleme, politischen Belange und gesellschaftlichen wie wirtschaftlichen Leistungen von Frauen werden zuwenig thematisiert. Vorrang haben in der Frauenberichterstattung Themen mit großem Unterhaltungswert. Viele neutrale oder männliche Begriffe, wie z.B. „Rentner“, „Arbeitslose“, „Lehrstellenmangel“, hinter denen sich in Realität oft sehr viel mehr Frauen als Männer verbergen, machen Frauen sprachlich unsichtbar (Annihilierung). Dies – obwohl Frauen von den geschilderten Problemen mehr betroffen sind als Männer. Schmerl weist darauf hin, daß die unter der Oberfläche sachlicher und seriöser Berichterstattung verborgenen redaktionellen Strukturen und Strategien im Rahmen bürgerlicher Tageszeitungen und Nachrichtenmagazine vermutlich wesentlich wirksamer bei der Herstellung von falschem Realitätsbewußtsein seien als die oft kritisierten plakativen Verzerrungen und Manipulationen des Frauen-

bildes in den Boulevardzeitungen, Frauenzeitschriften oder Werbebotschaften. Denn bei diesen erkenne es inzwischen jede/r Leser/in, daß und wie manipuliert werde.

Journalismus ein Männerberuf

Die Mehrheit der bei den Zeitungen, Zeitschriften, Hörfunk und Fernsehen Beschäftigten sind Männer. Dies trifft für die Bundesrepublik Deutschland, Österreich und Schweiz gleichermaßen zu. Journalismus gilt als Männerberuf. Nur wenn künftig mehr junge, qualifizierte Frauen diesen Beruf ergreifen, kann sich allmählich die Situation verändern. In Tageszeitungen, Wochenzeitungen, Zeitschriften, Hörfunk und Fernsehen arbeiten weniger als 20% Redakteurinnen. Die Spitzenpositionen sind fast ausschließlich mit Männern besetzt. Der Anteil der Frauen unter den festangestellten Journalisten bei Tageszeitungen, Hörfunk und Fernsehen wurde 1984 mit ca. 13% angegeben. Der Frauenanteil bei Zeitschriften lag bei ca. 23%. Diese Prozentzahl erklärt sich durch die Frauenzeitschriften, in denen überwiegend Redakteurinnen beschäftigt sind. Die Leitungspositionen/Chefredaktionen sind jedoch auch hier in der Regel von Männern besetzt. Im Hörfunk und Fernsehen sind ca. 93% aller redaktionell tätigen Frauen Redakteurinnen; nur 7% haben leitende Positionen. Die vorhandenen Daten lassen den Schluß zu: Karrierechancen sind für Frauen sehr gering. Daß der Lebensweg von Journalistinnen oft ein anderer ist als der ihrer männlichen Kollegen, zeigt folgendes: ca. zwei Drittel aller redaktionell tätigen Frauen sind alleinstehend, nur ein Fünftel hat schätzungsweise Kinder. Hingegen sind etwa drei Viertel der Redakteure verheiratet, die Mehrheit hat Kinder. Für sie sind offensichtlich Beruf und Familienleben besser vereinbar. Der Frauenanteil unter den freiberuflichen Journalisten wurde 1984 auf ca. 20% geschätzt. In den privaten Film- und Fernsehproduktionsbetrieben ist die Situation der Frauen wesentlich günstiger. Ihr Anteil an leitenden Positionen lag hier 1980 bei etwa 29%.

Für das bundesdeutsche, österreichische und Schweizer Fernsehen gilt gleichermaßen, was 1980 im Deutschen Bundestag festgestellt wurde: Die öffentlich-rechtlichen Rundfunkanstalten werden ausschließlich von Männern regiert und von sehr vielen Männern und wenigen Frauen in den Aufsichtsgremien kontrolliert. Männer entscheiden über Mittelvergabe und Personalpolitik, über Programmstrukturen und technische Entwicklungen, Männer prägen Programminhalte, weit über das gesellschaftlich vertretbare Maß hinaus.

Staatliche Maßnahmen

Der bundesdeutsche Staatsrechtler K. H. Friauf ist in einer verfassungsrechtlichen Untersuchung der Frage nachgegangen, inwieweit das Gleichberechtigungsgebot des Art. 3, II GG staatliche Maßnahmen zuläßt. Die Ergebnisse sollten auch auf Österreich und die Schweiz übertragbar sein; denn in den Verfassungen beider Länder ist die Gleichberechtigung von Mann und Frau ebenfalls verankert. Friauf plädiert für folgende Maßnahmen, die der Staat ergreifen kann, um die Darstellung der Frau und die Berichterstattung über die Frau in den Medien zu verbessern:

Eine generalklauselartige Regelung, die die Presse anhält, bei der Ausgestaltung ihrer Medieninhalte die unreflektierte Übernahme von überholten Rollenklischees zu vermeiden und der Gleichwertigkeit der Geschlechter Rechnung trägt. Ein gesetzliches Verbot von geschlechtsdiskriminierenden Beiträgen in der Presse wäre jedoch mit dem Grundrecht der Pressefreiheit nicht vereinbar. Bei den öffentlich-rechtlichen Rundfunkanstalten steht das in Art. 5 I GG gewährleistete Grundrecht der Rundfunkfreiheit „einer gesetzlichen Regelung, die auf eine adäquate

Berücksichtigung des Gleichberechtigungsgedankens in den Programmen abzielt, nicht entgegen. Eine solche Regelung beeinträchtigt nicht die Rundfunkfreiheit, sondern konkretisiert tendenziell lediglich die ihr ohnehin immanente Pflicht zur Ausgewogenheit."
Um die Situation der Medienmitarbeiterinnen zu verbessern, hält Friauf eine „zurückhaltend angesetzte, auf das Maß des Notwendigen beschränkte Vorzugsregelung zugunsten von Frauen bei der Besetzung der inhalts- bzw. programmrelevanten Positionen in Presse und öffentlich-rechtlichen Rundfunkanstalten" für geboten. Soweit diese Präferenzregelung als Instrument zum Erreichen einer ausgewogenen Programmstruktur und nicht zur einseitigen Verbesserung der Beschäftigungschancen der Frauen eingesetzt würde, gäbe es keine verfassungsrechtlichen Einwände.
Friaufs Auffassung ist: Als verfassungsrechtlich idealer Dauerzustand kann nur eine Medienlandschaft angestrebt werden, die in ihrer personellen Besetzung ausgewogen ist und aus sich selbst heraus Inhalte entwickelt, die der gleichberechtigten Rolle beider Geschlechter gerecht werden. Davon sind wir heute noch weit entfernt.

Literatur: *Ingrid Baldes,* Frauen in den Schweizer Medien. Berufssituation und Arbeitsbedingungen von Journalistinnen (Lizentiatsarbeit am Publizistischen Seminar der Universität Zürich) (Zürich 1982); *Elke Baur,* ... und Frauen kommen vor (Schriftenreihe der Aktion Klartext 2) (Baden-Baden 1980); *Bericht der Enquête-Kommission Frau und Gesellschaft* (Bundestagsdrucksache 8/4461 vom 29.8. 1980); *Die Darstellung der Frau und die Behandlung von Frauenfragen im Fernsehen.* Eine empirische Untersuchung einer Forschungsgruppe der Universität Münster unter Leitung von Erich Küchenhoff (Stuttgart u.a. 1975); *Karl Heinrich Friauf,* Verbesserung der Situation der Frauen in den Medien (Verfassungsrechtliche Untersuchung im Auftrag des Bundesministeriums des Inneren; Schriftenreihe des Bundesministeriums des Inneren, Bd. 17) (Stuttgart 1985); *Christine Leinfellner,* Das Bild der Frau im TV (Wien 1983); *Irene Neverla / Gerda Kanzleiter,* Journalistinnen. Frauen in einem Männerberuf (Frankfurt a.M. – New York 1984); *Christiane Schmerl,* Das Frauen- und Mädchenbild in den Medien (Opladen 1984); *dies.,* In die Presse geraten (Wien 1985); *Jutta Szostak,* Klischees die ganze Woche lang. Frauen im Fernsehen – wie sie dargestellt werden, was sie darstellen können, in: Willy Brandt (Hrsg.), Frauen heute – Jahrhundertthema Gleichberechtigung (Köln 1978).

Marianne Brink

Medizin

↗ Antike; Ausbildung; Beruf; Empfängnisverhütung; Ethik, weibliche; Fortpflanzungsmedizin; Frauenberufe; Frauenforschung; Frauengeschichte; Geburt; Gesundheit; Hexen; Humangenetik, angewandte; Klimakterium; Krankheit; Leib / Leiblichkeit; Menschenbild; Menstruation; Natur; Naturreligionen; Ökologie / Umwelt; Pflege, häusliche; Schwangerschaft; Schwangerschaftsabbruch; Schwesternschaften; Selbsthilfe; Sterilisation; Sucht; Volkskundliche Frauenforschung; Wissenschaft

Unterrepräsentation von Frauen

In der Medizin gibt es generell zwei Aspekte, den des Krankseins (passiv) und den des Heilens (aktiv), beide gelten für Mann und Frau, auch wenn dies in der Neuzeit nicht unbedingt den Anschein hat. Obwohl das Medizinstudium den Frauen seit über 100 Jahren möglich ist, sind in Deutschland 75% der Ärzte Männer, in führenden Positionen nahezu 100%. Diese Unterrepräsentation der Frauen in der professionellen Heilkunde hat Tradition, sie zeigt Parallelen zur Frauengeschichte allgemein. Im speziellen ist sie aber zurückzuführen auf verschiedene Faktoren, die im Laufe der Geschichte auftraten, darunter die Entwicklung der Medizin zu einer Naturwissenschaft, der Aufstieg des Ärztestandes, der Übergang der Geburtshilfe in den Aufgabenbereich des Mannes, die Abspaltung und Professionalisierung der Krankenpflege, die Pathologisierung des Frauseins.

Frauen als Heilkundige

Medizingeschichte war lange Zeit Ideengeschichte, vorwiegend betrieben von Medizinern, die bemüht waren, den wissenschaftlichen Ursprung der Medizin aufzudecken. Aus diesem Blickwinkel spielen Frauen keine Rolle, von ihnen sind nur wenige Werke und kaum neue Theorien erhalten geblieben. Die wissenschaftliche Betrachtungsweise ist eine Tendenz der Neuzeit, ihre Anwendung in der praktischen Medizin fand sie erst im 19. Jahrhundert. Zuvor wurden die Praktiker fern der Universitäten ausgebildet. Es waren vorwiegend Handwerker, die das Volk behandelten. Um diese aufzuspüren, bedarf es der Quellen aus dem Bereich der Sozialgeschichte. In ihnen häufen sich Hinweise auf heilkundige Frauen. Vom emotionsgeschichtlichen Standpunkt aus scheint sich diese Bilanz abermals zu verbessern. Nicht jede Krankheit wird den Ärzten bekannt, viele werden selbst behandelt, in erster Linie von Frauen. So läßt es sich vermuten, daß *Frauen die ersten Heilkundigen* waren. Ihr Heilwissen beruhte auf Tradition und Erfahrung. Sie erreichten einige Kenntnisse über Bau und Funktion des Körpers, kannten Möglichkeiten der Antikonzeption, übten Geburtshilfe und Krankenpflege, reichten Heilmittel und trieben Magie.

Professionalisierung der Heilkunst

Mit der Urbanisierung wurde die Heilkunst, wie viele andere häuslich-weibliche Fertigkeiten, professionalisiert. Sie wurde von Frauen und Männern, oft gemeinsam in der Familie, ausgeübt. Nur wer genug Geld hatte, konnte sich ärztliche Hilfe leisten. Die übrigen blieben der Familien- oder Nachbarschaftspflege überlassen, Reiche sorgten für ihre Dienerschaft und Sklaven, im Mittelalter übernahmen die Klöster und Städte die Fürsorge für Arme und Kranke.

Neben die mündlich-praktische Überlieferung traten in der Antike die Schriften einzelner Ärzte und ihrer Schulen. Darin wurde die Krankheit aus dem mystisch-religiösen immer mehr in den natürlichen Bereich gezogen und in Abhängigkeit von Lebenshaltung, Konstitution und Umwelt gebracht. Grundlage zu Diagnose und Therapie bildeten die Lehre von den Körpersäften (Blut, Schleim, Galle) und deren Gleichgewicht, das bei Erkrankung gestört schien. Mittels Diät, Aderlaß und Arzneien sollte es wiederhergestellt werden. Zur Diagnose dienten Aussehen des Patienten, Puls und Harnschau. In diesen Schriften sind des weiteren Beiträge zur Chirurgie und Geburtshilfe enthalten. Das antike Wissen blieb, bereichert durch arabisch-jüdische Beiträge, die Grundlage der Medizin bis über die Renaissance hinaus und war Frauen und Männern zugänglich (Klöster, Medizinschulen). Mit der Zunahme der vom Klerus beeinflußten Universitäten (14. Jahrhundert) verschwinden die Spuren der *gelehrten Frauen in der Medizin.* Unter den *Handwerksärzten* (Bader-Chirurgen, Hebammen) konnten sich Frauen länger behaupten, obwohl sie durch die Zunftordnungen der Städte auch hier marginalisiert wurden. Viele, besonders die Spezialistinnen (Chirurgie, Augenkrankheiten), mischten sich unter die Fahrenden, die vorwiegend die Landbevölkerung betreuten.

Aufstieg des Ärztestandes

Für den Abstieg des Hebammenberufes ist der Hexenwahn (16. – 18. Jahrhundert) bedeutungsvoll. *Hebammen* wurden ihres Wissens und oft auch Vermögens wegen bevorzugte Opfer dieser folgenschweren, weitverbreiteten Frauenverfolgung. Zurück blieben ungebildete, schlecht ausgerüstete Frauen, die unter die Kontrolle der Stadtärzte gestellt wurden. Fremdorientiertes Reglement (die Hebammenordnungen wurden nicht *von,* sondern *für* die Hebammen verfaßt) und Fremdschulung (durch „Hebammenmeister“, 18. Jahrhundert) degradierten den einst angesehenen autonomen Stand zu einem zweitrangigen Hilfsberuf der Spitalmedizin unserer Zeit.

rufsverbot (kaum Ausbildungsmöglichkeiten) widmeten sich immer wieder Frauen der Heilkunst, entweder aus finanziellen Gründen als Pfuscherin/Quacksalberin oder aus Liebhaberei als Dilettantin. Letztere wurde zu dieser Selbsthilfe von den Ärzten ermuntert, da sie sich um die medizinisch schlecht versorgten Armen und das Landvolk kümmerte. Zu Beginn der Neuzeit traten Ärztinnen nur noch sporadisch auf, die professionalisierte Medizin war ein Männerberuf geworden, der Aufstieg des Ärztestandes zu Prestige und Wohlstand geschah ohne die Frau.

Verbesserte Ausbildung in der Chirurgie führte zur Angleichung und schließlich zur Eingliederung in die Medizin. Handwerk und Studium waren nun miteinander verbunden. Allmählich wurden technische Hilfsmittel in alle Teilbereiche der Medizin eingeführt. Seuchenhygienische Maßnahmen und Medikalisierung (z. B. Impfungen) hoben den Gesundheitszustand der Bevölkerung. Standesordnungen sorgten für ein höheres Niveau der Ärzteschaft und deren Abgrenzung gegenüber den nichtstudierten Heilern, den Kurpfuschern. Aus staatspolitischen Gründen und zur Erhaltung des Arbeitspotentials wurde das Allgemeinwohl vor das Eigenwohl gestellt, die Krankheit verlor ihren Privatcharakter. Mit dem Eindringen der Naturwissenschaften in die Medizin wurde die alte Säftelehre überwunden. In Diagnose und Therapie stieg die Erfolgsrate. Mit den neuen Methoden schien alles heilbar.

Pathologisierung des Frauseins

Der menschliche Körper wurde zum Studienobjekt, die Gesamtschau durch Detailwissen überdeckt. An die Stelle des Individuums trat ein Organ, eine Krankheit. In einer Art Besitzergreifung durch die Wissenschaft wurde der Körper seinem Träger entfremdet, enteignet. Die Fachsprache der Mediziner ließ den Laien immer weniger verstehen, vermehrte seine Unsicherheit. Frauen wurden davon mehr betroffen als Männer. Seit der Übernahme von Geburtshilfe und Frauenheilkunde durch den männlichen Arzt (ab 16. Jahrhundert) wurden diese mehr und mehr zu Wissenschaften. Der weibliche Körper schien besonders interessant wegen seiner Ab-, weil Andersartigkeit. Spekulationen über die Funktion der weiblichen Geschlechtsorgane, verknüpft mit neuen Ergebnissen aus der Embryologie, unterstützten von der biologischen Seite her die von den Philosophen aufgestellte Behauptung, die Frau sei nur ein Mittel zur Fortpflanzung des Menschen. Man unterschob ihr einen eigenen Geschlechtscharakter (Passivität) im Gegensatz zu dem des Mannes (Aktivität). Ihre Geschlechtlichkeit ließe für sie nur einen Beruf zu, den der Mutter, womit man sie gesellschaftlich isolierte und an den Haushalt fixierte. Eine Abhängigkeit des Nervensystems von den Geschlechtsorganen bei der Frau wurde vermutet und auch bewiesen, womit den Ärzten die *Pathologisierung des weiblichen Körpers* und *der weiblichen Psyche* gelungen war. Frausein bedeute Kranksein. Dieses Diktat blieb nicht ohne Folgen. Frauen fühlen sich schneller krank und suchen auch heute noch häufiger ärztliche Hilfe als Männer.

Professionalisierung der Krankenpflege

Im 19. Jahrhundert war die als erwiesen geltende geistige und körperliche Schwäche der Frau ein beliebtes Argument, um sie von der höheren Bildung fernzuhalten, doch ist zu vermerken, daß man sie zur selben Zeit weder physisch noch seelisch zu schwach fand für den anspruchsvollen Beruf einer *Krankenschwester*. Durch die Professionalisierung der Krankenpflege, die zuvor konfessionellen oder karitativen Vereinen überlassen war, sind die beiden Grundelemente der aktiven Hilfe am Kranken an zwei verschiedene Berufsgruppen verwiesen, Arzt und Schwester, wobei der Pflegeberuf zwar idealisiert, in Prestige und Einkommensmöglichkeiten aber nachrangig blieb und damit ein sogenannter „echter Frauenberuf" wurde.

In der Mitte des 19. Jahrhunderts gelang es einigen wenigen Frauen mit Intelligenz, Fleiß und Ausdauer die Barrieren an den Universitäten zu überwinden, was vielen anderen das (Medizin-)Studium ermöglichte. Heute werden Frauen während des Studiums kaum benachteiligt, die Schwierigkeiten entstehen in der Weiterbildung und bei der Vergabe von Stellen.

Literatur: *Gabriele Becker u. a.,* Aus der Zeit der Verzweiflung. Zur Genese und Aktualität des Hexenbildes (Frankfurt a.M. [3]1980); *Claudia Bischoff,* Frauen in der Krankenpflege. Zur Entwicklung von Frauenrolle und Frauenberufstätigkeit im 19. und 20. Jh. (Frankfurt a.M. 1984); *Johanna Bleker,* Von der medizinischen Volksbelehrung zur Popularisierung der medizinischen Wissenschaft, in: Med. hist. Journal Bd. 13 H.1/2 (1978); *dies.,* Der gefährdete Körper und die Gesellschaft. Ansätze zu einer sozialen Medizin zur Zeit der bürgerlichen Revolution in Deutschland, in: Arthur E. Imhof (Hrsg.), Der Mensch und sein Körper. Von der Antike bis heute (München 1983); *Barbara Duden,* Das schöne Eigentum. Zur Herausbildung des bürgerlichen Frauenbildes an der Wende vom 18. ins 19. Jh. Kursbuch 42 (Berlin 1977); *dies.,* Geschichte unter der Haut. Ein Eisenacher Arzt und seine Patientinnen um 1730 (Stuttgart 1987); *Esther Fischer-Homberger,* Krankheit Frau. Zur Geschichte der Einbildungen (Darmstadt 1984); *dies.,* Medizin vor Gericht. Gerichtsmedizin von der Renaissance bis zur Aufklärung (Bern 1983); *Johanna Geyer-Kordesch,* Realisierung und Verlust „weiblicher Identität" bei erfolgreichen Frauen. Die erste Ärztinnengeneration und ihre Medizinkritik, in: Karin Hausen / Helga Nowotny (Hrsg.), Wie männlich ist die Wissenschaft (Frankfurt a.M. 1984); *Wolfgang Gubalke,* Die Hebamme im Wandel der Zeiten. Ein Beitrag zur Geschichte des Hebammenwesens (Hannover [2]1985); *Geneviève Heller / Arthur E. Imhof,* Körperliche Überbelastung der Frau im 19. Jh., in: Arthur E. Imhof (Hrsg.), a.a.O.; *Claudia Honegger,* Überlegungen zur Medikalisierung des weiblichen Körpers, in: Arthur E. Imhof (Hrsg.), Leib und Leben in der Geschichte der Neuzeit (Berlin 1983); *Kate Campbell Hurd Mead,* A History of Women in Medicine (Haddam Press Conn. 1938); *Walther Schönfeld,* Frauen in der abendländischen Heilkunde (Stuttgart 1947).

Ingrid Müller-Landgraf

Menschenbild

↗ Aggressivität; Begabung; Bildung; Buddhismus; Christentum; Emotionalität und Rationalität; Erziehung; Ethik, weibliche, Eva; Frauenbewegung; Frauengeschichte; Frauenrollen / Frauenleitbilder; Gentechnik; Geschlechtsidentität; Gottesbilder; Heilige / Heiligkeit; Hexen; Hinduismus; Islam; Judentum; Leib / Leiblichkeit; Macht; Mann; Männerbilder; Maria; Menschenrechte; Mythologie; Neues Testamcnt; Ökologie / Umwelt; Philosophie, feministische; Sozialismus

Zum Begriff

Der Mensch wurde als männlicher und weiblicher geschaffen – doch in vielen Sprachen ist bereits das Wort „Mensch" männlich. Diese nahezu selbstverständliche Verknüpfung von „Mensch" und „Mann" muß kritisch im Blick behalten werden, denn es stellt sich die Frage, inwieweit auch „Menschenbild" von Eigenschaften und Werten bestimmt ist, die traditionell eher Männern als Frauen zugeschrieben werden.

Im allgemeinen steht der Begriff Menschenbild selten für sich allein – eher wird er spezifiziert, etwa als „abendländisch-christlich-humanistisches" oder als „biologistisch-naturalistisches" Menschenbild. Die intensive und direkte Beschäftigung mit Menschen- und Weltbildern leistete die moderne philosophische Anthropologie, die im frühen 20. Jahrhundert entstanden ist. Sie begreift den Menschen nicht mehr nur als Erkenntnis-, sondern als *Seinssubjekt* und versucht, die „Stellung des Menschen im Kosmos" (Max Scheler) zu bestimmen. Parallel und angeregt hierdurch begannen zahlreiche Einzelwissenschaften eine Auseinandersetzung mit dem jeweiligen Menschenbild ihrer Disziplin (Michael Landmann). In Folge wird innerhalb der Philosophie der Aussagegehalt des Menschenbild-Begriffs kritisch diskutiert. Einige lehnen Menschen*bild* ab, da es keinen Ansatz zu einer anthropologischen Theorie enthalte (Marquard, Ritter, Groothof), andere fordern ein Menschen*bild,* da der Mensch, sich selbst gestaltend, eines Bildes bedarf, auf das hin er sich gestalten kann (Landmann). Diesen Ansätzen gemeinsam ist jedoch die Vernachlässigung der eingangs erwähnten geschlechtsspezifischen Dimension von Menschenbild, und nicht nur dort, wo *explizit*, sondern auch wo *implizit* Aussagen über das Wesen des Menschen gemacht werden und Aspekte des jeweiligen Menschenbilds mit einfließen. So drückt z.B. das Wort „Der Mann macht Geschichte, das Weib ist Geschichte" (Oswald Spengler) ein Menschenbild aus, in dem Männer als Subjekte und Frauen als Objekte *menschlicher* Geschichte begriffen werden.

Unter „Menschenbild" soll hier die Gesamtheit jener Vorstellungen von Eigenschaften, Vermögen und Begrenzungen des Menschen verstanden werden, die als ihm wesensmäßig erachtet und innerhalb eines Kulturkreises von einer Vielzahl von Menschen geteilt werden. Alle früheren und heutigen Menschenbilder stellen den Versuch dar, den Menschen und seine Bestimmung im Dasein schlechthin zu erfassen und ihn vom Nicht-Menschlichen, sei es der Natur oder dem Göttlichen, Transzendenten, abzugrenzen. Wie alle geistigen Entwürfe des Menschen ist auch das Menschenbild immer eingebettet in die ideelle und materielle Verfaßtheit einer Gesellschaft und steht im Zusammenhang mit dem Weltbild einer Kultur bzw. eines Kulturkreises. Somit ist es stets auch ein Reflex auf gesellschaftliche Machtstrukturen. Verschiedene Zeiten und Kulturen haben verschiedene Menschenbilder hervorgebracht; andererseits können innerhalb einer Kultur – wie z.B. der unsrigen – verschiedene Menschenbilder gleichzeitig existieren und miteinander konkurrieren. Da sie selten bewußt und explizit formuliert sind, sondern als fester Bestandteil innerhalb der Weltanschauung eines Menschen verankert sind, werden sie häufig unhinterfragt im Erziehungsprozeß von einer Generation zur nächsten weitergegeben.

Mythos und Religion

Die frühesten Menschenbilder lassen sich in den mythischen und religiösen Systemen finden. Hier ist die älteste Kunde der Menschen eingeschlossen, denn sie berichten nicht nur von Wesen und Wirken der Gottheiten, sondern immer auch etwas vom Menschen (Landmann). Die mythische, frühreligiöse Anschauung begreift die Welt als dynamische *Einheit* und „unio magica". Die Welt ist so, wie sie gefühlt wird; sie wird weniger denkend als emotional erfaßt. Im Mythos spricht sich eine Wirklichkeitsauffassung aus, deren anschaulich-phantastischer Ausdruck nicht durch die Grenzen der Möglichkeiten gehindert wird, wie sie in unserer naturgesetzlich-rationalen Weltauffassung gegeben sind (G. Mensching). Nacheiszeitliche Funde kraftvoller Frauenstatuetten verweisen auf die Verehrung der Urgöttin und Großen Mutter, der wir in allen alten Kulturen unter verschiedenen Namen begegnen. Diese Leben spendenden und raubenden Erd- und Vegetationsgöttinnen, die die göttlichen und dämonischen Kräfte der Natur (Leben, Zeugung, Blut, Tod) symbolisieren, wurden durch die Entstehung der Volks- und Universalreligionen verdrängt: Bereits bei Homer tritt die vorher vorwiegend weibliche Götterwelt zugunsten mächtigerer männlicher Götter in den Hintergrund. Diese Negierung des Weiblichen zeigt sich auch an der (schon biblischen) Interpretation des alttestamentlichen Schöpfungsmythos (Gen 2). Hier wird bereits jenes patriarchalische Menschenbild wirksam, das die Unterwerfung der Erde durch den Menschen, die Überlegenheit des Mannes über die Frau und die Klassifizierung der Frauen in Sünderinnen und Heilige zum Inhalt hat.

Das Menschenbild des Neuen Testaments hebt die alttestamentliche Aussage von der Gottesebenbildlichkeit aller Menschen (Gen 1,27) und die Würde jedes einzelnen hervor. In Maria, der Mutter Gottes, wird eine Frau als Inkarnation des Reinen und Wahren gepriesen. Aber trotz des prinzipiell egalitären Menschenbildes des Neuen Testaments ist die Frau de facto dem Mann nicht ebenbürtig, was sich an ihrer rechtlichen und sozialen Stellung in Gesellschaft und Kirche ablesen läßt.

Neuzeitliche Philosophie und Wissenschaft

Dualismen wie Männliches (Geist, aktiv, hell) und Weibliches (Leib, passiv, dunkel), Gut / Böse, Himmel / Erde, Yin / Yang finden sich in den meisten Religionen. In der jüdisch-christlich-islamischen Überlieferung sind diese Dualismen jedoch stärker als in den östlichen Religionen Ausdruck eines Gegensatzes, wobei der geistige Pol als höherwertig begriffen wird. Die religiösen Überlieferungen verbanden sich gleichsam natürlich mit den philosophischen und theologischen Systemen. Der bereits bei den Orphikern ausgebildete Leib-Seele-Dualismus durchzieht die gesamte philosophische Tradition bis weit in die Neuzeit. Die Frau – nach den tradierten Anschauungen eher Leib als Geist/Seele – spielt konsequenterweise nur die zweite Rolle. Ein Beispiel: Für Aristoteles ist die Frau nur ein unvollkommener Mann und deshalb von ihrer Natur her ein unfertiges Wesen – Zweck der Natur ist der Mann. Im abendländisch-antik-christlichen Menschenbild wird der Mensch von Gott bzw. vom Geist her betrachtet: *Homo sapiens*. Er ist Krone der sichtbaren Schöpfung, eingebettet in die göttlich gewollte Ordnung (Ordo-Gedanke), begabt mit freiem Willen und fähig zu Verantwortung und sittlichem Handeln. An diesem Menschenbild änderte zunächst auch die Entwicklung der Naturwissenschaften im 17./18. Jahrhundert, die damit einhergehende Veränderung des tradierten Weltbildes (Kopernikanische Wende) und die Auflösung des klassischen Ordo-Gedankens wenig. Der christliche Auftrag „Macht euch die Erde untertan" verbindet sich mit dem Drang, die Gesetze der Natur zu erkennen und sie im Interesse der Menschen anzuwenden. Der Mensch tritt als autonomes, geistiges und schöpferisch tätiges Wesen, als Subjekt, in den Vordergrund der Geschichte. Erst allmählich im Verlaufe dieser Entwicklung entfernen sich philosophisches Denken und menschliche Praxis von den religiösen Grundanschauungen, löst sich der Geist von Gott und wird sich selbst Gesetz. Die sozialen, wirtschaftlichen, politischen und technischen Revolutionen des 18. und 19. Jahrhunderts dokumentieren dies: Der Mensch macht Geschichte nach *seinem* Bild. Der Aufschwung der Technik und Wissenschaften läßt erstmals auf wirkliche Natur*beherrschung* hoffen. Die Biologie liefert mit dem Darwinismus ein neues Bild vom Menschen, das konkurrierend neben das christlich-humanistische tritt: der Mensch als „Werkzeug-Tier", als *Homo faber*. Die faktische Bedeutungslosigkeit der Frau innerhalb dieser Gesamtentwicklung zeigt z.B. die Tatsache, daß sie in den ersten Formulierungen der *Menschen*rechte (1776, 1789) keine Erwähnung findet. Wie wenig ebenbürtig und wie gering zahlreiche Philosophen und Wissenschaftler das Wesen Frau einstuften, ist dank jüngerer Forschungen nachhaltig belegt. Gerade Vertreter des biologistisch-naturalistischen Menschenbildes suchten immer wieder den Nachweis der biologischen und geistigen Minderwertigkeit der Frau (z.B. durch Schädelmessungen) (M. Janssen-Jurreit).

Androgyne Utopie

Da Religion, Philosophie, Wissenschaft und Geschichte fast ausnahmslos von männlichen Menschen geprägt, betrieben und gemacht wurden, trägt jedes bisherige Menschenbild männliche Züge: Hier schlägt sich die patriarchale Gesellschaftsstruktur als verallgemeinerte nieder. Auch unser modernes, weitgehend säkularisiertes Bild vom Wesen „des" Menschen macht dies offenbar. Stärke, Durchsetzungsvermögen, zweckrationales, kalkülhaftes Handeln, Intellektualität und autonome, wirkmächtige Aktivität zeichnen den modernen Menschen der industriellen und postindustriellen Gesellschaften aus. Dies sind Werte und Eigenschaften, die aufgrund der geschlechtsspezifischen Rollendefinition eher Männern als Frauen zugeschrieben werden. Sogenannte „weibliche“ Fähigkeiten wie Emotionalität, Intuition, Akzeptanz von Schwächen und das Bemühen, im eigenen Handeln die Bedürfnisse anderer und das Angewiesensein der Menschen aufeinander insgesamt mit zu berücksichtigen, stehen dem gegenüber. Diese Eigenschaften gelten zwar viel im privaten, aber wenig im öffentlichen Bereich, dort wo Entscheidungen von gesamtgesellschaftlicher Bedeutung getroffen werden und wo die Macht haust. „Der Mann macht Geschichte“, sagte Spengler, ohne zu erkennen, daß dies ohne die reproduktive, ausgleichende *und* aktive Hilfe von Frauen gar nicht möglich gewesen wäre – eine Tatsache, die bis vor kurzem unterschlagen wurde. Noch immer bestimmt das Begriffspaar „Teilhabe/Gemeinschaft“ – „Handeln/Bewirken“ das Verhältnis von Weiblichkeit und Männlichkeit.

Allerdings sind diese Stereotypen in Bewegung geraten. Ausgelöst durch die neuen Frauenbewegungen der 70er Jahre und die zunehmenden Diskussionen über Gleichberechtigung und Emanzipation, zeichnet sich ein Wandel im Menschenbild ab. Hinzu kommt, daß die ökonomischen und technischen Errungenschaften des männlich geprägten wissenschaftlich-rationalen Weltbildes drohen ins Irrationale umzuschlagen. Die rückhaltlose Ausbeutung menschlicher und natürlicher Ressourcen, die Verführung durch das technisch Machbare (Kernspaltung, Gentechnologie) haben Probleme und Gefahren heraufbeschworen, die den Erhalt der natürlichen Lebensbedingungen und der menschlichen Art überhaupt in Frage stellen. So nützlich sich das männliche Menschenbild in der Vergangenheit zur Meisterung der Naturgefahren und zur Sicherung des Überlebens gezeigt haben mag, so bedrohlich sind seine zerstörerischen Potenzen: Die Unterwerfung der Natur beginnt in ihr Gegenteil umzuschlagen. Es sind die Frauen, die sich seit geraumer Zeit gegen die männliche Unterdrückung *ihrer* Natur (z.B. in Ehe, Beziehung, Sprache, Werbung, Medien) und die rationale Reduktion der menschlichen Natur insgesamt wehren: In jedem Menschen ist die Fülle *aller* menschlichen Möglichkeiten enthalten. Alle männlichen und weiblichen Eigenschaften sind *menschliche*. Eine gesellschaftliche Neubewertung der immer menschheitswichtiger werdenden sogenannten weiblichen Eigenschaften und die Auflösung der Geschlechtsrollenfixierung könnten den Weg in eine menschlichere, androgyne Gesellschaft zeigen, in der sich die Menschen kein festgelegtes Bildnis mehr voneinander machen, sondern sich mit ihren Schwächen und Stärken annehmen und als gleichwertig gelten lassen.

Literatur: *Norbert Bischof,* Biologie als Schicksal?, in: Erika Weinzierl (Hrsg.), Emanzipation der Frau (Düsseldorf 1980); *Kari E. Børresen,* Die anthropologischen Grundlagen der Beziehung zwischen Mann und Frau in der klassischen Theologie, in: Concilium 12 (1976) 10–17; *August Wilhelm von Eiff u.a.,* Geschlechter, in: Staatslexikon Bd. 2 (Freiburg i.Br. [7]1986) 945–959; *Hans Georg Gadamer / Peter Vogler* (Hrsg.), Neue Anthropologie I u. II (Stuttgart 1972); *Heide Göttner-Abendroth,* Die Göttin und ihr Heros (München 1980); *Carol Hagemann-White,* Können Frauen die Politik verändern, in: Aus Politik und Zeitgeschichte, B 9–10/1987; *Catharina J. M. Halkes,* Gott hat nicht nur starke Söhne (Gütersloh 1985); *Marielouise Janssen-Jurreit,* Sexismus. Über die Abtreibung der Frauenfrage (München – Wien 1977); *Annette Kuhn u.a.* (Hrsg.), Frauen in der Geschichte (Düsseldorf 1979 ff.); *Michael Landmann,* Philosophische Anthropologie (Berlin 1969); *Carolyn Merchant,* Der Tod der Natur. Ökologie, Frauen und neuzeitliche Naturwissenschaft (München 1987); *Hedwig Meyer-Wilmes-Müller,* Menschenbild und Sexualität, in: Maria

Kassel (Hrsg.), Feministische Theologie (Stuttgart 1988); *Klaus E. Müller,* Die bessere und die schlechtere Hälfte. Ethnologie des Geschlechterkonflikts (Frankfurt a.M. 1984); *Frederic Raurell,* Lineamenti di antropologia biblica (Casale Monferrato 1986); *Herrad Schenk,* Androgyne Utopie?, in: Merkur 31 (1977) 645–659; *June Singer,* Androgyny (New York 1976).

HELGA ALBERSMEYER-BINGEN

Menschenrechte

↗ Ausländerinnen; Chancengleichheit; Diskriminierung; Emanzipation; Ethik, weibliche; Frauenbewegung; Frauengeschichte; Gleichberechtigung; Grundgesetz / Bundesverfassung; Sozialismus

Begriff

Als Menschenrechte bezeichnet man die Rechte, die jedem Menschen von Natur aus zustehen.

Sie basieren auf der aus dem Naturrecht kommenden Vorstellung, daß alle Menschen von Geburt frei und gleich sind. Ihre Geltung beruht somit nicht auf staatlicher Gewährung; staatliche oder zwischenstaatliche Rechtsordnungen können Menschenrechte nur anerkennen und umschreiben – nicht verleihen.

Europäische/mitteleuropäische Entwicklung

In der ersten Phase der europäischen Menschenrechtsgeschichte liegt der Schwerpunkt in der Anerkennung der Freiheit. Die Entwicklung begann mit förmlichen Zusagen der Herrscher, die persönliche Freiheit des einzelnen vor willkürlicher Verhaftung zu schützen. Die erste derartige Zusicherung findet sich in der Magna Charta (1215), spätere Bestätigung in der Habeas-Corpus-Akte (1679) und der Bill of Rights (1689). Die Durchsetzung von Gleichheit (verstanden als Abschaffung des Ständewesens) stand im damaligen England nicht zur Debatte. Die Rechtsvorstellung des Mittelalters basierte gerade auf der rechtlichen Ungleichheit der Reichsangehörigen. Mittelalterliche „Gleichheit" bedeutete, jedem das ihm aufgrund seines Standes Zustehende zukommen zu lassen. Die Freiheitsrechte sollten lediglich die Allmacht des Herrschenden zugunsten der Stände eingrenzen. Dieser Begriff wirkte bis in die Neuzeit.

In der zweiten Phase der europäischen Menschenrechtsgeschichte tritt zu der Forderung nach Freiheit der Gedanke der Gleichheit aller Menschen hinzu. Die erste Erwähnung dieses Gedankens als oberstem politischem Grundsatz findet sich in den nationalen Verfassungen Ende des 18. / Anfang des 19. Jahrhunderts, so in der Virginia Bill of Rights (1776); später auch in der „Déclaration des Droits de l'homme et du citoyen" (1789) und den darauf aufbauenden französischen Verfassungen (1791, 1793, 1795), in der Schweizer Verfassung von 1798 und 1848/49 in der französischen und deutschen Verfassung. Das Bekenntnis zur Gleichheit aller Menschen wird hier jedoch *nur* im Hinblick auf die Abschaffung der Standesunterschiede verstanden. Alle Menschen sollen vor dem Gesetz gleich sein und Recht nur durch unabhängige Richter gesprochen werden. Gleichheit im Sinne einer Gleichberechtigung der Geschlechter war nicht gemeint. Das zeigt sich besonders bei der praktischen Umsetzung der Verfassungsbestimmung: Die politische Einflußnahme durch Wahlen war den Männern vorbehalten (vgl. Virginia Bill, Art. 6). Beinahe vergessen ist die „Deklaration der Rechte der Frau" von Olympe de Gouges (1791), deren 1. Artikel lautete: „Die Frau ist frei geboren und bleibt dem Manne gleich in allen Rechten."

Das erste ausdrückliche Bekenntnis einer deutschen Verfassung zur Gleichheit von Mann und Frau findet sich in der Verfassung des Deutschen Reiches (1919, Weimarer Verfassung), Art. 109 Abs. 2. Es wurde den Bürgerinnen aber keine Möglichkeit eingeräumt, die Einhaltung dieses Grundsatzes gerichtlich einzuklagen. Die Rechte sollten nur die Basis für eine neue Sozialord-

nung sein, die der Gesetzgeber im eigenen Ermessen verwirklichen wollte.
In Österreich übernahm das Bundesverfassungsgesetz den Grundrechtskatalog des Staatsgrundgesetzes von 1867. Der Gleichheitssatz ist allerdings nur für die Staatsbürger festgelegt. In der mit einigen Änderungen seit 1874 geltenden Bundesverfassung der Schweiz fehlt ein allgemeines Bekenntnis zu den Menschenrechten. In der Bundesverfassung der Schweiz ist in Art. 4 Abs. 2 die Gleichberechtigung ausdrücklich festgelegt (so in der Fassung vom 5. 10. 1984). Bis zum Jahre 1981 wurde der Art. 4 Abs. 1 („Alle Schweizer sind vor dem Gesetz gleich") nicht als rechtliche Gleichstellung der Schweizer Frauen z. B. in bezug auf das Wahlrecht ausgelegt.
Für die Bundesrepublik Deutschland gibt erst das Grundgesetz (1949) neben einem Bekenntnis zu den unveräußerlichen und unverletzlichen Menschenrechten und der Gleichheit von Mann und Frau (Art. 3 II GG) die Möglichkeit, eine Verletzung dieser Rechte durch die öffentliche Gewalt gerichtlich zu überprüfen (Verfassungsbeschwerde, Art. 93 Nr. 4a GG, § 90 I BVerfGG).

Europäische Menschenrechtskonvention

Im europäischen Rahmen ist die Sicherung der Menschenrechte einer der Schwerpunkte. Bereits die Satzung des Europarates enthält die pauschale rechtliche Verpflichtung zu ihrer Achtung. Zu inhaltlicher Konkretisierung wurde 1950 die Europäische Menschenrechtskonvention beschlossen. Art. 14 der Konvention enthält ein ausdrückliches Geschlechter-Diskriminierungsverbot bezüglich aller aufgeführten Rechte. Dies sind im einzelnen:
Recht auf Leben, Freiheit, Sicherheit, rechtliches Gehör, Gedanken-, Gewissens-, Glaubens-, Meinungs-, Versammlungs- und Vereinigungsfreiheit; Schutz der Ehe und Familie; Verbot von Folter, Sklaverei, Zwangsarbeit, Bestrafung ohne gesetzliche Grundlage; Garantie eines innerstaatlichen Rechtsweges bei Verletzungen durch die öffentliche Gewalt.
In der Europäischen Gemeinschaft besteht die Möglichkeit einer gerichtlichen Kontrolle von Menschenrechtsverletzungen. Jeder einzelne Bürger kann unter bestimmten Voraussetzungen ein Verfahren zur Feststellung von Menschenrechtsverletzungen in Gang bringen. Die Menschenrechtskommission befaßt sich mit einem Gesuch dann, wenn der innerstaatliche Rechtsweg erschöpft ist.
Die Europäische Sozialcharta soll die Ausübung sozialer Rechte sichern und für eine Verbesserung der Arbeitsbedingungen sorgen. Ein ausdrückliches Diskriminierungsverbot wegen des Geschlechts enthält bereits die Präambel. Außerdem sollen spezielle Normen wie Mutterschutz, sozialer und wirtschaftlicher Schutz unabhängig vom Bestehen einer Ehe, gleiches Entgelt für gleichwertige Arbeit und Sicherung der Berufsausbildung speziell die Frauen vor Benachteiligungen schützen.
Aber leider erschöpft sich der Schutz der Sozialcharta in Berichtspflichten des jeweiligen Staates an den Europarat. Es besteht keine Möglichkeit, die Verletzung der Rechte aus der Sozialcharta durch ein von einer Privatperson eingeleitetes Verfahren zu überprüfen.

Entwicklung im Rahmen der Vereinten Nationen

Nach dem Zweiten Weltkrieg verstärkten sich die Bemühungen, die innerstaatliche Anerkennung der Menschenrechte durch völkerrechtliche Vereinbarungen zusätzlich zu sichern.
Einhergehend mit der Internationalisierung der Menschenrechte veränderten sich die inhaltlichen Forderungen. Früher verband man mit dem Begriff der Menschenrechte ausschließlich Freiheit und Gleichheit in ihren verschiedenen Ausprägungen (Religions-, Meinungs-, Versammlungsfreiheit, Gleichheit vor dem Gesetz, beim Zugang zu öffent-

lichen Ämtern etc.). Jetzt forderte man, daß der Staat die Lebensbedingungen durch positive Leistungen sichern sollte. In den Menschenrechtskatalog wurde das Recht auf Arbeit, Erholung, Urlaub, Sozialversicherung etc. aufgenommen. Der Staat sollte im Sinne sozialer Gerechtigkeit eingreifen, um der bestehenden Ungleichbehandlung – besonders der Frau – Einhalt zu gebieten.

Die Charta der Vereinten Nationen bekennt sich ausdrücklich zu den Menschenrechten und der Gleichberechtigung von Mann und Frau.

Noch einmal bestätigt wird dies in der „Allgemeinen Erklärung der Menschenrechte" vom 10. 12. 1948. Diese Erklärung ist jedoch nur eine Empfehlung der Generalversammlung, kein rechtlich bindender Vertrag. Ihre Bedeutung liegt daher eher auf moralischem Gebiet. Um dieses Defizit auszugleichen, hat die Generalversammlung am 19. 12. 1966 zwei Menschenrechtspakte zur Unterzeichnung empfohlen, die die in der Allgemeinen Erklärung der Menschenrechte proklamierten Rechte präzisieren: Internationaler Pakt über bürgerliche und politische Rechte; Internationaler Pakt über wirtschaftliche, soziale und kulturelle Rechte.

Die Unterzeichnerstaaten verpflichten sich, die Rechte innerstaatlich zu gewähren und darüber den Vereinten Nationen zu berichten. Art. 3 beider Konventionen verlangen die Gleichberechtigung von Mann und Frau in bezug auf alle aufgeführten Menschenrechte. Zum Pakt über bürgerliche und politische Rechte ist ein Fakultativprotokoll in Kraft, das die Beschwerde einzelner Betroffener vor dem Menschenrechtsausschuß der Vereinten Nationen ermöglicht. Die Bundesrepublik Deutschland sowie Österreich sind diesem Protokoll aber nicht beigetreten, die Schweiz nicht einmal den Pakten.

Frauenrechte

Die Vereinten Nationen haben sich seit ihrem Bestehen speziell um Fragen der Diskriminierung der Frau bemüht. So z.B. durch die Erklärung der Generalversammlung über „die Beseitigung der Diskriminierung der Frau" (7. 11. 1967). Gefordert wird die Verankerung des Gleichberechtigungsgrundsatzes in den nationalen Verfassungen, die Durchsetzung des Frauenwahlrechts, die Gleichstellung im Privatrecht und im Ausbildungswesen, die gleiche Bezahlung für gleichwertige Arbeit. Um die Entwicklung auf diesem Gebiet zu überwachen und zu beschleunigen, richteten die Vereinten Nationen den Frauenrat („Commission on Status of Women") ein. Dieser leitet Empfehlungen und Berichte an den Wirtschafts- und Sozialausschuß der Vereinten Nationen weiter und bereitet die Entwürfe internationaler Abkommen vor.

Zu diesen Abkommen zählt z. B. das Abkommen über „die politischen Rechte der Frau" (31. 1. 1953). Darin verpflichteten sich die Unterzeichnerstaaten, das gleiche Wahlrecht einzuführen und Frauen den Zugang zu öffentlich gewählten Körperschaften und öffentlichen Ämtern zu ermöglichen.

Darüber hinaus hat der Wirtschafts- und Sozialausschuß Resolutionen verabschiedet (die aber leider keine rechtliche Bindungswirkung haben).

Im Bereich der internationalen Rechtsnormen sind die Rechte der Frauen also zwar abgesichert, aber die Durchsetzung läßt zu wünschen übrig.

Literatur: *amnesty international,* Der internationale Menschenrechtsschutz (Frankfurt a.M. 1981); *Felix Ermacora,* Diskriminierungsschutz und Diskriminierungsverbot in der Arbeit der Vereinten Nationen (Wien – Stuttgart 1971); *Fritz Hartung,* Die Entwicklung der Menschen- und Bürgerrechte von 1776 bis zur Gegenwart (Göttingen [4]1972); *Irene Maier,* Gleichberechtigung der Frauen in Recht und Politik der Vereinten Nationen (Opladen 1975); *Ines Reich-Hilweg,* Männer und Frauen sind gleichberechtigt, Art. 3, Abs. 2 GG (Frankfurt a.M. 1979); *Bruno Simma / Ulrich Fastenrath* (Hrsg.), Menschenrechte – ihr internationaler Schutz (München [2]1985); *Daniela Weiland,* Geschichte der Frauenemanzipation in Deutschland und Österreich (Düsseldorf 1983).

BRIGITTE ERLER

Menstruation

↗ Christentum; Depression; Judentum; Klimakterium; Kult; Leib / Leiblichkeit; Natur; Naturreligionen; Ostkirchen / Orthodoxie; Psychoanalyse; Sexismus; Spiritualität

Kulturelle Wertungen

Die Menstruation (Syn.: Regel, Periode) ist die in monatlichen Abständen auftretende Blutung aus der Gebärmutter der Frau, die das Ende des Menstruationszyklus anzeigt, eine Besonderheit der menschlichen Existenz. Im Unterschied zu Tieren blutet die Frau während der Zeit ihrer Unfruchtbarkeit.

Der ursprünglich im Zusammenhang weiblicher Fruchtbarkeit hochbewertete Vorgang, der im sakralen Bereich oft im Zusammenhang mit dem Mondzyklus und damit verbundener Riten und Mysterien gewürdigt wurde, wurde zum einen eindrücklich nachgeahmt in den Stammes-Initiationsriten der Männer, zum anderen aber im Lauf der Entwicklung patriarchaler Strukturen zunehmend abgewertet. Die Isolierung der Frau aus der Gemeinschaft während der Menstruation, die ursprünglich zu ihrem Schutz, aber auch aus Verehrung vor ihren kreativen und visionären Fähigkeiten (die mit der Menstruation in Verbindung gebracht und zu dieser Zeit auch aktiviert wurden) erfolgte, erfuhr einen Bedeutungswandel. Die Menstruation und damit die menstruierende Frau wurden als „unrein" betrachtet, ebenso Menschen und Gegenstände, die sie berührte (Lev 15, 19 – 23). Das jüdische Gesetz verlangt von der Frau nach der Menstruation (ebenso wie vom Mann nach dem Samenerguß) eine rituelle Reinigung. Das Christentum verwehrte lange menstruierenden Frauen und Frauen, die gerade geboren hatten, die Teilnahme an der Kommunion bzw. das Betreten des Kirchenraumes. Aristoteles (4. Jahrhundert v. Chr.) hielt das Menstruationsblut für eine unausgereifte Form des Samens und damit die Frau für minderwertig. Pythagoras (6. Jahrhundert v. Chr.) und andere betrachteten die Menstruation als bloße Entleerung. Plinius (23 – 79 n. Chr.) beschreibt das Menstruationsblut als Gift. Thomas von Aquin (1225 – 1274) wertet in Anschluß an Aristoteles die Frau ebenso ab: Nach Thomas von Aquin zielt die Zeugungskraft des männlichen Samens darauf, ebenfalls einen Mann zu erzeugen: die Frau entsteht aus einer Schwäche dieser Kraft, sie ist „etwas Mangelhaftes und eine Zufallserscheinung" (S. th. I, q. 92 a. 1 ad 1). Mit dieser Abwertung der Frau beeinflußte Thomas von Aquin wesentlich die allgemeine Haltung der Kirche und Gesellschaft gegenüber der Frau. In der Folge (18. – 19. Jahrhundert) tauchten medizinische Theorien auf, die die Menstruation zum Abort des unbefruchteten Eies erklärten und pathologisierten. Im 19. Jahrhundert wurde die Menstruation psychiatrisiert, in bestimmten Formen zu Nervenschwäche und Geisteskrankheit erklärt. Erst Freud ersetzte die Psychosetheorie durch die Neurosentheorie, wobei er die Frau ebenfalls zum Mängelwesen deklarierte, deren seelische Strukturen vom Penisneid, Kastrationskomplex und Genitaltrauma bestimmt werden.

Heutige Weisen der Tabuisierung

Noch immer ist trotz des inzwischen offeneren Umgangs die Menstruation kein Thema, über das unbefangen und ohne Scham und Angst gesprochen werden kann. Es zeigt sich in vielen verschlüsselnden Redensarten: „Besuch von Tante Rosa", „rote Woche", „das rote Meer", „roter Besucher", „die rote Tante", aber auch „kritische Tage" und „Unwohlsein". Schwankungen der körperlichen Befindlichkeit und der Stimmung werden der Menstruation angelastet, so daß die Frau in ihrer eigentlichen Befindlichkeit nicht ernst genommen und generell als wenig belastbar dargestellt wird. Dies führt zu ihrer Benachteiligung bei konzentrationsintensiven Berufen (z.B. Pilotin). Der noch heute vorhandene, in den oft übertriebenen hygienischen Maßnahmen sichtbare Ekel zeigt sich in Vorurteilen gegenüber menstruierenden Frauen in der Nahrungsmittelzubereitung als diskriminierendes Moment: Noch heute lassen sich Meinungen auffinden wie: die Milch werde sauer, wenn eine menstruierende Frau in ihre Nähe kommt, das Essen bekomme keine rechte Würze, wenn es von einer menstruierenden Frau zubereitet wird, Fisch verderbe, Mayonnaise gerinne, Eiweiß und Pudding werden nicht fest, Hefeteig gehe nicht auf usw. Köchinnen und Köche berichten, daß gerade in ernährungsgewerblichen Berufen menstruelle Taburegeln noch gelten und ein diskriminierendes Element der weiblichen Erwerbstätigkeit darstellen (Ahlert/Maier).

Ablauf des Menstruationszyklus

Der Menstruationszyklus beginnt mit der Menarche (1. Regelblutung, 10. bis 12. Lebensjahr) und endet mit der Menopause (letzte Menstruation, 48. – 52. Lebensjahr); Dauer 28 ± 4 Tage. Die Steuerung erfolgt zentral (Hypothalamus, Hypophyse) über ein mehrgliedriges Regelsystem. In der ersten Phase unter Östrogeneinfluß reift der Follikel bis zum Eisprung heran, und es baut sich die Gebärmutterschleimhaut auf. In der zweiten Phase unter erhöhtem Progesteroneinfluß (aus dem jeweils neugebildeten Gelbkörper im Ovar) und Östrogenen baut sich die Schleimhaut weiter auf. Hormonabfall infolge zentraler Steuerung durch Gelbkörperdegeneration bewirkt den Zusammenbruch der Schleimhaut und die Blutung. Die sexuelle Erregbarkeit der Frau ist um die Zeit der Menstruation besonders groß, also zur Zeit der Unmöglichkeit einer Empfängnis. Im Zusammenhang mit der Menstruation treten auch Störungen auf, besonders vor der Menstruation klagen viele Frauen über Stimmungsabfall, Kopfschmerzen etc. Diese Beschwerden vor dem Eintritt der Blutung werden mit dem Begriff des prämenstruellen Syndroms zusammengefaßt. Doch können solche Störungen auch während der Menstruation andauern. Die Ursachen solcher Beschwerden können unterschiedlich sein, oft können auch mehrere gleichzeitig treffen: Es können hormonelle und andere körperliche Ursachen sein, aber auch individual-psychische oder auch gesellschaftliche. Das Ausbleiben der Menstruation kann zunächst einmal auf eine Schwangerschaft hinweisen, aber auch krankheitsbedingte Ursachen haben oder die Folge von Unterernährung sein.

Positive Wertungen der Menstruation

Die Menstruation wird als Zyklusphase gegenüber der aufgewerteten Ovulation heute immer noch abgewertet bzw. pathologisiert: Ein normaler körperlicher Vorgang, der nur der Frau zu eigen ist, wird so zur vorübergehenden Krankheit erklärt. Verloren ist auch die Beziehung der Menstruation zur Spiritualität der Frau, der kosmische Bezug zum Mondzyklus, hinter dem der unsichtbare Zyklus der ewigen Erneuerung steht. Mondmysterien waren matriarchale Kulte. Menstruationsblut ist Lebensblut und garantiert die Fortführung des Lebens fern jeder Abstraktion. Es verweist symbolisch auf weibliche Fruchtbarkeit und auf den natürlichen Zyklus des Werdens, Vergehens und wieder neuen Werdens. Von Teilen der Frauenbewegung wird heute kontrovers diskutiert, ob und wie die Menstruation nicht nur als etwas „Natürliches" verstanden werden kann, sondern ob und wie es als Zeichen und Ereignis spirituell verstanden werden kann.

Die eine Seite sieht darin die Gefahr eines neuen Biologismus, der die Frauen wieder primär als „Naturwesen" begreift und aus anderen Bereichen ausschließt, wobei dieser Ausschluß auch noch von den Frauen selbst kultiviert würde. Die andere Seite kennzeichnet hingegen das Bemühen, die Menstruation in Zusammenhang zu setzen mit einer spezifisch gedeuteten Spiritualität, mit dem Zyklus des Mondes und den damit verbundenen matriarchalen Kulten und der Fruchtbarkeit.

Literatur: *Burkhard Ahlert / Christine Maier,* Tradierung von Vorurteilen in Berufsausbildung und -praxis. Menstruationstabus und Nahrungsmittelpraxis (Hannover 1984); *Angelika Blume / Sylvia Schneider,* Die Regel (München 1984); *Wolf D. Keidel,* Kurzgefaßtes Lehrbuch der Physiologie (Stuttgart 1967); *Herbert Kuhl / Hans-Dieter Taubert,* Das Klimakterium (Stuttgart – New York 1987); *Marion Schröter,* Das diskrete Tabu. Vom Umgang mit der Menstruation (Regensburg 1984); *Penelope Schuttle / Peter Redgrove,* Die weise Wunde Menstruation (Frankfurt a.M. 1982); *Jutta Voss,* Das Schwarzmond-Tabu. Die kulturelle Bedeutung des weiblichen Zyklus (Stuttgart 1988).

INGRID OLBRICHT

Mittelalter

↗ Antike; Arbeit; Bildung; Christentum; Eheformen; Emanzipation; Ethik, weibliche; Frauenberufe; Frauenforschung; Frauengeschichte; Frauenorden; Frauenrollen / Frauenleitbilder; Heilige / Heiligkeit; Hexen; Judentum; Kirche; Kultur; Literatur; Macht; Maria; Medizin; Musik; Mystik; Tanz; Volkskundliche Frauenforschung

Problemstellung

Die Frage, in welchem Ausmaß die soziale Situation und das Selbstverständnis von Frauen heute noch von der tausendjährigen Geschichte des Mittelalters geprägt sind, wird heute engagiert diskutiert. Dabei bleiben freilich viele Fragen offen. Auch die neuesten frauengeschichtlichen Arbeiten zum Mittelalter stehen noch in keinem unmittelbaren Zusammenhang zu den gegenwärtigen Bemühungen um „ein anderes Mittelalter“ (Le Goff). Die Kluft zwischen der Frauengeschichte heute und der „allgemeinen“ Forschung ist zu groß.
Allerdings wurde schon in der älteren Forschung nach dem Beitrag von Frauen für die Herausbildung der abendländischen Kultur seit dem frühen Mittelalter gefragt.

Die Frau als Herrscherin

In der älteren Forschung standen Herrscherinnen, wie Adelheid, Theophanu oder Agnes, Äbtissinnen und Frauen von Vermögen und Stand im Mittelpunkt. Denn die Bezeichnung der Herrschergattin als „consors imperii“ und ihre Würdigung in der Krönungsliturgie und bei der Salbung als die von Christus eingesetzte Herrscherin bestätigen nicht nur die offizielle Anerkennung, sondern auch die reale Machtstellung der Frau als Mitregentin im frühen Mittelalter bei den Merowingern, den Karolingern und den Ottonen, In den Abbildungen der Herrscherzeit Ottos II. überwiegen Ehepaare. König und Königin stehen gleichberechtigt nebeneinander, keiner von beiden beherrscht das Bild allein (Vogelsang). Dennoch wurde die mittelalterliche Herrscherin von den männlichen Chronisten an einem männlichen Maßstab gemessen. So heißt es z.B. zur Regierung der Theophanu bei Thietmar von Merseburg: „Wohl war sie vom schwachen Geschlecht, doch eignete ihr Zucht und Festigkeit und ein trefflicher Lebenswandel, ... so wahrte sie ihres Sohnes Herrschaft mit männlicher Wachsamkeit in ständiger Freundlichkeit gegenüber Rechtschaffenen, in furchtgebietender Überlegenheit gegenüber Aufsässigen“ (Käthe Sonnleitner). In diesem Sinne bedeutete die allmähliche Zurückdrängung der Frauen aus den hohen Ämtern mit großer politisch-religiöser Verantwortung seit dem 11. Jahrhundert keinen radikalen Bruch mit der frühmittelalterlichen Tradition. Vielmehr haben wir es mit einer allgemeinen Tendenz zur verstärkten Patriarchalisierung der mittelalterlichen Gesellschaft zu tun, eine Entwicklung, die seit der Mitte des 11. Jahrhunderts unter dem römisch-christlichen Einfluß zu beobachten ist und die 1356 in der „Goldenen Bulle“ gipfelt. Hier heißt es: „die Kaiserin oder römische Königin soll sich mit ihrem fürstlichen Schmuck bekleidet hinter dem römischen König oder Kaiser ... in angemessenem Abstand zusammen mit ihren Edelleuten und begleitet von ihrem Hoffräulein zum Ort der Sitzung begeben".

Geschlechtsvormundschaft

Neuere Forschungen zum Frühmittelalter (Peter Ketsch, Werner Affeldt, Sibylle Flügge u.a.) zeigen, daß, im Gegensatz zur traditionellen Ansicht, die freie Germanin sowohl im Hinblick auf ihre persönlichen Abhängigkeitsbeziehungen zu einem Mann als auch in ihrer ökonomischen Selbständigkeit und ihrer sexuellen Freiheit keineswegs völlig rechtlos gewesen ist. Sie stand aber im Gegensatz zu den Männern der gleichen sozialen Schicht allein wegen ihres weiblichen Geschlechts unter Munt.

Rechte der Frauen

Die Auslegung dieser und anderer Gesetze zur Geschlechtsvormundschaft ist umstritten. Es wird unter anderem gefragt, ob diese Vorschrift im Umkehrschluß die These zuläßt, daß es vorher, sei es als Regel, sei es als Ausnahme, einen muntfreien Zustand für die Germanin gegeben hat. Ebenso stellt sich die Frage, ob die Langobardinnen einen muntfreien Zustand im 7. Jahrhundert angestrebt haben, wobei wiederum die Einschätzung der Auswirkung des römischen Rechts auf die Langobardinnen schwerfällt. Denn gegen Ende der republikanischen Zeit hatte sich in Rom die manusfreie Ehe durchgesetzt, mit der Konsequenz, daß römische Frauen nach dem Tod ihres Vaters einen selbstgewählten oder sogar keinen Vormund hatten. Auf die Frage nach dem Fortwirken mutterrechtlicher Traditionen gibt es keine gesicherten Antworten. Fest steht aber, daß die Langobardinnen im 7. Jahrhundert über erhebliche Rechte verfügten. Sie waren beispielsweise berechtigt, ihr Vermögen selbständig zu verwalten, zu nutzen und zu vermehren. Ähnliches gilt für Frauen, die dem angelsächsischen und dem fränkischen Recht unterstellt waren. Nach schwedischem Recht sollten Ehepaare ihr Erbgut gemeinsam verwalten, im norwegischen Recht hieß es, daß die Ehefrau über „Schloß und Riegel" waltete und daß dieses Recht durch den Ehemann nicht „beraubt" werden dürfe. Diese Beispiele lassen sich mehren. Aber auch das persönliche Selbstbestimmungsrecht der Frau bei Eheschließungen fand Beachtung. Trotz des Zustimmungsrechts der zu Verheiratenden, wobei außer bei den Langobarden auch die Mutter das Verheiratungsrecht ausübte, konnte eine Eheschließung nicht ohne Zustimmung der Braut erzwungen werden. Auch das Recht auf Rache kam den freien Germaninnen zu. Schließlich läßt die weite Verbreitung der Friedelehe, eine nicht diskriminierte eheähnliche Verbindung, auf freiere Formen des Zusammenlebens der Geschlechter schließen. Ein Züchtigungsrecht gegen erwachsene Frauen war bei den Germanen, im Gegensatz zum kanonischen Recht, weitgehend unbekannt. Dabei ist die Rechtsstellung der Germanin im Zusammenhang mit der Entstehung der neuen sozialen Struktur des mittelalterlichen Haushaltes zu sehen (Herlihy). Seit dem 7. Jahrhundert entwikkelte sich die neuartige ökonomische und moralische Einheit des bäuerlichen Haushaltes, in der der Frau eine bedeutende Stellung zukam, die erst langsam vor allem mit der Durchsetzung der patrilinearen Erbfolge im 11. Jahrhundert geschwächt wurde. Im allgemeinen wird von dem partnerschaftlichen Verhältnis von Mann und Frau in dem bäuerlichen Haushalt des Mittelalters gesprochen.

Einschränkungen der Handlungsfreiheit

Diese Beispiele genügen, um sichtbar zu machen, daß die Geschlechtsvormundschaft nicht in Analogie zu unserem modernen Vormundschaftsbegriff oder im Sinne des römischen manus als eine völlige Entrechtung der germanischen

Frau interpretiert werden kann. Die Frau im frühen Mittelalter wurde nicht erst durch das Christentum zur Rechtspersönlichkeit, wenn auch durch das Christentum, insbesondere durch die Konsensehe im 12. Jahrhundert, eine Stärkung der Selbstbestimmungsrechte der Frau erfolgte. Dennoch lassen sich an den germanischen Volksrechten, vor allem an den Kodifizierungen des 11. und 12. Jahrhunderts, Einschränkungen in der Geschäftsfähigkeit der Frau erkennen, die nicht nur einen Bruch mit einer germanischen Tradition der Frauenrechte bedeutete, sondern an denen auch strukturelle Merkmale des längerfristigen Prozesses der fortschreitenden Benachteiligung der mittelalterlichen Frauen sichtbar werden. So heißt es z. B. in einer isländischen Rechtsvorschrift aus dem Jahre 1117: „Wo zweie in der Ehe leben, da soll der (der Ehemann) schalten über ihre Habe und die Geschäfte." Demgegenüber wird der Frau ein Bestimmungsrecht in der Hauswirtschaft zuerkannt; sie allein bestimmt „innerhalb der vier Pfähle, wenn sie will, und über das Schafe melken". Wichtig ist die weitere Einschränkung: Obgleich die Frau im Haushalt wichtige Produkte für den Markt herstellt, vor allem Stoffe für den Fernhandel, darf sie rechtswirksam nichts kaufen, „was den Wert einer halben Unze übersteigt".

Diesen Einschränkungen der Handlungsfreiheit der Frau im Mittelalter kommt eine paradigmatische Bedeutung zu. Hier kündigt sich der Wandel des bäuerlichen Haushalts an, der mit der Ausbreitung des Handels und des städtischen Gewerbes seine subsistenzsichernde Bedeutung einbüßt, zugleich aber immer mehr zu einem Frauen-Haushalt wird, während die Frauen für die überlegenere Marktökonomie zwar produzieren, von den Geschäften aber ausgeschlossen werden. Ein Großteil der gegenwärtigen Forschung zur Situation der Frauen im Mittelalter kreist um diese zentrale Frage der Bedingungen und der Gründe für den Ausschluß der Frauen aus der kapitalistischen Wirtschaftsentwicklung. Denn diese Ausschlußbewegung können wir in allen Zentren des sich entfaltenden Kapitalwesens seit dem 12. Jahrhundert beobachten.

Reale Frauenmacht

Das gegenwärtige Interesse an der Frauengeschichte des Mittelalters wurde weniger von der Frage nach dem Fortwirken der germanischen und der römisch-christlichen Traditionen auf das Frauenleben als von der feministischen Einschätzung der Neuzeit als einer „gewaltsamen und drastischen Veränderung der Situation der Frau" (Anke Wolf-Graaf) bestimmt. Mit dieser Annahme verband sich die These von dem Mittelalter als einem besseren, sogar von einem „goldenen" Zeitalter für Frauen gegenüber dieser qualitativ neuen, strukturellen Verschlechterung der Lage der Frauen. Der Blick richtete sich auf das Mittelalter als eine Hochzeit der Frauenmacht, in der noch Spuren matriarchaler Lebensformen und Werthaltungen zu finden seien. Vor allem das Spätmittelalter wurde zum bevorzugten Forschungsgegenstand.

Von den noch offenen Anfragen zur Kontinuität matriarchaler Traditionen zur spätmittelalterlichen Frauenstärke können wir hier nicht absehen. Denn die Thesen von den einzigartigen Möglichkeiten von Frauen aller Schichten in der Umbruchszeit nach 1350 bis zum Rückschlag für die Frauen um die Mitte des 16. Jahrhunderts sind keineswegs widerlegt worden. Noch steht die Annahme zur Debatte, daß die Verfügungsmacht von Frauen über die gesellschaftlichen Ressourcen im Spätmittelalter außerordentlich groß war. Nach Kathleen Casey waren in der Krise der feudalagrarischen Gesellschaft etwa zwischen 1350 und 1450 die Chancen, alte Fesseln zu sprengen, größer als in den späteren Epochen, die wir gemeinhin mit dem Aufkommen des Feminismus verbinden.

Im Spätmittelalter waren Frauen sichtbar, unruhig und bereiteten Ärger. Es fällt uns allerdings noch schwer, diese Zeugnisse der Frauenunruhe und der „verkehrten Welt“ hinsichtlich der faktischen gesellschaftlichen Macht der Frauen einzuschätzen. Inwiefern gehörten etwa die von den männlichen Zeitgenossen als Sittenlosigkeit beklagten, größeren sexuellen Freiheiten der Frauen zur Frauenstärke im 14. Jahrhundert? Stimmt die These von Anke Wolf-Graaf: „Ganz besonders unterscheidet sich die Situation der mittelalterlichen Frau von der späterer Jahrhunderte durch ihre relative Verfügungsgewalt über ihren Körper. Über Verhütungs- und Abtreibungswissen und dessen Ausübung verfügten ausschließlich Frauen“? Und wie steht es mit der ökonomischen Macht der Frauen? Warum müssen wir immer von der „Zurückdrängung“ der Frauen, sei es aus dem zünftigen Handwerk, sei es aus dem Handel, sei es letztlich aus fast allen öffentlichen Bereichen, aus den Wissenschaften und den kirchlichen Ämtern sprechen? Welche Mechanismen liegen diesem Prozeß der fortschreitenden Patriarchalisierung der mittelalterlichen Gesellschaft zugrunde? Denn wir haben es im Verlauf des Mittelalters mit neuen geschlechtsspezifischen Grenzziehungen, mit neuen Formen der geschlechtsspezifischen Arbeitsteilung und mit der Entstehung neuer Geschlechterstereotypisierungen zuungunsten der Frauen zu tun. Diese zunehmende Durchdringung der mittelalterlichen Gesellschaft mit männlichen Macht- und Wertstrukturen können wir mit bestimmten Erscheinungen wie dem Aufkommen der Kapitalwirtschaft, der Durchsetzung des römischen Rechts und der Hierarchisierung und Klerikalisierung der Gesellschaft und mit frauenfeindlichen Strömungen innerhalb der christlichen Theologie und der Kirche in Verbindung bringen. Die Massenvernichtung von Frauen, die als Hexen angeklagt wurden, ist zwar eine Erscheinung der frühen Neuzeit. Dennoch ist der frühneuzeitliche Hexenwahn nicht ohne Sexual- und Frauenfeindlichkeit der frühen Kirche und Theologie und die Inquisition und Ketzerverfolgungen seit Ende des 12. Jahrhunderts denkbar.

Mittelalterliche Frauenkultur

Diese frauenfeindlichen Momente erklären aber noch nicht die allgemeine Tendenz zur verstärkten Durchdringung der mittelalterlichen Gesellschaft seit Mitte des 11. Jahrhunderts mit patriarchalen Machtstrukturen und Normen. Denn in diesem gleichen Zeitraum findet auch eine gegenläufige Bewegung statt. Im Zusammenhang mit der Städteentwicklung entstand eine größere rechtliche und ökonomische Selbständigkeit von Frauen als zuvor. Die Devise „Stadtluft macht frei“ galt zunächst auch für Frauen. Das Christentum als Grundlage von Frauenfrömmigkeit, die von der Kirche propagierte monogame Ehe und die Klöster waren im Hoch- und Spätmittelalter auch die Basis für Frauenfreiheiten und eines starken Frauenselbstbewußtseins. Somit stand dem Prozeß der Patriarchalisierung der mittelalterlichen Gesellschaft auch die gegenläufige Tendenz der Entwicklung einer selbstbewußten Frauenkultur gegenüber. Zu denken ist hier vor allem an die mittelalterlichen Frauenbewegungen innerhalb und außerhalb der Kirche, an die Klarissinnen und Dominikanerinnen, an die Frauen bei den Katharern und Albigensern, an die Beginen, an die mulieres religiosae, die, wie die Quellen berichteten, „zu Tausenden und Zehntausenden überall auftauchten und Unruhe stifteten“. Diese Bewegungen wandten sich vor allem gegen kirchlich verengte Definitionen der Geschlechterverhältnisse und der männlichen Platzzuweisungen an Frauen in Gottes Heilsplan. Die großen Frauenheiligen und Mystikerinnen, wie Hildegard von Bingen oder Elisabeth von Thüringen, waren in diesem Sinne Rebellinnen, Frauen, die

Vereinbarkeiten von menschlicher und christlicher Liebe praktizierten, die den kirchlichen Rollenzuweisungen widersprachen. Wie schwierig es für die männliche Kirche war, diese neuen Grenzziehungen in der mittelalterlichen Gesellschaft verständlich zu machen oder gar sie durchzusetzen, zeigt sich etwa an den spitzfindigen theologischen Diskussionen des 12. Jahrhunderts zur Jungfräulichkeit.
Aber auch im Hinblick auf die Definition der Frauenarbeit mußten neue Trennlinien zwischen ehrbarer und weniger ehrbarer Arbeit erfunden werden. Dabei wurde u.a. in der Auseinandersetzung um die Anerkennung der Frauenarbeit durch die Zünfte die listen- und folgenreiche Unterscheidung zwischen Arbeit für den Hausgebrauch und für den Markt getroffen (Jean Quataert).
Bei dieser frauengeschichtlichen Suche nach den historischen Bedingungen der Herausbildung eines weiblichen Sozialcharakters im Mittelalter spielt die Frage nach einem spezifisch weiblichen Selbstentwurf eine wichtige Rolle. Dabei wird nicht mehr der Mann zum Maßstab für die Definition des Subjekts genommen. Somit fällt auf die Lebensläufe von Frauen im Mittelalter ein neues Licht. Gerade weil die patriarchalisch verformten antiken und die christlichen Überlieferungen den Eigenerfahrungen von Frauen nicht entgegenkamen, konnten eine einzigartige Frauenreligiosität und Frauenkultur entstehen. Es ist nicht Zufall, daß wir von einer Frau, im Werk der Margery von Kempe, die erste Autobiographie haben, daß gerade Frauen uns als Mystikerinnen, als Dichterinnen, als leidenschaftliche Liebende entgegentreten. Frauen mußten immer wieder die „Autorität des Ursprungs neu für sich erfinden“, ein, wie Tilde Sankovitch feststellte, schwieriges Unterfangen.
Allerdings hatten Frauen schon im *Minnesang* ihre eigene Sprache gefunden. Allein in Südfrankreich, der Wiege der höfischen Lyrik, dichteten zwischen 1150 und 1250 nicht weniger als zwanzig weibliche Troubadoure von Rang. Ihre Lieder unterschieden sich von der Minne der Männer. Sie zeugen von persönlicher Betroffenheit und Offenheit. In ihren Liedern unterdrückten sie weder ihre Leidenschaft noch ihr körperliches Verlangen. Im Gegensatz zur männlichen Minne waren sie in ihrer Sprache direkt. Weder die Liebe noch der Geliebte wurden symbolisch überhöht.
Diese selbstbewußte Sprache finden wir im Umkreis französischer Fürstenhöfe am Ende des 14. Jahrhunderts bei Christine de Pizan wieder, die sich zunächst als Autorin von Liebesgedichten einen Namen machte. Christine ging aber in ihren Schriften noch einen Schritt weiter, als sie im Streit um den Rosenroman die frauenfeindlichen Traditionen an den französischen Höfen offen attackierte.

Neue Forschungsansätze

Trotz der Fruchtbarkeit dieser Forschungsansätze, die von den Arbeiten in der feministischen Theologie, Kunstgeschichte und Literaturgeschichte beeinflußt sind, wird allerdings vor einer Überschätzung der Frauenmöglichkeiten im Mittelalter gewarnt (Claudia Opitz). Vor allem führt eine unkritische Anknüpfung an ältere Arbeiten, wie z.B. an die materialreiche, 1882 erschienene Studie von Karl Bücher „Die Frauenfrage im Mittelalter“, in die Irre. Denn inzwischen ist nicht nur u.a. die These Büchers von einer gleichberechtigten Stellung von Frauen in den mittelalterlichen Zünften und von einer weiblichen „Überbevölkerung“ in den spätmittelalterlichen Städten widerlegt worden. Wichtiger noch ist die Erkenntnis, daß nur durch ein reflektierteres, methodisches Vorgehen Fortschritte zu erzielen sind.
Nach Martha Howell ist die Frauenarbeit im Mittelalter nur zu begreifen als „das Ergebnis der Kreuzung von zwei miteinander verbundenen, aber unterschiedlichen Systemen“. Dabei

beschreibt sie das erste System als einen Arbeitsbereich, in dem die Frau in ihren Eigenschaften als Mutter, als Sexualpartnerin, als Gläubige, als Bürgerin für die Subsistenz (Nahrung, Kleidung etc.) und für den Markt arbeitet. Demgegenüber begreift sie das zweite System als die Ökonomie im Sinne der vom kapitalistischen Markt ausgehenden ökonomischen Bewegung, die u. a. zu einer Hierarchisierung der Arbeit und einer ungleichen Bewertung der Arbeit, etwa als produktive und weniger produktive Arbeit, führt.

Mit Ansätzen wie diesen wird es möglich, den bisherigen Quellenbefund in einer weiterreichenden Weise zu interpretieren. So hat beispielsweise Martha Howell nicht nur Einsichten in die Handlungsmöglichkeiten und -einschränkungen der Kölner Zunftmeisterinnen ermöglicht, die unsere bisherigen Kenntnisse von der „Doppelrolle der Frauen in Familie, Haushalt und Wirtschaftsbetrieb" (Margret Wensky) vertiefen. Sie verweist uns darüber hinaus auf tieferliegende Ursachen für die Widersprüche im Frauenleben, die in der ökonomischen Gesamtstruktur des späten Mittelalters, in der Dualität von Haushalt und Familienökonomie einerseits und dem Aufkommen des überlegeneren Systems des Handelskapitalismus anderseits zu suchen sind. Somit können durch dieses methodisch reflektiertere Vorgehen Ergebnisse der mittelalterlichen Forschung in weitere, noch offene theoretische Diskussionszusammenhänge gestellt werden, wie etwa die Einschätzung der unentlohnten, mehrwertschaffenden Hausfrauentätigkeit oder die Begründung spezifisch weiblicher Handlungsnormen und weiblicher Werthaltungen.

Literatur: *Werner Affeldt,* Geschichte der Frauen im Frühmittelalter, in: ders. / Annette Kuhn (Hrsg.), Frauen in der Geschichte, VII: Interdisziplinäre Studien zur Geschichte der Frauen im Frühmittelalter. Methoden – Probleme – Ergebnisse (Düsseldorf 1986) 32 – 42; *Meg Bogin,* The women troubadours (New York – London 1976); *Kathleen Casey,* The Cheshire Cat. Reconstructing the Experience of Medieval Women, in: Berenice A. Carroll (Hrsg.), Liberating Women's History. Theoretical and Critical Essays (Urbana – Chicago – London 1976) 224 bis 249; *Edith Ennen,* Frauen im Mittelalter (München 1984); *Sibylle Flügge,* Möglichkeiten und Grenzen der Selbständigkeit germanischer Frauen. Eine rechtsvergleichende Studie an Hand der germanischen Volksrechte (unveröff. Mskr.); *Barbara A. Hanawalt,* Peasant Women's Contribution to the Home Economy in Late Medieval England, in: dies. (Hrsg.), Women and Work in Preindustrial Europe (Bloomington 1986) 3 – 19; *David Herlihy,* Medieval Households (Cambridge / Mass. – London 1985); *Martha C. Howell,* Women, Production, and Patriarchy in Late Medieval Cities (Chicago – London 1986); *Peter Ketsch,* Frauen im Mittelalter, 2 Bde. (Düsseldorf 1983/84); *ders.,* Aspekte der rechtlichen und politisch-gesellschaftlichen Situation von Frauen im frühen Mittelalter 500 bis 1150, in: Annette Kuhn / Jörn Rüsen (Hrsg.), Frauen in der Geschichte, II: Fachwissenschaftliche und fachdidaktische Beiträge zur Sozialgeschichte der Frauen vom frühen Mittelalter bis zur Gegenwart (Düsseldorf [2]1986) 11 – 71; *Claudia Opitz,* Hunger nach Unberührbarkeit? Jungfräulichkeitsideal und weibliche Libido im späteren Mittelalter, in: Feministische Studien 5, H. 1 (1986), S. 59 – 75; *Eileen Power,* Als Adam grub und Eva spann, wo war da der Edelmann? Das Leben der Frau im Mittelalter (Berlin 1984); *Jean H. Quataert,* The Shaping of Women's Work in Manufacturing. Guilds, Households, and the State in Central Europe, 1648 – 1870, in: American Historical Review, Vol. 90, Nr. 5 (December 1985) 1122 – 1148; *Tilde Sankovitch,* Inventing Authority of Origin: The Difficult Enterprise, in: Mary Beth Rose (Hrsg.), Women in the Middle Ages and the Renaissance. Literary and Historical Perspectives (Syracuse 1986) 227 – 243; *Elvira Scheich,* Was hält die Welt in Schwung? Feministische Ergänzungen zur Geschichte der Impetustheorie, in: Feministische Studien 4, H. 1 (1985), S. 10 – 32; *Shulamith Shahar,* Die Frau im Mittelalter (Königstein/Ts. 1981); *Käthe Sonnleitner,* Die Frau im Mittelalter, in: Beate Frakele / Elisabeth List / Gertrude Pauritsch (Hrsg.), Über Frauenleben, Männerwelt und Wissenschaft. Österreichische Texte zur Frauenforschung (Wien 1987) 93 – 120; *Margret Wensky,* Die Stellung der Frau in Familie, Haushalt und Wirtschaftsbetrieb im spätmittelalterlich-frühneuzeitlichen Köln, in: Alfred Haverkamp (Hrsg.), Haus und Familie in der spätmittelalterlichen Stadt (Köln – Wien 1984) 289 – 303; *Mary F. Wiesner,* Working Women in Renaissance Germany (New Brunswick / N. J. 1986); *Anke Wolf-Graaf,* Frauenarbeit im Abseits. Frauenbewegung und weibliches Arbeitsvermögen (München 1981).

ANNETTE KUHN

Mode

↗ Frauenrollen / Frauenleitbilder; Konsum; Kultur; Medien; Schönheit; Sexismus; Weiblichkeitssymbole; Werbung; Wohnen

Dimensionen des Begriffs

Mode bezeichnet den Wandel der ästhetischen Stilisierung von Verbrauchsgütern. Für Frauen ist Mode vor allem Kleidermode. Dann folgen die Möbel, die Wohnung, das Haus. Das, was als „die Welt der Frau" bezeichnet wird, ist in besonderer Weise modisch. Zentrum der Mode ist für Frauen die Verwandlung ihres Körpers. Betrachten wir die Männermode des industriellen Zeitalters, so erblicken wir im Zweireiher plus Beinkleid das konstante Bekenntnis zu den Werten der Funktionalität; körpergerechte Kleidung betont die Leistungsfähigkeit. Daß der Mann in unserer Kultur idealerweise Täter ist und nicht Objekt oder Opfer spiegelt sich im Verbot des männlichen Exhibitionismus in der Mode. Die feudale Gesellschaft betonte die optische Differenz der Geschlechter weniger radikal als die bürgerliche. Zwar trug Marie Antoinette ein Schiff im Haar, aber der Unterschied zur Perücke ihres Gatten war ein gradueller. Die Frau des 19. Jahrhunderts dagegen repräsentiert ästhetisch eine Gegenwelt zu der des Mannes. Die Taille geschnürt, die Bögen der Körperarchitektur herausgearbeitet und zugleich gepanzert (durch Korsett und straff gespannte Kleidung); sexualisiert durch die Betonung von Busen und Po. Das Ornament wird zum Kennzeichen der Frauenmode; die zweckmäßige sparsame Form zum Kennzeichen der Herrenmode. Jedenfalls kennt die weibliche Mode des bürgerlichen Zeitalters zwei Dimensionen: sozialen Status und sexuelle Attraktivität. Das ist nicht nur Zwang, sondern auch Reichtum des Ausdrucks, verglichen mit den Männern. Frauen dürfen zeigen, daß sie auffallen wollen. Dem Mann verbietet das der Verdacht, homosexuell zu sein – gefallen zu wollen. Sich den Blicken des Betrachters darbieten ist nur den Frauen gestattet.

Verschiedene Werturteile

Die feministische Kritik hat vor allem den Gewaltcharakter der Mode herausgearbeitet. Die Frau bietet sich als Objekt an. Sie verwandelt sich gemäß dem Diktat der Männergesellschaft. Sie ist nicht „sie selbst", sondern sie spielt in einer Inszenierung, bei der sie zum Schluß real zerstört wird. Sie wird als unbrauchbares Objekt verachtet und weggeworfen: Schön/Nicht-Schön; Jung/Alt sind die Koordinaten des Glücks. Statt selbst zu sein und zu werden, hat sie sich bestenfalls in ein Paar gerettet. Sie partizipiert an der Männermacht. In diesem Zusammenhang der Ohnmacht der Frau erhält die Mode ihre Bedeutung. Sie ist die Dekoration der Abhängigkeit.

Die Mode wird so in einer spezifischen Weise gefaßt: als Zeichensystem der Unterwerfung und als Krücke für ein schwaches Ich. Es gehört aber zur Mode eine doppelte Dimension: daß sie Zugehörigkeit zu einer sozialen Gruppe, also Anpassung des Individuums, signalisiert und ebensosehr das Gegenteil: die andere Dimension, daß Mode zugleich ein Spiel mit Individuierung ist. Dieser Zusammenhang tritt in der feministischen Argumentation ganz in den Hintergrund. Das Resultat ist der Versuch, die Mode aufzuheben, statt sie zu ändern.

An Versuchen, die Mode auszurotten, hat es nicht gefehlt. Die Kleiderordnungen seit der Renaissance suchten die Demonstrationslust in Stoff, Farbe und Steinen in die ständische Hierarchie zurückzuzwingen. Frömmigkeitsbewegungen aller Art erkannten des Teufels Werk in der modischen Verführung zu Verschwendung und Sinneslust. Alles sinnlos – die sozialistische Askese eingeschlossen: Die Mode stand immer wieder auf. Akzeptieren wir also das Grundbedürfnis des Menschen, alle Dinge nicht nur zweckmäßig, sondern spielerisch-ästhetisch zu gestalten. Das

Ornament ist so alt wie der Faustkeil. Und wenn die erste Geometrisierung und Ornamentierung der Welt auch in die Magie eingebunden war, so war sie doch zugleich „schön“. Das heißt eine Konstruktion des Gegensatzes zwischen Chaos, dem Ungeordneten und Ungeschiedenen, und dem Bedeutungsvollen, und das heißt zugleich: dem Geordneten; und das bedeutet, daß die Menschen das innere Erleben in die Welt projizieren, damit ihre Fülle strukturiert wird und ihre beängstigende Fremdheit über die Form bekannt wird. So ist die Mode also anthropologisch verankert? Ja – sie ist die Erscheinungsform des ästhetischen Produzierens in der Alltagskultur der Gegenwart. Hinter die Mode können wir nicht zurück. Sie ist eins mit der Form der ästhetischen Praxis in der modernen Welt: Körper – Gegenstände – Raumgestaltung.

Tempo des Wechsels

Der rasche Wechsel von Form, Farbe, Material, Kleidern, Schnitt hat seit dem späten 19. Jahrhundert an Tempo ständig zugenommen. In diesem Sinne des „raschen Wechsels“ wurde das Wort Mode zuerst um 1630 verwendet, als „à la mode“ Kleidung nach dem neuesten Schnitt hieß, womit im Deutschen besonders die übertriebene Nachahmung französischer Kleidung bezeichnet wurde. (Damals bahnte sich die Vorherrschaft der französischen Mode an, die unter Ludwig XIV. für das höfische Europa verbindlich wurde.) Die bedeutendste Modekünstlerin im absolutistischen Frankreich war Rose Bertin, die Hofschneiderin Marie Antoinettes. Auch in der Modeproduktion des frühen 20. Jahrhunderts gibt es herausragende Frauen: Coco Chanel (1883 – 1971), Elsa Schiaparelli (geb. 1928) und Jeanne Lanvin (1886 – 1946). Was ist die Leistung der großen Modeschöpferinnen und Modeschöpfer? Die Zeichen der Zeit zu erkennen und ihnen symbolischen Ausdruck in Form, Schnitt und Material zu geben. Ein Spiel, das in der Reinkultur ästhetischer Perfektion zum Luxus der Oberklasse gehört.

Vermittlung und Lancierung

Die Mode im Zeitalter des französischen Absolutismus war eine höfische Mode, die in die niederen Strata der Gesellschaft absank. Das geschah in der Metropole Paris schon damals in raschem Tempo. Die Damen des Hofes, die Bürgerinnen, die Zofen und die Putzmacherinnen bildeten rasche Imitationsketten.

Die relativ naturwüchsige hierarchische Vermittlung der Mode von oben nach unten in der Gesellschaftspyramide fand im industriellen Zeitalter ein Ende. Schon im ausgehenden 19. Jahrhundert spielen die Subkulturen und ihre Lebensstile eine entscheidende Rolle. Diese decken sich nicht mehr mit einer klaren Klassengrenze und Klassenstruktur. Lebensentwürfe verschiedener sozialer Gruppen, die selbst nicht mehr zur Oberschicht gehören, beginnen sich in der Mode auszudrükken. Die Reformkleidbewegung korrespondiert der Frauenemanzipation und der Sportbewegung vor dem Ersten Weltkrieg. Aber das war zunächst immer noch auf die wohlhabenden Kreise beschränkt – die Hausmädchen, die Arbeiterinnen in den Städten brachten kaum ihre leinene und baumwollene Ausstattung zusammen. (Und doch: Wie uns die Lebenserinnerungen von Arbeiterinnen verraten, erübrigten sie wenigstens ein Galanterieringelchen, ein Tuch, Bänder). Sie jedenfalls trugen noch 1920 Leinen und Baumwolle meist in gedeckten Farben. Auf dem Land bestimmte noch immer die Tracht das Bild – bis zum Ende der 20 Jahre. Konfektionsindustrie, Kunstseide und Kino sind die drei Modernisierungsträger der Frauenmode nach dem Ersten Weltkrieg, der Inflation und den Kriegsgewinnen. In Deutschland bringen die Jahre 1918 – 1925 nicht nur Revolution, Republik, Inflation und eine knappe Phase wirtschaftlicher Blüte, sondern auch neue Frauenarbeitsplätze im Bürobereich, im Kaufhaus, in der Großstadt, vor allem Träume. Die jungen Frauen schneiden sich Zopf und Rock auf sportliches Maß. Die junge Städterin von 1925 vervollkommnet ihre knabenhafte Figur und ihre androgyne Frisur durch eine Zigarettenspitze. Und der Vamp Marlene Dietrich gleicht der gefährlichen Modespielerei des 18. Jahrhunderts mehr als den Darstellungen des Weiblich-Mütterlichen in den Modevariationen des 19. Jahrhunderts. Aber eigentlich ist das neue Frauen- und Kleidermodell ohne Vorbild: die sportliche Frau des industriellen Zeitalters und „die männliche“, die Verführung zu handhaben weiß wie je ein Mann. Die Mode der 20er Jahre räumt mit der weiblichen Unschuld auf. Politisch-soziale Bewegungen und die Mode verweisen manchmal in subtiler, meistens in grober Weise auf die gemeinsame Wurzel: Es geht um die Symbolisierung von Weltbildern und Lebensentwürfen. So nimmt die Mode leichtfertig ihr Emanzipationsversprechen zurück, und reaktionären Epochen entspricht eine reaktionäre Ästhetik. Worüber belehrt uns die Aufforderung, die 1933 an „deutsche Frauen“ erging: „Grit sei wieder Margarete“? Faschistische „Natürlichkeit“ war angesagt, der nordisch kameradschaftliche Typ, das Mädel und die „hohe Frau“. Der Umgang mit der Mode zeigt, daß es nicht darum geht, „die Mode“ aufzuheben, sondern ihre Strömungen zu beurteilen und uns zu diesen zu verhalten. Die Mode symbolisiert nicht nur Zugehörigkeit zu Gruppen, sondern soziale Sinnzusammenhänge. Die ästhetischen Zeichen können also nicht als unschuldige Formen betrachtet werden. Die Mode präsentiert Lebensentwürfe.

Daraus erklärt sich, daß sich Mode nicht beliebig lancieren läßt. Störrisch bleiben zentrale Gruppierungen von Konsumentinnen bei einmal gefaßten Mustern, um plötzlich auf eine neue Linie umzuschwenken. Ihre Orientierungen entnehmen die trendsettenden Gruppen gegenwärtig keineswegs umstandslos den Angeboten der Konfektionsindustrie, auch nicht denen der Haute Couture und nicht den Modezeitschriften. Vielmehr werden diese klassischen Initiatoren heute selbst zu Ausdeutern subkultureller Trends. Die Punks haben viel bewegt – sie führten das Künstliche wieder in die Mode ein. Der Kaschmir-Popper folgt dagegen der alten elitären Mittelstandslinie: „zeitlose Schönheit“, „ewige Werte“. Die Facetten sind reichhaltiger geworden. Die Schreckens-Serie „vorher – nachher“: vorher eine zerzauste Jugendliche, nachher ein adrettes Weibchen, ist auf eine mögliche Spielart neben anderen reduziert. Eine zentrale Rolle für die modischen Innovationen spielen die Jugendlichen-Subkulturen und hier vor allem die Musikszene. Die komplizierte Symbolbildung macht den Leidensdruck der Modeproduzenten – übrigens in Ost und West.

Betrachten wir exemplarisch den Modemarkt der Bundesrepublik Deutschland, wie er sich 1986 in den Werbeträger-Analysen spiegelt. Die „Brigitte-Kommunikations-Analyse“ verrät uns folgendes über das Kaufverhalten im Bereich Mode. Einstellungen und Kaufverhalten im Sektor Mode werden laufend erhoben. (In diesen Studien interessiert nur das „zahlungskräftige“ Bedürfnis. Als „mode-interessiert“ gilt, wer kauft oder kaufen will.)

30% aller Frauen in der Bundesrepublik (zwischen 14 und 64 Jahren) sind an Modekonsum weitgehend uninteressiert. Annähernd so viele (26%) kaufen vor allem Billiges ein. Beide Gruppen orientieren sich vor allem am Nützlichen und am Preis. Die Gruppe, die den Kauftrend bestimmt – und die damit für die Modeproduzenten entscheidend ist –, das sind die etwa 2 Mio. „Mode-Fans“ (10%), meist jünger als 35 Jahre, berufstätig, häufig in Angestelltenberufen. Besser handhabbar sind für die Marktstrategen die modisch konservativen Qualitätsorientier-

ten (19%), und am liebsten haben sie die „Markenorientierten“, die zu einer gewissen treuen Anhänglichkeit gefunden haben – 1,43 Mio., immerhin 7%.
Auch wenn also bei weitem nicht alle Frauen den Modekonsum mitmachen, so sind doch alle auf diese Koordinaten bezogen: Über die äußeren Zeichen wird ein fremdes Gegenüber eingeschätzt, so wie wir umgekehrt uns selbst über Zeichen darstellen – und sei es als Desinteressierte oder protestierend Abweichende.
Obgleich es in der Mode um Wertauseinandersetzungen geht, kann niemand sagen, in welchen Symbolisierungen diese sich niederschlagen. Alles läßt sich verfremden, umdrehen, in andere Sinnzusammenhänge einbauen. So ist es möglich, daß selbst das Schwachsinnsmodell der „jungen Dame“ der 50er Jahre wieder aufgegriffen und transformiert wird. Natürlich nicht zufällig gerade jetzt diese Imagination der Gründerjahre und des Rückzugs aufs kleine Glück zu zweit, „ich habe – also bin ich“ – nicht zufällig, aber nicht vorhersehbar. Und beides ist drin: die spielerische Verwandlung der 50er Jahre in den Ausdruck der „Plastikprinzessin“. Mit dem Punkhaar dienen Perlon und Plastik zu eigenartigen Imitationen des Anorganischen, zu bizarren Orgien der Künstlichkeit. Die heile Welt wird zum Zitat. Und auf der anderen Seite die echte Neuauflage der 50er Jahre: das Kaschmirbaby. Steht die Frau also vor dem Spiegel, so ist die Gretchenfrage nicht „Mein Kind, Lippenstift oder Natur?“, sondern Anpassung, Protest oder Spiel mit Provokationen. Die reine Natur, eine Welt jenseits der Zeichen gibt es für Menschen nicht. Nur einen Umgang mit Zeichen.

Literatur: *Simone de Beauvoir,* Das andere Geschlecht (Hamburg 1968), *Silvia Bovenschen,* Die imaginierte Weiblichkeit (Frankfurt a.M. 1979); *dies.* (Hrsg.), Die Listen der Mode (Frankfurt a.M. 1986); *Diedrich Diederichsen / Dick Hebdige / Olaph-Dante Marx,* Schocker. Stile und Moden der Subkultur (Reinbek 1983); *Germaine Greer,* Der weibliche Eunuch (Frankfurt a.M. 1974); *René König,* Kleider und Leute. Zur Soziologie der Mode (Frankfurt a.M. 1967), *ders.,* Menschheit auf dem Laufsteg. Die Mode im Zivilisationsprozeß (München 1985); *Ulrike Prokop,* Weiblicher Lebenszusammenhang. Von der Beschränktheit der Strategien und der Unangemessenheit der Wünsche (Frankfurt a.M. 1976); *Georg Simmel,* Philosophie der Mode (Berlin 1905; Neudruck unter dem Titel Die Mode, in: ders., Philosophische Kultur. Gesammelte Essays. Neue Ausgabe, Berlin 1983 26ff.); *Werner Sombart,* Liebe, Luxus und Kapitalismus (Frankfurt a.M. 1964); *Virginia Woolf,* Das neue Kleid, in: dies., Die Dame im Spiegel und andere Erzählungen (Frankfurt a.M. 1984).

ULRIKE PROKOP

Musik

↗ Begabung; Frauenförderung; Frauenforschung; Kult; Kultur; Tanz

Kulturgeschichtliche Dominanz von Männern

Wie kaum eine andere Kunstgattung ist *Musik* bis heute von der Dominanz männlicher Künstler und Wissenschaftler geprägt. Die anhaltende Abstinenz der Frau in der europäischen Musikgeschichte – abgesehen von inspirierender („Muse“) oder reproduzierender Tätigkeit, soweit dies der weiblichen „Natur“ entsprechend erwünscht war – zeigt sich immer noch deutlich anhand der Schwierigkeiten, die Frauen als Komponistinnen, Wissenschaftlerinnen oder Dirigentinnen im gegenwärtigen Musikleben haben. Mit der Entwicklung neuer Forschungsansätze hat die Frauenbewegung begonnen, Selbstverständnisse und Ausschließungsmechanismen einer vorwiegend patriarchalen Kulturentwicklung transparent zu machen.

Der Anteil von Frauen

Seit Beginn der 70er Jahre erfolgt die Aufarbeitung des bisher vernachlässigten oder abwertend ausgeklammerten weiblichen Anteils in der Musikgeschichte.
Viele Mythen führen die Musik als besondere Gabe (und als „Medium“ zum

Allerhöchsten) auf einen göttlichen Ursprung zurück. Den Griechen galt „Musiké" als Kunst, die von den Musen (Halbgöttinnen) kommt. Frauen nahmen als Priesterinnen, Sängerinnen und Tänzerinnen jahrhundertelang eine Zentralstellung in der Sakral- und Gebrauchskunst archaischer Kulturen (insbesondere in den Mysterien der Muttergottheiten) ein. Die gehobene Unterhaltungsmusik der vornehmen antiken Gesellschaft wurde in erster Linie von sowohl intellektuell als auch instrumental gut ausgebildeten Hetären gestaltet.

Ursprung und Geschichte der Diskriminierung von komponierenden und musizierenden Frauen sind eng verbunden mit der Entwicklung des christlichen Abendlandes. Da Frauen nun generell als eine Bedrohung des geistigen Lebens angesehen wurden, verbot man ihnen das Priesteramt und musikalisch-kultische Zeremonien in der Öffentlichkeit. Der Satz „die Frau aber schweige in der Kirche" hatte sich, verstärkt durch eine oft frauen- und musikfeindliche Haltung bedeutender Kirchenväter, mit allen Konsequenzen nicht nur für die weibliche Musikausübung durchgesetzt. Musik im Gottesdienst wurde nun von Männern theoretisch begründet, komponiert und aufgeführt. In der Abgeschiedenheit des Klosters haben Nonnen allerdings hervorragende kompositorische Leistungen erbracht, die erst heute in ihrer Bedeutung voll gewürdigt werden (z. B. die minnemystischen Gesänge der Hildegard von Bingen), ebenso wie eine reiche weibliche Liedtradition im Mittelalter (Spielfrauen, die adelige Trobairitz).

Aus der italienischen Renaissance entwickelte sich im Verlauf des 17. Jahrhunderts europaweit ein neues Ideal der Natur und Natürlichkeit, durch das vor allem die Sängerin, wenngleich oft moralisch abschätzend beurteilt, verstärkt Zugang zu musikalischen Aufführungen fand. Ihre Rolle als Interpretin wuchs in der Kunstmusik bis zum Genie- und Divenkult des 19. Jahrhunderts, dem auf der Seite der sogenannten leichten Muse die weibliche Eroberung der geselligen Unterhaltungsmusik entsprach: Insbesondere die klavierspielende „höhere Tochter" hatte durch ein schlichtes Repertoire ihre musischen Aufgaben als zukünftige bürgerliche Gattin und Mutter zu erfüllen. Die hiermit angesprochene Entzweiung einer Hoch- und Massenkultur hat unser heutiges Musikleben in kaum zu überschätzender Weise beeinflußt. Deutlich wird zudem die qualitative Teilung in eine männlich-produktive und überwiegend reproduktiv-weibliche Musikkultur, die sich gegenwärtig sowohl im Bereich der „ernsten" als auch der „leichten" Musik findet. Weibliche Stars im Showgeschäft scheinen die dem „anderen Geschlecht" (S. de Beauvoir) zugeordneten sexualisierten Attribute eher noch zu verstärken. – Dennoch: Frauen führen heute auf künstlerischem und wissenschaftlichem Gebiet kein Schattendasein mehr. Ihr Anteil hat sich durch den zunehmend voranschreitenden Rollenwandel der Frau in der Nachkriegsgesellschaft (vorwiegend in den westlichen Industrienationen) um ein Vielfaches erhöht, obwohl die Nachteile der weiblichen Sozialisation und Berufsbildung, ihre Mehrfachbelastung innerhalb der Familie noch immer vorhanden sind.

Notwendige Neuorientierungen

Vor diesem Hintergrund wird seit den 80er Jahren von der Frauenforschung nach methodisch fundierten Zugangsweisen gesucht, um eine Neuinterpretation des traditionellen musikwissenschaftlichen Wertkanons im Sinne feministischer Wissenschaftskritik zu leisten. Grundsätzlich lassen sich – bei allen Unterschieden je nach politischem Standort der Forscherinnen – folgende Forderungen präzisieren: 1. Für die *Musikwissenschaft* wäre es – wie in den übrigen Forschungsbereichen – ein Gewinn, die Konsequenzen des Geschlechts ebenso selbstverständlich zu berücksichtigen wie die der Klassenzugehörigkeit. So bildet beispielsweise die Gleichsetzung Künstler – Genie – Gott ein strukturell männliches Überhöhungsmuster des 19. Jahrhunderts, dem anderseits die im Bürgertum idealisierte „weibliche Schwäche" als Ausgrenzungsstrategie diente. Das gängige Urteil lautet noch heute: „Frauen können nicht komponieren und dirigieren." In der deutschen Geschichte spielt zudem die Tradition der *Musiknation* eine besondere Rolle; sie hat einerseits eine durchaus positive Funktion, auf der anderen Seite hat sie mitbewirkt, daß die künstlerisch-kreative Leistung der Komponistin vor allem in Deutschland nicht in vollem Umfang anerkannt wird. Auch auf den mittlerweile vermehrt abgehaltenen Komponistinnenfestivals überwiegen ausländische Künstlerinnen, die offenbar die Tradition deutsch-österreichischer Klassik und Romantik weniger schwer drückt. Durch das Festhalten am Opusbegriff sowie an der Autonomieästhetik im gängigen musikwissenschaftlichen Kanon wurden daher bedeutende Leistungen von Künstlerinnen im Bereich „Mixed Media" sowie in der Performance bisher einseitig unterschätzt. 2. Eine der wichtigsten Aufgaben kommt in Zukunft der *Musikpädagogik* zu: Für die Förderung weiblicher Kreativität in der Musik wäre die bewußte Wahrnehmung sozialisationsbedingter Geschlechtsunterschiede und deren Verstärkung in Unterricht und Freizeitverhalten eine grundlegende Voraussetzung. Im gesamten schulischen Bereich müßten vorhandene Materialien in diesem Sinne einer umfassenden Kritik unterzogen werden – eine dringliche Aufgabe, der sich die meisten Musikpädagogen bisher allzu leichtfertig entzogen haben. 3. Die faktisch noch immer herrschende frauenspezifische Benachteiligung verlangt auch auf musikalischem Gebiet weiterhin nach prinzipiell neuen Orientierungen. Langfristig sind diese nur mit Hilfe von entsprechenden institutionellen Programmen gegen – bewußte oder unbewußte – männliche Ausgrenzungsstrategien und deren nach wie vor bestehende gesellschaftliche Akzeptanz zu erreichen. Diesen „Selbstverständnissen" muß daher ebenso auf *staatlicher Ebene* mit geeigneten Förderungsmaßnahmen begegnet werden, damit der leidvolle Kreislauf – kein öffentliches Interesse, keine bedeutenden Aufträge bzw. Positionen im Musikbetrieb, keine Bestärkung weiblicher Kreativität – endgültig gebrochen werden kann.

Literatur: *Silvia Bovenschen,* Über die Frage: gibt es eine weibliche Ästhetik?, in: Ästhetik und Kommunikation 25/1976; *dies.,* Die imaginierte Weiblichkeit. Exemplarische Untersuchungen zu kulturgeschichtlichen und literarischen Präsentationsformen des Weiblichen (Frankfurt a.M. 1979); *Sophie Drinker,* Die Frau in der Musik (Zürich 1955); *Freia Hoffmann* (Hrsg.), Die Frau, die wollt ins Wirtshaus gehen. Frauen-Volksliederbuch (Frankfurt a.M. 1981); *Zulema Rosés Lacoigne,* Mujeres compositoras (Buenos Aires 1950); *Eva Rieger,* Frau, Musik und Männerherrschaft. Zum Ausschluß der Frau aus der deutschen Musikpädagogik, Musikwissenschaft und Musikausübung (Frankfurt a.M. 1981); *dies.,* Feministische Ansätze in der Musikwissenschaft, in: Luise Pusch (Hrsg.), Feminismus. Inspektion der Herrenkultur. Ein Handbuch (Frankfurt a.M. 1983); *Eva Weissweiler,* Komponistinnen aus 500 Jahren. Eine Kultur- und Wirkungsgeschichte in Biographien und Werkbeispielen (Frankfurt a.M. 1981).

Nanny Drechsler

Mutterbindung

↗ Abhängigkeit; Adoption; Frauenrollen / Frauenleitbilder; Geschlechtsidentität; Identität, weibliche; Kinder; Männerbilder; Mütterlichkeit; Mutterschaft; Psychotherapie, feministische; Sexualität; Urbilder, weibliche

Kulturelle und geschichtliche Bedingungen

Die seelische Beziehung zwischen Mutter und Kind entfaltet sich ab der Schwangerschaft dynamisch in einem Spannungsfeld, das bestimmt wird durch biologische Bedingungen und Abläufe, durch Rollenerwartungen des sozialen Umfelds an Mutter und Kind und durch das innerpsychisch und kulturell bestimmte Selbstbild der Frau als Mutter. So wie sich die Rolle der Frau in der Gesellschaft und die identitätsstiftenden Frauenbilder unter geschichtlichen, religiösen, ökonomischen und politischen Einflüssen immer neu bestimmen und verändern, so unterliegen auch die Beziehungsphantasien der Mütter in bezug auf ihre Kinder und die Mutterbilder der Kinder diesem Wandel. Welche spezifische Form der Mutterbindung und der Mutter-Kind-Beziehung in einer Gesellschaft jeweils konsensfähig ist, bestimmt sich aus der aktuell vorherrschenden Vorstellung von Mütterlichkeit und Kindsein. Diese kollektiven Phantasien über die Art der Bindung zwischen Mutter und Kind entwickeln sich auch vor dem Hintergrund alter tradierter Bilder (archetypische Bilder). Sie sind größtenteils unbewußt, aber bewußtseinsfähig. Welche Gestalt die Mutterbindung in der persönlichen Mutter-Kind-Beziehung annimmt, hängt unter anderem davon ab, welche Facetten dieser tradierten Bilder aktualisierungsfähig sind, z.B. ob die Frau nur als Mutter oder auch als nicht bemutternde Frau geschätzt wird. Dies ist wiederum auch davon abhängig, wie eine Gesellschaft sich kulturell und geschichtlich entwickelt hat.

Biologische und psychologische Komponenten

Mütterlichkeit als Funktion ist nicht an die biologische Mutter gebunden. Bei nicht biologisch fundierter Übernahme der mütterlichen Funktion darf jedoch das Fehlen des biologischen Bandes nicht verleugnet werden. Im Falle einer derartigen Verleugnung droht ein Gefangenbleiben des Kindes in der Mutterbindung, da nur unzureichend Vorstellungen von einer väterlichen, strukturierenden und von der Mutter emanzipierenden Funktion entwickelt werden können. Auch Väterlichkeit als Funktion ist nicht prinzipiell biologisch bestimmt oder geschlechtsgebunden.

Die Mutterbindung erfährt eine Entwicklung von nahezu totaler physischer und psychischer Abhängigkeit während der Schwangerschaft und in den ersten Lebensmonaten bis hin zu einer durch Autonomie als Ziel der Individuation gekennzeichneten Position des Kindes gegenüber der Mutter oder der bemutternden Person. In der Autonomie kann dann idealerweise die Mutter erstmals als der andere Mensch mit seinem eigenständigen Leben gesehen werden und nicht mehr nur als die allmächtige, weil Bedürfnisbefriedigung spendende oder versagende Person. Voraussetzung für eine derartige Entwicklung von der Abhängigkeit zur Autonomie ist jedoch, daß in der Psyche der Mutter und in der Gesellschaft, in der Mutter und Kind leben, Abhängigkeit *und* Autonomie jeweils positive Werte sein können, die nicht Ideologie sind, sondern sich aus entwicklungsnotwendigen Bedürfnissen bestimmen. Ab dem Bekanntwerden der biologischen Geschlechtszugehörigkeit des Kindes wird die spätere Mutterbindung geprägt durch die Vorstellungen und Phantasien der Mutter und der Familie in bezug auf Weiblichkeit, Männlichkeit und die Beziehungsformen zwischen Männlichem und Weiblichem.

Mutterbindung des Sohnes

Die Mutterbindung des Sohnes ist von Beginn an bestimmt durch Unterschiedlichkeit. Die Geschichte der Mutterbindung des Jungen ist im Anschluß an die Phase der frühen Abhängigkeit gekennzeichnet durch die Anforderung an den Sohn, die Mutterbindung als Bindung an das erste Liebesobjekt aufzugeben, dabei aber heterosexuell zu bleiben über die Identifikation mit dem Vater. In Gesellschaften wie der unseren, die männlich dominiert ist, aber in deren Familien die Väter wenig anwesend sind und immer noch wenig an der Kindererziehung teilnehmen, sind Fragen der Separation von der

Mutter und die Frage nach der eigenen Männlichkeit gegenüber der Mutter in der Mutterbindung des Sohnes eng miteinander verknüpft. Je weniger die Väter physisch und psychisch präsent sind und je instabiler die Bilder von Väterlichkeit bei Männern und Frauen sind, desto schwieriger ist es für den Sohn, sich von der Mutter zu emanzipieren, ohne in Haß oder Liebe an sie gebunden zu bleiben. Pathologische Formen der männlichen Mutterbindung (Muttersöhnchen, Frauenfeind, Don Juan) entwickeln sich aus ambivalenten mütterlichen Einstellungen gegenüber dem Mann und den patriarchalen Strukturen bei fehlendem oder inkonsistentem männlichem Identifikationsangebot.

Mutterbindung der Tochter

Die Mutterbindung der Tochter ist von Beginn an durch Gleichheit bestimmt. Jede Mutter war und ist gleichzeitig eine Tochter und begegnet über ihre Tochter der eigenen Mutter-Beziehung. So werden frühere Erfahrungen mit der eigenen Mutter bei der Konfrontation mit einem weiblichen Kind wieder lebendig und wirksam. Die Geschichte der Mutterbindung der Tochter entwickelt sich an der lebensgeschichtlichen Aufgabe des Mädchens, bei biologischer Gleichheit mit der Mutter eine Frau wie die Mutter, aber als Persönlichkeit eine andere Frau als die Mutter zu werden, obwohl zwischen Mutter und Tochter über die gesamte Entwicklung hindurch primäre Identifikationen bestehenbleiben. Während der Sohn von Anfang an sein Anderssein mitbringt, muß sich die Tochter von der Mutter abgrenzen ab der frühen Kindheit durch das spielerische Kennenlernen des eigenen Körpers, den sie so in Besitz nehmen kann, und durch die Entwicklung eigener Bilder von Weiblichkeit. Für die psychosexuelle Entwicklung ist auch die – möglichst angstfreie – Entdeckung des Masturbierens wichtig, weil die Tochter so eigene Körpergefühle und -bilder und eigene Phantasien entwickeln kann.

Je eindeutiger eine – ihres Selbstwerts als Frau sichere – Mutter ihrer Tochter die Eroberung einer eigenen Emotionalität, Intellektualität und Sexualität gestatten kann, desto eher kann sich die Tochter von den Wünschen und Ängsten der Mutter abgrenzen und so Autonomie entwickeln. Im Idealfall heißt dies, daß die Mutter der Tochter weder das Recht auf eine eigene Entwicklung abspricht (und so die Tochter zum lebenslangen Kind macht), noch würde sie dann – unbewußt oder bewußt – eigene nicht gelebte Entwicklungsmöglichkeiten an die Tochter delegieren. „Vorenthalten“ und „Delegieren“ verhindern beider Autonomie. Das Wechselspiel zwischen Abhängigkeits- und Autonomiebestrebungen bei Mutter *und* Tochter durchzieht beider ganzes Leben, erfährt aber (wie auch beim Jungen) entscheidende Veränderungen in der Adoleszenz, weil biologische und soziale Entwicklungsschritte bewältigt werden und neue Weiblichkeitsbilder integriert werden müssen. Nur wenn die Tochter in Abgrenzung von der Mutter bei Erhaltenbleiben einer grundsätzlichen Liebe zu ihr das Gefühl einer eigenen weiblichen Identität entwickeln kann, ist sie in der Lage, befriedigende Beziehungen zu Männern und Frauen aufzubauen. Pathologische Formen der Mutterbindung der Tochter (das innerlich und/oder äußerlich abhängig bleibende Mädchen, die weder hetero- noch homosexuell beziehungsfähige Frau) resultieren aus mangelnder Freigabe der Tochter durch die Mutter, die die Tochter als Verlängerung des eigenen Selbst ge- und mißbraucht und aus Erfahrung fehlender Wertschätzung von seiten selbstunsicherer Väter, die wegen der Brüchigkeit ihrer eigenen Identifizierungen in ihrer Haltung gegenüber dem Weiblichen zwischen Angst und Faszination schwanken. Je mehr in einer Gesellschaft die Frauen und die Frauen als Mütter offen oder subtil mißachtet werden, desto nachhaltiger wird die Tochter an ihrer primären Liebe zur Mutter gehindert und dadurch in eine Verachtung der Mutter oder in die radikale Auflehnung gegen das Männliche getrieben.

Literatur: *Elisabeth Badinter,* Mutterliebe (München 1981); *Janine Chasseguet-Smirgel* (Hrsg.), Psychoanalyse der weiblichen Sexualität (Frankfurt a.M. 1974); *Nancy Chodorow,* Das Erbe der Mütter (München 1985); *Heidi Gidion,* Und ich soll immer alles verstehen... Auf den Spuren von Müttern und Töchtern (Freiburg i.Br. 1988); *Otto Fenichel,* Psychoanalytische Neurosenlehre I (Olten 1974); *Carol Hagemann-White,* Frauenbewegung und Psychoanalyse (Frankfurt a.M. 1986); *Signe Hammer,* Töchter und Mütter (Frankfurt a.M. 1978); *Carl Gustav Jung,* GW 9/I (Olten 1976); *ders. / Karl Kerényi,* Einführung in das Wesen der Mythologie (Hildesheim 1980); *Marina Moeller-Gambaroff,* Emanzipation macht Angst (Kursbuch 47) (Berlin 1977); *Erich Neumann,* Die Große Mutter (Olten [6]1983); *Christiane Olivier,* Jokastes Kinder (Düsseldorf 1987); *Barbara Schaeffer-Hegel* (Hrsg.), Frauen und Macht (Berlin 1984).

ANNE SPRINGER

Mütter-Genesungswerk

↗ Alleinerziehende; Beruf; Ehe; Erziehung; Erziehungsgeld; Frauenverbände; Gesundheit; Kinder; Krankheit; Lebenskrisen; Mütterlichkeit; Mutterschaft; Mutterschutz; Nationalsozialismus; Pflege, häusliche

Gründung und Ziele

Überlasteten Müttern zu einem Kuraufenthalt zu verhelfen, das ist das Ziel der Elly-Heuss-Knapp-Stiftung „Deutsches Mütter-Genesungswerk". 1950 hat Elly Heuss-Knapp, die Frau des 1. deutschen Bundespräsidenten, die Stiftung ins Leben gerufen, die der Öffentlichkeit durch ihre jährlich durchgeführten Sammlungen bekannt ist.

Der Gedanke der Müttererholung geht auf den Beginn des 20. Jahrhunderts zurück. Es sind vor allem die konfessionellen Frauenverbände, die sich in dieser Zeit für die Errichtung von Müttererholungsheimen einsetzen. 1930 kommt auf einer Konferenz im preußischen Ministerium für Volkswohlfahrt erstmals die Forderung nach einem institutionellen Rahmen und einem systematischen Ausbau der Müttererholung auf. Im gleichen Jahr wird der Mütterdienst der Evangelischen Frauenhilfe, in dem sich 19 Provinzial- und Landesverbände zusammenschließen, mit Sitz in Potsdam gegründet. 1931 folgt, getragen vom Caritas-Verband, dem Katholischen Frauenbund, den Mütter- und Elisabethinnen-Vereinen, die Gründung der Katholischen Reichsarbeitsgemeinschaft für Müttererholung mit Sitz in Freiburg.

In der NS-Zeit gerät die Müttererholung zunehmend unter den Druck der Machthaber, die das Ziel verfolgen, sie den rassenideologischen Zielen der NS-Ideologie unterzuordnen. Fortan werden vor allem arische, erbbiologisch gesunde und kinderreiche Frauen bis zu 50 Jahren bei der Vergabe von Kurplätzen berücksichtigt und die Arbeit den bisherigen Trägern mehr und mehr aus der Hand genommen.

Wiederaufbau und Zukunft

Das Wiederaufleben des Gedankens der Müttererholung nach 1945 verbindet sich mit dem Namen von Frau Dr. Antonie Nopitsch, der Gründerin und Leiterin der bayerischen Mütterdienste. Unter den schwierigen Bedingungen der unmittelbaren Nachkriegszeit gelingt es unter ihrer Leitung, zwischen 1945 und 1949 sieben Mütter-Genesungsheime zu errichten.

1950 kommt es zur Gründung einer Sammlungsstiftung unter dem Vorsitz von Elly Heuss-Knapp. Die Mütter-Genesungswerk-Sammlungen erbrachten bis zum Jahr 1988 insgesamt 246,172 Mio. DM. 2207 Mio. Mütter haben dadurch die Möglichkeit zu einem Kur- und Erholungsaufenthalt bekommen. Gegenwärtig bestehen 121 Mütter-Genesungsheime.

Das Mütter-Genesungswerk gewährt lediglich Zuschüsse zu einem Kuraufenthalt, die von den gesetzlichen Leistungsträgern nicht abgedeckt werden. Beratung und Information beim Antragsverfahren bieten die Träger: die Arbeitsgemeinschaft für Müttererholung (KAG), die Evangelische Arbeitsgemeinschaft für Müttergenesung (EAG), das Deutsche Rote Kreuz (DRK), die Arbeiterwohlfahrt (AWO), der Deutsche Paritätische Wohlfahrtsverband (DPWV), aber auch die Sozialämter.

Die Angebote in den Mütter-Genesungsheimen gehen weit über den medizinischen Bereich hinaus. Gesundheitserzieherische Aspekte sowie eine qualifizierte sozialpädagogische Betreuung nehmen einen ebenso wichtigen Rang ein. Besonderer Wert wird, ganz im Sinne der Gründerin, auf Hilfen zur Bewältigung seelischer Konflikte gelegt.

Vor dem Hintergrund wachsenden Wohlstands und veränderter Lebensplanung von Frauen wird mancherorts die Frage nach dem Sinn der Müttererholung gestellt. Die jährlichen Sammlungen führen darüber hinaus häufig zu Diskussionen über den Wert der Mütterarbeit für die Gesellschaft. Jedoch hat auch die Aufnahme der Behandlung von Krankheiten und Gesundheitsstörungen in Kur- und Spezialeinrichtungen für Nichterwerbstätige, die keinen Rechtsanspruch gegenüber einem Rentenversicherungsträger haben, in den Leistungskatalog der gesetzlichen Krankenversicherungen die Stiftung Deutsches Mütter-Genesungswerk nicht ersetzen können. Von großer Bedeutung für den Bestand der Müttererholung ist die im Rahmen des geplanten Gesundheitsreformgesetzes vorgesehene Absicherung der Heime sowie der Zuschüsse zu den Kuren.

Analoge bundesweite Stiftungen und Organisationen gibt es weder in Österreich noch in der Schweiz; dort übernehmen allerdings regionale Einrichtungen und kleinere private Stiftungen einige der Aufgaben, wie sie in der Bundesrepublik Deutschland vom Mütter-Genesungswerk erledigt werden.

Literatur: Die Elly-Heuss-Knapp-Stiftung, „Deutsches Mütter-Genesungswerk“, Organisation und Tätigkeit, Ausgabe 1987; *Gerd Neises,* Die Elly-Heuss-Knapp-Stiftung, Deutsches Müttergenesungswerk, Vorabdruck aus Lebensbilder deutscher Stiftungen, Bd. 5, hrsg. vom Mütter-Genesungswerk (Stein a. M. 1985); Mütter-Genesungswerk. Fast 30 Jahre aktiv, in: Informationen für die Frau 4 (Bonn 1979) 9.

MARION THIELENHAUS

Mütterlichkeit

↗ Abhängigkeit; Adoption; Alleinerziehende; Beruf; Ehrenamt; Elternschaft; Erziehung; Familie; Familienrollen; Frauenberufe; Frauenrollen / Frauenleitbilder; Gottesbilder; Identität, weibliche; Kinder; Leihmütter; Mutterbindung; Mutterschaft; Mutterschutz; Schwesterlichkeit; Schwesternschaften; Tagesmütter; Väterlichkeit; Zärtlichkeit

Begriffsdeutungen

Zur Mütterlichkeit gehören eine nährende, gewährende Sorglichkeit, das Hegen des Heranwachsenden und das umsichtige Bereitstellen eines entwicklungsnotwendigen Schutzraumes für das Werdende. Das Kleinkind ist zum Überleben physisch und psychisch von der Zuwendung Erwachsener abhängig. In der Regel verstärkt seine Hilflosigkeit und Lebensfreude mütterliches Verhalten. Schutzbedürftigkeit des Kindes und bergende Zärtlichkeit der Mutter ergänzen sich zu einer lebens- und sinnstiftenden Einheit.

Der Begriff ist zwar nicht an biologische Mutterschaft gebunden, Mütterlichkeit wird aber als besondere Fähigkeit Frauen zugeschrieben. Der (komplementäre) Begriff Väterlichkeit weist in der Regel andere inhaltliche Akzentuierungen auf.

Für die erste (bürgerliche) Frauenbewegung war mit dem Begriff der Mütterlichkeit die Möglichkeit verbunden, sich einerseits von der Rollenfixierung des „schwachen Weibes“ abzugrenzen, anderseits aber auch in die von Männern bestimmte Berufswelt eigene „weibliche“ Eigenschaften positiv einzubringen (Empathie, Hilfsbereitschaft, Kommunikationsfähigkeit etc.). Der Begriff wurde argumentativ eingesetzt, um (unverheirateten) Frauen den Beruf der Lehrerin, Ärztin usw. zu eröffnen (gleichsam als soziale Alternative zur

Mütterlichkeit in der biologischen Mutterschaft). Aus dem sozialen Engagement der Frauenbewegung (z.B. Armenfürsorge) erwuchsen die ersten qualifizierenden Schulen für soziale Arbeit (Gründung der sozialen Frauenschule 1908 in Berlin durch Alice Salomon). Im Zuge der zweiten Frauenbewegung wird heute allerdings der Begriff der Mütterlichkeit gerade im Zusammenhang mit der sozialen Arbeit unter dem Stichwort „Mütterlichkeit als Beruf" kritisch hinterfragt.

Historische Perspektive

Mütterlichkeit als Verhalten der Mutter zum Kind zeigt im Blick auf frühere Jahrhunderte deutlich die Abhängigkeit mütterlichen Verhaltens von kulturellen Faktoren. Mütter behandelten ihre Kinder lange Epochen hindurch nach unserem heutigen Empfinden ausgesprochen unmütterlich. Im Mittelalter waren die Überlebenschancen eines Neugeborenen unvergleichlich niedriger als heute. Geburten folgten schnell hintereinander. Eltern konnten sich unter diesen Umständen intensive emotionelle Bindungen an ein Kleinkind gar nicht leisten. Kindsmord als Mittel der Geburtenkontrolle ist noch im England des Frühkapitalismus belegt. Viele Kinder vegetierten in Findelhäusern, und wer überlebte, wurde möglichst früh verdingt. In Frankreich und England war es bis zum 18. Jahrhundert üblich, Kleinkinder zur Aufzucht aufs Land zu schicken. Ärmere Frauen verdienten sich so ihren Lebensunterhalt, häufig unter Vernachlässigung der eigenen Kinder. Viele Kinder starben bei den Ammen, was von den Eltern gleichgültig hingenommen wurde. Hohe Kinderzahlen konnten ganze Familien in Hunger und Elend stürzen.

Großhaushalte boten mit ihrem Mangel an Privatsphäre und ihrem reichen Angebot an Bezugspersonen eine völlig andere Entwicklungsatmosphäre. Weder bei der Oberschicht noch in den bäuerlichen oder handwerklichen Familienbetrieben, noch bei den Armen gab es früher die Abkapselung von Mutter und Kind, wie sie heute in unserer Gesellschaft üblich ist. Ein Kleinkind konnte sich an die Mutter, an Geschwister, den Vater, eine Magd, die Großmutter oder auch einen Gast etc. wenden. Die erzieherischen Interventionen waren entsprechend reichhaltig und inkonsistent, die Palette des emotionellen Lernangebotes farbig. Größere Kinderzahlen erschwerten die Konzentration auf ein einzelnes Kind. Kindererziehung stand nicht im Zentrum und war nicht so stark an die Mutter gebunden. Zu Arbeitsleistungen wurden Kinder früh herangezogen, sie waren bald materiell mitverantwortliche Glieder der Lebensgemeinschaft.

Die psychische Distanz zwischen den oft zahlreichen, alters- und statusmäßig unterschiedlichen Mitbewohnern dürfte größer gewesen sein als in den gegenwärtigen Kleinhaushalten. Der innere Entwicklungsraum eines Kindes wurde vermutlich weniger von außen besetzt – und durch eindringende Einfühlung weniger gestört als heute.

Es war nicht nur die materielle Not, welche Mütter dazu bewegte, sich wenig um ihre Kinder zu kümmern. In der europäischen Oberschicht war die Delegation der Kinderbetreuung lange Zeit die Regel. Großbürgerliche und adelige Familien Englands setzen heute noch Kinderfrau und Internat zur Erziehung ihrer Kinder ein. Für viele Frauen aus gehobenen Schichten war es selbstverständlich, daß Kinderbetreuung hinter ihrer Erwerbstätigkeit, hinter ihren gesellschaftlichen Verpflichtungen und ihren kulturellen Interessen zurückzustehen hatte. Wer es sich leisten konnte, delegierte die Arbeit der Kinderaufzucht an Bedienstete. Wer sich dies nicht leisten konnte, führte oft einen harten Existenzkampf, der wenig Kräfte für die Beschäftigung mit den eigenen Kindern freiließ.

Die historische Perspektive relativiert die aktuellen Vorstellungen über Mütterlichkeit. Mütterlichkeit wird als eine Haltung begreifbar, die von schicht- und epochenspezifischen Einflüssen abhängig ist.

Ausprägungen in der Kleinfamilie

Die gegenwärtige Idealform mütterlichen Verhaltens, die eine intensive Mutter-Kind-Beziehung besonders auch in den frühen Jahren des Kindes beinhaltet, ist auch eine Folge ökonomischer und sozialer Entwicklungen. Die isolierte Kleinfamilie existiert erst seit wenigen Generationen, ebenso die räumliche Trennung von Arbeits- und Privatsphäre. Damit konstelliert sich schon vom äußeren Rahmen her eine intensive Mutter-Kind-Beziehung. Das Kind hat nun in wichtigen frühen Entwicklungsjahren hauptsächlich die Mutter als Entwicklungsmedium zur Verfügung, und die Mutter läßt vermehrt ihre gesamten Energien dem Kind zukommen. Dies hat nicht nur Vorteile. Manchmal fällt es unter diesen Umständen beiden schwer, Individualität zu entwickeln oder zu bewahren. Die Grenzen zwischen ihnen bleiben unscharf. Mutter und Kind können eigene Erfolge und Mißerfolge von denen des anderen nicht mehr deutlich unterscheiden.
Früher wurde mütterliches Verhalten von Traditionen geformt. Schwangerschaft, Geburt, Sozialisation und Ablösung waren in Regeln eingebunden, die über Generationen gleich blieben. Die Übereinstimmung des von der Mutter als Kind Aufgenommenen und des von ihr als Erzieherin Geforderten war so gegeben. Die Verbindlichkeit derartiger Traditionen hat sich aufgelöst. Sie werden in ihrer Funktion kritisch hinterfragt und mit neuen Erkenntnissen aus Pädagogik und Psychologie sowie mit den geänderten gesellschaftlichen Ansprüchen und dem veränderten sozialen Umfeld konfrontiert. Mütter sind heute in ihrer Rolle oft unsicher und suchen fachlichen Rat durch Artikel, Bücher, Referate, Filme o.ä. und bei Erziehungsberatungsstellen. Derartige Informationen sind hilfreich, solange sie von einer Mutter mit eigenen Überzeugungen in Verbindung gebracht werden können und solange sie das Zusammenspiel zwischen Mutter und Kind (die Basis der Beziehung) nicht stören.
Auf dem Hintergrund des Überangebotes psychologischer und pädagogischer Handreichungen ist das Bewußtsein wichtig: Es gibt keine a priori richtigen oder falschen mütterlichen Verhaltensweisen, die gleichsam mechanisch einen lebensfrohen Menschen hervorbringen. Ob und wie schnell ein Kind aufgenommen wird, wenn es schreit, wann und in welcher Weise Forderungen gestellt werden, scheint sekundär. Wesentlich scheint vielmehr, daß die das Kind umgebende Atmosphäre in sich stimmig und liebevoll ist.

Grenzen der Verantwortung

Unbewußte Komponenten spielen im mütterlichen Verhalten eine beträchtliche Rolle. Jede Mutter agiert unbewußte Konflikte an ihrem Kind aus. Jede Mutter schadet manchmal ihrem Kind. Nicht weil sie eine schlechte Mutter ist, sondern ein der conditio humana unterworfener Mensch. Die vollständige psychologische Aufarbeitung unbewußter Konflikte ist ein illusorisches Ziel.
Mütter sind nicht allmächtig und daher auch nicht allschuldig. Ihre Verantwortung hat Grenzen. Die Versöhnung mit dem eigenen Wesen und dem des Kindes muß neben dem Bemühen um psychische Veränderung seinen Platz finden. Das Zusammenspiel von Mutter und Kind in seinem Wunder und seinem Schrecken läßt sich nicht auf psychologische Einsichten reduzieren. Die Einmaligkeit des Weges dieser Mutter mit diesem Kind kann nur von innen heraus erkannt und in seiner Intention erspürt werden.

Literatur: *Elisabeth Beck-Gernsheim,* Vom Geburtenrückgang zur neuen Mütterlichkeit (Frankfurt a.M. 1984); *Elisabeth Badinter,* Die

Mutterliebe. Geschichte eines Gefühls vom 17. Jahrhundert bis heute (München 1981); *Jon Bowlby,* Bindung. Eine Analyse der Mutter-Kind-Beziehung (Frankfurt a.M. 1980); *Sheila Kitzinger,* Frauen als Mütter. Mutterschaft in verschiedenen Kulturen (München 1980); *Ursula Pasero / Ursula Pfäfflin,* Neue Mütterlichkeit. Ortsbestimmungen (Gütersloh 1986); *Rudolf Schaffer,* Mütterliche Fürsorge in den ersten Lebensjahren (Stuttgart [2]1982).

KATRIN WIEDERKEHR-BENZ

Mutterrecht

↗ Matriarchat/Patriarchat.

Mutterschaft

↗ Abhängigkeit; Alleinerziehende; Beruf; Elternschaft; Familie; Familienplanung; Familienrollen; Fortpflanzungsmedizin; Frauenpolitik; Geburt; Kinder; Kinderwunsch; Leihmütter; Magna Mater; Mütter-Genesungswerk; Mütterlichkeit; Mutterschutz; Schwangerschaft; Tagesmütter; Urbilder, weibliche; Väterlichkeit; Vaterschaft

Deutungen und Wertungen

Unterschiedliche Völker und verschiedene Epochen sehen Mutterschaft in einer schillernden Bedeutungsvielfalt. Bevor der Zusammenhang zwischen Zeugung und Schwangerschaft bekannt war, galt die Frau als alleinige Ursache von Kindern. Mutterschaft wurde als numinose Schöpfungskraft verehrt und bildete die Basis matriarchaler Kulturen. In der christlich abendländlichen Kultur wurde Mutterschaft über lange Zeit anthropologisch als innerste Wesenserfüllung der Frau verstanden. Als lebensgeschichtliche Alternative zur Mutterschaft blieb der Frau nur die christlich gelebte Jungfräulichkeit (im Rahmen eines Ordens) oder ein Leben als oftmals verachtete „alte Jungfer" in der Familie. Die bürgerliche Gesellschaft des 19. Jahrhunderts verschärfte diese Zuschreibung noch durch die Festlegung der Frauen auf den Innenraum des Hauses und der Familie.

Die neue Frauenbewegung richtet sich (wie schon der radikale Flügel der ersten Frauenbewegung) gegen eine solche Wesensbestimmung. Sie wendet sich einerseits gegen die immanente Verpflichtung der Frauen auf Mutterschaft, anderseits tritt sie aber auch für gesellschaftliche Bedingungen ein, die die Verbindung von Mutterschaft und Beruf ermöglichen sollen. In neuester Zeit gibt es in Teilen der Frauenbewegung auch die Tendenz, Mutterschaft als den eigensten Erfahrungsbereich der Frau wieder aufzuwerten. Dies wird jedoch innerhalb der Frauenbewegung ambivalent gewertet: Zugestanden wird, daß Mutterschaft durchaus die Möglichkeit eröffnet, Frausein leibhaftig zu erfahren, daß in ihr die Möglichkeit liegt, (durch das Kind) direkt Verantwortung für die Zukunft zu übernehmen. Die Kritik wendet sich gegen die Gefahr, daß durch die Konzentration auf die Mutterschaft der Rückzug von Frauen ins Private forciert wird, die traditionelle geschlechtsspezifische Arbeitsteilung (der Frau die Familie, dem Mann der Beruf) aufrechterhalten wird und daß es zur Neuauflage der oben erwähnten „Wesens"-Beschreibung der Frau (mit allen sozialen Konsequenzen) kommen könnte. Allerdings zeigt sich an der Diskussion, wie wichtig es ist, die Anliegen von Müttern auch politisch und gesellschaftlich zur Sprache zu bringen.

Ambivalente Erfahrungsmöglichkeiten

Mutterschaft kann weibliche Identität festigen und sie bis an den Rand der Dekompensation gefährden, sie kann Macht und hilflose Abhängigkeit bedeuten. Sie unterwirft die Frau biologischen Naturgesetzten. Dabei kann sie sowohl Erfahrungen einer fundamentalen Abhängigkeit als auch der Möglichkeit, essentiell schöpferisch zu sein, machen. Heute konkurrieren Lebensentwürfe und Frauenrollen miteinander: Viele aktive, kontaktfreudige, zuvor beruflich engangierte Frauen haben längerfristig Mühe mit der Einengung ihrer Existenz auf Mutterschaft im Kleinhaushalt. Das bringt sie manchmal in große Spannungen: Wer Mutterschaft nicht ununterbrochen als freudige Erfüllung erlebt, ist nach den oft noch wirksamen Idealnormen keine rechte Frau. Der verdrängte Konflikt zwischen der Forderung nach ausschließlicher Mutterschaft und anderen möglichen Lebensinhalten kann sich für alle Beteiligten sehr ungünstig auswirken. Eine ihre Bedürfnisse verleugnende Frau ist letztlich keine gute Mutter. Die vitale, vielseitig engagierte Mutter ist auch als Rollenmodell viel wünschenswerter als eine Frau, die ihrem Kind vor allem Anpassung an fragwürdige Verhaltensnormen demonstriert.

Grenzen der Verantwortung

Gegenwärtig besteht die Tendenz, daß sich gerade informierte Mütter zu sehr für das Gedeihen ihrer Kinder verantwortlich fühlen. Popularisierte tiefenpsychologische Konzepte und gesellschaftliche Gegebenheiten machen die Mutter wie nie zuvor zum bestimmenden Faktor der kindlichen Entwicklung. Mütter werden wegen Neurosen ihrer Kinder schuldig gesprochen. Die Angst der Mütter, durch Frustration des Kindes bleibende Schäden hervorzurufen, läßt sie manchmal auch vor begrenzten Delegationen der Kinderbetreuung zurückschrecken. Zudem bedingen spärlicher Wohnraum, Kleinfamilie und Trennung von Wohn- und Arbeitsplatz eine Nähe zwischen Mutter und Kind und gleichzeitig auch eine Isolation der Mutter (und des Kindes), wie sie in früheren Zeiten unbekannt war. Während man früher den jeweiligen Verlauf der kindlichen Entwicklung als etwas Gegebenes hinnahm, berücksichtigt man heute zuwenig, daß die kindliche Entwicklung von Faktoren mitbestimmt wird, die keineswegs in ihrer Macht liegen. Vielfältige Einflüsse aus der näheren und weiteren Umwelt beeinflussen die Entwicklung des Kindes, die aus dem Verantwortungsbereich der Mutter herausfallen und zum Teil sogar in den Bereich des Politischen fallen (familienfreundliche Stadtgestaltung, Umweltpolitik etc.). Dennoch neigen Mütter dazu, die volle Verantwortung für Entwicklungsschwierigkeiten zu übernehmen. Wie immer ihre inneren Voraussetzungen und die äußeren Belastungen aussehen mögen: Sie hat dem Idealbild der perfekten Mutter zu folgen, sonst ist sie – in ihren eigenen Augen und in den Augen anderer – eine Versagerin. Als Mädchen haben Frauen es meist zuwenig gelernt, sich gegen bestimmte Erwartungen von außen zur Wehr zu setzen. Sie lernen, sich einfühlend anzupassen. Auch auf-oktroyierte Forderungen werden von ihnen nicht als solche erkannt und abgelehnt. So macht es späteren Müttern nicht selten Mühe, die Grenzen der Verantwortlichkeit dem Kind gegenüber wahrzunehmen und zu verstehen. Mütter sind durch eigene und vor allem äußere Erwartungen an ihre Verantwortlichkeit überfordert. Die sinkenden Geburtenzahlen könnten auch darauf hinweisen, daß Frauen bewußt wird, als Mütter zuviel Verantwortung bei zuwenig Unterstützung tragen zu müssen.

Kulturelle Wandlungen

Mutterschaft ist heute oft nicht mehr die selbstverständliche Begleiterscheinung einer Partnerschaft, sondern sie wird durch einen oft langsam reifenden Entschluß zu einem ersehnten Ziel. Die allzu bewußte Entscheidung für das Kind birgt aber auch Gefahren. Mutterschaft wird sorgfältig gegen andere Existenzformen abgewogen. Dies kann (wenn die Entscheidung getroffen wurde) leicht zu einer erwartungsmäßigen „Überbefrachtung" des Kindes führen. Mutterschaft kann ideologisiert werden als letzte noch mögliche Sinngebung in einer sinnentleerten Welt, als Ort der Intimität in der allgemeinen Entfremdung und als Hort der Spontaneität in der Wüste normierten Einheitsverhaltens. Die Realisierung derartiger Wünsche und Werte darf nicht ins Kind projiziert werden. Dieses muß sich zeitweise unbelastet von Aufmerksamkeit und Erwartungen Erwachsener gleichsam nebenher nach eigenem Rhythmus entwickeln können. Im Umfeld einer Mutter, die nicht übermäßig auf das Kind ausgerichtet ist, entstehen jene Freiräume für das Kind, welche im Wechsel mit einfühlender Aufmerksamkeit ein optimales Entwicklungsklima bieten. Mutterschaft verbindet sich mit kulturell geprägten Wertvorstellungen, Verhaltenserwartungen und Arbeitszuteilungen, welche die Institution der Mutterschaft ausmachen (vgl. Rich). Die Institution der Mutterschaft absorbierte durch zahlreiche Schwangerschaften und Geburten früher die Energien der Frauen in einem Ausmaß, das in der Regel andere ernsthafte Engagements ausschloß. Diese Realität legte die Frau auf eine einseitige Rolle fest. Die so definierte und normierte Institution der Mutterschaft entlastete die Öffentlichkeit in ihrem Aufgaben- und Verantwortungsbereich. Inzwischen geschaffene gesellschaftliche Einrichtungen zur Unterstützung der Kinderbetreuung hinkten den sozialen Realitäten hinterher. Die Zahl berufstätiger Mütter steigt rapide. Trotzdem sind Mutterschutz, Kinderkrippen, Tagesschulen, Teilzeitstellen, gleitende Arbeitszeiten und Jobsharing schlecht ausgebaut. Berufstätige Mütter müssen meist eine Doppelbelastung in Kauf nehmen. Die veraltete gesellschaftliche Vorstellung von Kinderbetreuung und Haushalt als ausschließlich weiblicher Pflicht verschärft die Situation. Die schwer zu umgehenden Einengungen und Belastungen durch die gesellschaftlich festgelegte Institution Mutterschaft stellten viele Frauen vor die Wahl zwischen Kindern und anderen Lebenszielen. Heute sind Frauen immer weniger bereit, entweder auf Mutterschaft oder auf den Beruf zu verzichten. Von außen herangetragene Normen lassen sie die Mutterschaft auf dem Hintergrund der geschlechtsspezifischen Arbeitsteilung (die Frau ist für Haus und Familie zuständig, der Mann für Öffentlichkeit und Beruf) auch als gesellschaftliche Dienstleistung erfahren. Der Druck der neuen Mütter, die sich mit dieser gesellschaftlichen Realität nicht mehr abfinden, auf die Institution Mutterschaft wächst und verändert allmählich Familie und Berufswelt. Die Durchmischung vormals geschlechtsspezifischer Aufgabenbereiche nimmt zu. Inzwischen wird eine in der Außenwelt erfolgreiche Frau von Gesellschaft, Familie und Partner respektiert, und umgekehrt ist der einfühlungsfähige Mann ein gesuchter Partner. Aufgeschlossene Väter übernehmen einen Teil der täglichen Kinderbetreuungsarbeit. Je mehr sich die Auflösung festgefügter Rollenzuweisungen auch nach außen durchsetzt, etwa indem Mütter ihre Interessen in selbstverantwortlicher Weise innerhalb der Gesellschaft vertreten, desto wahrscheinlicher werden auch familienfreundliche öffentliche Einrichtungen. Partnerschaftliche Ehen erlauben neue Formen der Kinderbetreuung. Mutterschaft kann zu einem integrierenden Bestandteil einer gemeinsam gelebten Elternschaft von Mann und Frau werden. Der Frauenbewegung enstammen die Initiativen, Mütterzentren einzurichten, die bisher in einigen Großstädten bestehen. Sie sollen den in der Regel durch die Kleinfamilie isolierten Müttern Gelegenheit geben, in Kontakt zueinander zu kommen, sich gegenseitig zu beraten, zu helfen etc. Im Rahmen der Mütterzentren gibt es auch (Eigen-)Initiativen von Frauen, etwa die eigenen beruflichen Fähigkeiten anzubieten und so ein wenig (eigenes) Geld zu verdienen sowie eine spätere berufliche Wiedereingliederung zu erleichtern.

Mutterschaft als existentielles Risiko

Die Wahlfreiheit in der Entscheidung zur Mutterschaft ist indessen beschränkt: Man kann sich zwar für ein Kind entscheiden, das Kind aber kann man nicht wählen. Das Ja zum Kind bleibt ein existentielles Risiko. Wer sich auf Mutterschaft einläßt, verläßt den Bereich des rational Vorausplanbaren. Das Kind ist von Anfang an keine passiv formbare Masse, sondern ein eigenes Individuum mit einer einmaligen Kombination von Anlagen. Es wirkt sofort von sich aus auf seine Umwelt ein. Weder die Art des Zusammenspiels von Mutter und Kind läßt sich voraussagen noch die Auswirkungen auf sachliche Interessen der Mutter, auf die Paarbeziehung, auf die weitere Familie, auf den Freundeskreis etc. Mutterschaft bedeutet auch, durch das Da- und So-Sein des Kindes mit eigenen Begabungen und Schwachstellen konfrontiert zu werden. Die Entscheidung für das Kind ist keine kalkulierbare Größe: Die Folgen, die Bereicherung und die Belastung sind nicht kalkulierbar. Mutterschaft kann nur im Vertrauen in die kindlichen Selbstentfaltungskräfte und im Wissen um die Grenzen des Machbaren sinnvoll gelebt werden.

Literatur: *Elisabeth Badinter,* Die Mutterliebe (Zürich 1983); *Elisabeth Beck-Gernsheim,* Das geteilte Leben. Männerwelt Beruf, Frauenwelt Familie (Frankfurt a.M. 1980); *Cécile Ernst / Nikolaus von Luckner,* Stellt die Frühkindheit die Weichen? (Stuttgart 1985); *Ursula Pasero / Ursula Pfäfflin,* Neue Mütterlichkeit. Ortsbestimmungen (Gütersloh 1986); *Adrienne Rich,* Von Frauen geboren (München 1979); *Hans Jürgen Schultz* (Hrsg.), Kinder haben? Eine Entscheidung für die Zukunft (Stuttgart 1986); *Barbara Sichtermann,* Vorsicht Kind (Berlin 1982).

KATRIN WIEDERKEHR-BENZ

Mutterschutz

↗ Arbeitsrecht; Aufstiegschancen; Bindung; Elternurlaub; Erziehungsgeld; Geburt; Gesundheit; Kinder; Mädchen-/Frauenschutz; Mütter-Genesungswerk; Mutterschaft

Ziele und Geschichte

Gesetzliche Regelungen zum Mutterschutz verfolgen das Ziel, werdende Mütter, die in einem Beschäftigungsverhältnis stehen, und ihre ungeborenen Kinder vor gesundheitlichen Schädigungen am Arbeitsplatz zu schützen, sie vor dem Verlust des Arbeitsplatzes infolge einer Schwangerschaft zu bewahren und sicherzustellen, daß sie keine finanziellen Nachteile erleiden.

Die Anfänge des staatlichen Mutterschutzes reichen bis in das 19. Jahrhundert zurück und fallen mit dem Beginn staatlicher Sozialgesetzgebung zusammen. Die Verarmung breiter Schichten infolge der Industrialisierung bei gleichzeitiger Auflösung des Familienverbandes als Produktionsgemeinschaft bringt für viele Frauen das Erfordernis, zum Lebensunterhalt der Familie beizutragen. Da ihnen der Zugang zu beruflicher Bildung versagt ist, drängen sie als ungelernte Arbeiterinnen in die Fabriken. Hohe Säuglingssterblichkeit und gesundheitliche Schädigungen lassen bereits in der Mitte des 19. Jahrhunderts Forderungen, vor allem von der Frauenbewegung, von den Sozialisten und von katholischer Seite, nach Schutzbestimmungen für Arbeiterinnen aufkommen. 1878 tritt ein Beschäftigungsverbot für gewerbliche Arbeiterinnen während der ersten drei Wochen nach einer Geburt in Kraft. Seit 1883 gewährt die Krankenversicherung für diesen Zeitraum eine Krankenunterstützung in Höhe eines halben Tageslohns. Seither hat sich die Gesetzgebung kontinuierlich fortentwickelt.

Regelungen in der Bundesrepublik Deutschland

Rechtsgrundlage des heutigen Mutterschutzes in der Bundesrepublik Deutschland ist das Mutterschutzgesetz, das 1979 durch ein Mutterschaftsurlaubsgesetz und seit dem 1. 1. 1986 durch die Einführung eines Erziehungsurlaubes bei Gewährung eines Erziehungsgeldes im Bundeserziehungsgeldgesetz erheblich ausgeweitet wurde und neben arbeitsmedizinischen Erfordernissen jetzt auch der Bedeutung der Kindererziehung im Kleinkindalter Rechnung trägt. Wesentliche Bestandteile des Mutterschutzes sind: ein Beschäftigungsverbot von 6 Wochen vor der Entbindung bis 8 Wochen nach der Entbindung – bei Mehrlingsgeburten 12 Wochen – sowie ein Kündigungsverbot von Beginn der Schwangerschaft bis 4 Monate nach der Geburt. Werdende Mütter dürfen nicht beschäftigt werden, wenn nach ärztlichem Zeugnis Leben und Gesundheit von Mutter oder Kind bei Fortdauer der Beschäftigung gefährdet sind. Die werdende Mutter soll dem Arbeitgeber ihre Schwangerschaft und den mutmaßlichen Tag der Entbindung mitteilen, sobald sie davon Kenntnis hat. Der Arbeitgeber hat diese Mitteilung sofort an die Gewerbeaufsichtsämter weiterzugeben und zu prüfen, welche Beschäftigungsverbote zu beachten sind. Dies gilt für die Gestaltung des Arbeitsplatzes wie auch für die Durchführung der Arbeit und den Arbeitsablauf. Schwere körperliche Arbeit ist ebenso verboten wie Mehrarbeit, Nachtarbeit, die Beschäftigung an Sonn- und Feiertagen sowie Akkordarbeiten. Nach Ablauf der Schutzfristen haben stillende Mütter das Recht auf Freistellung von der Arbeit für die zum Stillen erforderliche Zeit.

Die Krankenkasse zahlt alle Untersuchungen, Arzneimittel und die Entbindung. Als Versicherte in der gesetzlichen Krankenversicherung erhalten Mütter während der Schutzfrist ein Mutterschaftsgeld in Höhe des Nettoarbeitsentgelts, höchstens jedoch 25 DM pro Tag. Den darüber hinausgehenden Betrag bis zur Höhe des Nettolohns trägt der Arbeitgeber.

Regelungen in Österreich

In Österreich gelten folgende Regelungen: 16 Wochen Urlaub, 4 Wochen zusätzlich bei Früh-, Mehrlingsgeburten oder Kaiserschnitt. Bei verkürzter Schutzfrist vor der Entbindung wird die Frist nach der Entbindung auf 12 Wochen verlängert. Danach besteht die Möglichkeit eines unbezahlten Urlaubes bis zur Vollendung des 1. Lebensjahres des Kindes. Kündigungsverbot besteht während der Schwangerschaft bis Ende des 4. Monats nach der Entbindung bzw. der 4. Woche nach Beendigung des unbezahlten Urlaubes. Während des Mutterschaftsurlaubes entspricht das Mutterschaftsgeld dem üblichen Tagessatz pro Kalendertag, d.h. dem um die gesetzlichen Abzüge verringerten Arbeitsentgelt während der letzten 13 Wochen. Entbindungsbeihilfen werden ebenfalls gewährt.

Regelungen in der Schweiz

In der Schweiz enthält die Bundesgesetzgebung keine ausdrücklichen Bestimmungen für den Mutterschaftsurlaub. Für Arbeitnehmerinnen, die in Betrieben mit einem Pflicht-Kranken- und Unfallversicherungsschutz beschäftigt sind, besteht ein Versicherungsschutz von Beginn der Schwangerschaft an. Insgesamt werden 14 Wochen Urlaub gewährt, auf Wunsch der Arbeitnehmerin können die vorgesehenen 8 Wochen nach der Entbindung um 2 Wochen verkürzt werden. Mutterschaft ist Krankheit gleichgestellt. Die von den Krankenversicherungen gewährten Leistungen hängen daher von dem Umfang der Versicherung ab. In Fällen von Schwangerschaft und Entbindung wie auch im Krankheitsfall werden die Gehälter vom Arbeitgeber bezahlt.

Kritik

Kündigungsschutz und Lohnfortzahlungsanspruch nach dem Mutterschutzgesetz sind häufig Gegenstand der Kritik. Einwände gegen derart weitreichende Schutzbestimmungen werden mit negativen Auswirkungen auf die Beschäftigungschancen von jungen Frauen begründet. Um kleine und mittlere Betriebe zu entlasten, hat der bundesdeutsche Gesetzgeber mit dem Beschäftigungsförderungsgesetz 1985 die Möglichkeit geschaffen, die Kosten für den Mutterschutz über ein Umlageverfahren zu finanzieren. Insgesamt verkennt die Kritik an den Schutzbestimmungen für erwerbstätige werdende Mütter, daß der Mutterschutz aus arbeitsmedizinischer Sicht auch heute noch unverzichtbar ist.

Literatur: *Der Bundesminister für Arbeit und Sozialordnung* (Hrsg.), Übersicht über das Recht der Arbeit (Bonn 1987); *Gisela Erler / Monika Jaeckel / Jürgen Sass,* Mutterschaftsurlaub, Elternurlaub oder Erziehungsgeld? Erfahrungen einer internationalen Vergleichsstudie in fünf europäischen Ländern (München 1983); *Rosemarie Winterfeld,* Mutterschutz und Erziehungsurlaub (München 1986); *Johannes Zmarzlik / Manfred Zipperer / Hans P. Viethen,* Mutterschutzgesetz (Köln – Berlin – Bonn – München [5]1986).

MARION THIELENHAUS

Mystik

↗ Buddhismus; Charismen; Christentum; Esoterik; Frauenorden; Glauben; Gottesbilder; Hinduismus; Islam; Judentum; Kirchenlehrerinnen / Kirchenväter; Liebe; Religiosität; Spiritualität

Begriff

Das Wort Mystik ist abgeleitet vom griech. *mýein* (die Augen oder Lippen schließen) und *myeīn* (in das Mysterium einweihen). Als außerordentliches religiöses Phänomen, das in den primitiven wie in den Hochreligionen vorkommt, bezeichnet Mystik die unmittelbare Erfahrung des Absoluten, der göttlichen Wirklichkeit bzw. die Vereinigung der Seele mit der Gottheit (unio mystica). Mystik bedeutet diese Erfahrung selbst wie auch den Weg dazu und die Reflexion darüber (mystische Lehre, mystische Theologie). Oft als Umschreibung des Dunklen, Irrationalen, Geheimnisvollen mißverstanden, ist Mystik nicht wie Magie der Versuch, sich des Göttlichen zu bemächtigen. Vielmehr wird der Mystiker gnadenhaft von der göttlichen Wirklichkeit ergriffen. Alle Anstrengungen, wie Läuterung, Askese, Meditation, dienen nur der Vorbereitung auf ein Geschehen, das, als von der Gottheit ausgehend, „passiv" erfahren wird. Auch von einer numinosen Erfahrung im weiteren Sinne, wie etwa dichterischer Inspiration, ist Mystik zu unterscheiden. Als *cognitio Dei experimentalis* (erfahrene Gotteserkenntnis) bzw. *visio essentiae Dei* (Schau von Gottes Wesenheit) (Thomas von Aquin) ist sie unvermitteltes Innewerden der göttlichen Wesenheit jenseits der Gott zugeschriebenen Eigenschaften (wie Allmacht, Allwissenheit etc.) und gnadenhafte Vorwegnahme der Gottesschau nach dem Tode. Diese Erfahrung der Einheit vollzieht sich in der höchsten Kraft bzw. dem tiefsten Grund der Seele, dem Seelengrund (Meister Eckhart).

Religionsgeschichtliche Ausformungen

Obwohl in den typischen Grundzügen gleich bzw. ähnlich, hat Mystik doch verschiedene Ausformungen, die durch die Religion des Mystikers bestimmt sind. In den monistischen Religionen des Ostens (Hinduismus, Buddhismus, Taoismus) wird die ursprüngliche Einheit alles Seienden – Gottheit, Kosmos und höheres Selbst – als Erscheinungsformen des All-Einen vorausgesetzt. Der Erleuchtete erfährt diese wesenhafte Einheit. Anders ist es in den Religionen, die Gott und geschaffene Welt einander gegenüberstellen. So stehen im Judentum, Islam und Christentum als den drei Offenbarungsreligionen mit dem Glauben an einen persönlichen Gott Gesetz, Kult und Gottes Heilswille sowie der Glaube daran vor der individuellen Erfahrung des Mystikers. Unio ist hier meist die Vereinigung der Seele mit dem personalen Gott.

Obwohl angesichts der überwältigenden Erfahrung des ganz Anderen in der unio mystica Schweigen angemessen wäre, drängt die mystische Erfahrung aller Unsagbarkeit zum Trotz zur Sprache. Sie äußert sich vor allem in der Negation, dem Paradox, aber auch in einer Überfülle von Bildern als metaphorischem Ausdruck des Geheimnisses.

Kennzeichen christlicher Mystik

Als Offenbarungsreligion von Schöpfung und Erlösung des Menschen betont das Christentum vorrangig den historisch-institutionellen Charakter der Heilsvermittlung (Kirche). Doch gibt es bereits in der Bibel Ansätze eines mystischen Einsseins der Seele mit Christus im Heiligen Geist (vgl. 2 Kor 12, 1–9; Gal 2, 20; 1 Petr 1, 8f.; Joh 14, 9 u.a.). Bei den Kirchenvätern dringen neuplatonische Ideen in das christliche Denken ein. So lehrt *Origenes* (ca. 185 – ca. 253) die Gottesgeburt im inneren Menschen, die Präexistenz der Seele und ihre letztliche Heimkehr in Gott. *Athanasios* (295 – 373) begründet seine Lehre von der Vergöttlichung des Menschen mit der Menschwerdung Gottes in Christus. Entscheidend für die Entwicklung der christlichen Mystik waren die Schriften des *Dionysius Areopagita* (Wende 4./5. Jahrhundert), der Gott als den Urgrund alles Seins verstand, der aus Liebe allen Geschöpfen Dasein gibt und sie zuletzt in seinen Ursprung zurückführt. In der westlichen Kirche beeinflußten besonders *Augustinus* (354 – 430) und *Gregor der Große* (ca. 540 – 604) die Mystik. Auf Augustinus geht der mystische Stufenweg von Läuterung, Erleuchtung und Einigung zurück. Das trinitarische innergöttliche Leben hat sein Abbild in den Seelenkräften. Im Mittelalter bilden scholastische Philosophie und Theologie die Grundlage für die Mystik. Gott als absolutes Sein wirkt im natürlichen Drang der Seele wie im eingegossenen übernatürlichen Licht durch die höchste Erkenntniskraft und Liebe im Seelengrund bis zur Aufhebung des Eigenbewußtseins in der Gottesschau. *Hugo* (1096 – 1141) und *Richard von St. Viktor* († 1173) differenzieren die mystische Erfahrung in *cogitatio, meditatio, contemplatio*. Bei *Bernhard von Clairvaux* (1090/91 – 1153) wird die unio mystica im Höhepunkt der Kontemplation als Ekstase erfahren, in der Gott und Seele in Liebe eins werden. Es ist eine Christusmystik, in der die Seele nach damaliger Hohelied-Exegese als Braut und Christus als Bräutigam erscheinen. Der größte deutsche Mystiker des Mittelalters ist der Dominikaner *Meister Eckhart* (1260 – 1328). Nach ihm führt die völlige Armut des Geistes als Willenshingabe an Gott zur weiselosen Gottesgeburt im Seelengrund. Stärker seelsorglich orientiert ist die Mystik *Johannes Taulers* (ca. 1300 – 1361), der ähnlich wie *Heinrich Seuse* (ca. 1295 – 1366) den Laienkreisen der sogenannten Gottesfreunde nahestand. Transparenz der Kreatur auf Gott hin und Liebesunmittelbarkeit kennzeichnen die Mystik des *Franziskus von Assisi* (1181/82 – 1226). In der frühen Neuzeit werden neben den Spaniern *Ignatius von Loyola* (1491 – 1556) und dem Poeten mystischer Liebe *Johannes vom Kreuz* (1542 – 1591) die Franzosen *Franz von Sales* (1567 – 1622) und *Blaise Pascal* (1623 – 1662) Zeugen mystischer Erfahrung.

Kosmische Spekulationen kennzeichnen die protestantische Mystik des *Jakob Böhme* (1575 – 1624). *Angelus Silesius* (1624 – 1677) verbindet mystischen Tiefsinn mit epigrammatischer Sprachkunst im „Cherubinischen Wandersmann“. Ein Hauptvertreter evangelisch-pietistischer Mystik ist *Gerhard Tersteegen* (1697 – 1769).

Frauenmystik

Reiche spirituelle Kräfte und literarische Begabungen entfalten sich in der christlichen Frauenmystik. Sie ist ein abendländisches Phänomen vor allem des Mittelalters, das keine Parallele in der Ostkirche, geschweige denn im Islam oder in den anderen Religionen hat.

Die erste große Gestalt ist die Benediktineräbtissin *Hildegard von Bingen* (1098 – 1179). Ihre Visionen in „Liber Scivias“ (Wisse die Wege) und „Liber divinorum operum“ (Buch der göttlichen Werke) bieten eine Gesamtschau der Geschichte als Wiederherstellung der göttlichen Heilsordnung. Die Frau erscheint Hildegard als „Haus der Weisheit“. *Elisabeth von Schönau* (1129 bis 1164) schaut die menschliche Natur Christi in Gestalt einer Jungfrau.

Die Frauenmystik des 13. bis 15. Jahrhunderts steht innerhalb einer breiten religiösen Frauenbewegung. Aus dem

Hang vieler adeliger (und großbürgerlicher) Frauen zu einer religiösen Lebensform erwachsen und dem Armutsideal der Bettelorden verbunden, verbreitet sich diese Spiritualität von den Niederlanden (Flandern, Brabant) über den rheinländischen und norddeutschen Raum nach Südwestdeutschland und der Schweiz (Oberrhein) sowie nach Bayern, zuletzt nach Österreich. Diese Frauenmystik setzt, jedenfalls was den überwiegenden Gebrauch der Volkssprachen Niederländisch, Deutsch, Französisch, Italienisch betrifft, meist *vor* der entsprechenden Mystik von Männern ein. Doch entsteht, vor allem nachdem Frauen, die nach religiöstheologischer Unterweisung strebten, die Errichtung weiblicher Konvente der Bettelorden sowie die seelsorgliche Betreuung durch Dominikaner und Franziskaner z.T. gegen erheblichen Widerstand dieser Orden durchgesetzt hatten (Erlasse Papst Clemens' IV. 1267 sowie des deutschen Dominikanerprovinzials Hermann von Minden 1286/7), ein reger geistiger Austausch zwischen Männern und Frauen der Bettelorden sowie der sogenannten Beginen. Beginen stellten eine gegen Ende des 12. Jahrhunderts entstehende religiöse Lebensform dar, deren Mitglieder nach den evangelischen Räten (vor allem Armut und Keuschheit), jedoch ohne Gelübde und ohne Klausur, in Gemeinschaftshäusern lebten. Sie waren aufgrund ihres „freieren" Lebens sowie ihrer Neigung zu theologischer Spekulation besonders dem Häresieverdacht ausgesetzt. Dominikaner-Mystiker wie Meister Eckhart, Tauler, Seuse waren mit der Seelsorge der Dominikanerinnen wie auch der Beginen beauftragt. Die deutschen Werke dieser Mystiker (vor allem die Predigten) wurden großenteils für Frauenkonvente verfaßt und in diesen Häusern auch aufgezeichnet und überliefert. Umgekehrt versuchte z.B. Meister Eckhart die mystische Lehre der Beginen durch theologische Präzisierung abzusichern und zu legitimieren (K. Ruh).

Eine der bedeutendsten Mystikerinnen dieser Bewegung ist die niederländisch schreibende Begine *Hadewijch* (1. Hälfte des 13. Jahrhunderts). Bei ihr führt die Gottesliebe in den Formen der Hohelied- und Trinitätsmystik zur Wesenseinheit der Seele mit Gott, in den „Thron der Gottheit", von wo die Seele angesprochen wird als „stärkste aller Kämpferinnen, die du alles überwunden und die verschlossene Allheit aufgetan hast, die nie von Kreaturen geöffnet wurde" (14. Vision). Ihr Werk beeinflußte auch *Jan van Ruysbroek* (1293–1381), den Autor der „Geestelijken Brulocht" (Geistliche Hochzeit). Im 13. Jahrhundert ist Flandern ein Zentrum der Frauenmystik: *Marie von Oignies* (1177–1213), *Odilie von Lüttich* (1165–1220), *Beatrijs von Nazareth* (1204/5–1268) u.a. gehören dazu.

Als erste namentliche Mystikerin in (nieder)deutscher Sprache ragt die Begine *Mechthild von Magdeburg* (ca. 1207–ca. 1282) hervor. Im „Fließenden Licht der Gottheit" werden die vielfältigen Erfahrungen der Gottesliebe als Aufschwünge und „Abstürze" der Seele in einer von höfischen Bildern geprägten Sprache als Trinitätsmystik und Wesensunio geschildert. Von zisterziensischer Prägung sind die lateinischen Schriften der Helftaer Mystikerinnen *Mechthild von Hackeborn* (1241–1299) „Liber specialis gratiae" (Buch der besonderen Gnade) sowie *Gertrud der Großen* (1256–1302) „Exercitia spiritualia" (Geistliche Übungen) und „Legatus divinae pietatis" (Bote göttlicher Frömmigkeit).

Die Französin *Marguerite Porete* († 1310) aus dem Hennegau entwickelt im „Miroir des âmes simples" (Spiegel der einfachen Seelen) einen Dialog zwischen der Seele bzw. ihren Kräften wie Vernunft, Glaube, Liebe etc. In einem Sieben-Stufen-Weg erreicht die Seele vom fünften Zustand an die vollkommene Liebe, in der sie, allem eigenen Wollen enthoben, ganz in Gott, den nahfernen Geliebten, hineingezogen wird. Die

Freiheitslehre – „daß die vernichtete Seele die Tugenden verabschiedet und nicht mehr unter ihrer Herrschaft steht" (Freiheit von Tugenden, Werken, Sakramenten) – hat dieser kühnen Begine die Verurteilung als Häretikerin und den Feuertod gebracht. *Birgitta von Schweden* (1303–1373), Mutter von acht Kindern, Gutsherrin und Gründerin des Birgittenordens, legte ihre seelsorglich und zeitkritisch orientierten Christus- und Marienvisionen in den „Revelationes" (Offenbarungen) und „Revelationes extravagantes" nieder. Seit 1349 in Rom lebend, versuchte sie den Papst zur Rückkehr nach Rom zu bewegen.

Eine Fülle mystisch begabter Frauen hat *Italien* vom 13. bis 15. Jahrhundert hervorgebracht, vor allem Terziarinnen der verschiedenen Bettelorden so z.B.: *Clara von Assisi (1193–1253), Margareta Colonna* († 1280), *Margareta von Cortona* (1247–1297), *Angela von Foligno* (1248–1309), *Clara von Montefalco* (1268–1308), *Katharina von Bologna* (1413–1463), *Katharina von Genua* (1447–1510). Die größte italienische Mystikerin ist *Katharina von Siena* (ca. 1347–1380), Dominikanerterziarin, Kirchenlehrerin seit 1970. In zahlreichen Briefen rief sie Papst, Klerus und Laien zur Reform auf. Durch ihre Liebes- und Leidensgemeinschaft mit Christus (geistliche Vermählung, Herzenstausch, mystischer Tod, Stigmatisierung) wird sie ganz mit Gott geeint, aber gerade dadurch zu sozialem Wirken geführt. Auch ihr ist die Rückkehr des Papstes nach Rom ein Anliegen. Ihr „Libro della Divina Providenza" (Buch von der göttlichen Vorsehung) beschreibt Gottes Liebeshandeln und die Mitwirkung des Menschen. Sie sieht die Frau als auserwähltes Gefäß der Gnade.

Im 13. und 14. Jahrhundert treten auch im *süddeutschen Raum* verstärkt Mystikerinnen hervor: Am Oberrhein und in der Schweiz entsteht in den Klöstern der Dominikanerinnen eine gefühlsbetonte Spiritualität (Kind-Jesu- und Passionsmystik), die sich in Biographien bzw. Schwesternbüchern niederschlägt, wobei das „Leben der Schwestern zu Töß" der *Elsbeth Stagel* († 1360) hervorragt. In Bayern sind vor allem die Dominikanerinnen *Margarete Ebner* (1291–1351), *Christine Ebner* (1277–1356) und *Adelheid Langmann* (1312–1375) bekannt. In der *englischen* Mystik ragt neben *Margery von Kempe* (ca. 1373 – nach 1438) vor allem die Inklusin *Juliane von Norwich* (1342–nach 1413) hervor. Ihre 1373 während schwerer Krankheit erfahrenen 16 Visionen – u.a. der Passion Christi – hält sie in einem knappen Bericht „Revelations of Divine Love" (Offenbarungen göttlicher Liebe) fest. In Auslegung des Buches der Weisheit spricht sie von Gottes Mutterschaft, die in Schöpfung, Erlösung und Bewahrung des Menschen am Werk ist. „Also: in unserer wahren Mutter Christus ist unser Leben in seiner eigenen Vorsehung von Ewigkeit her mit der hohen Macht des Vaters und der höchsten Güte des Heiligen Geistes gegründet" (Text B, Buch II, Kap. 63).

Spanien tritt erst spät in die Geschichte der Frauenmystik ein, jedoch mit einer der größten Gestalten christlicher Mystik überhaupt: *Teresa von Ávila* (1515–1582), Karmelitin, Reformerin ihres Ordens, Kirchenlehrerin seit 1970. Als Meisterin des inneren Gebets stellt sie ihren Weg in der Autobiographie („Vida") dar, schreibt den „Camino de perfección" (Weg der Vollkommenheit) und die „Fundaciones" (Klostergründungen). In „Las moradas del castillo interior" (Wohnungen der inneren Burg) schildert sie den Stufenweg in sieben Wohnungen der Seele bis zur mystischen Vermählung mit Gott. Kontemplation und Aktion (sie gründete 15 Klöster!), Mut und Demut, Freiheit und Gehorsam basieren auf der alles durchdringenden Gottesliebe. Im *Frankreich* des 17. Jahrhunderts lebt und verkündet *Jeanne-Marie Guyon* (1648–1717), wegen Quietismus angeklagt und eingekerkert, das Gebet des inneren Schweigens und der interesselosen Liebe. Ihre Lehre wirkt auf den deutschen Pietismus (Tersteegen). In den Zeiten des Rationalismus und Materialismus (18. – 20. Jahrhundert) tritt die Mystik bei Männern wie Frauen zurück. Doch finden sich einzelne große Gestalten mystischer Gottesliebe wie *Therese von Lisieux* (1873 – 1897) mit ihrem „kleinen Weg“ zu Gott; auch *Lucy Christine* (1870 – 1908) oder *Madeleine Sémer* (1874 – 1921) bzw. die deutsche Stigmatisierte *Anna Katharina Emmerick* (1774 – 1824) gehören dazu. Für mystische Gottsuche und -erfahrung einer weithin gottfernen Zeit stehen im 20. Jahrhundert die jüdische Philosophin *Simone Weil* (1909 – 1943) sowie die katholische Ärztin, theologische Schriftstellerin und Visionärin *Adrienne von Speyr* (1902 – 1967; „Das Wort und die Mystik“), bei der das inkarnatorische und prophetische Element christlicher Mystik hervortreten.

In der unio mystica als Gottesschau gibt es naturgemäß keinen geschlechtsspezifischen Unterschied. Auch mögen die Erlebnisformen im „Vorfeld“ wohl eher persönlichkeits- als geschlechtsspezifisch bestimmt sein. Als Besonderheit der Frauenmystik wird oft das Insistieren auf der eigenen Erfahrung sowie das emotional-affektive Element hervorgehoben. Doch gibt es auch bei männlichen Mystikern wie Bernhard von Clairvaux stark affektive Züge. Anderseits ist das theologisch-spekulative Moment bei den größten Mystikerinnen, wie Hildegard von Bingen, Juliane von Norwich, Marguerite Porete, Teresa von Ávila, stark ausgebildet. Der Aspekt der Seelsorge und der Verkündigung mag ebensowenig verwundern wie der der theoretischen Reflexion, da Frauen, denen ein geistliches Amt und bis in unser Jahrhundert auch ein Theologiestudium verwehrt war, sich nur in mystischer oder prophetischer Rede legitim äußern konnten. Erscheint Mystik als psychologisches und theologisches Grenzphänomen in der Kirche schon bei Männern nicht ungefährlich, so sind angesichts eines teilweise negativ geprägten Frauenbildes sowie der prinzipiellen Laienrolle die Maßstäbe für Frauen noch strenger. So wurden bis in die Neuzeit hinein gerade die theologisch interessantesten Mystikerinnen wie Mechthild von Magdeburg, Marguerite Porete, Mme. Guyon, ja selbst Katharina von Siena und Teresa von Ávila wegen ihres Lebens und ihrer Lehre von kirchlicher Seite verdächtigt, Prüfungen unterzogen, gar eingekerkert (Porete, Guyon) oder wegen (rückfälliger) Häresie getötet (Porete). Doch darf auch die Ermutigung und Hilfe zahlreicher einflußreicher Geistlicher (Beichtväter!) nicht vergessen werden, die oft die Frauen erst zur schriftlichen Fixierung ihrer Erfahrungen und ihrer Lehre veranlaßt haben. Der Anteil von Frauen an der Ausformung der christlichen Liebesmystik ist nicht nur zahlenmäßig von herausragender Bedeutung, sondern auch hinsichtlich der Herausbildung eines religiösen Bewußtseins und Selbstverständnisses sowie einer mystischen Theologie von Frauen, die sich als „Gefäß der Gnade“ erfahren haben und die trotz der Konflikte ihr Leben in Kontemplation und Aktion für Kirche und Welt fruchtbar zu machen wußten.

Literatur: *Carl Albrecht,* Psychologie des mystischen Bewußtseins (Bremen 1951); Altdeutsche und altniederländische Mystik, hrsg. von Kurt Ruh (Darmstadt 1964); *Josef Bernhart,* Die philosophische Mystik des Mittelalters von ihren antiken Ursprüngen bis zur Renaissance (München 1922); *Marie-Madeleine Davy,* Encyclopédie des mystiques, Bde. 1 – 4 (Paris 1977 – 78); *Heinrich Dumoulin,* Östliche Meditation und christliche Mystik (Freiburg i. Br. 1966); Frauenmystik im Mittelalter, hrsg. von Peter Dinzelbacher und Dieter R. Bauer (Ostfildern b. Stuttgart 1985); *Martin Grabmann,* Mittelalterliches Geistesleben. Abhandlungen zur Geschichte der Scholastik und Mystik (München 1926 – 56); Grundfragen christlicher Mystik. Wiss. Studientagung Theologia Mystica in Weingarten vom 7. – 10. Nov. 1985, hrsg. von Margot Schmidt (Stuttgart-Bad Cannstatt 1987); *Herbert Grundmann,* Religiöse Bewegungen im Mittelalter. Untersuchungen über die geschichtlichen Zusammenhänge zwischen der Ketzerei, den Bettelorden und der religiösen Frauenbewegung im 12. u. 13. Jh. und die geschichtlichen Grundlagen der deutschen Mystik (Berlin 1935); Eine Höhe, über die nichts geht: spezielle Glaubenserfahrung in der deutschen Frauenmystik?, hrsg. von Margot Schmidt und Dieter R. Bauer (Stuttgart-Bad Cannstatt 1986); *Rudolf Otto,* West-östliche Mystik. Bearb. v. Günter Mensching (Gütersloh [3]1979); Rationalität und Mystik, hrsg. von Hans D. Zimmermann (Frankfurt a.M. 1981); *Josef Sudbrack,* Wege zur Gottesmystik (Einsiedeln 1980); *Gerda Walther,* Phänomenologie der Mystik (Olten [3]1976). Helga Unger

Mythologie

↗ Altes Testament; Antike; Buddhismus; Christentum; Emotionalität und Rationalität; Ethik, weibliche; Eva; Ganzheitlichkeit; Gottesbilder; Hinduismus; Islam; Judentum; Kultur; Magna Mater; Märchen; Matriarchat / Patriarchat; Menschenbild; Naturreligionen; Tiefenpsychologie; Urbilder, weibliche; Weiblichkeitssymbole

Begriff

Unter Mythologie kann man sowohl das kulturelle Gesamtsystem einzelner Mythen und Mythenzyklen als auch die wissenschaftliche Beschäftigung mit Mythen verstehen. Die Begriffe Mythologie oder Mythos zu definieren erweist sich als äußerst schwierig, weil – so zeigt ein Blick in die Geschichte – jeweils zeit- und kulturbedingte Voraussetzungen und Interessen in die Definition mit einfließen. „Schon in der Einschätzung des unschuldigen Begriffs ‚Mythos‘ scheiden sich die Geister, und zwar heftiger, als es sonst bei semantischen Kämpfen der Fall ist“ (Frank, 78).

Mythoskritik und Remythisierung

Seit der griechischen Sophistik vor zweieinhalb Jahrtausenden bis in unsere Zeit verwirft man von seiten einer philosophischen Aufklärung wie eines theologischen Dogmatismus Mythen als etwas Abartiges, Erlogenes, Widervernünftiges, als Reminiszenz einer primitiven, vor-logischen Kulturstufe. Von dieser Position her sieht sich die wissenschaftliche Beschäftigung mit der Mythologie vor der Schwierigkeit, „folgende Punkte zu klären: die *wilden* und *absurden* Geschichten über den Anfang der Dinge, ... die *schändlichen* und *lächerlichen* Abenteuer der Götter, warum die göttlichen Wesen als blutschänderisch, ehebrecherisch, mörderisch, diebisch, grausam, menschenfresserisch hingestellt werden; warum sie Tiergestalt annehmen; ... die *abstoßenden* Geschichten über das Totenreich, über den Abstieg der Götter in den Aufenthaltsort der Toten und ihre Rückkehr von dort“ (A. Lang, zit. in Schlesier, 15). Aus dieser Sicht erscheinen Mythen als „Kehrseite der Zivilisation“ (ebd. 33).

Doch die Geschichte zeigt, daß auf alle Versuche der Ent-Mythisierung Phasen der Re-Mythisierung folgten, in denen die alten Mythologien geradezu als Allheilmittel gegen eine den Menschen zerstörende rationalistische Engführung oder patriarchale Unterdrückung gepriesen werden, so als könne man die Bedingungen einer „heilen Urzeit“ durch die Übernahme ihrer Mythen wiederherstellen. Die wahre Bedeutung der Mythologie liegt wohl irgendwo in der Mitte zwischen diesen Extremen. Einerseits gehören Mythen (wie Symbole und Bilder) zur „Substanz des geistigen Lebens“, „entsprechen einer Notwendigkeit und erfüllen eine Funktion: nämlich die geheimsten Formen des Seins bloßzulegen“ (Eliade 1986, 13), doch anderseits erschließen sie sich uns nicht wie von selbst. Wir müssen deshalb fragen, was diese uralten Überlieferungen von Göttern, Göttinnen und Heroen, von ihren Schöpfungstaten und Vernichtungsaktionen, ihren Rivalitäten und Liebesbeziehungen und ihren vielfältigen Begegnungen mit Menschen uns heute zu sagen haben, an was sie uns *erinnern* können. (Der Begriff *Mythos* geht wahrscheinlich auf die indogermanische Wurzel *meudh,* sich erinnern, zurück!)

Gespiegelte Menschengeschichten

In den Mythen werden Konflikte geschildert und Handlungsalternativen,

Lösungsversuche (aber auch Irrwege und Sackgassen) gleichsam experimentell durchgespielt, in denen wir unschwer Grundprobleme des menschlichen Zusammenlebens erkennen. In den „Göttergeschichten“ spiegeln sich also Menschengeschichten. Die Rivalitätskämpfe zwischen Göttinnen und Göttern verweisen in erster Linie auf die Polarität von Frau und Mann, darüber hinaus lassen sie aber noch etwas von den Auseinandersetzungen matriarchaler und patriarchaler Herrschaftsformen erkennen. Die Mythen vom Kampf zweier Brüder (Kain – Abel in der jüdischen Tradition, Baal – Mot in der altkanaanäischen, Osiris – Seth in der ägyptischen) mögen ursprünglich den „Kampf“ von Dürre und Unfruchtbarkeit mit lebenspendendem Wachstum in Vegetationskulten geschildert haben; wir können den Gehalt solcher Mythen heute jedoch in den Geschwisterrivalitäten unserer Kinder nacherleben.

Mythen sind uns gewöhnlich nicht einheitlich (gleichsam *kanonisiert* in Form einer Heiligen Schrift) überliefert, sondern in einer Fülle verschiedener und abweichender Variationen. Das heißt, sie wurden bereits zu Zeiten ihres Entstehens vielfältig interpretiert und abgewandelt, waren nie statisch, sondern immer veränderlich, je nach dem Interesse der Erzähler oder den sich wandelnden sozialen Strukturen ihrer Ursprungsländer; sie lassen Tendenzen erkennen, Herrschaftssysteme zu stützen oder zu stürzen.

Geschlechterkampf im Mythos

Ein Beispiel ist der altbabylonische Schöpfungsmythos *Enuma Elisch* („Als droben“), in dem von einem großen Kampf erzählt wird, der zwischen Tiamat, der Urwasser-Göttin, aus der alle Götter hervorgegangen sind, und Marduk, einem Gott der jüngeren Generation, ausgetragen wird. Tiamat unterliegt und wird von Marduk getötet. Als er den ersten Platz unter den Göttern einnehmen will, muß er eine Probe seines schöpferischen Könnens bieten: Durch sein *Wort* läßt er vor ihn hingelegte Gewänder vergehen („nicht sein“) und wieder entstehen („sein“). Das *Wort* des männlichen Gottes tritt an die Stelle der gebärenden Schöpfungskraft der Urmutter (vgl. Gressmann, 108ff.). In der Zeit der Entstehung dieses Mythos (wohl im 19. – 17. Jahrhundert v. Chr.) mag das Problem der Legitimation patriarchaler Überlegenheit Anlaß zur Umdeutung gewesen sein. Männliches Machtstreben hatte die Urmutter zum bedrohlichen Ungeheuer aufgebläht, um sie so legitim töten und ihr die „Schicksalstafeln“ (das Symbol ihrer Oberherrschaft) entreißen zu können. Der Mythos von Tiamat wird so zum Legitimationsmythos von Marduk (bzw. den Königen von Babylon). In vielen kosmogonischen und theogonischen Mythen (Erzählungen von der Entstehung der Welt und der Götter) finden wir Hinweise auf eine Art „Wettkampf“ zwischen männlichen und weiblichen Gottheiten um die Macht des Erschaffens oder Hervorbringens. Daß die Frau (die Göttin) einfach aus sich neues Leben ins Dasein setzt, nimmt der Mann (der Gott) nicht neidlos hin: In der griechischen Mythologie läßt Uranos die Kinder der Gaia nicht ans Licht; Kronos verschlingt sogleich alle Kinder, die Rhea gebiert; Zeus läßt Athene aus seiner Stirn entspringen (nicht ohne sich zuvor die schwangere Metis „einverleibt“ zu haben) und wetteifert so mit Hera um die Macht, Lebensursprung zu sein (vgl. Hesiod, Theogonie 154ff., 453ff., 886ff.). In diesen Mythen werden Möglichkeiten durchgespielt, die männliche „Benachteiligung“ des Nicht-gebären-Könnens gegenüber der offenkundigen biologischen Überlegenheit der Frau als Mutter auszugleichen. Daß das Rivalisieren und der Machtkampf keine geeigneten Mittel zur Lösung des Problems sind, zeigen die Mythen – und das bestätigt die heutige psychotherapeutische Praxis (vgl. Kast, 85ff.).

Der Mythos vom Sündenfall

Um die Rechtfertigung der Unterdrükkung der Frau geht es in Mythen der jüdischen Tradition: Eva wird von Gott aus der Seite (Rippe) des Adam geschaffen. Während der Text in der Bibel jedoch die Gleichwertigkeit beider betont („das ist endlich Bein von meinem Bein und Fleisch von meinem Fleisch", Gen 2, 23), legt die außerbiblische jüdische Tradition in Mythenvarianten den Schwerpunkt auf die *Unterordnung* der Frau: So habe Gott zunächst Adam und seine erste Frau Lilith gleichzeitig geschaffen. Als Adam auf seiner Überordnung bestand, verließ ihn Lilith, die aus sich selbst unendlich fruchtbar war. Deshalb schuf Gott nun in einem zweiten Versuch die Frau aus Adams Rippe, um so ihre Abhängigkeit und Unterordnung zu garantieren. Lilith aber wurde zur Dämonin, die Frauen im Kindbett gefährdet und Neugeborene tötet (vgl. Ranke-Graves, 79ff.; Hurwitz, 93ff.). Die um ihrer Fruchtbarkeit willen Beneidete wird zur abschreckend Furchtbaren: Hier liegt eine offensichtliche „Tendenzmythologie" vor, an der wir sehr gut die Abwandlung der Mythen durch das jeweilige Interesse der sie Tradierenden erkennen können.

In Mythen vieler Religionen wird versucht, eine Antwort auf die Frage zu geben, wie Leid, Unheil und Tod in die Welt gekommen sind. Im biblischen Mythos vom Sündenfall (Gen 3) ist es Eva, die sich von der Schlange verleiten läßt, Gottes Gebot zu übertreten. Obwohl Adam ohne Bedenken gleichfalls von der verbotenen Frucht ißt, weist die spätere Tradition und Interpretation dieses Mythos Eva die Hauptschuld zu und macht sie für Tod und Unheil verantwortlich: „Von einer Frau nahm die Sünde ihren Anfang, ihretwegen müssen wir alle sterben" (Sir 25, 24). Kann es sein, daß der Autor des Sirach-Buches (2. Jahrhundert v. Chr.) den Mythos vom Sündenfall durch die Brille der griechischen Mythologie las? Die kannte nämlich gleichfalls eine Frau, der „das schlimme Geschlecht der Frauen" entstammte und die „unheilbringend" für die Männer den vormals paradiesischen Zustand beendete: Pandora. Sie ließ aus ihrem Krug „Myriaden von Übeln" heraus. Und doch wissen wir, daß nicht sie der Vorwurf der Schuld trifft, sondern Zeus, der sie schuf und als Werkzeug benutzte, um sich an Prometheus zu rächen (Hesiod, Theogonie 590f.; Werke und Tage 100).

Geschichtliches Umfeld

Mythen sind keine adäquaten Widerspiegelungen vergangener geschichtlicher Phasen oder Naturereignisse; sie eignen sich also nicht zur Rekonstruktion früherer Zustände. Mythen, in denen Göttinnen eine besondere Rolle spielen (wie Demeter oder Isis, denen die Rolle der großen Mutter und der mächtigen Befreierin vom Tod gemeinsam ist), lassen nicht unbedingt auf matriarchale Strukturen schließen; ebensowenig kann aus kosmogonischen Mythen, die ein männlich-göttliches Ur- und Schöpfungsprinzip haben (z.B. Atum, Ptah oder Chnum in Ägypten), eine Vorherrschaft des Mannes oder gar eine Verfälschung der Mythen aus patriarchalem Machtstreben abgeleitet werden. Denn auch Mythen haben ihre Geschichte, sie entfalten sich in einem bestimmten kulturellen und religiösen Umfeld und werden im Kult und Mysterienspiel nachvollzogen. Herausgelöst aus diesem Rahmen, sind sie wie Freiwild, das jeder erjagen und nach Belieben zubereiten kann.

Botschaft der Mythen

Und dennoch haben die Mythen eine Botschaft für uns, die etwas in uns zum Klingen bringt, wenn wir sie nur ausreden lassen, anstatt sie vorschnell als Beweise für vorgefaßte Theorien zu mißbrauchen. Die handelnden Personen der Mythologie entstammen ja nicht nur einer fernen, vergangenen

Welt, sondern leben in uns, sind Widerspiegelungen des individuellen wie des kollektiven Unbewußten. Uns im Spiegel der Mythen betrachtend, merken wir, was uns fehlt, wo wir etwas zu uns Gehörendes nicht zugelassen oder abgespalten haben, weil es (gemessen an männlichen Frauenidealen oder weiblichen Anpassungswünschen) nicht sein durfte.

Mythen wie die der sumerisch-akkadischen Inanna/Ischtar, der ägyptischen Isis oder der altkanaanäischen Anat zeigen uns ja weibliche Urbilder in ihrer ganzen Bandbreite von der zärtlichen Geliebten, der Fruchtbarkeit und Fülle spendenden Mutter bis zur Tod und Vernichtung bringenden Rachegöttin; sie spiegeln die Vielfalt der Möglichkeiten des Weiblichen und klammern auch die Aspekte der Aggressivität und Grausamkeit nicht aus. Die Tiefenpsychologie in der Nachfolge C. G. Jungs hat diese Zusammenhänge erkannt: Erst wenn auch die dunkle Seite der Psyche, ihr „Schatten" (die Furie, der Dämon in uns), erkannt und angenommen wird, sind Befreiung und Entfaltung möglich. In der therapeutischen Praxis kennt man längst die regenerativen Kräfte der Mythologie: Die mythischen Modelle stellen für Frauen auf der Suche nach einer neuen Identität und Ganzheitlichkeit durchaus brauchbare Orientierungshilfen dar.

Literatur: *Sylvia Brinton Perera,* Der Weg zur Göttin der Tiefe. Die Erlösung der dunklen Schwester. Eine Initiation für Frauen (Interlaken 1985); *Mircea Eliade,* Ewige Bilder und Sinnbilder (Frankfurt a.M. 1986); *ders.,* Die Sehnsucht nach dem Ursprung (Wien 1973); *Manfred Frank,* Der kommende Gott. Vorlesungen über die neue Mythologie (Frankfurt a.M. 1982); *Hugo Gressmann* (Hrsg.), Altorientalische Texte zum Alten Testament (Berlin – Leipzig 1926); *Susanne Heine,* Wiederbelebung der Göttinnen? Zur systematischen Kritik einer feministischen Theologie (Göttingen 1987); *Siegmund Hurwitz,* Lilith – die erste Eva (Zürich 1980); *Carl Gustav Jung / Karl Kerényi,* Einführung in das Wesen der Mythologie (Zürich 1951); *Verena Kast,* Paare. Beziehungsphantasien oder: Wie Götter sich in Menschen spiegeln (Stuttgart 1984); *Karl Kerényi,* Die Mythologie der Griechen, Bd. I: Die Götter- und Menschheitsgeschichten (München [7]1984); *John A. Phillips,* Eva. Von der Göttin zur Dämonin (Stuttgart 1987); *Robert v. Ranke-Graves / Raphael Patai,* Hebräische Mythologie (Reinbek 1986); *Renate Schlesier* (Hrsg.), Faszination des Mythos (Basel – Frankfurt a.M. 1985).

Gertrude Deninger-Polzer

N

Nationalsozialismus

↗ Aggressivität; Bildung; Diskriminierung; Familienplanung; Feminismus; Frauenbewegung; Frauenforschung; Frauengeschichte; Frauenverbände; Gewalt gegen Frauen; Judentum; Mann; Männerbilder; Mutterschaft; Politik; Schwangerschaftsabbruch; Sexismus; Sexualität; Sozialismus; Sterilisation

Frauengeschichtliche Fragestellung

Wenn in einem fachwissenschaftlichen Zusammenhang von Frauen im Nationalsozialismus bislang überhaupt die Rede war, so blieben irreführende Aussagen wie: Frauen hätten Hitler „entdeckt, gewählt, vergöttert" (Joachim Fest) oder „niemals in der deutschen Geschichte (seien) gerade so viele Frauen einer Partei zugeströmt wie der NSDAP" (Jürgen Kuczynski) zunächst unwidersprochen. Als eigenverantwortliche, historische Subjekte, deren politisches Verhalten in den dreizehn Jahren des NS-Terrors auch für unser

gegenwärtiges Selbstverständnis von entscheidender Bedeutung ist, werden Frauen immer noch nicht wahrgenommen.
Dieses Phänomen des „Vergessens" der Frauen im öffentlichen historischen Bewußtsein ist nicht nur im Hinblick auf die Kontinuität frauendiskriminierender Verhaltensweisen, sondern auch in bezug auf den Umgang mit der nationalsozialistischen Vergangenheit beunruhigend. Inzwischen wird die Verknüpfung von modernster Technik und Rassenbiologie als „Schlüssel zur Endlösung" (Peuckert) begriffen. Aus der frauengeschichtlichen Sicht ist gerade dieses Merkmal faschistischer Politik Ausdruck eines in unserer patriarchalen Geschichte verwurzelten Antifeminismus, der im Nationalsozialismus ein bisher unvorstellbares Ausmaß an Frauen- und Menschenverachtung erreichte. Die Frauengeschichtsforschung hat sich seit Ende der 70er Jahre mit besonderem Nachdruck dem Thema: Frauen und Nationalsozialismus gewidmet.

Antifeminismus und Rassismus

Im Vordergrund des Interesses stand für die Frauengeschichtsforschung das Problem der Verantwortung von Frauen für die nationalsozialistische Gewaltherrschaft, ihre Rolle als Täterinnen, als Opfer, als Mitläuferinnen, als Gegnerinnen im faschistischen Alltag und als aktive Widerstandskämpferinnen. Die Themen: „Haben Frauen Hitler an die Macht gebracht?" (Annemarie Tröger); „Frauen – Opfer oder Täter" (Frigga Haug) und „Frauen: Opfer und Täterinnen zugleich" bestimmten zunächst die Diskussion der Forscherinnen, die sich zum größten Teil auch als Töchter und als Frauen der Neuen Frauenbewegung verstanden. Inzwischen ist die Frage nach „Frausein im Dritten Reich" (Rita Thalmann) und der Spezifik der nationalsozialistischen Frauenpolitik zwischen „Mutterkreuz und Arbeitsbuch" und als eine Politik der „Auslese und Ausmerze" ins Zentrum der frauengeschichtlichen Forschung gerückt. Indem immer stärker die antifeministischen Prämissen der nationalsozialistischen Rassenpolitik erschlossen werden, drängt sich auch die Frage nach dem Verhältnis von Rassismus und Sexismus (Gisela Bock) auf. Die These, daß der Antifeminismus dem Rassismus und dem Biologismus vorgelagert ist, gewinnt in der gegenwärtigen Diskussion an Überzeugungskraft (Angelika Ebbinghaus). Der Nationalsozialismus stellt sich in der Frauengeschichtsforschung heute als die höchste Stufe einer tief in die deutsche und europäische Geschichte eingewurzelten, antifeministischen Tradition dar, die uns auf die Frage sowohl nach den historischen Ursprüngen der Frauenunterdrückung (Lisbeth N. Trallori) als auch nach den heute noch lebendigen antifeministischen Traditionen verweist.

Wahlverhalten

Eine präzise Erfassung des ganzen Ausmaßes der Mitverantwortung von Frauen für die nationalsozialistische Machtergreifung ist nicht möglich. Dennoch wissen wir, daß weniger Frauen als Männer Hitler gewählt haben. Das aktive und passive Frauenwahlrecht von 1918 kam nicht den Nationalsozialisten, die sich schon in ihrem Parteiprogramm von 1920 gegen das passive Wahlrecht von Frauen wandten und nach ihrem Frauenbild nur die deutsche Mutter als Staatsbürgerin anerkannten, zugute. Legen wir die Wahlergebnisse von 1928 und 1930 zugrunde, so haben Frauen in einem überproportional hohen Maße national-konservative Parteien, die DNVP und die DVP, gewählt, während die Arbeiterinnen, sofern sie überhaupt von ihrem Wahlrecht Gebrauch machten, ihre Stimmen eher dem Zentrum oder der KPD als der SPD gaben. Besonders hoch war der Stimmenanteil der Frauen für die NSDAP in protestantischen Gegenden und in den Großstädten. Frauen trugen somit durch ihr

Wahlverhalten zur Schwächung der demokratischen Parteien der liberal-bürgerlichen und sozialistischen Mitte bei; so waren sie in ihrer Mehrheit, ebenso wie die Männer, 1933 für die nationalsozialistische Machtergreifung mitverantwortlich.

Das Wahlverhalten der deutschen Frauen wird erst aus ihrer sozialen Lage und ihrer Situation als Frauen in der Weimarer Republik verständlich. 1918 erfolgte eine formalrechtliche und politische Gleichstellung von Männern und Frauen, die in den 20er Jahren von einer relativen Erweiterung der Frauenerwerbstätigkeit begleitet wurde. Trotz dieses günstigen Ausgangspunktes setzte sich die materielle Gleichstellung der Geschlechter in der Weimarer Republik nicht durch. Da die notwendigen sozialen und strukturellen Veränderungen und rechtlichen Angleichungen von Frauen und Männern im Familien-, Arbeits- und Strafrecht unterblieben, geriet die Mehrzahl der Frauen, vor allem die Frauen der mittleren und unteren Klassen, in den Wirtschaftskrisen der Weimarer Zeit, insbesondere in der Weltwirtschaftskrise von 1929–1932, in eine „existentielle Zange“ (Annemarie Tröger). Für sie trat zur Krise auf dem Arbeitsmarkt die Krise der Familie.

Weiblicher Konservativismus

Diese frauenspezifische und frauentypische Notlage haben Frauenforscherinnen wie Annemarie Tröger in eine Verbindung mit den Wirkungsweisen des Kapitalismus gebracht. Demnach schaffe der „hochentwickelte Kapitalismus durch seine Krisen eine primitive ‚Subökonomie‘ mit vorkapitalistischen Zügen, die nicht nur ungeheuer unproduktiv ist, sondern auch verkrüppelt, weil ihr, zumindest in der Großstadt die minimalsten Produktionsmittel fehlen“. Der Kapitalismus erzeuge somit eine Familiengebundenheit der Frauen, die eine Hausfrauenmentalität und einen spezifisch weiblichen Konservativismus zur Folge haben.

Über das Problem eines spezifisch weiblichen Konservativismus, das der materiellen Lage der Frauen entspringt und aufs engste mit der Geschlechterideologie verknüpft ist, wird gerade im Zusammenhang mit dem Verhalten der Mehrzahl der Frauen im Nationalsozialismus in der gegenwärtigen Frauenforschung kontrovers diskutiert. An den unterschiedlichen Frauengruppen, den Hausgehilfinnen, den Studentinnen, den Lehrerinnen, den Beamtinnen, den Sozialfürsorgerinnen, an den katholischen und den protestantischen Frauenvereinigungen u.a., konnte dieses frauenspezifische Merkmal eines „Konservativismus“ aufgewiesen werden. Vielfach wird behauptet, daß der weibliche Konservativismus 1933 zunächst von national-konservativen, dann von nationalsozialistischen Kräften „geschluckt“ wurde. Fest steht, daß sich gerade im Kreis der Frauenbewegung kein nennenswerter Frauenwiderstand 1933 gebildet hat und daß die traditionellen bürgerlichen und sozialistischen Frauenemanzipationstheorien von Helene Lange und Gertrud Bäumer oder von Clara Zetkin keine Antwort auf die existentielle Krise der Frauen bereit hatten. Die politische Selbstaufgabe der Mehrzahl der Frauen 1933 läßt sich aber nicht einfach als unpolitisch und emanzipationsfeindlich bezeichnen. Denn die erzwungene „Option“ der Mehrzahl der Frauen für die Familie hatte auch eine unbestreitbare moralische und politische Qualität. Erst die Frauenarbeit im Frauenhaushalt erhielt in den Wirtschaftskrisen und in den Notzeiten in und nach den Weltkriegen einen Großteil der Bevölkerung in Deutschland am Leben. Auf diesem Hintergrund stellt sich die noch offene Frage, ob dieses frauenspezifische Verhalten, das hier als „weiblicher Konservativismus“ bezeichnet wird, als eine gesellschaftspolitische Alternative zum Nationalsozialismus überhaupt denkbar ist.

Verfügung über den weiblichen Körper

Das Jahr 1933 bedeutete für alle Frauen in Deutschland die entscheidendste Zäsur in ihrer Geschichte seit der Entstehung des neuzeitlichen Staates. In einer bisher unvorstellbaren Brutalität und Radikalität nahm der nationalsozialistische Staat eine den Alltag aller Frauen berührende „Lösung" der Frauenfrage in Angriff. Die unmittelbar nach der Machtergreifung erlassenen, frauenpolitischen Gesetze beschränkten sich keineswegs auf arbeitsmarkt- und familienpolitische Maßnahmen. Die nationalsozialistische Frauenpolitik kann nicht einfach als ein familienpolitischer Ersatz für die Frauenemanzipation (Tim Mason) verstanden werden. So war beispielsweise schon das Gesetz vom 1. 6. 1933 zur „Verminderung der Arbeitslosigkeit", das mit Hilfe von Ehestandsdarlehen einen teilweisen Rückzug der besser verdienenden „deutschen" Frauen aus dem Erwerbsleben und eine Erhöhung der Geburten anstrebte, keineswegs nur eine arbeits-, familien- und bevölkerungspolitische Maßnahme im bisherigen Verständnis. An der Handhabung der Ehestandsdarlehen kann zwar die Doppelstruktur der nationalsozialistischen Frauenarbeits- und Familienpolitik abgelesen werden, die über die Frauen sowohl nach den Erfordernissen der Industrie, insbesondere der Rüstungsindustrie, als auch im Hinblick auf die Aufrechterhaltung der sozialen Reproduktionsbedingungen der Gesellschaft durch die reproduktiven Frauenarbeiten als Hausfrau, Mutter, Ehefrau und im ehrenamtlichen Bereich der „organisierten Mütterlichkeit" verfügen wollte. Auch die Konflikte und Not der Frauen lassen sich zu einem Teil aus dieser Doppelstruktur erklären. Dennoch wird schon an dieser Verfügung vom 1. 6. 1933, die die Gewährung der Ehestandsdarlehen von der Erteilung eines ärztlichen Zeugnisses der Ehetauglichkeit abhängig machte, sichtbar, daß die nationalsozialistische Frauenpolitik eine qualitativ neue Dimension aufweist. Dem NS-System ging es von Anfang an um die totale Verfügung über die Frau in ihrer körperlichen, „rassischen", sozialen und psychischen Verfaßtheit, um den deutschen Volkskörper neu zu „zeugen". Entsprechend verbanden sich schon 1933 die geburtenfördernden mit geburtenverhindernden Maßnahmen, wobei die geburtenverhindernden Verfügungen im deutschen Faschismus überwogen (Gisela Bock).

Die Verfügung über den Frauenkörper bildete für den deutschen Faschismus die Voraussetzung für seine terroristische und expansionistische Politik der „Ausmerze und Auslese", eine Politik sowohl der quantitativen Bevölkerungsvermehrung mit Mitteln des indirekten und direkten Zwanges als auch der gewaltsamen, qualitativen Menschenzüchtung und -vernichtung. Nach der Logik des NS-Staates setzte die Entstehung des „deutschen Volkskörpers" die totale Enteignung des Frauenkörpers voraus. Nur die Frauen konnten dieses „Opfer" bringen.

Die nationalsozialistische Politik der Ehestandsdarlehen steht so in einem systematischen Zusammenhang mit den Verfügungen von 1933 zur Verschärfung des § 218, zur Legalisierung der Zwangssterilisation an „Minderwertigen" zur „Verhütung erbkranken Nachwuchses" vom 14. 7. 1933 und weiteren rassenhygienischen und eugenischen Maßnahmen. Mit den staatlichen Massenprogrammen zur Menschenzüchtung und -vernichtung nach Kriegsbeginn steigerte sich der politische Antifeminismus ins Unermeßliche. Der Frauenkörper war zum „Schlachtfeld der Nation"; der faschistische Eroberungskrieg zum „Gebärkrieg" geworden.

Anpassungen, Gewalt und Widerstand

Auf diesem Hintergrund stellt sich die Frage nach der Anpassung von Frauen an die nationalsozialistischen Zumutungen und nach dem Frauenwiderstand. Die Tatsache, daß der Antifeminismus in der herrschenden Geschlechterideologie auch von Frauen nicht wahrgenommen worden ist, wird die Forschung noch lange beschäftigen. Denn aus den Schriften von Frauen beider Konfessionen, von aktiven Frauen der bürgerlichen Frauenbewegung (Christine Wittrock), aus den Lebensläufen führender Sozialpolitikerinnen, aus den öffentlichen Diskussionen um die Sexualpolitik und die Sexualberatungsstellen (Kristine von Soden) ebenso wie aus dem „wissenschaftlichen“ Diskurs der Eugeniker, Rassenhygieniker, der Bevölkerungstheoretiker und Mediziner (Heidrun Kaupen-Haas) geht hervor, daß der Dialog um die angebliche genetische Gefährdung des deutschen Volkes, um den drohenden „Volkstod“, keineswegs von einer Frauenöffentlichkeit als ein Angriff auf die Frau und auf die Würde ihrer Person wahrgenommen wurde.

Unmittelbar nach der Machtübernahme setzte die direkte Gewalt gegen Frauen ein. Das erste Ziel waren vor allem sozialdemokratische, linkssozialistische, kommunistische und liberale weibliche Abgeordnete des Reichstags, der Landtage und der Gemeinderäte. Die frühere Breslauer Reichstagsabgeordnete der SPD Minna Cammers wurde im März 1933 verhaftet und von der Gestapo umgebracht, weil sie Flugblätter gegen die Nazis verteilt hatte. Die kommunistischen Reichstagsabgeordneten Franziska Kessel und Helene Fleischer wurden ebenfalls getötet. Es wären hier noch mehr Frauen der SPD und der KPD zu nennen, die von SA-Leuten geschlagen wurden, in „Schutzhaft“ kamen und umgebracht wurden. Auch politisch gemäßigte Frauen, wie die Reichstagsabgeordnete der Deutschen Demokratischen Partei Marie-Elisabeth Lüders und die Reichstagsabgeordnete der Zentrumspartei Christine Teusch, verbrachten mehrere Monate in Gestapo-Gefängnissen. Die Mißhandlungen von Frauen waren besonders entwürdigend: SA-Männer ließen Frauen beim Laufen über den Gummiknüppel oder das ausgestreckte Bein stolpern, gossen Wasser über sie und behaupteten, sie seien „liederliche Schlampen“ und hätten „uriniert“. Aus Gurs, Theresienstadt und Bergen-Belsen wird berichtet, daß Frauen weniger anfällig für die Wirkungen des Hungers und Mangels waren als Männer. Sie konnten besser als Männer ihre begrenzten Vorräte anlegen und teilten sie miteinander.

Frauen haben 1933 auch aktiven Widerstand geleistet: 1933 wurden besondere Frauenlager in Mohringen, Stadelheim, Brauweiler und Gotteszell errichtet. Insgesamt sind von 1933 – 1939 zwischen 6000 und 8000 Frauen von Nationalsozialisten inhaftiert worden; im Frauen-KZ Ravensbrück wurden zwischen 1939 und 1945 mehr als 133000 Frauen eingeliefert. Hanna Schramms berichtete, wie Frauen in Gurs den Schmutz und die Mattigkeit „mit Saubermachen, Schrubben und Ordentlichkeit“ bekämpften, aber auch wie sie Freundschaften schlossen und Kommunikationsnetze schufen. Frauen in den KZs nahmen auch an Revolten teil, in Sodibor, Treblinka, Auschwitz und möglicherweise auch in Bergen-Belsen. Auch außerhalb der Lager bildete sich Frauenwiderstand. Jüdische Zwangsarbeiterinnen verteilten in den Berliner Siemens-Werken Flugblätter; fünf Frauen wurden nach Folterungen und Verhör im August 1942 exekutiert. Auch Frauen in der Bevölkerung leisteten Widerstand. In einem Fall demonstrierten 200 – 300 christliche Frauen, die in „gemischten“ Ehen lebten, eine Woche lang vor Berliner Sammelplätzen für die Freilassung ihrer Männer. Es wird uns nicht gelingen, die Zahl der weiblichen KZ-Häftlinge aus Österreich zu erfassen. Von den meisten aus je ca. 1000 Juden bestehenden Transporten, die ab 1939 bzw. 1941 von den Wiener Sammelstellen deportiert wurden, ist das Geschlecht unbekannt. Aber bereits am 29. Juni 1939 wurden allein 440 burgenländi-

sche Zigeunerinnen in Auschwitz eingeliefert.
Frauenwiderstand fand in allen Lebensbereichen der Frauen statt, in den KZs und außerhalb. Die Frage, ob Frauen im gleichen Maße wie die Männer Widerstand geleistet haben, wird in der Literatur unterschiedlich beantwortet. Die für unser Frauen- und Gegenwartsverständnis unerläßliche Erfassung, Wertung und Würdigung des Frauenwiderstandes steht noch aus.

Literatur: *Gisela Bock,* Zwangssterilisation im Nationalsozialismus. Studien zur Rassenpolitik und Frauenpolitik (Opladen 1986); Dachauer Hefte 3: Frauen – Verfolgung und Widerstand, 3 (1987); *Godele von der Decken,* Emanzipation auf Abwegen. Frauenkultur und Frauenliteratur im Umkreis des Nationalsozialismus (Königstein/Ts. 1988); *Angelika Ebbinghaus* (Hrsg.), Opfer und Täterinnen. Frauenbiographien des Nationalsozialismus (Nördlingen 1987); Frauen zwischen Auslese und Ausmerze. Beiträge zur feministischen Theorie und Praxis 8 (1985) H. 14; *Frigga Haug* (Hrsg.), Frauen – Opfer oder Täter. Argument-Studienheft 46 (Berlin 1983); *Sigrid Jacobeit / Lieselotte Thomas-Heinrich,* Kreuzweg Ravensbrück. Lebensbilder antifaschistischer Widerstandskämpferinnen (Leipzig 1987); *Heidrun Kaupen-Haas* (Hrsg.), Der Griff nach der Bevölkerung. Aktualität und Kontinuität nazistischer Bevölkerungspolitik (Nördlingen 1986); *Annette Kuhn / Valentine Rothe,* Frauen im deutschen Faschismus. 1. Frauenpolitik im NS-Staat; 2. Frauenarbeit und Frauenwiderstand im NS-Staat (Düsseldorf 1982); Mutterkreuz und Arbeitsbuch. Zur Geschichte der Frauen in der Weimarer Republik und im Nationalsozialismus (Frankfurt a. M. 1981); *Leonore Siegele-Wenschkewitz / Herda Stuchlik* (Hrsg.), Frauen und Faschismus in Europa. Der faschistische Frauenkörper (Pfaffenweiler 1988); *Kristine von Soden,* Die Sexualberatungsstellen der Weimarer Republik 1919–1933 (Berlin 1988); *Rita Thalmann,* Frausein im Dritten Reich (München – Wien 1984); *Lisbeth N. Trallori / Aurelia Weikert / Johanna Riegler* (Hrsg.), Schöne neue Männerwelt. Beiträge zu Gen- und Fortpflanzungstechnologien (Wien 1987); *Annemarie Tröger,* Die Dolchstoßlegende der Linken: „Frauen haben Hitler an die Macht gebracht“, in: Frauen und Wissenschaft. Beiträge zur Berliner Sommeruniversität für Frauen, Juli 1976 (Berlin 1977) 324–355; *Christine Wittrock,* Weiblichkeitsmythen. Das Frauenbild im Faschismus und seine Vorläufer in der Frauenbewegung der 20er Jahre (Frankfurt a. M. 1985).

ANNETTE KUHN

Natur

↗ Emotionalität und Rationalität; Ethik, weibliche; Ganzheitlichkeit; Kultur; Leib / Leiblichkeit; Menschenbild; Menschenrechte; Mythologie; Naturreligionen; Ökologie / Umwelt; Sichtweise, weibliche; Technik / Technologien; Urbilder, weibliche

Dimensionen des Begriffs

Das Wort „Natur“ geht auf das lateinische nasci (geboren werden) zurück, vermutlich auf die Verbform nascitura (sie, die geboren werden will). Wort, Begriff und Bedeutung kommen freilich nur im abendländischen Raum vor; schon das Hebräische kennt keinen ähnlichen Begriff, auch die außereuropäischen Sprachen und Denkwelten sind nur auf Umwegen nach einem Naturbegriff zu befragen.
Der außergewöhnliche Bedeutungsumfang von Natur kann nur in seiner geistesgeschichtlichen Entfaltung abgesteckt werden. Dabei zeigen sich zwei europäische Überlieferungen: eine vorphilosophisch-mythische und eine philosophisch-reflexive. Aus beiden speist sich die heutige umgangssprachliche Anwendung. In der mythischen Prägung begegnet Natur als Gottheit/personifizierte Erfahrung (hier in vergleichbarer Nähe zu nichteuropäischen Mythologien). So ist Eva/Hebe (Vorderasien/Griechenland) die „Mutter allen Lebens“, göttlich-menschlich, Himmel und Erde umfassend. Eben diese mütterliche Urmacht entfaltet sich in viele Gesichter: in die jungfräulich-vielbrüstige Artemis/Diana, ist erster (nicht von einem Mann abhängiger) Ursprung des Lebens und der Nahrung. Die dreiköpfige Macht Kore, Demeter, Hekabe versinnbildlicht Wachsen, Reifen, Sterben. Diesen Ablauf meinen in der germanischen Welt die drei Nornen oder die Ambet/Wilbet/Borbet-Gruppe (Erde, Mond, Sonne). Die Mondgöttin (mit mancherlei Namen) zeigt im Mondzyklus die Zeit an und weist auf den weiblichen Rhythmus von Wachstum, Geburt und Tod. An diesen mythischen Gestaltungen der „Natur“

bleibt dreierlei bemerkenswert und teils für die Begriffsbildung wirksam: Sie sind immer weiblich-mütterlich empfunden; sie binden Leben und Tod polar ineinander; sie vermitteln eine erste Zeitauffassung in der zyklischen Wiederkehr des Gleichen.

Bändigung durch Rationalisierung

Philosophisch betont die Vorsokratik in der „physis“ insbesondere die Bewegung/Veränderung (so im Aufgehen und Vergehen einer Blüte); Natur wird also als eine Bewegung (Dynamik) polarer Art verstanden. Zugleich bleibt sie die geheimnisvoll Große, dem Verständnis Entzogene (Heraklit: „Die Natur liebt es, sich zu verbergen“). Ab Platon und Aristoteles (4. Jahrhundert v. Chr.) wird diese Dynamik zunehmend zur Unbeweglichkeit (Statik) der „ewigen Idee“ oder des „Wesens“ oder Lebensgesetzes; das Ganze der unbegreiflich Großen wird zu einer Menge der (erkennbaren) Einzeldinge, zur inneren gesetzmäßigen Form ihrer Veränderung. Mit dieser Bändigung durch Rationalisierung wird zugleich das Beherrschen der Natur eingeleitet: Die Natur wird nun in die Einzeldinge aufgespalten und von dorther handhabbar, ja reproduzierbar.

Domestikation im Religiösen

Eine ähnliche Bändigung und Zähmung spielt sich im Religiösen ab. Denn mit der Muttergottheit, der Vertreterin aller lebendigen und tötenden Kräfte des Kosmos, ist alles „Natürliche“ im Machtbereich des Numinosen, jederzeit besetzbar/besessen von Dämonisch-Göttlichem, Mächtig-Schrecklichem: tremendum et fascinosum. So ist das Verhältnis des Menschen zur Mutter Erde durchaus zweideutig: besetzt vom Vertrauen zu ihrer Fruchtbarkeit, aber auch gebannt von der Angst, schuldig zu werden, indem er sich nimmt, was ihm nicht gehört. Jede Jagd, jede Ernte muß „bezahlt“ werden (Jagdzauber und Erntedank als Verpflichtung der Frauen!): Eingreifen heißt Schuldigwerden. Mit dem Judentum/Christentum dagegen wird mit der Mutterdämonin/Muttergöttin die Natur entzaubert, ihrer Mächtigkeit entbunden (Bonifatius, der die Donareiche fällt!). Die alte Natur wird zur (sechsmal „gut“ genannten) Schöpfung, sie wird sogar – in göttlichem Auftrag – dem Menschen erstmals dienstwillig unterstellt. Die Souveränität der helldunklen Göttin geht auf den Menschen über: Er wird der Natur gegenüber frei und zugleich für sie verantwortlich – wobei der Beherrschungsauftrag gleichermaßen an beide Geschlechter ergeht. Bildlich und in der Erfahrung entspricht diesem Vorgang die Gegenüberstellung von (weiblich-mütterlicher) Natur und (männlich-väterlichem) Schöpfer. Damit ist das pantheistisch-magisch Unmittelbare der Natur abgelöst von einem Gegenüber; erst in der Trennung und gleichzeitigen Zuordnung von Schöpfer und Schöpfung wird möglich, was in der glaubensmäßigen wie kulturellen Überlieferung als Freiheit, Selbstbewußtsein, Personalität, Identität des Menschen zu bezeichnen ist: nämlich durch die Befreiung vom Eingebundensein in die Erde, vom Unterworfensein unter den unbewußten Zusammenhang von Leben und Tod alles Materiellen. Diesem Vorgang sind Jahrhunderte menschlicher Gestaltung der Natur zu verdanken – aus der Übermacht der Naturmächte entstand in einem Bändigungsprozeß, insbesondere im Abendland, die „urbane Natur“ oder „kulturelle Natur“, eine geglückte Balance von menschlichem und natürlichem Werk. Die bloß „grüne Natur“ ist damit einem menschlichen Lebensraum gewichen.

Neuzeitliches Naturverständnis

Seit dem 19. Jahrhundert ist diese Balance aktiv aufgehoben. Der Theorie nach setzte dieser Vorgang weit früher ein, nämlich mit der genannten griechischen Vereinzelung der Natur zu Naturdingen. Sie wurden unter Ursache-Wirkungs-Gesetzen erkannt und damit zu berechenbaren und korrigierbaren Einheiten, grundsätzlich unabhängig von einer ethisch verantworteten Lenkung. Hieraus entwickelt sich neuzeitlich der Typus des „Herrschaftswissens“: Natur wird als Gegen-Stand gesehen, also als Widerstand, der zu überwinden ist: Verfügung auf der Seite des Menschen, Fügsamkeit auf der Seite der „Sklavin Materie“. Francis Bacon, einer der „Väter“ moderner Naturwissenschaft, formulierte es als Programm, der Natur auf der Folterbank des Experiments ihre Geheimnisse abzupressen; Kant verwendet das Bild des Richters, der die Natur unter Anklage stellt. (Nicht zufällig ist der Beginn neuzeitlicher Naturwissenschaft auch an ein Neuinteresse an Magie geknüpft.) Das Machtgefühl erstreckt sich zunächst auf die *äußere* Natur (fabrica mundi), d.h. auf räumliche, materielle, den neuentdeckten Gesetzmäßigkeiten unterworfene Dinge. Mit eingeschlossen war die „äußere Seite“ des Menschen, seine Körperlichkeit, die rational mit den gewonnenen Methoden erfaßt und im Triumphzug des geometrisch-mathematischen Denkens im 17. und 18. Jahrhundert dem Regelkreislauf einer Maschine verglichen wurde. Auch vor den zunächst noch ausgesparten psychischen Gegebenheiten des Menschen wurde in der Analyse nicht haltgemacht. Kennzeichnend sind nicht nur die noch primitiven Versuche, auch psychische Affekte als Maschinenreaktionen zu deuten (französische und deutsche Aufklärung); vielmehr vollzogen die im 19. Jahrhundert ausgebauten Humanwissenschaften bewußt das Konzept der Naturwissenschaften nach, die Regelabhängigkeit aller menschlichen Vollzüge, die überindividuellen Verhaltensschemata auch des Individuums darzulegen: seelische, gesellschaftliche, historische, ökonomische, erziehungsmäßige Abhängigkeiten wurden allgemein bewußt. Auch der Mensch wurde „erklärt“; er begriff sich nicht als freier Herr der Natur (wie er zu Beginn der Neuzeit angetreten war), sondern als Knecht naturgegebener Abläufigkeiten. Die Kybernetik der Natur ist in eine Kybernetik menschlichen Funktionierens als eines Naturwesens umgeschlagen. Zugleich sind die Fehlentwicklungen einer Übernutzung und Ausnutzung der Natur spürbar geworden; das bisher unerschöpfliche, ja sogar selbstheilende System scheint erschöpflich.

Neuer Umgang mit der Natur

Vor diesem doppelten Hintergrund (der bloßen Vergegenständlichung der Natur und der bloßen Vergegenständlichung des Menschen selbst durch dieselbe Methode) steht ein neues Naturverständnis zur Debatte. Weder geht es dabei um die Rückgewinnung der „alten Mutter“ als letztumfassenden heimlich-unheimlichen Lebensgrunds noch um ihre weitere Degradierung zu einer „Jauchegrube chemischer Stoffe“ (Giordano Bruno, 16. Jh.). Weder mächtig-unbewältigt noch technokratisch: der neue Umgang mit der Natur ist noch nicht deutlich bestimmbar. Mit zur Debatte steht ein neuer Umgang mit der Frau, an dem sich, archetypisch gesehen, eine Verneinung oder Bejahung des „Irdischen“ ausdrückt. Nicht zuletzt ist deswegen auch von der Seite der Frau zu der Neubestimmung und Neubehandlung der Natur reflexiv, spirituell und praktisch beizutragen.

Naturrecht

Ein ergänzendes Problem erhebt sich mit der mittlerweile umstrittenen, wenn nicht abgelehnten Naturrechtslehre, die für Mittelalter und Neuzeit bis ins 20. Jahrhundert erheblichen Argumentationsrang besaß. Als Naturrecht wurde bezeichnet eine göttliche Schöpfungsordnung (säkularisiert: natürliche oder „eingeborene“ Ordnung), von Wille und Zustimmung des Menschen unabhängig, die eine allem Seienden, vor allem dem Menschen, eingeschriebene, unveränderliche Norm sei. Ihre Anwendung auf das Geschlechterverhältnis – bisher noch wenig erforscht – hatte ambivalente Folgen: Einerseits konnte die faktische kulturgeschichtliche Zuordnung von Mann und Frau als „Naturrecht" behauptet werden, so daß Unterordnung der Frau, auch Ausschluß von Bildung, Erwerbsleben, politischer Herrschaft usf. als natürlich gegeben galt. Anderseits wurde es verschiedentlich als Widerspruch zum Naturrecht bezeichnet, die Frau ihrer persönlichen Freiheitsrechte zu berauben. Die Naturrechtsdebatte ist heute weithin von der Menschenrechtsdebatte abgelöst.

Literatur: *Ernst-Wolfgang Böckenförde / Franz Böckle* (Hrsg.), Naturrecht in der Kritik (Mainz 1973); *Franz Böckle* (Hrsg.), Der umstrittene Naturbegriff (Düsseldorf 1987); *Clemens Burrichter / Rüdiger Inhetveen / Rudolf Kötter* (Hrsg.), Zum Wandel des Naturverständnisses (Paderborn 1987); *Hoimar von Ditfurth / Rudolf Walter* (Hrsg.), Im Bann der Natur, Christlicher Glaube in moderner Gesellschaft, Bd. 32 (Freiburg i.Br. 1985); *Erika Drave / Gebhard Streicher,* Zusammenhänge sehen. Die ordnende Kraft der Natur (Köln 1984); *Carolyn C. Lougee,* Le Paradis des Femmes. Women, Salons and Social Stratification in 17th-Century France (Princeton 1976); Natur, in: Historisches Wörterbuch der Philosophie (Basel 1984); *Pierre Teilhard de Chardin,* Die Zukunft des Menschen (Olten – Freiburg i.Br. 1963); *Hans-Joachim Werner,* Eins mit der Natur. Mensch und Natur bei Franz von Assisi, Jakob Böhme, Albert Schweitzer und Pierre Teilhard de Chardin (München 1986).

Hanna-Barbara Gerl

Naturreligionen

↗ Dritte Welt; Eheformen; Ethik, weibliche; Frauenbewegung; Frauengeschichte; Ganzheitlichkeit; Hexen; Hinduismus; Kirchenlehrerinnen / Kirchenväter; Kult; Kultur; Matriarchat / Patriarchat; Medizin; Mythologie; Natur; Umwelt / Ökologie; Zyklus / Zyklen

Begriff

Der Begriff Naturreligion ist in sich unbefriedigend und ungenau, weil er mehr über die Optik der westlichen Religionswissenschaft aussagt, die ihn geprägt hat, als über den Gegenstand, den er bezeichnen soll. Im Bewußtsein dieses Sachverhalts wird der Begriff hier gleichwohl benutzt und gleichzeitig problematisiert.

a) Unter der Bezeichnung Naturreligion werden im folgenden zunächst die Religionen von schriftlosen Gesellschaften (auch „Naturvölker" oder Stammesgesellschaften genannt) anvisiert, die heute in den Rückzugsgebieten der Erde und in Randzonen übergreifender Zivilisationen leben und deren Lebensweise u. a. durch eine relativ einfache, stark an Umweltbedingungen angepaßte Technologie und durch eine besonders enge Verbundenheit mit der Natur beschrieben werden kann. Diese Religionen sind heute ohne Ausnahme vom Untergang bedroht, weil ihre Angehörigen, von der globalen Gesellschaft bedrängt, der kulturellen oder physischen Zerstörung preisgegeben werden.

In der Religionsgeschichte ist es bis heute weitgehend üblich, die Glaubensformen der sogenannten Naturvölker pauschal und summarisch abzuhandeln, unabhängig davon, ob es sich dabei um arktische Ethnien handelt, um Stammesgesellschaften des indischen Subkontinents, um afrikanische Pygmäen oder um australische Ureinwohner. Eine solche Kategorisierung ist jedoch fragwürdig; ihr liegt ein veraltetes evolutionistisches Bewertungsschema zugrunde, in dem die Naturreligionen sehr weit unten, unsere eigenen Denk- und Glaubensformen jedoch zuoberst rangieren. Dabei wird auch außer acht gelassen, daß jedes „Naturvolk" eine eigene Geschichte hat, die allerdings im Gegensatz zur unsrigen nicht aufgeschrieben und der westlichen Forschung weitgehend unbekannt ist. Alle heute existierenden Naturreligionen haben geschichtliche Veränderungen, Entwicklungen und individuelle Ausgestaltungen erfahren.

b) Naturreligion bezeichnet ferner eine Form oder eine Schicht der Religiosität, die sich auch in anderen, nicht naturbezogenen Religionssystemen findet und dort teils toleriert und sogar integriert, teils überlagert und verändert, teils auch – und dies trifft besonders auf unseren kulturellen Raum zu – verdrängt und mit aller Schärfe bekämpft wird. Naturreligion bezeichnet in diesem Zusammenhang ein Weltbild und eine religiöse Praxis, die sich stark auf die Natur und die hinter dem Wirken der Natur vermuteten Kräfte beziehen. Die Wurzeln dieses Weltbildes und dieser religiösen Praxis gehen nach heutigen Erkenntnissen bis auf die Anfänge der Menschheit zurück. Frauen haben in den naturbezogenen Religionen der Frühgeschichte eine überaus wichtige Rolle gespielt als Schamaninnen, Heilerinnen, Zauberinnen, Dichterinnen, Erfinderinnen, weise Frauen, Seherinnen und Priesterinnen der Großen Göttin. Viele Quellen weisen darauf hin, daß Frauen prähistorische Kulte anführten und erst in späterer Zeit – aus Gründen, auf die hier nicht eingegangen werden kann – von männlichen Priestern verdrängt wurden. In den Gestalten früher Göttinnen drückt sich eine doppelte Rolle der Frau aus: ihre *Verbindung mit Natur und Fruchtbarkeit* (die in der Religionsforschung seit langem anerkannt ist), aber auch ihre *kulturschaffende Rolle* (die zu Unrecht viel weniger betont wird), etwa im Bereich der Domestikation von Tieren und Pflanzen, in der Gestaltung der Humansphäre, vor allem der Wohnstätte, in der Entwicklung von Handwerk, Kunst und Technik – so ist sogar das ausgesprochen männliche Schmiedehandwerk in vielen alten Kulturen einer Göttin wie Athene unterstellt – und im Bereich von Sprache und Musik. Der schöpferische Beitrag der Frau zur Kultur ist nicht darauf ausgerichtet, die Natur einseitig zu beherrschen, sondern ihr ihre Geheimnisse abzulauschen, ihre Kräfte zu zähmen (z. B. das Feuer) und mit ihnen zusammenzuarbeiten.

Die ehemals zentrale Rolle der Frau in Religion und Kultur wirkt mancherorts noch in heutigen Stammesreligionen nach.

Naturreligion und Magie in Stammesgesellschaften

Im folgenden wird Naturreligion verstanden als eine ganzheitliche, sinngebende Deutung des Daseins, die Denken, Fühlen und Handeln umfaßt. Die Angehörigen einer Stammesgesellschaft sind sich über diese ganzheitliche Deutung im wesentlichen einig, und so wird religiöser Vollzug in der Gemeinschaft möglich. Vollzug und soziale Aktivität sind ein wesentliches Merkmal von Religion. In Kult und Ritual gestalten die Angehörigen von Naturreligionen ihre Beziehungen zu den verschiedenen Bereichen des Daseins. Frühere Religionsforscher haben oft in den Naturreligionen vor allem die passive Unterordnung des Menschen unter die Naturgewalten gesehen und dabei zu wenig beachtet, daß Naturreligion nicht nur eine Haltung passiver Ergebung, sondern auch Formen aktiven Umgangs, auch Auseinandersetzung mit den Daseinsmächten beinhaltet. Tritt z. B. eine Krise in der menschlichen Gemeinschaft oder in der umgebenden Natur auf, so wiederholen in manchen Stammesgesellschaften die Gläubigen im Kultdrama den Schöpfungsprozeß. Damit soll die Welt wieder ins Gleichgewicht zurückgeführt und der Ausgleich der Kräfte im Mikro- und Makrokosmos unterstützt werden. Heilung ist in diesem Verständnis ein umfassendes Geschehen, in dem sich Mensch, Natur und die unsichtbaren Mächte, die sich in allem Dasein manifestieren, neu zusammenfinden.

In den Naturreligionen versucht der Mensch nicht, den Kosmos zu beherrschen, sondern die Harmonie der Welt zu verstehen, aktiv zu unterstützen und mitzugestalten und mit allen anderen Wesen seinen Platz darin zu finden.

Die Religionsforschung hat viel Mühe darauf verwendet, klare Grenzen zwischen Religion und Magie zu ziehen. Angesichts der Naturreligionen erweist sich jedoch diese Grenzziehung als unmöglich und unsinnig. Westliche Wissenschaft hat den Angehörigen von Naturreligionen die Zielsetzung unterschoben, mit magischen Praktiken Kontrolle über die Natur auszuüben, den Kosmos manipulieren zu wollen – die Zielsetzung also, zu der westliche Naturwissenschaft und Technik eingesetzt werden. Magie in den Naturreligionen hat jedoch mit Bemächtigung und Manipulation kaum etwas zu tun. Viel eher ist Magie als Versuch zu verstehen, mit den geheimnisvollen Kräften des Daseins Verbindung aufzunehmen, ihre Richtung zu erforschen, sich an sie anzuschließen und ihre Gesetzmäßigkeiten kennenzulernen und zu respektieren. Dies geschieht in einer Haltung der Ehrfurcht, von der sich neuzeitliches Weltverständnis sehr weit weg bewegt hat. Dabei ist auch zu bedenken, daß Naturreligion als ganzheitliche Deutung des Daseins auch Bereiche umfaßt, die wir längst aus dem religiösen Kontext ausgegrenzt und der naturwissenschaftlichen Erklärung übergeben haben – beispielsweise das Wetter. Für die Angehörigen von Naturreligionen sind Donner, Blitz und Regen nicht berechenbare meteorologische Phänomene, sondern in ihnen offenbaren sich unsichtbare Mächte, und die angemessene Form des Umgangs mit diesen Mächten ist die Magie; Magie ist die Sprache mit den Wesen, die hinter der Welt der Erscheinungen wohnen.

Die Stellung der Frau in den Naturreligionen

Die Stellung der Frau in den Naturreligionen präsentiert sich, entsprechend der individuellen Geschichte einzelner Stammeskulturen, sehr verschieden und vielfältig, und es läßt sich kaum etwas Zusammenfassendes darüber sagen. So sind die Frauen z. B. in vielen melanesischen Kulturen aus dem offiziellen Kulturgeschehen ausgeschlossen und dürfen die Kulthäuser – die „Männerhäuser" – nicht betreten. Dagegen sind es etwa bei den sibirischen Jakuten überwiegend Frauen, die im Auftrag der Gemeinschaft mit den Jenseitsmächten in Verbindung treten; als Schamaninnen nehmen sie die älteste Priesterrolle der Menschheit wahr, die – wie gerade die Erforschung sibirischer Religionen zeigt – einst vermutlich ganz den Frauen vorbehalten war. Auch die meisten Gottheiten und Geister des jakutischen Pantheons sind weiblich. In anderen Stammesgesellschaften wiederum ergänzen sich die Rollen von Mann und Frau in Ritual, Mythologie und Gesellschaftsordnung. Dabei wird manchmal eine gewisse Rivalität erkennbar, aber auch das Bemühen um Gleichgewicht und Harmonie in Kosmos und Gesellschaft. Von einem ständigen Ausgleich der männlichen und weiblichen Kräfte ist etwa das Weltbild vieler indonesischer Stammeskulturen bestimmt. So ist in der Vorstellung der Ngadju in Kalimantan die gesamte Schöpfung aus einem Streit und einem darauffolgenden kreativen Wettbewerb zwischen dem Herrn des Himmels und seiner Frau entstanden.

Diese wenigen Beispiele müssen hier genügen, um etwas von der phänomenologischen Vielfalt der Naturreligionen anzudeuten.

Daneben ist aber auch festzuhalten, daß gerade in bezug auf die Stellung der Frau in den Naturreligionen große Forschungslücken bestehen. Sie sind vor allem dadurch bedingt, daß bis vor wenigen Jahrzehnten Forschungen in Stammeskulturen in der Regel von Männern durchgeführt wurden, die zur weiblichen Sphäre keinen Zutritt hatten. Damit blieb ein wichtiger Teil der Religion weitgehend unberücksichtigt, und die Lücke wurde nicht einmal bemerkt, weil sich die Forscher auch methodisch am „offiziellen", von Männern dominierten Kult orientierten. Männer treten in den meisten Kulturen in der Öffentlichkeit stärker in Erscheinung als Frauen; auch in der Religion kommt ihnen nach außen oft eine räumliche und sprachliche Vormachtstellung zu. Frauenreligion dagegen spielt sich eher in der Intimsphä-

re des Wohnhauses ab, zentriert um das Herdfeuer, integriert in den Alltag, unter Ausschluß der Öffentlichkeit.
Frauenrituale wirken oft unspektakulär und fast beiläufig. Die religiöse Rolle der Frau in den Naturreligionen ist jedoch bedeutsamer als nach außen sichtbar wird. Der Innenraum des Hauses ist Sakralraum, und für ihn sind die Frauen zuständig, aus ihm sind sie nicht zu verdrängen. In ihren Ritualen wenden sich Frauen eher als Männer dem Mikrokosmos zu, den kleineren, auf den Alltag bezogenen Gottheiten und den Wesen, die sich in der unmittelbaren Umgebung manifestieren. Wie wichtig Frauen dagegen die öffentlichen religiösen Inszenierungen der Männer nehmen, bleibt meistens verborgen. In Stammesgesellschaften, in denen der kultische Auftritt der Männer darauf abzielt, Frauen und Kinder zu beeindrucken und zu erschrecken, haben sich Frauen zu westlichen Forscherinnen auch schon recht distanziert über die Maskenauftritte ihrer Männer geäußert.

Frauenbewegung und Naturreligion

Die Verachtung naturbezogener Glaubensformen und Kulturen, die sich durch die abendländische Geistesgeschichte zieht, weist auffallende Parallelen zur Abwertung der Frau auf. In den archaischen Religionen kam der Frau einst durch ihre geheimnisvolle Verbindung mit dem zyklischen Schöpfungsgeschehen der Natur besondere Verehrung zu. Zur Zeit der Kirchenväter hat sich jedoch diese Bewertung ins Gegenteil verkehrt; Frauen gelten jetzt als naturgebunden, naturabhängig – und damit als dem Manne unterlegen, der männlichen Herrschaft bedürftig. Die Frau gilt auch als in besonderem Maße anfällig für „heidnische", d.h. naturreligiöse Praktiken und wird deshalb seitens der Kirchen verdächtigt, kontrolliert und verfolgt. Die Ausmerzung und Verdrängung naturreligiöser Elemente aus der abendländischen Kultur geht weithin Hand in Hand mit der Entmündigung der Frau in Religion und Wissenschaft.
Heutzutage wird dieser Sachverhalt vielen westlichen Frauen wieder bewußt, und damit ist ein feministisches Interesse an den Naturreligionen gegeben. Es gilt nicht allein der Stellung der Frauen in den Naturreligionen, sondern dem Weltbild der Naturreligionen überhaupt, das sowohl zum christlichen Dogma wie auch zur herrschenden westlichen Wissenschaftsauffassung im Gegensatz steht. Nachdem die dominierende abendländische, ausbeuterische Einstellung zur Natur sich als zunehmend problematisch und zerstörerisch erweist, suchen ökologisch, feministisch und spirituell (z.B. New Age) bewegte Frauen (und auch Männer) nach Modellen für eine herrschaftsfreie Naturbeziehung. Sie lassen sich dabei von Glaubensvorstellungen und Ritualen anregen, die noch vor kurzer Zeit als primitiv und rückständig galten.
Bei dieser modernen Faszination durch Naturreligionen besteht allerdings die Gefahr, daß Naturreligion nur selektiv wahrgenommen, von ihrem sozialen und kulturellen Kontext abgetrennt und romantisch idealisiert wird. In der europäischen Geistesgeschichte hat man die „Wilden" wiederholt für ähnliche Idealisierungen mißbraucht und die Kritik an der eigenen Zivilisation am klischierten Gegenbild des „edlen Wilden" aufgehängt. Den Angehörigen von Naturreligionen nützen solche Idealisierungen gar nichts. So schreitet die Zerstörung der letzten Schamanenkulturen – und damit der ältesten Religion der Erde – unaufhaltsam fort, solange die westliche Begeisterung für Schamanen-Workshops sich im unverbindlichen Konsumieren von exotischer „Spiritualität" erschöpft. Wie tief das Verständnis und der Respekt der Frauenbewegung für die Naturreligionen reichen, wird sich unter anderem an ihrem konkreten Engagement für bedrohte Minderheiten erweisen.

Literatur: *Jan van Baal,* Symbols for communication. An introduction to the anthropological study of religion (Assen 1971); *Mircea Eliade* (Hrsg.), The encyclopedia of religion, 16 Bde. (New York – London 1986); *Clifford Geertz,* Religion als kulturelles System, in: ders., Dichte Beschreibung. Beiträge zum Verstehen kultureller Systeme (Frankfurt a.M. 1983) 44–95; *Friedrich Heiler,* Die Frau in den Religionen der Menschheit (Berlin 1977); *Walter Hirschberg* (Hrsg.), Neues Wörterbuch der Völkerkunde (Berlin 1988); *Wilhelm E. Mühlmann,* Die Metamorphose der Frau. Weiblicher Schamanismus und Dichtung (Berlin ²1984); *Christel Matthias Schroeder* (Hrsg.), Die Religionen der Menschheit (Stuttgart 1960ff.) (konzipiert: 34 Bde.); *Fritz Stolz,* Grundzüge der Religionswissenschaft (Göttingen 1988).

Cornelia Vogelsanger

Netzwerke

↗ Arbeit; Aufstiegschancen; Frauenpolitik; Frauenverbände; Gewerkschaften; Neue soziale Bewegungen; Selbständige; Selbsthilfe; Wirtschaft

Begriff

Der Begriff ist aus dem angelsächsischen Sprachraum (networks/networking) übernommen und bezeichnet den Zusammenschluß und das Beziehungsgeflecht von Menschen zum Zweck der gegenseitigen Information, Hilfe, Stärkung und Unterstützung.

Zu unterscheiden sind Individual-Netzwerke und Netzwerk-Organisationen (networks). Unter einem Individual-Netzwerk wird das Geflecht der sozialen Beziehungen eines Individuums verstanden. Dazu können die Familie, Freunde, Geschäftspartner/innen usw. gehören.

Organisationsformen

Die Netzwerk-Organisation (network) hingegen ist die organisierte Struktur von miteinander verknüpften Individual-Netzwerken. Knoten des Netzes sind hierbei die Mitglieder der organisierten Struktur. Die Fäden zwischen den einzelnen Knoten sind die Brücken zu den engen Kontakten im Individual-Netzwerk der anderen. Nur durch die Mitgliedschaft in einer Netzwerk-Organisation können diese Kontakte genutzt werden. Örtliche Netzwerkgruppen können sich etwa auch zu einem größeren Netzwerk zusammenschließen.

Von anderen Organisationen unterscheiden sich Netzwerk-Organisationen dadurch, daß diese Verknüpfung der Individual-Netzwerke zum gegenseitigen Nutzen Hauptziel der Organisation ist. Der entscheidende Unterschied zu den Verbänden ist, daß es in einem Netzwerk keine Verbandsleitung gibt, sondern nur eine Koordinationsgruppe, die den Zusammenschluß nicht nach außen politisch vertreten darf.

Vorbild für die in den letzten Jahren auch verstärkt von Frauen genutzte Organisationsform sind die im angelsächsischen Sprachraum traditionellen „Old Boys“ Networks, die vor allem dem beruflichen Fortkommen der ihnen angehörenden Männer dienen.

Auch berufstätige Frauen in der Bundesrepublik Deutschland, der Schweiz und Österreich gründen heute vermehrt für ihre berufliche Entwicklung Netzwerk-Organisationen auf nationaler und internationaler Ebene bzw. schließen sich solchen an, um sich so Zugang zu vielfältigen, beruflich relevanten Erfahrungshintergründen, Informationen, Fähigkeiten und Unterstützung zu erschließen. In den USA, Großbritannien und den Niederlanden haben solche Networks schon eine längere Tradition.

Zum Teil erhielten Netzwerkgründungen auch Impulse aus der Gemeinwesenarbeit, indem sich örtliche Gruppen zur gegenseitigen Ermutigung, Unterstützung und zum Erfahrungsaustausch zusammenschlossen.

Die Netzwerke im kirchlichen Raum (d.h. im Raum beider Großkirchen) sind aus dem Bedürfnis entstanden, Vereinzelung zwischen engagierten Frauen bzw. auch zwischen einzelnen Gruppen und Initiativen aufzuheben, die sich für eine Veränderung der patriarchal geprägten Kirchen einsetzen. Ein weiteres Ziel ist, durch die Vernetzung den Erfahrungsaustausch und die Weiterentwicklung der eigenen Arbeit sowie gemeinsame Aktionen zu fördern. Es gibt zur Zeit drei solcher Netzwerke: AG „Feminismus und Kirche“, „Frauennetzwerk Kirche“ und Netzwerk „Feministische Theologie“.

Literatur: *James A. Barnes,* Social Networks (Cambridge 1972); *R. Keele,* Mentoring or Networking. Strong and Weak Ties in Career Development, in: Linda L. Moore (Hrsg.), Not as Far as You Think (New York 1986); *Evi Meyer,* Frauennetzwerk Kirche, in: Christine Schaumberger / Monika Maaßen, Handbuch Feministische Theologie (Münster 1986); *Barbara Stern,* Is Networking for You? A Working Woman's Alternative to the Old Boy System (Englewood Cliffs/NJ 1981); *M.S. Welch,* Networking. The Great New Way for Women to Get Ahead (New York 1980). CAMILLA KREBSBACH-GNATH

Neue soziale Bewegungen

↗ Arbeitslosigkeit; Dritte Welt; Ehrenamt; Entwicklungshilfe; Feminismus; Frauenbewegung; Frauenforschung; Frauenpolitik; Frieden; Macht; Matriarchat / Patriarchat; Menschenrechte; Natur; Netzwerke; Ökologie / Umwelt; Parteien; Philosophie, feministische; Politik; Sozialethik, evangelische; Soziallehre, katholische; Technik / Technologien; Wirtschaft; Wissenschaft

Entstehungssituation

Neue soziale Bewegungen gehören inzwischen selbstverständlich zum politischen Alltag, zu den Berichten der Tagespresse und zum Themenspektrum eines ganzen Wissenschaftler(innen)gremiums, den Neue-soziale-Bewegungs-Forscher/innen. Insbesondere während der beginnenden 80er Jahre entwickelten sich in sehr vielen Industriegesellschaften – besonders in Europa und in den USA – Bewegungen, die allgemein Ausdruck eines verbreiteten Mißtrauens in die parlamentarische Lösungskompetenz angesichts zunehmender drohender Katastrophen und Gefahren waren und heute noch sind. Die neuen sozialen Bewegungen der 80er Jahre haben sich nicht nur aufgrund eines aktuellen Ereignisses (wie z.B. des NATO-Doppelbeschlusses vom 12. 12. 1979) entwickelt, sondern es entstand auch bei breiten Teilen der Bevölkerung eine allgemeine Wahrnehmung von Diskrepanzen in der offiziellen Politik: zunehmende Selbstdestruktivität (wie vermehrte Kriegsgefahren, internationale Spannungen, ungebremster Rüstungswettlauf oder irreversible Umweltschäden) einerseits und abnehmende Lösungskompetenz und Gesamteffizienz auf parlamentarischer Ebene anderseits. Das heißt, neue soziale Bewegungen spiegeln nicht nur die Diskussion über neue Themen auf der phänomenologischen Ebene wider, sondern sie zeigen auch eine strukturelle Veränderung im politischen Bewußtsein breiter Bevölkerungsteile auf.

Begriff und Merkmale

Unter „sozialer Bewegung“ muß ein Prozeß einer normativ-wertorientierten Bewußtseinsänderung verstanden werden, die eine Gesamt- oder Teilkritik am Status quo des bestehenden Gesellschaftssystems beinhaltet und von der ein großer Teil der Bevölkerung betroffen ist. Merkmale der sozialen Bewegungen sind: 1. Öffentlichkeitsarbeit und alternative Öffentlichkeit; 2. informelle Organisationsformen; basisdemokratische Orientierung; 3. große Anzahl von Betroffenen; 4. Kritik am Status quo des Gesellschaftssystems; 5. reaktive Antwort auf eine soziale Krise; 6. Dauer über einen relativ langen Zeitraum und 7. bewegungsinterne Geschichtlichkeit. Zu diesen Bewegungen zählen heute z. B. die Bürgerinitiativ-, die Ökologie-, die Jugend-, die Frauen-, die Friedens- oder die Bürgerrechtsbewegung sowie die Bewegung der undogmatischen Linken. Alle zusammen bilden einen Bewegungszyklus, der sich z. T. aus den gleichen Personen mit unterschiedlichen Themenbereichen, kooperierenden Initiativen mit gleichen Philosophien zusammensetzt, die als Ganzes eine neue Öffentlichkeit geschaffen haben, verbunden mit neuen und alten Widerstands-

und Protestformen. Hier wird spätestens die Schwierigkeit deutlich, die „Frauen in den neuen sozialen Bewegungen" zu beschreiben, zu erforschen und einzuschätzen. Denn soziale Bewegungen weisen gerade andere Strukturen auf als die, die in der großen Politik, im Journalismus oder in der etablierten Wissenschaft zu finden sind: 1. es gibt keine formalen Strukturen, die beim Vorsitzenden beginnen und über den Stellvertreter bis zum Mitläufer reichen, womit es möglich wäre, rein quantitativ die Anzahl der Frauen zu benennen, die die oberen und die unteren Positionen einnehmen; 2. die einzelnen Bewegungsstränge besetzen unterschiedliche Themen, die z. T. verknüpft, aber doch weitgehend getrennt sind, womit nicht – wie in etablierten Institutionen häufig der Fall – die Frauen hauptsächlich die Expertinnen für „frauenspezifische" Themen sind, womit die Analyse mit der Beschreibung der Frauenbewegung als soziale Bewegung beendet wäre; 3. durch die qualifizierte themenspezifische Basisarbeit hat sich insbesondere während der 70er Jahre ein „Gegenexpertentum" entwickelt, das nicht nur von Männern getragen wird, wie z. B. die aus diesen Bewegungen kommenden, inzwischen wissenschaftlich ausgewiesenen, Frauen-, Friedens-, Umweltforscherinnen oder Genbiologinnen zeigen. Darüber hinaus gibt es keine Gesamtzahl von Anhängern der neuen sozialen Bewegungen, die in Männer und Frauen eingeteilt werden könnte – die Tatsache, daß diese Größe unbekannt ist, liegt in der Natur der sozialen Bewegungen.

Geschichte

Die sozialen Bewegungen, so wie sie heute der Öffentlichkeit bekannt sind, sind keine kurzlebige und aktuelle Modeerscheinung, wie das z. B. Protestaktionen einzelner spontan entstandener Gruppierungen durchaus sein können. Im Gegenteil: Sie haben eine lange Geschichte, die eng mit der Geschichte der Kriege (Pazifismus, Friedensbewegung), mit der Industrialisierung (Arbeiterbewegung), mit der Geschichte der Frau (Frauenbewegung) oder mit der Geschichte der Bürgerrechte (Bürgerrechtsbewegung, Antisklavereibewegung) verbunden ist. Während der gesamten Zeit haben sich Themen und Grundphilosophien etabliert, die noch heute Grundlage der sozialen Bewegungen sind: so z. B. das Primat der Gemeinschaft über die Gesellschaft; die Eigenverantwortung anstatt der Bevormundung; gleiche Rechte für alle; Diskurs und Dialog anstatt Befehl und Gehorsam; persönliche Entfaltung anstatt verkollektivierter Vereinzelung. Die Geschichte der sozialen Bewegungen hat eine Kontinuität (außer während der Zäsur wegen der nationalsozialistischen Diktatur) – sie hat sich, wenn auch im steten Wechsel zwischen manifesten (offenen Protestaktionen) und latenten (sogenannten Ruhephasen) Protestphasen, bis heute weiterentwickelt.

Die neuen sozialen Bewegungen sind also das Ergebnis dieser Geschichte und das Ergebnis von Massenlernprozessen, insbesondere seit den 50er Jahren, die die Einstellung zu etablierten Institutionen – wie den Parteien, der Kirche oder den Gewerkschaften – oder den Gebrauch von Medien oder der Presse beinhalten. Auch hier ist es wiederum schwierig, „die" Frauen als Gruppe zu isolieren: die während der 50er Jahre entstandene Friedensbewegung, bei der z. B. die Westdeutsche Frauenfriedensbewegung eine große Rolle spielte, war die Voraussetzung für die Entfaltungsmöglichkeiten der Ostermarschbewegung der folgenden 60er Jahre, die ihrerseits teilweise den „Nährboden" für die Entstehung der Studentenbewegung und damit auch der neuen Frauenbewegung gebildet hat. Frauen waren in all diesen Bewegungssträngen aktiv und haben nicht nur eine frauenspezifische Politik unterstützt, sondern sind je nach Spezialisierung auch für die Beendigung des

Vietnamkrieges, für die Nichteinführung der Notstandsgesetze usw. eingetreten. Ohne das nicht nur numerische, sondern vor allem inhaltliche (Forderung nach neuen Kommunikations- und Organisationsstrukturen) Engagement der Frauen gäbe es nicht nur nicht die Frauenbewegung, sondern auch nicht den gesamten Bewegungszyklus der 80er Jahre, so wie wir ihn heute kennen.

Grundphilosophien und Werte

Die allgemeinste Kennzeichnung von sozialen Bewegungen ist ihre Kritik am Status quo des bestehenden Gesellschaftssystems: d.h., sie üben Kritik daran, daß eine Minderheit die Mehrheit der „Minderheiten" regiere; daß das Primat von Profit und Gewinn den Markt reguliere; daß hierarchische Strukturen, basierend auf Macht und Herrschaft, gälten; daß Konkurrenz und Leistungsprinzip Selbstverwirklichung und Selbstentfaltung verdrängten.

Auf einen Nenner gebracht, die Kritik ist eine Kritik an der modernen Industriegesellschaft (Umwelt-, Antigentechnologie-, Friedens-, Frauen-, Alternativbewegung) und damit verbunden eine Kritik am Patriarchat (das mit Industrialisierung, Hochrüstung usw. verbunden wird). Von diesen Grundwerten, die länderübergreifend sind, leitet sich die Kritik an einzelnen Politikbereichen ab: Sicherheits-, Umwelt-, Frauen- oder Sozialpolitik. Die speziellen Themen sind allerdings zeitgebunden und länderspezifisch – so ist z.B. verständlich, daß sich in den neutralen und atomwaffenfreien Ländern Schweiz und Österreich keine Bewegungen entwickelt haben, deren Hauptinhalt die Kritik an der Stationierung von nuklearen Mittelstreckenwaffen war. Es wird deutlich, daß sich hier die Grundphilosophien der alten und neuen Frauenbewegungen wiederfinden und sich damit durch alle Bewegungsstränge ziehen. Sind Frauen durch die Erkenntnis ihrer eigenen gesellschaftlich benachteiligten Situation zur Frauenbewegung gestoßen, so wurden sie politisiert und damit gleichzeitig potentielle Interessentinnen für andere politische Themen – so ist es verständlich, daß diese Akteurinnen die „frauenspezifischen" Ziele auch in den anderen Bewegungen vertreten. Und umgekehrt: Anhängerinnen z.B. der Friedensbewegungen werden bald die Verbindung zwischen dem positiven und negativen Frieden und damit zu ihrer eigenen Situation – zu ihrer Stellung in Staat und Gesellschaft – erkennen.

Anspruch und Wirklichkeit

Nicht nur inhaltlich gibt es Überschneidungen zwischen den Zielen der Frauenbewegungen und den anderen Bewegungssträngen, sondern auch praktisch – die offene, nicht-hierarchische Struktur der Zusammenarbeit kommt den Frauen entgegen: kein Konkurrenz- und Leistungsdenken, keine Bevormundung, keine Vorgesetzten, sondern basisdemokratische Orientierung. So wird das allerdings gefordert – wie die Realität der Basisdemokratie aussieht, ist eine andere Frage: Es gibt den Widerspruch zwischen Anspruch und Wirklichkeit, der vor allem die Frauen betrifft. Das zeigt sich z.B. darin, daß die Arbeitsteilung oft das traditionelle Rollenspiel widerspiegelt – so sind z.B. die Hauptredner und -autoren Männer, die Protokollantinnen dagegen Frauen.

Es besteht nun die Gefahr, Frauen auszugrenzen – wie das auch z.T. in der Neue-soziale-Bewegungs-Forschung der Fall ist – und sie als „Ausnahme" zu beschreiben. Das würde geschehen, isolierte man die Frauen aus dem Gesamtzusammenhang der neuen sozialen Bewegungen; d.h., das Geschlechterverhältnis in den neuen sozialen Bewegungen muß dialektisch gesehen werden, denn Frauen sind nicht als bloß numerischer Anteil an den sozialen Bewegungen zu betrachten. Sie haben sie vielmehr mitgeprägt, ihre

Entwicklung mitbestimmt und ihre Zielsetzungen beeinflußt und mitformuliert.
Dadurch wird die Analyse dieser engen Verflechtung – soll sie nicht nur auf der beschreibenden Ebene bleiben – enorm erschwert. Das erklärt auch, warum es in der ohnehin jungen Neue-soziale-Bewegungs-Forschung noch keine entsprechenden Analysen gibt, die dieser Frage gerecht würden. Noch weniger gibt es dazu Länderstudien, insbesondere weil die Neue-soziale-Bewegungs-Forschung in anderen Ländern weniger ausgeprägt ist als in der Bundesrepublik Deutschland. Kleine Ansätze von Forschungsarbeiten gibt es, insbesondere seit einige Frauenforscherinnen begonnen haben, dieses Thema nicht mehr nur der traditionellen Soziologie, Politikwissenschaft oder Neue-soziale-Bewegungs-Forschung zu überlassen.

Literatur: *Johanna Beyer / Franziska Lamott / Birgit Meyer* (Hrsg.), Frauenhandlexikon. Stichworte zur Selbstbestimmung (München 1983); *Karl-Werner Brand* (Hrsg.), Aufbruch in eine andere Gesellschaft. Neue soziale Bewegungen in der Bundesrepublik Deutschland (Frankfurt a.M. – New York [2]1986), bes. 118 – 154; *Birgit Brock-Utne,* Gewaltfrei denken. Zur Rolle der Frauen in der Friedensforschung, in: Christa Randzio-Plath (Hrsg.), Was geht uns Frauen der Krieg an? (Reinbek 1982) 45 – 61; *Heide Göttner-Abendroth,* Der unversöhnliche Traum. Utopie in der Neuen Linken und in der Frauenbewegung, in: Ästhetik und Kommunikation 10 (37) (1979) 5 – 15; *Silvia Kontos,* Modernisierung der Subsumtionspolitik? Die Frauenbewegung in der Theorie neuer sozialer Bewegungen, in: Feministische Studien 5 (2) (1986) 34 – 49; *Joachim Raschke,* Soziale Bewegungen. Ein historisch-systematischer Grundriß (Frankfurt a.M. 1985); *Frauke Rubart,* Die codierte Utopie der Frauenfriedensbewegung. Gewaltfreies (Liebes-)Leben in der postpatriarchalen Gesellschaft (Schlüsselsymbole als Wegweiser und Hoffnungsträger), in: Forschungsjournal neue soziale Bewegungen 1 (1 und 3) (1988); *Herrad Schenk,* Frauen kommen ohne Waffen. Feminismus und Pazifismus (München 1983); *Ulla Terlinden,* Frauen in der Ökologiebewegung – Ökologie in der Frauenbewegung, in: Beiträge zur feministischen Theorie und Praxis, Nr. 4 (1980) 92 – 100.

ULRIKE C. WASMUHT

Neues Testament

↗ Altes Testament; Amt, kirchliches; Antike; Charismen; Christentum; Frieden; Gemeinde; Glauben; Gottesbilder; Judentum; Jungfräulichkeit; Kirche; Kult; Maria; Sophia; Spiritualität; Theologie, feministische; Urkirche

Geschichte als Maßstab

Das Neue Testament gilt den Christen als Kanon, als Maßstab und Richtschnur des Glaubens. Als die Kirche des 4./5. Jahrhunderts die Entscheidung zu dieser Auswahl traf, wählte sie die nun zum Neuen Testament zählenden 27 Schriften aus einer Überfülle von Texten aus, die in den Gemeinden gelesen wurden (Apokryphen); in diesen Schriften wird ihrer Auffassung nach am besten zum Ausdruck gebracht, was christlich ist. Nicht Lehrsätze oder Definitionen geben darüber Auskunft, sondern die ersten ca. 100 Jahre von der Geburt Jesu Christi an. Geschichte wird hier als Maßstab gesetzt.
Die Texte des Neuen Testaments machen aber verschiedene Arten von Aussagen: Sie schildern, wie es damals gewesen ist, und wo sie die Kenntnis der Lebensumstände nicht voraussetzen, erzählen sie, wie die ersten Christen gelebt und gehandelt haben. Die Texte verhehlen auch nicht die Konflikte innerhalb der Gemeinden und zeigen deren Lösungsversuche auf. Schließlich finden sich im Kanon die ersten ausformulierten Bekenntnisse, deren „Sitz im Leben“ wohl die Gemeindeliturgie darstellt. Den verschiedenen Aussageebenen entspricht ein unterschiedlicher literarischer Charakter, der beachtet werden muß. Die Bekenntnisse formulieren den Glaubensanspruch. Die Darstellung der Lebensumstände läßt erkennen, wie die ersten Christen sich darum bemüht haben, diesen Anspruch in ihrem Handeln und in der Gestalt ihres Gemeinschaftslebens zu verwirklichen. Daß ihnen dies nicht immer gleich gut gelungen ist, zeigen die vielfältigen Konflikte. Anspruch und Verwirklichung

stehen bis heute in einem Spannungsverhältnis zueinander. Unter dieser Voraussetzung müssen die Texte des Neuen Testaments gelesen werden.
Die knapp 100 Jahre, die der Kanon repräsentiert, lassen sich in drei Generationen einteilen: die Zeit der Jesustradition, von der die Evangelien (die erst später zwischen 70 und 100 entstanden) Zeugnis geben; die Zeit der ersten christlichen Gemeinden, die den Hintergrund der paulinischen Briefe, zwischen 50 und 60 geschrieben, bilden; und die Zeit der dritten, nachpaulinischen Generation zwischen 90 und 130, die u.a. in den Pastoralbriefen (1 und 2 Timotheus / Titus) literarischen Niederschlag findet.

Keine Frauendiskriminierung – radikale Lebenspraxis

Jesus und seine Nachfolger und Nachfolgerinnen leben als Wanderprediger. Sie geben die gewohnten sozialen Bindungen, Familie und Haus, auf und ziehen ort- und besitzlos durchs Land. Einige Frauen in der Nachfolge werden namentlich genannt, allen voran Maria Magdalena, dann Johanna, Susanna, eine (andere) Maria, Salome und „viele andere“ (Lk 8, 1–3; Mk 15, 40–41; Apg 1, 14). Der traditionelle Wirkungskreis der Frauen, nämlich Haus und Kinder, ist im Rahmen einer solchen Lebensform nicht bedeutsam. Ausschlaggebend ist, sich dem Ruf zur Umkehr, zur Buße und der Erwartung des kommenden Gottesreiches zu öffnen. Dieser Ruf ergeht an alle Menschen ohne Ansehen des Geschlechts. Daß Jesus und seine Nachfolgegruppe auch sexualasketisch lebten, ist unter diesen Voraussetzungen zumindest sehr wahrscheinlich. Frauendiskriminierung, in welcher Form immer, findet sich in dieser Tradition nicht. Sie verbindet sich jedoch mit einer radikalen Lebenspraxis des Auszugs aus den üblichen familiären Bindungen. Für die Frauen bringt dies auch eine soziale Entlastung mit sich. Diese Praxis allein kann nicht Maßstab des Christlichen (im Sinne einer unverzichtbaren Bedingung) sein, sie ist es auch für die folgende Generation schon nicht mehr gewesen. Es muß vielmehr nach dem dahinter stehenden Glaubensanspruch gefragt werden. Daß diese Praxis eine mögliche Verwirklichung des christlichen Anspruchs darstellen kann, zeigt z.B. die spätere Geschichte der Frauenorden. Frauenbefreiung verbindet sich hier mit dem Motiv des Verzichts.
Es ist dies allerdings kein sauerer Verzicht. Jesus und den Menschen um ihn ist etwas anderes wichtiger, als das Haus zu bestellen und Kinder aufzuziehen. Im Warten und Hoffen auf das Gottesreich verbirgt sich ein viel erstrebenswerterer Anspruch. Das Gottesreich bringt den lange ersehnten Frieden, das Ende aller Knechtung durch die Mächtigen dieser Welt, es beendet das soziale Gefälle zwischen Armen und Reichen und hebt alles Unrecht auf. Es ist eine Welt, in der alles das nicht mehr gilt, was sonst in der uns bekannten Welt üblich ist. Denn auch die Menschen sind andere geworden: Sie wollen nicht mehr Macht, Prestige und Reichtum, sondern einander helfen und dienen (vgl. Mk 10, 42–45). Damit fällt auch die Herrschaft der Männer über die Frauen weg. Die Herren werden zu Dienern, Männer und Frauen zu Geschwistern. Die Passion Jesu als Passion eines Mannes zeigt die Konsequenz dieses Anspruchs. Die Frage für die nächste Generation lautete, ob der Anspruch auch unter anderen sozialen Bedingungen lebbar wäre.

Urchristliche Mission

Mit der Predigt von Christus, dem Gekreuzigten und Auferstandenen, beginnt in einer nächsten Phase die urchristliche Mission. Die schnell wachsenden Ortsgemeinden verstehen sich als das anbrechende Gottesreich: alle dienen einander mit ihren Begabungen, sie teilen, was sie besitzen, und finanzieren die Missionsreisenden. Damit einher geht ein einschneidender sozialer Wandel. Zwar gibt es für die Zeit des Übergangs noch die radikale Lebensform der besitz- und ortlosen Wanderprediger; daneben etabliert sich eine andere Sozialordnung. Viele, die der christlichen Predigt Glauben schenken, schließen sich dem neuen Glauben mit ihrem ganzen Haus (Familienangehörige, Sklaven etc.) an. Als Zeichen der Zugehörigkeit wird die Taufe gesetzt. Von einem Verzicht auf Haus, Familie, Beruf und Besitz ist nicht mehr die Rede. Im Gegenteil, das Haus wird zum Zentrum christlichen Lebens (Hausgemeinden). Die Mission öffnet sich für die Heiden, damit für Menschen aus höhergestellten Kreisen, darunter selbständige Frauen aus dem Kulturkreis des liberalen Hellenismus. All das erleichtert den Frauen, die als Mütter an den Ort gebunden sind, die Mitarbeit am Aufbau der Gemeinden. Auch die Missionsreisen gestalten sich leichter, da bereits bestehende Gemeinden als Stützpunkt dienen können. Die Wende von der Wanderexistenz zur Ortsgemeinde führt in jener Zeit aber noch nicht dazu, daß die Frauen wieder an den Herd zurückverwiesen werden. Der christliche Anspruch, nach dem vor Gott kein Ansehen des Geschlechtes gilt und einzig der Glaube an das Evangelium zählt, findet ein hohes Maß an Verwirklichung. Er geht ein in liturgische Bekenntnisse. So heißt es in Gal 3, 28 im Zusammenhang mit einer Taufformel, daß Juden und Griechen, Herren und Sklaven, Mann und Frau in Christus Jesus eins sind.

Wirken des Apostels Paulus

Diese Gestalt der Gemeinden findet Paulus vor, als er an sie seine Briefe schreibt. Er selbst ist Missionar und bedient sich bei seinen Reisen der Gemeinden, die Gastrecht gewähren. Obwohl besitzlos, will er sich nicht ausschließlich von den Gemeinden unterstützen lassen und arbeitet daher eine Zeitlang in der Werkstatt des Ehepaares Prisca und Aquila (Apg 18). Als ehemaliger jüdischer Schriftgelehrter hat er ein Handwerk erlernt. Im eigenen Verdienst eines reisenden Predigers liegt für die Gemeinden ein neues Modell, das zuerst auch auf Kritik stößt (1 Kor 9). Paulus ist unverheiratet und zieht diese Lebensform, der Nachfolgeexistenz entsprechend, dem Ehestand vor. Mehr noch: Er empfiehlt die Ehelosigkeit, da er in der Erwartung des nahen Endes der Welt und des kommenden Gottesreiches lebt. Auch darin ist er der Jesustradition eng verbunden (1 Kor 7). Nur auf diesem Hintergrund läßt sich die Einstellung des Paulus zu den Frauen verstehen.

Nirgends in der paulinischen Literatur finden sich Äußerungen, die Frauen diskriminieren. Paulus anerkennt und rühmt viele Frauen als seine Mitkämpferinnen. Er hebt zwar nirgends besonders hervor, daß *auch* Frauen im Dienste des Evangeliums wirken, dies läßt aber eher auf die Selbstverständlichkeit schließen, mit der er sie akzeptiert. Eine viel umstrittene Textstelle ist 1 Kor 11, 2–16. Hier geht es Paulus um die Bewahrung einer jüdischen Sitte, nach der Frauen im Gottesdienst einen Schleier tragen. Er will, daß die Heidenchristinnen dies übernehmen. Um die Sitte zu begründen, stellt Paulus eine Rangordnung auf: Der Mann habe eine unmittelbare Beziehung zu Gott, die Frau nur eine mittelbare durch den Mann. Der Ausdruck dafür sei der Schleier. Aber schon in den Versen 11 und 12 korrigiert er sich und sagt, daß im Herrn ein gleichgewichtiges Verhältnis zwischen Mann und Frau besteht. An dieser Stelle zeigt sich beispielhaft, daß Texte in ihrem Zusammenhang gelesen werden müssen: Auch ein Apostel kann irren und sich korrigieren. Eine zweite, für die Frauenfeindlichkeit des Paulus in Anspruch genommene Stelle ist 1 Kor 14, 33b–35. Hier findet sich die Wendung, daß Frauen in der Gemeinde(versammlung) schweigen sollen. Dieser Text läßt sich mit guten exegetischen Gründen als ein Einschub aus der Zeit der dritten, nachpaulinischen Generation erkennen, er stammt also nicht aus der Feder des Apostels. Auch Paulus hält also am christlichen Grundbekenntnis, das keinerlei Frauendiskriminierung rechtfertigt, fest.

Herausbildung von Hierarchien

In der dritten Generation um die Wende vom 1. zum 2. Jahrhundert bietet sich nun ein völlig anderes Bild in bezug auf die weibliche christliche Existenz. Nach den Vorstellungen dieser Generation sollen Frauen Ruhe geben, in der Stille lernen, aber nicht in der Öffentlichkeit lehren, sie sollen sich den Männern unterordnen und sich bewußt sein, daß Eva erst nach Adam erschaffen wurde bzw. sich zur Übertretung verführen ließ. Gerettet wird die Frau nicht in erster Linie durch den Glauben, sondern durch das Kindergebären (1 Tim 2, 8 – 15). Das Amt der Diakonin hat sich offensichtlich noch halten können (1 Tim 3, 8 – 13, sofern die Frauen in Vers 11 sich nicht auf die Ehefrauen der Diakone beziehen). Ein neues Amt bekommt besonderes Gewicht, das der Witwe offensteht. Es ist auf rein karitative Tätigkeiten beschränkt.

Ein neuer sozialer Wandel zeigt sich an. Inzwischen hat sich eine erste Ämterhierarchie etabliert, gleichzeitig treten die charismatischen Funktionen (z.B. die Prophetie) zurück. Man kann in der Kirche Ansehen und auch Macht erlangen. Das schafft Konkurrenz wohl auch zwischen den Geschlechtern, und die an Kinder gebundenen Frauen sind meist um vieles weniger beweglich. Die Christen beginnen sich abzugrenzen. Den Spöttern unter den Heiden, die das Christentum aufgrund des großen Zulaufs der Frauen eine Weiberreligion nennen, will bewiesen werden, daß dies nicht zutrifft. Der christliche Grundanspruch, daß vor Gott kein Ansehen des Geschlechts gilt, wird zum ersten Mal preisgegeben zugunsten des Ansehens bei denen, die „draußen" sind (1 Tim 3, 7).

Abgrenzung gegenüber der Gnosis

Die entscheidende Abgrenzung richtet sich gegen die Gnosis (Erkenntnis). Sie ist eine religiöse Strömung, die zum christlichen Glauben in einem grundsätzlichen Widerspruch steht und von den Christen daher als eine Irrlehre bezeichnet wird. Da viele Gnostiker am christlichen Gemeindeleben teilnahmen und sich auch selbst als Christen verstanden, fiel es schwer, sie als Irrlehrer zu unterscheiden, und die Angst vor Unterwanderung machte sich breit. Eine der vielfältigen gnostischen Lehren besagt, daß die Welt von einem bösen und lüsternen Wesen geschaffen wurde, das durch einen Sündenfall aus der göttlichen Lichtwelt ausgestoßen worden ist. Dieses Wesen hat auch den Menschen geschaffen, indem es göttliches Licht (Bewußtsein als Ort der Erkenntnis) in sterbliche Materie (Körper) bannte. Die Gnostiker lebten daher asketisch, um ihr Bewußtsein aus dem Gefängnis des Körperlichen und dessen bösen Trieben zu befreien. Auf dem Hintergrund dieser gnostischen Lehre ist der Satz zu lesen, daß die christlichen Frauen ihren Glauben im Kindergebären bewähren sollen. Trotz dieser leibfeindlichen Tendenzen standen den Frauen bei den Gnostikern alle Funktionen und Ämter offen: ein Grund für viele christliche Frauen, sich der Gnosis anzuschließen. Dies wiederum wurde gegen sie gewendet. Man unterstellte den Frauen nun, daß sie durch Irrlehren leicht verführbar seien: ein Grund mehr für die Christen, Frauen in die Stille und Abgeschiedenheit des Hauses zu verbannen.

So kommt es zu einer paradoxen Spaltung: Die Christen bewahrten den Glauben an den guten Schöpfergott, die Gnostiker die ursprüngliche, christliche Frauen nicht diskriminierende Lebensform und den damit verbundenen Anspruch. So bezeugt der Kanon des Neuen Testaments beides zugleich:

daß der christliche Glaubensanspruch, der keinerlei Frauendiskriminierung rechtfertigt, unter den Bedingungen des den Menschen Möglichen zu verwirklichen versucht, aber auch unterlassen wurde. Das Neue Testament kann man auch als ein „Lehrstück" dafür betrachten, daß Glaubensansprüche nicht immer lebbare Gestalt gewinnen, Christen und Kirche sündhaft bleiben. Die Kraft des Anspruchs selbst wird dadurch jedoch nicht geschwächt, sondern sucht zu jeder Zeit und immer neu ihren leibhaft-realen Ausdruck in der Gemeinschaft der Gläubigen.

Es ist ein Verdienst feministischer Exegese, die Aufmerksamkeit mit allem Nachdruck auf die Frauen der im Neuen Testament repräsentierten frühen Christenheit gelenkt zu haben. Vieles, das leicht überlesen und über Predigt und Lehre der Kirche nicht vermittelt wurde, trat dadurch in das Bewußtsein einer breiten Öffentlichkeit. Dennoch läßt sich über die Frauen aus dieser Zeit nicht sehr viel erheben, gemessen an dem, was die Texte sonst noch überliefern. Es läßt sich aber nachweisen, daß bestimmte Überlieferungsstränge (so z.B. die um den Codex D) die Frauen aus der Geschichte zu verdrängen suchen. Diese Tendenz hat sich im Laufe der weiteren Tradition dann noch verstärkt. Die Kirche hat daher in ihrem Verhältnis zu den Frauen ohne Zweifel viel Schuld auf sich geladen.

Nicht eine statistische Auflistung, wie viele Frauen jeweils mit welchen Aufgaben und Ämtern in der Kirche tätig waren und sind, ist das Wesentliche. Wesentlich ist vielmehr, daß die Intention der Anfänge aufrechterhalten bleiben muß: Geschlecht darf für Christen kein Argument für die Minderbewertung von Menschen sein. Dann wäre darüber nachzudenken (und danach zu handeln), in welcher Weise sich diese Intention unter jeweils gegebenen, aber auch zu verändernden sozialen Umständen verwirklichen läßt. Diese Umstände sind heute für Frauen andere und um vieles günstigere; sie geben damit auch den Kirchen neue Chancen, ihren Anfängen treu zu bleiben.

Literatur: *Bernadette Brooten,* Women Leaders in the Ancient Synagogue (California 1981); *dies.,* Junia ... hervorragend unter den Aposteln (Röm 16, 7), in: Frauenbefreiung, hrsg. von Elisabeth Moltmann-Wendel ([3]1982); Concilium Heft 1, 1976; Heft 4, 1980; *Gerhard Dautzenberg / Helmut Merklein / Karlheinz Müller* (Hrsg.), Die Frau im Urchristentum (Freiburg i.Br. [2]1987); *Elisabeth Gössmann,* Unsere Verantwortung für die Glaubensgeschichte. Wie Frauen in der Tradition die Bibel deuteten, in: Karin Walter (Hrsg.), Frauen entdecken die Bibel (Freiburg i.Br. [3]1988) 187 – 196; *Adolf von Harnack,* Die Mission und Ausbreitung des Christentums in den ersten drei Jahrhunderten (1924, Nachdr. Leipzig o. J.); *Susanne Heine,* Frauen der frühen Christenheit. Zur historischen Kritik einer feministischen Theologie (Göttingen [2]1987); *Hans-Josef Klauk,* Hausgemeinde und Hauskirche im frühen Christentum (Stuttgart 1981); *Max Küchler,* Schleier, Schmuck und Schweigen. Drei neutestamentliche Vorschriften zur Verdrängung der Frauen auf dem Hintergrund einer frauenfeindlichen Exegese des Alten Testaments im antiken Judentum (Göttingen – Fribourg 1986); *Elisabeth Moltmann-Wendel,* Ein eigener Mensch werden. Frauen um Jesus (Gütersloh [5]1985); *Kurt Rudolph,* Die Gnosis. Wesen und Geschichte einer spätantiken Religion (Göttingen [2]1980); *Luise Schottroff,* „Anführerinnen der Gläubigkeit" oder „einige andächtige Weiber". Frauengruppen als Trägerinnen jüdischer und christlicher Religion im ersten Jahrhundert n. Chr., in: Christine Schaumberger (Hrsg.), Weil wir nicht vergessen wollen ... Zu einer Feministischen Theologie im deutschen Kontext (Münster 1987) 73 – 87; *Willy Schottroff / Wolfgang Stegemann* (Hrsg.), Traditionen der Befreiung, Bd. 2: Frauen in der Bibel (München 1980); *Wolfgang Schuller,* Frauen in der römischen Geschichte (Konstanzer Bibliothek, Bd. 4) (Konstanz 1987); *Elizabeth Schüssler Fiorenza,* Zu ihrem Gedächtnis. Eine feministisch-theologische Rekonstruktion der christlichen Ursprünge (München 1988); *dies.,* Brot, nicht Stein. Die Herausforderung feministischer Bibelauslegung (Fribourg 1988); *Klaus Thraede,* Ärger mit der Freiheit, in: „Freunde in Christus werden ...", hrsg. von Gerta Scharffenorth / Klaus Thraede (Gelnhausen – Berlin – Stein a.M. 1977); *Hartwig Thyen,* „... nicht mehr männlich und weiblich ...", in: Als Mann und Frau geschaffen, hrsg. von Frank Crüsemann / Hartwig Thyen (Gelnhausen – Berlin – Stein a.M. 1978); *Karin Walter* (Hrsg.), Zwischen Ohnmacht und Befreiung. Biblische Frauengestalten (Freiburg i.Br. 1988).

Susanne Heine

Nichteheliche Lebensgemeinschaften

↗ Alleinerziehende; Alter; Bindung; Ehe; Elternschaft; Familie; Familienrollen; Frauenrollen / Frauenleitbilder; Grundgesetz / Bundesverfassung; Kinder; Kinderwunsch; Kirchenrecht; Partnerschaft; Sexualethik; Sexualität; Soziale Sicherung; Wohnen

Gewandelte Einstellungen

Angesichts ihrer wachsenden Verbreitung sind nichteheliche Lebensgemeinschaften seit Beginn der 70er Jahre verstärkt in das Interesse gesellschaftsbezogener Wissenschaftsdisziplinen gerückt. Nach dem begrifflichen und inhaltlichen Verständnis geht es bei diesen nichtehelichen Lebensgemeinschaften grundsätzlich um eine auf gewisse Dauer angelegte Verbindung eines verschiedengeschlechtlichen Paares, das in einer gemeinsamen Wohnung (Haushalt) in voller Lebens- und Geschlechtsgemeinschaft lebt, ohne daß die Beziehung durch eine Eheschließung offiziell bestätigt (legitimiert) ist. Als wesentliches Kennzeichen dieser Paarverbindungen kann insbesondere gelten, daß die beiden Partner etwas anderes sein und mehr oder minder bewußt leben wollen als Ehe im herkömmlichen und verbindlich definierten Rechtssinn. Insofern handelt es sich hier um ein Phänomen, in dem gewandelte Einstellungen zu Ehe und Familie deutlich zum Ausdruck kommen.

Gewandelte Lebensmuster

Für eine sozialwissenschaftliche Bewertung darf das unverheiratete Zusammenleben junger Menschen nicht losgelöst gesehen werden von den schon längerfristig zu beobachtenden Veränderungen einzelner Phasen des „Familienzyklus“ sowie von den Wandlungen partnerschaftlicher und eltern-kindschaftlicher Lebensmuster, wie sie sich z. B. in Eheschließung, Ehelösung und etwaiger Neubildung von Ehe und Familie niederschlagen. Die bisher nicht sehr umfangreich vorliegenden empirischen sozialwissenschaftlichen Befunde zum nichtehelichen Zusammenleben weisen darauf hin, daß nichteheliche Lebensgemeinschaften – in offensichtlich wachsendem Maße – besonders unter den jungen Erwachsenen bis zum 35. Lebensjahr verbreitet sind. So läßt sich in der Bundesrepublik Deutschland für die erste Hälfte der 80er Jahre aufgrund von Mikrozensus-Auswertungen, die allerdings nur Anhaltspunkte liefern können, schätzen, daß von den 18- bis unter 35jährigen ledigen Männern mindestens 7%, von den ledigen Frauen dieser Altersgruppe mindestens 12% in einer nichtehelichen Lebensgemeinschaft lebten. Nachdem sich diese Schätzungen schon auf eine Gesamtzahl nichtehelicher Lebensgemeinschaften von wenigstens 500000 im Jahre 1982 beliefen, dürfte diese Zahl gegenwärtig auf deutlich über eine Million angestiegen sein. Dabei stellt diese Form des Zusammenlebens offensichtlich kein sozialschichtenspezifisches Phänomen in dem Sinne dar, daß sie etwa überwiegend nur unter Angehörigen eher höherer Bildungsschichten anzutreffen wäre.

Vergleichszahlen aus Nachbarländern wie der Schweiz oder Österreich liegen nur sehr spärlich vor. So wird z. B. für den deutschsprachigen Teil der Schweiz zum Beginn der 80er Jahre angegeben, daß etwa 18% der 18- bis 26jährigen Männer und Frauen in nichtehelichen Lebensgemeinschaften lebten. Für Österreich liegt eine Schätzung für denselben Zeitpunkt vor, die davon ausgeht, daß etwa 5% der Bevölkerung im reproduktionsfähigen Alter – das entspräche etwa 2% der Gesamtbevölkerung – unverheiratet zusammenlebten.

Formen und Motive

Wichtig erscheint in sozialwissenschaftlicher Sicht, daß es *die* nichteheliche Lebensgemeinschaft nicht gibt. Ebenso wie das konkret vorfindbare Zusammenleben in Ehe und Familie durch eine wachsende Variabilität und Pluralität familialer Lebensformen gekennzeichnet ist – und unverheiratetes Zusam-

menleben von Paaren diese Vielfalt von Lebensstilen vergrößert –, stellt sich auch nichteheliches Zusammenleben in sehr verschiedenen Formen dar. Diese weisen sich z. B. durch eine unterschiedlich angestrebte Zeitdauer des Zusammenlebens in kindlosen Paarbeziehungen oder aber in Eltern-Kinder-Gemeinschaften aus. Für die große Mehrzahl *junger* Erwachsener bildet eine nichteheliche Lebensgemeinschaft eine Vorform der nachfolgenden Ehe.
Über die Motive der wachsenden Ausbreitung von nichtehelichen Lebensgemeinschaften liegen gegenwärtig nur unzureichende Erkenntnisse vor. Insbesondere für ein abschließendes Urteil zu der für die Herausbildung dieser Lebensform wesentlichen Kernfrage, ob sich hier eine neue Phase im Ehefindungsprozeß herausbildet oder aber eine endgültige Form des Zusammenlebens neben der Ehe, dürfte es noch zu früh sein. Gleichwohl lassen sich aufgrund von Befragungsergebnissen z. B. aus Frankreich, aber auch der Bundesrepublik folgende Motivgruppen herausfiltern: Von den aus persönlichen Interessenlagen angestrebten kurzfristigen Paarverbindungen, bei denen beide Partner von einer Beendigung des Zusammenlebens in absehbarer Zeit ausgehen, sind nichtlegalisierte Paarverbindungen zu unterscheiden, die (als „moderne Form des Verlöbnisses") nach einiger Zeit der Prüfung in eine Ehe einmünden; beide Formen wiederum unterscheiden sich deutlich von unter Umständen lebenslang bewußt gesetzten Alternativen zur herkömmlichen Ehe – z. B. aus Ablehnung einer als zu groß empfundenen „Verrechtlichung", einer als unvertretbar angesehenen „Einmischung" des Staates in die Privatsphäre oder aus der Befürchtung vor allzu großer Einschränkung des persönlichen Unabhängigkeitsbedürfnisses. Beweggründe zum Eingehen solcher Zusammenlebensformen können auch betont wirtschaftlich oder rechtlich bedingt sein (bei Ausländern z. B. nicht zuletzt durch rechtlich begrenzte Scheidungsmöglichkeiten im Heimatland). Tatsächlich kommt es nicht selten zu einer mehr oder weniger diffusen Mischung verschiedener Motive, wie auch ein Übergang von einer Form in die andere anzutreffen ist.

Gesellschaftliche Voraussetzungen

Für die Verbreitung nichtehelicher Lebensgemeinschaften ist das Vorliegen bestimmter gesellschaftlicher Voraussetzungen und Bedingungen zu bedenken, die sich zu einer „Faktorstruktur nichtehelichen Zusammenlebens" verbinden lassen. Hierzu gehören u. a. die wachsende Anerkennung bzw. Tolerierung dieser Lebensform in der Öffentlichkeit, die gegenüber früher größere wirtschaftliche und soziale Absicherung der Frau, die zunehmende Loslösung des einzelnen aus normativen Bindungen mit einem Zurücktreten auch religiös-kirchlicher Bindungen sowie eine wachsende, subjektiv empfundene Unsicherheit bei Entscheidungen, die den gesamten weiteren Lebenslauf beeinflussen.

Rechtliche Probleme

In den verschiedenen rechtlichen Bereichen werfen nichteheliche Lebensgemeinschaften eine Reihe von Fragen auf, über deren Beantwortung nur wenig einheitliche Auffassungen zu bestehen scheinen. Aufgrund bestehender rechtlicher Regelungen, die den Tatbestand der nichtehelichen Lebensgemeinschaft allenfalls in Teilbereichen – z. B. im Sozialhilfe- oder Wohngeldrecht – ausdrücklich berücksichtigen, können vor allem für den Partner, der eine eigene Erwerbstätigkeit aufgibt, etwa um sich der Erziehung und Betreuung von Kindern zu widmen (dies sind in der Regel Frauen), besondere Probleme der sozialen und wirtschaftlichen Absicherung auftreten. So sind im Falle einer Trennung der nichtverheirateten Lebenspartner keine besonderen rechtlichen Regelungen über weitere Unterhaltsansprüche der vor-

her nichterwerbstätigen Frau vorgesehen. Ebenso bestehen im Todesfall keine rechtlichen Ansprüche auf eine Hinterbliebenenrente aus der Rentenversicherung des verstorbenen Partners. Im Rahmen der gesetzlichen Krankenversicherung (BRD) sind nichterwerbstätige Lebenspartner von der „beitragsfreien" Mitversicherung als Familienangehörige ausgeschlossen. Für generelle gesetzliche Regelungen zum nichtehelichen Zusammenleben wird freilich gegenwärtig kein Handlungsbedarf gesehen.
Insgesamt handelt es sich bei der Verbreitung nichtehelicher Lebensgemeinschaften um einen Trend, der das gesellschaftliche Erscheinungsbild in nahezu allen westeuropäischen Industrieländern mitprägt und der vermutlich das Leben in Ehe und Familie, aber auch das gesellschaftliche Zusammenleben nachhaltig beeinflussen wird.

Literatur: *Bundesministerium für Jugend, Familie und Gesundheit* (Hrsg.), Nichteheliche Lebensgemeinschaften in der Bundesrepublik Deutschland (Schriftenreihe des BMJFG, Bd. 170) (Stuttgart u.a. 1985); Council of Europe, Legal Problems Concerning Unmarried Couples (Straßburg 1982); *Josef Duss-von Werdt,* Eheschließung und Familienbildung heute aus ethischer Sicht, in: Sabine Rupp / Karl Schwarz / Max Wingen (Hrsg.), Eheschließung und Familienbildung heute (Wiesbaden 1980); *Alois Haslinger,* Ehe ohne Trauschein, in: Demographische Informationen 2 (1981) 13 – 35; *François Höpflinger,* Bevölkerungswandel in der Schweiz (Grüsch 1986); *Rosemarie Nave-Herz,* Familiale Veränderungen in der Bundesrepublik Deutschland seit 1950, in: Zeitschrift für Sozialisationsforschung und Erziehungssoziologie 1984, 45 – 63; *Engelbert Niebler,* Die nichteheliche Lebensgemeinschaft aus der Sicht der Bundesrepublik Deutschland, in: Richard Frank (Hrsg.), Die eheähnliche Gemeinschaft in Gesetzgebung und Rechtsprechung der Bundesrepublik Deutschland, Österreich und der Schweiz (Basel 1986) 13 – 34; *Rita Süssmuth,* Wandlungen im Bindungsverhalten. Liebe und Treue in nichtehelichen Lebensgemeinschaften, in: dies., Frauen – der Resignation keine Chance (Düsseldorf 1985) 47 – 68; *Max Wingen,* Nichteheliche Lebensgemeinschaften. Formen, Motive, Folgen (Zürich – Osnabrück 1984) (Lit.); *ders.,* Wandlungen im Prozeß der Ehe- und Familienbildung – sozialwissenschaftliche Befunde und familienpolitische Perspektiven zu den nichtehelichen Lebensgemeinschaften, in: Der Wandel familiärer Lebensmuster und das Sozialrecht, hrsg. vom Deutschen Sozialrechtsverband (Wiesbaden 1985) 31 – 68; *ders.,* Nichteheliche Lebensgemeinschaften – Wandel der Grundeinstellungen zu Ehe und Familie, in: Der zerrissene Schleier – Frauen in unserer Zeit, hrsg. von Monika Weichert-von Hassel (Bonn 1987) 173 – 193.

MAX WINGEN

O

Ökologie/Umwelt

↗ Aggressivität; Dritte Welt; Familienplanung; Ganzheitlichkeit; Hausfrauen; Konsum; Mystik; Natur; Neue soziale Bewegungen; Technik / Technologien; Zyklus / Zyklen

Definition

Der Begriff „Ökologie", wörtlich die Lehre vom Haushalt der Natur, wurde erstmals 1869 von Ernst Heckel als „Lehre vom Haushalt der Lebewesen" definiert. Die Ökologie, ursprünglich ein Zweig der Biologie, erforscht und beschreibt die Beziehungen zwischen Lebewesen und ihrer belebten und unbelebten Umwelt. Ausgehend von der Untersuchung einzelner Arten und Standorte, umfaßt sie heute im globalen Sinne die Eingebundenheit aller Lebewesen, einschließlich des Menschen, in die vielfältigen Kreisläufe, Gleichgewichtsverhältnisse und vernetzten

Wechselwirkungen der Natur sowie die Folgen menschlicher Eingriffe in die Umwelt.

Die Gefährdung des ökologischen Gleichgewichts

Im globalen Haushalt der Natur wird das Dargebot an Grundstoffen des Lebens, wie Wasser, Sauerstoff, Kohlenstoff und mineralische Nährstoffe, immer wieder im Kreislauf erneuert. Über einen Zeitraum von Milliarden Jahren strahlt die Sonne Energie auf die Erdoberfläche, hält Lebensprozesse und Kreisläufe in Gang. Dabei sind bedeutende Rücklagen an organischer Substanz, insbesondere in Form von Kohle und Erdöl, gebildet worden.
Der Mensch hat in seiner Entwicklung lange Zeit die natürlichen Fließgleichgewichte nicht wesentlich beeinflußt. Auch wo er durch Raubnutzung biologische Lücken geschlagen hat, haben sich meistens die früheren oder etwas abgewandelten Gleichgewichtslagen wieder eingestellt. Dieser Zustand hat sich in der Gegenwart jedoch entscheidend verändert. Die früher nur geringfügig gewachsene Menschenzahl unterliegt heute einer progressiven Steigerung. Drei Viertel aller Menschen, die je die Erde bevölkert haben, leben in der Jetztzeit bis zum Ausgang des 20. Jahrhunderts. Zudem ist der Verbrauch des einzelnen, zumindest in den Industriestaaten, auf ein Vielfaches früherer Bedürfnisse angestiegen. Er wird nicht mehr aus dem Zuwachs der Natur in vollem Umfange gedeckt.

Beraubung, Überweidung, Schadstoffbelastungen

Das technische Potential, mit dem in natürliche Abläufe eingegriffen werden kann, hat jedes frühere Niveau überschritten. Die Natur wird beraubt, um die menschlichen Ansprüche zu decken. Durch rücksichtslosen Ackerbau, durch Überweidung oder durch Abholzung haben viele Gebiete ihren fruchtbaren Boden verloren und sind zu Ödland geworden. Tier- und Pflanzenarten werden in einem früher unbekannten Maße ausgerottet oder in ihren Lebensgrundlagen entscheidend geschmälert. Der Bestand an naturbelassenen Flächen, die biologische Reserve für die Zukunft, ist in vielen Gebieten unter das erforderliche Mindestmaß gesunken.
Die daraus erwachsenden Nachteile werden vermehrt durch Schadstoffbelastungen. Sie gelangen als gasförmige, flüssige oder feste Stoffe sowie als Radioaktivität durch Emissionen aus Produktion und Verbrauch in die Naturkreisläufe. Die Schäden reichen von der Gewässerverschmutzung über das Waldsterben bis zu einer bedrohlichen Ausdünnung der Ozonschicht in der Stratosphäre, die bisher das Leben vor gefährlicher Kurzwellenstrahlung der Sonne geschützt hat.

Globales Umdenken

Um die ökologischen Verhältnisse in den einzelnen Schadensgebieten und auf der Erde im ganzen wieder in sichere Gleichgewichtslagen zurückzuführen, ist ein globales Umdenken und ein entsprechendes Handeln der Menschen nötig. Dazu gehören: Überwindung des wirtschaftlichen Rückstandes der armen Länder, um diesen die Möglichkeit zu geben, die rasch fortschreitende Zerstörung ihrer Umwelt unter Einsatz aller bekannten Mittel und Erkenntnisse zu mindern und alsbald zu beenden; Stabilisierung der Bevölkerungszahl in der Dritten Welt, die nach den Erfahrungen in den Industriestaaten durch Hebung des Lebensstandards und der Bildung, besonders der Frauen, möglich ist; Anpassung von Nutzung und Verbrauch der Rohstoffe an das auf Dauer zu gewährleistende Dargebot; Abkehr von der Verschwendung sowie eine konsequente Wiederverwendung verwertbarer Substanzen, um die Lagerstätten von Rohstoffen und den Naturhaushalt zu schonen; Weiterentwicklung der Energiewirtschaft, um von nicht erneuerbaren und Schadstoffe emittierenden fossilen Brennstoffen auf regenerative Energien, z. B. durch die Solar-Wasserstoff-Technik, überzugehen; fortschreitende Verbesserung des Umweltschutzes durch schadstoffarme Herstellungsverfahren, durch Verzicht auf schwerabbaubare Verbrauchsstoffe, durch Herabsetzung der Emissionen und deren schärfere Kontrolle; bedeutende Ausdehnung des Natur- und Landschaftsschutzes, aus der sich Flächen freimachen lassen, unter Abstimmung auf Betriebs- und Anpassungsvorgänge der Landwirtschaft.

Die Lösung dieser Probleme ist für das künftige Leben von entscheidender Bedeutung. Sie kann nur im Einvernehmen aller relevanten gesellschaftlichen Kräfte erreicht werden. Durch Gesetze werden die Bestimmungen zu erweitern sein, nach denen umwelt- und ressourcenschonendes Handeln belohnt, umweltschädigendes Verhalten aber bestraft wird. Die Aufgaben gehen jeden an; denn der einzelne Mensch, die einzelne Familie, der einzelne Betrieb entscheiden mit ihrem zielgerichteten Handeln letztlich über den Erfolg des Umweltschutzes.

Möglichkeiten und Aufgaben von Frauen

Die Frauen, in die Weitergabe des Lebens und seine Bewahrung in besonderem Maße eingebunden, sind hierzu eindringlich aufgerufen. Sie können in ihrer häuslichen Umgebung einen sparsamen und umweltschonenden Umgang mit Nahrungs- und Gebrauchsgütern vorleben. Ihren Kindern werden sie die Liebe zur Natur, zu einer unversehrten, reichen Umwelt weitergeben. Im Beruf und in ihrem gesellschaftlichen Einsatz finden sie Gelegenheit, für übergeordnete Maßnahmen einzutreten, die gesunde ökologische Bedingungen auf Dauer sicherstellen.

Entscheidende Anstöße und Beiträge hierzu sollen von den Frauen ausgehen. Ihnen sind die Zusammenhänge zwischen Entwicklungshilfe und Bevölkerungswachstum besonders deutlich. Sie haben tätige Hilfe dabei zu leisten, daß in den armen Ländern die Bildung insbesondere der Frauen und deren Aufklärung über die Familienplanung und damit zusammenhängend auch die notwendige Heraufsetzung des Heiratsalters gefördert wird. Auch in allen gesellschaftlichen und wirtschaftlichen Diskussionen der Maßnahmen zum Umweltschutz ist der Platz der Frauen in vorderster Linie. Sie haben Gefahren für die Ökologie zu beseitigen, Scheinlösungen und Verharmlosungen zu bekämpfen, allen Bestrebungen und Entwicklungen entgegenzutreten, die die Umwelt der Gegenwart schädigen und das Leben künftiger Generationen bedrohen. So werden sie dazu beitragen, unsere Erde zu bewahren.

Literatur: *Armin Beckmann / Gerd Michelsen* (Hrsg.), Global Future – Es ist Zeit zu handeln (Freiburg i. Br. 1981); *Dieter Birnbacher* (Hrsg.), Ökologie und Ethik (Stuttgart 1980); *Herbert Gruhl,* Ein Planet wird geplündert (Frankfurt a. M. 1978); *Günter Hartkopf / Eberhard Bohne,* Umweltpolitik, Bd. 1 (Opladen 1983); *Nika Hartmann u. a.,* Ökologie im Haushalt. Ratgeber und Alternativen (Wiesbaden 1985); *Frank Klötzli,* Einführung in die Ökologie (Herrsching 1983); *Fred Kurt,* Naturschutz – Illusion und Wirklichkeit (Hamburg – Berlin 1982); *Hermann Lübbe / Elisabeth Ströker* (Hrsg.), Ökologische Probleme im kulturellen Wandel (München 1986); *Niklas Luhmann,* Ökologische Kommunikation. Kann die moderne Gesellschaft sich auf ökologische Gefährdungen einstellen? (Wiesbaden 1986); *Carolyn Merchant,* Der Tod der Natur. Ökologie, Frauen und neuzeitliche Naturwissenschaft (München 1987); *Jürgen Moltmann* (Hrsg.), Versöhnung mit der Natur? (München 1986); *Peter M. Pflüger* (Hrsg.), Wendepunkt Erde – Frau – Gott. Am Anfang eines neuen Zeitalters (Olten 1987); *Walter Strolz / Raimundo Panikkar* (Hrsg.), Die Verantwortung des Menschen für eine bewohnbare Welt im Christentum, Hinduismus und Buddhismus (Freiburg i. Br. 1985).

Irene Krauss-Kalweit

Ökumene

↗ Amt, kirchliches; Befreiungstheologie; Charismen; Christentum; Dritte Welt; Entwicklungshilfe; Frauenbewegung; Frauenverbände; Frieden; Gemeinde; Glauben; Judentum; Kirche;

Kirchenrecht; Netzwerke; Ostkirchen / Orthodoxie; Reformation; Schwesterlichkeit; Sexismus; Sozialethik, evangelische; Soziallehre, katholische; Spiritualität; Weltgebetstag der Frauen

Begriff

Ökumene heißt „die bewohnte (Erde)" und bezeichnet die griechische Welt im Gegensatz zu den Ländern der Barbaren. Im Neuen Testament findet sich das Wort 15mal, besonders bei Lukas („daß *alle Welt* geschätzt würde", Lk 2,1) und in der Apostelgeschichte zur Bezeichnung des Römischen Weltreichs. Seit dem 2. Jahrhundert wird betont, daß die christliche Kirche in der ganzen Ökumene verbreitet und ihrem Wesen nach „katholisch" (allgemein, allumfassend) sei. Im 19. Jahrhundert wurde der Begriff neu belebt. Erstmals wieder öffentlich gebraucht wurde er wohl 1900, als sich die Missionskonferenz in New York „ökumenisch" nannte, weil ihre Sendung „den ganzen Kreis der bewohnten Erdkugel umspannen sollte". 1951 legte der Zentralausschuß des Ökumenischen Rats der Kirchen eine Definition vor, die die Grundelemente des erneuerten Begriffs enthält: „Ökumenisch" soll „alles das kennzeichnen, was sich auf die ganze Aufgabe der ganzen Kirche in der Verkündigung des Evangeliums für die ganze Welt bezieht. Es deckt deshalb in gleicher Weise diese missionarische Bewegung und die Bewegung zur Einheit." Ende der 60er Jahre hört man immer wieder von der „weiteren Ökumene", die Christen, Juden und Gläubige anderer Religionen, ja alle „Menschen guten Willens" umfaßt.

Spaltungen und erste Ansätze zur Erneuerung der Ökumene

Als der arianische Glaubensstreit die Kirche erschütterte, sollte das Konzil zu Nizäa (325) „den Leib der ganzen Ökumene" heilen. Dies mißlang; die Arianer wurden zu Häretikern erklärt, auf dem ganzen Reichsgebiet verfolgt und, soweit möglich, ausgerottet. Auch die christologischen Entscheidungen der Konzile von Ephesus (431) und Chalkedon (451) wurden nicht von allen Kirchen anerkannt; nach Ephesus verließen die Nestorianer, nach Chalkedon die Orientalischen Nationalkirchen/ Orientalische Orthodoxie (z.B. Armenische Kirche, Koptische Kirche in Ägypten und Äthiopien) die Reichskirche. Im Großen Schisma von 1054 trennte sich die byzantinische Reichskirche im Osten von der Westkirche unter Rom. Im 16. Jahrhundert kam es zur Spaltung der Westkirche.

Den Glaubenskämpfen folgte die Sehnsucht nach Wiedervereinigung. Im Reformationsjahrhundert waren es besonders die Humanisten in den entstehenden Konfessionskirchen, die die christliche Einheit zum Programm erhoben. Die Abwehr der Gegenreformation, Spiritualismus und Pietismus förderten im 17. und 18. Jahrhundert eine Gemeinschaft im Denken und Empfinden („Glaubensgeschwister"), die Konfessionsgrenzen als Äußerlichkeit relativierte. Es fehlt bis jetzt eine gründliche Untersuchung dieser ökumenischen Bewegung, in der Frauen besonders aktiv waren (z.B. Jeanne-Marie de la Mothe Guyon, 1648–1717, eine katholische Mystikerin, die von den Vätern des deutschen Pietismus oft zitiert wird).

Die ökumenische Bewegung des 20. Jahrhunderts

In der ökumenischen Bewegung fließen seit 1910 mehrere Ströme neben- und ineinander:

1. Im Anschluß an die Weltmissionskonferenz in Edinburgh 1910 bewegte der Bischof der amerikanischen Protestantischen Episkopalkirche, Charles H. Brent, Kirchen in Amerika und Europa zur Gründung von interkonfessionellen Gesprächskreisen über Glauben und Kirchenverfassung.

2. Seit der Jahrhundertwende gab es in Großbritannien, Europa und den USA zahlreiche Bemühungen zur Erhaltung und Sicherung des Friedens. Daraufhin

kam es 1914 in Konstanz zum Zusammenschluß im Weltbund für Freundschaftsarbeit der Kirchen (World Alliance for Promoting International Friendship through the Churches).

3. 1919 beschloß die Synode des Ökumenischen Patriarchats in Konstantinopel, den Kirchen in der ganzen Welt vorzuschlagen, einen „Bund (Koinonia) der Kirchen" zu gründen. Gedacht war vor allem an praktische Zusammenarbeit gegen das Massenelend. Seit 1920 Mitglied der Bewegung für Praktisches Christentum, wurden die orthodoxen Kirchen zu treibenden Kräften in der theologischen Arbeit um die Einheit in Glauben und Leben.

Nach Vorarbeiten in Utrecht 1938 vereinigten sich diese Strömungen im Ökumenischen Rat der Kirchen (ÖRK), der im August 1948 in Amsterdam gegründet wurde. Der Internationale Missionsrat schloß sich 1961, der Weltrat für christliche Erziehung 1971 dem ÖRK an. Inzwischen bilden mehr als 300 Kirchen aus verschiedenen Konfessionsfamilien auf allen Kontinenten den ÖRK. Mit der Gründung des „Sekretariats zur Förderung der Einheit der Christen" durch Papst Johannes XXIII. 1960 erhielt die ökumenische Bewegung innerhalb der katholischen Kirche einen neuen Stellenwert. Vorausgegangen waren zahlreiche Initiativen mit und ohne amtliche Billigung, die unter der Sammelbezeichnung „Una-Sancta-Bewegung" zusammengefaßt werden. Das Zweite Vatikanische Konzil (1962–1965) leitete eine neue Epoche im ökumenischen Gespräch ein. Kirchenkonstitution (Lumen gentium), Pastorale Konstitution über die Kirche in der Welt von heute (Gaudium et spes) und Ökumenismusdekret (Unitatis redintegratio) formulieren ein offenes Selbstverständnis der römisch-katholischen Kirche. Der Besuch Kardinal Beas im Ökumenischen Zentrum in Genf 1965 wurde als De-facto-Anerkennung der ökumenischen Bewegung gewertet. Seitdem findet ein Austausch von Beobachtern zwischen dem Vatikan und dem ÖRK statt; außerdem arbeitet ein katholischer Vertreter als Vollmitglied in „Glaube und Kirchenverfassung" mit.

Aus der Arbeit der Kommission für Glauben und Kirchenverfassung erwuchsen die Konvergenzerklärungen „Taufe, Eucharistie und Amt", die 1982 in Lima verabschiedet (daher „Lima-Papiere") und den Kirchen zugestellt wurden mit der Bitte um offizielle Stellungnahmen. Anfang 1987 waren etwa 150 sehr vielschichtige Stellungnahmen aus allen Konfessionsfamilien eingegangen. Es zeigen sich inzwischen Wirkungen im Leben der Kirchen, z.B. in Vereinbarungen über die gegenseitige Taufanerkennung, in der Gestaltung von Abendmahlsliturgien, in bilateralen Gesprächen über das geistliche Amt.

Für 1990 hat der ÖRK zu einer „Konvokation (Zusammenkunft der Kirchen) für Gerechtigkeit, Frieden und Bewahrung der Schöpfung" eingeladen. In der Vorbereitung arbeiten der Lutherische Weltbund (LWB) und Rom mit. Auf anderen Ebenen geht das gemeinsame Engagement weiter: Die europäische Konvokation zu „Friede in Gerechtigkeit", Pfingsten 1989 in Basel, wird von der Konferenz Europäischer Kirchen (KEK) und dem Rat der Europäischen Bischofskonferenzen gemeinsam veranstaltet. Auch an dem „Forum über Gerechtigkeit, Frieden und Bewahrung der Schöpfung" in Königstein/Taunus sowie bei der „Ökumenischen Versammlung" in Dresden, beide 1988, sind alle Kirchen im Rahmen der Arbeitsgemeinschaft Christlicher Kirchen (ACK) beteiligt. Durch die vielfältigen Aktivitäten von Frauen in der ökumenischen Bewegung und ihre Sensibilität für die besondere Situation von Frauen in der Dritten Welt geraten auch die weltweiten Probleme von Frauen verstärkt ins öffentliche Bewußtsein der Kirche.

Frauen in der Ökumene

Bei der Vorbereitung der Lima-Papiere und nach ihrer Veröffentlichung ist

immer wieder die Frage gestellt worden, ob die Ordination von Frauen und ihre Zulassung zum gemeindeleitenden Amt ein kirchentrennendes Faktum darstelle. Diese Frage ist für die Kirchen der Reformation zu verneinen. In der katholischen Kirche ist die Diskussion darüber in Gang. Die Behandlung der „Frauenfrage" in den einzelnen Kirchen ist gegenüber der Frage nach dem Selbstverständnis der verfaßten Kirche (Kirchenrecht, Amt) durchaus zweitrangig.
Auf der Gründungsversammlung des ÖRK in Amsterdam 1948 waren 6% der Teilnehmenden Frauen. Sie fragten, wann endlich „die volle Zusammenarbeit von Männern und Frauen im Dienste Christi durch die Kirche" zu einem Ziel der ökumenischen Bewegung erklärt würde. Es wurde eine Studienkommission zu „Leben und Arbeit der Frauen in der Kirche" eingerichtet. Dieses Bewußtsein von Frauen geht quer durch die konfessionellen Gruppen und prägt die Bemühungen von Frauenorganisationen sowie das Bewußtsein von Frauen in den Gemeinden.
Versuche, die Vorrangstellung der Männer (in der Kirche) zu überwinden, stießen auf so hartnäckigen, oft irrationalen Widerstand, daß der Begriff „Sexismus" geprägt wurde. Auf der 5. Vollversammlung des ÖRK in Nairobi 1975 wurde eine weltweite „Studie über die Gemeinschaft von Frauen und Männern in der Kirche" verabschiedet. Die Ergebnisse wurden 1983/1985 veröffentlicht. Inzwischen plant der ÖRK ein Ökumenisches Jahrzehnt der Solidarität der Kirchen mit den Frauen (1988–1998).
Die Entwicklung im LWB verlief ähnlich. Auf der 2. Vollversammlung in Hannover 1952 erarbeitete eine Sektion „Frauen in der Kirche" eine Resolution, wonach Frauen als volle Partner im LWB mitarbeiten sollten. Mit Beifall aufgenommen, blieb sie dennoch folgenlos. Erst 1972 wurde das Referat „Frauen in Kirche und Gesellschaft" eingerichtet. Die 8. Vollversammlung des LWB in Curitiba (Brasilien) 1990 soll einen Schwerpunkt in der Frage nach dem Stand der Integration von Frauen in die Arbeit der Mitgliedskirchen auf allen Ebenen haben; es wird erwartet, daß 40% der Delegierten Frauen sind.
Seit Anfang der 70er Jahre entstehen nationale Netzwerke feministischer Theologie, die überkonfessionell (mit Einschluß jüdischer Theologinnen) arbeiten. Theologisch thematisieren sie auch die Tradition des christlichen Antijudaismus, gerade auch auf dem Hintergrund alttestamentlicher Gottesvorstellungen.
Jüngste Frucht der ökumenischen Bewegung ist das Ökumenische Forum Christlicher Frauen in Europa.

Die „weitere Ökumene"

Als „weitere Ökumene" wird eine Bewegung bezeichnet, die nach „dem unabhängigen Wert und der bleibenden Sendung" nicht nur des Judentums, sondern aller lebenden Religionen fragt. In diesem Zusammenhang erscheint die Trennung von Synagoge und Kirche im 1. Jahrhundert als „das erste Schisma im Gottesvolk".
Um 1960 beginnt eine neue, weltweite Phase der Begegnung von Juden und Christen. Papst Johannes XXIII. hatte bereits 1959 für Juden kränkende und belastende Worte aus der Karfreitagsliturgie entfernen lassen. Im September 1960 forderte er Kardinal Bea, den Präsidenten des Sekretariats für die Einheit der Christen, auf, im Rahmen der Vorbereitungen auf das Zweite Vatikanische Konzil auch den Entwurf einer Erklärung über die besonderen Beziehungen zwischen der Kirche und dem Volk Israel vorzubereiten. Auf diese Arbeit wirkte, neben vielen innerkatholischen Eingaben, die 3. Vollversammlung des ÖRK in New Delhi 1961 anspornend.
In den folgenden Jahren zeigte sich, daß das christlich-jüdische Gespräch in der ökumenischen Bewegung eine Art Zwischenstellung zwischen den interkonfessionellen und den interreligiösen

Dialogen einnimmt. Dies wird deutlich daran, daß es in den Strukturen eine eigene Größe bildet (Referat, Kommission u. a.) und einen eigenen Ort hat.

Das am meisten beachtete Ereignis dieser „weiteren Ökumene“ war der Weltgebetstag für den Frieden in Assisi im Oktober 1986, zu dem Papst Johannes Paul II. führende Mitglieder der christlichen Kirchen und Gruppen und der Weltreligionen einlud.

Auf evangelischer Seite haben sich die Weltmissionskonferenzen in Edinburgh 1910, Jerusalem 1928 und Tambaram 1938 mit der Frage befaßt, welche Bedeutung anderen Glaubensrichtungen im Blick auf das Evangelium zukomme. Die Antworten blieben missionszentriert. Auf der Vollversammlung des IMR in Accra 1958 war erstmals die Rede davon, daß, da Gott sich keinem Menschen unbezeugt läßt, er sich selbst in nichtchristlichen Religionen offenbare, so daß diese in gewissem Umfang religiöse Wahrheit enthielten.

Im LWB ist die „Begegnung mit Religionen und Ideologien“ seit Anfang der 70er Jahre ein Thema, das die Studienabteilung unter der generellen Überschrift „Christliches Zeugnis in der Welt“ beschäftigt hat. Anders als im ÖRK ging es dabei zunächst um die geistige Auseinandersetzung mit Marxismus und Maoismus, dann um die Herausforderung durch den inzwischen ebenfalls missionierenden Islam und durch die neuen religiösen Bewegungen im Westen. Wird damit der christliche Glaube tiefer erfaßt und lebendiger bezeugt? Oder führt die „weitere Ökumene“ in eine Sackgasse? „Kirche“ unterscheidet sich heute von „Sekte“ auch dadurch, daß sie die Klärung dieser und aller darin enthaltenen Fragen nicht mehr im Alleingang, sondern im ökumenischen Dialog der Christenheit sucht.

Ökumene in den Pfarrgemeinden

Innerevangelische Spaltungen spielen nur noch eine geringe Rolle: 1973 unterzeichneten lutherische, unierte und reformierte Kirchen die „Konkordie reformatorischer Kirchen in Europa“ (Leuenberger Konkordie), wodurch sie in volle Kanzel- und Abendmahlsgemeinschaft traten. 1987 wurde diese Gemeinschaft für die Gliedkirchen der EKD und die Methodistische Kirche erklärt. Zwischen EKD und katholischer Kirche in der Bundesrepublik Deutschland besteht ein dichtes Netz von Kontakten auf allen Ebenen (ökumenische Arbeitskreise in Gemeinden, ACK in den Bundesländern, Gemeinsame Ökumenische Kommission des Rats der EKD und der Deutschen Bischofskonferenz 1981 bis 1986 etc.) und in vielen Bereichen (besonders wichtig: Diakonie-/Sozialstation, Telefonseelsorge, Beratungsstellen). Ökumenische Kontakte und Zusammenarbeit, auf der Gemeindeebene, im sozialen Bereich, in Fach- und Friedensfragen existieren auch in der Schweiz und in Österreich; ökumenische Kirchenlieder in den Gesangbüchern, der gemeinsame Text für das Vaterunser, das Apostolische und das Nizänische Glaubensbekenntnis, Psalmen und Neues Testament im ökumenischen Text der Einheitsübersetzung, „Die Gute Nachricht – Bibel im heutigen Deutsch“ können das Bewußtsein der Zusammengehörigkeit vertiefen. Die Weltgebetsoktav für die Einigung der getrennten Christenheit im Januar, der Weltgebetstag der Frauen im März, die Feier eines „Ökumenischen Sonntags“ sowie gemeinsame Veranstaltungen der Frauenorganisationen helfen dazu.

Literatur: Taufe, Eucharistie und Amt. Konvergenzerklärungen der Kommission für Glauben und Kirchenverfassung des ÖRK (Frankfurt a.M. – Paderborn 1982); Einheit vor uns: Modelle, Formen und Phasen katholisch / lutherischer Kirchengemeinschaft, hrsg. von der Gemeinsamen Römisch-Katholischen / Evangelisch-Lutherischen Kommission (Paderborn – Frankfurt a.M. 1985); *Ulrike Berger / Michael Mildenberger* (Hrsg.), Keiner glaubt für sich allein. Theologische Entdeckungen im interreligiösen Dialog. Ein Studienbuch. Erarbeitet von der Untereinheit „Dialog mit Menschen verschiedener Religionen" (Frankfurt a.M. 1987); *Edna Brocke / Jürgen Seim* (Hrsg.), Gottes Augapfel. Beiträge zur Erneuerung des Verhältnisses von Christen und Juden (Neukirchen-Vluyn 1986); *Marga Bührig*, Aufbruch aus alten Gegebenheiten, in: Schritte ins Offene 3 (Mai / Juni 1983) 20ff.; *Oscar Cullmann*, Einheit durch Vielfalt. Grundlegung und Beitrag zur Diskussion über die Möglichkeiten ihrer Verwirklichung (Tübingen 1986); *Catharina J. M. Halkes*, Frauen in der ökumenischen Bewegung, in: Maria Kassel (Hrsg.), Feministische Theologie (Stuttgart 1988) 257–282; *Gudrun Kaper u.a.*, Eva, wo bist du? Frauen in internationalen Organisationen der Ökumene; eine Dokumentation (Kennzeichen, Bd. 8) (Gelnhausen – Berlin – Stein a.M. 1981); *William H. Lazareth*, Zusammenwachsen in Taufe, Eucharistie und Amt (Frankfurt a.M. 1983); *C. F. Parrey* (Hrsg.), The Community of Women and Men in the Church. The Sheffield Report (Genf 1983); *Karl Rahner / Heinrich Fries*, Einigung der Kirchen – reale Möglichkeit (Freiburg i.Br. 1983; erw. Aufl. 1985); *Ulrich Ruh*, Ökumene, in: Handwörterbuch religiöser Gegenwartsfragen, hrsg. von Ulrich Ruh / David Seeber / Rudolf Walter (Freiburg i.Br. 1986) 324–329 (Lit.); Sexism in the 1970s. Discrimination against women. A Report of a World Council Churches Consultation (Berlin 1974 – Genf 1975); *B. Thompson*, A Chance to Change. Women and Men in the Church (Genf – Philadelphia 1982). Erika Reichle

Ostkirchen/Orthodoxie

↗ Amt, kirchliches; Christentum; Frauenorden; Gottesbilder; Kirche; Kirchenlehrerinnen / Kirchenväter; Kult; Maria; Ökumene; Reformation; Sexualethik

Geschichte und gegenwärtige Situation

Die Aufgliederung der christlichen Kirche in eine West- und viele Ostkirchen, die später zu Glaubensspaltungen führte, ergab sich zunächst aus der politischen Entwicklung des Römischen Reiches: Es wurde am Ende des 4. Jahrhunderts in ein oströmisches (mit der Hauptstadt Konstantinopel) und ein weströmisches geteilt. Da der Westen nur ein einziges kirchliches Zentrum hatte, die alte Hauptstadt Rom, konnte sich dort leicht eine zentralistische Kirchenregierung entwickeln, die sich bis zur Reformation gehalten hat und heute noch den römischen Katholizismus prägt. Der Osten dagegen kannte von alters her mehrere Zentren: Alexandrien, Antiochien, Jerusalem und schließlich Konstantinopel (Byzanz), das bald zum geistigen Zentrum des Byzantinischen Reiches wurde. Doch auch außerhalb des Reiches entstanden große, blühende Kirchen, etwa die koptische Kirche in Ägypten sowie die Kirchen in Armenien und Syrien. Da diese sogenannten „altorientalischen" Kirchen inzwischen zu einer Minderheit geschrumpft sind, ist es aufgrund der Quellenlage und der Sprachbarrieren äußerst schwierig, die reiche Überlieferung dieser Kirchen für die Frauenforschung fruchtbar zu machen.

Als orthodoxe (d.h. „rechtgläubige") Kirchen werden heute vierzehn eigenständige Kirchen bezeichnet, die aus der Tradition des Byzantinischen Reiches hervorgegangen sind und auch nach der Eroberung Konstantinopels durch die Türken (1453) im Patriarchen von Konstantinopel (heute Istanbul) den Repräsentanten ihrer Einheit und Gemeinschaft sehen (aber nicht ihr „Oberhaupt" im Sinne des westlichen Papsttums!). Die Tradition dieser Kirchen wurzelt in der Synthese der hellenistischen Kultur und der christlichen Botschaft, die sich ein Jahrtausend lang ungebrochen entfalten konnte und auch den slawischen Raum erfaßte: 988 ließ der russische Großfürst Vladimir sein Volk taufen. Nach dem Fall Konstantinopels wurde Moskau für Jahrhunderte ein zweites Zentrum der Orthodoxie. Die meisten dieser Kirchen erlitten ein tragisches Schicksal: Nach Jahrhunderten der Türkenherrschaft (die damals allerdings toleranter war als das Regime der westlichen Kreuzfahrer) folgte nach einer kurzen Phase der Unabhängigkeit die Verfolgung durch kommunistische Regierungen. Heute lebt nur die griechische Kirche in einem freien Land. Nach dem Ersten Weltkrieg kam es zu großen Emigrationswellen und damit zu bedeutenden Kirchengründungen in Westeuropa und in den USA, so daß heute „Ost" und „West" nicht mehr geographisch, sondern geistesgeschichtlich zu verstehen sind.

Stellenwert der Frauenfrage

Allen Ostkirchen gemeinsam ist eine tiefe Verwurzelung in den asketisch-mystischen und gottesdienstlichen Traditionen der frühen Kirche. In der orthodoxen Theologie dominiert das Bild des liebenden und erbarmenden Gottes, der der Menschen Freund ist. In den Kirchen verbindet sich feierliche Schönheit mit wärmender Geborgenheit. Die Gottesdienstfeiern sprechen mit der Überfülle ihrer Gesänge, ihrer Ikonen, ihrer Gesten und ihres Weihrauchs alle Sinne des Menschen an und wollen durch die zeichenhafte Verklärung alles Irdischen die Erinnerung an die Auferstehung als große menschliche Hoffnung lebendig erhalten.

Welchen Platz haben die Frauen in diesen alten christlichen Kirchen? Gehen wir von der heutigen Situation aus, so ergibt sich auf den ersten Blick ein sehr negatives Bild: Nirgendwo gibt es so heftigen Widerstand gegen die Ordinierung von Frauen zum Priester- und Pfarramt wie in der orthodoxen Kirche. Doch bei aller berechtigten Kritik am sprichwörtlichen byzantinischen Traditionalismus dürfen wir den so ganz anderen kulturellen und historischen Hintergrund nicht vergessen, in dem sich für die Orthodoxie die Frage heute stellt. In den Jahrhunderten, in denen der Westen sich zuerst durch die Reformation und später durch die Aufklärung erneuerte, konnte der christliche Osten nur um das Überleben ringen. In Rußland fand zwar eine gewisse Begegnung mit den reformerisch-aufklärerischen Strömungen statt; sie bedeuteten aber für die kirchliche Tradition eher eine Überfremdung als eine Weiterentwicklung.

Entfaltungsmöglichkeiten für Frauen

Sieht man von der Ordinationsfrage einmal ab, so erscheint der Osten in vielen Punkten frauenfreundlicher als der Westen. Da der Priester/Pfarrer in der Orthodoxie vorwiegend Liturge ist, haben die Laien (und damit – zumindest theoretisch – auch Frauen) viele Möglichkeiten, das Gemeindeleben aktiv mitzugestalten. Universitätstheologie in Forschung und Lehre wird weitgehend von Laien ausgeübt wie auch der Schulunterricht. Auch bei der Verwaltung sind sie bis in die höchsten synodalen Gremien vertreten.

Von den Lebensräumen und Entfaltungsmöglichkeiten, die die Frauen während der ersten Jahrhunderte des Christentums im hellenistisch geprägten Osten hatten, ist in der Orthodoxie noch manches erhalten geblieben. Ganz vereinzelt gibt es in den (übrigens blühenden) griechischen Frauenklöstern noch Diakoninnen als Äbtissinnen. In Byzanz erhielt die Diakonin die gleiche Weihe wie der Diakon und wurde zum Klerus gezählt. Sie hatte einen missionarischen Auftrag, besonders gegenüber Frauen, unterrichtete die Taufbewerberinnen und wirkte auch bei ihrer Taufe mit. Außerdem verwaltete sie die Armenfürsorge und hatte liturgische Funktionen. Die Erneuerung des weiblichen Diakonats wird heute in der Orthodoxie lebhaft diskutiert.

In der gottesdienstlichen Entwicklung im Osten wirkte sich ein Faktor allerdings besonders negativ für Frauen aus: die Umwandlung alttestamentlicher Reinheitsvorschriften in kultische Kirchengesetze. Diese wurden keineswegs aus der jüdischen Tradition verstanden und weiterentwickelt, sondern sie standen zunehmend unter dem Zeichen der Sexualphobie. Allerdings ist auch hier zu differenzieren. Bei konziliaren Beschlüssen des Westens wird der Zölibat aller Kleriker ausdrücklich mit der grundsätzlichen Unvereinbarkeit von Altardienst und sexueller Aktivität begründet, wogegen Konzilsbeschlüsse des Ostens nur Enthaltsamkeit vor der Feier der Eucharistie fordern, aber an der Vereinbarkeit von Priestertum und Ehe festhalten. Eine rigide Strenge in Fragen der Sexualmoral (Scheidung,

Empfängnisverhütung) ist dem Osten fremd. Doch die Vorstellung von der periodischen „Unreinheit" der Frau hat sich stark gehalten: Der Altarraum ist für sie tabu, und offiziell darf sie während der Menstruation nicht an der Kommunion teilnehmen.

Ein weiterer Punkt ist hervorzuheben: Der Westen entwickelte im Laufe seiner Geschichte eine zunehmend frauenfeindliche Ideologie. Galt die Frau zunächst nur als „schwach", so setzte sich bald eine Lehre durch, derzufolge die Frau nicht im gleichen Maß wie der Mann nach dem Bilde Gottes geschaffen sei, weswegen ihr von Natur und Offenbarung her nur eine untergeordnete Stellung zukomme. Eine solche Lehre hat der Osten – bei aller faktischen Unterdrückung der Frau! – nicht entwickelt. Hier dominiert das altrömische partnerschaftliche Verständnis, was bei der kirchlichen Eheschließung deutlich zum Ausdruck kommt: keine Gehorsamsversprechen wie bis noch vor kurzem in den westlichen Riten! Erwähnt sei noch die Bedeutung Marias in der orthodoxen Tradition. In der Ikonographie und in der Liturgie steht sie als Frauengestalt fast gleichrangig neben Christus, während Gott der Vater unsichtbar bleibt, denn nach orthodoxer Tradition darf er nicht in Menschengestalt gemalt werden.

Literatur: *Elisabeth Behr-Sigel,* Le ministère de la femme dans l'Église (Paris 1987); *dies.,* Ordination von Frauen?, in: Warum keine Ordination der Frau? Schriftenreihe der Kath. Akademie Freiburg i. Br. 1987, 50 – 72; *Paul Evdokimov,* Die Frau und das Heil der Welt (München 1960); *Thomas Hopko* (Hrsg.), Women and the Priesthood (New York 1983); *Anne Jensen,* Wie patriarchalisch ist die Ostkirche? Frauenfragen in der orthodoxen Theologie, in: Una Sancta 40 (1985) 130 – 145; *dies.,* Die Zukunft der Orthodoxie (Zürich 1988); *Anastasios Kallis,* Orthodoxie. Was ist das? (Mainz 1971); *Evangelos Theodorou,* Die Tradition der orthodoxen Kirche in bezug auf die Frauenordination, in: Warum keine Ordination der Frau? (s.o.) 26 – 49.

Anne Jensen

P

Parteien

↗ Aufstiegschancen; Chancengleichheit; Frauenbewegung; Frauenpolitik; Frauenrollen / Frauenleitbilder; Frauenquotierung; Gewerkschaften; Gleichberechtigung; Internationaler Frauentag; Macht; Netzwerke; Neue soziale Bewegungen; Partnerschaft; Politik; Sozialismus

Unterrepräsentanz in Parlamenten

Ein Blick auf die Zusammensetzung der Parlamente und Entscheidungsgremien der großen Parteien legt die Vermutung nahe, Politik sei nach wie vor Männersache. Frauen üben politische Macht aus – anscheinend aber nur mit dem Stimmzettel. Die Mehrzahl der Mandate und Spitzenpositionen in Parteien und Regierung ist fest in Männerhand. Mit 52 % Bevölkerungsanteil stellen Frauen in der Bundesrepublik Deutschland die Mehrheit der Wahlberechtigten (ca. 54 %) und die Mehrheit der Wähler (52,4 %, Bundestagswahl 1987); in Österreich und Schweiz liegt der Anteil bei ca. 50 %. Obwohl ihr Votum in entscheidender Weise die Regierungs- und Oppositionsbildung beeinflußt, sind sie bei der Vergabe von politischen Ämtern und Mandaten nicht angemessen vertreten. Während Frauen und Männer vom aktiven Wahlrecht in fast dem gleichen Ausmaß Gebrauch machen, zeigen sich bei der Ausübung des passiven Wahlrechts noch deutliche

Unterschiede zwischen den beiden Geschlechtern. Lag der Frauenanteil in allen seit 1949 gewählten Bundestagen konstant unter 10%, so stieg er zum Ende der 10. Wahlperiode durch Nachrückerinnen von 9,8% auf 10,2% an. Bei der Bundestagswahl 1987 gelang es erstmals zu Beginn einer Legislaturperiode, die 10-%-Hürde zu überspringen. Der 11. Deutsche Bundestag weist mit 15,6% oder 81 Frauen die höchste Zahl weiblicher Abgeordneter in der Geschichte der Bundesrepublik auf. Diese Steigerung um 5,4% (28 Mandate) ist auf den hohen Frauenanteil in den Fraktionen der SPD und vor allem der GRÜNEN zurückzuführen.

In der Schweiz und in Österreich wurde die 10-%-Hürde bei den Wahlen von 1983 überschritten. 1987 betrug der Frauenanteil im österreichischen Nationalrat 11,4% (im Bundesrat: 24,2%); in der Schweiz lag er 1987 für die Bundesversammlung (Parlament) bei 13,4% (Nationalrat: 14%, Ständerat: 10,8%).

Trotz der gestiegenen Zahl weiblicher Kandidaturen (in der BRD 1976: 13,9%; 1987: 25,4%) entspricht der Frauenanteil in den Fraktionen dem jeweiligen weiblichen Parteimitgliederstand nicht annähernd (Ausnahme in der BRD: die GRÜNEN). Auch in der Schweiz und in Österreich ist die Zahl der weiblichen Kandidaturen gestiegen, nicht zuletzt durch die von den sozialdemokratischen Parteien durchgeführte Quotenregelung, die auch Auswirkungen auf die Praxis anderer Parteien hatte. In der Bundesrepublik Deutschland verzeichnen den prozentual höchsten Frauenanteil einer Bundestags-Fraktion seit 1987 die GRÜNEN mit 56,8% oder 25 weiblichen Abgeordneten (1983: 37%), gefolgt von der SPD mit 16,1% oder 31 Mandatsträgerinnen (1983: 10,4%). Über 12,5% Frauenanteil oder 6 Abgeordnete (1983: 8,6%) verfügt die FDP-Fraktion, die CDU/CSU-Fraktion über 8,1% (CDU: 8,7%; CSU: 6,2%) oder 19 Mandate (CDU: 16; CSU: 3) (CDU/CSU 1983: 6,7%). Ebenso wie im Bundestag wies die CSU 1987 auch bayernweit die niedrigste Zahl weiblicher Parteimitglieder auf: 26167 (14,2%). Zusätzlich waren 13644 Frauen nur in der Frauenunion (FU) der CSU organisiert. In den anderen Parteien betrug der Frauenanteil 1988 bundesweit für die CDU 22,3%, FDP 24%, SPD 25,6% und für die GRÜNEN 33,3%.

Im österreichischen Nationalrat sind Frauen 1987 wie folgt vertreten: SPÖ: 11,2% (9 weibliche Abgeordnete); ÖVP: 10,4% (8 Frauen), FPÖ: 16,7% (3 Frauen), Grüne: 12,5% (1 weibliche Abgeordnete). Im Bundesrat sind 24,2% (16 Frauen) weibliche Abgeordnete.

Der Frauenanteil im Nationalrat der Schweiz beziffert sich wie folgt: SPS: 26,2% (11 Abgeordnete), CVP: 12% (5 Frauen), FDP: 7,8% (4 Frauen), GPS: 33,3% (3 Frauen), Poch 40% (2 Frauen), LdU: 8% (1 Frau), SVP: 8% (2 Frauen); im Ständerat saßen für SPS, LPS und LdU je 1 Frau, für die CVP 2 Frauen, für FDP und SVP keine. Der prozentuale Frauenanteil beträgt für den Nationalrat 14%, für den Ständerat 10,8%, für die Bundesversammlung 13,4%.

Die Entwicklung des Anteils weiblicher Landtagsabgeordneter oder Stadt-/Gemeinderätinnen verlief in der Bundesrepublik Deutschland etwas positiver als auf Bundesebene, wobei trotzdem die Repräsentanz von Frauen der jeweiligen Mitgliederentwicklung hinterherhinkte. In den Kommunalparlamenten erreichten die Frauen 1985 einen durchschnittlichen Anteil von 14,4%, der ebenso wie auf der Landtagsebene vorwiegend von der SPD entsandt wurde. In den Landesparlamenten übersprangen die Frauen 1984 die 10-%-Schwelle mit einem durchschnittlichen Anteil von 10,6%.

In der Schweiz liegt der Frauenanteil auf kantonaler Ebene bei ca. 12% (den höchsten Frauenanteil hat Genf mit 28%), auf kommunaler Ebene bei 14%. In Österreich sind Frauen in den Landtagen zu ca. 10,5% vertreten.

Die im Verhältnis zu Parteimitgliedschaft und Wahlbevölkerung mangelnde Repräsentanz zeigt sich bis heute besonders deutlich auf der Ebene der Bundes- und Länderregierungen – relativ unabhängig davon, welche Partei oder Parteienkoalition die Regierung bildet. In der Bundesrepublik Deutschland waren vor 1961 die Männer in den Bundesregierungen unter sich. Seither erhielten neun Frauen, aber über 100 Männer als Minister Zugang zum Kabinettstisch des Bundeskanzlers. Eine Bundeskanzlerin, Bundespräsidentin oder Ministerpräsidentin kennt die Bundesrepublik (noch!) nicht; vergleichbare Positionen in der Schweiz und in Österreich sind ebenfalls von Männern besetzt.

Repräsentanz in den Parteigremien

Je höher die parteipolitische Machtposition, desto weniger Frauen gibt es. So hatten erhöhte Kandidaturbereitschaft von Frauen und hohe Zuwächse an weiblichen Mitgliedern bei allen Parteien über Jahre hinweg kaum Auswirkungen auf die Bundesvorstandsebenen. Aufgrund zunehmenden Drucks der Frauenorganisationen der Parteien, die innerparteiliche Beschlüsse zur Frauenförderung durchsetzten, sind insbesondere SPD und CDU in den letzten zwei Jahren bemüht gewesen, die Repräsentanz von Frauen im höchsten Parteigremium zumindest der Prozentzahl weiblicher Mitglieder anzunähern. Im Bundesvorstand der GRÜNEN sind Frauen schon über ihre Mitgliederstärke hinaus dem Anteil der Wahlbevölkerung entsprechend vertreten, bei der FDP dagegen sind sie deutlich unterrepräsentiert, ihr prozentualer Anteil ist sogar zurückgegangen. 1987 waren in den Bundesvorständen der Parteien bei den GRÜNEN 54,5 % Frauen (1986: 33 %), bei der SPD 25 % (1986: 17,5 %; 1982: 15 %), bei der CDU 24,2 % (1986: 17,1 %; 1982: 6,3 %), bei der CSU 13,5 % (1986: 12,8 %; 1982: 7 %) und bei der FDP 11,1 % (1986: 13,8 %; 1982: 12,1 %). Die Situation in den österreichischen und Schweizer Parteien ist ähnlich.

Frauenvereinigungen

Die ungenügende Vertretung von Frauen wird in den programmatischen Aussagen aller Parteien zwar schon seit Jahren bemängelt, jedoch erst auf starken Druck der Frauengruppierungen hat sich das Bild in der letzten Zeit gewandelt. Diese Frauenvereinigungen, die auch alle traditionellen Parteien in der Schweiz und Österreich haben, versuchen, Frauen gezielt für Parteiarbeit anzusprechen und für ihre angemessene Vertretung in Parteiorganen und Parlamenten zu sorgen.
In der BRD ist bei der SPD dafür die „Arbeitsgemeinschaft sozialdemokratischer Frauen" (AsF) zuständig, bei der CDU die „Frauenvereinigung" und bei der CSU die „Frauenunion" (FU). Bei SPD und CDU gehören alle weiblichen Mitglieder qua Geschlecht der jeweiligen Frauengruppierung an, bei der CSU existiert eine eigenständige Mitgliedschaft in der FU. Die FDP hatte in den 50er Jahren ihre Frauenorganisation aufgelöst, verfügt aber seit 1981 auf Bundesebene über eine „Kommission für Gleichberechtigung und Familienpolitik", die in einzelnen Bundesländern ihr Pendant auf Landes- oder Bezirksebene hat. Bei den GRÜNEN gibt es keine eigene Frauenvereinigung, jedoch auf Bundes- und Landesebene Frauenreferate und frauenpolitische Arbeitsgemeinschaften (letztere offen auch für weibliche Nichtmitglieder).

Quotendiskussion

Quer über alle Parteigrenzen wird unisono die Notwendigkeit der Erhöhung des Frauenanteils auf allen Ebenen betont. Wie dies zu erreichen ist, darüber gibt es aber unterschiedliche Meinungen und Vorgehensweisen. Stark vereinfacht, ist das Lager in Quotenbefürworter und -gegner gespalten. Nach jahrelangen, fruchtlosen Appellen zur freiwilligen Erhöhung mit und ohne numerische Zielvorgaben hat sich der SPD-Parteivorstand für eine feste Quotierung von 40% (in Stufen zu erreichen bis 1994 für Parteiämter und bis 1998 bei Listen für Parlamentswahlen) ausgesprochen. Die GRÜNEN praktizieren seit der Aufnahme des „Frauenstatuts“ in ihre Satzung (1986) das sogenannte „Reißverschlußprinzip“ (bei Listen die ungeraden Plätze für Frauen, die geraden für Männer). CDU/CSU und FDP haben sich gegen starre Quoten ausgesprochen. Die Unionsparteien befürworten eine „Selbstverpflichtung“, Frauen bis zum Anfang der neunziger Jahre entsprechend ihrem Mitgliederanteil (z.Z. knapp 23%) und bis zum Jahre 2000 zur Hälfte an allen Ämtern und Mandaten zu beteiligen. Sie sprechen sich wie die FDP für eine Wahlrechtsänderung aus, die ihrer Meinung nach frauenfördernd wirkt, wenn bei Listenwahlen die von den Parteien vorgegebene Reihenfolge geändert werden kann. Auch die FDP hält laut Bundesvorstandsbeschluß von 1987 an einer „Selbstverpflichtung“ als liberalem Gedanken fest, bis 1992 den Anteil von Frauen in Entscheidungsfunktionen entsprechend ihrer Mitgliederzahl (z.Z. 25%) zu erhöhen.

In der Schweiz und in Österreich vertreten die jeweiligen sozialdemokratischen Parteien die Position der Quotierung wie folgt: Die SPS hat eine Quote von 25%, die SPÖ von mindestens 25% festgelegt. Die schweizerischen Parteien weisen ihren Frauenanteil nicht gesondert aus; bei der SPÖ beträgt er 34%, bei der ÖVP ca. 29% und bei der FDÖ ca. 22,8%.

Strukturelle Hindernisse und neue Ziele

Geht man den Gründen für Unterrepräsentation von Frauen nach, so können diese vor allem für die traditionellen Parteien der Bundesrepublik Deutschland, Österreichs und der Schweiz verallgemeinert werden: informelle Auswahl- und Aufstiegsmuster („Männer-Seilschaften“), die für eine Männerkarriere maßgeschneidert, aber nicht auf eine weibliche Normalbiographie zugeschnitten sind. Frauen wird es in der Regel aufgrund höherer Qualifikationsanforderungen und gesellschaftlicher Erwartungen im Hinblick auf Familienbindung schwerer gemacht, parteiinterne Selektionsmechanismen erfolgreich zu durchlaufen. Auch die Praxis, Frauen auf weniger aussichtsreiche Listenplätze zu setzen, macht deutlich, daß nicht das Wahlrecht, sondern parteiinterne Strukturen, Spiegelbild der Gesellschaft, frauen- und familienfeindlich sind. Als Grund für die Politikabstinenz vieler Frauen wird als Folge der Erziehung auch eine gewisse weibliche Konfliktscheu, Angst vor Erfolg und Kritik sowie fehlende Übung für das Auftreten in der Öffentlichkeit genannt. Galt aber früher die Anpassung von Frauen an die Normen der Männerwelt als Ziel, so stellen Frauenbewegung und zunehmend Politikerinnen selbst diese Werte in Frage. Leitbild ist nicht mehr die männlich orientierte Gesellschaft, in der ausschließlich der Abbau von Benachteiligungen und prozentuale Erhöhung von Frauenanteilen das Ziel ist. Frauen begreifen sich nicht mehr als „defizitäre“ Menschen, die auf den Entwicklungsstand der Männer anzuheben sind, sondern wollen vielmehr Politik und Parteien als männergeprägte Institutionen mit ihren Defiziten und Mängeln verändern, um das Potential von Frauen zum Nutzen beider Geschlechter besser zur Entfaltung zu bringen. Der Schlüssel zur gleichberechtigten Repräsentanz von Frauen in den Parteien liegt in einer Veränderung des gesellschaftlichen Bewußtseins.

Literatur: *Claudia Bernardoni / Vera Werner* (Hrsg.), Der vergeudete Reichtum. Über die Partizipation von Frauen im öffentlichen Leben, Deutsche UNESCO-Kommission (Bonn 1983); *Bundesminister für Jugend, Familie, Frauen und Gesundheit* (Hrsg.), Frauen in der Bundesrepublik Deutschland (Bonn [3]1986); *Hildegard Hamm-Brücher,* Kann jeder zweite Politiker eine Frau sein?, in: Badische Zeitung, Freiburg i.Br., 2. Oktober 1986; *Beate Hoecker,* Frauen in der Politik. Eine soziologische Studie (Opladen 1987); *Joachim Hofmann-Göttig,* Emanzipation mit dem Stimmzettel. 70 Jahre Frauenwahlrecht in Deutschland (Bonn 1986); *Ursula Männle,* Bestandsaufnahme und Perspektiven des Verhältnisses von Frau und Politik, in: Informationen für die Frau 5 (1986); *Claudia Pinl,* Was auch die grüne Welt im Innersten zusammenhält. Notizen über ein Prinzip: Seilschaften, in: Hilke Schlaeger (Hrsg.), Die Herren der Dinge. Vom neuen alten Männlichkeitswahn (München 1987); *Christa Randzio-Plath,* Frauenmacht. Ausweg aus der Krise (Köln 1987); *Statistisches Bundesamt* (Hrsg.), Frauen in Familie, Beruf und Gesellschaft (Mainz 1987); *Gabriele Strecker / Marlene Lenz,* Der Weg der Frau in die Politik (Bonn [5]1984). Monica E. Wolsky

Partnerschaft

↗ Abhängigkeit; Arbeit; Beruf; Bindung; Chancengleichheit; Diskriminierung; Ehe; Elternurlaub; Emotionalität und Rationalität; Erziehung; Erziehungsgeld; Familie; Familienrecht; Familienrollen; Frauenbewegung; Frauenpolitik; Frauenrollen / Frauenleitbilder; Ganzheitlichkeit; Gleichberechtigung; Macht; Mann; Männerbilder; Matriarchat / Patriarchat; Parteien; Politik; Sexismus; Zärtlichkeit

Partnerschaft und Partizipation

Partnerschaft ist ein Begriff, der Anfang des 19. Jahrhunderts aus der englischen in die deutsche Sprache übernommen wurde und mit Teilhaberschaft übersetzt werden kann. Er ist eng mit dem politischen Begriff der Partizipation (Teilhabe) verwandt, der heute für die Demokratisierung aller Lebensbereiche steht. Um ein Teilhaberecht aller Menschen an politischen Entscheidungsprozessen ging es insbesondere bei der Französischen Revolution 1789, bei der erstmals die Freiheit und Gleichheit aller Menschen unabhängig von ihrer Geburt festgeschrieben wurde mit der politischen Folge der Einrichtung einer Volksvertretung und der Einführung des Wahlrechts. Mit der Deklaration dieser Bürgerrechte wurden alte hierarchische Ordnungen aufgehoben und die Partizipation der Bürger an der Staatslenkung sichergestellt. Allerdings galten die Bürgerrechte nur für eine besitzende männliche Minderheit. Frauen zählten nicht zu den Aktivbürgern, und sie hatten auch kein Wahlrecht. Von der politischen Partizipation waren sie vollkommen ausgeschlossen, selbst das ihnen zunächst zugestandene Versammlungsrecht wurde bereits 1793 wieder aufgehoben. Die politische und gesellschaftliche Teilhabe der Frau klagte Olympe de Gouges 1791 in ihrer „Erklärung der Rechte der Frau und der Bürgerin“ ein, in der sie von der Zielvorstellung einer nicht patriarchalen, egalitären (und damit partnerschaftlichen) Gesellschaft ausgehend forderte: „Recht und Gesetz sollten Ausdruck des Gemeinwillens sein. Alle Bürgerinnen und Bürger sollen persönlich oder durch ihre Vertreter an ihrer Gestaltung mitwirken. Es muß für alle das gleiche sein. Alle Bürgerinnen und Bürger, die gleich sind vor den Augen des Gesetzes, müssen gleichermaßen nach ihren Fähigkeiten, ohne andere Unterschiede als die ihrer Tugenden und Talente, zu allen Würden, Ämtern und Stellungen im öffentlichen Leben zugelassen werden.“ In die gleiche Richtung gingen die in England von Mary Wollstonecraft 1792 proklamierten Rechte der Frauen sowie die Ziele der ersten deutschen Frauenbewegung, die seit der Mitte des 19. Jahrhunderts für Berufsfreiheit und Wahlrecht für Frauen eintrat. Frauenaktivitäten dieser Art hatten jedoch keinen Einfluß auf die Ablösung der patriarchalischen Gesellschaftsstruktur durch eine mehr partnerschaftliche im 18. und 19. Jahrhundert, sie wurden allerdings wichtige Grundsteine für die Arbeit der späteren Frauenbewegungen.

Partnerschaft statt Hierarchie

Der Begriff der Partnerschaft für die Demokratisierung der Lebensbereiche wurde erst nach dem Zweiten Weltkrieg gebräuchlich, eine Blütezeit erlebte er in den Jahren nach 1969: Tarifpartner, Koalitionspartner, Parteien als Partner der Bürger, Eltern und Kinder als Partner, Partnerschaft im Straßenverkehr bis hin zu der schon früher gebräuchlichen Geschäfts- und Vertragspartnerschaft: Partnerschaft wurde zum Zauberwort. Die zugrundeliegende Idee ist die der Überwindung einer Hierarchie und eines Machtgefälles hin zum Zusammenschluß oder Zusammenwirken von Freien, Gleichen und Gleichberechtigten, die gemeinsam am gesellschaftlichen Leben teilhaben und dieses bestimmen. In der politischen Diskussion ist unbestritten, daß Partnerschaft nur funktionieren kann zwischen freien und gleichen Menschen, wobei Gleichheit als Wertgleichheit zu verstehen ist. Sobald einer der Partner von dem anderen z. B. in seiner wirtschaftlichen Existenz abhängig ist oder sonst ein Machtgefälle oder ein Ungleichgewicht der Kräfte zwischen ihnen besteht, kann eine wirkliche Partnerschaft nicht existieren. Auch wenn in der heutigen Gesellschaft ein deutlicher Trend zur Partnerschaft besteht, so existiert doch häufig dieses notwendige Gleichgewicht zwischen den jeweiligen Partnern noch nicht. Partnerschaft ist dann bestenfalls die Beschreibung der Zielvorstellung, schlimmstenfalls die Verschleierung und Verbrämung eines in Wirklichkeit subtil ausgenutzten Abhängigkeitsverhältnisses. Vor der Verwirklichung von Partnerschaft steht daher konsequenterweise die Schaffung einer tatsächlichen Gleichberechtigung und Wertgleichheit der jeweiligen gesellschaftlichen Gruppierungen. Auf das Verhältnis von Mann und Frau wird der Begriff der Partnerschaft in der Bundesrepublik Deutschland zunehmend seit 1977 angewandt. In diesem Jahr wurde durch die Familienrechtsreform die Partnerschaft gleichen Rechts und gleicher Pflichten auf der Grundlage der Ebenbürtigkeit beider Partner im Ehe- und Familienrecht ausdrücklich und erstmals verankert. Doch auch in der Geschlechterbeziehung gilt es, zunächst ein Ungleichgewicht zwischen den Partnern zu beseitigen, denn nach wie vor gelten Frauen als „anders“ und damit weniger wert als Männer (auch wenn dies heute nicht mehr so offen geäußert wird), und oftmals sind Frauen von ihren (Ehe-)Männern wirtschaftlich und auch psychisch abhängig. Auch mit ihrer Freiheit, hier als Entscheidungsfreiheit oder Wahlfreiheit verstanden, ist es noch nicht weit her: Gesellschaftliche Rollenzuschreibungen wie auch gesellschaftliche Strukturen (z. B. des Arbeitslebens) engen die Entscheidungsfreiheit von Frauen (aber auch von Männern) bei der Lebensplanung ein. Die Entscheidung z. B., daß die Frau nach der Geburt des ersten Kindes die Berufstätigkeit aufgibt oder einschränkt, ist meist keine wirklich frei getroffene partnerschaftliche Entscheidung, sondern das Ergebnis von gesellschaftlichen Zwängen und Vorurteilen, die von beiden Partnern so verinnerlicht sind, daß sie als rechtfertigende Sachargumente wahrgenommen werden: der Mehrverdienst des Mannes, seine besseren Karrieremöglichkeiten, seine „Untauglichkeit“ für Familienarbeit (die meist nur Desinteresse ist), die „natürliche Geeignetheit“ der Frau für Familienarbeiten, die entsprechenden gesellschaftlichen Erwartungen usw.

Teilhabe statt geschlechtsspezifischer Arbeitsteilung

In der politischen Diskussion wird statt der Partnerschaft zwischen Mann und Frau oft die Aufhebung der geschlechtsspezifischen Arbeitsteilung als Ziel angesprochen. Letztlich bedeutet dies aber das gleiche: Solange die Frauen als vorrangig zuständig erachtet werden für die Familienarbeit, die Männer dagegen als zuständig für die außerhäusliche Erwerbsarbeit und das öffentliche Leben, und solange dabei die Familienarbeit als weniger wert und statusbegründend gilt als die Erwerbstätigkeit, so lange kann von einer partnerschaftlichen Aufgabenteilung nicht die Rede sein. Partnerschaft und Aufhebung der geschlechtsspezifischen Arbeitsteilung bedingen einander. Erst wenn Frauen gleichberechtigt sind und gleich selbstverständlichen Zugang zu allen Lebensbereichen haben und Männer den gleich selbstverständlichen Zugang zur Familienarbeit, wenn also beide Geschlechter an allen Lebensbereichen gleich teilhaben können, ist Partnerschaft verwirklicht. Und nur wenn partnerschaftlich gelebt wird, ist eine solche Teilhabe überhaupt zu realisieren.

Perspektiven und Ansätze

Ein partnerschaftliches Zusammenleben und Zusammenwirken der Geschlechter beschränkt sich daher nicht auf ein gemeinschaftliches und gleichberechtigtes Entscheidungsverhalten innerhalb einer individuellen Beziehung, sondern ist auch gesamtgesellschaftlich zu messen an der quantitativen und qualitativen Mitwirkung von Frauen in allen gesellschaftlichen Bereichen: im Arbeits- und Wirtschaftsleben, im öffentlichen Bereich, insbesondere auch in der Politik. Eine so verstandene Partnerschaft ist heute als Forderung in allen bundesdeutschen Parteiprogrammen enthalten. Bei der CDU erscheint der Begriff der Partnerschaft bereits im Titel der „Leitsätze der CDU für eine neue Partnerschaft zwischen Mann und Frau". Partnerschaft im Sinne der CDU bedeutet, daß Mann und Frau sich gegenseitig in ihrem eigenen Wert anerkennen, füreinander verantwortlich sind und ihre Aufgaben innerhalb und außerhalb der Familie gleichberechtigt vereinbaren.

Auch die FDP fordert in ihrem Programm zur Gleichberechtigung die gleiche Berechtigung und Verpflichtung von Mann und Frau in Familie, Beruf, Gesellschaft und Politik. Neben einem Antidiskriminierungsgesetz fordert sie u.a. eine gleiche Bewertung von Haushalts- und Erwerbstätigkeit.

Für die SPD können die Ziele des demokratischen Sozialismus – Freiheit, Gerechtigkeit und Solidarität – nur dann verwirklicht werden, wenn sie auch im Zusammenleben von Mann und Frau bewußt und einschränkungslos akzeptiert werden. Freiheit und Gleichheit bedeuten dabei konkret, daß Männer und Frauen in Beruf und Familie bewußt und gemeinsam entscheiden, welche Aufgaben sie zu übernehmen bereit und in der Lage sind.

Auch für die Grünen steht die Aufhebung der Arbeitsteilung nach Geschlecht an erster Stelle. Frauen sollen durch Erwerbsarbeit ihren Lebensunterhalt selbst verdienen können, Männer müssen die Hälfte der Verantwortung für Kinder und Hausarbeit übernehmen.

In *Österreich* fordert die Frauenpolitik der Bundesregierung und der Parteien ebenfalls Partnerschaft zwischen Mann und Frau, hauptsächlich unter dem Stichwort: Arbeitsteilung. Von seiten des Gesetzgebers wurde vor allem mit der Familienrechtsreform, aber auch mit weiteren Gesetzesänderungen die Grundlage für eine gleichberechtigte Partnerschaft von Frau und Mann in der Familie geschaffen. Die rechtlichen Maßnahmen wurden und werden darüber hinaus laufend durch bewußtseinsbildende ergänzt. Doch nur sehr langsam gelingt es, diesbezügliche Vorurteile und eingefahrene Verhaltensweisen abzubauen.

In der *Schweiz* ist das frauenpolitische Ziel ähnlich: Frauen und Männer sollten gemeinsam versuchen, eine neue, offene, freiere und partnerschaftlicher aufgebaute Gesellschaft zu erarbeiten. Auch der Staat ist dazu aufgerufen, die Rechtsgrundlagen entsprechend bereitzustellen, insbesondere seit der Volksabstimmung von 1981 über den Verfassungsartikel zur Gleichheit von Mann und Frau; die Bundesregierung konnte aufgrund dieser Entscheidung ein Rechtsetzungsprogramm mit dem Ziel der Veränderung von Gesetzen im Sinne dieses Gleichheitsgrundsatzes einleiten. Mit dem neuen Eherecht von 1988 wurde auch in diesem Bereich dem Partnerschaftsgedanken Rechnung getragen.

Schleichender Wandel

Die nun schon mehrjährige öffentliche Diskussion um Partnerschaft hat im

Bewußtsein von Männern und Frauen Wirkungen entfaltet: Alle Untersuchungen zur Aufgabenteilung und zur Rollenveränderung ergeben bezüglich der Einstellungen einen Trend hin zur Partnerschaft und weg vom traditionellen hierarchischen Geschlechterverhältnis.

Mädchen und Frauen fordern Partnerschaft, und Männer beginnen diese Veränderungen bei den Frauen wahrzunehmen und sehen sich gezwungen, sich den neuen Ansprüchen zu stellen. So hat sich in der Frage der Mitbestimmung in familiären Entscheidungen mittlerweile ein hohes Maß an Gleichberechtigung eingespielt. Die Machtstrukturen in der Familie haben sich offenbar aufgelockert. Gleichwohl hat sich aber das Verhalten ansonsten so gut wie nicht verändert, d.h., Anspruch und Wirklichkeit von Partnerschaft klaffen weit auseinander. Die geschlechtsspezifische Aufgabenteilung besteht in der Praxis nach wie vor. Die „neue Partnerschaft" sieht zur Zeit noch so aus, daß zum alten Bild – der Mann berufstätig, die Frau fürs Haus allein zuständig – als neues nur die Berufstätigkeit der Frau hinzugekommen ist. Diese Zunahme der Berufstätigkeit von Frauen in den letzten zehn Jahren ist bis heute nicht von einer Zunahme der Hausarbeit von Männern begleitet, aufgehoben oder abgefangen worden: Während die Berufstätigkeit der Frau fast selbstverständlich geworden ist, wird die des Mannes nicht in Frage gestellt. Ebensowenig übernehmen Männer mehr als bisher verantwortlich Hausarbeit, und auch die Arbeitsbelastung und Verantwortlichkeit der Väter hat kaum zugenommen. Die Verantwortung für den Familienbereich liegt immer noch allein bei den Frauen.

Die Berufstätigkeit der Frau wird zwar von der Mehrheit der Männer bejaht, doch gilt dies hauptsächlich für die kinderlose Frau. Sind Kinder da, so soll es nach wie vor die Frau sein, die ihr Leben darauf abstellt, nicht der Mann. Die Akzeptanz der weiblichen Berufstätigkeit hört allerdings auch dann auf, wenn es um die Arbeitsplätze geht, Frauen also als Konkurrenz wahrgenommen werden. Frauen können nicht selbstverständlich darauf zählen, Männer als Partner für die Aufhebung der geschlechtsspezifischen Arbeitsteilung auf ihrer Seite zu haben. Theoretisch sind die meisten Männer dafür, doch ein eigenes Interesse an der Umsetzung haben sie kaum, obwohl auch sie viel durch eine neue Aufgabenteilung gewinnen können. Mit Frauen tauschen wollen nur 2% der Männer, was zeigt, daß die Männer den Part der Frauen, der diesen im Rahmen der geschlechtsspezifischen Arbeitsteilung zufällt, für den schlechteren halten. Auch eine kürzere Arbeitszeit würde kaum zu mehr Engagement der Männer in der Familie führen, eigene Freizeitaktivitäten stehen für diesen Fall bei den meisten Männern im Vordergrund.

Bis zur tatsächlichen Erreichung von Partnerschaft zwischen den Geschlechtern ist also noch ein langer Weg. Wandlungen im Bereich der Arbeitswelt, in der sozialen Absicherung der Familienarbeit und im Spektrum männlicher Rollenidentität sind dafür unverzichtbar.

Literatur: *Elisabeth Beck-Gernsheim,* Das halbierte Leben. Männerwelt Beruf, Frauenwelt Familie (Frankfurt a.M. 1980); *Roland Eckert,* Geschlechtsrollen und Arbeitsteilung (München 1979); *Carol Hagemann-White,* Sozialisation. Weiblich-männlich? Alltag und Biographie von Mädchen, Bd. 1 (Opladen 1984); *Gret Haller,* Frauen und Männer. Partnerschaft oder Gleichberechtigung (Bern 1979); *Sigrid Metz-Göckel / Ursula Müller,* Der Mann. Die Brigitte-Studie (Weinheim 1986); *Jürgen Postler / Robert Schreiber* (Hrsg.), Traditionalismus, Verunsicherung, Veränderung. Männerrolle im Wandel? (Bielefeld 1985); *Helge Pross,* Die Männer (Reinbek 1978); *Hannelore Schröder* (Hrsg.), Die Frau ist frei geboren. Texte zur Frauenemanzipation, Bd. 1: 1789–1870 (München 1979); *Rita Süssmuth,* Frauen – der Resignation keine Chance (Düsseldorf 1985).

Rita Süssmuth

Patriarchat ↗ Matriarchat/Patriarchat.

Pflege, häusliche

↗ Alter; Ehrenamt; Familie; Familienrollen; Frauenberufe; Frauenrollen / Frauenleitbilder; Gesundheit; Hausfrauen; Krankheit; Mittelalter; Schwesterlichkeit; Schwesternschaften; Soziale Sicherung

Traditionen

Die häusliche Pflege – Wurzel der beruflichen Pflege – ist sowohl kulturanthropologisch wie historisch eng mit der Frauenrolle verknüpft und dadurch mit dem Anspruch mütterlich-schwesterlichen Dienstes behaftet. Etymologisch bedeutet pflegen (von lat. colere) sorgen, betreuen, hegen; auch „für etwas einstehen", „sich für etwas einsetzen".

Die Grunderfahrungen von Pflegen und Gepflegtwerden gründen im Bereich der Familie. Der Begriff „Schwester" (bis heute die offizielle Anrede der Frau in der beruflichen Pflege) stammt aus der Clan-Terminologie, also einer sehr frühen Gesellschaft, und meinte nicht nur die Töchter bestimmter Eltern, sondern alle Frauen eines Clans. Ihnen oblag das Hauswesen, Aufziehen der Kinder und Betreuung alter und kranker Familienmitglieder. Indem sie außerhalb der Familie entscheidende gesellschaftliche Aufgaben übernahmen, sprengten sie den Rahmen der häuslichen Pflege und legten den Grund nicht nur für die berufliche Pflege, sondern für die Frauenarbeit überhaupt.

Nicht zufällig hat die berufliche Pflege die Bezeichnung „Schwester" beibehalten; Pflege erfordert auch heute noch jenes Angebot an Zuwendung und Verfügbarkeit, das man sich im hilfsbedürftigen Zustand von einer Mutter oder Schwester wünscht: praktisch und liebevoll, unermüdlich und allgegenwärtig. Diese Einstellung wurde noch gefördert durch die christliche Weltanschauung insbesondere des Mittelalters, Hochblüte der Gründung von Schwesternschaften, deren Mitglieder sich in selbstloser Hingabe den „Werken der Barmherzigkeit" zu widmen hatten. Hier wurden die Ansprüche an die universelle Helferrolle der Frau geradezu institutionalisiert, und von daher rühren viele der Probleme, mit denen wir uns heute konfrontiert sehen.

Moderne Problematik

Die unkritische Übernahme solch einseitig überhöhter Ansprüche in die heutige veränderte Familien- und Gesellschaftsstruktur führt zu tiefgreifenden Problemen besonders für die betroffene Frau, auf welche die Forderung nach Pflege spontan und häufig ungewollt zuerst fällt. Häusliche Pflege ist für die Zukunft zu lösen vom „Clan-Anspruch" wie von einem falsch verstandenen christlichen Dienstverhältnis. Sie ist hineinzustellen in die Verantwortung aller für alle, wie in der urchristlichen Tradition, in der Pflege nicht Nur-Frauenaufgabe, sondern Gemeinschaftsaufgabe war.

Das Selbstverständnis der modernen Frau hat auch eine neue Rollenverteilung geschaffen. Mit Berufstätigkeit und neuen Aufgaben auch außerhalb der Familie besteht die beliebige Verfügbarkeit für Bedürfnisse der Familienmitglieder nicht mehr. Die Last der Pflege kann nicht mehr ihr einseitig aufgebürdet werden, sondern muß in die Entscheidung der betroffenen Familie insgesamt genommen und von dieser verantwortlich mitgetragen werden. Keiner der Beteiligten, auch nicht der Pflegebedürftige, darf in ein einseitiges Abhängigkeitsverhältnis geraten. Häusliche Pflege ist nur zu leisten in Abwägung der Bedürfnisse *aller* Betroffenen.

Von seiten der Gesellschaft wäre durch sinnvolle Finanzierung dafür zu sorgen, daß häusliche Pflege geleistet werden kann ohne einseitige Benachteiligung von Frauen, die zugunsten von Kindererziehung und / oder Pflege kranker /

alter / behinderter Eltern auf eigene Berufstätigkeit verzichtet haben.

Literatur: *Liliane Juchli,* Pflegen, Begleiten, Leben (Basel 1986); *Johann Michael Sailer,* Heilendes Wort – Kleine Krankenbibel (Kevelaer 1983); *Eduard Seidler,* Geschichte der Pflege des kranken Menschen (Stuttgart [5]1980); *Alfred Vogel / Georg Wodraschke,* Hauskrankenpflege (Stuttgart [5]1985). Liliane Juchli

Philosophie, feministische

↗ Begabung; Emotionalität und Rationalität; Ethik, weibliche; Feminismus; Frauenforschung; Frauengeschichte; Frauenrollen / Frauenleitbilder; Kultur; Macht; Menschenbild; Mythologie; Natur; Psychoanalyse; Sichtweise, weibliche; Sprachkritik, feministische; Theologie, feministische; Tiefenpsychologie; Volkskundliche Frauenforschung; Wissenschaft

Begriffsbestimmung und Zielsetzung

„Feministische Philosophie" bezeichnet eine bestimmte Position innerhalb der Philosophie im ganzen. Indem Frauen auf die Philosophie, deren Themen und Institutionen reflektieren, akzentuieren sie Form und Inhalt der Philosophie unter Gesichtspunkten des Denkens und Handelns von Frauen. Das „philosophierende Subjekt" zeigt sich als ein weibliches. Dadurch wird die Frage nach der Bedeutung des klassischen philosophierenden Subjekts für die Erkenntnis und Theorie von „Objektivem", der Welt und ihrer Erscheinungen, gestellt. Für die Philosophie eröffnet sich durch das Denken von Frauen ein neuer und besonderer Realitätsbezug.

Feministische Philosophie ist somit eine Form der *bestimmten Kritik,* Konkretisierung und Erweiterung der Philosophie. Sie ist sowohl durch *systematische* als auch *gesellschaftspolitische* Ziele definiert. Sie tritt als solche zunächst dort hervor, wo Frauen in den klassischen Erkenntnis- und Wissensgehalten der Philosophie weder sich selbst noch die Welt angemessen ausgedrückt finden. Daher zeichnet sich die bisherige Entwicklung der feministischen Philosophie wesentlich durch Bestrebungen aus, eigene Positionen zu gewinnen. Es galt zunächst den Nachweis des Ausschlusses der Frauen aus dem Geschäft der philosophischen Reflexion bei den Themen und Fragestellungen klassischen Philosophierens zu führen, also kritische philosophiegeschichtliche Rekonstruktion der philosophischen Gehalte zu leisten. Das implizit im bisherigen männlich philosophischen Diskurs mitgedachte und mitinterpretierte Weibliche sollte zu sich selbst befreit werden. Ein bei weitem nicht abgeschlossener Prozeß der Neuschreibung der Geschichte abendländischen Denkens zeigt sich damit als Aufgabe. Auf diesem Wege haben sich bisher die Frauen vielfach psychoanalytischer Modelle bedient, auch indem sie diese kritisch veränderten bzw. dechiffrierten, um des philosophiegeschichtlich und auch des immer wieder individuell Verdrängten thematisch habhaft zu werden.

Entstehungsgeschichte

In Deutschland entstand die feministische Philosophie im Zusammenhang mit der neueren Frauenbewegung der späten 60er Jahre. Sie nahm dabei Impulse auf, welche sowohl die Frauenbewegung als auch die sie reflektierende Theoriebildung in den USA schon ungefähr zehn Jahre früher entwickelt hatten. Die feministische Philosophie ist zudem in der heutigen Form in Europa undenkbar ohne die geistigen und politischen Anregungen, die von dem dialektischen Aufklärungsprogramm der Kritischen Theorie in Deutschland oder der nachstrukturalen Philosophie in Frankreich ausgingen.

Gesellschafts- und fachpolitisch koordiniert eine Internationale Assoziation von Philosophinnen e.V., mit Sitz in Deutschland (Gründung 1974), durch öffentliche Symposien und Publikationen das kritisch aufklärende Denken von Philosophinnen aus verschiedenen Ländern vor allem Europas. Sie tritt ebenfalls als Organisation an klassischen Philosophiekongressen auf.

Feministische Vernunftkritik

Das *Denken von Frauen* und ein spezifisch *feministisches* Denken werden zunehmend öffentlich. Die Aufklärung bisher aus der Sicht der Frauen nicht gedachter philosophischer Inhalte und nicht konzipierter Methoden wird durch philosophische Einzeluntersuchungen sowie programmatisch und konzeptuell aufgenommen. Zudem werden grundsätzlich die überkommenen Erkenntnisse der philosophischen Wissenschaft unter dem Vorbehalt der Indifferenz gegenüber Frauen und der generellen Frauenfeindlichkeit in Frage gestellt. Auch die *Bestimmungen der Vernunft selbst* werden, bezogen auf ihre fast ausschließlich männliche Urheberschaft, einer Kritik unterworfen. Ein durch unaufgedeckte männliche Interessen geprägtes Denken hat die Vernunft sich einseitig herausbilden lassen. Die beanspruchte Universalität und Allgemeinheit der Vernunft ist usurpiert, da sie lediglich über das partikulare männliche Denken generiert ist.
In der feministischen Theorie ist die Frage umstritten, ob eine rein weibliche Philosophie als ergänzendes Moment im Rahmen einer bereits konzipierten Vernunftkonstellation zu entwickeln sei, oder ob die bisherige Vernunft, als eine geschlechtsspezifisch dominierte, dahingehend zu befreien und zu verändern sei, daß die alte Idee einer *einen* Vernunft überhaupt durch Ergänzung ihrer ausgelassenen weiblichen Momente einen neuen Ausdruck gewinnen kann.

Anthropologische Fragestellung

Schwieriger dürfte zu entwickeln sein, wie feministische Vernunftkritik auch eine anthropologisch fundierte Kritik ist, d.h., wie der anthropologische Befund „Frau“ ein anderer ist als der anthropologische Befund „Mann“. Es geht dabei nicht darum, ein weibliches Denken zu entwickeln, das sich von einem unterstellten (hypostasierten) „Wesen der Frau“ her bestimmt; aber es genügt auch nicht, eine feministische Philosophie lediglich dadurch sich definieren zu lassen, daß sie auf die Erfahrungen von Frauen als Geschlechtswesen wie als Individuen sich allein abstützt und von daher alles, was ist, was sein kann und was sein soll, reflektiert und bestimmt. Wenn auch erkenntnistheoretisch davon ausgegangen werden kann, daß für das reflektierende (weibliche oder männliche) Subjekt das eigene körperliche und seelische Sein einen objektiven Vorrang beinhaltet, weil es das Subjekt unvermittelt trifft, so ist dieser anthropologische Befund der Geschlechterdifferenz in seiner Bedeutung für das Konzept von Erkennen, Vernunft und Denken noch keineswegs aufgearbeitet. Weiter ist also im Rahmen feministischer Theorie zu entfalten, wie sich das Denken zwar nicht vom „Wesen“, aber vom „Sein“ der Frauen her bestimmt. Solche Aufgaben gehören zur Darlegung und Begründung feministischer Philosophie selbst. Damit würde auch das vom männlichen Denken besetzte anthropologisch Allgemeine unterlaufen.

Feministische Ethik, Natur- und Geschichtsphilosophie

Für eine feministische *Ethik* sind in den USA erste Untersuchungen unternommen worden. Amerikanische Philosophinnen haben eine Art von revolutionärer Befreiungsethik für die Frauen entworfen, die aufzeigt, wie Frauen sich selber werden können. Nach Ansicht dieser Philosophinnen werden in der patriarchalen Ethik die Werte in dem Sinne „weiblich“ genannt, als sie Eigenschaften, die von Unterdrückten erwartet werden, favorisieren und dabei die Motivationen und Werte verschleiern, die tatsächlich in der Gesellschaft wirksam sind. Die Denkerinnen plädieren für eine „Ethik ohne Unterwürfigkeit“. Insbesondere zeigen sie auch durch empirische Analysen, daß in der Entwicklung des moralischen

Bewußtseins die besondere Variante der Entstehung von Wertbewußtsein bei den Frauen nicht beachtet wurde und dadurch eine Art halbierter Ethik entstand. Die bisherigen Ethikkonzeptionen sind durch feministische Kritik und den Einbezug der wichtigen Varianten der Entwicklung weiblichen Moralbewußtseins zu bearbeiten.

In der *Naturphilosophie* geht es feministischem Denken darum, die von den Frauen besser ausgebildeten Fähigkeiten der Einfühlung in Lebenswelt und Umwelt für ein gewandeltes Verständnis von Leben und Natur fruchtbar zu machen. Die Natur soll nicht länger als reines Experimentierfeld und als Ausbeutungsressource angesehen werden, sondern als lebende Mitwelt des Menschen, die Achtung und Anerkennung ihrer prinzipiellen Unverletzbarkeit verdient.

Vollends muß in der *Geschichtsphilosophie* umgedacht werden. Das herkömmliche *Subjekt der Geschichte* muß auf seine Macht- und Herrschaftszüge und auf seine ausschließliche männliche Besetztheit hin aufgeklärt werden. Die gesellschaftlichen „Leistungen" von Frauen in der Geschichte sind aufzuarbeiten, ebenso wie ihre kontinuierliche Unterdrückung, aber auch ihre partielle „Mit-täterschaft" und die Gründe ihres „Unvermögens", sich aus der männlichen Dominanz zu befreien.

Ausblick

Das von Frauen getragene Programm der feministischen Philosophie nimmt seine Impulse aus dem Nicht-Übereinstimmen der von Frauen erfahrenen Realität mit der begrifflichen Bewältigung unter den bisherigen Titeln der Philosophie. Der Ansatz kommunikativer Theorien ist hier geeignet, die feministischen Unterscheidungen in die philosophische Theoriebildung einzubeziehen. Dabei bedeutet es wohl schon eine Probe aufs Exempel der kommunikativen Theorie, wie weit Frauen im faktischen Diskurs als Gesprächsteilnehmerinnen ernst genommen werden und wie weit ihre Äußerungen in einer wahren Gegenseitigkeit des Dialogs argumentativ beim Bestimmen des philosophisch Relevanten wirksam sind.

Literatur: *Halina Bendkowski / Brigitte Weisshaupt* (Hrsg.), Was Philosophinnen denken (Zürich 1983); *Heidemarie Bennent,* Galanterie und Verachtung. Eine philosophiegeschichtliche Untersuchung zur Stellung der Frau in Gesellschaft und Kultur (Frankfurt – New York 1985); *Mary Daly,* Jenseits von Gottvater Sohn & Co (München 1978); *dies.,* Gyn / Ökologie (München 1980); *Simone de Beauvoir,* Das andere Geschlecht (Hamburg 1968); *Carol C. Gould* (Hrsg.), Beyond Domination. New Perspectives on Women and Philosophy (Totowa/NJ 1984); *Karin Hausen / Helga Nowotny,* Wie männlich ist die Wissenschaft? (Frankfurt a.M. 1984); *Luce Irigaray,* Speculum. Spiegel des anderen Geschlechts (1974) (Frankfurt a.M. 1980); *Manon Maren-Grisebach / Ursula Menzer* (Hrsg.), Philosophinnen. Von Wegen ins 3. Jahrtausend (Mainz 1982); *Luise Pusch,* Feminismus. Inspektion der Herrenkultur (Frankfurt a.M. 1883); *Brigitte Weisshaupt / Manon Andreas-Grisebach* (Hrsg.), Was Philosophinnen denken II (Zürich 1986). BRIGITTE WEISSHAUPT

Politik

↗ Aufstiegschancen; Beruf; Feminismus; Frauenbewegung; Frauenförderung; Frauengleichstellungsstellen; Frauenpolitik; Frauenquotierung; Frauenrollen / Frauenleitbilder; Frauenverbände; Gewerkschaften; Gleichberechtigung; Grundgesetz / Bundesverfassung; Macht; Menschenrechte; Nationalsozialismus; Netzwerke; Neue soziale Bewegungen; Parteien; Sozialisation; Sozialismus; Sprachkritik, feministische.

Die Unterrepräsentanz von Frauen

Klagen über die Unterrepräsentanz von Frauen in Führungsgremien politischer Parteien und Organisationen sowie in regionalen und nationalen Parlamenten gehören mittlerweile zum Standardrepertoire von Sozialwissenschaftlern (-innen), Politikern(innen) und Publizisten(-innen). Der Grad tatsächlicher und wirksamer politischer Partizipation von Frauen gilt indirekt als Prüfstein des verfassungsmäßig verbürgten politischen Gleichheitsgebots, dem

Kernstück demokratisch verfaßter Gesellschaften.
Die „Gewährung“ des aktiven und passiven Wahlrechts für Frauen (Deutschland/Österreich 1918/1919; in der Schweiz nach zahlreichen vergeblichen Versuchen erst 1971) bildete einen wichtigen Erfolg im Ringen um politische Mitbestimmung und Teilhabe. Die damit verbundene Hoffnung, dies müsse zu einer – wenn auch nur schrittweise zu erreichenden – „ausgewogenen“ Repräsentanz von Frauen und Männern in allen politischen Entscheidungsgremien führen, erfüllte sich jedoch nicht.
Obwohl Frauen in der Bundesrepublik Deutschland, in Österreich und in der Schweiz die Mehrheit der Wahlberechtigten darstellen und sich durch annähernd gleiche Wahlbeteiligung wie Männer auszeichnen (Ausnahme Schweiz), befinden sie sich in den Nationalparlamenten der Länder in der Minderheitenposition (Deutscher Bundestag 15,6%; Österreichischer Nationalrat 11,4%; Schweizer Nationalrat 14%). Die Statistik über den Anteil von Parlamentarierinnen an der Gesamtzahl der Abgeordneten des Deutschen Bundestages zeigt keineswegs eine kontinuierliche Aufwärtsbewegung, sondern drei verschiedene Trendphasen: eine steigende Tendenz zwischen 1949 und 1957 (6,8% – 9,2%), eine fallende Tendenz zwischen 1961 und 1972 (8,3% – 5,8%) und wiederum eine steigende Tendenz ab 1976 (7,3% – 15,6%).
Bemühen sich Frauen um ein Mandat in den Länder- bzw. Kommunalparlamenten von Großstädten, so scheint der Einstieg in die „offizielle“ Politik erfolgreicher zu verlaufen, auch wenn sich hier erhebliche regionale Differenzen zeigen.
Das Schlagwort „Politik ist Männersache“, in der Vergangenheit gerne als Verhaltensregel an die Frauen herangetragen, entbehrt daher als Kurzformel bzw. verkürzte Formel zur Beschreibung der momentan bestehenden politischen Landschaft auf höherer politischer Ebene keineswegs des Wahrheitsgehaltes.

Kritik der „Selbstverschuldungsthese“

Wird nach den Ursachen für das Mißverhältnis zwischen der Ausübung des aktiven und der „Wahrnehmung“ des passiven Wahlrechts und damit für die geringe Präsenz von Frauen in der Politik gesucht, so ist für viele die Antwort eindeutig: hohes staatsbürgerliches Pflichtbewußtsein, „Mit-beeinflussen-Wollen“ der politischen Richtung, aber nur mangelhaft entwickeltes Interesse der Frauen an der konkreten Mitgestaltung und Mitverantwortung in der öffentlich-politischen Sphäre. Empirisch belegen läßt sich die These durch repräsentative Umfragedaten (z.B. die des Allensbacher Instituts). Orientiert am traditionellen Politikbegriff, wird nach dem Informations- und Leseverhalten (Nachrichten, Zeitungen u.a.), nach dem Stellenwert von Politik als Gesprächsthema, dem parteipolitischen Engagement (Eintritt in eine Partei) gefragt. Die Bilanz – zwar steigendes, aber im Verhältnis zu Männern weniger ausgeprägtes politisches Interesse – könnte den in der politischen Praxis erhobenen Vorwurf an die Adresse von Frauen, sie seien politisch inaktiver, rechtfertigen. Die Brauchbarkeit dieser Indikatoren zur Messung politischen Interesses wurde in den letzten Jahren – mitbedingt durch das Auftreten neuer sozialer Bewegungen, durch einen politischen Themenwechsel und veränderte politische Aktionsformen – bezweifelt. Entspricht der Politikbegriff der Frauen dem der Männer? Formulieren Bürger und Bürgerinnen die gleichen Erwartungen an Politik? Welche Rollenerwartungen werden an Repräsentanten/Repräsentantinnen gestellt? Wie ist deren Selbstverständnis? Dies sind neue Fragestellungen, die die „Selbstverschuldungsthese“ indirekt relativieren, die bislang aber nur vorsichtig und in Hypothesenform beantwortet werden können. Aus der Sicht von Vertretern geschlechtsspezifisch differenzierter politischer Einstellungsmuster müssen die traditionell den Frauen zugeschriebenen Verhaltensweisen, wie z.B. Emotionalität, Spontaneität, Streben nach Harmonie, Ablehnung institutioneller Formen der Problemlösung, „geschwächtes" Machtstreben, Orientierung an konkreten Problemen und Konflikten aus dem Sozialbereich, neu interpretiert werden. Galten diese Verhaltensweisen, die in der Vergangenheit zu einem festen Bestandteil des Erziehungszielkatalogs für Mädchen zählten, als Hemmnis für eine erfolgreiche Politikerinnenkarriere, so stellen sie heute wesentliche Elemente des gewünschten Eignungsprofils des neuen Politikertypus dar.

Hemmnisse politischer Partizipation

Angesichts eines allgemeinen politischen Klimawechsels, einer neuen Rangordnung von „Politikfeldern", wie z.B. Umwelt, Frieden, Gesundheit, soziale Beziehungen (Familie, Partnerschaft), könnte auch die klassische Arbeitszuordnung in der Politik überwunden werden, indem die den Frauen bevorzugt zugeschriebenen Arbeitsbereiche entscheidend aufgewertet werden. Dies könnte auch zu einer Verbesserung des politischen Status von Frauen führen. Neben den sozialisationsbedingten Einflüssen, die bislang das parteipolitische Engagement von Frauen behinderten (z.B. mangelndes Vertrauen in die eigenen Fähigkeiten und zurückhaltendes Diskussionsverhalten auf Parteiveranstaltungen), wirken auch Hemmnisse, die sich aus dem weiblichen Lebenszusammenhang ergeben. Die Spielregeln parteiinternen Verhaltens wurden weder von Frauen noch für Frauen erstellt. Neuere Untersuchungen zur politischen und sozialen Teilhabe von Frauen belegen, daß sich viele Frauen durch familiäre Verpflichtungen in der Ausübung ihrer politischen Teilhaberechte eingeschränkt sehen. Ihre besonderen Leistungsanforderungen infolge immer noch bestehender Doppel- oder gar Dreifachbelastung (Erwerbstätigkeit, Haushalt, Kindererziehung) werden aber meist nur am Rand erwähnt, oder die Rücksichtnahme beschränkt sich auf verbale Änderungsbekundungen.
Die Aufgabenfülle der Frauen, die deren zeitlichen Handlungsspielraum begrenzt und ihnen nur wenig Möglichkeit zu konzentriertem „außerfamiliärem" Kräfteeinsatz erlaubt, wirkt sich somit nicht nur negativ auf das berufliche Fortkommen von Frauen aus, sondern auch auf deren politischen Karriereverlauf.
Ferner weisen Frauen eine geringere Integration in außerparteiliche Organisationen (Gewerkschaften, berufsständige Verbände) auf, die sie bei der Vergabe von Listenplätzen, die auf das Kontingent einzelner Interessengruppierungen in der Partei angerechnet werden, benachteiligen. In Demokratien, in denen Parteien als Hauptträger politischer Willensbildung und wichtige Filterinstrumente für die Zusammensetzung der Parlamente (besonders durch Aufstellung starrer Listen) fungieren, müssen Frauen erst um die Gunst ihrer männlichen Konkurrenten kämpfen, bevor sie um das Votum der Wähler/innen werben dürfen. Da sie weder über eine zahlenmäßig breite Basis in den „traditionellen Parteien" (für die Bundesrepublik Deutschland 1988 z.B.: CDU 22,3%; CSU 14%; FDP 24%; SPD 25,6%; Ausnahme: Grüne ca. 33,3%) noch über die erfolgsnotwendigen Kommunikationskanäle und Querverbindungen verfügen, trifft sie das gleiche Schicksal wie alle anderen Minderheiten: Ihr Minderheitenstatus erhöht sich entlang der Parteihierarchie.
Die Chance von Frauen, ein Direktmandat oder einen aussichtsreichen Listenplatz zu erhalten, liegt erheblich unter der der Männer. Hier zeigen sich konkret die Auswirkungen des Zusammentreffens der oben angedeuteten frauenbenachteiligenden Auswahlkri-

terien: beruflicher Status, zeitliche Dispositionsfreiheit, Kontakte zu und Führungspositionen in außerparteilichen Organisationen. Hinzu kommt das Prinzip der „Permanenz der Mandate“, dessen Anwendung zur Verfestigung des bestehenden Verteilungsschlüssels führt. So rekrutiert sich der österreichische Nationalrat zu Beginn einer jeden Legislaturperiode zu 75 – 80 % aus Mandataren, die bereits der vorangegangenen Legislaturperiode angehörten. Freiwerdende sichere Listenplätze werden zu 80 – 90 % wiederum an Männer vergeben.

Strategien der Veränderung

Angesichts der hier skizzierten Bestandsaufnahme ist die Forderung nach dem „Ende der Bescheidenheit“, welche in den aktuellen frauenpolitischen Debatten erhoben wird, mehr als berechtigt. Die Veränderungen der Frauenbewegungsszene Ende der 70er und Anfang der 80er Jahre und die neue Leitidee könnten provokativ als „vom Separatismus über die innerparteiliche Radikalisierung zur neuen Kooperation“ beschrieben werden. Das Verdienst der autonomen Frauenbewegung liegt in der Sensibilisierung für frauenspezifische Probleme und der damit eingeleiteten Bewußtseinsänderung. Ihr politischer Wirkungsgrad wurde allerdings durch das zum Teil gegen die traditionellen Parteien gerichtete Verhalten, durch die bewußte Selbstentkopplung von der Politik (z. B. die Phase der „Neuen Innerlichkeit“) wesentlich geschmälert. Heute ist – verstärkt durch das Auftreten „alternativer Parteien“ – eine parteipolitische Reaktivierung festzustellen. Anzeichen für eine „Radikalisierung“ der Forderungen von Frauen in Parteien bildet die Diskussion um Einführung positiver Frauenförderungsinstrumente. Umgekehrte oder positive Diskriminierung wird als angemessene und notwendige Reaktion auf Jahrhunderte währende Frauenunterdrückung gesehen. Die Vorschläge reichen von Selbstverpflichtungen oder verbindlichen Zielvorgaben der Parteien, den Frauenanteil in den Führungsgremien ihrer Partei entsprechend dem Frauenanteil an der Mitgliedschaft zu erhöhen, bis zur Einführung einer 50-%-Quote bei der Besetzung der Listenplätze (in wechselnder Reihenfolge / Reißverschlußverfahren wie z. B. bei den Grünen). Verfassungsrechtliche Bedenken gegen ein starres Quotensystem, welches die Umsetzung des Gebotes innerparteilicher Demokratie im Sinne einer ausgewogenen Repräsentanz beider Geschlechter durch dirigistische Eingriffe vorantreiben soll, sind ebenso ernst zu nehmen wie die Warnungen vor einem erneuten, selbstverschuldeten Prestigeverlust von Frauen. Der Vorwurf der „Alibifrau“, der gerne gegenüber exponierten Politikerinnen erhoben wird, könnte leicht durch den der „Quotenfrau“ ersetzt und Skepsis gegenüber der politischen Qualifikation von Frauen dadurch erzeugt oder erhärtet werden.

In der Bundesrepublik Deutschland und Österreich erscheint einigen eine Wahlrechtsreform erfolgversprechender und demokratischer. Sie setzen auf Vergrößerung des Frauenanteils in Parlamenten durch Einführung des personalisierten Verhältniswahlrechts. Den Abstimmenden solle – nach dem Vorbild Bayerns und Baden-Württembergs – die Möglichkeit eingeräumt werden, die von den Parteigremien erstellte Listenrangordnung der Kandidaten für die Bundestagswahl entsprechend ihren Wünschen zu variieren. Als positives Beispiel wird gerne das Münchner Stadtparlament zitiert, welches einen hohen Frauenanteil aufweist (35 %); die Ergebnisse der Bayerischen Landtagswahlen stimmen dagegen eher skeptisch (6,9 % während der letzten Legislaturperiode; 12,2 % im neu gewählten Landtag). Entscheidend für die frauenpolitische Wirksamkeit eines reformierten Wahlrechts ist die jeweilige soziale und kulturelle Struktur der Wahlregionen sowie die

Aufstellungspraxis für die Stimmkreislisten.
Entsprechend der vielschichtigen Ursachen für die geringe Repräsentanz von Frauen in der Politik sind noch weitere Veränderungsstrategien zu entwickeln: gezielte Schulungs- und politische Bildungsprogramme für Frauen; ein neues System der parteiinternen Leistungsbemessung und -honorierung, das Frauen nicht für ihre Familientätigkeit „bestraft"; stärkere Frauenförderung durch Frauen; frauen- und familienfreundlichere Gestaltung der Arbeitswelt; flexiblere Gestaltung der Öffnungszeiten für Kindergärten u. a. Die mit dem Eintritt von Frauen in die Politik verbundene Hoffnung auf eine qualitative Veränderung von Politik wird sich nur dann erfüllen, wenn Frauen die (durch ihren heutigen Minderheitenstatus bedingten) Anpassungszwänge überwinden.

Literatur: *Anne Ballhausen / Uta Brandes / Marva Karrer / Robert Schreiber,* Zwischen traditionellem Engagement und neuem Selbstverständnis – weibliche Präsenz in der Öffentlichkeit. Eine empirische Untersuchung zur politischen und sozialen Partizipation von Frauen (Bielefeld 1986); *Bericht über die Situation der Frau in Österreich.* Frauenbericht 1985, hrsg. vom Staatssekretariat für allgemeine Frauenfragen im Bundeskanzleramt (Wien 1985); *Claudia Bernardoni / Vera Werner* (Hrsg.), Der vergeudete Reichtum. Über die Partizipation von Frauen im öffentlichen Leben. Deutsche Unesco-Kommission (Bonn 1983); *Die Stellung der Frau in der Schweiz,* Teil IV: Frauenpolitik. Bericht der Eidgenössischen Kommission für Frauenfragen (Bern 1981); *Beate Hoecker,* Frauen in der Politik. Gängige Hypothesen zum Präsenzdefizit auf dem empirischen Prüfstand in Bremen, in: Zeitschrift für Parlamentsfragen 1/1986; *dies.,* Frauen in der Politik. Eine soziologische Studie (Opladen 1987); *Joachim Hoffmann-Göttig,* Emanzipation mit dem Stimmzettel. 70 Jahre Frauenwahlrecht in Deutschland (Bonn 1986); *Ruth Pauli,* Emanzipation in Österreich. Der lange Marsch in die Sackgasse (Wien – Köln – Graz 1986); *Gerhard Schmidtchen.* Die Situation der Frau. Trendbeobachtungen und Bewußtseinsänderung der Frauen in der Bundesrepublik Deutschland (Berlin 1984); *Gabriele Strecker / Marlene Lenz,* Der Weg der Frau in die Politik (Bonn [5]1980); *Susanna Woodtli,* Gleichberechtigung. Der Kampf um die politischen Rechte der Frau in der Schweiz (Frauenfeld 1975). URSULA MÄNNLE

Pornographie

↗ Abhängigkeit; Aggressivität; Diskriminierung; Ethik, weibliche; Feminismus; Gewalt gegen Frauen; Macht; Menschenbild; Sexismus; Sexualethik; Sexualität; Werbung

Bedeutung und Wandlungen des Begriffs

Pornographie bedeutet im griechischen Wortsinn Beschreibung von Prostituierten, zusammengesetzt aus porne (Hure) und graphein (schreiben, zeichnen). Die Erweiterung, die zur Anwendung des Begriffs auf andere Bereiche des Sexuellen führt – bis zur heutigen Unschärfe der Abgrenzung pornographisch/erotisch –, ist kulturgeschichtlich wenig erforscht. Pornographie hat in verschiedenen Epochen Funktionen und Bedeutungen, die nicht zu trennen sind von der Geschichte der Sexualität und des Begehrens, von einer Geschichte der Phantasien, des Blicks, der Rituale, der Bilder.
Noch im 19. Jahrhundert bedeutet Pornographie vor allem pornographische Literatur, Darstellung durch das Wort mit einem Beigeschmack von Dekadenz, Heimlichkeit, Verbot und einem begrenzten Kreis von Konsumenten. Schwierig war es dabei immer, eine exakte Grenze zwischen Pornographie und Kunst verbindlich festzulegen. In der zweiten Hälfte des 20. Jahrhunderts bekommt Pornographie einen völlig neuen Charakter. Die Veränderung geht einher mit der Verwandlung der Realität durch die allgegenwärtigen Medien, der Überflutung mit Bildern, der „Ordnung" des Blicks. Pornographie wird zu einem Massenartikel, dessen Produktion und Konsumtion nach den anonymen Gesetzen des Marktes funktionieren, die längst keine Antworten auf Nachfragen mehr sind.
In den pornographischen Abbildungen, Filmen, Videos erscheint Sexualität als endlose, monotone Wiederholung eines Ensembles stereotyper Gesten und Rituale. Ohne Kontext und ohne Geheimnis, aufdringlich und

überdeutlich werden sexuelle Handlungen vorgeführt, in denen die Körper funktionieren wie Maschinen; nie versagende männliche Potenz, immer bereite Hingabe der Frauen. Dennoch begegnet Pornographie dem Begehren, aber welchen Begehren?

Diskussion um Rechtsmittel

Die Diskussion von Pornographie wird in den letzten Jahren vor allem im Umfeld der neuen Frauenbewegung geführt. In den USA hat sie sich, z.T. von dem komplexen Thema der Gewalt gegen Frauen ausgehend, auf den Kampf gegen Pornographie konzentriert. Ende 1987 wird in der Bundesrepublik Deutschland von feministischen Publizistinnen und Juristinnen ein Gesetzentwurf in die öffentliche Diskussion eingebracht, der, auf amerikanischen Erfahrungen und Diskussionen aufbauend, die Möglichkeit der zivilrechtlichen Klage gegen im Einzelfall jeweils zu benennende pornographische Produkte vorsieht. Der Entwurf soll die bestehende Rechtslage, die seit der Reform des Sexualstrafrechts 1973 zwischen „harter“ und „weicher“ Pornographie unterscheidet, letztere für Erwachsene freigibt und bei „harter“ Pornographie zusätzlich zum generellen Verbot der Darstellung bestimmter Sexualpraktiken wie der sichtbarer, konkreter Gewalt jederzeit die Möglichkeit der Indizierung vorsieht, in einem wesentlichen Punkt verändern: Jede Frau, die sich von einem pornographischen Erzeugnis in ihren Menschenrechten verletzt fühlt, soll gegen den Hersteller und Vertreiber auf Unterlassung und Schadensersatz klagen können. Die herkömmlichen Unterscheidungen zwischen verschiedenen Graden der Pornographie werden als sexistische Verschleierung des strukturell gewaltsamen Charakters von Pornographie verstanden, die Grenzziehung zwischen Pornographie und Kunst in Frage gestellt.

Die in neuerer Zeit geführte Diskussion zeichnet sich allerdings durch grundsätzliche Ambivalenzen aus: Zum einen finden sich die aus der (autonomen) Frauenbewegung stammenden Gegnerinnen der Pornographie plötzlich in einer „Koalition“ mit Vertreter(inne)n einer rigiden Sexualmoral. Sie stehen daher (aus der Position ihres eigenen Selbstverständnisses heraus) in der Notwendigkeit, zeigen zu müssen, daß die Kategorien dieser Sexualmoral nicht unbedingt identisch mit den ihren sein müssen (etwa dann, wenn diese Sexualmoral bestimmte Rollenfestschreibungen für Frauen mit rechtfertigt). Befürworter/innen der derzeitigen rechtlichen Behandlung von Pornographie sehen sich ihrerseits dem Verdacht von seiten der (autonomen) Frauenbewegung ausgesetzt, sie würden unter dem Vorzeichen sexueller und künstlerischer Freiheit zur (gewalttätigen) Frauenunterdrückung beitragen. Dagegen steht der aus dieser Position gerichtete Vorwurf an die Adresse der Gegner/innen, sie würden mit ihrer Aktion einen Rückschritt bürgerlicher Freiheiten fördern (Stichwort: Zensur). Die Diskussion zeigt, daß mit ihr scheinbar festgelegte Grenzziehungen ins Wanken geraten: Plötzlich finden sich Konservative auf der Seite der (autonomen) Frauenbewegung, und Liberale, die sich für die Aufhebung gesellschaftlicher, sexual-moralischer Normierungen einsetzen, sehen sich in der Position von „Frauenfeinden“.

Auf dem Hintergrund dieser Kontroversen wurde 1988 eine repräsentative Umfrage unter der bundesdeutschen Bevölkerung durchgeführt, die die Einstellung zur Pornographie und ihrer gesetzlichen Einschränkung zum Thema hatte. Danach ergriffen 59% der Befragten Partei für die Feststellung, daß der Umgang mit Pornographie Privatangelegenheit sei. 29% hielten jedoch die Dimension der Frauenfeindlichkeit für derart groß, daß sie für einen Eingriff des Staates plädierten, um die Würde des Menschen zu schützen. 12% der Befragten waren unentschieden. Dabei zeigte sich ein geschlechtsspezifischer Unterschied: Nur 16% der Männer hielten Pornographie für frauenfeindlich und verlangten den staatlichen Eingriff, Frauen nahmen diese Position zu 41% ein. Allerdings zeigte sich bei den Frauen ein altersspezifischer Unterschied: Junge Frauen (unter 30 Jahren) halten überwiegend (61%) nichts von einem Eingriff des Staates. Die Altersgruppe der 45- bis 59jährigen fordert dies zu 44%, die Gruppe der über 59jährigen Frauen sogar zu 57% (vgl. Allensbacher Berichte 1988, Nr. 14).

Doch erweitert die von Gegner(inne)n und Befürworter(inne)n heftig und polemisch geführte Diskussion um den Gesetzentwurf die Kriterien für die Beschreibung des Raumes, den Pornographie heute ausfüllt. Sie zeigt Zwänge, Gewaltsamkeit, Machtstrukturen in einem anderen Licht.

Pornographie als Männergewalt

Pornographie wird von Männern gemacht und in der Regel von Männern konsumiert. Sie zeigt tausendfach sexuelle Gewalt, den Mann als omnipotenten Regisseur der Frau: Er bestimmt den Ablauf der sexuellen Szenen, er ordnet die Körper, in einer Ordnung, die seine Befriedigung zum Ziel hat, sein Blick, verlängert und objektiviert durch die Kamera, filmt die Szene. Seine Phantasie zerstückelt die Körper, reduziert sie auf Körperteile, erfindet immer wieder Zeichen seiner Macht, gefesselte, geschlagene, erniedrigte Frauen, ohne Gesicht oder mit einem Ausdruck, der noch im Schmerz nichts zeigt als bedingungslose Hingabe. Es gibt keine Andeutungen, keine Doppeldeutigkeit, keine Ironie, alles ist eindeutig.

Pornographie richtet sich gegen die Menschenwürde der Frau, gegen ihr Recht auf körperliche und seelische Unversehrtheit, gegen ihr Recht auf sexuelle Selbstbestimmung. So wird ein Gesetzentwurf begründet, der Frauen ein Instrument in die Hand geben soll, Bilder ihrer Erniedrigung und Vergewaltigung zu bekämpfen, nicht mehr sehen zu müssen. Und weiter: Pornographie zeigt nicht nur phantasierte Gewalt, sie beschreibt und verfestigt zugleich Macht- und Ohnmachtstrukturen; ihr Konsum wirkt auf Männer desensibilisierend und steigert ihre sexuellen Aggressionen.

Der konstatierte Zusammenhang zwischen realer und phantasierter Gewalt, obwohl historisch und empirisch kaum zu belegen, scheint auf den ersten Blick einleuchtend. Aber der Versuch eindeutiger Erklärungen ist gefährlich: Machtstrukturen sind komplex und subtil, sie versuchen, ihre Verästelungen zu verbergen, ihr Nährstoff und ihr Wachstum sind nicht offensichtlich.

Doppelter Schock

Der doppelte Schock, den Pornographie auslösen kann: potentiell jeder Mann findet das erregend, jede Frau ist gemeint – und längst nicht jede findet diese Darstellung nur und ausschließlich abstoßend – dieser Schrecken wird bisher nicht gemildert in der Diskussion der Zusammenhänge von Sexualität und Pornographie, Pornographie und Macht. Und der Ort, an dem eine andere, wechselseitige, überraschende, bereichernde Erotik (Pornographie?) bebildert werden könnte, ist nicht näher gerückt.

Literatur: *Regina Böhne,* Kontakt gesucht. Untersuchungen zur Sprache der Alltagspornographie (Göttingen 1985); *Andrea Dworkin,* Pornografie. Männer beherrschen Frauen (Köln 1988); *Siegfried Rudolf Dunde* (Hrsg.), Wenn ich nicht lieben darf, dürfen's andere auch nicht. Vom Umgang der Männer mit sich und anderen (Reinbek 1987); *Marie-Françoise Hans / Gilles Lapouge,* Die Frauen. Pornografie und Erotik (Darmstadt – Neuwied 1979); *Herbert Selg / Mathilde Bauer,* Pornographie. Psychologische Beiträge zur Wirkungsforschung (Frauenfeld 1986); *Marcus Steven,* Doppelmoral. Sexualität und ‚geheime Kultur' im viktorianischen England (Frankfurt a.M. 1977); *Christoph Wulf* (Hrsg.), Lust und Liebe. Wandlungen der Sexualität (München 1985).

Cordula Lissner

Prostitution

↗ Aids; Armut; Diskriminierung; Dritte Welt; Frauenhandel / Mädchenhandel; Gewalt gegen Frauen; Kriminalität; Menschenrechte; Selbsthilfe; Sexualethik; Sexualität

Begriffsbestimmung

Im Spektrum dessen, was als „Prostitution" benannt werden kann, sind die Grenzen fließend. Der herkömmliche Begriffsansatz findet sich exemplarisch bei Bernsdorf: „Prostituierte sind Personen, die ihren Körper gelegentlich oder gewerbsmäßig im allgemeinen vielen beliebigen Kunden zu deren sexueller Befriedigung gegen materielle Entlohnung preisgeben." Empirische Untersuchungen unterscheiden die verschiedenen Formen der Prostitution nach Prostitutionsorten: typische Erscheinungsformen sind nach den Personen- oder Organisationsformen: Callgirl, Bordell, Straßenprostitution; darüber hinaus gibt es Autoprostitution, Lokalprostitution, Eros-Center, Anzeigenprostitution, Partnervermittlungsdienste.

Zahlen

Da es sich im Bereich der Prostitution um eine bewußt verheimlichte und verdrängte „Grauzone" handelt, sind umfassende quantitative Analysen nur bedingt möglich. Die einzige Untersuchung mit höherer Probandenzahl nennt 50,6% ledige Prostituierte, 21,2% verheiratete und 27,0% geschiedene. Nur die Hälfte der Frauen hat kein Kind, 8,1% der Frauen haben sogar drei und mehr Kinder. Schätzungen auf der Basis der gemeldeten Prostituierten in Großstädten nennen insgesamt 60000 Prostituierte, einschließlich der Dunkelziffer werden 200000 Prostituierte in der Bundesrepublik Deutschland genannt. Zur Zahl der männlichen Prostituierten finden sich derzeit keine Untersuchungen, kaum ausgeleuchtet ist die Problemzone der Kinderprostitution (Babystrich).

Strafbarkeit

Ein anderer Orientierungsrahmen ist durch das Strafgesetz gegeben. Prostitution ist u.a. strafbar: Förderung von Prostitution (§ 180a, Abs. 1, Satz 2 StGB); Prostitution Minderjähriger oder junger Erwachsener (§ 180a, Abs. 2 StGB); jugendgefährdende Prostitution (§ 184b StGB); Zwang zur Prostitution (§ 181, Satz 1 StGB); Menschenhandel zwecks Prostitution (§ 181, Satz 2 StGB); Zuhälterei (§ 181a, Abs. 2 StGB).
Strafrechtliche Regelungen an sich lassen jedoch nicht aus sich heraus auf die jeweilige Praxis der strafrechtlichen Verfolgung und Rechtsprechung schließen. So hat z.B. die Bestimmung der Jugendgefährdung ausweislich der Verurteilungsstatistik nur eine geringe praktische Relevanz. Für den Menschenhandel gilt allerdings der Weltrechtsgrundsatz, daß dieses Delikt auch dann verfolgt wird, wenn es im Ausland begangen und es am Begehungsort selbst nicht strafrechtlich verfolgt wird.
Die Regelungen des österreichischen Strafgesetzbuches sind ähnlich dem deutschen Strafrecht ausgestaltet. Das gleiche gilt für die Schweiz. Hier allerdings wird die Strafverfolgungspraxis kantonal recht unterschiedlich gehandhabt: in der Innerschweiz etwa ist sie wesentlich rigider als etwa in Basel. (Zum Rechtsvergleich vgl. die für diese Länder immer noch aktuelle Studie von Simson/Geerds.)

Gesellschaftliche Sichtweisen

Auch Prostituierte in der Bundesrepublik Deutschland müssen als Randgruppe gelten, als Gruppe, deren Mitglieder gegen bestimmte Normalitätsvorstellungen verstoßen, von der gesellschaftlichen Umwelt negativ wahrgenommen und darüber hinaus stigmatisiert werden, sowie als Zielgruppe teils bestrafender, teils betreuender Eingriffe. Für die Gruppe der Prostituierten ist, abgesehen von der geschichtlichen Tradition und der Universalität ihrer Randstellung, bezeichnend, daß die Ausübung eines illegitimen Berufes den Außenseiterstatus erbringt. Die Strategien der Problembewältigung lassen sich als „Stigma-Management“ (Goffman) begreifen und erstrecken sich von Geheimhaltung und Täuschung über die Umdefinition der eigenen Rolle (Prostitution als Therapie) bis zum offensiv vorgetragenen Bekenntnis oder dem Wehren gegen die (Selbst-)Zuschreibung von Andersartigkeit („Wir sind Frauen wie andere auch“, Biermann).

Eine problematische Sichtweise ergibt sich aus feministischer Literatur (Giesen/Schumann; Millet). In ihr wird allen weiblichen Gesellschaftsmitgliedern ein genuiner Prostituiertenstatus zugeschrieben, den freilich nur eine um Unabhängigkeit bemühte Minderheit konsequent, d.h. professionell, umsetzt. Dieser feministische Ansatz ist darum nicht annehmbar, weil er Randständigkeit mit all ihren Folgeproblemen verklärt. Besonders bedrückende, ja dramatische Erscheinungsformen der Prostitution sind der Prostitutionstourismus und der Sextourismus nach Südostasien, Afrika oder Lateinamerika. Oft als Heiratsvermittlung getarnt, werden ausländische Mädchen und Frauen aus diesen Regionen der Welt durch entsprechende meist westliche Agenturen und Institute getäuscht und in Vergnügungslokale und Bordellbetriebe in den jeweiligen Ländern eingeschleust. Vor allem Frauen aus den armen, ländlichen Gebieten der Entwicklungsländer werden zur Prostitution animiert; so beispielsweise gibt es 150000 Frauen und 5000 Kinder als Prostituierte auf den Philippinen. Die Hauptstadt Manila ist eine der bevorzugten Ziele für den Sextourismus aus Europa.

Hilfen

Prostitution ist als soziales Problem wahrzunehmen, um auf die oft allerdings verdeckte Hilfsbedürftigkeit der ihr nachgehenden Frauen reagieren zu können. Prostituierte leben häufig in einer akuten Notsituation, oft ohne Bleibe und Lebensunterhalt und meist ohne Zukunftsperspektive für ihr weiteres Leben.

Bei fast allen Betroffenen kommt im Verlauf ihres Lebens immer wieder der Wunsch auf, aus dem Milieu auszusteigen. Auch wenn es Prostituierte gibt, die allein aus eigener Kraft ihre Tätigkeit aufgeben können, ist die überwiegende Mehrzahl aufgrund individueller Beschädigungen so handlungsunfähig geworden, daß sie der Hilfe und zusätzlicher Unterstützung durch Dritte bedarf; die Rückkehr in die Gesellschaft erfolgt in der Regel sehr viel später als geplant, meist sind die Betroffenen dann sozial-hilfebedürftig.

Für die Nöte der Prostituierten haben sich auch die Kirchen in Sozialarbeit und Seelsorge eingesetzt. So hat sich beispielsweise die Gründerin des „Sozialdienstes katholischer Frauen“, Agnes Neuhaus, um die Jahrhundertwende in Dortmund der Not der Frauen im Ballungsraum Ruhrgebiet angenommen. Es handelte sich damals vorwiegend um Mädchen und Frauen aus den ländlichen Gebieten, die sich in den Industriestädten nicht zurechtfanden und den Zuhältern zum Opfer fielen. Besonders betroffen waren ledige Mütter, die in der Prostitution für sich und ihr Kind die einzige Möglichkeit sahen, zu überleben. Vielen Frauen gelang durch diese Hilfe der Ausstieg aus der Prostitution. Auch Bertha Pappenheim, die als „höhere Tochter“ des jüdischen Großbürgertums tief davon betroffen war, wie die existentielle Not ostjüdischer Mädchen und Frauen von einem skrupellosen Mädchenhandel ausgebeutet wurde, fühlte sich in schwesterlicher und in Glaubenssolidarität dazu berufen, die ursprünglich gegen Sklaverei kämpfende soziale Bewegung des sog. „Abolutionismus“ auf Mädchenhandel und Prostitution auszuweiten.

Heute gibt es auch engagierte und erfolgreiche Selbsthilfeinitiativen von

Prostituierten wie „Die Arche“ in Hamburg, die „Hydra“ in Berlin; in Frankfurt und Stuttgart haben Prostituierte ebenfalls Selbsthilfegruppen gegründet.

In Dortmund unterhält der „Sozialdienst katholischer Frauen“ ein Kommunikations- und Beratungszentrum für Prostituierte, das Modellprojekt „Kober“. Ziel der Arbeit ist die soziale Integration der Prostituierten. Dabei liegt der Schwerpunkt auf der Anregung und Unterstützung von individuellen Bemühungen, sich aus dem Prostitutionsmilieu zu lösen. Integration bedeutet u. a., Hilfen zum Ausstieg bereitzustellen, Selbsthilfeaktivitäten anzuregen und zu fördern, Handlungsalternativen zur Prostitution aufzuzeigen sowie auf die Öffentlichkeit im Sinne einer Entdiskriminierung der Prostitution einzuwirken. „Kober“ arbeitet mit den Prostituierten im Milieu, einschließlich „Streetwork“ im Rahmen der Aids-Prävention.

Perspektiven

Bei der offenbar zunehmenden Ausbreitung der Prostitution in all ihren Erscheinungsformen müßten in der Reihe der prostitutionsbegünstigenden Faktoren besonders die Zuhälter, die Rolle der Massenmedien wie auch die Permissivität der öffentlichen Moral berücksichtigt werden. Bestimmten Einfluß- und Interessenkreisen als wesentlichen Verursachern und Förderern von Prostitution sollte prüfend, intervenierend und womöglich auch strafverfolgend nachgegangen werden. Staatliche und kommunale Politik, Einrichtungen und Verbände wie auch Kirchen sind gefordert, zur Verbesserung der notwendigen Hilfeleistungen für Prostituierte das ihnen Mögliche beizutragen. Bereits bestehende Hilfeinitiativen, die Fachkräfte in den Beratungsstellen der evangelischen und katholischen Kirche, bei der „Mitternachtsmission“ und die international tätigen Kräfte in der Prostitutionsabwehr suchen nach neuen Wegen der Zusammenarbeit. Um den betroffenen Frauen und ihren Familien zu helfen, ist das öffentliche Bewußtsein für die Notlage der Protituierten zu sensibilisieren.

Literatur: *Joseph Becker / Hans-Arnold Ruh,* Prostitution in der Bundesrepublik Deutschland und die kirchliche Verantwortung, in: Prostitution im Blickpunkt, Hrsg. Katholische Sozialethische Arbeitsstelle e. V., Hamm, Sozialdienst katholischer Frauen – Zentrale e. V. – Dortmund (Hamm 1986); *Monika Pankoke-Schenk,* Prostitution in der Bundesrepublik Deutschland. Hilfeleistung eines kirchlichen Verbandes, in: ebd.; *Sybille Ringhoff / Bernhard Jans,* Prostitution im Blickfeld. Daten, Erscheinungsformen, Zusammenhänge, in: ebd.; *Monika Wickboldt,* Minderjährige Prostituierte, in: ebd.; *Wilhelm Bernsdorf,* Prostitution, in: Wörterbuch der Soziologie, Bd. 3 (Frankfurt a. M. 1973); *Pike Biermann,* Wir sind Frauen wie andere auch. Prostituierte und ihre Kämpfe (Reinbek 1982); *Rotraut de Clerk-Sachsse / Christoph Sachsse,* Sozialarbeit und Sexualität. Eine biografische Skizze (Bertha Pappenheim), in: Christoph Sachsse / Florian Tennstedt (Hrsg.), Jahrbuch der Sozialarbeit 4 (Hamburg 1981); *Rose M. Giesen / Gunda Schumann,* An der Front des Patriarchats. Bericht vom langen Marsch durch das Prostitutionsmilieu (Bensheim 1980); *Kate Millet,* Das verkaufte Geschlecht. Die Frauen zwischen Gesellschaft und Prostitution (Köln 1981); *Gerhard Simson / Friedrich Geerds,* Straftaten gegen die Person- und Sittlichkeitsdelikte in rechtsvergleichender Sicht (München 1969); *Friedrich Wilhelm Stallberg,* Randgruppen der Gesellschaft, in: Deutschland, Porträt einer Nation, Bd. 2: Gesellschaft – Staat – Recht (Gütersloh 1985); *ders.,* Sozialarbeit im Prostitutionsbereich. Verhinderungsbedingungen, Ansätze, Aussichten, in: Alfred Bellebaum (Hrsg.), Helfen und helfende Berufe als soziale Kontrolle (Opladen 1985).

Monika Pankoke-Schenk

Psychoanalyse

↗ Aggressivität; Anima / Animus; Emanzipation; Familienrollen; Frauenrollen / Frauenleitbilder; Geschlechtsidentität; Gesundheit; Identität, weibliche; Krankheit; Lebenskrisen; Menschenbild; Mann; Männerbilder; Mutterbindung; Sexualethik; Sexualität; Tiefenpsychologie; Väterlichkeit

Die Teilbereiche der Psychoanalyse

Die von Sigmund Freud entwickelte Psychoanalyse umfaßt folgende Bereiche:

1. Sie ist eine *Untersuchungsmethode* zur Erforschung unbewußter Motive, die Handlungen, Erleben, Phantasien und Krankheitssymptome beeinflussen können.
2. *Die psychoanalytische Psychotherapie* beruht auf dieser Methode. Sie ist meistens gemeint, wenn jemand sagt: „Ich mache eine Psychoanalyse." Diese Therapie wird zur Behandlung seelischer Erkrankungen eingesetzt.
3. Die psychoanalytische *Persönlichkeitstheorie* macht Aussagen über die Entwicklung und die Struktur der Seele. Sie umfaßt drei Gebiete: die Trieb- oder psychosexuelle Entwicklung, die psychosoziale Entwicklung der Objektbeziehungen und die Entwicklung des Selbstwertgefühls.
4. Die *Krankheitslehre* der Psychoanalyse erforscht die Zusammenhänge zwischen unbewußten Konflikten und daraus entstehenden seelischen und körperlichen Spannungszuständen, Funktionsstörungen und Krankheiten.

„Klassische" Psychoanalyse und Kritik

In der psychoanalytischen Literatur wurde fast ausschließlich die männliche Entwicklung beschrieben, während die spezifisch weibliche eher vernachlässigt wurde. In allerletzter Zeit regt sich allerdings starkes Interesse für den Bereich weiblicher Entwicklung. Es geht von der Erkenntnis aus, daß die frühe Beziehung zur Mutter unsere späteren Beziehungen bestimmt.
Die feministische Kritik an der Psychoanalyse wendet sich hauptsächlich gegen die klassische psychoanalytische Interpretation, eine Frau definiere sich darüber, daß sie kein Mann ist: Nach Sigmund Freud tritt das Mädchen (zwischen 4 und 6 Jahren) durch den sogenannten „Kastrationskomplex" in die ödipale Phase ein, d.h., getrieben vom Penisneid, kommt es beim Mädchen zur „natürlichen Abwertung des Weiblichen" und Hinwendung zum Mann (zunächst dem Vater). Die feministisch orientierte Psychoanalyse zeigt in ihrer Kritik, daß z.B. der Begriff „Penisneid" den biologischen Geschlechtsunterschied und die angeblich natürliche Dominanz des männlichen Geschlechts zur Grundlage hat und der Fortpflanzungswunsch der Frau nicht als ein original weiblicher (der Peniswunsch wandelt sich hier zum Wunsch nach dem Kind) verstanden wird. Wo Freuds Ideen durch eine patriarchale Sichtweise bestimmt waren, schreiben sie weibliche Minderwertigkeit und männliche Dominanz und damit auch Ungleichwertigkeit der Geschlechter als reales, naturgegebenes Phänomen fest. Sie sehen diese nicht als gesellschaftlich und kulturell konstruiert. An diesen Stellen setzt die Kritik an, interpretiert Freuds Ideen neu, die dadurch entscheidend erweitert und fortgeführt werden.

Die Bedeutung der Mutter

Anknüpfend an Freuds Ansicht über die präödipale Liebe zur Mutter und parallel zu Weiterentwicklungen der Psychoanalyse, z.B. den Objektbeziehungstheorien, lenkt die neuere Psychoanalyse den Blick ebenfalls mehr auf die präödipale Entwicklung von Mädchen und Jungen und sieht als wichtigste Prägungszeit für die Weiblichkeit die frühe Mutter-Tochter-Beziehung. Aus feministisch-psychoanalytischer Perspektive werden die Entwicklung des Mädchens und die entscheidendsten Einflüsse auf seine Geschlechtsidentität folgendermaßen gesehen: Von Anfang an wird das Mädchen von seinen Eltern als weibliches Wesen beantwortet, und damit ist seine Weiblichkeit ein innerseelischer Bestandteil. In unserer Gesellschaft wird das Bemuttern („Muttern") fast ausschließlich von Frauen ausgeübt (wegen der strikten Trennung von häuslichem Privat- und offiziellem Arbeitsbereich). Frauen als Mütter fördern von Anfang an die soziale Beziehungsfähigkeit (Empathie) ihrer Töchter und unterbinden schon früh das Ausdrükken und Befriedigenwollen eigener Bedürfnisse und Aktivitäten. Da die Väter in der Regel häufig abwesend sind, wird die Mutter-Kind-Beziehung besonders intim und intensiv. Die Tochter hat das gleiche Geschlecht wie die Mutter und ist daher der Intensität dieser Beziehung stärker ausgesetzt. Sie kann sich weniger gut von der Mutter unterscheiden, bildet durchlässigere Ich-Grenzen und bleibt mit ihr länger als der Sohn in einer primären Verbundenheit. Zwischen 4 und 6 Jahren, wenn Tochter und Sohn aktiver in ihrer Liebe zur Mutter werden, bemerkt die Tochter, daß die von ihr geliebte und umworbene Mutter dem Vater (und evtl. den Brüdern) stärkeres Interesse zuwendet als ihr. Die enttäuschte Liebe zur Mutter, Abhängigkeitswünsche ihr gegenüber, Wut, Eifersucht, Neid und Trennungswünsche mischen sich zwiespältig innerseelisch. Das Mädchen nimmt zu dieser Zeit verstärkt wahr, daß es zwei verschiedene Geschlechter gibt. Die im Vergleich entdeckte Penislosigkeit macht die Tochter nun unbewußt dafür verantwortlich, daß sie weniger geliebt wird und weniger wert ist, daß sie weniger aktiv sein und sich lieber wie die Mutter um die Bedürfnisse anderer kümmern soll. Diese Liebe des Mädchens zur Mutter scheitert also auch daran, daß die Mutter eine heterosexuelle Frau ist und als solche Männer mehr liebt als Frauen.

Die Bedeutung des Vaters

Die feministische Psychoanalyse interpretiert die darauf folgende Hinwendung zum Vater nicht als triebhafte (biologische) Wünsche der Tochter dem Vater gegenüber, sondern eher als ein „Oszillieren" zwischen dem Wunsch nach der intensiv erfahrenen primären und präödipalen Liebe der Mutter und dem Versuch, diese Wünsche vom Vater erfüllt zu bekommen. Der Vater hat an dieser Stelle die Chance und die Aufgabe, die Tochter aus der starken Mutterbindung zu befreien und ihr Interesse für das Männliche zu wecken. Doch kann er in unserer patriarchalischen Gesellschaft der Tochter nur schwer helfen, sich von der allmächtig erfahrenen Mutter abzulösen. Denn aufgrund ihrer eigenen Sozialisation können Männer nur selten genügend emotionales Potential und stabile Zuwendung für heranwachsende, sich in Ablösungskämpfen befindende heterosexuelle Töchter zur Verfügung stellen. Dies gilt sowohl für die ödipale Situation wie auch für die der Pubertät und Adoleszenz. Gerade in diesen Zeiten wenden sich Väter häufig abrupt von den Töchtern ab, weil sie von deren erwachender Sexualität verunsichert werden. Dies kann schwerwiegende Folgen für den Umgang des Mädchens und später der erwachsenen Frau mit ihrer Sexualität haben. Frauen haben oft das Gefühl, ihr Körper sei minderwertig, häßlich, geheimnisvoll, ungewöhnlich, blutig, übelriechend, dunkel, und sie müßten deshalb ihre sexuellen Wünsche und Bedürfnisse verbergen. Stolz und Zufriedenheit bezüglich des eigenen Körpers sind wesentlich seltenere Gefühle als Ablehnung, Scham und Verlegenheit. Eine Möglichkeit, wie Mädchen (und Jungen) ein intakteres Gefühl für sich gewinnen könnten, könnte in der Veränderung der Bedingungen, unter denen Kinder heute aufwachsen, liegen. Wenn Väter (und viele Väter wünschen das inzwischen) intensiver an der Erziehung ihrer Kinder beteiligt sein könnten, hätte dies eine tiefgreifende Wirkung auf die Weiblichkeit und Männlichkeit ihrer Kinder. Die enge und feste Bindung an die Mutter, in der es ausschließlich die Mutter ist, die gibt oder vorenthält, ist auch mitverantwortlich für einen späteren Frauenhaß von Männern oder die Unfähigkeit von Frauen, das Weibliche als wertvoll zu empfinden. Diese Beziehung würde relativiert und entlastet. Väter (und damit Männer) würden für die Mädchen (und Frauen) das Fremde und Geheimnisvolle verlieren. An ihnen würde modellhaft erfahrbar, wie man sich als von der Mutter getrenntes Individuum erlebt. Unter feministischem Einfluß sieht die Psychoanalyse heute die frühe Mutterbeziehung und ihre Modifizierung im Laufe des Lebens als ersten zentralen Knotenpunkt der weiblichen Entwicklung an. Von daher wird der Vater als differenzierender Partner für Mutter und Tochter immer wichtiger.

Literatur: *Nancy Chodorow,* Das Erbe der Mütter (München 1985); *Dorothy Dinnerstein,* Das Arrangement der Geschlechter (Stuttgart 1979); *Christiane Olivier,* Jokastes Kinder (Düsseldorf 1987). CLAUDIA SIES

Psychotherapie, feministische

↗ Abhängigkeit; Anima / Animus; Depression; Ehekrisen; Ehe- und Paartherapie; Eßstörungen; Familientherapie; Frauenrollen / Frauenleitbilder; Ganzheitlichkeit; Geschlechtsidentität; Gesundheit; Identität, weibliche; Krankheit; Lebenskrisen; Menschenbild; Mutterbindung; Psychoanalyse; Selbsthilfe; Sexualethik; Sexualität; Tiefenpsychologie; Urbilder, weibliche; Weiblichkeitssymbole

Geschichtliche Entwicklung

In den 60er und 70er Jahren erreichte die Unzufriedenheit von Frauen mit ihrer Rolle einen Höhepunkt. Viele Betroffene fingen an, sich darüber untereinander auszutauschen, so z. B. bei Protestaktionen oder in Selbsterfahrungsgruppen. Die Dimensionen ihrer Benachteiligung wurde damit auch nach außen immer deutlicher. Auch Psychotherapie und Psychoanalyse wurden durch die Frauenbewegung in Frage gestellt und verändert, indem das *biologische* Argument, daß mit Notwendigkeit Frauen sozial auf die Rolle der Ehefrau und Mutter festgelegt sind, bezweifelt wurde. Nun wurde der Weg zu der Erkenntnis frei, daß Frauen auch aufgrund ihrer Erfahrungen, die sie als Frauen in der jeweiligen Gesellschaft machen, verstanden werden müssen. Theorie und Praxis der Psychotherapie, die in einer konservativen patriarchalen Theorie gefangen war (und zum Teil noch ist), konnten Frauen in ihren spezifischen Konflikten nicht genügend verstehen und somit auch nicht heilen. So suchten Psychotherapeutinnen nach frauengerechteren Ansätzen, um die Lage der Frauen zunächst einmal richtig zu analysieren.

Spezifische Probleme und ihre Ursachen

Frauen, die mit der von ihnen gesellschaftlich erwarteten Rolle gut übereinstimmen, weisen folgende Eigenschaften auf: Sie überlassen anderen gern die Führung, geben nach, verstekken ihre Fähigkeiten und zeigen auch nicht, wenn sie selbst bedürftig sind. Sie können ihre eigenen Wünsche oft nicht mehr spüren. Weiterhin ist es für sie wichtig, sich mit anderen *verbunden* zu fühlen, z. B. mit einem Mann. Kann diese Verbindung nicht hergestellt werden, entsteht ein Gefühl der Haltlosigkeit oder Wertlosigkeit. Bei Frauen, die heute in die Psychotherapie kommen, läßt sich als zentraler Aspekt feststellen, daß sie einen Mangel an psychischer Eigenständigkeit aufweisen und sich auch nicht ganz und gleichberechtigt fühlen. Oft geben sie sich wie Kinder und nicht wie erwachsene Frauen. Sie lassen die seelischen Grenzen zu anderen hin oft verschwimmen und können so kein sicheres Selbstgefühl entwickeln.

Ansatzpunkte der Therapie

Zunächst versuchte man diesen Problemen hauptsächlich mit Techniken des Psychodramas, der Gestalttherapie und anderen Methoden auf die Spur zu kommen und zu lösen. Alle diese Methoden haben ihre Erfolge, ihre Techniken sind rasch erlernbar, und man kommt durch sie schneller mit den eigenen Gefühlen in Kontakt als durch psychoanalytische Methoden. Da aber entscheidende Hemmungen doch nicht überwunden werden und emotionale Veränderungen meist nicht im gewünschten Ausmaß erzielt werden können, gibt es heute wieder eine Hinwendung zur Psychoanalyse: Sie will an die frühen Beziehungen in der Familie herankommen. Der Wert und die

Gewalt unbewußter Phantasien wurde erkannt, und der Umgang mit ihnen scheint für entscheidende Änderungen unerläßlich zu sein. In der Folge wurde an diesen unbewußten Phantasien von Frauen gearbeitet, die Niederschläge der Einwirkungen der Erziehung und der Geschlechtereinschätzung sind. Das Instrument dieser Arbeit ist einmal die Beobachtung der Übertragung und deren Bearbeitung. Arbeit an der Übertragung heißt, genauestens zu beobachten, wie sich in der Beziehung zwischen Patientin und Therapeutin alte Beziehungsmuster wiederholen, die das Leben der Patientin heute als Frau behindern. Die innerseelischen Strukturen, die durch die frühe Mutter-Tochter-Beziehung entstanden sind, werden als der eigentliche Kern der Identität der Frau gesehen. Dieser ist am sichersten und fundiertesten mit psychoanalytischen Methoden erreichbar. Heute versteht man daher unter feministischer Psychotherapie psychoanalytisch orientierte Methoden, auch abgewandelte wie die analytische Gruppentherapie. Andere Therapieformen benutzen den Ausdruck „feministisch" nicht als spezielle Kategorie.

Abwehr eigener Wünsche und negativer Aspekte

Am Anfang der Therapie sorgt die Therapeutin für die Gestaltung und die Grenzen der Therapie. Dazu gehören konkrete Auskünfte über Honorar, Termine und Ablauf der Therapie. Die Grundlage der Beziehung zwischen Therapeutin und Klientin ist Verläßlichkeit und die Bereitwilligkeit, sich auf den Kontakt miteinander einzulassen. In der ersten Zeit der Therapie sind die Schutzmaßnahmen (Abwehr) der Klientin besonders groß. Sie versucht, viele Aspekte ihres Selbst noch zu verstecken, da sie sie für häßlich, zu gierig, gewalttätig und unliebenswert hält und daher befürchtet, der Therapeutin damit lästig zu werden. In der Therapiestunde bemerkt man diese Schutzmaßnahmen dadurch, daß die Klientin ins Stocken mit ihrer Erzählung kommt, reizbarer wird oder schweigt. Entstanden sind diese verachteten und bedrohlichen Anteile im Seelenleben der Patientin durch die Antworten der Umwelt (meist der Mutter) auf Neigungen, Wünsche und Aktivitäten und die Verinnerlichung dieser Beziehungsvorgänge.

Abhängigkeitswünsche und Grenzziehungen

Nach etwa einem halben Jahr haben Therapeutin und Klientin eine Verständnisbasis gefunden, auf der diese Vorgänge dann tiefer bearbeitet werden können und die Klientin neue Antworten ihrer Therapeutin auf die Wünsche und Aktivitäten, die in der Stunde auftauchen, akzeptieren kann. Mit diesem neuen Vertrauen stellen sich nun auch Abhängigkeitswünsche und Bedürfnisse ein, die sich in Anklammern, Hilflosigkeit und Schwäche äußern. Da diese Abhängigkeitswünsche besonders in Beziehungen zu Männern sich als äußerst problematisch und oft hinderlich erweisen, ist deren Bearbeitung besonders wichtig. Dabei tauchen oft Gefühle der Peinlichkeit, Wertlosigkeit und großer Bedürftigkeit auf. In dieser Phase der Therapie kann besonders deutlich werden, wie wenig die Grenzen zwischen eigener Person und anderen zu spüren sind. Das hängt meist mit der Erziehung durch die Mutter zusammen. Den Mädchen wird nahegelegt, daß sie sich mit anderen eher verbunden fühlen sollen. Eigenschaften wie Getrenntheit und Eigenständigkeit werden bei der Erziehung weniger hoch bewertet. Da kleine Mädchen sich von ihren Müttern weniger unterscheiden als kleine Jungen, können Frauen oft die Grenzen zur eigenen Mutter nicht deutlich wahrnehmen. Sie haben dann auch in anderen Beziehungen mit Abgrenzungen Schwierigkeiten. Das Arbeiten an diesen Grenzen ist auch in der Therapie oft schmerzhaft. Denn gerade Frauen, die sich anderen gegenüber so offen fühlen und zeigen, können schnell verletzt werden, wenn das Gegenüber seine Grenzen deutlich macht. Auch die Therapeutin hat Grenzen, z.B. ihrer Möglichkeiten, ihrer Sympathien, ihrer Kraft. Dies kann bei der Klientin Verletztheit und auch Wut hervorrufen. Doch ist gerade in solcher Situation die Therapeutin ein wichtiges Modell dafür, wie man gut abgegrenzt und trotzdem beziehungsfähig sein kann und damit ein Gegenmodell zur Verschmolzenheit mit der Mutter. Oft liegt der Grund der mangelnden Abgrenzung auch darin, daß die Mutter selbst kein eigenes Selbstgefühl entwikkelt hatte und es somit auch ihrer Tochter nicht vermitteln konnte. Zu dieser Phase der Therapie gehört, die Angst der jeweiligen Frau vor der Unabhängigkeit durchzuarbeiten, herauszufinden, was sie wirklich will. Diese Angst ist immer verbunden mit der Angst vor Trennungen. An diesem Punkt stellt sich auch immer die Frage nach dem Vater, der eigentlich ein wichtiges Urmodell dafür wäre, wie eine von der Mutter getrennte Existenz möglich ist. In unserer Gesellschaft versagt dieses Modell Vater meist. Die Abwesenheit des Vaters führt auch dazu, daß das Mädchen zu ihm in keine Beziehung treten kann, in der es langsam ein reales Bild von ihm und damit vom Mann entwickeln könnte. Diese Abwesenheit trägt zu Idealisierungen durch die Tochter bei, die sich später auf andere Männer ausdehnen und damit zwangsläufig zu Enttäuschungen in Beziehungen zu Männern führen.

Die eigene Individualität

In der gleichmäßigen, sicheren Zugewandtheit der Therapeutin macht die Klientin die Erfahrung, daß über eine lange Zeit wirklich alle Anteile ihrer Persönlichkeit in der therapeutischen Beziehung ihren Platz hatten, häßliche, lästige und schwache Stellen nicht mehr versteckt werden müssen. Langsam können auch diese Seiten in die Person integriert werden, und es entsteht ein Gefühl von Sicherheit und innerer Geborgenheit, die eine größere Unabhängigkeit von anderen erlauben. Das Gefühl, als Frau nicht in Ordnung zu sein, weicht einem Gefühl für die eigene Individualität. Dieser Punkt beschreibt das Ende der Therapie, an dem auch der Unterschied zur Therapeutin deutlich ist. Die Persönlichkeit der Therapeutin wird wesentlich realer, ihre Grenzen besser erkannt, und die Klientin ist nun weniger auf Zustimmung und Einklang mit ihr angewiesen. Verständigung wird wichtiger. Insgesamt entsteht ein sicheres Gefühl der eigenen Weiblichkeit. Mit den neuen Strukturen und Grenzen verliert auch das Gebiet der Sexualität an Gefahren, die bestehen, wenn über Männliches und Weibliches noch unscharfe und damit unberechenbare, aber festgefügte, innere Vorstellungen bestanden.

Literatur: *Nancy Chodorow,* Das Erbe der Mütter (München 1985); *Dorothy Dinnerstein,* Das Arrangement der Geschlechter (Stuttgart 1979); *Luise Eichenbaum / Susie Orbach,* Feministische Psychotherapie (München 1984); *Juliet Mitchell,* Frauen – die längste Revolution (Frankfurt a.M. 1987); *Christiane Olivier,* Jokastes Kinder (Düsseldorf 1987). Claudia Sies

R

Reformation

↗ Amt, kirchliches; Beruf; Bildung; Christentum; Frauenorden; Glauben; Hexen; Kirche; Kirchenrecht; Mittelalter; Neues Testament; Ökumene; Partnerschaft; Religiosität; Schwesternschaften; Sozialethik, evangelische; Theologie, feministische

Geschichtliche Situation

Als Reformationszeit im eigentlichen Sinn verstehen wir die Jahre 1517 (Martin Luther veröffentlicht 95 Thesen gegen den Ablaßhandel) bis 1555 (Augsburger Religionsfrieden zwischen lutherischen und altgläubigen Territorialherren) oder 1663 (Ende des Konzils zu Trient). In diesen Jahren zerbrach die Einheit der christlichen Kirche im Westen.

Es entstanden neue Kirchentypen und Frömmigkeitsrichtungen, vor allem: 1. der lutherische Typus: Zentrum war Wittenberg mit Martin Luther (1483 – 1546) und Philipp Melanchthon (1497 – 1560); 2. der reformierte Typus: Zentren waren Zürich mit Ulrich Zwingli (1484 – 1531) und Genf mit Jean Calvin (1509 – 1564); 3. der anglikanische Typus unter dem Druck König Heinrichs VIII. von England (1491 – 1547); 4. das Täufertum, der radikale Flügel der evangelischen Bewegung um viele und verschiedenartige Einzelgestalten (Kaspar v. Schwenckfeld, 1489 – 1561; Menno Simons, 1496 – 1561; die Enthusiasten von Münster, 1533 – 1535, und viele andere), die die „Mündigentaufe“ (von ihren Gegnern als „Wiedertaufe“ bezeichnet) praktizierten; 5. der römisch-katholische Typus: seit den 30er Jahren des 16. Jahrhunderts erhob sich eine Reaktion gegen die Reformation von bedeutender religiöser Energie und starkem Willen zu Klärung und Festlegung dessen, was für Denken, Hoffen und Handeln der unter dem Papsttum zu Rom Vereinten gelten solle. Das Konzil zu Trient (drei Sitzungsperioden zwischen 1545 und 1563) formulierte seine Aussagen in bewußtem Gegensatz zum Protestantismus und schuf damit einen Katholizismus neuer Art, dem es in den folgenden Jahrzehnten gelang, weite Gebiete Europas zurückzugewinnen.

Die Reformationszeit war gekennzeichnet durch eine Aufbruchsstimmung in allen Lebensbereichen. Renaissance und Humanismus hatten Wissenschaft und Kultur belebt. Die Wirtschaftslage war günstig. Der Übergang von der Natural- zur Geldwirtschaft war in vollem Gang. 1495 war durch den Ewigen Landfrieden die Fehde im Heiligen Römischen Reich Deutscher Nation endgültig verboten. Städte und Territorialfürsten gewannen, niederer Adel und Bauernschaft verloren Rechte und Lebensmöglichkeiten. Die sozialen Zustände drängten auf eine radikale Veränderung auch der kirchlichen Verhältnisse.

Situation der Frauen

Frauen waren, ihrem Stand entsprechend, von den Veränderungen in der Gesellschaft nicht weniger betroffen als Männer. Als Bürgerinnen hatten sie teil am Aufschwung von Handel und Gewerbe, an Produktion und Konsum in den Städten. Auf dem Land erlebten sie den Entzug vieler Vergünstigungen aus dem alten Landrecht, die ihnen z.B. als Schwangeren und Wöchnerinnen zugestanden hatten. Überall litten sie unter dem „Grobianismus“ der Zeit, den abfälligen Urteilen über die Frau in der neuheidnischen Gesinnung der Gebildeten, der kirchlichen Verdächtigung als „Einfallstor des Teufels“ und unter der beginnenden Hexenverfolgung.

In den Reformationsjahrzehnten besserte sich die Situation der Frauen insgesamt vorübergehend. Hierzu trug nicht zuletzt das von Martin Luther entwickelte und in vielen Schriften bekanntgemachte Verständnis vom Menschsein in der Gebundenheit an Leiblichkeit und Geschlechtlichkeit bei. Er erkannte die Beziehung von Mann und Frau, Eltern und Kindern als Grunddaten menschlicher Existenz und beschrieb christliches Leben in der Welt als ein Sein in (menschlichen) Beziehungen. Diese „Beziehungslehre" wurde im Konzil von Trient zur Häresie erklärt durch die Bestätigung des Vorrangs der Ehelosigkeit vor der Ehe, der Priesterweihe vor dem Ehesakrament, des Priesterzölibats und der Lehre von der Rechtfertigung durch Glauben und (besondere, fromme) Werke. Auch in den Kirchen der Reformation wurde Luthers „Beziehungslehre" nicht weitergeführt. Was blieb, war eine durch Sitte und Belehrung vermittelte Pflicht zur Ehe. Dies und die Abschaffung des Klosterwesens entzogen unverheirateten Frauen die Grundlagen eigenständigen Lebens.

Führende Frauen der Reformation

Viele Frauen haben mitgearbeitet an der Entwicklung, Verbreitung und Verteidigung evangelischer Lehre und dem Aufbau evangelischer Gemeinden. Einige von ihnen sind besonders zu erwähnen. *Margarete Blaurer* (Blarer), Schwester und Mitarbeiterin der Reformatoren von Konstanz, beteiligte sich an der Korrespondenz unter den Reformatoren. Luther schätzte ihr theologisches Urteil sehr. Sie starb 1542 bei der Pflege von Pestkranken. *Argula von Grunbach* (geb. von Stauffen) trat erstmals 1523 mit einem ausführlichen theologischen Gutachten an die Universität in Ingolstadt als Verteidigerin der Wittenberger Reformation auf. Zuletzt hören wir 1563 von ihr: sie hatte evangelische Hauskreise organisiert und öffentlich gegen den Besuch der Messe polemisiert. *Elisabeth Kreuziger* (Cruciger geb. von Meseritz, lebte bis 1535) dichtete zahlreiche Lieder für das erste evangelische Gesangbuch. „Herr Christ, der einig Gotts Sohn" ist noch heute eines der Hauptlieder im EKD-Gesangbuch. *Olympia Fulvia Morata,* humanistische Gelehrte, wurde 1526 in Ferrara in einem calvinistischen Gelehrtenhaus geboren. Sie wurde mit Anna von Ferrara gemeinsam aufgezogen, die als Anna von Guise Fürsprecherin französischer Protestanten wurde. Mit ihrem Mann kam sie als Glaubensflüchtling nach Heidelberg. Er erhielt einen Lehrstuhl, sie einen Lehrauftrag an der Universität. Bald danach starb sie (1555) an Erschöpfung.

Die Lehre Luthers

Martin Luther hat weder eine Anthropologie noch eine Ethik verfaßt. Er hat sich vielmehr früh dazu entschlossen, kürzere Texte und Predigten in deutscher Sprache zu veröffentlichen, die ohne besondere Vorbildung verstanden werden konnten und so „der Christenheit zur Besserung" dienen mochten. Für die folgende Darstellung besonders wichtig: 1522 Welche Personen verboten sind zu ehelichen. Vom ehelichen Leben; 1524 An die Ratsherren aller Städte deutschen Lands, daß sie christliche Schulen aufrichten und halten sollen; 1529 Der große Katechismus.

Das Grunddatum menschlicher Existenz nach dem erklärten Willen Gottes ist die Gemeinschaft von Mann und Frau. Gerta Scharffenorth (1982) entfaltet diese Positionsbestimmung in folgenden drei Thesen: 1. „Mann und Frau als Gottes Kreatur sind gemeinsam zum Bilde Gottes geschaffen; Leiblichkeit und Geschlechtlichkeit stehen nicht in ihrem Verfügen; sie sind Gottes Gabe und als solche zu achten" (162); 2. Gemeinsam tragen Mann und Frau „Verantwortung für die Schöpfung, für den Zusammenhalt aller Lebensbereiche und für menschenwürdige Le-

bensbedingungen der kommenden Generation“ (174). Diese Verantwortung nehmen sie vorwiegend im Vater- und Mutteramt wahr, aus welchem „alle andere (Oberkeit) fließet und sich ausbreitet“. Der Vater- und Mutterstand ist allen anderen geistlichen und weltlichen Ständen vor- und übergeordnet; 3. Darüber hinaus sind Frauen und Männer dazu bestimmt, „Freunde in Christus zu werden“. Diese Bestimmung ergibt sich aus der Taufe: „Sintemal alle getauften Weiber aller getauften Männer geistliche Schwestern sind, als solche, die einerlei Sakrament, Geist, Glaube, geistige Gaben und Güter haben, damit sie viel näher im Geist Freunde werden, denn durch äußerliche Gevatterschaft“ (Martin Luther, 1522).
Das Evangelium setzt Frauen und Männer in die rechte Beziehung zu Gott und zu ihren Mitmenschen: zu Gott, indem es das Vertrauen (die Zuversicht, den Glauben) auf die Barmherzigkeit Gottes allein als einzigen Zugang zu Gott erweist – Rechtfertigung der Gottlosen aus Gnaden allein; zu den Mitmenschen, indem es ihnen jede Arbeit, die dem Nächsten und der Erde dient, zum „Beruf“ macht. „Beruf“ ist für Luther gerade nicht eine besondere religiöse Berufung, sondern dasjenige Verhalten und Wirken in einem „Stand“ und „Amt“, das das von Gott gewollte Leben auf Erden fördert und gegen Tod und Teufel „verlorene Liebe“ investiert. Jede Frau, jeder Mann steht in einem „Stand“ und hat ein „Amt“. Als Christenmensch können sie ihren Platz in der göttlichen Weltordnung und die ihm verbundenen Aufgaben als „Beruf“ ergreifen. Mit den Augen des Glaubens und der Liebe gesehen, sind alle „Berufe“ gleichen Ranges und gleichen Wertes – eben weil alle gleichermaßen notwendig sind für das Leben in dieser Welt der Vergänglichkeit; was nicht dazu dient, Not zu wenden und Liebe zu erweisen, ist demnach kein „Beruf“.

Praktische Konsequenzen
Aus diesen Feststellungen kann man zwei recht verschiedene Konsequenzen ziehen: Zum einen, daß Frauen und Männer sich an dem Platz, der ihnen durch Geburt zugefallen ist, genügen lassen und ihn, wie er ist, mit den hier anfallenden Möglichkeiten und Aufgaben als „Beruf“ akzeptieren. Zum anderen, daß alle Kinder, Knaben und Mädchen, ein Recht auf Unterricht und Ausbildung ihrer Gaben haben, um später ihrer Pflicht genügen zu können, nach dem Maße ihrer Fähigkeiten, in jedem „Beruf“ zu dienen, in dem sie gebraucht werden. Während die erste Linie auf eine Ständegesellschaft mit strenger Rollenzuweisung hinläuft, weist die zweite Linie in eine offene Gesellschaft mit klarer Orientierung ihrer mündigen Mitglieder am Lebensganzen. Martin Luther hat die zweite Linie als die der Christenheit eröffnete und darum gebotene Möglichkeit bejaht und ein Stück weit entwickelt.
In den Städten, die sich der Reformation erschlossen, entstanden Schulen für Knaben und Mädchen. Luther hatte in seinem Schulmemorandum 1524 entschieden dafür plädiert, daß die praktische Erziehung der Söhne und Töchter im Haus durch theoretischen Unterricht in einer öffentlichen Lehranstalt ergänzt werde. Luther meinte, daß ein bis zwei Stunden täglichen Unterrichts für Mädchen und Knaben genügen würden. „Wenn aber Elite (‚der Ausbund‘) darunter wäre, bei der man hoffen kann, daß Leute daraus werden, die als Lehrer und Lehrerinnen, als Prediger und in anderen geistlichen Ämtern geschickt wären, so soll man sie länger dabei lassen oder ganz dazu verordnen.“
Luthers Vorstellungen wurden verwirklicht. Zwischen 1521 und 1544 entstanden vielerorts entsprechende Kasten-, Kirchen- und Armenordnungen. Das Schulwesen wurde neu gestaltet, die Kirchengemeinde (damals nahezu identisch mit der politischen Gemein-

de) geordnet. Neben dem Predigtamt und diesem gleichgeachtet in dem gemeinsamen „Amt, die Herde Christi zu weiden“, gab es eine Reihe anderer Ämter, u.a. die Lehrerin für Katechismusunterricht und die Kirchendienerin. „Zu letzteren gehörten, von der Taufe abgeleitet, die Hebammen; denn sie leisteten ‚Hilfe zum Leben‘, kannten sich aus in den Familien und brachten Nachbarschaftshilfe in Gang, wo es nötig war. Wegen der hohen Säuglingssterblichkeit mußten sie manchmal Nottaufen vollziehen, wenn der Vater fehlte, oder, da die Mütter oft im Kindbett starben, Sterbehilfe leisten“ (Scharffenorth 1982, 183).

Im 17. Jahrhundert setzt eine erneute Abwertung und Abdrängung der Frauen in ein immer enger werdendes „Haus“ ein.

Der Kampf um einen Platz auf dem Arbeitsmarkt spielt in diesem Prozeß vielleicht die Hauptrolle. Es ist für Mitteleuropa eine Zeit wirtschaftlichen Niedergangs, hervorgerufen durch Kriege und Umorientierung der Welthandelsströme, verbunden mit tatsächlichem und ideologischem Vorrang der Erwerbsarbeit, die immer mehr außer Hauses stattfindet. Spätestens seit dem Ersten Weltkrieg haben sich die ökonomischen Voraussetzungen geändert. Die europäischen Gesellschaften denken langsam um, Frauen und Männer versuchen heute, „an die unverkürzten Erkenntnisse der Reformation anzuknüpfen“ (Scharffenorth) und sie für dieses Umdenken nutzbar zu machen.

Literatur: *Roland H. Bainton,* Women of the Reformation, 3 Bde. (Minneapolis 1971/1973/1977); *Ricarda Huch,* Das Zeitalter der Glaubensspaltung (1937, Neudruck: München – Hamburg 1964); Luther Deutsch. Die Werke Martin Luthers in neuer Auswahl für die Gegenwart (Berlin 1948ff.); Luthers Werke in Auswahl, Studienausgabe, hrsg. v. O. Clemen (Berlin [6]1966); *Maria Heinsius,* Das unüberwindliche Wort. Frauen der Reformationszeit (München 1951); *Ingetraut Ludolphy,* Art. Frau, VI. Reformationszeit; in: TRE 11 (1983) 441–443; *Gerta Scharffenorth,* Im Geist Freunde werden ... Die Beziehung von Mann und Frau bei Luther im Rahmen seines Kirchenverständnisses, in: dies., Den Glauben ins Leben ziehen ... Studien zu Luthers Theologie (München 1982) 122–202; *Gerta Scharffenorth / Erika Reichle,* Art. Frau, VII. Neuzeit, in: TRE 11 (1983) 443–467.

Erika Reichle

Religiöse Erziehung

↗ Amt, kirchliches; Bildung; Charismen; Christentum; Erziehung; Familie; Frauenrollen / Frauenleitbilder; Ganzheitlichkeit; Gemeinde; Glauben; Gottesbilder; Heilige / Heiligkeit; Identität, weibliche; Kinder; Kirche; Kult; Kultur; Mann; Männerbilder; Maria; Menschenbild; Mystik; Neues Testament; Religiosität; Spiritualität; Weiblichkeitssymbole

Begriffliche Bestimmung

Beide Wörter „religiös“ und „Erziehung“ sind nicht eindeutig. Umgangssprachlich ist damit die Einführung und Einübung von Kindern in Glaubensvollzüge oder zumindest in das Wissen um deren Sinn und Bedeutung gemeint. „Religiös“ wird dann mit „christlich“ gleichgesetzt, wie wir auch umgangssprachlich (und schulrechtlich) unter „Religionsunterricht“ nicht das Bekanntmachen mit allgemeiner Religiosität verstehen, sondern die von einer der christlichen Kirchen verantwortete Unterweisung in Sachen des christlichen Glaubens.

„Religiös“ im allgemeinen Sinn kann man umschreiben als das gesamte Verständnis des Mensch-Seins und In-der-Welt-Seins, die Leidens- und Sehnsuchtserfahrungen, das Vertraut-Werden mit der gesamten Wirklichkeit und einem in allem zu entdeckenden Sinnzusammenhang (Otto Betz). „Christlich“ meint das alles mit, sieht die Welt jedoch nicht nur auf einen alles umgreifenden geheimnisvollen Grund zentriert, sondern auf den Einen, der den Menschen herausruft aus allen religiösen Welterfahrungen, ihn ernst nimmt und mit ihm eine Geschichte macht, der sich selber hineingibt und sich hineinziehen läßt in diese Geschichte, der dem Menschen begegnet in einem menschlichen Gesicht und mit ihm solidarisch ist in menschlichem Schicksal.

Auch das Wort „Erziehung" bedarf einer Klärung. Verstand man früher darunter mehr das Eingeführt-Werden in gesellschaftliche Ordnungen und – in unserem Fall – in religiöse Anschauungen, Vollzüge und Wertemuster, so wird heute eher die Ermöglichung des Selbständigwerdens und die Hilfe zur Entfaltung der Personalität darunter verstanden; hier also das Hineingeführtwerden in die „Freiheit der Kinder Gottes" (Röm 8,21), heute oft mit „Mündig-Werden des Christen" umschrieben.

Wenn im christlichen Raum von Erziehung die Rede ist, wird vorausgesetzt, daß das Entscheidende im Leben des Menschen (Heil, Gnade, Erlösung, Glaube) als Geschenk Gottes menschlicher Einflußnahme entzogen scheint. Doch, obwohl Gott die entscheidende Rolle bei der Gewährung des Heils zukommt, bedient er sich dabei der Menschen, ihrer Eigenart und Bemühung.

Inhaltliche Entfaltung

Christliche Erziehung „passiert" im alltäglichen Leben, in den Erlebnissen und Erfahrungen, die Heranwachsende und Erwachsene im Zusammenleben miteinander machen (Irene Mieth). Vom Bischof und Kirchenlehrer Cyrill von Alexandrien (†444) wird auf die Frage, wie man einen Menschen zum Glauben führt, die Antwort überliefert: „Ich lasse ihn ein Jahr lang bei mir wohnen." Glauben wird erlernt im Miteinanderleben. Der oft zitierte Satz: „*Ein* Christ ist *kein* Christ", der die Gemeinde als Konstitutive des Christ-Seins bezeichnet, gilt auch hier. Das Sich-Orientieren an nur einem oder wenigen konkreten Christen mit spezifischen Eigenarten und Eigenschaften kann zu einem engen, ausschließenden Glauben führen. Deshalb sind christliche Erzieherinnen und Erzieher verwiesen auf die Gemeinschaft Mitglaubender, die sie selber mitträgt (und dadurch entlastet) und dem oder der zu Erziehenden Modelle von Christ-Sein auf vielfältige Weise vorlebt.

Was einzelne und die Gemeinde vom Christ-Sein zu leben vermögen, braucht das deutende und wegweisende Wort der Heiligen Schrift und der Glaubenstradition, damit die Erfahrungen von heute in die Geschichte Gottes mit den Menschen eingefügt und von daher korrigiert und inspiriert werden. Damit kommen die gültigen Zusagen Gottes ins Spiel als Inhalte, die vermittelt werden sollen. Christliche Erziehung gelingt nicht, wenn allein mit Worten alles vermittelt wird, was angenommen und geglaubt werden soll. Zeugnisgeben von dem, was man erkannt hat als das, was das Leben lebenswert macht, ist von anderer Art als die Weitergabe eines möglichst vollständigen und unverkürzt vermittelten Inhalts.

Formen und Haltungen in der religiösen Erziehung

Christliche Erziehung und Glaubensunterweisung sind voneinander zu unterscheiden, aber schwer scharf voneinander abzugrenzen. Während christliche Erziehung hauptsächlich durch das alltägliche Leben – und in ihm – geschieht, ist Glaubensunterweisung eher eine (möglicherweise auch private, aber doch bewußt herbeigeführte) „Veranstaltung", wie alle Formen gezielter Hauskatechese, Gemeindekatechese (mit der systematischen Hinführung zu den Sakramenten) und (wenn auch in der heutigen Situation der öffentlichen Schule in eingeschränktem Maß) der Religionsunterricht. Für jede Form der Glaubensunterweisung sollte gelten, „Rede und Antwort zu stehen", wenn einer „nach der Hoffnung fragt", die uns erfüllt (1 Petr 3,15). Das heißt: auch hier geht das Beispiel der Unterweisung voraus.

Wer andere zum Glauben führen will, ist nicht nur durch die Mitglaubenden in der Gemeinde entlastet, sondern vor allem durch die vergebende Zusage Gottes. Christliche Erzieherinnen und Erzieher brauchen ihre Fehler und

Schwächen nicht zu vertuschen; sie können ein Beispiel dafür geben, wie man Dinge wieder in Ordnung bringt, um Verzeihung bittet, neu anfängt.
Zum Christ-Werden, wie zum Mensch-Werden überhaupt, gehört das Experimentieren. Wenn Jugendliche nicht selber Schritte machen, selber erproben können, wie weit das, was ihnen gesagt wird, trägt, werden sie auch nicht zu einer eigenen Entscheidung und einer eigenen Persönlichkeit finden. Ohne solche Erfahrungen (Irrwege eingeschlossen) finden Kinder und Jugendliche nicht zu ihrem unverwechselbaren Glaubens-Ich. Das heißt für die Erwachsenen, daß sie auch loslassen müssen, wohl der schwerste Schritt im Erziehungsprozeß. Zielen die ersten Schritte auf Beheimaten – Führen – Vorbildsein, so geht es dann um Loslassen und Freisetzen. Kinder sollen nicht Kopien werden, jedes ist einmalig in Gottes Augen.
Mehr als in früherer Zeit werden heute Fehlformen religiöser Erziehung und daraus unter Umständen entstehende menschliche Defizite deutlicher gesehen (Minderwertigkeitsgefühle, Skrupulantentum, Leibfeindlichkeit, Herrschsucht bzw. religiöses Desinteresse, Kirchendistanziertheit, Atheismus...). Ursachen solcher Fehlentwicklung liegen meist dort, wo ganzheitliches Miteinander-Leben und -Glauben aus dem Blick geraten ist, wo über die zu Erziehenden Macht ausgeübt wird, oder wo aus Angst das Fragen und Suchen unterbunden und eingeengt werden. Inwieweit religiöse Erziehung (gerade von Mädchen) bestimmte Rollennormierungen selbst produziert oder gesellschaftlich bestehende verstärkt, inwieweit es also eine Wechselwirkung zwischen allgemeiner (geschlechtsspezifischer) und religiöser (geschlechtsspezifischer) Sozialisation gibt, ist bisher noch nicht geklärt. Zu fragen wäre etwa, welche Bedeutung in der Vergangenheit das Leitbild „Maria" für Mädchen (Stichwort: Demut) hatte, wobei im übrigen festzustellen ist, daß dieses Leitbild auch für Jungen herangezogen wurde (Stichworte: Reinheit, Keuschheit).
Allerdings ist zu betonen, daß religiöse Erziehung wesentlich im Christ-Werden das Mensch-Werden mit umschließt. Alles, was zum Mensch-Sein gehört, was es faszinierend und großartig macht, kann im Christ-Sein integriert und entfaltet werden.

Gemeinsame Verantwortung

Im Bereich der Erziehung, vor allem der religiösen, spielt die Frau heute noch eine Hauptrolle. Auch in der etwas veränderten Struktur jüngerer Familien ist die religiöse Erziehung weithin in der Hand der Mütter. Mütter geben die ersten Antworten auf die vielen „Warum-Fragen" der Kinder. Wenn Mütter nicht mit dem Kind beten, wird eine „natürliche" Basis des Glaubens nicht gelegt.
Allerdings ist es heute eine Folge des „Auszugs" der Frauen aus der Kirche (besonders der jungen Frauen), daß die religiöse Sozialisation in der Familie abnimmt. Hier zeigt sich zum einen, welche tatsächliche Bedeutung Frauen für die christliche Gemeinde haben. Zum anderen wird in dieser Weigerung aber auch die Skepsis der Frauen, was ihre Einschätzung der eigenen Möglichkeiten und Funktionen innerhalb der Kirche betrifft, deutlich. Ähnlich wie für die Sozialisation von Kindern allgemein gilt auch hier, daß religiöse Erziehung in der Verantwortung von Männern und Frauen, Vätern und Müttern, gemeinsam liegt.
Die Gemeindekatechese wird zu einem hohen Prozentsatz von Frauen wahrgenommen. Wenn sie selbst in ihrem Glauben geborgen sind, dann vermitteln sie auch den Kindern etwas davon. Damit so grundgelegter und vermittelter Glaube aber weiterwächst und zur je persönlichen Glaubensidentität werden kann, ist ein partnerschaftliches Angenommen- und Ernstgenommen-Sein, auch von der Gemeindeleitung, nötig.

In Gruppen zur Vorbereitung des Gemeindegottesdienstes, Bibelgesprächen, Familien- oder Frauenkreisen ist es möglich, Verantwortung für die Gemeinde zu übernehmen, Erfahrungen mit anderen Erwachsenen, Frauen und Männern, jungen und alten Menschen zu teilen. Auch die Kinder brauchen, je mehr sie heranwachsen, ihre eigenen Gruppen und Kreise, die ihnen Austausch und Auseinandersetzung mit „Gleichgestellten" ermöglichen. Nur wenn „religiöse Erziehung" so vielfältig getragen wird, nicht nur von Familie und Religionsunterricht, sondern vor allem von Lebenswelten in der Gemeinde, werden Menschen auf Dauer in Glaube und Kirche Heimat finden.

Literatur: *Otto Betz,* Religiöse Erziehung als Selbst- und Weltbegegnung, in: Johannes Thiele / Rudolf Becker (Hrsg.), Chancen und Grenzen religiöser Erziehung (Düsseldorf 1980) 13 – 29; *Gottfried Bitter,* Glauben-Lernen als Leben-Lernen, in: Katechetische Blätter 112 (1987) 917 bis 930; *ders. / Gabriele Miller* (Hrsg.), Handbuch religionspädagogischer Grundbegriffe (München 1986) (vgl. besonders die Artikel: Erziehung; Familiale Erziehung; Familie / Gemeinde; Fehlformen religiöser Erziehung; Frauen / Männer); *Adolf Exeler,* Religiöse Erziehung als Hilfe zur Menschwerdung, in: Johannes Thiele / Gottfried Becker, Chancen und Grenzen, a. a. O. 30 – 51; *Hans-Jürgen Fraas,* Religiöse Erziehung und Sozialisation im Kindesalter (Göttingen 1973); *Marielene Leist,* Neue Wege der religiösen Erziehung (Luzern ^{6}1972); *Irene Mieth,* Katechese in der Küche. Kinderfragen verlangen Antwort (Mainz 1979); *Gabriele Miller,* Die Rolle der Frau in der Glaubensvermittlung, in: Kat. Blätter 110 (1985) 902 – 909; *Rudolf Schmitt,* Religiöse Erziehung – ohne Erfolg? (Weinheim 1971); *Hans Schuh,* Glauben lernen durch miteinander leben (Unveröffentlichtes Manuskript; Rottenburg 1986).

Gabriele Miller

Religiosität

↗ Altes Testament; Amt, kirchliches; Befreiungstheologie; Buddhismus; Charismen; Christentum; Emotionalität und Rationalität; Erziehung; Frauenorden; Frauenseelsorge; Ganzheitlichkeit; Gemeinde; Glauben; Gottesbilder; Heilige / Heiligkeit; Hinduismus; Identität, weibliche; Islam; Judentum; Jungfräulichkeit; Kirche; Kult; Liebe; Mann; Männerbilder; Maria; Mystik; Naturreligionen; Neues Testament; Ökumene; Religiöse Erziehung; Schwesterlichkeit; Schwesternschaften; Sichtweise, weibliche; Sophia; Sozialisation; Spiritualität; Theologie, feministische; Urbilder, weibliche; Urkirche; Weiblichkeitssymbole; Weltgebetstag der Frauen

Begriff

Die Begriffe „Religion" und „Religiosität" sind bis heute nur unzureichend geklärt und werden, wenn überhaupt, eher pragmatisch definiert. Vielfach wird vorausgesetzt, daß jeder „wisse", was gemeint ist.

Sozialwissenschaftlich ist Religiosität ein mehrdimensionales Phänomen. Zwischen mindestens zwei Dimensionen wird unterschieden: a) einer religiösen Praxis, die mehr nach außen orientiert ist, und b) einer religiösen Lebenseinstellung und Glaubenshaltung. Kirchlichkeit als eine Form von Religiosität ist darin eingeschlossen. Pastoralanthropologie und Religionspsychologie sehen Religiosität als Bedürfnis und Fähigkeit des Menschen zur Transzendenz, die weniger nach „objektiv Unbedingtem" sucht als nach subjektiver Ergriffenheit und Erfahrung, die religiös gedeutet wird. Damit ist Religiosität auf die psychische Einstellung eingegrenzt mit einer starken Betonung der Gefühlskomponente, so daß selbst Überzeugung und Meinung weniger dem Wissen als dem Gefühl zugeordnet werden. Religiosität enthält in der möglichen Erfahrung von Geborgenheit und Freiheit Impulse zur Identitätsfindung und Entwicklung des Selbst ebenso, wie zu Frieden und Gerechtigkeit beizutragen. Sie ist die Bereitschaft des Menschen, „sich selbst, die Mitmenschen und die Welt in Beziehung zu einem Übermenschlich-Göttlichen zu erleben, zu denken und entsprechend zu verhalten" (B. Grom). Wurzeln der Religiosität sind angeborene Anlagen und Erfahrungsbereitschaften, die zugleich dem Gefühlsbereich, dem Willensbereich und der Erkenntnisdimension zugehören. Auch von einer naturhaften Anlage zur Religiosität wird gesprochen und davon

der Glaube unterschieden, der bewußte Entscheidung/Zustimmung verlangt. Wo die Entscheidung zur Heilsgeschichte mit ihren Konsequenzen fehlt, kann dann von naturhafter Religiosität gesprochen werden (H. Stenger).
Religiosität ist also sowohl eine verhaltensnormierende als auch eine sinngebende Erfahrung, die emotionale und kognitive Zugehörigkeit vermittelt. Sie kann Kirchlichkeit einschließen, ist aber ebenso existent in außerkirchlicher, nicht gebundener Form, die sich gegenüber institutionellen Formen und Beeinflussung indifferent oder resistent verhält und sich in religiöser Erfahrung niederschlägt.
Kirchlichkeit ist ein Teil religiöser Praxis und eine gefühlsmäßige und/oder bewußte Einstellung gegenüber einer Kirche, die sich in Verhaltensweisen und in der Teilnahme am aktiven kirchlichen Leben zeigt.

Kirchlichkeit von Frauen

Die Auffassung, daß Frauen religiös ansprechbarer und aktiver seien als Männer, ist inzwischen ins Wanken geraten. Empirische Untersuchungen belegen für die Bundesrepublik Deutschland, daß in einem Zeitraum von 30 Jahren die regelmäßige Teilnahme von jüngeren Frauen am Gottesdienst von 1953: 64%, 1973: 41% auf 1985: 7% gesunken ist. Damit ist ein allgemeiner Trend festgestellt, der zweifellos auch im Zusammenhang des gewandelten Rollen- und Selbstverständnisses von Frauen in industrialisierten Gesellschaften zu sehen ist. Frauen fühlten sich früher stärker an die Kirche gebunden, da diese ihnen als einzige Institution gesellschaftlich freien Raum zu Sozialkontakten und Anerkennung außerhalb der Familie bot. Heute dagegen wird die Kirche weitgehend als Institution erlebt, in der Frauen auf nur eng umgrenzten Gebieten mitarbeiten können, ohne als Gesprächs- und Entscheidungspartnerinnen ernst genommen zu werden, und in der frauendiskriminierende Formen des Umgangs, aufgrund eines dazu legitimierenden Leitbildes, festgeschrieben werden. Etwa 54% der Kirchenmitglieder sind Frauen, 82% der in der katholischen Diakonie Tätigen sind Frauen, die ehrenamtliche Arbeit wird fast ganz von Frauen geleistet – obwohl alle höheren Ebenen eindeutig männlich dominiert sind. Renate Köcher schätzt aufgrund ihrer Untersuchungen, daß der Bruch für die Abkehr der Frauen von Kirche und Religion Mitte der 60er Jahre liegt. 1980/81 waren die Anteile an Kirchenaustritten von Männern und Frauen erstmals gleich hoch. Wo sich die Lebensbedingungen von Frauen denen der Männer angleichen, gleicht sich auch die Unkirchlichkeit an.
Religiös sind Frauen wie Männer definiert durch die Beziehung zu Gott, die aber nicht eine Beziehung des Habens, sondern des Seins ist: nicht *was*, sondern *wie* ich bin, ist entscheidend. Geschichte und Gegenwart zeigen freilich, daß Frauen in der Kirche mehr in ihrer Funktion als Ehefrau, Mutter denn als Person Anerkennung erfahren. Sie werden fast ausschließlich über ihre Funktion definiert. Individuell kann diese Funktionalisierung in religiöser Erfahrung (Identität) durchbrochen werden (z. B. Teresa von Ávila, Mary Ward u.a.). Die vermännlichte Erscheinungsform der Kirche und ihre Leistungs- und Verkündigungsstrukturen können aber sehr behindernd wirken und religiöse Grunderfahrungen – Befreiung zur Personenwürde – verstellen.
Die religiöse Daseinserfahrung ist eine existentielle Erfahrung, beglückend und schmerzlich zugleich. Sie setzt eine Wachheit voraus, die zur Seinswahrnehmung befähigt, aus der Erfahrung und Verwandlung erfolgen, die für die Lebensgestaltung Bedeutung haben. K. Rahner versteht die Geschichte der Selbsterfahrung – als Selbstinterpretation des Menschen (Identität) – auch als die Geschichte der individuellen Gotteserfahrung und umgekehrt.
Der Distanzierungsprozeß ist, unab-

hängig von der Bildung bei jüngeren Frauen am stärksten. Renate Köcher wehrt (aufgrund ihrer Untersuchung, die sich auf empirische Daten stützt) ab, daß die „Emanzipation und das Rollendenken" der vorrangige Grund dafür seien. Ursächlich ist u.a. die Ausbreitung von Glaubensunsicherheit und Atheismus durch eine gestörte religiöse Sozialisation. Glaube wird in der Gesellschaft unsichtbar, und Kirchlichkeit wird als Phänomen von Religiosität immer mehr zu einem Bestandteil einer Alterskultur, getrennt von einer religiös unsicheren und uninteressierten Jugendkultur. Heute identifizieren sich nur noch 22% der Frauen unter 30 Jahren mit der Kirche. Viele von ihnen verbinden mit einer Trennung von der traditionellen Frauenrolle („die drei K") auch den Abschied von der Religion; eine Folge aus der gedanklichen Verbindung: Frauenrolle und Kirche.

Da sich mit kirchlicher Indifferenz ein Gefühl von Sinndefizit einstellt, nimmt die Suche nach außerkirchlicher Religiosität (Esoterik, New Age) zu.

Religiosität von Frauen

Für heutige religiöse Orientierung ist das Erlebnis Mitmensch zentral und die damit verbundene Reduktion von Angst. Durch transzendente meditative Erfahrungen, Akzeptiertwerden und Erlebnis des Wertes Freiheit als individuelle Entfaltung des Seins gegenüber dem Haben wird versucht, Identität neu zu konstruieren. Die Orientierungskrise durch das Fehlen an Wort, Beispiel, Erfahrung zeigt sich im defizitären Mut zum Endgültigen bei gleichzeitigem Mut zum Vorläufigen. Traditionelle Auffassungen behaupten, es gäbe eine spezifisch weibliche Weise der Daseinsbewältigung. Die weibliche Existenz sei auf Werte der Communio, Beziehungsstruktur, angelegt, auf das Bestehen von Grenzsituationen (K. Lüthi). Die Behauptung: „Frauen glauben selbstverständlich anders" unterschlägt aber, daß sie weitgehend noch unter anderen Bedingungen leben als Männer.

Religiöse Erfahrung führt zu einer veränderten Lebenseinstellung: Loslassen der Ichbezogenheit und aktiver, vom Ich unverstellter Reaktion auf die Welt; d.h. Aufgeben des Narzißmus, Überwindung der eigenen Destruktivität und Zuwachs an Fähigkeit zu lieben. „Unmittelbare Glaubenserfahrung", d.h. Betroffenheit vom Wort der Glaubensverkündigung, in der Gottes Selbstmitteilung geschieht, spielt sich nicht nur im Kopf ab, sondern erfaßt den ganzen Menschen – Mann und Frau! Die stärkere Beziehungsorientierung der Frau stimmt faktisch, weil Frauen so sozialisiert sind, für andere da und verantwortlich zu sein. Was dagegen genetisch bedingte Eigenheit der Frau ist, was soziokulturelle Einflüsse sind, vermögen wir heute noch nicht klar zu differenzieren, weil die Verflechtungen und Wechselwirkungen sehr komplex sind und von ihnen nicht abstrahiert werden kann. Bis in den mikroskopischen Bereich ist der Mensch in seiner basalen Personstruktur ein soziales Wesen und auf Kooperation und Ergänzung angelegt, nicht nur im Dienst der Zeugung. Dabei sind die individuellen Unterschiede gravierender als die geschlechtlichen. Umweltbedingungen beeinflussen, welche Formen der Kooperation sich durchsetzen und aufrechterhalten werden (W. Wickler / U. Seibt), denn der Mensch entwickelt sich nicht nur durch Gene, sondern auch durch Ideen und Leitbilder.

Die teilweise Andersheit religiöser Erfahrung von Frauen ist also mehr historisch-kulturell begründet als biologisch und vielleicht eine (faktisch) notwendige Kompensation von Welt- und Lebenserfahrungen. Die Geschichte zeigt an herausragenden Männer- und Frauenpersönlichkeiten, daß die religiösen Grundstrukturen von Erfahrungen und Lebensbedingungen sich da annähern, wo Menschen die soziokulturellen Überformungen in religiösen Entwicklungsprozessen hinter sich ließen (Heilige, Mystiker/innen, Gestalten des Alten und Neuen Testaments). Die Entschiedenheit zur Konsequenz im Alltagsleben, Lebensentscheidung und Bindung führt bei gleicher Intensität der Erfahrung und Antwortbereitschaft zu menschlichen statt zu geschlechtstypischen Verhaltensweisen. Bildung, als notwendige Voraussetzung zur Reflexion und Verbalisierung von Erfahrungen, war Frauen lange Zeit nur in einem spezifischen Rahmen möglich. Die stärkere Emotionalität der Frau im Religiösen hat vielleicht mit ihrer eingeschränkten Lebensweise (Haus/Kloster) und ihrer Erziehung zur Emotionalität zu tun. Es gibt aber genügend Beispiele, die von einer tiefen Nüchternheit von Frauen zeugen. Klarer Verstand und Gabe der Unterscheidung wurden Frauen vielfach abgesprochen und galten ebenso wie ihre Selbständigkeit als suspekt, unerwünscht, verdächtig. Selbst große heilige Frauen wie Teresa von Ávila oder Hildegard von Bingen mußten ihre Religiosität gegen manche Verdächtigung und Verleumdung durchhalten. Es bleibt zu hoffen, daß endlich Unterschiedenheit und Gemeinsamkeit als Bereicherung des Menschseins verstanden werden, ohne eine Hierarchie der Wertigkeit davon abzuleiten.

Literatur: *Hayward Carter,* Und sie rührte sein Kleid an (Stuttgart 1986); *Frauenreferat Freiburg,* Die jüngeren Frauen in der Kirche. Dokumentation (Freiburg i. Br. 1986); *Bernhard Grom,* Reife und unreife Religiosität in psychologischer Sicht (Manuskriptdruck, Kath. Akademie, Augsburg 1984); *Ernst Gutting,* Offensive gegen den Patriarchalismus (Freiburg i. Br. [3]1988); *Josefine Heyer,* Hexenverfolgung – Frauenstrafvollzug, in: Seelsorge im Strafvollzug, Bd. 2, hrsg. von der Konferenz der katholischen Seelsorger bei den Justizvollzugsanstalten der Bundesrepublik Deutschland mit West-Berlin (o. O. 1984); *Renate Köcher,* Religiös in einer säkularisierten Welt, in: Elisabeth Noelle-Neumann / Renate Köcher, Die verletzte Nation (Stuttgart 1987); *Kurt Lüthi,* Gottes neue Eva (Stuttgart 1978); *Anton Rauscher,* Die Frau in Gesellschaft und Kirche (Berlin 1986); *Gerhard Schmidtchen,* Was den Deutschen heilig ist (München 1979); *Hermann Stenger,* Verwirklichung unter den Augen Gottes (Salzburg 1985); *Wolfang Wickler / Ute Seibt,* männlich, weiblich (München 1983). Josefine Heyer

Reproduktionstechnologie ↗ Gentechnik.

S

Scheidung ↗ Ehescheidung.

Scheidungsrecht

↗ Ehe; Ehekrisen; Eherecht; Ehescheidung; Ehe- und Paartherapie; Familienrecht; Nichteheliche Lebensgemeinschaften; Soziale Sicherung

Kirchliches Recht

Für die römisch-katholische Kirche ist, wenn Ehefähigkeit, Ehewille oder Eheschließung mangelhaft waren, die Ehe ungültig. Die nicht vollzogene Ehe kann auf Bitte eines Partners vom Papst aufgelöst werden. Die Ehe Ungetaufter kann nach dem Paulinischen Privileg gelöst werden. Die vollzogene Ehe Getaufter ist als Sakrament unauflöslich und kann nicht geschieden werden. Möglich ist eine „Trennung von Tisch und Bett“ bei schweren Eheverfehlungen eines Gatten.
Nach der Lehre der evangelischen Kirche ist die Scheidung im Prinzip abzu-

lehnen. Die Kirche läßt bei schweren Verstößen (Ehebruch, bösliches Verlassen) Ausnahmen zu.

Weltliches Recht (Bundesrepublik Deutschland)

Eine Ehe kann in ganz besonderen Fällen nichtig (§§ 17 – 22 Ehegesetz) oder aufhebbar sein (§§ 30 – 34 Ehegesetz). Die Ehe kann – auch gegen den Willen eines Gatten – geschieden werden. Es gilt das Zerrüttungsprinzip: Scheidungsgrund ist (nur) das Scheitern der Ehe (§ 1565 Abs. 1 BGB), einjährige Trennung grundsätzliche Voraussetzung. Nach dreijährigem Getrenntleben wird Scheitern unwiderlegbar vermutet. Die Härteklausel des § 1568 BGB, nach der eine gescheiterte Ehe „aus besonderen Gründen ausnahmsweise“ nicht geschieden werden soll, ist wegen ihres extremen Ausnahmecharakters ohne praktische Bedeutung. Das Unterhaltsrecht mußte von einem Verschulden gelöst werden, weil eine Schuld am Scheitern der Ehe nicht mehr festgestellt wird. Zwei gegenläufige Regelungsprinzipien führen zu Problemen: Grundsätzlich soll jeder Gatte nach der Scheidung für sich selbst sorgen; aber wer nicht für sich selbst sorgen kann (der wirtschaftliche Schwächere, vgl. §§ 1570 – 1576 BGB), hat einen Unterhaltsanspruch, wenn er (sie) gemeinsame Kinder erzieht, zu alt oder krank zum Arbeiten ist, die Ausbildung wegen der Ehe abgebrochen hat, arbeitslos ist oder sonst aus schwerwiegenden Gründen den Unterhalt nicht selbst verdienen kann, sowie ausnahmsweise aus Billigkeitsgründen. Das Maß des Unterhalts orientiert sich an den „ehelichen Lebensverhältnissen“ und umfaßt auch die Kosten einer angemessenen Altersvorsorge. Der weniger Verdienende kann – eventuell lebenslang – Aufstockung verlangen. Der Unterhalt kann nach der Härteklausel (§ 1579 BGB) versagt oder gemindert werden bei kurzer Ehedauer, bei schweren Straftaten gegen den Ehegatten und aus anderen ähnlich schwerwiegenden Gründen. Der Ehegatte, der in der Ehezeit werthöhere Versorgungsanwartschaften erworben hat, ist dem anderen ausgleichspflichtig (Versorgungsausgleich). Gleiches gilt für den in der Ehe erworbenen „Zugewinn“.

Scheidungsrecht in Österreich und der Schweiz

Das *österreichische* Scheidungsrecht kennt drei Scheidungsgründe: Verschulden, bestimmte Krankheiten, Zerrüttung. Nach dreijähriger Trennung kann Scheidung verlangt werden, einverständlich schon nach halbjähriger Trennung. Es gibt eine Härteklausel. Ein Unterhaltsanspruch hängt wesentlich von einem Schuldspruch ab.
In der *Schweiz* kann auf Scheidung oder Trennung geklagt werden. Scheidungsgründe sind: schwere Verfehlungen gegen den Partner, unehrenhafter Lebenswandel, bösliches Verlassen und – für den unschuldigen Teil – tiefe Zerrüttung der ehelichen Lebensverhältnisse. Unterhalt erhält nur der sehr bedürftige schuldlose Teil; möglich ist ein Entschädigungsanspruch des schuldlosen Gatten für Vermögensnachteile und als Genugtuung. Eine Revision des Scheidungsrechts ist vorgesehen.

Literatur: *Alexander Bergmann / Murad Ferid,* Internationales Ehe- und Kindschaftsrecht (Frankfurt a. M. [6]1983); *Josef Duss-von Werdt / Armin Fuchs,* Scheidung in der Schweiz. Eine wissenschaftliche Dokumentation (Bern – Frankfurt a.M. 1980); *Görres-Gesellschaft* (Hrsg.), Staatslexikon, 5 Bde. (Freiburg i.Br. [7]1986 ff.); *Eva M. v. Münch,* Die Scheidung nach neuem Recht (München 1983); *Dieter Schwab,* Handbuch des Scheidungsrechts (München 1977); *Peter Tuor / Bernhard Schnyder,* Das schweizerische Zivilgesetzbuch (Zürich [10]1986).

Heidi Lambert-Lang

Schönheit

↗ Alter; Eva; Frauenrollen / Frauenleitbilder; Hexen; Kunst, bildende; Leib / Leiblichkeit; Liebe; Märchen; Medien; Mode; Philosophie, feministische; Sexismus; Urbilder, weibliche; Werbung

Philosophische Schönheitskonzepte

In der griechischen Philosophie bildet das Schöne zusammen mit dem Wahren und dem Guten die *metaphysische* Spitze der Ideenwelt. Die Idee der Schönheit als Inbegriff von Maß und Harmonie gilt als Maßstab zur Beurteilung sowohl körperlicher als auch geistiger Gegenstände (Natur, Kosmos, Menschen – in erotischer Hinsicht: vor allem Jünglinge –, Artefakta auf der einen Seite, Seele, Tugenden, Wissenschaften auf der anderen). In der Neuzeit wird Schönheit zu einem *ästhetischen* Prinzip, durch das Kunstobjekte als Gegenstände von Geschmacksurteilen qualitativ bestimmt werden. So erzeugt nach Kant das Schöne ein allgemeines, interesseloses Wohlgefallen, und Hegel gibt dem Kunstschönen den Vorzug vor dem Naturschönen, weil es aus der Produktivität eines kreativen Geistes hervorgegangen ist. Das umfassendste *anthropologische* Schönheitskonzept hat Schiller entwickelt: Im Ideal der schönen Seele halten Vernunft und Sinnlichkeit einander die Waage. Schönheit ist als Freiheit in der Erscheinung die Bedingung wahrer Menschlichkeit und konkretisiert sich im Spiel. Wenn Schiller dazu auffordert, mit der Schönheit zu spielen, so geht es ihm um schöpferische Selbstverwirklichung: das Individuum als sich selbst hervorbringendes Kunstwerk. In zeitgenössischen Theorien wird die traditionelle Ästhetik des Schönen vor allem aus zwei Richtungen kritisiert. Zum einen haben die Erfahrungen von Sinnlosigkeit und Absurdität einer aus den Fugen geratenen Welt (Sartre, Camus, Beckett) einer *kritischen* Ästhetik des Häßlichen den Weg bereitet (Adorno). Zum anderen hat sich im Gefolge eines veränderten künstlerischen Selbstverständnisses und Freiheitsbewußtseins von Frauen eine *weibliche* Ästhetik herausgebildet. Die Philosophin Susanne K. Langer beschreibt die Wahrnehmung von Schönheit als eine symbolische Transformation des Angeschauten durch das Gefühl. Die Matriarchatsforscherin Heide Göttner-Abendroth hat in den alten Mythen matriarchalische Lebensformen entdeckt, deren Schönheit sie in der integrativen Kraft sieht, mit der sich Physisches, Psychisches und Intellektuelles ausgewogen und harmonisch, d.h. gewaltlos durchdringen. Die Künstlerinnen Anais Nin und Verena Steffen versuchen, der Schönheit des weiblichen Körpers nicht aus der Optik des Mannes, sondern aus der erotischen Selbsterfahrung weiblicher Sexualität poetisch bzw. literarisch Ausdruck zu verleihen.

Common-sense-Vorstellungen von Schönheit

Die philosophischen Konzeptionen gehen davon aus, daß es einen festen Wertmaßstab gibt, an dem Schönheit gemessen und überprüft werden kann; zumal in den Lehren von der schönen Kunst und Literatur (Ästhetik, Poetik) werden formale und inhaltliche Kriterien aufgestellt (z.B. Regelmäßigkeit, Ebenmaß, Strukturiertheit, Fülle, Farbigkeit, Phantasie, Originalität u.a.), denen ein Kunstwerk genügen muß, um zu Recht als schön zu gelten. Im Unterschied dazu wird Schönheit im Alltagsverständnis als etwas Subjektives und Veränderliches aufgefaßt. „Schön ist, was gefällt"; was gefällt, ist Geschmackssache, und über Geschmack kann man nicht streiten. Zwar möchte man gern, daß das, was einem selbst gefällt, auch von anderen schön gefunden wird, akzeptiert aber letztlich in Ermangelung eines objektiven Maßstabs abweichende Meinungen. Selbst dort, wo ein Maßstab für Schönheit gemeinsam festgelegt wird, bleibt dieser unaufhebbar subjektiv und beliebig. Bei einer Schönheitskonkurrenz kann man zwar Proportionen abmessen und das gesamte Äußere taxieren, aber wie will man die Ausstrahlung und Persönlichkeit der Kandidatinnen ermitteln? Hier gibt das Frauenideal, das jedem Mitglied der Jury individuell vorschwebt, den Ausschlag. Schon bei der ersten Mißwahl, als Paris unter Aphrodite, Hera und Athena wählen und der Schönsten einen Apfel (den „Zankapfel“ der Eris, der Göttin der Zwietracht) überreichen sollte, waren es handfeste subjektive Interessen, die Paris dazu bewogen, Aphrodite zu wählen: sie hatte ihm die schönste Frau als Belohnung versprochen. Diese war Helena, und als Paris sie entführte, entbrannte der Trojanische Krieg.

Schönheit gilt für die meisten Menschen als begehrenswert, obwohl es im Volksmund heißt: „Schönheit und Verstand sind selten verwandt.“ Schöne Frauen sind in der Regel dumm, so sagt man, und wenn dieses Vorurteil in vielen Fällen zutrifft, so hat dies wohl kaum seinen Grund darin, daß die Natur für ausgleichende Gerechtigkeit sorgt, indem sie bei den Schönen an Verstand und bei den Klugen an Schönheit spart. Vielmehr entspricht es durchaus seit jeher der Wunschvorstellung vieler dem „schönen Geschlecht“ zugetaner Männer, eine schöne Frau zu haben, für die sie das Denken gerne mitbesorgen. Was jedoch für schöne Frauen recht ist, ist für schöne Männer erst recht billig. Ein schöner Mann sieht sich mit dem Vorurteil konfrontiert, entweder ein Narziß zu sein, der letztlich nur sich selbst liebt, oder ein Belami, der sein Glück bei vielen Frauen sucht und findet. Wenn Schönheit derart abfällig beurteilt wird, weshalb wird sie dann trotzdem so begehrt? Warum diese Faszination? Ein Grund ist sicher eine gewisse Eitelkeit; es ist schmeichelhaft, von anderen wegen seines guten Aussehens bewundert und beneidet zu werden, obwohl körperliche Schönheit zweifellos kein Verdienst ist, sondern bloßer Zufall. Ein gewichtigerer Grund ist der, daß Schönheit beträchtliche Vorteile verschafft; sowohl im gesellschaftlichen wie im beruflichen Bereich zahlt es sich aus, wenn sich jemand vor den anderen durch Schönheit auszeichnet. Diese wird so als ein unverdient vorhandenes Kapital betrachtet, das von selbst Zinsen trägt. Der gewichtigste Grund für das Streben nach Schönheit dürfte jedoch in dem Machtpotential liegen, das sie darstellt. Durch Schönheit erlangt man Macht über andere Menschen, die sich von dem Außerordentlichen und Elitären angezogen fühlen, das sie hinter menschlicher Schönheit vermuten. Wenn die Königin im Märchen vom Spieglein an der Wand erfahren muß, daß nicht mehr sie die Schönste im ganzen Land ist, daß Schneewittchen sogar tausendmal schöner und somit unendlich begehrenswerter ist als sie, so bedeutet dies für sie einen solchen Verlust an Prestige und Macht, daß sie, rasend vor Eifersucht, selbst vor einem Mord nicht zurückschreckt, um wieder den ersten Rang auf der Schönheitsskala einzunehmen.

Im Märchen gibt es eine unbestechliche Instanz, die Schönheit objektiv beurteilt, den Spiegel. Die Werbung hingegen hält vor allem den Frauen ein kosmetisch, chirurgisch, medikamentös und psychologisch bereinigtes Bild ihrer selbst als Schönheitsideal vor mit dem Versprechen, diesem ähnlich zu werden, sofern sie sich der angepriesenen Mittel bedienen, um das ihnen als häßlich Suggerierte – angefangen von Haar-, Haut- und Gewichtsproblemen über Minderwertigkeitskomplexe bis hin zu den Altersspuren – zu beseitigen oder wenigstens zu korrigieren.

Schönheit – ein Ideal?

Es gibt ohne Zweifel ein Schönheitsempfinden, einen ästhetischen Sinn. Dieser ist jedoch leicht manipulierbar, weil die meisten in bezug auf ihren Geschmack unsicher sind und daher eher dem Urteil anderer vertrauen. Mit Schönheit wird eine solche Glückserwartung verbunden, daß kein Opfer zu groß erscheint, um dieses Gut zu erlangen. Der ästhetische Sinn kann aber auch z.B. in der Kunsterziehung zu einem kritischen Urteilsvermögen herangebildet werden, das nach selbst gesetzten, sachlich ausweisbaren Kriterien die Schönheit eines Gegenstandes bestimmt. Darüber hinaus bedarf der Begriff überhaupt einer ständigen Problematisierung, eingedenk der Tatsache, daß die Schönheitsvorstellungen im Gefolge der Veränderungen des Geschmacks historisch wandelbar sind, Modeschwankungen unterliegen und von Volk zu Volk, ja von Mensch zu Mensch differieren. Es gibt keine feststehende Rangordnung oder Grundnorm für Schönheit. Was als eine solche ausgegeben wird, sind in der Regel Klischees – besonders was die Schönheit von Frauen betrifft: Eva die Verführerische, Maria die Reine, Marilyn die Sexbombe usw. Wer seinen Typ im Sinne des Allgemeingeschmacks betont, hat Chancen, dem gängigen Ideal zu entsprechen und als schön eingestuft zu werden.

Ist Schönheit wirklich ein erstrebenswertes Ideal, nachdem sich gezeigt hat, daß die sie festlegenden Vorstellungen subjektiv, individuell, beliebig und relativ sind? Hinzu kommt noch, daß sie zumeist einseitig durch den männlichen Geschmack geprägt sind, den sich die Frauen aufgrund ihrer Abhängigkeit notgedrungen zu eigen gemacht haben. Grundsätzlich kann man einräumen, daß es legitim ist, nach Schönheit zu streben, wenn dieses Streben dem Bedürfnis des endlichen Wesens Mensch nach Vervollkommnung entspringt. Da es jedoch jedem freisteht, gemäß seiner eigenen ästhetischen Vorstellung nach Vervollkommnung seiner selbst zu streben, und keinem das Recht zusteht, anderen seinen Geschmack aufzuzwingen, läßt sich nicht einmal aus einem kollektiven Schönheitsideal die Befugnis ableiten, dieses als allgemein verbindliche Norm zu deklarieren, die dogmatisch diktiert, was alle für schön zu halten haben. Unter dieser generellen Voraussetzung, daß in ästhetischer Hinsicht jeder die Freiheit hat, Schönheit nach Maßgabe seiner persönlichen Bedürfnisse und Vervollkommnungswünsche zu erstreben, sieht sich die als solche erst in Ansätzen vorhandene und weiter zu entwikkelnde weibliche Ästhetik vor zwei Aufgaben gestellt. Die erste ist wesentlich kritisch, sofern die Schönheitsansprüche, denen die Frauen in ihrer Alltagswelt begegnen, daraufhin untersucht werden müssen, inwieweit sie das im Zuge der Emanzipation neu gewonnene Selbstverständnis einschränken, vielleicht sogar vergewaltigen. Die zweite Aufgabe ist konstruktiver Natur: Es gilt, ein eigenes Konzept von Schönheit zu erarbeiten, das den veränderten Bedürfnissen und Wünschen von Frauen *als* Frauen Rechnung trägt. Dabei kann es in erster Linie nicht mehr darum gehen, den Männern zu gefallen, sondern die Welt neu sehen zu lernen, im Horizont einer befreiten und sich bejahenden weiblichen Sensibilität neue Ausdrucks- und Gestaltungsformen zu erfinden, die die Vielfalt und Individualität alles dessen, worauf das Prädikat „schön" anwendbar ist, differenzierter in den Blick rükken. Der Utopie einer schönen neuen Welt, in der einzig das männliche Machtideal eines durch den messenden und rechnenden Intellekt verfügbar gemachten Universums – inklusive die Menschheit – als schön verherrlicht wird, hätte die weibliche Ästhetik den Entwurf einer anderen Welt entgegenzusetzen, in der quantifizierende Wertmaßstäbe zur Beurteilung von Schönheit durch qualitative abgelöst werden. An die Stelle von Macht- und Herrschaftsprinzipien, die ein in bezug auf seinen Nutzen kalkulierbares, rationalistisches Schönheitsideal propagieren, dessen Durchsetzung mit Druck und Gewalt, und das bedeutet: mit Leid, verbunden ist, sollte ein Prinzip der Kreativität treten, das einen freien Spielraum für überraschende, originelle, unsere Lebenswelt jenseits aller Berechenbarkeit immer wieder anders beleuchtende Formen von Schönheit allererst eröffnet. Mathematische Schönheit mag in bezug auf Sachen, nicht jedoch in bezug auf Menschen ein erstrebenswertes Ideal sein, da es wesentliche Dimensionen des Menschseins (z. B. auch das Mensch-Sein als Frau) von vornherein verkürzt. Das Ideal einer kreativen Schönheit hingegen beinhaltet die Vorstellung einer sich ganzheitlich entfaltenden Freiheit, die sich ihr Maß und ihre Grenzen je nach den Erfordernissen der Situation setzt. Schön wäre danach eine Gesellschaft, die nicht einem mechanischen Uhrwerk, sondern einem lebendigen Organismus vergleichbar ist (Schiller). Nicht das reibungslose Funktionieren von genormtem Menschenmaterial, sondern die kreative Selbstverwirklichung von Individuen im Verbund mit anderen Individuen vermittelt einen alle Gegensätzlichkeiten berücksichtigenden und einbeziehenden Begriff von Schönheit, der als menschenwürdig im umfassenden Sinn gelten kann. Vielleicht kommt in einem solchen schöpferischen Verständnis von Schönheit auch das erotische Moment wieder zur Geltung, das die Griechen einst als die elementarste Antriebskraft im Menschen auffaßten, durch die Kopf, Herz und Bauch als eine schöne Einheit organisiert werden.

Literatur: *Theodor W. Adorno,* Ästhetische Theorie (Frankfurt a. M. 1970); *Rosario Assunto,* Die Theorie des Schönen im Mittelalter (Köln 1963); *Silvia Bovenschen,* Über die Frage: Gibt es eine weibliche Ästhetik?, in: Ästhetik und Kommunikation 25 (Sept. 1976) 60–65; *Eugenio Garin,* Die Theorie des Schönen im Humanismus und in der Renaissance (Köln 1969); *Heide Göttner-Abendroth,* „Die Eule der Athene fliegt um Mitternacht", in: dies., Was Philosophinnen denken (Zürich 1983); *Ernesto Grassi,* Die Theorie des Schönen in der Antike (Köln 1962); *Hans R. Jauß* (Hrsg.), Die nicht mehr schönen Künste (München 1969); *Susanne K. Langer,* Philosophie auf neuen Wegen (Frankfurt a. M. 1965); *Willi Ölmüller* (Hrsg.), Diskurs Kunst und Schönes (Paderborn 1982); *Platon,* Symposion, Phaidros, in: Sämtliche Werke (Reinbek 1957 ff.); *Friedrich Schiller,* Über die ästhetische Erziehung des Menschen (Stuttgart 1975); *Verena Steffen,* Häutungen (Zürich 1978); *Jörg Zimmermann,* Das Schöne, in: Philosophie. Ein Grundkurs (Reinbek 1985).

Annemarie Pieper

Schule

↗ Ausbildung; Begabung; Bildung; Chancengleichheit; Diskriminierung; Emotionalität und Rationalität; Erziehung; Frauenbewegung; Frauenförderung; Frauenforschung; Frauenrollen / Frauenleitbilder; Geschlechtsidentität; Leistung; Mädchenarbeit; Sozialisation; Weiterbildung; Wissenschaft

Geschichtliche Entwicklung

Formale Bildung in schulischen Institutionen war durch die Jahrhunderte überwiegend ein Privileg von Jungen. Allerdings sind uns schon aus dem Mittelalter und der frühen Neuzeit Mädchenschulen bekannt. Mit Aufkommen der Schulpflicht im 18. Jahrhundert wurden dann auch die Mädchen der Unterschicht in das Volksschulwesen integriert, an dem sie aber prozentual bis zum Ende des 19. Jahrhunderts nicht adäquat teilnehmen konnten. Für das Bürgertum wurde ab Ende des 18. Jahrhunderts die Ausbildung ihrer Töchter zu einem dringlicheren Problem, so daß von diesem Zeitpunkt an zahlreiche private Töchterschulen gegründet wurden, die im Verlauf des 19. und beginnenden 20. Jahrhunderts in städtische oder staatliche Hände übergingen. Die durchgängige Erziehungsform für Mädchen durch private, kirchliche, staatliche oder städtische Träger war die eingeschlechtliche Schule.

In der Reformschulbewegung seit Beginn dieses Jahrhunderts wurden koedukative Schulen eingerichtet. Koedukative Schule als Regelschule gibt es erst seit dem Ende der 60er, Anfang der 70er Jahre dieses Jahrhunderts in der Bundesrepublik Deutschland; ähnlich setzte sich die Koedukationsschule auch in Österreich (1962) und der Schweiz (allmählich) durch (Blochmann, Brehmer 1985 und 1987 a, Thorniport, Zinnecker).

Die Einführung der Koedukation bedeutete für die Schülerinnen, daß sie den gleichen Lehrstoff erhielten und die gleichen Abschlüsse wie die Jungen erreichen konnten. Allerdings bedeutete es gleichzeitig, daß Umgangsformen wie Inhalte durch Männer bestimmt wurden.

Frauenrollen in Schulbüchern

Das Geflecht in der Schule ist nicht explizit gegen Mädchen/Frauen gerichtet, enthält aber viele implizite Abwertungen der Schülerinnen. In zahlreichen Untersuchungen wird dies in den letzten Jahren dokumentiert. Sie beschäftigen sich mit den geschlechtsspezifischen Bias in den Schulbüchern. Für alle Schulstufen ist festzustellen, daß Mädchen/Frauen in viel geringerem Maße als handelnde Personen auftauchen, ihnen außerdem nur ein eingeschränktes Betätigungsfeld zugewiesen wird, vornehmlich im Bereich von mütterlichen, pflegerischen, sozialen Tätigkeiten. Selbst in der graphischen Darstellung werden Frauen kleiner, den Männern untergeordnet gezeigt. Ebenso werden sie im sprachlichen Bereich häufig als abhängig von Männern charakterisiert (seine Frau, seine Schwester) und bleiben häufig namenlos. Texte von Autorinnen sind selten in den Büchern zu finden. Diese Untersuchungen gelten sowohl für den muttersprachlichen und den fremdsprachlichen Bereich, für die Textaufgaben im mathematisch-naturwissenschaftlichen Gebiet und insbesondere für den Geschichtsunterricht, wo Frauen kaum als aktiv Handelnde auftauchen.

Pädagogische Interaktion

Die zweite Ebene der Diskriminierung von Mädchen ist die direkte pädagogische Interaktion. Schüler binden die Aufmerksamkeit der Lehrpersonen (sowohl der Lehrerin wie des Lehrers) in viel stärkerem Maße durch ihr dominierendes Verhalten sowohl im positiven wie im negativen Sinne. Stereotype Aussagen, die Lehrerinnen wie Lehrern unterlaufen, verstärken die Geschlechtsklischees. Zudem sind die Alltagstheorien der Lehrpersonen noch überwiegend auf ein stereotypes Mädchen- und Jungenbild festgelegt. Lehrerinnen, die ein positives Modell für weibliche Stärke/Fähigkeit bilden könnten, müssen sich mit sexueller Belästigung sowohl von Schülern wie von Kollegen auseinandersetzen. Lehrerinnen haben Probleme im Umgang mit direkter Autorität/Machtausübung sowohl als externes Problem wie als internalisierte Haltung. Zudem wird eine offen aggressive Haltung sowohl bei Schülerinnen wie bei Lehrerinnen stärker sanktioniert, da sie dem allgemeinen Klischee von Weiblichkeit nicht entspricht.

Berufliche Positionen

Die dritte Ebene der Diskriminierung zeigt sich in der Stellung der Frauen als Arbeiterinnen in und für die Schule. Lehrerinnen machen höchst selten Karriere; weit unter 10% ist ihr Anteil bei der Schulleitung, bei der Kultusadministration, bei hohen politischen Ämtern, obwohl sie in der Grundschule ca. 80% der Lehrerschaft, in der Sekundarstufe I über 50% und in der Sekundarstufe II zwischen 30% und 40% der Lehrerschaft stellen. Dieser Dominanz in der direkten pädagogischen Arbeit entspricht also keine Machtposition in bezug auf Organisation, Richtlinienkompetenz und Möglichkeiten zum politischen Einfluß. Dies wird noch ergänzt, daß auch in den Erziehungswissenschaften der Anteil der Wissenschaftlerinnen im Mittelbau maximal 20% und auf der Professorinnenebene um 3% bis 5% liegt. Die Situation ist in der Schweiz und in Österreich ähnlich. Für die *Schweiz* läßt sich feststellen, daß der Anteil von Frauen unter den Lehrkräften in den letzten Jahren leicht abgenommen hat. 1986/88 waren unter den Lehrkräften (zwischen den Kantonen gibt es starke Unterschiede) der Primarstufe 55,3% Frauen, unter den Lehrkräften der Sekundarstufe I lag der Anteil bei 27,4%. Wesentlich häufiger als Männer sind Frauen nicht fest angestellt. In *Österreich* waren 1986 bei den allgemeinbildenden höheren Schulen ge-

nerell etwas mehr Frauen (insgesamt 52,67%) als Männer (47,33%) beschäftigt, bei den Volksschulen stellen Frauen unter den Lehrkräften ca. 80%.
Pädagogische Innovationen verbleiben in der quasi Privatheit des Klassenraumes und können nur höchst selten einen größeren Grad an Publizität erlangen. Zwar sind die Lehrerinnen in den Berufsorganisationen entsprechend ihrem Anteil organisiert, jedoch zeigt sich auch hier, daß sie in den Vorstandsgremien nur in geringem Maße vertreten sind. Eine weitere Diskriminierung der Frauen in der Schule ist die unbezahlte Arbeit, die Mütter in der Hausaufgabenüberwachung/-hilfe für ihre Kinder leisten. Schule nimmt diese Dienste der Frauen als selbstverständlich hin und fordert sie energisch bei Verweigerung ein.

Leistungsniveau und Präferenzen

Lehrerinnen wie Schülerinnen sind also indirekten und quasi direkten Diskriminierungen ausgesetzt. Erstaunlich ist, daß trotz dieser Fakten die Schülerinnen mehr und mehr bessere Leistungen bringen und bereits über 50% (1987) der Abiturienten stellen. Sie sind ebenso überproportional mit guten Zeugnissen beim Abschluß der Sekundarstufe I vertreten und finden sich unterproportional in der Sonder- und Hauptschule. Allerdings zeigt sich bei der Leistungskurswahl in der reformierten Oberstufe, daß hier geschlechtsspezifisches Wahlverhalten durchschlägt. Mädchen wählen überwiegend im sprachlichen Bereich die Fächer Französisch, Englisch, Deutsch, in den Sozialwissenschaften das Fach Pädagogik und als beliebtestes naturwissenschaftliches Fach Biologie, das aufgrund seines stärkeren Zugangs zum Lebendigen offensichtlich von den Mädchen eher gewählt wird. Bei Physik, Chemie und Mathematik liegt dann der Mädchenanteil bei ca. 30%. Da diese Leistungskurswahl eine spätere Berufsentscheidung signalisiert oder vorbereitet, scheinen diese Schülerinnen wiederum ein geschlechtsspezifisches Arbeitsfeld anzuvisieren (vgl. hierzu: Frauen machen Schule; Frauen verändern Schule; Schulbildung und Gleichberechtigung; Faulstich-Wieland; Hurrelmann; Spender und Brehmer 1987b).
Der Prozentsatz der Maturandinnen liegt in der *Schweiz* bei 44,3% (1985). Mädchen ziehen den neusprachlichen Maturitätstyp vor (Mädchenanteil: 71,1%), während sie beim naturwissenschaftlichen Maturitätstyp nur zu 19,7% vertreten sind. In *Österreich* legten 1986 ca. 55% Mädchen die Reifeprüfung ab. Ca. 65% der Schüler, die ihre Matura auf einem neusprachlichen Gymnasium abgelegt hatten, waren Mädchen, während nur 25% Mädchen unter den Maturanden des naturwissenschaftlichen Realgymnasiums (mit darstellender Geometrie) waren.

Forderungen und Perspektiven

Das Aufdecken der diskriminierenden Situation von Frauen/Mädchen in der Schule ist das Verdienst feministischer Forscherinnen, die sich in der autonomen Organisation „Frauen und Schule" und in bestehenden Berufsorganisationen zu Wort gemeldet haben. Ihre Forderungen beziehen sich auf die konkrete Veränderung von Schulbüchern, von Curricula der einzelnen Fächer, die Unterstützung von Schülerinnen im Unterricht, die Bildung von Anlaufstellen für Mädchen bei sexueller Belästigung, auf konkrete Förderung von Lehrerinnen in Karrierepositionen und die Aufnahme der Ergebnisse der geschlechtsspezifischen Sozialisationsforschung in der Schule sowohl in die universitären Lehrpläne wie in die Weiter- und Fortbildung von Lehrerinnen und Lehrern. Zudem müssen verstärkt Forschungsprojekte gefördert werden, die Alternativen zum sexistischen Schulalltag aufzeigen.

Literatur: *Elisabeth Blochmann,* „Das Frauenzimmer" und die Gelehrsamkeit (Heidelberg 1966); *Ilse Brehmer,* Zur Geschichte weiblicher

Bildung. Ein Überblick, in: Frauen machen Schule, hrsg. von Renate Faltin / Ute Warm (Frankfurt a.M. 1985); *dies.*, Koedukation in der Diskussion dieses Jahrhunderts, in: Frauen verändern Schule, a.a.O. (1987a); *dies.*, Der widersprüchliche Alltag. Probleme von Frauen im Lehrberuf (Berlin 1987b); *Hannelore Faulstich-Wieland* (Hrsg.), Abschied von der Koedukation? (Frankfurt a.M. 1987); Frauen machen Schule. Probleme von Mädchen und Lehrerinnen in der Grundschule, hrsg. von Renate Faltin / Ute Warm (Frankfurt a.M. 1985); Frauen verändern Schule, hrsg. von Gisela Kindermann / Barbara Mauersberger / Ingelore Piwousek (Berlin 1987); *Klaus Hurrelmann u. a.*, Koedukation – Jungenschule auch für Mädchen? (Opladen 1986); Österreichische Schulstatistik 86/87, hrsg. vom Bundesministerium für Unterricht, Kunst und Sport (Wien 1987); Schulbildung und Gleichberechtigung, hrsg. von Annedore Prengel / Pia Schmid / Gisela Siedhals / Corinna Willführ (Frankfurt a.M. 1987); *Dale Spender*, Frauen kommen nicht vor. Sexismus im Bildungswesen (Frankfurt a.M. 1985); *Gerda Thorniport*, Studien zur Frauenbildung (Weinheim – Basel 1977); *Jürgen Zinnecker*, Sozialgeschichte der Mädchenbildung (Weinheim – Basel 1973).

ILSE BREHMER

Schwangerschaft

↗ Aids; Depression; Diagnostik, vorgeburtliche; Ehe; Elternschaft; Empfängnisverhütung; Familienplanung; Fortpflanzungsmedizin; Geburt; Gesundheit; Humangenetik, angewandte; Kinder; Klimakterium; Lebenskrisen; Leihmütter; Medizin; Mutterschaft; Schwangerschaftsabbruch; Vaterschaft

Planbarkeit und Entscheidung

Mit der Kenntnis der biologischen Vorgänge des Fortpflanzungsgeschehens und der Entwicklung empfängnisverhütender Methoden ist Schwangerschaft planbar geworden. Dennoch gibt es nach wie vor ungewollte Schwangerschaften, aber auch ungewollte Kinderlosigkeit. Immer noch oder sogar immer mehr sind die Frauen vor die Entscheidung gestellt, sich bewußt für oder gegen ein Kind zu entscheiden. Oft wird diese Entscheidung allerdings unbewußt umgangen. Fraglich ist, ob Fruchtbarkeit überhaupt rational „verwaltet" werden kann. Da Liebe, Sexualität, Zeugung, Empfängnis, Schwangerschaft und Elternschaft nicht immer auf glückliche Weise miteinander verknüpft sind, stehen weiterhin Frauen vor dem Konflikt, daß eine ungeplante Schwangerschaft zu einer ungewollten Schwangerschaft werden kann.
Die kalkulierte rationale Entscheidung für oder gegen eine Schwangerschaft stellt oftmals eine Überforderung dar. Die Komplexität der Entscheidungsfindung oder auch Entscheidungsumgehung ist zwar untersucht, aber nicht aufgelöst worden. Doch auch wenn Schwangerschaft mit Freude herbeigesehnt wurde, entstehen neben all der Freude auch widerstreitende Gefühle. „Ich bin schwanger", „ich erwarte ein Kind" und „ich werde Mutter" sind Formulierungen, die auf die Vorgänge des Werdens, des Wachsens, der Entwicklung im Gegensatz zur Machbarkeit des Handelns hinweisen. Die Erfahrung, daß das Prinzip des Lebens sich an einem selbst und durch einen selbst realisiert, ruft großartige, einzigartige Gefühle, aber auch Gefühle des Ausgeliefertseins und der Verletzlichkeit werden wach. Tagträume versuchen die Zukunft zu antizipieren. Angstvolle und freudvolle Vorstellungen begleiten die Schwangerschaft.

Medizinische Betreuung und psychologische Hilfestellung

Das Kind wird nicht nur erwartet, es werden auch Erwartungen an das Kind geknüpft. Verständlicherweise steht der Wunsch nach Gesundheit an erster Stelle. Damit ist heutzutage eine weitere Entscheidung verbunden. Soll die Möglichkeit der Pränataldiagnostik genutzt werden? Und wenn ja, wie sind mögliche Konsequenzen zu bewerten? Es ist sinnvoller, sich frühzeitig damit auseinanderzusetzen, als später vor einem unlösbaren Konflikt zu stehen. Der Frauenarzt ist dazu verpflichtet, auf vorgeburtliche Risiken hinzuweisen und die Möglichkeiten der Pränataldiagnostik aufzuzeigen. Die Rechtsprechung hat so entschieden. Die Entscheidung kann er den werdenden Eltern nicht abnehmen.

Neben den genetisch bedingten und nicht beeinflußbaren Gesundheitsrisiken gibt es eine Vielzahl vermeidbarer negativer Einflüsse auf Mutter und Kind während der Schwangerschaft, wie Rauchen und Alkoholkonsum. Durch regelmäßige Vorsorgeuntersuchungen können Risiken erkannt und auch oftmals ausgeschaltet werden. Der Beratung kommt hierbei ein gewichtiges Maß zu. Die erforderliche sachliche Information über Schwangerschaft und Geburt kann jedoch nur die Basis für die Bewältigung der erheblichen körperlichen, seelischen und sozialen Veränderungen sein, die mit der Schwangerschaft einhergehen. Komplizieren Risikofaktoren den Verlauf der Schwangerschaft, so erhöht sich der Anspruch an die werdende Mutter, auch noch diesen Belastungen gerecht zu werden und sich entsprechend anzupassen. Die medizinische Betreuung – ambulant und auch stationär – muß ergänzt werden durch psychologische und gegebenenfalls psychosoziale Hilfestellungen. Den Geburtsvorbereitungskursen kommt hierbei ein großes Gewicht zu. Jedoch sind diese Kurse in ihrer Aufgabe oftmals überfordert, wenn zunächst einmal z.B. eine Rauchentwöhnung der Schwangeren oder der Abbau von anderem Mißbrauchsverhalten (Alkohol, Medikamente) notwendig ist. Der Erwartungsdruck auf eine schwangere Frau, sich „vernünftig“ im Interesse des Kindes zu verhalten, ist erheblich. Doch gutgemeinter Rat ist nicht schon automatisch hilfreich.

Risiken

Die Arztbesuche oder auch die regelmäßige Betreuung durch eine Hebamme im Rahmen der Mutterschaftsvorsorge sind unentbehrlich und sollten möglichst gleich zu Beginn der Schwangerschaft in Anspruch genommen werden. Eisenmangel, Zuckerkrankheit oder Erkrankungen der Nieren sind durch Blut- bzw. Urinuntersuchungen nachweisbar. Doch auch die Suche nach Infektionserregern im Blut der Mutter bzw. der Nachweis von Abwehrstoffen (Antikörpern) ist von großer Bedeutung. Je nach dem Ergebnis ist eine erhöhte Achtsamkeit angezeigt oder eine „Entwarnung“ für bestimmte Risiken, wie z.B. Rhesusunverträglichkeit oder Rötelinfektion. Da mit dem HIV-Virus eine große Bedrohung von Mutter und Kind verbunden ist, ist in der Bundesrepublik Deutschland ein HIV-Antikörpertest in die Mutterschaftsrichtlinien aufgenommen worden. Er ist auf jeden Fall freiwillig und mit einer Beratung verbunden. Das Ergebnis wird nicht im Mutterpaß dokumentiert. Wegen des hohen Übertragungsrisikos von der Mutter auf ihr ungeborenes Kind ist eine Beratung und gegebenenfalls auch ein HIV-Antikörpertest noch vor Eintritt der Schwangerschaft wünschenswert.

In der *Schweiz* gibt es keinen Mutterpaß und auch keine Mutterschaftsrichtlinien. Die HIV-Untersuchung ist nicht geregelt, sie wird bei begründetem Verdacht durchgeführt. Die Indikation zur Untersuchung liegt also im Ermessen des behandelnden Arztes. In *Österreich* gibt es einen „Mutter-Kind-Paß“, allerdings ist die vorgesehene Untersuchungsfrequenz geringer als in der Bundesrepublik Deutschland. Die HIV-Untersuchung ist nicht geregelt und wird bei begründetem Verdacht auf Veranlassung des behandelnden Arztes durchgeführt.

Das Messen des Blutdrucks und die Kontrolle des Körpergewichts bieten einfache, aber aussagekräftige Untersuchungsergebnisse. Abweichungen vom Normalbefund weisen auf Risikokonstellationen hin, die u.U. behandlungsbedürftig sind. Ergänzt werden diese Untersuchungen durch die Beobachtung des kindlichen Wachstums mittels Ultraschall. Der Ausschluß vorzeitiger Wehentätigkeit erfolgt durch die vaginale Untersuchung des Muttermundverschlusses bzw. durch Aufzeichnungen des „Wehenschreibers“. Wenn auch die Klinikeinweisung einer Frau mit einer sogenannten Risikoschwangerschaft in manchen Fällen nicht zu vermeiden ist, so sollte sich die Behandlung nicht auf das „Risikosymptom“ allein beziehen. Selbst dort, wo offensichtlich kausale Ansätze, wie z. B. wehenhemmende Medikamente bei vorzeitiger Wehentätigkeit, vorhanden sind, wird eine ganzheitliche Betrachtungsweise, die die Gesamtsituation der Frau mit berücksichtigt und gegebenenfalls in die Therapie mit einbezieht, erfolgreicher verlaufen. Wie überhaupt Hilfen bei der Bewältigung von Risikosituationen im Sinne einer Krisenintervention, nicht nur die somatischen Aspekte zu berücksichtigen hat. Vielfach sind Ärzte, Hebammen und Pflegepersonal überfordert und sehen nur die Auswirkungen „unvernünftigen“ Verhaltens bei der Frau und sind frustriert, wenn die Appelle an die Einsicht der werdenden Mutter nichts bewirken. Doch auch der Einblick in Zusammenhänge macht die Hilflosigkeit gegenüber der Komplexität von Risikoschwangerschaften nicht geringer.

Verantwortung

Die Zuweisung von Schuld ist jedenfalls kein hilfreicher Ansatz für einen guten Ausgang einer Schwangerschaft, für eine glückliche Geburt eines gesunden Kindes. Auch die Abnahme jeglicher Verantwortung durch Experten kommt eher einer Entmündigung der Schwangeren gleich und verfehlt ihr Ziel. Vielmehr muß alles Bemühen darauf abzielen, die Schwangere zu unterstützen, ihrer Verantwortung für sich und ihr Kind gerecht werden zu können. Information, Rat, Trost, Entspannungsübungen, aber auch handfeste Hilfe im Haushalt, bei der Versorgung bereits vorhandener Kinder und nicht zuletzt Partnerberatung sind vonnöten. Genauso wichtig ist die Regelung arbeitsrechtlicher Probleme und Hilfe in wirtschaftlichen Notlagen. Darüber hinaus kann therapeutische Intervention erforderlich werden. Denn bestehende Grundkonflikte werden gelegentlich in der Schwangerschaft aktualisiert und Mißbrauchsverhalten in einer neuen Dimension bedeutsam.

Literatur: *Lutwin Beck,* Zur Geschichte der Gynäkologie und Geburtshilfe (Berlin 1986); *Bundesministerium für Jugend, Familie, Frauen und Gesundheit,* Mutterschutzgesetz, Leitfaden zum Mutterschutz (Bonn 1987); *Oriana Fallaci,* Brief an ein nie geborenes Kind (Frankfurt a. M. 1979); *Willibald Pschyrembel / Joachim W. Dudenhausen,* Praktische Geburtshilfe (Berlin 1986); *Friedrich Wolf,* Die Frühgeburt (München 1984); *Katharina Zimmer,* Das Leben vor dem Leben (München 1984).

HEIKE LANGENBUCHER

Schwangerschaftsabbruch

↗ Adoption; Aids; Alleinerziehende; Armut; Ethik, weibliche; Familienplanung; Feminismus; Kinder; Lebenskrisen; Medizin; Mutterschaft; Schwangerschaft; Sexualethik.

Kulturelle Einordnung

Historische und völkerkundliche Studien belegen das Problem des Schwangerschaftsabbruchs in nahezu allen Zeiten und Kulturen. Die Beurteilung „reichte von völliger Straffreiheit über Geld- und Freiheitsstrafe bzw. Verbannung bis zur Todesstrafe“ (Arndt).
Das Reichsstrafgesetzbuch von 1871 stellte in § 218 die „Abtötung der Leibesfrucht“ ausnahmslos unter Strafe; 1927 anerkannte das Reichsgericht ausdrücklich die Aufhebung der Strafbarkeit im Falle der medizinischen Indikation (RGSt 61, 243 ff.).

Gesetzliche Regelung in der Bundesrepublik Deutschland

In den 70er Jahren einsetzende Reformbestrebungen führten 1974 zu der mit knapper parlamentarischer Mehrheit verabschiedeten Fristenregelung, die im Bundesverfassungsgerichtsurteil vom 25. 2. 1975 insoweit für verfassungswidrig und nichtig erklärt wurde, als sie den „Schwangerschaftsabbruch auch dann von der Strafbarkeit ausnimmt, wenn keine Gründe vorliegen,

die – im Sinne der Entscheidungsgründe – vor der Wertordnung des Grundgesetzes Bestand haben“ (BVerfGE 1975, 6 I). Daraufhin trat 1976 das 15. Strafrechtsänderungsgesetz in Kraft. Danach blieb der Schwangerschaftsabbruch grundsätzlich strafbar; Straffreiheit besteht nur im Falle des Vorliegens der im Gesetz genannten Indikationen: erweiterte medizinische Indikation; eugenische Indikation, auch genetische oder kindliche Indikation genannt; Indikation einer schweren Notlage (zu den Indikationen vgl. § 218a StGB). (De facto nimmt den größten Anteil die Notlagenindikation ein: im Jahr 1987 waren es z. B. 86,8%.)
Entsprechend der Intention des Bundesverfassungsgerichts muß bei der Notlagenindikation die Schwere des hier vorauszusetzenden sozialen Konfliktes deutlich erkennbar sein und unter dem Gesichtspunkt der Unzumutbarkeit die Kongruenz mit anderen Indikationsfällen gewahrt bleiben (vgl. BVerfGE a.a.O.). Die Schwangere selbst ist außerdem nicht strafbar, „wenn der Schwangerschaftsabbruch nach Beratung ... von einem Arzt vorgenommen worden ist und seit der Empfängnis nicht mehr als 22 Wochen verstrichen sind. Das Gericht kann von einer Bestrafung der Schwangeren ... absehen, wenn sie sich zur Zeit des Eingriffs in besonderer Bedrängnis befunden hat“ (§ 218, Abs. 3, Satz 2 und 3 StGB). (Zur gesetzlichen Regelung in der BRD vgl. Eser/Hirsch.)
Die Indikationenregelung (auf der Grundlage des Verbots des Schwangerschaftsabbruchs) beruht auf dem verfassungsrechtlich garantierten Grundrecht auf Leben und auf der Schutzverpflichtung des Staates gegenüber dem menschlichen Leben als fundamentalem Gut. Nur in außergewöhnlichen Konfliktlagen, in denen die „Entscheidung zum Abbruch einer Schwangerschaft den Rang einer achtenswerten Gewissensentscheidung haben kann“, kann ein Verzicht auf das „Mittel der Kriminalstrafe“ auch verfassungsrechtlich hingenommen werden (BVerfGE 1975, 66).
Die Einschränkung der Strafbarkeit durch Indikationen begründet keinen Rechtsanspruch auf den Schwangerschaftsabbruch. Es besteht auch keine Verpflichtung von Arzt und Pflegepersonal zur Mitwirkung, ausgenommen bei Todesgefahr oder drohender schwerer Gesundheitsschädigung der Frau.

Ethisch-religiöse Bewertung

Straffreiheit ist nicht gleichbedeutend mit sittlicher Erlaubtheit. Ethisch gesehen fällt der Schwangerschaftsabbruch weiter unter das Tötungsverbot (Böckle; EKD). Das Gebot „Du sollst nicht töten“ wurde „zur Grundlage humanen Zusammenlebens und beansprucht universale Gültigkeit“ (Bischöfe); es „ist ein sittliches Gebot, das sich mit unbedingtem Anspruch an das Gewissen und an die verantwortliche Entscheidung jedes Menschen richtet“ (Höffner). Die EKD hebt den Unterschied zwischen Strafrecht und Sittengesetz wie folgt hervor und formuliert: „Niemandem ist durch das, was das staatliche Gesetz bestraft oder straffrei läßt, eine eigene Gewissensentscheidung abgenommen ... Es gehört zum Auftrag der Kirche, für das Leben einzutreten, auch für das ungeborene Leben“ (EKD). Dies geschieht neben der Verkündigung und Seelsorge durch ein umfangreiches Beratungs- und Hilfeangebot der Kirchen.

Beginn des menschlichen Lebens

Auch wissenschaftlich gesicherte Erkenntnisse der Humanembryologie zeigen, daß menschliches Leben in seiner individuellen Existenz ab dem Zeitpunkt der Befruchtung beginnt (Lejeune/Blechschmid in: Hoffacker u.a.). Der damit begonnene Entwicklungsprozeß ist ein „kontinuierlicher Vorgang“ ohne genaue Abgrenzung der „verschiedenen Entwicklungsstufen des menschlichen Lebens“, der auch nicht mit der Geburt beendet ist

(BVerfGE 1975, 51) – mit einer bereits spezifischen körperlich-seelischen Entwicklung des Kindes vor der Geburt (Zimmer). Dieses Leben wird beim Schwangerschaftsabbruch vernichtet. Das Gesetz (vgl. § 219d StGB) greift allerdings „Handlungen, deren Wirkungen vor Abschluß der Einnistung des befruchteten Eies in der Gebärmutter eintreten“ (d.h. 10–14 Tage nach der Befruchtung), nicht als Schwangerschaftsabbruch. (Zu Methoden und Risiken des Schwangerschaftsabbruchs vgl. die Beiträge der medizinischen Autoren in Eser/Hirsch sowie Langendörfer in: Hoffacker u.a.)
Die Achtung vor dem menschlichen Leben vom Zeitpunkt der Empfängnis an ist seit Hippokrates (5. Jahrhundert v.Chr.) oberster moralischer Grundsatz des Arztes; er ist u.a. wiederzufinden im Beschluß des Weltärztebundes Genf (1948), in der Osloer Deklaration des Weltärztebundes (1970) sowie in den Empfehlungen des deutschen Ärztetages zur Berufsordnung der Ärzte (zur ärztlichen Sicht vgl. Hepp; Bräutigam/Grimes).

Beratung

Da es beim Schwangerschaftsabbruch um außergewöhnliche Not- und Konfliktsituationen, um einen schweren Gewissens- und Entscheidungskonflikt der Frau und um Leben oder Tod des Kindes geht, wurde die sogenannte soziale Beratung als Hilfe und Chance für Mutter und Kind in die gesetzliche Regelung der Bundesrepublik Deutschland mit einbezogen (vgl. § 218b Abs. 1, Satz 1 StGB). Die Einschränkung der Strafbarkeit sollte zur angstfreien Inanspruchnahme der Beratung und diese zur Verbesserung des Lebensschutzes beitragen. Beratung und flankierende Hilfsmaßnahmen waren schon vom Bundesverfassungsgericht als soziale Maßnahmen für die Frau und damit als ein Beitrag zum Schutz für das Leben des Kindes gedacht (vgl. BVerfGE a.a.O., 61 u. 68).

Eine umfassende und qualifizierte Beratung (einschließlich der Vermittlung, Gewährung und Leistung konkreter Hilfe) soll zur Überwindung einer bestehenden Not- und Konfliktlage beitragen sowie Möglichkeiten zur Fortsetzung der Schwangerschaft eröffnen. Frauen und ihren Familien soll geholfen werden, aus ihrer Situation heraus Zukunftsperspektiven zu entwickeln, die das Leben von Mutter und Kind sichern. Das beratende Gespräch – je nach Situation unter Einbeziehung des Partners und erforderlicher Hilfen – soll zu einer verantwortlichen Entscheidung der Mutter, zur Fortsetzung der Schwangerschaft beitragen.
Als Beratungsstellen sind Einrichtungen der freien Wohlfahrtspflege (Caritas-Verband, Sozialdienst katholischer Frauen, Diakonisches Werk, Pro familia, Arbeiterwohlfahrt) wie auch des kommunalen Bereichs „anerkannt“. Beratung darf nur von Stellen ausgeübt werden, die den Mindestanforderungen bezüglich der fachlichen Qualifikation der Berater/innen und der sachlichen Ausstattung entsprechen. Auch Ärzte wurden neben der Indikationsfeststellung und medizinischen Beratung befugt, unter bestimmten Voraussetzungen eine Beratung vorzunehmen (vgl. § 218b Abs. 2, Satz 2 StGB). Dies steht allerdings den bereits vom Bundesverfassungsgericht geäußerten Bedenken hinsichtlich beruflicher Vorbildung, Zeitaufwand und erforderlicher Kontakte zu sozialen Diensten/Einrichtungen entgegen. (Zur Schwangerschaftskonfliktberatung vgl. Koschorke/Sandberger; Ullrich u.a. 1978, 1980, 1984).

Gesetzliche Regelungen im internationalen Vergleich

Die rechtlichen Regelungen des Schwangerschaftsabbruchs haben im internationalen Vergleich eine sehr unterschiedliche Ausgestaltung erfahren. In vielen Ländern ist eine Beratung obligatorisch vorgeschrieben, die jedoch sehr unterschiedlich ausgestaltet und nicht vergleichbar mit der sozialen Beratung in der Bundesrepublik ist (vgl. Ketting/van Praag; Eser/Koch). Eine Liberalisierung strafrechtlicher Bestimmungen zum Schwangerschaftsabbruch gibt es im gesamten europäischen und außereuropäischen Raum bis auf wenige Ausnahmen (z.B. Irland und Belgien). Alleinige Entscheidungskompetenz hat die Frau in Schweden, Dänemark und in weiten Teilen der USA.

Österreich kennt eine sehr knapp ausgestaltete, „reine" Fristenlösung. In der *Schweiz* besteht, gesetzlich gesehen, eine Indikationslösung, die nur die medizinische (unter Einschluß der psychiatrischen) Indikation kennt (vgl. Artikel 120ff. StGB). Die praktische Handhabung ist regional sehr unterschiedlich. Die prozentuale Abbruchshäufigkeit entspricht etwa der in der Bundesrepublik. Zur Zeit wird in der Schweiz eine Änderung dieser Indikationslösung diskutiert.

Weltweit gibt es wohl kein Beispiel dafür, daß der Schwangerschaftsabbruch generell, d.h. für die gesamte Zeit der Schwangerschaft, straffrei ist. Am weitesten geht vielleicht die Rechtslage in den USA, wo die Lebensfähigkeit des Kindes, also etwa der 6. Schwangerschaftsmonat, zentrales Abgrenzungskriterium ist.

Wegen der unterschiedlichen Länderregelungen forderte das Europäische Parlament 1981 „die Schaffung geeigneter nationaler Rechtsvorschriften", damit „Notreisen, die jede soziale Begleitmaßnahme unmöglich machen und zu einer unakzeptablen Kommerzialisierung führen, überflüssig werden ... und jede betroffene Frau in ihrem eigenen Land auf die notwendigen Hilfsmaßnahmen zählen kann". Abtreibung soll „nur als letzter Ausweg" und nicht als Zweck zur Geburtenkontrolle betrachtet werden.

Soziokulturelle Zusammenhänge

Die Liberalisierung des Schwangerschaftsabbruchs hängt u.a. mit gesellschaftlichen Veränderungen zusammen. Die Ehe beschreibt nicht mehr die normale und ausschließliche Existenz einer Frau. Die außerhäusliche Erwerbstätigkeit ist inzwischen selbstverständlicher Bestandteil in der Lebensperspektive von Frauen. Lebens-, Wirtschafts- und Arbeitsbedingungen einer hoch industrialisierten Gesellschaft lassen eher weniger oder keine Kinder wünschenswert erscheinen. Kinder zu haben steht in Konkurrenz zu anderen Sinngehalten des Lebens und alternativen Lebensentwürfen.

Die Häufigkeit und ethische Bewertung von Schwangerschaftsabbrüchen hängen ferner mit dem generativen Verhalten in einer Bevölkerung zusammen; mit dem allgemeinen Kinderwunsch und dem Anspruch der einzelnen, Zahl und Altersabstand der Kinder selbst bestimmen zu können; mit Mentalitätsänderungen in sexuellen Fragen. Über die verschiedenen Sozialschichten hinweg läßt sich eine sehr viel stärker bewußte Entscheidung „für oder gegen Kinder" feststellen, die eher an subjektiven, individuellen Grundpositionen als an „überindividuellen Sinnbezügen" oder gar gesellschaftlichem Interesse orientiert ist (Wingen).

Problematik des Selbstbestimmungsrechts

Zentrales Anliegen feministischer Frauengruppen ist die Aufhebung der Strafbarkeit des Schwangerschaftsabbruchs. Diese schon von der radikalen Richtung der ersten Frauenbewegung erhobene Forderung wird heute wie folgt kommentiert: Daß nämlich „die Geschichte des Kampfes gegen den Abtreibungsparagraphen deutlich gemacht hat, daß es nicht nur ein Kampf gegen den damals bestehenden § 218 war, nicht nur ein Kampf gegen den allgemeinen Zwang zur Mutterschaft, sondern vor allem ein Kampf für das Recht der Frau, über ihre Lebensplanung und -gestaltung selbst zu bestimmen, und dies kann auch ein Leben ohne Kinder sein" (Meier).

Das Bundesverfassungsgericht hat 1975 das Recht der Frau auf freie Entfaltung ihrer Persönlichkeit, das auch die Handlungsfreiheit und Selbstverantwortung umfaßt, „sich gegen eine Elternschaft und die daraus folgenden Pflichten zu entscheiden", als schutzwürdig anerkannt. Jedoch hat das Lebensrecht des Kindes im Rahmen der Zumutbarkeit Vorrang vor dem Selbstbestimmungsrecht der Frau.

Schwangerschaftskonflikte

Auf dem Hintergrund eines realen Schwangerschaftskonflikts sind Emanzipations- und Selbstbestimmungsgedanken eher eine Theoriediskussion. Bestimmend ist meist eine Fülle unterschiedlichster konkreter Probleme z. B. persönlicher, familiärer, psychosozialer Art; in der Eltern- oder Partnerbeziehung oder auch in lebenspraktischen Fragen. Konflikte entstehen für die Betroffenen auch auf dem Hintergrund gesamtgesellschaftlicher Zusammenhänge und der jeweiligen Lebensbedingungen: z. B. Ausbildung, Arbeitsplatz, eigene Erwerbstätigkeit, Behinderung des zu erwartenden Kindes, Nichtehelichkeit u. a. Schwangerschaftskonflikte werden als existentiell bedrohend erlebt. Häufig wird die Frau durch die Fülle der Probleme oder durch Personen ihres sozialen Umfeldes zum Schwangerschaftsabbruch gedrängt. Vielfach verbleibt ihr die Alleinverantwortung im Entscheidungskonflikt und in der nachfolgenden Sorge für sich und das Kind. Große Ratlosigkeit und eine unerträglich ambivalente Einstellung gegenüber dem erwarteten Kind sind die Folge und führen oft dazu, daß im Schwangerschaftsabbruch ein Ausweg gesucht wird (vgl. Ullrich 1978; Böckle).

Die Einstellungen zum Schwangerschaftsabbruch unterliegen auch gesamtgesellschaftlichen Einflüssen (z. B. der Verschiebung von Wertmaßstäben und den Veränderungen im Rechtsbewußtsein). Ein Schwangerschaftsabbruch führt jedoch im konkreten Einzelfall nicht aus gesellschaftlichen und privaten Konflikten heraus.

Gesamtkonzeption der Hilfsmaßnahmen

Gerade weil es in der Problematik des Schwangerschaftsabbruchs und den individuellen Konfliktsituationen auch um gesamtmenschliche und gesellschaftliche Zusammenhänge geht, ist eine Konzeption ineinandergreifender Maßnahmen und Leistungen gefordert, die dem Leben von Mutter und Kind Rechnung tragen und an denen Staat, Politik, Kirchen und Gesellschaft beteiligt sind. Hierzu gehört z. B. ein „Programm zur Senkung der Abtreibungen" (Europaparlament 1981). Es fordert auf, die gesetzlichen Bestimmungen zum Schwangerschaftsabbruch einschließlich der Regelungen des medizinisch-ärztlichen Verantwortungs- und Zuständigkeitsbereiches zu verbessern; ausreichende Beratungs- und Hilfeangebote für Frauen und Familien in Not- und Konfliktsituationen bereitzustellen; familien- und sozialpolitische Leistungen und ausreichende Lebensbedingungen für Familien mit Kindern zu schaffen; diejenigen, die ihr Kind zur Adoption freigeben möchten, nicht zu diskriminieren. Länderübergreifend werden Möglichkeiten gesucht, die Stellung der Familien zu stärken, der berufstätigen Mutter zu ermöglichen, ihr Kind nicht nur auszutragen, sondern auch für eine gewisse Zeit pflegen und erziehen zu können. Erforderlich ist eine angemessene und verantwortliche Aufklärung/Sexualerziehung Jugendlicher. Das Bewußtsein ist zu stärken, daß eine Schwangerschaft und eine mögliche Konfliktsituation nicht nur die Sache der Frau sind. Daher ist schon weit vor einer möglichen Schwangerschaft ein verantwortlicher Umgang mit Sexualität und Fortpflanzung sowie eigenverantwortliches Handeln in allen Lebensbereichen von Mann und Frau gleichermaßen einzuüben.

Die Achtung vor dem Leben des ungeborenen Kindes setzt das Bewußtsein von Wert und Würde menschlichen Lebens in allen Phasen und Situationen und die Anerkennung des Rechts auf Leben voraus. Kinder- und Familienfreundlichkeit in unserer Gesellschaft, mitmenschliches Klima, Engagement und Eintreten füreinander sind weitere Bedingungen, um den Schutz für das Leben des ungeborenen Kindes im Bewußtsein der Gesellschaft zu festigen und auch in individuellen Not- und Konfliktsituationen realisieren zu können.

Literatur: *Joachim Arndt,* Unerwünschte Schwangerschaft. Meinungen, Fakten, Hilfen (Würzburg 1984); *Renate Augstein / Hans-Georg Koch,* Was man über den Schwangerschaftsabbruch wissen sollte (München 1984); *Franz Böckle* (Hrsg.), Schwangerschaftsabbruch als individuelles und gesellschaftliches Problem (Düsseldorf 1981); *Hans Harald Bräutigam / David A. Grimes,* Ärztliche Aspekte des legalen Schwangerschaftsabbruches in der Bundesrepublik Deutschland und in den USA (Stuttgart 1984); *Die Deutschen Bischöfe* 24. 11. 1986, „Für das Leben", Arbeitsheft Nr. 38, Sekretariat der Deutschen Bischofskonferenz (Bonn); *Evangelische Kirche in Deutschland* (EKD), „Erklärung des Rates der Evangelischen Kirche in Deutschland zum Schwangerschaftsabbruch", 9. 5. 1980 (Hannover); *Albin Eser / Hans A. Hirsch* (Hrsg.), Sterilisation und Schwangerschaftsabbruch (Stuttgart 1980); *Albin Eser / Hans-Georg Koch* (Hrsg.), Schwangerschaftsabbruch im internationalen Vergleich. Rechtliche Regelungen – Soziale Rahmenbedingungen – Empirische Grunddaten (Baden-Baden 1988); *Hermann Hepp,* Der Schwangerschaftsabbruch aus medizinischer und ärztlicher Sicht, in: Franz Böckle a.a.O.; *Günter Hirsch / Walter Weisauer,* Rechtliche Probleme des Schwangerschaftsabbruchs (Erlangen 1977); *Kardinal Höffner,* Stellungnahme des Vorsitzenden der Deutschen Bischofskonferenz 1986 in Mallersdorf; *Paul Hoffacker u. a.* (Hrsg.), Auf Leben und Tod. Abtreibung in der Diskussion – § 218 (Bergisch-Gladbach 1985); *Ewert Ketting / Philipp van Praag,* Schwangerschaftsabbruch, Gesetz und Praxis im internationalen Vergleich (Tübingen 1985); *Martin Koschorke / Jörg F. Sandberger* (Hrsg.), Schwangerschaftskonfliktberatung. Ein Handbuch (Göttingen 1978); *Karl Panzer,* Schwangerschaftsabbruch § 218 – eine Dokumentation (Köln 1972); *Pro-Familia-Magazin,* Schwerpunktthema: Schwangerschaftsabbruch, Marion Meier, „Wie hat sich das Verhältnis der Frauenbewegung zur Abtreibungsthematik verändert?", Nr. 1/1986; *Anneliese Ullrich,* Materialdienst der SkF-Zentrale, Zur Sache zitiert (1978); *dies.,* Zur Situation der sozialen Beratung, in: Saarländisches Ärzteblatt (1980); *dies.,* Menschliches Leben: gewollt – geliebt – akzeptiert. Hilfe und Beratungsverantwortung im Konflikt zwischen Lebenserhaltung und Selbstentfaltung, Akademie-Vorträge 22 der Katholischen Akademie Schwerte (1984); *Beate Wimmer-Puchinger,* Empirische Untersuchung der Motive zum Schwangerschaftsabbruch. Soziale und psychische Situation der Frau (Wien 1983); *Max Wingen,* Entscheidung zum Kind zwischen persönlichen Interessen, familialen Leistungen und Gemeinwohl, in: Anton Rauscher (Hrsg.), Die Frau in Gesellschaft und Kirche (Berlin 1986); *Katharina Zimmer,* Das Leben vor dem Leben. Die seelische und körperliche Entwicklung im Mutterleib (München 1984).

ANNELIESE ULLRICH

Schwesterlichkeit

↗ Feminismus; Frauenbewegung; Frauenorden; Frauenrollen / Frauenleitbilder; Kirche; Ökumene; Schwesternschaften; Sichtweise, weibliche

Herkunft und Verwendung des Begriffs

Der Begriff Schwesterlichkeit ist mit der Neuen Frauenbewegung aus den USA zu uns gekommen. Der zum Schlagwort gewordene Buchtitel „Sisterhood is Powerful" (Schwesterlichkeit – oder Schwesternschaft – ist mächtig, stark) stammt aus dem Jahre 1970 und aus dem säkularen Raum. Der Begriff Schwesterlichkeit wird in der Frauenbewegung als Stärkung für die einzelne Frau, als Hilfe zum Überleben in einer Situation der Unterdrückung gebraucht. Die Kraft dieser neuen Erfahrung besteht darin, daß sowohl geographische Grenzen als auch solche von Klasse, Rasse, Alter und ökonomischer Lage überwunden werden. Schwesterlichkeit bezeichnet das Verhalten von Frauen untereinander. Vorausgesetzt wird, daß die gemeinsame Erfahrung von Unterdrückung zu einem solidarischen Verhalten im Kampf um Befreiung führt oder führen soll.

Im deutschen Sprachgebiet wird der Begriff von der säkularen Frauenbewegung nicht gebraucht (anders als der Begriff „Schwester"). Der Begriff „Schwester" bezeichnet im volkstümlichen Sprachgebrauch Nonnen und meinte zunächst Laienschwestern im Gegensatz zu Chorfrauen, wurde dann aber auch für Kranken-, Fürsorge- und Kinderpflegerinnen sowie Seelsorgehelferinnen etc. üblich. Der Begriff „Schwesterlichkeit“ wird im kirchlichen Raum erst in jüngerer Zeit hörbar, zuerst durch einen Buchtitel: „Freiheit, Gleichheit, Schwesterlichkeit“ (Moltmann). Er ersetzt den Begriff „Brüderlichkeit“ (vgl. die Parole der Französischen Revolution) und wendet sich dabei gegen den in der Kirche weitverbreiteten Gebrauch von „Brüderlichkeit“ auch im Umgang mit Frauen. Im Text wird das oben zitierte amerikanische Werk genannt, der Begriff selbst wörtlich nicht gebraucht, aber inhaltlich umschrieben durch die Anerkennung der Notwendigkeit von Frauengruppen im Prozeß der Selbstfindung und Selbstbehauptung von Frauen.

Bedeutung im ökumenisch-feministischen Kontext

Mit dem Wachsen einer ökumenischen feministischen Bewegung wird der Inhalt des Begriffs neu gefüllt. Das Wort dient als Ausdruck der Verbundenheit und Zusammengehörigkeit von Frauen, die aufeinander hören und sich gegenseitig anerkennen: „Es braucht eine vorübergehende Betonung der spezifisch weiblichen Erfahrung und Bewußtwerdung, damit wir von einer beherrschenden männlichen Kultur zu einer tiefverwurzelten Gegenseitigkeit gelangen“ (Halkes). Solche Aussagen weckten starke Erwartungen, die mit der Differenzierung der Frauenbewegung auch enttäuscht wurden. Es kam zu Konflikten, und so findet sich im Zusammenhang mit Schwesterlichkeit auch der Ausdruck „Schwesternstreit“. „Was wir uns vorgenommen haben, ist nichts Leichtes. Die Schwesterlichkeit ist etwas Schweres, aber auch Gewichtiges und harte Arbeit“ (FAMA). Zum Verständnis von Schwesterlichkeit gehört mehr und mehr die Solidarität nicht nur unter Frauen, sondern aus der Erfahrung der eigenen Unterdrükkung soll die Wahrnehmung der Diskriminierung anderer Gruppen wachsen. In den USA ist seinerzeit das Bewußtsein eigener Unterdrückung als Frau aus der Wahrnehmung der rassistischen Unterdrückung der Schwarzen erwachsen. So erweist sich auch in der Solidarität mit anderen unterdrückten Gruppen die Echtheit der Schwesterlichkeit unter Frauen.

Die weiteste Auslegung erfährt der Begriff, wenn von weltweiter Schwesterlichkeit (global sisterhood) gesprochen wird. B. v. Wartenberg sieht darin die „biblische Dimension von Schalom“, „vom geistig-psychisch-materiellen Wohlergehen aller in der Gemeinschaft. Das schließt das Wohlergehen der Männer und Kinder ein. Vielleicht könnte die andere Qualität von Schwesterlichkeit im Vergleich mit der Brüderlichkeit die sein, daß sie sich in ihrer Praxis nicht exklusiv verhält. Schwesterlichkeit wäre dann die von Frauen gemeinsam und auch aneinander geübte Freundschaft und teilnehmende Liebe zu allem Lebendigen.“

Literatur: *Marga Bührig,* Spät habe ich gelernt, gerne Frau zu sein (Stuttgart 1987); *FAMA,* Feminist.-theol. Zeitschrift (Basel) Januar 1985; *Catharina Halkes,* Wenn Frauen ans Wort kommen (Gelnhausen 1978); *dies.,* Suchen, was verloren ging (Gütersloh 1987); *Elisabeth Moltmann,* Freiheit, Gleichheit, Schwesterlichkeit (München 1977); *Robin Morgan* (Hrsg.), Sisterhood is Powerful (New York 1970); *Bärbel v. Wartenberg-Potter,* Wir werden unsere Harfen nicht an die Weiden hängen (Stuttgart 1986).

MARGA BÜHRIG

Schwesternschaften

↗ Amt, kirchliches; Charismen; Christentum; Familie; Frauenbewegung; Frauenorden; Frauenverbände; Glauben; Kirche, evangelische; Liebe; Schwesterlichkeit; Sozialethik, evangelische; Spiritualität

„Hält man uns eigentlich für ‚Sklavenhalter‘ oder ‚Museumsdirektoren‘?“ fragte ein männlicher Vorsteher eines Diakonissenmutterhauses in den 50er

Jahren. Mit dem erstgenannten Vorwurf mußten sich seine Vorgänger schon seit der Jahrhundertwende auseinandersetzen, als Vertreterinnen der sich formierenden evangelischen Frauenbewegung das Diakonissenamt für gebildete Frauen für nicht zumutbar erklärten, da es härteste körperliche Arbeit bei weitestgehender persönlicher Unterordnung verlange und für keinerlei geistige Beschäftigung mehr Raum lasse. Die „Väter" der Frauendiakonie wie Theodor Fliedner, der 1836 die erste Diakonissenanstalt in Kaiserswerth, und Wilhelm Löhe, der 1854 die Anstalt in Neuendettelsau gründete, hatten in ihren Mutterhäusern auch zunächst den ledigen evangelischen Frauen aus den traditionellen kleinbürgerlich-ländlichen Schichten, die in der Folge der Desintegrationsprozesse der dörflichen Gesellschaft und des Bevölkerungswachstums keine familiale Versorgung mehr fanden, erstmals eine christlich begründete außerfamiliale Existenz angeboten. Das Familienmodell mit dem Hausvater als unangefochtenes Oberhaupt wurde aufgenommen, zugleich aber die Lebensform einer Schwesternschaft, also einer Frauengemeinschaft, offeriert. Diese *Lebensgemeinschaft,* die eine freiwillige Ehelosigkeit der Schwestern beinhaltete und ihre lebenslange Versorgung – bei einem Verzicht auf das individuelle Verfügungsrecht über den Arbeitslohn – garantierte, gründete sich auf eine gemeinsame *Glaubens- und Dienstgemeinschaft,* in die die einzelnen sich berufen fühlen mußten, um als „Dienerinnen des Herrn Jesus Christus und um seinetwillen (als) Dienerinnen an den Hilfsbedürftigen aller Art" zu wirken. Die Arbeit der Schwestern in der Krankenpflege, Kinder- und Jugenderziehung, Armen- und Gefangenenbetreuung eröffnete Protestantinnen neue Qualifikationsmöglichkeiten und Berufsfelder und bedeutete den Anfang berufsmäßiger Sozialarbeit von Frauen. Die Schwesternschaften grenzten sich von Beginn an gegen die (evangelische) Frauenbewegung ab, integrierten aber z.B. deren Forderung nach (Aus-)Bildungsangeboten durch Lehrerinnenseminare auch für Laiinnen. 1894 gründete Friedrich Zimmer den Ev. Diakonieverein, der Frauenbewegung und Diakonie verknüpfen sollte. Die angeschlossenen Schwesternschaften gewährten persönliche Freiheit, Entlohnung der Arbeit und betonten den fachlichen Ausbildungsaspekt. Die Anziehungskraft der Schwesternschaften seit der Jahrhundertmitte, ablesbar z. B. im Kaiserswerther Verband, dem 1861 ca. 1200, 1901 ca. 15000 Frauen angehörten, sank nach dem Zweiten Weltkrieg und führte zu der vieldiskutierten Krise der Schwesternschaften. Das Festhalten an einem Verständnis vom Dienen als unbezahlte Liebesarbeit, der Verzicht auf Mitsprache in den Gemeinden trugen ebenso mit dazu bei wie die mangelnde Artikulation eines eigenen Glaubensverständnisses. Theoretische und praktische Neuansätze in den Schwesternschaften seit den 80er Jahren lassen diese allerdings hoffen, daß angesichts des zunehmenden gesellschaftlichen Interesses für „alternative Lebensformen", z.B. Gütergemeinschaft und Solidarität mit den sogenannten sozialen Randgruppen, ihre historischen und gegenwärtigen Erfahrungen nicht länger übersehen werden.

Literatur: *Gottlob Grossmann,* Die Mitarbeit der Frau in der evangelischen Liebestätigkeit in Deutschland 1860–1928 (Berlin 1928); *Anna Paulsen,* Aufbruch der Frauen. Ein Beitrag zum Gespräch zwischen Frauendiakonie und Frauenbewegung (Lahr 1964); *Paul Philippi,* Die Vorstufen des modernen Diakonissenamtes (1789 bis 1848) als Elemente für dessen Verständnis und Kritik. Eine motivgeschichtliche Untersuchung zum Wesen der Mutterhausdiakonie (Neukirchen-Vluyn 1966); *Catherine M. Prelinger,* Die deutsche Frauendiakonie im 19. Jahrhundert, in: Frauen in der Geschichte, Bd. 6, hrsg. von Ruth-Ellen Joeres / Annette Kuhn (Düsseldorf 1985); *Gerta Scharffenorth u.a.,* Schwestern. Leben und Arbeit evangelischer Schwesternschaften (Offenbach 1984); *Hermann Schauer,* Frauen entdecken ihren Auftrag. Weibliche Diakonie im Wandel eines Jahrhunderts (Göttingen

[2]1962); *Anna Sticker* (Hrsg.), Die Entstehung der neuzeitlichen Krankenpflege. Deutsche Quellenstücke aus der ersten Hälfte des 19. Jahrhunderts (Stuttgart 1960); *dies.*, Theodor und Anna Fliedner. Von den Anfängen der Frauendiakonie (Berlin 1965). DORIS KAUFMANN

Selbständige

↗ Arbeit; Arbeitslosigkeit; Aufstiegschancen; Ausbildung; Beruf; Erwerbstätigkeit; Erziehung; Frauenberufe; Frauen im ländlichen Raum; Kinder; Leistung; Medizin; Mittelalter; Soziale Sicherung; Technik / Technologien; Wiedereingliederung; Wirtschaft

Geschichtliche Entwicklungen

Selbständige Frauen hat es in allen wirtschaftlichen Entwicklungsstufen gegeben, obwohl in Europa die jeweiligen säkularen Rechts- und Verwaltungsvorschriften sie – z.B. auch durch familienrechtliche Bestimmungen – eher in ihrer Freiheit behinderten als schützten. Im Mittelalter gab es in Europa selbständige Handwerkerinnen, die in eigenen Zünften zusammengeschlossen waren. Es gab Heilkundige (Chirurginnen!) und Apothekerinnen, Händlerinnen und Künstlerinnen. In Deutschland war 1882 trotz des Aufkommens der industriellen Produktion noch jeder vierte Erwerbstätige selbständig, darunter auch viele Frauen. Bedingt durch zwei Weltkriege, mehrere Wirtschaftskrisen und den allmählichen Wandel der Wirtschaftsstruktur, ging der Anteil ständig zurück; 1961 war in der Bundesrepublik Deutschland nur noch jeder sechste, 1970 jeder zehnte Erwerbstätige selbständig, wobei jedoch nach 1945 sich die Zahl der als Ärztinnen, Apothekerinnen, Rechtsanwältinnen, Steuerberaterinnen usw. freiberuflich Tätigen ständig erhöhte und Frauen, die nach dem Kriege die Firmen ihrer gefallenen oder vermißten Väter, Brüder, Ehemänner fortführten, als Unternehmerinnen Bedeutung erlangten. Schon 1970 waren von 2,8 Mio. Selbständigen 20% (560000) Frauen, eine Zahl, die nach einem zwischenzeitlichen Rückgang auf 480000 (1981) inzwischen (1985) mit 562000 wieder erreicht wurde. Ihr Anteil unter den Selbständigen betrug danach 23%. Im Juni 1985 waren von 10,225 Mio. erwerbstätigen Frauen 9 Mio. abhängige Erwerbstätige (88,6%). Der Anteil der Selbständigen und der mithelfenden Familienangehörigen an den erwerbstätigen Frauen betrug dagegen nur 5,5 bzw. 5,9%. Die meisten Selbständigen unter den Frauen waren im Dienstleistungssektor mit 259000 – davon die Hälfte im Alter von 25 bis unter 45 Jahren – zu finden. Bezogen auf alle in diesem Sektor tätigen Frauen, waren es 5,4%, darunter in der Land- und Forstwirtschaft 10,2% Selbständige (60000) mit dem innerhalb der Wirtschaftsbereiche höchsten Anteil selbständiger Frauen (in Österreich 1986: unter 150000 Selbständigen in Land- und Forstwirtschaft war ein Drittel Frauen). Im Bereich Handel und Verkehr betrug ihr Anteil 8,2% (176000) und im produzierenden Gewerbe 2,5% (67000) (in Österreich waren unter insgesamt 150000 Selbständigen in Handel, Gewerbe und Industrie 46000 Frauen). Vergleichszahlen für die Schweiz liegen nicht vor.

Existenzgründungen

Vor allem in den letzten Jahren kam es auch bei Frauen in der Bundesrepublik Deutschland, der Schweiz und Österreich zu vielen spontanen Existenzgründungen, die, ebenso wie bei den Männern, nicht immer erfolgreich waren. Inzwischen bieten Ministerien und Kreditinstitute, Handels- und Gewerbeförderungsgesellschaften Beratung und Handels- und Handwerkskammern und andere berufsständische Organisationen regelmäßige Existenzgründungsseminare für eine angesichts gestiegener Anforderungen an die Unternehmerqualifikation notwendige Vorbereitung und Schulung an, insbesondere im kaufmännischen Bereich wie Buchhaltung und zum Erwerb betriebswirtschaftlicher und steuerrechtlicher Kenntnisse. Es ist statistisch schwer festzustellen, in wieviel Fällen es sich um Existenz-

und Nebenerwerbsgründungen und in wieviel Fällen es sich um zusätzliche Filial- oder Umgründungen früher bestehender Betriebe (z.B. im Fall des Konkurses des Ehepartners) handelt. Dennoch ist offensichtlich, daß auch aufgrund der zunehmenden Erwerbsberufsqualifizierung der Frauen immer mehr Frauen in die Selbständigkeit drängen aus unterschiedlichen Gründen. Viele Angestellte, die in ihrer Firma keine Aufstiegschancen sehen, wagen den Sprung in die Selbständigkeit; andere können bei selbstverantwortlicher Zeiteinteilung ihren Wunsch, Erwerbstätigkeit und Familie miteinander zu harmonisieren, besser verwirklichen. Zwei Drittel der bei ihrer Existenzgründung von der Ausgleichsbank geförderten deutschen Unternehmerinnen sind verheiratet, 42% haben Kinder, und zwar durchschnittlich 2,6 (Durchschnitt in der Bundesrepublik 1,8). Wieder andere sehen in der beruflichen Selbständigkeit einen größeren Freiheitsraum zur Selbstverwirklichung. Folgerichtig steht bei den Motiven zur Verselbständigung das Unabhängigkeitsstreben mit 37,8% an erster Stelle und danach erst der Wunsch nach Selbstverwirklichung (17%) und die Chance eines höheren Einkommens (16%) oder drohende Arbeitslosigkeit, während bei den Männern, die Unternehmungen gründen, das Ziel der Gewinnmaximierung an der Spitze steht.

Entsprechendes gilt für Frauen im Handwerk, wobei hier die Eintragung in die Handwerksrolle vom Nachweis der Meisterprüfung abhängig gemacht wird. Eine wachsende Bedeutung haben Frauen in den sogenannten „freien Berufen“, als selbständige Ärztin, Rechtsanwältin, Steuerberaterin, Wirtschaftsprüferin u.ä.

Viele selbständig tätige Frauen sind besonders da erfolgreich, wo sie unmittelbar mit Menschen zu tun haben. Hier kommen ihnen Kontaktfreudigkeit, Einsatzbereitschaft, Einfühlungsvermögen, Dauerbelastbarkeit, Kreativität und Verantwortungsbewußtsein zugute. In den gewerblich-technischen und naturwissenschaftlichen Bereichen sind auch selbständige Frauen noch unterrepräsentiert, doch gibt es bedeutende Unternehmerinnen, die Maschinen- und Elektrobetriebe, chemische und technische Werke, Werften und Reedereien, Computer- und EDV-Anlagefirmen leiten.

Gerade weil einerseits durch kleine und mittlere Unternehmen mehr als durch Großunternehmen Arbeitsplätze geschaffen (Neugründungsbetriebe im Gründungsjahr durchschnittlich 1,6 Beschäftigte, drei Jahre später 2,8 Beschäftigte; Bundesrepublik Deutschland) und Lehrstellen angeboten werden und anderseits die Selbständigkeit den Frauen neue Freiräume zu persönlicher und erwerbsberuflicher Entwicklung und zur Vereinbarung von Familie und Erwerbsberuf gibt, ist ihre Förderung durch Schaffung günstiger volkswirtschaftlicher Rahmenbedingungen im Rahmen der Mittelstandspolitik, durch Darlehen, durch Bürgschaften von Kreditgarantiegemeinschaften, Ansparförderung, Steuererleichterungen, Überbrückungsgeldern, aber auch durch Ausbau der Existenzgründungs- und Aufbauberatung ein gleichermaßen wirtschafts- wie gesellschaftspolitisches Gebot.

Literatur: *Dorothea Assig,* Mut gehört dazu. Informationen für Frauen, die beruflich selbständig sind oder werden wollen (Reinbek 1987); *Lutz E. Dreesbach,* Frauen, die Spitze sind. 35 Portraits aus Chefetagen (Rastatt 1988); Konsens – Information des Deutschen Akademikerinnen Bundes e.V.; *Gabriele Metzler,* Frauen, die es geschafft haben (Düsseldorf 1985); *Klaus Nötzel / Deutsche Ausgleichsbank, Bonn,* Frauen als Unternehmerinnen in der Bundesrepublik Deutschland unter besonderer Berücksichtigung von Existenzgründerinnen, Jahresbericht der Deutschen Ausgleichsbank (1986); Zeitschrift „Die Unternehmerin“.

HELGA STÖDTER

Selbsthilfe

↗ Alleinerziehende; Arbeitslosigkeit; Ehrenamt; Eßstörungen; Frauenbewegung; Frauenhäuser; Frieden; Gesundheit; Krankheit; Medizin; Neue soziale Bewegungen; Ökologie / Umwelt; Sucht

Entstehung und Funktion von Selbsthilfegruppen

„Es war das Gefühl, nicht mehr allein zu sein. Plötzlich zeigte sich, daß auch andere dieselben Probleme mit dieser Krankheit haben. Das nimmt einem viel Angst. Seitdem brauche ich auch wesentlich weniger Medikamente." So faßt die Teilnehmerin einer Selbsthilfegruppe für Muskelkrankheiten die wichtigsten Erfahrungen und Wirkungen der Gruppe zusammen.

Schon immer haben sich Menschen mit dem gleichen Problem oder Anliegen zusammengetan, um sich und anderen gemeinsam zu helfen. So entstanden soziale Einrichtungen, Kooperativen oder Bürgerinitiativen. In den letzten Jahren jedoch haben der Begriff *Selbsthilfe* und die Aktivitäten zahlreicher Gruppen, vor allem im Rahmen der neuen sozialen Bewegungen (Ökologie-, Frauen- oder Friedensbewegung), eine andere Aktualität gewonnen. Kaum eine sozial- oder gesundheitspolitische Diskussion, die nicht auf die Möglichkeiten und Notwendigkeiten von Selbsthilfe oder Selbsthilfegruppen Bezug nimmt.

Im engeren Sinn geht es um Gruppen von Menschen, die in gleicher Weise von einem Problem oder einer Krankheit betroffen sind und sich zunächst im Austausch über ihre Umgangsweisen damit gegenseitig bestärken und anregen. Es sind Gesprächskreise einer überschaubaren Zahl von Personen, die ohne die Hilfe von Professionellen Wege aus ihrer Krise oder Bestärkung in ihrem Alltag suchen. In der Regel sind diese Gruppen informelle Zusammenschlüsse mit eher privatem Charakter. Am bekanntesten – und sicher auch zu den ältesten Selbsthilfegruppen zählend – sind die Alkoholiker-Selbsthilfegruppen. Die Anonymen Alkoholiker entstanden z.B. schon in den 30er Jahren. Heute existieren Gesprächs-Selbsthilfegruppen fast zu jedem persönlichen Problem. Vor allem sind sie jedoch zu gesundheitlichen Fragen entstanden (Selbsthilfegruppen Krebskranker, Behinderter oder suchtkranker Menschen). Die Verständigung über Krankheitssymptome, Ängste, Behandlungserfahrungen oder z.B. Reaktionen der Partner haben eine hohe „therapeutische" Wirkung ohne die Einbeziehung von Fachleuten. Dieser Aspekt der Laienhilfe durch Betroffene hat den professionellen Bereich in vielfacher Weise herausgefordert. Abwehrend reagierten zunächst vor allem Ärzte, die die Gefahr falscher Behandlung „aufgrund fachlicher Unkenntnis" sahen. Faktisch hat sich jedoch gezeigt, daß Mitglieder von Selbsthilfegruppen zunehmend kompetenter bezüglich ihrer eigenen Krankheit werden (Betroffene als Experten) und an die medizinische Versorgung andere Ansprüche stellen; so z.B. mehr Zeit für Gespräche in der Sprechstunde, bessere Information über Wirkungsweisen von Medikamenten. Letztlich wurde ein wichtiger Teil der Gesundheitsbewegung von Selbsthilfe-Initiativen getragen und somit die Diskussion um „alternative" Medizin vorangetrieben.

Selbsthilfe und traditionelle Organisationen

Die Herausforderung des professionellen Bereichs durch Selbsthilfegruppen erfolgte auch in der sozialen Arbeit. Gruppen und Initiativen von Eltern, Alleinerziehenden, Sozialhilfeempfängern oder alten Menschen haben massive Kritik an traditionellen Hilfeformen und unflexiblen Organisationen vorgetragen. Kritisiert wurde neben einer allzu bürokratischen Struktur vieler Einrichtungen vor allem auch die Zersplitterung von Fragestellungen durch „Spezialisten": Problemzusammenhänge werden durch spezialisierte Beratungseinrichtungen auseinandergerissen. Selbsthilfe-Initiativen, z.B. auch und gerade aus der Frauenbewegung, haben dagegen ganzheitliche Ansätze sozialer Hilfe gefordert und entwickelt. Im Gegensatz und zum Teil in Abgrenzung zu traditionellen Angeboten haben viele autonome Gruppen von Frauen versucht, hierarchiefreie Strukturen zu realisieren und die soziale Arbeit mit der politischen zu verbinden (z.B. Frauenhäuser, Gesundheitszentren). Das Moment der Laienhilfe von Betroffenen und die Kritik etablierter Sozialarbeit waren jedoch willkommene Gelegenheit für Sozial- und Finanzpolitiker, ehrenamtliche Hilfeformen neu zu propagieren. Die Kehrseite daran ist allerdings, daß sich viele gesprächsorientierte Selbsthilfegruppen nach Zeiten intensiven Erfahrungsaustauschs nicht selten zu Selbsthilfe-Projekten weiterentwickeln. Viele Projekte der Frauenbewegung sind aus Selbsterfahrungsgruppen hervorgegangen. Sie wollen dann ihr Wissen – meist in Form von Beratung – auch anderen zugänglich machen. Die Übernahme bestimmter Dienstleistungen (z.B. Eltern behinderter Kinder beraten andere Eltern oder betreuen Kinder, Gesprächskreise von Frauen bieten Kurse zur Wiedereingliederung in den Beruf an) kann jedoch häufig nicht mehr ehrenamtlich erfolgen. Obwohl solche selbstorganisierten Projekte meist als sinnvoll und notwendig angesehen werden und für ihre Angebote eine große Nachfrage besteht, haben sie überwiegend Existenzschwierigkeiten. Neuentstandene Förderprogramme auf kommunaler Ebene haben dieser Entwicklung entsprochen, sind aber nach Ansicht vieler in Projekten Tätiger unzureichend, vor allem bezüglich der Finanzierung von Personalkosten.

Spezifisches Aktionsfeld von Frauen

Dies ist auch insofern problematisch, als der Bereich der Selbsthilfe in spezifischer Weise ein Aktionsfeld von Frauen ist. Auffällig ist z.B., daß ca. zwei Drittel aller Selbsthilfegruppen im engeren Sinn von Frauen initiiert wurden (z.B. Frauen nach Krebs, Selbsthilfegruppen eßgestörter Frauen). Dies trifft auch für die Schweiz und Österreich zu. Diese geschlechtsspezifische Gewichtung hat sicher damit zu tun, daß Frauen eher bereit und in der Lage sind, sich anderen zu öffnen. Sie ist jedoch auch Indiz dafür, daß Frauen nach wie vor für den Bereich „Beziehungs- und Reproduktionsarbeit“ zuständig sind und hier nach Entlastungsmöglichkeiten suchen (Gruppen pflegender Angehöriger, Elternkreise drogenabhängiger Kinder, die oft fast reine Frauengruppen sind). In den Fällen, in denen Frauen Hilfs-, Beratungs- oder Betreuungsleistungen in selbstorganisierten Projekten erbringen, werden sie bei unzureichenden Förderbedingungen nicht selten auf einen Ersatzarbeitsmarkt verwiesen. Projektarbeit hat hier dann noch einen anderen Charakter von Selbsthilfe insofern, als zum Teil auch Angebote mit dem Ziel der Schaffung von Arbeitsplätzen für diejenigen initiiert werden, die nur schwer Zugang zum „ersten“ Arbeitsmarkt finden. So ist aus eher privaten Kleingruppen oder dem politischen Engagement in der Frauenbewegung inzwischen eine eigene Infrastruktur von Frauenprojekten entstanden, die versucht, den besonderen Lebensweisen und -bedingungen von Frauen gerecht zu werden und mit der sozialen, gesundheitlichen oder bildungsbezogenen Arbeit auch zur Veränderung der Situation von Frauen insgesamt beizutragen.

In der *Schweiz* ist die Gesamtsituation vergleichbar; ähnlich ist sie auch in *Österreich*. Hier war die Finanzierung vieler Projekte jahrelang über die Sonderprogramme des Arbeitsmarktförderungsgesetzes gesichert, und das vor allem deshalb, weil häufig eine ausreichende Finanzierungsbeteiligung von Ländern und Gemeinden abgelehnt wurde, obgleich in deren Zuständigkeitsbereich ein Großteil der von den Frauen in den Projekten geleisteten Arbeit fällt. Hier zeigt sich, wie wenig diese Arbeit als gesellschaftlich notwendige Arbeit Anerkennung findet, obwohl Staat und Gesellschaft sehr wohl auf sie angewiesen sind. Daß es in Österreich überhaupt noch so viele Selbsthilfe-Projekte von Frauen gibt, hängt wesentlich mit der Tatsache zusammen, daß Frauen es viel eher als Männer hinnehmen, für eine bestimmte Zielsetzung unter- oder unbezahlt zu arbeiten. Allerdings müssen sie sich die unzureichende Bezahlung „leisten können“. Derzeit werden in Österreich Möglichkeiten und Organisationsmodelle der Vernetzung von Frauenprojekten und Fraueninitiativen diskutiert, um sich kollektiv eher gegen Benachteiligungen vor allem im Bereich der Finanzierungsabsicherungen wehren zu können (vgl. D. Pleiger u. a.).

Literatur: Frauenarbeitsprojekte, in: BBJ Consult INFO Nr. 7 (Berlin 1986); Frauen schaffen sich ihre Arbeitsplätze. Dokumentation einer Tagung, in: BBJ Consult INFO Nr. 8 (Berlin 1986); *Ilona Kickbusch / Alf Trojan* (Hrsg.), Gemeinsam sind wir stärker – Selbsthilfegruppen und Gesundheit (Frankfurt a. M. 1981); *Ulrike Maschewski-Schneider* (Hrsg.), Was macht Frauen krank (Frankfurt a. M. 1982); *Helga Oberhauser,* Fraueninitiativen schaffen Arbeitsplätze, hrsg. vom Bundesministerium für Arbeit und Soziales, Wien (Schriftenreihe Gleichbehandlung ist das Ziel 9) (Wien 1986); *Doris Pleiger / Christine Spitzy / Barbara Burgstaller / Liane Pluntz,* Fraueninitiativen – selbst dargestellt, hrsg. vom Bundesministerium für Arbeit und Soziales, Wien (Schriftenreihe Gleichbehandlung ist das Ziel 12) (Wien 1988); *Sheryl Burt Ruzek,* The Women's Health Movement. Feminist Alternatives to Medical Control (New York 1978); *Alf Trojan* (Hrsg.), Wissen ist Macht – Eigenständig durch Selbsthilfe in Gruppen (Frankfurt a. M. 1986).

Karin Stötzner

Sexismus

↗ Diskriminierung; Feminismus; Frauengeschichte; Gewalt gegen Frauen; Kirche; Mann; Männerbilder; Menschenrechte; Schule; Sprachkritik, feministische; Werbung

Begriff und Begriffsgeschichte

Der Begriff Sexismus ist dem des Rassismus nachgebildet (Janssen-Jurreit, 87). Er meint die Unterdrückung aufgrund des Geschlechts und wurde bisher ausschließlich reserviert für die Mißachtung und Ausbeutung von Frauen (durch Männer). Er hat einen Stellenwert nur im Rahmen von Geschlechterverhältnissen, die auf hierarchischer Ungleichheit basieren und an dieser festhalten wollen.

Sexismus ist ein anstößiger Begriff, weil er sein Gegenteil anmahnt: Er deutet Kritik an einem „ungerechten“ Zustand an und Bemühungen um dessen Aufhebung. Grundsätzlich wäre er, lägen andere Machtverhältnisse zwischen den Geschlechtern vor, auch auf Männer anwendbar.

Sexismus ist eine relativ neue Wortschöpfung. Sie ist entstanden als Antwort auf den Antifeminismus (Frauenfeindlichkeit) der Gesellschaft, Politik und Kultur im 20. Jahrhundert. Große Philosophen der deutschen und europäischen Geistes- und Kulturgeschichte haben mit frauenverachtenden Äußerungen dazu beigetragen, für Frauen einen minderen Status und eine geringere Menschenwürde zu begründen und festzuschreiben (Janssen-Jurreit).

Sexismus gegenüber Frauen äußert sich bisher in vielfältiger Form: als bezaubernde Objektbeschreibung männlicher Wünsche und Phantasien, in Charakterisierungen als „Haustier“, als Sexobjekt, als komplementäre Ausprägung zur „rassistischen“ Männlichkeitsideologie der Nationalsozialisten.

Der Begriff findet erst durch die Neue Frauenbewegung eine größere Verbreitung und bürgert sich langsam ein. Seine provozierende und selbstbewußte „Verwendung“ (durch Frauen) wird oft als Diffamierung bzw. umgekehrte Diskriminierung gebrandmarkt – unbeschadet der Anlässe, die eine sexistische Charakterisierung rechtfertigen.

Der Ausdruck Sexismus findet dagegen in der angelsächsischen Literatur breite und seriöse Anwendung, ohne auf vergleichbare Vorbehalte wie in der Bundesrepublik Deutschland zu stoßen (Grosz). Im deutschen Sprachgebrauch erschweren die aggressiven Konnotationen, die sich mit ihm verbinden, die wissenschaftliche Rezeption.

Benachbarte Begriffe sind: „Androzentrismus“ (Männerzentriertheit), „Pa-

triarchat" (als Männerherrschaft) und „Phallozentrismus" (Überbewertung des Männlichen).
Kritiker führen an, Sexismus sei ein unnötiges Fremdwort, ein Kampfbegriff, der zur Verständigung wenig beiträgt. Aber er sei anderseits auch notwendig zur Kennzeichnung von Tatbeständen, denen man(n) sich gern entziehen möchte, wie es insbesondere das „beschuldigte und angeklagte" Geschlecht gern tut.

Analytische Ansatzpunkte

Die Charakterisierung als sexistisch kann sich beziehen auf: a) ein methodisches Vorgehen, z. B. Frauen nicht zu erwähnen, unsichtbar zu machen, ihre Probleme zu verniedlichen oder zu desavouieren, auch wenn das nicht explizit beabsichtigt ist (Spender; Bührig); b) auf eine Phänomenologie, die sich ausschließlich am Männlichen orientiert, z. B. im Sprachgebrauch (Pusch); c) auf Inhalte und Deutungen, die Frauen als minderwertiges Geschlecht erscheinen lassen. Dies kann in herabwürdigenden Darstellungen von Frauen in den Medien und in der Öffentlichkeit, in der Werbung (Hering), in den Schul-, Kinder- und Bilderbüchern sowie in Witzen (Huffzky) sein.
Sexistisch sind auch solche Haltungen, die Opfer und Täterrolle so umdeuten, daß den Opfern die Schuld zugewiesen und die Täter entlastet werden. Ein herausragendes Beispiel sind Vernehmungen oder Gerichtsprozesse der Opfer von Vergewaltigungen.
Sexismus äußert sich auch direkt in Gewalt gegen Frauen, in ungleicher Entlohnung, Gebärzwang, Vorenthalten von Selbstbestimmung der Frauen u. a. m.
Anwendungsbeispiele in anderen Kulturen sind: Klitorisbeschneidung, Füßeverstümmelung, Witwenverbrennung sowie Kindermord an neugeborenen Mädchen (Daly).
Geschlechtliche Einseitigkeit, die sich in sexistischen Sachverhalten ausdrückt, findet sich auch in den Theologien und Kirchen. Theologinnen haben Sexismus in den Gesangbüchern, in der Kirchenstruktur, in der Bibelinterpretation und selbst in der Gottesvorstellung nachgewiesen. Generell ist eine Sicht dann sexistisch verengt, wenn Frauen stumm und/oder zum minderwertigen oder bloß andersartigen Geschlecht gemacht werden.
Sexismus ist gesellschaftlich verursacht, sofern er auf der geschlechtlichen Arbeitsteilung basiert. Diese unterschiedliche Zuweisung von Arbeiten, Zuständigkeiten und „Persönlichkeitseigenschaften" ist Ausdruck der jeweils historisch-sozialen Organisation des Geschlechterverhältnisses. In einer sexistischen Sicht werden sozial bedingte Unterschiede biologistisch als „natürliche" interpretiert. Dies legitimiert die *ungleichen Lebensentfaltungschancen* der beiden Geschlechter, anstatt zu ihrer Aufhebung beizutragen.

Perspektiven und Probleme

Sexismus zu überwinden würde in Zukunft bedeuten, daß Frauen und Männer sich jenseits der Geschlechterstereotypen als Individuen begegnen können. Das setzt auch voraus, daß die Sexismus-Analysen von Frauen Beachtung finden.
Sexismus-Kritik nimmt die Perspektive von Betroffenen ein und will parteilich sein. Um Unterdrückung aufgrund des Geschlechts zu erkennen und zu kritisieren, bedarf es der Subjekte, die dazu fähig sind. Dieser neue Bedeutungsgehalt steht im Zusammenhang mit dem wachsenden Selbstbewußtsein der Frauen und ihrer veränderten gesellschaftlichen Ausgangslage, die wiederum auf die steigende Bedeutung von Bildung und Beruf im Leben von Frauen zurückgeht.
Eine Analyse, die anderen Sexismus nachweist, sollte aber selbst nicht im sexistischen Denken verhaftet bleiben. Gelegentlich ist die Grenze schwer zu ziehen. Sexismus bleibt ein „kritischer" und unwürdiger Begriff, solange ge-

sellschaftliche, kulturelle und kirchliche Verhältnisse die Hälfte der Menschen, nämlich die Frauen, begründet dazu veranlaßt, Zustände, Sichtweisen und Darstellungen als sexistisch zu bezeichnen.

Literatur: *Ilse Brehmer* (Hrsg.), Sexismus in der Schule (Weinheim 1982); *Marga Bührig,* Die unsichtbare Frau und der Gott der Väter (Stuttgart 1987); *Mary Daly,* Gyn/Ökologie. Eine Meta-Ethik des radikalen Feminismus (München 1981); *Elizabeth Grosz,* Feminist theory and the challenge to knowledges, in: Women's Studies International Forum, Bd. 10, Nr. 5, 1987; *Heide Hering,* Weibsbilder. Zeugnisse zum öffentlichen Ansehen der Frau (Reinbek 1980); *Karin Huffzky,* Wer muß hier lachen? Das Frauenbild im Männerwitz (Darmstadt – Neuwied 1979); *Marielouise Janssen-Jurreit,* Sexismus. Über die Abtreibung der Frauenfrage (München 1976); *Luise Pusch,* Das Deutsche als Männersprache (Frankfurt a.M. 1984); *Herrad Schenk,* Geschlechtsrollenwandel und Sexismus. Zur Sozialpsychologie geschlechtsspezifischen Verhaltens (Weinheim – Basel 1979); *Christiane Schmerl,* Frauenfeindliche Werbung. Sexismus als heimlicher Lehrplan (Berlin 1980); *Dagmar Schultz,* „Ein Mädchen ist fast so gut wie ein Junge". Sexismus in der Erziehung (Berlin 1978); *Dale Spender,* Frauen kommen nicht vor (Frankfurt a.M. 1985); *Anke Wolf-Graaf,* Frauenarbeit im Abseits (München 1981).

SIGRID METZ-GÖCKEL

Sextourismus

↗ Abhängigkeit; Aids; Entwicklungshilfe; Frauenbewegung; Frauenhandel / Mädchenhandel; Mann; Menschenrechte; Prostitution; Selbsthilfe; Sexismus

Dritte Welt und Tourismusindustrie

Immer mehr Länder der Dritten Welt haben im Bemühen nach wirtschaftlicher Entwicklung der Anregung der Weltbank entsprochen und das Angebot der finanziellen Entwickungshilfe zum Ausbau des Tourismus genutzt. Ihr Anteil am Welttourismus lag 1973 bei über 20%, 1972 nahmen die Entwicklungsländer über 3,2 Mrd. US-Dollar an Devisen aus dem internationalen Fremdenverkehr ein (vgl. Evangelische Frauenhilfe/kfd). Geworben wird sowohl von der Tourismusindustrie als auch von den Regierungen der Gastgeberländer. „Im Jahr 1979, für das genaue Daten vorliegen, machten sich in jeder Stunde eines jeden Tages nicht weniger als 30778 Menschen auf den Weg, um als Touristen nach Übersee zu reisen" (Ron O'Grady). So erwartete Kenya z.B. für 1987 700000 Touristen; das waren 90000 mehr als im Vorjahr (Daily Nation, 28.5.87). Diese Entwicklung wird, nach Aussagen der Welt-Tourismus-Organisation, den Massentourismus zu einem sozialökonomischen Phänomen machen, das das Weltgeschehen beeinflussen kann (Ron O'Grady).

Im Bemühen, am großen Geschäft beteiligt zu sein, sind immer mehr Regierungen zu immer größeren Zugeständnissen bereit. In der Werbung wird alles, was ein Land an Schönheit und Reichtum hat, den Touristen feilgeboten. Dazu gehören auch die Menschen, nicht zuletzt Frauen und selbst Kinder. „Die Tourismusindustrie hat, neben anderem, dazu beigetragen (und tut dies noch immer), die Erniedrigung und sexuelle Ausbeutung von Frauen in der Dritten Welt zu verstärken. Dies kann nicht mit Hinweisen wie ‚Randerscheinung', ‚Beiprodukt', ‚nicht Verursacher' usw. abgetan werden, denn dieser Teil der internationalen Tourismusindustrie ist systematisch organisiert" (Pfäfflin).

Problematik der Investitionen

Bei der einheimischen Bevölkerung wird die Toleranz für die Touristenströme dadurch erhöht, daß ihnen Arbeitsplätze versprochen werden und auf die dringend benötigten Devisen hingewiesen wird. Die durch das Dienstleistungsgewerbe geschaffenen Arbeitsplätze sind jedoch in der Hauptsache jederzeit kündbare Hilfsarbeiterposten: Gärtner, Putzpersonal, Kofferträger, Hilfsköche, Serviererinnen und Kellner etc. Verantwortliche und gutbezahlte Arbeitsplätze werden einigen wenigen ausgebildeten Einheimischen, meist Männern, gegeben, oft auch Europäern u.a. Eine Studie

kommt für Sri Lanka zu dem Ergebnis, daß die Schaffung eines Arbeitsplatzes im Tourismussektor durchschnittlich US-Dollar 5050,– kostet; im Vergleich dazu beträgt die Investition für einen Arbeitsplatz in der Klein- und Heimindustrie US-Dollar 16,– bis US-Dollar 160,–. Die Investitionen in die Tourismusindustrie sind kostenaufwendig und gehen der Schaffung von anderen, für die Bevölkerung wichtigeren Beschäftigungsmöglichkeiten verloren. Der Tourismus erfordert hohe Ausgaben für eine Infrastruktur, die der Bevölkerung wenig oder gar nicht nützt. Es werden teure Hotels statt Krankenhäuser gebaut, Straßen in abgelegene Tierreservate anstatt Straßen als Zufahrt der Bauern zu ihren Absatzmärkten etc.
Die in den Reiseländern dringend benötigten Devisen fließen zu einem hohen Anteil in die Heimatländer der Touristen zurück. Fluglinien, internationale Hotelketten – gebaut und ausgerüstet von den damit zusammenhängenden ausländischen Firmen –, Lebensmittel aus den Heimatländern der Touristen, Reiseunternehmen und Fahrzeuge sorgen dafür, daß die Devisen nicht im Land bleiben, sondern wieder zurückfließen.

Werbung für Sextourismus

In den Industrienationen werben bekannte und angesehene Reiseunternehmen in ihren Prospekten mit dem bunten, aufregenden, abwechslungsreichen Nachtleben in Bangkok und Pattaya. Seitdem Thailand vom Tourismus entdeckt ist, wurde es sehr schnell zu einem Hauptzentrum des Sexgeschäftes (Susanne Lipka). „Incentive-Reisen" sind Reisen, die als Leistungsanreiz für Angestellte, Firmenjubiläen etc. organisiert und angeboten werden. Frauen werden u.a. als Bonus für erfolgreiche Verkäufer angeboten. Auf Plakaten wird mit eindeutigen Frauenfotos für Ferien mit sexuellem Abenteuer geworben. Doch ist in den meisten Dritte-Welt-Ländern Prostitution verboten. Dieses Verbot macht die Frauen, mit denen die Touristen gelockt werden, gleichzeitig zu Kriminellen. Sie können jederzeit von der Polizei aufgegriffen und bestraft werden.

Reisetendenzen

Das sexuell motivierte Interesse an den Reisen in die Dritte Welt zeigt sich im Blick auf die jeweiligen Tourismusstatistiken. 1979 haben 500000 Japaner (davon 90% Männer) Südkorea und Taiwan besucht. 75% der Touristen, die 1980 auf die Philippinen flogen, waren Japaner, davon 84% Männer; unter den deutschen Reisegruppen waren für den gleichen Zeitraum 72,1% Männer. Ähnlich sehen die Zahlen für Thailand aus. Japaner, Europäer, Amerikaner, d.h. Männer aus reichen Industrieländern, haben „ihr" Tourismusziel in Asien, Afrika und Lateinamerika (z.B. Thailand, Taiwan, Südkorea, Kenya, Senegal, Kamerun, Kolumbien, Brasilien etc.) entdeckt. Der „Frauenatlas" von June Saeger/Ann Olson zeigt allerdings nur die Tendenzen (der Bundesrepublik, Hollands, Skandinaviens, Japans, der USA und Australiens) nach Asien mit den Hauptgebieten: Thailand, Philippinen, Südkorea und deren Nachbarländern. Der Prostitutionstourismus nach Afrika und Lateinamerika ist aber ebenfalls nicht gering.

Entstehung des Prostitutionstourismus

Prostitutionstourismus ist eine verhältnismäßig junge Erscheinung. Wie Moselina in seiner Untersuchung über die Entwicklung zum Sextourismus auf den Philippinen nachweist, haben eine Reihe von Weltereignissen – Zweiter Weltkrieg, Korea-Krieg, Vietnam-Krieg – Einrichtungen entstehen lassen, die später für Touristen genutzt und ausgebaut wurden.
In Tourismusländern mit Zentren des Sextourismus werden Frauen während der Kriegswirren verstärkt zur Prostitution gezwungen. Es gehört zu den jüngeren Entwicklungen, daß für Sol-

daten eigene Erholungszentren eingerichtet wurden (so während des Korea- und späteren Vietnam-Krieges auf den Philippinen). Die Einrichtung von „Rest- & Recreation-Centres" war die Vorarbeit für die heutige Sextourismus-Industrie (vgl. Moselina; vgl. auch den Bericht der betroffenen Thai-Frau Malee).

Die Situation der betroffenen Frauen

Die Tourismusindustrie sieht das anders. Im Gespräch zwischen Kunden des Sextourismus und Reisegesellschaften wurde das Problem sogar zu einer Art „Wohltat" für die mißbrauchten Frauen umgedeutet. Eines ähnlichen Argumentes bediente sich sogar die Bundesregierung der BRD in ihrer Antwort auf eine große Anfrage der Opposition (1985) zum „Prostitutionstourismus": Die Frauen, die in den Ländern der Dritten Welt sehr arm sind, sähen in der Prostitution eine der wenigen Möglichkeiten, Geld zu verdienen. Ohne Zweifel lasten viele Verpflichtungen auf ihnen: die Versorgung der Kinder, der Eltern, des Mannes. Daß die Prostitution, d.h. der organisierte Sextourismus, ihre Situation verschlechtert, ist freilich sicher.
Die älter werdenden, die nicht mehr „attraktiven", die kranken und nicht mehr gefragten Frauen sind dem Elend ausgeliefert. In vielen Städten gibt es Häuser, in denen ältere und „ausrangierte" Frauen für den Bruchteil eines US-Dollars zu „haben" sind. Nur ganz wenige Frauen können für spätere Jahre etwas ersparen. Sie sind am großen Geschäft des Sextourismus in dieser Hinsicht nicht beteiligt.

Bewußtseinsänderung

In letzter Zeit widmen sich eine Reihe von Organisationen, Verbänden, politischen Parteien, die Kirchen usw. diesem Geschehen. Nicht zuletzt aufgebracht durch die Öffentlichkeitsarbeit von Selbsthilfeorganisationen in den betroffenen Ländern selbst, zeigen in den deutschsprachigen Ländern auch die Medien ein wachsendes Interesse zur Information und Bestandsaufnahme. Im öffentlichen Bewußtsein darf die Problematik des Sextourismus als eine spezifische Art der Ausbeutung von Menschen durch Menschen nicht mehr verdrängt werden, und es muß alles getan werden, damit es zu einer Veränderung der Situation kommt.

Literatur: *Agisra e. V.*, Sextourismus und Frauenhandel (Kiel 1987); *Gerhard Armanski,* Die kostbarsten Tage des Jahres (Bielefeld 1986); *Deutscher Bundestag,* Drucksache 10/3753, 26.8.85; *Evangelische Frauenhilfe / Katholische Frauengemeinschaft Deutschlands* (Hrsg.), Sex-Tourismus. Exotischer Heiratsmarkt. Prostitution (Hausdruck 1981); *Ecumenical Coalition on third world tourism* (Hrsg.), Third world people and tourism (Unkel 1986); *Ron O'Grady,* Zwischenlandung Dritte Welt. Texte 27 (Frankfurt a.M. 1982); *Informationszentrum Dritte Welt / Freiburg* (Hrsg.), „Klar, schön war's, aber..." (Freiburg i. Br. 1983); *Susanne Lipka,* Das käufliche Glück in Südostasien (Münster 1985); *Malee,* Tigerkralle und Samtpfote (München 1984); *M. Leopold Moselina,* Olongapo's R & R Industry. A Sociological Analysis of Institutionalized Prostitution (Ang. Makatao Jan. – Jun. 1981); *Juni Saeger / Ann Olson* (Hrsg.), Frauenatlas (Frankfurt a.M. 1987); *Heinz G. Schmidt,* Der neue Sklavenmarkt (Basel 1985); *Renate Wilke,* Sanfte Frauen gegen harte Dollars, in: Der Überblick 4/81, 252ff.; *Zentrum für Entwicklungsbezogene Bildung* (Hrsg.), Tourismus Prostitution Entwicklung (Köln 1983); *dass.,* tourismus prostitution (München 1986). Lea Ackermann

Sexualethik

↗ Abhängigkeit; Altes Testament; Antike; Bindung; Christentum; Diskriminierung; Ehe; Eheformen; Emanzipation; Empfängnisverhütung; Ethik, weibliche; Eva; Familie; Familienplanung; Feminismus; Frauenrollen / Frauenleitbilder; Ganzheitlichkeit; Gewalt gegen Frauen; Jungfräulichkeit; Kultur; Leihmütter; Lesbische Liebe; Liebe; Mann; Männerbilder; Matriarchat / Patriarchat; Menschenbild; Menstruation; Natur; Nichteheliche Lebensgemeinschaften; Pornographie; Prostitution; Schwangerschaftsabbruch; Sextourismus; Sexualität; Sterilisation; Zärtlichkeit

Geschichte

Sexualethik gehört zum Menschen als sozialem, vernunftbegabtem und kulturell aktivem, zugleich begrenztem

Wesen. Auch insofern der Mensch als Frau und Mann Teil der Naturgeschichte ist, betrifft ihn die schon bei anderen Lebewesen zu beobachtende Integrierung des Geschlechtsverhaltens in das Sozialverhalten. Die Unterscheidung von instrumentellem, konkurrierendem und fürsorglichem Sozialverhalten läßt sich schon bei Tierarten feststellen, und sie wirkt sich bei aller Instinktsicherung nicht im Sinne einer Festgelegtheit aus.
Die kulturgeschichtliche Vielfalt und Veränderlichkeit der sozialen Verhaltensmuster für Entfaltung und Gestaltung der Sexualität läßt doch nicht übersehen, daß es immer Normierungen gegeben hat, wie diese auch heute im einzelnen erklärt oder beurteilt werden. Die Gestaltung der Fortpflanzung, die Herausbildung der Familie, die soziale Stellung der Geschlechter zueinander (z.B. Matriarchat/Patriarchat), die Bewertung der Sexualität, die Tabuisierung bestimmter Verhaltensformen (z.B. Inzesttabu, Homosexualität) wirken sich auf die Erstellung von Normen aus, mit denen der einzelne in Widerstreit geraten kann. Frühe kulturgeschichtliche Zeugnisse der Kultur des Eros sind ebenfalls zu beobachten, zumindest seit wir über schriftliche Zeugnisse verfügen.
Heute auszumachende widerstreitende Positionen im Sexualethos haben geschichtliche Ursprünge, beruhen aber auch auf einem gesellschaftlichen Umbruch. Betrachten wir den für uns wirksamsten Ausschnitt der Geschichte des Christentums, so ist der in diesem Rahmen entwickelte Normenbestand das Ergebnis des Zusammenwirkens sehr verschiedener Faktoren: der patriarchalischen, d.h. von Männern beherrschten, Kultur, der antiken Versuche zur Beherrschung des Körpers im Namen des Geistes (Leibfeindlichkeit, Aszese), der Vorstellung von naturgebundener Fortpflanzung, der Rationalismus der Aufklärung mit seiner Unterordnung der Neigung unter die Pflicht; der ästhetisch-erotischen Kultur mit ihrer letzten Verstärkung durch die Romantik, der instrumentellen Machbarkeitsideologie der Industriekultur usw. Das alles läßt sich nur schwer als Wechsel der geschichtlich je prägend wirkenden Vorstellungen (Paradigmenwechsel) erklären, zumal es kein herrschendes Sexualethos gab, gegen das nicht auch zugleich Gegenkräfte bestanden. Die Antagonismen sind gleichsam „ererbt“: Es gab schon immer Spannungen zwischen Motiven der Fortpflanzung und erotischer Kultur, zwischen Männerherrschaft und Frauenbefreiung, zwischen Lust und Triebverzicht, zwischen befristeter Liebesmotivation und dauerhafter Treue.

Umbruch und Alternativen

Der traditionelle Normenbestand in der Sexualethik orientiert sich an der Familie, d.h. dem am Zeugungszweck und am dauerhaften auf geschlechtliche Fortpflanzung ausgerichteten Verband. Die Vorstellung von einer zielorientierten Naturordnung schien dieser sozialen Sinnerfahrung unterlegt werden zu können. Unter solchen Voraussetzungen entstand ein hohes Maß an Stabilität der negativen Normen für die sexuelle Beziehung: die Verbote außermenschlicher, gleichgeschlechtlicher, geschwisterlicher sowie nichtfamiliär ausgerichteter Beziehungen (vorehelich, außerehelich). Dazu kam das Verbot der Masturbation (Selbstbefriedigung), ursprünglich (biblisch) auch familiär bezogen (Onans Verweigerung des Vollzugs der Leviratsehe), dann eher als Problem der Zölibatäre benannt (in der Tradition freilich ein selten erwähntes Randproblem). Den Verboten entsprach anderseits die Bejahung der ehelichen Sexualität ohne (Augustinus) oder mit (Thomas von Aquin) Lustempfinden; freilich sollten diese sexuellen Beziehungen zeugungsoffene Akte sein, alles andere war Mißbrauch bzw. Abweichung von der sozial als sinnvoll akzeptierten und als „naturgemäß“ verstandenen Zielordnung der Geschlechtlichkeit der Menschen.

Dieses System ist weiter in den Normen des Lehramtes der katholischen Kirche wirksam. Veränderungen sind nur in der Begründung erkennbar. So werden seit dem Zweiten Vatikanischen Konzil (Gaudium et spes), seit der Enzyklika „Humanae vitae" (1968) und seit „Familiaris consortio" (1981) stärker in der Begründung die Verbindlichkeit des liebenden Zueinander, die ganzheitliche Treue und die vollgültige gegenseitige Annahme betont.

Die normative Sexualethik der Tradition hat das abweichende Verhalten der Menschen zu keiner Zeit ändern können. Daß sich heute weiterhin, im Gegensatz zu früher, als sich die Menschen in der Kirche als Sünder, die der Buße und der Gnadengaben der Kirche bedurften, verstanden, auch das Bewußtsein von der kirchlichen Sexualethik abweichender Menschen verschoben hat, liegt an einer Reihe von Umbrüchen, die ineinander greifen: an der Auflösung des Erkenntnisrealismus (die verbindliche Wirklichkeit der „Natur" ist für uns nicht erkennbar), an der Aufdeckung der geschichtlichen und gesellschaftlichen Bindung sozialer Normen (Patriarchat, Familienbindung), an der Freisetzung der ethischen Verantwortung im Prozeß von Aufklärung und Wissenschaft, an der Beherrschbarkeit negativer Folgen abweichender Sexualbeziehungen durch Technik bzw. soziale Steuerung.

In Reaktion zum traditionellen Normenbestand, der zum Unterdrückungs- und Zwangsinstrument erklärt wurde, bildete sich ein alternatives Sexualethos heraus, das nur noch an der Vermeidung „negativer" sozialer Folgen der sexuellen „Selbstverwirklichung" (das unerwünschte Kind, das unerwünschte Leid) interessiert war. Auch dieses relativ permissive Sexualethos erwies sich jedoch als Herrschaftsinstrument und erzeugte Zwänge und Ängste: Leistungsdruck, Instrumentalisierung, Verlassenwerden, Vernachlässigung und Nivellierung der erotischen Tiefe, der „Gefühlsräume".

In Konfrontation zwischen traditioneller (rigider) und neuerer (scheinbar permissiver) Normativität hat sich bei vielen Menschen ein erfahrungs- und verantwortungsbestimmtes Sexualethos herausgebildet, das sich an der Leitfigur der verbindlichen, partnerschaftlichen Lebensgemeinschaft (familiär / nicht-familiär; ehelich / nicht-ehelich; gegengeschlechtlich / gleichgeschlechtlich) orientiert. Neben der ganzheitlichen und dauerhaften *Annahme* ist auch der wechselseitige *Dienst an der Selbstentfaltung* eine Art Grundnorm. Wenn auch sexuelle Beziehungen im Übergang zur angestrebten *Lebensgemeinschaft* nicht als generell in sich schlecht betrachtet werden, so werden sie doch als „minus bonum" (weniger gut) angesehen als in der Geborgenheit und Angstfreiheit der Lebensgemeinschaft.

Der Umbruch zur traditionellen Normenethik ist klar erkennbar: An die Stelle der Familie, auf welche die nur kurz für sich als „Ehe" existierende Beziehung hingeordnet war, tritt nun die partnerschaftliche Lebensgemeinschaft aus Liebe und auf Dauer. Die sexuelle *Lebensgemeinschaft* ist das integrierende Prinzip, das sich gegen die familienorientierte „Ehe" und gegen die individuelle sexuelle Selbstentfaltung durchsetzt. Sofern die kirchliche Lehre die Begründung der Sexualethik in der gegenseitigen Selbstverpflichtung aus Liebe betont, kommt dies dem neuen Sexualethos entgegen; sofern die kirchliche Lehre an einem Verbotskatalog (im Namen der Familieninstitution, der Naturordnung und der „Keuschheit") ohne Einbeziehung der lebendigen Selbstverantwortung für das angestrebte Gelingen der Beziehungen lückenlos festhält, wird sie auch vom größten Teil der Katholiken nicht mehr akzeptiert (z.B. „Persona humana" 1975; Erklärung der Erziehungskongregation zu einigen Fragen der Sexualethik 1983).

Neue Wege christlicher Sexualethik

Die biblische Tradition ist im Ganzen nicht sexualitätsfeindlich. Auch ihr Kern ist die partnerschaftliche Lebensgemeinschaft: Dieser Schöpfungssinn ist auch bei Jesus von Nazaret gewichtiger als die soziale Normativität, die er vorfindet. Im Idealfall sollte also eine christliche Sexualethik den betroffenen Menschen darin weiterhelfen, *die Fülle der Liebe miteinander auszuschöpfen*. Dazu muß sie Erfahrungen zueinander vermitteln. Der traditionelle Normenbestand wird sich bei dieser Aufgabe einerseits verändern müssen; anderseits wird sich jedoch zeigen, daß auch Traditionen der Ethik erfahrungsfähig sind, daß z. B. Treue ein Moment der Vertiefung und Bestärkung von Sexualität sein kann und nicht deren Beschränkung sein muß. Notwendig ist zunächst einmal ein offener Dialog zwischen den praktisch gelebten Erfahrungen und Überzeugungen unter engagierten Menschen und Christen. Dies gilt nicht nur für die heterosexuellen Beziehungen. Wenn Homosexualität heute (auch von den Kirchen) als vorpubertär fixierte Prägung anerkannt wird, dann kann die Ethik nicht über ein generell sicheres Wissen über „richtig" und „falsch" verfügen. Wenn es zur guten christlichen Tradition gehört, sich in der Anstrengung des Gewissens „vor Gott" gegen Verteufelung und gegen Vergötzung des Sexuellen zu wehren, dann sollte diese Tradition eine Mahnung sein und zur Neuentdeckung der Bedingungen von Mitmenschlichkeit und Liebe in der sexuellen Lebensgemeinschaft führen. Gegen Oberflächlichkeit und Indifferenz, aber auch gegen eine Überforderung des Moralischen gegenüber der Sexualität ist eine neue verantwortliche Mitte zu finden, deren integrierender Punkt die partnerschaftliche und dauerhafte Lebensgemeinschaft sein kann.

Weibliche Sexualität und Sexualethik

Frauen leiden besonders unter den traditionellen Antagonismen der Sexualität bzw. den extremen Bewertungen, die sich daraus ergeben. Männerphantasien haben die Frau in die Alternative „Heilige oder Hure" gedrängt. Die Frau als Verführerin und die Frau als Vorbild – diese grundlegenden Elemente ziehen sich schon durch die Weisheitsliteratur des Alten Testamentes. In jedem Falle erschien die weibliche Wollust als verdächtig und gefährlich. In der Zeugungsbiologie des Aristoteles, die bis in die Neuzeit galt, war die Frau als Zeugungswesen als rein empfangend bestimmt. Die Klitoris der Frau als reines Lustinstrument wurde im Mittelalter mit der Paradiesfrucht verglichen (Feige), durch welche die Sünde in die Welt kam.

Die Frau als Lustobjekt des Mannes ist ein in unserer Kulturgeschichte nicht zu übersehendes Motiv; die für Frauen oft unverständliche Pornographie kann nach heutigen Erkenntnissen auch als vergleichsweise sublimere und indirektere „Gewalt gegen Frauen" interpretiert werden. Einen Teil dieser Instrumentalität und dieses Zwanges internalisieren nicht wenige Frauen und leben den Idealen körperlicher Hygiene, ästhetischer Sauberkeit, um der Erwartung der allzeit „verfügbaren" Partnerin zu entsprechen, die immer „bereit" wäre, wenn sie nur „wolle". Damit entsteht aber genau das Problem: Das Nicht-Wollen der Frau ist jeweils zu begründen. Wer die Beweislast verteilt, hat die Macht. Wer die Gründe bewertet und zuläßt, noch mehr. Keuschheit und Jungfräulichkeit werden als Begründung kaum noch akzeptiert und daher meist umgangen. Wegen der technischen Vermeidbarkeit, deren Ausführung weitgehend als Aufgabe der Frau angesehen wird, gilt auch die Angst vor unerwünschter Schwangerschaft nicht mehr als hinreichender Grund. Innerhalb der Lebensgemeinschaft kann ein solcher Begründungszwang zum Teil der Gewalt gegen Frauen werden, zumal er für Männer nicht besteht. (Im umgekehrten Fall obliegt es der Frau, Gründe beim Manne auszumachen.) Im Hintergrund des Verweigerungsverhaltens von Frauen steht jedoch häufig nicht so sehr die Ablehnung von erotischer Nähe an sich, sondern das Nichtwollen einer „männlichen" Sexualität, d.h. einer koitalen Direktheit, die auf die hingebende Anpassung der Frau angewiesen zu sein scheint.

Erst seit der Auseinandersetzung um den Vorwurf weiblicher Frigidität, die von Frauen als verständliche Unlust an der gelebten Gestalt männlicher Sexualität gedeutet wird, behaupten Frauen für sich eine weibliche Sexualität, die auch der Hingabefähigkeit des Mannes bedarf.

Stärker noch als die traditionellen Antagonismen werden die modernen Widersprüche erfahren: die Frau unter dem Anspruch der sexuellen Libertinität und zugleich der fortschreitenden Fortpflanzungsmanipulation. In einer Gesellschaft, in der sowohl Fruchtbarkeit als auch Unfruchtbarkeit je nach Bedarfslage als therapiebedürftige „Krankheit" erscheinen können, wird die Frau zum Objekt und damit zum Tummelplatz medizinischer Forschung um Sterilität und Geburt. Ihre Einzigartigkeit als gebärfähiges Geschlechtswesen belastet sie mit einer Reihe von Problemen. Von den Problemen, die mit dieser leiblichen Verfaßtheit zusammenhängen, sind Männer (zumindest physisch) nicht betroffen und können sich ihnen daher leichter entziehen. Dazu gehört z.B., daß sie nicht in die Lage eines indizierten Schwangerschaftsabbruches geraten können.

Die Pointierung sexualethischer Fragen geschah bisher stets in „männlicher" Sicht, so wie die traditionelle christliche Sexualethik im wesentlichen von Männern (z.B. Augustinus, Thomas von Aquin, Alfons von Liguori) geschaffen wurde. Diese Sicht ist dadurch gekennzeichnet, daß eine soziale Ordnung für die Regelung von Lust, Besitz und Nachkommenschaft nach männlichen Bedürfnissen aufgestellt werden mußte. Ein Perspektivenwechsel in der Sexualethik müßte dagegen die Selbstbestimmung und Selbstverpflichtung, den Respekt vor der Autonomie in den Vordergrund stellen, der letztlich den Frauen zugute kommt. Das Ziel der „weiblichen" Sexualethik wäre die Integrierung in die „weibliche" Gestalt der Liebe, in der mit dem Wollen der Liebe auch schon das ethisch Richtige für die Person, für den anderen und für die Fruchtbarkeit erfaßt ist.

Das allgemeine Ziel der Lebensgemeinschaft und Lebensform, das die geschlechtlichen Möglichkeiten zur menschengerechten Entfaltung bringt, ist auch in den Lebensformen weiblicher Homosexualität sichtbar. Demgegenüber sind die sexuelle Betätigung, der Partnerwechsel oder der Jugendkult im Vergleich zur männlichen Homosexualität seltener oder randständig. Für manche Frauen ist daher die lesbische Liebe eher eine partnerschaftliche Lebensgemeinschaft als eine Befriedigung des gleichgeschlechtlichen sexuellen Bedürfnisses. Auch dies sind Fragen, die in der traditionellen Sexualethik nicht bedacht sind. So sind hier noch einige Umbrüche zu erwarten, wenn sich Gesellschaften (und Kirchen) auf den Weg zur Befreiung der Geschlechter machen.

Literatur: *Philippe Ariès u.a.,* Die Masken des Begehrens und die Metamorphosen der Sinnlichkeit (Frankfurt a.M. 1984); *Wolfgang Bartholomäus,* Glut der Begierde – Sprache der Liebe (München 1986); *ders.,* Unterwegs zum Lieben – Erfahrungsfelder der Sexualität (München 1988); *Franz Böckle / Gion Condrau,* Geschlechterbeziehung und Liebesfähigkeit, in: Christlicher Glaube in moderner Gesellschaft, Bd. 6 (Freiburg i.Br. 1981) 109–153; *Hildegard Camenzind / Hans Halter u.a.,* Sexualität und Ehe – Der Christ vor einem Dauerproblem (Zürich – Würzburg 1981); *Mary Daly,* Reine Lust. Elementar-feministische Philosophie (München 1986); *Michel Foucault,* Sexualität und Wahrheit, Bd. 1–3 (Frankfurt a.M. 1977; 1986); *Burkhard Gladigow* (Hrsg.), Religion und Moral (Düsseldorf 1976); *Herbert Haag / Katharina Elliger,* Stört nicht die Liebe. Die Diskriminierung der Sexualität – ein Verrat an der Bibel (Olten – Freiburg i.Br. 1986); *Anselm Hertz u.a.* (Hrsg.),

Handbuch der christlichen Ethik, Bd. 2 (Freiburg i. Br. – Gütersloh ²1979) 117–209; Bd. 3 (1982) 280–336; *Marielouise Janssen-Jurreit* (Hrsg.), Frauen und Sexualmoral (Frankfurt a. M. 1986); *Ferdinand Menne,* Kirchliche Sexualethik gegen gesellschaftliche Realität (München – Mainz 1971); *Hedwig Meyer-Wilmes-Müller,* Menschenbild und Sexualität, in: Maria Kassel (Hrsg.), Feministische Theologie (Stuttgart 1988); *Dietmar Mieth,* Ehe als Entwurf. Zur Lebensform der Liebe (Mainz 1984); *ders.,* Christliche Sexualethik, in: Wilhelm Ernst (Hrsg.), Aktuelle Themen der Moraltheologie (Leipzig – Würzburg 1988); *Dagmar Schultz* (Hrsg.), Macht und Sinnlichkeit. Ausgewählte Texte von Adrienne Rich und Audre Lorde (Berlin 1983); *Monika Simmel* (Hrsg.), Weibliche Sexualität. Von den Grenzen der Aufklärung und der Suche nach weiblicher Identität (Braunschweig 1987).

Dietmar Mieth/Beatrix Schiele

Sexualität

↗ Abhängigkeit; Aggressivität; Alter; Bindung; Christentum; Ehe; Eheformen; Elternschaft; Emanzipation; Ethik, weibliche; Familienplanung; Feminismus; Fortpflanzungsmedizin; Frauenbewegung; Frauengeschichte; Frauenrollen / Frauenleitbilder; Ganzheitlichkeit; Gentechnik; Geschlechtsidentität; Gesundheit; Gewalt gegen Frauen; Hexen; Hinduismus; Islam; Judentum; Jungfräulichkeit; Kirchenlehrerinnen / Kirchenväter; Klimakterium; Krankheit; Kult; Kultur; Leib / Leiblichkeit; Lesbische Liebe; Liebe; Literatur, feministische; Mann; Männerbilder; Matriarchat / Patriarchat; Menschenbild; Menstruation; Mythologie; Nationalsozialismus; Naturreligionen; Partnerschaft; Pornographie; Prostitution; Psychoanalyse; Psychotherapie, feministische; Schönheit; Sexualethik; Urbilder, weibliche; Werbung; Zärtlichkeit

Normierungen und Ursprünglichkeit

Die Sexualität zeigt sich nie „ursprünglich". Sie ist immer schon geformt und verformt entsprechend den Bedingungen des psychosozialen und kulturellen Umfelds, in dem sie sich entwickelt hat und in dem mit ihr umgegangen wird. Sie übt aber durch die in ihr wirkenden Kräfte auch einen starken Einfluß auf jeden einzelnen aus. Viele der in moralischen Vorschriften enthaltenen Versuche, die Sexualität zu bändigen, sie zu sozialisieren, sind Reaktionen *auf* sie: Das revolutionäre, weil herrschaftslose, Potential der Sexualität macht Angst, weil es die alltäglichen Konventionen zur Regulierung unserer Beziehungen in Frage stellen kann und weil es die Möglichkeit zu Beziehungen anbietet, in denen nicht mehr der eine über den anderen bestimmt, sondern in denen sich zwei Menschen einander menschlich annähern. Die unkontrollierte Annäherung verunsichert, weil wir es gewohnt sind, Sicherheit aus der Kontrolle über uns selbst und über andere zu beziehen. Aus psychoanalytischem Blickwinkel zeigt sich: Um durch das revolutionäre Potential der Sexualität nicht allzusehr verunsichert zu werden, geben wir Moralvorschriften von einer Generation an die nächste weiter und errichten immer neue Verhaltens- und Erlebensnormen.

Die Unterscheidung Geschlechtlichkeit / Geschlechtsbeziehung / Geschlechtsakt, die in Hinblick auf die Sexualität auch getroffen werden können, isolieren einzelne Momente der Sexualität. Uns geht es im folgenden um die Darstellung ihrer Psychodynamik.

Zur Bewältigung der Angst vor der Sexualität wurden über die Jahrhunderte immer wieder Moralvorschriften und Verhaltensmuster formuliert. Die Leibfeindlichkeit und Triebunterdrükkung, die in den Moralvorschriften besonders der christlichen Kirchen zum Ausdruck kommen, haben wesentlich auch mit der Sicherung von Herrschaftsansprüchen ihrerseits zu tun, die durch das revolutionäre Potential der Sexualität bedroht werden. In einer Zeit, in der die normsetzende Einflußnahme der Kirchen an gesellschaftlicher Bedeutung verliert, fällt es leichter, den Kampf gegen die Sexualität und ihre Äußerungen in der Vergangenheit zu erkennen. Schwieriger ist es, den heute stattfindenden Kampf gegen die Sexualität, d. h. den Schutz vor der Verunsicherung durch sie, wahrzunehmen.

Naturwissenschaftliche Sichtweise

Indem die Sexualität durch aufklärerische Bestrebungen in diesem Jahrhundert in ihrer biologischen, körperlichen, psychischen und sozialen Funktion für Arterhaltung, Lustgewinn und Strukturierung der Beziehungen entdeckt wurde, verlor sie – zumindest an der Oberfläche unseres Bewußtseins – die Attribute des Teuflischen, der Sünde, der Schuld. Die naturwissenschaftliche Weltsicht hat die sogenannte sexuelle Revolution vorbereitet und beschleunigt. Die Sexualmoral in der säkularisierten Gesellschaft scheint dadurch weniger streng, sogar lustfreundlich geworden zu sein. Jedoch mehren sich in letzter Zeit die Hinweise, daß wir aus dem Bewußtsein zwar den Teufel in der Sexualität ausgetrieben haben. Dafür aber wurde unbemerkt ein neuer Beelzebub eingeführt: Mit dem naturwissenschaftlichen Weltbild hat sich nämlich auch die naturwissenschaftliche Sichtweise auf den Menschen und seine Sexualität weitgehend durchgesetzt. Dabei ist eine neue Sexualideologie entstanden, die noch schwerer als solche zu durchschauen ist als die alte, meldet sie doch ihre Herrschaft nicht mehr im Zeichen der Unterdrückung, sondern unter dem Banner der „Befreiung“ an.

Dem modernen naturwissenschaftlichen Denken entsprechend, dessen Ziel die Beherrschung der Natur ist, wird die Sexualität als Bündel von Einzelfunktionen gesehen, als die Summe von an einzelne Körperteile gebundenen anatomisch und physiologisch beschreibbaren Reaktionen und Funktionen. So wird „die Sexualität“ funktionalisiert, abgetrennt von den Beziehungen, in denen sie erlebt und gelebt wird. „Störungen“ dieser Sexualität haben die Bedeutung von „Nicht-Funktionieren“ bzw. von „Nicht-normal-Sein“. Sie werden nicht verstanden z. B. als Ausdruck eines Gefühlszustandes in einer bestimmten Partnerbeziehung.

Funktionalisierungen

Die Suche nach einer überlegenen und unstörbaren Sexualität ist Ausdruck der alltäglichen und meist unerkannten Pervertierung der Beziehungen. Es besteht nicht nur die Gefahr, Sexualität in Einzelfunktionen zu zerlegen, sondern sie auch losgelöst von unseren Beziehungen (z. B. von Liebe, Empfängnis und Elternschaft) als ein Konsumgut zu betrachten, das jedem zusteht, der es „haben“ möchte. Auf diese Weise scheint Sexualität handhabbar zu werden. Verunsicherungen scheinen „bewältigt“ werden zu können. In unserer Kultur ist dies ein üblicher Umgang mit Verunsicherungen in Beziehungen: anstatt wahrzunehmen, daß wir bei der Suche nach Sicherheit und Zufriedenheit voneinander abhängig sind, wird um „Autonomie“ und Überlegenheit gekämpft – auch in der Sexualität. So funktionalisieren die Partner selbst die Sexualität z. B. als bloße Fortpflanzungsmethode oder als Möglichkeit, Macht über den Partner auszuüben.

Die Pervertierung in den Beziehungen zeigt sich auch im Umgang mit der Sexualität und ihren Störungen in Psychotherapie und Medizin. Für die Behandlung von Störungen der sexuellen Funktionen wurden ausgeklügelte Techniken entwickelt, mit denen die gestörten Funktionen wiederhergestellt werden sollen. Diese Funktionalisierung entspricht den Machbarkeitsvorstellungen eines Weltbildes, in dem man sich vor den Ohnmachtsgefühlen durch Ausübung von Gewalt gegenüber den komplexen Zusammenhängen des Lebens zu retten versucht. Die „gemachte“ Sexualität kann aber immer nur ein Erzwingen der sexuellen Reaktionen sein, die dann unabhängig von der jeweiligen Beziehung ablaufen sollen. Das inzwischen weitverbreitete Verständnis z. B. der sog. „Frigidität“ als Folge einer nur nicht richtig lokalisierten, nicht genügend intensiven Stimulation der Frau durch sich selbst oder durch den Partner trennt die *Bedeutung* des Symptoms „Frigidität“ in der Beziehung dieser Frau mit diesem Mann von seinen körperlichen Erscheinungsfor-

men ab. Sexuelle Lust hat etwas mit dem Erlebnis von Spannung zu tun. Diese Spannung verschwindet, wenn Erregung „produziert“ wird, um einer Leistungsanforderung zu genügen oder um in scheinbarer Unabhängigkeit vom Partner sexuelle Lust zu „genießen“. Wo das Erleben von Spannung vermieden wird, bleiben die Partner voneinander isoliert.
Die „sexuelle Revolution“ hat Wichtiges erreicht: Die Sexualität konnte zum Thema in der öffentlichen Auseinandersetzung werden. Da aber diese Veränderung im Klima der unkritisierten Ideologie von der Machbarkeit stattgefunden hat, wurde die Sexualität erneut in die spezifischen Angstbewältigungsmuster unserer Kultur eingepaßt: Sexualität darf nicht sein, wie sie in Abhängigkeit von den jeweiligen Situationen in den Beziehungen ist; sie wird gemacht und „gekonnt“ und dadurch kontrolliert. Die Entwicklungen in den letzten Jahren (Gentechnologie, Reproduktionsmedizin) setzen diese Funktionalisierung fort. Zunehmend wird dabei die Empfängnis von der Lust, von der Sexualität, von der Elternschaft abgetrennt.

Sexuelle „Arbeitsteilung“

Vor allem in den letzten Jahrzehnten hat sich die Frauenbewegung um die Befreiung der Sexualität allgemein und der Sexualität der Frauen im besonderen bemüht. In dieser Bewegung ging und geht es vor allem um die Infragestellung der sozial festgelegten Rollen von Mann und Frau: In unserer Gesellschaft hat der Mann, will er sich für einen „richtigen“ Mann halten, „stark“, „sicher“, initiativ zu sein; er geht auf die Frau zu, verführt und erobert sie, er ist für ihre sexuelle Zufriedenheit verantwortlich und deshalb auch dafür verantwortlich zu machen. Die Frau dagegen, will sie sich für eine „richtige“ Frau halten, muß „schwach“, „weich“, „weiblich“ und passiv sein, muß darauf warten, daß der Mann auf sie zukommt; sie muß verführt und erobert werden wollen, sie muß darauf achten, daß der Mann „ausreichend sexuell befriedigt“ wird, und sie muß sich ihre „sexuelle Lust“ vom Mann herstellen lassen. Die sexuelle „Arbeitsteilung“ hat sich über die Jahrhunderte parallel zu den anderen Lebensbereichen entwickelt und ausgewirkt.
Diese „Arbeitsteilung“ zur Befriedigung des Mannes und zur Bestätigung seiner Überwertigkeit beruht auf der Angst beider Geschlechter vor der Sexualität und auf der durch diese Angst bedingten gemeinsamen Abwehr des gleichzeitigen und gemeinsamen Lusterlebens. Diese Abwehr besteht in einer unbewußten Vereinbarung zwischen Mann und Frau, daß immer nur einer der beiden Partner sich auf seine sexuellen Wünsche und Gefühle einlassen können soll. Der andere ist mehr oder weniger Statist für dieses Geschehen, er verzichtet darauf, gleichzeitig seine Wünsche und Gefühle zu erleben. Bei der Frau drückt sich diese zumeist unbewußte „Vereinbarung“ in Frigidität oder in anderen sexuellen „Störungen“ aus, beim Mann in den verschiedenen Ausprägungen von Impotenz.

Angstbewältigungsversuche

Diese problematische Vereinbarung hat sich in einer Tradition von Angstbewältigungsversuchen zwischen den Geschlechtern niedergeschlagen. Die kollektive Angst vor der Sexualität, insbesondere die Angst der Männer vor den sexuellen Wünschen der Frauen, drückte sich schon in vorchristlicher Zeit aus und steigerte sich bis zu den Hexenverfolgungen im ausgehenden Mittelalter. „Hexen“ wurden als dämonische Wesen angesehen, denen „übernatürliche“ Kräfte zugeschrieben wurden. „Hexen“ waren nach dem damaligen Glauben Frauen, die sich mit dem „Teufel“ eingelassen hatten, die (wie es im „Hexenhammer“ von 1486 heißt) der „fleischlichen Begierde“ ausgeliefert waren, die „bei ihnen unersättlich ist“ und

„die mit Dämonen zu schaffen haben, um ihre Begierde zu stillen". Verfolgt wurden also in der beginnenden Neuzeit die Kräfte, die die Potenz und das Selbstbewußtsein des Mannes bedrohten. Auf der Grundlage des unbewußten „Vertrags" zwischen Männern und Frauen ist die Impotenz des Mannes Folge und Ausdruck der „Vereinbarung", daß in einer Beziehung nur ein Partner, in diesem Fall die Frau, sexuelle Wünsche erleben darf. Die Sexualität der Frau wird dann vom Mann als überwältigend und verschlingend erlebt.

Folgen eines neuen Bewußtseins

Die Frauenbewegung hat an allen diesen „Vereinbarungen" gerüttelt und damit im Bewußtsein der Allgemeinheit wichtige Veränderungen bewirkt. Viele Frauen werden sich ihrer Einschränkungen und ihrer Entfremdung zunehmend bewußt und versuchen, andere Wege als bisher zu gehen. Sie verlassen die Rolle der passiv wartenden und immer für den Mann bereiten „Sexualobjekte" und entdecken ihre eigenen sexuellen Wünsche und Gefühle. Je nach dem Grad der (oft unbewußten) Angst vor der Sexualität und je nach dem Grad der Notwendigkeit, diese Angst zu vermeiden, suchen sie Möglichkeiten, ihre sexuellen Bedürfnisse zu befriedigen.

In guten Partnerbeziehungen wird das dadurch möglich, daß das Sexualleben von der Frau und von deren sexuellen Bedürfnissen zunehmend mitgestaltet werden kann – ohne daß dadurch die Sexualität des Mannes in den Hintergrund treten muß. Gelegentlich brechen verzweifelte Frauen aber auch aus ihrer passiven Rolle aus und *fordern* vom Mann, daß er ihre bisher unterdrückten sexuellen Bedürfnisse anerkennen und befriedigen soll. Solch unbezogenes Aufbegehren, das sich auf den Rechtsstandpunkt der Gleichberechtigung stützt, ist oft, zumindest auf Dauer, erfolglos, weil sexuelle Befriedigung nicht eingeklagt werden kann. Häufige Partnerwechsel auf der Suche nach dem „Idealpartner" sind oft die Folge.

Ein anderer Weg zu mehr sexueller Aktivität und Befriedigung ist die enttäuschte und verbitterte Abwendung der Frauen von den Männern überhaupt und die Suche nach sexueller Befriedigung mit anderen Frauen. Diese Verbindungen beruhen auf der gemeinsamen Abwertung (und oft auf einer geheimen Überbewertung) des Mannes. Mit der Abwertung des Mannes werden gleichzeitig die eigenen (allerdings oft unbewußten) Wünsche an den Mann entwertet. In den sich daraus ergebenden lesbischen Beziehungen gelingt die (Ersatz-)Befriedigung mehr oder weniger gut und dauerhaft, je nachdem, auf welche Weise der Wunsch nach der sexuellen Beziehung zu einem Mann bei beiden Partnerinnen abgewehrt bleiben kann. Für Frauen, die sich selbst eindeutig als lesbisch bezeichnen, erscheint die lesbische Lebensform allerdings auch als Weg der Gestaltung eigener weiblicher und sexueller Identität.

Manche Frauen können und wollen sich weder auf eine männliche noch auf eine weibliche Sexualpartnerschaft einlassen. Sie befriedigen ihre sexuellen Bedürfnisse selbst (Masturbation). Dabei wird Sexualität als ein rein körperliches, nicht notwendigerweise auf einen (männlichen) Sexualpartner gerichtetes Bedürfnis verstanden. Die Beziehung zu Männern bzw. zu Frauen erscheint dann evtl. nur noch in den die Selbstbefriedigung begleitenden und stimulierenden Phantasien. Oft wird der in dieser Art der Befriedigung enthaltene Verzicht nicht mehr bewußt erlebt; die Masturbation und ihre positive Bewertung erscheinen vielmehr nur als ein Gewinn gegenüber dem absoluten Verbot, sexuelle Bedürfnisse auch nur zu phantasieren, unter dem Frauen lange Zeit gelitten haben. Im allgemeinen Bewußtsein gilt Selbstbefriedigung heute als „unbedenklich". Sie wird in der Pubertät als Entdekkung des eigenen Körpers und der eigenen Sexualität erfahren.

Weg aus der Fremdbestimmung

So wertvoll diese Veränderungen sind, beinhalten sie doch eine Gefahr: Wenn es nicht nur darum geht, daß Frauen sich endlich entsprechend ihren Fähigkeiten und Interessen entwickeln und verhalten können, sondern daß zwischen Männern und Frauen weiterhin Machtverteilungskämpfe geführt werden, dann ändert sich nichts daran, daß eines von beiden Geschlechtern über das andere bestimmt.
In der Sexualität genauso wie für die dringend nötige Bewältigung der großen, die Menschheit bedrohenden Gefahren brauchen wir dringend *menschliche* Beziehungen, in denen nicht verleugnet wird, daß wir in der Lust wie im Überleben *aufeinander angewiesen* sind. Wie ein geborgenes befriedigendes Leben kann auch befriedigende Sexualität nur von Mann *und* Frau *gemeinsam* entdeckt und gelebt werden. Der Versuch, die Sexualität handhabbar zu machen, entspricht dem Versuch, sich die Erde untertan zu machen, ohne wahrzunehmen, daß wir von ihr abhängig sind, wenn wir leben wollen, wenn wir lebendig sein wollen.

Literatur: *Gerhardt Amendt,* Der neue Klapperstorch (Herbstein 1986); *Philippe Ariès / André Béjin / Michel Foucault u. a.,* Die Masken des Begehrens und die Metamorphosen des Fortschritts (Frankfurt a. M. 1984); *Thea Bauriedl,* Psychoanalyse ohne Couch (München 1985); *dies.,* Die Wiederkehr des Verdrängten. Psychoanalyse, Politik und der einzelne (München 1986; *dies.,* Das Leben riskieren. Psychoanalytische Perspektiven des politischen Widerstands (München 1988); *Simone de Beauvoir,* Das andere Geschlecht. Sitte und Sexus der Frau (Reinbek 1951); *Franz Böckle* (Hrsg.), Sexualität und kirchliche Sexualmoral. Ein Dauerkonflikt? (Düsseldorf 1977); *Walter Bräutigam,* Sexualmedizin im Grundriß. Eine Einführung in Klinik, Theorie und Therapie der sexuellen Konflikte und Störungen (Stuttgart 1977); *Ulrich Clement,* Sexualität im sozialen Wandel (Stuttgart 1986); *Michel Foucault,* Sexualität und Wahrheit, Bd. 1 – 3 (Frankfurt a. M. 1977, 1986); *H. E. Fritz,* Matriarchat und Sexualität, in: Sexualmedizin I (1979) 378 – 380; *Erwin J. Haeberle,* Die Sexualität des Menschen. Handbuch und Atlas (Berlin – New York 1983); *Carol Hagemann-White,* Frauenbewegung und Psychoanalyse. Mit einem Quellenanhang (Berlin [2]1986); *Marielouise Janssen-Jurreit,* Frauen und Sexualmoral (Frankfurt a. M. 1986); Psyche. Zeitschrift für Psychoanalyse und ihre Anwendung, Themenheft: Weibliche Sexualität (Stuttgart 1978) 669 – 763; *Gunter Schmidt,* Das große Der Die Das. Über Sexualität (Herbstein 1986); *Frieder Wölpert,* Sexualität, Sexualtherapie, Beziehungsanalyse (München 1983).

THEA BAURIEDL/FRIEDER WÖLPERT

Sichtweise, weibliche

↗ Christentum; Diskriminierung; Emanzipation; Emotionalität und Rationalität; Ethik, weibliche; Feminismus; Frauenbewegung; Frauenforschung; Frauenliteratur; Ganzheitlichkeit; Geschlechtsidentität; Identität, weibliche; Leib / Leiblichkeit; Philosophie, feministische; Politik; Psychotherapie, feministische; Sophia; Sprachkritik, feministische; Theologie, feministische; Wissenschaft

Fragestellung

Schon die Frage nach einer besonderen weiblichen Sichtweise wird vielfach mit Skepsis gesehen: Zu lange diente der Verweis auf Biologie dazu, Frauen aus öffentlichem Denken und Reden auszuschließen. Als Folge sind, so die kritische Frauenforschung, die Wissenschaft wie die Politik und sogar die Sprache von Männern und ihrer Sicht der Dinge geprägt. Frauen – ihre Erfahrungen, ihr Selbsterleben, die von ihnen erlittene Unterdrückung – waren ausgeblendet, kein ernsthaftes Thema. Nun stellt sich immer nachdrücklicher die Frage, welches das Korrektiv zur Männerzentriertheit des Denkens sei, weshalb Frauen nicht nur in die Tempel des Wissens Einlaß begehren, sondern zudem behaupten, wären sie darin, ginge es dort anders zu.
Aus der Arbeit, die Menschen täglich tun, und aus der Verantwortung, die sie tragen, entstehen unterschiedliche Weisen, die Welt zu erkennen. Frauen sind dem *Stofflichen* sowie dem *Sozialen* stärker verbunden als Männer: In der Generationenkette, aber auch von

ihren Mitmenschen lernen sie, daß diese Verbundenheit zu ihrer Weiblichkeit gehört, Ansprüche an sie stellt, deren Einlösung sie erst liebenswert macht. Das prägt die Aufmerksamkeit für das, was um sie geschieht, und lehrt sie auch, anderes als vergleichsweise unwichtig zu übersehen. Frauen haben weder mehr noch weniger *Gefühl* als Männer; aber vielleicht eher den Sinn dafür, daß Menschen nichts ohne Gefühl tun, und daß es daher klüger ist, Gefühle zu beachten.

Strukturen

Der Alltag von Frauen ist dadurch gekennzeichnet, sich auf Vorgaben einzustellen, die nicht dort entstehen, wo sie (letztendlich zu Hause) bewältigt werden müssen. Die Hausarbeit richtet sich nach Zeiten und Anforderungen von Schule, Beruf, Behörde, sogar Medien. Indem Frauen die auseinanderstrebenden Aktivitäten ihrer Familien zusammenhalten, das Zuhause als deren Rückhalt lebendig erhalten – als Ort zugleich der Freiheit aller einzelnen und der verläßlichen Gemeinsamkeit –, entsteht bei ihnen eine diffuse und offene Organisation des Bewußtseins, worin zahlreiche Fäden zusammenlaufen. Frauen lernen, *Komplexität* zu berücksichtigen und deren Tücken mit Humor zu ertragen, statt Konsequenz und Geradlinigkeit zu trainieren. Nicht nur der Alltag, auch die Lebensläufe von Frauen weisen eher lockere, episodische und zufällig wirkende Strukturen auf: Selbst „Spitzenfrauen“ sind gewissermaßen von der eigenen Karriere überrascht worden.

Saubere *Trennungen* – von Arbeit und Freizeit, von Hand- und Kopfarbeit, von Denken und Fühlen – sind Frauen eher fremd; sie kennen kaum den Luxus, daß irgend jemand anders als sie selbst das Chaos der Wirklichkeit so zubereitet, daß sie sich auf eine wohldefinierte Aufgabe konzentrieren können. Das behindert ihren Einstieg oder Aufstieg in „bessere“ Berufe; aber es schützt sie auch vor manch mörderischer unbeabsichtigter Nebenwirkung dieser Trennungen.

In der feministischen Philosophie wie in der feministischen Psychotherapie werden die Züge einer weiblichen Sichtweise zunehmend deutlich beschrieben und als Reichtum begriffen, das Frauen – gewiß infolge ihrer Unterdrückung, aber auch dieser zum Trotz – historisch und kulturell gewonnen haben. In diesem Sinne hat die Frauenbewegung immer auch eine Frauenkultur, einen Diskurs ausschließlich unter Frauen, für nötig gehalten. Das ist heute nötiger denn je: nicht zum Aufbau des Selbstbewußtseins der „schwachen“ Frauen, sondern zur Entfaltung ihrer Stärke.

Literatur: *Carol Hagemann-White,* Sozialisation: weiblich-männlich? (Opladen 1984); *Carolyn Merchant,* Der Tod der Natur (München 1987); *Jean Baker Miller,* Die Stärke weiblicher Schwäche (Frankfurt a.M. 1977); *Brigitte Nöllecke,* In alle Richtungen zugleich (München 1985); *Birgit Rommelspacher* (Hrsg.), Weibliche Beziehungsmuster (Frankfurt a.M. 1987).

Carol Hagemann-White

Sophia

↗ Altes Testament; Christentum; Esoterik; Ganzheitlichkeit; Glauben; Gottesbilder; Judentum; Kirche; Kirchenlehrerinnen / Kirchenväter; Maria; Menschenbild; Mystik; Mythologie; Neues Testament; Ostkirchen / Orthodoxie; Spiritualität; Theologie, feministische; Urbilder, weibliche; Weiblichkeitssymbole

Abgebrochene Tradition

Sophia, die Gestalt der göttlichen Weisheit, war bis in die 30er Jahre dieses Jahrhunderts, wenn auch nur in kleinen Kreisen, ein gängiges Thema im gelehrten Denken und Frömmigkeitsleben der großen christlichen Kirchen wie auch des Judentums. Mit der Vernachlässigung der Figur der Sophia verschwand ein gewichtiges ökumenisches Potential für den jüdisch-christlichen und interkonfessionellen Dialog. An diese abgebrochene Tradition wieder anknüpfen erscheint sinnvoll.

Alttestamentlicher Befund

Quelle der Sophiologie, der Lehre von der göttlichen Sophia, waren die späten Weisheitstexte (2./1. Jahrhundert v. Chr.) des Alten Testaments. Insbesondere Spr 1; 8; 9; Weish 6 – 9 und Sir 1; 2; 4; 51,13 – 20, geben über die Sophia als personifizierte, eindeutig weibliche Gestalt Auskunft. Sie begegnet, im autoritativen Ich-Stil sprechend, als Lehrerin der Menschen (Spr 1,20 – 33), als Göttin (Weish 8,1) oder Königsgöttin (Weish 6,1 – 11/Spr 8,14 – 16). Sie lehrt und autorisiert die Staatslenker oder vermittelt – allgemeiner – ein Wissen, das sich als ethisches und frommes Verhalten in allen Bereichen auswirken soll. Ihr Auftreten ist von göttlicher Art, denn sie wurde von Jahwe vor aller Zeit *gezeugt* (Spr 8,22 – 26; Sir 24,3a), um selbst aktiv als Baumeisterin (Sir 1,9b) oder passiv als Zeugin (Spr 8,27 – 30) bei der Schöpfung dabeizusein. Die Sophia besitzt deshalb Allwissenheit um die Ordnung in der Schöpfung. Prädikate wie Allgegenwart (Weish 7,33) und Allherrschaft (Spr 8,15) werden ihr ebenso zuerkannt wie Jahwe. Sie gehört ganz zum göttlichen Bereich Jahwes (Weish 9,9f.). Auch wenn sie als „Schechina" („Wohnen in Israel") in Israel Wohnung nimmt (Sir 24,8 – 29) oder als „Thora" bezeichnet wird (Sir 24,33f.), bleibt ihr Wesen im Grunde der Welt verborgen (Sir 9,13 – 18). Im Unterschied zu Jahwe ist Sophia weiblich, wird als Geliebte, Ehefrau und Mutter vorgestellt (Spr 4,6 – 9) und eine Verbindung mit ihr in hocherotischer Terminologie beschrieben (Sir 24,18f.).

Deutungen

Daß „Frau Weisheit" im Alten Testament als weibliche, göttliche Gestalt geschildert wird, ist weitgehender Konsenspunkt in der Forschung. Strittig ist dagegen, ob die göttliche und weibliche Einkleidung der Sophia eine bloße dichterische Phantasiefigur ist, die unter symbolischer Verwendung göttlicher und weiblicher Attribute die Faszination des Menschen über die Weisheit Jahwes ausdrücken will, oder ob mit der Sophia eine alttestamentliche Repräsentationsform Jahwes gemeint ist (jüdischer Hypostasenbegriff!), wie etwa die „Treue" und „Güte" Gottes, der Engel oder der hl. Geist Jahwes. Vertreter der letztgenannten Auffassung vermuten kanaanäische oder ägyptische Göttinnen als Vorbilder für die Ausgestaltung der biblischen Sophia-Figur und führen die einheitliche Darstellung der Sophia im Alten Testament auf einen gemeinsamen Weisheitsmythos zurück. Als Quelle dafür gilt ein Gedicht aus dem außerbiblischen Henochbuch (1 Hen 42 / 1. Jahrhundert v. Chr.). Gelegentlich wird eine Verbindung von diesem Gedicht zu den Vorlagen der bedeutenden Sophia-Gestalt in der Gnosis festgestellt. Trotz der vereinzelten Ansicht, daß die Weiblichkeit und personale Göttlichkeit der Sophia als dichterische Figur nur funktionale Dienste geleistet haben soll, hat sich die Annahme der personhaften Wirklichkeit der Sophia nie ganz tilgen lassen. Genauer betrachtet, hat aber der „Typos"-Begriff, der im Ringen um ein rechtes Verständnis der Dreifaltigkeit (1. – 5. Jahrhundert n. Chr.) entwickelt wurde, die im Alten Testament gegebene relative Eigenständigkeit und Weiblichkeit Sophias eingeschränkt: Sie wurde zunehmend als „Typos" für Christus, das fleischgewordene Wort oder manchmal für den Hl. Geist gesetzt.

Die Vision von „Frau Weisheit"

Eine zweite wichtige Legitimationsquelle für die Sophia als weibliche Gestalt ist neben dem Alten Testament die Vision von „Frau Weisheit". Die Vision der Sophia wurde für viele östliche und westliche Kirchenväter (z. B. Slawenapostel Konstantin, 9. Jh.) und Mystiker im Mittelalter (z. B. Heinrich Seuse, 14. Jh.) und der Neuzeit (z. B. Jakob Böhme, 16./17. Jh.) zu einem realen Glaubensgrund und das genaue Gegenteil einer dichterischen Fiktion. Die „Verlobung" mit der Sophia (Konstantin, H. Seuse, J. Böhme u. a.) oder der „Kuß" der Sophia (G. Arnold, 17. Jahrhundert) sind die geläufigen Bilder, in denen diese Personen die mystische Begegnung mit der Sophia erfahren und beschrieben haben. Demut und Askese schienen für sie die würdigen Tugenden zu sein, wie nach der mystischen Verlobung angemessen zu leben wäre.

Eine bemerkenswerte Ausweitung der Sophia-Gestalt läßt sich in einigen Quellen des 9. und 10. Jahrhunderts feststellen, wo „Frau Weisheit" die Gabe der Dichtkunst, Lese- und Redekunst spendet oder damit gleichgesetzt wird.

Die Kenntnis dieser Fertigkeiten war ja geradezu die Voraussetzung dafür, die Heilsbotschaft der Bibel entnehmen zu können und damit die verloren geglaubte Gottebenbildlichkeit wiederzuerlangen. Die Beziehung der Sophia zu den ethischen, frommen Lebensweisen ging dabei nicht verloren. Viele bildliche Darstellungen der Märtyrin Sophia mit ihren Töchtern „Glaube", „Liebe", „Hoffnung" veranschaulichen das, auch wenn ihre Gestalt als „bloße" Christuszeugin wieder zeigt, wie viele Probleme die Zuordnung der weiblichen Sophia zum unmittelbaren Wirklichkeitsbereich Gottes bereitet.

Evangelische Mystik

Vor allem die evangelischen Mystiker/innen des 17. bis 19. Jahrhunderts haben in ihrer visionären Schau der Sophia der heutigen Aktualität vorgegriffen: Durch die Vision der Sophia, die als weibliche Gestalt zu Gottes Wirklichkeitsbereich gehört, finden sie zu dem ursprünglichen androgynen Menschenbild, wo „Frausein" und „Mannsein" vor dem Sündenfall noch harmonisch geeint waren. Die Androgynie ist tiefster Gehalt von Gen 1,26: Wenn Gott Mann und Frau nach seinem Bilde schuf, so muß er selbst beides in sich vereinen. Durch die mystische „Verlobung" mit der Sophia tritt dieses androgyne Urbild wieder als Ziel der Wiederherstellung der Gottebenbildlichkeit vor Augen. Konstantin, H. Seuse oder J. G. Gichtel (17. Jahrhundert) lehnen aufgrund der mystischen „Verlobung" die weltliche Ehe ab, wogegen die meisten Mystiker, in der Nachfolge J. Böhmes und G. Arnolds, gerade in der Ehe das Abbild der verlorenen ursprünglichen Einheit und damit Gottebenbildlichkeit sehen. Die Ehe und die Frau treten nach ihrer Vorstellung nicht in entwürdigende Rivalität zur Sophia. Besondere Nachahmung fand das androgyne Menschenbild in der Anthropologie der Berleburger-Bibel (18. Jahrhundert) und in den philadelphischen Gemeinden Englands, zu denen die Mystikerin Jane Leade (18. Jahrhundert) gehörte. Ihre Vision der Sophia beweist, daß die Weiblichkeit von „Frau Weisheit" keine männliche Projektion ist. Auch die Sophia-Vision Hildegard von Bingens (13. Jahrhundert) kann diese Feststellung unterstreichen.

Römisch-katholische und russisch-orthodoxe Tradition

Im römisch-katholischen (z. B. Ludwig Maria Grignion de Montfort, 17. Jahrhundert) und russisch-orthodoxen Bereich (z. B. Pawel Florensky, 20. Jahrhundert) wird eine Verbindung zwischen Maria und Sophia gezogen, die zwar Sophia auch wieder nur zum Christus-Typos macht, nicht aber Maria und Sophia zu einer Gestalt reduziert. Für Florensky tritt Sophia in der Gestalt Marias in die Welt, die im Geiste den neuen androgynen Menschen in sich vereint. Auch für Grignion ist Maria Trägerin der ungeschaffenen Weisheit, also Christi. Sie selbst bezeichnet er als geschaffene Weisheit. Obwohl die Sophiologie immer Bestandteil der russisch-orthodoxen Theologie war, wurden Florensky und Sergej Bulgakov stark von der offiziellen Theologie angegriffen. Für Bulgakov ist die Sophia der Berührungspunkt zwischen dem liebenden Schöpfer und der geliebten Schöpfung. Er nennt die Sophia auch die „ewige Weiblichkeit“ in Gott, weil sie die Fülle der Liebe in Gott ist, die alles andere als bloß poetisch oder abstrakt sein kann. Man warf Bulgakov in den 20er und 30er Jahren vor, daß er mit der Sophia neben Vater, Sohn und Geist noch eine vierte Person in die Dreifaltigkeit einführen würde. Nach Bulgakovs Ansicht ist die Sophia aber keine vierte Person in Gott, sondern kann Natur und Inhalt einer jeden göttlichen Person werden, ohne ihre Eigenheit, die ja unzweifelhaft in ihrer Weiblichkeit besteht, zu verlieren. Ähnliche Gedanken hatte der Religionsphilosoph Wladimir Solowjew (1853 – 1900). Seine „Philosophie der Alleinheit“ wurzelt in drei Sophia-Visionen, die er nur in lyrischer Form niedergelegt hat. Die Sophia ist ihm „In-Bild“ weiblicher Schönheit, mystisches Bild der Überwindung aller Gegensätze, auch derjenigen zwischen den Geschlechtern. Auch bei Solowjew kommt es aufgrund seiner Vision nicht zu einer Abwertung der Frau, sondern er findet durch die Schau die Gottebenbildlichkeit ihrer Person bestätigt.

Neue Zugänge

Die Sophia stand nie im Zentrum theologischen Interesses, schon gar nicht im Westen, wo ein jungfräulich geprägtes Mutterbild im Marienkult allzusehr dominierte. Gerade die weitgehende Eigenständigkeit in Gott und die mit ihr verbundene Aufwertung von Ehe und Sexualität lassen eine neue Beschäftigung mit dieser Gestalt als notwendig erscheinen. Die Sophia ist ein gemeinsames Erbe von Juden, katholischen, evangelischen und russisch-orthodoxen Christen und könnte Anlaß zu einem neuen ökumenischen Gespräch miteinander werden.

Literatur: *Ernst Benz,* Geist und Leben der Ostkirche (Hamburg 1957); *Felix Christ,* Jesus Sophia. Die Sophia-Christologie bei den Synoptikern (Abhdlg. zur Theologie des NT, Bd. 57) (Diss. Zürich 1970); *Bernhard Lang,* ‚Frau Weisheit‘. Deutung einer biblischen Gestalt (Diss. Düsseldorf 1975); *Fairy v. Lilienfeld,* ‚Frau Weisheit‘ – in byzantinischen und karolingischen Quellen des 9. Jh. Allegorische Personifikation, Hypostase oder Typos?, in: Margot Schmidt / Carl-Friedrich Geyer (Hrsg.), Typos, Allegorie, Symbol bei den östlichen Vätern und ihre Parallelen im Mittelalter (Eichstätter Beitr., Bd. 4) (Regensburg 1982) 146 – 186; *dies.,* Sophia die Weisheit Gottes. Über die Visionen des Wladimir Solowjew als Grundlage seiner Sophiologie, in: Una Sancta 39 (1984) 113 – 129; *Walter Nigg,* Sophia, in: ders., Drei große Zeichen (Olten 1972) 163 – 243; *Gershom Scholem,* Von der mystischen Gestalt der Gottheit. Studien zu Grundbegriffen der Kabbala (Zürich 1962); *Silvia Schroer,* Der Geist, die Weisheit und die Taube, in: Freiburger Zeitschrift für Philosophie und Theologie 33 (1986) 197 – 225; *Bernhard Schultze,* Der gegenwärtige Streit um die Sophia, die göttliche Weisheit, in der Orthodoxie, in: Stimmen der Zeit 137 (1940) 319 – 324; *Elisabeth Schüssler-Fiorenza,* Wisdom Mythology and the Christological Hymns of the New Testament, in: R. L. Wilken (Hrsg.), Aspects of the Judaism and Early Christianity (Notre Dame – London 1975).

VERENA WODTKE

Soziale Sicherung

↗ Alleinstehende; Arbeitslosigkeit; Armut; Beruf; Diskriminierung; Ehescheidung; Erwerbstätigkeit; Frauenberufe; Frauen im ländlichen Raum; Gewerkschaften; Kinder; Lebenskrisen; Mädchen- / Frauenschutz; Mutterschaft; Wiedereingliederung

System der sozialen Sicherung

Die soziale Sicherung in der Bundesrepublik Deutschland erfolgt nicht ausschließlich durch die gesetzliche Rentenversicherung. Daneben gibt es vor allem das System der beamtenrechtlichen Versorgung, aber auch die Altershilfe der Landwirte, eine größere Zahl von Versorgungswerken für Angehörige der freien Berufe sowie Zusatzversorgungseinrichtungen. Für den ganz überwiegenden Teil der Bevölkerung hängt jedoch die Absicherung im Alter, bei Erwerbsunfähigkeit und im Hinterbliebenenfall von der Einbindung in die gesetzliche Rentenversicherung und den Regelungen in diesem Rechtsbereich ab.

Benachteiligung von Frauen

Das Rentenrecht unterliegt allerdings ständigen Änderungen. Der Rentenreform 1957 sind zahlreiche weitere Gesetze gefolgt, durch die die Voraussetzungen für den Zugang zu den Leistungen und die Berechnungsvorschriften geändert worden sind. Zunächst waren es bis 1972 Leistungsausweitungsgesetze zugunsten von Versicherten mit geringen Eigenleistungen. Ihnen folgten Reparaturgesetze, durch die vor allem Ansprüche von Frauen eingeschränkt wurden. Eine Darstellung des Rentenrechts und damit auch der sozialen Sicherung der Frau kann daher immer nur eine Art von Momentaufnahme darstellen.
Auch heute noch gibt es Frauen, deren soziale Absicherung ausschließlich durch Hinterbliebenenrente erfolgt. Die Zahl dieser Frauen nimmt jedoch ab, die Zahl der Frauen, die (auch) eine Versichertenrente aus eigenen Beiträgen beanspruchen kann, nimmt stetig zu.
Für den Zugang zu den Versicherten- wie zu den Hinterbliebenenrenten gelten seit 1986 die gleichen Regelungen, von einer Ausnahme abgesehen, dem „vorgezogenen Altersruhegeld“ für Frauen.

Sicherung im Alter

Unter den Altersruhegeldern stellt das vorgezogene Altersruhegeld die von Frauen am meisten in Anspruch genommene Leistung dar. Mit dem Vorbringen, das vorgezogene Altersruhegeld für Frauen führe zu einer unzulässigen Privilegierung von Frauen (Männer können nur unter anderen Voraussetzungen vor dem 65. Lebensjahr Rente beziehen), war diese Regelung allerdings mit der Verfassungsbeschwerde angegriffen worden. Das Bundesverfassungsgericht hat seine Entscheidung vom 28. 1. 1987, mit der es eine verfassungswidrige Ungleichbehandlung wegen des Geschlechts verneint hat, darauf gestützt, daß darin eine Kompensation für die „faktischen Nachteile“ zu sehen sei, die nach dem Recht der gesetzlichen Rentenversicherung typischerweise Frauen treffen.

Sicherung bei Erwerbsunfähigkeit

Sie ist für solche Versicherten vorgesehen, die wegen ihres Gesundheitszustandes nicht mehr als nur geringfügig arbeiten und nicht mehr als nur geringfügige Einkünfte erzielen können. Nach der jüngeren Rechtsprechung des Bundessozialgerichts ist die Rente jedoch auch schon bei geringerer Leistungseinschränkung zu gewähren, wenn eine ganztägige Arbeitszeit nicht zumutbar erscheint. Der auf diese Rechtsprechung zurückzuführende Anstieg der Erwerbsunfähigkeitsrenten und die damit verbundenen Kosten haben zu einer Neuordnung ab 1. 1. 1984 durch das Haushaltsbegleitgesetz 1984 geführt, durch die vor allem für nicht durchgehend beschäftigte Frauen der Zugang zu dieser Rente erschwert worden ist.

Sicherung im Hinterbliebenenfall

Das Hinterbliebenenrentenrecht, nach dem seit dem 1. 1. 1957 alle Witwen ausreichend versicherter Männer – Witwer versicherter Frauen dagegen nur ausnahmsweise – einen Anspruch auf Hinterbliebenenrente in Höhe von 60% der Versichertenrente des Verstorbenen hatten, ist seit dem 1. 1. 1986 durch eine Neuregelung ersetzt worden. Nunmehr hat auch jeder Witwer, dessen Frau nach dem 31. 12. 1985 gestorben ist, grundsätzlich einen Hinterbliebenenrentenanspruch. Aber auf die Hinterbliebenenrente, durch die der bisher vom Verstorbenen dem/der Überlebenden geleistete Unterhalt ersetzt werden soll, wird jetzt eigenes Erwerbs- und Erwerbsersatzeinkommen zu 40% angerechnet, soweit es die Freigrenze von 3,3% der allgemeinen Bemessungsgrundlage, 1985 ca. 900,– DM, übersteigt.
Andere Einkünfte – wie Vermögenserträge, Zusatzeinkommen und ähnliche Bezüge –, darunter Betriebspen-

sionen, werden dagegen nicht angerechnet, obwohl Unterhaltsbedürftigkeit nicht von der Quelle, sondern nur von der Höhe der Einkünfte abhängt, die ein Berechtigter bezieht.
Unter den Beziehern solcher Einkommen, insbesondere auch von hohen Betriebspensionen, die einer ungekürzten Auszahlung der Hinterbliebenenrente nicht entgegenstehen, finden sich in der Mehrzahl Männer, Frauen allenfalls als verschwindende Minderheit. Auch im Bereich der Hinterbliebenenversorgung sind Frauen somit faktisch eher benachteiligt.

Gleiche Regelungen – doch keine vergleichbaren Renten

Die Zahl der an Frauen gezahlten Renten übersteigt bei weitem die an Männer gezahlten Renten. Die durchschnittlichen Zahlbeträge der an Frauen gezahlten Renten liegen jedoch erheblich unter dem Durchschnitt der Männerrenten. Zwar sind auch die Rentenberechnungsvorschriften völlig geschlechtsneutral ausgestaltet, seit auch die Ausbildungszeiten und die ersten fünf Versicherungsjahre Männern und Frauen mit den gleichen Tabellenwerten (fiktiven Einkommen) anzurechnen sind. Die gleichen Regelungen führen jedoch zu Renten von ganz unterschiedlicher Höhe, da sie sich auf unterschiedliche Lebenssachverhalte beziehen. Für die individuelle Rentenhöhe sind zwei Faktoren maßgebend, nämlich die Zahl der Versicherungsjahre und der sogenannte persönliche Prozentsatz. Der persönliche Prozentsatz gibt das Verhältnis wieder, in dem während der zurückgelegten Beitragszeiten das Bruttoarbeitsentgelt des/der Versicherten zu dem Bruttoarbeitsentgelt aller Versicherten der Rentenversicherung gestanden hat. Der persönliche Prozentsatz und der aus den Versicherungsjahren errechnete Prozentsatz (je Jahr 1,5 %), bezogen auf die allgemeine Bemessungsgrundlage, ergibt die Jahresrente. (Allgemeine Bemessungsgrundlage ist ein aus den Bruttoeinkommen aller Versicherter in einem etwas zurückliegenden Zeitpunkt errechneter Wert, der entsprechend dem Anstieg der Bruttoeinkommen alljährlich neu festgestellt wird.)
Die durchschnittlich schlechtere berufliche Ausbildung der älteren Frauen, offene und versteckte Lohndiskriminierungen und Teilzeitbeschäftigungen sind die wesentlichen Ursachen des durchschnittlich erheblich niedrigeren persönlichen Prozentsatzes. Zeiten der Kindererziehung waren in der Bundesrepublik Deutschland bis zum 1. 1. 1986 überhaupt nicht, seither sind sie unter bestimmten Voraussetzungen mit einem Jahr anrechenbar.
Die Berücksichtigung von Erziehungszeiten ist in zwei verschiedenen Gesetzen geregelt, dem am 1. 1. 1986 in Kraft getretenen Hinterbliebenenrenten- und Erziehungszeitgesetz für die nach dem 31. 12. 1920 geborenen Mütter und in dem sogenannten Kindererziehungsleistungsgesetz für die vor dem 1. 1 1921 geborenen Mütter.

Beamtenversorgungsrecht

Auch dessen Regelungen sind grundsätzlich für Männer und Frauen gleich – eine Vorschrift richtet sich allerdings vor allem gegen Frauen, die wegen Kindererziehung beurlaubt oder über einen längeren Zeitraum nur teilzeitbeschäftigt waren. Durch das fünfte Gesetz zur Änderung dienstrechtlicher Vorschriften vom 25. 7. 1984 ist zu Lasten insbesondere der aus familiären Gründen zeitweise beurlaubten oder teilzeitbeschäftigten Beamtinnen eine Kürzung der erdienten Versorgung eingeführt worden. Daß Zeiten der Beurlaubung überhaupt nicht und der Teilzeitbeschäftigung nur zur Hälfte als Dienstzeit angerechnet werden können, ist einsichtig und unbestritten. Über diese Nichtberücksichtigung hinaus findet jetzt jedoch noch einmal eine „Reduzierung" der vor und nach der Beurlaubung tatsächlich zurückgelegten Zeiten mit der Folge statt, daß zwar bei spätem Eintritt ins Beamtenverhältnis und bei vorzeitiger Zurruhesetzung z.B. 30 Dienstjahre, wenn sie vor und nach einer Beurlaubung von 10 Jahren z.B. wegen der Erziehung von drei Kindern liegen, so gekürzt werden, daß die Versorgungsbezüge nicht mehr 70%, sondern nur noch 60% der maßgebenden Dienstbezüge ausmachen.

Österreich

Die soziale Sicherung in Österreich unterscheidet sich in einigen Punkten, die der Schweiz jedoch sowohl nach ihrer Zielsetzung wie in der Ausgestaltung grundsätzlich von der der Bundesrepublik Deutschland. Vom österreichischen Pensionsrecht (letzte grundlegende Pensionsreform in Kraft seit 1. 1. 1985) werden grundsätzlich alle Erwerbstätigen, nicht nur die abhängig Beschäftigten, erfaßt. Es sieht, ähnlich wie das Recht der Bundesrepublik Deutschland, Alterspensionen, Pensionen bei geminderter Erwerbsfähigkeit und Hinterbliebenenpensionen vor. Alterspensionen erhalten Männer ab 65, Frauen ab 60, bei langer Versicherungsdauer Männer ab 60, Frauen ab 55. Die Rentenhöhe hängt von der Zahl der Versicherungsjahre und der Bemessungsgrundlage ab. Anders als in der Bundesrepublik Deutschland wird diese Bemessungsgrundlage jedoch nicht aus dem Durchschnitt des ganzen Arbeitslebens, sondern grundsätzlich aus dem der letzten 120 Versicherungsmonate errechnet. Die ersten 12 Monate nach der Geburt eines Kindes werden den Müttern als Ersatzzeit angerechnet.

Die Witwenpension beträgt 60% der Versichertenpension, bei Tod des Versicherten vor dem 50. Lebensjahr mindestens 30% der Bemessungsgrundlage. Die Witwerpension liegt einstweilen noch niedriger. Sie beträgt bis zum 31. 12. 1988 nur ein Drittel der Witwenrente, danach zwei Drittel, und ab 1. 1. 1995 hat auch der Witwer Anspruch auf volle Hinterbliebenenpension.

Auch in Österreich gibt es keine Mindestpension. Die Bezieher von kleinsten Pensionen sollen jedoch eine Ausgleichszulage erhalten, sofern sie über keine oder nur geringe sonstige Einkünfte oder Unterhaltsansprüche verfügen.

Schweiz

Die Schweizer staatliche Alters- und Hinterbliebenenversicherung AHV (letzte Fassung 1977 durch 9. AHV-Revision) ist eine Volksversicherung, die die gesamte erwachsene Bevölkerung der Schweiz erfaßt. Sie sieht Renten für Männer ab 65, Frauen ab 62 vor – allerdings soll die Rente keinen Lohnersatz bringen – und schon gar nicht den Lebensstandard sichern –, sondern nur zu einer angemessenen Sicherung des Existenzbedarfs führen. Es gibt daher keine enge Verknüpfung zwischen Beitragsleistung oder versichertem Einkommen und Rentenanspruch – auch wenn es sich bei den gewährten Renten nicht um sogenannte Grundrenten handelt, die für alle Versicherten gleich hoch sind. Unterschiedliche Leistungen sind durchaus vorgesehen – sie sind jedoch nach unten (Minimalrenten) wie nach oben (Maximalrenten) begrenzt. Im Bereich der Minimalrenten liegen vor allem die Renten lediger und geschiedener Frauen. Durch die „zivilstandsabhängige“ Rente – Ehepaarrente – werden nämlich Männer – und zwar vor allem mit nicht erwerbstätigen Frauen verheiratete Männer und im Ergebnis auch noch ihre Witwen begünstigt. Erwerbstätige verheiratete Frauen erhalten trotz der Beiträge, die auch sie entrichten müssen, keine eigenständige Rente. Ihre Beiträge zur AHV gehen – soweit sie überhaupt berücksichtigt werden – in dem Anspruch des Mannes auf eine Ehepaarrente auf.

Literatur: *Hermann Christopher,* Gleichstellung der Frau und Rentenrecht (Berlin 1984); *Margit Bigler-Eggenberger,* Soziale Sicherung der Frau (Bern – Frankfurt a.M. 1979); *Gret Haller,* Frauen und Männer. Partnerschaft oder Gleichmacherei? Versagungsunabhängigkeit für alle (Bern 1979); *Annelies Kohleiss,* Sie heiratet ja doch (Freiburg i.Br. 1983). – Neben Gesetzestexten gibt es eine Fülle von Broschüren, hier nur eine kleine Auswahl: Frauen in der Bundesrepublik Deutschland, hrsg. vom Bundesminister für Jugend, Familie, Frauen und Gesundheit (Bonn 1988); Politik für Frauen, hrsg. vom Presse- und Informationsamt der Bundesregierung (Bonn 1987); Rente im Klartext, hrsg. vom Bundesminister für Arbeit und Sozialordnung (Bonn 1985). – Für Österreich und die Schweiz bei den entsprechenden Bundesministerien.

ANNELIES KOHLEISS

Sozialethik, evangelische

↗ Amt, kirchliches; Befreiungstheologie; Charismen; Christentum; Ehe; Familie; Frauenverbände; Frieden; Gemeinde; Gentechnik; Gottesbilder; Kirche; Kirchenrecht; Mütterlichkeit; Mutterschaft; Neues Testament; Ökumene; Reformation; Schwangerschaftsabbruch; Schwesternschaften; Soziallehre, katholische

Aspekte des Frauenbildes in der evangelischen Tradition

Die evangelische Ethik kennt weder verbindliche kirchliche Lehräußerungen zu ethischen Fragen noch ein in sich geschlossenes theoretisches System, das dem katholischen Naturrecht vergleichbar wäre. Vielmehr umfaßt sie von der kulturprotestantischen und liberalen Ethik (z.B. F. Schleiermacher, R. Rothe) über die reformierte (K. Barth) und lutherisch geprägte (z.B. H. Thielicke) bis hin zur neueren politischen Ethik ein sehr breites Spektrum von Denkansätzen und Themenfeldern.

Die Frage nach der – durch den Umbruch von der agrarischen zur industrialisierten Gesellschaft stark gewandelten – sozialen Stellung der Frau ist in den Ethikentwürfen des 19. Jahrhunderts allerdings nur sehr langsam in den Blick gekommen. Vornehmlich wurde die Rolle der Frau in der Ehe- und Familienethik behandelt, wobei, unter Bezug auf biblische Belege, die Frau dem Mann faktisch untergeordnet blieb. Noch Wilhelm Herrmann (Ethik, ²1901) erwog eine Berufstätigkeit der Frau (und dies nur in Form karitativer Hilfsdienste!) lediglich für den Fall ihrer Ehelosigkeit; hingegen Themen des Sozialschutzes arbeitender Frauen wurden nicht eigens erörtert.

Solche Befangenheit evangelischer Sozialethik im Rahmen bürgerlicher Rollenvorstellungen mag insofern überraschen, als der Protestantismus ursprünglich auch für die Frau einen positiven Wandel gebracht hatte. Martin Luther hat nicht nur das weltliche Arbeitsverständnis sowie den entklerikalisierten Staatsgedanken der Neuzeit beeinflußt, sondern auch dadurch befreiend gewirkt, daß er die Frau am allgemeinen Priestertum der Gläubigen teilhaben ließ: Wenn er im Gegenzug zum Leitbild der Nonne die Vorstellung der Frau und Mutter prägte (auch durch das Modell des evangelischen Pfarrhauses!), so bekräftigte er zugleich eine *eigenständige* Verantwortung des „Mutteramtes". Freilich hat die spätere lutherische Theologie dann ein patriarchales Ehe- und – analog – patriarchales Staatsverständnis gefördert, indem die Vaterrolle des Familienoberhauptes auch auf die Obrigkeit übertragen wurde.

Noch im Jahre 1952 bezeichnete der Tiefenpsychologe Carl Gustav Jung den Protestantismus, vor allem aufgrund seines einseitig männlich überformten Gottesbildes, als „Männerreligion". In der Tat hat noch im 20. Jahrhundert eine patriarchale Grundsicht das evangelische Bild der Familie, den Obrigkeitsgedanken wie das Kirchenverständnis bestimmt. Die Ordination der Frau als evangelische Pfarrerin konnte nur gegen Widerstand durchgesetzt werden. Besonders die lutherische Ordnungstheologie (z.B. P. Althaus) deutete die Ehe sowie den Staat als hierarchisch zu verstehende Ordnungen, die der Welt schöpfungsmäßig eingestiftet seien. Ein solches statisch-ungeschichtliches Ordnungsdenken hat in der evangelischen Sozialethik eine weiterführende Reflexion der durch die industrielle Arbeitswelt grundlegend veränderten soziologischen Situation der Frau stark behindert. Der Zurückdrängung der Frau auf den privaten Raum der Familie diente überdies das ontologische Scheinargument, die Frau sei stärker gefühls- und gemütsbetont und gegenüber dem geistig-universal veranlagten Mann das stärker „natürliche“ Wesen; mit diesem – bis ins 20. Jahrhundert wiederholten! – Vorurteil wird z. B. in der ansonsten sozialkritisch aufgeschlossenen Theologischen Ethik R. Rothes ([2]1867) die „s.g. Emancipation“ scharf abgelehnt. Andererseits ist zu betonen, daß der Protestantismus auch Impulse setzte, die soziale Rolle der Frau zu verbessern: im 18. Jahrhundert etwa durch Mädchenbildung (A. H. Francke), im 19. Jahrhundert durch diakonische Tätigkeit (Th. Fliedner). Ein für seine Zeit ganz ungewöhnliches Reflexionsniveau erreichte der 1890 in Berlin gegründete Evangelisch-soziale Kongreß mit Analysen zur gewandelten Situation der Frau in der nachagrarischen, bürgerlich bzw. industriell strukturierten Gesellschaft und mit weitreichenden sozialpolitischen Forderungen zum Arbeiterinnenschutz, zur Berufsförderung der Frau u. a. Zu beachten sind vor allem die Kongresse von 1895, 1906 und 1910.

Die EKD-Studie „Die Frau in Familie, Kirche und Gesellschaft“

Gegenwärtig relevante Aspekte der Frauenthematik sind prägnant in dieser 1979 publizierten Studie der Evangelischen Kirche in Deutschland (EKD) zusammengefaßt. In ihr zeige sich (so Chr. Springe), daß die Frauenfrage am Ende des 20. Jahrhunderts für die Kirche dieselbe Bedeutung gewinnen könne, wie sie die Arbeiterfrage im 19. Jahrhundert hatte. Die Studie erörtert u. a. konkrete Probleme der Hausfrauenarbeit, fordert die – überfällige! – eigenständige soziale Sicherung der Hausfrau, beleuchtet den Rollenkonflikt zwischen Erwerbs- und häuslicher Tätigkeit der Frau mit Hilfe verschiedener Lösungsmodelle und die Unterrepräsentation der Frau in Leitungspositionen von Politik, Wirtschaft und Kirche. Zu betonen ist, daß die Studie nicht nur die familiäre und berufliche Rolle der Frau sowie Probleme der alleinlebenden und alleinerziehenden Frau anspricht, sondern auch dazu beiträgt, Rückwirkungen der gewandelten Stellung der Frau auf Selbstverständnis, Psyche und soziale Rolle des Mannes aufzuarbeiten: Die Aushöhlung männlicher Privilegien in Familie und Gesellschaft erfordert eine neue Identitätssuche auch des Mannes sowie einen von Mann und Frau gemeinsam zu gewinnenden „neuen Lebensstil“ in der bislang einseitig von als männlich geltenden Werten (z. B. Leistung) geprägten Gesellschaft. So gesehen, bildet der Wandel im Selbstverständnis der Frau zugleich einen entscheidenden Faktor für den allgemeinen Wertewandel in der Gegenwartsgesellschaft.

Gegenwärtige Fragestellungen

Die EKD-Studie belegt, daß die Frauenfrage als eine der Herausforderungen gegenwärtiger Sozialethik gilt. Andere herausragende Themen sind z. B. die Folgen- und Akzeptanzprobleme der Hochtechnologie wie auch die neu aufgeworfene Grundsatzfrage des Verhältnisses von Religion zu Staat bzw. Gesellschaft, insofern zur Zeit das Thema der Funktion von Religion „nach“ der Aufklärung (H. Lübbe), d. h. einer religiösen Re-Orientierung der Gesellschaft und einer möglichen religiösen Legitimation des Staates neu diskutiert wird. Hierzu wäre jedoch zu bedenken, ob der theologischen Ethik tatsächlich eine prinzipiell legitimatorische oder nicht doch vor allem eine produktiv-zukunftsgerichtete, gesellschafts*kritische* Aufgabe zukommt. Gerade in der Frauenfrage ist eine kritisch-aufklärerische Funktion der Ethik sinnvoll. Hierzu zählt, den gegenwärtigen Bewußtseinswandel zugunsten der Gleichberechtigung weiter zu fördern (auch durch kritische Analysen zur Darstellung der Frauenrolle etwa in der Werbung oder in Schulbüchern) sowie die Gleichstellung der Frau in Ausbildung und Beruf bzw. die Vereinbarkeit von Beruf und Familie bei Frau *und* Mann anzumahnen. Auch die moderne Reproduktionstechnologie bedarf einer Erörterung unter dem Aspekt des Frauenverständnisses; als Problemfelder sind die Instrumentalisierung der Frau als Mietmutter oder die Möglichkeit der Samenselektionierung zu nennen, die eine Geschlechtswahl des erwünschten Kindes und damit erneut eine Diskriminierung des weiblichen Geschlechts befürchten läßt (vgl. bereits jetzt die Abtreibung weiblicher Feten in Indien und den USA). Eine wesentliche Aufgabe evangelischer Sozialethik dürfte ferner darin zu sehen sein, den Gleichberechtigungsgedanken im ökumenischen und künftigen interreligiösen Dialog (Frauenrechte im Islam!) geltend zu machen. Das sozialethische Postulat einer Gleichstellung der Frau ergibt sich aus der Wertgrundlage evangelischer Ethik, nämlich dem gerade im Protestantismus besonders deutlich akzentuierten Individualitätsgedanken sowie den Werten der Gleichheit und Gerechtigkeit.

Literatur: *Evangelische Kirche in Deutschland,* Die Frau in Familie, Kirche und Gesellschaft. Studie, hrsg. im Auftrag des Rates der EKD (Gütersloh 1979); *Martin Honecker,* Art. Sozialethik, in: Evangelisches Staatslexikon II (Stuttgart [3]1987) 3191 – 3209 (Lit.); *ders.,* Frau, Kirche und Gesellschaft. Schwerpunkte des sozialethischen Interesses aus evangelischer Sicht, in: Anton Rauscher (Hrsg.), Die Frau in Gesellschaft und Kirche (Berlin 1986) 213 – 228; *Hartmut Kreß,* Perspektiven des Wertewandels, in: Anton Rauscher (Hrsg.), a. a. O. 59 – 72; *Gerlinde Mehrle / Gudrun Diestel,* Art. Frau, in: Evangelisches Staatslexikon I ([3]1987) 941 – 959 (Lit.); *Claudia Pinl u. a.,* Frauen auf neuen Wegen. Studien und Problemberichte zur Situation der Frauen in Gesellschaft und Kirche (Gelnhausen – Berlin 1978); *Trutz Rendtorff,* Ethik, Bd. I – II (Stuttgart 1980f.) (II 120ff. zur Gleichberechtigung; Lit.); *Gerta Scharffenorth u. a.* (Hrsg.), Reihe „Kennzeichen" (Gelnhausen – Stein a. M. ab 1977); *dies.,* Frauenbewegung in der Ökumene, in: Ökumene-Lexikon (Frankfurt a. M. 1983) 385 – 389 (Lit.); *Gerhard Schmidtchen,* Die Situation der Frau (Berlin 1984).

HARTMUT KRESS

Sozialisation

↗ Aggressivität; Arbeit; Ausbildung; Begabung; Beruf; Chancengleichheit; Diskriminierung; Erziehung; Familienrollen; Frauenrollen / Frauenleitbilder; Geschlechtsidentität; Identität, weibliche; Mutterbindung; Väterlichkeit

Begriff und Bedeutung

Der Begriff „Sozialisation" erscheint seit ca. zwanzig Jahren in der deutschsprachigen psychologisch-soziologischen Fachliteratur. Mit ihm wird die Tatsache bezeichnet, daß die Entwicklung der Persönlichkeit durch genetische wie auch gesellschaftliche Voraussetzungen (Lebensraum, soziale Schicht, kulturelle Gegebenheiten) bestimmt wird. Das durch beide Einflußgrößen gewordene und ständig werdende Individuum bleibt in dauernder Auseinandersetzung mit der Gesellschaft bei wechselnder Dominanz zwischen Sozialisator und Sozialisand. Dieser Sozialisationsbegriff vermeidet die Einseitigkeit einer rein autochthonbiologistischen wie auch einer unsachgemäß verkürzenden milieubetonenden Theorie. Sozialisation ist vor allem durch Interaktion gekennzeichnet.

Sozialisation als lebenslanger Prozeß umfaßt den Erwerb jener kognitiven und emotionalen Eigenschaften und Verhaltensweisen (Normen, Werte), die das Individuum in seiner Gesellschaft lebens- und funktionstüchtig machen. Darüber hinaus bietet der Prozeß der Sozialisation dem Individuum die Alternativen der Anpassung oder des Widerstandes, der Konformität oder der Abweichung. Es wird damit zur ständigen Balancierung zwischen eigenen (individualistischen) Tendenzen und den Forderungen der Gesellschaft nach Anpassung herausgefordert. Es geht um Balancierung zwischen Selbstorientierung und Kollektivorientierung.

Sozialisation in Kindheit und Jugend

Über die hervorragende Bedeutung der Sozialisation im Kindes- und Jugendalter herrscht im allgemeinen Einmütigkeit. Über den Verlauf des Sozialisationsprozesses jedoch gehen die Meinungen weit auseinander, z. B. in der Beantwortung der Frage nach den Ursachen unterschiedlicher Sozialisationsergebnisse bei feststellbar gleichen Sozialisationsbedingungen.

In den Bereich der weitgehenden Übereinstimmung gehört das Sozialisationsstufenkonzept von Erikson, dessen erste Stufe als Resultat eines geglückten Sozialisationsprozesses den Erwerb des für die weitere Sozialisation notwendigen Urvertrauens darstellt. Urvertrauen entwickelt sich zunächst in der Wechselseitigkeit zwischen Mutter (Vater) und Kind, danach in einer offenen warmen Familienatmosphäre, die die Entwicklung von Kontaktfähigkeit ermöglicht, und zwar unter Berücksichtigung der kindlichen Selbständigkeitsbestrebungen. Schon das Neugeborene übt durch Aussehen, Temperament und Aktivität einen beträchtlichen Einfluß auf die Eltern aus. Es entfaltet Eigeninitiative, die unter Umständen ein Beitrag zur Sozialisation der Eltern sein kann. Im Umgang mit den ersten Sozialisationsagenten erlebt sich das Kind als erwünscht, angenommen und geachtet. Es bildet sich die Lebensgrundstimmung des „In-Ordnung-Seins". In dem bezeichneten familialen Klima dienen alters- und situationsgemäße Versagungsreize dem rechtzeitigen Erwerb der Fähigkeit zum Verzicht auf unmittelbare und ständige Bedürfnisbefriedigung sowie zur Auseinandersetzung mit der sozialen Wirklichkeit. So wächst allmählich die Frustrationstoleranz.

Die in der frühen Kindheit erworbene psychische Ausstattung ist für den Heranwachsenden zwar ein wertvolles Grundkapital, das jedoch nur in begrenztem Umfang Voraussagen über die weitere Entwicklung erlaubt. Es lassen sich immer wieder Biographien von Menschen mit vergleichsweise negativen Ausgangsbedingungen beobachten, die – aus welchen Ursachen auch immer – positive Sozialisationsergebnisse zeitigen (Hemminger).

Neuere Perspektiven der psychologischen Sozialisationsforschung beziehen sich auf die Einflußgröße des Vaters; der Vater ist in der Sozialforschung geradezu „entdeckt" worden (Lamb). Umgangsformen und Spielstile bei Vätern und Müttern wurden zum Gegenstand vergleichender Untersuchungen. Die Frage nach dem Einfluß der Geschwisterinteraktion auf die Sozialisation des ersten Kindes wird z. B. an der Bedeutung der Ankunft des zweiten Kindes für Entwicklung und Verhalten des ersten untersucht (Kreppner).

Als weitere Sozialisationsagenten treten in Kindergarten und Schule außerfamiliäre Erzieher und Gleichaltrige hinzu. Das Resultat der individuellen Lernprozesse, und zwar sowohl hinsichtlich des Sach- als auch des Affektlernens steht im Zusammenhang mit der frühkindlichen Lerngeschichte. Vieles weist darauf hin, daß die Art der Mutter-(Vater-)Beziehung sowie die häuslichen Anregungen (Medien eingeschlossen) während der ersten Jahre die kognitiven Fähigkeiten eines Kindes wie auch seine Leistungsmotivation weitgehend beeinflussen (Grossmann, Heckhausen). Unter den Schulversagern ist die Zahl der wirtschaftlich und/oder emotionell benachteiligten Kinder auffallend groß. Aufgrund von frühem Erfahrungsmangel sind sie kaum in der Lage, vorhandene intellektuelle Fähigkeiten zu aktivieren. Die Tatsache, daß Eltern den Lernerfolg ihrer Kinder begünstigen oder einschränken können, darf heute als unstrittig gelten. Kindergarten, Schule und Medien als Orte der Sozialisation beeinflussen Erweiterung und Differenzierung des Selbstbildes.

Im Jugendalter wird eine erfolgreiche Sozialisation (autonomes, abgewogenes Sozialverhalten) durch die andrängenden Triebimpulse einerseits und die steigenden Erwartungen und Ansprüche der Gesellschaft anderseits erschwert, und zwar sowohl in der Familie als auch im sekundären und tertiären Bereich (Schule und Freizeit). Erziehungsrezepte sind in der Regel wenig brauchbar. Statt dessen ist ein „Nachdenken über" Regeln und Normen gefragt, um so Erkenntnis und Einsicht auf beiden Seiten zu ermöglichen.

Sozialisation im Erwachsenenalter

Die Sicht der Entwicklung als lebenslangen Prozeß gab den Anstoß zur Untersuchung der Sozialisationsbedingungen und -wirkungen im Erwachsenenalter (Thomae, Baltes). Einige Erwartungen der Gesellschaft gegenüber dem Individuum bleiben während des ganzen Lebens relativ stabil, andere verändern sich mit dem Lebensalter. Die veränderten Ansprüche stehen auch in Beziehung zum gesellschaftlichen Wandel. Dynamische komplexe Gesellschaften bedürfen der Erwachsenensozialisation, um sowohl durch Tradierung als auch durch Modernisierung lebensfähig zu bleiben. Der gesellschaftliche Wandel tritt z. B. in den Rationalisierungsmaßnahmen am Arbeitsplatz und im öffentlichen Leben, in der Verlängerung der Lebenszeit sowie der Verkürzung der Lebensarbeitszeit in Erscheinung. Sozialisation im Erwachsenenalter umschließt die Bereiche der beruflichen Sozialisation (Ergebnisse früheren Lernens erweisen sich als unbrauchbar oder ergänzungsbedürftig), der Sozialisation des Sexual-, Ehe- und Familienlebens wie auch der Sozialisation der Freizeit.

Die Lernprozesse im Erwachsenenalter unterscheiden sich in der Regel von denen der Kindheit durch größere emotionale Neutralität. In der Sozialisation erwachsener Menschen geht die Führung immer häufiger auf den Sozialisanden über. Damit gewinnt die Selbstsozialisation an Bedeutung. Der Prozeß ist nun durch Tendenzen zur Emanzipation und Selbsthilfe auf seiten des Individuums gekennzeichnet.

Geschlechtsspezifische Sozialisation

Die Forschungsergebnisse über die Entstehungsbedingungen von typisch weiblichen/männlichen Verhaltensweisen oder Eigenschaften sind im Laufe der letzten zwanzig Jahre unübersehbar geworden. Die greifbaren Befunde sprechen für einen frühen und nachhaltigen Einfluß von Sozialisationsprozessen auf die Ausbildung geschlechtsspezifischer Merkmale. Gegenteilige Behauptungen müssen als Resultat von Stereotypenbildung gewertet werden. Eine biologische Basis für festgestellte Geschlechtsunterschiede konnte lediglich für aggressives Verhalten und räumliches Denken gefunden werden (Maccoby / Jacklin). Beide Forscher bedauern, daß häufig die Frage nach anlagebedingten Unterschieden gestellt und entsprechend der eigenen Versuchsanordnung beantwortet werde, anstatt die Wechselwirkung zwischen den jeweiligen situativen Bedingungen und der geschlechtsspezifischen Reaktion zu untersuchen.

Geschlechtsspezifische Sozialisation wurde bereits in den sechziger Jahren im Verhalten von Müttern ihren Säuglingen gegenüber beobachtet: Die Mädchen wurden seltener gestillt und früher entwöhnt. Mädchen erhielten mehr Körperkontakt, Jungen mehr Gelegenheit zu Muskelaktivität und Expansion. Unterschiede traten auch hinsichtlich der Sauberkeitserziehung sowie im Spielzeugangebot in Erscheinung. Besonders auffallend waren die negativen Reaktionen auf die unpassende Wahl eines Spielzeugs (Junge – Puppe). Bei Gruppenspielen wurden Mädchen häufiger in untergeordneten Rollen angetroffen (Bilden).

Wenn auch die Eltern als erste Sozialisationsagenten im Hinblick auf „sex-typing" eine ausgezeichnete Rolle spielen, so muß doch vor vereinseitigender Überbetonung derselben gewarnt und auf

jene Einflüsse hingewiesen werden, die von Schule, Geschwistern, Gleichaltrigen sowie Medien ausgehen (Frauen werden auch heute noch in der Kinder- und Jugendliteratur – vor allem auch in Schulbüchern – häufiger in der Rolle der „Hausfrau und Mutter“ als in einer Berufsrolle dargestellt).
Selbst die den Jungen zugesprochene stärker ausgeprägte Aggressivität ist vermutlich im Laufe des Sozialisationsprozesses auf dem Wege des Modell-Lernens entstanden bzw. verstärkt worden. Jungen werden beispielsweise häufiger als Mädchen körperlich bestraft oder tätlich angegriffen. Sie unterliegen dadurch eher der Modellwirkung gleichgeschlechtlicher Bezugspersonen, wenn diese Gewalt anwenden. Jungen werden jedoch nicht nur häufiger bestraft, sondern auch häufiger belohnt (Maccoby), wodurch möglicherweise ein Bewußtsein besonderer Bedeutung, eine Abhebung von den Mädchen in Familie und Schulklasse entsteht. Ein „jungenhaftes“ Mädchen findet in der Regel eher Anerkennung als ein „mädchenhafter“ Junge. Die Sexualentwicklung läßt sich nicht von der sozialen und emotionalen Entwicklung trennen. Der unterschiedliche Verlauf der letzteren führt vermutlich zum unterschiedlichen Sexualverhalten, das bei den meisten Frauen als eher passiv bezeichnet wird. (Der sexuelle Witz gilt in Fachkreisen als ein besonderes Medium der sexuellen Sozialisation.)
Nach Bilden ist das eher passive Sexualverhalten der Frau bedingt durch übermäßige Behütung, Kontrolle und verhinderte Ablösung, während dem jungen Mann eher Gelegenheit geboten wird, als aktiver Partner am Sozialisationsprozeß teilzunehmen. Er erwirbt müheloser Unabhängigkeit und gelangt damit zur Selbstsozialisation.

Geschlechtsspezifische berufliche Sozialisation

Besonders eklatant sind die Unterschiede hinsichtlich der geschlechtsspezifischen beruflichen Sozialisation. Die weithin übereinstimmenden Befunde der einschlägigen Erhebungen zeigen, daß nahezu alle Mädchen eine berufliche Tätigkeit als festen Bestandteil ihres Lebensplanes anstreben. Mädchen wünschen eine Erwerbstätigkeit und die Ausbildung dazu, und zwar mit großer Häufigkeit als Erweiterung ihrer späteren Familienrolle. Diese Befunde sind allerdings nicht schichtunabhängig, denn je geringer qualifiziert die Ausbildung, desto sicherer führt der Weg in die Sackgasse der „Dazuverdienerin“ der Familie mit allen zwangsläufig damit verbundenen Konsequenzen wie geringe Bezahlung, Krisenanfälligkeit des Arbeitsplatzes u.a. Doch auch die beruflich qualifizierte oder hochqualifizierte Frau gerät bei der Familiengründung durch ihre Rolle als Gebärerin in einen Identitätskonflikt. Möglicherweise führt der biologische und gesellschaftliche Zwang viele Frauen entgegen ihrer Neigung und Eignung in typische Frauenberufe. Die Frau weiß, daß ihr für den gesamten Sozialisationsprozeß Andersartigkeit zugebilligt wird, und zwar bei zugestandener Gleichwertigkeit. Im Alltag jedoch begegnet ihr auf Schritt und Tritt die Benachteiligung von Frauen, die nominal juristisch nur selten greifbar ist. Diese indirekte Diskriminierung wird besonders deutlich in der Verfahrensweise bei Stellenbesetzungen im oberen Bereich der beruflichen Hierarchie. Als *indirekte* Diskriminierung wird diese trotz engagierter Tätigkeit von Gleichstellungsstellen und „Frauenbeauftragten“ nicht zu beseitigen, allenfalls einzuschränken sein.
Die psychischen Unterschiede zwischen den Geschlechtern verändern sich zunehmend unter dem Einfluß der Sozialisation. Sie wachsen kontinuierlich bis zu einem ersten Höhepunkt im Jugendalter, um dann später während der Phase der Kinderaufzucht einen zweiten Gipfel zu erreichen. Dann aber bleiben die Unterschiede für das weitere Leben sowohl im Bewußtsein des Individuums

als auch der Gesellschaft konstant. Die Geschlechtszugehörigkeit spielt die Rolle einer organisierenden Basiskategorie für die Sozialisation im Erwachsenenalter.

Literatur: *Paul B. Baltes,* Entwicklungspsychologie der Lebensspanne (Stuttgart 1979); *Helga Bilden,* Geschlechtsspezifische Sozialisation, in: Hdb. der Sozialisationsforschung (Weinheim 1982); *Orville G. Brim / Stanton Wheeler,* Erwachsenen-Sozialisation (Stuttgart 1974); *Erik Erikson,* Kindheit und Gesellschaft (Stuttgart [8]1982); *Klaus E. Grossmann* (Hrsg.), Entwicklung der Lernfähigkeit in der sozialen Umwelt (München 1977); *Heinz Heckhausen,* Motivation und Handeln (Heidelberg 1980); *Hansjörg Hemminger,* Kindheit als Schicksal? (Reinbek 1982); *Kurt Kreppner u. a.,* Kindliche Entwicklung und Familienstruktur, in: Zeitschrift für Pädagogik (1980) 221; *M. E. Lamb,* The role of the father in child development (New York 1976); *Ursula Lehr,* Das mittlere Erwachsenenalter – ein vernachlässigtes Gebiet der Entwicklungspsychologie, in: Rolf Oerter: Entwicklung als lebenslanger Prozeß (Hamburg 1978); *dies.,* Die Bedeutung der Mutter in der Sozialisation des Kindes (Darmstadt 1974); *E. E. Maccoby / C. N. Jacklin,* The development of sex differences (Stanford 1974); *Friedhelm Neidhardt* (Hrsg.), Frühkindliche Sozialisation (Stuttgart 1979); *Helmut Thomae,* Entwicklung als lebenslanger Prozeß, in: Hdb. der Entwicklungspsychologie, Bd. 3 (1959); *Gerhard Wurzbacher* (Hrsg.), Sozialisation und Personalisation (Stuttgart [3]1974).

MARIA NELLES-BÄCHLER

Sozialismus

↗ Emanzipation; Feminismus; Frauenbewegung; Gewerkschaften; Gleichheit; Internationaler Frauentag; Islam; Nationalsozialismus; Sozialethik, evangelische; Soziallehre, katholische

Begriff

Unter dem Begriff Sozialismus faßt man Theorien, Programme, politische Bewegungen und Organisationen zusammen, die seit dem Beginn des 19. Jahrhunderts als Antworten auf die Herausforderungen der Industrialisierung und Modernisierung der Gesellschaft, d. h. auf die soziale und psychische Verelendung und Desintegration vornehmlich der Unterschichten, aber darüber hinaus der Gesellschaft als ganzer entstanden sind. Gegenüber einem uneingeschränkten Kapitalismus und Individualismus frühliberaler Prägung verfechten sie Lösungen, die dem Gemeinwohl, der Solidarität, der sozialen Gleichheit und der Harmonie der Gesellschaft den Vorrang einräumen. Im Unterschied zu sozialkonservativen Vorstellungen einer restaurativen Ständegesellschaft treten sie für die Industrialisierung und für die individuelle Freiheit ein. Programmatisch fordert der Sozialismus in der Regel an erster Stelle die Abschaffung der privaten Verfügung über die Produktionsmittel. Politisch-strategisch steht jedoch die Organisation der politischen Macht im Vordergrund.

Der Sozialismus hat im Europa des 19. Jahrhunderts seinen Ausgang genommen und seitdem über die entscheidenden Stationen des Ersten Weltkrieges, der russischen und der deutschen Revolution sowie der Erfahrungen mit dem Totalitarismus und der Entkolonialisierung nach dem Zweiten Weltkrieg seinen Weg über den ganzen Erdball angetreten. Dabei entfaltete er sich nicht nur entsprechend dem jeweiligen historischen Kontext unterschiedlich, sondern geriet in zum Teil tödlich ausgetragene Spaltungen.

Sozialistische Theorien und Frauenfrage

Im 19. Jahrhundert kann man vier Grundtypen sozialistischer Theorie unterscheiden:

1. Die *Frühsozialisten* stehen mit ihrem Glauben an Vernunft und Wissenschaft und an die rational-technologische Organisierbarkeit einer zukünftigen harmonischen Gesellschaft vielfach in der Tradition der Aufklärung und tasten sich erst langsam zur neuen industriekapitalistischen Wirklichkeit vor. Bei einigen von ihnen spielt die Befreiung der Frau eine zentrale Rolle. Nach Charles Fourier (1772–1837), der die ungehinderte Entfaltung der menschlichen Sinne und Leidenschaften als unabdingbaren Bestandteil der allgemeinen Befreiung im Sozialismus po-

stuliert, läßt sich an der sexuellen Erniedrigung bzw. Gleichstellung der Frau der Verfall oder die Freiheit der gesamten Gesellschaftsordnung erkennen. In den von ihm propagierten Lebensgemeinschaften der „Phalanstères" sollte eine strikte Gleichstellung der Geschlechter herrschen. Die sexuelle Befreiung der Frau nahm bei einigen Schülern des Frühsozialisten Henri de Saint-Simon (1760 – 1825), z.B. bei Barthélemy Prosper Enfantin (1796 – 1864), einen so zentralen Rang ein, daß sie sich darüber spalteten.

2. In Abgrenzung von den als „utopisch" kritisierten Frühsozialisten propagierten *Karl Marx* (1818 – 1883) und *Friedrich Engels* (1820 – 1895) ihre Theorie als ein umfassendes System, in dem sich philosophisch-anthropologische Aussagen über den Menschen als Wesen der Arbeit in der Situation der Entfremdung und theoretisch-ökonomische Analysen über die Funktionsweise des Kapitalismus schlüssig verzahnen.

Da sich in der Produktion sowohl die Entfremdung als auch die Befreiung der Männer und Frauen prinzipiell in gleicher Weise ereignet, bietet der Marxismus keine spezifische Theorie der Frauenbewegung oder -emanzipation. Die Verwirklichung von Sozialismus und Kommunismus stellt vielmehr die notwendige und zureichende Bedingung der Frauenemanzipation dar. Vollkommene Gleichheit und Freiheit verspricht der Marxismus in einem Zwei-Phasen-Modell: In der ersten nachrevolutionären Phase ökonomischer Knappheit, der „Diktatur des Proletariats", konzentriert die proletarische Partei an der Spitze des Staates alle Macht bei sich, plant die Wirtschaft zentralistisch und schaltet jede Opposition als „konterrevolutionäre" aus. In der zweiten Phase ökonomischen Überflusses stirbt der Staat zugunsten der uneingeschränkten Freiheit aller ab. Wie und wann der Übergang von der ersten zur zweiten Phase stattfindet, bleibt unklar.

3. Die *Anarchisten* radikalisieren den Freiheitsgedanken im Sozialismus zur Forderung nach sofortiger Abschaffung jeglicher Herrschaft. Die Zerstörung aller bisherigen Zwänge gilt als unverzichtbarer und zureichender Weg zum Endziel einer harmonischen Gesellschaft, in der die Menschen einander in Liebe verbunden sind. Einen besonderen Beitrag zur Frauenemanzipation leistete der Anarchismus nicht, wenngleich z. B. Michael Bakunin ausdrücklich die politische, ökonomische und soziale Gleichstellung der Geschlechter forderte. Berühmt wurde die Sozialistin Wera Sasulitsch (1851 – 1915), die unter dem Einfluß anarchistisch-terroristischen Gedankenguts ein Attentat auf den Petersburger Stadtkommandanten General Treptow verübte.

4. Der *sozialdemokratische Reformismus* (Eduard Bernstein, 1850 – 1932) revidierte die marxistische Begründung des Sozialismus und wird deshalb auch Revisionismus genannt. Er plädierte für den evolutionären Ausbau der liberal-rechtsstaatlichen zur sozialen Demokratie (Sozialversicherung, Genossenschaftswesen, gewerkschaftliche Mitbestimmung) und neigte hinsichtlich der Frauenfrage der bürgerlichen Frauenrechtsbewegung zu.

Frauenbewegung und sozialistische Organisationen

Als erste Formen *sozialistischer Praxis* entstanden im Zuge der Revolution von 1848 *Arbeitervereine,* die sich die Bildung der Arbeiter sowie ihre Absicherung gegen die wichtigsten Lebensrisiken zum Ziel setzten.

Seit den sechziger Jahren des 19. Jahrhunderts bildeten sich zunehmend *Gewerkschaften* und *Parteien,* die sich vom bürgerlichen Liberalismus unabhängig machten. Der 1863 von Ferdinand Lassalle (1825 – 1864) mitbegründete ADAV („Lassalleaner") lehnte die Fabrikarbeit der Frauen ab, weil sie „unweiblich" erschien und überdies eine lohndrückende Konkurrenz für die männlichen Arbeiter darstellte („proletarischer Antifeminismus“). Die Lassalleaner wurden deshalb von der bürgerlichen Frauenrechtlerin Louise Otto-Peters (1819–1895) scharf kritisiert. Die 1869 in Eisenach gegründete Sozialdemokratische Arbeiterpartei („Eisenacher“) widersetzte sich der Beschäftigung der Frauen in der Industrie nicht grundsätzlich. Programmatisch forderte sie jedoch die „Einschränkung der Frauen- und das Verbot der Kinderarbeit“, was den Frauen auch zum Nachteil gereichte (negative Diskriminierung bei ihrer Anstellung). Beide Bewegungen sahen es durchaus als Ziel an, die Frau vom Zwang zur Fabrikarbeit zu befreien.

1875 vereinigten sich auf dem Gothaer Parteitag die „Lassalleaner“ und die „Eisenacher“ zur Sozialdemokratischen Arbeiterpartei.

In dem Maße, wie sich Parteien und Gewerkschaften entwickelten, nahmen ihre organisatorischen und programmatischen Gegensätze zu. Im Zentrum stand in der Regel die Frage, ob und wie Sozialisten im Rahmen der bestehenden staatlichen Institutionen mitwirken und politische Verantwortung übernehmen sollten, ob sie eine evolutionäre oder eine revolutionäre, eine partei-orientierte oder eine syndikalistisch-anarchistische Strategie verfolgen sollten.

In Preußen blieb die politische Organisation von Frauen bis 1908 verboten, so daß sich das liberale Hamburg zum Organisationszentrum der beginnenden sozialistischen Frauenbewegung entwickelte. Zu ihren wichtigsten Repräsentantinnen um die Jahrhundertwende gehörten Clara Zetkin (1857–1933), Lily Braun (1865–1916) und Marie Juchacz (1879–1956), während Rosa Luxemburg (1870–1919) trotz ihrer Freundschaft mit Clara Zetkin für die Frauenfrage wenig Interesse aufbrachte.

Der durch Rosa Luxemburg und Eduard Bernstein personifizierte Gegensatz zwischen revolutionären und reformistischen Sozialdemokraten kehrte als theoretischer und persönlicher Konflikt zwischen Clara Zetkin und Lily Braun in der Frauenbewegung wieder. Während Clara Zetkin jeden feministischen Akzent der Frauenemanzipation ablehnte, weil sie sie marxistisch in der allgemeinen proletarischen Emanzipation aufgehoben sah, und auch eine Zusammenarbeit mit der sogenannten bürgerlichen Frauenrechtlerei strikt verwarf, betonte Lily Braun eine besondere Emanzipationsbedürftigkeit, aber auch eine vom Mann verschiedene Rolle der Frau (z.B. in der Kindererziehung) und plädierte für eine Zusammenarbeit mit der liberalen Frauenrechtsbewegung. Für beide wie für die gesamte Partei galt August Bebel als Appellationsinstanz, der durch sein Buch „Die Frau und der Sozialismus“ eine Autorität gerade auch auf dem Gebiet der Frauenpolitik darstellte.

In Österreich stand Adelheid Popp (1869–1939) an der Spitze der sozialdemokratischen Frauenbewegung. Sie gehörte der reformistischen Richtung der österreichischen Sozialdemokratie an, deren Führer Victor Adler war. Sie folgte Clara Zetkin im Vorsitz des Internationalen Frauenkomitees nach.

Seit 1864 organisierten sich Sozialisten auch in internationalen Zusammenschlüssen, zunächst in der sogenannten I. Internationale, ab 1889 in der II. Internationale. Mit der Gründung der III. kommunistischen Internationale 1919 spalteten sie sich in freiheitliche Sozialisten und Kommunisten. Kern des Gegensatzes war nicht die Organisation der Wirtschaft, sondern die der politischen Macht. Gewaltenteilige Demokratie stand und steht bis heute gegen kommunistische Einparteidiktatur. Im Zuge der Trennung der USPD von der Mehrheitssozialdemokratie während des Ersten Weltkriegs trat Clara Zetkin, wie die Mehrzahl der sozialdemokratischen Frauenführerinnen, der USPD bei. Die Redaktion der Zeitschrift „Die Gleichheit“, die ihr seit 1892 als wichtiges Instrument zur

Führung der Frauenbewegung gedient hatte, mußte sie auf Beschluß des SPD-Parteivorstandes an Marie Juchacz abgeben, unter deren Leitung nach dem Ersten Weltkrieg ein neues Kapitel der sozialdemokratischen Frauenbewegung begann. Während Sozialdemokraten in der Zwischenkriegszeit zum ersten Mal Regierungsverantwortung übernahmen, konzentrierten sich die sozialdemokratischen Politikerinnen von dieser Zeit an auf das Gebiet der Wohlfahrtspflege und der Sozialpolitik. 1919 gründete Marie Juchacz die Arbeiterwohlfahrt. Die Tradition, den Frauen diesen Tätigkeitsbereich zuzuordnen, setzte sich u.a. unter Herta Gotthelf (1902–1963) bis ans Ende der 60er Jahre fort.

In der Folge der 68er Bewegung wurde diese Zuordnung durch eine neue Emanzipationsbewegung innerhalb der SPD in Frage gestellt. Sie organisiert sich seitdem in der 1973 unter dem Vorsitz von Elfriede Eilers gegründeten Arbeitsgemeinschaft sozialdemokratischer Frauen (ASF) und greift auf marxistische und auf feministische Elemente der ersten sozialistischen Frauenbewegung zurück. In der Sozialdemokratischen Partei der Schweiz bilden Frauen eigene Gruppen, um ihre Interessen in der Partei zur Sprache zu bringen. Sie haben eine eigene Zeitschrift („Das Rote Heft“).

Frauen in kommunistisch regierten Staaten

Die von Clara Zetkin verfochtene Frauenpolitik, die Befreiung der Frau durch ihre Integration in die Produktion und durch die allgemeine proletarische Revolution zu erreichen, wurde zur offiziellen Politik der Kommunistischen Partei, zu deren Gründungsmitgliedern sie gehört. In den kommunistischen Staaten sind die rechtliche Gleichstellung der Frauen und ihr Einbezug in das Arbeitsleben, der zunehmend unter dem Gesichtspunkt ökonomischer Erfordernisse und nicht dem der Frauenbefreiung erfolgte, weitgehend gegeben. Wegen mangelnder Betreuungseinrichtungen für die Kinder, vielfacher Unterversorgung in Haushaltsgeräten sowie zeitraubender Engpässe im Konsumbereich, aber auch wegen eines noch weitgehend traditionellen Rollenverständnisses von Männern und Frauen hat sich in der Regel eine Doppelbelastung der Frauen ergeben, die sich prinzipiell nicht von derjenigen in westlich demokratischen Ländern unterscheidet, allerdings häufig noch schwerwiegender ausfällt. Vor allem in den politisch wichtigen Entscheidungsgremien kommunistisch regierter Staaten sind Frauen deutlich unterrepräsentiert.

Frauenbewegung in der UdSSR

Auf dem Hintergrund dieser immensen Überbelastung ist zu sehen, daß in der UdSSR gerade in letzter Zeit von Frauen die Rückkehr in die traditionelle Frauenrolle propagiert wird. Die religiös motivierte oppositionelle Frauenbewegung „Maria“, die Ende der 70er Jahre in Leningrad gegründet wurde, steht für eine Position, die an die kulturelle Hochschätzung des Weiblichen in der russischen Tradition anknüpft. Ihre Führerinnen sind heute zum Teil verhaftet oder in den Westen emigriert. Die neue Parteilinie unter Gorbatschow zielt mit ihrer Kampagne der „Perestrojka“ auch darauf, die Frauen wieder auf ihre traditionellen Rollen festzulegen. Allerdings regt sich dagegen bei einer Minderheit von Frauen Widerspruch.

Ein besonderes Problem stellt sich in den islamisch geprägten Sowjetrepubliken, in denen bis in die heutige Zeit das Rollenbild des Islams vorherrscht: Inzwischen werden Widerstände von Frauen auch hier publik. Sie protestieren gegen ihre Zwangsverheiratung oder dagegen, daß sie von ihren Familien nicht zur Schule geschickt werden.

Literatur: *Gundula Boelke,* Die Wandlung der Frauenemanzipationsbewegung von Marx bis zur Rätebewegung (Hamburg ^{3}1975); *Julius Braun-*

thal, Geschichte der Internationale, Bd. 1–3 (Hannover 1961–71); *Antje Dertinger,* Die bessere Hälfte kämpft um ihr Recht (Köln 1980); *Richard J. Evans,* Sozialdemokratie und Frauenemanzipation im deutschen Kaiserreich (Berlin – Bonn 1979); *Iring Fetscher / Helga Grebing / Gunter Dill* (Hrsg.), Der Sozialismus. Vom Klassenkampf zum Wohlfahrtsstaat (München 1968); *Anne-E. Freier,* „Dem Reich der Freiheit sollst Du Kinder gebären". Der Antifeminismus der proletarischen Frauenbewegung im Spiegel der „Gleichheit" (Frankfurt a.M. 1981); *Anja Meulenbelt,* Feminismus und Sozialismus (Hamburg 1980); *Thomas Meyer / Karl-Heinz Klär / Susanne Miller / Klaus Novy / Heinz Timmermann* (Hrsg.), Lexikon des Sozialismus (Köln 1986); *Thomas Meyer* (Hrsg.), Demokratischer Sozialismus. Geistige Grundlagen und Wege in die Zukunft (München – Wien 1980); *Susanne Miller / Heinrich Potthoff,* Kleine Geschichte der SPD. Darstellung und Dokumentation 1848–1983 (Bonn [5]1983); *Gesine Obertreis,* Familienpolitik in der DDR 1945–1980 (Leverkusen 1985); *William E. Paterson / Kurt Th. Schmitz* (Hrsg.), Sozialdemokratische Parteien in Europa. Demokratischer Sozialismus im Wandel (Berlin – Bonn 1978); *Adelheid Popp,* Der Weg zur Höhe. Die sozialdemokratische Frauenbewegung Österreichs, ihr Aufbau, ihre Entwicklung und ihr Aufstieg (Wien 1929); *Gerhard A. Ritter,* Staat, Arbeiterschaft und Arbeiterbewegung in Deutschland. Vom Vormärz bis zum Ende der Weimarer Republik (Berlin – Bonn 1980); *Arthur Rosenberg,* Demokratie und Sozialismus. Zur politischen Geschichte der letzten 150 Jahre (Frankfurt a.M. 1962); *Gesine Schwan,* Die Gesellschaftskritik von Karl Marx. Politökonomische und philosophische Voraussetzungen (Stuttgart – Berlin – Köln – Mainz 1984); *Werner Thönnessen,* Frauenemanzipation. Politik und Literatur der deutschen Sozialdemokratie zur Frauenbewegung 1863–1933 (Frankfurt a.M. 1969); *Jörg Ueltzhöffer / Hermann Schubnell / Xenia Gasiarowska,* Frau, in: Sowjetsystem und demokratische Gesellschaft. Eine vergleichende Enzyklopädie II (Freiburg i.Br. 1968) 627–658 (Lit.).

GESINE SCHWAN

Soziallehre, katholische

↗ Amt, kirchliches; Antike; Arbeit; Beruf; Christentum; Dritte Welt; Ehe; Emanzipation; Familie; Frauenbewegung; Frauenrollen / Frauenleitbilder; Gemeinde; Glauben; Gottesbilder; Kirche; Kirchenrecht; Kult; Menschenbild; Mittelalter; Neues Testament; Sozialethik, evangelische; Sozialismus; Theologie, feministische; Urkirche

Ausgangspunkt bei „Rerum novarum"

Die Sache der Frau in der modernen Gesellschaft wurde in der katholischen Soziallehre erstmals zusammen mit der Arbeiterfrage thematisiert. Als Leo XIII. in seiner Enzyklika „Rerum novarum" 1891 (mit der man meist die neuere katholische Soziallehre beginnen läßt) „den Eigennutz und die Hartherzigkeit von Arbeitgebern" anklagt, „welche die Arbeiter maßlos ausbeuten und sie nicht wie Menschen, sondern wie Sachen behandeln" (Nr. 33), nimmt er auch zur Lage der Arbeiterfrauen Stellung. Er wendet sich dagegen, daß ihnen körperliche Schwerstarbeit zugemutet wird, und verlangt für sie eine ihnen angemessene Beschäftigung, ohne sie aus dem häuslichen Lebensfeld herauszuzwingen. Denn die dort anfallende „Gattung von Arbeit gereicht der Frau zu einer Schutzwehr ihrer Würde, erleichtert die gute Erziehung der Kinder und befördert das häusliche Glück"; zu ihr sei sie „eigentlich berufen" (Nr. 33).

Die Inspiration, dem offenkundigen sozialen Unrecht entgegenzutreten, hatte Leo XIII. aus der prophetischen Tradition des alten Israel und der neutestamentlichen Gemeinden erhalten. Dieser Grundimpuls läßt sich ohne Zweifel für die Sache der Frau erheblich weiter entfalten. In der Wahrnehmung dessen, worin die Rechte der Frau verletzt, mißachtet oder unterdrückt wurden, weist „Rerum novarum" jedoch jenes Defizit auf, das die katholische Soziallehre auch weiterhin – z.T. bis heute – belasten sollte.

Gründe für das Theoriedefizit

Es ist auffällig, in welcher Kürze auf die Lage der Frau in den lehramtlichen Verkündigungen damals eingegangen wurde. Sodann blieb die Sprache darüber ganz in den überkommenen Rollenbeziehungen zwischen Mann und Frau befangen. Sie ist durch die männervorrechtlichen und patriarchalischen Traditionen der Antike und des

Mittelalters geprägt, die mit ihren Wertmustern wesentlich von Kirche und Theologie in die Neuzeit mittransportiert worden waren. Schließlich wird die Frauenfrage als eine eigenständige Herausforderung an Kirche und Gesellschaft, bedingt durch die bestehenden Benachteiligungs-, Unterdrückungs- und Unrechtsverhältnisse aufgrund der Vorrechtsstellung des Mannes, nicht wahrgenommen. Daran änderte auch die knappe Stellungnahme von Pius XI. in „Quadragesimo anno" 1931 nichts (vgl. Nr. 71).

Der Grund für dieses Theoriedefizit, dem weitgehend ein Mangel in der Praxis entsprach, dürfte in der unzureichenden Kommunikation von Theologie und Kirchenleitung mit den damaligen kritischen Bewegungen in Kirche und Gesellschaft zu suchen sein. Die emanzipatorisch wegweisenden Ideen aus der bürgerlichen und sozialistischen Frauenbewegung wurden im Katholizismus kaum ernst genommen oder weitgehend abgewehrt.

Zwar erweiterte Pius XII. die lehramtliche Beschäftigung mit unserem Thema. Er sprach zudem (1945) davon, daß die Frau „mit dem Mann zum Wohl der ‚civitas', in der sie ihm an Würde gleichsteht, mitarbeiten muß (...) Alle beide haben das Recht und die Pflicht, zum Gesamtwohl der Gesellschaft und des Vaterlandes beizutragen". Aber den Beitrag der Frau am Gemeinwohl bestimmte er dann doch wieder von der Familie her. Aus historisch entwickelten Rollenverhältnissen und biologischen Fakten leitete eine neuscholastisch orientierte Wesens- und Naturrechtsphilosophie „das Wesen der Frau" ab und machte dieses wiederum zum normativen Bestimmungsgrund für weibliches Verhalten. Ähnlich argumentierte Pius XII.: Die Frau solle an der Seite ihres Mannes arbeiten, aber auf die Art, die ihrer natürlichen Veranlagung gemäß sei: „Nun ist aber die Aufgabe der Frau, ihre Wesensart, ihre eingeborene Veranlagung die der Mutterschaft. Jede Frau ist dazu berufen, Mutter zu sein, Mutter im körperlichen Sinne des Wortes oder in einem mehr geistigen, erhabeneren, doch nicht minder wirklichen Sinn" (ebd.). Die Frau wurde somit aus der Zuordnung zu Mann, Kind und Familie definiert. Ihre Achtung und Würde zu sichern hieß danach, ihr das diesbezügliche Lebensfeld zu erhalten bzw. zurückzugeben. Daß sie sich inzwischen paritätisch zum Mann auch von ihrer Aufgabe und Akzeptanz in der Gesellschaft her verstand, und zwar in beruflicher, ökonomischer, politischer oder kultureller Hinsicht, stand nicht im Verständnishorizont von Pius XII.

Neue päpstliche und konziliare Impulse

Einen entscheidenden Durchbruch in der lehramtlichen katholischen Soziallehre für die Sache der Frau hat Johannes XXIII. vollzogen. In seinem Lehrrundschreiben „Pacem in terris" (1963) beruft er sich auf „die allgemein bekannte Tatsache", daß in zunehmendem Maß „die Frau am öffentlichen Leben teilnimmt" (Nr. 41). Kraft einer veränderten theologischen Hermeneutik sieht er in diesem sozialgeschichtlichen Befund jedoch nicht eine Bedrohung des weiblichen Wesens, sondern im Gegenteil ein „Zeichen der Zeit", in dem Kirche und Welt heute Gottes Willen für ihre geschichtliche Aufgabe zu erkennen haben. Er löst sich von früheren Theorien über Wesensmetaphysik oder Naturrecht und geht geschichtstheologisch vor. Der Rang, den er der Frauenfrage zuerkennt, tritt dadurch zutage, daß er sie in eine Reihe mit zwei anderen „Merkmalen unserer Gegenwart" stellt: mit der Arbeiterbewegung und dem Entwicklungswillen aller Völker zur freien Selbstbestimmung (Nr. 39ff.). Die Frau werde sich ihrer Menschenwürde immer mehr bewußt und lehne es zunehmend ab, „sich als seelenlose Sache oder als bloßes Werkzeug einschätzen zu lassen; sie nimmt vielmehr sowohl

im häuslichen Leben wie im Staat jene Rechte und Pflichten in Anspruch, die der Würde der menschlichen Person entspricht“ (ebd.).
Die Darlegungen enthalten zunächst eine gesellschaftsgeschichtliche Analyse, nämlich *daß* die Frau in unserer Kultur aus der Vorrechtsstellung des Mannes heraus über Jahrtausende nur allzuoft instrumentalisiert und als Objekt betrachtet wurde. (Bekanntlich war die Bibel und deren Wirkungsgeschichte nicht davon ausgenommen.) Sodann folgt aus der geschichtlichen Befunderhebung ein kritisches Urteilsprinzip mit einem umfassenden sozialethischen Grundsatz: Derartige Verhältnisse müssen von uns als Unrecht erkannt und im Namen Gottes der gerechteren Gestaltung unterworfen werden. Johannes XXIII. und – inspiriert durch ihn – das Zweite Vatikanum benennen im Sinne dieses historischen Auftrags drei grundlegende Herausforderungen. Sie gelten dem familialen Bereich, dem Berufsleben der Frau und ihrer Partizipation am öffentlichen Geschehen. Zu den beiden ersten heißt es lapidar: In der Gründung der Familie „haben Mann und Frau gleiche Rechte und Pflichten“ (Pacem in terris, Nr. 15). Der Frau dürfen „das Recht der freien Wahl des Gatten und des Lebensstandes oder die gleiche Stufe der Bildungsmöglichkeit und Kultur, wie sie dem Manne zuerkannt wird“, nicht verweigert werden (Gaudium et spes, Nr. 29). Damit ist die überkommene Rollenverteilung neu zu gestalten: Der Mann muß sich viel mehr an der Kindererziehung beteiligen als früher, „trägt (dazu doch) die anteilnehmende Gegenwart des Vaters viel bei“ (ebd., Nr. 29). Die innerfamiliale Neuordnung ist nicht allein den Ehepartnern anzulasten. Staat und Gesellschaft werden beansprucht, die Arbeitsbedingungen so zu gestalten, daß Frauen zugleich ihren Beruf und ihre Aufgaben im Haus oder gegebenenfalls als Mutter wahrnehmen können (Pacem in terris, Nr. 15). Das Recht der Frauen, paritätisch zu den Männern am öffentlichen Leben und seiner Gestaltung teilzunehmen, betont das Zweite Vatikanum (Gaudium et spes, Nr. 9). Auch Paul VI. bekräftigt unmißverständlich diesen sozialethischen Grundsatz (vgl. Paul VI. 1976, 157; 1972, 138).
Diese konziliaren oder auch päpstlichen Impulse wurden auf internationaler Ebene im Katholizismus sehr unterschiedlich wahrgenommen. Zum Teil haben sie beachtliche Bewegungen ausgelöst oder zum mindesten unterstützt, zum Beispiel in den Niederlanden oder in den Kirchen Latein- und Nordamerikas. In der Bundesrepublik Deutschland griff u.a. die „Gemeinsame Synode“ von Würzburg (1972–1975) auf sie zurück und konkretisierte verschiedene Perspektiven besonders zum Arbeits- und Berufsleben der Frau (Gemeinsame Synode, 341). Auch die Erklärung der Deutschen Bischofskonferenz „Zu Fragen der Stellung der Frau in Kirche und Gesellschaft“ (1981) legte die Gleichberechtigung von Mann und Frau als leitendes Ethos unserer Zeit zugrunde und entfaltete in beachtlicher Weise die Konsequenzen, die für das familiale Miteinander, für Gesellschaft, Staat und Kirche daraus erwachsen. Es läßt sich daher zur Lehrentwicklung in der katholischen Soziallehre zusammenfassend feststellen, daß die Entscheidung eindeutig für Gleichberechtigung und Partnerschaft zwischen Mann und Frau im gesellschaftlichen Leben gefallen ist: „Deshalb müssen alle noch vorhandenen, sich fälschlich auf die Verschiedenheit stützenden Diskriminierungen und Rechtsungleichheiten der Frau in Kirche und Gesellschaft überwunden werden“ (Die deutschen Bischöfe, 16).

Theologische Grundlage

Die theologische Grundlage dieser Entwicklung hat die katholische Soziallehre in jener Zusage der biblischen Botschaft erkannt, die die Frau gleich wie den Mann zum Ebenbild Gottes macht (Gen 1,27) und alle Trennwände zwischen Mann und Frau, zwischen Sklaven und Freien oder Juden und Griechen als niedergerissen erklärt (Gal 3,28). Darauf berufen sich sowohl die Konstitutionen des Zweiten Vatikanischen Konzils „Gaudium et spes" (vgl. Nr. 27) und „Lumen gentium" (vgl. Nr. 32) als auch die deutschen Bischöfe. Im Sinne der katholischen Soziallehre ist somit das Glaubensverständnis vom Menschen, das Mann und Frau die gleiche Würde vor Gott zuspricht, zum leitenden kritischen Prinzip eines sozialen Ethos zu machen, das die Gleichberechtigung und Gleichstellung der Frau in allen Belangen unseres familialen und öffentlichen Lebens fordert. Nicht jene zahlreichen Bibelstellen oder nachbiblischen Traditionen in Theorie und Praxis können demnach für uns noch als maßgebend angesehen werden, die unter Berufung auf eine „gottgewollte" Vorrangstellung des Mannes oder die angeblich größere physische wie sittliche Schwäche der Frau die Machtstrukturen des Patriarchats widerspiegeln. Sie heute geltend zu machen heißt vielmehr, historisches Unrecht von nicht überschaubarem Ausmaß auch in der Christentumsgeschichte gegenüber der Frau weiter fortschreiben zu wollen.

Sozialethische Norm und kirchliche Wirklichkeit

Dem neuen Ethos partnerschaftlicher Gleichberechtigung stehen in der Kirche weitreichende Widerstände entgegen. Auch wenn ausdrücklich anerkannt wird, daß seine Forderungen nicht zuletzt für die Kirche gelten (vgl. z.B. Römische Bischofssynode 1971), klaffen hier Norm und Wirklichkeit weit auseinander. Leider läßt sich kaum erkennen, daß die Kirchenleitungen oder Gemeinden hier beispielhaft für die Gesellschaft vorgehen. Widerstände gegen eine gerechtere Macht- und Herrschaftsverteilung erwachsen nicht zuletzt aus der Zählebigkeit überkommener Wertmuster und Rollenvorstellungen. Auch in der Theoriebildung schlägt immer wieder die Neigung zu den alten Rollenbestimmungen durch. Zum mindesten bleiben Begriffsverwendung und Sprache der katholischen Soziallehre bisweilen schillernd und doppeldeutig. Sofern die Andersartigkeit der Frau gegenüber dem Mann – ihre asymmetrische Komplementarität (Ivan Illich 1983) – betont wird, um neue Formen des Sexismus abzuwehren, widerspricht das keineswegs dem neuen Ethos mit seinem kritisch-konstruktiven Paritätsgrundsatz. Sofern die lehramtliche Sprache der jüngeren katholischen Soziallehre so ambivalent ist, daß sie zur inhaltlichen Aushöhlung des Gleichberechtigungspostulates verwandt werden kann, muß sie vom leitenden kritischen Prinzip her klargestellt oder als Ausdruck einer Regression, die in die Unrechtsformen des früheren Patriarchats zurückdrängt, verworfen werden.

Besonders gegensätzlich zum neuen sozialen Ethos muß sich jedoch auswirken, daß die vatikanische Behörde sich strikt weigert, die Frau zum kirchlichen Amt zuzulassen (vgl. Kongregation für die Glaubenslehre 1976, 98–116), oder sogar erneut darauf besteht, daß „gemäß den überlieferten liturgischen Normen der Kirche es Frauen (Mädchen, Frauen, Ordensschwestern) nicht erlaubt ist, dem Priester am Altar zu dienen" (Kongregation für den Gottesdienst 1970, Nr. 7). Hier sind nicht nur Berührungsängste zölibatärer Amtsträger zur Frau hin zu vermuten, sondern hier wird diese auch in ihrer Würde verletzt.

Kult und Kultur hängen in den Religionen – und durch sie in weiteren Lebensbereichen – aufs engste zusammen. Die sozialethische Botschaft der Kirche ist daher in ihrer Glaubwürdigkeit für unsere Kultur gefährdet, wenn Wert und Würde der Frau im Kultischen nicht paritätisch zum Mann hergestellt werden.

Literatur: *Wolfgang Beinert* (Hrsg.), Frauenbefreiung und Kirche. Darstellung – Analyse – Dokumente (Regensburg 1987); *Das Zweite Vatikanische Konzil,* Konstitutionen, Dekrete und Erläuterungen. Lateinisch und deutsch, hrsg. von Heinrich Suso Brechter u.a., 3 Bde. (Freiburg i.Br. 1967); *Die deutschen Bischöfe,* Zu Fragen der Stellung der Frau in Kirche und Gesellschaft, hrsg. vom Sekretariat der Deutschen Bischofskonferenz (Bonn 1981); *Gudrun Diestel,* Artikel „Frau, II. In der Kirche", in: Evangelisches Staatslexikon, hrsg. von Roman Herzog u.a., Bd. 1 (Stuttgart 1987) 951–959; *Karl Forster,* Neue Ausgangsbedingungen der Frauenpastoral. Zu Veränderungen im Rollenverständnis und in den religiösen Einstellungen der Frau, in: Herder-Korrespondenz 31 (1977) 516–523; *ders.,* Glaube und Kirche im Dialog mit der Welt, Bd. 1 (Würzburg 1982) 622–629; Gemeinsame Synode der Bistümer in der Bundesrepublik Deutschland. Beschlüsse der Vollversammlung. Offizielle Gesamtausgabe I (Freiburg i.Br. 1976); *Erhard S. Gerstenberger / Wolfgang Schrage,* Frau und Mann (Stuttgart – Berlin – Köln – Mainz 1980); *Ivan Illich,* Genus. Zu einer historischen Kritik der Gleichheit (Reinbek 1983); *Johannes XXIII.,* Enzyklika „Pacem in terris", in: AAS 55 (1963) 257–304; Kongregation für den Gottesdienst, Dritte Instruktion „Liturgicae instaurationes" zur Liturgiereform, in: AAS 62 (1970) 699ff.; Kongregation für die Glaubenslehre, Erklärung zur Frage der Zulassung der Frauen zum Priesteramt, in: AAS 69 (1977) 98–116; *Leo XIII.,* Enzyklika „Rerum novarum", in: ASS 23 (1890/91) 641–670; *Paul VI.,* Schreiben an den Präsidenten der 59. sozialen Woche in Frankreich, Herrn Alain Barrière, v. 4. 7. 1972; zit. nach Beinert (1987) 138f.; *ders.,* Ansprache an die Mitglieder der Studienkommission für die Aufgaben der Frau in Gesellschaft und Kirche vom 31. 1. 1976, zit. nach Beinert (1987) 157ff.; *Stephan H. Pfürtner,* Kirche und Sexualität (Reinbek b. Hamburg 1972); *ders.,* Die Gleichberechtigung der Frau – die Hauptursache heutiger Familienkonflikte?, in: Familie und Partnerschaft in der Krise (Bern 1986) 23–39; *Stephan H. Pfürtner / Werner Heierle,* Einführung in die Katholische Soziallehre (Darmstadt 1980); *Pius XI.,* Enzyklika „Quadragesimo anno", in: AAS 23 (1930/31) 177–228; *Pius XII.,* Ansprache an Leiterinnen der Katholischen Aktion Italiens v. 21. 10. 1945, zit. nach Beinert (1987) 120ff.; *Gerhard Schmidtchen,* Die Situation der Frau. Trendbeobachtungen über Rollen- und Bewußtseinsänderungen der Frauen in der Bundesrepublik Deutschland (Berlin 1984); Texte zur Katholischen Soziallehre, hrsg. vom Bundesverband der Katholischen Arbeitnehmer-Bewegung (KAB) Deutschlands. Mit einer Einführung von Oswald von Nell-Breuning SJ (Kevelaer [3]1976).

Stephan H. Pfürtner

Spiritualität

↗ Altes Testament; Befreiungstheologie; Charismen; Christentum; Emotionalität und Rationalität; Esoterik; Eva; Frauenbewegung; Frauenseelsorge; Frieden; Ganzheitlichkeit; Glauben; Gottesbilder; Heilige/Heiligkeit; Kirche; Kirchenlehrerinnen/Kirchenväter; Liebe; Maria; Mystik; Neues Testament; Religiöse Erziehung; Religiosität; Sophia; Theologie, feministische; Zärtlichkeit

Begriff

Spiritualität als die „Innenseite" von Leben, Glaube und Religion wird heute von vielen gesucht und aus unterschiedlichen Motiven neu entdeckt. Die einseitige Betonung von Wissenschaft und technischer Vernunft, die seit der Aufklärung die Neuzeit bestimmen, befriedigt nicht mehr. Es wird Ausschau gehalten nach einer ganzheitlichen Bewußtheit, nach unmittelbarer sinnstiftender Erfahrung und authentischer Religiosität (New-Age-Bewegung usw.). Besonders Frauen suchen in den beiden letzten Jahrzehnten im Zuge der neueren Frauenbewegung und ihres sich ändernden Selbstbewußtseins nach einer eigenen weiblichen Spiritualität, die ihren Erfahrungen und emotionalen Bedürfnissen entspricht.

Der Begriff „Spiritualität", der im Französischen („spiritualité") seit langem gebräuchlich ist, findet im Deutschen erst in jüngster Zeit zunehmend Verbreitung. Es ist ein offener, nicht eindeutig festgelegter Begriff, dessen Bedeutung – je nach Standort – recht unterschiedlich umschrieben wird und nicht von vornherein auf das Christliche beschränkt werden kann. Geht man vom lateinischen Wort „spiritus" (Geist) bzw. „spiritualis" (geistlich) aus, so ist mit Spiritualität zunächst ganz allgemein all das gemeint, was menschliches Leben mit „Geist" erfüllt, was es „inspiriert", ihm Sinn, Tiefe und Mitte gibt. Es geht – nach einer Formulierung von H. U. v. Balthasar – um den Weg „aus der Zerstreutheit ins Gesammelte, aus der Verfallenheit ins Klare, Aufrechte, aus der Selbstentfremdung ins Angestammte und Heimatliche". Früher wurde statt von Spiritualität vom „Weg nach innen", vom „Leben aus dem Geist" und auch vom „geistlichen Leben" gesprochen. Spiritualität gibt es in vielfältiger Form und unterschiedlicher Dichte: als allgemeine existentielle Grundhaltung des Menschen, als spezifisch religiöse Spiritualität, die sich auf ein absolut Göttliches bezogen weiß, als Laien- und Ordensspiritualität, als Mystik, Aszetik usw. Das besondere Charakteristikum christlicher Spiritualität liegt darin, daß hier die alles bestimmende Mitte das „Du" des biblischen Gottes und der Geist Jesu Christi ist.

Auf der Suche nach einer „weiblichen Spiritualität"

Ein gewichtiger, aber auch herausfordernder Neuansatz von Spiritualität ist die „weibliche Spiritualität", wie sie in jüngster Zeit von Frauen vorrangig im Rahmen der feministischen Theologie entwickelt wird. Ihr Anliegen ist es, die Ausklammerung des Weiblichen gerade im Bereich des Spirituellen aufzuheben und Räume zu schaffen, in denen Frauen ihr Potential an Lebens- und Glaubenserfahrung, ihre z.T. geschichtlich, z.T. biologisch bedingten besonderen Schwierigkeiten und Hoffnungen, aber auch ihre weibliche Sensibilität und Kreativität eigenständig und ohne männliche Bevormundung einbringen und entfalten können. Die bisher vorliegenden Konzepte einer solchen weiblichen Spiritualität sind so vielfältig und weitgespannt wie die feministische Theologie selbst. Für M. Daly und eine Reihe anderer feministischer Theologinnen, die einen radikalen Feminismus vertreten, ist weibliche Spiritualität eine „metapatriarchale Reise" hinaus aus den einengenden Mauern der männlich-christlichen Spiritualität in eine andere Welt hinein. Es ist ein In-Berührung-Kommen mit ursprünglicher und integrer weiblicher Lebensenergie und ein elementares Neu- und Wiederentdecken des weiblichen Urgrunds allen Seins, der „Göttin", ihres Atems und Wirkens im Zyklus der Natur. Wichtige Elemente dieser Form von weiblicher Spiritualität sind für M. Daly Wildheit, Eros und Ekstase sowie – im Gegenzug zur männlichen Vernunft – die alte weibliche Weisheit des „Häxens" und „Spinnens". Fasziniert dieses Konzept durch seine Dynamik, Konsequenz und Sprachkraft, so ist kritisch anzumerken, daß der Göttinnenkult und das Weibliche in bedenklich einseitiger Weise idealisiert, das Christentum pauschal als hoffnungslos patriarchal abgetan wird.

Neben dieser nach- bzw. vorchristlichen Form von weiblicher Spiritualität entwickeln sich in den letzten beiden Jahrzehnten aber auch verschiedene Formen weiblicher Spiritualität, die sich bewußt auf den Boden biblisch-christlicher Tradition stellen. Es werden vergessene „weibliche Dimensionen" innerhalb dieser Tradition – wie z.B. die Gottebenbildlichkeit der Frau, das mütterliche Erbarmen und die Weisheit Gottes – aufgedeckt und von ihnen her die Beziehung zur eigenen Mitte, zu Gott, zu Jesus und Heiligem Geist neu und ganzheitlicher gestaltet. Vor allem sind es die großen biblischen Frauengestalten wie Mirjam, Hagar, Debora, Ester, Maria und Maria Magdalena als auch die Begegnungen Jesu mit Frauen, die in ihrer Vielfalt und ihrem Mut, ihrer Wärme und ihrer Menschlichkeit zur inspirierenden Quelle werden, den Wert des eigenen Frauseins zu entdecken und einen eigenständigen Lebens- und Glaubensweg zu wagen. Neben der Bibel ist ein anderer, wichtiger Bereich dieser christlichen weiblichen Spiritualität die Frauenmystik des Mittelalters, die allerdings in vielem erst noch entdeckt werden muß. Hier haben Frauen – vorrangig in Frauenklöstern, aber auch in offeneren christlichen Lebensgemeinschaften wie der der Beginen – eine Spiritualität gewagt, die gegenüber der stärker spekulativen männlichen Mystik eigene Akzente setzte. Es war eine Spiritualität, die alle Kräfte des Leibes und der Seele mit einbezog, die sich spontan, voller Zärtlichkeit, aber auch Kühnheit, in Ekstase, Visionen und Minnespiel in die „verschlossene Schatzkammer der heiligen, ganzen Dreifaltigkeit" vorwagte und in Gedichten und autobiographischen Schriften offen von dieser Gott- und Selbstfindung Zeugnis ablegte. Schaut man genauer hin, so weist diese mittelalterliche Frauenmystik manche Elemente auf, die heutige Vertreterinnen einer radikalen weiblichen Spiritualität fordern: tiefstes Fühlen, Eros, Ekstase. Allerdings wird in der mittelalterlichen Frauenmystik – zumindest bei ihren großen Vertreterinnen wie Hildegard von Bingen, Mechthild von Magdeburg, Teresa von Ávila – dieses Ekstatisch-Erotische nicht verabsolutiert, sondern die „Gottesminne" mit kritischer Reflexion, Nüchternheit und tatkräftigem Engagement nach außen verbunden. „Minne ohne Erkenntnis dünkt die weise Seele Finsternis. Erkenntnis ohne Genuß dünkt sie eine Höllenpein. Genuß ohne Tod kann sie nie genug beklagen" (Mechthild von Magdeburg).

Umbrüche im Selbstverständnis der Menschen haben über die Jahrhunderte immer wieder zu neuen Ausprägungen von Spiritualität geführt. Deshalb ist es legitim, wenn sich auch das neue Selbstverständnis von Frauen an der Schwelle zu einer nachpatriarchalen Zeit in der Suche nach einer spezifisch weiblichen Spiritualität manifestiert. Weibliche Spiritualität sollte jedoch nicht absolut gesetzt werden, sondern eingebunden bleiben in den großen Erfahrungsschatz allgemein-menschlicher Spiritualität.

Literatur: *Hans Urs von Balthasar,* Spiritus Creator, Skizzen zur Theologie III (Einsiedeln 1967); *Leonardo Boff,* Das mütterliche Antlitz Gottes. Ein interdisziplinärer Versuch über das Weibliche und seine religiöse Bedeutung (Düsseldorf 1985); *Mary Daly,* Gyn / Ökologie, eine Meta-Ethik des radikalen Feminismus (München 1981); *Peter Dinzelbacher / Dieter R. Bauer* (Hrsg.), Frauenmystik im Mittelalter (Ostfildern 1985); *Sybille Fritsch / Bärbel v. Wartenberg-Potter* (Hrsg.), Die tägliche Erfindung der Zärtlichkeit, Gebete und Poesie von Frauen aus aller Welt (Gütersloh 1986); *Susanne Heine,* Wiederbelebung der Göttinnen? (Göttingen 1987); *Ursa Krattiger,* Die perlmutterne Mönchin. Reise in eine weibliche Spiritualität (Zürich 1983); *Elisabeth Moltmann-Wendel,* Ein eigener Mensch werden, Frauen um Jesus (Gütersloh 1980); *Anton Rotzetter* (Hrsg.), Seminar Spiritualität, Bd. 1–4 (Zürich – Einsiedeln – Köln 1979 – 1982); *Elga Sorge,* Religion und Frau. Weibliche Spiritualität im Christentum (Stuttgart 1987); *Christian Schütz* (Hrsg.), Praktisches Lexikon der Spiritualität (Freiburg i. Br. 1988); *Karin Walter* (Hrsg.), Zwischen Ohnmacht und Befreiung. Biblische Frauengestalten (Freiburg i. Br. 1988).

Hanneliese Steichele

Sport

↗ Alter; Ehrenamt; Frauenverbände; Gesundheit; Hausfrauen; Krankheit; Leib / Leiblichkeit; Leistung; Schönheit

Mädchen- und Frauensport

Sport für Mädchen und Frauen ist im Kontext ihrer gesellschaftlichen Situation zu verstehen. Zusammenhänge zwischen gesellschaftlichen und sportspezifischen Frauenrollen können als komplexes Ursachen-Wirkungs-Gefüge betrachtet werden. Von den gegenwärtig zu beobachtenden Ansätzen zur Öffnung des Sports für alle sind Mädchen und Frauen entsprechend der relativen Öffnung des Rollenbildes in typischer Weise betroffen. Wie eine Betrachtung aus historischem Blickwinkel zeigt, werden im Diskurs über Frauensport die Themen Anmut und Schönheit, Gesundheit und Gebärfähigkeit, Wettkampf und Leistung, Weiblichkeit und Emanzipation jeweils auf dem Hintergrund eines sich ändernden Rollenverständnisses kontrovers verhandelt. Dieser Diskurs wurde zunächst überwiegend von Männern geführt. Frauen beteiligen sich erst mit zunehmendem Eintritt in entsprechende berufliche Positionen daran. Heute wird zwischen Frauen-

und Männersport prinzipiell nicht mehr unterschieden. Im Schulsport sind inzwischen auch Formen koedukativen Unterrichts weit verbreitet. Auch die Sportangebote der Hochschulen und der kommunalen Bildungseinrichtungen richten sich weitgehend an gemischte Gruppen. Sie werden von Frauen und Männern in ähnlicher Weise genutzt.

Sport in Vereinen

Im Sport der Vereine und Verbände überwiegen getrennt-geschlechtliche Formen des Übungs-, Trainings- und Wettkampfbetriebs. Der Anteil der Frauen an den zur Zeit etwa 20 Mio. Mitgliedern des Deutschen Sportbundes (DSB) steigt seit 1965 kontinuierlich an und beträgt inzwischen 35 %. In einigen Spitzenverbänden liegt der Anteil der Frauen deutlich höher: Turnen (68 %); Reiten (58 %); Schwimmen und Volleyball (49 %); Leichtathletik, Tennis, Schilauf (ca. 43 %). Im Deutschen Turner-Bund ist mit 2,4 Mio. weiblichen Mitgliedern nahezu ein Drittel der im Verein sporttreibenden Frauen und Mädchen organisiert. Bemerkenswert ist hier die sprunghaft gestiegene Zahl der Teilnehmerinnen mittleren Alters, denen offensichtlich die körperliche Aktivität zusammen mit Gleichaltrigen ein neues Selbstwertgefühl vermittelt. In zunehmendem Maße treiben Frauen auch Sport in kommerziellen Einrichtungen. Von den etwa 2 Mio. Besuchern eines Sportstudios sind nahezu zwei Drittel weiblichen Geschlechts. Zahlen über die Beteiligung von Frauen am Sport werden in Österreich und der Schweiz *nicht* erhoben.

Funktionen und Probleme

Dem wachsenden Bedürfnis nach Sport entspricht eine veränderte Wahrnehmung seiner Funktionen und eine Ausdifferenzierung vielschichtiger Angebote für unterschiedliche Gruppen. Möglichkeiten der Selbstverwirklichung werden im Streben nach überdurchschnittlichen Leistungen und in der öffentlichen Präsentation gesehen, aber auch in der Verbesserung der Gesundheit, des Wohlbefindens, der körperlichen Fitneß und des äußeren Erscheinungsbildes sowie in vielfältigen Erfahrungen des Körpers und des Umgangs mit ihm. Der Wunsch nach Spannung und Abwechslung, Geselligkeit und Unterhaltung führt zu differenzierten Angeboten vom Urlaubssport bis zum Medienkonsum. Auffällig ist die verstärkte Nutzung des Sports zur Werbung für wirtschaftliche, aber auch für politische Ziele. Über die Medien als Werbeträger wird dabei ein einseitiges Bild des Sports transportiert. Von den Sportübertragungen im Fernsehen sind etwa 7 % der Sendezeit dem Frauensport gewidmet. Unterrepräsentiert sind Frauen auch in den ehrenamtlichen Führungspositionen des Sports, verursacht durch statusabhängige Bedingungen der Auswahl und eingeschränkte Möglichkeiten der Mitarbeit. Insgesamt gewinnt der Sport für Frauen in verschiedenen Lebensabschnitten an Bedeutung. Dabei wird das Engagement im Hochleistungssport infolge hoher zeitlicher Belastung, Priorität von Partnerbeziehungen und körperbezogener Probleme eingeschränkt. Andere Angebote werden dagegen in steigendem Maße gesucht und weisen auf ein zunehmend sensibles Körper- und Gesundheitsbewußtsein hin.

Literatur: *Dorothee Bierhoff-Alfermann,* Sportpsychologie (Stuttgart 1986); *Rosemarie Breuer,* Die Frau im Sport. Historische, physiologische und psychologische Aspekte, in: Christa Köppel / Ruth Sommerauer (Hrsg.), Frau – Realität und Utopie (Zürich 1984) 85–102; *DSB* (Hrsg.), Perspektiven für den Sport von Frauen (Frankfurt a. M. 1985); *Paul Jakobi / Heinz-Egon Rösch* (Hrsg.), Frauen und Mädchen im Sport (Mainz 1988); *Marie-Luise Klein,* Frauensport in der Tagespresse (Bochum 1986); *Michael Klein* (Hrsg.), Sport und Geschlecht (Reinbek 1983); *Sabine Kröner,* Sport und Geschlecht (Ahrensburg 1976); *Gertrud Pfister* (Hrsg.), Frau und Sport. Frühe Texte (Frankfurt a. M. 1980); *Silvia Schenk,* Frau – Bewegung – Sport (Hamburg 1986).

Inge Berndt

Sprachkritik, feministische

↗ Abhängigkeit; Aggressivität; Ausbildung; Bildung; Chancengleichheit; Diskriminierung; Emotionalität und Rationalität; Ethik, weibliche; Feminismus; Frauenrollen / Frauenleitbilder; Gewalt gegen Frauen; Gottesbilder; Identität, weibliche; Kult; Kultur; Literatur; Literatur, feministische; Medien; Menschenbild; Mythologie; Philosophie, feministische; Schule; Sichtweise, weibliche; Theologie, feministische; Weiblichkeitssymbole; Wissenschaft

Sprache und Wirklichkeit

Die feministische Sprachkritik untersucht frauenfeindliche Elemente der Sprache sowohl auf der Ebene der Sprachstruktur als auch auf der Ebene der gesprochenen Sprache, des Sprechens, wobei hier das besondere Interesse auf dem geschlechtsspezifischen Sprachverhalten liegt.

Sprache ist Instrument zur Herstellung von Wirklichkeit. Durch Sprechen wird Realität produziert, die für die Sprecherin / den Sprecher gilt. Es werden Aspekte der Realität produziert, die der Sprecherin oder dem Sprecher wichtig sind, und Eigenschaften der Realität ignoriert, die für sie weniger Bedeutung haben. Ist z.B. nur von Arbeitern, Studenten und Sportlern die Rede, wird eine Welt produziert, in der nur Männer arbeiten, studieren und Sport treiben, und dabei der Aspekt der Wirklichkeit ignoriert, der zeigt, daß auch Frauen in diesen Bereichen tätig sind und Leistungen erbringen. Diese Leistungen spielen dann keine Rolle. Sie existieren nicht, weil sie durch Sprache ausgelöscht werden.

Männliche Oberbegriffe

Die Diskriminierung liegt also bereits in der grammatikalischen Struktur der Sprache. Pro forma gelten Frauen als in der generischen Form eingeschlossen, z.B. der Bürger, der Inhaber, der Antragsteller, de facto werden sie ausgeschlossen. Die männlichen Sprachelemente bezeichnen sowohl den geschlechtsübergreifenden Oberbegriff als auch das spezifisch Männliche (*der* Bürger, *der* Inhaber, *der* Antragsteller), während die weiblichen Sprachformen immer das Spezielle, das Abgeleitete, das Umständlich-extra-zu-Benennende darstellen (*die* Bürgerin, *die* Inhaberin, *die* Antragstellerin). Zudem sind auch alle Pronomina, die sich auf den Oberbegriff beziehen, ebenfalls maskulin: *der* Arbeiter und *seine* Familie; niemals könnte der andere Aspekt, der auf den weiblichen Anteil verweist, grammatikalisch korrekt ausgedrückt werden: vgl. *der Arbeiter und ihre Familie.* So wird die Vorstellung erweckt, daß es nur um Männer geht.

Darstellung von Beziehungen

Sage ich von einer Frau, sie ist die Frau eines Fußballstars, dann schreibe ich ihr nur diese Eigenschaft zu. Wenn sonst nichts mehr über sie gesagt wird, ist sie allein über ihre Beziehung zu einem Mann definiert. Frauen werden häufig so charakterisiert. Mit sprachlichen Mitteln wird eine Realität geschaffen, in der Frauen als autonome Personen nicht vorkommen. Sprache, mit der eine solche Wirklichkeit konstruiert wird, ist diskriminierend.

Mit Hilfe von Sprache wird nicht nur eine bestimmte Weltsicht hergestellt, durch sprachliche Äußerungen werden auch konkrete Beziehungen gestaltet. Reden ist Handeln von Gesprächspartnerinnen und -partnern. Solche Handlungen sind z.B. Lob, Unterstützung, Bitte, Mahnung, Kritik, Verurteilung, Beleidigung, Akzeptieren und Ignorieren. Beziehungen werden zum großen Teil durch solche verbalen Handlungen gestaltet, sie werden geformt als faire, symmetrische oder als ungleiche, autoritäre.

Bereits durch den Gruß und die Anrede, z.B. durch rasche Verwendung der Vornamen bei Frauen (vgl. die Sportberichterstattung, wo sehr bald z.B. von der „Goldrosi" die Rede ist) oder bei der Vorstellung einer prominenten Person (z.B. Bundespräsident von Weizsäcker und Frau Marianne) werden wichtige Beziehungsaspekte definiert. Bei Frauen passieren hier häufig Fehlleistungen, von Namensentstellung bis zur unangemessenen Darstellung ihrer professionellen Funktionen. Soweit es um Frauen geht, zählen für die Sportberichterstattung nicht nur die erbrachten Leistungen, sondern auch ihre Attraktivität für Männer. Damit werden Beziehungen hergestellt, die letztlich Verachtung und Geringschätzung der Leistung von Frauen signalisieren. Zusammenfassend stellt sich die Situation für Frauen so dar: Frauen werden durch sprachliche Äußerungen ignoriert, über Männer definiert, abgewertet, mißachtet. Diese Diskriminierung ist auch in geschriebener Sprache nachweisbar.

Veränderung durch Sprache

Natürlich schafft Sprache nicht nur Realität, sondern reflektiert auch die in ihr historisch und gesellschaftlich entstandene Realität. In dieser Hinsicht ist Sprache konservativ und spiegelt eine Wirklichkeit, die vielleicht schon überholt ist. Aber da sie in der Sprache, im Lexikon wie in der Syntax, konserviert ist, steht die Auseinandersetzung mit der Sprache an.
Die Mechanismen der Unterdrückung von Frauen durch Sprache sind eingangs dargestellt worden. Linguistinnen beschreiben einen neuen, kreativen Sprachgebrauch, und feministische Wissenschaftlerinnen propagieren einen neuen, fairen Umgang mit Sprache. Sie beschreiben auf der einen Seite gesellschaftliche Änderung, ein neues Bewußtsein, das Frauen sichtbar werden läßt, sich vom Patriarchat absetzt und sich in sprachlichen Neuschöpfungen niederschlägt. Anderseits schaffen sie auch gesellschaftliche Änderung, indem sie durch ein verändertes Bewußtsein und eine neue, nicht sexistische Sprache neue gesellschaftliche Bedingungen schaffen. Sprachliche Änderung und gesellschaftlicher Wandel, gesellschaftliches Handeln und sprachliches Handeln sind eng miteinander verbunden. Sprache ist eine der wichtigsten gesellschaftlichen Bedingungen, unter denen Menschen leben. Durch Sprache werden gesellschaftliche Unterschiede konstruiert, Sprache schafft die persönlichen und kollektiven Lebenszusammenhänge, prägt die Sicht der Welt.
Mit Hilfe von Sprache wird die persönliche Weise, die Welt zu erleben, an die Kinder weitergegeben, in der Schule, in der Familie, in Märchenbüchern und in den Medien. Viele gesellschaftliche Handlungen sind sprachliche Handlungen, z.B. das Unterrichten, das Rechtsprechen vor Gericht oder das Debattieren in politischen Gremien. Sprechen ist soziales Handeln. Deshalb sind auch „kleine“ sprachliche Änderungen nicht trivial, wie der große Widerstand gegen sie zeigt. Aus der Sicht derer, die die Sprache beherrschen, die Sprache schaffen und sich als Schirmherren des Sprachgebrauchs fühlen, erscheint es als Anmaßung, daß Frauen anfangen, sich die Sprache anzueignen, ihrerseits Besitzansprüche anmelden. Deshalb werden die sprachlichen Neuerungen, die im Zuge der Frauenbewegung kreiert werden, von den offiziellen Wächtern der Sprache, den Literatur- und Sprachwissenschaftlern, konsequent ignoriert bzw. ironisiert.

Gespräche

Ein bislang im Bewußtsein und in der Forschung weniger beachtetes Gebiet ist das der täglichen Unterdrückung von Frauen in gemischtgeschlechtlichen Gesprächen. Männer sind gewohnt zu dominieren, sie tun es auch in Gesprächen. Sie geben den Ton an, sobald sie in ein Gespräch einsteigen, sie erklären sich für das behandelte Thema zuständig und kompetent. Sie erwarten und bekommen Aufmerksamkeit und Unterstützung von ihren Gesprächspartnerinnen. Sie erwarten und bekommen Raum, ihre Themen und sich selbst darzustellen. So ist ihnen ihr Gesprächserfolg sicher.
Frauen sind darauf trainiert, gefallen zu wollen. Sie müssen auch in Gesprä-

chen gefallen, d. h., sie werden Männer unangefochten dominieren lassen und alles tun, um sie nicht zu bedrohen: nicht den Ton angeben, nicht auf eigenen Themen und Meinungen bestehen, Gegenpositionen gefällig verpacken, nicht die Unterstützung verweigern, nicht mehr Raum einnehmen als Männer, auf eigenen Erfolg und Befriedigung im Gespräch verzichten. Unterschiedliche konversationelle Rechte und Pflichten konstituieren so die Gespräche zwischen Frauen und Männern: Männer haben mehr Rechte, das Recht, zu dominieren, das Recht, sich auf Kosten anderer darzustellen, das Recht, zu Wort zu kommen und ausreden zu dürfen, das Recht, das Thema zu bestimmen und zu jedem beliebigen Thema zu sprechen. Sie beanspruchen auch das Recht, Frauen jederzeit am Reden zu hindern, sei es durch Störung oder Unterbrechung, das Recht, konversationell wichtig genommen zu werden, d. h. das Recht auf Aufmerksamkeit und Beachtung, das Recht auf konversationelle Ehrerbietung von Frauen, das Recht auf Gesprächserfolg. Männer erhalten durch diese Rechte konversationelles Gewicht.
Frauen dagegen haben konversationelle Pflichten: Frauen haben die Pflicht, Männer in ihrem Dominanz- und Imponiergehabe nicht zu behindern, sie haben die Pflicht, Männer den Ton angeben zu lassen, ihre Themen zu unterstützen, eigene Themen zurückzustellen, Männern Aufmerksamkeit zu schenken, ihnen Raum zu geben, sie ernst zu nehmen, ihnen zum Gesprächserfolg zu verhelfen. Diese unterschiedlichen Rechte und Pflichten spiegeln sich in unterschiedlichen Sprechhandlungen wider, die von Frauen und Männern typischerweise ausgeführt werden: Männer etablieren ihren Status und ihre Autorität, behaupten, erklären, bewerten, kritisieren, belohnen, korrigieren, stellen richtig, bestrafen, fordern heraus, greifen an, machen Vorwürfe und Gegenvorwürfe, sprechen zur Gruppe. Frauen entschuldigen sich und andere, verteidigen sich und andere, nehmen Angriffe vorweg, bitten, rechtfertigen sich, schließen sich an, stimmen zu, schränken ihre Kompetenz und Zuständigkeit ein, unterstützen, geben Hilfestellung, leisten Ehrenrettung, gehen auf andere ein, sprechen andere direkt und persönlich an. Wenn Männer überwiegend Sprechhandlungen in der ersten Gruppe ausführen und Frauen überwiegend Sprechhandlungen der zweiten, dann wird eine Gesprächswirklichkeit konstruiert, in der Männer für sich mehr Autorität und Autonomie beanspruchen und zugeschrieben bekommen und in der Frauen abhängiger und unselbständiger sind oder zumindest als unselbständig behandelt werden, z. B. steht es Frauen nicht zu, Männer zu kritisieren oder negativ zu bewerten, Männern dagegen steht es zu, Bitten zu gewähren oder abzuschlagen. Mit Hilfe von Sprechhandlungen wird eine Gesprächswelt geschaffen, in der sich gesellschaftliche Realitäten widerspiegeln: Männer haben die Macht, Frauen bleibt die Ohnmacht.

Gesellschaftliche Konsequenzen

Der Konstruktion von Macht- und Kompetenzunterschieden in gemischtgeschlechtlichen Gesprächsgruppen nachzuspüren ist besonders wichtig in allen Bereichen der Erziehung, wo ansonsten das herrschende Rollenverhalten weiter perpetuiert wird. Andere wichtige Bereiche sind die politische Auseinandersetzung auf allen Ebenen von der Gemeindepolitik bis zur internationalen Politik, wo Frauen immer noch die Ausnahme sind und ihr Ausnahmestatus weiterhin kultiviert wird, der Bereich der Rechtsprechung und der medizinischen Versorgung, um zwei weitere Männerdomänen aufzuzeigen. Einen nicht zu unterschätzenden Einfluß darauf, wie Frauen und Männer, Mädchen und Jungen heute und in Zukunft gesehen werden, haben die Medien. Interessante Untersuchungen über diese verschiedenen Diskurse liegen schon vor, aber viel Arbeit vor allem für die deutschen Verhältnisse steht noch aus. Es scheint eine Behinderung, eine Blockierung bei uns Frauen vorzuliegen, wirklich an die Quellen zu gehen und sich dem Gespräch mit dem Vorgesetzten, dem Frauenarzt, dem Doktorvater, dem Prüfer, dem Partner zu stellen, an einer Gerichtsverhandlung, einer Eheberatung, einem Interview teilzunehmen und dort die Mechanismen der eigenen Unterdrückung aufzudecken, wahrscheinlich auch die Mechanismen der Eigenbehinderung.

Frauengespräche

Analysen dieser Gesprächssituationen stehen noch aus, damit liegen Änderungs- und Lösungsstrategien noch in weiter Ferne. Noch ist die wichtigste Strategie eine konfliktvermeidende, die des Rückzugs in Frauengespräche. Wobei Rückzug nur aus der Perspektive der Männer abwertend klingt, die gemischtgeschlechtliche Gespräche als das Maß aller Dinge ansehen.
Für Frauen gibt es ein wesentliches Motiv, zu Gesprächen allein mit Frauen zu tendieren: Sie erleben dann zum ersten Mal die konversationellen Kompetenzen von Frauen. Sie kommen in den Genuß, intensive, aktive, unterstützende Hörerinnen zu erleben. Sie erfahren Achtung und Aufmunterung, die ihnen sonst nicht beschieden sind. Sie erleben wechselnde Führung, wechselnde Verantwortung, wechselnde Aktivität, Geben und Nehmen, Kritik und Unterstützung, Bestehendürfen, Akzeptiertsein, Befriedigung, Erfolg.
Der „Rückzug" in Frauengespräche stellt sich dar als bewußte Wahl, die Kompetenzen von Frauen zu erleben und eigene zu entwickeln und für andere Frauen erlebbar zu machen, Kompetenzen, die normalerweise Männern verfügbar gemacht werden und die im „normalen" Gesprächsrahmen nicht geschätzt werden. Der „Rückzug" ist ein wichtiger Fortschritt auf dem Weg der bewußten Gesprächserfahrung mit Frauen und Männern.

Literatur: *Ilse Brehmer* (Hrsg.), Sexismus in der Schule (Weinheim 1982); *Marlies Hellinger / Marion Kremer / Beate Schräpel,* Empfehlungen zur Vermeidung von sexistischem Sprachgebrauch in öffentlicher Sprache (Hannover 1985); *Elisabeth Hug,* Reden zu Gott. Überlegungen zur deutschen liturgischen Gebetssprache (Zürich 1985); *Helga Kotthoff* (Hrsg.), Das Gelächter der Geschlechter (Frankfurt a.M. 1988); *Claudia Opitz* (Hrsg.), Weiblichkeit oder Feminismus? Beiträge zur interdisziplinären Frauentagung (Konstanz 1983); *Luise F. Pusch,* Das Deutsche als Männersprache. Aufsätze und Glossen zur feministischen Linguistik (Frankfurt a.M. 1984); *dies.* (Hrsg.), Feminismus. Inspektion der Herrenkultur (Frankfurt a.M. 1983); *Dale Spender,* Frauen kommen nicht vor. Sexismus im Bildungswesen (Frankfurt a.M. 1985); *Senta Trömel-Plötz,* Frauensprache in unserer Welt der Männer (Konstanz [2]1981); *dies.,* Frauensprache – Sprache der Veränderung (Frankfurt a.M. [8]1988); *dies.,* Frauen und Sprache: Unterschied und Unterdrückung, in: Jahrbuch für Internationale Germanistik XIV: 2 (Bern 1983) 79–97; *dies.,* Gewalt durch Sprache: die Vergewaltigung von Frauen in Gesprächen (Frankfurt a.M. [7]1988); *dies.,* Feminismus und Linguistik, in: Luise F. Pusch (Hrsg.), a.a.O.; *dies.,* Sprache, in: Johanna Beyer / Franziska Lamott / Birgit Meyer (Hrsg.), Frauenhandlexikon (München 1983); *dies. / Marlies Hellinger / Ingrid Guentherodt / Luise F. Pusch,* Richtlinien zur Vermeidung sexistischen Sprachgebrauchs, in: Linguistische Berichte 71 (1981) 1–7; *Ruth Wodak,* Das Wort in der Gruppe, hrsg. von Adam Wandruska / Wolfgang Dressler (Wien 1981).

SENTA TRÖMEL-PLÖTZ

Sterilisation

↗ Adoption; Depression; Ehe; Elternschaft; Empfängnisverhütung; Familienplanung; Fortpflanzungsmedizin; Geburt; Gesundheit; Identität, weibliche; Kinderlosigkeit; Kinderwunsch; Lebenskrisen; Mutterschaft; Partnerschaft; Schwangerschaft, Vaterschaft

Begriff und Methoden

Sterilisation nennt man Verfahren zur Unfruchtbarmachung durch Unterbrechung der Eileiter bei Frauen bzw. des Samenstranges bei Männern. Als Methode zur dauerhaften Empfängnisverhütung gewinnt die freiwillige Sterilisation zunehmend an Bedeutung. In der Bundesrepublik Deutschland werden jährlich rd. 100000 Sterilisationen

durchgeführt. Weltweit geht man von 50–75 Mio. Sterilisationen aus.
Bei der Frau sind in den letzten Jahrzehnten zahlreiche Methoden zur dauerhaften Unfruchtbarmachung entwickelt worden. Weitgehend durchgesetzt haben sich darunter die bipolare Koagulation (Eileiterverschluß mit zweipoligem Hochfrequenzstrom) oder die Thermokoagulation (sinngemäß: durch Wärme herbeigeführte Gerinnung, die Eileiter werden mit Hilfe einer oder mehrerer erwärmter Klemmen verschlossen) mittels einer Laparoskopie (Bauchspiegelung). Die Entfernung der Gebärmutter als Mittel der Unfruchtbarmachung wird grundsätzlich nicht für vertretbar gehalten.

Probleme und Gefahren

Methode und Zeitpunkt der Sterilisation haben nicht unerhebliche Auswirkungen auf mögliche physische und psychische Spätfolgen einer Sterilisation, auch im Hinblick auf eine spätere Refertilisation (Wiederfruchtbarmachung). Hier sind in den vergangenen Jahren zwar medizinische Fortschritte zu verzeichnen, jedoch ist eine erneute Schwangerschaft kaum wahrscheinlich. Einer eingehenden Beratung vor der Durchführung der Sterilisation kommt große Bedeutung zu. Nach neuesten medizinischen Erkenntnissen sind negative Auswirkungen auf den Hormonhaushalt von Frauen infolge einer Sterilisation nicht auszuschließen. In jedem Fall sollte eine möglichst schonende Methode angewandt werden. Problematisch ist eine Sterilisation unmittelbar nach einer Niederkunft, da von einem psychischen Ausnahmezustand der Frau ausgegangen werden muß. Abzulehnen ist eine Sterilisation in Verbindung mit einem Schwangerschaftsabbruch.
Eine der Sterilisation vorangehende Beratung sollte sich über die medizinischen Aspekte hinaus auf die Ursachen für die Entscheidung zur Sterilisation erstrecken und auch den Partner einbeziehen.

Obwohl die Sterilisation beim Mann medizinisch unkomplizierter ist, beläuft sich die Zahl der Männer, die sich sterilisieren lassen, nur auf ca. 10000–15000 jährlich (BRD). Das hängt einmal damit zusammen, daß Frauen überwiegend allein die Verantwortung für Empfängnisverhütung tragen, ist aber auch eine Folge des Tatbestandes, daß Ärzte eher Frauen, bei Unverträglichkeit anderer Verhütungsmittel, eine Sterilisation vorschlagen als Männern.
Die Kosten einer Sterilisation werden von der Krankenkasse erstattet. Eine Einwilligung des Patienten ist in jedem Fall erforderlich. Kritisch diskutiert wird die Frage, ob eine derart weitreichende und im Regelfall unwiderrufliche Maßnahme wie die Vernichtung der Fortpflanzungsfähigkeit dem Belieben des einzelnen überlassen werden kann. Eine rechtliche Klärung durch den Gesetzgeber, wann eine Sterilisation außerhalb einer genetischen, kriminologischen oder medizinischen Indikation zu mißbilligen ist, steht aus.
Die katholische Kirche lehnt die Sterilisation als dem Wesen der Ehe widersprechend und gegen die natürliche Ordnung verstoßend ab.

Zwangssterilisationen

Ein Sonderproblem stellt die Frage der Zwangssterilisation bei geistig Behinderten dar, vor allem vor dem Hintergrund der Sterilisationspolitik während der NS-Zeit. Aus rassenideologischen Gründen wurden zwischen 1933 und 1945 unzählige Zwangssterilisationen an Juden, aber auch Polen vorgenommen. Zwangssterilisationen waren ein wesentlicher Bestandteil der NS-Rassenpolitik. Es spricht vieles dafür, daß die Zwangssterilisation bis in die vierziger Jahre als „Alternative“ zur systematischen Tötung der Juden in den KZs angesehen wurde.
Dies mag mit dazu beigetragen haben, daß bis heute eine Gesetzgebung zur Frage der Sterilisation geistig Behinderter aussteht. Es zeichnet sich jedoch

eine Tendenz ab, Zwangssterilisationen grundsätzlich zu untersagen.

Literatur: *Albin Eser / Hans-A. Hirsch* (Hrsg.), Sterilisation und Schwangerschaftsabbruch (Stuttgart 1980); *Erwin Quambusch,* Zur Sterilisation geistig behinderter Frauen, in: Zeitschrift für Sozialhilfe und Sozialgesetzbuch 26 (1987) 294ff.; *Hans-Harald Riedel,* Diagnostik und Therapie ovarieller Ausfallerscheinungen nach Eileitersterilisation und Hysterektomie (Fortschritte der Fertilitätsforschung 15) (Berlin 1987).

Marion Thielenhaus

Strafvollzug

↗ Aggressivität; Aids; Kriminalität; Prostitution; Sucht; Suizid

Nur 16% der wegen Straftaten Verurteilten sind Frauen. Sie begehen vor allem einfache Vermögensdelikte, ernsthafte Straftaten sind meist Handlungen aus für sie ausweglosen Konflikten. Dennoch steigen seit 1966 die Zahlen an (Einsele 1982). Zugenommen haben besonders Drogendelikte, durchweg zur Finanzierung des Eigenbedarfs und als Drogentransporte aus der Dritten Welt. Eine Gefahr für die Allgemeinheit sind Frauen jedoch selten (89% Geldstrafen).

Straffällige Frauen stammen meist aus ökonomisch, sozial und psychisch belasteten Verhältnissen, die ihre Entwicklung zu selbständiger Lebensführung hinderten. Das seit 1977 geltende, großzügig auslegbare Strafvollzugsgesetz (StVG) enthält nur wenige Sonderbestimmungen für Frauen (§§ 76–80, 142, 143,3). Sie betreffen Schwanger-Mutterschaft, Sicherungsverwahrung und begrenzen die Plätze in Frauenanstalten auf 200. Das zeigt, daß die Behandlung bei Frauen individueller gestaltet werden muß als bei Männern. Es gibt zwei Hauptprobleme: Die Bedürfnisse der wenigen weiblichen Inhaftierten (2000 gegen 55000 Männer) werden, auch infolge der üblichen Unterbewertung von Frauen, zu wenig berücksichtigt. 50% der Frauen leben in Abteilungen von Männeranstalten. Von vier selbständigen Frauenanstalten werden drei von Männern geleitet. So herrschen männliche Vorstellungen vor, wird männliches Leitungsgewicht demonstriert. Das behindert eigenständige Entwicklungen. Und: in den wenigen Frauenanstalten konzentrieren sich alle Strafarten und unterschiedlichste Personen, darunter bis zu 50% Drogenabhängige und bis zu 45% Ausländerinnen (Hessen).

Die sächliche und personelle Ausstattung hat sich seit 1977 verbessert. Doch noch immer genügen weder Bildungs-, Aus- und Umbildungsangebote, die sich vor allem auf wenig erfolgreiche „weibliche" Berufe beziehen, noch therapeutische Hilfen für die überdurchschnittlich belastete, zum Teil drogenabhängige und aidsinfizierte Klientel. Oft wirken haftstrukturell begründete Entmündigung und Demütigungen schädigend auf das Selbstbewußtsein. Für Jugendliche gibt es keine eigene Anstalt. Schwer wiegt auch das Problem der Mütter kleiner Kinder. Gemeinsame Unterbringung soll es mildern (Krüger). In Hessen wird hierfür ein offenes Haus eingerichtet. Der offene Vollzug bietet auch sonst Problemlösungen an. Doch auch da, wie bei Behandlungsangeboten, besteht ein Defizit gegenüber dem Männervollzug. Besonders bei Frauen könnte er Schäden verringern und soziale Eingliederung, sogar im familiären Bereich, fördern. Besonders schwierig ist die Eingliederung nach der Entlassung. Sie erfordert sorgsame Nachsorge. Ein mit Hilfe des Bundesministeriums für Jugend, Familie, Frauen und Gesundheit entwickeltes Projekt zeigte, daß Frauen ambulant geholfen und ihre Rückfälligkeit vermindert werden kann (Einsele/Maelicke). Verbesserungsvorstellungen erstreben: Haftvermeidung, Zunahme von Straufaussetzungen, intensive ambulante Begleitung. Wo das rechtlich bzw. wegen sozialer Gefährlichkeit unmöglich ist, sollte weitgehend offener Vollzug angewendet werden.

Literatur: *Sigrid Bernhardt,* Frauen in Haft, in: Kriminalpädagogische Praxis 14/15 (1982);

Marlies Dürkop / Gertrud Hardtmann, Frauen im Gefängnis (Frankfurt a. M. 1978); *Helga Einsele,* Weibliche Kriminalität und Frauenstrafvollzug, in: Handwörterbuch der Kriminologie (Berlin – New York ²1975) 608 ff.; *dies.,* Wandelt sich die weibliche Kriminalität? in: Weibliche und männliche Kriminalität (Grüsch 1982); *dies. / Gisela Rothe,* Frauen im Strafvollzug (Reinbek 1983); *Helga Einsele / Bernd Maelicke,* Anlaufstelle für straffällig gewordene Frauen (Schriften des Bundesministeriums für Jugend, Familie, Frauen und Gesundheit, Bd. 90) (Stuttgart 1980); *Helga Einsele / Sigrid Bernhardt,* Frauenstrafvollzug, in: Hans D. Schwind, Günter Blau (Hrsg.), Strafvollzug in der Praxis (Berlin – New York 1988); *Uta Krüger,* Gefangene Frauen, bestrafte Kinder (Darmstadt – Neuwied 1982); *Statistisches Bundesamt Wiesbaden,* Strafverfolgung (1985); *Statistisches Bundesamt Wiesbaden,* Strafvollzug (1985). Helga Einsele

Studium

↗ Wissenschaft.

Sucht

↗ Abhängigkeit; Aids; Eßstörungen; Gesundheit; Krankheit; Kriminalität; Lebenskrisen; Leib / Leiblichkeit; Selbsthilfe; Suizid

Der Süchtige ist dem Verlangen nach der Befriedigung seiner Bedürfnisse unwiderstehlich ausgeliefert. Der Suchtbegriff ist schwer definierbar und wurde 1964 von der Weltgesundheitsorganisation durch den Begriff Abhängigkeit ersetzt.

Abhängigkeit ist in diesem Zusammenhang das periodisch oder dauerhaft unwiderstehliche Verlangen nach Einnahmen von Drogen, um Lust zu erzeugen oder Mißbehagen zu vermeiden (Feuerlein 1979). Durch den Entzug der Droge werden beim Individuum Beschwerden hervorgerufen, die durch erneute Zufuhr einer entsprechenden Substanz gebessert oder aufgehoben werden können (Feuerlein 1979). Es wird zwischen physischer und psychischer Abhängigkeit unterschieden.

Die Zunahme süchtigen Verhaltens bei Frauen läßt eine Störung in der Beziehung von Persönlichkeit und Umwelt vermuten. Betrachtet man die jeweiligen Hauptabhängigkeiten: Alkohol, Rauschmittel und Arzneimittel, so bieten sich unterschiedliche Geschlechterrelationen: das Verhältnis Männer zu Frauen bei Alkohol 4:1; bei Rauschmittel 2:1 und bei Arzneimittel 1:2 (Wanke 1976). Für die Wahl der Mittel werden äußere und innere Faktoren verantwortlich gemacht, sie ist persönlichkeitsgebunden (Wanke 1976).

Alkoholerkrankungen

Die Alkoholerkrankungen der Frauen steigen stetig. Ist man zunächst davon ausgegangen, daß die Trunksucht bei ihnen weitgehend unheilbar sei, daß sie stärker erblich belastet und häufiger Psychopathen seien als alkoholkranke Männer (Wanke 1970), so wird zunehmend deutlich, daß das Krankheitsbild der Sucht nicht ausschließlich unter biologisch-medizinischen Gesichtspunkten betrachtet werden kann. Es wird immer deutlicher, daß die sich stark unterscheidende psychosoziale Lage von Männern und Frauen gesehen werden muß (Vogt).

Der Frau ist es nur eingeschränkt erlaubt, Alkohol zu genießen; Trinken ist männlich, eine betrunkene Frau ist ein „Zerrbild ihres Geschlechts“. Frauen werden negativer und rascher ettiketiert als Männer, auch von Fachleuten (Vogt). Alkoholikerinnen werden der sozialen Umgebung auch rascher auffällig (Berger), obgleich sie sich angepaßter, zurückhaltender und weniger aggressiv verhalten als Männer (Vogt). Frauen greifen häufiger als Männer zu Spirituosen, trinken meist alleine, heimlich und exzessiv. Hierfür sind ihre Lebensumstände ausschlaggebend, sie leben vorwiegend im häuslichen Bereich (Berger).

In ihren Konsummustern findet sich jede denkbare Variante: Schwanken zwischen Trunkenheit und Abstinenz, hoher Alkoholgenuß, wechselnd mit geringem und mit totaler Abstinenz.

Alkoholkonsum wird häufig mit unterschiedlichen Medikamenten kombiniert, um den erwünschten Effekt früher zu erreichen. Bei Essensverweigerung wirken bereits kleinste Mengen (Vogt). Die Beziehung des Trinkens zu bestimmten Lebenskonflikten ist bei Frauen ausgeprägter als bei Männern. Hauptsächliche Konfliktstoffe sind: Partnerprobleme, Fehlen von Vertrauenspersonen, Einsamkeitsgefühle (Berger). Die Frauen verfügen offenbar in Krisen nicht über ausreichende Ressourcen (Vogt). Frauen trinken, um ihren Problemen zu entfliehen (Demel), sie setzen sich aber auch beim Trinken selbstquälerisch und intensiv mit ihren Problemen auseinander, scheinen die Situation permanent zu rekapitulieren, wobei psychoaktive Drogen die Problemverarbeitung behindern (Vogt). Alkoholikerinnen leben häufiger alleine bzw. mit ihren Kindern als alkoholkranke Männer (Vogt). Auch die Scheidungsrate ist bei Frauen höher (Vogt). Sie verfügen über eine bessere Schul- und Berufsausbildung, Intelligenzmessungen zeigen häufig eine Überlegenheit Männern gegenüber (Demel), trotzdem finden diese Frauen keinen Weg aus ihrer Isolierung durch berufliche Einbindung (Vogt). *Die* weibliche Alkoholikerpersönlichkeit gibt es nicht, auch wenn sich bestimmte Lebenserfahrungen gleichen (Vogt). Die Beziehung der Frauen zu ihrer Herkunftsfamilie ist in der Regel gestört, ein Ausgleich durch andere Bezugspersonen nicht gegeben. Konflikten wird aus dem Wege gegangen, die eigenen Bedürfnisse werden von den Frauen zugunsten derer der Männer zurückgestellt, bei Partnerkonflikten unterliegen sie, erleiden Demütigungen und „ertränken ihre Schuldgefühle". Die Entwicklung der Alkoholkrankheit bei Frauen geht Hand in Hand mit Erfahrungen physischer Gewalt durch nahe Bezugspersonen. Solche Handlungen lassen eine ähnliche Persönlichkeitsstruktur bei Täter und Opfer vermuten (Vogt). Intensive Beziehungen dieser Frauen zu ihren Kindern sind selten. Bis in die Zeit der Zeugung und Schwangerschaft können solche Konflikte zurückreichen, sie sind auch als Folge des Alkoholismus möglich (Vogt).

Alkoholismus scheint nur eine Krankheit unter vielen bei Frauen zu sein, es zeigen sich häufig weit in die Kindheit zurückreichende Krankengeschichten, ohne daß ein Zusammenhang zum später auftretenden Alkoholismus erkennbar würde. Auffällig ist die Zahl der Frauen mit Brust- oder Unterleibsoperationen (54 %), selbst mit sehr problematischen Diagnosen, wie Krebs, blieben viele Frauen sich selbst überlassen (Vogt).

Medikamentenmißbrauch

Während Alkohol ein nicht toleriertes Mittel für Frauen ist, erscheinen Medikamente als ein taugliches Instrument, um Schwäche und mangelndes Wohlbefinden zu demonstrieren. Der Übergang von Gebrauch zu Mißbrauch und Abhängigkeit ist besonders schleichend. Bei den Substanzen mit hohem Suchtpotential handelt es sich um Analgetika, Sedativa, Schlafmittel und Tranquilizer (Demel). Bei Frauen ist die Mischung zwischen Alkohol und Drogen aller Art und auch das Umsteigen auf andere Suchtmittel besonders ausgeprägt.

Testuntersuchungen haben bei *Polytoxikomanen* starke Abweichungen von der Norm in Form psychosozialer, psychovegetativer und ganzheitlich emotionaler Labilität erbracht (Wanke 1976). Unter ihnen wird ein hoher Prozentsatz abnormer Persönlichkeiten vermutet (Demel). Alkohol und Drogen können einen Suizidersatz darstellen. Die Suizidgefährdung von Frauen, insbesondere Polytoxikomanen, ist besonders hoch (Battegay), die Therapie besonders schwierig.

Illegale Drogen

Diese Drogen werden vor allem von jüngeren Menschen konsumiert, der Schwerpunkt liegt bei der Gruppe der 18- bis 24jährigen. Im Gegensatz zu männlichen nehmen weibliche Konsumenten Drogen selten alleine. Sie sind überwiegend am Verhalten ihrer Partner orientiert und kommen in der Regel auch durch sie zum Drogengebrauch. Mädchen sind offenbar eher bereit, den Drogenumgang ihrer männlichen Partner zu übernehmen, sie sind häufig jünger als diese, profitieren von deren kriminellen Beschaffungsformen und werden auch ausgenutzt. So werden sie öfter zum Betteln benutzt oder zur Prostitution gedrängt. Die Krankheitseinsicht weiblicher Konsumenten ist in der Regel größer (Kreuzer 1978).

Therapie

Die Therapie süchtiger Frauen hat insbesondere ihre gesellschaftliche Situation und ihre jeweiligen persönlichen Bedingungen zu berücksichtigen. Die stationäre Behandlung ist für viele Frauen ihrer familiären Verpflichtungen halber schwieriger erreichbar. Die Einbeziehung der Familie in den Hilfsprozeß ist ebenso wichtig wie die Stützung durch Selbsthilfegruppen. Die Bedeutung der Gruppenarbeit wird besonders herausgestellt, sie erscheint wirksamer als individuelle Therapie, sie fördert bei den Patientinnen u.a. die Anpassung an die Realität (Battegay). Überlegungen zur Frage der geschlechtergleichen oder gemischten Gruppen sind vor allem für den stationären Bereich wichtig. Inhaltlich scheint die Bearbeitung von Themen wie: Selbsteinschätzung und Selbstwert, Partnerbeziehung, Gewalterfahrungen, Trauerarbeit, Gesundheit, Aufbau und Aufrechterhaltung von Freundschaften zu Frauen und Männern, Beziehung zu Kindern und pädagogische Hilfen, Beratung über Rechte und Berufsarbeit (Vogt) wichtig zu sein.

Frauen von Alkoholikern

Diese Frauen fungieren in der Beziehung mit dem Partner oft als „Symptompfleger": Sie fühlen sich um so mehr in ihrem Selbstwertgefühl bestärkt, je mehr der Kranke an Ich-Stärke verliert. Zwischen den Krankheitssymptomen des Trinkers und dem aus seelischen Störungen resultierenden Fehlverhalten der Ehefrauen besteht eine innige Verflechtung (Sandmann). Dies macht eine Partnertherapie in Kliniken und Ambulanzen notwendig.

Literatur: *Raymond Battegay / Klaus Wanke u.a.,* Alkoholismus bei Frauen (Hamm 1970); *Herbert Berger u.a.* (Hrsg.), Frauenalkoholismus. Entstehung – Abhängigkeit – Therapie (Stuttgart 1983); *Elfriede Bode,* Soziale Gleichstellung und Sucht, in: Deutsche Hauptstelle gegen Suchtgefahren (Hrsg.), Sucht und Gesellschaft. Ursachen, Folgen, Zusammenhänge (Hamm 1984) 134–150; *Ilse Demel,* Alkohol- und Medikamentenabhängigkeit bei Frauen (Hamburg 1976); *dies. / Klaus Wanke u.a.* Medikamente. Verbrauch, Mißbrauch, Abhängigkeit (Hamm 1976); *Sybille Ellinger / Wilfried Karmaus / Maria Mischo-Kelling,* Frauen und Medikamente. Epidemiologie, Erklärungsansätze und Vorschläge zur Prävention (Hamburg 1984); *Wilhelm Feuerlein,* Mißbrauch und Abhängigkeit (Stuttgart 1979); Frau und Sucht, hrsg. von der Hamburgischen Landesstelle gegen die Suchtgefahren e.V. (Hamburg 1985); *Renate Frühmann* (Hrsg.), Frauen und Therapie (Paderborn 1985); *Arthur Kreuzer,* Jugend. Rauschdrogen, Kriminalität (Wiesbaden 1978); *Alfred Springer* (Hrsg.), Suchtverhalten und Geschlechtlichkeit. Medizinische, psychologische und soziale Aspekte (Wien 1977); *Gertrud Sandmann,* Möglichkeiten der Partnertherapie während eines dreitägigen Angehörigenseminars in einer Fachklinik für suchtkranke Männer, in: Familienbehandlung bei Suchtkranken (Freiburg i.Br. 1979); *Marlene Stein-Hilbers,* Drogen im Leben von Frauen, in: Sucht und Gesellschaft, a.a.O. 195–203; *Irmgard Vogt,* Alkoholikerinnen. Eine qualitative Interviewstudie (Freiburg i.Br. 1986).

ADELHEID STEIN

Suizid

↗ Bindung; Depression; Gesundheit; Krankheit; Lebenskrisen; Psychoanalyse; Psychotherapie, feministische; Selbsthilfe; Sucht

In der Bundesrepublik Deutschland töten sich jährlich mindestens 13000 Menschen (Dunkelzifferschätzung 10 bis 50%), davon durchschnittlich 4500 Frauen aller Altersstufen (Altersgipfel bei 20–25 und über 60 Jahren). Die Zahl der Selbsttötungsversuche wird auf das Drei- bis Zehnfache der Selbstmorde geschätzt.

Das Verhältnis zwischen Suizid bei Männern und bei Frauen entspricht dem Verhältnis 3:2, bei Suizidversuchen 1:3. Suizid und Suizidversuch sind voneinander nicht zu trennen, die Übergänge sind fließend: ein „gescheiterter" Suizid zeigt ebenso wie ein geplanter Suizidversuch mit hohem appellativem Anteil, daß selbstschädigendes Handeln in das Verhaltensrepertoire des Betreffenden gehört und im Konfliktfall jederzeit abruf- bzw. wiederholbar ist.
Auslösende Bedingungen insbesondere bei Frauen sind: familiäre und Partnerschwierigkeiten – oft gekoppelt mit materiellen Sorgen –, „Liebeskummer", Angst vor Einsamkeit, Schwangerschaftskonflikt (Verlassenwerden, „Schande"). Die *Ursachen* liegen in langjährigen / lebenslangen Problemgeschichten, insbesondere im Zusammenhang mit mangelnder Anerkennung, Zurücksetzung, in einem generellen Überforderungssyndrom (hohe Diskrepanz zwischen Wollen und Können) sowie mangelnden Konfliktlösungsstrategien. Depressive Erkrankungen unterschiedlicher Ausformung sind im selben Zusammenhang zu sehen.
Suizid/Suizidversuch ist lernbar. Die Massenmedien stellen ihn permanent unreflektiert als Konfliktlösungsmöglichkeit dar. Beobachtet werden kann, daß Suizidversuch durch Zuwendung und Wunscherfüllung belohnt wird, die anderweitig nicht durchsetzbar schien. Jungen Menschen und Frauen nach Suizidversuch wird sehr viel größere Aufmerksamkeit zuteil als Männern und alten Menschen. Diese spezifische Form der „erlernten Hilflosigkeit" entspricht der herkömmlichen Mädchenerziehung, die einen unmittelbaren Einfluß auf weibliches Suizidverhalten hat: nicht fordern, „lieb", bescheiden, zurückhaltend, abwartend sein, nicht die Initiative ergreifen, keine Aggressivität, zurückstecken, verzichten, sich gering werten, hilflos sein oder scheinen. „Hilfe" kommt von „außen" (vom männlichen Geschlecht). Sie muß erbeten, erhofft, abgewartet, darf nicht verlangt werden. Hilfloses Verhalten erzeugt Unzulänglichkeitsgefühle. Machtlosigkeit führt in die Depression. Suizidversuche mit Appellcharakter sind/scheinen als einzige Möglichkeit, Macht auszuüben und Hilfe zu erhalten. Aus diesem Ansatz erklärt sich das unterschiedliche Suizidverhalten von Männern und Frauen: Männer bevorzugen „harte" Methoden (erschießen, herabstürzen – kaum Rettungschancen), Frauen bevorzugen „weiche" Methoden (Medikamente – hohe Rettungschancen).
Alle Theorien über die Entstehung von Suizidalität lassen sich in der Aussage zusammenfassen: „Selbstmord ist die Abwesenheit des Anderen!" Entsprechend haben sich die Interventionen zu gestalten in Privatleben, Pädagogik und Therapie. Psychiatrisch-psychotherapeutische Hilfen können allenfalls der Krisenintervention (Abwendung akuter Gefährdung) dienen. Auf Dauer antisuizidal ist eine Einbettung in einen sozialen Lebenszusammenhang, Überwindung von Isolation, Lebens-Sinnfindung. Gleichzeitig muß die Suizidgefährdete durch Erfolge lernen, daß und wie Konflikte durch adäquates Hilfeersuchen gelöst werden können und keiner selbstschädigenden Verhaltensweisen bedürfen.

Literatur: *Jean Améry,* Hand an sich legen (Stuttgart 1976); *Igor Caruso,* Die Trennung der Liebenden (Frankfurt a.M. 1983); *Klaus Dörner / Ursula Plog,* Irren ist menschlich (Rehburg-Loccum 1984); *Karl Menninger,* Selbstzerstörung (Frankfurt a.M. 1974); *Kathy Nairne / Gerrilyn Smith,* Leiden an der Wirklichkeit. Frauen und Drepression (Reinbek 1987).

Christine Swientek

Symbole ↗ Weiblichkeitssymbole.

T

Tagesmütter

↗ Alleinerziehende; Arbeit; Arbeitslosigkeit; Ausbildung; Beruf; Bindung; Ehrenamt; Elternurlaub; Erwerbstätigkeit; Erziehung; Erziehungsgeld; Familie; Frauenberufe; Kinder; Leihmütter; Mutterbindung; Mütterlichkeit; Mutterschaft

Beginn der Debatte in der Bundesrepublik Deutschland

„Tagesmütter", auch „Tagespflegemütter" genannt, gibt es, seit Mütter erwerbstätig sind. Um den Begriff entstand in der Bundesrepublik zu Beginn der 70er Jahre eine familienpolitische Kontroverse, als eine große Frauenzeitschrift einen Bericht über die Tagespflege in Schweden veröffentlichte. Dort werden Tagesmütter vom Staat voll bezahlt, betreuen mehrere fremde Kinder, erhalten Wohn- und Spielzeugzuschüsse sowie Fortbildung. In über 80 Städten der Bundesrepublik bildeten sich nach dieser Veröffentlichung Initiativgruppen von Frauen, die gerne Tagesmutter werden wollten oder es unter unzureichenden Bedingungen bereits waren. 1974 wurde von der damaligen Familienministerin Katharina Focke ein Modellprojekt initiiert, um die Entwicklungsbedingungen von Kindern in dieser Situation genauer zu beleuchten. Politischer Hintergrund war der damals noch expandierende Frauenarbeitsmarkt.

Kritik

Das Modellprojekt wurde von zwei Seiten erbittert bekämpft: Die „konservative" Seite vertrat die Ansicht, das Modellprojekt verletze das Kindeswohl. Für Kinder unter drei Jahren sei nur eine Bezugsperson zu verkraften, sonst seien Entwicklungsstörungen zu erwarten. Diese wissenschaftliche und politische Schule trat entschieden gegen die Erwerbstätigkeit von Müttern kleiner Kinder ein und forderte als Alternative die Einführung eines Erziehungsgeldes. Auf der Gegenseite beteiligten sich ebenfalls zahlreiche Wissenschaftler/innen an der Debatte und wiesen darauf hin, daß unter günstigen Rahmenbedingungen eine Erwerbstätigkeit von Müttern keine nachweisbaren Nachteile für die Kinder mit sich bringe. Die andere Kritikfront gegen das Modellprojekt lag bei der „fortschrittlichen" Seite, großen Teilen der Gewerkschaften wie der Sozialdemokratie. Hier wurden folgende Kernargumente vorgebracht (wobei sich die Argumente beider Seiten bis heute nicht wesentlich verändert haben): 1. Tagesmütter seien pädagogisch nicht qualifiziert. Die formale Erzieherqualifikation galt als der Alltagsqualifikation überlegen, berufsbegleitende Qualifikation wurde nicht akzeptiert, Tagesmütter galten vor allem als billige, nichtprofessionelle Konkurrenz für das ebenfalls schlecht bezahlte Krippenpersonal. 2. Die Tätigkeit einer Tagesmutter verfestige die Rollenteilung von Mann und Frau, schreibe Hausfrauenrolle und Abhängigkeit fest, verhindere die ökonomische Unabhängigkeit von Frauen (letzteres traf insoweit zu, als das Modellprojekt kein Gehalt an die Frauen bezahlte, sondern lediglich eine nach Zahl der Kinder gestaffelte Aufwandsentschädigung). 3. Kleine Kinder sollten nicht in Privatwohnungen, sondern in Kindergruppen betreut werden. Die geschwisterähnliche Mehrkindersituation in den meisten Tagespflegefamilien wurde nicht als sozial anregend akzeptiert.

Ergebnisse des deutschen Modellprojekts

Der Ideologiestreit in seiner lebensfernen Abstraktion ignorierte von beiden Seiten die Wirklichkeit der Kinder, der

Eltern und der Tageseltern. Die Ergebnisse des Modellprojekts ergaben ein differenziertes Bild: Kinder in Tagespflege weisen im allgemeinen keine Entwicklungsrückstände oder Störungen gegenüber Kindern auf, die von der eigenen Mutter betreut werden. Tagespflege ist gerade für alleinerziehende Mütter besonders geeignet und kann manchmal verhindern, daß Kinder ganz in Pflege gegeben werden müssen. Die Tagespflege gelingt um so besser, je besser die Rahmenbedingungen sind. Dazu zählen besonders: Konfliktberatung bei Krisen, Möglichkeit zur Einzelberatung; richtige gegenseitige Auswahl von Eltern und Tagespflegeeltern, vertragliche Vereinbarungen von vornherein; Gruppenarbeit mit Tagesmüttern zum Abbau von Vorurteilen gegenüber „abgebenden" Müttern und zur Diskussion von Erziehungsfragen (z.B. Probleme zwischen eigenen und Pflegekindern).

Die Ergebnisse zeigen, daß Tagespflege eine qualitativ hochwertige Form von Kinderbetreuung sein kann und daß sie strukturell unersetzlich ist. Allerdings ist es wichtig, daß auf kommunaler Ebene und in der Jugendhilfe Änderungen erfolgen, wie sie auch nach der Modellphase in einigen Orten beibehalten wurden, z.B. Unterstützung der Laienarbeit von Tagesmüttervereinen, auch durch Honorare. Bereitstellung von Räumen als Treffpunkt für Tagesmütter und Kinder. Integration der Tagespflege in ein Informationssystem über (öffentliche) Kinderbetreuung, Koordination dieser Sektoren. Die Pflegesätze für Tagesmütter sollten nicht zu niedrig sein. Optimal wäre eine kommunale Subventionierung analog zu den Krippensätzen, damit die Betreuung für Eltern bezahlbar bleibt.

Feststellbar ist auch, daß Tagespflege ein wichtiger Beitrag zur Neubelebung von Nachbarschaft sein kann. Tagesmütter erleben schließlich ihre Tätigkeit als wichtigen Schritt zur Öffnung ihres Familienlebens, zur Teilhabe an Öffentlichkeit, zur Vorbereitung auf den nächsten Lebensabschnitt. Wo Tagesmütter allerdings diese Tätigkeit ausüben, weil sie selbst vor einem blockierten Arbeitsmarkt stehen, sind Probleme zu erwarten, die nur auf anderer Ebene lösbar sind.

Situation und Entwicklung in Österreich

Im Verlauf der 70er Jahre wurde in Österreich eine ähnliche Diskussion über Tagesmütter geführt wie in der Bundesrepublik Deutschland, wobei besonders die katholische Kirche starke Bedenken gegenüber einer nicht unbedingt notwendigen Erwerbstätigkeit von Müttern kleiner Kinder ins Feld führte.

Österreich ist allerdings traditionell ein Land mit relativ hoher Frauenerwerbstätigkeit, so daß Kinderbetreuung für alle Altersstufen schon lange benötigt wird. In der gegenwärtigen Situation werden von öffentlicher Seite Tagesmütter gegenüber Krippenplätzen häufig mit Kostenargumenten wie auch mit dem Argument des stärkeren familiären Charakters unterstützt. Tagesmütter gelten als eigens erfaßte Berufsgruppe und haben einen Dachverband. An vielen größeren Orten bestehen aktive Vereine, die die Vermittlung, die „Prüfung" der Tagesmütter wie auch der abgebenden Eltern übernommen haben und auch Beratung durchführen. An einzelnen Orten wurde ein sehr intensives Kursprogramm entwickelt in bis zu acht Blöcken, das sich mit Rechten und Pflichten, vertraglichen Problemen, dem Verhältnis der Tageseltern und der leiblichen Eltern, pädagogischen Fragen und Imageproblemen befaßt. Obwohl die qualifizierten Tagesmütter über die Vereine die Vermittlung und Beratung durchführen, liegt die Genehmigung für die Pflegestellen nach wie vor beim Jugendamt. Eine Tagesmutter darf in der Regel nicht mehr als vier Kinder, einschließlich ihrer eigenen, betreuen. Die Pflegesätze in Österreich werden in der Re-

gel von den Eltern privat aufgebracht. Sie liegen bei etwa 2500 Schilling für eine Ganztagsbetreuung, bei 1500 Schilling für eine Halbtagsbetreuung. Diese Sätze sind niedriger als in der Bundesrepublik, allerdings sind sie offiziell steuerfrei. Zwischen Tagesmutter und Eltern wird in der Regel ein vor Gericht einklagbarer Vertrag über Rechte und Pflichten beider Seiten abgeschlossen. Ferner besitzen Tagesmütter Zugang zu einer günstigen Gruppenversicherung.
Daß Tagesmütter allerdings noch immer beruflich ungesichert sind, ist offensichtlich. Ihre Akzeptanz als Betreuerinnen ist aber deswegen hoch, weil die Gruppenorientierung für kleine Kinder noch nicht so weit verbreitet ist wie in der Bundesrepublik und weil sie natürlich höchste Betreuungsqualität mit enormer Flexibilität verbinden. Daß sie häufig eingesetzt werden, um Krippen, Krabbelgruppen etc. *nicht* fördern zu müssen, spricht nicht gegen Tagesmütter, sondern für ein erweitertes Angebot, das verschiedenen Erziehungszielen gerecht wird. Eine Verbindung von Tagesmüttern mit anderen nachbarschaftlichen Institutionen wie Schulen, Kindergarten, Krippe wäre im Sinn lebendiger Nachbarschaft auch in Österreich sinnvoll.

Situation und Diskussion in der Schweiz

In den Schweizer Kantonen gibt es, vornehmlich in den großen Städten, beinahe überall Tagesmüttervereine. Sie übernehmen, in aller Regel ehrenamtlich, die Vermittlung von „abgebenden" Eltern an Tagesmütter, bieten eine Ausbildung für Tagesmütter und Gesprächsbegleitung für abgebende und betreuende Personen an. Als Dachorganisation dieser Tagesmüttervereine fungiert „Pro Juventute", zu deren Leistungen auch Supervision und Weiterbildung für die Vermittlerinnen gehören. Pro Juventute setzt sich dafür ein, daß die Vermittlungsarbeit in allen größeren Städten zukünftig durch hauptamtliche Personen übernommen wird. In den Tagesmüttervereinen arbeiten Tagesmütter und erwerbstätige Mütter zusammen, wodurch die sonst leichter mögliche Diskriminierung erwerbstätiger Mütter durch Tagesmütter aufgehoben wird.
Die Tagesmüttervereine übernehmen Auswahl und Prüfung der Kandidatinnen für den Tagesmüttereinsatz und stellen den Antrag auf Genehmigung der Tätigkeit an das zuständige Sanitätsdepartement.
Problematisch ist für viele Alleinerziehende die hohe finanzielle Belastung (in Basel 1988 ca. 700 SFr pro Monat bei 9- bis 10stündiger täglicher Anwesenheit des Kindes bei der Tagesmutter), so daß Tagesmüttervereine Zuschüsse gewähren müssen, die sie selber wiederum aus Spenden finanzieren. Die Kommunen gewähren für die Entlohnung von Tagesmüttern keine Zuschüsse. Es wird angestrebt, z.B. für türkische Kinder türkische Tagesmütter zu finden, um den besonderen Bedürfnissen ausländischer Kinder und ihrer Familien gerecht zu werden.
In der Schweizer Debatte um Tagesmütter taucht immer wieder die Rivalität zwischen den Krippen und den Tagesmüttern auf, aber auch der bekannte Vorwurf, Mütter kleiner Kinder sollten eigentlich nicht erwerbstätig und ihre Kinder selber betreuen.

Literatur: *D. Baumrind,* Kindererziehung zwischen Biologie und Emanzipation. Neue Trends in der Entwicklungspsychologie, in: Psychologie heute 8 Heft 2 (1981) 66–74; *U. Gudat / H. Permien,* Auswirkungen der Tagesfremdbetreuung auf die Mutter-Kind-Beziehung und die kindliche Persönlichkeitsentfaltung, Info 18 der Arbeitsgruppe „Tagesmütter" im DJI (München ...); „Das Modellprojekt Tagesmütter". Abschlußbericht der wissenschaftlichen Begleitung (Schriftenreihe des BMJFFG, Bd. 85) (Stuttgart 1980); *Sandra Scarr,* Wenn Mütter arbeiten. Wie Kinder und Beruf sich verbinden lassen (München 1987); Tagesmütter, Vierteljahresinformation der Arbeitsgemeinschaft Tagesmütter (Hannover).

GISELA ANNA ERLER

Tanz

↗ Antike; Christentum; Feminismus; Ganzheitlichkeit; Islam; Judentum; Kult; Kultur; Musik; Naturreligionen; Schönheit; Sichtweise, weibliche

Ursprung und geschichtliche Entwicklung

Tanz (frz.: danse, ital.: danza) gehört zu den ursprünglichsten menschlichen Ausdrucksformen. Dabei ändert sich die Rolle der Frau im Tanz mit dem Funktionswandel des Tanzes im Laufe der Geschichte (rituelle, religiöse, repräsentative, politische, abbildende, gefühlsexpressive und unterhaltende Funktion des Tanzes).

Aufgrund der unsicheren Quellenlage sind über die Ursprünge des Tanzes und die Beteiligung der Frau nur Vermutungen möglich. Für den steinzeitlichen Menschen war der Tanz magische Inbesitznahme des Beutetieres. In den frühen, matriarchal geprägten Gesellschaften (Indus-Kultur, Altpersien, Altägypten, prähellenistisches Griechenland) dienten rituelle Tänze der Mondin, der Großen Göttin oder auch Weißen Göttin, von der alles Leben abhing. Um sie gesund zu halten, tanzten sich die Frauen bis zur Erschöpfung in Trance. Später lösten männliche Vortänzer den weiblichen Kult ab. In den letzten Jahren suchen feministische Zirkel in Westeuropa, aber auch US-Performerinnen an diese Feiern des Jahreszeiten-Zyklus anzuknüpfen.

Je hierarchischer und zentralistisch gelenkter die alten Kulturen wurden, desto unbedeutender wurde die magische Funktion des Tanzes zur Steuerung von Natur und Gesellschaft. Im Pharaonenreich ist Tanz noch halb Ritual für die Götter und schon halb ein veräußerlichtes Schauspiel zur Demonstration königlicher Macht. Wie in den meisten damaligen Gesellschaften begleitet der Tanz öffentliche Zeremonien (Grabriten der Muu-Tänzer) oder dient bereits bei Festbanketten der reinen Unterhaltung. Ekstatische Ausbrüche weichen dem rhythmisch durchformten Tanz.

Im antiken Griechenland untersteht der Tanz den Musen und drückt vor allem das neue Selbstbewußtsein des Polis-Bürgers aus. Zahlreiche Darstellungen bezeugen, daß Frauen hier – anders als bei den rein männlichen Olympischen Spielen – teilnehmen durften. Zu finden sind bereits Tänzerinnen auf „halber Spitze“ und in durchaus lasziven oder aggressiven Posen, auch wenn die Bewegungen durchkomponiert sind. Neben dieser Formenstrenge stehen die orgiastischen Tänze des Dionysos-Kults, der Frauen vorbehalten blieb in seiner ekstatischen Form. Tanz galt bereits als Therapie für Nervenkranke und sollte seherische Fähigkeiten befördern. Der griechische Chortanz, in dem es zwar Choreographen, aber keine Berufstänzer gab, bereitete den späteren Bühnentanz vor.

Auch im Vorderen Orient war der Tanz noch keine autonome Kunst wie heute, sondern immer ekstatische Selbsterfahrung zur inneren religiösen Läuterung und steigerte sich bis zu kollektiven Ausbrüchen, wie sie auch das Alte Testament bezeugt.

Zwar suchte die Kirche im christlichen Abendland heidnische Tanzriten zu unterbinden, doch hielt sich die Tradition des liturgischen Tanzes noch bis ins Mittelalter, besonders im Zusammenhang mit den großen Wallfahrten. (In manchen protestantischen Denominationen wurde noch bis ins 19. Jahrhundert in den Kirchen getanzt. Im Zusammenhang mit der Weihnachtsliturgie findet sich der Tanz auch in katholischen Kirchen noch bis in diese Zeit. Immer blieb jedoch der Verdacht kirchlicher und weltlicher Obrigkeiten, daß mit dem Tanz heidnische oder gar orgiastische Elemente in den Gottesdienst eingeführt würden. Gegenwärtig erfährt der liturgische Tanz, vor allem initiiert durch christliche Frauengruppen, eine Wiederbelebung. Das Zweite Vatikanische Konzil eröffnete mit der Liturgiekonstitution ausdrücklich die

Möglichkeit, Tänze in den Gottesdienst mit aufzunehmen, und zwar unter besonderem Hinweis auf das „Brauchtum der Völker", also in Abkehr vom generellen Verdacht des Heidnischen.)
Die rituellen Tänze des Volkes nahmen im Laufe der Zeit symbolische Formen an, und auch die höfischen Rund- und Schreit-Tänze (Bassadanza) dienten zunehmend reiner Unterhaltung. An den italienischen Renaissance-Höfen setzte sich das Schautanzen mit Tanzmeistern, Tanztheorien und Berufstänzern durch. Diese Professionalisierung drängte die Frauen im Tanz beiseite. Selbst weibliche Rollen wurden durch Männer getanzt. 1681 debütierte Mademoiselle de Lafontaine als erster weiblicher Ballett-Star und als Berufstänzerin.
Künstlerischer Tanz auf der Bühne, Volkstanz und Gesellschaftstanz trennten sich seit der Renaissance immer mehr. Auf die strengen Bassadanza, die bis Ende des 17. Jahrhunderts am Hofe getanzt wurden, folgte das Menuett. Aus der geschlossenen Gruppe der Tänzer löste sich infolge von Liebesehe und Individualisierung der Paartanz bis hin zum Walzer, dem bevorzugten Tanz des Bürgertums in der Belle Époque. Der Welthandel brachte Kultur-Importe mit sich: Afroamerikanische Tänze, Jazztanz, Tango aus Buenos Aires, Charleston und die lateinamerikanischen Tänze: ein breites Spektrum, wie es auch heute noch in Tanzschulen zu finden ist.
Die Ballerina spielte erst in der Romantik zu Anfang des 19. Jahrhunderts eine ausschlaggebende Rolle als Elfe, Sylphide, als ätherisches Geisterwesen. Der romantische Seelenflug hob die Tänzerin auf die Spitze, zwang sie aber auch ins Regelsystem des Danse d'école. Der Wettstreit der Diven begann (Maria Taglioni, Fanny Elßler). Der Mann wurde zum ritterlichen „Porteur", zum Prinzen und Pagen für die Frau. Choreographieren aber blieb bis in unser Jahrhundert Männersache.

Neue Ausdrucksformen

Wie der russische Impresario Serge Pawlowitsch Diaghilew die Choreographien des klassischen Balletts revolutionierte, indem er die Kunst-Avantgarde des frühen 20. Jahrhunderts verpflichtete (Picasso, Satie, Strawinsky), so gingen jetzt auch die Frauen eigene Wege. Durch die Industrialisierung und den Eintritt ins Berufsleben erhielten sie ein neues Selbstbewußtsein und tanzten sich im expressionistischen Ausdruckstanz der 20er Jahre frei. Mary Wigman, Doris Humphrey, Martha Graham, Ruth St. Denis, Dore Hoyer, Hanya Holm fanden ihre ganz eigenen, subjektiven Ausdrucksformen. Der von Isadora Duncan inspirierte „Ausdruckstanz" beeinflußte stark den amerikanischen „Modern Dance". Gemeinsam ist vielen dieser Frauen ein Bemühen um eine körpergerechte Tanztechnik, Verzicht auf die „En dehors"-Stellung (die Außenstellung der Füße) des klassischen Balletts, Kontrolle des Atmens, persönlichen Ausdruck – Ganzheitlichkeit.

Tanztheater

Nach der Zerschlagung der freien Tanzszene durch den NS-Faschismus erholte sich der Ausdruckstanz in der Bundesrepublik Deutschland nur mühsam. Vor allem das Tanz-Forum Köln, das Berliner Mary-Wigman-Studio und die Tanzabteilung der Folkwang-Schule Essen brachten neue Talente hervor: Pina Bausch, Reinhild Hoffmann, Susanne Linke, Krisztina Horváth, Johann Kresnik, Gerhard Bohner, Jochen Ulrich. Das Tanztheater der Bundesrepublik war geboren. Nach der Studentenrevolte von 1968 sickerten jetzt alltagsbezogene, gesellschaftskritische und wenig später auch feministische Inhalte in die Choreographien ein, die geschlechtsspezifische Rollenverteilung des klassischen Balletts wurde karikiert und aufgelöst. Freie Kompanien entstanden unter weiblicher Leitung (Vivienne Newport,

Birgitta Trommler). Gruppen in der Schweiz sind eher am Modern Dance als am Tanztheater orientiert. In Österreich gibt es bisher nur wenige Ansatzpunkte für das Tanztheater.
Die Tango- und Flamenco-Welle feierte noch einmal das klassische Verhältnis der Geschlechter – als Pose allerdings. Längst aber werden Mann und Frau als geschlechtsneutrale Wesen eingesetzt in George Balanchines konzertanten, abstrakten Balletten und vor allem im Postmodern Dance, wo die reine Geste Selbstzweck geworden ist und nichts mehr „bedeuten“ soll außer sich selbst.

Literatur: *Hans Brandenburg,* Der moderne Tanz (München 1921); *Giovanni Calendoli,* Tanz (Braunschweig 1986); *Heide Göttner-Abendroth,* Die tanzende Göttin (München 1984); *Hartmut Regitz* (Hrsg.), Jahrbuch Ballett / Männlich-weiblich (1987); *ders.,* Tanz in Deutschland (Weinheim 1984); *Susanne Schlicher,* Tanz Theater (Reinbek 1987).

CHRISTINE RICHARD

Technik/Technologien

↗ Arbeit; Arbeitslosigkeit; Aufstiegschancen; Ausbildung; Begabung; Beruf; Emotionalität und Rationalität; Erwerbstätigkeit; Frauenberufe; Frauenförderung; Gentechnik; Gewerkschaften; Medien; Natur; Wirtschaft; Wissenschaft

Neue Technologien

Das Thema Technik / Technologie im Bezug zu Frauen hat viele Facetten. Zwei zentrale Dimensionen dieses Themas sind die Auswirkungen der Technikentwicklung und des Technikeinsatzes auf die Chancengleichheit von Frauen im Arbeitsleben sowie das Verhältnis von Frauen zur Technik.
Besonders deutlich sind diese Dimensionen mit dem Einzug der Informations- und Kommunikationstechnik in die Lebens- und Arbeitswelt westlicher Industrieländer geworden.
Als Informations- und Kommunikationstechniken werden diejenigen technischen Entwicklungslinien bezeichnet, die entscheidend durch die Mikroelektronik gekennzeichnet sind. Das Symbol dieser „neuen“ Technologien ist der Computer, der Einzug in Büros und Fabriken, in Produktion und Verwaltung gehalten hat.

Negative Auswirkungen für Frauen

Bisherige wissenschaftliche Untersuchungen zeigen, daß die weiblichen Arbeitskräfte eher von den negativen Folgen der neuen Technologien betroffen sein werden als ihre männlichen Kollegen.
Gerade in Bereichen, die eine hohe Quote erwerbstätiger Frauen aufweisen, besonders in Versicherungs- und Kreditinstituten, Post, Handel, Textil- und Bekleidungsgewerbe sowie in tertiären Bereichen von produzierendem Gewerbe und Dienstleistungssektoren sind negative Beschäftigungsauswirkungen für Frauen zu erwarten. In diesen Bereichen ist ein hoher Prozentsatz von Frauen zu finden, die automatisierbare und routinisierbare Tätigkeiten ausüben. Durch den Einsatz der Mikroelektronik z.B. im Bereich der Bürokommunikation ist zu erwarten, daß ein großer Teil dieser Arbeitsplätze durch Rationalisierung überflüssig wird bzw. die entsprechenden Arbeitsplätze von Dequalifizierung betroffen werden.
Dazu zählen u.a. Berufsgruppen wie Kassiererinnen im Handel oder Sekretärinnen im Bürobereich, wo die Computerisierung von Tätigkeiten einerseits zum Personalabbau führt und anderseits die weiter beschäftigten weiblichen Arbeitskräfte nicht zwangsläufig mit interessanten Mischarbeitsplätzen, sondern auch mit zunehmender Arbeitsintensivierung (Monotonie und Arbeitsstreß) zu rechnen haben.
Positive Auswirkungen durch den Einsatz neuer Techniken werden vor allem in den Bereichen Montage-, Wartungsberufe, Produktfinishing und Konstruktion/Entwicklung erwartet. Beispielsweise sind beim Einsatz von Industrierobotern Fähigkeiten zur Programmierung, Instandhaltung und Reparatur notwendig. Solche höher qua-

lifizierten Tätigkeiten werden in der Regel auf der Basis von Fortbildungsmaßnahmen dem bisherigen männlichen Instandhaltungspersonal übertragen. Da in diesen Bereichen kaum Frauen beschäftigt sind und Frauen auch nur in den seltensten Fällen für die hier neu zu erwartenden Tätigkeiten ausgebildet werden, kommen diese positiven Faktoren der Technikentwicklung auch hauptsächlich den männlichen Beschäftigten zugute.

Diese sich zum Teil schon in der Praxis abzeichnenden und in der Zukunft vermehrt zu erwartenden Entwicklungen lassen sich jedoch nicht auf den technischen Wandel, sondern vielmehr auf soziale Entscheidungsmuster zurückführen: Frauen sind für die durch den Einsatz neuer Techniken entstandenen neuen Tätigkeitsfelder nur in den seltensten Fällen ausgebildet oder werden wegen der noch immer weitverbreiteten und fest verankerten sozialen Vorurteils- und Entscheidungsmuster bei betrieblicher Personalpolitik nicht zielgerichtet weitergebildet, umgesetzt oder gar eingestellt.

Das Verhältnis von Frauen zur Technik

Hinzu kommt, daß Frauen sehr häufig eine größere Distanz zu jedweder Art von Technik im Vergleich zu Männern zugeschrieben wird, was nicht nur durch die Unterrepräsentierung von Mädchen und jungen Frauen in der Wahl für mathematisch-naturwissenschaftliche Fächer im sekundären und tertiären Bildungsbereich, mit der geringen Zahl von jungen Frauen in gewerblich-technischen, naturwissenschaftlichen oder ingenieurwissenschaftlichen Berufen gestützt wird.

Belegt wird die distanziertere Technikhaltung auch mit Ergebnissen repräsentativer Untersuchungen, die bei Frauen eine größere Skepsis, Kritik und Pragmatik dem Computer gegenüber feststellen, als dies bei Männern der Fall ist. Frauen haben ein eher instrumentelles Verhältnis zu dieser Technologie, sie sind stärker am Gebrauchswert der Nutzung, weniger an der Technik selbst interessiert, sie halten andere Beschäftigungen für kreativer und schätzen die sozialen Folgen der Computerentwicklung und des Einsatzes negativer und kritischer ein. Skepsis rührt vielfach auch aus der durch die Einführung der Technik erwarteten Änderung der Arbeitsorganisation und Arbeitszeit; letztere ist vor allem für mehrfachbelastete Frauen mit einem hochorganisierten Alltag von großer Bedeutung.

Unabhängig von vielfältigen Erklärungsansätzen, bleibt das Faktum, daß Frauen in der Vergangenheit und auch heute noch immer einen geringeren Zugang zu den Bereichen, in denen Technologie entwickelt und implementiert wird, hatten bzw. haben.

Literatur: *Eike Ballerstedt u. a.,* Studie über Auswahl, Eignung und Auswirkungen von informationstechnisch ausgestalteten Heimarbeitsplätzen (Frankfurt a. M. 1982); *Uta Brandes / Christiane Schiersmann,* Frauen, Männer und Computer. Eine repräsentative Untersuchung über die Einstellung von Frauen und Männern in der Bundesrepublik Deutschland zum Thema Computer, Redaktion „Brigitte", Hamburg, und Institut Frau und Gesellschaft, Hannover, 1986; Frauen und Ingenieurstudium, hrsg. von der Technischen Universität Berlin (Berlin 1982); *Petra Glöß u. a.,* Frauen in Männerberufen. Gewerblich-technische Ausbildung – eine Chance für Frauen? (Frankfurt a. M. 1981); *Camilla Krebsbach-Gnath / Eike Ballerstedt u. a.,* Frauenbeschäftigung und neue Technologien (München – Wien 1983); *Hedwig Rudolph,* Zur Entwicklung der „Frauen"-Arbeitsplätze und -Arbeitsbedingungen im Zusammenhang mit neuen Technologien, in: DGB, Frauen und Arbeit, 8, 82. Mitteilungsblatt der Abteilung Frauen im DGB-Bundesvorstand; *Elisabeth Vogelheim* (Hrsg.), Frauen am Computer (Reinbek 1984).
CAMILLA KREBSBACH-GNATH

Theologie, feministische

↗ Altes Testament; Amt, kirchliches; Befreiungstheologie; Christentum; Eva; Feminismus; Frauenforschung; Glauben; Gottesbilder; Kirche; Kult; Magna Mater; Maria; Neues Testament; Philosophie, feministische; Religiöse Erziehung; Religiosität; Schwesterlichkeit; Sophia; Spiritualität; Sprachkritik, feministische; Urbilder, weibliche; Weiblichkeitssymbole

Begriff

Der Begriff „feminist theology“ entstand um das Jahr 1970 in den USA und meint zunächst eine Theologie, die von Feministinnen „getrieben“ und formuliert wird. Es geht dabei primär um neue Subjekte, um kritische Frauen, die sich ihrer Situation bewußt geworden sind, ihre eigenen Erfahrungen zum Kontext und Ausgangspunkt machen, darüber reflektieren und von diesem her neu über ihre Beziehung zu Gott, Mensch und Welt sprechen wollen.

Entstehung und Entwicklung

Der Grundimpuls stammt primär aus der zweiten Welle der gesellschaftlichen Frauenbewegung, in zweiter Linie aus dem Verlangen von Frauen in den Kirchen, das sich erneuernde christliche Selbstverständnis (Vaticanum II) in Kirche und Theologie konkret zum Ausdruck zu bringen als ihr eigenes, erneuertes Selbstverständnis.

Während die erste Frauenbewegung (1848 – 1920) vor allem ein Kampf um gleiche *Rechte* war, ist die zweite Welle (seit den frühen 60er Jahren) eine Frauen*befreiungs*bewegung, die sich gegen die gegebenen Strukturen der bestehenden Gesellschaft und gegen die dominanten Strukturen des Denkens und Handelns wendet, die Frauen marginalisiert und zu Objekten gemacht haben. Dieser Bewußtwerdungsprozeß von Frauen führt dann zur Notwendigkeit einer Veränderung der gesellschaftlichen und kirchlichen Ordnung. Dorothee Sölle charakterisiert diese beiden unterschiedlichen Akzente als „das große Auch“ (Rechte) und „das große Anders“ (Kritik). Emanzipation kann die Gefahr des Imitierens mit sich bringen (Frauen müssen „wie Männer“ zum Amt zugelassen werden); Feminismus beinhaltet eine grundlegende Kritik an Gesellschaft, Kultur, Kirche und Wissenschaft und nimmt den Kampf für deren Veränderung auf.

Zwei Phasen in der Entwicklung

In der Entwicklung der feministischen Theologie kann man zwei Phasen unterscheiden (Dorothee Sölle): In der ersten werden Frauen sich ihrer Randstellung in Kirche und Theologie bewußt, kommen zusammen, um ihr Unbehagen darüber zu teilen; sie versuchen, ihre Erfahrungen der Ohnmacht, ihre Entdeckungen, ihre Aufsässigkeit und ihr Verlangen, „ein eigener Mensch zu werden“ (Elisabeth Moltmann-Wendel), theologisch auf den Begriff zu bringen. Sie wollen aus ihrer Situation heraus zur Entscheidung für eine neue Position kommen: Auszug aus der „Fremdbestimmung“ und auf den Weg zur „Selbstbestimmung“. Der Protest, der schon in den 60er Jahren in einigen „präfeministischen“ Büchern (Mary Daly, Elisabeth Schüssler, Elisabeth Gössmann, Maria Renard de Leebeeck, Gertrud Heinzelmann, Catharina Halkes) aufklang, steht auch hier im Vordergrund, jetzt aber in einer genaueren Analyse der bestehenden Situation und einer scharfen Entlarvung der patriarchalen Dominanz. Das bilderstürmende Buch „Jenseits von Gott Vater“ (Mary Daly) drückt diese Gefühle und diesen Protest aus.

Nach dem Protest entfaltet sich in der zweiten Phase das Programm der feministischen Theologie. Einige Theologinnen kommen zu dem Schluß, daß Kirche und Theologie unheilbar patriarchal sind, kehren ihnen den Rücken und orientieren sich an einer allgemeinen Religiosität (Natur, Mythologie, Göttin, Matriarchat). Sie sprechen konsequent über „Thealogie“ oder „Theasophie“. Andere entwickeln neue, systematische und kreative Ansätze für eine eigenständige, konstruktive feministische Theologie christlicher Orientierung. Sie beruht auf der Überzeugung, daß alle ungerechten, dem Evangelium widersprechenden Machtverhältnisse sich zu einer „discipleship of equals“ (Jüngerschaft von Gleichen) hin entwickeln müssen, nicht allein in der gesamten Kirche,

sondern vor allem in dem konkreten Bereich, in dem man lebt und arbeitet (vgl. den Sheffield-Bericht).
Feministische Theologie versucht nicht nur zur Befreiung von Frauen auf eine authentische Menschwerdung hin beizutragen, sondern von diesem Blickwinkel aus auch zur Befreiung aller durch Klassen- und/oder Rassendiskriminierung oder aufgrund ihrer sexuellen Veranlagung Unterdrückten und zur Bewußtwerdung der Unterdrücker. Darüber hinaus richtet sich die Aufmerksamkeit auf die ganze Schöpfung: Die übliche Schöpfungstheologie scheint sehr anthropozentrisch, ja androzentrisch zu sein. Erde, Natur, Kosmos haben immer mehr unter der männlichen Oberherrschaft in Gestalt einer grenzenlosen Technologie zu leiden. Rosemary R. Ruether hat schon sehr früh und als erste den Zusammenhang und die gegenseitige Abhängigkeit alles Geschaffenen herausgestellt, z.B. in ihren Büchern „Liberation Theology" und „New Woman New Earth". Zwei Berichte des ÖRK („Sexism in the seventies", 1974, und „Die Gemeinschaft von Frauen und Männern in der Kirche", 1983) sind repräsentativ für die genannten zwei Phasen.

Formale Aspekte

Feministische Theologie ist eine kritische Theologie der *Befreiung,* in der neue Subjekte, nämlich Frauen, zu Wort (und damit „ans Wort") kommen und dieses Wort auch tun wollen. Ausgangspunkt sind einmal die Erfahrungen von Unterdrückung und Widerstand von Frauen gegen alle patriarchale Herrschaft und deren Legitimierung durch eine einseitige Theologie; zum anderen die befreiende Praxis, die Recht und Leben für alle Unterdrückten schaffen will; schließlich die Konfrontation dieser beiden mit der herrschenden Auslegung und Verwendung von Bibel, Tradition und kirchlicher Lehre. Von da aus entsteht eine neue systematische feministische Theologie auf kontextueller Grundlage.

Wichtig ist dabei folgendes: Es handelt sich um eine kritische Theologie. Welches sind die Subjekte und die Objekte der theologischen Forschung? Wer hat welches Interesse, und von welchem Deutungsmodell aus wird gearbeitet? Für feministische Theologie bedeutet das nicht nur Kritik an der Theologie als solcher, sondern auch an der Überlieferung der Offenbarung Gottes, da diese in den Heiligen Schriften in menschlicher Sprache ausgedrückt wird und so durch kulturabhängige Bilder und Vorstellungen gefärbt ist. Offenbarung, Glaubensbewußtsein und Theologie sind so sehr miteinander verflochten, daß sie nur schwer auseinanderzuhalten sind. Da sie in einer patriarchalen sexistischen Kultur verwurzelt sind, teilen sie deren Vorurteile. Wie für andere kritische Theologien ist das beständige Bemühen um eine Erneuerung der christlichen Gemeinde methodische Voraussetzung auch der feministischen Theologie. Für die feministische Theologie ist spezifisch, daß sie diese anderen Theologien noch einmal der Kritik unterzieht, weil in ihnen Frauen nicht vorkommen. Zwei Beispiele: Die politische Theologie von J. B. Metz will vor allem den Armen und Entrechteten eine Stimme verleihen, geht aber fast völlig an der Situation der Frauen vorbei (Christine Schaumberger). Auch die lateinamerikanische und die schwarze Theologie haben jahrelang die Unterdrückung von Frauen übersehen und bis heute nicht ausreichend thematisiert.
Feministische Theologie als eine *kritische Theologie der Befreiung* oder eine befreiende Theologie zu bezeichnen drückt ihre Eigenart genauer aus, als wenn man sie „Befreiungstheologie" nennt. Dies auch, weil feministische Theologie nicht auf einen Erdteil oder eine Hautfarbe beschränkt ist, sondern alle Frauen einbeziehen möchte, die sich auf den Weg der Bewußtwerdung gemacht haben. Sie bricht mit allen Formen einer „neutralen" Theologie und stimmt für eine befreiende christ-

liche Hoffnung, die dem alltäglichen Leben von Frauen Perspektive gibt. Sie will ihre Erfahrungen von Leiden und Kampf theologisch thematisieren, auch um damit Frauen aus ihrer Unsichtbarkeit und Anonymität zu befreien. Feministische Theologie erkennt der *Kontextualität* einen wichtigen Platz zu und schreckt vor einer schnellen Verallgemeinerung zurück. Obwohl auf die Befreiung aller Frauen ausgerichtet, ist sie sich doch der Notwendigkeit bewußt, ihrem jeweiligen Lebenskontext große Aufmerksamkeit zu widmen. Gerade durch die Konfrontation von Feministinnen aus der Mittelklasse mit Frauen aus der sogenannten Dritten Welt ist das Bewußtsein gewachsen, daß die einen nicht für die anderen ein theologisches Modell entwerfen können, sondern daß Frauen aus verschiedenen gesellschaftlichen und kulturellen Zusammenhängen ihren je eigenen Beitrag zu leisten haben. Zwar ist das „Frausein" allen gemeinsam, aber Geschichte und Bedeutung dieses Frauseins sehen in den verschiedenen Kulturen doch sehr unterschiedlich aus. Feministische Theologie ist von Anfang an eine *ökumenische* Theologie, an der Frauen aus verschiedenen Kirchen teilhaben. Sie haben gemeinsame Ausgangspunkte und Ziele, was nicht bedeutet, daß nicht jede ihren eigenen Hintergrund und ihre Tradition mitbringt und verarbeitet. Feministische Theologie kann dadurch schließlich zu einem vielfarbigen Kleid werden, dessen Fäden jetzt von Frauen gesponnen und danach aus noch unvorstellbaren Mustern und Farben zu einem herrlichen Ganzen gewoben werden. Es ist darum (noch) nicht möglich, von „der" feministischen Theologie zu sprechen. Das geht auch deshalb nicht, weil feministische Theologie grundsätzlich mehr ein Prozeß in Bewegung als ein abgeschlossenes Produkt sein will.

Inhaltliche Aspekte

Wenn es der Theologie darum geht, „Gott in unserer Kultur verantwortlich zur Sprache zu bringen", dann besteht die Aufgabe der feministischen Theologie zuallererst darin, Hindernisse aus dem Weg zu räumen, die Frauen den Zugang zu und die Sicht auf das göttliche Geheimnis versperren. Das vermögen nur eine Theologie, die sich bemüht, Gott von allen falschen Bildern zu befreien, und zugleich eine theologische Anthropologie, in der gerade Frauen zu ihrem Recht kommen. Die Lehre von Gott und die vom Menschen hängen eng zusammen. Wenn wir an Gott glauben als schaffend, erlösend/befreiend und heiligend/heilend, dann werden diese Aspekte in einer feministischen Theologie auf neue Art und Weise zur Sprache kommen müssen.

Daß zum ersten Mal in unserer Geschichte Frauen als neue Subjekte von Theologie selber zu Wort kommen, hat weitreichende Folgen, z.B. für die Sprache, für Bilder und Symbole, mit denen sich Glaube und Theologie ausdrücken. In unzähligen Gesprächsgruppen haben Frauen gelernt, sich persönlich zur Sprache zu bringen und ihre Glaubenserfahrung in neuen Bildern auszudrücken und so ihre Unsichtbarkeit und ihre „Sprachlosigkeit" im kirchlichen und theologischen Diskurs zu überwinden. Dadurch ist feministische Theologie auf das Problem einseitig männlicher und patriarchaler Gottesbilder in der Bibel gestoßen, hat zuallererst wieder die beinahe vergessenen „weiblichen" und mütterlichen Gottesbilder ans Licht geholt und entdeckt, daß es auch weniger geschlechtsabhängige Gottesnamen gibt (Heiliger z.B.). In von ihnen selbst gestalteten Frauengottesdiensten finden Frauen heute auch neue Namen Gottes.

In der zweiten Phase der feministischen Theologie (die auch sich selbst gegenüber kritisch sein will) wird inzwischen entdeckt, daß die Herausstellung der Frauen in der Bibel, der weiblichen Namen und Bilder Gottes und des Heiligen Geistes als der „weiblichen" Person in der Dreifaltigkeit nicht schon von selbst zu Veränderungen in

Kirche und Theologie führen. Diese Einsichten können erst dann verändernd wirken, wenn Frauen zunächst einmal ein neues Selbstverständnis entwickeln und sich nicht länger auf stereotype Bilder von „Weiblichkeit" festlegen lassen, die ihrem vollen menschlichen Wert, ihren Möglichkeiten und ihrer Verantwortung für den Innen- wie für den Außenbereich nicht genügend Rechnung tragen. Es hilft nichts, den „weiblichen" Aspekt der Gottheit herauszustellen, wenn nicht zuerst das Weibliche zu sich selber kommt und als formgebend wirkt (vgl. Hermann Häring).

Die Frage nach Gott

Wichtig ist vor allem die *grundlegende Bedeutung des Gottesnamens* JHWH, d.h. Fülle des Seins und des Mit-Seins. Daraus folgt, daß feministische Theologie nicht länger ausgehen kann vom Bild Gottes als allmächtiger Vater. Nicht nur, weil Gott nicht nur Vater ist, sondern ebensogut auch „Mutter" für uns ist (vgl. Johannes Paul I.). Und schließlich auch, weil „Allmacht" den Beigeschmack von „herrschen" hat, wodurch die neu erlebte Erfahrung von Gott als liebevoll, beziehungsreich, verletzlich, verwundbar zunichte gemacht wird. Frauen wollen nicht länger Macht als Dominanz über andere verstehen, sondern als „Macht, andere zu *er*mächtigen" und nicht zu *ent*mächtigen.

Wenn Gott nicht nur „Sein" ist, sondern auch alles Sein von Menschen und Schöpfung ermöglicht und „Mit-Sein" ist, dann ist der Mensch als Bild Gottes berufen, selbst zu sein und Sein zu ermöglichen. Das gilt sowohl für Männer als auch für Frauen, und es verlangt eine Umgestaltung unseres Lebensprojektes, weil wir „gelernt" haben, daß Männer zum Sein berufen waren und Frauen dazu, anderen ihr Sein zu ermöglichen. Beide aber sind zu den beiden Aspekten berufen.

Wir erfahren mehr und mehr Gott als seiend in Beziehung mit Mensch und Schöpfung (vgl. Buber: Im Anfang ist die Beziehung). Auch wir haben also den Auftrag, in Beziehungen von radikaler Gegenseitigkeit und Ebenbürtigkeit zu leben: mit Menschen (Frauen und Männern) und mit der ganzen Schöpfung; nicht um übereinander zu herrschen, sondern zu ermöglichen, daß jeder und jedes zu ihrem Recht kommen und zu ihrer Erfüllung.

Gott als Schöpfer fragt nach unserer Mitschöpfung, denn Gott braucht Menschen, um schöpferisch zu entwickeln und weiterzubringen, was in der Schöpfung lebt. In Gen 2,26–28 bekommen Frau und Mann einen doppelten Auftrag: Fruchtbarkeit (in vielen Bedeutungen) und Verantwortlichkeit; jeder Auftrag gilt beiden.

Gott, als Ruf zum Exodus, fordert uns auf, unterdrückende Strukturen zu verlassen. Heute heißt das, daß Frauen (und viele andere Marginalisierten) ihren Auszug vollziehen aus allem, was sie hindert, völlig Mensch zu werden. Es geht dabei auch um den Auszug aus stereotypisierenden Erwartungen, die durchaus „komfortabel", bequem sein können für Frauen, die aber von Verantwortlichkeit abhalten. Im Auszug aus allen Strukturen, die sie unmündig halten, erfahren Frauen zum ersten Mal die Konfrontation mit sich selbst und mit ihrer Lebensbestimmung. Nach „der Befreiung aus der Sklaverei" stellt sich die Frage: Was soll ich mit der gewonnenen Freiheit anfangen? Gerade unser verschiedener Kontext fordert hier von uns eine genaue Analyse durch die Fragen: Befreiung wovon? und Befreiung wozu?

Der christliche Glaube an Gottes *Inkarnation* begründet dann den Weg hin zu einer großartigen Perspektive: In Christus ist die Schöpfung erlöst und erneuert; in Christus sind wir neue Menschen geworden und dürfen uns kein Sklavenjoch mehr auflegen lassen (Gal 5,1). Gott ist Mensch geworden, damit der Mensch auf die Spur des Göttlichen gelangt. Es geht darum, daß Gott Fleisch geworden ist, in unsere Existenz eingetreten ist. Es geht also um Menschwerdung Gottes, nicht um Mann-Werdung! Nur dann können Frauen in der Spur Jesu von Nazaret Mensch werden. Aber dann wäre die Konsequenz, daß auch sie „in Persona Christi" auch in der katholischen Kirche zum Priesteramt zugelassen würden. Gerade durch den theologisch überholten und unglaubwürdigen Akzent auf Jesus den *Mann* ist bei vielen Frauen Skepsis entstanden, „ob ein männlicher Heiland eigentlich der Erlöser von Frauen sein kann" (Rosemary R. Ruether).

Neue Wirklichkeit im Geist

Feministische Theologie legt einen deutlichen Akzent auf die Bedeutung des *Heiligen Geistes:* Sie ist Gottes Immanenz in uns, das Urbild von Leben und Bewegung, von Inspiration und Nähe, von Raum, Empfindsamkeit und Kraft, von Wind, Atem und Sturm. Frauen erfahren ihren geistlich-religiösen Wachstumsprozeß als „Taufe mit dem Heiligen Geist"; sie erfahren neues, vom Geist qualifiziertes Leben und glauben, daß im Geist die Tauf formel des Paulus: „In Christus gibt es nicht mehr Juden und Heiden, Sklaven oder Freie, Männer und Frauen, sondern ihr alle seid ‚einer' in Christus Jesus" (Gal 3,26 – 28), der Beginn einer neuen Wirklichkeit ist. Daß das hebräische, ältere Wort für Geist „ruah" fast immer in der weiblichen Form gebraucht wird, ist mehr als ein rein grammatikalisches Datum (vgl. Helen Schüngel-Straumann). Und in feministischer Theologie kann „der" Heilige Geist verbunden werden mit der Vorstellung von: Geburtshelferin neuen, qualifizierten, göttlichen Lebens (Catharina Halkes).

Es ist Zeichen für diese neue Qualität des Lebens, und dies für alle Menschen, daß Frauen innerhalb und außerhalb der Kirchen aufgestanden und ausgezogen sind, um neue Wege zu gehen, inspiriert von der Immanenz Gottes in der ganzen Schöpfung und auch in sich selbst.

Literatur: *Martin Buber,* Ich und Du (Heidelberg 1979) 23 – 25; *Marga Bührig,* Die unsichtbare Frau und der Gott der Väter (Stuttgart 1987); *Mary Daly,* Kirche, Frau, Sexus (Olten 1970); *Uwe Gerber,* Die feministische Eroberung der Theologie (München 1987); *Elisabeth Gössmann,* Die streitbaren Schwestern. Was will die feministische Theologie? (Freiburg i. Br. 1981); *Catharina J. M. Halkes,* Suchen, was verlorenging (Gütersloh 1985); *Hermann Häring,* Die Mutter als die Schmerzensreiche. Zur Geschichte des Weiblichen in der Trinität, in: Marie-Theres Wacker (Hrsg.), Der Gott der Männer und die Frauen (Düsseldorf 1987) 38 – 70; *Susanne Heine,* Frauen in der frühen Christenheit. Zur historischen Kritik einer feministischen Theologie (Göttingen 1986); *Carter Heyward,* Und sie rührte sein Kleid an – eine feministische Theologie der Beziehung (Stuttgart 1986); *Elisabeth Moltmann-Wendel,* Ein eigener Mensch werden (Gütersloh 1980); *Christa Mulack,* Die Weiblichkeit Gottes (Stuttgart 1983); *Constance F. Parvey* (Hrsg.), Die Gemeinschaft von Frauen und Männern in der Kirche (Neukirchen-Vluyn 1985); *Herlinde Pissarek-Hudelist,* Feministische Theologie. Eine Herausforderung, in: ZKTh 103 (1981) 289 – 308, 400 – 425; *Christine Schaumberger,* Das Verschleiern, Vertrösten, Vergessen unterbrechen. Zur Relevanz politischer Theologie für feministische Theologie, in: Marie-Theres Wacker (Hrsg.), Der Gott der Männer und die Frauen (Düsseldorf 1987) 126 bis 162; *dies.,* Weil wir nicht vergessen wollen ... Zu einer feministischen Theologie im deutschen Kontext (Münster 1987); *Helen Schüngel-Straumann,* Ruah, in: Maria Kassel (Hrsg.), Feministische Theologie (Stuttgart 1988); *Dorothee Sölle,* Gott und ihre Freunde, in: Luise E. Pusch (Hrsg.), Feminismus. Inspektion der Herrenkultur (Frankfurt a. M. 1983) 196 – 209.

CATHARINA HALKES
Aus dem Niederländischen von Ulrich Ruh

Tiefenpsychologie

↗ Anima / Animus; Depression; Esoterik; Feminismus; Ganzheitlichkeit; Identität, weibliche; Magna Mater; Märchen; Mythologie; Psychoanalyse; Psychotherapie, feministische; Sexismus; Theologie, feministische; Urbilder, weibliche

Entstehung und Konzept

Tiefenpsychologie ist zunächst der zusammenfassende Begriff für die psychologischen Theorien und Therapieverfahren, die sich mit dem Unbewußten der Psyche befassen. Als neuer

Wissenschaftszweig ist die tiefenpsychologische Forschung mit der Psychoanalyse Sigmund Freuds zu Beginn des 20. Jahrhunderts entstanden. Diese und die einige Jahrzehnte jüngere Analytische Psychologie Carl Gustav Jungs – die auch speziell als Tiefenpsychologie bezeichnet wird – stellen die bekanntesten tiefenpsychologischen Richtungen dar. Beide stimmen in der Annahme überein, daß viele seelische Probleme und Krankheiten (Neurosen) bei Erwachsenen in der frühen Kindheit grundgelegt worden sind. Durch die Analyse der verdrängten traumatischen Erlebnisse, besonders in den Beziehungen zu den Eltern, können solche Krankheiten geheilt werden.

Ausgangspunkt wie Ziel der tiefenpsychologischen Arbeit waren sowohl bei Freud als auch bei Jung die Therapie. Um die in der Analyse bewußtgemachten seelischen Inhalte verstehen zu können, entwarfen beide Analytiker neben den Therapieverfahren auch tiefenpsychologische Theorien. Diese dienten zum einen dem Verständnis des Traums (bei Jung auch der aktiven Imagination), dem das Hauptaugenmerk in der analytischen Therapie gilt. Zum andern entwarfen sie Modelle von der Gesamtstruktur der menschlichen Psyche – bei Freud: Es, Ich und Über-Ich; bei Jung: Bewußtsein, persönliches und kollektives Unbewußtes – und von spezifischen Strukturmerkmalen, die in der therapeutischen Praxis immer wieder gefunden wurden.

Sexistische Einseitigkeiten

Das Thema „Tiefenpsychologie und Frau“ erhält vor allem bei den Modellvorstellungen von der Psyche seine Bedeutung. Bei Freud betrifft das seine zentrale Sexualtheorie mit der von ihm für jede kindliche Entwicklung angenommenen ödipalen Situation – so genannt in Anlehnung an den griechischen Mythos von Ödipus, der seinen Vater umgebracht und seine Mutter geheiratet hatte. Freuds Theorie besagt, daß das Kind im Alter von ca. 4 – 5 Jahren eine triebbedingte (libidinöse) Bindung an den jeweils gegengeschlechtlichen Elternteil entwickelt und dem gleichgeschlechtlichen gegenüber den Wunsch, ihn als Rivalen zu beseitigen. Für das Mädchen und die spätere Frau sieht Freud diese Situation im Penisneid zugespitzt. Bei Jung findet sich im Rahmen seiner Archetypenlehre die Vorstellung von der Doppelgeschlechtlichkeit der Psyche in der Anima/Animus-Theorie. Nach dieser besitzt der Mann weibliche psychische Anteile und die Frau männliche, die sie realisieren müssen, um vollständig Mensch zu werden.

Obwohl die Lehre vom Penisneid und die von Anima/Animus verschieden sind, wird mit beiden der Frau eine minderwertigere Natur zugeschrieben als dem Mann. Beim Penisneid besitzt der Mann offensichtlich die zu beneidende Natur, und Jung beschreibt die Animus-Manifestation bei der Frau als weitgehend negativ. An beide „Väter“ der Tiefenpsychologie – „Mütter“ der Tiefenpsychologie gibt es nicht, wohl „Töchter“, nämlich Schülerinnen – ist die von Feministinnen gestellte Anfrage sehr berechtigt, ob das psychische Wesen der Frau, das sie beschreiben, nicht eine männliche (Wunsch-)Vorstellung ist und ob einige tatsächlich vorkommende Züge nicht eher aus der beschnittenen psychischen Entwicklung von Frauen im Patriarchat resultieren. Der Verdacht auf eine sexistische Färbung tiefenpsychologischer Aussagen über die Frau ist gegenwärtig nicht ausgeräumt.

Neukonzeption aus feministischer Perspektive

Es stellt sich daher die Aufgabe, das Verhältnis von Tiefenpsychologie und Frau aus feministischer Perspektive neu zu konzipieren. Dies ist möglich, ohne tiefenpsychologische Einsichten pauschal abzulehnen, wie das in feministischer (auch in feministisch-theolo-

gischer) Kritik häufig geschieht (z.B. G. Weiler). Die grundlegenden tiefenpsychologischen Kenntnisse über das Zusammenspiel von bewußten und unbewußten Faktoren in der Entwicklung, im Selbstverständnis und in den Handlungsmotivationen von Frauen und Männern können in einer feministischen Weiterführung von Tiefenpsychologie ihre Bedeutung behalten. Die zu verändernden Aspekte müßten vor allem ansetzen bei der Identitätsbildung (nach Jung: Individuation) von Frauen und diese nicht mehr entwerfen nach unbewußten männlichen Vorstellungen von der Frau bzw. nicht mehr ableiten von der Ich-Entwicklung des Mannes. Zu untersuchen ist dabei, ob Penisneid und Animus der Frau, wo diese tatsächlich in Erscheinung treten, nicht eher Ergebnis von patriarchaler Sozialisation und Erziehung sind als angeborene triebbestimmte (Freud) oder archetypische (Jung) Wesenszüge (vgl. U. Baumgardt).
Daß es in der Tiefenpsychologie, wie in patriarchalen Gesellschaften überhaupt, bislang keine authentisch weiblichen Zielvorstellungen für die Ich-Entwicklung von Frauen gibt, hat zu verbreiteter psychischer Selbstentfremdung von Frauen geführt. Frauen haben weithin die männliche Minderbewertung ihres Geschlechts verinnerlicht und sogar selbst an die jeweils nächste Frauengeneration weitergegeben. Das hatte und hat einen Mangel an stabilem Selbstwertbewußtsein zur Folge, bis hin zu Selbstverachtung und zerstörerischer Depression (S. Brinton-Perera). Auf diesen psychischen Notstand hin sind für Frauen angemessene tiefenpsychologische Therapieverfahren und eine ihrer genuinen Psychologie gemäße tiefenpsychologische Theorie zu entwickeln. Durch Männer dürfte dies im gegenwärtigen Stadium kaum möglich sein, vielmehr am ehesten durch Frauen, die in der psychischen Verarbeitung der Frauenproblematik selbst fortgeschritten sind (vgl. Eichenbaum/Orbach u.a.).
Über die analytische Therapie hinaus kann und sollte die Tiefenpsychologie einen allgemeinen Bewußtwerdungs- und Veränderungsprozeß anregen, der Frauen ihre vollen psychischen Möglichkeiten finden läßt.

Weibliche Kulturen und Mythen

Für eine aus feministischen Einsichten heraus neu definierte Tiefenpsychologie zeichnen sich gegenwärtig zwei Wege ab. Der eine führt in die Erforschung der unsichtbar gemachten Geschichte weiblich orientierter Kulturen. Vor allem deren mythische Überlieferungen, von denen inzwischen viele Zeugnisse zugänglich sind, spiegeln die Tiefendimension der seelischen Entwicklung der Gesellschaften, die sie hervorgebracht haben; und in ihren Gottesbildern manifestiert sich eine überindividuelle psychische Dynamik. Werden weiblich orientierte Mythen – wie z.B. der sumerisch-altbabylonische Mythos von Inanna bzw. Ischtar (2.–3. Jahrtausend v.Chr.) oder der ägyptische von Isis (zeitlicher Ursprung unbekannt, aber sehr früh) – tiefenpsychologisch erschlossen, so können ursprüngliche(re), nicht männlich zersetzte Vorstellungen vom weiblichen Menschsein wiedergefunden werden. Die in solchen Vorstellungen verkörperten Werte können auch die Identitätsbildung von Frauen in der Gegenwart fördern. In frühen Religionen des vorderorientalischen Kulturraums, aus dem auf das Christentum Einflüsse ausgegangen sind, ist die seelische Menschheitsentwicklung, das ist das Bild des Menschen, vorrangig in einer weiblichen Gottheit repräsentiert. Im Bild der archaischen Göttin ist damit in erster Linie zwar das Bild der Frau und weiblicher Werte aufgehoben, in Zuordnung zu diesem aber auch das des Mannes; und das ist anders als bei Gottesbildern patriarchaler Religionen, die das weibliche Prinzip eliminiert haben. Tiefenpsychologisch beurteilt, inspiriert ein solches Gottesbild eine mehr ganzheitliche Identitätsfindung von Frauen und Männern und, aus dieser resultierend, eine humanere Beziehung der Geschlechter. Auf dieser psychischen Ebene ist die Bedeutung der alten Göttinreligionen für Frauen heute angesiedelt, nicht in einer direkten Wiederbelebung der alten Kulte, wie das öfter angenommen wird.

Potential des Unbewußten

Psychisch wirksam werden die in archaischen Mythen zu findenden weiblichen Urbilder aber weniger auf dem Weg der – allerdings unerläßlichen – wissenschaftlichen Erforschung als vielmehr auf einem zweiten Weg, der in die jeweils eigene Psyche führt. Die in alten Mythen symbolisierten weiblichen Werte und Kräfte sind auch in der Tiefenpsyche moderner Menschen noch präsent. Sie können als schöpferisches Potential des Unbewußten aktiviert werden durch einen bewußten und kontinuierlichen Umgang mit Träumen, Imaginationen, gelenkten Phantasien u.ä. Die religiösen Symbole weiblichen Menschwerdens, die über sehr lange Zeiträume der Menschheitsentwicklung hin vorrangig gegolten haben, finden sich auch noch in den Tiefenstrukturen christlicher, vor allem biblischer Überlieferungen (Kassel, Mulack), sind allerdings von der männlich ausgerichteten Theologie entweder nicht entdeckt oder verschwiegen worden. Beim tiefenpsychologischen Erschließen biblischer Verkündigung stellen sich solche weiblichen Urbilder von selbst wieder ein und können christliche Frauen mit ihren weiblichen seelischen Wurzeln verbinden. Ein frauengemäßes Verstehen solcher Erfahrungen verlangt jedoch nicht nur eine tiefenpsychologische Kompetenz, sondern auch die eines aus patriarchalen Festlegungen sich befreienden Frauenbewußtseins.

Literatur: *Ursula Baumgardt,* König Drosselbart und C. G. Jungs Frauenbild. Kritische Gedanken zu Anima und Animus (Olten – Freiburg i. Br. 1987); *Sylvia Brinton-Perera,* Der Weg zur Göttin der Tiefe. Die Erlösung der dunklen Schwester – eine Initiation für Frauen (Interlaken 1985); *Luise Eichenbaum / Susie Orbach,* Feministische Psychotherapie. Auf der Suche nach einem neuen Selbstverständnis der Frau (München 1984); *Sigmund Freud,* Psychologie des Unbewußten (Studienausgabe Bd. III) (Frankfurt a. M. 1975); *Carl Gustav Jung,* Über den Archetypus mit besonderer Berücksichtigung des Animabegriffs, in: Grundwerk C. G. Jung, Bd. 2 (Olten 1984) 126–142; *ders.,* Zugang zum Unbewußten, in: Jung (Hrsg.), Der Mensch und seine Symbole (Olten – Freiburg i. Br. [7]1977, 1968) 18–103; *Maria Kassel,* Das Auge im Bauch. Erfahrungen mit tiefenpsychischer Spiritualität (Olten – Freiburg i. Br. [3]1987); *dies.,* Tod und Auferstehung, in: dies. (Hrsg.), Feministische Theologie. Perspektiven zur Orientierung (Stuttgart 1988); *Christa Mulack,* Jesus – der Gesalbte der Frauen. Weiblichkeit als Grundlage christlicher Ethik (Stuttgart 1987); *Erich Neumann,* Zur Psychologie des Weiblichen (München [3]1980); *ders.,* Die Große Mutter. Eine Phänomenologie der weiblichen Gestaltungen des Unbewußten (Olten – Freiburg i. Br. 1985); *Anita v. Raffay,* Traumbild Unterwelt. Von den dunklen Göttern der Tiefe. Träume als Wegweiser (Olten – Freiburg i. Br. 1986). *Henry G. Tietze,* Imagination und Symboldeutung. Wie innere Bilder heilen und vorbeugen helfen (München 1986); *Gerda Weiler,* Der enteignete Mythos. Eine notwendige Revision der Archetypenlehre C. G. Jungs und Erich Neumanns (München 1985).

MARIA KASSEL

U

Urbilder, weibliche

↗ Anima / Animus; Eva; Frauenforschung; Frauenrollen / Frauenleitbilder; Hexen; Identität, weibliche; Jungfräulichkeit; Magna Mater; Märchen; Maria; Matriarchat / Patriarchat; Mütterlichkeit; Mutterschaft; Mythologie; Sexualität; Tiefenpsychologie; Volkskundliche Frauenforschung; Weiblichkeitssymbole; Werbung; Zyklus / Zyklen

Begriffsklärung

Urbilder und Archetypen sind Zentralbegriffe der Analytischen Psychologie C. G. Jungs. Urtümliche Bilder, wie Jung die Archetypen zunächst nannte, sind kollektiv, d.h. Grundformen seelischen Erlebens, die verschiedenen Völkern und Zeiten gemeinsam sind.
In diesen Bildern sind auch universale Muster, Beziehungen und Erlebnisse ausgedrückt, die sich im menschlichen Leben als Erfahrung des Weiblichen immer wieder konstellieren und so in Träumen, Mythen, Märchen und Imaginationen in Erscheinung treten. Der Jungsche Begriff des Archetyps (arché: Anfang, typos: Einschlag, Prägung) ist oft mißverstanden worden. Im Verständnis der Analytischen Psychologie sind Archetypen vor allem Wirkkräfte des kollektiven Unbewußten, die als formgebende psychische Energie an sich unanschaulich und gestaltlos sind. Sie werden erschlossen aufgrund ihrer Wirkungen und Erscheinungen. Als Bilder haben sie einen invariablen Bedeutungskern und sind zugleich historischen Wandlungen und Variationen unterworfen.

Kritik der Archetypenlehre

Hier vor allem ist eine Kritik der Archetypenlehre anzusetzen, wenn historisch bedingte Erscheinungsformen und Bilder für „das Weibliche an sich“ ausgegeben werden.

Auch in den Beschreibungen der Erscheinungsformen weiblicher Archetypen bei C. G. Jung und E. Neumann sind Aussagen zu finden, die dem psychologischen Verständnis von Frauen aus heutiger Sicht nicht gerecht werden, sondern lediglich kulturell bedingte Vorurteile und Sichtweisen widerspiegeln. Dies gilt insbesondere für die inneren Seelenbilder von Mann und Frau, Animus und Anima. Dort, wo das Weibliche reduziert wird auf den Gegensatz zum Männlichen und beschrieben wird als dunkel, erdhaft, naturgebunden und unbewußt, dem das Männliche als helle, geistige Bewußtheit und Weiterentwicklung gegenübertritt, handelt es sich nicht um Archetypisches, sondern eher um typisch patriarchale Denkmuster.

Ganzheitliche Aspekte

Frauen forschen heute auf vielfältige Weise nach weiblichen Urbildern aus vorpatriarchalen Zeiten: in der Psychologie, der feministischen Theologie, Linguistik, Archäologie, Kunstgeschichte und Anthropologie. Mit Hilfe von Ausgrabungsbefunden, Textanalysen religiöser und literarischer Überlieferungen, Kunstwerken, Märchen, Mythen, Träumen, Visionen und spirituellen Erfahrungen suchen Frauen nach den verschütteten, kulturell überformten und verbogenen anderen Bildern von Weiblichkeit. Im Gegensatz zu den Bildern des Weiblichen im Patriarchat, die vielfach Projektionen des Männlichen über das Weibliche darstellen, verweisen matriarchal bestimmte Urbilder auf ein anderes Verständnis des weiblichen Menschseins und weiblicher Rollen. In patriarchal geprägten Bildern wird das Weibliche häufig in duale Gegensätze gespalten: die gute und die furchtbare Mutter, die

Heilige und die Hure, Maria und Eva, die verführerische junge Sexgöttin und die verachtete geschlechtslose Alte.
Weibliche Urbilder sind dagegen ganzheitlicher, gegensatzvereinend. Während in patriarchalen Mythen die Abhängigkeit und Zweitrangigkeit des weiblichen Geschlechts konstruiert wird (z.B. die Geburt Evas aus Adams Rippe, Zeus' Kopfgeburt der Athene, nachdem er ihre Mutter Metis verschluckt hat), verweisen matriarchal bestimmte Urbilder auf die primäre Rolle der Frau als Lebensspenderin und Gebärende, auf das Wissen der Frauen und ihre Integration in die natürlichen Kreisläufe des Werdens und Vergehens, ihre kulturschöpferischen Leistungen.

Inhalte und Formgestalten

Weibliche Urbilder sind vor allem: die Mutter in ihren verschiedenen Aspekten der Gebärerin des Kosmos und der Menschen, die Göttin, die große Mutter, die Ahnfrau, Großmutter und weise Alte, ebenso das Mädchen, die Jungfrau, die Schwester, die Geliebte, die Braut und die Frau. Erde und Meer wurden als weiblich erlebt und verstanden (mater, mare, Materie sind etymologisch verwandte Begriffe), der Mond in seiner zyklisch wechselnden Gestalt galt als weiblich, ebenso Orte der Fruchtbarkeit wie Gärten, Felder, Brunnen und Quellen.
Im Formbereich symbolisiert vor allem das Runde das Weibliche. In Märchen und Mythen ist das Weibliche in den Gestalten der Heldin beschrieben, z.B. die Prinzessin, aber auch Hexen, Stiefmütter und Drachen symbolisieren seelische Erfahrungen des Weiblichen. Feen, Nixen, Nornen und Moiren sind weibliche Schicksalsmächte. Auch bestimmte Tiere wie die Schlange, die Kuh oder die Taube sind weibliche Symbolgestalten.
Weibliche Urbilder beinhalten vor allem Aspekte des Lebensspendenden, Nährenden und Tragenden, Hilfe, Lebensweisheit und Güte, ebenso auch Verwandlung, Tod und Wiedergeburt, aber auch Aspekte des Verborgenen, Abgründigen, Angsterregenden, verschlingende und zerstörerische Kräfte.

Historische und mythologische Ausformungen

Das zentrale Urbild ist das der *Mutter* als schöpferisches Lebensprinzip. In den ältesten Mythen erhebt sie sich und gebiert den Kosmos, die prähellenistische Gaia, die sumerische Namu, die assyrisch-babylonische Ischtar, die chinesische Kuan-Yin. Sie wurden als große Urmütter verehrt und in ihnen das Bild der Frau, die Leben gebiert, in ihrem Körper Nahrung erzeugt, Schutz gibt und für das Leben der Gemeinschaft Sorge trägt.
In den matriarchalen Kulten sind sie Muttergöttin und Liebesgöttin zugleich, Herrscherinnen auf der Erde, im Himmel und in der Unterwelt.
Die ursprünglich dreigestaltige *Göttin* wurde als junges Mädchen, reife Frau und alte Greisin gesehen, in den drei Aspekten der Schöpferin, Bewahrerin und Zerstörerin, zugeordnet, entsprechend Geburt, Leben und Tod, den Jahreszeiten Frühling, Sommer und Herbst und Winter, ebenso die Mondphasen des Sichelmonds, Vollmonds und Neumonds.
Auch im christlichen Marienkult lassen sich Hinweise finden, die auf den Mythos einer Ursprungsgöttin und die damit verbundene Jungfrauengeburt verweisen.
Das weibliche Urbild der *Jungfrau* z.B. im Bild der römischen Diana meint vor allem Unabhängigkeit und Nicht-verheiratet-Sein. Jungfrauen lebten zugleich im Liebeskult ihre Sexualität. Das Bild der Jungfrau als Göttin symbolisiert den Status einer Frau, die keine vom Mann abgeleitete Identität hat, sondern ein eigenes Selbstsein.
Die Göttin in dreifacher Gestalt ist in verschiedenen Mythologien auch als *Schicksalsweberin,* die die Lebensfäden webt, bekannt. Dieses Bild ist eng verbunden mit der kulturellen Er-

findung der Frauen, der Kunst des Spinnens und Webens. Die drei Nornen, die Moiren, die Parzen galten als Weberinnen des Lebensfadens, so wie Adern, Muskeln und Nervenstränge zum Körpergewebe im Mutterleib verbunden werden. Gewandweberei galt zeitweise als eine kultische Handlung und war ein von Frauen gehütetes Geheimnis, Symbol dieses Geheimnisses war der Webkamm als Kultgegenstand. Zum Bild der *weisen mütterlichen Alten* gehört das der Matronen, deren Autorität sich in der Rechtsprechung zeigte. Den gallischen Matronen unterlag die Rechtspflege, ihr Spruch wurde von den Heerführern als verbindlich akzeptiert. In Süd- und Mittelamerika, Afrika und Sumatra standen die Matronen als ehrwürdige Mütter den Priesterinnen vor. Die *Priesterinnen* hüteten Feuer, Wasser und die Kraft der Fruchtbarkeit, verstanden die Kunst der Vorhersage, waren Regen- und Wettermacherinnen. Die Priesterinnen der Demeter und die römischen Vestalinnen genossen noch in männerrechtlichen Zeiten besondere Verehrung. Das Priesteramt lag lange Zeit im Zuständigkeitsbereich der Frau.

Spuren und Reste weiblicher Urbilder

Reste vom Urbild der weisen Frau sind noch in zahlreichen Märchen zu finden, ebenso Erinnerungsspuren an die Rolle der Frau als Heilkundige und *Heilerin*.
Die weise Alte verkörperte aber auch die bedrohlichen Aspekte der Mutter, Verlassen-Werden und Zurückgewiesen-Sein, absterbendes Leben und Tod, Rückkehr in den Schoß der Mutter Erde.
In den alten zyklischen Modellen waren diese Aspekte integriert. Wo sie aus dem Lebenszusammenhang abgespalten wurden, manifestierte sich das Schreckensbild der bösen Hexe.
Ältere Frauen, vor allem Hebammen und Kräuterkundige, waren die häufigsten Opfer der mittelalterlichen Hexenverfolgung.
Bilder und Symbole sind wirkmächtig, d.h., sie beeinflussen das Erleben und Verhalten von Menschen, z.B. in der Werbung.
Die Beschäftigung mit weiblichen Urbildern und Symbolen kann heutigen Frauen helfen, die einseitigen und verzerrten Aussagen patriarchaler Symbolsysteme über das Weibliche zu korrigieren, zu ergänzen und zu verändern. Sie sind von Wert für die Suche nach der persönlichen und kollektiven Identität von Frauen und ihrer Geschichte.

Literatur: *Hans Biedermann,* Die großen Mütter (München 1987); *Karin Gaube / Alexander von Pechmann,* Magie, Matriarchat und Marienkult (Reinbek 1986); *Naomi Goldenberg,* Changing of the Gods (Boston 1979); *Heide Göttner-Abendroth,* Du Gaia bist Ich. Matriarchale Religionen früher und heute, in: Luise Pusch, Feminismus, Inspektion der Herrenkultur (Frankfurt a.M. 1983) 171–196; *Elizabeth Gould Davis,* Am Anfang war die Frau. Die Zivilisationsgeschichte aus weiblicher Sicht (München 1977); *Hallie Iglehart,* Weibliche Spiritualität (München 1982); *Violeta Miqueli,* Women in Myth and History (New York 1962); *Christa Mulack,* Die Weiblichkeit Gottes. Matriarchale Voraussetzungen des Gottesbildes (Stuttgart 1983); *Erich Neumann,* Die große Mutter (Olten – Freiburg i.Br. 1974); *Theodor Seifert / Renate Seifert-Helwig,* Bilder und Urbilder – Erscheinungsformen des Archetypus (München 1965); *Monica Sjöo / Barbara Mor,* Wiederkehr der Göttin (Braunschweig 1985); *Barbara Walker,* Die weise Alte. Kulturgeschichte, Symbolik, Archetypus (München 1986); *Gerda Weiler,* Ich verwerfe im Lande die Kriege. Das verborgene Matriarchat im Alten Testament (München 1984); *Carl Gustav Jung,* Die Archetypen und das kollektive Unbewußte, Ges. Werke Bd. 9/1 (Olten – Freiburg i.Br. 1976). Brigitte Dorst

Urkirche

↗ Altes Testament; Amt, kirchliches; Antike; Charismen; Christentum; Gemeinde; Kirche; Neues Testament

Überlieferung und Rekonstruktion

Mit der Botschaft von Jesus Christus, dem von den Toten Auferweckten, beginnt die Geschichte der Urkirche und erstreckt sich bis etwa zum Jahre 70. Im 1. Korintherbrief bezeugt Paulus, daß der Auferstandene zuerst Petrus erschienen ist, hernach vielen anderen, zuletzt Paulus selbst. Sie alle tragen den Namen Apostel. Im 16. Kapitel des Römerbriefes, das ein Empfehlungsschreiben an eine Frau namens Phöbe darstellt, Diakonin in der Gemeinde von Kenchreä (Osthafen von Korinth) und „Prostatis" (was sowohl Gemeindevorsteherin wie Patronin heißen kann), werden Andronikus und Junia mit Grüßen bedacht. Sie sind Volksgenossen und Mitgefangene des Paulus, also Judenchristen, und waren offensichtlich um der Predigt des Evangeliums willen im Gefängnis. Sie werden „angesehen unter den Aposteln" genannt (Vers 7). Heißt das, daß sie selbst zum Kreise der Apostel gehörten, daß ihnen also der Auferstandene erschienen war? Vieles läßt sich heute trotz genauer exegetischer Methoden nicht mehr ganz exakt erschließen. Aber immerhin läßt sich auch nicht ausschließen, daß die Frau Junia (der weibliche Name Junia wurde von einer späteren Tradition in einen männlichen Junias verwandelt, der sonst nirgends belegt ist) zum Kreis der Apostel zählt. Außerdem wäre sie wohl kaum inhaftiert worden, hätte sie nicht durch die Verkündigung des Evangeliums die Aufmerksamkeit der Behörden auf sich gelenkt.

Nach dem Zeugnis des ältesten Evangeliums, nach Markus (16,1 – 8), erscheint nicht Jesus selbst, aber ein himmlischer Bote den Frauen am Grabe Jesu, wobei Maria Magdalena im Mittelpunkt steht. Danach waren Frauen die ersten Empfängerinnen der kirchengründenden Osterbotschaft. Auch hier läßt sich nicht mehr exakt rekonstruieren, welche Überlieferung die ältere ist, die der Erscheinung vor Petrus oder die vor den Frauen am Grabe. Zwischen den beiden Überlieferungen könnte auch eine Konkurrenz bestanden haben. Sicher ist, daß die Frauen, die Jesus nachfolgten, den Weg zum Kreuz und zum Grab mit ihm gingen und die nicht flohen, als es gefährlich wurde, bei Markus im Lichte wahrer Jüngerschaft erscheinen.

Zeuginnen und Gemeindegründerinnen

Die Botschaft vom auferstandenen Christus bildet die Mitte der urchristlichen Verkündigung. Auch viele, denen Jesus nicht selbst erschienen war, glaubten dem Evangelium auf das Wort der Zeugen hin. Zu diesen zählten viele Frauen. So verdankt sich die Gründung der christlichen Gemeinde in Philippi einer Frau namens Lydia, von Beruf Purpurhändlerin, damals ein einträgliches Gewerbe. Lydia war eine „Gottesfürchtige", d.h. eine Heidin, die sich, wie viele andere, vom ethischen Anspruch des jüdischen Gesetzes angezogen fühlte. Die Gottesfürchtigen nahmen am Synagogengottesdienst teil und beteten mit den Juden, ohne sich den Ritualgesetzen zu unterziehen (z.B. Beschneidung, Speisevorschriften). In Philippi trifft Paulus auf eine Gruppe jüdischer Frauen, die sich zum Gebet versammelt hatten, darunter Lydia. Ergriffen von der Predigt des Paulus, läßt sich Lydia taufen, und zwar mit ihrem ganzen Haus. Dieses ist der Grundstein der dortigen christlichen Gemeinde geworden (Apg 16, 11 – 15).

Im Dienst der Gemeinde

Hören der christlichen Predigt, Taufe, Hausgemeinde sind die Schritte zur Bildung der Urkirche. Von Ämtern in einem heutigen, kirchenrechtlich festgelegten Sinn konnte damals noch nicht die Rede sein. Je nach Begabung (Gnadengabe/Charisma) war die Mitarbeit eines jeden gefragt, der sich am Aufbau der Gemeinden beteiligen wollte, ob Mann oder Frau. Dementsprechend findet sich im Zusammenhang mit Frauen eine Fülle von Diensten. Auch hinsichtlich der Lebensform werden offensichtlich keine Bedingungen gestellt. Als das, was sie sind, Ehefrauen, Mütter, Unverheiratete, Freie und Sklavinnen, Begüterte und Arme, setzen sie sich in der Gemeinde ein. Sie arbeiten in „höheren" und „niederen" Diensten, leiten Hausgemeinden (Lydia/Apg 16,12–13; Nympha/Kol 4,15; Prisca/Apg 18; Maria, die Mutter des Johannes Markus/Apg 12,12–13), verkündigen und lehren dort wohl auch sowie auf ihren Reisen von Gemeinde zu Gemeinde (Prisca; Euodia und Syntyche/Phil 4,2–3), wirken als Diakoninnen (Phöbe/Röm 16,1), als Prophetinnen (Apg 21,9), halten prophetische Reden im Gottesdienst (1 Kor 11,5), leiden Verfolgung (Euodia, Syntyche, Junia) oder nähen Kleider für Witwen (Apg 9,36–41). Wie die Männer auch haben sie zuweilen Meinungsverschiedenheiten und lassen sich von falschen Lehren verführen. Wer Kleider näht und Almosen gibt, gilt nicht mehr oder weniger unter den Frauen als die, die verkündigen und die Schrift auslegen.

Gleiche in Christus

Für dieses Bild weiblicher Mitarbeit am Entstehen der Urkirche ist kein ausdrückliches frauenemanzipatorisches Interesse verantwortlich, sondern die feste Überzeugung, daß die Botschaft von der Erlösung durch den menschgewordenen Gott allen Menschen ohne Ansehen des Geschlechtes gilt. Gewiß, eine Frau im Amt einer Vorsteherin (Episkopos) der Gemeinde ist in den Texten des Neuen Testaments nicht eindeutig belegt, auch für Phöbe läßt sich nichts Zweifelsfreies aussagen; sicher hat es eine Reihe von Hausfrauen und Müttern gegeben, die in aller Stille und ohne sich für die Verbreitung des Evangeliums abzuplagen, Christinnen waren. Entscheidend bleibt, was die Urkirche an christlichen Grundsätzen formuliert hat, nämlich, daß in Christus zwischen Männlich und Weiblich kein Unterschied gemacht wird (Gal 3,28; alte Formel aus einer Taufliturgie). Die Gemeinden der Urkirche verstanden sich als der Ort, an dem der Vorschein zukünftiger und vollkommener himmlischer Herrlichkeit aufstrahlen soll, auch für die Frauen.

Dieser Anspruch hat an Gültigkeit nichts verloren: In der christlichen Gemeinde müssen Frauen frei sein von jeglicher Diskriminierung ihres Geschlechtes wegen, auch frei, Formen der Mitarbeit und Ämter zu wählen, die ihrem Charisma entsprechen. Wieviel das Entstehen der Urkirche den Frauen und ihrem Einsatz für die Verbreitung des Evangeliums bzw. für den Aufbau der Gemeinden verdankt, darf nicht in Vergessenheit geraten und setzt Maßstäbe.

Literatur: *Bernadette Brooten,* Frühchristliche Frauen und ihr kultureller Kontext, in: Einwürfe 2 (München 1985) 62–93; *dies.,* Women Leaders in the Ancient Synagogue (California 1981); *Gerhard Dautzenberg / Helmut Merklein / Karlheinz Müller* (Hrsg.), Die Frau im Urchristentum (Freiburg i. Br. ²1987); *Adolf von Harnack,* Die Mission und Ausbreitung des Christentums in den ersten drei Jahrhunderten (1924, Nachdr. Leipzig o.J.); *Susanne Heine,* Frauen der frühen Christenheit. Zur historischen Kritik einer feministischen Theologie (Göttingen ²1987); *Hans-Josef Klauk,* Hausgemeinde und Hauskirche im frühen Christentum (Stuttgart 1981); *Max Küchler,* Schleier, Schmuck und Schweigen. Drei neutestamentliche Vorschriften zur Verdrängung der Frauen auf dem Hintergrund einer frauenfeindlichen Exegese des Alten Testaments im antiken Judentum (Göttingen – Fribourg 1986); *Kurt Rudolph,* Die Gnosis. Wesen und Geschichte einer spätantiken Religion (Göttingen ²1980); *Luise Schottroff,* „Anführerinnen der Gläubigkeit" oder „einige andächtige Weiber". Frauengruppen als Trägerinnen jüdischer und christlicher Religion im ersten Jahrhundert n.Chr., in: Christine Schaumberger (Hrsg.), Weil wir nicht vergessen wollen ... Zu einer Feministischen Theologie im deutschen Kontext (Münster 1987) 73–87; *Willy Schottroff / Wolfgang Stegemann* (Hrsg.), Traditionen der Befreiung, Bd. 2: Frauen in der Bibel (München 1980); *Wolfgang Schuller,* Frauen in der römischen Geschichte (Konstanzer Bibliothek, Bd. 4) (Konstanz 1987); *Elizabeth Schüssler-Fiorenza,* Zu ihrem Gedächtnis. Eine feministisch-theologische Rekonstruktion der christlichen Ursprünge (München 1988); *dies.,* Brot, nicht Stein. Die Herausforderung feministischer Bibelauslegung (Fribourg 1988); *Klaus Thraede,* Ärger mit der Freiheit, in: „Freunde in Christus werden...", hrsg. von Gerta Scharffenorth / Klaus Thraede (Gelnhausen – Berlin – Stein a.M. 1977); *Hartwig Thyen,* „...nicht mehr männlich und weiblich...", in: Als Mann und Frau geschaffen, hrsg. von Frank Crüsemann / Hartwig Thyen (Gelnhausen – Berlin – Stein a.M. 1978).

Susanne Heine

V

Väterlichkeit

↗ Alleinerziehende; Amt, kirchliches; Beruf; Elternschaft; Erziehung; Familie; Familienrollen; Frauenrollen / Frauenleitbilder; Gottesbilder; Kinder; Kirche; Männerbilder; Mütterlichkeit; Vaterschaft; Zärtlichkeit

„Mütterliches" und „väterliches" Verhalten

Auch wenn es heute ein neues Vaterbild vom „mütterlichen" Mann gibt, besteht doch zwischen Mütterlichkeit und Väterlichkeit eine faktische Unterschiedenheit im „sozialen Charakter". Dies wird sofort einsichtig, wenn „man" das Experiment macht, das verhaltensbezeichnende Wort „mütterlich" durch das Wort „väterlich" zu ersetzen. Faktisch sind väterliches und mütterliches Verhalten zwar verschieden. Aber aus diesem Experiment ergibt sich tatsächlich auch die Einsicht, daß die Beschreibungen und Anregungen für mütterliches Verhalten ohne Ausnahme auch für väterliches Verhalten wünschenswert sein könnten, ohne daß der Mann dabei etwas von seiner „Identität" verlieren müßte. Das aber heißt: Die faktische Differenz ist falsch. Aber gibt es überhaupt eine „richtige" Differenz? Oder ist es nicht vielmehr so, daß die leiblich geprägte, erlebte und gelebte Unterschiedenheit durch jede Art von verbindlicher Festlegung im Bild bzw. im Verhalten gegen ihren humanen Sinn gekehrt wird: in der Verschiedenheit doch menschliche Entsprechung zu entfalten? Die Unterschiedenheit zeigt sozusagen aus sich selbst heraus Konsequenzen, während die Entsprechung eine Gestaltung in freier Selbstverpflichtung unter kritischer Einschätzung der Prägungen des sozialen Charakters ist. Das Modell der Bipolarität zwischen Mann und Frau, d.h. das Weibliche im Männlichen und das Männliche im Weiblichen, erlaubt ohnehin keine Festlegung von „absoluten" Eigenschaften.

Krise der Erwartungen

„Alte" und „neue" Väterlichkeit existieren heute gleichzeitig, und sie existieren zugleich im gleichen Mann und unter Umständen auch in der Erwartung der gleichen Frau. Sie leisten sich Widerstand, sie behindern sich gegenseitig, aber sie bauen auch den Lernprozeß auf. Das „alte" Schema der Erwartungen an den *Mann* in der Familie läßt sich mit folgenden Begriffen umschreiben: Stärke, Verläßlichkeit, Autorität und Führung, Dynamik, Selbstdarstellung, Konkurrenzfähigkeit, Leistung und Erfolg. Die Krise solcher Erwartungen ist die Stunde der Erfahrung (O. Marquard). In der Krise erscheint die Kritik: Stärke erscheint als Starre, Führung als Dominanz, Dynamik als Gewalt, Selbstdarstellung als Eitelkeit und Ichsucht, Konkurrenzfähigkeit als Ellenbogenmentalität, Leistung und Erfolg erscheinen mit Flucht und Anpassung verbunden. Aus dieser Kontrasterfahrung entstehen neue Erwartungen: statt Stärke Toleranz, statt Verläßlichkeit Elastizität, statt Führung Kooperation, statt Dynamik Zärtlichkeit und Geduld, statt Selbstdarstellung Anerkennung und Annahme, statt Konkurrenzfähigkeit partnerschaftliche Konfliktfähigkeit, statt Leistung und Erfolg Unabhängigkeit und Selbstbestimmung.

Dem entspricht das „alte" Schema der spezifischen Erwartungen an den *Vater*. Er soll sein: Familienpolizei (Ordnung, Autorität, Strafe); Repräsentant von Distanz und Objektivität; Vorbild in der Selbstkontrolle; Protagonist der Fähigkeit, sich gerecht zwischen Familie und Beruf aufzuteilen; Hort der materiellen Hilfe; Familienbürokrat und Repräsentant der Familie in allen äußeren Angelegenheiten. Auch hier gibt es eine Krise der Erwartungen, die aus der Kritik entsteht: Das väterliche „Innenministerium" erscheint als machtanmaßendes Patriarchat, Distanz und Objektivität erscheinen als Gefühlsarmut, die Vorbildlichkeit in der Selbstkontrolle als „Über-Ich", die geteilte Zuwendung als halbierte Liebe, die materielle Hilfe als Ersatz der Zuwendung zum Kind, die Familienrepräsentanz als paternalistische Rollenfixierung. Und wiederum entstehen aus der Kontrasterfahrung neue Erwartungen: statt Familienpolizei mehr Präsenz und Hingabe, statt Distanz und Objektivität mehr Nähe und Einfühlungsvermögen, statt vorbildlicher Selbstkontrolle Hilfe zur Ich-Autonomie der Kinder, statt geteilter Gerechtigkeit die Aufmerksamkeit darauf, sich nicht vor der einen Beanspruchung durch die andere zu entziehen; statt materieller Hilfe das Geschenk der Zeit, statt Repräsentanz Dienstwilligkeit. Hier wird sogleich deutlich, daß die Lernprozesse nicht völlig einseitig am Neuen orientiert sein können, denn das Richtige ist nicht einfach das Gegenteil des teilweise Falschen. Hier könnte durchaus ein offener Lernprozeß entstehen, dessen Ergebnis nicht im vorhinein feststeht.

In jedem Fall darf ein solcher Lernprozeß nicht auf eine Überforderung durch die schlichte Verdoppelung der Erwartungen (von außen und von innen) hinauslaufen, indem der Mann unter den Anspruch gerät, „alte" und „neue" Väterlichkeit jeweils nach Bedarf zu leben. Das Scheitern des Lernprozesses und die Rückkehr zum „männlichen" Mann wären damit programmiert und die Folge.

Wünschenswerte Lernprozesse

Väterlichkeit wird zuerst durch die Beziehung zum Kind bestimmt. Das Bild vom Familienvater wird hinter diese persönliche Beziehung zurücktreten. Lernprozesse, die vom Kind her mitgesteuert werden, eröffnen Chancen, das Gehäuse der väterlichen Institution zu verlassen und sich als Mensch mit Chancen und Schwächen zu zeigen. Das alte Bild: Der Vater ernährt die Familie, die Mutter nährt die Kinder, kann sich ändern. Die Rollenfestlegung gab zwar eine gewisse Verhaltenssicherheit, ermöglichte aber auch unbewußte Strategien wechselseitiger Entmündigung und Abhängigkeit. Das Vater-Kind-Verhältnis ist bisher kaum mehr als schematisch thematisiert; Erfahrungen gilt es hier zu erschließen. Die Krise der Erwartungen ist auch hier die Ermöglichung von Korrekturfähigkeit. Auch der Vater kann ebenso wie die Mutter die Konflikte anders oder als ein anderer überstehen. An die Stelle des Paternalismus treten dabei die Kooperation und Solidarität.

Der früher allwissende Vater darf heute unsicher werden, um Rat fragen, Erfahrungen anderer aus seiner Generation und nicht nur aus früheren Generationen mit aufnehmen. Väterlichkeit ist ein Prozeß der Selbsterkenntnis, ein Prüfstein und eine Experimentierphase mit den eigenen Überzeugungen: Sind sie wirklich eigene oder angepaßte, können sie in Streßsituationen durchgehalten werden, besteht ein Widerspruch zwischen Grundsätzen und tatsächlichem Verhalten?

Der früher zwischen Überaktivität und Rückzug pendelnde Vater sollte dabei zugleich präsenter und passiver werden: mit mehr Fähigkeit zur Wahrnehmung seiner eigenen Bindungen, mit Sensibilität für die Botschaften des Kindes, mit Gelassenheit gegenüber dem Anteil an Fehlern und Versagen in der lebendigen Beziehung, mit Vertrauen darauf, daß unbewußt darin etwas positiv wirksam ist. Je mehr er sich auf diesen Prozeß einläßt, um so mehr wird ihm auch von der Mütterlichkeit seiner Frau aufgehen, die eine eigene und persönliche ist. Das „Wir" der Eltern, das durch die Kinder entsteht, ist zerbrechlich und bedarf der Pflege durch Austausch und Gespräch, durch Lernen aneinander.

Zwischen Übervätern und Vaterlosigkeit

Überväter gibt es immer noch in genügender Zahl in Kirche und Gesellschaft. Ihr (Selbst-)Bild ist von Macht und Entscheidungsfähigkeit geprägt. Auf der einen Seite sind sie oft überpräsent und erdrückend, auf der anderen Seite entziehen sie sich, wenn sie gebraucht werden. Die Vaterlosigkeit ist ein korrespondierendes Gegenstück zur Vaterdominanz. Väterlichkeit als Haltung liegt zwischen diesen beiden Extremen.
Alleinerziehende Väter, die es immer mehr gibt, können sich selber weniger ausweichen. Sie erkennen auch eher, daß sie einerseits auf andere angewiesen sind und anderseits Unabhängigkeit brauchen. Der Prozeß der väterlichen Selbstbestimmung, der auch so wichtig für die Menschwerdung des Kindes ist, kann nicht ohne Entdekkung der eigenen „mütterlichen" Züge geschehen. Aber dieser Prozeß ist im einzelnen schwierig. In ihn ragt die Berufssituation oder gar die Arbeitslosigkeit hinein, die möglicherweise zu geringe soziale Anerkennung und der soziale Druck der Rollenerwartungen. Anscheinend haben es heute Mittelstandsväter leichter, die neuen Erwartungen aufzunehmen.
Auf der Suche nach einer neuen Identität des Vaters geht es nicht nur um den persönlichen Weg, sondern auch um die Veränderungen der Strukturen in Kirche und Gesellschaft.

Kirchliche Rahmenbedingungen

In der Kirche beginnt dieses Problem schon mit dem Gottesbild und der metaphorischen Vateranrede Gottes. Aber Gott ist auch Mutter (vgl. Hos 11,1–11), und er ist kein Übervater zwischen Druck und Entzug, seine Väterlichkeit ist vielmehr die Nähe und Wärme des Herzens. Theologen aus der „patristischen" Zeit sprechen von der Geburt des gottmenschlichen Kindes aus dem Herzen des Vaters, das wie der Schoß einer Mutter aufgefaßt wird. Die Gottesgeburt im Herzen des Menschen ist zugleich Geborenwerden und Mitgebären (Meister Eckhart). Diese Bilder vom mütterlichen Vater sind eine Befreiung für die Erfahrung, daß das Mutter-Kind-Mysterium (von den Weihnachtsbildern bis zu den Bildern moderner Psychologie) heute nicht mehr geschlechtlich exklusiv ausgelegt werden kann, so wenig wie das Vater-Sohn-Mysterium der Gottesgeburt. Die Gottesdenker der Tradition sprachen mit ihrer Seele, die Braut Christi sein konnte. Durch Wiedererinnerung und Wiederentdeckung, auch mit Hilfe der feministischen Theologie, können wichtige Erkenntnisse gewonnen werden.
Ein zweites Problem in der Kirche als Rahmenbedingung christlichen Vaterseins ist der Vater-Klerikalismus, der schon die Priesteranrede in vielen Sprachen begleitet. Die evangelische Version ist der Pfarrer als quasi-sakraler Familienvater. Neokonservative Zeichen sprechen derzeit in der katholischen Kirche gegen die Hoffnung, daß das Ende eines Vater-Klerikalismus hier durch die Ordination der Frau gestattet werden kann: Die Entfernung von Mädchen aus dem Altarraum, die Blockade gegenüber der Möglichkeit weiblicher Diakone, das Verbot der Laienpredigt in der Eucharistiefeier sind solche Zeichen. Unter solchen Bedingungen „neue" Väterlichkeit in der Kirche zu erwarten, ist kühn. Es bleibt bei der Männergesellschaft mit einem dienenden Umfeld von religiösen Frauen. Ausnahmen sind wie Inseln. Wesentliche Bedingung für eine Änderung dieser Situation ist die Aufhebung der gestörten Sichtbarkeit der Frauen in der Kirche. Strukturelle Diskriminierung wird weder durch persönliche Emanzipation noch durch frauenlobende Projekte und Seligsprechungen aufgehoben.

Gesellschaftliche Perspektiven

In der Gesellschaft käme es zudem darauf an, die Beziehung zwischen Mann und Frau gegenüber der Familie, d.h. auch gegenüber ihrer Mütterlichkeit und Väterlichkeit, in ihrer Eigenständigkeit zu sehen. Die Familie darf die Mann-Frau-Beziehung nicht so schlukken, daß sie nur noch mittelbar über das „Wir“ der Elternschaft und den wechselseitigen Respekt von Vater- bzw. Muttersein „besteht“. Dann wird z.B. der Mann zum weiteren Kind, das zu seiner Frau „Mutter“ sagt und umgekehrt.

Letztlich ist die Struktur neuer Väterlichkeit in der Gesellschaft auch davon abhängig, ob der Widerstand gegen die Götzen und Tabus in der Gesellschaft wächst, die aufgrund ihrer passiv hingenommenen Selbsttätigkeit wirklich neue Entwicklungen nur als vorübergehende Trends oder Subkulturen zulassen. Zu diesen Götzen und Tabus gehören: der Geist des „fortschrittlichen“ Ökonomismus, der eine unheile Welt akzeptiert und fortschreibt, wobei sich die Menschen in der scheinbar heilen Welt der Familie stärken.

Ein anderer Götze ist der „fortschrittliche“ Geist des Konsumismus und des Maschinenwachstums, ein Geist, der sich den Menschen, vor allem dem Mann, anpaßt, statt umgekehrt im Namen des Menschen kontrolliert zu werden. Zugleich verstärkt dieser Geist den „Hang zum Unlebendigen“, zum Warenfetischismus in den Beziehungen.

Hier bedarf es zeichenhafter Gegengewichte. Neue Väterlichkeit ist zu wenig als persönliches Programm, sie bedarf der Solidarität und des Widerstandes gegen die Passivität im Verhältnis zur strukturellen Gewalt der gesellschaftlichen Prozesse von Wachstum und Ausdifferenzierung. Das Gegengewicht kann nur in Solidarität zwischen Männern und Frauen, Vätern und Müttern erreicht werden. Je mehr die Väter den Müttern helfen, ohne sie zu „betreuen“, daß die Frau in der Gesellschaft sichtbar und ebenbürtig wird, um so mehr werden sie Väter sein können.

Literatur: *Abdoldjavad Falaturi / Jakob J. Petuchowski / Walter Strolz* (Hrsg.), Universale Vaterschaft Gottes (Freiburg i.Br. 1987); *Wassilios E. Fthenakis,* Väter, Bd. 1: Zur Psychologie der Vater-Kind-Beziehung (München 1985); *Ernst Gutting,* Offensive gegen den Patriarchalismus. Für eine menschlichere Welt (Freiburg i.Br. [3]1988); *Alois Hahn,* Die Definition von Geschlechtsrollen, in: Volker Eid / Laszlo Vaskovics (Hrsg.), Wandel der Familie – Zukunft der Familie (Mainz 1982) 94–111; *Dietmar Mieth,* Zusammenleben in der Familie. Ein Ernstfall christlicher Ethik, in: Sexualität und Ehe, hrsg. von Albert Ziegler u.a. (Zürich 1981) 147–167; *Margarete Mitscherlich / Helga Dierichs,* Männer (Frankfurt a.M. 1980); *Hans Jürgen Schultz* (Hrsg.), Vatersein (Stuttgart 1982); *Helen Schüngel-Straumann,* Gott als Mutter in Hosea 11, in: Theologische Quartalschrift 166 (1986) 119–134; *Dorothee Sölle,* Vater, Macht und Barbarei, in: Bernadette Brooten / Norbert Greinacher, Frauen in der Männerkirche (München – Mainz 1982) 149–157. DIETMAR MIETH

Vaterschaft

↗ Adoption; Elternschaft; Familie; Fortpflanzungsmedizin; Kinder; Leihmütter; Matriarchat / Patriarchat; Mutterschaft; Partnerschaft; Väterlichkeit

Komplexität der Vaterschaft

Vaterschaft umfaßt einen ganzen Komplex anthropologischer, gesellschaftlicher, kultureller, rechtlicher, ethischer und symbolischer Aspekte. Geschlechtsanthropologisch ist Vaterschaft ein möglicher Seinsvollzug des Mann-Seins, allerdings ohne die Leiberfahrung wie bei leiblicher Mutterschaft. Ihr konstitutives Element ist jedoch auch hier das Kind, nicht irgendeines, sondern ein bestimmtes. Das Verhältnis zu ihm kann ein biologisches (leibliche Vaterschaft) und/oder rechtliches (Adoption/Pflegevaterschaft) bzw. ein faktisches sein. Aber immer ist es „nachgeburtlich“ und als leibliche Vaterschaft irreversibel: Kein Rechtsspruch, kein Anspruch seitens der Mutter oder anderer noch die Verleugnung durch den Vater selber kann die dadurch begründete wechselseitige Bezogenheit aufheben, sondern nur einschränken (z.B. nach Scheidung) oder in der Aktualisierung verunmöglichen. Ferner schließt leibliche Vaterschaft nicht von sich aus eine aktiv gelebte Beziehung zum Kind ein. Ein Mann kann Vater sein, ohne „sein“ Kind zu kennen; ein anonymer Samenspender wird leiblicher Vater, auch wenn er von der Geburt eines Kindes nach gelungener künstlicher Zeugung nichts weiß. Auf dieser anthropologischen Ebene ist noch nichts präjudiziert über eine bestimmte soziale, rechtliche, ethische, familiäre, kulturelle oder andere Ausgestaltung der Vaterschaft als Verhältnis zu Kind und Mutter.

Wandel im Vaterschaftverständnis

Aber über das Kind steht der Vater immer auch in einem sehr unterschiedlich gestaltbaren Verhältnis zu dessen Mutter. Sie kann seine Ehefrau, seine Partnerin oder völlig anonym sein, wie im Falle künstlicher Befruchtung. Oder das Kind kann aus einem flüchtigen Kontakt der Liebe oder der Gewalt stammen. Die individuelle, familiäre und soziale Bedeutung von Vaterschaft ist von einer Gesellschaft zur anderen verschieden und wechselt auch in der Zeit. In unserer patrilinearen, mit dem mühsamen Emanzipationsprozeß hin zur Partnerschaft der Geschlechter immer anachronistischer werdenden Ordnung bekommt das Kind in der Regel seine gesellschaftliche Identität über den Vater. Dem entspricht die hierarchische Überordnung des Familienvaters, wobei Leitbild und familiäre Wirklichkeit ebenfalls auseinanderdriften. Da ist einerseits formelles Patriarchat bei faktischem Matriarchat in der Familie, anderseits bilden sich allmählich das bi- und das monoparentale Modell der Familie heraus: Zwei- und Einelternfamilien als Regel, wobei in der ersten Art danach gesucht wird, daß Vater und Mutter sich grundsätzlich gleichgestellt sind und sich gemeinsam in die Aufgaben teilen. Der wachsenden Integration der Mutter in Erwerbstätigkeit, Öffentlichkeit und Politik entspricht die zunehmende Teilnahme und Teilhabe des Vaters am Familienprozeß („neue Väterlichkeit“). Da verändert sich das Selbstverständnis des Mannes, keineswegs ohne Krisen und Unsicherheiten. Die Chance ist da nach besserer Entfaltung des Emotionalen, der Empathie, des Zärtlichen und Fürsorglichen beim Mann: kurz des Weiblichen im Mann. Was Mitscherlich als „Vaterlosigkeit ersten Grades“, als Rückzug des Vaters aus der Familie, beschrieb, trifft die in Gang befindliche Entwicklung nicht mehr umfassend. Es gibt die gegenläufige Tendenz zum neuen Vaterverständnis. Gesamtgesellschaftlich zeigt sich eine Parallele: Der allenthalben noch starke Konservatismus hält zwar an väterlichen Symbolgestalten fest. In umgekehrter Richtung läuft jedoch die wachsende Kooperation der Geschlechter in allen Belangen. Sie wurde durch die Emanzipation der Frauen in Gang gesetzt und ermöglicht es dem Mann, integrierter seine Vaterschaft zu leben. Allerdings sind Vaterschaft und Mutterschaft durch die neuen Technologien der Fortpflanzung in ihrer Ursprünglichkeit beide gefährdet.

Literatur: *Josef Duss-von Werdt,* Der Familienmensch, in: Der Familienmensch, hrsg. von J. Duss-von Werdt / Rosmarie Welter-Enderlin (Stuttgart 1980); *Wassilios E. Fthenakis,* Väter, Bd. 1: Zur Psychologie der Vater-Kind-Beziehung (München 1985); *Gottfried Honnefelder* (Hrsg.), Lieber Vater. Eine Sammlung (Frankfurt a.M. 1976); *Carl Gustav Jung,* Die Bedeutung des Vaters für das Schicksal des Einzelnen (Zürich ⁴1962); *Kurt Lüscher,* Autorität in der Familie, in: Bildung und Erziehung 33 (1980) 57–69; *Alexander Mitscherlich,* Auf dem Weg zur vaterlosen Gesellschaft (München 1962); *Katharina Rutschky,* Deutsche Kinder-Chronik. Wunsch- und Schreckensbilder aus vier Jahrhunderten (Köln 1983); *Dorothea Scharmann / Theodor Scharmann,* Die Vaterrolle im Sozialisations- und Entwicklungsprozeß des Kindes, in: Friedhelm Neidhardt (Hrsg.), Frühkindliche Sozialisation (Stuttgart 1979) 270–316; *Georg Scherer,* Die Macht des Vaters (Essen 1962); *Carl A. Schmitz,* Grundformen der Verwandtschaft (Basel 1964); *Hans-Jürgen Schultz* (Hrsg.), Vatersein (Stuttgart 1982); *Hubertus*

Tellenbach, Das Vaterbild, 4 Bde. (Stuttgart 1979); *ders.,* Das Vaterbild in Mythos und Geschichte (Stuttgart 1976).

Josef Duss-von Werdt

Verbände ↗ Frauenverbände.

Verbraucher ↗ Konsum.

Vergewaltigung ↗ Gewalt gegen Frauen.

Volkskundliche Frauenforschung

↗ Arbeit; Ausländerinnen; Eheformen; Erwerbstätigkeit; Frauenberufe; Frauengeschichte; Frauen im ländlichen Raum; Frauenrollen / Frauenleitbilder; Hexen; Kultur; Märchen; Medizin; Mittelalter; Mode; Mutterschaft; Nationalsozialismus; Sexualethik

Frühe Volkskunde

Aufgrund ihrer lebensnahen Forschungsfelder hat die Volkskunde Frauen selten gänzlich übersehen. Das Erkenntnisinteresse der älteren Volkskunde richtete sich allerdings nicht in erster Linie auf die Lebenszusammenhänge der Frauen, sondern auf die mit ihnen verhafteten kulturellen Vergegenständlichungen. Die Sachkulturforschung z.B. schenkte weniger den Herstellerinnen und Benutzerinnen der Waren Beachtung als den Produkten. Den Erzählforschern waren die Märchen wichtiger als die Märchenerzählerinnen. Untersuchungen über den Volksglauben würdigten zwar ausführlich abergläubische Vorstellungen über Hebammen, Schwangerschaft und Wochenbett, die außergewöhnlichen Fähigkeiten und Kenntnisse der (auch als Hexen) diffamierten heilkundigen Frauen wurden jedoch ebensowenig ernst genommen wie die mit der Geburt verbundenen realen Gefahren für Leben und Gesundheit der Gebärenden. Gerieten der frühen, als Altertumskunde und Reliktforschung betriebenen Volkskunde Frauen in den Blick, dann hatte sie gewöhnlich rückwärtsgewandte Rollenklischees für sie parat, die auf Haus und Hof verwiesen. Den sich im Zuge der Industrialisierung vollziehenden gesellschaftlichen Wandel ignorierend, betrachtete sie Frauen vor allem als Hausfrauen, Gattinnen und Mütter. Als Bewahrerin der Tradition fand die Bäuerin besondere Aufmerksamkeit, weil die Altertums- und Reliktforschung den Bauernstand in agrarromantischer Sicht als kulturell beharrend und daher zur Konservierung überlieferter Ordnungen besonders geeignet verklärt hatte. Vor allem die ältere Brauchforschung, die Bräuche als Relikte mythischer germanischer Vergangenheit wertete, entdeckte die Bäuerin als Brauchträgerin. Das Interesse galt allerdings auch hier keineswegs den Frauen selbst, sondern den Brauchphänomenen und der Suche nach ihren archaischen Sinndeutungen und germanischen Wurzeln.

Kritik geschlechtsneutraler Forschung

Während die traditionelle Volkskunde das im 19. Jahrhundert geformte Leitbild der treuen Gattin, liebevollen Mutter und tüchtigen Hausfrau propagiert hatte, ohne jedoch die Lebenswirklichkeit der Frauen wahrzunehmen, trug die Neuorientierung des Faches zur kritischen Gesellschafts- und Kulturwissenschaft seit den 60er Jahren dazu bei, Frauen unsichtbar zu machen. Frauen verschwanden nun hinter abstrakten Kategorien.

Die Kritik der Frauenforscherinnen entzündete sich denn auch weniger an den altbackenen Frauenbildern der vorgestrigen Altertumskunde als an der Ausblendung der Frauen aus Kultur und Gesellschaft durch die geschlechtsneutrale Sichtweise der modernen empirischen Kulturanalyse. Die volkskundliche Frauenforschung, die sich 1983 durch die Gründung der Kommission Frauenforschung in der Deutschen Gesellschaft für Volkskunde (DGV), dem bundesdeutschen Dachverband, institutionalisierte, setzte einen grundlegenden Perspektivenwechsel in Gang, indem sie Fragestellungen aus geschlechtsspezifischer Sicht zu entwikkeln suchte. Sie erkannte, daß die bisherige Denkweise, die zwar die Kategorie soziale Gruppe, nicht aber die Kategorie Geschlecht berücksichtigte, Diskriminierung von Frauen nach sich zieht. Statt an der Lösung soziokultureller Probleme mitzuwirken, tragen die geschlechtsneutralen Untersuchungsmethoden des Faches zur gesellschaftlichen Geringschätzung weiblicher Arbeit wie zur Stabilisierung überkommener Frauenbilder und -rollen bei.

Neue Sichtweise

Volkskundlicher Frauenforschung geht es daher nicht allein darum, Frauen zum Thema zu machen, sondern letztlich um eine neue Sichtweise des Gesamtfaches: eine geschlechtsspezifische Gesellschafts- und Kulturanalyse, die Frauen als handelnde Subjekte wahrnimmt. Begründet wird diese Notwendigkeit damit, daß Frauen keine Randgruppe darstellen und daher nicht als Sonderfall behandelt werden dürfen. Die kulturellen Ausdrucksformen von Frauen, ihre Leistungen für das Gemeinwesen sind Bestandteile unserer Gesellschaft, so daß Frauen auch als gleichwertige Glieder dieses Systems gesehen werden müssen. Hierbei sollte bedacht werden, daß Geschlechtszuschreibungen keine natürlichen, unveränderlichen Größen sind, sondern von der jeweiligen Zeit und Kultur bestimmt werden, daß Kultur und Gesellschaft von Frauen und Männern aufgrund ihrer Geschlechtsdefinition verschieden erfahren werden. Methoden wie Forschungsfelder der empirischen Kulturwissenschaft, die Dinge und menschliches Handeln als Indikatoren soziokultureller Prozesse betrachtet, bieten – um die geschlechtsspezifische Sicht erweitert – durchaus Ansatzpunkte für Frauenforschung. Nicht allein an Ergebnisse der neueren volkskundlichen Familienforschung, die den Standpunkt der naturhaften, ‚gottgewollten' Unterordnung der Frau zugunsten der Analyse der soziokulturellen Lebensverhältnisse von Frauen aufgegeben hat, kann angeknüpft werden. Auch die heutige Brauchforschung, die die Entwicklung von Bräuchen aus den sozialen und ökonomischen Gegebenheiten erklärt, eröffnet Möglichkeiten, weibliches Handeln sichtbar zu machen. Eine geschlechtsspezifische Sachkulturforschung, die nicht bei der Betrachtung des soziokulturellen Kontextes der Gegenstände stehenbleibt, sondern sich für den Umgang mit den Sachen aus der Perspektive der Benutzerinnen interessiert, fragt nicht bloß nach Anlaß-, Orts-, Zeit- und Schichtgebundenheit z.B. von Kleidungsstücken, sie untersucht zugleich das Kleidungsverhalten aus der Sicht der Trägerin, indem sie auf Reinigung, Instandhaltung, Fragen der Körperlichkeit, Hygiene usw. eingeht. Forschungen über Ernährung sollten ihr Augenmerk nicht nur auf den soziokulturellen Wandel von Eßgewohnheiten richten, sondern sich darüber hinaus dem Einfluß der Lebensbedingungen der Zubereiterinnen auf die Auswahl von Lebensmitteln und die Art der Zubereitung zuwenden. Geschlechtsspezifische Vereinsuntersuchungen erkunden außer dem kulturellen Beitrag von Vereinen für die Gemeinde die Partizipations- und Mitwirkungsmöglichkeiten von Frauen bei ehemals Männern vorbehaltenen kulturellen Ausdrucksformen. Volkskundlerinnen richten ihr Augenmerk einerseits auf Forschungslücken, anderseits auf eine neue Sicht klassischer volkskundlicher Forschungsfelder und entwickeln Fragestellungen, die sich am Lebenszusammenhang von Frauen orientieren. Themenkomplexe wie politisches Verhalten von Frauen, die Situation ausländischer Frauen, die Analyse von Frauenbildern, traditionellen Handlungsmustern und sozialen Bedingungen des Mutterwerdens werden ebenso behandelt wie Fragen nach Sexualität und Moral, Aktivitäten von Frauen in Vereinen, der Struktur des Alltags, der Frauenarbeit, der geschlechtsspezifischen Arbeitsteilung und den Geschlechterbeziehungen. Inwieweit sich geschlechtsspezifische Denkrichtungen allgemein in volkskundlichem Forschen durchsetzen lassen, muß die Zukunft weisen. Volkskundliche Frauenforschung findet im traditionellen Wissenschaftsbetrieb nicht die besten Voraussetzungen. An den Universitäten wird sie heute noch überwiegend durch Lehraufträge oder durch von den offiziellen Institutionen unabhängige Arbeitskreise vertreten.

Literatur: *Arbeitsgruppe Volkskundliche Frauenforschung Freiburg,* Frauen in der Volkskunde, in: Beiträge zur Volkskunde in Baden-Württemberg 1 (1985) 247–256; *Hermann Bausinger,* Volkskunde. Von der Altertumskunde zur Kulturanalyse (Tübingen 1987; [1]1971); *Gitta Böth,* Kleidungsverhalten in hessischen Trachtendörfern (Frankfurt a.M. 1980); Frauen in der Volkskunde. Reader zur 1. Tagung der Kommission Frauenforschung in der DGV 1984 in Tübingen, hrsg. von der Vorbereitungsgruppe (Tübingen 1984); Frauenalltag – Frauenforschung. Beiträge zur 2. Tagung der Kommission Frauenforschung in der DGV 1986 in Freiburg, hrsg. von der Arbeitsgruppe Volkskundliche Frauenforschung Freiburg (Frankfurt a.M. 1988); *Carola Lipp,* Frauen in der Volkskunde, in: Tübinger Korrespondenzblatt 26 (1984) 1–16; *dies.,* Frauenforschung, in: Grundriß der Volkskunde. Einführung in die Forschungsfelder der Europäischen Ethnologie, hrsg. von Rolf W. Brednich (Berlin 1988) 251–272; Rund um die Uhr. Frauenalltag zwischen Erwerbsarbeit, Erwerbslosigkeit und Hausarbeit. Reader zur 3. Tagung der Kommission Frauenforschung in der DGV 1988 in Marburg, hrsg. von der Frauenforschung in der Volkskunde AG Marburg (Marburg 1988); Schimpfende Weiber und patriotische Jungfrauen. Frauen im Vormärz und in der Revolution 1848, hrsg. von Carola Lipp (Bühl-Moos 1986); *Ingeborg Weber-Kellermann,* Frauenleben im 19. Jahrhundert (München 1983); *dies.,* Die deutsche Familie (Frankfurt a.M. 1984; [1]1974); *dies. / Andreas C. Bimmer,* Einführung in die Volkskunde – Europäische Ethnologie (Stuttgart 1985).

GISELA LIXFELD

W

Wehrdienst

↗ Aggressivität; Ethik, weibliche; Frauenbewegung; Frieden; Identität, weibliche

Militärgeschichte als Männergeschichte

„Frauen und Wehrdienst" gehört zu den alten, aber zugleich immer wieder aktuellen und variantenreichen Themen gesellschaftspolitischer Kontroversen. Militärgeschichte ist – abgesehen von vereinzelten Ausnahmeerscheinungen – Männergeschichte. Frauen wurden entweder gänzlich ausgeschlossen (Antike), erschienen als Troßweiber, Marketenderinnen mit vielfältigen Funktionen (Mittelalter), dienten als Angehörige von Hilfstrupps (Erster und Zweiter Weltkrieg) dazu, Männer für originäre Kampfaufgaben „freizusetzen".

Jüngste Geschichte der Debatte um Soldatinnen

In der Bundesrepublik Deutschland verlief die Debatte um weibliche Soldaten in mehreren Phasen:

1. Diskussion um Wiederbewaffnung und Wehrverfassung von Anfang bis Mitte der 50er Jahre: Das Verbot der Dienstverpflichtung im Verband der Streitkräfte sowie des Waffendienstes (Art. 12 Abs. 3 GG) erschien aufgrund der negativen Erfahrungen mit totalitären Regimen sowie unter Verweis auf die „Natur" und „Bestimmung" der Frau gerechtfertigt.

2. Notstandsgesetzgebung 1968: Die Möglichkeit wurde geschaffen, Frauen im Verteidigungsfall per Gesetz zu „zivilen Dienstleistungen im zivilen Sanitäts- und Heilwesen sowie in der ortsfesten Lazarettorganisation" zu verpflichten, sofern der Bedarf auf freiwilliger Basis nicht gedeckt werden kann.

3. Änderung des Soldatengesetzes und der Wehrdienstdisziplinarordnung im Jahre 1975: Frauen erhielten das Recht, sich als Berufs- oder Zeitsoldatinnen für die Laufbahn des Offiziers im Sanitätsdienst zu bewerben.

4. Wiederbelebung der Kontroverse Ende der 70er Jahre durch negative Personalprognosen für den Bereich Verteidigung aufgrund der demographischen Entwicklung sowie durch radikale Gleichheitsforderungen seitens einiger Feministinnen, wie z.B. Alice Schwarzer (Forderung nach einem Recht von Frauen, „den eigenen Frieden auch selbst zu verteidigen", sowie auf freiwillige statt verordnete Kriegsdienstverweigerung).

Verpaßten Frauen bei der Einführung der allgemeinen Wehrpflicht für Männer infolge der Französischen Revolution ihre historische Chance auf gleiche Teilhabe am Rechtekatalog durch Übernahme gleicher Pflichten? Sind sie in einer Gesellschaft, die dem Demokratiegebot und somit dem Privilegienverbot verpflichtet ist, durch Ausschluß aus einer männlichen Machtdomäne „Bürger zweiter Klasse"?

Argumente pro und contra

In den aktuellen Diskussionen innerhalb westlicher Industriestaaten um gleichberechtigte Partizipation von Frauen an der Landesverteidigung (zum Teil einschließlich des Rechts auf Waffendienst) überschneiden sich Vorstellungen von der natürlichen bzw. historisch tradierten oder „gesellschaftlich" gewünschten Rolle der Frau mit Interpretationsansätzen des Gleichberechtigungsgebots von Frau und Mann, sicherheitspolitischen und demokratietheoretischen Konzeptionen sowie ästhetischem Empfinden.

Es erscheint paradox, daß auf der einen Seite die nuklearen Waffenarsenale in Ost und West in ihrer menschheitsbedrohenden Wirkung angeprangert werden, umfassende Abrüstung angestrebt wird und zum Teil vertraglich vereinbart ist, auf der anderen Seite das Thema „personelle Aufrüstung" neue Attraktivität gewinnt. Die Befürworter/innen einer gleichberechtigten Aufgabenverteilung von Frauen und Männern im Verteidigungsbereich plädieren für eine Revision überlieferter Frauenbilder, für Aufhebung „geschlechtsspezifischen Berufsverbotes" und fordern die praktische Umsetzung des Gleichberechtigungsgebots für Männer und Frauen, des Rechts auf freie Berufsausübung und auf gleichen Zugang zu jedem öffentlichen Amt unter der Voraussetzung fachlicher Qualifikation sowie die Erweiterung der Ausbildungs-, Berufs- und Karrierechancen von Frauen.

Angesichts des nuklearen Bedrohungspotentials solle die direkte Verantwortung von beiden Geschlechtern getragen werden. Sofern Tötung im Verteidigungsfalle im Rahmen der völkerrechtlichen Begrenzungen nicht als ethisch verwerflich angesehen werde, könne eine Ausgrenzung von Frauen nur unter Verweis auf natürliche oder soziale Differenzen gerechtfertigt werden. Gibt es *eine* Ethik oder vielmehr eine männliche, eine realpolitisch gebrochene Ethik und eine weibliche Ethik, die des radikalen Friedens?

Von Kritikern/innen wird eingewandt, Gleichberechtigung könne und dürfe nicht als undifferenzierte, formalisierte Gleichbehandlung, als bewußte Leugnung geschlechtsspezifischer Faktoren im Lebenszusammenhang von Männern und Frauen gewertet werden. Eine Ausnahmeregelung für Frauen sei als Ausgleich für deren soziale und wirtschaftliche Benachteiligung in Vergangenheit und Gegenwart und als indirekte Vergütung für die Mehrfachbelastung infolge gleichzeitiger Erwerbs- und Familientätigkeit zu verstehen. In einer stärkeren Integration der Frauen in die Streitkräfte wird auch eine Neuauflage der historischen Lückenbüßerfunktion von Frauen sowie eine Gefahr für eine weitere „Militarisierung" der Gesellschaft gesehen. Die Emanzipation der Frau durch Eingliederung in hierarchisch und patriarchalisch bestimmte Strukturen vorantreiben zu wollen bedeute Vermännlichung von Frauen, jedoch nicht Statusverbesserung. Angestrebt werden müssen eine Neudefinition der Sicherheitspolitik, die langfristig zur totalen Abrüstung führen müsse, und eine umfassende Demokratisierung unserer Gesellschaft. Wehrrecht und Wehrpflicht für beide Geschlechter wird ein umfassendes Kriegsdienstverweigerungsrecht für Männer und Frauen entgegensetzt. Frauen sollten – so einige Feministinnen – ihre Randgruppenposition in der Geschichte dazu nutzen, durch bewußte Verweigerung, durch Reaktivierung pazifistischer Strömungen in Frauenbewegungen die neue Gesellschaft aufzubauen und die Realpolitik durch ein qualitativ neues, global ausgerichtetes Friedenskonzept zu ersetzen.

Mit Blick auf andere Staaten, in denen sich Frauen „ihren Platz" in den Streitkräften „erobert" haben, wie z.B. Israel, USA, Warschauer Paktstaaten, wird die Diskussion in den nächsten Jahren, auch bedingt durch eine Neuformulierung unserer Verteidigungsstrategien, sicherlich intensiviert werden. Notwendig ist eine umfassende und kritische Prüfung des „Modells" der freiwilligen Teilintegration von Frauen ohne Waffendienst (Bundesrepublik Deutschland, Schweiz, Österreich) und des „Gegenmodells" des gleichberechtigten Zugangs von Männern und Frauen, wenn auch mit Sonderregelungen für Frauen (USA).

Literatur: *Astrid Albrecht-Heide / Utemaria Bujewski,* Militärdienst für Frauen? (Frankfurt a.M. – New York 1982); Frauen und Bundeswehr. Eine Allgemeine Bürgerpflicht für Männer und Frauen? Dokumentation des Seminars der Friedrich-Naumann-Stiftung in der Theodor-Heuss-Akademie, Gummersbach Juli 1981; *Renate Janßen,* Frauen in die Bundeswehr?, in: Mehrheit ohne Macht. Frauen in der Bundesrepublik Deutschland (Düsseldorf 1985); *Ekkehard Lippert / Tjarck Rössler,* Mädchen unter Waffen? Gesellschafts- und sozialpolitische Aspekte weiblicher Soldaten (Baden-Baden 1980); *Shelly Saywell,* Women in War (Costello 1986); *Franz W. Seidler,* Frauen zu den Waffen? Marketenderinnen, Helferinnen, Soldatinnen (Koblenz – Bonn 1978); *Alfred Vordermaier,* Frauen für die Bundeswehr. Beurteilung und Perspektiven (Frankfurt a.M. 1985).

Ursula Männle

Weiblichkeitssymbole

↗ Altes Testament; Anima / Animus; Charismen; Christentum; Eva; Frauenrollen / Frauenleitbilder; Glauben; Gottesbilder; Jungfräulichkeit; Kirche; Magna Mater; Maria; Mystik; Neues Testament; Sophia; Spiritualität; Tiefenpsychologie; Urbilder, weibliche

Der männliche Bezugsrahmen

Ein prägnantes Kennzeichen patriarchaler Ordnungen besteht in der Entwertung symbolischer Deutungen, die mit dem Weiblichen / den faktischen Frauen verknüpft sind. „Wer kann die beiden Abgründe ihrer Augen füllen? Man hat Angst, in ihr auf etwas Ungezähmtes, Jungfräuliches zu stoßen. Die starke Frau darf nur Sinnbild sein, sie flößt Schrecken ein, wenn man(n) sie in Wirklichkeit erblickt" (Balzac). Dieses Zitat mag als Indiz der ambivalenten Sicht des Mannes von der Frau im Patriarchat ausreichen. Angst vor und Verehrung der Frau sind Ausdruck der psychischen Grundlagen eines „männlichen" Bewußtseins, das die wirkliche Frau durch die Fiktion ersetzt. Dieser Umstand erschwert einen ungebrochenen Verweis auf weibliche Symbole. Oftmals sind Weiblichkeitssymbole als Metaphern zu sehen, als männliche Projektionen, die wenig Aussagekraft bezüglich der faktischen Stellung von Frauen besitzen. Weiblichkeitssymbole im Christentum stehen nicht für sich, sondern stets in

Beziehung zum „Männlichen". Es gilt diese durch die patriarchale Deutung hindurch zu entschlüsseln oder gar zu rekonstruieren.

Christliche Tradition

Im Zuge feministischer Theologie erhält die Frage nach weiblichen Symbolen vor dem Hintergrund eines autonomen Selbstverständnisses von Frauen einen neuen Stellenwert. Der Kritik eines einseitig „männlichen" Symbolsystems mit Gott als Vater, Richter, Schöpfer an der „Spitze" folgt die Spurensuche nach „weiblichen" Symbolen bis hin zur antithetischen Verehrung der Großen Göttin.

Im folgenden geht es um eine schematisierte Übersicht über weibliche Symbole in der christlichen Tradition. Dies geschieht unter dreierlei Beschränkungen: durch die Ausblendung der historischen und systematischen Diskussionslage, durch die Begrenzung auf die christliche Tradition und durch den Verzicht auf die Darlegung der Kontroversen um den Symbolbegriff.

Entgegen der Annahme, daß das abendländische Christentum keinerlei Weiblichkeitssymbole aufzuweisen hat, zeigt ein Blick in die christliche Religionsgeschichte und Theologie fünf verschiedene Funktionen von Weiblichkeitssymbolen: ekklesiologische Symbole (Kirche als Braut Christi, Mutter Kirche), sophiologische Symbole (Weisheit als Gottes Werkzeug, Jesus als Weisheit), Weiblichkeitssymbole in der Mystik (die Seele als Geliebte Gottes). Die vierte Art von Weiblichkeitssymbolen besteht in der Identifikation eines Symbols mit einer „historischen" Gestalt (z. B. Maria), die fünfte Art bezieht sich auf Zeichen, die im Kontext verschiedener Religionen zu finden sind (z. B. Taube, Schlange, Baum). Die ersten vier Symboltypen stehen für Integrationsbemühungen und Neudeutungen des Weiblichen in der christlichen Lehre. Die letzte Gruppe von Symbolen muß im jeweiligen Zusammenhang und von der Entstehungsgeschichte des Symbols als ein Weiblichkeitssymbol entschlüsselt werden. Für die ersten vier Symboltypen ist charakteristisch, daß das Weibliche hier als ein mediales Prinzip des Göttlichen/Gottes erscheint und nicht als Aspekt Gottes selbst.

Erschließung der Symboltypen

Das wichtigste Symbol des Weiblichen in der christlichen Tradition ist *ekklesiologisch* und bezeichnet die „Kirche als Braut Christi". Dieses Symbol wurzelt in dem Bundesgedanken der hebräischen Schrift, die die Beziehung zwischen Jahwe und seinem Volk Israel auf vielfältige Art bebildert: Israel ist die angetraute Frau, die Geliebte Jahwes, aber auch die Hure und treulose Ehebrecherin (vgl. Hos 2,4 ff.). In der christlichen Tradition kommt es zur Aufnahme und Umdeutung dieses Symbols: Die Kirche wird nun als makellose und erlöste Braut Christi verstanden (Eph 5,25–27). Gegenüber der jüdischen Tradition wird nur der positive Aspekt dieses Symbols adaptiert und für das Christentum in Anspruch genommen. Durch die (nach-)paulinische Rede, daß der Mann das Haupt der Frau sei so wie Christus das Haupt der Kirche, erfährt dieses Symbol noch eine weitere Analogisierung und Festlegung in einem christlichen (paternalistischen) Eheverständnis. Diese Sicht der Ehe zwischen Mann und Frau als Abbild der Beziehung Christi zu seiner Kirche suggeriert eine Analogie, die theologisch widersprüchlich ist. Durch die Analogie Christus/Ehemann wird letzterem eine (erlösende) Autorität zugestanden, die keinem menschlichen Wesen zusteht, die Analogie Kirche/Frau hingegen wird niemals in vergleichbarer Weise auf die Frau hin interpretiert (Ausnahme: Maria!).

Der zweite Typus weiblicher Symbole in der jüdisch-christlichen Tradition ist sophiologischer Art. In der hebräischen Weisheitsliteratur wird *Sophia* als Tochter Gottes, als Barmherzigkeit Gottes beschrieben. In den neutestamentlichen synoptischen Schriften erscheint Jesus als Kind, Bote, Gesandter und Prophet der Weisheit, darüber hinaus wird er auch mit ihr identifiziert. Dieser Umstand läßt vermuten, daß die älteste Theologie als Sophiologie bezeichnet werden kann (Schüssler-Fiorenza, 134). Jesus als die Weisheit dokumentiert gleichzeitig Kontinuität und Diskontinuität zur jüdischen Vorläufertradition. Er erfüllt und ersetzt die jüdische Sophiavorstellung. Die Identifikation Jesu mit einem „weiblichen" Hoheitstitel verdeutlicht den Prozeß der Integration und – aus heutiger Sicht gesehen – Patriarchalisierung weiblicher Symbole. Im Gegensatz zum ekklesiologischen Symboltypus ist der sophiologische nicht als christliche Haupttradition geschichtswirksam, sondern über kleinere Gruppen, Bewegungen und Sekten tradiert worden.

Ähnliches gilt für die *Mystik,* die oftmals als Randphänomen christlicher Theologie betrachtet worden ist. Hier erschließt sich der dritte Symboltypus. Die „unio mystica", die Vereinigung der Seele mit Gott, wird von männlichen und weiblichen Mystiker(inne)n in einer erfahrungsbetonten, teils erotisch gefärbten Sprache beschrieben, die die Seele als weibliche Gestalt in der Beziehung zu ihrem göttlichen Geliebten sieht. Dies gilt sowohl für Teresa von Ávila wie für Meister Eckhart. „Solche Offenbarungen schenkt unser Herr der Seele, weil er ihr als seiner wahren Braut ... einen Hinweis geben will", schreibt Teresa. „Weib ist der edelste Name, den man der Seele zulegen kann ...", predigt Eckhart.

Der vierte Symboltypus bezieht sich auf *weibliche Gestalten* wie Maria, Eva, Maria Magdalena u. a., wobei *Maria* als die wichtigste Gestalt hervorgehoben werden kann. Auf sie konzentrieren sich Elemente der bisher genannten Symboltypen. Der Titel „Himmelskönigin" zeigt die Kontinuität zur ägyptischen Isisverehrung, als „Jungfrau" personifizierte sie für das sich gegen Ende des 4. Jahrhunderts herausbildende Mönchtum das spirituelle Ideal der sündlosen, gehorsamen Dienerin Gottes. Der Titel „Mutter Gottes" (Ephesus 431) förderte die dogmatische Klärung der Gott-Mensch-Natur Jesu und ihre Verehrung als „Mutter-Göttin" durch das Volk. Theologische Lehre und Konzilien versuchten stets die Betonung ihrer Göttlichkeit abzuwehren, der Psychoanalytiker C. G. Jung würdigte sie als viertes (weibliches) Element der Trinität, in der feministischen Theologie findet diese Argumentationslinie erneut Beachtung.

Der fünfte Typus von Weiblichkeitssymbolen bezieht sich auf *Zeichen,* Tiergestalten und Gegenstände, die in biblischen Texten belegt und umgedeutet sind. So erzählt die Genesis-Geschichte von der Schlange, die Eva verführte, vom Baum der Erkenntnis zu essen. Wurde die Schlange in der griechischen und babylonischen Mythologie mit Weisheit identifiziert und als Attribut der Göttin verehrt, so läßt die patristische und scholastische Rezeption der Schöpfungsgeschichte diese zu einem „Werkzeug des Satans" werden.

Aus einer religionsgeschichtlichen Perspektive läßt sich die Integration und allmähliche Umdeutung weiblicher Symbole als Prozeß der Desakralisierung und Vergeistigung (weiblicher) Sexualität begreifen, wohingegen feministische Theologinnen (Halkes) diese Entwicklung als Dämonisierung des Weiblichen qualifizieren. Die Alternative, die christliche Deutung weiblicher Symbole als Integrationsleistung zu würdigen oder als Dämonisierung zu monieren, kann nicht eindeutig ausfallen, solange weder die vorbiblischen Kulturen und religiösen Symbolsysteme noch der komplizierte und widersprüchliche Prozeß der Identifikation des Weiblichen mit dem sexuellen Bösen in den biblischen Texten selbst ausreichend erforscht worden ist. In der feministisch-theologischen Diskussion hat der Prozeß der Rezeption detaillierter religionsgeschichtlicher Befunde bereits eingesetzt, die Inspiration über psychoanalytisch orientierte Symboltheorien ist gleichfalls belegbar. Was noch aussteht, ist eine Vermittlung dieser beiden Ebenen, die zwischen einem Weiblichkeitssymbol als Ausdruck heutiger weiblicher Identität und einem transzendenten, religiösen Symbol von Weiblichkeit zu unterscheiden weiß.

Literatur: *Josef Champbell,* The Masks of God, Bd. 3 (New York 1964); *Felix Christ,* Jesus Sophia (Zürich 1970); *Manfred Lurker,* Wörterbuch biblischer Bilder und Symbole (München [3]1987); *Erich Neumann,* Die Große Mutter (Freiburg i.Br. 1981); *Rosemary Radford Ruether,* Weibliche Symbole in der christlichen Theologie, in: dies., Frauen für eine neue Gesellschaft (München 1979) 57–61; *Elisabeth Schüssler Fiorenza,* In Memory of Her (New York 1983) 130–140; dt.: Zu ihrem Gedächtnis. Eine feministisch-theologische Rekonstruktion der christlichen Ursprünge (München 1988).

HEDWIG MEYER-WILMES

Weiterbildung

↗ Alter; Arbeit; Arbeitslosigkeit; Aufstiegschancen; Ausbildung; Beruf; Bildung; Chancengleichheit; Erwerbstätigkeit; Familie; Frauenberufe; Frauenförderung; Frauenpolitik; Gewerkschaften; Hausfrauen; Leistung; Pflege, häusliche; Wiedereingliederung

Begriff und Zukunftsbedeutung

Unter Weiterbildung werden in der Regel solche Formen organisierten Lernens verstanden, die auf bereits in einer vorausgegangenen Bildungs- oder Ausbildungsphase erworbenen Kenntnissen und Fertigkeiten aufbauen. Institutionell verankert sind Weiterbildungsmaßnahmen vor allem im Rahmen der beruflichen Bildung.

Mit der Beschleunigung der Innovationsprozesse, dem unaufhaltsamen Voranschreiten der kommunikations- und informationstechnologischen Entwicklung nimmt ihre Bedeutung ständig zu. Prognosen gehen davon aus, daß 1990 bereits jeder zweite Arbeitsplatz vom Umgang mit Computern geprägt sein wird. Die neuen Technologien erfordern aber nicht nur einmalige Umstellung, sondern permanente Fortbildung einer immer größeren Anzahl der Berufstätigen. Viele Berufsbilder werden somit zukünftig auf die Möglichkeit von Weiterbildungsphasen hin konzipiert werden müssen.

Frauenarbeitsplätze und Weiterbildung

Während Männer ihre berufliche Laufbahn nur in den seltensten Fällen unterbrechen, um sich für einige Jahre ihrer Familie zu widmen, so gehört dieser Einschnitt für über die Hälfte der erwerbstätigen Frauen zu ihrer Berufsbiographie. In aller Regel verschlechtern sich die Chancen, nach einer auch nur kurzen Unterbrechung der Berufstätigkeit, eine dem ursprünglichen Niveau entsprechende Beschäftigung zu finden. Ein breites Angebot von Weiterbildungsmaßnahmen, die bereits während der Familienphase ansetzen, könnte hier Abhilfe schaffen.

Der Einzug der neuen Technologien betrifft vor allem auch die Büroberufe, die noch immer als „klassische Frauenberufe“ gelten. Hier werden Frauen in den nächsten Jahren von den zu erwartenden Rationalisierungsmaßnahmen und Dequalifizierungsprozessen ungleich stärker betroffen sein als Männer.

In die auf der anderen Seite entstehenden neuen Arbeitsplätze mit hohen Qualifikationsanforderungen werden verstärkt Männer drängen. Nur durch umfassende Weiterbildungskonzepte für die Büroberufe ist dieser Prozeß so zu steuern, daß den Frauenarbeitsplätzen die positiven Aspekte dieser Entwicklung zugute kommen. Das Bildungs- und Ausbildungsniveau junger Frauen nimmt zwar ständig zu, aber gerade bei den älteren Jahrgängen bestehen nach wie vor gravierende Unterschiede zwischen dem durchschnittlichen Qualifikationsniveau von Männer- und Frauenarbeitsplätzen. Weiterbildung bietet hier Frauen die Chance, Qualifikationen nachzuholen, zu denen sie während ihrer Erstausbildung keine Möglichkeiten hatten.

Zugangsprobleme für Frauen

Trotz der besonderen Bedeutung von Weiterbildung für Frauen bleiben sie in Maßnahmen der beruflichen Weiterbildung unterrepräsentiert. Das gilt vor allem für Frauen mit geringer Vorbildung und wenig qualifizierten Arbeitsplätzen. Mit steigendem schulischem und beruflichem Ausgangsniveau nähert sich die Teilnahmequote von Frauen an Weiterbildungsmaßnahmen der der Männer mit vergleichbarem Bildungsabschluß an. Hier ist aber zu berücksichtigen, daß Frauen in der Regel kürzere, weniger qualifizierende Maßnahmen besuchen, wobei es sich weit öfter um reine Anpassungsfortbildung handelt anstatt um Maßnahmen, die berufliche Höherqualifizierung bedeuten.
Die Institutionen der beruflichen Weiterbildung sind zu wenig darauf ausgerichtet, Frauen mit geringem Bildungsniveau, sogenannte „Nur-Hausfrauen“ oder Frauen, die ihre Berufstätigkeit seit längerer Zeit unterbrochen haben, überhaupt anzusprechen und zu erreichen. Den Frauen werden auch zu wenig Hilfen angeboten bei den zeitlichen und finanziellen Problemen, in die sie durch den Besuch von Weiterbildungsmaßnahmen geraten.

Neue Ansätze

Notwendig ist hier der weitere Ausbau bereits bestehender Ansätze zu Veränderung, so etwa von besonderen Vorbereitungskursen, deren didaktischer Ansatz auf den Erwerb von Lerntechniken zielt („lernen lernen“) und in denen auf den Einzelfall abgestimmte sozialpädagogische und psychologische Hilfen angeboten werden. Modellprojekte richten sich mit Berufsbildungsangeboten an Frauen während der Familienphase und bieten Fortbildung oder Umschulung für Berufstätige, die ein besonderes Arbeitsmarktrisiko tragen. Ein relativ neuer Ansatz befaßt sich mit Berufskonzeptionen für Frauen, die nicht auf formeller Qualifikation, sondern auf den von Frauen im Laufe ihrer anspruchsvollen Tätigkeit in Haushalt, Familie, Pflege von Familienangehörigen etc. erworbenen Kenntnissen und Fähigkeiten aufbauen.
Die Vielfalt der Träger von Weiterbildungsmaßnahmen aller Art (Gewerkschaften, Parteien, Berufsverbände, Kirchen, Unternehmen und Behörden, Volkshochschulen und freie Bildungsträger bieten die unterschiedlichsten Weiterbildungsveranstaltungen an) eröffnet die Chance, die Forderungen nach speziellen Maßnahmen für Frauen in alle gesellschaftlichen Bereiche einzubringen.
Weiterbildung erfordert ein anderes didaktisches Konzept als schulische und berufliche Erstausbildung. Die Notwendigkeit der Verknüpfung von beruflicher mit allgemeiner und politischer Fortbildung wird dabei längst nicht mehr nur von autonomen Frauenbildungsprojekten gefordert. Die schwierige Veränderbarkeit des geschlechtsspezifisch geteilten Arbeitsmarktes, aber auch die Ambivalenz der Computerisierung der Gesellschaft haben zu kritischen Sichtweisen geführt. Möglichkeiten von Frauen, eine Berufstätigkeit aufzunehmen, wiederaufzunehmen, zu wechseln, werden in vielen Institutionen im Zusammenhang der Veränderung der Arbeitswelt überhaupt diskutiert.
In den Angeboten der allgemeinen und kulturellen Weiterbildung sind Frauen oft überdurchschnittlich vertreten. Wo sie angesprochen und auch erreicht werden, bekunden sie ihr Interesse an Bildung, Information und Diskussion. Aber nur wenige dieser Angebote führen zu nachweisbaren Qualifikationen – und damit zu verbesserten Chancen in öffentlichem Leben und Berufswelt.

Projekte für ältere Frauen

Besonders zu erwähnen sind all die Projekte, die sich an ältere Menschen wenden. Weiterbildung kann ein wesentlicher Ansatzpunkt sein, Vereinsamung und fehlende Anerkennung im

Alter zu überwinden. In den Kursen der Erwachsenenbildung, die sich vor allem an alte Menschen wenden, aber auch in Projekten wie der Erprobung einer Seniorenuniversität stellen ältere Frauen meist die Mehrheit der Teilnehmer/innen. Hier besteht verstärkt das Problem, auch solche Frauen zu erreichen, die aufgrund lebenslanger Benachteiligung und mangelnder Unterstützung im Alter keinen Mut oder keine Möglichkeit haben, öffentliche Angebote wahrzunehmen.

Literatur: *Martin Baethge / Herbert Oberbeck,* Zukunft der Angestellten. Neue Technologien und berufliche Perspektiven in Büro und Verwaltung (Frankfurt a. M. 1986); *Bundesminister für Bildung und Wissenschaft* (Hrsg.), Frauen und Beruf. Zwischen Wunsch und Realität (Reihe Studien / Wissenschaft, Bd. 41) (Bad Honnef 1986); *Karin Derichs-Kunstmann* (Hrsg.), Frauenbildungsarbeit. Lernen und Arbeiten im Schatten (Theorie und Praxis der Frauenforschung, Bd. 2) (Bielefeld 1984); *Peter Faulstich / Hermann G. Ebner,* Erwachsenenbildung und Arbeitslosigkeit (München 1985); *Ursula Rabe-Kleberg,* Frauenberufe. Zur Segmentierung der Berufswelt (Theorie und Praxis der Frauenforschung, Bd. 6) (Bielefeld 1986).

Irmgard Karwatzki

Weltgebetstag der Frauen

↗ Frauenbewegung; Frauenverbände; Frieden; Internationaler Frauentag; Kirche; Netzwerke; Ökumene; Religiosität; Schwesterlichkeit; Spiritualität

Entstehung und Organisation

In rund 170 Ländern aller Erdteile wird der Weltgebetstag gefeiert. Getragen wird er heute von Frauen aller christlichen Bekenntnisse, eingeladen ist jede/r, die/der sich in diesen Gebetsstrom eingliedern will. Begangen wird der Weltgebetstag jeweils am ersten Freitag im März in Form eines Wortgottesdienstes, der von weiteren Veranstaltungen umrahmt sein kann. Die Themen der Gebetsordnung und die Länder, die sie erstellen, werden vom Internationalen Komitee festgelegt. Der Weltgebetstag ist eine Laienbewegung auf breitester ökumenischer Basis mit einem Minimum an Organisation.

Seine Ursprünge reichen hundert Jahre zurück und kommen aus den USA. Die Presbyterianerin Mary Ellen James rief 1887 zu einem innermissionarischen Gebetstag auf, die Baptistinnen Helen B. Montgomery und Lucy W. Peabody 1890 zu einem außermissionarischen. Hintergrund war eine blühende, weitgehend von Frauen getragene missionarische Bewegung in den USA, die auch zu ökumenischer Gesinnung und Öffnung veranlaßte. Beten und Handeln war von Anfang an die Devise. 1919/20 wurden die beiden Gebetstage zusammengelegt und ein nationales Komitee gegründet. 1922 feierten erstmals kanadische Frauen mit. Weitere englischsprachige Länder folgten. 1927 wurde er erstmals als Weltgebetstag begangen. Nach dem Ende des Zweiten Weltkriegs führten Friedenssehnsucht und Versöhnungsbereitschaft Frauen weiterer Länder dazu, sich der Weltgebetstagsbewegung anzuschließen. 1967/68 wurde ein Internationales Komitee gegründet; seitdem werden alle vier Jahre internationale Konferenzen abgehalten.

In Deutschland feierten erstmals Methodistinnen 1927 den Weltgebetstag. Auch 1947 waren es deutsche und amerikanische Methodistinnen, die im Nachkriegs-Berlin zu einem gemeinsamen Weltgebetstags-Gottesdienst einluden. Der eigentliche Durchbruch geschah durch Dr. Antonie Nopitsch vom Bayerischen Mütterdienst der Evangelisch-Lutherischen Kirche, die 1948 den Weltgebetstag von einem USA-Besuch als kostbares Geschenk nach Deutschland mitbrachte und für seine Verbreitung sich einsetzte. Schon 1949 wurde er in vielen evangelischen Gemeinden gefeiert. Über Ostberlin fand er in die DDR. Seit 1952 wird er in Österreich begangen, während die Schweiz den Weltgebetstag schon seit 1936 kennt.

Die katholischen Frauen sind erst nach dem Zweiten Vatikanischen Konzil dazugestoßen: ab 1967 gibt es Kontakte auf Gemeindeebene, 1969 kam die Empfehlung der Weltunion Katholischer Frauenverbände zur Teilnahme, seit 1971 sind katholische Vertreterinnen vollberechtigte Mitglieder im 1966 gegründeten Deutschen Weltgebetstags-Komitee.

Ziele und Aufgaben

Der Weltgebetstag hat spontan begonnen, ist eine spontane Bewegung geblieben, will es auch in Zukunft sein. Die nationalen Komitees und das Internationale Komitee wollen nur dem weltweiten Netzwerk von Frauen Halt geben und Kommunikation ermöglichen. Sinn und Ziel sind Brücken zwischen Konfessionen, zwischen Rassen und Nationen, zwischen Generationen sowie zwischen sozialen und ideologischen Gruppierungen. Der Weltgebetstag macht Probleme von Frauen in vielen Ländern bewußt und beschenkt mit der Spiritualität ferner Schwestern. Seine von den Kollekten ermöglichten Projekte sind „Graswurzelarbeit" – überschaubare Hilfen für Frauen nah und fern. Auch das Öffentlichmachen von Mißständen und die Bewußtmachung von Gefahren gehören immer mehr zu seinen Aufgaben. Der Weltgebetstag ist „informiertes Beten" und daraus erwachsendes Handeln.

Literatur: „Ein Freitag im März" – Weltgebetstag-Taschenbuch, hrsg. von Angelika Schmidt-Biesalski (Gelnhausen – Düsseldorf [2]1986).

RUTH AHL

Werbung

↗ Diskriminierung; Familie; Frauenrollen / Frauenleitbilder; Frauenverbände; Hausfrauen; Konsum; Pornographie; Schönheit; Sexismus; Wirtschaft

Frauen als Objekte

Über 17 Mrd. DM wurden 1986 in der Bundesrepublik Deutschland für Werbung ausgegeben: ca. 6,3 Mrd. für Anzeigen in Tageszeitungen, rd. 2,7 Mrd. für die Anzeigenwerbung in Illustrierten. Ziel dieser Ausgaben: der Verkauf von Produkten, die Anpreisung von Waren oder Dienstleistungen. Und hierzu (be)nutzt die Werbung auch die Frau: als Blickfang, zur Identifikation, als Leit- oder Wunschbild, als Sex- oder Dekorationsobjekt – je nach Zielgruppe. Frauen sind dabei „Mittel zum Zweck", sind Objekte, mit deren Hilfe marktwirtschaftliche Ziele erreicht werden sollen. Frauen geben hierbei nicht nur – je nach Produkt oder Dienstleistung – Information *über* bestimmte Waren, sondern werden durch ihre Darstellung häufig *selbst* zur Information: Durch die Art und Weise, *wie* sie dargestellt werden und mit *wem* sie *wo* dargestellt werden, vermitteln sie – neben der Produktinformation – auch Aussagen über sich, ihre Meinungen und ihr Leben.

Kritik und Gegenkritik

Die Auseinandersetzung über die Darstellung von Frauen in der Werbung findet auf zwei unterschiedlichen Ebenen statt: auf der einen Ebene die Werbewirtschaft, die sich vorrangig für ihre *Produkte und deren Absatz interessiert:* „Es wäre volkswirtschaftliche Verschwendung, wenn eine Firma mit Hilfe ihres Werbeetats nicht ihre Käufer- und Verwendergruppe ansprechen würde, sondern auch von ihr als wünschenswert angesehene gesellschaftspolitische Ziele des Staates oder gesellschaftlicher Gruppen mit der Werbung z. B. für Spülmittel durchsetzen wollte" (Nickel, 7); und auf der anderen Ebene die Werbekritiker/innen, denen es um die *Auswirkungen* des dargestellten Frauenbildes auf die Bewußtseins- und Meinungsbildung von Frauen, Männern und Kindern geht und die der Werbewirtschaft vorwerfen, daß sie mit ihren Produkten oft gleichzeitig negative, Frauen diskriminierende Werthaltungen und Einstellungen „verkauft" und damit die praktische Durchsetzung der Gleichberechtigung stört (vgl. Süssmuth, 1987).

Begonnen hatte die Auseinandersetzung vor knapp zwanzig Jahren, ausgelöst und unterstützt von der Frauenbewegung: Frauenthemen waren plötzlich brisant, interessant und wurden diskutiert – nun auch von Männern –, Fraueninteressen und -forderungen drangen immer mehr ins öffentliche Bewußtsein. Immer mehr engagierte Frauen, Frauengruppen und -organisationen forderten nun u.a. auch eine freiwillige Selbstkontrolle der Werbewirtschaft sowie gesetzliche Regelungen, um die herabwürdigende Darstellung von Frauen in der Werbung zu unterbinden.
Aufgrund der anhaltenden Proteste und der darauf basierenden öffentlichen Diskussion ließ die Werbewirtschaft im Mai 1980 ihren „Deutschen Werberat" darauf hinweisen, daß er „herabwürdigende und das Anstandsgefühl verletzende Darstellungen und Aussagen über Frauen in der Werbung mißbilligt" (ZAW 1987, 45). Da aufgrund der bestehenden Gesetze nichts gegen frauendiskriminierende Werbung unternommen werden konnte, initiierte eine Stuttgarter Frauengruppe 1981 ein Strafverfahren wegen Beleidigung (wegen des Slogans „Frauen sind wie Kaviar – nutzlos und wunderbar"), das jedoch eingestellt wurde, „weil Frauen in ihrer Gesamtheit keine beleidigungsfähige Gruppe seien und eine einzelne Frau durch die Werbemaßnahmen nicht beleidigt werde" (vgl. Bundestagsdrucksache 10/1430). Im Januar 1982 wurde in einer Sachverständigenanhörung des Bundesministeriums für Jugend, Familie und Gesundheit und des Bundesministeriums des Innern ein gesetzliches Verbot von frauendiskriminierender Werbung vor allem unter Bezugnahme auf die in Art. 5 Grundgesetz garantierte Meinungsfreiheit abgelehnt. Ab 1983 arbeitet der „Deutsche Werberat" mit dem „Deutschen Frauenrat" – der Dachorganisation der bundesdeutschen Frauenverbände mit insgesamt rd. 12 Mio. Mitgliedern – zusammen, um in seine Entscheidungen auch die Sichtweise von Frauen einzubeziehen. Dem „Deutschen Werberat" entspricht in der Schweiz die „Schweizerische Kommission zur Überwachung der Lauterkeit in der Werbung" und in Österreich der „Österreichische Werberat".

Empirische Belege

Begleitet und unterstützt wird die Diskussion in deutschsprachigen Ländern durch zahlreiche empirische Untersuchungen – meist aus den USA – und vielfältige Stellungnahmen in der sogenannten „grauen Literatur" (z.B. Artikel in Fachzeitschriften, Tagungsprotokolle).
Bereits die ersten amerikanischen Inhaltsanalysen (Courtney / Lockeretz analysierten 1971 729 Zeitschriftenanzeigen; Hennessee / Nicholson publizierten 1972 ihre Analyse von 1241 Fernsehspots) belegten die Benachteiligung der Frau: Frauen werden nur selten bei einer Erwerbstätigkeit gezeigt – und wenn, dann vorwiegend in Berufen mit untergeordneten und statusniedrigen Tätigkeiten. Nach Courtney / Lockeretz vermittelt die Werbung vier Stereotype über Frauen: 1. Der Platz der Frau ist im Haus. 2. Frauen treffen weder wichtige Entscheidungen, noch verrichten sie bedeutsame Dinge. 3. Frauen sind abhängig von Männern und brauchen deren Schutz. 4. Männer sehen Frauen hauptsächlich als Sexobjekt und sind an ihnen als Menschen nicht interessiert (94f.).
13 Jahre später (1984) kommt Schmerl in ihrem Überblick über die in den 70er und 80er Jahren erfolgten empirischen Untersuchungen der Zeitschriften- und Fernsehwerbung in den USA und in Europa zu dem Ergebnis, „daß die Frau dort zwar nicht in dem Maße unterrepräsentiert ist wie in den Massenmedien selbst, daß sie aber dafür mit einer noch eingeschränkteren, noch einseitigeren und übertriebeneren Darstellung zu rechnen hat. Dabei steht –

wie ja in den übrigen Medieninhalten von Fernsehen und Presse auch – neben dem Dauerbrenner der liebenden und beschränkten Hausfrau / Mutter stets die ‚neue' Frau als schönes und eitles Schmuckstück, stets jung, schlank, gepflegt; zur Garnierung darf sie auch mal berufstätig sein" (Schmerl, 92).

Frauendiskriminierende Werbung

Nach Ansicht der Kritiker/innen diskriminiert die Werbung Frauen vor allem in drei Bereichen: 1. Die Werbedarstellungen entsprechen nicht den realen Lebenssituationen von Frauen, sie hinken den gesellschaftlichen Veränderungen hinterher. 2. Frauen werden auf wenige und einseitige Rollenklischees festgelegt, die dem Selbstverständnis vieler Frauen heute widersprechen. 3. Die ständigen Wiederholungen dieser überholten Werbeklischees verfestigen bei den Frauen ein veraltetes Frauen-Leitbild und bestätigen traditionelle Vorstellungen der Männer über das „Wesen" der Frau.
Sie verkennen zwar nicht, daß sich in den vergangenen Jahren einiges zum Positiven geändert hat – so sind z.B. die Werbeanzeigen, auf denen unbekleidete bzw. spärlich bekleidete Frauen ohne Bezug zum Produkt dargestellt werden, zurückgegangen –, bemängeln jedoch, daß die frauendiskriminierende Werbung statt dessen subtiler geworden sei, daß es sogar einen Trend zur direkten Frauenfeindlichkeit gebe, der von „sexuellen Anzüglichkeiten auf Kosten der Frau" über die „Gleichsetzung von Frauen mit Produkten und Konsumartikeln" bis hin zur „Vermarktung und Pervertierung des Emanzipationsbegriffs" reiche (vgl. Schmerl, 101f.). Und deshalb fordern sie – immer noch und immer wieder – die Werbewirtschaft auf, Frauen auch in „der Werbung in einem so umfassenden und breiten Rollenspektrum zu zeigen, wie es ihrer tatsächlichen Teilnahme an der heutigen Gesellschaft entspricht" (Süssmuth).
Und wie reagiert die Werbewirtschaft? Sie wiederum wirft den Kritiker/innen „Wirklichkeitsferne", „lebensfremde Kritik" und „unseriöse Informationsarbeit" vor und erinnert an „liberale Auffassungen" (ZAW-Meldung, 1987, 21, 2ff.).
Fazit: Immer noch werden Frauen durch Werbung diskriminiert. Wenn man die Werbewirtschaft gewähren läßt, wird sich dies – aufgrund der unterschiedlichen Interessen von Frauen und Werbewirtschaft – auch in Zukunft kaum ändern. Interventionen sind daher notwendig.

Literatur: Bundestags-Drucksache 10/1430; *A. Courtney / S. Lockeretz,* A Woman's Place, in: Journal of Marketing Research 8 (1971) 92ff.; *Erving Goffman,* Geschlecht und Werbung (Frankfurt a.M. 1981); *J. Hennessee / J. Nicholson,* Commercials insult women, in: The New York Times Magazine 1972, 12, 48ff.; *Joachim Kotelmann / Lothar Mikos,* Frühjahrsputz und Südseezauber. Die Darstellung der Frau in der Fernsehwerbung und das Bewußtsein von Zuschauerinnen (Baden-Baden 1981); *Volker Nickel,* Das Frauenbild in der Werbung, Manuskript des Zentralausschusses der Werbewirtschaft (Bonn 1987); *Christiane Schmerl,* Das Frauen- und Mädchenbild in den Medien (Opladen 1984); *Rita Süssmuth,* Frauen in der Werbung nicht auf einseitige Rollenklischees festlegen. Pressedienst des Bundesministeriums für Jugend, Familie, Frauen und Gesundheit, Juli 1987; *ZAW-Zentralausschuß der Werbewirtschaft* (Hrsg.), Deutscher Werberat (Bonn 1987); *ders.* (Hrsg.), ZAW-Meldung 21 (1987) 2ff.

Karin Welkert-Schmitt

Wiedereingliederung

↗ Alter; Arbeit; Arbeitslosigkeit; Beruf; Ehrenamt; Erwerbstätigkeit; Familienrollen; Frauenberufe; Frauenförderung; Frauenpolitik; Hausfrauen; Kinder; Partnerschaft; Soziale Sicherung; Weiterbildung

Neue Situation

Wurde bislang von Frauen in Familie und Beruf bzw. Erwerbstätigkeit gesprochen, so schien die Einteilung in „Mehrheits- und Minderheitsfrauen" nicht nur für viele wünschenswert, sondern aufgrund des statistischen Materials auch begründbar. Durch familiäre und schulische Sozialisation sowie durch die veröffentlichte Meinung auf ihre „Rolle“ als Hauptverantwortliche für Familientätigkeit und Kindererziehung „vorbereitet“, definierte die überwiegende Zahl von Frauen mehr oder weniger selbstverständlich Familie als ihren zentralen Aufgabenbereich. Im Zuge der Bildungsexpansion und der damit verbesserten Bildungs- und Ausbildungssituation von Frauen sowie einer „stillen Revolution“ der Wert- und Normvorstellungen weiter Teile der westlichen Industriegesellschaften veränderten sich die Rollenerwartungen, insbesondere der jungen Frauengeneration. Neuere Untersuchungen dokumentieren die veränderten Lebensentwürfe und -orientierungen, den Wunsch junger Frauen, außerhäusliche Berufstätigkeit mit Familienarbeit verbinden zu können, sei es im zeitlichen Neben- oder Nacheinander, und zwar ohne die Bürde der Mehrfachbelastung. Sie signalisieren den Verantwortlichen in Politik und Wirtschaft und ihren Partnern in den Familien, daß sie sich dem für ihre Müttergeneration kennzeichnenden Zwang zur „Entweder-Oder-Entscheidung“ mit begrenzten Korrekturmöglichkeiten nicht widerspruchslos fügen wollen.

Drei-Phasen-Modell

Um dieses Ziel zu realisieren, entscheiden sich viele Frauen für das von Myrdal und Klein in den 50er Jahren entwickelte Drei-Phasen-Modell: 1. Ausbildung und Erwerbstätigkeit; 2. zeitweiliges Ausscheiden aus der Erwerbstätigkeit wegen familiärer Verpflichtungen, insbesondere Kinderbetreuung; 3. Wiederaufnahme bzw. Rückkehr ins außerfamiliäre Berufsleben.

Die kritischen Einwände gegen dieses Lebensverlaufsmodell beziehen sich vorwiegend auf die Gefahren einer Stabilisierung der traditionellen Arbeitsteilung zwischen Frauen und Männern, den möglichen Verstärkungseffekt auf die beruflichen Aufstiegsbarrieren von Frauen und die Probleme beim Übergang von Phase 2 zu Phase 3, der Rückkehr ins Erwerbsleben.

Schwierigkeiten für Berufsrückkehrerinnen

Die Schwierigkeiten, mit denen Berufsrückkehrerinnen konfrontiert werden, sind vor allem in folgenden Punkten zu sehen: 1. Strukturelle und aktuelle Bedingungen des Arbeitsmarktes, u.a. geschlechtsspezifische Segmentierung, geringes und wenig differenziertes Angebot an qualifizierten Teilzeitarbeitsplätzen, hohe Arbeitslosigkeit. 2. Qualifikationsrückstand gegenüber männlichen oder weiblichen Mitbewerbern mit kontinuierlichem Berufsverlauf, speziell in Bereichen, die vom wissenschaftlichen und technischen Wandel besonders betroffen sind; Distanz zur Berufswelt und damit verbundener Mangel an beruflichem Selbstbewußtsein. 3. Geringe öffentliche Sensibilität für Probleme der Berufsrückkehrerinnen. 4. Einseitige Verteilung von Familienaufgaben; Vorurteile der familiären und sozialen Umwelt gegenüber einer erwerbstätigen Familienfrau. 5. Regionale Defizite im öffentlichen Angebot an Kindertagesstätten, Tagespflegestellen, Kindergärten; starre Öffnungszeiten von Einkaufs- und Dienstleistungseinrichtungen.

Als Alternative zum Drei-Phasen-Modell werden daher partnerschaftliche Aufteilung der Verantwortungsbereiche während der Familienphase zwischen beiden Geschlechtern, ein Rollentausch von Frauen und Männern und generelle Arbeitszeitverkürzung als Voraussetzung besserer Vereinbarkeit von Familie und Beruf im zeitlichen Nebeneinander vorgeschlagen. Auch wenn diese Zukunftsleitbilder in den Diskussionen um Veränderung der Arbeitswelt, bei der Konzeptentwicklung für die primäre und sekundäre Sozialisation verstärkt thematisiert werden sollten, so bleibt angesichts der gesellschaftlichen Praxis die Erleichterung der „beruflichen Wiedereingliederung" weiterhin ein zentrales politisches Arbeitsfeld.

Empirischer Überblick

Trotz des Anstiegs der Erwerbsbeteiligung lag der Anteil berufstätiger Frauen mit (mindestens) einer Unterbrechung im außerfamiliären Berufsverlauf zwischen 1977 und 1985 in der Bundesrepublik z. B. unverändert bei 47 %. Dies kann hauptsächlich durch Verweis auf das nach Alters- und Bildungsgruppen unterschiedliche Berufsverhalten von Frauen erklärt werden. Während bei den 45jährigen und älteren erwerbstätigen verheirateten Frauen die durchschnittliche Dauer der ersten Unterbrechung 9,8 Jahre betrug, lag sie bei den unter 35jährigen Frauen bei 3,1 Jahren. Überrepräsentiert sind Frauen mit Kleinkindern unter 5 Jahren. Im Zeitraum zwischen 1980 und 1985 „pausierten" 34 % der verheirateten erwerbstätigen Frauen mit einem Kleinkind unter 5 Jahren bzw. 42 % mit mehreren Kindern und mindestens einem Kleinklind unter 5 Jahren.

Stärker am traditionellen Drei-Phasen-Modell orientiert sind erwerbstätige Frauen mit Hauptschul- und Realschulabschluß. 67 % bzw. 63 % unterbrachen wegen familiärer Aufgaben ihre Erwerbstätigkeit, ein Drittel kehrte nach einer oder mehr Unterbrechungen von ca. 8,5 Jahren ins Erwerbsleben zurück. Bei Abiturientinnen veränderte sich der relativ niedrige Anteil von erwerbstätigen Frauen mit einer Unterbrechung im Berufsverlauf (31 %) auch bei Vorhandensein von Kindern kaum, und die durchschnittliche Unterbrechungsdauer war im Vergleich wesentlich kürzer (3 Jahre). Berufliches Bildungsniveau, späterer Berufseinstieg, höhere Identifikation mit der beruflichen Tätigkeit und bessere finanzielle Möglichkeiten für eine Fremdbetreuung der Kinder können als Einflußfaktoren gelten.

Die Motive von Berufsrückkehrerinnen sind keineswegs – wie oft unterstellt – ausschließlich ökonomische, wie z. B. Verbesserung der Einkommenssituation der Familien bzw. Sicherung des Familieneinkommens bei Alleinerziehenden, wirtschaftliche Unabhängigkeit und Selbständigkeit, eigene Altersversorgung. Als weitere Gründe für den Wunsch nach Wiederaufnahme einer außerfamiliären Berufstätigkeit werden genannt: Durchbrechung der sozialen Isolation und Kontakt zu anderen Menschen, Erweiterung des Aufgabenbereichs, Mangel an gesellschaftlicher Anerkennung der fern von der öffentlichen Aufmerksamkeit zu erledigenden und oftmals monotonen Familientätigkeiten. Angesichts einer erhöhten Lebenserwartung reduziert sich auch der zeitliche Anteil der „aktiven Familienphase" an der weiblichen Gesamtbiographie. So kann es kaum erstaunen, daß viele Frauen – als Maßnahme der individuellen Zukunftsplanung – bemüht sind, wieder Kontakt zum außerfamiliären Arbeitsprozeß aufzunehmen.

Maßnahmen

Aufgrund der unterschiedlichen Interessenlagen, Qualifikationsvoraussetzungen, familiären Situationen und Einstellungen der sozialen Umwelt von Berufsrückkehrerinnen ist ein Bündel von Maßnahmen notwendig, das auf Milderung der Problemsituation von Frauen nach der Familienphase gerichtet ist: breites Angebot an berufsmotivierenden, -orientierenden und sektoral (gewerblich-technischer Bereich, Dienstleistungsberufe u. a.) sowie regional (Stadt-Land-Gefälle) differenzierten berufsqualifizierenden Weiterbildungsmaßnahmen für Frauen aus unterschiedlichen Alters- und Bildungsgruppen; intensivere Nutzung der gegebenen beruflichen Bildungsmöglichkeiten für Frauen; Werbungsoffensive für qualifizierte Teilzeitarbeitsplätze und Erarbeitung von ökonomischen Anreizkonzepten für Arbeitgeber; flexiblere Arbeitszeitgestaltung (Arbeit im Block, 2 1/2-Tage-Takt oder Wochenwechsel); Ausweitung des Erziehungsurlaubs und -geldes mit Beschäftigungsgarantie für Frauen und Männer sowie verstärkte Bewußtseinsbildungsarbeit im Hinblick auf partnerschaftlich ausgerichtete Verteilung von Familienaufgaben; Ausbau des bisher nur von einigen Großunternehmen, die die demographische Entwicklung der nächsten Jahre in ihrer heutigen Personalplanung einbeziehen, angebotenen Familienurlaubs bis zu 7 Jahren mit Kontaktmöglichkeiten zum Betrieb während der Familienphase; gezielte betriebliche Förderungsprogramme für Berufsrückkehrerinnen; Verbesserung der flankierenden Maßnahmen, wie z.B. flexiblere Gestaltung der Öffnungszeiten von Kinderbetreuungseinrichtungen.

Soll der berufliche Wiedereinstieg von Frauen und in Zukunft möglicherweise auch von Männern nach einer Familienphase problemloser verlaufen, soll Rollenwechsel die Gesellschaft der nächsten Jahrzehnte auszeichnen, ist eine „konzertierte Aktion" aller Betroffenen – Staat, Arbeitgeber, Gewerkschaften und Familien – notwendig. Der Wiedereinstieg ist kein rein individuelles Interesse, kein rein individueller Gewinn.

Literatur: *Gertrud Backes / Doris Lucke,* Alternative: „Männerberuf"? Beschäftigungschancen und Rückkehrperspektiven für Frauen. Eine empirische Untersuchung in den Modellversuchsorten Rheine und Düsseldorf und in ausgewählten Arbeitsamtsbezirken Nordrhein-Westfalens (Schriftenreihe des Bundesministers für Jugend, Familie, Frauen und Gesundheit Bd. 210) (Stuttgart 1987); *Deutsche UNESCO-Kommission* (Hrsg.), Die Rückkehr von Frauen in den Beruf. Möglichkeiten und Maßnahmen aus zwölf Industriestaaten (Bonn 1983); *Uta Enders-Dragässer,* Neuorientierung von Frauen in der Lebensmitte. Ein Leitfaden für Weiterbildungsprojekte (Schriftenreihe des Bundesministers für Jugend, Familie, Frauen und Gesundheit) (Bonn 1986); *Gerhard Engelbrech,* Erwerbsverhalten und Berufsverlauf von Frauen: Ergebnisse neuerer Untersuchungen im Überblick. Sonderdruck aus: Mitteilungen aus der Arbeitsmarkt- und Berufsforschung 20 (1987); *Frauen und Beruf:* Zwischen Wunsch und Realität. Beiträge aus Wissenschaft und Praxis zur Aus- und Weiterbildung von Frauen, hrsg. vom Bundesminister für Bildung und Wissenschaft (Bonn 1986); *Eduard Gaugler / Elisabeth Schach / Marianne Vollmer,* Wiedereingliederung von Frauen in qualifizierte Berufstätigkeit nach längerer Berufsunterbrechung. Forschungsbericht im Auftrag des Ministeriums für Soziales, Gesundheit und Umwelt Rheinland-Pfalz (Mannheim 1984); *Andrea Hellmich,* Frauen zwischen Familie und Beruf. Eine Untersuchung über Voraussetzungen und Nutzen einer Berufskontaktpflege von Frauen in der Familienphase (Schriftenreihe des Bundesministers für Jugend, Familie, Frauen und Gesundheit, Bd. 184) (Stuttgart 1986); *Jochem Langkau / Monika Langkau-Herrmann,* Die Rückkehr von Frauen in den Beruf – Arbeitsmarktperspektiven und Wiedereingliederungsstrategien. Deutscher Beitrag zu einer vergleichenden Studie in der Bundesrepublik Deutschland, Frankreich, Großbritannien, Schweden und den Vereinigten Staaten von Amerika (Bonn 1978); *Ellen Sessar-Karpp,* Berufsbezogene Bildungsangebote für Frauen nach der Familienphase. Analyse ausgewählter Bildungsmaßnahmen und -konzeptionen (Schriftenreihe des Bundesministers für Jugend, Familie, Frauen und Gesundheit Bd. 197) (Stuttgart 1987).

Ursula Männle

Wirtschaft

↗ Abhängigkeit; Arbeit; Arbeitslosigkeit; Aufstiegschancen; Ausbildung; Beruf; Chancengleichheit; Erwerbstätigkeit; Erziehung; Frauenberufe; Frauenförderung; Frauenquotierung; Gewerkschaften; Job-sharing; Kinder; Konsum; Leistung; Mädchen- / Frauenschutz; Mutterschutz; Nationalsozialismus; Selbständige; Soziale Sicherung; Sozialethik, evangelische; Sozialismus; Soziallehre, katholische; Technik / Technologien; Wiedereingliederung

Geschichte

In jeder Entwicklungsstufe der Wirtschaftsgeschichte der Welt waren Frauen an der Wirtschaft, am Wirtschaften beteiligt, nicht nur als Konsumentinnen, sondern seit frühester Zeit, besonders seit der bäuerlichen Wirtschaftsverfassung, als Produzentinnen und Händlerinnen.

In Bildern des europäischen Mittelalters sehen wir Frauen als Handwerkerinnen (z.B. beim Schmieden, Mauern, Backen), Händlerinnen, in Heilberufen (als Chirurgin, Apothekerin,

Pflegerin), als Lehrerinnen und Künstlerinnen aller Art. Mit dem Aufkommen der Industriegesellschaft wuchs die Bedeutung der Frauen als ungelernte Industriearbeiterinnen. Sie hatten jedoch mangels Aus- und Weiterbildung keine Möglichkeiten, darüber hinaus verantwortliche Tätigkeiten in der Wirtschaft zu übernehmen, während ihre Bedeutung in der Landwirtschaft und in ländlichen Handelsformen sich eher verstärkte. Das änderte sich in Mitteleuropa mit dem Beginn der Frauenbewegung, die zunächst bessere Schul- und Berufsausbildungen für Mädchen und Frauen und später das Recht der Frauen auf eigene Erwerbstätigkeit forderte. Während in den Berufen der Hauswirtschaft, des Heilens und Pflegens, des Erziehens und Lehrens, also in nach Auffassung des 19. Jahrhunderts „typisch weiblichen" Berufen, Frauen stetig mehr Einfluß gewannen, blieben sie im Bereich der industriellen Wirtschaft doch immer auf untergeordnete Tätigkeit beschränkt, verdrängten dabei aber mit dem Aufkommen neuer Technologien Ende des 19. Jahrhunderts, der Schreibmaschine, des Telefons und des Telegraphs, innerhalb kurzer Zeit die Sekretäre aus den Büros der Verwaltung und der Betriebe. Schon im Ersten Weltkrieg wurden Frauen in großer Zahl für die Kriegswirtschaft verpflichtet und übernahmen dort, ebenso wie in der Verwaltung, im Laufe der Jahre zunehmend verantwortungsvollere Aufgaben, so daß nach Kriegsende und insbesondere nach dem Postulat der Gleichberechtigung durch die Weimarer Verfassung 1919 Frauen auch in der Industriewirtschaft eine wachsende Rolle spielten. Frauen führten erfolgreich die Betriebe ihrer vermißten oder gefallenen Väter und Ehemänner weiter und gewannen zum Teil als Angestellte (Buchhalterinnen, Sachbearbeiterinnen, Chefsekretärinnen, Büroleiterinnen usw.) und Arbeiterinnen (Vorarbeiterinnen, Werkmeisterinnen) zahlenmäßig zunehmende Bedeutung, ohne jedoch bis in die Führungsverantwortung vorrücken zu können, zumal während der Zeit des Nationalsozialismus sie aus dem Erwerbsleben zugunsten ihrer ideologisch aufgewerteten Rolle als Mutter zum Teil verdrängt wurden. Auch die Anforderungen an die Frauen in der Wirtschaft während der Dauer des Zweiten Weltkrieges konzentrierten sich auf die rüstungsindustrielle Fertigung und das Dienstleistungsgewerbe und begannen nach Kriegsende wieder auf der untersten Stufe des Wirtschaftsaufbaus mit der Symbolfigur der „Trümmerfrauen" in Berlin.

Neuere Entwicklungen

Obwohl die Verfassungen Frauen gleiche Rechte garantieren und sie durch verbesserte Schul- und Berufsausbildung theoretisch gleiche Chancen im Erwerbsberuf haben sollten wie Männer, ergaben sich in der beruflichen Statistik signifikante Unterschiede der Beteiligung von Frauen in der Wirtschaft. Bei rückläufiger Bedeutung der Landwirtschaft ergaben sich für Frauen neue Erwerbsbereiche im Dienstleistungsgewerbe und in der Produktion und auch hier wiederum zum Teil als Selbständige, zum Teil als Angestellte und Arbeiterinnen. Dabei wuchs die Zahl der weiblichen Angestellten besonders schnell, doch blieben auch hier die Frauen zumeist in den zuarbeitenden Funktionen mit nur geringem Anteil an Führungsaufgaben. Diese galten angesichts der meist hierarchischen Gliederung der Betriebe, der autoritären Managementsysteme und der Wettbewerbsbedingungen in der Wirtschaft vielmehr als typisch männliche Funktionsbereiche, denen Frauen angeblich nicht gewachsen waren. Allerdings strebten sie selbst zunächst diese auch nicht an, weil diese beruflichen Laufbahnen sie in Konflikt mit ihren Ehe- und Familienaufgaben brachten, die die meisten Frauen – in voller Übereinstimmung mit der christlich-abendländischen Tradition und den Anschauungen auch der Nachkriegsgesellschaft im deutschsprachigen Raum – immer noch als vorrangig ansahen. Dem entsprach es, daß die ersten erfolgreichen Frauen in der Wirtschaft entweder selbständige Unternehmerinnen waren oder unverheiratete, kinderlose Frauen. Zugleich aber stieg ihre Bedeutung als Verbraucherinnen, durch deren Hände ein großer Teil des Volkseinkommens ging. Mit der Zeit entwickelten sich jedoch neue Lebensformen. Die „Drei-Phasen-Theorie" von Alva Myrdal wurde in der Praxis durch vielschichtigere Formen der Frauenerwerbsarbeit abgelöst: Familien- und Erwerbsberuf entweder zugleich oder nacheinander bei kürzerer oder längerer Unterbrechung der Erwerbsarbeit.

Erwerbsbeteiligung und Unterrepräsentanz

Die Erwerbsbeteiligung verheirateter Frauen stieg in der Bundesrepublik Deutschland in der Zeit von 1950–1985 von 25% auf 43%. Im Alter zwischen 25 und 35 Jahren lag der Anteil bei 56,5%. Ständig verbesserte Schul- und Berufsausbildungen für Frauen und im Vergleich zu den Männern erfolgreichere Abschlüsse in der Berufsausbildung, Wandel der gesellschaftlichen Anschauung über die frühere traditionelle Rollenverteilung in Ehe und Familie, die Möglichkeit, die Zahl der Kinder durch Familienplanung selbst zu bestimmen oder – auch im Interesse einer ungebrochenen erwerbsberuflichen Entwicklung – auf Kinder ganz zu verzichten, eröffneten neue Erwerbsmöglichkeiten auch in der Wirtschaft. Mit der zunehmenden Qualifizierung der Frauen im Erwerbsberuf stieg zugleich ihr Selbstbewußtsein und damit ihre Forderung nach stärkerer Beteiligung an Führungsaufgaben, nachdem sich die Führungsbegabung der Frauen schon an den Erfolgen der selbständigen Unternehmerinnen erwiesen hatte. Frauen sind, wie Untersuchungen zeigen, in allen Ebenen unterrepräsentiert (1982 Bundesrepublik Deutschland: Topmanagement 3,6%; hohe Führungsebene wie Filialleiter usw. 5,9%; mittlere Führungsebene wie Abteilungsleiter, Spezialisten in Stabsabteilungen 11,9%; untere Führungsebene wie Meister, Gruppenleiter usw. 17,1%). Einige Vertreterinnen von Frauengruppen fordern daher, gestützt auf die Gleichberechtigungsgarantie, Quotenregelungen, die von anderen, insbesondere den Frauen in der Wirtschaft selbst, als diskriminierend und damit nachteilig für Frauen abgelehnt werden. Als Ursache der Unterrepräsentanz von Frauen in der Wirtschaft werden seitens der Arbeitgeber als Hauptgründe genannt: mangelnde Qualifizierung der Frauen, insbesondere der Frauen für gewerblich-technische und naturwissenschaftliche Berufe, leistungsgefährdende Doppelbelastung durch Erwerbstätigkeit bei gleichzeitiger Übernahme der Verantwortung für die Familie, mangelndes Selbstvertrauen, unzureichender Ehrgeiz, karriereabträgliches anderes Wertesystem, „biologische Belastung" durch Schwangerschaft, Geburt und anschließende Unterbrechung der Erwerbsarbeit, aber auch Arbeitsschutzbedingungen (z.B. Nachtarbeitsverbot). Frauen machen nach wie vor bestehende Vorurteile und Vorbehalte der Arbeitgeber gegen Frauen allgemein und die Ängste der Kollegen gegenüber erfolgreichen Frauen, die das männliche Selbstbewußtsein herausfordern, verantwortlich. Während in den Büroberufen, den Sekretariaten, Frauen die maßgebende Rolle spielen, erreichen sie bei gleicher Qualifikation wie Männer auf anderen Gebieten der Wirtschaft dennoch weder deren Beteiligung an der Führungsverantwortung noch – trotz des durch zahlreiche nationale, europäische und internationale Vereinbarungen garantierten Grundsatzes von gleichem Lohn für gleiche Arbeit – deren Durchschnittsgehälter. In der Bundesrepublik Deutschland betrug 1986 der

Bruttostundenverdienst eines Industriearbeiters DM 17,85, der der Industriearbeiterin DM 13,04. Ein Angestellter verdiente durchschnittlich DM 4322, –, eine Angestellte gleicher Qualifikation DM 2764, –.

Arbeitslosigkeit und Kampf gegen Mißstände

Obwohl die in den letzten Jahren neu geschaffenen Arbeitsplätze in erster Linie den Frauen zugute gekommen sind, ist ihr Anteil an der Arbeitslosigkeit höher als der der Männer. Ähnlich wie bei diesen ist mehr als die Hälfte dieser arbeitslosen Frauen ohne Berufsausbildung. Soweit eine betriebliche Ausbildung vorhanden ist, bezieht sie sich in vielen Fällen auf jene sieben Dienstleistungsberufe, die Frauen immer noch bevorzugen, obwohl ihre Erwerbschancen im gewerblich-technischen und naturwissenschaftlichen Bereich sehr viel besser wären. Darüber hinaus suchen viele Frauen Teilzeitarbeit, weil sie nur mit deren Hilfe Erwerbs- und Familienarbeit harmonisieren können. Schließlich hängen Eltern auch davon ab, daß für ihre Kinder angemessene Betreuungsmöglichkeiten zur Verfügung stehen.

Mißstände werden sowohl von Politikerinnen und Politikern der Parteien und von Gewerkschaftsvertretern als auch von Vertreterinnen der verschiedenen Frauenverbände kritisiert. Frauen fordern unter anderem: bessere Informationen von Eltern und Schülern schon während der Schulausbildung über berufliche Chancen, bessere Berufsberatung, bessere Zusammenarbeit zwischen Berufsberatung und Betrieben, geschlechtsneutrale Stellenausschreibungen, Verschärfung der Antidiskriminierungsgesetzgebung, Reform der Arbeitsschutzgesetze, soweit sie Frauen benachteiligen, für Frauen und Männer gleichermaßen familienfreundliche Arbeitsbedingungen, flexible Arbeitszeiten, Teilzeitarbeitsplätze auch für qualifizierte Tätigkeiten und Führungspositionen, staatliche und betriebliche Frauenförderungs- und Karriere-Entwicklungsprogramme, Abbau der steuerlichen Benachteiligung, z. B. durch volle Absetzbarkeit der Kinderbetreuungskosten, mehr und bessere Kindergärten und Kindertagesstätten mit besseren Öffnungszeiten.

Verhältnisse in Österreich und in der Schweiz

Aussagen und Zahlenverhältnisse, wie sie für die Bundesrepublik Deutschland dargestellt wurden, lassen sich ohne weiteres auf Österreich und die Schweiz übertragen – auch insoweit, als dort genaue, aussagekräftige statistische Erhebungen im einzelnen oftmals fehlen. In der Schweiz arbeitet neuerdings eine Initiative unter dem Namen „Taten statt Worte", die aus Vertretern einiger Wirtschaftsunternehmen und Frauengruppen besteht und sich zum Ziel gesetzt hat, die Frauenförderung in der Wirtschaft voranzubringen.

In der Schweiz und in Österreich wird von staatlicher Seite aus gezielt versucht, die Lage von Frauen in der Wirtschaft zu verbessern. In jüngster Zeit steigen auch dort – zum Teil sprunghaft – die Zahlen von Frauen in der Wirtschaft.

Literatur: *Der Bundesminister für Jugend, Familie, Frauen und Gesundheit,* Leitfaden zur Frauenförderung in Betrieben. Die Durchsetzung der Gleichberechtigung als Chance für die Personalpolitik (Bonn 1984); *Gerhard Engelbrech,* Erwerbsverhalten und Berufsverlauf von Frauen: Ergebnisse neuerer Untersuchungen im Überblick, Sonderdruck aus: Mitteilungen aus der Arbeitsmarkt- und Berufsforschung 20 (Stuttgart 1987); *Heiner Geißler* (Hrsg.), Abschied von der Männergesellschaft (Frankfurt a. M. – Berlin 1986); *Almuth Hennings,* Frauenförderung – Privileg oder Anspruch? Die Stellung der Frau im Öffentlichen Leben (Hamburg 1988); *dies.*, Arbeits- und Aufstiegschancen für Frauen? (Hamburg 1988); IW Institut der Deutschen Wirtschaft, Studie: Frauen in der Arbeitswelt (Köln 1987); *Helga Stödter* (Hrsg.), Frauen als Führungskräfte der Wirtschaft. Ergebnisse einer Meinungsumfrage (Hamburg 1982).

HELGA STÖDTER

Wissenschaft

↗ Aufstiegschancen; Ausbildung; Begabung; Beruf; Bildung; Chancengleichheit; Frauenförderung; Frauenforschung; Frauenquotierung; Ganzheitlichkeit; Gleichberechtigung; Leistung; Netzwerke

Geschichte

„Gleiche Bildungs- und Berufsmöglichkeiten", so lautete eine der zentralen Forderungen der ersten Frauenbewegung. Während beispielsweise in der Schweiz (Universität Zürich) und in Österreich (philosophische Fakultät der Universität Wien) bereits vor der Jahrhundertwende Frauen studieren konnten, war ihre langumkämpfte Zulassung an einer deutschen Universität erst ab 1900 – und zwar zunächst in Baden – möglich. Nach und nach öffneten sich alle deutschen Universitäten für Frauen – zuletzt in Hessen, Preußen (1908) und Mecklenburg (1909). 1918 erfolgte die gesetzliche Absicherung der Zulassung von Frauen zu akademischen Berufen und wurde die Dozentur erlaubt. Als die beiden ersten deutschen Frauen erhielten 1923 Margarethe von Wrangell (Botanik) und Mathilde Vaerting (Erziehungswissenschaft) eine ordentliche Professur.

Heutige Situation

Hat sich die schwierige Situation von Frauen in der Wissenschaft heute entscheidend geändert? Die Antwort fällt ernüchternd, wenn nicht gar enttäuschend aus: Der Anteil der Frauen an der Professorenschaft stagniert in der Bundesrepublik Deutschland in den letzten Jahren bei lediglich rd. 5%, obwohl die Zahl qualifizierter Nachwuchswissenschaftlerinnen gestiegen ist. Die Statistik für 1985 zeigt, daß der Frauenanteil von fast 40% an den Studienanfängern und 38% an der Studentenschaft auf rund 23% bei den Promotionen, weniger als 6% bei den Habilitationen und bis auf unter 3% in der höchsten Professorengruppe (C 4) fällt. Beim wissenschaftlichen und künstlerischen Personal sind Frauen mit etwa 18% vertreten. Von den Hochschulassistentenstellen sind etwa 10% mit Frauen besetzt. Selbst in den von Frauen bevorzugten Fächern sind Wissenschaftlerinnen kraß unterrepräsentiert. So sind mehr als zwei Drittel der Studierenden in Erziehungswissenschaft Frauen, der Anteil der Professorinnen beträgt insgesamt jedoch nur rund 12% und in der höchsten Professorengruppe (C 4) sogar lediglich etwa 8%. In der *Schweiz* betrug der Anteil von Studentinnen 1987 ca. 36,5%. Im Jahr 1985 gab es ca. 2% Professorinnen, ca. 21% Assistentinnen und ca. 14% wissenschaftliche Mitarbeiterinnen im Mittelbau. In *Österreich* liegt der Anteil der Studentinnen über 40%, der Anteil der Promovendinnen bei über 30%. 1984 gab es 17% Assistentinnen, 5% Frauen unter der außerordentlichen Professorenschaft und 1,7% unter den Ordinarien. Die Zahl der Habilitationen von Frauen ist von 8% (1984) auf 13% (1987) gestiegen. Gerade Nachwuchswissenschaftlerinnen sind materiell schlechter abgesichert als ihre Kollegen.

Als besonders eklatant stellt sich die Situation der Wissenschaftlerinnen vor dem Hintergrund der Reform und Expansion der Hochschulen in den siebziger Jahren dar: Die starke Verjüngung des Lehrkörpers, die Vermehrung der Hochschullehrerstellen und die Gleichheitsforderungen im Hochschulbereich sind fast spurlos an den Wissenschaftlerinnen vorbeigegangen. Die moderne Hochschule hat die über Generationen verfestigten patriarchalischen Strukturen und die damit verbundenen Diskriminierungsmechanismen noch nicht überwunden. Die Schwierigkeiten und Benachteiligungen, auf die Wissenschaftlerinnen stoßen, sind vor allem in den von Männern geprägten Strukturen des Wissenschaftsbereichs begründet. Hinzu kommen außeruniversitäre soziale Rahmenbedingungen, die sich hemmend auf den Berufsweg der Wissenschaftlerinnen auswirken. Offene Widerstände gegen Frauen in der

Wissenschaft sind heute selten geworden. Aber deshalb können Vorurteile und Vorbehalte noch lange nicht als überwunden gelten. Sie äußern sich sublimer und sind damit schwerer faßbar.

Vorurteile

Die Geringschätzung der Befähigung von Frauen zu wissenschaftlichem Arbeiten ist dem nicht weniger diskriminierenden Vorbehalt gewichen, wissenschaftliche Karriere und Familie seien für Frauen nicht vereinbar. Diese Auffassung hält sich hartnäckig, obwohl es zahlreiche Forscherinnen gibt, die erfolgreiche wissenschaftliche Tätigkeit mit Ehe und Kindern vereinbaren. Amerikanische Untersuchungen über die Forschungsleistung von Wissenschaftlerinnen belegen, daß sie nicht von den familiären Verpflichtungen abhängen, sondern daß Begabung und eine günstige Lebensgestaltung entscheidend sind. Letzteres gilt es stärker bewußtzumachen und durch die Schaffung geeigneter Rahmenbedingungen (z.B. in der Graduiertenförderung, Kinderbetreuung) zu unterstützen. Denn in der Tat wirkt sich allein schon die Annahme, daß Familie und Forschungsleistung einander ausschließen – ob nun zutreffend oder nicht –, nachteilig auf die Berufschancen von Wissenschaftlerinnen aus. Dadurch wird wesentlich beeinflußt, wie sich Frauen entscheiden und wie sie behandelt werden.

Männliche Karrieremuster

Frauen, die den wissenschaftlichen Weg beschreiten wollen, treffen noch immer auf eine Gelehrten-Welt. Sie sehen sich mit Organisations- und Karrieremustern, mit wissenschaftlichen Regeln, Standards und Riten konfrontiert, die sich an männlichen Normen orientieren und auf herkömmliche Lebensbedingungen von Männern zugeschnitten sind. Die damit verbundenen Anforderungen stehen im Gegensatz zur weiblichen Sozialisation und zu dem Frauenbild in der Gesellschaft. Frauen wird eine in hohem Maße widersprüchliche Doppelorientierung abverlangt: Anpassung an männliche Normen und Beibehaltung ihrer weiblichen Identität. Wissenschaftliche Qualifikation und Forschungsleistung erfordern unter den gegebenen Bedingungen einen Einsatz, der weit über den einer Arbeitskraft hinausgeht. Wissenschaftler erfahren deshalb wie selbstverständlich Unterstützung und Entlastung etwa durch die Ehepartnerin. Wissenschaftlerinnen können mit einer solchen „Rückendeckung" in der Regel nicht rechnen, im Gegenteil: zur Berufsarbeit kommt die Familienarbeit hinzu. In der wissenschaftlichen Zusammenarbeit wird für Frauen Kooperation leicht in Zuarbeiten für andere umgedeutet und zusätzlich von ihnen erwartet, daß sie die Beziehungsarbeit leisten. Noch stark tabuisiert ist die sexuell-erotische Komponente, die für Studentinnen wie für Wissenschaftlerinnen oft belastend ist.

Kennzeichnend für den Wissenschaftsbereich sind nach wie vor die Gelehrtengruppen, das old-boy-system, die sich gegenseitig stützen und fördern, Einfluß nehmen und die Regeln bestimmen. Sie spielen eine wesentliche Rolle, wenn es um die Vergabe von Forschungsmitteln und -aufträgen, die Besetzung von Positionen und Stellen geht. In dieses Bezugssystem sind Frauen kaum eingebunden. Ebensowenig haben ihre Vorstellungen von wissenschaftlicher Tätigkeit, Arbeitszusammenhängen, der Vereinbarkeit von Beruf und Familie bisher die notwendige Berücksichtigung gefunden.

Frauenforschung

Wissenschaftlerinnen erheben zunehmend den Anspruch, weibliche Lebensvorstellungen zu realisieren. Sie lehnen die Anpassung an vorgegebene männliche Strukturen und Orientierungen ab, setzen sich verstärkt mit ihrer eigenen Arbeitssituation und ihrem Selbstverständnis auseinander, decken die widersprüchlichen Anforderungen im Wissenschaftsbereich und im weiblichen Lebenszusammenhang auf. Individuelle Erfahrungsberichte, empirische Analysen und Tagungen dienen der Analyse und der Entwicklung von Lösungsmöglichkeiten. Die Frauenbewegung im Wissenschaftsbereich hat sowohl zu fachbezogenen als auch zu interdisziplinären Zusammenschlüssen geführt, die Interessenvertretungen und Netzwerke bilden. Fragen der Frauenförderung, Frauenforschung und Frauenstudien stehen im Mittelpunkt ihrer Arbeit. Daraus sind in der Bundesrepublik Deutschland, in Österreich und in der Schweiz Aktivitäten entstanden, wie Ringvorlesungen, Sommeruniversitäten, Symposien, Kongresse, Zeitschriften, Buchreihen, Archive. Die Forderung nach Professuren, wissenschaftlichen Einrichtungen für Frauenforschung und entsprechender Förderung hat zu ersten Ergebnissen geführt: Es gibt inzwischen an den Universitäten Berlin, Bielefeld, Bonn, Osnabrück und Frankfurt Frauenforschungsprofessuren, in Hannover wurde das außeruniversitäre Forschungsinstitut Frau und Gesellschaft gegründet, in Berlin und Hamburg werden Zentraleinrichtungen bzw. Koordinationsstellen für Frauenstudien und Frauenforschung an der Hochschule gefördert. Die wissenschaftliche Beschäftigung mit frauenspezifischen Fragen und die zu beobachtende Institutionalisierung tragen auch die Möglichkeit der Ghettoisierung und neuer Diskriminierung in sich, indem Forscherinnen als nur Frauenforschende abgestempelt und ins Abseits gestellt werden. Deshalb muß hinzukommen, daß Wissenschaftlerinnen ihre Interessen und Vorstellungen in den gesamten Wissenschaftsbereich einbringen und dort durchsetzen.

Frauenförderung an der Universität

Frauenförderung, die nicht nur quantitative, sondern auch qualitative Veränderungen zum Ziel haben muß, läßt sich nur als gemeinsame Aufgabe von Frauen und Männern verwirklichen. In der Bundesrepublik Deutschland wurde im 1986 novellierten Hochschulrahmengesetz der Abbau der Benachteiligung von Wissenschaftlerinnen als Aufgabe der Hochschule verankert. Diese rechtliche Regelung ist inzwischen in Landeshochschulgesetze aufgenommen und konkretisiert worden. Danach sollen Frauenbeauftragte an Hochschulen, Senatskommissionen für Frauenfragen und Frauenförderpläne die Situation von Frauen in der Wissenschaft verbessern.

Literatur: *Ulla Bock u. a.* (Hrsg.), Frauen an den Universitäten (Frankfurt a.M. 1983); *Der Bundesminister für Bildung und Wissenschaft* (Hrsg.), Frauen in Forschung und Lehre (Bonn 1985); *Jonathan R. Cole / Harriet Zuckerman,* Ehe, Mutterschaft und Forschungsleistung, in: Spektrum der Wissenschaft 4 (1987) 42–49; *Beate Klöckner,* Unter lauter Männern, in: Kursbuch 47 (Frankfurt a.M. 1977); *Sigrid Metz-Göckel* (Hrsg.), Frauenstudium. Zur alternativen Wissenschaftsaneignung von Frauen (Hamburg 1979); *Wilma Mohr,* Frauen in der Wissenschaft (Freiburg i.Br. 1987); *Kristine v. Soden / Gaby Zipfel* (Hrsg.), 70 Jahre Frauenstudium. Frauen in der Wissenschaft (Köln 1979).

Maria Böhmer

Wohnen

↗ Ausbildung; Frauenberufe; Hausfrauen; Kinder; Kultur

Einfluß von Frauen

Wohnen ist Befriedigung menschlicher Grundbedürfnisse an gesichertem, geschütztem Ort. Ursprünglich in der Gesellschaft (Sippe, feudale und später Großfamilie), heute in der Regel in der Kleinfamilie bzw. im Einpersonenhaushalt (singles).

Die Wohnform ist verschieden je nach Klima, Tradition, Zeitepoche und sozialer Stellung der Bewohner. Das Wohnumfeld ist mitbestimmend: Wohnen in der Stadt ist verschieden vom Wohnen auf dem Lande. Im eigenen Heim kann der/die Bewohner/in den Grundaufbau mitbestimmen. Die Einflußnahme der Frau auf ihre Behausung war im feudalen Europa erst nach dem Tode ihres Gatten möglich, da alleinstehende Frauen keine Lehen nehmen konnten. Die Forschung hat bis heute mangels Dokumenten noch keinen Beitrag zur Frage der Mitgestaltung des in der Grundanlage stark verwobenen Bauernhauses durch die Bäuerin vorlegen können. Unterschiede zwischen Mönchs- gegenüber Nonnenklöstern gleicher Orden und gleicher Stilepoche manifestieren sich im Verzicht der Nonnen auf Pomp zugunsten von Gemütlichkeit und Gartennähe. Die Beteiligung adliger Frauen an der Beaufsichtigung des Schloßbaus während der Kriegsabwesenheit ihres Gemahls ist mehrmals belegt. Als Entwerferin des eigenen Palastes wird bisher einzig Bess of Hardwick für Hardwich Hall (England, Anfang des 17. Jahrhunderts) vermutet. Die rationalistische Mietskaserne wie die großbürgerliche Villa des 19. Jahrhunderts sind ganz von Architekten, Bauherren und Unternehmern bestimmt. Das Bauhandwerk lag bis nahe an die Neuzeit ausschließlich in den Händen der Männer. Architektinnen und Planerinnen werden erst im 20. Jahrhundert ausgebildet. Am Bauhaus, der Wiege der modernen Architektur, lehrte keine einzige Meisterin Architektur.

Wohnbedürfnisse von Frauen

Der Einfluß der Frau auf ihre Wohnung beschränkte sich bislang hauptsächlich auf deren Einrichtung und Ausschmückung. Im agraren Bereich ist dieser Einfluß auch heute stärker ausgeprägt als im städtischen. Der Stolz auf die Wohnung kommt bei der Frau sehr stark zum Ausdruck. Die Wohnung stellt das eigenste Territorium dar, welches mit viel Liebe und Beharrlichkeit nach der eigenen Persönlichkeit der Frau ausgestaltet wird. Traditionellerweise ist die Frau zeitlich länger und in ihrer Rolle als Hausfrau und Mutter intensiver mit der Wohnung verbunden als der Mann. Ihr Wohnbedürfnis ist stark auf die Gegenwart programmiert. Praktische Raumkombinationen, Wohnlichkeit, Nähe zu Hof- und Gartenraum, Eingebunden-Sein in ein nachbarschaftliches Wohnumfeld erscheinen in der Wohnungsbeurteilung für die Frau wichtiger als repräsentative Qualitäten wie Fassade, Eingangsbetonung, beeindruckendes Treppenhaus. Ob hieraus Kriterien für eine Frauenarchitektur abgeleitet werden können, wird zur Zeit diskutiert. Vernetzte, noch unerwartete Raumkombinationen ermöglichende Raumabfolgen scheinen den Wohnbedürfnissen der Frau eher entgegenzukommen als fließbandartig hintereinander geschaltete, organisierte Abläufe vorbestimmende Räume. Ferner sprechen Frauen sehr empfindlich auf im Innern der Wohnung verwendete Baumaterialien an, teils wegen der Raumpflege, teils wegen einer Freude am sinnlichen Wahrnehmen.

Neue Konzepte

In neuen Mietwohnungen fehlen meist ganzheitliche Konzepte. Das funktionelle Aufteilen der Wohnungen in Tages- und Nacht-Zonen erschwert die Aufgabe der Hausfrau und Mutter in der Pflege von Kindern, älteren Leuten, Kranken. Küchen im rein funktionellen Ablauf zwingen zum Abfertigen von Speisen auf dem Prinzip der industriell-rationalen Bandfertigung, statt unter Einbezug der Familiengemeinschaft. Zu einseitig auf Funktionen ausgerichtetes Bauen zwingt die Bewohner oft zur vom Planenden vorprogrammierten Bewohnungsweise. Neue Bestrebungen tendieren dazu, den Bewohnern vermehrt Benützerfreiheit zu erlauben: Zimmer gleicher Größe, ohne Hierarchisierung angelegt und unter sich kombinierbar, große Wohnküchen usw. Die Forderung nach dem eigenen Zimmer für die Frau wurde schon von Virginia Woolf gestellt („A room of one's own").

Gemeinschaftsformen des Wohnens wurden als Reaktion auf die Überbeanspruchung der Frau in Beruf und

Familie entwickelt. Es wird unterschieden zwischen: turnusmäßig gemeinsamer Nutzung je eines Eßzimmers einer Nachbargemeinschaft zur Entlastung der Hausfrauen (Amerika um 1900), Appartmenthäusern ohne eigene Küchen, jedoch mit komplettem Service (Amerika um 1910, Stockholmer Kollektivhaus 1935), frühen sozialistischen Arbeiterhäusern mit Gemeinschaftseinrichtungen (Robert Owen; Charles Fourier: Phalanstère; André Godin: Familistère in Guise; Unwin: Wellyn Garden City usw.) sowie neueren Kollektivhausüberbauungen in Osteuropa, neuesten Um- und Neubauten von Wohnungen mit Gemeinschaftseinrichtungen in Westeuropa, vornehmlich in den Niederlanden und in Dänemark.

Für das Wohnen entstehen immer neue Utopien, Träume und daher neue Bau-, Bewirtschaftungs-, Finanzierungsmodelle. Das Wohnen in Heimen ist gleichermaßen Wandlungen unterworfen.

Literatur: *Leonardo Benevolo,* Die Geschichte der Stadt (Frankfurt a.M. 1983); *Verena Dietrich,* Architektinnen (Stuttgart 1986); *Dolores Hayden,* The Grand Domestic Revolution (Cambridge 1981); *Margrit Kennedy,* Zur Wiederentdeckung weiblicher Prinzipien in der Architektur, in: Basler Magazin 7 (1981); *Wulf Dieter Rose,* Wohngifte (edition wandlungen 1984); *Beate Schnitter,* Möglichkeiten einer Frauenarchitektur, in: Christa Köppel / Ruth Sommerauer (Hrsg.), Frau. Realität und Utopie (Zürich 1984) 217–226; *Virginia Woolf,* A room of one's own (Hamondsworth o. J.); Das andere Neue Wohnen, Museum für Gestaltung (Zürich 1987).

Beate Schnitter

Z

Zärtlichkeit

↗ Aggressivität; Christentum; Ehe- und Paartherapie; Emotionalität und Rationalität; Ganzheitlichkeit; Gottesbilder; Leib / Leiblichkeit; Liebe; Männerbilder; Mütterlichkeit; Mystik; Natur; Sexualethik; Sexualität; Väterlichkeit

Der „Prozeß der Zivilisation“

Zärtlichkeit, die in den Zärtlichkeiten der Mütter und der Liebenden da ist, aber sie übergreift, wird von je den Frauen besonders zugeschrieben; aber die polare Verteilung, Zärtlichkeit den Frauen, den Männern die Aggressivität, genügt vielen nicht mehr.

Heinrich Böll forderte in einem Gespräch (1969) gegen die Trockenheit der Theologie eine „Theologie der Zärtlichkeiten Maria Magdalenas“. Es sei uns vorenthalten worden, was „sich hinter der *Wirklichkeit* einer Frau, deren ‚Sündigkeit‘ darin bestand, ‚viel geliebt‘ zu haben“, verberge. Damit ist eine männlich geprägte Theologie, später eine ebensolche Wissenschaft angeklagt, in der die Frau, die Natur, der emotionale und triebhafte Bereich an den Rand gedrängt erscheinen. War in der Mystik des Mittelalters das weibliche Element noch stark genug, ging die asketische Richtung des europäischen Christentums den Weg der Frauenverdrängung. Aufklärung und das industrielle 19. Jahrhundert intensivierten die geistes- und gefühlsgeschichtliche männliche Ausprägung und säkularisierten die Askese in Wissenschaft und Technik, in Arbeit, Macht- und Gewinnstreben.

Was Norbert Elias als „Prozeß der Zivilisation“ beschreibt, ist fortschreitende Distanzierung voneinander, auch vom eigenen Körper; die damit verbundene Ent-Emotionalisierung bringt einen Verlust an Unmittelbarkeit und Wärme des Hautkontaktes, des Fühlens. Die Nah-Sinne, das Tasten zuerst, treten zurück, das Visuelle herrscht, darin die Distanz und das Artifizielle („Tele"-Kommunikation). Die Entwicklung von Arbeit und Wirtschaft reduziert die persönlichen Kontakte (z.B. Medizin-Betrieb). Der Sport transformiert den Körper ins Instrumentelle, das Körpergefühl verschwindet hinter der Leistung. Die Kälte der Maschinen- und Apparate-Welt, der großen Institutionen verstärkt das Verlangen nach Zärtlichkeit, dem spezifisch Menschlichen; die weibliche Art, Mensch zu sein, meldet sich wieder.

Sexualität und Zärtlichkeit

Schon Freuds Sprachgebrauch von Zärtlichkeit als vom sexuellen Triebziel abgelenkte Erotik weist auf das mögliche Auseinanderlaufen zweier Tendenzen: das „Nichtzusammentreffen zärtlicher und sinnlicher Regungen" führe zu sexuellen Störungen bei Mann und Frau – heute ein wichtiges Arbeitsgebiet verschiedener Psychotherapieformen. Wo Sexualität instrumentalisiert oder das Sexuelle zum Abstraktum wird, in dem der ganze konkrete Mensch aus dem Blick gerät, droht die Gefahr einer Pathologisierung der Geschlechterbeziehung. Zu den negativen psychologischen Erscheinungen einer die Zärtlichkeit ausklammernden Praxis des „Sex" gehört, daß das Motiv der Lust am Unterwerfen, letztlich am Zerstören durchschlägt und sich mit der sexuellen Motivation verbindet. Das „Spiel" zwischen den Geschlechtern kann in die Nähe des Kampfes um den Platz in der sozialen Ranghierarchie geraten. Auch von diesen vieldiskutierten Erfahrungen her ist die Rückwendung zur ganzheitlichen Antwort auf den anderen Menschen verständlich; sie ist in ihrer ganzen Reichweite zu sehen: „Zärtlichkeit ist eine (Austreiberin) von Herrschaftsansprüchen, das ist ihre soziale Brisanz. Zwischen Herrschendem und Beherrschtem, Sieger und Besiegtem ist keine Zärtlichkeit möglich, höchstens sado-masochistische Angstlust" (Kurt Marti).

Perspektive umfassender Kommunikation

Die Ethologen leiten Zärtlichkeit vom Körperkontakt zwischen Mutter und Säugling ab, von der Haut als dem größten und wichtigsten Körperorgan für Wahrnehmung, Ausdruck und Mitteilung. Fehlender Hautkontakt ist in Beobachtungen an Kindern (René Spitz) und in Tierexperimenten als entwicklungshemmend nachgewiesen; körperliches Berühren fördert die Bindung von Mutter und Kind, es ist die Sprache der Liebe. In der Zärtlichkeit zwischen Erwachsenen wird die teils angeborene, teils sehr früh erlernte Sprache des Tastsinnes wieder aufgegriffen, weiterentwickelt, mit der umfassenden, auch verbalen Kommunikation und mit dem tiefer gewordenen Gefühl verschmolzen. Zärtlichkeit, wie überhaupt Kommunikation, beides letztlich Ausdruck der Liebe, sind bestimmt durch verschiedene Dimensionen: Dazu gehört Wechselseitigkeit von Befriedigung und Anregung bei beiden Partnern, die in der Sensibilität füreinander ihre Voraussetzung hat. Zur Erfahrung der Zärtlichkeit gehört auch Rückbezüglichkeit, d.h., in ihrem Vollzug spüre ich den anderen *und* mich selber. Sie ist also eingebunden in Kreisprozesse (feed-back) des Wahrnehmens und Reagierens zwischen zwei Menschen (oder Mensch und Tier oder Pflanze, oder Mensch und Ding) und ist nicht als linearer, kausaler Vorgang zu denken. Das Überraschende, Neue, das Wagnis macht die Frische der Zärtlichkeit aus, das Glatte und Immer-Gleiche wäre ihr Tod. Intelligenz, Phantasie, Einfühlung, kurz: alle Kräfte des Menschen haben teil an ihr; am Nur-Weichen, Nur-„Zärtlichen" würde sie ersticken, die Breite des Empfindens und Erlebens wäre ausgesperrt. Zärtlichkeit hat damit Anteil an den Regelkreisprozessen des Körpers, der z. B. nach einer Anspannung nach Entspannung strebt. Sie vermag das Übergewicht des Aktivseins auszusteuern und das nötige Maß an wohltuender Passivität (Schlaf, Loslassen, Schmerz-Stillen, Sich-Hingeben) zu fördern. Als Art und Weise der Kommunikation, ja der Existenz steht Zärtlichkeit letzten Endes für die begierdefreie Präsenz (Roland Barthes), die nichts will, sondern berührt und sich berühren läßt, oder für die Gegenwart des Du (Martin Buber). Tastsinn und Hautkontakt sind dafür zwar Ausgangspunkt, der aber überschritten wird und Symbol für die Berührung des Unberührbaren bleibt.

Verletzbarkeit und Versöhnung

Gerade indem Zärtlichkeit sich verletzbar macht und den Schmerz keineswegs ausschließt, mit der Angst davor also anders umgeht als fliehend oder kämpfend, ist sie auf dem Weg zur Versöhnung, ihrem letzten (utopischen) Ziel (Kurt Marti) – darin hat sie mit Gott zu tun, ist eine Weise, die „Schöpfung aus der Perspektive der Zärtlichkeit, nicht der Herrschaft“ (Dorothee Sölle) zu begreifen: Versöhnung zwischen Leib und Seele, Ich und Unbewußtem, Wissen und Gefühl, Weichem und Starkem, Kinderwelt und Erwachsenenrealität, Mann und Frau, überhaupt zwischen Mensch und Mensch, nicht zuletzt, heute sehr dringend geworden, zwischen Mensch und Natur.
Dem paradiesischen Zustand der Versöhnung entspricht das Spielerische der Zärtlichkeit, auch ihr Verweilen, Zeithaben und Zeitvergessen. Sie ist die andere, die universelle Sprache, die von den Kindern verstanden wird wie von den Sterbenden, von den Traurigen, die Trost suchen, wie von den Schwachsinnigen, die von der Wortsprache nicht erreicht werden, und von den Tieren. Zärtlichkeit bereitet den Überschritt ins Jenseits der Sprache vor, auch in der Sprache selbst, der sie ihren Ton leiht.

Literatur: Almanach 10 für Literatur und Theologie: Zärtlichkeit (Wuppertal 1976), bes. 22–26, 35–40; *Wolfgang Bartholomäus,* Unterwegs zum Lieben. Erfahrungsfelder der Sexualität (München 1988); *Heinrich Böll* im Gespräch, in: Internationale Dialog-Zeitschrift 2 (1969) 291–295; *Martin Buber,* Ich und Du (Leipzig 1923); *Norbert Elias,* Prozeß der Zivilisation (Frankfurt a. M. [2]1969); *Hildegunde Fischle-Carl,* Vom Glück der Zärtlichkeit (Freiburg i. Br. [2]1985); *Andrew Greeley,* Erotische Kultur (Graz 1977); *Herbert Haag / Katharina Elliger,* Stört nicht die Liebe. Die Diskriminierung der Sexualität – ein Verrat an der Bibel (Olten – Freiburg i. Br. 1986); *Dietmar Mieth,* Die Kunst, zärtlich zu sein. Wege zur Sensibilität (Freiburg i. Br. [5]1987); *Jean Laplanche / J. B. Pontalis,* Das Vokabular der Psychoanalyse, Bd. II: Art. Zärtlichkeit (Frankfurt a. M. 1973); *Dorothee Sölle,* Lieben und Arbeiten. Eine Theologie der Schöpfung (Stuttgart [3]1986).

Barbara und Lorenz Wachinger

Zyklus/Zyklen

↗ Esoterik; Ganzheitlichkeit; Identität, weibliche; Klimakterium; Leib / Leiblichkeit; Menstruation; Natur; Schwangerschaft; Urbilder, weibliche; Weiblichkeitssymbole

Begriff

Zyklus ist ein periodisch ablaufendes Geschehen, ein Kreislauf, der zu sich selbst zurückführt, aber auch eine Abfolge von sich regelmäßig wiederholenden Dingen und Ereignissen, die zusammengehörend aufeinanderfolgen. Zyklisches ist also kreisförmig.

Kreissymbole

Der Kreis ist eines der Ursymbole. Er bezeichnet das Allesumschließende, Umfassende, ist Symbol des Eis, das alles Leben einschließt, und damit ein ursprünglich rein weibliches Symbol. Er gilt als Symbol für Ganzheit, Vollkommenheit, für das Göttliche, das Auge Gottes, das Paradies als das harmonisch Eingebettete, für das All und den Himmel mit dem Kreislauf der Gestirne, für Harmonie, denn der Kreis verbindet alle Gegensätze harmonisch. Er war ein Glückszeichen der Antike, im Mittelalter dann allegorische Darstellung für die Unbeständigkeit des

Glücks. Der Rundhorizont umschließt die Welt und läßt ein kreisförmiges Weltbild mit kreisförmigem Kosmos erscheinen. Der Wohnort wird oft kreisrund dem Weltbild nachgebaut, aber auch Sakralbauten als Abbild und Sinnbild des Kosmos. Rituelle Bräuche gehen auf den Kreis zurück: im Kreis gehen, ein Opfertier wird im Kreis herumgeführt, einen Kreis bilden; Kreistänze sind uralte Rituale. Im Zenbuddhismus symbolisiert der Kreis das höchste Wissen in seiner runden Universalität. Der Vollmond bedeutet die vollkommene „runde" Erleuchtung. In den Religionswissenschaften und der Psychologie ist er Symbol der Ganzheit und des Selbst. Abgeleitete Symbole sind Ring und Kranz, das Rad, bereits aus Darstellungen der Steinzeit bekannt und zentrales Symbol des Buddhismus, das Radkreuz und davon abgeleitet, das Hakenkreuz. Hier sind die Ursymbole Kreis und Kreuz verbunden. Die Null ist der Kreis, der die Leere umgibt. Im Yin-Yang-Zeichen wird der Kreis als das absolute oder das undifferenzierte Sein durch eine Kurve in zwei Hälften geteilt, die Sinnbilder der kosmischen Polarkräfte sind. Im Mandala soll sich in der Psychologie (C. G. Jung) das Selbst manifestieren. Das Mandala ist in der Meditation ein Hilfsmittel für die große Verwandlung, es besteht aus konzentrischen Kreisen, die ein Quadrat einschließen, und stellt das All dar: Verbindung der Ursymbole Kreis und Quadrat. Die kosmische Schlange, die sich in den Schwanz beißt, bei den Griechen Uroboros, symbolisiert den Kreis der Zeit oder des Universums, der die Welt umgibt. Im Tantrismus Symbol der Lebenskraft im Menschen.

Zyklischer Zeitbegriff

Als Symbol von Zeit und Unendlichkeit ist der Kreis Zeichen zyklischer Abläufe, Symbol der Zeit zwischen Geburt, Tod und Wiedergeburt. Das ursprüngliche Symbol der Zeit war das Glücks- oder Lebensrad, in allegorischer Darstellung von der Natur oder von Fortuna gedreht. In der Neuzeit wurde der ursprünglich zyklische Zeitbegriff linear und durch einen Greis (Chronos) und Zeitmeßinstrumente (Stundenglas, Uhr) dargestellt. Der Kreis zeigt ein zyklisches Zeit- und Geschichtsdenken auf, das vom eschatologischen Denken (mit Pfeilsymbolik) abgelöst wurde. Der Kalenderzyklus ist viergeteilt, entsprechend liegen die großen Feste: Frühlings-Tagundnachtgleiche als Initiation mit dem Osterfest, Sommersonnenwende als heilige Hochzeit, wird nicht mehr gefeiert, Herbst-Tagundnachtgleiche als Opfertod mit dem Erntedankfest, Wintersonnenwende als Wiederkehr und Wiedergeburt mit Weihnachten. Die christlichen Feste nehmen Elemente der Feiern im Jahreszyklus auf.

Biorhythmen

Alle Naturgesetze, alle Lebensvorgänge laufen zyklisch ab. Es gibt die Tagesperiodizität, aber auch größere Zeitspannen, wie etwa der monatliche weibliche Zyklus oder jahreszeitliche Veränderungen. Der Tagesrhythmus kommt z.T. durch Umweltreize zustande, wie Helligkeitsschwankungen und Temperaturveränderungen und kann synchronisiert werden, es gibt auch autonome biologische Rhythmen. Zyklisch sind die Aktivitäten des vegetativen Nervensystems, Blutdruck- und Wärmeregulation, Muskelspannung, auch Schlaf-Wach-Rhythmus, Wechsel der Konzentrationsfähigkeit u.v.a.m.

Eine Sonderform des Biorhythmus ist der weibliche Zyklus. Er umfaßt den Aufbau der Gebärmutterschleimhaut und die Follikelreifung (Follikelphase), den Eisprung (Periovulatorische Phase), die Zeit der Befruchtungsmöglichkeit und den weiteren Aufbau der Uterusschleimhaut (Lutealphase) und den Zusammenbruch der Schleimhaut (Menstruationsphase). Die Dauer des Zyklus entspricht der Dauer der Mondphase. Die zyklische Erfahrung der Frau als fester Zeitgeber spiegelt sich also in der zyklischen Wandlung des Mondes, wobei die Phase des Neumondes wie die Phase der Menstruation abgewertet oder als Phase nicht mehr wahrgenommen werden, hingegen wird die Ovulation (Fruchtbarkeitsideologie) wie der Vollmond (vgl. Dichtung) aufgewertet. So wird das Zykluserleben und damit der Zyklus gestört, weil die Phasen nicht mehr wertfrei oder gleichwertig gesehen werden.

Heutige Situation

Alle Naturgesetze sind zyklisch. Auch hier ist die Ordnung, die Regel gestört. Die Biorhythmen werden durch die künstliche Verlängerung des Tages und Außenreize beeinflußt. Die Regenerationsfähigkeit der Erde wird durch Vernutzung und Ausschaltung der ökologischen Selbstregulierung gestört. Das Wissen um die nichtlinearen, zyklischen Abläufe aller Lebensvorgänge ist als spezifisch weibliche Erfahrung abgewertet worden und total verlorengegangen. Die Gesetze der zyklischen Wiederkehr, der Regeneration, der Bezogenheit und Beziehung und der gegenseitigen Abhängigkeit der Einzelteile vom Ganzen werden ignoriert. Auch Recycling als Gegensteuerung setzt sich als zyklisches Geschehen nicht durch. Dennoch geschieht ständig Zyklisches: Nach der Zerstörung durch Katastrophen (Gift, Radioaktivität) folgt die Entgiftung als in einer immer neuen Abfolge nicht mehr sinnvoller Wechsel von Zerstörung und Wiederaufbau. Die Beherrschung der Erde und die Unterdrükkung der Natur lassen die Einbettung in die zyklischen Lebensvorgänge und damit Regeneration und Gesundheit nicht mehr zu.

Literatur: *Mircea Eliade,* Kosmos und Geschichte (Frankfurt a.M. 1984); *Wolf-Dieter Keidel,* Kurzgefaßtes Lehrbuch der Physiologie (Stuttgart 1967); *Manfred Lurker* (Hrsg.), Wörterbuch der Symbolik (Stuttgart 1979); *Ingrid Olbricht,* Wiederentdeckung von Weiblichem, in: Peter Michael Pflüger (Hrsg.), Wendepunkte Erde Frau Gott (Olten – Freiburg i.Br. 1987); *Jutta Voss,* Das Schwarzmond-Tabu. Die kulturelle Bedeutung des weiblichen Zyklus (Stuttgart 1988).

INGRID OLBRICHT

ZUR SITUATION VON FRAUEN IN DEN FÜNF NEUEN BUNDESLÄNDERN DER BUNDESREPUBLIK DEUTSCHLAND

von Jutta Gysi und Gunnar Winkler

Einführung

Es ist unbestritten, daß Frauen in der ehemaligen DDR zu den Akteuren des gesellschaftlichen Umbruchs gehörten und nicht unwesentlich zur demokratischen Erneuerung im Osten Deutschlands beigetragen haben. Eine Vielzahl von Initiativen, Frauenorganisationen und -gruppen, die im Herbst 1989 und Frühjahr 1990 entstanden, sahen im Umbruch „eine historische Chance für Frauen in Ost und West" (so Uta Röth, Vertreterin des Unabhängigen Frauenverbandes am Runden Tisch) und erhofften sich eine von Fraueninteressen getragene Frauenpolitik.

Man muß nüchtern feststellen, daß von dieser „Aufbruchsstimmung" wenig geblieben ist. Das alles beherrschende Übergewicht etablierter Parteien, soziale Sorgen und Nöte des Alltags, wachsende Ungleichheiten von Mann und Frau auf dem Arbeitsmarkt und in der Einkommensverteilung, die Beseitigung von sozialen Netzen und Infrastrukturen, die es Frauen erleichterten, Erwerbsarbeit und Familienarbeit miteinander zu vereinbaren, tragen tendenziell bereits wieder zur Entpolitisierung der Frauen bei.

Da im Umbruch zunächst grundlegendere Fragen als z. B. Frauenförderung und Frauenquotierung im Vordergrund standen, gerieten Frauenprobleme von Anfang an in den Hintergrund und konnten – nachdem sich durch Übernahme wieder patriarchalische Macht- und Gesetzesstrukturen etablierten – nicht mehr rechtzeitig artikuliert werden. Das Tempo des Einigungsprozesses hat spezifische Fraueninteressen überrollt. Die Chance für deren Neubestimmung in der Politik wurde damit vergeben. Der im ersten Staatsvertrag enthaltene Satz: „Die Belange von Behinderten und Frauen sind zu berücksichtigen" weist Frauen einen Randgruppenstatus zu und macht deutlich, wie Politiker aus Ost und West Frauenprobleme im geeinten Deutschland gefaßt haben wollten. Auch der Einigungsvertrag geht in Art. 31, Abs. 1, über Anweisungen an den gesamtdeutschen Gesetzgeber nicht hinaus, wonach dieser unter Beachtung der unterschiedlichen Ausgangssituationen in der Erwerbsarbeit von Vätern und Müttern die Rechtslage unter dem Gesichtspunkt der Vereinbarkeit von Beruf und Familie zu gestalten habe.

Die zu Beginn des Jahres 1990 vom Runden Tisch ausgehenden Initiativen zur Gleichbehandlung und Gleichberechtigung von Frauen – nicht zuletzt vom neugebildeten Unabhängigen Frauenverband gefordert – fanden z. B. bei den ersten freien Wahlen im März 1990 kaum Anerkennung. In der am 18. März 1990 gewählten Volkskammer erhielten von 400 Abgeordneten insgesamt 82 Frauen ein Mandat, das waren 20,5% aller Abgeordneten. Das von den Parteien im Vorfeld der Wahl verkündete Ziel, einen Frauenanteil von mindestens einem Drittel zu erreichen, wurde nicht verwirklicht.

Auch dieses Kräfteverhältnis trug dazu bei, die zukünftigen Chancen von Frauen auf dem Arbeitsmarkt zu verdrängen und viele von ihnen auf die Familie zurückzuverweisen. „Bei allen Härten, die die Doppel- und Dreifachbelastung als Erwerbstätige, Hausfrau und Mutter – und dies war bislang die Normalität – für die DDR-Frauen mit sich gebracht hat, hat sie ihnen doch auch ein vergleichsweise hohes Maß an Autorität garantiert – nicht etwa in Wirtschaft oder Politik, wohl aber innerhalb der Familie. Mit dem Verlust der Verdienerrolle ist auch diese Autorität und das gewiß berechtigte Selbstbewußtsein der Frauen in Ostdeutschland gefährdet" (Ulrike Sommer, 286). Die Meinungen darüber, wie sich Frauen in Ostdeutschland zur Erwerbsarbeit verhalten werden und ob das westliche Verhaltensmuster Oberhand gewinnen wird, gehen derzeit noch auseinander. Vor allem progressive Frauen in Westdeutschland appellieren, Vorhandenes nicht aufzugeben. Damit wird z.T. allerdings auch versucht, in 40jähriger BRD-Geschichte nicht Erreichtes jetzt über Ostdeutschland und später für die gesamte Bundesrepublik zu etablieren. Die Erwartungen, mit denen die übergroße Mehrheit der Frauen in die Einheit Deutschlands ging, waren hoch gespannt und keineswegs nur konsumorientiert. Sie betrafen und betreffen heute noch

- Chancengleichheit und Beachtung geschlechtsspezifischer Sozialisationsunterschiede zwischen Jungen und Mädchen im Bereich der schulischen und beruflichen Bildung;
- Chancengleichheit bei der Wiedereingliederung in den Arbeitsmarkt, in Arbeitsbeschaffungsmaßnahmen, in Bildungs- und Beschäftigungsgesellschaften (eventuell auch durch Quotenregelung);
- Abschaffung des Paragraphen 218 und Beibehaltung der östlichen Fristenlösung bei eigener Entscheidung der Frau;
- Mindest- bzw. Grundsicherung für Frauen im höheren Lebensalter aufgrund fehlender Möglichkeiten einer lebenslangen individuellen Vorsorge;
- Mindest- und Grundsicherung für Alleinerziehende, um ihr generelles Abgleiten auf Sozialhilfeniveau zu verhindern;
- staatliche Subventionierung von Kindereinrichtungen verschiedenster Träger als Bestandteil einer aktiven Arbeitsmarktpolitik (nur bis 1.7.1991 geregelt).

Frauen in der ehemaligen DDR sind von den politischen und ökonomischen Veränderungen in besonderem Maße betroffen. In den vergangenen Jahrzehnten konnten sie individuell erleben, wie trotz eines gesellschaftlich propagierten Leitbildes von Gleichberechtigung zwischen Mann und Frau sich letztendlich weder an der geschlechtsspezifischen vertikalen noch an der horizontalen Arbeitsteilung grundlegend etwas verändert hat. Gleichberechtigung wurde einseitig an der Quote der Berufstätigkeit und an erreichten Bildungsabschlüssen gemessen. Die wesentlichen Ursachen für soziale Ungleichheiten blieben jedoch bestehen. Frauen waren von der demokratischen Mitwirkung zur Durchsetzung ihrer spezifischen Interessen als Arbeiterinnen, Angestellte oder Akademikerinnen und als Mütter und Hausfrauen weitgehend ausgeschlossen. Die zentralisierte Planwirtschaft konservierte und reproduzierte die sozialen Ungleichheiten in Beruf, Bildung und Einkommen, die sich bis heute in allen Berufen und Tätigkeiten, in allen Altersgruppen in spezifischer Form wiederfinden.

Mit einer offiziell auf Vereinbarkeit von Berufstätigkeit und Mutterschaft ausgelegten Arbeitsmarkt- und Sozialpolitik wurden ausschließlich Bedingungen geschaffen, die es

Frauen ermöglichten, ihre Probleme zu verringern, ohne die Ursachen sozialer Ungleichheiten zu beseitigen. Trotz eines Lebenskonzeptes, das auf Berufstätigkeit, Familie und Kindern beruhte, war es letztlich die Frau, die zugunsten der Familie und der Kinder auf vieles verzichtete. Vereinbarkeit von Berufstätigkeit und Vaterschaft und damit Berufstätigkeit und Elternschaft gehörten nicht zum politischen Konzept in der ehemaligen DDR.

Frauenpolitik

Wenn auch heute noch aus verschiedenen Positionen unterschiedlich betrachtet und gewertet, läßt sich auf die vierzigjährige Periode zurückblikkend feststellen:

Erstens: Frauen- und Familienpolitik als systemstabilisierende Teile der Gesellschaftspolitik unterlagen mit dem Verfall des realen Sozialismus einer zunehmenden Verzerrung und dem Mißbrauch zuungunsten von Frauen. Frauenpolitik war – im letzten Jahrzehnt sogar in wachsendem Maße – Politik „für" statt Politik „von" Frauen. Sie war zentralistisch konzipiert und klammerte eine Mitwirkung der weiblichen Bevölkerung beinahe vollständig aus. Eigenständigkeit in der Interessenvertretung wurde weder von den Blockparteien noch von den Gewerkschaften, noch weniger vom Demokratischen Frauenbund Deutschlands wahrgenommen.

In den einzelnen Etappen der gesellschaftlichen Entwicklung in der DDR ordnete die SED die Frauenpolitik in die jeweiligen zentralen politischen Aufgaben ein, legte Prioritäten fest und kontrollierte durch entsprechende Leitungsgremien (z. B. Frauenkommission der SED bzw. der Gewerkschaften auf zentraler, kommunaler und betrieblicher Ebene) die Einhaltung der zentral gefaßten Richtlinien und Beschlüsse.

Zweitens war Frauenpolitik fast immer begrenzt auf den arbeitenden Teil der weiblichen Bevölkerung, in der letzten Zeit vor allem auf die berufstätigen Mütter. Die Vereinbarung von Berufstätigkeit und Mutterschaft (nicht Elternschaft) stellte auch den Hauptinhalt der Sozialpolitik gegenüber Frauen dar. Kinderlose und nichtberufstätige Frauen wie z. B. Rentnerinnen waren aus der Frauenpolitik ausgeklammert. In den Anfangsphasen der DDR bildeten die allgemeine und die berufliche Qualifizierung den Schwerpunkt der Frauenpolitik, verbunden mit der Aufgabe, durch die gezielte Gewinnung von nichtberufstätigen Frauen über die Teilzeitarbeit die Zahl der Frauen an den Berufstätigen wesentlich zu erhöhen.

Die Frauenpolitik verfolgte von Anbeginn der Existenz der DDR das Ziel, die Frauen unter solchen Bedingungen in den gesellschaftlichen Arbeitsprozeß einzubeziehen, die es ihnen ermöglichten, Berufstätigkeit und Mutterschaft miteinander zu vereinbaren. Das Prinzip der Wahlfreiheit, sich für Beruf oder Mutterschaft zu entscheiden, gab es für die Frau in der DDR zu keinem Zeitpunkt. Als Beispiel sei das „Gesetz über den Mutter- und Kinderschutz und die Rechte der Frau" aus dem Jahr 1950 genannt.

Die Vereinbarkeit von Berufstätigkeit und Mutterschaft wurde seit den 70er Jahren als weitgehend gelöst betrachtet. Vorhandene Widersprüche wurden in wachsendem Maße ignoriert und die Widersprüchlichkeit von Entwicklungsprozessen übergangen. Trotz des im Verlauf der 40jährigen DDR-Entwicklung Erreichten – z. B. hohes Bildungsniveau, hoher Versorgungsgrad mit Plätzen in Kinderbetreuungseinrichtungen – war die Vereinbarkeit von Berufstätigkeit und Mutterschaft im Leben für die einzelnen nicht gelöst. Individuelle Probleme wurden allerdings in der Politik der Betriebe beachtet.

Drittens wurde bei allen Fortschritten hinsichtlich der Gleichheit in der Rechtsgestaltung eine tatsächliche Gleichberechtigung nicht erreicht, waren soziale Ungleichheiten zwischen Mann und Frau gravierender als andere vorhandene Ungleichheiten zwischen sozialen Gruppen. Die deklarierte Gleichberechtigung hatte den Nachsatz erhalten, daß Frauen zunächst einmal bestimmte Bedingungen garantiert werden müßten, um von ihren gleichen Rechten auch Gebrauch machen zu können. Trotz aller Fortschritte war die Frauenpolitik auf den Erhalt sozialer Unterschiede zwischen den Geschlechtern und die Verfestigung traditioneller Rollenmuster gerichtet.

Viertens traten die größten Versäumnisse in der Frauenpolitik gegenüber der älteren Generation auf. Die zu 75% aus Frauen bestehende Rentner-Generation, die der „Trümmerfrauen“, lebte unter Bedingungen, die mit humanistischen Vorstellungen nicht vereinbar waren. Ungleichheiten, die historisch entstanden waren, wurden auf „Niedrigniveau“ egalisiert und legalisiert.

Es läßt sich feststellen: Eine auf die Vereinbarkeit von Erwerbsarbeit und Mutterschaft konzentrierte Sozial-, Frauen- und Familienpolitik brachte einerseits zwar günstigere Bedingungen (z.B. Länge des Wochen- und Schwangerschaftsurlaubs, Kinderbetreuung, Verkürzung der Arbeitszeit) für Frauen hervor, verfestigte aber andererseits traditionelle Verhaltensweisen.

Die Möglichkeiten der Differenzierung und Individualisierung von Lebenskonzepten waren aufgrund der politischen, ökonomischen und sozialen Lage unter den sich verschlechternden Lebensbedingungen objektiv begrenzt.

Viele Frauen in Ostdeutschland machen heute Erfahrungen mit einer politischen Konzeption, die auch das beseitigt, was sie einst als unverzichtbar für ihre Entwicklung hielten: ein flächendeckendes Netz von Kindereinrichtungen, bezahlte Freistellung bei Erkrankung von Kindern, spezifischer Kündigungsschutz, soziale Mindestsicherung im Alter. Sie konnten davon ausgehen, daß die eigene Leistung und nicht nur die des Mannes ihre Lebenslage bestimmt. Sie machten zwar in der Vergangenheit die Erfahrung, daß dies alles keine Garantien für soziale Gleichstellung sind, doch gegenwärtig erleben sie, daß der Verlust dieser Bedingungen für weibliche Erwerbsarbeit und ökonomische Unabhängigkeit die sozialen Ungleichheiten vergrößert.

Frauen in Ostdeutschland trauern der Vergangenheit nicht nach – zu vieles hat sich für sie positiv gewandelt. Sie beklagen jedoch die vergebene Chance, den gesellschaftlichen Umbruch zur tatsächlichen Neugestaltung ihrer Situation zu nutzen. Statt dessen wurde ein konservatives Leitbild von Frau und Familie diskussionslos übernommen, ohne auf solche Festschreibungen Einfluß nehmen zu können.

Ein Ergebnis der Demokratisierung in der Umbruchsphase ist, daß überall auf kommunaler Ebene Gleichstellungsstellen geschaffen werden. Erste Erfahrungen in ihrer Arbeit belegen, daß sie tagtäglich mit einer Vielzahl existenzieller und sozialer Sorgen der Frauen konfrontiert werden, daß es schwer ist, frauenspezifische Interessen in die Politik einzubringen und gegen alte patriarchalische Strukturen durchzusetzen. Doch sind es gerade Frauen, die Vielfalt von Formen und Methoden aktiven

Wirkens befördern und bemüht sind, eine bürgernahe Politik zu realisieren.

Erwerbsarbeit

Berufsarbeit und Bildung

Kennzeichnend für die Erwerbstätigkeit in der ehemaligen DDR war ein sehr hoher Beschäftigungsgrad. Von den 5,5 Mio. Frauen im Alter von 15 bis 65 Jahren waren im Jahresdurchschnitt 1989 rd. 4,2 Mio. erwerbstätig. Das entspricht einem Anteil der Frauen an allen Erwerbstätigen von 48,9%. Rd. 90% aller Frauen im erwerbsfähigen Alter (15 bis 60 Jahre) waren noch Anfang 1990 berufstätig bzw. lernten oder studierten.
Bestimmend für die Entwicklung der Frauenerwerbstätigkeit in den ostdeutschen Ländern war weniger der akute Arbeitskräftemangel nach dem Zweiten Weltkrieg, als vielmehr die herrschende Auffassung, daß die Persönlichkeitsentwicklung von Frauen vor allem durch ihre Eingliederung in den Arbeitsprozeß und ihre ökonomische Unabhängigkeit gewährleistet wird. Das Recht auf Arbeit war in der Verfassung fixiert. Und es war nicht nur eine politische Zielsetzung, sondern garantierte das Recht auf einen Arbeitsplatz und dessen freie Wahl entsprechend der Qualifikation und den „gesellschaftlichen Erfordernissen“. Die darauf beruhenden gesetzlichen Regelungen schufen vor allem für Frauen Bedingungen, die es ihnen erlaubten, einer lebenslangen Erwerbstätigkeit nachzugehen. Die Unterbeschäftigung von Männern und Frauen begrenzte jedoch gleichzeitig einen effektiven Einsatz der Arbeitskraft und die Wettbewerbsfähigkeit der Betriebe. Charakteristisch für die ehemalige DDR war eine horizontale und vertikale geschlechtsspezifische Arbeitsteilung. Polarisierungen traten sowohl zwischen den Wirtschaftsbereichen und -zweigen auf als auch zwischen den einzelnen Arbeits- und Leitungsebenen.
Trotz Propagierung der Gleichberechtigung von Mann und Frau wurden wesentliche soziale Benachteiligungen von Frauen im Erwerbsleben nicht überwunden: Frauen fanden sich im Berufsspektrum, in der Stellung im Beruf und im Einkommen, in einer schlechteren Lage.
Auch in den ostdeutschen Ländern waren Frauen (1989) vor allem in den nichtproduzierenden Bereichen (32%) tätig – darunter im Bildungs- (11%) und Gesundheitswesen (8%). In der Industrie waren 31% beschäftigt, davon besonders in den Bereichen Leicht-, Textil- und Lebensmittelindustrie. Darüber hinaus waren Frauen tätig im Handel (15%), in der Land- und Forstwirtschaft (8%), im Verkehrswesen (3%) sowie im Handwerk, in der Bauwirtschaft und im Post- und Fernmeldewesen (jeweils 2%), in anderen Bereichen 3%.
Der Anteil von Frauen innerhalb dieser Zweige war 1989 am höchsten in den nichtproduzierenden Bereichen und im Handel (jeweils 72%), im Post- und Fernmeldewesen (69%) sowie in der Industrie (41%), am geringsten in der Bauwirtschaft (17%) sowie im Verkehrswesen (26%).
Die historisch bedingte geschlechtstypische Verteilung der Berufstätigen auf die verschiedenen Wirtschaftsbereiche wurde durch ein spezifisches Berufswahlverhalten von Mädchen und Jungen ständig reproduziert. Bereits in der Berufsorientierung wurde eine Geschlechterpolarisierung fortgeschrieben.
So lag der Anteil von Frauen in der Facharbeiterausbildung in ausgewählten Berufen z.B. bei Bekleidungsfacharbeitern um 99%, bei Fachverkäufern zwischen 98 und 96%, bei Wirtschaftskaufleuten zwi-

schen 96 und 94% und bei Facharbeitern für Schreibtechnik um 99%.
Auch hinter einer weiblichen Beschäftigtenstruktur von 55% Angestellten ohne Hochschulabschluß, 21% Facharbeiterinnen/Meisterinnen, 3% Gewerbetreibenden, 9% Akademikerinnen, 6% in der Landwirtschaft Tätigen und 1% mithelfenden Familienangehörigen (Infas 1990) zeigen sich eindeutig horizontal Geschlechtspolarisierungen.
Trotz steigender Aufstiegschancen bei höherem Qualifikationsniveau waren Frauen in leitenden Positionen unterrepräsentiert. Frauen besaßen kaum eine Chance, in höhere Positionen vorzurücken, einflußreiche Ämter waren kaum zugänglich, auch bei gleichen Qualifikationsvoraussetzungen wie Männer. Leiterinnen waren vorwiegend auf der unteren und mittleren Leitungsebene anzutreffen.
Die geschlechtsspezifische Arbeitsteilung konnte auch nicht durch ein Bildungssystem überwunden werden, das sich an einer gesellschaftlichen Gleichberechtigung von Mädchen und Frauen orientierte, in der das „traditionelle Rollenbild" der Hausfrau und Mutter weitgehend (wenn auch altersmäßig differenziert) beseitigt war. Berufliche Tätigkeit wurde als wesentlicher Aspekt gesellschaftlicher Gleichstellung und Gleichberechtigung der Frau verstanden. Wahlfreiheit zwischen Erwerbstätigkeit und familiären Aufgaben wurde gesellschaftlich nicht akzeptiert. Vereinbarkeit von Erwerbstätigkeit und Mutterschaft als offizielles Leitbild entsprach mehrheitlich auch den subjektiven Vorstellungen der Frauen.
Obwohl es in den Studienwegen und in der Facharbeiterausbildung offiziell keine geschlechtsspezifischen Unterschiede für oder gegen eine spezielle Ausbildung gab, existierte eine geschlechtsspezifische Berufswahl in den Entscheidungen der Frauen.
Untersuchungen in den vergangenen Jahren bestätigten immer wieder, daß Bildung und Wissen im Leben von Frauen und Männern einen wichtigen Platz einnahmen. Dabei wurden die vorhandenen Unterschiede im Bildungsniveau und im Wissen auch in der ehemaligen DDR vergrößert: je höher der Bildungsstand, desto stärker war auch das Interesse an Weiterbildung. Zugleich wurde aber auch deutlich, daß die Hauptprobleme, die auf Einstellung und Verhalten von Frauen wirkten, die vorhandenen Widersprüche zwischen der erworbenen Ausbildung und der tatsächlich ausgeführten Tätigkeit, zwischen der erworbenen und der erforderlichen und genutzten Qualifikation waren.
Die Ausweitung der Frauenerwerbsarbeit in der ehemaligen DDR war kaum auf eine Zunahme der Teilzeitarbeit (d.h. weniger als 40 Stunden pro Woche) zurückzuführen. Seit Beginn der 70er Jahre arbeiteten rd. 30% der weiblichen Arbeiter und Angestellten verkürzt (1988 waren es 27%). Dem stand immer gegenüber, daß wesentlich mehr Frauen in Teilzeit arbeiten wollten, dies jedoch aufgrund der wirtschaftlichen Bedingungen und der bestimmenden Ideologie nicht realisieren konnten.
Charakteristisch für die DDR-Wirtschaft und auch heute noch in den neuen Bundesländern dominierend, ist ein relativ straffes, einheitliches Arbeitszeitregime, welches einer Vereinbarung von Berufsarbeit und Kindererziehung zumindest z.T. entgegensteht. Flexible Arbeitszeitregelungen und Teilzeitarbeit als mögliche Auswege konnten kaum genutzt werden. Teilzeitarbeit signalisierte im allgemeinen nicht den Einstieg von Frauen ins Berufsleben, sondern war mehr eine Variante, um persönliche

Ansprüche und familiale Beziehungen miteinander in Übereinstimmung zu bringen.
Die Gründe für Teilzeitarbeit waren jedoch insgesamt sehr unterschiedlich. Vorherrschend waren neben gewünschter Kinderbetreuung z.T. ungünstige Arbeitszeitregelungen, zu lange Wegezeiten zwischen Arbeits- und Wohnort, Unzulänglichkeiten im Berufsverkehr, aber auch nichtqualifikationsgerechter Einsatz sowie gesundheitliche Probleme, Traditionen und Gewohnheiten bzw. Wünsche des Ehepartners. Auch in der DDR wollten Frauen, die weniger auf Berufsarbeit orientiert waren, immer eine „angemessene" Freizeit. Da solche Bedürfnisse überwiegend ignoriert wurden, war der Wunsch nach Teilzeitarbeit stets höher als das tatsächliche Maß teilzeitbeschäftigter Frauen.
Die gegenwärtige Entwicklung zeigt bereits, daß immer mehr Frauen bereit sind, eine nicht in der erworbenen Qualifikation oder dem erlernten Beruf entsprechende Erwerbsarbeit zu leisten, um Kündigungen zu entgehen bzw. um überhaupt tätig sein zu können. Nicht zuletzt die notwendige Sicherung des erforderlichen Familieneinkommens sowie der Stellenwert von Arbeit in den Wertorientierungen von Frauen lassen davon ausgehen, daß bei Frauen in der ehemaligen DDR das Bedürfnis, Beruf und Familie zu vereinbaren, mehrheitlich bestimmend bleiben wird.

Einkommen

Aufgrund des relativ hohen Frauenbeschäftigungsgrades in den ostdeutschen Ländern trugen Frauen im arbeitsfähigen Alter stets durch ein eigenes Arbeitseinkommen zum Familieneinkommen bei bzw. konnten, wenn auch auf niedrigem Niveau, ein eigenständiges Leben führen. In der Höhe des Arbeitseinkommens existierten jedoch zwischen Frauen und Männern beträchtliche Unterschiede, die vor allem durch eine Benachteiligung von Frauen verursacht wurden. Zum Zeitpunkt der Vereinigung lagen die durchschnittlichen Nettolöhnen bzw. -gehälter der vollbeschäftigten Frauen mit rd. 75% beträchtlich unter dem Einkommen der Männer. Dies führte auch zu entsprechenden Differenzierungen bei sozialen Leistungen.
In der DDR hatte sich eine geschlechtsspezifische „Lohnschere" herausgebildet, die Einkommensstrukturen zum Nachteil von Frauen immer wieder neu reproduzierte, indem Frauen der Zugang zu anspruchsvolleren Tätigkeiten mit höherem Einkommen erschwert war und sie traditionell in Zweigen und Berufen mit niedrigem Lohnniveau tätig waren. Offene und verdeckte Diskriminierung führten zu geschlechtsspezifischen Unterschieden im beruflichen Einsatz und zu unterschiedlicher Leistungsanerkennung von Männern und Frauen.
Diese Ungleichheiten setzten sich bis zum Einkommen von Rentnern fort. Wenn auch geringe Niveauunterschiede vorhanden waren, hatte die Mehrheit der Frauen eine Mindestrente, die ihnen finanzielle Sicherheit für den notwendigen Lebensunterhalt, Wohnung und Dienstleistungen gewährte. Mit dem Einigungsprozeß verbundene Rentenanpassungen führten einerseits vor allem bei Rentnerinnen zu einem wachsenden Einkommen, vergrößerten andererseits jedoch gleichzeitig die Differenz zu den männlichen Renteneinkommen. Mit der weiteren Entwicklung werden voraussichtlich Bedingungen geschaffen, die das Einkommen der Rentnerin aus ihrer eigenen Arbeit (Berufstätigkeit und Kinderbetreuung) relativ verringern und eine größere Abhängigkeit vom lebenden

oder verstorbenen Partner durchsetzen. Da Rentnerinnen in der ehemaligen DDR keine individuelle Vorsorge für den Lebensabend treffen konnten, käme ein Konzept der Mindestsicherung und Anerkennung von Kindererziehungsjahren vor allem den Rentnerinnen zugute.
Die mit dem Umbruch erreichten Veränderungen, z. B. im Bereich der Konsumtion und Dienstleistungen, machen bei niedrigem Familieneinkommen insgesamt die Frauenerwerbsarbeit auch bei jenen unumgänglich, die sich möglicherweise ausschließlich für die Familie entscheiden würden. Auch hier verändert sich vieles.

Arbeitslosigkeit

Mit dem Übergang von der zentralistischen Planwirtschaft zur sozialen Marktwirtschaft trat 1990 – erstmalig nach 1955 – wieder offene Arbeitslosigkeit auf. Die Beseitigung des zentralisierten Partei- und Staatsapparates, vor allem aber die Liquidierung ineffektiver Wirtschaftsstrukturen führen zu einer wachsenden Freisetzung vor allem von Frauen aus dem Arbeitsprozeß.
Die Frauenarbeitslosigkeit, die seit Juli 1990 den Frauenanteil an den Gesamtbeschäftigten überstieg (April 1991 = 56,1% Anteil an Arbeitslosen), lag im April 1991 mit einer Arbeitslosenquote von 10,9% deutlich über der der Männer (8,2%). Bei der Bewertung der Arbeitslosigkeit in den ostdeutschen Ländern müssen die Zahl der Kurzarbeiter mit über 2 Mio. (April 1991 – davon rd. 46% Frauen) sowie die Zahlen des der Arbeitslosigkeit gleichzusetzenden Vorruhestandes (März = 470000, davon rd. 50% Frauen) mit einbezogen werden.
Dabei sind die Ursachen für die Arbeitslosigkeit unterschiedlich. So bewirkte die politische Reform die erste Welle in die Arbeitslosigkeit, die durch die Auflösung des alten Machtapparates zunächst vor allem Männer betraf. Danach folgten Entlassungen von Angehörigen ideologiebehafteter Berufe (z. B. Lehrer/-innen für Staatsbürgerkunde, Jurist[inn]en), die in hohem Maße Frauen erfaßte. Die im Zusammenhang mit der Einführung der Marktwirtschaft beginnende Rationalisierung und Herausbildung effektiverer Wirtschaftsstrukturen setzte Männer und Frauen gleichermaßen frei, erfaßte alle Qualifikationsgruppen. Frauen wurden verstärkt aus den mehr „männer"-typischen Qualifikationsgruppen und Tätigkeiten verdrängt. Frauen mit Kindern standen oft an erster Stelle.
Wenn auch Aussagen über strukturelle Aspekte kaum gemacht werden können, so ist erkennbar, daß – wie in anderen Ländern auch – die Chancen von Frauen auf Wiedereingliederung geringer sind, da selbst traditionelle Frauentätigkeiten zunächst eher an Männer vermittelt werden. So betrug der Anteil von Frauen an der Vermittlung auf Arbeitsplätze nur 41% und an den ABM-Beschäftigten nur 37% (April 1991).
Nicht unwesentlich ist für die künftige Entwicklung auch, daß kaum konzeptionelle Vorstellungen zum Erhalt der Frauenerwerbsarbeit vorliegen. Das Absinken auf ein Niveau der „alten" Bundesländer wird oft als „normal" deklariert, und damit verbundene Wirkungen (auch im Bereich der Kinderbetreuung) werden hingenommen und patriarchalische Denkweisen zunehmend wieder öffentlich geäußert.

Vereinbarkeit von Erwerbstätigkeit und Familie

Das offizielle Familienbild hat in der 40jährigen DDR-Geschichte zwar leichte Modifikationen, aber keinen grundlegenden Wandel erfahren. Es war bis in die letzten Jahre hinein durch die politische Zielvorstellung der vollständigen Einbeziehung der Frauen in den Erwerbsprozeß und die damit verbundene Auffassung von der Vereinbarkeit von Beruf und Familie in allen Frauengenerationen und Lebenslagen geprägt. Frauen sollten nicht nur lebenslang voll berufstätig, permanent qualifizierungsfreudig und zur Funktionsübernahme bereit, sondern auch zugleich Mütter von zwei bis drei Kindern sein. Den Hintergrund dafür sollte eine auf der Ehe beruhende, allzeit harmonisierende Familie sein, in der sich die Geschlechter alle Arbeiten gerecht teilten. Diese leitbildhaften, an den tatsächlichen Lebensprozessen vorbeigedachten Idealvorstellungen von „der Frau" haben sich bekanntlich nur bedingt erfüllt.

Rein quantitativ gesehen, hatten die DDR-Frauen – selbst bei Bereinigung von ungenauen Statistiken – eine der höchsten Beschäftigungsquoten. Berufstätigkeit war für die meisten Frauen längst kein Zwang mehr, sondern zur Selbstverständlichkeit und damit zum Bedürfnis geworden. Dahinter stand nicht zuletzt auch der Wunsch nach wirtschaftlicher Unabhängigkeit.

Kaum eine Frau wollte Nur-Hausfrau und damit ökonomisch auf den Mann, in der Kommunikation vornehmlich auf die Familie, also auf Mann und Kinder, angewiesen sein. Der hohe Frauenbeschäftigungsgrad korrespondierte mit einer ebenfalls bemerkenswert hohen Mütterrate (1989: ca. 90%).

Der für Frauen typische kontinuierliche Berufsverlauf belegte, daß Frauenarbeit im wesentlichen Berufsarbeit von Müttern war, daß fast jede arbeitsfähige Frau Erwerbsarbeit und Kindererziehung/Familienarbeit miteinander vereinbarte. Während Mutterschaft und andere Familienarbeit eine volle qualifizierte Erwerbstätigkeit und Weiterbildung durchaus möglich machten, ließen sie berufliche Entwicklung nur mit großen Einschränkungen und auf Kosten der physischen und psychischen Kräfte von Frauen und Kindern zu. Der Anspruch, Beruf und Familie zeitgleich zu realisieren, hatte sich überwiegend zur Doppelbelastung entwickelt.

Trotz des verhältnismäßig dichten Netzes an staatlichen Kindereinrichtungen und vieler anderer Betreuungsmöglichkeiten für Schulkinder war die Vereinbarung dieser verschiedenen Frauenrollen nur unter Verzicht auf Lebensqualität möglich. Vielen Frauen waren die Lebensarbeitszeit (44,5 Jahre ab vollendetem 16. Lebensjahr) und der tägliche Arbeitstag (8¾ bzw. 8½ Std.) zu lang. Rund 90% der Frauen gaben zu, sich an Werktagen nicht in erforderlichem Maße erholen zu können. Sie betonten häufiger als Männer ein starkes Bedürfnis nach Entspannung, Ausruhen und Schlaf. Das galt für alle berufstätigen Frauen, in besonderem Maße jedoch für jene durchaus nicht kleine Gruppe, deren Arbeitsinhalt durch manuelle, einfache und monotone, vielfach sogar noch körperlich schwere Arbeit gekennzeichnet war. Immer mehr Frauen (darunter auch junge, hochqualifizierte) suchten nach individuellen Lösungen zur Minderung ihrer hohen Belastungen (z.B. durch Teilzeit-Arbeit).

Trotz Mehrfachbelastung und unzureichender Freizeitfonds für Kinder und Familie, trotz Chancenungleichheit von Mann und Frau im Berufsleben und gesellschaftlicher Hindernisse für einen freiwilligen zeitweiligen Ausstieg aus dem Erwerbsleben ist für die übergroße Mehrheit der ostdeutschen Frauen außerhäusliche Erwerbstätigkeit nach wie vor unverzichtbarer Lebensanspruch. Noch im März 1991 waren 81% der Frauen der Meinung, daß Beruf und Familie für sie gleichermaßen wichtige bis sehr wichtige Lebensbereiche sind. Reines Hausfrauendasein stellt bis heute für kaum eine Frau eine Lebensalternative dar. Rd. 50% der Frauen verbinden jedoch ihre künftige berufliche Tätigkeit mit bestimmten Bedingungen (Kinderunterbringung, Alter der Kinder, Länge des Arbeitstages).

Um Erwerbstätigkeit und Kindererziehung überhaupt miteinander vereinbaren zu können, waren quantitativ ausreichende und qualitativ zufriedenstellende Möglichkeiten zur Kinderbetreuung notwendig. In der ehemaligen DDR wurde deshalb ein umfassendes staatlich organisiertes (betriebliches und kommunales) System der Ganztagsbetreuung aufgebaut. So wurden 1989 von 1000 Kindern der jeweiligen Altersgruppe 802 in Kinderkrippen (bis 3 Jahre), 951 in Kindergärten (3–6 Jahre) und 812 in Schulhorten (1.–4. Klasse) betreut. Frauen betrachten zwar das staatliche/kommunale Kinder-Betreuungssystem als verbesserungswürdig, aber unbedingt für erhaltenswert.

Angesichts der derzeitigen Situation in den neuen Bundesländern besteht die übergroße Mehrzahl der Frauen darauf, nach wie vor nicht nur einfach beschäftigt, sondern vollbeschäftigt zu sein. Perspektivisch ist jedoch anzunehmen, daß sich die Haltungen der Frauen zur Berufsarbeit ausdifferenzieren werden. In Abhängigkeit vom Qualifikationsniveau, vom Einkommen des Mannes, dem Alter der Kinder und dem Zugang zum Arbeitsmarkt ist davon auszugehen, daß hochqualifizierte Frauen nach wie vor mehr oder minder durchgängig das Bedürfnis nach Vollbeschäftigung haben werden, während eine größere Gruppe von Frauen, vor allem Facharbeiterinnen, bemüht sein wird, während der reproduktiven Phase und im höheren Lebensalter nur teilbeschäftigt zu arbeiten. Nur eine kleine Gruppe wird ausschließlich Mutter sein wollen.

Der Bereich der Familie

Familie als weiblicher Lebenswert

Die Familie war für so gut wie alle Frauengenerationen und über alle Zeiten der DDR der wichtigste Lebenswert. Das galt im wesentlichen auch für Männer. Frauen wie Männer der jüngeren Generationen wollten mit einem/einer Partner/-in zusammenleben, Kinder haben und aufziehen. Der Wert „Familie" stand dabei gleichbedeutend für eine Vielzahl menschlicher Grundbedürfnisse. Dazu gehörten, nicht anders als in anderen Ländern, Bedürfnisse nach Liebe und emotionaler Geborgenheit, nach einem Leben mit Kindern, materieller Sicherheit, Schutz und Gemeinsamkeit im Lebensalltag, nach Rückhalt bei Problemen in anderen Lebensbereichen sowie Hilfe und Unterstützung im Krankheitsfall und im Alter.

Seit Beginn der 80er Jahre hielten es 99% der Frauen und 83% der Männer für ihr Leben sehr wichtig bzw. wichtig, ein glückliches Familienleben mit Kindern zu führen. Diese relativ stabilen Einstellungen, die über das Ende der DDR-Staatlichkeit hinauswirkten, korrespondierten besonders im letzten Jahrzehnt mit dem Zerfallsprozeß des Landes. Der Ausfall gesellschaftlicher Werte und sinnvoller Betätigungsmöglichkeiten im Erwerbsprozeß und öffentlichen Leben führte zu einem Rückzug in die Privatsphäre, in die Familie. Diese wurde mehr und mehr zum Synonym für Freizeit und Privatsein, für eine breite Palette individueller Lebensäußerungen außerhalb gesellschaftli-

cher Aktivitätsformen. Die Familie war – entgegen proklamierten politischen Vorstellungen – zu einer Art Gegenwelt der „offiziellen“ Gesellschaft geworden.
Diese Entwicklung schlug sich auch im Bereich der Lebensorientierungen und Einstellungen nieder. In dem Maße, wie der Wert „Erwerbsarbeit“ – was immer der einzelne damit verbindet – an Bedeutung verliert, erfährt der Wert „Familie“ im allgemeinen eine Aufwertung. Brachliegende Bereitschaft zum gesellschaftlichen Engagement – und die war bei weiten Teilen der Bevölkerung durchaus entwickelt – wurde in den Privatbereich transferiert. Besonders in den 80er Jahren hatten sich die Bedingungen für die Einlösung der Erwartungen an das Arbeitsleben (z. B. gesellschaftlich nützliche Arbeit leisten, gut verdienen, soziale Kontakte knüpfen) auch für Frauen deutlich verschlechtert. Berufsarbeit wurde immer stärker als Entfremdung und damit defizitär erlebt. Die DDR-Kommandowirtschaft ließ für eigene Leistung, für Kreativität und das Gefühl, von der Gemeinschaft gebraucht zu werden, immer weniger Raum. So verschoben sich für beide Geschlechter die Werte zugunsten der Familie. Während sich Frauen dadurch noch stärker auf den Haushalt und die Kinderbetreuung konzentrierten, verband ein erheblicher Teil der Männer (vor allem Arbeiter) diesen Rückzug aus der Gesellschaft mit Nebenerwerbstätigkeiten.
Diese wachsende wertmäßige Vorrangigkeit von „Familie“ fand sich auch in den Orientierungen der Jugendlichen. Und sie blieb bis zum Ende der DDR bestehen.
Die beiden wichtigsten Dimensionen von Familie – die Paarbeziehung und das Familienleben, die Eltern-Kind-Beziehungen darin eingeschlossen – waren geschlechtsspezifisch gewichtet: Für Frauen war das Zusammenleben mit Kindern in der Familiengruppe, für Männer die Partnerschaft, im besonderen Partnerliebe/Sexualität, etwas wichtiger. Daß auch DDR-Frauen durchweg stärker auf die Familie und damit auf soziale Werte orientiert waren als Männer, konnte in verschiedenen Untersuchungen der 80er Jahre bis in das Jahr 1991 hinein immer wieder nachgewiesen werden. Bereits 1982 entschieden 61% der Frauen und 70% der Männer, daß die beiden zentralen Lebensbereiche „Erwerbsarbeit“ und „Familie“ ihnen gleichermaßen wichtig seien (1991: 64 bzw. 74%), 38% der Frauen und 28% der Männer hielten zu diesem Zeitpunkt, alternativ befragt, das Familienleben für das Allerwichtigste in ihrem Leben. Auch 1991 gaben 30% der Frauen und 19% der Männer an, daß es für sie in erster Linie wichtig sei, ein glückliches Familienleben zu führen. Erst danach wären Beruf und andere Dinge von Bedeutung.
Trotz der gewaltigen Umbrüche im Osten Deutschlands, wachsender Arbeitslosigkeit und sozialer Unsicherheit, hat sich also bis dato an diesen Grundorientierungen verhältnismäßig wenig geändert. Nach wie vor möchte letztlich die Mehrheit der Frauen (und Männer) beide Lebensbereiche miteinander vereinbaren. Und bis heute gibt es eine weibliche wie männliche Bevölkerungsgruppe, die überwiegend familienorientiert ist und die vornehmlich unter Arbeiterinnen und Arbeitern zu finden ist. Diese Gruppe scheint sich jedoch gegenüber dem letzten Jahrzehnt etwas verringert zu haben.

Partnererwartungen, Selbst- und Fremdbilder

Was DDR-Frauen von Männern und DDR-Männer von Frauen in Partnerschaft und Familie erwarteten, unter-

schied sich bei allgemeiner Betrachtung der jeweiligen Erwartungsmuster zunächst kaum voneinander. Beide Geschlechter verstanden Partnerschaft in allererster Hinsicht als Beziehungsgemeinschaft, in der die emotionalen Werte dominieren und die funktionalen Bezüge des Zusammenlebens nachgeordneten Charakter tragen. Nicht viel anders als Männer erwarteten Frauen von ihrer Partnerbeziehung vor allem: gegenseitige Achtung, Liebe, Treue, Vertrauen und Offenheit. Fast alle jungen Frauen und Männer wünschten sich Kinder, hielten Gleichberechtigung, Gemeinsamkeit und Übereinstimmung in den Lebensauffassungen und -aktivitäten für ausgesprochen wichtig. Die Hausarbeit sollte gerecht geteilt werden, die sexuellen Beziehungen harmonisch, die Freizeitinteressen möglichst ähnlich sein.
Gerade junge Frauen jedoch eigneten sich diese progressiven, allgemeingültigen Partnerschaftswerte nicht selten plakativ und wenig lebensnah an und forderten ihre Idealvorstellungen vom Zusammenleben – von lebenslanger Liebe, völliger Gleichberechtigung und einer konfliktfreien Gestaltung der Beziehung – oft rigoros und kompromißlos im Lebensalltag ein. Zu derlei Abstraktionen vom strapaziösen DDR-Alltag trug auch eine allgemein problemfeindliche Sichtweise bei. Auch konnten individuelle Konfliktlösungsstrategien im Sozialisationsprozeß durch die zwangsläufig durch den Beruf entstehenden Abwesenheiten nicht geübt werden.
Jugendliche hatten dabei keine grundsätzlich anderen Erwartungen an den Partner/die Partnerin als die Elterngeneration. Nach gegenseitiger Achtung und Liebe wünschten sich Mädchen und Jungen allerdings eine gute Arbeitsteilung im Haushalt. Diese vordergründige Plazierung der innerfamilialen Arbeitsteilung im Erwartungsmuster junger Menschen hing vor allem damit zusammen, daß der Wert „Gleichberechtigung" idealisiert, verinnerlicht und in dieser Altersgruppe vor allem mit Gleichverteilung der häuslichen Pflichten gleichgesetzt wurde. Mit einer 50:50-Vorstellung von Hausarbeitsteilung zwischen den Geschlechtern reagierten sie zugleich ablehnend auf das in der Eltern- und Großelterngeneration zuungunsten der Mütter praktizierte Modell der Arbeitsaufteilung. Tagtäglich konfrontiert mit diesem Muster, nahmen freilich auch Jugendliche von vornherein eine Einteilung in typische Frauen- und typische Männerarbeiten vor. Und beide Geschlechter waren der Meinung, daß die Frau hauptverantwortlich für den Haushalt sei. Das Bild von dem im Haushalt „mithelfenden" Mann war noch tief verwurzelt. Der sich derzeit andeutende Rückfall in die tradierten Geschlechterrollen könnte demnach selbst bei der jungen Generation auf fruchtbaren Boden fallen.
Während die leitbildhaften Erwartungen an Partnerschaft in den allgemeinen Vorrangigkeiten wenig Differenzierungen zwischen den Geschlechtern aufwiesen, offenbarte die jeweilige Interpretation solcher Begriffe wie „Liebe", „Achtung", „Sexualität" ein auffälliges Geschlechtsspezifikum. Beispielsweise neigten Männer dazu, diese Erwartungen deutlich miteinander zu identifizieren, während Frauen dabei sichtbar trennten. Sie verstanden unter „Liebe" vor allem Gefühle; die sexuellen Beziehungen waren meist eine Folge ihrer Liebe zum Partner. Für Männer hingegen war Sexualität mehr eine Bedingung für die Gefühle zur Partnerin. Frauen und Männer verwendeten zur Beschreibung ihrer Erwartungen demnach zwar die gleichen Worte, legten sie jedoch jeweils

geschlechtsspezifisch aus. Das führte bereits zu verbalen Verständigungsschwierigkeiten zwischen den Geschlechtern – eine Erscheinung, die nicht nur in der DDR zu beobachten war.
Noch sichtbarer stellte sich dieses Geschlechtsspezifikum in den Selbst- und Fremdbildern dar. DDR-Frauen hatten mehrheitlich ein Bild vom Mann, das vor allem allgemein-humanistische Persönlichkeitseigenschaften aufwies: Kinderliebe, Zuverlässigkeit, Zärtlichkeit, Offenheit, Höflichkeit, Warmherzigkeit, Ausgeglichenheit, Toleranz. Sie forderten dem anderen Geschlecht zunehmend dieselben Eigenschaften ab, die sie ihrem eigenen Geschlecht zuschrieben. Frauen waren also auch in dieser Hinsicht Promotorinnen von Gleichberechtigung. Darüber hinaus erwarteten sie jedoch vom Partner solche „typisch männlichen" Merkmale wie: stärkere Entscheidungsfreudigkeit, Selbstsicherheit im Auftreten, Überlegenheit und Durchsetzungsvermögen. Der Mann sollte gleichzeitig ein guter Vater, zärtlicher Liebhaber, versierter Hausmann und darüber hinaus auch noch ein „richtiger Mann" sein. Mit diesem Bild fühlten sich Männer in der DDR vielfach überfordert, zuweilen verunsichert und unter weiblichen Normendruck gesetzt. Gesellschaftspolitisch gesehen spielte das männliche Geschlecht in den Gleichberechtigungsvorstellungen ohnehin nicht mehr als eine Statistenrolle und hinkte der Entwicklung permanent hinterher. Das um so mehr, als Männer sich selbst vornehmlich ihre tradierte Rolle zuschrieben und von den Frauen nach wie vor überwiegend typisch weibliche Attribute erwarteten – äußerliche Attraktivität, Häuslichkeit, Ordentlichkeit, Anpassungsfähigkeit. Emanzipiert durfte *Sie* durchaus sein, „aber nicht zu sehr".

Die jeweiligen Bilder vom anderen Geschlecht drifteten sichtlich auseinander, so daß Widersprüche im Zusammenleben vorprogrammiert waren. Divergenzen in den Auffassungen von Frauen- und Männerrollen setzten sich dann auch zwangsläufig im Sozialverhalten fort und begünstigten Partnertrennungen und Ehescheidungen. Da offiziell an Vorstellungen von einer Art „Einheitsgeschlecht" festgehalten wurde, unterblieben Forschung und Aufklärung der Bevölkerung, wurden soziale Unterschiede zwischen Frauen und Männern kaum zur Kenntnis genommen und psychische Geschlechtsbesonderheiten nicht einmnal hinterfragt.

Arbeitsteilung in der Familie

Nicht wesentlich anders als im Westen Deutschlands, ließen sich in der DDR-Familie drei klassische Bereiche häuslicher Arbeitsteilung strukturell unterscheiden:
- Hausarbeit (Versorgungs- und Betreuungsleistungen),
- Erziehungsarbeit (Sozialisations- und Erziehungsleistungen in bezug auf den Nachwuchs).
- Beziehungsarbeit (Pflege der emotionalen Beziehungen zwischen Partnern, Eltern und Kindern/Familienklima).

Die spezifische Mangelsituation in der ehemaligen DDR brachte noch einen vierten Arbeitsbereich hervor: Die „Beschaffungstätigkeit" und die damit verbundene Kontaktpflege zur außerhäuslichen Umwelt, ohne die eine normale Versorgung der Familie, die Instandhaltung von Wohnung, Haus, Garten und Auto kaum möglich war.
Die eigentliche Hausarbeit zeigte in der DDR ein vergleichsweise paritätisches Verteilungsmuster, wenn man alle zur Versorgung einer Familie erforderlichen Arbeiten einbezog und

eine „Gesamtrechnung“ in der Arbeitsverteilung aufmachte. Durch die außerhäusliche (Voll-)Erwerbstätigkeit von Vätern und Müttern mußte die Familienarbeit zwangsläufig zwischen den Familienmitgliedern geteilt werden. Diese Teilung fand jedoch fast ausschließlich zwischen Frau und Mann statt; Kinder wurden wegen schulischer Pflichten weitgehend von der Hausarbeit verschont. Wie die häusliche Arbeit aufgeteilt wurde, richtete sich im allgemeinen nach der jedem Partner insgesamt zur Verfügung stehenden Zeit und nach den Effektivitätskriterien – also den jeweiligen Fähigkeiten und Fertigkeiten. Dem lag ein akuter Zeitmangel der Familien an Werktagen sowie das Bedürfnis nach gemeinsamer Freizeit mit Partner und Kindern zugrunde. Da Frauen jedoch im Durchschnitt eine kürzere Arbeitszeit als Männer hatten und von daher meist früher zu Hause waren, da sie als durchweg versierter bei der Erledigung der meisten Arbeiten in der Wohnung galten und sich selbst auch so einschätzten, fiel das Gros der täglich anfallenden Tätigkeiten in aller Regel an sie. Auch in der DDR trugen die Frauen so gut wie immer die Gesamtverantwortung für die Familienbelange und die Organisation des Alltags.

Männer erbrachten vor allem die typisch männlichen Arbeiten im Haushalt, Hilfsdienste und weniger qualifizierte Tätigkeiten in der Wohnung, und kamen außerhäuslichen Pflichten nach (z.B. Pflege von PKW, Garten/Grundstück, Erledigungen, Besorgungen usw.). Da letztere weniger regelmäßig anfielen und mehr nach Lust und Laune erledigt werden konnten, blieb der von Männern erbrachte Aufwand für die Familienarbeit insgesamt geringer. Dafür konnte der Mann jedoch Äquivalente vorweisen: durchschnittlich längere Arbeits- und Wegezeiten, häufigere gesellschaftliche Funktionsausübung, Schichtarbeit, Nebenerwerbstätigkeit (= höheres Einkommen). Die zeitliche Gesamtbelastung an einem Arbeitstag wurde auf diese Weise zwischen den Geschlechtern ausgeglichen.

Arbeiterinnen, die die meiste Hausarbeit verrichteten, waren am zufriedensten mit der Arbeitsteilung und fühlten sich durchweg am wenigsten belastet. Hochschulabsolventinnen, die von allen Frauengruppen die wenigste Zeit für den Haushalt aufwendeten und bei denen zugleich der schwächste geschlechtsspezifische Teilungsmodus aufzufinden war, äußerten die größte Unzufriedenheit und fühlten sich am stärksten durch Hausarbeit belastet. Solange die Frau ein Interesse an der Weiterführung der Ehe/Partnerschaft hatte, wurde die Art der Arbeitsteilung von ihr jedoch mehrheitlich akzeptiert. Eine gegenseitige Aufrechnung von Belastungen setzte meist erst dann ein, wenn die Beziehung kriselte und an Scheidung gedacht wurde.

Die Beziehungsarbeit oblag in der DDR – wie anderswo auch – ausschließlich den Frauen. Sie regelten das Familienklima und waren auch größtenteils die Vertrauensperson für die Kinder.

In bezug auf die Kindererziehung und -betreuung war die häusliche Arbeitsteilung zwischen den Eltern am weitesten fortgeschritten. Abwechselnd bzw. gemeinsam von Mutter und Vater wurden vor allem folgende Aktivitäten wahrgenommen (1988):

- Beschäftigung und Spiel mit den Kindern 99%,
- mit ihnen lernen 67%,
- zur Kindereinrichtung bringen oder abholen 54%,
- Besuch von Elternabenden 50%,
- Kinder baden, füttern usw. 48%.

Im großen und ganzen galten zu Zei-

ten der DDR folgende Regelmäßigkeiten:
- Je mehr es sich um Sport, Spiel, Hobbies, Lernen, also um kreative Beschäftigungen mit den Kindern handelte, desto häufiger waren auch Väter damit befaßt. Je mehr umgekehrt reine Betreuungs- und Versorgungsleistungen zu erbringen waren, desto häufiger fielen sie an die Mütter.
- Je höher qualifiziert Mutter und Vater waren, desto öfter ersetzten sie sich in den meisten Erziehungs- und Betreuungsleistungen.
- Die häusliche Pflege erkrankter Kinder wurde überwiegend von Frauen wahrgenommen.

Die teilweise Aufhebung der Geschlechtsspezifik in den Betreuungs- und Erziehungsleistungen hatte mit der Gewichtigkeit des Lebenswertes „Kind" für beide Elternteile zu tun. Noch im Januar 1990 vertraten rd. 91% der Frauen und 85% der Männer der Altersgruppe 18 bis 60 Jahre die Meinung, daß Kinder zum Sinn und Glück des Lebens gehören. Auch DDR-Männer hatten also den Wert „Kind" stark verinnerlicht, und von den Jugendlichen beiderlei Geschlechts wünschten sich so gut wie alle später einmal Kinder. Die Zahl der bis 40jährigen Frauen und Männer, die keine Kinder haben wollten, lag 1987 bei beiden Geschlechtern fast unterschiedslos bei rd. 2%. Kinder waren demzufolge beinahe gleichermaßen Hauptgegenstand mütterlichen wie väterlichen Interesses. Viele Lebensaktivitäten der Eltern drehten sich dann auch tatsächlich um die Kinder, und das eigene Leben wurde oft vordergründig mit Blick auf den Nachwuchs arrangiert. So hatten viele Mütter wie Väter zu DDR-Zeiten einen permanenten Mangel an Zeit für die Kinder beklagt. 1988 sagten von beiden Elternteilen (so gut wie übereinstimmend) 33%, daß die Kinder meistens, und 50%, daß sie manchmal zu kurz kämen. Diese Klage allerdings gehört heute der Vergangenheit an. Infolge Arbeitslosigkeit/Kurzarbeit/Warteschleife ist in den meisten Familien nunmehr ein Elternteil ganztägig zu Hause und betreut die Kinder.

Vieles deutet darauf hin, daß es infolge des Rückzugs in die Familie auch im Osten Deutschlands zu einer Überkonzentration der Eltern auf die Kinder kam. DDR-spezifisch hat es sich dabei um überzogene elterliche Kontrolle im Lern- und Verhaltensbereich gehandelt, um eine Fortsetzung des von den staatlichen Erziehungsträgern ausgeübten Normen- und Disziplindrucks in der Familie.

Emanzipation und Familienformen

Wandlungen in den Geschlechterbeziehungen zogen auch in der ehemaligen DDR Veränderungen in den Familienbildungsprozessen, in den Familien- und Lebensformen nach sich. Diese Prozesse vollziehen sich in allen entwickelten Ländern vor dem Hintergrund von Industrialisierung (Modernisierung), die eine Individualisierung von Leben und Lebensformen zur Folge hat. Die tradierte, auf Ehe beruhende Kernfamilie hat begonnen, ihre einstige Rolle als Faktor einer dauerhaften Lebensabsicherung einzubüßen: Der Lebenszeitcharakter der Ehe wird von immer mehr Menschen durchbrochen; die Ehezeiten werden kürzer, die Scheidungsschwelle immer niedriger. Das geschieht in dem Maße, wie beide Geschlechter in der Lage sind, sich selbst und den Nachwuchs ohne ständiges Zusammenleben in einer festgefügten Familienordnung zu versorgen. Wirtschaftliche Unabhängigkeit voneinander, wachsende Ansprüche an das eigene Leben wie zunehmende Möglichkeiten individueller Lebensverwirklichung lassen die Paargemeinschaft immer stärker zur Beziehungsgemeinschaft werden (Emotionalisierung). Beförderinnen dieser Entwicklung sind vor allem Frauen, die im allgemeinen intensivere Erwartungen an eine Partnerschaft haben, deren Ist-Zustand kritischer einschätzen und die bei Nichteinlösung ihrer Erwartungen eher aus der Beziehung streben als Männer (Trennungs- und Scheidungsinitiative).

Diese Entwicklung teilte die späte DDR mit vielen westeuropäischen Ländern, sie hatte jedoch hier eine spezifische Ausprägung erfahren. Ökonomische Unabhängigkeit vom Mann, die berufliche Förderung der Frauen, ein relativ gut entwickeltes Unterstützungssystem für alleinerziehende Mütter, fehlende religiöse Bindungen, aber auch das gesellschaftlich propagierte und in mancher Hinsicht durchaus angeeignete Leitbild von der gleichberechtigten Frau, verursachten durchweg höhere Quoten an außerehelichen Geburten, nichtehelichen Partnergemeinschaften mit Kindern, Ehescheidungen und Eineltern-Familien als in der alten Bundesrepublik. Gravierender als im westlichen Teil Deutschlands wandelten sich die Familienbildungsprozesse. Die traditionelle Lebensabfolge, wonach zunächst die sozialen Bedingungen für ein Kind geschaffen werden – also Berufsabschluß/Arbeitsplatz, feste Partnerschaft/Eheschließung, Beschaffung und Einrichtung von Wohnraum sowie die Herstellung finanzieller Auskömmlichkeit – kehrte sich in der DDR beinahe ins Gegenteil; die meisten Kinder wurden von sehr jungen Müttern geboren (der Geburtengipfel lag unterhalb des 25. Lebensjahres der Frau). Nicht wenige Frauen hatten ihre Ausbildung zum Zeitpunkt der Geburt des Kindes noch nicht beendet, den meisten fehlte familiengerechter Wohnraum, und ein Teil von ihnen hatte keinen festen Partner. Der spätere Ehepartner war nur etwa bei der Hälfte dieser jungen Mütter der Vater des ersten Kindes. Trotz dieser hohen sozio-demographischen Mobilität blieb die Orientierung auf eine feste Partnerschaft mit Kind(ern) und letztendliche Eheschließung auch aus Gründen eines notwendigen privat-kollektiven Zusammenhalts gegenüber der Außenwelt bestehen. Auch alleinerziehende Frauen hielten am tradierten Familienmodell fest und fühlten sich häufig aus der auf vollständige Familien programmierten Lebensweise der DDR ausgeschlossen. Kaum eine Frau strebte ein Single-Dasein an. Die Pluralität in den Familienformen vollzog sich deshalb vor allem über eine Modifizierung der auf Ehe beruhenden Kernfamilie. Alternative Lebensformen, die über diese Tradierung hinausgingen – wie z. B. Wohngemeinschaften, Kommunen –, waren in der DDR so gut wie nicht existent und auch kaum bekannt. Ökonomische Selbständigkeit, generationsspezifische Spannungen und der Wunsch nach eigener Lebensgestaltung führten dazu, daß die meisten Jugendlichen – Mädchen wie Jungen – ihr Elternhaus bereits sehr früh verließen (zwischen dem 18. und 20. Lebensjahr). Die eigene Familiengründung knüpfte zeitlich beinahe unmittelbar an diesen Auszug an.

Die sich gegenwärtig in den neuen Bundesländern unter den Bedingungen von Massenarbeitslosigkeit anbahnende Rückversetzung der Frauen in die Familie einerseits und die Rückbesinnung eines – wenn auch kleinen – Teils der Frauen auf eine ausschließliche Hausfrauen- und Mutterrolle andererseits verstärken wiederum ihre Abhängigkeit vom Mann und von der Ehe. Zwar werden die objektiven Prozesse der Plurali-

sierung von Familienformen damit nicht zum Stillstand kommen, doch ist ein erheblicher Rückgang der außerehelichen Geburten, eine Zunahme der Eheschließungen und möglicherweise auch eine vorübergehende Abnahme der Ehescheidungen zu erwarten.
Offen ist, ob und wie sich die Mehrheit der jungen, DDR-geprägten Frauengenerationen in solche Abhängigkeitsverhältnisse zurückfindet, mit welchen Konflikten die Umorientierung von der ökonomisch unabhängigen Berufsfrau zur eheabhängigen Hausfrau verlaufen wird, wie sich dieser gesellschaftliche Hintergrund in den Wertorientierungen des weiblichen Geschlechts niederschlagen könnte. Der ohnehin immense Problemstau im Partnerbereich wird durch die sich ändernden Machtstrukturen zwischen den Geschlechtern und die Aufwertung von Ehe und Familie höchstwahrscheinlich noch erheblich verschärft werden.
Hier könnte sich ein neues Spannungsfeld zwischen vormaliger freier Wahl der Familienform und ökonomischen Zwängen im Partner- und Familienverhalten auftun. Mit Sicherheit werden dem Bruch der alten Lebenskonzepte neue folgen müssen, die vermutlich denen der jungen Generation in der Alt-Bundesrepublik recht ähnlich sein werden. Die durchweg zu familienzentriertem Verhalten erzogene Jugend-Generation der ehemaligen DDR wird wieder stärker auf die Herkunftsfamilie angewiesen sein und teilweise länger als gewünscht im Elternhaus verbleiben müssen. Diese wiederauflebende wirtschaftliche Abhängigkeit von den Eltern könnte – mit befördert durch räumliche Enge und politisch motivierte Spannungen zwischen Eltern und Kindern – einen neuen Generationen-Konflikt produzieren. Andererseits ist ebenso anzunehmen, daß bei einem kleinen Teil nach wie vor ein früher Auszug aus der elterlichen Familie stattfindet – nunmehr allerdings in kollektive Lebensformen (Wohngemeinschaften, Kommunen).

Sozial- und Familienrecht

Frauen hatten in der DDR eine eigene Rechtsposition in der Sozial- und Familienpolitik, im Sozial- und Familienrecht. Das soziale Sicherungssystem (Kranken- und Rentenversicherung) knüpfte an die jeweilige Erwerbstätigkeit an, die bei DDR-Frauen fast durchweg gegeben war. Das Eheverhältnis spielte aufgrund des hohen Frauenbeschäftigungsgrades im Sozialrecht nur eine geringe Rolle. Nur wenige familienpolitische Maßnahmen unterschieden nach dem Familienstand. So waren beispielsweise die Kredite für junge Eheleute, Versicherungsleistungen bei Erkrankung eines Kindes und die Wohnraumvergabe an den Familienstand „verheiratet“ gebunden. Es war eine Ausnahme, wenn die materielle und soziale Sicherung einer nichtberufstätigen Ehefrau durch den Ehemann geleistet wurde, während sie die notwendige Haus- und Familienarbeit unentgeltlich erbrachte. Doch auch in diesem Fall blieb der eigenständige soziale Schutz der nichtberufstätigen Ehefrau in aller Regel bestehen. Die Existenzsicherung der Frau war also nicht vom jeweiligen Arbeits- und Sozialeinkommen des Mannes abgeleitet.
Doch auch das Familienrecht der ehemaligen DDR ging vom Idealfall einer lebenslang existierenden Ehe aus und ließ andere Familienformen, wie nichteheliche Partnergemeinschaften, Alleinerziehende und Stieffamilien – trotz wachsender Quoten – gesetzlich so gut wie außer acht. Eingetretene Veränderungen wurden ne-

giert, und die vollständige, auf Ehe beruhende Familie blieb bis zum Schluß der gesetzliche Maßstab. Zugleich wurde im Familiengesetzbuch eine auf Berufstätigkeit beider basierende Gleichberechtigung der Geschlechter konzipiert, die zwar niemals erreicht wurde, aber dennoch ein bestimmtes Maß an gesellschaftlicher Orientierung setzte. Beide Ehepartner sollten ihren Anteil an den Familienarbeiten, vor allem auch am Familienaufwand, erbringen. Arbeits-, Geld- und Sachleistungen waren dabei völlig gleichgesetzt.

Die durchgängige Erwerbstätigkeit von Mann und Frau führte dazu, daß z.B. Ehegatten-Unterhalt nur in jenen Ausnahmefällen vorgesehen war, wenn die Frau aus gesetzlich benannten Gründen (Krankheit, Betreuung der Kinder, Alter usw.) vorübergehend nicht arbeitsfähig war. Dieser Fall trat in der gesellschaftlichen Praxis der späten DDR kaum noch ein. Der Kindesunterhalt des nichtsorgeberechtigten Elternteils im Falle von Scheidung oder außerehelicher Geburt rechnete folgerichtig das eigene Einkommen des Sorgeberechtigten (fast immer die Mutter) stillschweigend mit ein, was die Mutter tendenziell finanziell schlechter stellte. Da Frauen durchschnittlich weniger verdienten und durch die Kindererziehung in ihrem beruflichen Werdegang eingeschränkt waren, waren die unvollständigen Familien gegenüber den vollständigen mit zwei Einkommen benachteiligt. Die fixen Kosten eines DDR-Haushaltes waren auf zwei Einkommen zugeschnitten, und so konnten sich ohnehin nur Familien mit männlichen Spitzenverdienern eine Nichtberufstätigkeit der Frau leisten. Allerdings galt auch hier die gesellschaftsweit verbreitete Moralauffassung, daß jüngere, arbeitsfähige Frauen durch Haushaltsführung und Kindererziehung nicht ausgelastet seien und sich selbst unterhalten könnten. Dahinter verbarg sich nicht allein die Auffassung, daß die Gleichberechtigung bzw. Gleichstellung von Frau und Mann nur über die Teilnahme am Arbeitsprozeß zu realisieren sei. Wesentlich war auch die Realität der DDR-Volkswirtschaft mit ihrem permanent installierten Überschuß an nichtbesetzbaren Arbeitsplätzen. Für diese Arbeitsplätze wurden die weiblichen Arbeitskräfte gebraucht. Diese sollten zugleich Kinder bekommen, um die DDR-Bevölkerung zu vermehren. Auch von daher standen im Mittelpunkt der Familien- und Sozialpolitik gesetzliche Regelungen zur Vereinbarung beider Lebensbereiche.

Das DDR-Recht kannte die Fristenlösung, nach der ein Abbruch bis zur 12. Woche möglich war. Der den Schwangerschaftsabbruch durchführende Arzt war danach verpflichtet, die Schwangere über Risiken des Eingriffs aufzuklären und sie zu beraten, wie künftig Verhütungsmittel angewandt werden können. Der Eingriff darf nach dieser Regelung nur in einer geburtshilflich-gynäkologischen Einrichtung durchgeführt werden.

Von medizinischer Seite wurde stets darauf hingewiesen, daß von der gesetzlichen Möglichkeit des Abbruchs nur in einer wirklichen Notsituation Gebrauch gemacht werden sollte. Bisher konnte von einer sozialen Notlage in den wenigsten Fällen gesprochen werden. Hingewiesen wird eher auf Ursachen wie Bruch eingegangener Beziehungen, Konflikte der Frauen zwischen ihrem beruflichen Fortkommen und ihren familiären Verpflichtungen, aber auch Unwissenheit und Bequemlichkeit. Sicherlich spielten ebenso unausgeprägte Haltungen zum Kind und unentwikkelte Verantwortung für entstehendes Leben mit hinein. Die Entscheidung zu Abbruch oder Austragung der Schwangerschaft lag bei beiden Partnern. Die überwiegende Mehrheit der Bevölkerung hat bislang die bestehenden gesetzlichen Möglichkeiten des freiwilligen Schwangerschaftsabbruches – trotz vorhandener grundsätzlich anderer Meinungen – als Fortschritt empfunden, den Schwangerschaftsabbruch als Mittel der Familienplanung unter Verweis auf Verhütungsmethoden jedoch abgelehnt. In der Diskussion um den Paragraphen 218 BGB, der mehrheitlich in seiner jetzigen Form als überarbeitungsbedürftig angesehen wird, gibt es aus ethischen, religiösen, sozialen und anderen Gründen (einschließlich gesundheitlichen) extrem unterschiedliche Meinungen. Grundsätzlich wird die Kriminalisierung des Schwangerschaftsabbruches für die betroffenen Frauen abgelehnt.

Um beide programmatischen Ziele – Erwerbstätigkeit der Frauen und Geburtenentwicklung – miteinander zu verbinden, mußten zwangsläufig Regelungen gesucht werden, die die Vereinbarung zwischen diesen Lebensbereichen herstellten. Die wichtigste Bedingung dafür war das flächendeckende Netz an staatlicher Kinderbetreuung, das nicht allein Voraussetzung für weibliche Erwerbstätigkeit ist, sondern generell als außerhäusliche Betreuungsform auch unverzichtbar ist, um in der Welt der Kleinfamilien und Einzelkinder sozialer denken und handeln zu lernen.

Die Zusammenführung von Berufsarbeit und Mutter- bzw. Elternschaft führte in der DDR auch dazu, daß Leistungen, die in der reproduktiven Phase erbracht wurden, im Arbeitsprozeß berücksichtigt und anerkannt wurden. So wurde Müttern mit zwei im Haushalt lebenden Kindern die wöchentliche Arbeitszeit von 43¾ Stunden auf 40 Stunden verkürzt, fast allen Frauen ein monatlicher bezahlter Hausarbeitstag gewährt und die Geburt von Kindern in der Rentenberechnung anerkannt.

Die Vereinbarungskonzeption der DDR zog jedoch auch Minderungen in der Erwerbstätigkeit der Frauen nach sich. Sie blieben unsichere und nur bedingt kalkulierbare Arbeitskräfte. Der Staat hielt sich vor allem an die Arbeitskraft „Mann“. Nur äußerst zögerlich wurden gesetzliche Regelungen auf familienpolitischem Gebiet sowohl an Frauen als auch an Männer adressiert. Das geschah aber z.T. erst durch den Druck der Bevölkerung. In der Praxis sind jedoch auch diese Möglichkeiten, wie z.B. die bezahlte Freistellung bei Erkrankung und häuslicher Pflege der Kinder, nur selten von Vätern oder Großeltern wahrgenommen worden, da das Paar sich stets für den niedriger bezahlten Elternteil, d.h. die Mutter, entschied. Hinzu kamen eine ganze Reihe von Vorbehalten bei Vätern, aber auch bei Müttern hinsichtlich der Reaktion des Arbeits-, Wohn- und Familienumfeldes. Die sozial- und familienpolitischen Entscheidungen in der DDR verfestigten also z.T. traditionelles Rollenverhalten von Mann und Frau.

Frauen aus der ehemaligen DDR möchten trotzdem mehrheitlich an dieser Teilung ihrer Lebensrollen, also an der gewohnten Normalität, festhalten. Das ist, beinahe übereinstimmend, auch die Meinung der Männer. Wird dieser mehrheitliche Bevölkerungswille ernst genommen, muß sich auch die bisherige alt-bundesdeutsche Konzeption im Sinne des Artikels 31 des Einigungsvertrages ändern. Dies betrifft in erster Linie den Zugang bzw. Wiederzugang von Frauen zum Arbeitsmarkt, den Erhalt von Kindereinrichtungen im Ost- bzw. die Neuschaffung im Westteil Deutschlands, die Entkopplung von Frau und Ehe zugunsten einer eigenen Sozialrechtsposition auch der nichtberufstätigen Ehefrauen, die stärkere Anerkennung von häuslichen und Erziehungsleistungen im gesamten versicherungsrechtlichen Bereich sowie die Entkriminalisierung des Schwangerschaftsabbruches!

Gewalt gegen Frauen

Gewalt der Männer gegenüber Frauen in allen ihren Formen war und ist auch in den neuen Bundesländern eine objektiv gegebene Tatsache. Jedoch erst seit dem gesellschaftlichen Umbruch im Herbst 1989 wird Gewalt gegen Frauen auch öffentlich thematisiert.

Der jahrelang verdeckte Widerspruch zwischen einem vorhandenen patriarchalischen Sozialisationskonzept und der realen Ungleichheit von Frauen auf der einen Seite und dem offiziellen Leitbild von der gleichberechtigten, befreiten und selbstbewußten Frau auf der anderen Seite ließ eine politische und wissenschaftliche Beschäftigung mit diesem Thema nicht zu.

Nach Schätzungen, vor allem von Medizinern, werden jährlich 500000 Frauen von ihren Ehemännern oder Lebensgefährten mißhandelt. Nur ein sehr geringer Teil davon (rd. 5000 Fälle) wird bekannt. Nach den Erfahrungen der Familien-, Ehe- und Sexualberatungen treten in etwa 20% der ehelichen und eheähnlichen Gemeinschaften Vergewaltigungen auf. Kriminalitätsstatistiken weisen aus, daß in den neuen Ländern jährlich rd. 850 Fälle von sexuellem Mißbrauch an Kindern und Jugendlichen strafrechtlich verfolgt werden. Es ist von einer hohen Dunkelziffer auszugehen, so daß die tatsächliche Ziffer mit hoher Wahrscheinlichkeit bei rd. 10000 Fällen liegt. Wie in anderen Ländern auch, sind hiervon zu 95% Mädchen betroffen. Wenn auch Gewalt zu den Tabuthemen gehörte und nicht öffentlich thematisiert wurde, so kann doch davon ausgegangen werden, daß Gewalt insgesamt weniger geheimgehalten werden konnte.

Die Hauptursache dafür lag in der stärkeren Verbindung von Familienverhalten mit gesellschaftlichen Institutionen und einer damit verbundenen ständigen gesellschaftlichen Einflußnahme und Kontrolle. Die tägliche Einbindung von Frauen in ein Arbeitskollektiv, die gesetzliche Pflicht zur Schwangeren- und Mütterberatung, Kinderkrippen- und Kindergartenbetreuung, gesetzlich garantierte und medizinisch überwachte Lehrausbildung u.ä. erschwerten die Geheimhaltung von Gewalttaten in der Familie.

Zugleich gab es einen unrealistischen gesellschaftlichen Anspruch an generell gewaltfreie Beziehungen in der Familie. Das Ergebnis war, daß Schutz- und Hilfsangebote für bedrängte Frauen durch die Gemeinschaft fast völlig fehlten. Betroffene und schutzsuchende Frauen waren fast ausschließlich auf Beistand und Unterstützung durch Verwandte und Bekannte angewiesen, nur selten konnten Krankenhäuser bzw. kirchliche Hilfsdienste in Anspruch genommen werden. Inzwischen wurden für körperlich und sexuell mißhandelte und bedrängte Frauen in den ostdeutschen Ländern die ersten Frauenhäuser aufgebaut. So wurden ca. 20 Frauenhäuser kurzfristig geschaffen bzw. befinden sich mit ca. 850 Plätzen im Entstehen.

Erfahrungen und finanzielle Möglichkeiten sind noch unzureichend, ebenso wie die Bereitschaft betroffener Frauen, sich der Öffentlichkeit preiszugeben.

Kunst und Kultur

Die spezifischen Probleme der Frauen der Ex-DDR in Kunst und Kultur haben zumindest drei Aspekte.

Erstens die formale Seite der Beschäftigung von Frauen im Kultur- und Medienbetrieb. Frauen hatten hier (1989) einen Anteil von 47% – darunter jeweils 49% im Rundfunk und Fernsehen, 85% im Bibliothekswesen. Damit wies der Kultur- und Medienbetrieb eine normale Struktur auf. Wie in anderen gesellschaftlichen Bereichen auch waren Frauen jedoch auch in der Kultur- und Medienlandschaft der DDR in Führungspositionen unterrepräsentiert. Die Leitungsetagen waren weitgehend von Männern besetzt, und Frauen hatten auch hier allenfalls einen Vorzeigestatus inne.

Zweitens war in der vom „sozialistischen Realismus“ gezeichneten DDR-Kunst und Kultur langzeitlich eine geschlechtsneutrale Sicht auf menschliche Lebenszusammenhänge vorherrschend; es wurde ein abstraktes Menschenbild verbreitet. Wenn prototypische Darstellungen der Geschlechter zum Zuge kamen, wurde ein Männerbild porträtiert, das vor allem der volkswirtschaftlichen Bedeutung der männlichen Arbeitskraft folgte: Produktionsarbeiter, Planer, Leiter usw. Die vor allem in den Medien vorgeführte Weiblichkeit zielte eine Frau als Leitbild an, die sich problemlos zwischen ihren Rollen als Berufstätige, mehrfache Mutter und glückliche Ehefrau bewegte.

Andererseits wurde im Kultur- und Medienbetrieb der DDR die Frau weder als reines Sexualwesen entwertet noch auf den Hausfrauentypus reduziert. Pornographie und Prostitution waren dem DDR-Alltag im wesentlichen fremd, und für die offizielle Verbreitung eines Hausfrauenideals fehlte es nicht nur an Konsumtion und Werbung, sondern auch an gesellschaftlicher Motivation.

Drittens waren es gerade kritische Künstler, vor allem Schriftstellerinnen, die aus einer überwiegend ideologisch orientierten Vermittlung weltanschaulicher Werte gegen Ende der 70er Jahre begannen, immer mehr Problemfelder zu beschreiben. Sie erfüllten eine „Ersatzfunktion“ für einseitige Darstellungen in den Massenmedien.

In der oppositionellen Kunst der späteren DDR sind zwar viele kritische Darstellungen grundlegender Lebensbezüge und unmittelbarer Lebensprobleme der Bevölkerung, aber nur wenig spezifisch weibliche Befindlichkeiten aufzuspüren. Das thematische Spektrum war breit und reichte von der Umweltvernichtung und gesellschaftlichen Entfremdungserscheinungen verschiedenster Art bis zu den kleinen Alltagsproblemen. Sofern sich Literatur und Malerei mit Frauenthemen beschäftigten, waren es meist Literatinnen und Malerinnen. Den wenigen schriftstellernden Frauen und Malerinnen ist zu danken, daß in den Themenpaletten auch die ansonsten tabuisierten Konfliktpotentiale zwischen den Geschlechtern aufgegriffen wurden. Sie brachten die fortschreitende Beziehungsarmut und Verständnislosigkeit zwischen Frau und Mann, Eltern und Kindern in Bücher und Bilder. Themen wie Ehekrisen, Kommunikationsleere, Entemotionalisierung und Gewalt in den Partnerbeziehungen fanden besonders im bildnerischen Schaffen einen zunehmenden Niederschlag.

Nicht zuletzt muß hervorgehoben werden, daß eine Reihe von Malerinnen und Schriftstellerinnen maßgeblichen Einfluß auf die Aktivitäten demokratischer Bewegungen, wie z.B. des Neuen Forums, hatte.

Literatur: Ein einig Volk von Schwestern? In: Von der Einheit zur Einigung, Düsseldorf 1991, S. 285–307; Frauen in den neuen Bundesländern im Prozeß der deutschen Einigung, Materialien zur Frauenpolitik 11/1991, Bonn, Februar 1991; Frauenreport 90 (hrsg. von Gunnar Winkler), Berlin 1990; *Jutta Gysi, Ursula Hempel, Dagmar Meyer, Nikolai Staufenbiel,* Die heutige Familie in der DDR (deutsch/englisch), Studie für die UNESCO, Institut für Soziologie und Sozialpolitik der AdW der DDR, Berlin 1988; *Jutta Gysi* (Hrsg.), Familienleben in der DDR, Berlin 1989; Informationen des Wissenschaftlichen Rates „Frauenforschung in der DDR", 1965–1989, Hefte 1–6; 1990, Heft 1; Kinder, Jugend und Familie, Institut für Soziologie und Sozialpolitik der AdW der DDR, Berlin 1990; *Hildegard Nickel,* Frauen in der DDR. In: Aus Politik und Zeitgeschichte Nr. B 16/17, 1990; *Gislinde Schwarz, Christine Zenner* (Hrsg.), Wir wollen mehr als ein „Vaterland" – DDR-Frauen im Aufbruch, Reinbek 1990; *Ulrike Sommer,* Statement. Ein einig Volk von Schwestern, in: Von der Einigung zur Einheit, Düsseldorf 1991; Sozialisation im Sozialismus. In: Zeitschrift für Sozialisationsforschung und Erziehungssoziologie (ZSE), 1. Beiheft 1990; Zukunft von Ehe und Familie, Institut für Soziologie und Sozialpolitik der AdW der DDR, Berlin 1990; Zur Situation von Kindern und Jugendlichen in der DDR (Materialsammlung), Institut für Soziologie und Sozialpolitik der AdW der DDR, Berlin 1990.

VERZEICHNIS DER AUTORINNEN UND AUTOREN

Ackermann, Lea, Klarenthal/Mombasa, Kenia (Sextourismus)
Ahl, Ruth, Bonn (Weltgebetstag der Frauen)
Albersmeyer-Bingen, Helga, Bonn (Macht; Menschenbild)
Albrecht, Ruth, Hamburg (Kirchenlehrerinnen/Kirchenväter)

Bamberg, Corona, Beverungen (Charismen)
Baumgardt, Ursula, Zollikon (Anima/Animus; Magna Mater)
Bauriedl, Thea, München (Ehekrisen; Ehe- und Paartherapie; Sexualität)
Baus, Magdalena, Saarbrücken (Begabung; Emanzipation)
Beck-Gernsheim, Elisabeth, München (Frauenrollen/Frauenleitbilder; Liebe, soziologisch)
Berger, Renate, Marburg (Kunst, bildende)
Berger, Teresa, Durham, USA (Kult)
Berger, Ulrike, Berlin (Kirchenrecht, evangelisch)
Berndt, Inge, Pohlheim (Sport)
Betz, Otto, Thannhausen (Märchen)
Blättel, Irmgard, Düsseldorf (Gewerkschaften)
Bleibtreu-Ehrenberg, Gisela, Bonn (Eheformen; Matriarchat/Patriarchat)
Bleske, Elisabeth, München (Ehe)
Bock, Teresa, Viersen (Mädchenarbeit)
Böhmer, Maria, Mainz (Elternurlaub; Frauengleichstellungsstellen; Frauenquotierung; Wissenschaft)
Brauerhoch, Annette, Frankfurt (Film)
Brehmer, Ilse, Bielefeld (Schule)
Brink, Marianne, Mainz-Lerchenberg (Medien)
Bührig, Marga, Binningen/Basel (Schwesterlichkeit)

Canaris, Ute, Köln (Aids)

Deninger-Polzer, Gertrude, Argenthal (Mythologie)
Dexinger, Ferdinand, Wien (Judentum)
van Dijk-Hemmes, Fokkelien, Utrecht (Altes Testament; Eva)
Dirks, Marianne, Wittnau (Maria)
Donner-Reichle, Carola, Bonn (Entwicklungshilfe)

Dorst, Brigitte, Münster/Köln (Urbilder, weibliche)
Drechsler, Nanny, Freiburg (Musik)
Duss-von Werdt, Josef, Zürich (Vaterschaft)

Einsele, Helga, Frankfurt (Strafvollzug)
Erler, Gisela Anna, München (Menschenrechte; Tagesmütter)
Ernst, Cécile, Zürich (Kinderlosigkeit; Kinderwunsch)
Estor, Marita, Bonn (Arbeit; Arbeitslosigkeit; Beruf; Frauenberufe; Job-sharing)

Franke, Alexa, Überherrn-Blerus (Eßstörungen)
Fuchs, Anneliese, Wien (Elternschaft)
Fuchs, Gotthard, Wiesbaden-Naurod (Kirche, katholische; Männerbilder)

Gerhard, Ute, Bremen (Feminismus)
Gerl, Hanna-Barbara, München (Ganzheitlichkeit; Identität, weibliche; Leib/Leiblichkeit; Natur)
Gesquiére-Peitz, Marietta, Waakirchen (Dritte Welt)

de Haan, Margret, Köln (Internationaler Frauentag)
Hagemann-White, Carol, Berlin (Frauenhäuser; Sichtweise, weibliche)
Halkes, Catharina (Theologie, feministische)
Hauser, Theresia, Germering (Alleinstehende; Frauenseelsorge)
Heine, Susanne, Wien (Neues Testament; Urkirche)
Heinrichs, Johannes, Köln (Emotionalität und Rationalität)
Heizer, Martha, Innsbruck (Gottesbilder)
Herzog, Kristin, Durham, USA (Aggressivität)
Heyer, Josefine, Bad Homburg (Religiosität)
Hille, Barbara, Hannover (Familie; Kinder)
Honegger, Claudia, Frankfurt (Hexen)

Icken, Angela, Alfter (Frauen im ländlichen Raum)

Jensen, Anne, Tübingen (Ostkirchen/Orthodoxie)
Joppe, Luise, Nürnberg (Erwerbstätigkeit)
Juchli, Liliane, Zürich (Pflege, häusliche)

Kassel, Maria, Münster (Tiefenpsychologie)
Kast, Verena, St. Gallen (Depression)
Karwatzki, Irmgard, Bonn (Bildung; Weiterbildung)
Kaufmann, Doris, Münster (Schwesternschaften)
Klesse, Rosemarie, Bremen (Krankheit)
Koepke, Cordula, Kiel (Frauenbewewegung; Frauenverbände)
Kohleiss, Anneliese, Stuttgart (Soziale Sicherung)
Köhn, Livia, Ann Arbor, USA (Buddhismus; Hinduismus)
Krause-Lang, Martha, Aachen (Ehrenamt; Generationsprobleme)
Krauss-Kalweit, Irene, Bischofsheim (Ökologie/Umwelt)
Krebsbach-Gnath, Camilla, Frankfurt (Aufstiegschancen; Diskiminierung; Frauenförderung; Netzwerke; Technik/Technologien)
Kreß, Hartmut, Bonn (Sozialethik, evangelische)
Kuhn, Annette, Bonn (Frauengeschichte; Mittelalter; Nationalsozialismus)

Lambert-Lang, Heidi, Zweibrücken (Eherecht; Ehescheidung; Grundgesetz/Bundesverfassung; Scheidungsrecht)
Langenbucher, Heike, Bonn (Empfängnisverhütung; Fortpflanzungsmedizin; Geburt; Leihmütter; Schwangerschaft)
Lau, Ephrem E., Limburg (Frauenorden; Heilige/Heiligkeit)
Laurien, Hanna-Renate, Berlin (Ausbildung; Chancengleichheit)
Legrand, Hervé, Paris (Amt, kirchliches)
Lehr, Ursula, Heidelberg (Alter)
Leist, Marielene, München (Lebenskrisen)
Leonhäuser, Ingrid-Ute, Gießen (Konsum)
Lissner, Anneliese, Monheim-Baumberg (Amt, kirchliches)
Lissner, Cordula, Düsseldorf (Pornographie)
Lixfeld, Gerda, Freiburg (Volkskundliche Frauenforschung)

Männle, Ursula, München/Bonn (Politik; Wehrdienst; Wiedereingliederung)
Maschewsky-Schneider, Ulrike, Bremen (Gesundheit; Krankheit)
Metz-Göckel, Sigrid, Dortmund (Sexismus)
Meyer, Evi, Brühl (Frauenhandel)
Meyer-Wilmes, Hedwig, Kleve (Weiblichkeitssymbole)
Mieth, Dietmar, Tübingen (Liebe, philosophisch, theologisch; Sexualität; Väterlichkeit)
Miller, Gabriele, Rottenburg (Religiöse Erziehung)
Möhrmann, Renate, Köln (Literatur; Literatur, feministische)
Morf-Rohr, Ursula, Zürich (Geschlechtsidentität)
Müller-Landgraf, Ingrid, Bern (Medizin)

Nelles-Bächler, Maria, Köln (Sozialisation)

Olbricht, Ingrid, Zwesten-Wenzigerode (Menstruation; Zyklus/Zyklen)

Pankoke-Schenk, Monika, Dortmund (Prostitution)
Peuschel, Gertrud, München (Alleinerziehende)
Pieper, Annemarie, Basel (Schönheit)
Pissarek, Herlinde-Anna, Innsbruck (Glauben)
Pfarr, Heide, Hamburg (Arbeitsrecht; Mädchen-/Frauenschutz)
Pfürtner, Stephan H., Marburg (Soziallehre, katholische)
Prengel, Annedore, Marburg/Lahn (Abhängigkeit)
Prokop, Ulrike, Frankfurt (Mode)

Randzio-Plath, Christa, Hamburg (Armut)
Reichle, Erika, Genf (Kirche, evanglische; Ökumene; Reformation)
von Renesse, Margot, Bochum (Familienrecht)
Richard, Christine, Freiburg (Tanz)
Riedel-Spangenberger, Ilona, Münster (Christentum; Kirchenrecht, katholisch)
Rieplhuber, Rita, Höslwang (Islam)

Scharffenorth, Gerta, Heidelberg (Frieden)
Schavan, Annette, Aachen (Bindung; Erziehung)
Schiele, Beatrix, Tübingen (Gewalt gegen Frauen; Sexualethik)
Schmidt, Sieglinde, München (Klimakterium)
Schnitter, Beate, Zürich (Wohnen)
Schöpp-Schilling, Hanna Beate, Bonn (Frauenforschung)
Schroeder-Kurth, Traute, Heidelberg (Diagnostik, vorgeburtliche; Gentechnik; Humangenetik, angewandte)
Schwan, Gesine, Berlin (Sozialismus)
von Schweitzer, Rosemarie, Gießen (Hausfrauen)
Sies, Claudia, Neuss (Psychoanalyse; Psychotherapie, feministische)
Soeffner, Hans Georg, Bonn (Ausländerinnen)
Springer, Anne, Berlin (Mutterbindung)

Staub-Bernasconi, Silvia, Urdorf (Familienrollen)
Steffen, Katharina, Zürich (Kultur)
Steichele, Hanneliese, Mainz (Spiritualität)
Stein, Adelheid, München (Sucht)
Steiniger, Christine, Münster (Lesbische Liebe)
Stödter, Helga, Hamburg (Selbständige; Wirtschaft)
Stötzner, Karin, Berlin (Selbsthilfe)
Süssmuth, Rita, Neuss (Erziehungsgeld; Frauenpolitik; Gleichberechtigung; Leistung; Partnerschaft)
Swientek, Christine, Hannover (Adoption; Kriminalität; Suizid)

Thielenhaus, Marion, Köln (Familienplanung; Mütter-Genesungswerk; Mutterschutz; Sterilisation)
Thraede, Klaus, Regensburg (Antike)
Tielsch, Elfriede Walesca, Berlin (Ethik, weibliche; Mann)
Trömel-Ploetz, Senta, Lancaster, USA (Sprachkritik, feministische)

Ullrich, Anneliese, Dortmund (Schwangerschaftsabbruch)
Unger, Helga, Bamberg (Mystik)

Valentin, Friederike, Wien (Esoterik)
Vogelsanger, Cornelia, Zürich (Naturreligionen)
Voß-Goldstein, Christel, Lilienthal (Befreiungstheologie)

Wachinger, Barbara, München (Zärtlichkeit)
Wachinger, Lorenz, München (Zärtlichkeit)
Walter, Karin, Bollschweil (Gottesbilder)
Wasmuht, Ulrike, Bonn (Neue soziale Bewegungen)
Weisshaupt, Brigitte, Zürich (Philosophie, feministische)
Welkert-Schmitt, Karin, Bonn (Werbung)
Welter-Enderlin, Rosmarie, Meilen (Familientherapie)
Wiederkehr-Benz, Katrin, Zürich (Mütterlichkeit; Mutterschaft)
Wingen, Max, Stuttgart (Nichteheliche Lebensgemeinschaften)
Wodtke, Verena, Bad Homburg (Sophia)
Woelpert, Frieder, München (Sexualität)
Wolksy, Monica E., München (Parteien)

Zimmermann, Marie, Straßburg (Jungfräulichkeit)
Zulehner, Paul M., Wien (Gemeinde)

NOMENKLATUR

REGISTER

SACHREGISTER

PERSONENREGISTER

Das Personenregister wurde erstellt von *Wolfgang Litzba.*

Antoine de Saint-Exupéry
Briefe an seine Mutter
Botschaften eines großen Herzens
Band 4007

Tüchtig oder tot
Die Entsorgung des Leidens
Herausgegeben von Jürgen-Peter Stössel
Band 4012

Friedhelm Hengsbach
Wirtschaftsethik
Aufbruch, Konflikte und Perspektiven
Band 4013

Elisabeth Lukas
Auch dein Leben hat Sinn
Logotherapeutischer Weg zur Gesundung
Vorwort von Viktor E. Frankl
Band 4011

José Luis Sampedro
Das etruskische Lächeln
Roman
Band 4022

Das Glück liegt auf der Hand
ABC der Lebensfreuden
Herausgegeben von Rudolf Walter
Band 4021

Elie Wiesel
Den Frieden feiern
Mit einer Rede von Václav Havel
Band 4019

Marie Luise Kaschnitz
Zeiten des Lebens
Herausgegeben und eingeleitet von Ulrike Suhr
Band 4029

Viktor E. Frankl
Das Leiden am sinnlosen Leben
Psychotherapie für heute
Band 4030

Margot Dombrowe
Ab morgen nie wieder
Der verzweifelte Kampf einer Mutter um ihren drogensüchtigen Sohn
Band 4028

Waltraud von Tucher
Das Baby-Nest
Ein Kampf gegen Paragraphen und Lieblosigkeit
Band 4026

Eugen Drewermann
Der tödliche Fortschritt
Von der Zerstörung der Erde und des Menschen im Erbe des Christentums
Band 4032

Stephan H. Pfürtner
Fundamentalismus
Die Flucht ins Radikale
Band 4031

Annemarie Schimmel
Die orientalische Katze
Mystik und Poesie des Orients
Band 4033

Gerd Michelsen
Unsere Umwelt ist zu retten
Was ich gewinne, wenn ich mein Verhalten ändere
Band 4035

A. Th. Khoury/L. Hagemann/P. Heine
Islam-Lexikon
Drei Bände im Schuber
Band 4036

Roswitha Defersdorf
Drück mich mal ganz fest
Geschichte und Therapie eines wahrnehmungsgestörten Kindes
Band 4041

Namo Aziz
Schweigen tötet
Schmerz und Traum
einer kurdischen Familie
Band 4074

Maria Kassel
Traum, Symbol, Religion
Tiefenpsychologie und feministische Analyse
Band 4040

Daniil Granin
Die verlorene Barmherzigkeit
Eine russische Erfahrung
Band 4043

Harry Pross
Das Buch der Freundschaft
Band 4044

Karlheinz Weißmann
Druiden, Goden, weise Frauen
Zurück zu Europas alten Göttern
Band 4045

Malcolm Lambert
Ketzerei im Mittelalter
Eine Geschichte von Gewalt und Scheitern
Band 4047

Rüdiger Rogoll
Nimm dich, wie du bist
Wie man mit sich einig werden kann
Band 4046

Hans Zender
„Happy new ears"
Vom Abenteuer, die neue Musik zu verstehen
Band 4049

Hildegard von Bingen
Heilwissen
Von den Ursachen und der Behandlung von Krankheiten.
Übersetzt und herausgegeben von Manfred Pawlik
Band 4050

Werner Gross
Was erlebt ein Kind im Mutterleib?
Aktualisierte Neubearbeitung
Band 4051

Christian Michel/Felix Novak
Kleines Psychologisches Wörterbuch
Erweiterte und aktualisierte Neuausgabe
Band 4054

Rudolf Dreikurs/Loren Grey
Kinder lernen aus den Folgen
Wie man sich Schimpfen und Strafen sparen kann
Band 4055

Ulli Olvedi
Frauen um Freud
Die Pionierinnen der Psychoanalyse
Band 4057

Sabine Brodersen
Inge
Eine Geschichte von Schmerz und Wut
Band 4059

Niklaus Brantschen
Fasten neu erleben
Warum, wie, wozu?
Band 4058

Mircea Eliade
Hochzeit im Himmel
Roman
Band 4056

Werner Rautenberg/Rüdiger Rogoll
Werde der du werden kannst
Persönlichkeitsentfaltung durch Transaktionsanalyse
Band 4062

Dietmar Mieth
Das gläserne Glück der Liebe
Von der Kunst und der Schwierigkeit zu lieben
Band 4063